"十二五"国家重点
出版物出版规划项目

中 国 志 书 精 品 工 程
High Quality Project of China's Local Records

汶川特大地震抗震救灾志

WENCHUAN TEDA DIZHEN KANGZHEN JIUZAI ZHI

《汶川特大地震抗震救灾志》编纂委员会　编

卷七

灾区医疗防疫志

方志出版社
Publishing House of Local Records

图书在版编目（CIP）数据

汶川特大地震抗震救灾志. 卷七，灾区医疗防疫志 / 《汶川特大地震抗震救灾志》编纂委员会编. -- 北京：方志出版社，2015.8

ISBN 978-7-5144-1576-6

Ⅰ. ①汶… Ⅱ. ①汶… Ⅲ. ①抗震—救灾—概况—汶川县②地震灾害—灾区—卫生防疫—概况—汶川县 Ⅳ. ① D632.5 ② R18

中国版本图书馆 CIP 数据核字（2015）第 049072 号

汶川特大地震抗震救灾志

2008·5·12

汶

WENCHUAN

TEDA DIZHEN

KANGZHEN JIUZAI ZHI

WENCHUAN

TEDA DIZHEN

KANGZHEN JIUZAI ZHI

《汶川特大地震抗震救灾志》编纂委员会

《汶川特大地震抗震救灾志》编纂人员

总　纂

田　嘉　　邱新立

指导专家（按姓氏笔画排序）

王卫明　　王复兴　　齐家璐　　苏炎灶　　李　云　　张东升　　陈泽泓　　武铁良
罗保平　　周　慧　　赵庚奇　　段育达　　姜昆阳　　梅　森　　谭烈飞　　颜小忠
颜越虎

校　核（按姓氏笔画排序）

牛润珍　　毛东武　　仇玉英　　任根珠　　刘仕仲　　刘柏修　　杨大明　　李继隆
李维怡　　张世民　　陈　华　　陈　野　　林顺道　　欧阳发　　卓　林　　郑汝成
郑洪英　　孟庆斌　　陶利辉　　梁建楼　　梁滨久　　曾祥麟　　缴世忠

编　务

段志贤　　刘永强　　程方勇　　和卫国　　王会世　　曾　荣　　谷春侠　　李一龙
汪秀红

《汶川特大地震抗震救灾志》终审人员

朱佳木　　吴恒权　　项兆伦　　穆　虹　　姜　力　　杨士秋　　徐　科　　王国庆
赵和平　　孙原生　　刘永富　　江泽林　　陈祖武　　李孝聪

《汶川特大地震抗震救灾志·灾区医疗防疫志》编纂委员会

审查验收工作小组组长

马晓伟　陈啸宏

审查验收工作小组成员

陈贤义　张国新　邓海华　张　平　何锦国　肖东楼　赵明钢　张宗久
苏　志　杨维中　王　硕　黄泽民　李长友　徐勤耕　颜江瑛　查德忠
沈　骥

《汶川特大地震抗震救灾志·灾区医疗防疫志》编纂人员

主　编

陈　竺　张　茅　高　强

副主编

马晓伟　陈啸宏　尹　力　徐　科　姜　力　高鸿宾　胡晓义　李清杰

总　纂

尹　力　徐　科

执行总纂

梁万年　毛群安

副总纂

陈贤义　魏贵军　宋其超　田为勇　韩树荣　张际文　苗崇刚　顾晓红
刘福东　颜江瑛　许志仁　王　平　尤　红　侯　岩　李　斌　张国新
梁东明　于竞进　王　羽　张宗久　苏　志　任明辉　王　宇　吕书红
沈　骥　王晓明　习　红

编纂工作室主任

毛群安

编纂工作室副主任

李正懋　吕书红

编纂工作室编写人员

毛群安	李正懋	吕书红	刘雁飞	严龙鹏	陈　浩	孟宪鹏	黄梨煜
董宝瑞	刘　滨	陈　雷	仲崇利	田向阳	任学锋	陈晓宏	傅雪华
宋淮生	寇　杰	白　戎	李颖琼	张营生	罗　莉	张凤亭	林凡玉
刘　培	龚建琴	李　欣	卫　璐	黄喜文			

参编单位编纂人员（按姓氏笔画排序）

丁小磊	丁　群	于世利	于国防	于竞进	上官俊	马扬尘	马光辉
马　宏	马　勇	王小林	王云贤	王见昆	王长江	王　丹	王占国
王付瑜	王永江	王光全	王军祥	王　园	王　林	王雨亭	王国建
王欣宇	王　怡	王建锋	王效俊	王润茂	王喜瑛	王　鲁	王善青
王　毅	王　璐	韦　辉	尤　红	尤殿平	方明金	孔祥清	邓小虹
邓海华	叶　真	生焰明	付文豪	代茂利	白雪平	冯立中	冯立忠
冯晓波	冯　智	师　鉴	朱英建	朱佩慧	伍世平	伍法同	庄　宁
庄重军	刘元宝	刘少明	刘振明	刘　锋	齐宏亮	衣　梅	汤际红
许志仁	许培海	孙文灿	孙　光	孙明明	孙　雷	阴彦祥	买买提牙森
严德华	苏　礼	苏育鹏	杜　涓	李少冬	李长友	李　丹	李亚非
李全乐	李　冰	李寿江	李建法	李泰然	李海涛	李家龙	李　琦
李道文	李　鹏	李　颖	李震宇	杨文秀	杨龙会	杨金瑞	杨　波
杨绍林	杨　荃	杨荣臣	杨荣刚	杨　艳	杨鹏成	肖东楼	时玉昌
吴文志	吴兆燊	吴　涛	吴　黎	邱小兵	何智纯	余　胜	邹清水
沈　钢	宋　超	张玉玲	张尔庆	张永泉	张发滨	张　伟	张伟力
张旭东	张安福	张秀芳	张泽宇	张建枢	张建蓉	张　娟	张寄宁
张朝武	张　楠	张　睿	陈发钦	陈连生	陈利民	陈秋立	陈琳君
陈喜芸	陈朝烈	陈智高	陈　颖	陈　璐	纳　新	武宏赵	苗崇刚
苑维春	林戈平	林建明	林海波	欧　波	明　珠	罗　杨	岳　川
金同玲	周　军	周　勇	庞连萍	郑芳江	赵月朝	赵文斌	赵忆辛
郝　川	荣建玲	胡鹏鹏	侯玉慧	侯建盛	姜文英	姜晓明	姜露嘉
姚志贤	姚呈祥	姚　霞	袁　莹	袁家牛	袁曙平	柴随周	晏　军
徐水洋	徐向鑫	徐和平	徐　娇	徐勇飞	徐淑贤	徐　缓	殷泰平
高光明	高忠明	高学成	高　鹏	郭秀卿	郭保英	郭　辉	黄云霄
黄佛生	黄　哲	曹玉璞	曹　慧	崔　伟	麻尚春	梁玉峰	梁　远

寇宗美　彭英姿　彭碧波　葛云峰　董云龙　董仕林　蒋火华　覃乐松
景　喜　焦建华　焦雅辉　温世宏　谢公懋　谢正海　谢永莲　谢　靖
雷树米　路　洁　樊毫军　樊　静　黎火佳　黎　斌　潘　赟　魏安明

《汶川特大地震抗震救灾志·灾区医疗防疫志》审稿人员

初　审

谭烈飞　邱新立　陈泽泓　王国庆　齐家璐　梅　森　周　慧

复　审

齐家璐　毛群安　庞连萍　陈国胜　徐勤耕　杜　波　邱新立　梁万年
王　羽　于竞进　张国新

凡　例

一、编纂《汶川特大地震抗震救灾志》(以下简称全志)，坚持以邓小平理论、“三个代表”重要思想、科学发展观为指导，贯彻落实习近平总书记系列重要讲话精神，坚持辩证唯物主义和历史唯物主义的立场、观点和方法，存真求实，全面、客观、系统地记述汶川特大地震灾害、抗震救灾和灾后恢复重建的全过程，以存史资鉴。

二、全志设 11 卷，《总述》总括汶川特大地震灾害及抗震救灾、灾后恢复重建活动全貌，概述特点；《大事记》记述抗震救灾和灾后恢复重建中有全局性影响的大事、要事；《图志》直观再现汶川特大地震灾害、抗震救灾和灾后恢复重建的真实场景；《地震灾害志》记述地震灾区地质地貌、地震灾害成因等，反映地震破坏、次生地质灾害等对自然生态环境、经济社会发展的严重破坏和灾难性影响，以及人民生命财产的巨大损失；《抢险救灾志》记述在中共中央、国务院、中央军委的领导下，全党全军全国各族人民全力抢救人民生命财产、抢修基础设施和防治次生灾害等的全过程；《灾区生活志》记述党和政府全力实施生活救助、恢复生产、保障受灾群众生活等工作；《灾区医疗防疫志》记述各方支援，全力开展医疗救治、卫生防疫、卫生监督及恢复灾区医疗卫生服务等工作；《社会赈灾志》记述全国各地、社会各界、港澳台同胞、海外侨胞以及国际社会的捐助活动；《灾后重建志》记述灾区人民自力更生恢复生产、重建家园，以及各地对口支援和社会援建等工作；《英雄模范志》重点记述抗震救灾英雄集体和模范人物事迹；《附录》收录与抗震救灾和灾后恢复重建有关的法律法规、重要文献、部分媒体评论及文艺作品。

三、全志综合运用述、记、志、传、图、表、录等体裁，以志体为主。对影响面大、事关全局的典型、特色内容，采用专记记述；与各卷记述内容密切相关的重要文献、档案资料等，采用文献辑存方式收录于各卷正文之后。

《英雄模范志》以传记形式记述在抗震救灾中牺牲的烈士、因公殉职并受到省部级表彰的人物；以简介形式记述 2008 年 10 月 8 日中共中央、国务院、中央军委联合表彰的全国抗震救灾英雄集体和模范，国务院、中央军委记功的集体和个人，以及中央军委表彰或记功的集体和个人。

四、各卷记述时限，《总述》《大事记》《图志》《灾后重建志》和《附录》为 2008 年 5 月 12 日至 2011 年 10 月；《地震灾害志》《抢险救灾志》《灾区生活志》《灾区医疗防疫志》《社会赈灾志》和《英雄模范志》为 2008 年 5 月 12 日至 10 月 14 日。为保持记述内容的相对完整，在必要的背景内容、捐赠款物统计、与抗震救灾工作密切相关的原始文件、重大事件后续发展等方面，记述时限适当上溯、下延。

《灾后重建志》中恢复重建工作“三年”和“两年”的时间概念，从国务院制定的《汶川地震灾后恢复重建总体规划》印发之日算起。其中，“三年”指从2008年10月1日起，至2011年9月30日止；“两年”指从2008年10月1日起，至2010年9月30日止。

五、全志记述范围，涉及地震灾害的，以2008年7月22日民政部、发展改革委、财政部、国土资源部、地震局联合发布的《汶川地震灾害范围评估结果》所界定的灾区范围为准，重点记述极重灾区10个县（市）、重灾区41个县（市、区）的地震灾害及抗震救灾；涉及救灾、赈灾的，以有关主管部门公告为准；涉及灾后恢复重建的，重点为《汶川地震灾后恢复重建总体规划》所确定的规划范围，即上述位于极重灾区和重灾区的51个县（市、区），一般用“重灾地区”代指。支援抗震救灾与灾后恢复重建对口支援，以事件（事项）涉及地区为准，包括非灾区及相关国家和地区。

六、全志横分门类，纵述史实。除《总述》《大事记》《图志》《英雄模范志》《附录》外，其余各卷按篇、章、节编次，节下设目。卷首设概述，篇下设无题述，章、节下视需要设无题述。

七、全志记述顺序，灾区一般按《汶川地震灾害范围评估结果》界定的极重灾区、重灾区和一般灾区的顺序排列，非灾区按民政部《中华人民共和国行政区划手册 ·2009》（中国社会出版社，2009年3月版）所列行政区划顺序排列；记述国家、地区，按其英文名称首字母顺序排列。

《大事记》依时叙事，有具体时、分的事条居前，无具体时、分的排后；时间相同的，按中央国家机关、解放军和武警部队、社会团体、灾区和非灾区省（区、市），以及国家、地区和国际组织顺序排列；为体现事物的完整性，个别时间跨度较大的，或将其结果记于开始之日，或将其起始情况记于结束之时。

《英雄模范志》记述英烈人物，按教育、公安、其他行业、解放军、武警部队顺序排序，各系统内按烈士被批准的时间先后为序，时间相同者以相关文件中的排名顺序为序；其他因公殉职人物排列于烈士之后，以表彰时间为序。记述英雄集体和模范，以中共中央、国务院、中央军委表彰文件所列名单为序。由国务院、中央军委记功的集体和个人，分别排列于公安系统抗震救灾英雄集体和模范之后；由中央军委表彰或记功的集体和个人，分别排列于解放军抗震救灾英雄集体和模范之后。

《附录》按类收录文献，同类文献按公布、刊发时间顺序排列。碑文据其所在地区，按极重灾区、重灾区、一般灾区顺序排列。

八、全志记述内容涉及国家法律法规的，以其时现行者为准。

九、全志行文规范，按照全志编委会制定的《〈汶川特大地震抗震救灾志〉行文规范》执行，个别条款有所调整。

县级以上行政区划名称及其隶属关系，以民政部《中华人民共和国行政区划手册 ·2009》

（中国社会出版社，2009 年 3 月版）为准。乡镇名称及其隶属关系，以民政部《中华人民共和国乡镇行政区划简册 ·2010》（中国统计出版社，2010 年 9 月版）为准。国家、地区名称的规范简称，以《世界地图》（中国地图出版社，2009 年版）为准。

出现频率较高的党政机关、企事业单位、行政区划等名称，大体按照全志编委会办公室制定的《〈汶川特大地震抗震救灾志〉专有名称全称、简称使用规范》（见《索引》）使用简称；出现频率不高的部门、单位名称等，或用全称，或用约定俗成的简称。《英雄模范志》中英雄集体的名称使用表彰文件中的名称。

在上下文不产生歧义的前提下，记述汶川特大地震发生当年的事情，除《总述》“恢复重建”部分及《灾后重建志》外，其余各卷均直书月、日，不标注“2008 年”；其他年份，标明年、月、日。同一段落中连续记述同月发生的多条事项，首次出现时标注月份，后直书日期。记述灾后恢复重建工作，同一目下记述同一年度内容的，首次出现年份时注明年份，后承前省略；记述跨年度内容的，逐年注明年份。

出现频率、知名度较高的人物，首次出现时交代职务（职称），其后一般直书其名。《英雄模范志》中人物职务以表彰文件中所列职务为准。

《英雄模范志》人物传、简介所记人物，凡未注明性别、民族及学历者，分别为“男”“汉族”及“高中（含）以下”。

《附录》收入的原始文献，只校正其中的错字、漏字、衍字以及明显有误的标点符号，标题、目题版式根据全志统一要求予以调整。

记述货币，除特别注明的币种外，均为人民币。其他币种与人民币的汇率，均以当时市场汇率为准，一般不作换算。物资价值按照当年市场价格折算。

计量单位一般保持原貌，不特作统一处理，以避免换算后出现误差和约数；对“亿”“万”数据的表述，也不强求一致。

十、全志资料，主要由中央国家机关、各民主党派和人民团体、各省（区、市）、解放军、武警部队提供，个别摘引自媒体报道、官方网站、公开出版物等，一般不注明资料出处，情况特殊者随文交代。《附录》收录公布或刊发的文献，一般注明出处。

全志记述的主要灾情数据，以 2008 年 7 月 22 日民政部、发展改革委、财政部、国土资源部、地震局联合发布的《汶川地震灾害范围评估结果》为准；其他数据，以中央国家机关、各民主党派和人民团体、各省（区、市）、解放军、武警部队等提供者为准。其中，《地震灾害志》所用数据，反映灾区总体情况和川甘陕三省灾区的数据，采用《汶川地震灾害范围评估结果》中的评估数，以及民政部、发展改革委、财政部、地震局发布的《汶川地震灾害损失校核结果的报告》中的校核数；所记经济损失主要为直接经济损失，记述间接经济损失的随文说明。其他各卷数据，反映同一事物的数据，凡有校核数的用校核数，无校核数的用评估数；地方数据用各级地方政府提供的数据，专业数据用行业主管部门、专业部门提供的数据，另有少量调查数据。因统计时间、统计口径不同等因素，统计范围与统计分组可能与评估报告不完全一致，致使个别统计结果会有出入；数据亦可能因四舍五入计数保留法而出现分项之和与总数不完全一致的情况。

《灾后重建志》中涉及总体规划和专项规划实施情况的数据，由国务院汶川地震灾后恢复重建工作协调小组办公室提供，灾损数据以规划公布数据为准；其他行业（专项）情况和数据，由中央和国家机关有关部委提供；项目重建、软件支援情况和数据，由各灾区、对口支援省市和有关社会组织提供。由于灾后恢复重建项目资金来源多样，对口援建和社会支持部分项目资金只是对口支援单位的投资部分；部分项目投资规模大于援建资金规模的，包含了中央重建基金、灾区地方自筹资金，或两者兼有；两者个别数据不一致而又不便取舍时，分别交代其资料来源。

《社会赈灾志》中的统计数据，以政府职能部门统计者为准；凡未说明截止日期的，截止日期为2008年10月14日。

目　录

第三篇 医疗救治与康复服务 / 195

第四篇　卫生防疫与卫生监督 / 387

概　述

历史永远铭记这一地理坐标——北纬 31.0°、东经 103.4°；指针永远定格在汉旺钟楼那块时钟——2008 年 5 月 12 日 14 时 28 分。

2008 年 5 月 12 日 14 时 28 分，四川省汶川县突然爆发 8.0 级特大地震。须臾间，山崩地裂，大地痉挛，墙倒屋塌。地震波及四川、甘肃、陕西、重庆、云南、宁夏等省（区、市），造成严重灾害。此次地震受灾县（市、区）多达 237 个，灾区总面积约 50 万平方公里；有 69227 人遇难、17923 人失踪、374643 人受伤、4625.6 万人受灾。

汶川特大地震，是中华人民共和国成立以来破坏性最强、波及范围最广、救灾难度最大的一次地震。地震撕裂四川、波及周边，撼动中国、震惊世界。

一

地震灾情十万火急，人民性命生死攸关。地震发生后，在中共中央、国务院、中央军委的坚强领导下，各级政府和有关部门以及解放军、武警部队立即以最快的速度做出反应，迅速启动应急预案一级响应。中共中央总书记、国家主席、中央军委主席胡锦涛指示，要尽快抢救伤员，保证灾区人民生命安全。5 月 12 日 16 时 44 分，中共中央政治局常委、国务院总理温家宝率领国务院有关部门负责人，乘专机赶赴四川灾区指挥抗震救灾工作。当晚，中共中央政治局召开常委会议，决定成立国务院抗震救灾总指挥部，由温家宝任总指挥，中共中央政治局常委、国务院副总理李克强和中共中央政治局委员、国务院副总理回良玉任副总指挥，全面负责领导和组织抗震救灾工作。中央主要领导同志不辞辛劳，奔波于四川、甘肃、陕西灾区与北京之间，召集各种重要会议，一再指示各级党委和政府“要把保护地震灾区群众的生命安全放在第一位”；在强调增加救援力量、抓紧医疗救治的同时，对善后处理、伤员转运、卫生防疫和灾区群众生活安置等问题，做出一系列具有重大意义的决策、部署。

人民高于一切，生命高于一切。抗震救灾，全部工作都紧紧围绕救人展开。以人为本，是抗震救灾的核心；抓住时机、抓紧时间抢救伤员，是整个抗震救灾工作的重中之重。国务院抗震救灾总指挥部成立后，连夜召开抗震救灾紧急会议，成立卫生防疫组，负责医疗救助和卫生防疫；紧急部署组织医疗救护队伍，调集医疗器械、药品，对受伤人员进行救治；检查、监测灾区饮用水源和食品状况，防范和控制各种传染病等疫病的暴发流行。国务院抗震救灾总指挥部卫生防疫组由卫生部牵头，发展改革委、质检总局、食品药品监管局、总后勤部、武警部队等部门为成员单位，后又增加农业部、民政部、财政部、人力资源社会保障部、环境保护部和中医药局。抗震救灾期间，卫生防疫组先后召开 4 次全体会议和 1 次前方工作会议，围绕“抓紧被救伤病人员的救治工作”和“全面加强灾区卫生防疫工作”两大任务，协调落实各部门工作职责，充分发挥军地协同优势，统筹调配军地医务人员和应急医疗救援物资，并对抗震救灾各阶段的医疗防疫任务进行全面部署。

国务院抗震救灾总指挥部卫生防疫组的各成员单位，迅即部署地震灾区的医疗救援和卫生防疫工作，并采取一系列应急措施，贯彻落实中央决策。卫生部在地震发生后，立即着手核实灾情，通知部属医疗卫生机构和全国各省（区、市）卫生厅（局）做好赶赴四川参加医疗救援的准备工作。5 月 12 日晚，卫生部成立抗震救灾工作领导小组，下设办公室、医疗救治、卫生防疫、宣传信息、物资保障 5 个小组，统一指挥协调全国卫生系统抗震救灾工作。当晚，卫生部从重庆、北京、天津、山东、江苏等地调派医疗卫生救援队伍 38 支共 361 人，携带医疗应急救援物资，连夜赶赴四川灾区协助当地救治伤员。14 日，卫生部抗震救灾工作领导小组在成都组建前方综合协调组，驻扎抗震救灾前线，指导、协调、支持当地医疗卫生机构和全国医疗卫生救援队伍，开展紧急医疗救治等工作。

抗震救灾期间，卫生部先后从全国各省（区、市）和新疆生产建设兵团调派 17695 人次医疗防疫人员，组成近千支医疗卫生救援队伍奔赴地震灾区；调集救护、防疫和监督车辆、血液、代血浆、消毒杀菌（以下简称消杀）药品、疫苗、食品和水质快速检测设备，支援地震灾区医疗防疫工作。卫生防疫组成员单位农业部、质检总局、食品药品监管局、中医药局以及电监会等国务院有关部门，均派出各系统的医疗卫生专业救援队，参与地震灾区医疗救治和卫生防疫等工作。

地震发生 13 分钟后，解放军应急指挥机制启动。在接到中国地震局震情通报 1 分钟后，总参谋部下达使用国家地震灾害紧急救援队的预先号令。解放军在中央军委和总参谋部、总政治部、总后勤部、总装备部的统一指挥下，依托成都军区成立抗震救灾联合指挥部，指挥救援力量向地震灾区紧急驰援。全军先后派出 397 支医疗卫生救援队伍共 7061 人赶赴地震灾区参加医疗救治、卫生防疫和心理救助，有 39 所军队医院参加地震伤员的接收救治。总后卫生部还组织医学专家指导团，分赴 28 所收治灾区伤员的军队医院进行救治技术指导。武警部队后勤部卫生部在地震发生当天，即成立抗震救灾卫勤保障领导小组，统一组织协调武警部队在地震灾区的医疗救治、卫生防疫和药品筹集等工作；先后派出包括四川、甘肃、陕西、重庆、山西、上海、山东等 14 个省（区、市）武警部队 655 名医疗卫生人员组成的 38 支医疗防疫队，赶赴地震灾区，开展医疗救治和卫生防疫工作。

在国务院抗震救灾总指挥部卫生防疫组统一指挥下，全国各地、各系统及解放军、武警部队的医疗防疫救援力量，携带医疗器械、药品、血液、帐篷等必需物资，从全国各地乘飞机、火车、汽车奔赴灾区。进入地震灾区后，为尽快抢救地震废墟下的遇难同胞，救援队伍以徒步跋涉、乘冲锋舟或空降等方式，想尽一切办法快速进入各个受灾严重的县、乡、村寨。在余震不断、滚石飞落的山间公路上，救援队员们冒着生命危险，不顾桥断路塌、山体滑坡、泥石流、堰塞湖的阻隔，毫不畏惧奋勇前行，迅速开展医疗救治。救援队伍把抢救人民群众生命作为重中之重，紧紧抓住每一分钟、每一秒钟，与时间赛跑，与死神抗争，实行科学救援，尽最大可能救人。只要有一线希望，就百倍努力；只要有一点可能，就绝不放弃，全力救治地震受伤人员。

地震发生后，各部门准确、迅捷、开放、透明的信息披露，聚焦全社会的关注，传达出对生命的关爱。卫生部每天收集、汇总和发布抗震救灾卫生应急救援工作信息，在第一时间推荐给国内主要新闻媒体发表。卫生部新闻办公室在卫生部网站开设“抗震救灾”专栏，多次召开新闻发布会，组织新华社、中央电视台、《健康报》等媒体记者，赶赴四川灾区采访，在有关报刊、网站开设卫生部抗震救灾“英雄谱”栏目，刊登先进集体和人物事迹。在抗震救灾斗争中，卫生宣传工作极大地鼓舞了全国医疗战线工作人员的斗志，促进灾区医疗防疫工作的开展，受到海外媒体的广泛好评。英国《金融时报》报道称：“大规模的救灾努力，以及中国政府在应对灾害过程中显现的透明度，赢得了全世界赞赏。”

二

地震发生后，四川成都、德阳、绵阳、阿坝、广元、雅安等市（州）的139个县（市、区）受灾，位于极重灾区和重灾区的县（市、区）达39个，其中汶川、北川、绵竹、什邡、青川、茂县、安县、都江堰、平武、彭州10个极重灾县（市）人员伤亡惨重；甘肃、陕西、重庆等省（市）也不同程度遭受了地震灾害。生命大救援、爱心大奉献，危难之际迸发出的骨肉亲情和爱国热情，令人动容，令人感悟，令人讴歌。

地震发生后，灾区卫生系统不等不靠，迅速组织医务人员开展自救和救援工作。各级医疗机构和各个行业医院的医护人员，在抢救伤员中发挥了重要作用。震后不到半小时，四川省委、省政府即成立抗震救灾临时指挥中心（后改为“四川省‘5·12’抗震救灾指挥部”），并在抗震救灾指挥部设立医疗保障组；同时决定在安县、绵竹和都江堰等几个极重灾县（市）设立抗震救灾急救部，从省内和当地医疗机构抽调技术骨干，搭建“帐篷医院”抢救伤员。四川省卫生厅通过电话和手机短信向全省卫生系统发出紧急通知，要求全力做好伤员救治工作；同时积极与卫生部和重庆市卫生局联系，争取医疗支援。四川省70%以上受灾严重的市、县，在灾后30分钟内派出医疗队；85%以上受灾严重的县级医疗机构，在灾后30分钟内开始收治伤员。灾后12小时，四川全省已有96支医疗队共400多人赶到灾区救治伤员。极重灾区和重灾区的医务人员奋力抢救受灾群众，有的因抢救伤员而壮烈殉职；有的被砸成重伤还拖着鲜血淋漓的身体疏散病人；有的强忍失去亲人的巨大悲痛，从危房里抢运伤员和药品、设备；有的在家人生死不明的情况下坚守岗位，奋力开展医疗救治工作。许多医务人员冒着余震危险，在交通、电力、通信完全中断的严峻形势下，搭建临时医疗救治点，用手电筒照明，将工作服撕成布条当绷带，从废墟中找来竹木片做夹板，以双手为担架，争分夺秒抢救伤员。极重灾县（市）的县、乡、村三级医疗卫生机构在道路和通信中断、外援无法进入的灾后3天内，共救治伤员28340人。据统计，在“救援黄金时间72小时”内，四川省卫生系统在自身遭受重创的情况下，派出医疗人员3.1万人及时开展伤员救治，对降低伤员的死亡率和致残率，起到至关重要的作用。

面对大量涌入医院的地震伤员，四川省各级医院调动一切资源，全力以赴进行医疗救治。为切实提高抢救成功率，四川省卫生厅先后制定30多个有关医疗流程和质量的规范性文件，对全省危重病人逐一梳理、分类登记，并按照国务院抗震救灾总指挥部卫生防疫组和卫生部"集中伤员、集中专家、集中资源、集中救治"（以下简称"四集中"）的指示，将危重伤员集中收治于四川大学华西医院（以下简称华西医院）、四川省人民医院、成都军区总医院等医疗条件较好的综合医院。集中收治的3000多名危重伤员，仅死亡24人。甘肃省卫生厅在地震发生后，紧急通知各市州卫生局和各省属医疗卫生单位做好救援准备。灾区各医疗机构积极开展自救，及时抢修设备，搭建临时病房和手术室，全面开展伤员救治；截至6月12日，累计救治伤员9940人。陕西省卫生厅迅速组建医疗救援队伍，全面部署本省灾区医疗救治工作，并向四川广元灾区派遣医疗救援队伍，随后又全力收治由四川转运至陕西的伤员。

灾情重，蜀道难，救援急。面对这场特大地震灾害，全国医疗救援人员千里驰援、挺进抗震救灾第一线，不顾疲劳和饥饿，冒着余震的危险，争分夺秒进村入户，竭尽全力救治伤员。全国各地、各个系统的医疗救援队伍，在废墟上因陋就简建立起临时救治点，在简陋的帐篷和摇晃的危房中日夜奋战开展手术，从死神手中挽救了一个又一个遇险同胞的生命。解放军和武警部队医疗救援队伍到达指定任务区域后，迅速勘察地形，搭建野战帐篷医院、野战方舱医院，用先进的医疗技术装备救治伤员。来自全国各地的医疗卫生人员日夜奋战，用精湛的医术、高尚的医德和深切的感情，抢救了数以万计的危重伤员。

天灾无情人有情。抗震救灾中，中华民族展现出了空前团结的力量。地震发生后，香港特别行政区、澳门特别行政区和台湾地区的医务界反应迅速，纷纷向四川灾区派出医疗救援队伍。香港特区政府先后派出57人组成的医疗队到华西医院和汶川县映秀镇参加医疗救援与防疫工作；有关康复专家专程到卫生部呈送救治方案，提出愿意为灾区截肢伤员进行康复治疗。澳门特区政府和红十字会派遣3批55人组成的医疗队到成都和南充工作，参与多项复杂手术。台湾红十字组织派出47人组成的医疗队，携带3.5吨医疗救援物资到德阳开展医疗救治，并向灾区捐赠药品。

中国灾情牵动世界。作为受灾国的中华人民共和国第一次向国际救援队敞开大门。当灾难来临的时候，没有了性别、肤色、语言的障碍，没有了国籍、种族、政见的壁垒，人性中最本真的爱，源源不断地向中国涌入。俄罗斯、日本、意大利、古巴、法国、巴基斯坦、印度尼西亚等国政府和德国、英国、美国的红十字会等民间组织，先后派出医疗队到中国地震灾区开展医疗救援工作。5月20日至6月18日，共有10支227人的外国医疗队，在四川和甘肃地震灾区开展医疗救援工作。国际医疗救援队伍搭建野战医院，赠送医疗器械和药品，开展专题讲座，合作建立远程医疗网络，开展医疗救治手术，配合当地医院诊治伤病员，并积极开展义诊和捐款活动。

山摇地动，摧不垮万众一心的钢铁意志；桥断路绝，斩不断心心相系的骨肉情深。为了抢救一条生命，来自地方和军队的7支救援队和志愿者，经过近90个小时的艰苦努力，使被埋废墟150小时的映秀湾水力发电总厂女工，在废墟中接受双腿截肢手术后成功获救。为了抢救一条生命，深圳市南山医院的医师戴上头灯、手套，钻进地震废墟，艰难地绕过废墟中的遗体，忍住恶臭，在废墟洞隙中成功实施全足离断术，使受伤人员最终被成功解救。为了抢救一条生命，在任何一点过大动作都会引起新塌方的情况下，海军总医院骨科专家爬进废墟，用手小心翼翼地扒开松动的砖石，使自己的手能够勉强伸进去，为一个受伤的孩子进行输液麻醉，在没有灯光的条件下，凭着手感一点一点地完成了手术。为了抢救一条生命，四川省人民医院和来自上海、天津的8位专家，分成两组同时主刀，为一名17岁的伤员实施了近5个小时的手术。医疗救援人员就是这样，勠力同心，尽可能提高救治成功率，降低伤员死亡率和致残率。

地震发生后，四川省的地震伤员占地震伤员总数的92%以上，成都、德阳、绵阳、广元等市的医院伤员爆满，医疗资源十分紧缺，医务人员超负荷工作。为减轻受灾省（区、市）的医疗救治压力，全力抢救伤员生命，确保救治效果，中共中央、国务院决定将部分能够安全转运的伤员送往非灾区省（区、市）条件较好的医疗机构救治。从5月17日开始，国务院抗震救灾总指挥部卫生防疫组根据中共中央、国务院的决策与部署，统筹全国各省（区、市）医疗资源，协调公路、铁路和民航等有关部门，组织19次专列、99架次包机等多种运输工具，分别向20个省（区、市）58个城市的375家军地医院，紧急转送10015名四川地震伤员。公路、铁路和民航的员工把伤员的安危放在第一位，想尽一切办法克服困难，临时改造长途汽车、列车和飞机座椅等相关设施，使之适应运送伤员的需要；倾注满腔的热情和爱心，使每一位伤员沿途得到无微不至的关怀。上万名地震灾区伤员安全到达目的地，完成了中外历史上继唐山大地震之后，非战争状态下大规模转运伤员的又一壮举。

大灾大恸，大爱大义。一场猝不及防的灾难，是一次对国家力量的检验。各省（区、市）高度重视四川转运伤员的收治工作，各接收医院专门开设“爱心病房”，预留床位，配备最好的医护力量和设施，对伤员的迎接、运送、治疗、陪护、心理疏导及日常生活照顾等各个环节，都做了精心安排，使每一位来自四川的地震伤员都得到最好的治疗和护理。为做好伤员和陪护人员的接收安置工作，北京市卫生局在三甲医院中精心挑选，确定由具备良好康复条件、有无障碍设施、环境幽美安静、医疗技术水平较好的北京老年医院，承担北京接诊伤员的集中收治任务。上海市卫生局专门制订《上海市收治汶川地震伤员总体工作方案》及医院收治伤员分配方案和机场转运伤员工作方案。四川地震灾区伤员抵达上海后，分别被安置在上海19家市级医院，陪护伤员的家属也得到妥善安置。同样受灾的陕西省，要求各定点医院把灾区伤员救治工作作为当时医疗工作的中心任务来抓，迅速成立专门的领导小组和院内专家组，腾出足够的病房，相对集中收治，统一管理，并迅速制订医疗救治及后勤保障预案。相关医院对原有的住院患者进行分流和转诊，做好耐心细致的说明解释工作；对转运来的危重病人逐一排查，落实责任医师和护士，确保医疗安全。

为尽量减少地震伤员发生残疾，或最大限度地减轻伤员残疾程度，使他们早日康复并重返社会，中国残联与卫生部、中国红十字会密切合作，指导各地开展地震伤员的残疾预防和康复工作。各灾区卫生、残联等部门和组织，密切配合，全力以赴做好伤员的医疗康复、功能康复训练和辅助器具装配工作。中国残联组织中国康复研究中心和广东、上海、辽宁、浙江等省（市）残联，先后派出5批高水平康复医疗队，奔赴四川灾区为伤残人员提供康复治疗与技术指导，并充分发挥国家康复医疗队专家的技术指导作用，对当地医务人员进行临床康复医学专业知识培训，促进康复工作长远发展。

地震不仅给灾区人民的生命和财产造成巨大损失，也给灾区群众和救援人员带来极大的心理伤害。地震灾区心理卫生服务工作引起各级政府和社会各界的高度关注。卫生部紧急印发相关文件和培训手册，指导灾区开展心理危机干预工作。中国红十字会和各地红十字会向灾区派出一批又一批心理救援队伍，深入灾区为受灾群众进行心理救援。国内心理专家、各级红十字会和军队的卫生工作者、社会各界人士及广大志愿者，积极参与灾区的心理卫生服务工作，绝大多数灾区儿童、学生、伤病员、受灾群众和救援人员，通过心理咨询、心理疏导和心理治疗，驱走了心理阴影，愈合了心灵创伤，心理压力得到缓解，恢复了正常生活。

志愿者作为一支重要的社会救助力量，在抗震救灾医疗防疫工作中发挥了重要作用。成千上万的学生、干部、工人、农民、居民、留学生、社会青年以及其他行业人员，组成志愿者队伍，投身抗震救灾斗争的洪流。100 多名来自美国、英国、日本、加拿大、澳大利亚、墨西哥等国家的外籍志愿者，到四川灾区参与医疗救援服务。志愿者协助救治、护理和转运伤病员，为伤员献血，为受灾群众搬运、分发食物、救灾物资和药品，开展心理救援和卫生知识宣传，协助开展卫生防疫工作。广大志愿者仁义高尚和无私奉献的精神，为人间大爱做出了最美好的诠释。

截至 10 月 13 日，全国累计收治住院地震伤员 91177 人，其中重伤员 16563 人；治愈出院地震伤员 88368 人，开展手术 39689 台次；巡诊服务 73.01 万余人次，开展医学心理治疗 97969 人次；累计抢救危重伤员 10533 人次。极低的危重症伤员死亡率，受到世界卫生组织的高度评价。“人民生命高于一切”，“第一位是救人”，“一线希望、百倍努力”。举国动员的生死营救，写下中国人权的辉煌纪录；气壮山河的生死营救，始终贯穿着以人为本的主线，始终体现着中国共产党和中国政府对生命的尊重和关怀。这一切，让人们看到了中华民族和衷共济、众志成城的伟大精神力量。

三

翻开古今中外的灾害史，“大灾之后必有大疫”似乎是一条铁定规律。地震发生后，中共中央、国务院高瞻远瞩，审时度势，在部署灾后医疗救治的同时，强调“要切实做好卫生防疫工作，做到早安排、早防范、全覆盖，以确保大灾之后无大疫”。抗震救灾卫生防疫工作的重点是防控肠道传染病、自然疫源性疾病和人畜共患病、呼吸道传染病等三大类疾病；建立灾后应急疾病监测体系，适时启动疫苗应急接种，加强灾区食品、饮用水卫生监测，对遇难者遗体及动物尸体进行无害化处理，对受灾群众集中安置点、水源、垃圾场、厕所等进行消毒、杀虫、灭鼠，大力开展健康教育。

国务院抗震救灾总指挥部卫生防疫组认真部署，举全国卫生防疫之力，按照“早期、科学、依法、规范”的卫生防疫原则，围绕“大灾之后无大疫”的目标，狠抓重点疾病、重点人群、重点环节、重点区域的防控工作。各级政府周密部署，科学处置，突出重点，点面结合，全面开展遗体及动物尸体处置、环境消毒、媒介生物控制、堰塞湖泄洪前后的卫生学处理等工作，并组织专业力量加强环境卫生治理工作的督导与技术指导。地震灾区卫生部门发动群众，依靠群众，采取群众与专业队伍相结合的方式，动员全社会力量参与环境卫生治理工作。

地震发生后，灾区互联网遭到破坏，在原有传染病网络直报系统近乎瘫痪的情况下，中国疾病预防控制中心在灾区建立手机疫情报告系统，开展传染病疫情直报工作，实行地震灾区疫情日报和零报告制度，重点关注灾区群众安置点的传染病疫情，加强突发公共卫生事件监测；并在四川省的绵阳、茂县、青川、汶川等重灾地区建立起多个“帐篷实验室”，派出实验检测车作为流动实验室开展检测工作，为灾区卫生学评估和疫情监测采集数据。卫生部组织专家对灾区疫苗可预防疾病的流行风险进行评估，在四川、甘肃、陕西地震灾区实施群体性预防接种。卫生部采购疫苗、注射器等物资，制订灾区疫苗接种指导文件和方案，在极重灾区和重灾区对适龄儿童优先接种甲肝疫苗和乙脑疫苗，并组织专家对现场接种工作进行技术指导，四川、甘肃、陕西等地受灾严重的县（市、区）甲肝、乙脑、麻疹等疫苗的接种率均在 95% 以上。

地震发生后，卫生部制定下发一系列关于做好地震灾区食品和饮用水卫生监督管理工作的文件，从全国 20 个省（市）紧急抽调 1307 名卫生监督人员和专家赶赴四川灾区，参加食品、饮用水卫生监督监测工作，保证灾区食品、饮用水卫生安全；组织调派食品和饮用水快速检测设备、试剂、放射防护检测设备、卫生监督监测车辆运往灾区，协助灾区政府做好受灾群众安置点的食品和饮用水卫生监督监测工作，指导群众进行饮水消毒，开展食品和饮水卫生宣传，增强群众健康意识，确保不发生食源性和介水传染病。抗震救灾期间，灾区未发生重大食品和饮用水卫生事故。红十字会与红新月会国际联合会紧急组织由英国、西班牙、丹麦、奥地利和法国等红十字会派遣的 4 支“应急工作组”，携带相关器材、设备、车辆来到中国，为绵竹市的 5 个乡（镇）提供饮水净化、临时卫生厕所等应急设备；援助行动结束后，将应急设备全部捐给中国红十字会。

地震发生后，环境保护部组织开展灾区饮用水源地水质、空气质量、污染源监督监测及石油类、农药、有机物、核辐射等特殊污染物专项监测，对国家控制的重点污染源、重点企业环境隐患、唐家山堰塞湖下游重点企业危险化学品、灾区医疗废物处置隐患、唐家山堰塞湖下游的环境隐患和灾区群众过渡安置点环境安全隐患进行集中督察；检查工业企业、医疗机构、饮用水源地、污水处理厂、灾区群众集中安置点和垃圾处理场，跟踪督办重大和较大环境隐患的排查。国务院抗震救灾总指挥部卫生防疫组高度重视唐家山堰塞湖泄洪区和疏散群众的卫生防疫工作，指导四川省制订和完善有关应急预案，向泄洪疏散群众转移安置点增派医疗防疫人员，设置医疗服务站点，加强健康教育、水质监测、环境消杀，并发挥中医药的优势和作用，确保了泄洪区疏散群众的健康和安全。

地震发生后，随着天气渐趋炎热，遇难者遗体及动物尸体腐败，蚊蝇大量滋生，加之灾区生活设施和环境卫生设施遭到严重破坏，受灾群众和救援人员免疫力普遍下降，极易引起传染病暴发。为有效防止可能出现的传染病疫情，卫生部根据中共中央、国务院的指示部署，采取"当地为主、对口支援"的方针，首先从四川省抽调、组织上万名专业和业余防疫人员、卫生执法监督人员作为卫生防疫工作主力；后又组织来自全国31个省（区、市）及新疆生产建设兵团3910名卫生防疫人员，实行"省包县"对口支援，实施"分片包干、责任到人"的卫生防疫责任制，实现了灾区卫生防疫工作全覆盖。

地震发生后，农业部及灾区各级畜牧兽医部门按照《中华人民共和国动物防疫法》《国务院重大动物疫情应急条例》的规定，贯彻落实国务院"加强领导、密切配合、依靠科学、依法防控、群防群控、果断处置"的防控方针，大力开展对灾区死亡畜禽无害化处理和消毒工作，并以死亡动物无害化处理和养殖环境消毒为切入点，以动物紧急免疫为着力点，多措并举，想方设法做好无主畜禽处置、活畜禽转移安置等工作。农业部与解放军、四川省联合组织动物疫病防控应急分队、防疫人员、解放军战士和志愿者参与了死亡动物无害化处理和消毒工作。四川、甘肃、陕西等省畜牧兽医系统组织防疫分队，进行人畜共患病和重大动物疫病的预防免疫，扑杀流浪犬，并开展灾区鼠传疫病防控工作。财政部向四川、甘肃、陕西、重庆等省（市）地震灾区紧急拨付救灾资金，专项用于支持地震灾区做好灾后动物防疫消毒、无害化处理和鼠害防治工作。发展改革委、卫生部负责从全国各地调运防疫物资，在四川及附近地区抓紧组织企业生产消毒杀菌等防疫药品，将数千吨消杀药品及成千上万套耐酸手套、防护服、喷雾器等卫生防疫用品源源不断运抵灾区。

地震发生后，灾区各地迅即开展爱国卫生运动，组织受灾群众及时清理地震废墟，整治环境卫生，预防各种疾病发生，健康地度过震后非常时期的日常生活。四川灾区发动群众，用简易方法开展爱国卫生运动，广泛开展卫生知识宣传，指导群众清除蚊蝇等滋生场所，搭建简易厕所，及时覆盖排泄物或废弃不用的简易厕所，强化应急医疗救治点的环境卫生，加强医疗废弃物的收集和处置管理；指导群众出现肠道传染病、病媒传染病和呼吸道传染病症状时及时报告，做到传染病的早发现、早报告。四川灾区开展爱国卫生运动的做法，引起全国爱卫会的高度重视，全国爱卫会办公室及时发出《关于大力开展灾后爱国卫生运动的紧急通知》，要求四川、甘肃、陕西、重庆、云南等省（市）爱卫会办公室要充分发挥爱国卫生运动作用，广泛宣传普及灾后卫生防疫知识，发动群众全面综合整治环境卫生，积极协调落实灾后卫生防疫措施。灾区各级政府充分发挥爱国卫生运动组织的综合协调作用，部门联动，推动了抗震救灾卫生防疫工作的全面、深入开展。

地震发生后，卫生部、中医药局、质检总局、总后卫生部、武警部队后勤部卫生部等单位印制大批卫生防疫工作手册和健康教育宣传材料在灾区发放。各省（区、市）医疗防疫救援队和灾区各级卫生防疫人员，利用各种方式和媒介，大力开展卫生防疫知识宣传和健康教育，指导灾区群众和救援人员提高自我防护与保健意识，大大减少了因缺少卫生知识而引起的疾病和公共卫生事件的发生。

地震发生后，卫生部和灾区各级卫生部门高度重视急性化学中毒、粉尘危害预防及放射诊疗机构的职业安全防护，迅速恢复结核病、血吸虫病、艾滋病等重大传染病和一些地方病的预防和控制，促进灾区卫生防疫工作全面、深入地开展。中国疾控中心职业卫生与中毒控制所，密切关注极重灾区和重灾区化学品泄漏情况，为灾区危险化学品泄漏应急救援提供技术指导。为防止地震后山体和建筑物坍塌产生的大量粉尘对居民健康可能造成的影响，极重灾区和重灾区的卫生部门及时对空气环境质量现状进行调查，开展粉尘危害防治工作。各地灾区开展人工放射性危害调查与检查，摸清放射诊疗设备和场所的损坏状况，并对人工放射性防护进行指导与检测，防患于未然。

各级卫生部门极为重视灾区妇女、儿童，特别是婴幼儿的预防保健工作。卫生部及时协调有关部委和国际组织，了解灾区妇幼卫生保健需求，以及灾区妇幼保健机构房屋损毁、设备损坏、人员伤亡和预防保健工作开展情况，制订下发《灾后妇幼卫生服务实施方案》，指导灾区妇幼卫生服务工作，保障灾区妇女、儿童的安全与健康。同时，及时制订方案，恢复灾区孕产妇系统管理网络、灾区妇幼保健机构门诊、建卡建档和资料管理、产科门急诊和住院分娩“绿色通道”，启动灾后妇幼保健机构的重建工作。

全国中医药系统的救援人员充分发挥中医药在医疗和预防保健等方面的传统特色与自身优势，积极投入各个阶段的灾区医疗防疫工作。四川省骨科医院根据灾区软组织损伤人员较多的实际情况，紧急生产新伤软膏，并为解决抗震救灾前线的解放军和武警部队官兵深受皮肤病和蚊虫叮咬困扰等问题，紧急生产优质安全的纯中药制剂。

地震发生后，卫生部对灾后地方病防治机构受损情况、部分地区水氟与水砷超标情况及降氟（砷）改水工程损毁情况、燃煤型氟中毒病区改炉改灶的家庭损毁情况开展调查，发现存在新发克山病的危险因素，以及甘肃灾区硒盐合格率较低、部分病区县的居民发硒水平偏低等情况，为恢复灾区地方病防治体系提供了重要依据。与此同时，卫生部对灾区血吸虫病等重点疾病的传播风险进行快速评估，及时调整防治策略，降低了疾病的传播风险，灾区未发生一例急性血吸虫病。

至 5 月 27 日，四川灾区实现对 21 个极重灾和重灾县（市、区）、446 个乡（镇）、4183 个村卫生防疫全覆盖。至 8 月底，四川省 21 个市（州）共派出卫生防疫人员 0.6 万余人、卫生监督人员 0.5 万余人。在全国和本地卫生防疫、卫生监督专业人员共同努力下，经过上百天的艰苦奋斗，四川灾区累计完成消毒、杀菌、灭虫（以下简称消杀灭）面积 51.3 亿平方米，处理粪坑 1225.7 万个次，检查制水、供水单位 25.8 万户次，监测饮用水样 6.3 万个，监督指导食品生产经营单位 62.5 万户次，恢复常规计划免疫，实施群体性预防，接种甲肝（甲型病毒性肝炎）、乙脑（流行性脑脊髓膜炎）等疫苗 67.7 万人次。与此同时，甘肃、陕西、重庆、云南、宁夏等省（区、市）受灾地区，也采取多项措施，启动卫生防疫机制，及早建立灾后卫生防疫的领导体系、防控体系和技术体系，坚持依法防治、科学防治、规范防治，实现了重点县、乡、村卫生防疫工作的全覆盖，确保灾区防疫工作不留死角。抗震救灾期间，地震灾区未发生传染病暴发流行及与地震相关的突发公共卫生事件。

在中共中央、国务院的坚强领导和果断指挥下，在全国人民和国际社会救援力量的大力支持下，经过卫生、农业、质检、环保等部门，以及解放军、武警部队和广大救援人员历时 5 个月艰苦卓绝的共同努力，地震灾区卫生防疫工作最终取得全面胜利。与 2005—2007 年同期相比，四川灾区法定传染病报告总数下降 42%，实现了“大灾之后无大疫”的既定目标。

四

中国的改革开放和经济建设，不仅深刻改变了社会主义中国的整体形象和中国人民的精神面貌，更奠定了中国抗击灾难的雄厚物质基础，彰显了中国特色社会主义的伟大力量。汶川特大地震灾区医疗防疫工作最终取得全面胜利，除了中央的坚强领导、广大灾区人民和救援力量的努力奋战外，还有一个重要的因素就是物资和资金的保障。

地震发生后，医疗救治和卫生防疫紧急需求的药品和医疗器械、消杀物资等医用物资，主要来自中央调拨、省内调拨、部队支援、省外捐赠、省内捐赠、个人捐赠、境外捐赠和省内组织采购。各级卫生行政及相关部门积极组织调配急需药品和医疗器械，为灾区恢复医疗秩序和救治功能提供医用物资保障。抗震救灾期间，中央调拨的医用物资大部分运往四川灾区。医用物资调拨改变了以往中央医药储备有偿调用原则，凡从中央医药储备中调出的医药用品，由中央财政补充资金；没有纳入储备的品种，委托承储单位组织紧急采购，所需资金由中央财政垫付。

中央财政紧急下拨2亿元专款用于灾区医疗救治。财政部会同卫生部、民政部、人力资源社会保障部迅速制定有关地震伤员紧急医疗救治费用的政策，明确规定在紧急医疗救治阶段，对地震伤员全部实行免费救治，费用主要由中央财政和地方财政予以补充。此外，中央财政紧急安排资金6.5亿元，对四川、甘肃、陕西、重庆、云南等省（市）紧急救治地震伤员等费用给予补助，并要求地方政府通过基本医疗保险、工伤保险、合作医疗、医疗救助、社会捐赠以及财政补助等多渠道，统筹解决紧急救治后地震伤员的医疗和康复费用。为保障各省（区、市）接收四川伤员的医疗救治费用，财政部会同卫生部、民政部制定有关政策，对收治四川转运伤员的医院，以平均每人2.8万元的标准，按接收伤病员人数给予医疗费用补助；同时规定，补助经费及护送伤病人员和陪护人员返川发生的费用，从各接收地省级民政部门接受的抗震救灾社会捐款中解决，不足部分由接收地省级财政帮助解决。

发展改革委负责为规模空前的医疗防疫工作全面筹集医疗防疫药品和物资，一方面从中央医药储备单位紧急调拨和采购药品，一方面协助卫生部组织有关企业紧急生产未列入中央医药储备目录中的药品，以满足灾区急需。为保证调集的救灾医药用品及时到达灾区，发展改革委发出做好中央医药储备物资接收工作的紧急通知，要求四川省政府组织好救灾医药用品的接收工作。四川省抗震救灾指挥部紧急成立医疗保障组、医疗用品供需组，专门负责接收和提供药品、医疗器械和消杀灭用品，以确保地震伤员得到及时有效的救治和卫生防疫工作规范有序地开展。

食品药品监管局开通紧缺药品快速审批通道，紧急联系并配合发展改革委调配灾区急需药品和医疗器械；同时，派出工作组和专家组奔赴灾区指导监督灾区药品、医疗器械的供应和质量安全。各级食品药品监管部门在加快救灾急需药品、医疗器械审批和检验的同时，切实加强监督管理，严把捐赠产品质量关，杜绝不合格药品和医疗器械流入灾区。民航、铁路、公路等管理部门，采取各种应急措施，保障医药物资快速、安全地运达灾区。交通运输部门对运送救灾物资的车辆一律免收通行费；铁道部门成立救灾运输调度台，统筹运力和装卸；民航系统调集大批运输飞机，免收相关费用，使医疗防疫物资从全国各地迅速运往灾区。

国际救援物资、设备、医疗队等陆续抵达成都、北京、上海、深圳等重点口岸。各口岸出入境检验检疫机构严格按照质检总局的要求，加强对出入境救灾人员和旅客疫病防控的检疫力度，切实保障出入境人员的健康；对入境救援物资实行快速检测和快速放行，免收进境捐赠物资的检验检疫费用，确保国际社会捐赠物资的安全性和时效性。

为保证救灾资金和物资专项使用，卫生部成立抗震救灾资金物资监督检查工作领导小组，邀请两名全国政协委员作为特邀监察员，对卫生部抗震救灾资金和物资的使用进行监督，并设立举报电话和信箱，通过卫生部网站和《健康报》向社会公布，接受社会各界监督。为保障救灾资金物资监管工作的实施，卫生部先后制定一系列规章制度，规范物资采购、接受捐赠、资金支付等工作程序；研究制定中央财政救灾专项资金支付程序操作细则，加强财政专项资金的管理和及时拨付。卫生部抗震救灾资金物资监督检查领导小组多次派员赴灾区，检查抗震救灾资金与物资的使用情况。卫生部每天与驻四川前线指挥部的物资供需保障部门核对账务，全面了解和掌握捐赠与采购物资、在途物资、送达物资的接收情况及拟采购物资清单情况，及时处理发现的问题；同时，加大对部管的各基金会接收社会捐赠的监管力度，要求由卫生部主管业务的 14 家基金会对接收的抗震救灾捐赠款物情况进行梳理，每周定期上报。由卫生部主管业务的各基金会累计接收社会捐款 1157.86 万元，接受社会捐赠物资折合约 1665 万元，均按照民政部要求办理了相关手续。

为满足救治伤员的血液需求，卫生部迅速建立血液保障体系，将血液管理关口前移，对灾区血液的采集、供应和外调实行统一管理。由卫生部直接联系指导成都血液中心工作；四川省卫生厅授权成都血液中心根据灾区需求，统一调配省内采供血机构的血液。卫生部还通知各省（区、市）卫生厅，并协调总后卫生部，要求各地和军队向灾区派遣医疗队时，原则上不随队携带血液，统一由医疗队驻地的血站供应。同时，卫生部在全国确定 14 个省（市）为血液储备单位。5 月 12 日下午，总后卫生部医疗管理局启动突发事件血液保障救援机制，由沈阳、济南、南京、成都军区及第三军医大学等 10 个军队采供血机构，分两个梯队承担血液筹集、储备及供应任务。随即，地方和军队的血站全面启动抗震救灾血液保障机制，开展紧急血液供应工作。针对地震灾区血液需求量大而紧张的情况，卫生部号召全国健康适龄公民献血，各地血站单日血液采集量很快就突破历史纪录。在全国公民为灾区献血热情空前高涨、血液中心库存爆满的形势下，卫生部审时度势，提倡血液采集实行预约的办法。各采供血单位加强血液采集、检测、运输以及存储各个环节的安全管理，保障了抗震救灾血液及其制品的安全。

四川、甘肃、陕西等地灾区的医疗卫生机构基础设施遭到严重破坏，特别是极重灾区和重灾区的县、乡、村农村三级医疗卫生服务网络损失惨重，难以正常开展基本的医疗服务工作。根据中共中央、国务院的指示和部署，卫生部和有关部委制定一系列政策和措施，及时安排、协调、调集大量人员和物资，组织对口支援四川灾区有关医疗卫生防疫单位的服务恢复工作。地震灾区的医疗和防疫的恢复分为两个阶段：第一阶段，从地震发生开始至 9 月底，为功能恢复阶段，以人力支援为主，所有医疗救援人员被安排到各基层医疗卫生防疫机构，直接参与常规的卫生工作，使乡村卫生机构由完全瘫痪的状态，经过帮扶逐渐恢复卫生服务功能，实现公共卫生服务秩序基本恢复的目标。第二阶段，从9月至12月底，为恢复重建阶段，以人力支援逐步转向技术支援为主，支援的人员安排也逐步从混合编队到独立分片管理，日常医疗防疫卫生工作主要由当地卫生技术人员自己承担，实现医疗防疫卫生服务秩序全面恢复的目标。

各地震灾区在加快过渡性医疗防疫基础设施建设和过渡性医疗防疫机构基本设备配置的基础上，规范有序地开展灾后重建工作，促进了灾区医疗防疫卫生服务体系、功能和工作秩序的迅速恢复。

五

汶川特大地震抗震救灾，是对中华民族精神的一次洗礼，是对中华民族团结的一次检验，是对中华民族力量的一次凝聚。

抗震救灾医疗防疫工作之所以取得全面胜利，主要归结于以下因素：一是中共中央、国务院“以人为本”，对灾区人民的生命和健康高度重视，灾后反应迅速、决策科学、指挥果断、部署有力，为举全国之力开展灾区医疗防疫工作提供了根本保证。二是国务院抗震救灾总指挥部卫生防疫组及其成员单位、受灾地区各级党委和政府，形成从上到下统一指挥、协调配合、周密组织、科学调度、高效运转的工作机制，保证了全国医疗卫生资源和相关技术、物资资源的统一调配，使灾区医疗防疫工作得以有力、有序、有效地全面开展。三是受灾地区卫生系统不等不靠，快速、高效、科学地应对灾情，积极组织开展灾区医疗防疫工作，成为医疗救治和卫生防疫的主要力量。四是解放军和武警部队卫生系统全体人员听令而动、冲锋在前、不畏艰险、勇挑重担，以娴熟高超的医疗技术、仁术仁心的良好医德、敢打硬仗的战斗作风，在灾区医疗防疫工作中发挥了突击队和生力军作用。五是极重灾区和重灾区医务人员在电力、通信、交通完全中断的情况下，开展自救互救，使上万名危重伤员得到及时救治，为降低伤员死亡率、致残率起到了关键作用。六是实行“四集中”的救治原则，将危重伤员集中收治在受灾省内医疗条件较好的综合医院，并从全国调集大批包括院士在内的专家赴灾区指导救治工作，整合重症监护、血液透析、防止院内感染等治疗力量，为减少危重伤员致死、致残提供了有力保证。七是采取伤员跨省转运，极大地缓解了四川省的医疗救治工作压力，有效地调动了全国的医疗资源，使伤病员得到及时救治。八是进行“省包县”的对口支援方针和分片包干、责任到人的卫生防疫责任制，保证了灾区卫生防疫工作的全面覆盖和顺利进行。九是广大救灾部队战士和学生、志愿者经过适当培训，成为卫生防疫和心理救援的强大辅助力量，为灾区卫生防疫工作的全面覆盖和心理卫生服务的深入开展提供了有力支持。地方和军队医疗防疫队伍中涌现出的无数抗震救灾英雄集体和模范，为医疗防疫工作夺取抗震救灾斗争的伟大胜利，奠定了坚实的基础。他们的感人事迹，可歌可泣，值得大书特书，永载史册。

反思汶川地震的医疗防疫工作，也存在一些不足。如灾害应急救援机制不够健全。由于医疗防疫工作点多面广，涉及部门较多，各部门之间，部门与省（区、市）之间，以及军队与地方之间职责交叉，协调联动机制不够顺畅，信息沟通不够及时，在一定程度上影响了工作效率。卫生应急物资储备和调运体制与机制尚不够完善。卫生应急救援物资储备不足，储备所需资金、储备物资管理和储备物资分属多个部门，难以在短时间内保证所需物资的供应。医疗卫生应急救援装备严重不足，卫生应急队伍能力不强，技术装备和野外生存装备缺乏，交通工具、通信设备落后，指挥、处置、自保和机动能力很弱，影响了现场应急救援工作的有效开展，也给应急卫生救援队伍自身安全带来威胁。卫生应急预案和工作经费补助机制不够完善。客观记录汶川地震抗震救灾中的医疗防疫工作，认真总结其中的经验和教训，大力弘扬万众一心、众志成城、不畏艰险、百折不挠、以人为本、尊重科学的伟大抗震救灾精神，改革相关的运行体制和工作机制，对中国这样一个自然灾害频发，因灾损失巨大的国家，其意义、影响和价值无疑将是巨大的。

恩格斯曾经说过：“没有哪一次巨大的历史灾难不是以历史的进步为补偿的。”给国家新期待，给民族新精神，给公民新责任，对于历经磨难的中华民族而言，汶川地震是一个悲壮的过去，但更是一个伟大的开始。汶川地震发生后100多天的灾区医疗防疫工作，充分展现出举国上下协力同心、海内海外同胞和衷共济的民族精神、中华民族团结奋斗的民族品格和风雨同舟的强大力量；充分表现了白衣战士“生命至上、仁爱奉献、科学防治、精益求精、团结拼搏、永不言弃”的抗震救灾精神。相信这种精神和力量，必将鼓舞全国各族人民满怀信心地把改革开放和社会主义现代化事业继续推向前进。

第一篇

组织领导

第一章　组织实施

第二章　政策与措施

第三章　信息发布与宣传报道

汶川特大地震发生后，中共中央、国务院立即采取果断措施，组织部署解放军、武警部队和全国各地、各个系统的医疗卫生救援队伍疾速奔赴灾区抢险救灾，责成有关部门着手调动和组织全国的医疗卫生力量，展开前所未有的大规模医疗防疫救援工作，为抢救伤员，确保灾区人民群众生命安全赢得了宝贵时间。

抗震救灾期间，胡锦涛、吴邦国、温家宝等中共中央、国务院领导同志奔波于四川、甘肃、陕西等地灾区与首都北京之间，不断召集各种会议，一再指示要把保护灾区群众的生命安全放在第一位，强调抓紧展开医疗救治工作，增加救援力量，并对善后处理、伤员转运、卫生防疫、保障灾区群众饮水安全和灾区群众生活安置等问题，做出一系列决策和部署，使抗震救灾医疗救治和卫生防疫工作得以顺利展开，并取得关键性胜利。

地震发生当天，国务院抗震救灾总指挥部紧急组建由卫生部牵头，发展改革委、质检总局、食品药品监管局、总后勤部、武警部队等国家、军队有关机构、单位参加的卫生防疫组，随着医疗救治和卫生防疫工作的开展，农业部、民政部、财政部、人力资源社会保障部、环境保护部和中医药局被增补为卫生防疫组成员单位。卫生防疫组紧急指挥和组织医疗防疫队伍，调集医疗器械、药品，对受伤人员进行救治；监督、监测灾区饮用水源和食品状况，防范和控制各种传染病的暴发和流行。在国务院抗震救灾总指挥部统一指挥下，卫生部迅速从全国各地组织调遣医疗卫生人员赶赴抗震救灾第一线，开展大规模的医疗救援和卫生防疫。

按照中共中央、国务院和中央军委的统一部署，解放军、武警部队紧急抽组医疗防疫救援力量，奔赴救灾现场。国家有关部委、单位密切配合，协助、支援地震灾区的医疗救治、卫生防疫工作，受灾省（区、市）迅即展开抗震救灾医疗救治、卫生防疫工作，全国非受灾省（区、市）也大力支援灾区医疗防疫救援。

国务院和国家有关部委、社会团体，四川省等受灾地区政府及有关部门，研究和制定医疗救治、卫生防疫方面相关的政策和规范，及时提出指导性意见和规范性要求，指导地震灾区的医疗救治、卫生防疫等工作科学、有序地开展；同时提出一系列经费保障、物资保障等切实可行的意见和方法。为做好四川等灾区急需医药用品紧急采购和调运，中央财政紧急下拨救灾资金；发展改革委迅速动用中央医药储备，及时配送医疗救治和卫生防疫药械。

与此同时，国家相关部委、社会团体，四川等受灾地区政府及有关部门，加强信息发布和地震医疗救援的风险沟通，大力开展医疗救治、卫生防疫等工作的宣传报道。中央和地方各级媒体派出大批记者，到灾区医疗救治和卫生防疫第一线，广泛深入地对抗震救灾斗争中涌现出的英雄人物和先进典型进行宣传报道。

在抗震救灾医疗防疫工作中，全国建立起上下贯通、全民动员、区域协作的工作机制，从中央到地方，各级党组织和政府的迅速反应、坚强领导、周密组织、科学调度，展现出强有力的总体指挥能力、群众动员能力、资源调配能力、统筹协调能力和处理突发事件、驾驭复杂局面的能力，鼓舞和坚定了全国各族人民团结一心夺取抗震救灾斗争胜利的勇气和信心。

第一章　组织实施

汶川特大地震发生后，中共中央总书记胡锦涛主持召开中共中央政治局常委会议，决定成立国务院抗震救灾总指挥部，全面负责抗震救灾领导工作。此后在地震发生近半个月的时间里，胡锦涛先后多次主持召开中共中央政治局常委会议和中共中央政治局会议，国务院总理温家宝多次主持召开国务院常务会议、国务院抗震救灾总指挥部会议，决策部署抗震救灾工作。抗震救灾期间，胡锦涛、吴邦国、温家宝等中央领导同志深入四川、甘肃、陕西等地灾区，实地了解地震灾情，对医疗救治、卫生防疫和灾区群众生活安置等问题做出了一系列决策和部署。

国务院抗震救灾总指挥部于地震发生当日成立卫生防疫组，紧急部署与组织医疗救护队伍，调集医疗器械、药品，对受伤人员进行救治，开展防范和控制各种传染病等疫病的暴发流行等应急工作。卫生部、质检总局、发展改革委、民政部、财政部、环境保护部、农业部、铁道部、民航局等有关部委、单位，解放军和武警部队及非受灾省（区、市）与受灾省（区、市）密切配合，全力支援地震灾区的医疗救治和卫生防疫工作。

为加强抗震救灾工作的组织领导，全国各省（区、市）和行业系统派往地震灾区的医疗防疫救援队相应建立临时党总支（支部），各分队建立党小组，形成一个个坚强的战斗集体。在极其艰苦的条件下，党员的先锋模范作用得到充分体现，入党积极分子在救援工作中接受了党组织的考验。

第一节　中央决策部署

汶川特大地震发生后，中共中央、国务院把抗震救灾作为最重要、最紧迫的任务，举全国之力开展一场中国历史上救援速度最快、动员范围最广、投入力量最大的抗震救灾斗争。中共中央、国务院采取果断措施，组织部署展开前所未有的大规模医疗救援和卫生防疫工作，为抢救伤员，确保灾区人民群众生命安全赢得了宝贵时间。

一　中共中央决策指挥

5月12日地震发生后不久，胡锦涛根据初步了解的灾情做出重要指示，要求国务院成立抗震救灾总指挥部，迅速组织力量，尽快抢救伤员，确保灾区人民群众生命安全。当天晚上，胡锦涛在北京主持召开中共中央政治局常委会议。会议强调，要不怕困难，顽强奋战，全力抢救伤员，切实保障灾区人民群众生命安全，尽最大努力把地震灾害造成的损失减少到最低程度。会议决定，国务院成立抗震救灾总指挥部，国务院总理温家宝任总指挥，国务院副总理李克强、回良玉任副总指挥。会议要求，立即组织人民解放军、武警部队、民兵预备役和医疗卫生人员，尽快赶赴灾区，全力抢救受伤人员。

5月13日，中共中央办公厅、国务院办公厅发出关于四川省汶川县发生强烈地震和全力做好抗震救灾工作的通报，明确立即组织人民解放军、武警部队、民兵预备役和医疗卫生人员，尽快赶赴灾区，全力抢救受伤人员；要千方百计向灾区运送食品、饮用水、药品和帐篷、防寒衣被等救灾物资。

5月14日，胡锦涛在北京主持召开中共中央政治局常委会议，根据地震造成的灾害影响范围广、人员伤亡多、抢救难度大、抗震救灾工作面临严峻挑战和极大困难等情况，要求在抗震救灾时，要把抢救被困群众放在第一位，只要有一线希望，就要尽一切努力施救。会议决定，继续从各地和部队调集医护人员，组成医疗队和专家组，到灾区对受伤群众实施救治，并加强卫生防疫工作，防止灾区疫病流行。

5月16日上午，胡锦涛抵达绵阳，在机场主持召开会议。在听取温家宝的情况介绍和有关报告后，胡锦涛强调，抗震救灾工作要坚持以人为本，把抢救人民群众生命作为重中之重，认真开展卫生防疫工作，防止灾后疾病流行。随后，胡锦涛在回良玉等的陪同下，驱车赶赴极重灾区北川羌族自治县，看望慰问受灾群众。在设于北川中学附近的野战医疗所，胡锦涛看到在灾难中失去母亲的3岁半幼儿罗梦夕，当即叮嘱医护人员一定要为这个孩子做全面检查。

5月17日上午，胡锦涛到位于地震震中区的汶川县漩口镇查看灾情。刚下汽车，胡锦涛就急切地向当地干部询问全镇的伤亡和房屋倒塌情况。当得知倒塌的房屋下面还有被埋群众时，胡锦涛立即同四川省及救援部队等方面的负责人现场研究救援工作。胡锦涛一再强调，要加强领导，相互协调，发挥各种救援力量的优势；哪些地方埋压的群众多，就要把专业救援队伍赶紧派往哪里，把生命探测仪等先进设备及时送到哪里。离开漩口镇，胡锦涛又前往极重灾区彭州市龙门山镇查看灾情。当胡锦涛看到来自自贡市疾控中心的几位卫生防疫人员正在进行环境消毒时，勉励卫生防疫人员认真做好卫生防疫工作，严防灾后疫病发生。同日晚，胡锦涛在成都连夜召开会议，听取抗震救灾工作汇报。他指出，要全力抢救伤员生命、医治群众病痛，切实保障灾区医疗急救物资供应，及时将部分能够安全转移的伤员送往外省市条件较好的医疗机构救治，同时要切实做好灾区卫生防疫工作，确保大灾之后无大疫；要加强组织调运，继续筹措受灾群众急需的生活必需物资，想尽一切办法把粮食、食品、饮用水、药品、衣被、帐篷等物资运往灾区，确保灾区群众有饭吃、有衣穿、有干净水喝、有临时住处；要深入到灾区群众中，特别是遇难者家属中，耐心细致地做好思想工作，注重做好心理安抚，确保灾区社会安定、人心稳定。

5 月 18 日，胡锦涛到极重灾区什邡市看望慰问受灾群众和救援人员。得知什邡深山区一些村庄的乡亲受灾比较严重，急需救援人员时，胡锦涛当即与地方和军队的负责人一起研究救援工作，要求他们组织精干的小分队，带着食品、饮用水和药品，徒步进入深山区，火速赶往这些村庄进行救援，真正把抗震救灾工作延伸、拓展、落实到村。

5 月 22 日上午，从四川灾区返回北京的胡锦涛主持召开中共中央政治局常委会议，研究部署继续全力做好抗震救灾工作。会议指出，要继续抓紧救治伤病群众，尽快将重伤员转送到条件较好的医疗机构救治，保证灾区医疗急救物资供应，尽最大努力保障受伤群众生命安全；要继续做好卫生防疫工作，尽快充实专业防疫力量，强化灾区防疫，加强疫情监测，确保大灾之后无大疫。

5 月 26 日，胡锦涛在北京主持召开中共中央政治局会议，研究部署抗震救灾和灾后重建工作。会议强调，增派有经验的专家，保证医疗急救物资供应，做好部分伤员转移治疗工作，全力抢救受伤群众，尽最大努力保障伤员生命安全；全力开展卫生防疫工作，增派卫生防疫人员，及时调运防疫药品，迅速把卫生防疫力量覆盖到所有乡镇村庄，加强疫情监测，确保大灾之后无大疫。

5 月 31 日，胡锦涛到陕西地震灾区宁强县查看地震灾情，看望受灾群众，并慰问正在灾区救治群众的兰州军区第三医院医疗队和武警陕西总队医院医疗队。武警陕西总队医院副院长、医疗队队长张华向胡锦涛详细汇报医疗防疫队在医疗救治、卫生防疫、心理疏导等方面工作开展的情况。胡锦涛走进宁强县广坪镇金山寺村帐篷医疗点，询问受伤群众病情，安慰他们要好好养病，积极配合治疗。

6 月 1 日，胡锦涛到甘肃地震灾区看望参加救援的武警官兵，特别叮嘱驻甘肃的武警部队负责人，要按照中共地方组织和地方政府的统一安排，在安置受灾群众生活、救治伤病人员、加强卫生防疫等方面继续发挥突击队作用，努力为夺取抗震救灾斗争的全面胜利再立新功。当天下午，胡锦涛到陇南市第一人民医院亲切看望伤员和医护人员，并看望前来支援抗震救灾的巴基斯坦国际医疗队，代表中国政府和人民向他们表示衷心的感谢。兰州大学第一医院副院长、医疗队队长余勤向胡锦涛简要介绍了医疗队的工作情况。胡锦涛把余勤拉到自己身边关切地说："你们辛苦了，请大家多保重。"

在陕西、甘肃考察期间，胡锦涛一再强调，坚持以人为本，必须贯穿抗震救灾斗争全过程；要坚持把人民利益放在高于一切的位置，尽最大努力挽救伤员生命、减轻伤员病痛，使伤员在生理和心理上都得到良好康复；要着力加强卫生防疫力量，强化对饮用水和食品的卫生监督，防止灾区疫病流行。

二　国务院组织部署

5 月 12 日 16 时 44 分，地震灾害发生两个多小时，温家宝即乘坐专机赶赴成都，现场指挥抗震救灾工作。起飞前，温家宝要来四川省地图，同国务委员兼国务院秘书长马凯及国务委员、公安部部长孟建柱一起听取有关部门的汇报，了解情况。飞机起飞后，温家宝主持召开紧急会议，部署抗震救灾工作，根据胡锦涛的重要指示，组建国务院抗震救灾指挥部。会议决定，设立由有关部门、军队、武警部队和地方党委、政府主要负责人参加的救援组、预报监测组、医疗卫生组、生活安置组、基础设施组、生产恢复组、治安组、宣传组 8 个抗震救灾工作组（后几组名称有所变化，又增加水利组）。同时，对包括卫生防疫组在内的各组具体工作进行分工与安排。19 时许，温家宝一行抵达成都，旋即乘车前往震中汶川县。由于道路中断，国务院抗震救灾总指挥部在都江堰市区搭建的帐篷里开展领导和组织工作。温家宝冒雨前往受灾严重的都江堰市中医院和聚源镇中学查看灾情，慰问受灾群众。温家宝仔细查看完全坍塌的都江堰市中医院 5 层高的住院部大楼受灾现场，向正在抢救遇险人员的部队指战员和医院工作人员询问救援情况，要求指战员尽全力把每个角落都探查清楚，救灾工作要有序进行。在聚源镇中学，温家宝了解到学校有上百名学生被埋压在废墟下之后，当即指示：只要有一线希望，就要尽全部力量救人，废墟下哪怕还有一个人，都要抢救到底。23 时 40 分，温家宝在帐篷里主持召开国务院抗震救灾总指挥部工作会议，要求卫生部尽快统筹协调，从各地调派医疗人员赶赴灾区，同时备足救护车、药品等救援物资。

5 月 13 日，温家宝转赴受灾严重的德阳市，主持召开国务院抗震救灾总指挥部临时会议，强调指出，地震灾区需要从各地调集医疗队和药品，要加快速度，克服一切困难到达灾区，有些交通不便的灾区可以采用空投医疗队和药品的方式解决这一问题。温家宝先后到位于绵竹市汉旺镇的国有大企业东方汽轮机厂、绵阳市九洲体育馆和什邡市龙居中心学校看望受灾群众，了解灾情，要求尽最大努力抢救生命。在九洲体育馆，温家宝要求有关部门在生活上、心理上对受灾孩童给予关心，使他们能够和其他孩子一样健康成长。20 时 30 分，温家宝在列车上主持召开国务院抗震救灾总指挥部会议，强调当前抗震救灾的核心任务仍是救人，要抓住时机，抓紧时间抢救人员，把人员伤亡降低到最低限度；要求卫生部门迅速从全国抽调 3000 名医护人员，以最快速度到达四川地震灾区，开展医疗救治工作。

5 月 14 日，温家宝主持召开国务院抗震救灾总指挥部会议，要求卫生部、解放军等要继续向灾区增派医务人员。卫生部要尽快将医疗队伍部署到受灾地区，并在医院损毁严重的灾区建立战地医院，做好伤员救治工作。下午，温家宝乘直升机前往震中所在地汶川县映秀镇查看灾情，看望受灾群众。温家宝一下直升机，就走到空地上或躺或站、等待运送出去的伤员中间，询问有关情况，查看伤势。随后，温家宝冒着危险，走过一座已经被震裂的桥梁，到河对岸查看受灾情况，强调要想一切办法把伤员救出去，公路不通就用直升机，想方设法加大运输力量，以使更多的受伤群众得到及时救治。

5 月 14 日，李克强在北京主持召开有 43 个部门负责人参加的抗震救灾工作会议，要求各有关部门立即启动地震灾害应急预案。李克强指出，保障灾区救援和生活用品是当前抗震救灾的急迫需要，必须想方设法筹集抢险救援装备和工具，紧急调集医疗器械和药品，千方百计满足前方搜救和医疗紧急需要。

5 月 15 日晚，温家宝在列车上召开国务院抗震救灾总指挥部会议，要求做好对遇难者遗体的处理，防止疫病出现等善后工作，解决好灾区群众生活安置问题。

5月17日下午，温家宝在北京主持召开国务院抗震救灾总指挥部会议。会议要求，切实做好伤员救治和卫生防疫，做好遇难者遗体处理等善后工作。会议对灾区医疗防疫工作做出详细部署，要求抓紧做好伤员救治工作。已经到达灾区的应急医疗队伍要全力开展有序、有效的救治，保护伤员生命安全；对少数医疗队伍尚未进入的乡镇，尽快安排空运进入，迅速建立战地医院或医疗点，争分夺秒地抢救受伤群众；通过空运、陆运等方式把重伤员转运到省内城市医院实施救治；统筹周边省市的医疗资源，适度分流、转运、收治受伤群众。会议要求，增派有经验的专家，调集急救设备，加大对重灾区以及偏远地区医药器械、药品供应力度，确保救出人员得到及时救助，尽全力减少伤员致死、致残；全面加强灾区卫生防疫工作，把卫生防疫作为抗震救灾的重大任务摆在突出位置，确保大灾之后无大疫；增派卫生防疫队伍，覆盖所有受灾县、乡、村，指导开展防疫工作，已经进入灾区的防疫人员要分片包干，合理设点，巡回指导，落实责任制，当务之急是要尽快做好遇难者遗体的消毒和处理；搞好灾区水源监测消毒，加强食品和饮用水卫生监督；做好畜禽尸体无害化处理，以及垃圾、粪便消毒等环境卫生工作，保证消杀药品供应；加强疫情监测，实行重大传染病和突发公共卫生事件每日报告制度；普及卫生防疫知识，组织开展环境卫生整治，防止传染病流行蔓延。

5月18日，李克强到四川省受灾严重的绵阳市指导协调抢险救灾和防疫工作。李克强强调，要统筹协调救人、救治、防疫、防灾和灾区群众安置，有力、有序、有效地做好抗震救灾工作。中午，李克强抵达绵阳机场后，立即乘车前往平武县平通镇。在途中听取绵阳市委、市政府负责人情况介绍后，李克强指出，进一步做好抢险救援工作，救人是第一位的，同时要把救人、救治同防疫有机结合起来，将防疫工作放在突出位置；要严防次生灾害，做好灾区群众安置和恢复重建等工作。在江油医院，他俯身握着正在接受治疗的受伤人员的手，嘱咐医护人员全力做好救治工作，救死扶伤，争分夺秒，千方百计抢救重伤员，确保受伤人员及时得到救治。在平通镇抢险救灾现场看望正在一线作业的防疫人员时，李克强强调，防疫如同救灾，行动刻不容缓，必须全面加强灾区卫生防疫工作，确保大灾之后无大疫；要向灾区增派卫生防疫队伍，覆盖所有受灾县、乡、村；加强疫情监测，建立每日报告制度，分发指导手册，普及防疫知识，防止出现传染病；抓紧做好遇难者遗体登记、消毒和处理工作。

5月19日下午，温家宝在北京主持召开国务院抗震救灾总指挥部第10次会议，听取被困人员搜救、伤病员救治、遇难者善后处理和灾区卫生防疫等工作情况汇报。会议要求，进一步加强灾区卫生防疫工作，卫生部门要在5天内每天增派卫生防疫人员500名，派出1000名卫生监督员，紧急印制500万份宣传材料，尽快将400台带有疫情报告软件和全球定位系统（GPS）的手机发往成都，开展手机网络直报工作。同日下午，回良玉在成都主持召开卫生防疫专题会议，听取四川省政府和卫生部抗震救灾领导小组前方综合协调组的工作汇报，研究卫生防疫工作。会议指出，医疗救治和卫生防疫是整个抗震救灾要贯彻始终的、十分重要的工作，是既紧迫又长期的艰巨任务。实现大灾之后无大疫，不仅是四川人民的期盼，更是中共中央和全国人民关心、全世界关注的大事。灾情发生在高山峻岭之间，交通不便，又是民族地区、贫困地区、革命老区，也是医疗卫生条件薄弱的地区，对于卫生防疫面临的困难要高度重视，不可掉以轻心；要周密安排，狠抓落实；举全国之力，调用所需物资，各有关部门要大力支持。对于下一步的卫生防疫工作，回良玉强调，要进一步强化各级政府的责任，做好饮用水和食品安全，重视灾区疫情监测与报告，高度重视灾区群众安置点人员过于集中所带来的环境风险问题，防止暴发疫情；卫生部组织各地开展对口支援，根据卫生防疫工作需要科学合理安排人员和药械；加强军地协调、部门配合，保证急需物资供给，对动物疫病也不可忽视。

5 月 21 日，温家宝在北京主持召开国务院常务会议，研究部署抗震救灾和当前经济工作。会议强调，要继续全力搜救被困人员，尽快将重伤员抢运到条件较好的医疗机构救治，增派和充实专业防疫力量，强化灾区防疫工作。同日下午，李克强到铁路成都东站查看救灾物品的装运情况，在转运和分发药品、防疫消毒用品场地，李克强指出，当前灾区的防疫工作极为重要和紧迫，要加强对消毒用品的运输组织，优先装车，快速运达，在最短的时间内分送到灾区，为搞好灾区的防疫工作赢得时间。其间，李克强到救灾药械接转库房，详细询问救灾药械的数量、质量和运输等问题。在听取有关救灾药械接收入库、检验整理和装运发放的简要汇报后，李克强充分肯定四川省食品药品监管系统在救灾药械保障上所取得的成绩，指出要争分夺秒，尽一切可能，尽最大努力保障地震灾区用药用械及时安全有效。同日，回良玉考察四川救灾物资转运中心和物资储备仓库，并主持会议，专题研究物资调运工作。会议要求，确保救灾物资质量安全，减少破损率，发放给群众的食品、药品绝不能超过保质期。

5 月 23 日晚，温家宝在列车上主持召开国务院抗震救灾总指挥部第 13 次会议。会议指出，卫生防疫工作是当前紧迫任务，做好此项工作要抓住 4 个要点：要保证有充足的覆盖到村的防疫技术人员和督导员；保证消毒剂、灭菌剂、杀虫剂等防疫必需的药品；切断污染源，防止污染扩散；保证饮水和食品安全。会议指出，随着天气越来越热，汛期也将到来，卫生防疫工作的困难会越来越大，确保灾后无大疫是当前一项十分紧迫的任务，必须摆在突出位置。

5 月 24 日下午，第二次赴四川灾区考察抗震救灾工作的温家宝，在成都双流机场货运站救灾药械转接点，深入药械验收现场，问候在场的药械验收工作人员。当了解到四川省食品药品监管局、四川省食品药品检验所 100 多人，从 13 日开始每天 24 小时坚守在救灾药械转接点，负责药品、医疗器械、消毒用品等的质量把关，严格按照国家食品药品监管局关于加强捐赠药械的监管规定进行查验、清点，并在机场备有多台药品检测车作为流动的检验室，对可疑药品进行快速检测的情况后，温家宝对药械验收工作人员说："12 天啦，你们辛苦了。"

5 月 27 日下午，温家宝在北京主持召开国务院抗震救灾总指挥部第 14 次会议。会议强调，要坚持以人为本，切实做好伤员救治和卫生防疫工作。会议重点研究受灾群众住房安置、卫生防疫和堰塞湖险情处置问题，并强调要开始准备灾后重建的前期工作。

6 月 3 日下午，温家宝在北京主持召开国务院抗震救灾总指挥部第 16 次会议，部署灾区恢复生产工作，讨论《国家汶川地震灾后重建规划工作方案》。会议要求进一步强化动物疫病防控，做好无害化处理工作。

6 月9 日上午，温家宝在北京主持召开国务院抗震救灾总指挥部第18次会议，听取关于甘肃、陕西两省抗震救灾情况的报告和进一步做好灾区医疗防疫工作的建议，研究进一步做好灾区医疗防疫和甘肃、陕西抗震救灾工作。会议指出，全面防疫工作正在有力、有序、有效地展开，实现了灾区县、乡、村和受灾群众安置点的卫生防疫工作全覆盖，灾区没有发生聚集性传染病疫情和突发公共卫生事件。当前的工作重点是，继续做好伤员救治工作，切实做好卫生防疫工作，同时尽快恢复灾区正常医疗卫生服务秩序，坚持“地方为主、对口支援”的原则，做好对口支援灾区医疗卫生工作，落实卫生防疫工作责任制，确保大灾之后无大疫。

第二节　卫生防疫组组织实施

汶川特大地震发生后，国务院抗震救灾总指挥部卫生防疫组先后召开 4 次全体会议和 1 次前方会议，围绕抓紧救治伤病人员和全面加强灾区卫生防疫工作两大任务，建立工作会商、信息通报、措施联动等运行机制，协调落实各部门工作职责，充分发挥军地协同优势，统筹调配军地医疗防疫人员和医用物资，对抗震救灾各个阶段的医疗防疫任务做出了全面部署。

一　卫生防疫组第一次全体成员会议

5 月 15 日晚，卫生部党组书记、副部长高强在北京主持召开国务院抗震救灾总指挥部卫生防疫组第一次全体成员会议。卫生部、发展改革委、质检总局、食品药品监管局、总后勤部、武警部队等成员单位参加会议。会议传达了国务院抗震救灾总指挥部关于加强卫生防疫工作的要求，听取卫生防疫组各成员单位抗震救灾工作进展情况通报，确定成员单位工作职责。

会议确定，卫生部负责组织全国卫生力量支援地震灾区医疗救治和卫生防疫工作，协助开展灾区医疗救治和卫生防疫药品、器械供应，协调卫生防疫组各项工作，汇总上报卫生防疫组各成员单位工作信息；发展改革委根据灾区需求，负责组织调用中央医药储备，负责加强药品、医疗器械价格监管；质检总局负责口岸出入境人员卫生检疫和进境抗灾物资等的检验检疫工作，协调开展食品生产安全监管；食品药品监管局负责救灾药品、医疗器械的安全监管，协助开展灾区医疗救治和卫生防疫药品、医疗器械供应；总后卫生部负责军队医疗救援和卫生防疫工作；武警部队后勤部卫生部负责武警部队医疗救援和卫生防疫工作。

会议决定，建立卫生防疫组成员单位工作协调机制。主要包括：根据抗震救灾卫生防疫工作需要，不定期召开卫生防疫组成员会议或联络员会议，会商研究、协调部署相关工作的成员和联络员会议制度；各成员单位每日 16 时前向卫生部报送抗震救灾卫生防疫工作最新进展，卫生部及时汇总各部门信息上报国务院抗震救灾总指挥部并通报各成员单位的信息通报机制；各成员单位及时沟通工作情况，密切配合，根据救灾需要和前方力量配备情况，统筹配置军地医疗救援和卫生防疫队伍，统筹调配救灾防疫物资的工作协调联动机制。

会议确定并部署下一阶段医疗救治和疫情防控重点工作，要求切实加强卫生部与解放军、武警部队的协调联动，充分发挥各自优势，相互配合，互为补充，向重灾地区空运医疗卫生应急救援队伍，尽快实现医疗救治、卫生防疫、医药器械物资覆盖到所有灾区，不留死角；尚无医疗队进入的地区，请军队协调安排医疗队随应急救援队伍空运到达；高度重视灾区防疫工作，实施统一领导下的分工合作；卫生部门防疫队伍和解放军、武警部队防疫队伍分工合作，明确任务，实现防疫措施联动，确保灾后无大疫；加强灾区药品和物资保障工作，发展改革委、卫生部、质检总局和食品药品监管局协调配合，密切合作，确保医疗救治和卫生防疫物资及时、足量供应；加强信息沟通和统一报送工作，建立信息报送机制，及时协商解决工作中存在的问题，及时汇总各部门工作进展情况并上报国务院抗震救灾总指挥部。

二　卫生防疫组第二次全体成员会议

5 月 18 日晚，国务院抗震救灾总指挥部卫生防疫组在北京召开第二次全体成员会议。会议传达了国务院抗震救灾总指挥部 17 日召开的会议精神，针对主要由卫生防疫组负责的抓紧被救伤病人员的救治工作和全面加强灾区卫生防疫工作两项任务，将其具体分解为 12 项工作内容，并明确每一项内容的负责部门。

会议议定，已经到达灾区的应急医疗队伍全力开展有序、有效的救治，保护伤员生命安全，由卫生部、总后勤部、武警部队后勤部负责；对少数尚无医疗队伍进入的乡镇，尽快安排空运进入，迅速建立战地医院或医疗点，争分夺秒地抢救受伤群众，由总后勤部、卫生部、武警部队后勤部负责；通过空运、陆运等方式把重伤员转运到省内城市医院实施救治，统筹周边省市的医疗资源，适度分流、转运、收治受伤群众，由卫生部、总后勤部、武警部队后勤部负责；增派有经验的专家，调集急救设备，加大对重灾地区以及偏远地区医药器械、药品供应力度，确保救出人员得到及时救助，尽全力减少伤员致死、致残，由卫生部、发展改革委、质检总局、食品药品监管局、总后勤部、武警部队后勤部负责；增派卫生防疫队伍，覆盖所有受灾县乡，指导开展防疫工作，由卫生部、质检总局、总后勤部、武警部队后勤部负责；已经进入灾区的防疫人员要分片包干，合理设点，巡回指导，落实责任制，由卫生部、质检总局、总后勤部、武警部队后勤部负责；尽快做好遇难者遗体的消毒和处理，由卫生部、总后勤部协助民政部、公安部开展工作；加强灾区水源监测消毒，加强食品和饮用水卫生监督，由卫生部、质检总局、食品药品监管局负责；做好畜禽尸体无害化处理，由卫生部、总后勤部协助农业部开展工作；垃圾、粪便消毒等环境卫生工作、保证消杀药品供应，由卫生部负责；加强疫情监测，实行重大传染病和突发公共卫生事件每日报告制度，由卫生部、质检总局负责；普及卫生防疫知识，组织开展环境卫生整治，防止传染病的流行蔓延，由卫生部、总后勤部、武警部队后勤部负责。

会议要求，根据已经分解的工作任务，各成员单位进一步细化工作方案，紧密围绕抗震救灾中心工作，密切配合，加强合作，及时沟通，按时通报有关信息，共同做好抗震救灾医疗卫生应急救援工作。

三　卫生防疫组抗震救灾前方工作会议

5月25日上午，国务院抗震救灾总指挥部卫生防疫组抗震救灾前方工作会议在成都召开（见图1）。会议传达温家宝对抗震救灾卫生防疫工作的评价，以及既要千方百计救治伤员，又要全力以赴做好卫生防疫工作，坚决实现大灾之后无大疫的奋斗目标；研究、部署地震灾区当前的卫生防疫工作及下一阶段进一步做好地震灾区卫生防疫工作的具体任务。

会议要求，继续抓紧救治伤员，要尽最大努力保障伤员生命安全；要做好组织协调，尽快空运医疗队到道路不通的地震灾区，降低受伤人员致死率、致残率；要统一筹划，把部分伤员转运到其他省份城市大医院继续进行医疗救治；增派有经验的医疗专家参与当地的医疗救治工作，并做好医疗物资的供应，确保伤员得到及时救治。

会议要求，全面加强卫生防疫工作。卫生部已派部机关工作人员和中国疾控中心专家进驻到每个重灾县，具体协调指导卫生防疫工作。会议要求，要确保卫生防疫人员覆盖到所有重灾县的乡和村，每个村都要有卫生防疫人员分片包干，落实责任；要做好地震灾区重点人群甲肝疫苗、乙脑疫苗、狂犬病疫苗等的预防接种；科学测算，做好消毒药品、器械的供应；要加强疫情监测和每日报告工作，隔离污染源，做好灭蚊、杀虫，切断污染途径，做好重点区域、重点部位和重点人群的卫生防疫；要继续做好动物尸体的无害化处理，密切监测老鼠密度，做好人畜共患疾病的防控；要组织专家对卫生防疫效果进行科学评估，有的放矢地推进整体防疫工作；要对县、

图1　5月25日，国务院抗震救灾总指挥部卫生防疫组抗震救灾前方工作会议在成都召开，研究部署地震灾区卫生防疫工作

（中国卫生画报社　提供）

乡、村公共卫生服务能力的恢复重建早做谋划；加强对食品、饮用水的卫生监管工作，保证地震灾区居民饮水安全；要充分发挥中医药的作用，保护地震灾区居民免受传染病侵袭；要大力加强卫生宣传与健康教育，督导检查灾区健康教育效果。

会议对加强部门协调做好卫生防疫工作提出明确要求。地方和军队有关部门建立并完善统一指挥的卫生防疫体系，四川省、卫生部、农业部和军队要加强统筹指挥及协调工作，四川省完善省、市、县、乡四级防控网络，军地医疗卫生专家和本地的专业人员密切合作，共同开展卫生防疫工作。地方各级党政部门应广泛发动群众，积极开展健康教育工作，自觉参与卫生防疫工作。会议要求，各有关部门要坚决贯彻温家宝的重要讲话精神，坚持科学防治的原则，扎扎实实地落实各项具体措施，有序、有力、有效地完成卫生防疫任务，努力实现保障地震灾区人民群众健康的目标。

四　卫生防疫组第三次全体成员会议

6 月 8 日下午，国务院抗震救灾总指挥部卫生防疫组在北京召开第三次全体成员会议。会议审议卫生防疫组《关于进一步做好灾区医疗防疫工作的汇报》，分析当前抗震救灾卫生防疫工作形势和工作任务，研究确定卫生防疫组卫生防疫和灾后重建的重点工作。会议讨论确定民政部、财政部、人力资源社会保障部、环境保护部、中医药局在卫生防疫组工作中的新职责以及卫生防疫组的工作协调机制。

会议进一步明确灾区医疗防疫的主要工作任务，确定坚持“地方为主、对口支援”的原则，制定对口支援灾区医疗防疫工作方案和灾区群众基本医疗、残疾伤员安置康复等政策措施；按照中央统一部署，实行“一省帮一县”的办法，落实卫生防疫工作责任制，确保大灾之后无大疫；在集中力量做好危重伤员医疗救治的同时，统筹灾区卫生资源，合理调配医疗支援力量，保障群众基本医疗需求；合理规划灾区卫生系统恢复重建工作。会议强调，要尽快恢复灾区医疗卫生服务体系，通过建立临时医疗卫生机构或派出医疗队在农村开展巡回医疗等措施，保障灾区群众基本医疗卫生服务需求；要依靠中共地方组织和地方政府，尽快恢复当地疾病预防控制和卫生监督工作体系，依靠当地卫生防疫队伍，合理调配防疫支援力量，确保卫生防疫监督工作全覆盖，切实做好卫生防疫工作。根据受灾群众在较长时间内难以过上正常生活等情况，会议提出年底前对灾区居民实行过渡性医疗照顾政策的建议。会议议定，经过讨论修改的《关于进一步做好灾区医疗防疫工作的汇报》，在国务院抗震救灾总指挥部第 18 次会议进行汇报。

会议进一步明确卫生防疫组各成员单位的职责分工和卫生防疫组的工作协调机制。各成员单位的职责分工，卫生部等多数成员单位的职责基本未变，民政部等一些成员单位有所增加。民政部负责会同有关部门研究制定中央有关医疗救治政策，协调安排住院治疗的因灾伤病人员出院后的生活安置，统筹解决陪护人员的食宿和返乡费用。人力资源社会保障部负责会同有关部门制定和落实抗震救灾医疗救治中医疗保险、工伤保险相关政策。环境保护部负责灾区饮用水源地监测、安全性评价、信息统一发布和水源地保护工作，负责灾区危险废物和医疗垃圾的监督管理、放射性废物的监督管理、生活垃圾的污染防治监督管理及无害化处理有关工作。中医药局协助开展抗震救灾医疗救治和卫生防疫工作，充分发挥中医药在抗震救灾医疗救治和卫生防疫工作中的作用。

会议决定，进一步完善工作协调机制。根据抗震救灾卫生防疫工作需要，不定期召开卫生防疫组成员会议或联络员会议，会商研究、协调部署相关工作；同时，进一步健全信息通报机制，各成员单位在每日11时前向卫生部报送抗震救灾卫生防疫工作最新进展，卫生部及时汇总各部门信息上报国务院抗震救灾总指挥部并通报各成员单位。各成员单位要及时沟通工作情况，密切配合，根据救灾需要和前方力量配备情况，统筹配置军地医疗救援队伍和卫生防疫队伍，统筹调集救灾防疫物资，协商研究和制定医疗救治等相关政策，做好医疗卫生机构恢复重建工作。

五　卫生防疫组第四次全体成员会议

6月23日，国务院抗震救灾总指挥部卫生防疫组在北京召开第四次全体成员会议，研究抗震救灾卫生防疫工作。会议简要通报卫生防疫组工作的进展情况，讨论卫生防疫组各部门提出的各项议题，共同研究卫生防疫组下一步重点工作。

会议认为，卫生防疫组各成员单位在国务院抗震救灾总指挥部的统一领导下，为灾区伤员提供良好的医疗服务，实现大灾之后无大疫的阶段性目标，成效显著。但医疗救治、伤员康复、卫生防疫任务特别是医疗卫生对口支援工作还很繁重，还需要各部门同心协力，切实做好军队和地方医疗卫生防疫力量在对口支援工作中的配合与衔接工作。会议议定，要按照中央确定的恢复重建对口支援总体要求，落实“一省支援一个重灾县”的工作方案，军队和地方医疗卫生防疫力量要做到密切配合与无缝衔接。到6月底前，除汶川、理县、茂县以外的四川各重灾县，要按照中央确定的对口支援方案和卫生部印发的《关于医疗卫生对口支援地震灾区工作方案》，完成医疗和卫生防疫队的“交接换防”任务。各支援省、市和受援县要与解放军、武警的医疗卫生防疫队伍协商沟通，抓紧完成工作交接任务。在对口支援队伍未到达或未交接前，原有的医疗卫生防疫队仍应坚守岗位；负责对口支援汶川、理县和茂县的广东、湖南、山西三省卫生部门，要会同当地政府与目前负责三县医疗卫生防疫任务的军队人员做好工作衔接。军队医疗卫生防疫力量需要做出调整的，应提出意见，报卫生部和总后卫生部；四川省卫生部门要组织协调对口支援的交接“换防”工作，确保医疗卫生对口支援工作有序进行。

第三节　卫生部组织实施

汶川特大地震发生后，卫生部在灾后24小时内即向灾区派出医疗救援人员，并由此展开了大规模的医疗救援和卫生防疫救援工作。卫生部抗震救灾工作领导小组及时了解和研究各种情况与问题，根据灾区医疗救治工作的需要，迅速制订下发一系列指导性、规范性文件，为科学、及时、有效地开展灾区医疗救治和卫生防疫工作提供制度保障。卫生部抗震救灾工作领导小组靠前指挥，在成都组建前方综合协调组，与灾区省（区、市）卫生厅抗震救灾工作领导小组及有关方面紧密联系，协调赶赴四川灾区的全国卫生系统医疗和防疫救援力量，组织、协调实施抗震救灾医疗救治和卫生防疫工作。

一　卫生部抗震救灾工作领导小组组织实施

5月12日深夜，卫生部党组召开会议，传达贯彻中共中央政治局常委会议和国务院抗震救灾会议精神，研究部署卫生系统抗震救灾工作。会议决定，立即启动一级卫生应急响应机制，在中共中央、国务院领导下全面开展抗震救灾工作。会议提议，卫生部成立由部长陈竺和党组书记、副部长高强任组长，副部长马晓伟、陈啸宏、刘谦为成员的抗震救灾工作领导小组，统一领导全国卫生系统抗震救灾工作。领导小组下设办公室、医疗救治组、卫生防疫组、宣传信息组和物资保障组共5个工作组，实行24小时值班制，建立每日例会制度，统一指挥协调全国卫生系统抗震救灾医疗卫生应急救援工作。

5月13日，正在成都参加会议的卫生部副部长、中医药局局长王国强赶到四川省卫生厅应急指挥中心，了解四川灾区伤员救治工作的开展情况，就应急救援的指挥协调、信息收集和报告、合理安排省内外医疗队伍和应急物资、切实加强伤员救治等工作提出具体要求和建议。

同日，卫生部与食品药品监管局、中医药局联合下发通知，要求各地卫生部门要在中共地方组织和地方政府的统一领导下，高度重视，全面动员，密切部门沟通，加强协调配合，切实落实各项抗灾救灾措施，积极救治伤员，全力降低致残率和死亡率，有效防控次生和衍生突发公共卫生事件，切实保障人民群众的身心健康和生命安全，最大程度减少灾害带来的损失。

5月14日，卫生部抗震救灾工作领导小组在北京召开第一次会议，传达13日下午召开的国务院抗震救灾总指挥部会议精神及温家宝关于医疗卫生救援工作的指示精神，听取卫生部应急办公室、医政司、办公厅、规划财务司、疾病预防控制局抗震救灾工作的情况汇报，部署下一步工作。会议决定，在成都成立卫生部抗震救灾工作领导小组前方综合协调组，组长由正在四川抗震救灾前线指挥医疗救治和卫生防疫工作的王国强担任，小组成员由卫生部应急办公室、医政司、办公厅、疾病预防控制局、规划财务司分别派司处级干部参加。会议提出，进一步加快组织医疗队、救护车等急救力量赶赴四川灾区，从四川周边省市，以及上海、天津等地抽调的420辆救护车要尽快到达四川指定位置，并从各地抽调1000名医疗队员，第一批500人于14日下午赶赴灾区开展工作，第二批500人随时待命；加强与军队医疗力量的协调与协作，在重灾地区，军队医疗力量主要负责现场急救，并建立野战医院，卫生部派出的医疗队负责重症和手术救治工作；抓紧建立医疗卫生应急指挥信息系统和工作机制，由卫生部统计信息中心负责，全面收集医疗队、伤情、手术、急救、药品、物资保障等方面的信息，绘制医疗卫生救援“作战地图”，并对医疗队、野战医院、急救物资等做出明确标示，便于指挥调度；协调《健康报》和其他媒体，对医疗救援工作加大宣传报道力度；做好灾区卫生防疫和物资保障工作，组建好卫生防疫队伍，备足消杀灭用品，对灾区的饮用水保护、环境保护以及尸体处理等工作进行指导；规划财务司会商财政部就各地调用医疗急救物资和人员的财政补助问题联合发文，提前明确政策措施，设立捐款捐物账户，实行集中管理。

同日，卫生部抗震救灾工作领导小组与前方综合协调组、四川省卫生厅召开电视电话会议，落实国务院关于抗震救灾工作的指示，研究部署下一步救灾工作。会议要求，进一步加强领导，依据属地化原则，积极配合、支持四川省卫生厅有序、高效地开展各项工作；建立与四川省政府的协调机制，做好与军队卫生部门的沟通和工作衔接，加强现场救治能力，建立临时急救中心，建立科学的分检转运机制，全力以赴救治受伤群众；加强卫生防疫工作，防止肠道、病媒生物等传染病的暴发流行；做好各项物资保障与后勤保障，保证医疗队迅速、有效、持续地开展工作。

同日，卫生部召开抗震救灾工作领导小组会议，提出派往灾区的医务人员要与救援部队“同时行动、同时到达、同时开展工作”，做到“医疗救治队伍全覆盖、医疗急救物资全覆盖、防疫队伍全覆盖”（以下简称“三同时”“三覆盖”），要求医疗救治队伍、医疗急救物资和防疫队伍覆盖到灾区的每一个县、每一个乡镇，尽全力救治伤员，挽救生命；加强人员、物资的调配，医疗队尽快进入重灾区；做好伤员分检工作，加强重、危症患者救治；做好透析机、呼吸机等医疗设备的投放。会议通知重庆市的大型医疗机构做好接收分流重伤员的准备，必要时将四川省伤员向重庆市分流；加强灾区卫生防疫工作，及时组织好卫生防疫队伍，开展水源监测、食品卫生快速检测、粪便管理，及防治破伤风、虫媒疾病等工作；增加医疗队中防疫人员的数量，调派有经验、能吃苦的地、县级防疫工作人员到灾区支援工作；疾病预防控制局要进一步组织防疫队伍随时待命，备足消杀灭用品，指导灾区加强防疫工作，同时做好新闻发布会的准备工作。

5 月 15 日，卫生部抗震救灾工作领导小组会议采取视频电话的形式，传达陈啸宏从前方传来的国务院抗震救灾总指挥部关于当前医疗卫生救援工作的要求，听取卫生部前方综合协调组和四川省卫生厅工作情况汇报，领导小组办公室、医疗救治组、宣传信息组、卫生防疫组和物资保障组分别与前方综合协调组沟通情况，研究、部署抗震救灾医疗救治和防疫工作中的紧迫问题。会议议定，完善工作机制，确保信息畅通；合理调配人员和急救物资，加强医疗救治；把灾区卫生防疫工作摆在更突出的位置，确保大灾之后无大疫；加强新闻宣传；全力做好物资保障工作等事项。

5 月 16 日，卫生部抗震救灾工作领导小组在北京召开会议，传达国务院抗震救灾总指挥部 15 日抗震救灾工作会议精神，听取前方综合协调组和各工作组的工作情况汇报，研究、部署医疗救治、卫生防疫和物资保障等重要工作。会议再次强调落实“三同时”“三覆盖”的要求，前方综合协调组进一步加强与四川省政府和国务院抗震救灾总指挥部四川前方指挥部的协调和沟通，落实国务院抗震救灾总指挥部和卫生部抗震救灾工作领导小组的各项工作部署。会议强调，医疗救治重点从现场救治向重症救治转变，增加重症监护、院内感染控制专家以及心理医师数量；进一步落实灾区卫生防疫工作方案，选派第二批 340 名防疫专家根据前方需要随时开赴前线，确保防疫工作全覆盖；采取多种形式加强疫情报告，密切监测和搜索传染病灾情；配合当地政府加大环境卫生和饮食卫生监督管理工作力度，普及卫生防疫知识，提高灾区群众的防疫意识；建立与当地政府和民政、农业、公安等部门的工作联系机制，做好人和动物尸体消毒处理工作。会议要求，千方百计做好救援物资和生活保障工作，完善物资调配工作机制，协调有关部门将物资采购、调拨、运输、分配等各环节的工作落实到位；关心医疗队员的工作和生活条件，想方设法做好医疗队的医药物资供应和生活补给，避免出现断水、断粮、断药等现象。

5 月 17 日，卫生部抗震救灾工作领导小组召开会议，传达当日下午温家宝在北京主持召开的国务院抗震救灾总指挥部会议精神，听取各工作组的工作情况汇报，对下一步工作做出部署。会议要求，进一步做好医疗资源调配，最大限度发挥现有医疗队作用。医疗救治组灾区医疗队联络中心要实时掌握全部医疗队的动态，随时保持信息畅通。前方综合协调组要利用与军方建立的联动机制，科学调配医疗资源，充分考虑随着重症救治病例增多和血液透析仪等设备到位、血液制品需求量可能大幅增加的情况，做好血液制品采集、生产、储备等工作。根据灾区需要，准备随时增派防疫队伍，医疗队同时要承担起防疫工作职责。卫生防疫组要加强对应急状态下防疫工作程序和规范的指导，重点做好食品饮用水安全、环境消毒、尸体处理、疫情监测报告、预防接种及自身防护工作，特别要按照国务院关于灾害中遇难者遗体处理意见的要求，以对灾区人民生命健康高度负责的态度，协助民政、公安等部门做好尸体消毒等技术支持工作。会议要求，进一步加强后勤保障工作的协调力度，确保前方医疗队的物资供应和生活保障。后勤保障组应细化工作职责，追踪了解卫生救援物资的需求、订货、生产、发送、运输和接收情况；做好国际卫生援助的联系和接收工作。按照国务院协调会议意见，相关部门要积极协助外交部等部门做好外国政府、国际组织和中国港澳台地区卫生援助的联系和接收工作；同时继续加强抗震救灾医疗卫生综合协调和新闻宣传工作。

5 月 18 日上午，卫生部抗震救灾工作领导小组召开会议。会议议定由统计信息中心利用卫生部短信平台，加强与医疗点和医疗队员的直接联系，及时了解医疗救治和卫生防疫工作开展、物资接收配备、人员生活保障等情况；医疗救治组对重症伤员转运工作提出建议，协调临近大城市做好接收准备工作；卫生防疫组制定防疫工作覆盖到乡村的时间表，建立起横向到边、纵向到底，管理量化、责任到人的工作制度。会议同时要求卫生监督局要加入到卫生防疫组工作，及时掌握各受灾群众集中安置点的分布、规模、卫生状况、监督工作进展以及存在的困难等情况，加强受灾地区饮用水源监测和安置点食品饮用水卫生监督管理工作力度。

5 月 19 日，卫生部抗震救灾工作领导小组召开会议，听取各工作组对已经议定事项落实情况的汇报，部署下一步工作。会议议定，深入细致地做好伤员转运相关准备和转运途中的医疗保障工作，确保伤员生命安全；加强卫生防疫和监督工作，卫生防疫和监督人员尽快覆盖所有集中安置点和乡村，确保大灾之后无大疫；科学调配卫生救援物资，确保卫生救援急需物资的供应；加强先进典型的宣传报道，同时要把突出报道伤员大规模转运、卫生防疫和卫生监督工作作为下一步新闻宣传的重点内容。会议要求各所属部门加强综合协调，进一步明确职责，完善工作机制，提高物资调配供应和防疫人员分配调度的工作效率。同日晚，卫生部召开抗震救灾工作领导小组会议。会议议定，立即组织卫生防疫人员 2500 人、卫生监督人员 1000 人，5 天内派往灾区；同时，加紧做好药品和消毒用品的采购和保障工作，加强灾区群众安置点的卫生防疫和食品卫生监督工作，保障人群聚集场所的公共卫生安全。

5 月 20 日，卫生部抗震救灾工作领导小组召开会议，重点研究部署伤员转运、卫生监督和防疫工作。会议要求，医疗救治组详细了解伤员尤其是重症伤员的数量和病情种类，综合考虑全国医疗资源分布状况、技术水平、接受能力、转运途径等因素，研究制订伤员转运方案，对转运伤员的病情标准、转运方式、途中医疗保障、应急预案、交接程序、分配安置和组织管理等做出详细规定，在5月底前完成转运；有针对性地做好医疗队人员的结构调整工作。会议还就进一步做好卫生监督和防疫工作提出要求，前方综合协调组要按照分省包干的原则预先提出每天到位的防疫、卫生监督人员分配方案，保证在抵达成都的24小时内进驻并开展工作。

5月21日，卫生部抗震救灾工作领导小组召开会议，听取各工作组工作落实情况，并部署下一步抗震救灾工作。会议强调，医疗救治组要与四川省卫生厅就伤员转运的接收地、数量、批次等问题协调一致，确保转运病人的医疗安全。会议议定，协调安排中国残联医疗队赴前方工作，发挥中国残联所属康复机构的作用。领导小组要会同前方综合协调组积极与总参谋部、民航局联系，迅速组织飞机播撒消毒剂工作。卫生防疫组要提出飞机播撒消毒剂的种类、浓度、飞行高度、重点区域等技术方案，必要时提请境外或国际援助，力争尽快实现卫生防疫工作立体化。

5月23日，卫生部抗震救灾工作领导小组召开会议。会议确定下发卫生部《关于四川汶川地震伤员转送工作方案》，要求灾区各地严格执行转出标准，明确转入、转出地责任，细致周到地做好转运工作，确保伤员生命安全，全力做好救治工作，降低死亡率、致残率，减少后遗症，在创造救援奇迹的基础上，再创救治奇迹。会议要求，卫生部应急办公室、疾病预防控制局组织专家研究措施，有效整合灾区疫情监测点、医疗机构及医疗点、灾区群众集中安置点、手机疫情报告系统和卫生部短信平台等资源，建立协同工作机制，形成卫生防疫工作合力，大力加强疫情监测和卫生监督工作，尽快建立起覆盖整个灾区的传染病疫情监测报告网络，加强制水供水、食品生产经营单位、医疗机构、灾区群众安置点等公共场所卫生监督，不留死角；深入开展新闻宣传报道，大力宣传卫生系统的感人事迹，鼓励人民群众战胜困难，重建家园。

同日，卫生部抗震救灾工作领导小组再次召开会议。会议议定，5月26日以前建立起覆盖整个灾区的传染病疫情监测报告网络，严格执行传染病疫情日报告、零报告制度；会同农业部加强人畜共患病的监测和动物疫苗接种等工作，预防狂犬病、人感染猪链球菌的发生和流行；对伤员治疗和康复工作做出中长期规划，采取有力措施，努力降低死亡率、致残率，提高康复率；与四川省政府协商，对下一步伤员转运工作进行规划，修改完善转运方案；配合外交部，安排好境外医疗队参与四川、甘肃等地灾区卫生救援工作的相关事宜；与香港方面研究伤员转运香港治疗康复的可行性；对医疗队可能长期驻扎灾区工作的相关问题进行研究，制订医务人员轮班更替计划；加强对医疗救治和卫生防疫监督团队和优秀医务人员代表典型事迹的宣传报道；与有关部门协商卫生系统灾后重建工作，统筹安排，细化方案，优先恢复和建设医疗卫生机构，确保医务人员工作和生活用房。

5月24日，卫生部抗震救灾工作领导小组在北京召开会议。会议议定，卫生防疫组组织专家研究灾区环境消杀灭工作方案，提出北川县城在人员全部撤出后、无生命条件下的消杀灭方案；评估飞机播撒消毒剂的效果和环境影响，保证卫生防疫和监督队伍于26日24时前覆盖所有受灾乡村，并同时建立覆盖全灾区的疫情监测报告网络。会议提出，整合卫生部、军队和四川省的医疗、防疫和监督力量，坚持由专业防疫人员牵头负责的“三人包一村”防疫工作责任制，细化工作流程，落实分工和责任；按照《关于加强地震灾区应急饮用水卫生监测和供餐卫生的紧急通知》要求，开展监测工作，特别加强分散式供水的卫生监督，做好“水要煮沸后饮用”

的宣传工作。医疗救治组继续积极稳妥地做好伤员转运工作，研究制订转运伤员出院安置和功能康复计划，采取强有力的措施加强复合性挤压伤和感染性疾病救治，最大限度降低死亡率和致残率。宣传信息组要会同人事司、精神文明建设办公室和健康报社、中国卫生画报社、健康教育所及有关新闻单位，深入挖掘抗震救灾先进典型，大力宣传医疗卫生系统抗震救灾先进人物的感人事迹，推出一批先进典型；会同人事司研究开展卫生系统抗震救灾先进个人和先进集体表彰工作。物资保障组制订并完善灾区过渡期医疗卫生系统工作设施和工作条件建设方案和要求，紧急购置一批适应复杂地质条件地区突发灾难卫生救援工作要求的救护、防疫和监督车辆；与卫生部赴甘肃、陕西灾区协调组联系，落实支援陕西、甘肃灾区防疫和监督工作所需消杀药品、设备、帐篷、摩托车辆和宣传材料等物资。综合协调组要继续与总后勤部联系，在安置点医疗机构建设、人员和物资运送以及发挥野战医院作用等方面争取军方支持；在保证医疗、防疫任务落实的情况下，适时调整灾区医疗、防疫队伍布局，逐步将其纳入国家灾后重建对口支援“省包县”的总体安排之中。

5 月 25 日，卫生部抗震救灾工作领导小组在北京召开会议，听取各工作组情况汇报。会议指出，灾区卫生防疫工作已经进入决战阶段，根据国务院抗震救灾总指挥部的决定，除由军队牵头负责汶川、理县和茂县外，其余 8 个受灾较重县的防疫工作由卫生部牵头负责。按照防疫工作“三覆盖”的要求，卫生防疫组要统筹四川省与外援卫生防疫和监督力量，统一指挥，统一行动，明确各自承担的任务和职责，坚决落实“三人包一村”防疫工作责任制；联系前方综合协调组，继续调整人员和车辆布局，于 26 日 24 时前将卫生防疫、监督人员以及防疫物资运送到所有受灾乡、村；继续积极稳妥地做好伤员转运工作，协助四川省做好转往外省市伤员的筛选工作；研究制订接收地伤员管理、出院安置和功能康复计划。

5 月 26 日，卫生部抗震救灾工作领导小组在北京召开会议。会议议定，根据救灾防疫工作的需要，选派权威专家组成专家组，前往灾区了解情况，评估措施，指导工作并提出建议和报告，作为改进防疫工作的重要依据。与四川省卫生厅协商制订灾区疫苗接种工作方案。对受灾群众迁移过程中废弃物清理、危险化学品和放射源处置、生活垃圾处理向当地政府提出指导意见，落实具体措施。会议要求，把重症患者的救治作为重中之重，把救治挤压综合征患者作为当前救治工作的突出任务，在华西医院和四川省人民医院等设立重症患者集中治疗中心，集中收治挤压综合征患者，集中专家力量，集中调配血液透析仪等设备，尽最大努力挽救伤员生命；加强预防接种和环境卫生整治，确保防疫人员、防疫物资和防疫工作全覆盖，实现环境卫生整治和卫生宣传教育全覆盖，精心组织实施易感人群免疫接种工作，建立免疫屏障，建立免疫卡片，确保冷链运输安全，于 6 月 15 日前完成甲肝、乙脑等传染病重点易感人群的预防接种；会同有关部门推动地方政府开展爱国卫生运动，指导每个重灾县选择一个或两个灾区群众集中安置点，建立垃圾清理和粪便无害化处理样板，并加以推广；根据《关于地震灾区过渡性临时医疗卫生机构建设指导意见》提出的设立传染病隔离用房的要求，每个医疗点准备一个传染病患者隔离用帐篷；会同财政、民政和社会保障等部门测算伤员应急救治、住院治疗、转运及异地医治、康复以及患者生活和家属异地陪护费用等，研究提出财政补助和医疗救治政策，建议对重灾区群众基本医疗和传染病救治实行免费政策。

5月28日，卫生部抗震救灾工作领导小组在北京召开会议，听取前方综合协调组和赴甘肃、陕西协调组工作情况报告，部署下一步工作。会议议定，协调四川省政府和有关部门，调整和利用好华西医院和四川省人民医院的医疗资源开展集中救治，积极稳妥做好伤员的省内外转运工作，完成万名伤员全国大转运工作。伤员接收地卫生部门在做好救治工作的同时，要提供伤员治疗、康复、患者生活及家属陪护等费用支出情况明细，为出台伤员出院、康复疗养和返程安置政策提供依据。

5月30日，卫生部抗震救灾工作领导小组在北京召开会议，研究医疗卫生救援工作中的重点问题。会议议定，物资保障组和医疗救治组要密切配合，测算伤员门急诊、住院手术、重症加强护理病房（简称ICU）医疗费用标准，尽快商请财政部并报国务院抗震救灾总指挥部研究出台医疗救治费用补助政策。物资保障组要会同卫生防疫组，详细了解前方防疫人员深入县、乡、村开展工作所需的检测设备、试剂等物资需求，及时安排采购和配送，确保满足工作需要；尽快恢复县级以上医院正常的医疗秩序，医疗队以县医院为基地开展技术指导和医疗服务，以巡回医疗方式支持乡镇卫生院开展基本医疗服务，对当地医疗卫生人员进行业务培训，逐步形成以地方医务人员为主、外援医务人员为辅的医疗服务体系和工作机制；有计划地组织各省医疗队选择白内障复明手术、妇科常见病诊治等针对性强的医疗项目，开展专项医疗服务，切实为灾区群众健康做几件实事；进一步做好重症伤员的医疗救治工作。

5月31日，卫生部抗震救灾工作领导小组在北京召开会议，研究医疗卫生救援工作中的重点问题。会议议定，制订中央明确恢复重建对口支援分工后卫生救援工作任务、布局和结构调整工作方案；及时了解转运伤员救治情况，准确统计痊愈出院、需二次手术、需安装假肢和救治无效死亡人数等数据，评估治疗效果，根据民政部关于出院伤员的安置意见，为安装假肢伤员提供医疗技术服务；在伤员大规模转运工作基本完成后，根据灾区救治工作实际需要，安排部分外援医疗急救车辆返回；研究制订卫生防疫和监督工作布局及人员结构调整方案，与医疗卫生“省包县”对口支援机制相衔接，发挥当地防疫监督人员作用，深入到村，开展工作，使人员力量部署与防疫和监督工作任务量相匹配；会同医疗救治组准确统计各省（区、市）接收转运伤员的数量、测算经费总额，报财政部。研究提出过渡期间灾区群众看病就医费用解决办法，使其与现行医疗保险制度和医疗救治制度等有机衔接。

6月2日，卫生部抗震救灾工作领导小组召开会议，研究医疗卫生救援工作中的重点问题。会议议定，继续完善各省卫生救援队伍对口支援布局调整方案，报部领导小组审批；核实并准确统计住院伤员总人数和现住院、出院、危重、住院死亡伤员人数。前方综合协调组应与四川省有关方面共同研究并尽快维修、更新11个重灾县疾病预防控制机构因灾损坏的检验检测设备，恢复和加强病原学检测和食品、饮用水安全监测能力。会议要求，加强医疗救治和卫生防疫工作安全管理，医疗卫生人员应严格遵守操作规范，同时注意自身安全，避免因次生灾害事故引发人员伤亡。国际司要做好世界卫生组织（WHO）驻华代表处官员赴四川灾区考察的相关工作。

6月5日，卫生部抗震救灾工作领导小组召开会议，研究卫生救援工作中的重点问题。会议议定，成立地震灾后卫生系统重建规划编制工作小组，由陈啸宏任组长，成员为规划财务司、农村卫生管理司、卫生监督局、妇幼保健与社区卫生司、医政司、疾病预防控制局、中医药局等及受灾省卫生厅负责人。会议强调，坚持“地方为主、主动配合、同步规划、优先建设”的原则，遵循医疗卫生事业建设和发展的内在规律，区分卫生系统人员、房屋、设备不同受损程度，提出医疗机构、疾病预防控制机构、卫生监督机构、妇幼保健机构和卫生行政机构的基础设施建筑标准和建筑规范；要求组织人员赴灾区开展灾损调查，配合四川省卫生厅完成卫生系统灾后重建规划方案初稿；印发过渡期受灾群众临时安置点医疗机构建设指导意见，供受灾省参考。卫生部将与财政、社保、民政等部门协调，研究提出灾区正常医疗秩序恢复后，医疗机构投入补偿方案和灾区群众医疗费用支付（报销）办法。卫生部抗震救灾工作领导小组重视堰塞湖泄洪区转移人员集中安置点的公共卫生问题，会同当地政府，加大饮用水和食品卫生安全监督监测力度，尽可能采用集中式供水，加强对社会送餐、流动摊贩和自炊食品的卫生监督检测；进一步规范疫情监测和报告工作，把疫情报告和症状报告分开，并对各疫情监测哨点的监测工作督导检查，提高报告的科学性和准确性。

6 月 10 日，卫生部抗震救灾工作领导小组在北京召开会议，传达国务院抗震救灾总指挥部第 18 次会议精神。按照中央确定的对口支援工作总体方案，卫生部抗震救灾工作领导小组决定于 17 日召开卫生部灾后恢复重建对口支援工作会议，将卫生系统灾后重建工作摆在受灾省重建规划的重要位置，优先予以安排。卫生部要加强指导，积极探索建立“条块结合、以块为主”的卫生对口支援工作机制；各对口支援省（区、市）要根据受援县受灾情况，确定援助方案和援助重点，选派优秀人员，重点进行医疗技术指导和专业人员培训；受援省不等不靠，发挥本地医务人员作用，尽快恢复当地医疗卫生服务功能。根据各受灾县卫生系统人员、设备和基础设施的毁损情况，研究制定受灾县、乡镇、村恢复医疗秩序的弹性时间表。县级和有条件的乡镇、村医疗卫生机构争取在 7 月 1 日前恢复正常医疗秩序，使用基本药物，实行定点医疗，为群众提供基本医疗服务。卫生部研究提出正常医疗秩序恢复后，医疗服务、医疗收费和费用报销纳入正常规范管理的办法，动态掌握对口支援省（区、市）工作进展，建立评估体系，依据恢复重建工作难度和重点的不同，做出科学评估；做好医疗卫生人员对口支援调整相关准备工作，在卫生部做出统一部署后，迅速完成“换防”。卫生防疫队伍要适当缩减规模，中国疾控中心要集中力量，对灾区卫生防疫工作开展巡回指导。非对口支援省（区、市）卫生救援队伍在对口支援方案正式启动后，可安排工作交接和人员返程，四川省要做好相应安排。

6 月 12 日，卫生部抗震救灾工作领导小组召开会议，听取《国务院关于进一步加强地震灾区医疗卫生防疫工作的意见》（代拟稿）起草情况汇报。会议建议成立国务院灾后医疗卫生防疫工作协调机构，办公室设在卫生部，全面协调医疗卫生防疫恢复重建对口支援工作。会议提出灾区医疗卫生防疫工作分期目标，并要求 6 月底前完成对口支援工作队伍布局的调整。会议强调，医疗救治重点已由应急救治转为康复治疗，要把康复与心理干预列入重要工作日程。卫生防疫工作方面，要利用水质监测车等设备继续做好堰塞湖泄洪区域下游水源和群众安置点饮用水水质监测工作，确保群众饮用水安全。前方综合协调组和四川省卫生厅进一步修改《关于组织医疗卫生人员对口支援地震灾区医疗卫生防疫工作方案》，要求支援省（区、市）与受灾县充分沟通情况，掌握底数，了解需求，由市级医疗卫生机构支援受灾地区县级医疗卫生机构，卫生防疫和监督队伍的规模缩减工作缓步进行，制订与军队和非对口支援省卫生救援队伍工作交接方案，确保不出现医疗救治、卫生防疫和监督工作空白点。

二　卫生部前方综合协调组组织协调

5月14日，卫生部抗震救灾工作领导小组根据灾区工作的实际需要，在四川灾区设立一个前方指挥所和综合与协调工作机构——卫生部抗震救灾工作领导小组前方综合协调组，由正在前线指挥医疗救治、卫生防疫工作的王国强任组长。前方综合协调组下设办公室、医疗救治小组、防疫监督小组、物资保障小组、新闻宣传小组，主要任务是加强部、省工作协调，及时沟通前后方信息，协调调运灾区急需医用物资，指导灾区医疗救治和卫生防疫工作，宣传抗震救灾卫生系统先进事迹，督促和指导当地向支援四川医疗、防疫队提供必要的工作和生活保障。前方综合协调组负责不定期举行协调会议，落实中共中央、国务院关于抗震救灾工作的指示和部署，不断加强对抗震救灾医疗卫生救援工作的领导，并依据属地化原则，积极配合、支持四川省卫生厅有序、高效地开展各项抗震救灾工作，加强协调配合，确保信息畅通，强化指挥，合理调配医疗资源，全力做好医疗救治。同时，加强军地医疗救治力量沟通和配合，加强灾后卫生防疫工作，全力保障灾区医疗应急物资。同日，前方综合协调组召开第一次碰头会议，通报了当日下午卫生部与四川省卫生厅视频会议精神。会议提出，前方综合协调组要全力协助地方，协调各方力量，做好医疗资源的合理分配，抢抓时机，全力救治伤员，全面加强医疗救治工作，做好向重庆市大医院分流重伤员的准备；同时，要加强灾区卫生防疫工作，确保大灾之后无大疫，并做好新闻发布会准备工作。（参见图2）

5月15日，前方综合协调组会同四川省卫生厅，向四川省政府报送建立野战医院的工作方案及对医疗人员和物资实施空投的方案。17时，前方综合协调组与四川省卫生厅各工作组再次召开协调会议，明确前方综合协调组成员要加强与四川省卫生厅各工作组的合作，做好信息汇总、医疗救治安排、疫病防控部署、医用物资的转运和下送、医疗救援和卫生防疫的物资需求

图2　卫生部前方综合协调组每日召开例会，研究抗震救灾医疗救治和卫生防疫工作（四川省卫生厅　提供）

清单整理、新闻宣传、后勤供给等各项工作。21时，前方综合协调组与四川省卫生厅联合召开媒体通气会，介绍灾后防疫工作。同日，前方综合协调组建议四川省卫生厅再次与省民政部门紧急磋商，积极开展地震灾区遇难者遗体及畜禽尸体的清理和无害化处理，避免病原滋生和疾病流行。

5月16日，前方综合协调组与正在四川灾区开展灾后动物疫病防控工作的农业部国家首席兽医师贾幼陵等人会商，讨论联合开展灾后疫情防控工作事宜。前方综合协调组要求四川省卫生厅加强饮用水卫生监测，提高监测频率，确保灾区饮用水安全。同日，前方综合协调组协助四川省卫生厅编制《四川省抗震救灾药品医疗器械和消杀药械需求测算》，并报国家应急储备管理部门研究。

5月17日，国务院抗震救灾总指挥部卫生防疫组、卫生部前方综合协调组联合召开卫生防疫专题会议，重点研究卫生防疫工作。会后，前方综合协调组协助四川省卫生厅拟订建立5所野战医院的方案。

5月21日，前方综合协调组召开会议，要求加强与国务院抗震救灾总指挥部四川前方指挥部和四川省“5・12”抗震救灾指挥部医疗保障组的信息沟通，组织有关人员到重点灾区实地了解灾情及医疗防疫队伍的工作、生活和物资保障情况，抓紧协调伤员转运，制订北川县城飞机播撒消毒方案，核实医疗救治数据。

5月22日，前方综合协调组召开例会，制订临时居民安置点卫生技术方案，交由四川省抗震救灾指挥部下发，并制订重点传染病、重点地区、重点人群的监控方案，提出关于加强地震灾区狂犬病防控工作的建议，抄报四川省抗震救灾指挥部。会议就医疗救治组重点工作进行研究部署，制定《关于各伤员收治医疗机构和医疗队加强传染病监测防治工作的紧急通知》，要求医疗机构和医疗队依法加强临床传染病监测防治，与卫生防疫队伍密切配合，做好防疫工作；做好北川县城飞机播撒消毒的论证；会同农业部做好狂犬病的预防控制；做好灾区群众安置点的医疗卫生检查与保障和水质监测与报告、分析、指导工作，在实现卫生防疫乡镇全覆盖的基础上，将防疫工作延伸到村；继续做好伤员的省外转运工作，做好国外及中国港澳台地区医疗队的组织安排，指导医疗队做好卫生防疫工作；保障组应当实地督导医用物资的调运、分发工作，做好部分损坏严重救护车的报废与申报更新工作。会议进一步明确各小组的工作职责，提出要挖掘、总结、宣传先进典型的事迹，组织媒体赴汶川采访一线医务人员；督促有关部门做好健康教育工作。

5月24日，卫生部与四川省抗震救灾指挥部召开联席会议。会议强调，灾区防疫工作要明确重点疾病、重点人群、重点环节和重点区域，部、省之间要加强协调合作，努力实现“四个覆盖”，即卫生防疫人员的覆盖，疫情监测报告网络的覆盖，消毒药品、个人防护用品的覆盖以及宣传动员的覆盖；进一步做好疫苗接种工作，及时对易感人群接种甲肝、乙脑等疫苗；加大灾区生活饮用水和食品的监测力度，着重加强对临时安置点的卫生管理，对安置点内的灾区群众每日进行症状监测，及时发现疫情隐患；广泛开展爱国卫生运动。

5月27日，正在四川省检查指导抗震救灾医疗卫生应急救援工作的高强主持召开前方综合协调组会议。会议强调，做好灾区卫生防疫工作是当前以及今后一个时期的首要任务。前方综合协调组要会同四川省有关单位提出堰塞湖泄洪水道卫生学清理方案，消除污染源对水质的影响；组织疫情网络直报运行质量、疫情种类、流行趋势的分析，指导传染病防控工作；卫生防疫监督队伍要覆盖所有的县、乡、村，整合防疫力量，采用混合编队的形式，协同作战；督促卫生防疫人员按照《四川省卫生厅关于科学规范合理使用消杀灭药剂的紧急通知》要求，科学、有效地开展消毒工作，避免盲目和过度使用消杀灭药物；按照“四集中”的原则，对危重伤员积极救治，最大限度减少伤员致死致残；逐步恢复重灾区县级以上医疗机构正常医疗救治工作能力，研究对收治伤员的医院予以财政补贴的政策，及时落实财政补助资金。

5月28日，前方综合协调组召开工作会议，听取各小组工作进展和存在问题情况的汇报，提出解决方案。会议要求，切实加强疫情监测和报告，防疫、监督和医疗人员要及时互通信息；发挥专家指导作用，把预防肠道传染病放在突出重要的位置；争取有关部门支持，加快建设应急检测实验室所用的活动板房；加强重症伤员救治，严格筛选转出伤员；尽快选择符合条件的医院，建立ICU病房，控制院内感染；强化防疫知识的宣传普及，向当地政府建议，对中小学、幼托机构以及灾区群众临时安置点实行晨检制度。会议建议，四川省卫生厅尽快研究县级以上医院恢复医疗秩序问题；尽快组织落实灾区急需的常用药品和食品、饮用水快速检测设备及试剂；深入了解救治伤员所发生的费用和结构，协商财政等有关部门研究制定对参与抗震救灾伤员救治、卫生防疫的医疗卫生单位的补助政策。会议强调，前方综合协调组要通力合作，提高效率，协助四川省卫生厅解决卫生防疫和医疗救治工作中的实际困难。

5月29日，前方综合协调组召开例会（见图3），听取各小组关于落实28日会议议定事项的进展情况和工作中存在问题的汇报。会议议定，对卫生部派出的医疗、防疫队伍实行统一管理，坚持属地化管理原则，由四川省卫生厅根据灾区医疗救治需求提出方案，卫生部负责协调、配合落实。会议提出，在卫生部派出的各包干区医疗、防疫队中指定专人负责指导即将开展的大规模乙脑、甲肝疫苗接种工作，疫苗接种采取定点接种与巡回接种相结合的方法，并组织专家巡回指导；请四川省卫生厅提供疫情监测的原始资料，说明监测系统运行状况和覆盖面的情

图3　5月29日，卫生部部长陈竺主持召开卫生部抗震救灾工作领导小组前方综合协调组会议，讨论部署灾区医疗救治和卫生防疫等工作

（苏鹰　摄）

况，将手足口病的调查结果进行反馈说明；尽快解决灾区紧缺的皮肤病药品和饮水消毒药品供应问题。会议还提出，利用多种媒体加强新闻宣传工作，真实反映各省医疗、防疫队在一线艰苦条件下的工作和生活；将每日发现的问题和工作建议抄送四川省卫生厅，建立反馈机制。同日，陈竺到四川检查指导抗震救灾医疗卫生应急救援工作，并主持召开前方综合协调组会议。会议要求，前方综合协调组进一步落实国务院抗震救灾总指挥部提出的各项任务，确保大灾之后无大疫。会议议定重点做好以下工作：协商地方政府加强对环境卫生的整治工作，尽快建立垃圾、粪便无害化处理示范点，并予以推广；强化灾区群众集中安置点的食品、饮用水卫生监督工作，保证居民饮食饮水安全；进一步完善灾区应急预防接种工作方案，确保疫苗接种安全、有效；主动扩大责任区，填补因部分医疗队调整出现的空白和缝隙，请四川省制订总体医疗队需求和调整方案；积极参与灾后重建的过渡方案制订，尽快恢复灾区自身医疗卫生体系和功能；把卫生部门的卫生防疫和医疗救治援助工作与民政部门的“省包县”对口支援工作紧密衔接。

6月1日，前方综合协调组召开例会，传达关于国务院抗震救灾总指挥部四川前方指挥部工作任务和职责分工文件精神，听取各小组关于工作进展情况的汇报，进一步明确前方工作组的主要任务和职责分工。会议强调，要做好转运到省外伤员的统计、跟踪工作；由四川省统筹，先安排总量一半左右的外省支援四川的救护车逐步返回，稳妥推进医疗人员的调整，已完成任务的防疫车由派出省份归口管理，防疫队伍暂不做大的调整；对即将开展的大规模疫苗接种工作展开督导检查，注意规范冷链运送环节，加强接种后的异常反应，特别是群体心因性反应的防范；进一步加强消杀药品的使用管理和个人防护，加强对当地防疫负责人员的培训；建议四川省尽量在有条件的地方开展集中供水；向国务院简要汇报重症患者救治工作以及每日疫情报告，包括手机疫情监测情况。

6月2日，前方综合协调组召开工作会议，研究和部署重点工作。会议议定，继续加紧开展疫情监测报告工作，实现手机疫情报告全覆盖；讨论落实世界卫生组织提供的100万美元援助方案，提出重点解决灾区饮用水和食品安全的需求；组织专家讨论唐家山堰塞湖泄洪涉及的灾区群众饮用水应急保障问题，研讨迁移人口和回迁人口的食品、饮用水安全保障方案及泄洪后的食品、饮用水监督监测工作；组织召开危重伤员抢救工作会，成立四川汶川特大地震急危重伤员救治专家顾问组和联合专家组，对华西医院、四川省人民医院集中收治的急危重伤员进行会诊和救治评估。

6月6日，前方综合协调组与四川省抗震救灾指挥部医疗保障组召开工作例会。会议要求，灾区各级卫生部门全力做好唐家山堰塞湖泄洪疏散群众临时安置点的医疗救治、卫生防疫和卫生监督工作，与灾区防疫工作相关部门协调配合，加快灾区医疗卫生地理信息系统建设，配合做好医疗卫生物资保障和相关资金使用的监督工作。

6月7日，前方综合协调组与四川省抗震救灾指挥部医疗保障组召开工作例会。会议议定，赴绵阳市检查唐家山堰塞湖泄洪疏散群众临时安置点的卫生防疫工作，组织卫生防疫督导力量参加抗震救灾医疗卫生工作部、省联合督查组，继续对6个重灾市（州）开展医疗救治与卫生防疫工作督查，赴极重灾区青川县，实地考察当地医疗救治情况；核对运抵四川的前3批消杀灭药品的订货、发货和收货清单，了解药品在四川省内的分发情况；协调四川省卫生厅印发《关于对我省医疗卫生系统康复资源进行调查的通知》，对四川省康复资源进行调查，动态掌握四川省医疗卫生系统现有的康复资源状况。

6月8日，前方综合协调组与四川省抗震救灾指挥部医疗保障组召开工作例会。会议要求，继续组织力量，做好灾区群众疫苗接种工作；对灾区所有县、乡镇医疗机构的基础医疗能力再做评估，尽快制订医疗卫生系统恢复重建规划用地方案；继续做好唐家山堰塞湖泄洪区群众安置点的医疗救治、卫生防疫和卫生监督工作。

6月9日，前方综合协调组与四川省抗震救灾指挥部医疗保障组召开工作例会。会议要求，进一步加强青川、北川的卫生防疫工作，深入落实卫生部抗震救灾工作领导小组会议精神，及时对灾区预防接种工作进展情况进行阶段性总结。会议强调，要落实各项措施，防范安全事故的发生，加强消杀物资的管理，消除安全隐患；与四川省卫生厅联合起草针对青川县爱国卫生与卫生防疫督导工作中发现问题的改进建议；针对农业部电话通报在绵阳市九洲体育馆和都江堰等地的蚊虫标本内检出乙脑病毒一事，请中国疾控中心在四川灾区的专家与四川省有关专家综合分析，提出相关建议；协调湖北省和河南省卫生监督救援队各抽调48名卫生监督员和10辆监督车辆紧急增援绵阳市，协助开展唐家山堰塞湖泄洪疏散安置点食品、饮用水卫生监督工作；派员赴彭州调研食品、饮用水卫生监督工作情况，派人驻绵竹和什邡，现场协调指导灾区食品、饮用水卫生监督工作；协助四川省卫生厅初步拟订《震后受灾严重地区医疗机构过渡期恢复工作实施方案》，对北川、青川、汶川等极重灾和重灾县（市），从医疗机构的业务用房、人才队伍、设备设施等方面，提出灾后重建的指导意见；继续动态监测各受灾伤员集中收治点气性坏疽病发病情况；紧急采购的400台浊度仪和部分监督检测试剂运抵成都后，立即用于灾区卫生监督工作。

6月10日，前方综合协调组与四川省抗震救灾指挥部医疗保障组召开工作例会，传达9日国务院抗震救灾总指挥部第18次会议精神。会议提出，组织召开专题会议，研究制订《卫生部前方综合协调组关于进一步加强堰塞湖泄洪区卫生防疫工作的具体要求》，并请四川省抗震救灾指挥部医疗保障组和绵阳市组织力量，进一步细化和完善《堰塞湖避险安置点及过水区医疗救治、卫生防疫和卫生监督工作应急预案》；同时，要求进一步加大灾区群众预防接种工作力度，大力开展爱国卫生运动。

6月16日，前方综合协调组与四川省抗震救灾指挥部医疗保障组召开工作例会，讨论通过以下事项：积极做好呼吸道传染病防控和灾区群众心理干预工作；针对转到外省伤员中检出结核病人的情况，建议在灾区群众临时安置点等人员密集的场所积极开展结核病防控；建议将四川省政府关于过渡阶段活动板房建设中优先安排医疗机构用房的有关文件精神落实情况，纳入此次省、部联合工作督导中；请医疗保障组解决华西医院提出的重症伤员救治急需的医疗设备和器材；与有关部门就灾区伤员、病员医疗救治报销补助政策之中的城镇医疗保险、新型农村合作医疗、社会保障和民政救助等功能如何发挥作用进行协商；积极介入伤员康复工作，协调民政、残联等部门落实相关责任；加强部、省间关于转运到外省伤员的出院信息沟通。

6月19日，前方综合协调组与四川省抗震救灾指挥部医疗保障组召开工作例会，专题研讨地震伤员康复、医疗卫生对口支援、医疗卫生机构板房建设、医疗卫生系统恢复重建等工作。会议议定，请医疗保障组尽快开展调研，在确保医疗、防疫工作需要基础上，提出重灾县医疗、防疫和监督人员对口支援需求人数；请医疗保障组进一步了解灾区医疗卫生机构板房建设进展情况，切实督促各地安置过渡期的板房建设，优先保障医疗卫生机构用房；进一步落实卫生、残联、民政等有关部门在伤残人员救治、功能恢复训练和长期康复治疗中的职责，明确伤员康复费用的负担主体；按照卫生部抗震救灾工作领导小组在17日全国卫生厅（局）长会议上提出的医疗卫生系统恢复重建分阶段工作目标，重点做好医疗、疾控、食品药品监督部门恢复重建工作；请医疗保障组尽快对卫生部调派及企业捐赠的药械、消杀防疫物资进行清理。

6月21日，前方综合协调组召开阶段性工作总结会议。根据卫生对口支援工作会议精神，决定调整参加下一轮部、省联合督导组的防疫人员，加强重点地区的督导力量。会议要求，尽快完成18个极重灾和重灾县（市）疾控中心过渡时期建设方案。

6月26日，前方综合协调组召开工作例会。会议提出，各支援省卫生队伍全部完成交接，并与受援县（市）人员工作磨合一周左右后，由四川省卫生厅主持、前方综合协调组配合，召开专业会议；部、省联合督查组，赴6个受灾市（州）对医疗救治与卫生防疫工作，包括对口支援交接工作进行督导；继续与对口支援省防疫队领队联系，了解交接工作最新进展。会议提出，与四川省主管厅长沟通召开对口支援防疫队伍工作会议事宜，并听取部、省联合督导雅安组的意见，赴成都市开展灾后心理干预工作调研；与四川省卫生厅疾控处共同对各受灾县疾病预防控制主要工作恢复情况进行系统评价，为对口交接后疾控工作尽快进入有序状态提供基础资料；组织对重症病人张建华的会诊，对地震伤员康复工作进行督导。会议议定，此次部、省联合督导工作结束后，各小组可商请后方司局，将参加部、省联合督导组的人员部分撤回，前方综合协调组根据部领导指示继续保留适当人数。

6月28日，前方综合协调组召开工作例会。会议听取各督导组成员对汶川、理县、茂县、青川、北川五县医疗卫生工作基本情况的汇报，了解工作中存在的问题。会议决定，开展对上述五县人员需求情况的评估，要求中国疾控中心驻成都专家组在征求医疗、疾控、监督各小组意见后，立即着手设计科学评估提纲；请中国疾控中心驻五县的负责人牵头，在充分考虑当地医疗卫生机构现有能力的基础上，结合安置点分布情况，组织对口支援省、支援部队、县卫生局等多方人员开展评估，提出合理人员布局和需求方案，尽快报前方综合协调组，供部领导决策参考。

6月29日，根据卫生部领导指示，前方综合协调组紧急与四川省卫生厅会商部队医疗队归建事宜。会议同意总参作战部《征求部分抗震救灾医疗队归建的意见》，军队医疗队在各地对口支援队伍到位并交接完成后可陆续回撤归建。为做好军地衔接，前方综合协调组配合四川省卫生厅重点落实以下几个环节的工作：督促地方在对口支援队伍到位后加快交接，保证部队医疗队优先归建；整体评估汶川、理县、茂县医疗卫生人员需求，在对口支援队伍不足的情况下，及时调集四川省内医疗卫生队伍补充；督促地方加快北川羌族自治县医院板房建设和设备配备，尽快投入使用；尽快组织专家开展北川老县城卫生学评价。会议议定，协助联系国家级免疫规划专家，对扩大甲肝疫苗应急接种范围以及对特殊人群接种甲肝疫苗的必要性和可行性进行论证；与驻茂县饮用水卫生专家召开工作会议，研究解决茂县食品、饮用水卫生存在的问题。

7月1日，前方综合协调组与四川省卫生厅召开工作联席会议。前方综合协调组各小组和四川省卫生厅汇报了近一阶段的工作。会议决定，对前一阶段工作进行总结，有序调整人员；根据各省对口交接到位时间表，继续与对口支援省防疫队领队联系，了解交接工作最新进展；与四川省卫生厅讨论18个受灾县对口支援工作卫生防疫专项会议内容。会议还决定，同日下午组织专家到成都市第三人民医院对收治的重症伤员进行会诊，评估伤员病情，制订治疗方案。

第四节　国务院有关部门和社会团体组织实施

汶川特大地震发生后，按照中共中央、国务院的决策部署，发展改革委、质检总局、食品药品监管局、中医药局、农业部、财政部、民政部、人力资源社会保障部、环境保护部、铁道部、民航局等有关部委和部门，中国残联、中国红十字会等社会团体，积极与卫生部协作、配合，各司其职，共同担负起地震灾区的医疗救治和卫生防疫的组织实施工作，保证抗震救灾的医疗救治、卫生防疫等工作顺利展开。

一　卫生防疫组成员单位组织实施

发展改革委组织实施　地震发生后，发展改革委迅速启动应急预案，全力投入抗震救灾。5月12日下午，由发展改革委牵头，组建由发展改革委主任张平任组长，副主任穆虹等任副组长，相关20个部门和单位负责人为成员的国务院抗震救灾总指挥部基础设施保障组，承担包括应急医药用品在内的应急物资保障工作。根据国务院抗震救灾总指挥部的统一部署，医药用品的调运任务由发展改革委经济运行局具体负责。经济运行局于同日下午进入应急工作状态，启动24小时值守制度，全力以赴做好急需医药物资保障工作；尽快了解掌握医药储备情况，随时做好调用准备，以满足灾区需要；早做准备应对可能出现的更大范围、更多品种、更多数量医药物资的需求，帮助落实灾区急需、国家储备以外的药品和其他急需的器械、装备的货源和调运工作。进入应急工作状态后，经济运行局要求国药集团、上海医药股份有限公司、深圳中联广深医药股份有限公司等医药储备单位全面进入应急状态，实行24小时值班制度，上报库存情况，随时做好外伤抢救、消炎、输液等相关药品调运准备；通知中国生物技术集团公司做好支援地震灾区所需血液制品的生产供应工作；要求卫生部尽快提供灾区急救药品需求清单。是日起，灾区急需医药物资保障工作紧张有序地展开。抗震救灾期间，整个医药物资保障工作运行良好。

质检总局组织实施　5月12日晚，质检总局召开紧急会议，发出特急通知，贯彻落实国务院抗震救灾工作会议精神，部署全系统抗震救灾工作。13日，质检总局抗震救灾领导小组成立，召开第一次会议，启动应急机制，把抗震救灾工作作为重中之重，迅速组织全国质检系统开展抗震救灾工作。16日，质检总局召开党组（扩大）会议。会议决定，进一步充实总局抗震救灾领导小组，加强对全国质检系统抗震救灾工作的组织领导，由局长李长江任组长，组织协调全国质检系

图4　5月28日，质检总局副局长支树平（左）在北川查看灾情（质检总局　提供）

统抗震救灾工作；立即组织总局卫生防疫工作队，赶赴四川灾区，执行消毒、杀虫等卫生处理任务。质检总局卫生检疫监管司于同日晚连夜研究制订具体工作方案和落实措施。17日早，卫生检疫监管司有关负责人向天津、辽宁、江苏、宁波、厦门、山东、广东、深圳、重庆、四川检验检疫局及总局机关服务中心、中国检验检疫科学研究院等单位传达命令，要求立即组建19支整建制的卫生防疫队，当天组建、当天抵达成都集结，即日赶到灾区参加卫生防疫工作。20日，质检总局抗震救灾领导小组召开第三次会议。会议指出，要全力支持灾区开展卫生防疫和消毒、杀虫处理工作。会议要求，尽快将赶制的10万份急救药盒和1万支防蚊剂提供到灾区群众手中。22日，质检总局抗震救灾领导小组召开第四次会议，要求全国质检部门继续组织力量，充实一线的卫生防疫、检验检测、特种设备安全3支队伍。30日上午，质检总局抗震救灾领导小组第五次会议提出，加强对灾区食品、饮用水质量的监测，重点加大对食品、饮用水等相关企业的监管力度，保障灾区群众的健康安全。（参见图4）

6月2日，质检总局印制500册《抗震救灾卫生防疫技术手册》，运往四川灾区。此前，四川检验检疫局印制发放防疫宣传手册6239册。3日，质检总局发出《关于进一步加强地震灾区饮用水监测和食品、日用品质量安全监管工作的紧急通知》，要求各地质量技术监督局切实抓好灾区群众饮用水安全监测工作，积极做好集中供水点、水站等场所的检验检测技术支持服务，突出抓好桶装水、瓶装水的质量安全监管工作，确保灾区群众饮用水安全，优先保障灾区重点食品安全；同时，加强消毒液、消毒剂、口罩等安全卫生防护用品的监督检查，保证产品质量安全。

全国各地检验检疫局和质量技术监督局迅速行动，贯彻落实总局抗震救灾工作的部署。

食品药品监管局组织实施　地震发生后，食品药品监管局立即与四川省食品药品监督管理局取得联系，了解灾情，并连夜联系发展改革委协调筹备急救药品等工作。

5月13日，食品药品监管局成立由局长邵明立任组长的应急指挥领导小组。应急指挥领导小组多次召开会议，研究部署全系统抗震救灾工作，要求全面加强抗震救灾药品监管，确保救灾药品、医疗器械质量安全，积极配合有关部门做好救灾药械的供应保障，组织协调企业做好救灾药械的储备、生产和捐赠。

5 月 19 日，食品药品监管局应急指挥领导小组召开会议，决定派出工作组深入灾区，了解灾情，指导工作，慰问一线工作人员。会议提出，派出的工作组要在不影响四川省救灾工作的前提下，通过实地了解情况，提出加强全系统抗震救灾工作的建议。会议决定，进一步充实应急指挥领导小组办公室工作力量，从政策法规司（新闻办公室）、药品注册司、医疗器械司、药品安全监管司、药品市场监督司抽调业务骨干，到应急管理办公室集中办公，由局办公室统一指挥。会议还决定，统筹安排监管技术力量，组织抗灾预备队；根据抗灾工作需要，各地派出技术人员到相关药品生产企业，加强质量监管；对急需的疫苗等生物制品，药品注册司统一协调全国的技术力量，确保在第一时间完成审批签发。22 日，食品药品监管局应急指挥领导小组召开会议，决定全面加强对抗震救灾一线工作的指导和帮助，进一步加大对救灾药品、医疗器械的监管力度。

5 月 23 日，食品药品监管局应急指挥领导小组召开会议，听取赴四川工作组关于四川省食品药品监管系统灾情与抗震救灾工作的汇报和领导小组办公室关于抗震救灾工作的汇报，研究部署下一阶段抗震救灾工作。会议决定，全力支援四川等受灾省份的食品药品监管工作，立即组织中国药品生物制品检定所技术检验工作组赶赴灾区，支援四川药品检验工作并了解灾区境外药品捐赠情况。人事司负责组织副处级以上行政管理人员支援四川受灾市局开展监管工作；派出由局领导带队的工作组，分赴甘肃、陕西等地灾区了解因灾损失情况、食品药品监管工作情况及存在的困难和问题。局办公室抓紧了解和统计受灾省食品药品监管系统人员伤亡情况、设备装备及房产损失情况，登记造册，为有针对性地开展支援工作奠定基础，并进一步加强救灾药品和医疗器械监管工作；局办公室会后要立即下发《关于继续做好救灾药品和医疗器械监管工作的通知》，要求各省（区、市）食品药品监管部门对捐赠救灾药品和医疗器械统一进行查验，尤其要加强对未经批准在国内上市的捐赠药品和医疗器械的监管力度，严把质量关，未经查验的绝不允许发往灾区。新闻办公室要加强对抗震救灾期间食品药品监管系统在履行监管职能，确保用药安全有效方面的报道力度，突出宣传灾区一线食品药品监管工作。24 日，食品药品监管局向四川派出药品检验专家组。随后，药品快检技术组、医疗器械检验专家组和 3 批行政援助组等工作小组，相继抵达四川灾区开展相关工作。

中医药局组织实施　5 月13 日上午，在正在成都了解灾区伤员救治开展情况、指导灾后医疗卫生救援工作的中医药局局长王国强的提议下，中医药局召开各司办和直属单位负责人会议，传达中央办公厅、国务院办公厅《关于四川省汶川县发生强烈地震情况和全力做好抗震救灾工作的通报》，全面部署中医药局的抗震救灾工作。会议决定，成立由王国强任组长的中医药局抗震救灾工作领导小组，统筹协调、指导中医药系统参与抗震救灾相关工作。领导小组下设综合组和医疗救治组，综合组负责抗震救灾工作的联络协调和相关信息的收集报送工作，组织相关新闻报道等；医疗救治组负责组建中医医疗救治队伍，参与国家医疗卫生救治，组织行业专家研究提出抗震救灾中医药治疗技术的指导意见，加强技术指导和技术支持，了解灾区中医药医疗需求，及时提供服务。会议还决定，加强与卫生部的联系，保持信息畅通、反应及时，认真贯彻落实卫生部有关工作部署和要求。各司（办）和直属单位要统一思想认识，统一行动，做好各项准备，积极投入到抗震救灾工作中。中国中医科学院广安门医院、西苑医院和望京医院，北京中医药大学附属东直门医院、东方医院，以及河南省洛阳正骨医院、山东省文登整骨医院、广东省佛山市中医院、浙江省富阳市中医骨伤医院等，立即组建9支中医药抗震救灾医疗救援队，配备得力人员，做好应急准备，随时参与灾区医疗卫生救治工作。会议提出，全局要在抗震救灾中充分发挥中医药和民族医药的作用，组织行业专家研究提出抗震救灾中医药治疗技术的指导意见，加强技术指导和技术支持，了解灾区中医药医疗方面的需求，及时提供服务。

6月上旬，中医药局工作组前往甘肃、陕西、四川、重庆地震灾区，了解灾情，帮助做好灾区中医药机构灾后重建的有关工作，并指导灾区中医药系统参与抗震救灾工作，更好地发挥中医药在医疗救治、灾后疾病防治、卫生防疫等方面的作用。同时，工作组分赴各灾区，慰问奋战在灾区一线的中医药系统基层医护人员和工作人员，帮助协调解决基层遇到的困难。

环境保护部组织实施　5月12日夜，环境保护部部长周生贤主持召开紧急会议，研究部署抗震救灾工作，成立由周生贤任总指挥的应急总指挥部，启动突发环境事件和核与辐射事件一级应急响应，向四川、宁夏、甘肃、青海、陕西、山西、重庆、江苏、湖北、云南、贵州、西藏等省（区、市）发出紧急通知，要求各级环保部门严密监控核设施的环境状况，确保核与辐射安全万无一失；同时，启动地震核与辐射及水污染防治应急预案，要求各地及时了解化工厂、危险化学品、污水处理场等环境敏感设施和区域的相关情况，防控可能出现的环境污染事故。环境保护部组建前方工作组和后勤保障工作组，分别由副部长李干杰、周建担任组长。前方工作组迅速赶赴灾区，现场协调和指导当地政府防范和应对次生环境灾害。后勤保障工作组实行24小时应急值班制度，负责后勤保障及信息的综合调度。抗震救灾期间，环境保护部共接报、分析、处理信息1万余条；围绕保障灾区核设施安全和保障灾区群众饮水安全两项工作重点，组织有关单位和专家，制订37份应急技术指南和规范性文件，加强对灾区环境风险防范和应急处置技术的指导；组织全国其他20多个省（区、市）环保部门抽调人员480余名、应急监测用车80余辆、监测仪器设备600余台（套），先后3次赶赴灾区，协助开展环境安全保障和应急处置工作。

铁道部组织实施　5月17日，国务院抗震救灾总指挥部决定及时将部分能够安全转移的四川地震伤员，送往外省市条件较好的医疗机构救治。当天上午，铁道部接到任务，铁道部劳动和卫生司副司长韩树荣从北京赶赴四川，负责铁路伤员转运工作。铁道部运输局集结100列旅客列车，进入四川待命。15时30分，铁道部派出的一行人飞抵成都双流机场后，立即驱车前往成都铁路局会议室，组织召开铁路转运伤员工作的第一次紧急会议。会议要求，铁路在继续全力以赴做好抗震救灾物资运输的同时，充分发挥安全平稳、运能大、速度快的特点，组织最优秀的乘务员，开行“救”字头专列，在最短时间内将伤员转运出灾区。会议确定，宝成铁路线上的广元、江油、绵阳、德阳和成都火车站作为转运伤员的接收站。21时，铁路内部的准备工作就绪，铁道部负责伤员转运工作的有关人员赶到四川省卫生厅，向正在指挥伤员转运工作的王国强汇报了铁路系统准备情况，共商伤员转运的时间、地点和人数等有关问题。双方决定，19日11时，首列转运伤员专列由绵阳开往重庆。

为贯彻落实卫生部5月18日发出的《关于做好四川地震灾区部分伤员转出和接收工作的紧急通知》，成都铁路局结合铁路工作实际，按照《“5·19”绵阳灾区伤员转移重庆北实施方案》，下发《关于做好运送地震灾区伤员组织工作的通知》，要求局长、书记牵头负责组织灾区伤员运输和后勤保障工作，常务副局长、党委副书记、纪委书记和业务处室各负其责，站段人员严格执行运输计划和运送伤员的规定。

农业部组织实施 5月12日晚，农业部召开会议研究落实中央抗震救灾部署，成立以部长孙政才为指挥长的农业部抗震救灾总指挥部，根据《农业重大自然灾害突发事件应急预案》，启动应急响应，迅速行动，紧急部署，立即开展死亡动物无害化处理、养殖环境消毒、动物紧急免疫、疫情监测、无主畜处置、活畜转移安置、灭鼠等抗震救灾工作。

5月13日上午，农业部召开抗震救灾紧急会议。会议认为，农业部门在抗震救灾中最重要的任务就是对震后动物尸体的处理、饲养场所的消毒，防止人畜共患病和动物疫情的发生，确保灾后无大疫。会议提出，农业系统畜牧兽医部门要尽快组织农业技术人员，深入灾区农业生产第一线，实地了解受灾情况，科学评估损失程度，认真研究和现场指导农业救灾和恢复生产工作，认真分析、科学应对可能发生的次生灾害；加强疫情监测，切实做好重大动植物疫病防控工作。会后，以国家首席兽医师贾幼陵为组长的农业部抗震救灾前线专家组赶赴四川灾区。同日，农业部发出《关于全力做好农业抗震救灾工作的紧急通知》，要求各级农业部门千方百计抓好人畜共患病和重大动物疫病防控，强化消毒、强化监测、强化无害化处理、强化灾后免疫、强化检疫监督等工作，力争灾后无大疫。通知要求，加强消毒剂等药剂的储备调运，通过发放挂图、明白纸等形式，指导群众对畜禽圈舍进行全面消毒，及时消灭病源；加大疫情监测报告和流行病学调查，及时排除疫情隐患；严格产地和屠宰检疫，防止病死畜禽流入市场，切实保障人民群众的身体健康；重点做好高致病性禽流感、口蹄疫、高致病性猪蓝耳病和猪瘟等疫病的强制免疫工作，从源头防止重大疫病发生；切实加强动物病原微生物菌（毒）种保藏和实验室病料管理，一旦发生重大动物疫情，各相关单位须按照相关法律法规，果断处置，不留死角，努力争取控制在最小范围。

5月15日，农业部抗震救灾总指挥部召开会议，要求把防止地震灾区重大人畜共患病流行作为农业部抗震救灾工作的当务之急，强化死亡畜禽无害化处理、强化环境消毒、强化疫情监测、强化灾后免疫、强化检疫监管，确保灾后无重大人畜共患病和重大动物疫病暴发流行。会议决定，紧急组织调拨消毒药品、器械等防疫物资，尽快开展灾区死亡牲畜无害化处理和消毒工作；会同四川省兽医部门制订灾区无害化处理和消毒工作实施方案，组建由四川农业大学、西南民族大学、四川省动物防疫监督总站等单位成立的动物疫病防控应急队，分赴都江堰、彭州、绵竹、什邡等极重灾县（市），开展消毒和无害化处理工作。

5月26日，农业部办公厅下发《关于印发〈近期抗震救灾和农业生产重点工作安排〉的通知》，围绕灾后防大疫，对死亡动物无害化处理、环境消毒、疫情监测、灾区存栏畜禽强制免疫（高致病性禽流感、口蹄疫、高致病性猪蓝耳病、猪瘟）、灾区牲畜紧急免疫（猪乙型脑炎、猪链球菌病、炭疽病）、鼠害监测和防治、畜禽产品检疫监管、普及防疫知识、灾区狂犬病预防9项工作，提出牵头负责单位、具体目标和落实措施。从29日起，根据中共中央、国务院把安置受灾群众、恢复生产和灾后重建工作摆在更加突出位置的总体要求，农业部抗震救灾总指挥部研究决定，继续指导灾区抓好防疫工作，对个别实行交通管控的重灾地区在动物防疫人员可以进入的情况下，迅速开展死亡动物无害化处理和环境消毒工作；尽快完成高致病性禽流感、口蹄疫、高致病性猪蓝耳病和猪瘟4种人畜共患病紧急免疫工作，防止重大动物疫病暴发。

民航局组织实施　地震发生后，民航局要求各航空公司准备充足运力，优先运输解放军、武警部队和全国各地、各个系统的医疗队和救援人员，优先运输救灾食品、药品和设备。空管部门要优先放行救灾物资和人员包机、航班；机场简化手续，为救灾飞行提供一切便利；安检部门对于医用液态物品和专用设备特事特办。

5月15日，民航局局长李家祥在对民航抗震救灾工作任务进行部署时明确要求，要与卫生部协调做好使用飞机喷撒药品方案以及各项准备工作，并保证安全第一。16日，民航局成立由民航局飞行标准司综合处（民用航空卫生处）和航空医学中心负责人及有关研究人员组成的卫生防疫小组。17日，民航局要求所有承担抗震救灾运输任务的航空公司和机场，在保障抗震救灾运输任务的同时，按照卫生部《抗震救灾卫生防疫工作方案》，做好航空器和机场候机楼病媒生物消毒和卫生防疫工作，防止传染病通过航空运输渠道传播扩散。18日，民航局卫生防疫小组人员抵达成都双流机场，对双流、九寨黄龙机场以及民航飞行学院广汉、绵阳和新津分院等单位的卫生防疫工作进行调研和技术指导。

成都双流机场、广汉机场、绵阳机场和九寨黄龙机场承担着繁重的保障运输救灾物资、转运灾区伤员等重要任务。5月22日，民航局下发明传电报，要求民航各地区管理局、机场集团和航空公司对口支援四川省各民航单位急需的医疗救护器械、卫生防疫药品和物资，切实解决各单位卫生保障和卫生防疫工作中的实际困难。同日，民航局下发明传电报，要求各单位做好抗震救灾期间航空器卫生防疫消毒灭虫工作，执行地震灾区运输伤病员任务的航空器在到达目的地后，必须对客舱实施全面的卫生防疫消毒和灭虫，运送伤员的航空器上配备必要的卫生防护用品，空中乘务人员做好个人卫生防护，加强客舱巡视，消毒处理航空垃圾和粪便。运送救援人员的航空器到达目的地后，进行全面卫生清洁，必要时进行灭虫处理。各有关航空公司在航空器执行完伤病员或救援人员运输任务，投入正常航班运输前，对该航空器进行消毒和灭虫工作。电报还要求，各地区管理局航空卫生部门协助有关部门组织好航空消毒和灭虫工作，各监管办对此项工作进行督促检查。随电报一起下发的，还包括航空器消毒和灭虫的参考技术和方法以及人员防护知识。24日，民航局卫生防疫小组设立24小时卫生防疫咨询电话，为各有关单位做好航空器卫生防疫消毒灭虫工作，防止灾后疫情的发生和传播，提供指导和帮助。

二　社会团体组织实施

中国残联组织实施　5月14日，中国残联抗震救灾工作领导小组及办公室成立，由党组书记王新宪、理事长汤小泉任组长。19日，中国残联召开办公会议，研究部署抗震救灾工作，决定发挥各级康复机构优势，加大对伤员救治和康复的支援力度。中国残联主席邓朴方批示，要求抓紧做好抗震救灾和地震伤残人员的早期康复救治工作。21日，中国残联印发文件至全国各省（区、市）及计划单列市、新疆生产建设兵团、黑龙江农垦总局残联，启动抗震救灾医疗康复工作。中国残联党组、理事会决定，先期组派50人的医疗康复救治队赴灾区参加医疗康复（心理康复）

救治工作；免费为有康复需求的伤残人员提供辅具配备及相关服务，服务工作覆盖整个灾区；支持受灾地区建立省级现代化综合康复中心，为因震致残者提供长期专业化的康复服务。

进入康复医疗阶段，中国残联下发通知，要求受灾地区残联和其他地方各级残联认真摸清受灾残疾人基本情况，尽快研究提出康复、救治、扶助措施建议，为政府决策提供真实可靠的依据。为整合康复资源，配合救治受灾群众，中国残联决定对全国残联系统康复资源进行调查统计，并统筹安排震后伤残人员的康复工作。在此基础上，各地残联要积极组织有条件的康复机构预留床位，接收后期康复地震伤员。

中国红十字会组织实施 中国红十字会于5月13日成立以常务副会长江亦曼任总指挥，副会长苏菊香、郭长江等任副总指挥的中国红十字会抗震救灾指挥部。指挥部下设应急救援组、国际救援组、筹资宣传组、后勤保障组4个工作组，其中应急救援组的职责之一为统筹全国灾害救助工作医疗救援队等的协调，并负责与民政部、卫生部等部门协调沟通。

5月26日，中国红十字会下发《关于进一步做好抗震救灾红十字志愿服务工作的通知》，要求发挥活跃在灾区数以万计志愿者的作用，科学有序地吸引志愿者为红十字救援行动和灾后重建工作做贡献。6月17日至9月3日，中国红十字会以省为单位，分批组建除野外医院外的红十字应急队，赴四川灾区实地接受红十字国际委员会应急队（ERU）专家的培训。中国红十字会首次引进红十字国际委员会支持的野外医院、供水系统、公众卫生、基础营地等5支应急队，在地震紧急救援和灾区群众安置中发挥了积极作用。

第五节 解放军和武警部队组织实施

汶川特大地震发生后，总后卫生部立即启动应急响应机制，研究制定医疗队抽组方案，选派医疗卫生救援队伍赶赴灾区，展开医疗救治和卫生防疫工作。武警部队后勤部卫生部在地震发生当天，即成立抗震救灾卫勤保障领导小组，统一组织协调武警部队支援地震灾区的医疗救治、卫生防疫、药品筹集等工作。驻扎在受灾地区的解放军和武警部队，按照中央军委和驻地中共地方组织、地方政府的命令和部署，迅速就地展开医疗救援工作。

一 解放军组织实施

5月12日15时，总后司令部领导指示战勤值班室，分别给第三军医大学、第四军医大学、武汉后方基地和后勤工程学院打电话联系，要求做好执行救援任务准备。15时30分，在空军后勤部调研的总后勤部部长廖锡龙指示总后卫生部，责令成都军区总医院立即派医疗队赶赴地震灾区，全军各医疗机构做好抽组医疗队的准备。正在重庆考核调研的总后勤部政委孙大发，要求第三军医大学、后勤工程学院加强与地方有关部门的联系，做好支援抗震救灾和收治伤病员

图 5　5 月 14 日，中央军委委员、解放军总后勤部部长廖锡龙（左一）为解放军总医院医疗队送行
（总后卫生部　提供）

的准备，并现场指导人员疏散，教育引导、组织应急医疗队等工作。16 时，总后卫生部召开部务会，研究部署抗震救灾卫勤保障工作。会议决定成立抗震救灾应急指挥领导小组（后改为“总后卫生部抗震救灾卫勤保障领导小组”），由部领导挂帅，综合局牵头，防疫、医疗、药材局领导和有关人员参加。同时，立即启动《军队处置突发事件卫勤保障应急预案》。22 时 25 分，总后勤部副部长王谦指示总后卫生部，高度重视灾区伤员救治工作，拟订周全的救援方案，特别关注伤员的现场抢救、医疗后送和卫生防疫情况；做好药品器械等卫生救援物资的准备；安排好值班，了解掌握灾区救援情况，及时沟通。23 时 20 分，廖锡龙指示总后卫生部立即研究出医疗队抽组方案，要求在全军范围内考虑，尽量在距灾区近、交通方便的医院抽组，如有命令可以立即出发。13 日下午，总后卫生部副部长袁永林参加军队抗震救灾领导小组召开的第一次会议。会议由中央军委委员、总参谋长、军队抗震救灾指挥组组长陈炳德主持。会议强调，医疗队以外科技术力量为主，解放军总医院派出专家医疗队，以最快的速度，乘专机赶赴灾区；要重视卫生防疫，加强疫情监测，派遣防疫专业分队去灾区；研究制订《抗震救灾卫勤保障总体方案》，明确医疗、防疫和药材保障的具体要求，确定灾区伤病员医疗救治与后送的主要原则。23 时 40 分，袁永林接到总参作战部应急办公室电话通知：根据国务院总理温家宝“军队要立即派 50 支医疗队到灾区”的指示，请总后卫生部立即提出抽组 50 支医疗队、1500 人的方案报总参作战部。总后卫生部制订《紧急派遣抗震救灾卫勤分队方案》，紧急抽组医疗队、防疫队，做好应急救援准备。（参见图 5）

5 月 14 日零时 45 分，总后卫生部抽组医疗队方案报总后司令部，同时报总参作战部。抽组方案确定在便于集中空运的北京、上海、西安 3 个地区抽组 50 支、1500 人的医疗队。上午，廖锡龙主持召开总后勤部抗震救灾应急指挥领导小组第一次会议。会议强调，这一阶段抗震救灾，部队的主要任务就是救人，要关注灾区群众吃饭问题，必要时空投 20 万人日份的野战食品；要

派出足够的救治和防疫力量，在做好伤病员救治的同时，搞好卫生防疫工作，防止疫情发生；要加强对抗震救灾后勤保障的组织指挥，统筹各方面力量，既要保障和支援救灾，又要直接参与救灾工作，以实际行动确保中共中央、中央军委的决策部署落到实处，在关键时刻真正体现出人民子弟兵听党指挥、服务人民、英勇善战的优良传统和作风。

5月15日，廖锡龙召集总后勤部办公会，强调抗震救灾第一阶段的首要任务是救命救人，第二阶段的主要任务是治疗和防疫，第三阶段的主要任务是帮助灾区人民群众恢复生产生活。17日，廖锡龙就做好抗震救灾后勤保障做出指示：当前正处在救人与防疫的转换过程中，一定要同心同德、群策群力，坚决完成任务，做到保障有力。19日，为坚决贯彻胡锦涛关于做好抗震救灾工作的重要指示精神，根据军委和总后勤部的决策部署，总后卫生部制定下发《关于进一步做好抗震救灾卫勤保障工作的意见》，从组织指挥、力量调整、医疗救治、卫生防疫、药材保障等方面，对下一阶段卫勤保障工作提出9条指导性意见，要求及时调整卫勤力量使用部署，部分医疗队化整为零、伴随救灾部队开进，深入乡镇村庄开展医疗救治工作，上门巡诊，把党和政府的关怀送到灾区群众中去；在全力做好伤病员医疗救治的同时，把工作重心逐步转移到卫生防疫上来，确保救灾部队不发生传染病疫情暴发流行和集体食物中毒，确保责任区内无传染病流行；按照联勤保障、军地联合的原则，切实搞好一线药品器材保障；进一步加强抗震救灾卫勤保障组织指挥工作，明确组织指挥关系，强化信息沟通和军地沟通协调，实现军地卫生力量协同联动。同日，王谦在听取总后卫生部抗震救灾卫勤保障情况汇报后提出，要适时将工作重心由伤员现场紧急救治逐步转移到后方医院专科治疗上来，由医疗救治逐步转移到卫生防疫上来；充分发挥部队建制卫勤力量的作用，特别是卫生防疫工作，必须依靠基层卫生机构，野战防疫队可给予技术指导；适时组织专家，对抗震救灾伤员救治、卫生防疫工作进行评估，总结经验。

5月20日，国务院抗震救灾总指挥部将灾情严重、环境恶劣、条件艰苦、交通闭塞的汶川、理县、茂县3个县1.25万平方公里区域的卫生防疫任务划转军队全面负责，要求确保灾区和救灾部队不发生重大疫情。成都军区抗震救灾联合指挥部责成解放军疾控中心、第三军医大学和成都军区疾控中心，分别牵头组织实施。根据国家抗震救灾总指挥部卫生防疫组的部署，按照总后卫生部与卫生部建立的抗震救灾军地卫生协同联动机制，积极协调成都军区联指、卫生部抗震救灾前方综合协调组和四川省卫生厅，按照“急用先建、逐步完善”的原则，在伤病员比较集中的地域，开设6所野战医院，提高批量伤员救治质量和后送效率。

5月21日，廖锡龙根据国务院抗震救灾总指挥部第11次会议精神，提出关注和解决好救灾部队的生活保障、医疗救治、卫生防疫等问题，把保障救灾部队和救援受灾群众统筹起来，发挥军队后勤优势，积极主动地为受灾群众送吃送穿、送医送药。25日，根据胡锦涛批示精神，廖锡龙连夜组织有关部门研究灾区卫生防疫工作，决定再向灾区派出军队专业防疫人员200人，组成40支防疫分队，于26日中午乘专机赴灾区担负卫生防疫任务，由成都军区联指统一调配使用。此外，抽组200名专业防疫人员作为预备队，随时支援灾区防疫工作。廖锡龙强调，防疫工作要贯彻军委首长的指示要求，以专业防疫力量为骨干，充分发动群众，群防群控，打人民战争。

5月26日，总后卫生部下发《关于加强救灾部队用药安全质量监管的通知》，明确救灾部队安全用药和监管的具体要求。随着大批灾区伤员转送到军队医院救治，总后卫生部及时下发《关于做好军队医院收治地震灾区伤员工作的通知》。27日，总后卫生部部长李建华向廖锡龙呈报《关于赴四川调研抗震救灾卫生防疫工作情况的报告》，分析当前灾区卫生防疫工作面临的严峻形势，提出“确保十一万救灾部队身体健康，确保军队牵头负责的3个责任县大灾之后无大疫，确保军队医院和医疗、防疫队圆满完成军队保障和属地卫生防疫任务”的工作目标和“卫勤保障重点从医疗救治为主向卫生防疫为主转变，卫勤保障力量从相对分散使用向相对集中使用转变，卫生物资保障从重点筹措救治药材向重点筹措防疫药材转变，卫勤保障方式从军队自我保障向军地联合保障转变”的总体思路，并从防疫力量、群防群控、职责分工、科学指导、预防接种、药品器材、卫生整顿、部署调整和军地协调9个方面，提出具体措施建议。同日，廖锡龙就贯彻落实胡锦涛“要关心救灾一线官兵的生活，认真落实后勤保障的各项措施，使部队保持持续旺盛的战斗力”的重要批示，及中央军委领导“要关心战士身体，解决好一线救灾官兵烂裆问题”的批示精神做出指示：对于防治救灾部队官兵烂裆问题，建议成都军区加强管理，综合防治。对进入山区分散执行任务的部队，适时组织轮换休整；进入山区分散执行任务的官兵，可以穿着大裤头，或者不穿裤头直接穿长裤；组织淋浴车机动巡回服务，尽量让官兵洗上热水澡；带队领导每天督促战士留出相应的时间洗浴或擦澡。

5月29日，总后卫生部拟订《“5·12”地震次生灾害伤员医疗救援应急保障指导方案》，对灾区医疗力量的任务区分、力量筹划、建立救治体系、搞好保障措施等方面提出了具体指导意见。

5月31日，总政干部部、总后卫生部组织成立军队抗震救灾医学专家指导团，以远程医学讲座、远程医学会诊和现场指导等方式，开展地震伤员救治指导。同日下午，工程院院士、解放军总医院高级专家卢世璧以“地震伤员创伤伤情特点及救治技术”为题，通过全军远程医学网举办讲座。此后，工程院院士黎磊石、吴孟超、王正国等专家分别举办有针对性的专题讲座，并参加远程医学会诊，指导地震伤员救治。

6月1日，军队抗震救灾医学专家指导团分成5个现场指导组，赶赴收治地震伤员的有关后方医疗机构，查房、会诊、实施手术，并研究、调整改进治疗方案。5日上午，廖锡龙主持召开总后勤部党委会议，传达胡锦涛关于重视解决抗震救灾部队部分官兵心理疾患问题的重要指示，研究提出贯彻落实的具体意见。会议提出，要采取有力措施，及时掌握和有效解决抗震救灾官兵的思想问题和心理问题；要进一步加强工作指导，积极主动开展心理救助。19日，廖锡龙对总后卫生部《关于对部分抗震救灾军队医疗队适时进行调整的请示》做出批示：“首先与国家卫生部协调，尔后与成都军区协调，最后形成方案经批准后实施。”26日，廖锡龙在成都军区联指联勤部上报的《关于申请补充急需药材和野营物资的请示》上批示：“灾区的后勤保障装备能调整使用的就尽可能调整。请司令部注意把握。”

二　武警部队组织实施

地震发生后，武警总部机关按照司令员吴双战、政治委员喻林祥的指示，启动抗震救灾应急预案，成立武警部队抗震救灾指挥部，并立即给驻四川、甘肃、陕西灾区部队下达抗震救灾预先号令。震后4小时，武警部队副司令员刘红军随温家宝飞抵成都，到都江堰市看望了解部队救灾情况，现场设立武警部队抗震救灾前线指挥部，指挥部队开展抗震救灾和医疗救治、卫生防疫工作。在外地部队检查指导工作、组织会议的武警后勤部部长王俊杰、政委高均起，按照胡锦涛“竭尽全力地抢救每一个生命，竭尽全力地救治每一名受伤群众”的重要指示和吴双战、喻林祥“要克服一起困难，全力保障前线的卫生防疫”的要求，命令后勤部立即启动抗震救灾后勤保障应急预案，建立应急保障机制。5月12日晚，武警后勤部卫生部根据武警总部要求，成立以部长时立强为组长、副部长侯冬虹为副组长的抗震救灾卫勤保障领导小组，连夜给驻灾区部队下发《关于做好抗震救灾卫生防疫工作的指示》。武警后勤部卫生部抗震救灾卫勤保障领导小组成立后，紧急调集并组成武警总医院医疗救援队、医学院附属医院医疗防疫队、后勤部疾控中心应急防疫队、8650部队医疗防疫队增援四川地震灾区，实施紧急医疗防疫救援。驻四川、甘肃、陕西、重庆等省（市）的武警总队和其他一些部队，武警黄金、森林、水电、交通等部队，也按照武警总部和驻地地方党委、地方政府的命令、部署，就地展开医疗救援工作。抗震救灾进入攻坚阶段，各个医疗救援队按照武警总部的命令和指示，采取空中、铁路、公路、步行等方式，按规定时限到达灾区，展开医疗救援、卫生防疫、心理健康服务。

抗震救灾期间，武警部队抗震救灾卫勤保障领导小组坚持24小时三级应急值班制度，与国务院抗震救灾总指挥部卫生防疫组同步建立情况通报、请示报告、会议协调和保障资源归口调配等工作机制，随时传达总部首长指示、掌握部队动态、解决卫勤保障困难、通报地震医疗救援防疫情况。武警部队司令员吴双战、政委喻林祥和后勤部部长王俊杰等，先后赶赴四川地震灾区，在一线指挥武警部队抗震救灾和医疗救治、卫生防疫工作。5月25日，武警部队副司令员息中朝抵达成都，接替四川地震灾区武警部队抗震救灾前线指挥部总指挥、副司令员刘红军，现场指挥部队救灾、医疗救治和卫生防疫工作。

第六节　各省（区、市）组织实施

汶川特大地震发生后，各省（区、市）党委和政府积极组织部署抗震救灾医疗防疫救援工作。四川、甘肃、陕西、重庆、云南、宁夏等受灾省（区、市）卫生行政管理部门立即启动应急预案，迅速组织实施，展开医疗救治和卫生防疫等工作。与此同时，北京、天津、河北、山西、内蒙古、辽宁、吉林、黑龙江、上海、江苏、浙江、安徽、福建、江西、山东、河南、湖北、湖南、广东、广西、海南、贵州、西藏、青海、新疆等非受灾省（区、市）的卫生行政部门，也迅速组织实施支援灾区医疗防疫工作，陆续向地震灾区派出医疗救治和卫生防疫等队伍，参加灾区的医疗救治和卫生防疫等工作。

一　受灾省（区、市）组织实施

四川省医疗防疫组织实施　地震发生后，四川省委书记刘奇葆立即组织召开紧急会议，指示“迅速派医疗队赶赴都江堰、汶川灾区”，“救助伤员是重中之重，抓紧做好药品、床位等准备工作，保证伤病员及时救治”，要求四川省卫生厅以最快速度组织医疗队和救护车，从都江堰进入汶川抢救伤员。随即四川省委、省政府成立由刘奇葆任指挥长，省长蒋巨峰等任副指挥长的四川省“5·12”抗震救灾指挥部，派出5位省委、省政府领导干部，分别赶赴都江堰、绵阳、德阳、广元、阿坝等地，指挥抗震救灾工作。5月13日，四川省抗震救灾指挥部组建以四川省委常委李登菊、陈文华任组长的医疗保障组。李登菊、陈文华召集四川省卫生厅、民政厅、质量技术监督局、食品药品监督管理局和四川省红十字会等单位，研究部署各项应急救援工作，要求医疗救援工作务必确保伤员得到及时救治，确保不发生重大疫情，确保医护人员与物资及时到位，确保信息畅通。同日上午，李登菊和副省长陈文华主持召开救灾物资厅局协调会，通报医疗卫生救援工作开展情况。四川省抗震救灾指挥部发出《关于做好伤亡人员救助和善后工作以及群众工作的紧急通知》。14日2时，四川省委有关领导、解放军总参谋长助理孙建国等在都江堰市主持召开紧急会议，决定在都江堰成立前线总指挥部，四川省卫生厅副厅长王正荣负责部队医疗卫生队伍的任务分配和调度协调工作。18日上午，陈文华主持召开防治震后鼠传疾病工作会议。会议结束后，四川省卫生厅立即协调四川省科技厅组织绘制防治震后鼠传疾病作战部署图。（参见图6～8）

图6　6月1日，四川省委书记刘奇葆（右二）看望华西医院医护人员

（四川省卫生厅　提供）

5 月 19 日，四川省抗震救灾工作电视电话会议在成都召开。刘奇葆强调，要坚持不懈地把救人放在第一位，继续全力抢救幸存者，加快拓展救援范围，尽最大努力搜救被困群众，把人员死亡减到最低程度；高度重视和切实加强卫生防疫工作，搞好灾区消毒工作，确保大灾之后无大疫。同日，四川省卫生厅派人分赴成都、德阳、绵阳、广元、雅安、阿坝 6 个市（州）驻点，实行分片包干制，督导灾区医疗卫生工作。20 日，四川省抗震救灾指挥部举行早、晚两次会议，蒋巨峰主持会议并强调指出，当前是开展灾后防疫工作的关键时期，在遭遇特大地震的天灾后，决不能因为防疫工作不到位而导致人祸，要把防疫工作放在更加突出的位置，迅速覆盖到村。会议就进一步加强防疫工作进行研究，要求依托卫生防疫部门加强技术指导，组织发动各方面力量参与防疫工作，把已经在灾区的一部分医疗救援人员转化、充实到防疫队伍中来，组织灾区乡镇卫生人员承担防疫任务，发动身体健康的灾区群众参与药剂喷洒等工作；想方设法组织消杀药品和器械，保障供应，做好调运工作，确保防疫人员进到哪里，药品和器械就跟到哪里；建立疫情每日监测报告制度，明确责任，严肃纪律，绝不允许瞒报、迟报；媒体要加强卫生防疫重要性和相关知识宣传。

5 月 22 日，受蒋巨峰委托，陈文华主持召开四川省救灾防疫卫生防疫工作电视电话会议。陈文华简要总结前一阶段卫生防疫工作，全面部署下一步预防控制传染病和加强卫生执法监督工作。他强调指出，灾后疾病防控的目标是确保大灾之后无大疫，各级政府和有关部门要统筹军地、省内外医疗卫生力量，整合医疗卫生资源，实行专业队伍与群众运动相结合，群防群治，确保疾病防控工作有力、有序、有效地开展；建立由机关干部、农村基层干部和医疗卫生人员组成的乡村疾病防控队，分片包干，包乡包村，在 3 天内实现疾病防控工作有效全覆盖，覆盖到所有村组、所有家庭户，覆盖到所有灾区群众临时安置点、所有伤员医疗点，覆盖到所有抗震救灾队、所有工作队；以村和灾区群众安置点为单位，把疾病防控力量和药械安排配置到位，落实责任人，划定责任区，包县、包乡、包村，落实疾病防控工作措施。每个村落实一名专职人员负责工作信息收集、发放疾病防控物资和宣传资料，指导灾区群众做好卫生自我保护等工作。四川省政府决定，抗震救灾期间，对村卫生专职人员按每月600元给予补助。

图7　5月12日晚，四川省省长蒋巨峰（中）在设于都江堰市的四川省抗震救灾前线总指挥部研究部署工作

（四川省卫生厅　提供）

5 月 23 日，蒋巨峰连夜主持召开四川省抗震救灾指挥部紧急会议，研究抓紧落实国务院抗震救灾总指挥部的各项部署，强调把卫生防疫工作摆在突出位置。蒋巨峰提出，细化研究落实措施，在防疫人员已经到村的基础上，组织防疫技术人员和督导员覆盖到灾区所有

图 8 5 月 12 日，四川省卫生厅成立抗震救灾医疗卫生救援指挥部，在四川省卫生厅院内办公
（王平生 摄）

村，有效防控疫情发生；加大卫生防疫药品和器械的组织力度，搞好配送，为防疫人员配备足够的药品和器械；切断污染源，特别是要通过科学论证和法律程序，做好对北川等极重灾县（市）的清理工作，妥善处理遇难者遗体和动物尸体；切实加强饮水和食品安全管理，加强水质监测和净化消毒工作，教育群众不喝生水；严格把关，不让过期或接近过期的食品进入灾区，同时加强对救灾食品储运环节的管理，确保食品安全卫生；将临时集中安置的群众逐步分散安置，做好规划，配套建设相应的医疗卫生设施；进一步完善市、县两级疾病防控体系，提高防控能力，及时、妥善处理灾区特别是受灾群众安置点的垃圾、粪便等，防止污染；采用宣传车、宣传手册、广播大喇叭等多种方式，加大卫生防疫知识宣传力度，提高群众的卫生防疫意识；对因灾受损的乡村医疗网点，要尽快恢复或新建，完善网络。6 月 5 日，四川省抗震救灾安置阶段工作电视电话会议在成都召开。蒋巨峰指出，要在抓紧妥善安置好受灾群众的同时，继续加强卫生防疫等方面的工作。10 日，四川灾区切断污染源、加强卫生防疫工作电视电话会议在成都召开，李登菊、陈文华等出席会议，就四川灾区切断污染源，全面加强卫生防疫工作进行安排部署。

在整个抗震救灾过程中，作为四川省抗震救灾指挥部医疗保障组 9 个工作小组负责人的四川省卫生厅领导，深入灾区一线调研、指导，根据出现的新情况、新问题，调整完善各项政策措施，保证医疗保障组的各项重大决策、部署和措施具有针对性和可操作性。面对震后通信中断、交通堵塞的不利情况，四川省卫生厅及时进行应急指挥调度，半小时内实现应急指挥：部分厅领导留守机关，负责与各方面的联系，其余厅领导分赴华西医院和四川省人民医院、四川省肿瘤医院等医疗机构了解情况，并做出应急安排。其时，四川省卫生厅厅长沈骥正在北京开会，接到卫生部紧急指令后，立即与陈啸宏随同温家宝一行赶回成都，并通过手机短信了解遭受灾害情况。5月12日晚，四川省卫生厅启动应急预案，成立抗震救灾医疗卫生救援指挥部，由厅长任总指挥，副厅长任副总指挥，指挥部下设综合协调、现场抢救、医疗救治、疾病控制、消息秘书、宣传报道、后勤保障、物资管理8个工作小组。随后，一些厅领导干部冒着余震和大雨，连夜带领有关处室负责人和医疗救援队伍赶赴各灾区，了解各地灾情信息，为组织协调紧急医疗救援工作提供第一手材料。

四川省卫生厅抗震救灾医疗卫生救援指挥部成立后，立即向全省卫生系统下发第一份书面紧急通知，要求厅直属医疗卫生机构全部动员起来，投入到抗震救灾医疗救援工作中，全力做好伤员救治工作，特别是成都、德阳、绵阳等市，做好人员、血液、设备和药械增援的各项准备，随时待命；抓紧与卫生部联系，争取药品、器械、血液等支持，并与紧邻的重庆市卫生局联系，争取支援；立即组派28支、90余人的医疗、疾控队伍和28台救护车，携带相关急救药品、器械，赶赴汶川、什邡、绵竹、北川等极重灾县（市）。随之，四川省卫生厅抗震救灾医疗卫生救援指挥部紧急部署组建一、二、三级医疗卫生救援梯队，在全省范围内紧急组织医疗救治人员、救护车辆，并向社会征调平板车运送伤员。

在灾后12小时，四川省卫生厅从全省抽调96支抗震救灾医疗队、400余名医护人员赶赴重灾地区；灾后24小时，省内外474支医疗队快速进入灾区；在“黄金救援时间72小时”内，实现10个极重灾县（市）外部救援队伍的全覆盖。

5月底，四川省卫生厅的分片督导工作向21个极重灾和重灾县（市、区）延伸，并逐步扩展到乡村，及时将各灾区医疗卫生机构受损情况、现场医疗救治和卫生防疫存在的主要问题和薄弱环节反馈给四川省抗震救灾指挥部医疗保障组。

甘肃省医疗防疫组织实施 地震发生后，甘肃省委书记陆浩、省长徐守盛相继做出批示，要求立即派出工作组，赶赴受灾严重的陇南市，指导帮助陇南市全力抢救伤员。5月12日22时30分，陆浩主持召开专门会议，紧急部署抗震救灾工作。会议决定，启动二级应急响应，成立甘肃省抗震救灾领导小组和总指挥部，由陆浩任抗震救灾领导小组组长、徐守盛任副组长兼抗震救灾总指挥部总指挥，总指挥部下设救援组、预报监测组、医疗卫生组、生产生活安置组、基础设施组、治安组、宣传组，其中医疗卫生组工作由省卫生厅负责。（参见图9）

5月19日，甘肃省委召开常委会议。会议强调，继续抓好受伤人员救治和疫情预防，保证急救医疗物资的供应，使每个伤员都能够得到良好救治，需要转院的危重伤员要及时转院治疗；在抓好救治工作的同时，高度重视灾区的疫情预防；省、市、县三级统筹协调，充实预防专业力量，切实做好卫生防疫工作，尤其要重视饮水和食品安全，妥善处置死亡牲畜，严防灾区传染病流行。

6月2日，陆浩在康县主持召开抗震救灾工作会议，学习贯彻胡锦涛重要讲话精神，研究落实陇南、甘南重灾区的抗震救灾工作措施。陆浩指出，要加大医疗急救物资供应力度，切实提高治愈率，减少伤残率，危重伤员要及时转院治疗，尽最大努力挽救伤员生命、减轻伤员病痛；要高度重视灾区的疫情预防，进一步充实卫生防疫力量，加强疫情监测报告。5日，甘肃省召开抗震救灾工作电视电话会议，进一步安排、部署灾后恢复重建工作。陆浩强调，要继续抓好人员救

图9 5月15日，甘肃省委书记陆浩（前中）、省长徐守盛（中）在陇南灾区看望慰问受伤群众
（甘肃省卫生厅 提供）

治和疫情预防，以对人民高度负责的精神，调集有经验的医疗专家，切实提高治愈率，减少伤残率，确保不发生因救治不及时而导致的死亡；随着天气变热，疫情防控显得尤为重要和紧迫，必须用更大的力量抓好卫生防疫工作，确保大灾之后无大疫。

5月13日，甘肃省副省长咸辉听取甘肃省卫生厅关于甘肃地震灾区卫生救援工作情况汇报，专题研究部署地震灾区医疗卫生救援工作。咸辉提出，加强组织领导，省卫生厅领导要带队深入灾区，靠前指挥；积极开展医疗救治，全力抢救受伤人员；加强灾区传染病防治，坚决防止发生传染病疫情；加强灾区食品和饮用水监督、监测，保障群众健康；加强信息报送，确保信息畅通。14日，甘肃省委常委、常务副省长冯健身对全省地震灾区医疗救治工作做出指示，要求省卫生厅全力组织指挥陇南灾区受伤人员的救治工作，了解救治方面存在的问题，采取措施，确保伤员得到有效救治。16日，咸辉就陇南、甘南地震灾区卫生防疫面临的严峻形势，要求省卫生厅加大灾区卫生防疫工作力度，把防控工作重点放在震灾严重的乡村，切实做好农村饮用水源水质、环境卫生监测检测，以及人与动物尸体无害化处理；同时，加强受灾群众防疫知识宣传教育，做好心理危机干预，促进灾后心理健康重建。19日，徐守盛要求卫生部门全力以赴做好医疗救治和卫生防疫工作，指导做好灾区疫情监测、消毒杀虫、食品和饮用水卫生监督检测，动员社会力量，开展爱国卫生运动，整治环境卫生，防止发生疫情。20日，咸辉做出批示，要求甘肃省卫生厅通过医疗救援队伍，对灾区伤员情况尽快摸排，能转移治疗的尽快转移治疗；统筹协调省、市、县防疫队伍，加强对灾区乡镇、村防疫工作的指导，密切监测疫情，保证消毒药品和器械供应，确保大灾之后无大疫；对地震中县、乡、村医疗卫生机构基础设施受损情况认真排查统计，及时上报省抗震救灾总指挥部，同时积极争取卫生部的支持，做好灾后恢复重建的准备工作。同日，甘肃省政府办公厅以特急明电下发《关于大力开展夏季爱国卫生运动进一步加强灾后疫病防治工作的通知》，要求省政府各部门、各市州政府以及中央在甘肃的有关单位加强对爱国卫生运动和灾后疫病防治工作的领导，把开展爱国卫生运动、灾后疫病防治工作切实抓紧抓实，坚持预防为主，依法科学防治各类传染病。同日，甘肃省委、省政府召开视频会议，强调继续抓好人员救治和疫情预防，保证急救医疗药品、器械的供应，及时转运危重伤员到天水、兰州等条件较好的医院治疗。省、市、县三级要统筹协调，切实做好卫生防疫工作，高度重视饮水和食品安全，对死亡牲畜要尽快妥善处置，严防灾区传染病流行。27日，甘肃省政府第六次常务会议召开。徐守盛要求组织充足的防疫技术力量和督导组，深入到每个村、每一个临时安置点，普及防疫知识，进一步做好疫情监测和消毒处理等工作，确保大灾之后无大疫；加强对灾区饮用水、环境卫生及副食品等方面的检查和监测，严防食物中毒事件发生；组织医疗力量，调拨急救医疗物资和药品，继续做好伤员救治工作。28日，甘肃省政府常务会议决定，可转可不转的伤员留在当地；在甘南、陇南建教育、医疗等公共设施活动板房；做到防疫工作全覆盖。29日，在甘肃省卫生厅召开的抗震救灾卫生防疫工作座谈会上，咸辉对做好灾区下一阶段卫生防疫工作提出6点要求：继续高度重视灾后卫生防疫和卫生监督工作，发挥好省级防疫队伍的龙头作用，确保大灾之后无大疫；大力开展爱国卫生运动，创造一个良好的卫生环境，遏制疾病流行；继续发挥省级疾控和卫生监督队伍的技术指导作用，指导和帮助基层开展各项防疫工作；注重培训基层医务人员，使基层人员能够科学、合理开展消杀防疫工作；在做好灾区重点传染病监测的同时，抓好全省各类传染病的防治工作；全力保证灾区消杀药品和器械的供应，合理规划用量，既要保证灾区所需，又要避免出现污染和不必要的浪费。

甘肃省抗震救灾总指挥部于5月12日下发《关于认真贯彻中央政治局常委会会议精神，进一步做好全省抗震救灾工作的通知》，要求省卫生厅组织调度好各方医疗应急救援力量，积极协调血液、药品、医疗器械，做好伤员的救治工作。17日，甘肃省抗震救灾总指挥部召开会议，专题研究灾后恢复重建工作。会议强调，要进一步加强医疗救治和疫病防治工作，继续做好伤员的救治工作，继续组织救援力量赴灾区救治受伤群众，并向受灾人员提供精神、心理卫生方面的帮助；继续加强对灾区饮用水、环境卫生及副食品等方面的检查和监测，严防食物中毒事件发生；对可能发生的传染病进行预警，采取有效措施，预防和控制疫病暴发流行；组织动员广大群众搞好环境卫生，组织、协调相关部门加强对灾区药品、医药器械流通的监督和管理，确保安全，把各项防疫措施落到实处。18日，甘肃省抗震救灾总指挥部召开会议，强调要全力做好受伤人员的救治工作，并继续做好灾区食品、饮用水卫生监督和传染病防控。31日，甘肃省抗震救灾总指挥部成立甘肃省抗震救灾专家委员会，下设5个专家组，其中疫病防控组负责研究县、乡、村灾区群众临时安置点实施医疗救治、防疫监督和医疗卫生物资3个全面覆盖的对策措施；研究人、畜科学防疫思路，提供重点人群、重点区域和重点疾病的重点控制措施，为重新构建灾区传染病和突发疫情监测报告系统提供对策建议。

甘肃省卫生厅在地震发生后5小时，派工作组赶到陇南市协调指挥抗震救灾工作，成为省直部门中最早到达的抗震救灾工作组。甘肃省卫生厅启动紧急医疗卫生救援预案，成立抗震救灾医疗卫生救援工作领导小组，领导小组下设综合组、医疗救治组、防疫组、保障组和宣传组，分别由相关处（室、局）负责人任组长。此后，甘肃省卫生厅根据《甘肃省突发公共事件医疗卫生救援应急预案》精神，紧急制订了《甘肃省“5·12”地震医疗卫生救援工作方案》。5月14日，甘肃省卫生厅在网上发布《关于成立省卫生厅抗震救灾医疗救援工作领导小组的通知》，并紧急派出 6 支医疗队到达灾区开展工作。

陕西省医疗防疫组织实施　地震发生不到两小时，陕西省委、省政府召开紧急会议，安排部署抗震救灾工作。陕西省委书记赵乐际立即通过电话了解西安、汉中、宝鸡等地区受灾情况，并做出批示，要求各市启动应急预案，查清灾情，全力救治伤员，维护正常的生产、生活秩序。

5 月 12 日，陕西省政府下发《关于切实做好抗震救灾工作维护人民群众正常生活生产秩序和社会稳定的紧急通知》，要求各设区市做好伤亡人员救治和善后工作，组织医疗救护机构全力抢救伤员，疾控部门做好灾区疫病防控工作。同日晚，副省长姚引良赶到汉中听取灾情和救灾工作汇报，要求妥善安排好住院病人应急避险工作，组织医护人员全力救治伤员。

5 月 13 日晚，陕西省委召开常委扩大会议，强调全力救治伤员，切实做好善后工作，免费救治因地震受伤群众。会议决定，成立陕西省抗震救灾指挥部，由省长袁纯清任总指挥，省委常委、常务副省长赵正永和副省长姚引良任副总指挥，全面负责抗震救灾工作。14 日，陕西省政府召开常务会议，要求做好伤员救治工作，尽快帮助伤员恢复健康和正常生活，绝不能因救治不及时或救治不到位造成死亡或伤情加重；同时做好派遣医疗队、接收伤员等在内的支援四川重灾区救灾救援工作。19 日，陕西省政府召开第 13 次常务会议。会议强调，继续做好伤病人员救治和受灾群众生活安排，把救治伤员作为首要任务，对因地震受伤住院治疗人员全部免费医治。会议要求各地各部门做好接收四川伤员转运陕西救治的各项准备。22 日，陕西省政府召开第 14 次常务会议。会议提出，要以最好的设备、医师、技术和服务使地震伤员在身体和心理方面得到全面医治，尽早恢复健康；在救治好陕西省伤员的同时，把用于救治四川伤员的床位增加到 5000 张，重点做好集中居住区和安置区的卫生防疫工作，严防疫情发生；抓紧修复因灾受损的县、乡医疗机构用房。（参见图 10 ～ 11）

5 月 23 日，陕西省委召开常委扩大会议，赵乐际要求全力救治陕西和四川、甘肃转移来的伤员，加强卫生防疫，搞好环境消毒、厕所卫生、垃圾处理、灭蚊灭蝇等工作，防止出现疫情。

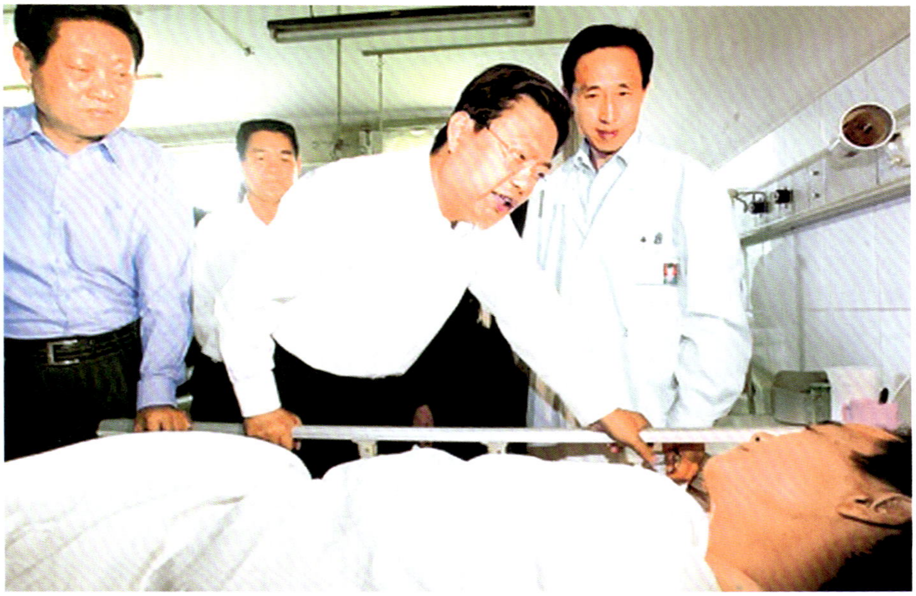

图 10　5 月 13 日，陕西省委书记赵乐际（中）在西安市红十字会医院看望因震受伤群众

（宋红梅　摄）

图11　5月16日，陕西省省长袁纯清（左三）在宝鸡市解放军第三医院检查抗震救灾工作
（宝鸡市卫生局　提供）

5月24日，陕西省政府下发《关于贯彻落实习近平同志来陕视察抗震救灾工作时重要讲话精神，切实做好抗震救灾和灾后重建工作的意见》，提出要继续做好伤员救治工作。所有接治地震受伤人员的医院都要成立专门班子，制订严密治疗方案，用最好的医师、最好的设备、最好的服务、最好的保障，及时有效地治疗地震受伤人员；针对不同人员的心理状况，安排专家进行心理抚慰；救治医院要建立住院伤员日报制度，每日向陕西省卫生厅报送受伤人员收治和出院情况，卫生厅每日汇总后上报省应急办，便于及时了解救治情况。陕西省卫生厅、武警陕西省总队派出的医疗队，要继续在灾区做好巡回医疗工作。由省卫生厅拨付相应资金，组织必要的器材、药品，以灾区群众集中居住区、集中安置区为重点，做好卫生防疫工作；要进一步完善重大疫情应急预案，加强疫情监测，按规定对环境、设施、人员和水源等进行消毒和防疫处理，防止疫病发生。省政府预拨3000万元，用于县、乡卫生院（所）建设、维修和添置急需设备，满足群众正常就医需要。

6月3日，陕西省委召开常委扩大会议，要求医疗卫生部门和相关单位动员更多医疗资源，调集有经验的医疗专家，尽最大努力挽救伤员生命、减轻伤员病痛；组织更多的志愿者和心理辅导者，开展心理安抚工作，使伤员在生理和心理上得到良好恢复；强化对饮用水和食品的卫生监督，防止疫病流行。

地震发生当天下午，陕西省卫生厅向各设区市卫生局及杨陵示范区社会事业局、厅直管各医疗机构发出通知，要求做好医疗救治工作所需的药品、急救物资的储备，及时组织辖区内伤病人员的救治，把伤亡减少到最低程度；加强各部门值班，加强对水、电、气等重点部位的检查，及时排除隐患；实行医院领导一线值班制，确保医疗秩序正常；组建医疗急救队，做好随时出发的各项准备工作；各级卫生部门要按照当地政府的统一规划和部署，积极开展灾后自救工作，尽快恢复正常的医疗卫生服务功能；加强与病人和职工的沟通，稳定病人和职工情绪；加强内部安全保卫，防止各种不安全事件发生。地震发生的当晚通信中断，陕西省卫生厅党组紧急部署，抽调党员干部50余人连夜巡查市区各医疗单位，协助各单位做好高层病房疏散病人安置工作；抽调人员集中办公，实行24小时值班制度。5月15日，陕西省卫生厅成立抗震救灾领导小组。领导小组下设综合协调组、医疗救护组、疾病控制组、卫生监督组和物资保障组。随后，陕西省卫生厅下发一系列通知和技术指导方案，要求各级卫生行政部门切实加强救灾防疫工作领导，做好灾后疫情监测和预测、预警工作，切实落实各项救灾防疫措施，积极预防并妥善处置次生突发公共卫生事件，开展灾后防疫知识宣传。

重庆市医疗防疫组织实施　地震发生后，重庆市委、市政府成立重庆市抗震救灾总指挥部。总指挥部决定成立由重庆市卫生局牵头，重庆市经济委员会、民政局、财政局、交通委员会、药品监督管理局和重庆警备区后勤部等为成员的医疗救护组，统一指挥和协调抗震救灾医疗救援工作。随后，重庆市卫生局成立抗震救灾医疗卫生救援领导小组，下设综合协调组、应急救治组、疾病防疫组、后勤保障组4个工作组，具体负责医疗卫生救援工作。5月12日14时30分左右，地震造成梁平县两所小学发生人员伤亡事故。梁平县政府立即启动《突发公共卫生事件医疗救援预案》，由县政府统一部署，组建医疗队伍，全力开展医疗救治。重庆市卫生局领导带领市医疗急救中心专家赶赴现场，指导医疗救援工作。当日20时许，重庆市副市长刘学普率领相关人员赶到梁平县事发现场指挥救援工作。22时30分左右，刘学普到梁平县医院看望伤员，召开相关部门负责人会议，要求各级党委、政府要全力救治伤员，尽最大努力减少伤亡人数；各医疗单位要尽最大努力不让患者致残；立即成立由分管副县长任组长，县卫生局局长和县医院、县中医院院长任副组长的救援领导小组，成立以市级专业人员为主的专家组，做好技术指导；落实责任制，实行一对一医疗救治，对重症患者实行24小时专人专管；在救治中，卫生部门要全力保障人员、设备、药品到位，县公安局要积极配合卫生部门，做好维护医院社会治安秩序和稳定工作。13日下午，重庆市卫生局召开市级医疗卫生单位和机关职工抗震救灾工作动员大会，对抗震救灾医疗卫生救援工作进行部署。会议要求，各级医疗卫生单位再次迅速开展危房、重点部位险情排查，及时上报排查结果，全面做好险情排除控制工作，严防次生性灾害发生；每个市级医疗卫生单位做好再派两支医疗队赴四川灾区和接收四川转运伤员救治的准备工作；做好医疗药品捐赠工作，每个医院捐赠价值不低于5万～10万元的药品；切实做好梁平县伤员的医疗救治及市内门诊、住院病人的治疗，维护正常医疗秩序。

云南省医疗防疫组织实施　地震波及云南省昭通市部分地区，昭通市委、市政府要求各县区、市直有关部门迅速组织力量抢险应急，抓紧核实灾情，全力做好救灾应急工作。根据昭通市委办公室、市政府办公室发出的抗震救灾工作紧急通知，昭通市卫生局党组于5月12日下午召开紧急会议，研究救灾应急方案；当天晚上，召开市直卫生系统单位负责人参加的扩大会议，部署抗震救灾工作，并安排昭通市第一人民医院、市中医院分别组建医疗队。同日17时，云南省卫生厅召开党组扩大会议，成立抗震救灾应急指挥工作领导小组。会议决定，迅速启动救灾防疫应急预案，要求省级医疗机构、卫生防疫和食品监督机构做好应急准备，并向四川省卫生厅发出慰问电，同时向卫生部请战。

5月13日上午，云南省政府召开专题会议，要求云南省卫生厅全力组织医疗卫生、防疫人员投入抗震救灾工作；同时，关注昭通市受灾情况，全力救援受灾区域。当天下午，云南省卫生厅召开党组扩大会议，对成立医疗防疫救援队伍，做好医疗急救、消杀防疫、后勤保障物资工作进行部署。

宁夏回族自治区医疗防疫组织实施 地震发生后，宁夏回族自治区卫生厅向宁夏回族自治区党委、自治区政府和卫生部请战赶赴四川参加抗震救灾；同时，进行第一批赶赴四川抗震救灾医疗卫生防疫救援队的人员、物资、车辆、设备等各项准备工作。5月14日，宁夏回族自治区卫生厅从自治区人民医院、宁夏医科大学附属医院，自治区和银川市疾控中心、卫生监督所抽调的33名医疗卫生人员和6辆救护车辆组成的集医疗救治、紧急救援、卫生防疫“三位一体”的首批医疗卫生防疫救援队，携带价值数十万元的救灾药品和物资，从银川出发奔赴四川灾区开展医疗救治、卫生防疫工作。

二 非灾区省（区、市）及新疆生产建设兵团组织实施

北京市支援灾区医疗防疫组织实施 地震发生当天，北京市卫生局党组成立抗震救灾领导小组，北京市中医管理局也迅速组成北京地区中医系统抗震救灾指挥部。5月13日凌晨，根据卫生部医政司的要求，北京市卫生局组建一支由30名医师、20名护士组成的医疗队，于当日赶赴四川灾区。之后，北京市卫生局组建的医疗救援队陆续出发，赶赴四川灾区开展医疗救治紧急救援。北京市疾控中心组建北京市疾控系统抗震救灾卫生防疫队，申请赴汶川灾区开展卫生防疫救援工作，并连夜制订抗震救灾卫生防疫工作方案，成立北京市疾控系统抗震救灾工作领导小组。在全市18家区（县）疾控中心的支持下，北京市疾控中心在7个小时之内确定救灾卫生防疫队员，并赶赴四川灾区。

天津市支援灾区医疗防疫组织实施 地震发生后，天津市卫生局落实天津市委、市政府和卫生部的部署要求，根据前方医疗救治和卫生防疫的工作需要，组织相关医务人员奔赴抗震救灾第一线。5月13日1时，天津市卫生局根据卫生部医政司紧急通知，先后两次召开由主要处室负责人和派出医院主要领导参加的紧急会议，部署医疗队组建和救灾物资准备配送等事宜。按照卫生部的要求，天津市卫生局组建一支抗震救灾医疗队，并于当日赶赴四川灾区参加医疗救治工作。15日，天津市卫生局组建抗震救灾医疗卫生应急救援领导小组。领导小组下设办公室，负责抗震救援工作的整体组织与协调，同时设立医疗救治组、卫生防疫组、信息宣传组、后勤保障组，展开医疗救援工作。天津市财政局迅速启动资金保障应急机制，及时与市卫生部门沟通协调，实行资金调度急事急办。至16日，天津财政局共紧急调拨资金1140万元，为天津医疗队配备急需急救药品、医疗器材、急救车辆等应急设备和物资，确保赈灾医疗救助需要。

6月9日，中共中央政治局委员、天津市委书记张高丽在《天津市卫生系统认真履行救死扶伤天职，全力以赴奋战在抗震救灾第一线》的报告上批示：向卫生系统奔赴抗震救灾第一线的医务人员学习、问好、致敬。8月6日，为妥善做好天津市接收四川地震灾区伤病人员的医疗救治和治愈返回四川等工作，天津市卫生局和市民政局、市财政局联合发文给各有关接收四川灾区伤病人员的医院，就接收四川灾区伤病人员有关费用问题做出要求，内容包括补助范围、资助标准、补助经费来源和补助经费核拨程序。

河北省支援灾区医疗防疫组织实施 地震发生后，河北省委、省政府成立支援四川灾区工作领导小组，着手组织地震紧急救援和医疗救援队伍，做好各项准备工作，随时待命奔赴灾区。

河北省卫生厅根据河北省委、省政府和卫生部的部署和安排，组建医疗救援队伍。5 月 15 日下午，河北省卫生厅召开会议，紧急部署赶赴四川抗震救灾医疗救治和卫生防疫工作。会议要求，全省卫生行政部门和医疗卫生单位要高度重视赶赴四川抗震救灾医疗救治工作，全力保障医疗救治工作顺利开展；做好继续派遣医疗队的准备工作，进一步调整充实医疗队伍，选拔工作经验丰富、思想作风过硬、技术能力强的人员进入医疗队；加强医疗队员思想政治工作，强化地震灾害医疗救治培训和演练，进一步提高医疗队员灾害救援技能和医疗救治能力；严肃工作纪律，服从全省统一指挥调度，坚决完成抗震救灾医疗救治任务。

山西省支援灾区医疗防疫组织实施 地震发生后，山西省卫生厅着手安排支援四川灾区医疗救援工作。5 月 15 日，山西省卫生厅召开党组会议，听取抗震救灾医疗救援队紧急筹措血液、血浆支援灾区和医疗机构接受灾区转诊伤员的准备工作情况，及疾病预防控制应急队准备情况的汇报，研究部署支援四川抗震救灾工作。会议议定，立即向卫生部和山西省委、省政府上报请战书，分别派出 4 支医疗救援队和疾病预防控制应急队，尽快赶赴四川救援；省直和各市三级医疗机构做好接收灾区伤病员的准备，确定山西省人民医院、山西医科大学第一医院、山西医科大学第二医院和太原市中心医院为省城定点接收灾区伤病员医院。18 日上午，山西省省长孟学农主持召开省政府专题会议，研究部署全省支援灾区抗震救灾工作，要求继续精心组织应急救援、卫生防疫、医疗救治及基础设施抢修队伍，随时待命奔赴一线；按照以人为本的要求，从生活、医疗和心理抚慰等基本条件入手，提前做好伤病员救治和孤儿、孤老、孤残的接收供养等准备工作。21 日，山西省卫生厅召开厅长办公会议，研究山西省卫生厅抗震救灾工作安排。会议决定，在派出 534 名抗震救灾医疗卫生队员的基础上，做好增派 390 名队员的准备，其中防疫队员 220 名、卫生监督队员 110 名、心理危机干预小分队 60 人。26 日，山西省卫生厅召开党组扩大会议，决定赴四川灾区抗震救灾医疗卫生队员实行轮换制，赴灾区抗震救灾的重点要逐步转到卫生防疫上来，切实做好赴灾区抗震救灾医疗卫生工作队后勤保障工作，宣传、表彰一批先进典型。6 月 4 日，山西省卫生厅召开厅长办公会议，听取太原市 5 家救治伤员定点医院检查情况和解决伤员医疗及相关费用协调情况的汇报，并做出相应部署。

内蒙古自治区支援灾区医疗防疫组织实施 内蒙古自治区卫生厅于 5 月 12 日晚向四川省卫生厅发去慰问信，表达增援意愿，同时向卫生部提交支援四川灾区医疗卫生救援工作的请战书。13 日，内蒙古自治区卫生厅成立支援灾区抗震救灾工作领导小组，建立 24 小时值班制度、信息联络员制度、信息日报告制度，组建 4 支医疗卫生救援队伍和 10 支后备增援队伍，进入待命状态。支援灾区的工作重点由医疗救治转向卫生防疫以后，内蒙古自治区卫生厅按照卫生部的要求，组建两支卫生防疫队，分别于 23 日和 25 日出发赶赴四川灾区。26 日，内蒙古自治区卫生厅召开专题会议，传达《卫生部关于进一步做好抗震救灾医疗救治和卫生防疫工作的意见》，研究调整并派出医疗卫生救治队等事宜；同时，为发挥蒙医药治疗骨伤病的特色优势和蒙医整骨专家救援唐山大地震伤员的经验，组建由 20 名专家组成的抗震救灾蒙医骨伤救援预备队待命。28 日，针对四川灾区还有大批伤病员需要向四川省以外的其他省（区、市）转移的状况，内蒙古自治区卫生厅向卫生部发出救治四川地震灾区伤员的申请，并明确定点收治医院，专门预留 200 张床位用于灾区伤病员的救治。

辽宁省支援灾区医疗防疫组织实施 地震发生后，辽宁省委、省政府要求全省“倾我所有、尽我所能”，全力支援四川抗震救灾。5月12日夜，辽宁省卫生厅根据辽宁省委、省政府的安排与部署，组织相关部门连夜召开会议，从省直各大医院和沈阳市主要医疗机构中抽调医疗骨干和护理人员，组建4支抗震救灾医疗队待命，并印发《关于成立辽宁省卫生抗震救灾指挥部的通知》，成立辽宁省卫生抗震救灾指挥部，统筹部署和安排全省卫生系统支援灾区工作。

吉林省支援灾区医疗防疫组织实施 震后，吉林省委、省政府高度重视此次特别重大的地震灾害医疗救援工作，常务副省长竺延风召开有各部门领导参加的调度会，为支援四川灾区医疗队安排专机，并协调调拨医疗队所需各种物资，要求连夜做好一切准备。吉林省卫生厅成立以厅长任组长的抢险救灾工作领导小组，下设综合协调、医疗救治、新闻宣传和物资捐赠4个工作小组。5月14日起，由吉林省卫生厅负责组织的5支医疗队和3支卫生防疫队，相继赶赴四川灾区参加医疗救治和卫生防疫工作。

黑龙江省支援灾区医疗防疫组织实施 地震发生后，按照卫生部全国卫生系统医疗救援Ⅰ级响应指令，黑龙江省卫生厅党组召开会议，启动突发公共事件医疗卫生救援预案，进入Ⅰ级医疗卫生救援响应状态；成立黑龙江省卫生厅支援四川灾区抗震救灾工作领导小组，建立由省卫生厅党组成员带班，各处室负责人和机关公务员参加的24小时三级值班制度；制订下发《黑龙江省赴四川抗震救灾医疗防疫队工作守则》；组建省级紧急医疗救援小分队和疾病预防控制救援小分队。省卫生厅计财处负责协调财政部门，积极做好药品、器械、防疫物资和人员装备的准备工作。省血液中心负责储备20万毫升血液、省爱卫办负责筹集115吨消毒用漂白粉运往四川灾区。省卫生厅办公室协调新闻媒体及时报道黑龙江省赴四川抗震救灾工作情况。

5月13日，黑龙江省卫生厅召开救援四川地震灾区工作协调会，确定首批派出哈尔滨医科大学第一、第二医院组织的两支小分队；黑龙江省疾控中心做好灾后防疫准备，储备药品、培训人员，随时准备出发。14日，根据卫生部指示，黑龙江省卫生厅紧急部署，在先期组织5支医疗救援小分队的基础上，又成立10支医疗救援小分队。29日，黑龙江省卫生厅召开党组会议，研究准备逐步从参加灾区紧急救治伤员转向日常医疗、灾后传染病防控和卫生监督工作，重建医疗卫生服务和卫生防疫机构。6月20日，黑龙江省卫生厅召开党组会议，确定成立对口支援剑阁县领导小组和前线总指挥部卫生工作组，制订对口支援剑阁县实施方案，建立进入四川人员选拔、轮换和后勤保障制度，要求各有关部门按照职责分工，及时完成人员调整和对接工作。会议还研究确定由机关党委负责，大力表彰和集中宣传黑龙江省医疗防疫救援队在四川抗震救灾中涌现出的先进人物和先进事迹。

上海市支援灾区医疗防疫组织实施 地震发生后，上海市卫生局成立上海市卫生系统抗震救灾工作领导小组，下设综合协调、医疗救治、疫情防控、新闻宣传、物资保障、前方协调工作组。5月12日晚，根据卫生部的要求，上海市卫生局紧急动员，组织2支抗震救灾医疗队。14日上午，上海市首批6支赴四川抗震救灾医疗救援队（含中国红十字会总会华山医院紧急救援队）从虹桥机场出发，奔赴四川抗震救灾一线。同日，上海市医疗急救中心和10个区（县）急救中心抽调30辆装备精良的救护车，组成紧急抗震救灾车队奔赴灾区。15日，上海支援四川防疫队作为全国首支省级支援四川卫生防疫救援队从上海出发，到四川灾区开展医疗卫生防疫救援工作。6 月 5 日，上海卫生系统抗震救灾工作领导小组增设伤员收治组，完善医疗队伍的救援体系。

江苏省支援灾区医疗防疫组织实施　地震发生后，在卫生部和江苏省委、省政府的统一部署和指挥下，江苏省卫生厅成立由厅长负总责的抗震救灾工作领导小组，下设综合、医疗、防疫、监督和后勤保障 5 个工作组，每天定时召集各工作组会议，汇总情况，会商研究，统筹研究安排工作。江苏省各地、各部门紧急启动各种救援行动，先后派出 5 支医疗队、4 支防疫队共 564 名医疗卫生队员、77 辆应急救护车，2 批地震救援队，3 批公安救援队、电力支援队、建筑支援队等前往四川灾区抗震救灾。

浙江省支援灾区医疗防疫组织实施　地震发生后，浙江省卫生厅连夜研究部署赶赴四川参加医疗卫生救援准备工作，按应急预案启动应急响应，抓紧做好赶赴四川医疗卫生救援准备工作，并立即组建省级医疗卫生应急救援队。5 月 13 日，浙江省卫生厅成立抗震救灾工作领导小组，下设综合协调、医疗救治、卫生防疫、宣传信息和物资保障 5 个工作组。之后，针对浙江省派往四川灾区的医疗卫生人员不断增加的情况，浙江省卫生厅在一线成立总指挥部，使整个卫生系统形成以厅党组为统领，以支援四川抗震救灾工作领导小组为总协调，以前线总指挥部和医疗卫生应急救援队为基础的前方、后方协调联动的指挥网络体系。根据多年遭受台风袭击的救灾经验，浙江省卫生厅逐步总结出一套临床医师、卫生防疫和心理干预人员合一（“三合一”）的医疗救援方法，受到卫生部的肯定。得知准备将部分四川伤病员送往外省治疗的消息，浙江省委、省政府指示省卫生厅做好收治灾区伤员的准备工作。省级及部分市级医院按照省卫生厅的要求，腾出最好的病房和床位，安排最强的医护人员，调集最精良的设备，迎候四川伤员。23 日，浙江省委书记赵洪祝、省长吕祖善到浙江省人民医院和浙江大学医学院附属第一医院，检查收治伤员准备工作，希望医院全面落实接受和治疗灾区伤病员的方案，切实发挥好一流设施的作用，为灾区伤病员提供一流的服务。

安徽省支援灾区医疗防疫组织实施　地震发生后，安徽省委书记王金山做出批示，要求安徽省卫生厅等有关部门加强与四川省联系，询问受灾和需要支持的情况，做好相关安排，随时准备支持灾区抗震救灾工作。省长王三运要求安徽省卫生厅向卫生部报告并与四川省联系，做好准备听从调遣，积极支援灾区的医疗防疫工作。安徽省卫生厅成立以厅长为组长的抗震救灾工作领导小组，下设赶赴四川抗震救灾医疗队、综合协调组、医疗救治组、公共卫生防疫组、物资保障组、宣传信息组等，参加援助四川灾区的医疗救治、卫生防疫工作，并做好接收伤员准备，随时为转移到皖的伤员提供及时优质的医疗服务。随后，安徽省陆续向四川灾区派出医疗队，参加医疗救治、卫生防疫等工作。5 月 17 日，常务副省长孙志刚主持召开安徽省抗震救灾工作领导小组会议，决定成立医疗救援等 5 个工作组；25 日下午，召开安徽省支援四川灾区抗震救灾工作领导小组会议，确定增加伤员救治组。其间，安徽省抗震救灾工作领导小组就紧急医疗救援救治的经费、车辆、帐篷等方面做出安排，并协调安徽省红十字会转拨捐赠款 120 万元，用于医疗、防疫救援队购置医疗器械、药品；协调江淮汽车集团提供 13 辆汽车，支持安徽省赴灾区医疗队和防疫队。

福建省支援灾区医疗防疫组织实施　地震发生后，福建省卫生厅迅速组建医疗救援队赶赴四川灾区展开医疗救治工作。5 月 16 日，为切实做好支援四川灾区抗震救灾医疗救治和灾后防疫工作，福建省卫生厅印发《关于成立抗震救灾工作领导小组的通知》，成立福建省卫生厅抗震救灾工作领导小组，领导小组下设综合协调组、医疗救治组、卫生防疫组、新闻宣传组、物资保障组 5 个工作小组。为进一步完善医疗防疫工作救助体系，切实做好四川地震灾区伤病员的接收运送和医疗救治工作，福建省卫生厅先后成立接收救治四川地震灾区伤病员工作领导小组、灾区伤病员救治专家组、赶赴四川医疗卫生救援队管理保障组和医疗卫生对口支援工作领导小组，各项工作得以有条不紊地开展。

江西省支援灾区医疗防疫组织实施 5 月 12 日晚，江西省卫生厅部署支援四川抗震救灾医疗卫生应急救援工作，成立抗震救灾医疗卫生应急救援工作领导小组，下设综合协调、医疗救治、卫生防疫、宣传信息、物资保障等工作组，统一领导、指挥、协调全省卫生系统支援四川抗震救灾工作。全省卫生系统启动应急响应机制，投入支援四川抗震救灾工作。根据江西省委、省政府和卫生部的指示，江西省卫生厅于地震发生当晚组建一支应急医疗队，13 日上午又组建两支应急医疗队。14 日，江西省第一批医疗队携带急救药品、医疗器械、消毒药品和发电机等物资赶赴四川灾区。此后，根据卫生部的统一部署，江西省卫生厅组建和派出多支卫生防疫和卫生监督队赶赴四川灾区进行卫生防疫和卫生监督工作。

山东省支援灾区医疗防疫组织实施 地震发生后，山东省委、省政府要求卫生等部门连夜做好医疗器械、药品和人员等救灾准备工作。山东省卫生厅成立抗震救灾工作领导小组，组织开展支援四川灾区医疗救援工作。按照山东省委、省政府的部署和卫生部的要求，山东省卫生厅先后派出多支医疗队、防疫队、急救车队、青年志愿者队等，赶赴四川地震灾区开展医疗救治、卫生防疫工作。5 月 20 日，在接到卫生部要求山东接收 397 名灾区伤员的任务后，山东省卫生厅制订救治工作预案，对伤员转运、接诊分诊、医疗救治、心理干预、组织保障进行周密安排，组织全省最好的医疗资源救治伤员，成立包括 19 个专业 37 名专家组成的省级医疗救治专家组，负责为重伤员巡诊会诊。6 月中下旬，山东省卫生厅将抗震救灾工作的重点转向对口支援北川医疗卫生工作，专门成立对口支援北川灾区恢复重建工作领导小组，制订《山东省医疗卫生对口支援北川地震灾区工作方案》。6 月 28 日，山东省卫生厅派遣由 196 人组成的医疗卫生队到达北川，帮助当地实现医疗卫生全覆盖，在北川的县直机关、乡镇和受灾群众安置点普遍建立医疗服务体系。

河南省支援灾区医疗防疫组织实施 地震发生后，河南省委、省政府安排资金 500 万元和 1 万顶救灾帐篷等救灾物资支援四川灾区，同时要求选派医护人员，组成 4 个应急医疗救援队，并准备价值近 30 万元的医疗药品，随时准备赶赴四川灾区救治伤员。5 月 12 日下午，河南省卫生厅了解到地震的确切消息后，通知各地卫生行政部门和各医疗卫生单位，做好职工和患者的宣传和稳定工作，切实加强安全保卫和值班工作，有效防范和随时应对可能出现的突发情况，保持正常的医疗工作秩序。随即，河南省卫生厅成立抗震救灾医疗卫生救援工作领导小组，下设办公室、医疗救治组、卫生防疫组、新闻宣传组、后勤保障组、前方综合协调组 6 个工作组，统一组织协调支援四川灾区卫生救援工作。从 14 日起，河南省组建的医疗救援队和卫生防疫队陆续奔赴四川灾区。

湖北省支援灾区医疗防疫组织实施 湖北省卫生厅获悉四川发生大地震后，向全省各医疗卫生单位发出《关于加强抗震救灾医疗卫生工作的紧急通知》。震后两小时，湖北省卫生厅召开部省属医疗卫生单位负责人会议，组建一支医疗卫生救援队。震后 4 小时，湖北省卫生厅对全省抗震救灾的医疗救护、卫生防疫等工作进行全面周密部署，要求各单位连夜筹备抗震救灾物资，确保按卫生部规定时间赴灾区参加抗震救灾。5 月 14 日下午，由武汉、十堰、宜昌等地 5 支医疗分队组成的湖北省援助四川抗震救灾医疗队，乘专机飞往成都，援助四川灾区医疗救治和卫生防疫工作。

湖南省支援灾区医疗防疫组织实施 地震发生后，湖南省委、省政府要求湖南省卫生厅迅速组派医疗救治、卫生防疫队伍，全力抢救灾区受伤人员，把保护人员生命安全放在第一位。5 月 13 日上午，湖南省卫生厅召开紧急会议，传达贯彻省委常委扩大会议精神，研究部署支援四川灾区医疗救援和卫生防疫工作。之后，又多次召开专题会议，传达贯彻省委、省政府和卫生部一系列抗震救灾文件精神，全面部署抗震救灾和灾后重建工作。湖南省卫生系统迅速行动，发扬“一方有难、八方支援”的精神，全力支援四川灾区抗震救灾和灾后重建工作。

广东省支援灾区医疗防疫组织实施 地震发生后，广东省卫生厅成立抗震救灾领导小组，联系前方、部署工作、决策协调，充分发挥指挥决策作用。广东省卫生厅应急办、办公室、医政处等处室跟踪前方信息，了解队伍情况，部署派遣任务，收集信息和数据，使队伍派遣、物资筹备、专机专列、信息沟通、媒体应对和数据收集工作有条不紊地进行，整个抗震救灾工作紧张、有序、高效地开展。广东省卫生厅紧急与民航、铁路等部门协调沟通，采用专机专列运送物资，先后协调民航专机 1 架、火车专列 2 列运送医疗防疫人员及救灾物资。5 月 13 日，广东省卫生厅组建 6 支抗震救灾医疗队，于 22 时乘专机奔赴四川灾区，经都江堰市到达处于地震中心区域的汶川县映秀镇，成为第一批抵达映秀镇地震灾区的外省医疗队之一。16 日上午，广东省卫生厅在成都组建广东省驻成都抗震救灾前线协调组，协调组下设医疗救治保障组、卫生防疫保障组、卫生监督保障组和综合组，与卫生部、四川省卫生厅合署办公，与后方协同作战，前输后送，收集信息，保障物资供应。

广西壮族自治区支援灾区医疗防疫组织实施 5 月 13 日上午，广西壮族自治区卫生厅给四川省卫生厅发去慰问电，并开始组建卫生医疗队，准备到四川灾区开展医疗卫生应急救援工作。同时，广西壮族自治区卫生厅成立以厅长为组长的援助灾区抗震救灾工作领导小组，下设综合组、医疗救治组、卫生防疫组、卫生监督组和物资保障组 5 个工作组，研究制订抗震救灾医疗卫生救援工作方案和措施，落实自治区党委、自治区政府和卫生部关于医疗卫生救援工作的各项任务。5 月下旬，广西壮族自治区开始接收四川地震灾区伤病员进行后续治疗，卫生、交通等部门积极行动，密切配合，精心准备，细致安排，至 24 日，接收救治 238 名伤员。

海南省支援灾区医疗防疫组织实施 5 月 13 日上午，海南省卫生厅根据海南省政府紧急会议精神，发布《关于准备医疗救援队伍的紧急通知》，要求全省各有关医疗机构积极行动，做好支援四川灾区医疗救援的思想准备和人员、物资保障。通知要求省内三级甲等医院准备组建医疗救援队伍。与此同时，海南省疾病预防控制系统根据海南省卫生厅的部署，召开支援四川抗震救灾动员大会，组织救灾防疫队伍，调配价值上百万元的应急救灾物资，准备赶赴四川灾区投入抗震救灾卫生防疫工作。16日上午，海南省卫生厅和共青团海南省委联合召开海南省赴四川抗震救灾医疗卫生救援动员大会。大会宣布，由海南省人民医院和海口市人民医院各组建一支救援队伍，作为海南省第一批赴四川抗震救灾医疗卫生救援队，赶赴四川灾区参加医疗防疫工作。

贵州省支援灾区医疗防疫组织实施 地震发生后，贵州省卫生厅按照卫生部和贵州省委、省政府的有关要求，成立抗震救灾工作领导小组，安排部署相关工作，加强卫生应急值班工作，保持与贵州省委、省政府和卫生部及各级应急机构的联系沟通，随时听候调遣，尽一切力量支援灾区。

从5月12日晚起，贵州省三级以上医疗机构，包括市（州、地）三级医院开始组建医疗救援队，遵义市的县级医疗卫生机构也开始安排转诊床位，以分担可能面临的救治压力；各级血液管理机构启动内部应急机制，加大无偿献血动员力度，做好血液储备、支援的准备工作。各医疗卫生机构盘查库存，了解富余器材、物资尤其是呼吸机、骨外伤等器材和一次性耗材的总量和质量情况，确保一旦征用能及时、保质、足额到位。贵州省卫生厅应急、医政部门积极统筹协调，为医疗队准备帐篷等野外工作用具；贵州省疾控中心积极与四川省疾控中心取得联系，做好人力、物力准备，并开始安排应急疾控队伍；卫生执法监督部门进一步加大对全省食品、饮用水安全的卫生监督执法力度，严肃查处群众反映较大、影响较大的违法行为，防止抗震救灾期间贵州发生较大疫情或突发公共卫生事件；卫生行政部门和医疗卫生机构加强信息交流、汇总、分析、处置工作，确保工作有条不紊、科学地开展。

西藏自治区支援灾区医疗防疫组织实施 地震发生后，西藏自治区卫生厅向卫生部和西藏自治区党委、自治区政府提出组派救灾队伍赶赴四川灾区的申请，并紧急调拨价值84万余元的救灾药品及物资。5月19日，西藏自治区卫生厅成立支援抗震救灾医疗卫生工作领导小组，下设综合办公室、医疗救治组、卫生防疫组3个小组。其中，综合办公室全面负责信息联络、上报和卫生系统抗震救灾工作的宣传，同时负责救灾物品的供应和统一管理；医疗救治组全面负责派遣医疗救治工作队的组织和支援灾区医疗物资调配；卫生防疫组全面负责支援灾区疫病防治工作。

青海省支援灾区医疗防疫组织实施 5月12日晚，青海省卫生厅组建青海省赴四川灾区抗震救灾医疗队，至23时，组建2支预备医疗队待命，将医疗队名单连夜上报卫生部。13日，根据救灾需要和卫生部的指示，青海省卫生厅又连夜组建3支抗震救灾医疗队和1支卫生防疫队。按照卫生部的安排部署，16日晚抵达雅安的青海省抗震救灾医疗队和雅安市抗震救灾领导小组连夜召开紧急会议，安排部署医疗救援工作。当晚，青海省抗震救灾医疗队成立一线总指挥部，并建立了信息联络组、医疗救援组、物资保障组。17日，青海省医疗救援工作在雅安市全面展开。19日晚，根据卫生部关于向四川地震灾区增派卫生防疫队的紧急通知，青海省卫生厅连夜组建卫生防疫队和卫生监督队，赶赴四川地震灾区。

新疆维吾尔自治区支援灾区医疗防疫组织实施 5月14日，新疆维吾尔自治区卫生厅成立抗震救灾医疗卫生工作领导小组，下设综合协调组、医疗救援组、卫生防疫组、宣传信息组、物资保障组、卫生监督组和监督检查组7个工作组。随后，迅速组建12支由三级甲等医院和自治区疾控中心临床与公共卫生专家组成的医疗防疫救援队，快速成立10支同等规模的后续预备队，并筹措了数十吨医疗器械与急救药品。为把救灾防疫工作落到实处，自治区卫生厅党组紧急召开各医疗防疫救援队队长会议，要求在做好药品物资等准备工作的同时，按照卫生部和中国疾控中心网上发布的最新抗震救灾防疫知识手册的要求，对参加救援队的队员进行紧急培训。18日，首批医疗防疫救援队在自治区卫生厅党组书记带领下，携带30吨、价值300万余元的医药防疫物资及7辆救援工作车赶赴四川灾区。

新疆生产建设兵团支援灾区医疗防疫组织实施　地震发生后，兵团卫生局多次主动向卫生部请战，成立以卫生局党组书记、局长王国建为组长的兵团卫生局抗震救灾医疗卫生救援工作领导小组，制订应急救援工作方案。5月17日，兵团主要领导召开会议，要求兵团卫生局再次向卫生部和卫生部四川抗震救灾前线指挥部提出申请，如去不了四川灾区，也要争取去甘肃参加抗震医疗救援。17日晚，卫生部抗震救灾前线指挥部同意兵团请求。当晚，一支由兵团卫生局和兵团医院、石河子大学医学院第一附属医院、兵团疾控中心、六师疾控中心、八师疾控中心、六师五家渠医院、六师奇台医院、八师医院等专业技术骨干、相关人员及救护车辆组成的应急医疗卫生救援队集结，于18日上午赶赴四川地震灾区。

第二章　政策与措施

抗震救灾期间，国务院及国家相关部委、社会团体，有关省（区、市）及有关部门，根据地震灾区的实际情况，及时研究制定相关政策，提出一系列切实可行的事关医疗救治、卫生防疫、后勤保障等工作的意见和方案。中央财政紧急下拨救灾资金，帮助四川、甘肃、陕西等地灾区开展紧急救灾工作，拨付专款用于灾区受伤人员医疗救治。为做好四川灾区急需医药用品紧急采购和调运工作，发展改革委迅速动用中央医药储备，及时配送医疗救治卫生防疫药械，安排和调运抗震救灾急需的物资，协调落实地震灾区卫生防疫物资保障工作的及时通报。

中央纪委和监察部、民政部、财政部、审计署联合发出通知，要求各地灾区建立健全抗震救灾资金和物资管理的规章制度，强化对救灾款物的审计监督，其中包括医疗防疫资金、物资的跟踪监管工作。

第一节　医疗防疫政策与措施

汶川特大地震发生后，国务院及国家相关部委，有关省（区、市）及有关部门，相继制定危重症伤员医疗救治政策与方法、堰塞湖泄洪移民安置点医疗救治和卫生防疫政策与方法、残疾伤员的康复医疗政策与方法、心理危机干预和心理治疗政策与方法等一系列医疗救治、卫生防疫和卫生监督的政策与方法，指导灾区医疗防疫工作。

一　医疗救治政策与措施

医疗救治指导意见和标准　地震发生后，医疗应急救援等工作紧急展开，但四川灾区的医疗救援和卫生防疫等工作缺乏现场操作规程作为参照，需要及时提出指导性意见和规范性要求。5月13日晚，四川省卫生厅组织省内医疗、疾控专家组和专家咨询委员会成员，借鉴唐山地震救灾经验，紧急编写《四川省地震灾害医疗救援现场操作手册》，规范地震发生后伤员的救助、重症患者的转移和救治等工作流程和技术要点，为医疗救治工作的开展提供可操作的依据。

根据四川等地灾区的抗震救灾医疗救治的实际情况及可能遇到的问题，卫生部组织有关专家于5月15日制订《汶川地震现场检伤方法和分类标准》《汶川地震抗震救灾现场医疗点参考配置》《汶川地震抗震救灾野战医院参考配置》《汶川地震抗震救灾医疗物资参考配置》等规范性文件，供支援灾区的医疗队在开展医疗救治工作时参考使用。同日，卫生部办公厅发出《关于印发"5·12"四川汶川地震抗震救灾医疗救治有关标准的紧急通知》，强调地震灾区现场医疗点的设置，以便于现场快速处置为原则，结合地震灾区具体情况，建在伤病员相对集中（如垮塌的建筑物附近）、次生灾害较少、靠近安全饮用水源、交通相对方便、利于后勤保障的空阔安全区域或被毁乡镇卫生院附近；野战医院的设置，以便于开展伤员紧急救治工作为原则，建在次生灾害较少、靠近安全饮用水源、交通相对方便、利于后勤保障的空阔安全区域或被毁县医院附近，尽快达到恢复地震灾区医疗服务网络功能的作用。

5月18日，卫生部与总后卫生部联合印发《关于印发汶川地震灾区战地医院和医疗点建设指导意见的通知》，要求地震灾区战地医院和医疗点的选址、布局及建设，应坚持合理布局、机动灵活、高效运转的原则，既要立足当前救治需要，又要着眼于今后灾后重建工作，尽最大努力为灾区伤员、当地群众、救援部队和人员救治与就医提供较好的治疗环境，切实做好医疗救治工作，保障人民群众身体健康和生命安全。6月21日，为指导地震后卫生系统恢复重建工作，卫生部办公厅印发《综合医院建设标准》等14个地震灾区医疗卫生机构建设和装备指导标准的通知，供灾后重建工作参考。

危重症伤员收治和转运政策与措施 5月18日，为指导地震灾区做好医院感染的预防与控制工作，提高伤员救治成功率，减少地震灾害造成的损失，卫生部办公厅印发《四川汶川大地震灾区医院感染预防与控制指南》，为伤员的管理、消毒灭菌、临时（简易）手术室的管理、临时（简易）病房的管理、医务人员的防护、医疗废物的处理等工作提供技术参考。19日，卫生部办公厅下发《关于进一步做好四川地震灾区医疗救治工作的通知》，强调医疗救治的重点是重症伤员的救治，要认真做好检伤分类和重症伤员分流，组织骨干力量全力救助重症伤员。同时，要求灾区医院加强感染预防与控制工作，动员各医疗机构和医疗救护队伍，通过各种形式加强灾后疾病防控相关健康知识的宣传教育，提高群众的危机预防知识和自救能力，尽可能避免和减少地震伤害进一步扩大，保障群众生命安全。

5月24日，在征求华西医院、四川省人民医院以及北京、上海等地医院感染专家的意见后，四川省卫生厅制订下发《关于外伤患者医院感染控制工作流程及防控预案的紧急通知》，附发《外伤性住院患者医院感染控制工作流程》《外伤病员气性坏疽及破伤风防治预案（SOP）》《疑似或确诊气性坏疽病原菌及其他细菌检测流程》《手术室处理气性坏疽患者医院感染控制工作流程》《消毒供应中心对感染手术器械处理流程》《气性坏疽患者尸体及病房空气、物表、废弃物处理》《高压氧舱接受气性坏疽患者治疗后处理流程》《收治地震伤员病区院感控制措施》8个规范。通知要求各地、各单位高度重视灾后医疗救治工作中的医院感染控制工作，明确提出医院感染控制工作要将接诊、检伤、分诊、实验室检查、临床诊断、病人隔离、伤口处理、临床治疗、消毒、医疗废物处置、伤员转院和伤员转院后的终末消毒等环节贯穿始终；医务人员要严格按照医院感染控制工作流程，规范操作，并高度重视自身职业防护；同时注意发挥卫生部调派专家技术优势，提高医疗质量；各级卫生行政部门要加强督查和责任追究。

5月25日，卫生部抗震救灾领导小组前方综合协调组协助四川省抗震救灾指挥部医疗救治组，针对医疗机构收治的危重伤员的救治问题，拟定《关于充分发挥重症医学专家作用提高危重病员抢救成功率的紧急通知》，要求各市州卫生局和各伤员收治医院及时筛查辖区内现有重伤员情况，及时组织省外医疗队重症医学专家检查、指导重症伤员的各项临床治疗措施，降低死亡率和致残率。27日，根据卫生部危重症伤员医疗救治工作电视电话会议精神，四川省卫生厅下发《关于进一步加强震后危重伤员医疗救治工作的紧急通知》。通知指出，解决伤员多器官功能衰竭和复杂耐药性感染的问题是影响地震伤员中危重症患者救治成功率的关键，各地各单位要采取有效措施，加强危重症伤员医疗救治工作。对重症伤病员治疗工作要实行“四集中”的原则，最大限度地降低伤员死亡率、致残率；对收治的危重病人逐一进行梳理，并按照伤情分门别类、摸清底细、分类统计，科学拟订重伤员转运计划，贯彻省外转运和省内集中相结合的原则，分期、分批进行转院；在充分发挥卫生部派遣重症医学专家作用的同时，重点加强以重症医学、感染学、肾脏病学为主的医护力量。28日，四川省卫生厅向华西医院、四川省人民医院、成都军区总医院下发《关于接收各地转运重症伤病员有关工作的通知》，要求3所医院按照“四集中”原则，开展重症伤病员的治疗，最大限度地降低伤员死亡率、致残率；由分管院领导直接负责震后危重伤病员的救治；加强对重症伤病员的统计工作，并上报四川省卫生厅。

5月17日，根据四川灾区医疗救治的实际情况，中共中央、国务院决定把四川地震灾区部分伤员陆续转送到全国20个省（区、市）接受进一步的医疗救治。卫生部办公厅于18日发出《关于做好四川地震灾区部分伤员转出和接收工作的紧急通知》，对重庆、贵州、云南、陕西等省（市）接收四川伤员的具体工作做出部署。19日，四川省卫生厅制定《四川省地震灾害伤病员转出工作方案》，明确绵阳、德阳、阿坝、广元等市（州）实施伤病员转运。同时，针对汶川地震发生后国外、境外医疗队到四川较多的情况，为理顺内部工作程序及与外事部门的衔接，统一管理，四川省卫生厅经与有关方面沟通，拟定《关于国外、境外来川医疗队程序》，要求共同加强伤员转运工作，伤员转运应与四川省卫生厅的伤员转运组协商，每日进行两次沟通和研究。22日，卫生部办公厅印发《关于四川汶川地震伤员转送工作方案的通知》，要求转送伤员工作于5月底分批完成，各接收省份要制订详细工作计划和方案，转送时间安排要服从伤员安全的需要，周密部署，科学调度，确保伤员转出和接收工作万无一失。

针对四川灾区向外省市转运伤员后，如何进一步加强留在省内治疗的伤病员医疗救治的问题，四川省卫生厅于5月21日印发《关于对当前我省地震灾区伤员医疗救治工作的几点意见的通知》。通知从集中专家优势，努力抢救危重伤病员；改善就诊环境，消除医疗隐患，确保医疗安全；认真做好药品、器械及医疗物资的管理工作，为医疗救治工作提供保障；做好各项基础医疗工作和便民服务工作4个方面提出具体要求。

6月1日，卫生部办公厅下发《关于做好四川汶川地震转送伤员信息报送工作的紧急通知》，要求各地切实做好四川汶川地震转送伤员的医疗救治和信息管理工作，保证转送伤员信息数据的准确和完整，为后续的救治和安置工作提供决策依据。各接收省份要统一汇总接收伤员的综合信息，其中包括伤员姓名、性别、出生日期、家庭住址、接收日期、接收地医疗机构名称、转出地医疗机构名称、接收数量等，并填写《地震伤员接收信息报表》和《伤员接收信息汇总表》，于3日前上报卫生部医政司，并同时抄送四川省卫生厅。

6月2日，针对部分地震伤员出现梭菌性肌坏死的情况，卫生部办公厅印发《梭菌性肌坏死（气性坏疽）诊疗意见》，供医疗机构在临床诊疗活动中参考。同日，卫生部办公厅下发《关于报送四川灾区伤员医疗救治信息的紧急通知》，要求四川省卫生厅及时收集和汇总本辖区接收的四川灾区伤员医疗救治相关信息，了解和掌握转运到外省市治疗的四川灾区伤员救治情况，确保抗震救灾医疗卫生救援信息的及时性和准确性。

中医药救治政策 抗震救灾期间，为加强对伤员救治时应用中医药技术和方法的指导，中医药局先后印发一系列指导性文件。5月16日，中医药局印发《抗震救灾医疗救治应用中医药技术指导意见》，对地震灾害中常见的闭合性骨折、单纯软组织损伤、创伤后并发症（如创伤感染、挤压综合征、褥疮、深静脉血栓）等的中医药治疗提供指导性技术方法，并就灾后防疫工作中的中医药参与提出指导性意见和要求。19日，中医药局印发《关于在震区灾后疾病防治中应用中医药方法的指导意见》，对震区灾后常见腹泻、感冒、蚊虫叮咬的预防提出指导意见，对腹泻、感冒和皮肤湿疹的中医药治疗提供了指导性方法。26日，中医药局下发《关于在当前抗震救灾疾病防治中进一步发挥中医药作用的通知》，提出积极开展中医药防疫知识与方法的宣传，进一步做好疾病预防工作，抓好地震伤员和灾后常见病多发病的中医药治疗，切实做好灾区群众集中居住地的中医药服务。

5月23日，四川省卫生厅下发《关于在“5・12”地震灾区群众安置点开展中医药服务工作的通知》，要求各市州卫生、中医药行政管理部门与民政等相关部门协调，及时了解掌握受灾群众的安置数量、地点和医疗卫生需求，及时统筹协调辖区内的医疗机构在受灾群众安置点设立一定数量的中医药医疗服务点，为受灾群众提供中医药服务。

残疾伤员康复医疗政策和方法 为指导各地科学、规范地做好地震伤员救治工作，保证伤员得到及时有效的康复治疗，确保医疗质量和安全，卫生部办公厅于5月26日印发《四川汶川地震伤员出院指导原则》，明确四肢软组织创伤、四肢和骨盆骨折、颅脑外伤、胸部外伤、腹部外伤、厌氧菌感染、挤压综合征等伤员的出院原则，凡符合此指导原则的伤员，可以根据不同情况分别准予出院或转入康复、疗养机构。为提高地震伤员的医疗救治效果，最大限度减少残疾发生，减轻残疾程度，促进伤员康复并重返社会，卫生部和中国残联于27日制订《四川汶川地震伤员康复工作方案》，要求收治四川地震伤员的各省（区、市）卫生、残联部门要确定专门机构负责伤员的康复工作，并指定专人负责，制订切实可行的康复工作方案，并将有关情况随时上报。卫生部和中国残联又组织专家制定《地震伤员康复指导规范》，指导各地做好四川地震伤员的康复工作和康复专业人员的培训工作。《地震伤员康复指导规范》对脊髓损伤、创伤致神经源性膀胱、四肢骨折、截肢、脑外伤、创伤致残心理障碍、言语听觉障碍等病症的康复做出详细说明。

卫生部办公厅、中国残联办公厅于5月31日联合下发《关于做好四川汶川地震转送伤员医疗救治和康复工作的通知》，对转送伤员医疗救治和康复工作提出进一步要求：要充分认识转送伤员医疗救治工作的重要性，做到认识到位、措施到位、责任到位，确保万无一失；科学诊断、合理治疗，确保转送伤员得到安全、及时、有效的医疗救治；高度重视重症伤员的医疗救治，采取“四集中”的方式，集中优势力量，提高救治成功率；实施早期康复干预，避免和减少残疾发生，减轻残疾程度；准确掌握转送伤员医疗救治和康复工作信息，及时统计上报。

中国残联于6月13日下发《关于做好四川地震灾区残疾伤员康复医疗及辅助器具配置工作的通知》，要求做好残疾伤员康复需求评估和转介工作，尽快为有康复需求的残疾伤员提供康复服务，做好返乡残疾伤员康复交接工作，多方筹集资金，确保残疾伤员康复工作顺利开展，加强宣传，做好信息沟通和统计工作。为使地震灾区所有因灾致残者得到假肢、矫形器装配和轮椅配发服务，中国残联与李嘉诚基金会合作开展“5·12”地震义肢轮椅捐赠项目。20日，中国残联印发《“5·12”地震义肢轮椅捐赠项目实施方案》，要求各地残联要充分认识实施“5·12”地震义肢轮椅捐赠项目的重要性，统筹管理，加强领导和协调，明确职责分工，认真督促检查，做到“发现一例服务一例”，以高标准严格要求，提高服务水平和质量，必要时吸纳社会上有能力、有爱心的机构和专家，共同完成任务。7月4日，卫生部办公厅、中国残联办公厅联合下发《关于加强汶川地震伤员康复工作有关问题的通知》，要求各地根据地震伤员伤情和康复需求等具体情况，明确分工，制订流程，细化方案，做好衔接，不断提高康复效果；转运至四川省外伤员的康复，采取返回四川康复和在接收省就地康复两种方式进行；对收治伤员较多的省有针对性地开展康复技术、辅具装配技能培训，卫生部和中国残联根据四川省和其他各省开展康复服务和培训工作的需求，提供技术支持。

心理卫生服务政策与方法　5月19日，卫生部办公厅印发《紧急心理危机干预指导原则》，对心理救援医疗队的工作流程及内容做出详细阐述，要求心理救援医疗队对受灾人群进行心理健康自评，通过了解受灾人群的社会心理状况，发现可能出现的紧急群体心理事件苗头，及时向救灾总指挥部报告并提供解决方法。22日，四川省卫生厅印发《关于加强对震后伤病员实施心理危机干预进行心理治疗的意见》，要求各级医疗机构和医务人员，积极宣传灾后心理危机干预和心理治疗的重要性，营造适合心理疾病干预与治疗的环境；在治疗时，加强与伤病员的沟通和交流，减轻其精神压力；积极对患者实施心理危机干预和治疗，必要时从院外抽选心理危机干预和心理疾病治疗的专家，对震后存在心理创伤的伤员进行心理疏导、干预和治疗。27日，为确保一线救援人员的身体健康，四川省卫生厅下发《关于提供医疗保障服务确保抗震救灾一线人员身体健康的紧急通知》。6月22日，为保护受到地震灾害袭击人群的心理健康，避免或减少因受灾产生的精神卫生问题，卫生部办公厅转发由中国医师协会精神科医师分会、中华医学会精神病学分会和中国疾控中心精神卫生中心联合组织专家编写的《关于灾难后临床常见精神卫生问题处置原则》，对临床常见的精神卫生问题的诊治做专业讲解，为灾后的心理重建工作提供参考依据。7月3日，卫生部办公厅印发《灾后不同人群心理卫生服务技术指导原则》。该原则主要针对灾区群众、灾区救援者、灾区伤员（住院病人）和灾区儿童4种不同人群，包括对精神问题的筛查与诊断，以及常见病症的医学治疗，适用于精神科执业医师及经过认证的心理治疗师。

医疗后勤安全管理政策与方法　6月6日，卫生部办公厅下发《关于加强抗震救灾医疗卫生救援安全管理工作的通知》，要求医疗卫生救援人员充分认识地震中出现的余震、其他次生灾害以及各类传染病的危害，提高安全防范意识，注意因暴雨而发生的泥石流、山体滑坡、塌方等次生灾害；妥善保存和使用医疗和防疫物资；严格遵守生产、保藏、运输、配制和操作规范。救援安全管理工作要抓实、抓细、抓好，保证每一名医疗卫生救援人员顺利到达灾区，完成任务，健康平安返回。

针对卫生部、各省（区、市）、解放军和武警部队医疗卫生人员奔赴灾区抢救伤员，开展卫生防疫工作，工作、生活条件较差，后勤保障弱等情况，四川省卫生厅于6月10日下发《关于进一步加强医疗卫生队伍后勤保障工作的通知》，要求切实改善卫生救援人员的工作、生活条件。通知明确，在灾区开展医疗救治和卫生防疫工作的医疗卫生人员均是保障对象；各级政府应按照属地化管理的原则，主动承担医疗卫生队伍后勤保障职责，指定专门机构负责协调落实外援单位后勤保障工作，每天与各外援医疗卫生队伍联系，及时了解卫生救援人员的困难，并及时向当地政府反映，着力解决。

二　卫生防疫监督政策与措施

防疫监督总体要求与方案　5月13日，卫生部、食品药品监管局、中医药局联合下发《关于切实做好抗震救灾医疗卫生应急救援和食品药品安全监管工作的通知》。通知强调抗震救灾任务的紧迫性和艰巨性，号召各级医疗卫生机构、食品药品监管部门、中医医疗机构和广大医药卫生工作者，积极投入抗震救灾工作，做到紧急动员、充分准备、枕戈待命、服从调遣，随时奔赴灾区。通知要求，各部门建立信息沟通和协调联动工作机制，与地震、民政、气象等部门保持密切联系，及时了解灾害程度、发展变化及预测趋势，做好各项医疗卫生、食品药品安全的应急准备，有序开展应急处置工作；在开展工作时，要严格按照信息发布要求和新闻宣传规定，及时准确发布医疗卫生救援和食品药品安全工作信息；要与财政部、发展改革委等部门加强协调，争取经费、装备和储备物资等方面的支持，保证各项医疗卫生救援措施的有效落实。

5月13日晚，四川省卫生厅连夜制订《四川省地震灾害卫生应急预案》，于14日下发灾区，指导地震灾区各地有力有序、科学规范地开展灾后卫生应急工作。

武警部队后勤部于5月12日紧急下发《关于做好抗震救灾卫生防疫工作的指示》；13日，下发《抗震救灾部队卫生防疫保障方案》和《支援保障卫勤应急分队和卫生防疫力量抽组方案》。

5月15日，卫生部发布《抗震救灾卫生防疫工作方案》，从疫情监测、食品卫生、饮水卫生、环境卫生、病媒生物防控、消毒处理、化学中毒预防和处理、遇难者遗体及畜禽尸体处理、心理危机干预9个方面，指导抗震救灾卫生防疫工作。方案指出，地震发生后的最初阶段是以人员抢救和伤员救治为主，此后灾区公共卫生和传染病防控工作即应全面展开。为及时发现灾区和受灾群众中发生的传染病暴发和其他突发公共卫生事件苗头，迅速采取控制措施，应及时启动灾后应急疾病监测机制，在灾区前线救灾防疫总指挥部或指挥中心设立疾病监测组。为确保大灾之后无大疫，各地必须搞好饮水卫生、环境卫生，要清理集中式供水的水源地，划出一定范围的水源保护区，禁止在此区域排放粪便、污水与垃圾，并设专人看管。灾害发生期间，最主要的饮水消毒方法是采用消毒剂灭菌。灾区群众临时居住场所，要按人口密度合理布局应急临时厕所，可选择粪便与尿液分别收集的措施，及时排放尿液，粪便应每日施加生石灰或漂白粉消毒。各级卫生防疫部门应有具体分工，做好蚊、蝇、蚤、蜱、鼠等病媒生物监测与防治的组织工作，要有专人负责，做好杀虫灭鼠药物的集中供应、配制和分发工作，做好病媒生物预防控制的常识宣传，组织专业技术人员和群众实施。方案提出，在进行遇难人员遗体与动物尸体的卫生处理时，应当遵循处理逝者遗体时必须给予充分尊重的原则，及时就地清理和尽快掩埋；需要辨明身份而不能马上处理的，存放时间应尽量缩短。在城镇、村外选择好埋葬地点，在便于运输又不影响城镇、村容的地点选择掩埋地。掩埋地应选择土壤结构结实、地下水位低的场所；掩埋场所还应选择地势较高的地点，埋葬地点必须远离水源地，尽量选择人口密集区的下风向。遗体清理后，需要对其场所进行消毒处理，可选用漂白粉液喷洒。为积极预防、及时控制和减缓灾难造成的心理社会影响，促进灾后心理健康重建，方案还对心理危机干预的目的、原则、方法、技术要点等做出指导。

四川省政府于 5 月 15 日下发《关于全面做好地震灾后疾病防控工作的通知》。通知要求，在开展地震灾后疾病防控工作时，要加强组织领导，明确工作责任，立即成立以政府主要领导为组长，有关领导为成员的灾后疾病防控领导小组，实行一把手负责制，层层落实责任，确保实现灾后无大疫的目标；大力开展爱国卫生运动，加强健康教育工作；精心组织，切实做好环境清理和消毒工作；加强监督检查，保证食品、饮用水安全；加强疫情监测，依法报告传染病疫情；加强信息收集，保障信息畅通，特别要求坚持值班制度，保持 24 小时专人值守。通知规定，从 15 日起实行灾区疫情、食物中毒等突发公共卫生事件日报和零报制度，每日 17 时前向四川省抗震救灾指挥部医疗保障组报告当日工作进展情况；发生重大疫情要及时报告，并采取果断措施进行处置，防止重大疾病和疫情暴发流行。同日，针对地震后大量遗体急需处理，加之天气炎热，为防止尸体腐烂带来新的疫情灾害，四川省抗震救灾指挥部下发《关于做好“5·12”地震灾害遇难人员遗体处理的紧急通知》，要求民政、卫生、公安、司法等部门，加强配合协作，坚持以人为本和实事求是的原则，按照职责分工，认真做好遇难人员遗体处置工作，属于火葬区管理的，也可以深埋土葬，要完备相关手续，不留后遗症。

陕西省卫生厅于 5 月 15 日组织有关专家制订《陕西省震灾后防疫技术指导方案》，对灾区的饮用水源的保护和消毒、垃圾处理和环境卫生改善以及灾后疫病监测和处理做出详细说明，指导各地做好震后疾病预防控制工作。针对部分地区受灾严重，灾区食品、饮用水易受污染，灾后易发食物中毒和肠道传染病，灾区卫生安全监督保障需求增加等紧急状况，甘肃省卫生厅于同日下发紧急通知，要求各地卫生行政部门和卫生监督机构采取有效措施，加强食品、生活饮水、传染病防治及医院消毒管理等卫生执法监督和卫生保障工作。各地要组织卫生监督机构及卫生监督人员按照全省的统一部署，服从调遣；对进入灾区的食品、饮用水等相关物资的卫生质量，加大监管力度，加强食品、饮用水等监管情况的报告；大力宣传灾后相关卫生知识。通知要求，各地要切实落实责任，确保食品和饮用水卫生安全；以食品卫生为重点，进一步加强食品采购索证等卫生管理，完善索要检验合格证及其他相关证明的制度；加强食品从业人员的健康监控，严格执行患病调离制度，防止肠道传染病传播，确保灾区食品卫生安全；加强饮用水的卫生监督保障工作；各地要监督供水企业做好饮用水消毒工作，对因供水管网破裂无法供水的受灾地区，监督指导当地做好饮水消毒工作，积极配合有关部门组织对分散式和集中式供水的水源和供水设施进行彻底消毒；扎实开展灾后环境清理与消毒卫生监管工作，结合各地实际做好地震灾区环境卫生清理指导工作，及时组织并指导受灾地区开展爱国卫生运动，严密监管灾区的垃圾、粪便，规范禽畜尸体的掩埋工作。通知还要求，进一步加强传染病防治管理卫生监督检查，督促各级医疗卫生机构疫情监测报告人员随时收集疫情信息，及时准确地报告传染病疫情。通知要求，增加医疗机构，特别是肠道门诊、发热门诊等感染性疾病诊疗机构的卫生监督巡查频次，严防各种传染病的发生。16日，甘肃省卫生厅发出紧急通知，要求全省各地立即成立卫生防疫预备队，做好各项准备工作，随时听从省卫生厅调遣支援灾区。通知要求，认真落实卫生部《抗震救灾卫生防疫工作方案》提出的各项措施，紧急建立震后疾病监测系统，组织开展灾区现场流行病学调查，对灾区可能发生的传染病及其危险因素进行分析、预测，并提出防治措施；加强灾区食品等相关物资的卫生质量监测，搞好饮用水卫生，开展环境卫生清理工作，开展病媒生物防制工作，组织开展消毒处理，做好化学中毒预防处理和尸体的无害化处理，加强灾后心理危机干预，积极开展震后防疫知识的宣传。通知还要求，各地落实防控责任，加强督导检查，搞好各种保障，确保大灾之后无大疫。23日，甘肃省卫生厅向甘肃省政府上报《甘肃省地震灾后卫生防疫工作方案》，由省政府办公厅下发。

为加强地震灾区的卫生监督工作，前方综合协调组于5月20日拟定各地卫生监督人员到灾区支持工作的分配安排计划，并印发《灾区卫生监督工作指南》。为进一步加强对四川灾区卫生防疫队伍的组织管理，明确工作职责，使各项卫生防疫工作有序开展，卫生部于同日印发《抗震救灾卫生防疫队工作职责》，要求各单位协调所派防疫队根据该工作职责的要求，分片包干，做好所包管县、乡、村的卫生防疫工作。

四川省抗震救灾指挥部于5月24日下发《关于严格落实地震灾区疾病防控工作措施的紧急通知》，要求统筹军地、省内外医疗卫生力量，建立由机关单位、农村基层干部和医疗卫生人员组成的乡村卫生防疫队，分片包干，包乡包村，务必实现卫生防疫工作全覆盖到所有村、所有家庭户，覆盖到所有灾区群众临时安置点、所有伤员医疗点；加强卫生防疫药品、器械保障和管理，实行省、市（州）、县（市、区）、乡（镇）逐级配送保障；整合卫生防疫力量，灾区各级各类救援医疗卫生队伍不分行政隶属关系，实行归口管理，由省卫生厅和当地卫生行政部门统筹，统一指导协调调度；突出防疫重点，切实做好遇难人员遗体的处理，及时有效处理畜禽、野生动物尸体，防止新的污染，减少传染源；加强监督，对截留挪用卫生防疫资金、物资等不法行为依法惩处，对卫生防疫工作措施执行不力，导致传染病暴发流行、发生群体性食物中毒等突发公共卫生事件的，要严肃查处。

5月25日，卫生部印发《关于进一步做好抗震救灾医疗救治和卫生防疫工作的意见》，要求各地卫生行政部门高度重视派遣医疗卫生应急队工作，全力做好灾区医疗救治和卫生防疫工作。医疗队在提供医疗服务时，加强传染病疫情监测和症状监测工作，及时筛查传染病病人，按照传染病防治法律法规的要求报告传染病。对发现的传染病病人，做好观察、隔离、转诊、治疗等相应工作，积极参与疾病预防控制工作。

5 月 30 日，为防止传染病的发生与流行，加强对环境、水源和生态保护，成都军区联指联勤部下发《关于合理使用消杀灭药剂的通知》，对消杀灭药剂的选用、管理与防护做出明确规定。6 月 5 日，总后下发《关于进一步加强抗震救灾部队卫生防疫工作的通知》，要求抓好各项卫生防疫措施的落实。

为科学规范抗震救灾卫生防疫措施，四川省抗震救灾指挥部于 6 月 1 日下发《关于科学规范抗震救灾卫生防疫措施的通知》，要求灾区各地按照属地化管理原则，统筹整合军队与地方、省内与省外卫生防疫队伍，建立起密切合作、协同作战、科学调度、合理部署的工作机制，做好卫生防疫工作。卫生防疫人员要覆盖到所有重灾县、乡、村。实施灾区应急疫苗接种，采取定点接种和巡回接种相结合的办法，为安置点、灾区学校（学前教育机构）等人口集中地区的儿童接种甲肝、乙脑等预防疫苗；储备白百破、伤寒、出血热、钩体、炭疽、狂犬病、麻腮 7 种疫苗，一旦发生疫情或有紧急情况，立即按规定进行应急接种。通知要求加强灾区污染源处置，按照国家和省有关技术规范，依法、科学、有效地抓紧做好切断污染源工作；组织强有力的专业技术队伍，加强灾区污染源处理的技术指导；做好饮用水卫生监督监测，加大食品卫生监督力度；过渡安置点卫生防疫工作实行社区化管理，安置点人数控制在 2000 人以内，按照有医疗队、有卫生防疫队、有公共厕所、有垃圾收集站点、有开水供应点的要求，切实做到卫生防疫工作经常化、规范化、制度化；加强环境卫生整治，组织发动广大干部群众开展除“四害”工作，及时清除居住地及其周边的各类生活垃圾、污水、人畜粪便和卫生死角，组织开展环境卫生消杀工作，并加强对消杀灭药剂的使用管理、卫生宣传、健康教育等。通知还要求，各地加强对卫生防疫工作措施落实情况的督导检查，对检查中发现的问题，应立即予以纠正。

6 月 23 日，国务院办公厅印发《关于进一步做好地震灾区医疗卫生防疫工作的意见》，要求对受灾群众安置点的医疗废弃物、生活垃圾、粪便和动物尸体进行无害化处理，有重点、有针对性地开展科学防疫和消毒、杀菌、灭蚊蝇工作。卫生、环保、建设等部门按照职责分工，做好居民生活区环境卫生管理工作。加强聚集性病例的监测、调查与处理，防止疫病扩散。加强传染病病因及食品、饮用水的现场快速检测，及时发现传染病流行苗头；高度重视并切实防控人畜共患疾病的发生和传播，及时开展应急疫苗接种，尽快恢复常规预防接种服务；做好适龄儿童的乙脑、甲肝等疫苗接种，建立有效的免疫屏障。

为落实国务院办公厅《关于进一步做好地震灾区医疗卫生防疫工作的意见》，四川省政府办公厅 7 月 17 日印发《关于进一步做好地震灾区医疗卫生防疫工作的实施意见》，要求落实卫生防疫工作措施，防止传染病流行蔓延；按照属地化管理原则，在灾区各级政府的统一领导下，确保防疫工作覆盖到所有村、所有受灾群众集中安置点、所有集中供水点，狠抓重点疾病、重点人群、重点环节和重点区域防治策略，抓好基层，打牢基础，扎实推进灾区卫生防疫工作。

针对秋季为各类传染病，特别是肠道、介水、虫媒及自然疫源性传染病的高发季节，且灾区公共卫生设施仍存在不足，饮水与食品卫生、环境卫生等方面还存在安全隐患，稍有疏忽可能发生传染病暴发的情况，四川省抗震救灾指挥部于 9 月 9 日下发《关于进一步加强地震灾区秋季卫生防疫工作的通知》，要求各地加强对卫生防疫工作的领导，强化疫情监测和疫情报告，全面落实免疫规划，强化饮水和食品卫生安全，大力开展爱国卫生运动，做好卫生应急处置工作。

传染病疫情防控政策与措施　为防止地震灾区出现霍乱、鼠疫、炭疽等重点传染病疫情，卫生部于5月18日发布地震灾区重点传染病疫情（霍乱、鼠疫、炭疽）应急处理预案；同日制订下发《地震灾区疫情监测信息应急报告工作方案》，要求四川省卫生厅立即制订应急报告工作实施方案，要求在网络直报系统恢复前，利用手机直接报告灾区传染病和突发公共卫生事件，力争在10天内逐步恢复覆盖1000万人口的疫情监测。

5月25日，为及时有效预防和控制灾后重大传染病疫情，指导和规范各级各类医疗机构和医疗队的应急处置工作，建立传染病救治体系，四川省卫生厅制订《灾后传染病救治应急处置方案》。方案要求，依托2003年急性传染性非典型肺炎后利用国债支持建设的全省传染病救治体系，按照预防为主、常备不懈，统一领导、分级负责，密切配合、责任明确，依法规范、响应及时的原则，一旦发现传染病散在发生和暴发流行时分别启动防治预案，坚决做到“早发现、早报告、早处置、早治疗”，并重视医院感染工作，严防交叉感染；同时，从人员、物资、房屋、技术等方面强化保障工作。

5月27日，四川省抗震救灾指挥部印发《强化地震灾区传染病防控重点的工作方案》，确定6个重灾市（州）重点传染病疫情情况、重点区域和重点人群、重点防控措施，要求各地根据防控重点，采取针对性防控措施，确保大灾之后无大疫目标的实现；同日，下发《关于执行〈四川省地震灾区重大传染病疫情应急处置预案〉的通知》，要求各地认真组织落实，做好人员准备，技术、物资和药品储备，结合各地医疗卫生防疫工作的实际，开展传染病应急处置培训和演练工作，协调各部门力量，做好保障，确保及时、科学、有序、高效地开展传染病疫情和突发公共卫生事件应急处置工作。

食品饮用水卫生监督政策与措施　卫生部、环境保护部、住房城乡建设部、水利部、农业部于5月24日联合下发《关于切实做好地震灾区饮用水安全工作的紧急通知》，要求各地、各单位务必落实中央提出的各项要求，确保灾区饮用水安全；在开展遗（尸）体掩埋、废墟清理以及环境消毒时，加强水源保护和水质监测，防止对灾区饮用水造成污染。

针对灾后饮用水和食品安全现状，卫生部前方综合协调组于5月25日制订饮用水和食品卫生监督工作方案，编印《抗震救灾卫生监督指南》，起草《地震灾区饮用水与食品卫生情况调查与建议》，会同四川省卫生厅下发《关于加强地震灾区饮用水应急卫生监测和供餐卫生的紧急通知》和《卫生部抽调支援四川各地卫生监督队工作要求》。

5月27日，四川省抗震救灾指挥部下发《关于确保灾区饮用水安全的通知》，要求各部门明确职责，切实落实确保灾区饮用水安全的任务，环保部门负责对灾区饮用水水源地污染的监督管理；安监部门负责对灾区涉及危险品的企业、单位进行安全隐患排查，防治次生环境污染事故；卫生部门负责灾区饮用水的卫生监督监测工作；建设部门负责灾区区域供水工程规划实施，加强水厂和城市供水管网水质安全的监督管理；水利部门负责乡镇及以下农村和灾区群众安置点的应急恢复供水。通知指出，地震灾区饮用水水源保护工作的重点是防止水源被有毒化学物质和各种病原体污染，加强地震废墟清理过程中的水质保护工作，相关部门根据各自职责做好遇难人员遗体、家畜家禽和其他动物尸体的无害化处理，防止污染水源；加强灾区杀虫剂的使用管理；加强灾区城镇生活污染源的控制；加强灾区工业污染源、危险化学品的核查与管理；加强灾区水环境与水源地水质监测以及加强灾区饮用水安全预警等。通知还要求，环保部门要适时召开部门联系会议，及时通报工作进展情况，加强部门间协调和信息沟通。

6月5日，卫生部、农业部、商务部、工商总局、质检总局、食品药品监管局联合下发《关于进一步加强地震灾区食品安全工作的紧急通知》。通知要求，各地区、各有关部门认真组织，全力保障灾区食品生产、流通和供应，深入开展食品安全监督管理工作，确保灾区食品安全。灾区各地区、各部门要按照中共中央、国务院的统一部署，切实加强领导，坚持以人为本，将食品安全工作放在更加突出的位置，切实做好卫生防疫工作。农业部门要严格按照《农产品质量安全法》的相关要求，做好农产品质量安全监管工作，切实加强灾后恢复和临时性食品生产经营和餐饮消费单位的监督管理，做好相关技术指导和服务，帮助和督促其尽快改善卫生条件，达到相关食品的安全要求。

7月7日，四川省抗震救灾指挥部下发《关于切实做好地震灾区餐饮食品安全工作的紧急通知》，要求受灾各地政府必须高度重视抗震救灾食品安全工作，切实履行属地政府食品安全总负责，明确卫生、商务、建设、教育、工商、质监、城管等部门的监管工作职责和任务；在安置受灾群众和恢复重建工作中，全面落实安置点集中供餐、建筑工地食堂、学校和大型群宴单位等涉及人群较多的餐饮单位“食品卫生五设施”（防尘防蝇防鼠设施、冷藏设备、消毒设施、原料存放点和设施、上下水设施）要求，完善卫生制度，规范食品及食品加工原材料采购索证登记；加强食品从业人员的健康管理，组织健康体检，减少流动；组织工商、质监、卫生、城管、公安等部门根据当地情况，有针对性地集中开展食品安全专项检查。

陕西省卫生监督所印发《灾后食品及生活饮用水卫生监督工作指导意见》，供灾区开展食品和饮用水卫生安全工作参照执行，以加强对灾后基层卫生监督工作的指导，确保受灾群众食品和饮用水卫生安全。

灾区消毒杀虫灭菌政策与措施 针对四川灾区一些地方消毒不彻底，使用一些不合格消毒药剂，杀虫剂的选择和使用不当，个别地区存在消杀过度现象等情况，四川省抗震救灾指挥部于5月24日下发《关于合理使用消杀灭药剂的通知》，要求灾区各地科学合理选择消毒药剂、杀虫和灭鼠药剂，规范开展消杀灭工作的要求，并做好环境和水质的监测，确保环境、水源和生态的安全。28日，根据《关于切实做好地震灾区饮用水安全工作的紧急通知》中关于“禁止在灾区使用敌敌畏”的要求，四川省抗震救灾指挥部下发《关于停止使用并回收敌敌畏杀虫剂的通知》，要求各受灾地区主要使用低毒、低残留的菊酯类杀虫剂；立即停止使用敌敌畏杀虫剂，就地封存，由各受灾市州农业局确定一家当地农资公司，负责回收和统一保管，并报总指挥部医疗保障组备案。

环境卫生防疫监督政策与措施 5月25日，四川省抗震救灾指挥部下发《关于进一步加强灾民聚居区及周边环境卫生综合治理的紧急通知》，要求各地积极组织、统筹安排医疗、疾病控制、卫生监督队伍，尤其是乡镇、村卫生人员以及健康教育工作者和志愿者等组成健康教育宣传小分队，深入灾区一线，覆盖灾区每一个乡镇、村、灾区群众临时聚集区、临时安置点，走村串户，利用广播、宣传车、面对面的宣传教育等手段，开展对灾区群众的健康教育工作；灾区各级政府职能部门要发动广大群众大力开展环境整治活动，对灾区群众临时安置点、城区避震群众临时聚居区、广场、绿化带、公园、河坝等地环境卫生进行突击整治，及时清除居住地及其周边的各类生活垃圾、污水、人畜粪便和卫生死角，安排专人做好垃圾的收集、消毒、清运及处理，组织开展环境卫生消杀工作。同日，四川省抗震救灾指挥部下发《关于切断灾区污染源，确保人民生命健康的紧急通知》，决定切断灾区污染源的工作由政府负总责、卫生部门总牵头；要求各有关部门按照各自职能，认真履行职责。同时，根据四川省政府办公厅《关于四川省"5·12"地震救灾过渡安置规划导则的紧急通知》的要求，四川省抗震救灾指挥部下发《关于地震灾区过渡安置点卫生防疫工作实行社区化管理的紧急通知》，要求参照城市社区模式，坚持政府指导与群众参与相结合，过渡安置点卫生防疫工作要做到"四有"（即有管理组织、有卫生防疫人员、有垃圾收集点、有公共厕所），各项工作应当落实到日常生活和管理之中。

按照国务院抗震救灾总指挥部卫生防疫组的要求，四川省抗震救灾指挥部于5月29日印发《震灾地区示范厕所建设工作方案》，决定在灾区开展示范厕所建设，以推动灾区卫生厕所的规范化建设，预防肠道传染病的发生与传播。为切实做好四川灾区废墟清理及废物处理工作，四川省抗震救灾指挥部于31日印发《灾区废墟清理及废物处理卫生防疫技术指导意见》，要求灾区各地以卫生、经济、环保的方式依法、有序、快速地清理废墟和处理废物，确保人体健康。

灾区预防接种政策与措施 5月22日，卫生部办公厅印发《地震灾区预防接种指南》，对甲肝等疫苗接种方案做出详细说明。四川省抗震救灾指挥部于24日下发《关于灾后预防接种的紧急通知》，决定对成都、德阳、绵阳、阿坝、雅安、广元等市（州）的受灾县，在学校（含学前教育机构）、安置点等进行群体性预防接种和应急接种，预防接种甲肝疫苗、乙脑疫苗，口服霍乱疫苗。

5月28日，四川省卫生厅下发《四川地震灾区学校和托幼机构传染病疫情报告工作规范（试行）》和《关于集中人力资源做好预防接种工作的紧急通知》。31日，甘肃省卫生厅印发《甘肃省地震重灾区乙脑减毒活疫苗、甲肝灭活疫苗、麻疹减毒活疫苗预防接种实施方案》，决定对陇南市的文县、武都区、康县和甘南藏族自治州的舟曲县、迭部县5个县（区）进行适龄儿童乙脑、甲肝、麻疹3种疫苗应急预防接种工作。

6月9日，陕西省卫生厅下发《关于印发地震灾区免疫规划工作技术指导方案的通知》和《关于下发汉中市、宝鸡市群体性预防接种指导意见的通知》，安排部署对两市所辖的陈仓区、太白县、略阳县、宁强县、南郑县、勉县等受灾县（区）的灾区群众安置点、地震灾区小学和托幼机构等人口集中地区的儿童，开展甲肝和乙脑疫苗群体性预防接种工作。

灾区无主动物防疫政策和措施 针对四川灾区存在大量的无主犬、猫和家禽、家畜等情况，四川省抗震救灾指挥部于6月1日下发《关于加强灾区无主动物管理的紧急通知》，要求各级政府切实加强灾区无主动物管理工作的领导，将灾区无主动物管理工作纳入疾病预防工作的重要措施之中，督促畜牧、公安、卫生、城管、教育、药监、广播电视等部门认真履行各自的职责；动员广大干部群众参与灾区无主动物管理工作，确保灾区动物清理工作落到实处，不留空挡，不留死角，不留隐患。各灾区抗震救灾总指挥部要及时组织力量对灾区死亡畜禽无害化处理情况进行检查，指导养殖场（户）、养殖小区、居民户及时处置死亡畜禽，对野外发现的动物尸体和水源区域死亡动物尸体，及时清理，进行无害化处理；组织做好北川县城封城地区动物的全面清理、消毒灭源工作。畜牧兽医部门要按照农业部制定的《狂犬病防治技术规范》和狂犬病免疫方案的要求，对灾区所有的犬只实行强制性免疫；公安部门对犬只进行登记管理，对无主犬、流浪犬要采取强有力措施，遏制犬只伤人事件的发生；各类医疗机构要严格执行卫生部制定的《狂犬病暴露后处置工作规范（试行）》，处理犬伤病人伤口，及时注射狂犬疫苗。

堰塞湖泄洪区域防疫监督政策与措施 四川省抗震救灾指挥部于6月4日下发《关于做好堰塞湖泄洪移民安置点医疗救治和卫生防疫工作的紧急通知》，要求各地做好堰塞湖泄洪移民安置点医疗救治和卫生防疫工作，尽可能分散安置堰塞湖泄洪移民的群众，不宜在一个安置点集中过多人员。11日，为及时、有序、规范地开展地震灾区堰塞湖泄洪区域的卫生防疫应急工作，最大限度地保障泄洪区域内人民群众的生命安全和身体健康，四川省抗震救灾指挥部印发《四川省地震灾区堰塞湖泄洪区域卫生防疫应急预案》（试行），指导各地切实加强堰塞湖泄洪波及区域内医疗救治、疾病预防控制和卫生执法监督等卫生防疫工作。

第二节　经费与物资保障、监管政策

抗震救灾期间，为帮助地震灾区开展紧急救灾工作，中央财政紧急下拨救灾资金，拨付专款保障医疗防疫经费；发展改革委就做好四川灾区急需医药用品紧急采购和调运工作，迅速动用中央医药储备，确保抗震救灾急需；卫生部制定规章制度，规范物资采购、接受捐赠、资金支付工作程序。与此同时，审计署卫生药品审计局对抗震救灾款物的采购、调拨、支付全过程进行审计监督。

一　医疗防疫经费保障政策

5月14日，财政部从中央财政给予四川省5亿元综合财力补助资金中拨付2亿元，专门用于灾区受伤人员的医疗救治。同日，财政部、卫生部联合发出《关于下达卫生应急救灾专项资金的通知》，决定补助四川省卫生应急防疫救灾专项资金1000万元，专项用于支持受灾地区开展卫生防疫工作。15日，财政部发出《关于追加卫生部2008年部门预算的通知》，追加卫生部2008年部门预算3000万元，以支持向地震灾区组派医疗防疫队。

5月22日，中央财政紧急向四川、甘肃、陕西、重庆等地震灾区拨付救灾资金6500万元，专项用于支持地震灾区做好灾后动物防疫、消毒、无害化处理和鼠害防治工作，保障地震灾区不发生重大动物疫情。

5月23日，财政部、卫生部联合发出《关于下达卫生应急救灾专项资金的通知》，决定补助四川省卫生应急防疫救灾专项资金 2000 万元，补助甘肃省 600 万元、陕西省 600 万元，专项用于支持受灾地区开展卫生防疫工作。通知要求，专项资金要结合地方财力，统筹安排，合理使用，切实做好灾区卫生防疫工作。

为妥善做好各地接收四川地震伤病人员的医疗救治和出院返程等项工作，财政部于 5 月 31 日会同卫生部、民政部联合发出《关于妥善解决接收四川地震灾区伤病人员有关问题的通知》，要求接收四川地震灾区伤病人员的有关省市卫生、民政、财政部门全力救治伤病人员，对收治四川地震灾区伤病人员的医院，按接收伤病人员数量，平均每人给予 2.8 万元医疗费用补助；妥善做好伤病人员和随同陪护人员的管理及出院返程安排，帮助解决救治期间的实际困难；做好伤病人员及随同陪护人员返回四川的送、接等有关工作。同时规定，上述补助经费及接送伤病人员和随同陪护人员返回四川花费的费用，从各接收地省级民政部门接受的抗震救灾社会捐赠资金中解决；捐赠资金如有不足，由各省级财政安排经费帮助解决。

为妥善解决地震伤员医疗救治费用问题，财政部于 6 月 1 日会同民政部、人力资源社会保障部、卫生部联合发出《关于下达医疗补助资金的通知》。通知明确提出，在紧急医疗救治阶段，对伤员实行免费救治，对医疗卫生机构实行合理补偿。对于紧急救治阶段医疗卫生机构所发生的对地震伤员的免费医疗救治费用，主要由中央财政和地方财政负担，捐赠资金予以补充。为帮助妥善解决地震伤员紧急医疗救治及临时安置点受灾群众卫生医疗费用问题，中央财政决定安排 6 亿元资金，对四川、甘肃、陕西、重庆、云南五省（市）地震伤员紧急医疗救治的费用给予补助。通知还明确紧急医疗救治阶段后地震伤员的医疗费用政策。对地震伤员在紧急医疗救治阶段后的医疗（包括康复医疗）费用，发挥现有保障制度的基础作用、社会捐助的补充作用和政府财政的补助作用，由地方政府通过基本医疗保险、工伤保险、合作医疗和医疗救治等社会保障基金，社会捐赠以及财政补助等多渠道统筹解决，具体办法由相关省市结合当地实际情况研究制定。通知要求，相关省市财政、民政、人力资源和社会保障、卫生等有关部门密切配合，妥善做好地震伤员和灾区群众的医疗保障工作。同时，根据财政部会同卫生部下发的《关于下达医疗卫生补助资金的通知》精神，安排 5000 万元资金，对既属于受灾较重地区、又接收了四川地震灾区转出治疗伤员的重庆市、陕西省、云南省接收伤员的救治费用给予补助。

四川省政府办公厅结合工作实际，于 7 月 17 日印发《关于进一步做好地震灾区医疗卫生防疫工作的实施意见》，要求进一步做好重症伤员的医疗、康复和安置工作，加强对重症伤员医疗救治，做好出院伤员安置工作。对符合卫生部规定出院标准的伤员，民政部门要做好其返乡安置工作。对于从省外伤愈返程的地震伤员，各地要按照省民政厅、省财政厅《关于做好赴省外就医地震伤病员伤愈返程工作的通知》的规定抓好落实，积极推进伤员康复工作，相关经费问题按照省财政厅、省民政厅、省劳动和社会保障厅、省卫生厅和省残联《关于汶川地震出院伤员后续医疗有关问题的通知》执行。

二　医疗防疫物资保障政策

发展改革委先后下发《关于做好四川灾区急需医药用品紧急采购和调运工作的通知》《关于

迅速动用中央医药储备确保抗震救灾急需的通知》，就做好四川灾区急需医药用品紧急采购和调运工作，迅速动用中央医药储备，确保抗震救灾急需等工作，进行安排和部署。同期，发展改革委办公厅先后发出《关于协调落实四川抗震救灾物资情况的报告》《关于落实甘肃省抗震救灾物资等情况的报告》《关于报送“5·12”汶川地震抗震救灾卫生防疫物资保障工作情况的函》等文件，就协调落实四川、甘肃等省抗震救灾物资情况，抗震救灾卫生防疫物资保障工作等情况进行通报。

四川省抗震救灾指挥部于5月18日下发《关于进一步做好医疗救治卫生防疫药械管理的通知》，要求建立省、市（州）、县（市、区）、乡镇逐级配送保障制度，进一步做好医疗救治卫生防疫药械管理。通知提出，除汶川、茂县、理县可由省组织空投直供外，省一律不向县直接提供药械。各地要加强需求统计和接收工作，需求计划要按统一渠道逐级上报，落实专人负责接收，做好记录，加强管理，确保去向明确、有效使用。灾区市、县两级成立由卫生和药监两部门共同组成的救灾医疗物资接收管理办公室，加强对医疗救治以及卫生防疫药械接收、贮存、分发、运输、使用的管理，登记造册，防止因管理不当造成医疗物资丢失或质量下降。通知要求基层医疗物资接收单位做好救灾医疗物资的清点工作，将数量、品种和去向等登记造册，纳入单位资产管理，妥善保管，确保物资真正用于抗震救灾和医疗防疫工作。各单位要管好用好医疗救治、卫生防疫药械，发挥其最大效应。

5月25日，四川省政府办公厅下发《关于进一步规范抗震救灾医用物资储备和分发的紧急通知》。通知就抗震救灾医用物资储备和分发的有关事项进行规范，要求各地做好大灾之后防大疫的物资准备，保证必要的药械和消杀灭用品的储备。重点灾区所在市州要落实抗震救灾10日所需医用物资的储备单位、库房和设备，储备能力不够的，及时落实增加医药物资储备库房，适当增加常用药械储备量。县、乡、村三级也要具备一定的抗震救灾医用物资储备能力，重点储备灾后容易出现的皮肤病、肠道病、呼吸道病等疾病的诊治所需药械和消杀灭用品。在做好救灾物资分发方面，要求常备的药械和消杀灭用品覆盖灾区所有的县、乡、村。分送救灾医用物资要充分考虑基层实际需要和储备能力。

农业部建立应急物资超前供应机制，按照动物疫病防控物资“需要多少、调拨多少、支付多少、就近供应、满足需求”的原则，进行应急物资供应工作。8月30日，农业部根据国务院办公厅关于《当前抗震救灾和恢复重建工作面临的问题和需要明确的重要政策》的有关规定，提出《关于落实〈当前抗震救灾和恢复重建工作面临的问题和需要明确的重要政策〉有关情况的报告》，决定加大对农业救灾的支持力度，积极推动中央预算内资金向灾区倾斜。农业部制定的涉及动物卫生物资保障的政策主要有：针对四川省地震灾区范围广、动物防疫任务重、基层农技推广部门设施设备损毁严重的实际情况，紧急安排560万元为四川省21个受灾严重的县（市、区）配备应急防疫摩托车880辆、车载简易多功能冷藏箱440台和一批计算机、打印机；先后对四川等重灾省份安排死亡畜禽无害化处理及鼠害防控经费6500万元；安排5924万元支持灾区实施动物防疫、血吸虫综合治理等重点项目建设；积极协调有关部门，尽快为灾区动物防疫部门建设必要的办公和实验场所，添置急需的疫苗储存、运输等防疫冷链设施设备。

三　医疗防疫资金物资监管政策

卫生部先后制订《抗震救灾接受社会捐赠工作程序》《卫生部调拨四川汶川“5·12”地震灾区抗震救灾医疗救治和卫生防疫药品、医疗器械和消毒用品等中央财政专款资金支付程序》《抗震救灾紧急采购急需物资工作程序》等规章制度，规范物资采购、接受捐赠、资金支付工作程序。

5月30日，卫生部成立由陈啸宏担任组长，中央纪委监察部驻卫生部纪检组监察局、规划财务司、卫生应急办公室、医政司、疾病预防控制局等司（局）负责同志参加的抗震救灾资金物资监督检查领导小组及办公室，邀请两名全国政协委员作为特邀监察员参加卫生部抗震救灾资金物资监督检查工作，并设立举报电话和信箱，接受社会监督。卫生部在网站及时向社会公开社会捐赠资金物资的来源、数量、种类和去向，并依法对抗震救灾物资采购情况进行公示。

6月3日，卫生部办公厅下发《关于加强对医疗卫生系统抗震救灾资金物资监管的通知》。通知要求，加强医疗卫生系统抗震救灾资金物资的监管工作，确保救灾款物安全有效地全部用于灾区的医疗救治、卫生防疫和卫生监督；加强对医疗卫生系统抗震救灾资金物资监管工作的组织领导，制定出对抗震救灾资金物资监管的规章制度，规范程序；加强监督检查，对救灾款物使用各个环节实行跟踪审计，使抗震救灾资金物资的使用公开透明、合理有效。

第三章　信息发布与宣传报道

汶川特大地震发生后，有关部门、地区在组织开展医疗救治和卫生防疫等工作时，重视信息发布工作。

卫生部抗震救灾工作领导小组宣传信息组和前方综合协调组下设的新闻宣传组密切配合，注重并建立舆情分析工作机制，密切监测舆情动向，广泛联系媒体记者，针对媒体关注焦点发布信息，不断提高抗震救灾卫生新闻宣传工作的针对性，增加抗震救灾医疗卫生救援工作的透明度。

受灾省和援助灾区的省（区、市）、解放军和武警部队重视新闻宣传工作，在设立抗震救灾医疗防疫指挥领导机构时，大多设有新闻宣传组织。中央和地方各级媒体各司其职，派出大批记者到灾区医疗救治和卫生防疫第一线，广泛深入地对英雄人物和先进典型进行宣传报道。

第一节　信息发布

汶川特大地震发生后，卫生部抗震救灾工作领导小组专门设有宣传信息组；四川、甘肃、陕西等省卫生厅抗震救灾医疗卫生救援指挥部也设立新闻宣传机构，负责医疗救治和卫生防疫等工作信息发布，以及地震救灾医疗救援风险沟通等工作，制定地震救灾医疗防疫信息发布流程，建立舆情分析机制，加强舆论引导。

一　发布模式

卫生部新闻办公室派员组成前方综合协调组新闻宣传组（以下简称前方组），前往抗震救灾一线开展相关工作，每日汇总前方综合协调组各小组的工作进展情况，有针对性地筛选出具有新闻价值的信息，供卫生部抗震救灾领导小组宣传信息组（以下简称后方组）整合后发布。后方组采取及早介入、全程跟进的工作模式，参与卫生部抗震救灾领导小组的有关工作会议，随时了解医疗救援部署动向和工作进展，并及时通报给前方组。

四川省卫生厅抗震救灾医疗卫生救援指挥部新闻宣传组（以下简称四川省卫生厅新闻宣传组）在日常宣传工作机制的基础上，建立规范的媒体采访管理制度，要求新闻媒体在四川灾区采访，须在新闻宣传组统一登记、预约和安排。四川省卫生厅新闻宣传组采取定期发布和不定期发布两种形式，发布医疗保障工作信息，同时安排专人负责与媒体联络。凡到医疗保障组采访的媒体记者，均详细登记联系电话、电子邮箱；在此基础上，编印包括中央媒体、省外媒体、省内媒体和境外媒体在内的《抗震救灾新闻媒体记者通讯录》，随时与新闻媒体记者保持联系，每天将工作信息发到记者的邮箱。四川省卫生厅新闻宣传组注意收集、整理和记录所有部、省及厅局领导在抗震救灾中的重大活动、医疗保障组重要工作、医护人员和防疫人员在抗震救灾一线的影像资料；各类快报、简报在每日中午前送达省领导手中，便于指挥层及时了解信息，安排部署下一步工作。各工作组的工作信息通过组长会议、阶段工作总结和工作简报，由四川省卫生厅新闻宣传组汇总筛选出新闻线索，再由各工作组整理详细资料提供给新闻媒体。抗震救灾指挥部医疗保障组准备对外发布的信息，均由各工作组提交新闻宣传组审核整理后，由四川省卫生厅新闻宣传组统一对外发布，确保发布信息的严谨一致。抗震救灾期间，四川省卫生厅参加四川省政府举行的新闻发布会 9 次。

二　舆情分析

后方组在进行信息发布时，注重并建立舆情分析工作机制，为前、后方组的风险沟通和信息发布提供事实依据。后方组通过舆情监测网络，及时收集汇总并整理分析媒体报道，筛选出每日关注焦点并提出舆情变化趋势，针对媒体关注焦点发布信息，不断提高抗震救灾卫生新闻宣传工作的针对性。

在前方组的帮助下，四川省卫生厅新闻宣传组根据卫生部日常舆情监测工作规范，建立舆情监测制度。每天有两名专人负责对主流报刊、电视台和网络媒体进行动态监测，分析媒体对卫生抗震救灾的关注度，收集宣传信息反馈情况，确定社会和媒体关注的重点方向，提出相应的工作建议；及时调查上报网上出现的负面信息，并提出处理建议。截至 10 月 6 日，四川省卫生厅新闻宣传组编印《舆情监测分析》44 期、《舆情专报》1 期，为四川省卫生厅抗震救灾医疗卫生救援指挥部掌握舆论动态、调整工作策略、做出卫生宣传的正确决策，提供详尽的第一手资料。根据舆情监测统计，5 月 12 日至 7 月 30 日，《人民日报》《光明日报》《健康报》《四川日报》《华西都市报》《天府早报》《成都商报》《成都晚报》等报纸，以及新华网成都频道、四川新闻网、四川在线等网络，共登载卫生抗震救灾相关报道 19340 条。

甘肃、陕西等省卫生厅组织人员每天对主要新闻媒体刊播情况进行动态监测统计，分析舆情，为领导决策提供依据。

抗震救灾期间，中国疾控中心信息中心的信息情报人员充分发挥专业优势，在灾后迅速启动舆情监测，由专人负责收集媒体信息，汇总提炼后形成每日舆情监测简报。截至 7 月 1 日，共编发 43 期舆情监测简报。

三 舆论引导

为掌握主动权、话语权，根据媒体关注热点，前方组和后方组主动策划和接受各种采访，实时发布抗震救灾医疗救治的有关政策、技术规范和工作进展信息，加大信息发布和风险沟通力度。

5 月 13 日和 6 月 10 日，卫生部新闻发言人在卫生部例行新闻发布会上，介绍卫生系统抗震救灾的整体工作安排及工作进展等情况，并回答记者提问。5 月 15 日、27 日，卫生部负责人和新闻发言人及有关司局负责人，先后出席国新办新闻发布会，介绍抗震救灾工作情况，并回答记者提问。（参见图 12）

前方组与各大媒体前方报道组建立密切合作关系，不定期与记者联络，了解掌握记者动向和报道重点，以加强新闻报道组织工作，并根据媒体关注热点，实时调整信息发布内容和方式。

为方便公众和媒体查阅抗震救灾卫生应急救援工作情况，前方组在卫生部网站开设“抗震救灾”专题栏目，及时利用网络介绍和发布卫生应急救援工作情况、社会捐款及捐赠情况、先进事迹等信息，同时将有关信息推荐给中国政府网、中国网、搜狐网等门户网站，其中中国网还在网站首页特意开设了卫生部抗震救灾工作网上发布会专栏。

前方组组织拍摄医疗卫生应急指挥、医疗救治、卫生防疫、卫生监督、医疗物资保障等各方面图片和各省（区、市）医疗队的工作场景，全方位留取抗震救灾资料，并择优推荐给地方电视

图 12　5 月 15 日下午，国务院抗震救灾总指挥部卫生防疫组组长高强（主席台中）在国务院新闻发布会上介绍抗震救灾医疗救援情况
（中国卫生画报社　提供）

台或中央电视台播放，及时展现卫生系统救治伤员及开展卫生防疫工作的全貌。前方组和后方组经常为新华社、《光明日报》《瞭望周刊》等主流媒体记者提供素材，供其编发抗震救灾中医疗卫生工作的长篇通讯和报道，以广泛深入宣传医疗卫生系统在抗震救灾中的先进事迹和相关工作。

第二节　宣传报道

各部委、省（区、市）及灾区和非灾区各行业、各系统，在开展医疗救治和卫生防疫等工作的同时，通过各种媒体，广泛进行相应的宣传报道工作，全方位展示宣传医疗卫生系统在抗震救灾中的医疗防疫工作和感人事迹。

一　医疗防疫新闻报道

卫生部医疗防疫新闻报道　后方组以卫生部新闻办公室为主体，相继策划报道陈竺、高强、王国强、陈啸宏、刘谦等部领导赴灾区检查指导医疗卫生工作的情况；以新闻发言人和一线专家为切入点，分别安排新华网、中国政府网等信息网站进行在线访谈，介绍抗震救灾医疗救治、卫生防疫工作；组织媒体集中采访卫生部新闻发言人和专家，集中介绍抗震救灾医疗救援工作进展情况；策划召开抗震救灾医疗卫生救援战地记者交流会，听取记者对抗震救灾医疗卫生救援工作和新闻宣传工作的意见、建议和需求，并深入讲解有关医疗卫生政策和正在采取的措施。

自 5 月 13 日起至 6 月 13 日，后方组每天收集、汇总卫生部抗震救灾卫生应急救援工作的有关信息，组织媒体集中采访卫生部新闻发言人或医疗救治专家 10 余次，及时编写新闻稿公布医疗救治和卫生防疫工作进展情况，推荐给《人民日报》、新华社、中央电视台等新闻媒体，平均每天发稿 5 篇。在此期间，计有 400 余条新闻信息被媒体规范采用。

5 月 13 日，后方组安排新华社、中央电视台、《健康报》记者，跟随卫生部第一批抗震救灾医疗救援队赶赴四川灾区，跟踪编发灾区伤员救治工作进展、灾后防大疫工作、先进人物事迹等。后方组先后就抗震救灾卫生应急救援工作，协调中央电视台“面对面”栏目、香港凤凰卫视“问答神州”栏目采访陈竺、高强等卫生部主要领导；组织卫生部有关司（局）负责人和中国疾控中心专家接受《人民日报》、新华社、中央电视台等中央新闻单位专访，并在中国政府网进行在线访谈；先后 4 次组织中国疾控中心有关专家参加中央电视台“抗震救灾、众志成城”直播节目录制，介绍医疗救治、卫生防疫工作进展及有关防疫知识，为各项工作有序开展和赢得公众理解与支持营造了良好的舆论氛围。

前方组每日主动联系各灾区医疗卫生救援防疫队提供线索，积极协调组织中央及地方媒体记者深入受灾较重的都江堰、绵阳、德阳、什邡、北川、青川等地实地采访报道，以多种形式，从不同角度、不同层次充分展现抗震救灾医疗救治和卫生防疫工作的开展情况。6 月中旬，前方组先后组织新华社、中央人民广播电台、中央电视台、中国国际广播电台、《健康报》《四川日报》《华西都市报》等中央媒体和地方媒体，就医疗救治、转运伤员、部领导看望伤员等事件进行30余次现场采访，全方位展现抗震救灾医疗卫生防疫各项工作。

四川省卫生厅医疗防疫新闻报道　四川省卫生厅新闻宣传组根据抗震救灾医疗保障不同阶段的工作，把宣传的重点分为3个阶段。第一阶段以宣传地震伤员的应急救治为主，包括灾区一线的伤员救治、伤员大转运，同时兼顾卫生防疫及时开展报道；第二阶段围绕卫生防疫的举措、成效，灾后防疫知识、重症伤员的救治等展开宣传；第三阶段重点宣传灾后恢复与重建，包括医疗机构恢复正常工作秩序和过渡期板房医疗机构建设及对口支援、伤员康复等。（参见图13）

抗震救灾初期，四川省卫生厅新闻宣传组每天发布医疗紧急救援和卫生防疫的进展信息，及时安排新闻媒体的采访，通过新闻发布会、记者见面会、集中采访会、参加电视电台直播节目、发送新闻稿、官方网站发布消息等多种方式，源源不断地向社会公众传递医疗紧急救援和卫生防疫工作的最新信息，通过《医疗卫生救援每日进展通报》《抗震救灾医疗救援工作快报》，每天发布医疗保障动态信息，全面反映中央及省领导的指示、指挥情况和医疗救治、卫生防疫、卫生监督监测以及兄弟省市援助情况、先进集体和先进个人情况、最新工作动态、工作部署等。

6月下旬，四川省卫生厅新闻宣传组配合四川省委宣传部，共同策划以“与地震争夺生命”的卫生宣传总主题和“废墟中的生死大营救、救治中的生命接力赛、防疫中的生存保卫战”生命三部曲的系列报道主题，四川电视台、四川人民广播电台、《四川日报》《华西都市报》等新闻媒体统一行动，连续推出以“救治中的生命接力赛”“防疫中的生存保卫战”为主题的新闻宣传系列报道，使抗震救灾的医疗救援和卫生防疫等工作情况和广大医疗卫生人员舍己为人、奋不顾身的感人事迹大量见诸广播、电视、报刊、网络等媒体。24日，四川省卫生厅新闻宣传组起草《关于做好抗震救灾伤员救治和卫生防疫宣传的通知》，并在成都召开的医疗卫生机构卫生宣传工作

图13　5月15日，四川省抗震救灾指挥部医疗保障组、宣传组和医疗救治组的工作现场
（四川省卫生厅　提供）

部署会上进行传达和安排。宣传的重点就此转为伤员救治和灾区防疫，要求各地各单位为主要新闻媒体的集中采访报道提供采访线索，并整理上报。在此前后，编印3期《整理抗震救灾医疗救治与卫生防疫新闻线索》，向媒体提供2000余条新闻线索。25日，四川省卫生厅新闻宣传组参与四川省政府网站抗震救灾在线访谈直播节目"抗震救灾四川卫生在行动"的制作，这一节目被中央政府网站收载。7月3日，四川省卫生厅新闻宣传组派人到四川人民广播电台"阳光政务"抗震救灾特别节目组，宣传介绍医疗救援与卫生防疫工作。在此期间，每天按时向省委宣传部和媒体提供医疗保障工作动态最新进展，每周在《四川日报》和卫生厅网站发布极重灾区疫情与突发公共卫生事件周报。四川省卫生厅新闻宣传组还在省卫生厅政务网站增设"四川省卫生厅抗震救灾专栏"栏目，公布抗震救灾医疗保障组的文件、工作快报、新闻发布稿等资料，发布信息1300多条、医疗卫生救援和卫生防疫工作通报65期、极重灾区传染病与突发公共卫生事件通报11期、图片近300张。四川省卫生厅政务网站开通四川全省各医院收治地震灾害伤员信息查询系统，输入全省各医院收治住院伤员数据2万余个，为寻找地震中失散的亲人提供了方便。

截至7月4日，四川省卫生厅新闻宣传组编发《抗震救灾医疗救援工作快报》254期；通过四川省政府新闻发布会、卫生专题新闻发布会、媒体通气会、记者见面会，及作客四川省政府网站直播访谈、成都人民广播电台直播访谈、值守四川省人民广播电台"阳光政务"政风行风热线直播等形式，多次发布重要信息；参加四川省政府新闻发布会9次，其中专题向境外媒体和医疗保障组各发布1次；组织召开5次新闻媒体集中采访会，主题分别是灾区疾病防控、灾后防疫知识、指挥部重要文件解读；分别召开以卫生防疫、医疗救治为主题的新闻通气会2场。

8月8日，四川省卫生厅下发《关于掀起灾后一百天卫生抗震救灾新闻宣传新高潮的通知》；12日，四川省政府新闻办公室召开"抗震救灾、百日攻坚"系列新闻发布会医疗救治和卫生防疫专场，开展百日攻坚系列宣传。到10月中旬，四川省卫生厅新闻宣传组共协助中央电视台制作医疗救治、卫生防疫节目20余期，在中央电视台1套"焦点访谈""社会新闻"，中央电视台2套"第一时间"，中央电视台10套"走近科学""社会与人"，中央电视台7套"聚焦三农"等栏目播出。香港凤凰卫视咨询台、香港凤凰卫视"鲁豫有约"栏目、四川电视台、成都电视台等电视台，新华社、中新社，《人民日报》《健康报》《新京报》《瞭望》《中国新闻》《四川日报》《华西都市报》等报刊，新华网、人民网、四川在线等网络媒体，中央人民广播电台、四川人民广播电台等电台均专题报道灾区医疗救援、卫生防疫情况，宣传健康知识。

甘肃省、陕西省卫生厅医疗防疫新闻报道　甘肃省卫生厅抗震救灾医疗卫生救援工作领导小组设立的宣传组，专门负责安排新闻采访，统一对外发布医疗卫生救援工作进展信息，与新闻媒体进行协调和联络，为有关部门和新闻媒体开展宣传报道工作提供指导和服务。至7月初，各主要媒体刊播甘肃省卫生系统抗震救灾新闻1230多篇（次），其中报纸刊登420多篇、主要网络刊登440余篇、广播电视刊播350余次，宣传全省卫生系统抗震救灾医疗卫生救援工作。甘肃省卫生厅积极组织开展抗震救灾卫生宣传报道工作，以编印《卫生新闻通报》等形式，向新闻媒体发布卫生信息，组织中央和省、市媒体赴灾区进行现场采访报道。抗震救灾期间，甘肃省卫生厅及时组织新华社甘肃分社、人民日报社甘肃记者站和甘肃省、兰州市主要新闻媒体的记者，赶赴陇南、甘南灾区进行抗震救灾医疗卫生救援工作现场采访，采写新闻报道30余篇，发表图片200余幅，真实全面地报道灾区医疗卫生系统抗震救灾工作。

5月12日下午，汶川地震波及陕西有关市、县后，陕西省委宣传部贯彻省委、省政府总体部署，及时协调指导各新闻单位，做好宣传报道工作，制订印发《关于做好当前抗震救灾宣传报道的方案》，明确抗震救灾宣传报道总体要求、报道重点和工作措施。陕西省卫生厅在省卫生网卫生动态——卫生要闻栏目中连载《把心中的挚爱献给巴山蜀水》等21篇报道；5月18日至6月18日，卫生要闻栏目连续刊登陕西省卫生系统抗震救灾工作情况介绍，其中包括疾控处每日向卫生厅办公室报送的《疾病控制组工作汇报》共31期，记录了陕西赴川各防疫队工作进展、省内地震灾区防疫情况及疾病控制处每日工作情况。在四川灾区，陕西省卫生厅前线指挥部报道陕西省赴川医疗救治、消杀防疫信息简讯278篇，发布各类信息15680余条，传回救灾照片5760余张。

相关部门医疗防疫新闻报道　抗震救灾期间，各部委、省（区、市）及灾区和非灾区各行业、系统在进行医疗救治、卫生防疫等工作时，也进行了相应的宣传报道工作，形成宣传报道的巨大合力。农业部配合新华通讯社、中央人民广播电台、中央电视台、《人民日报》、《经济日报》等中央媒体，多视角、多层面、多方位报道灾区动物疫病防控工作进展情况；《农民日报》、中国农业信息网等农业部主管媒体，展开了对农业系统抗震救灾工作的全面宣传报道。

二　先进人物事迹报道

为做好抗震救灾卫生战线典型人物、先进事迹的宣传与报道，卫生部前方组、后方组的工作人员积极搜集事迹线索，广泛宣传卫生系统在抗震救灾工作中涌现的感人事迹。后方组与前方组以及四川省抗震救灾指挥部医疗保障组、健康报社密切配合，及时研究确定医疗救治与卫生防疫工作中涌现的典型人物和先进事迹，每天以通讯、工作简报等多种方式在卫生部网站、四川省卫生厅网站、健康报网站等媒体上广泛宣传；同时，指导各省（区、市）卫生厅（局）及时整理本省（区、市）医疗队在四川灾区参加救治及卫生防疫工作的先进人物和集体事迹，并进行宣传，为卫生部表彰先进典型和参加中央巡回报告团推荐前方先进集体和个人人选。

6月5日，高强在《人民日报》发表《白衣战士感动中国》一文，讲述白衣战士的感人事迹，号召全国卫生系统积极投入抗震救灾工作，发扬光大抗震救灾精神。6月12日和22日、7月3日，《人民日报》相继发表了反映四川卫生工作成效和事迹的长篇通讯《永不言弃的白衣战士》《不负生命的重托》《用爱托起生命的天空》等系列报道；同期，新华社发表《是“白衣天使”也是“白衣战士”》的系列报道，《光明日报》也发表多篇报道和评论员文章。

为全程记录各地医疗救援队在四川灾区的工作情况，展现抗震救灾工作中卫生工作者的先进事迹，前方组还协调中央电视台10套“人与社会”栏目组进入抗震救灾一线进行深度采访，收集大量鲜活生动的素材，制作播出反映一线医务人员感人事迹的11集专题片《以生命的名义》。卫生部新闻办、四川省卫生厅协助海军政治部艺术中心，拍摄反映军地医务人员抗震救灾的首部汶川地震故事片《前方 · 后方》，并于2008年下半年在全国公映。

抗震救灾期间，农业部安排部署部管宣传单位深入挖掘典型素材，开设宣传专栏，全力以赴做好抗震救灾先进典型宣传工作。《农民日报》在第一版开设“抗震救灾英雄谱”专栏，并配发本报评论员文章，对抗震救灾的先进事迹进行集中持续报道。“三农在线”网站在首页醒目位置开辟“抗震救灾英雄谱”专题，实现报网互动，扩大宣传影响，形成宣传合力。

为更好地采访和宣传四川灾区在医疗救治、卫生防疫等工作中涌现的先进典型，四川省卫生厅于5月18日转发四川省委宣传部《关于大力宣传抗震救灾先进典型的紧急通知》，要求四川省中医药管理局、各市州卫生局、厅直各单位、中央在川医疗卫生单位推荐1～3个先进集体和1～5个先进个人，撰写1000～3000字事迹材料和相关图片及影像资料上报。到6月底，收集、整理先进人物和典型事迹材料657篇，在四川省卫生厅网站相继推出“英雄谱”“前方手记”“八方支援”“坚强后盾”“卫生救援进行时”等栏目。

由四川省卫生厅主办、四川省卫生宣传新闻中心承办的四川电视台科教频道“健康快车道”栏目组人员在地震当天，冒着余震危险，拿出机器拍摄下四川省卫生厅抗震救灾的影像资料。此后，“健康快车道”栏目坚持在什邡、绵竹、都江堰等重灾地区现场采访拍摄医疗救援场景，精心制作出《废墟下的回声》《永不磨灭的记忆》等一批优秀的电视专题节目。由四川省卫生宣传新闻中心和四川党建期刊集团共同主办的卫生类专业报纸《大众健康报 · 四川卫生》记者，在震后第二天便深入绵竹、青川、北川、汶川等地灾区采访报道，发掘卫生战线抗震救灾的典型人物和典型事件，采写的通讯和前方手记等，被《光明日报》、人民网、四川在线等众多媒体转载。此外，四川省卫生厅新闻宣传组还组织中央和省级媒体人员深入汶川县映秀镇和北川、彭州、青川、什邡、江油、绵阳、绵竹等抗震救灾一线，采访报道外省医疗卫生防疫队及四川省基层卫生机构人员的大量先进事迹。

陕西省卫生厅在网站开辟“抗震救灾英雄谱”专栏，着重介绍和宣传抗震救灾先进人物、先进集体事迹，并发表医疗队员在抗震救灾前线撰写的报道等文章90余篇。6—7月，陕西省卫生厅组织有关单位共同编印《防疫战士风采录——陕西防疫队赴四川灾区开展卫生防疫工作纪实》《足迹——陕西医疗队赴四川灾区开展医疗救治工作纪实》《铭记——陕西省卫生监督系统“5 · 12”抗震救灾活动纪实》3本图册，记述陕西省卫生系统在抗震救灾期间开展的医疗救治、卫生防疫和卫生监督等工作。

第二篇

救援力量

汶川特大地震发生后，在国务院抗震救灾总指挥部卫生防疫组统一指挥下，全国各地、各行业系统和解放军、武警部队等，迅速调派医疗防疫、卫生监督、食品药品监管等专业人员，从各地奔赴灾区开展医疗卫生救援工作。

卫生部立即启动灾情应急预案，组建医疗防疫救援队，赶赴地震灾区开展医疗防疫救援工作。5 月 12 日深夜，卫生部从重庆、北京、天津、山东和江苏等省（区、市）调派医疗卫生救援队伍，携带医疗应急救援物资赶赴四川灾区，协助当地救治伤员。四川、甘肃、陕西等地灾区各级医疗机构，在自身受到重创、外援医疗力量尚未到达的情况下，组织医务人员迅速开展医疗救援和卫生防疫工作，特别是乡镇卫生院及县、市、省级医疗机构的医务人员，在抢救伤员中发挥了重要的作用。面对异常严重的地震灾情，质检总局、农业部、环境保护部等中央国家机构及国家电网、中国水电集团等中央企业，组织本系统医疗单位的救援力量，相继开赴抗震救灾第一线，结合行业特点，开展各种医疗防疫救援工作。中国红十字会、中国残联等社会团体，纷纷组织各种医疗防疫和康复医疗队，到灾区开展医疗救援和康复医疗等工作。成都市的诸多民营医院，四川本地和全国大部分地区及来自国外的众多志愿者积极行动，为地震灾区提供医疗救助和卫生防疫等援助。

地震发生后，解放军立即投入到抗震救灾斗争中。5 月 12 日 16 时，总后卫生部成立抗震救灾卫勤保障领导小组；震后 1 小时成都军区联勤部指示卫生部抽组医疗队 24 支，成都军区总医院、第 452 医院抽组的医疗队不到 3 小时就赶到都江堰灾区抢救伤员，13 日有 12 支医疗队到达都江堰、北川、绵竹、什邡、平武、青川等极重灾和重灾县（市）进行现场救援，为抢救灾区伤员赢得了宝贵时间。随后，兰州军区抽组医疗队，采取航空输送方式，赶赴四川灾区执行抗震救灾医疗保障任务。济南军区先后抽组野战医疗防疫队，带着救护车，赶赴灾区执行抗震救灾卫勤保障任务。北京军区、沈阳军区、南京军区、广州军区及海军、空军、第二炮兵、总后勤部等也先后抽组多支医疗队，赶赴灾区执行抗震救灾卫勤保障任务。解放军派出的野战手术车、急救车、X 线诊断车、消毒灭菌车、防疫车、远程会诊车、医疗方舱等机动卫勤专业装备，以及野战被服洗消车、炊事车、发电车等保障装备，在汶川地震医疗防疫中发挥了重要作用。武警部队后勤部卫生部成立抗震救灾卫勤保障领导小组，统一组织协调援助地震灾区的医护人员调配、医疗救治、卫生防疫、药材筹供等工作，四川、甘肃、陕西、重庆、山西、上海、山东等省（市）武警总队先后组织医疗防疫队赶赴灾区，开展医疗救治和卫生防疫工作。

地震的发生，引起香港、澳门和台湾同胞的同情和关注。紧急救治阶段，香港特区、澳门特区和台湾地区先后派出多批医疗队，到四川灾区进行医疗援助，开展伤员救治工作。

地震在国际社会引起极大震动。根据地震灾区的实际情况，卫生部积极协调国际社会援助中国地震灾后医疗卫生工作，共有 10 支国外医疗队、227 名卫生救援人员在四川、甘肃灾区参与医疗救援工作。其间，俄罗斯、意大利、德国等国家的医疗队均建立野外“帐篷医院”。来自“心连心国际组织”的 10 名美国志愿者于 5 月 14 日到北川开展医疗救援工作，随后还有来自美国、英国、日本、加拿大、澳大利亚、墨西哥等国家的 100 多名志愿者到绵阳灾区开展医疗救援工作。无国界医生组织也派遣人员支援灾区医疗救治。

抗震救灾期间，在四川、甘肃、陕西等地震灾区，汇聚了一支强大的医疗防疫救援力量，为灾区医疗救治、卫生防疫等工作的顺利开展发挥了重要作用。

第一章　行业系统医疗防疫救援队伍

汶川特大地震发生后，卫生部启动应急预案，成立抗震救灾工作领导小组，紧急部署全国卫生系统的抗震救灾工作。5月12—13日，卫生部从重庆、北京、天津、山东和江苏等省（区、市）调派38支医疗卫生救援队伍，携带医疗应急救援物资，分批赶赴四川灾区，协助当地救治伤员。中医药局及北京、河南、广东等16个省（区、市）组织中医医疗机构，先后向灾区派出医疗队，前往灾区参与医疗救治工作。四川、甘肃、陕西等地灾区各级医疗机构在自身受到重创、外援医疗力量没有到来的情况下，积极支援极重灾区和重灾区的医疗救治等工作。与此同时，卫生部各直属单位和北京、天津、河北、内蒙古等非受灾地区的24个省（区、市）的卫生行政部门及新疆生产建设兵团，都紧急向四川等地震灾区派出医疗救援和卫生防疫队伍。

各行业系统管理部门紧急行动，支援四川等灾区抗震救灾。质检总局组织总局和直属单位及全国各地检验检疫局组建39支整建制的卫生防疫队，国家电网组建13支抗震救灾医疗分队，中国水电集团组建12支医疗队，农业部与四川省联合组织9支部、省联合动物防疫应急分队，农业部与解放军联合组织1支动物防疫应急分队，安全监管总局矿山救护中心派出14支医疗队，中国民航总医院派出2批医疗救援队，公安边防部队派出4支医疗救援队，赶赴四川灾区参加医疗救援工作。

第一节　卫生系统医疗防疫救援队伍

汶川特大地震发生后，卫生部直属单位、中医药行业、食品药品监管局先后派出医疗防疫救援队伍，受灾的四川、甘肃、陕西、重庆、云南、宁夏等省（区、市），北京、天津、河北、内

蒙古等24个非受灾省（区、市）及新疆生产建设兵团，先后组织医疗防疫救援队伍赴灾区开展医疗防疫救援工作。（参见图14）

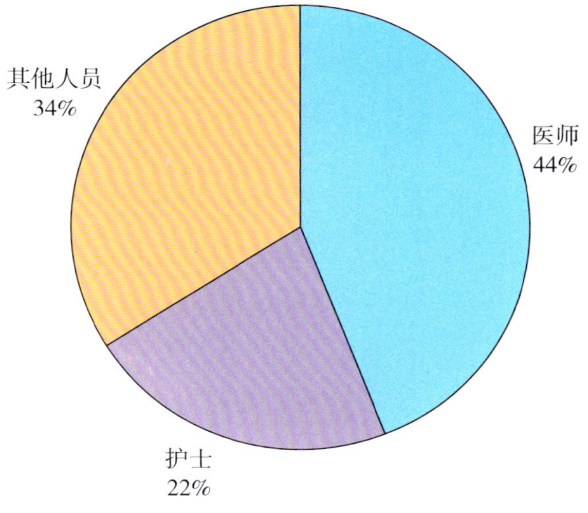

图14 全国29个省（区、市）医疗队组成情况

一 卫生部直属单位医疗防疫救援队伍

中国疾控中心卫生防疫救援队伍 5月12日下午，中国疾控中心及时组织召开抗震救灾应急准备会，要求各相关部门做好应急的各项准备工作。13日，中国疾控中心按照卫生部的统一部署，组建4支赴四川地震灾区救灾防疫应急队。救灾防疫应急队的组成人员，主要包括灾害卫生应急、流行病学、卫生消毒、传染病防控、食品卫生、环境卫生、病媒生物控制、中毒控制和健康教育等方面的专业人员。14日下午，中国疾控中心副主任刘剑君带领第一批应急队到达成都后，即在四川省疾控中心设立工作站，分成4个组，与四川省疾控中心人员连夜研究抗震救灾防疫应急队的工作框架、环境卫生消杀、传染病防控等工作。

为保障灾区防疫工作的顺利开展，根据救灾前线的需要，中国疾控中心先后派出的救灾防疫工作队共达18批，其中包括5批手机疫情报告和妇幼保健等专项业务工作队，分别在成都、德阳、绵阳等市和绵竹、青川、北川、汶川等县（市、区）开展疾病防控。其间，中国疾控中心派出2人赴甘肃灾区，开展黑热病灾后风险评估，组派结核病防治专家现场调研与指导结核病防治工作，积极协调车辆和结核病实验室器材紧急送往灾区。

中国疾控中心副主任杨维中、侯培森担任国务院抗震救灾总指挥部四川前方指挥部卫生防疫组联络员；中国疾控中心先后派出17名专家，担任驻四川省卫生厅抗震救灾医疗卫生救援指挥部疾控专家组成员。中国疾控中心累计派出483名卫生防疫救援人员，其中高级职称专家191人，占防疫队员总数的39.5%；中级职称178人，占36.9%。防疫队员在四川灾区平均工作22天。

北京医院医疗防疫救援队伍 北京医院医疗队先后派出10人赴四川灾区开展医疗救援。5月14日下午，北京医院接到北京市卫生局关于组派急救转运医疗小分队的命令，立即确定由4人组成医疗小分队，并派出一辆救护车。15日上午，北京医院选派的第一批医疗小分队和救护车辆编入北京市统一组织的医疗队伍，乘专列赶赴灾区，于17日凌晨到达成都，再赶往绵阳，担任向重庆、成都转运伤员任务。17日上午，北京医院医务处感染办公室一名工作人员赶赴绵竹、什邡灾区指导防疫消毒工作；同日下午，北京医院ICU室、肾内科、普外科等科（室）派出4名医务人员携带药品奔赴绵阳，在绵阳市中心医院及北川地震中心卫生点实施医疗救助。19日，北京医院派一名肾内科透析室人员赴成都医学院第一附属医院参与援助工作。至

6月3日，全部队员返回北京。

北京协和医院医疗防疫救援队伍 北京协和医院先后派出6批医疗队13人飞抵成都、绵阳、北川等地，执行危重伤员的医疗救治任务。北京协和医院胸外科3名医师、2名护士组成的第一批协和分队，编入北京市首批医疗队，在绵阳、北川工作15天。北京协和医院第二批、第三批救援人员由肾内科医务人员4人组成，每组2人，根据北京市卫生局安排，前往成都市第三人民医院参与排查、救治挤压综合征合并急性肾衰的伤员。5月26日至6月3日，北京协和医院ICU室主任、中华医学会重症医学会分会主任委员刘大为作为卫生部专家组成员，在四川指导医疗救治和防疫工作。北京协和医院MICU室主任杜斌和感染内科副教授范洪伟分别于5月22日和28日前往成都，在华西医院和四川省人民医院工作至6月底返回北京。6月6日，工程院院士、中华骨科学会主任委员、北京协和医院骨科主任邱贵兴，带领全国知名骨科专家赴绵阳市骨科医院、绵阳市中医院、绵阳市第三医院等多家医院，会诊疑难病人，指导伤员救治。

中日友好医院医疗防疫救援队伍 5月12日晚，中日友好医院召开紧急会议，研究部署医疗救灾工作。13日上午，由骨科、普外科、胸外科、神经外科、内科、ICU室、检验科、预防保健科及护理部等40余名医护人员组成的首批赶赴四川医疗队集结完毕，并制订相关工作预案，备齐相关物资、药品、器械、耗材、医疗设备。14日，由24名队员组成的中日友好医院第二批赴四川医疗救援队组建完成，相关物资基本准备就绪。根据北京市卫生局的安排，中日友好医院抗震救灾急救车从北京西客站出发，经铁路运输前往灾区救援。16日，感染科医务人员奔赴灾区。17日，放射诊断科医务人员奔赴灾区；同日晚，接北京市卫生局通知，中日友好医院肾内科、ICU室、急诊科等5名医务人员，乘飞机奔赴四川灾区。中日友好医院先后派出的医疗队，在成都、绵阳、雅安和汶川、都江堰等地开展医疗救援工作。

二　中医药行业医疗防疫救援队伍

中医药局直属管理机构救援队伍 5月13日，中医药局组织局直属管理的中国中医科学院望京医院、广安门医院、西苑医院和北京中医药大学东直门医院、东方医院等医疗机构，分别组建医疗队，配备得力人员，做好应急准备，以随时参与灾区医疗卫生救治工作。同时，中医药局组织全国中医骨伤重点专科组建7支医疗队，随时待命。14日，首批由望京医院、东直门医院组建的2支医疗队共17人，携带所需药品、手术器械、小夹板和外固定器等奔赴四川，并于当天抵达德阳市中西医结合医院开展医疗救援工作。18日，中医药局再次在北京、上海组建医疗队，到成都中医药大学附属医院和四川省骨科医院参与伤员救治工作。北京医疗队由来自北京中医院、西苑医院和广安门医院等3家医院的10名医护人员组成；西苑医院与积水潭医院等5家医院救援人员共同组成救治小组，往返于绵阳、重庆、成都之间，转送地震伤员，实施救治工作。

6月6日至6月25日，中医药局抽调中国中医科学院广安门医院、中国中医科学院研究生院和北京中医药大学研究生院的6名中医心理、精神等专业的专家组建中医心理医疗队，先后到德阳、绵阳、绵竹、都江堰、江油等地灾区开展心理卫生服务工作。

全国中医药管理系统救援队伍 在中医药局的统一协调和组织下，广东省中医药局、浙江省中医药管理局、山东省中医药管理局、天津市卫生局、济南市卫生局、河南中医学院第一附属医院、洛阳市正骨医院、北京友谊医院等卫生和中医药机构相继组建医疗队奔赴灾区，开展救援工作。广东省中医药局从广州、深圳、佛山、顺德等市及广东省中医院共抽调 12 人组成医疗队，于 5 月 14 日赶赴四川灾区；同日，又从广州、江门、顺德等市的中医医疗机构抽调 8 辆救护车经铁路运输送往四川灾区，同时还组织佛山中医院组建 10 人组成的中医医疗救护队，随时待命出发。河南省中医管理局指派河南中医学院第一附属医院、洛阳正骨医院联合组成 19 人的救灾医疗队，配备外科手术器械和总价值 10 万元的救灾必备药品赶赴四川灾区。浙江省中医药管理局组织医疗队，筹集大量中医药急救药品和中医正骨疗伤所需器材，也于 14 日赶往四川灾区。

江苏省中医院于 5 月 14 日上午成立由 8 名护士、2 名司机组成的医疗队奔赴四川灾区。福建省的 10 所中医院派出 29 名医护人员参加福建省卫生厅组建的医疗队，于 16 日晨赶赴四川灾区。山西、辽宁、吉林、黑龙江、海南、陕西等省中医机构也组织医疗队，随时待命出发。地震发生后，四川省各地中医机构相继组建抗震救灾医疗队。四川省中医院、四川省骨科医院和成都、绵阳、德阳、广元、雅安、乐山、眉山等市中医院及一些县中医院，都参与了伤病员的救治工作。成都中医药大学组建 4 支 80 余人参加的赴灾区中医药科技防疫工作小组，先后前往平武、安县等地开展救援工作。（参见图 15）

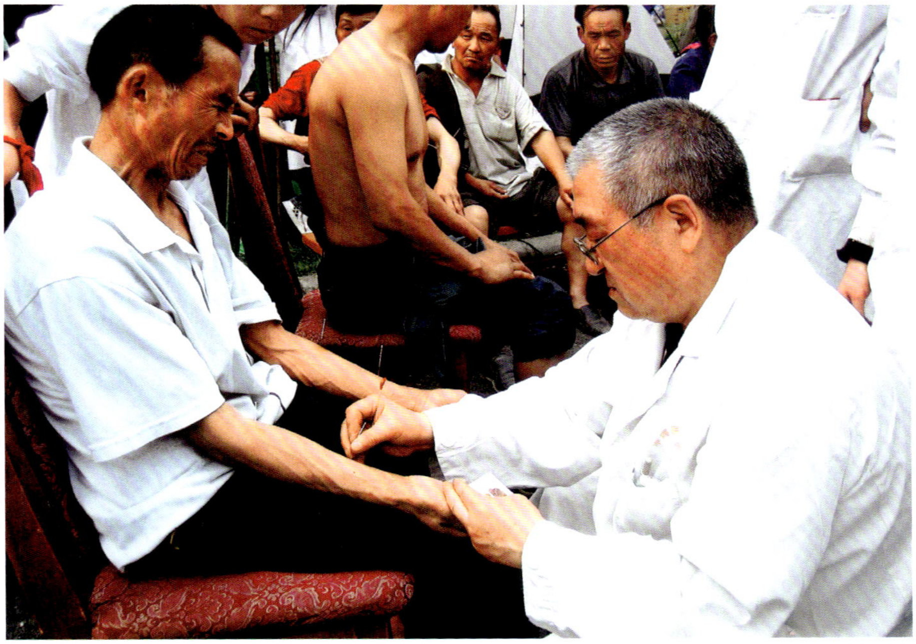

图 15 5 月 16 日，成都中医药大学附属医院的中医专家在绵阳市九洲体育馆用针灸医治灾区病人（四川省卫生厅 提供）

三 食品药品监管局医疗防疫救援队伍

食品药品监管局先后派出 4 个药品和医疗器械检验检测技术工作组、3 批行政援助工作组，共计 30 人，前往四川省开展抗震救灾工作。

5月23日，食品药品监管局成立由中国药品生物制品检定所专家和技术骨干组成的药品检验专家组和药品快检技术工作组。药品检验专家组由中国药品生物制品检定所药品检验、生物制品检验、医疗器械检测等领域的4名专家组成，药品快检技术工作组由4名中国药品生物制品检定所技术骨干组成。他们分别于24日、25日抵达成都，对国内外捐赠药品进行质量把关，解决技术难题。

5月26日，食品药品监管局向四川省派出由食品药品监管局机关3人、贵州省食品药品监督管理局2人和重庆市食品药品监督管理局3人组成的首批行政援助组。5月26日至6月6日，援助组在都江堰、绵竹、安县、青川、彭州、江油、汉源等受灾严重的县（市）、乡（镇）、村了解灾情，查看医用物资保障和安全监管情况，指导协调四川省食品药品监管系统抗震救灾工作，直接参与四川省医疗卫生抗震救灾指挥部和四川省食品药品监督管理局的物资调配、信息整理、救灾物资协调和抗震救灾值班等工作。

6月1日，由上海医疗器械质量监督检验中心4名、广州医疗器械质量监督检验中心3名技术人员组成的境外医疗器械检验专家组抵达成都。2—6日，专家组深入到成都、德阳、彭州等地的医疗机构和灾区医疗器械接受发送点，对国外捐赠的心电图机、监护仪、血透仪等进行追踪查验，并对使用单位进行指导。

6月9—20日，由食品药品监管局机关3名工作人员和药品认证管理中心1名工作人员组成的第二批行政援助组，先后到成都、德阳、绵阳、雅安、彭州、都江堰、绵竹、广汉、安县、北川、汉源、汶川县映秀镇等近20个受灾地区，了解食品药品监管基础设施受灾情况，研究制订灾后重建规划与方案。25日，由3名食品药品监管局机关工作人员组成的第三批行政援助组抵达成都，实地指导药品医疗器械企业生产自救和恢复重建工作，7月4日返回北京。

四　受灾省（区、市）卫生系统医疗防疫救援队伍

四川省医疗防疫救援队伍　5月12日15时许，四川省卫生厅通过电话、手机短信或驱车前往等方式，向成都市区的省市医疗机构、120指挥中心及各市州卫生局发出指令，要求立即派医疗队赶赴灾区开展伤员救治工作。震后1小时，四川省卫生厅组织首批省级医疗队93人，乘21辆救护车，携带数百万元的急救药品、医疗器械、设备及医用物资赴汶川救援。震后12小时，四川全省抽调96支医疗队

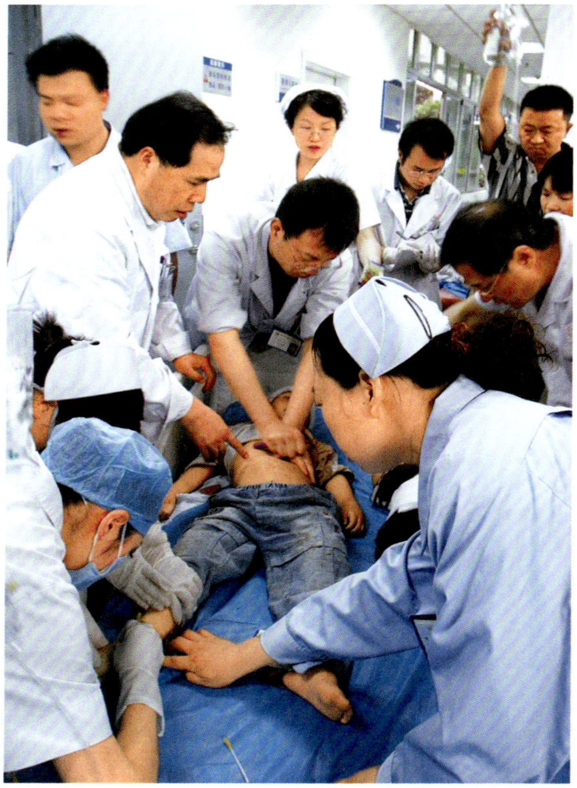

图16　5月12日17时，四川省人民医院外科医师正在全力抢救伤员

（付辉　摄）

400多人，赶到灾区开展伤员救治工作。在“救援黄金时间72小时”内，到达灾区的医疗人员达3.1万人，他们为及时救治伤员，降低死亡率和致残率起到了至关重要的作用。（参见图16、表1）

四川省医疗防疫卫生监督救援人员及车辆统计表

表1

单　位	医疗队（人次）	防疫队（人）	卫生监督（人）	累计（人）	车辆（救护车、防疫车、卫生监督车）（台次）
省级医疗机构（含卫生部在川单位）	928	—	—	2250	110
省疾控中心（包括四川大学华西公共卫生学院）	—	1250	—		270，其中省疾控中心150，四川大学华西公共卫生学院120
省卫生监督总队	—	—	72		30
成都市	20000	1461	569	22030	5500
德阳市	3500	780	150	4430	500
绵阳市	6500	2938	72	9510	1000
广元市	3200	400	214	3814	300
阿坝藏族羌族自治州	3500	143	21	3664	1200
雅安市	1000	447	209	1656	100
遂宁市	185	55	57	297	33
南充市	75	91	109	275	30
广安市	135	73	28	236	37
泸州市	784	176	166	1126	49
宜宾市	440	100	140	680	21
自贡市	98	93	103	294	55
内江市	140	170	112	422	47
资阳市	40	128	71	239	20
乐山市	140	61	92	293	26
眉山市	120	60	107	287	25
达州市	37	15	97	149	18
巴中市	66	70	52	188	10
攀枝花市	44	36	50	130	17
甘孜藏族自治州	55	—	—	55	5
凉山彝族自治州	37	39	—	76	10
合计	41024	8586	2491	52101	9413

说明：1. 表中数据为省、市州上报的截至2008年8月底的资料
2. 医疗救援人员数包括各市州、各医疗单位及乡镇、社区医务人员
3. 卫生防疫人员数不包括兼职防疫人员及乡镇、社区经培训的防保人员

5 月 12 日晚，四川省卫生厅快速派出 16 支卫生防疫队赶往灾区；13 日，下发紧急通知，要求各市州迅速派出防疫工作队赶往灾区开展防疫工作。灾后 10 天，出动专业防疫人员 6620 余人。

地震发生当日，根据四川省卫生厅应急管理办公室电话通知，四川省人民医院、华西医院、四川省肿瘤医院立即组织医疗队赴地震灾区救援。（参见表 2）

四川省人民医院、四川省急救中心于 5 月 12 日 15 时 30 分，紧急组建并派出首批包括骨科医师 3 人、胸外科医师 2 人、神经外科医师 2 人、急诊科医师 3 人、肾内科医师 1 人、麻醉科医师 2 人、检验科技师 1 人、护理专业人员 7 人、行政后勤管理人员 2 人、驾驶员 6 人的医疗队赶赴灾区。还派出救护车 6 辆，其中 2 辆为配备有先进急救设备、具备最优良性能的监护型奔驰救护车；携带急救呼吸机、除颤仪、心电监护仪、氧气瓶（管）、手术包、气管切开包、气管插管管道、咽喉镜、深部静脉穿刺管、吸痰器（管）等抢救医疗仪器，以及急诊科抢救药品、液体和大量骨科固定夹板、敷料及一次性物品和应急照明灯具等物品，价值 790 多万元。因交通中断，医疗队绕道赴绵阳到北川救援，并于 13 日 1 时左右到达北川中学开展伤员急救工作。13 日 22 时，根据救治伤员需要，医疗队被安排进驻解放军第 520 医院参加伤员救治工作，于 31 日完成救治任务返回。截至 7 月 8 日，四川省人民医院先后派出 91 人参加的 7 批医疗队，分别到极重灾区都江堰、安县、绵阳、北川、汶川等开展医疗救治工作。

华西医院组织的第一支急救医疗队 25 人，于 5 月 12 日 17 时许奔赴重灾地区开展医疗救援。医疗队配备 6 辆救护车和价值数百万元的急救物资、保障物资。脑外科、胸外科、普外科、骨科、麻醉科医师、护士组成的 8 个手术小组，于 13 日 1 时 50 分到达北川中学，立即展开地震伤员救治工作。13 日晨，华西医院医疗队接到四川省卫生厅的命令，奔赴安县救治伤员；14 日，接上级指示，医疗队从安县撤出，进入绵阳第 404 医院，承担复杂危重伤员的处置和手术，至 5 月底返回。截至 7 月 7 日，华西医院共派出 109 人组成的医疗队，先后在绵竹、绵阳等地灾区开展医疗救治工作；此外，派出 6 名医师和技师，自备设备赶赴汶川、茂县进行遗体脱氧核糖核酸（DNA）采样工作。

5 月 12—15 日，四川省妇幼保健院先后派出由 41 名医务人员参加的 11 支医疗队，前往都江堰、绵竹进行现场救治和伤员转运。（参见图 17）四川省中医医院（成都中医药大学附属医院）先后派出医疗队 7 批 9 支 65 人，到达都江堰市区、都江堰市紫坪铺镇、都江堰市中医院、绵阳市九洲体育馆、平武县南坝镇、江油市雁门镇和敬元乡、北川羌族自治县

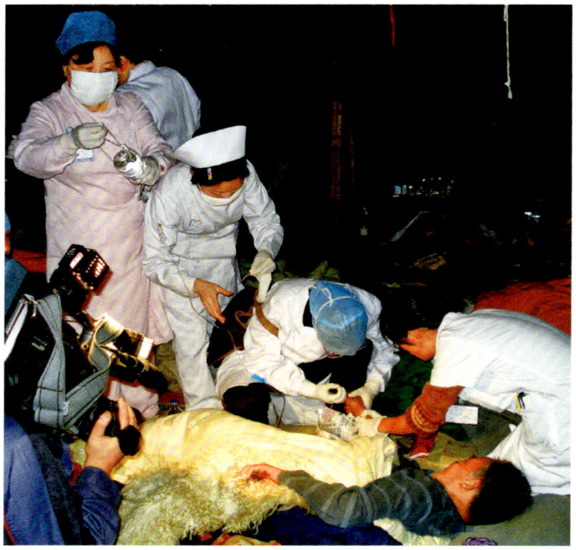

图 17　5 月 13 日，四川省妇幼保健院利用摄像机微弱的光线给地震伤员做手术
（四川省卫生厅　提供）

四川省、部直属医疗机构救援力量参与救援情况统计表

表 2 （5 月 12 日至 7 月 30 日）

单　位	医疗队人数（人）	救援地点	出发时间	到达时间	撤离时间
四川大学华西医院	109	绵阳、北川；绵竹、绵竹汉旺、绵竹拱星；都江堰、崇州	5 月 12 日	5 月 13 日	7 月 17 日
四川省人民医院	91	绵阳游仙、绵阳涪城、安县、北川曲山、江油、平武；汶川水磨、茂县；广元朝天大滩、元坝虎跳、青川、剑阁；罗江蟠龙、什邡等	5 月 12 日	5 月 13 日	7 月 8 日
四川省肿瘤医院	43	北川、安县、江油；什邡、绵竹；都江堰、彭州、崇州、大邑、温江	5 月 12 日	5 月 12 日	6 月 30 日
四川省第四人民医院	68	绵竹、绵竹遵道、绵竹汉旺；凤凰山机场、太平寺机场、都江堰	5 月 12 日	5 月 12 日	6 月 4 日
四川省第五人民医院	32	广元、青川；汶川、茂县；绵阳、平武、北川；德阳、汉源、都江堰、映秀、彭州、新都	5 月 15 日	5 月 15 日	6 月 30 日
四川省妇幼保健院	41	都江堰、绵竹	5 月 12 日	5 月 12 日	5 月 15 日
泸州医学院附属医院	184	青川；绵竹；绵阳游仙、安县、北川	5 月 12 日	5 月 13 日	8 月 1 日
川北医学院附属医院	172	绵竹、汉旺、九龙、广济；绵阳涪城、安县、平武、北川、白坭	5 月 13 日	5 月 13 日	7 月 21 日
四川省科学城医院	28	安县、北川、平武	5 月 14 日	5 月 14 日	5 月 23 日
四川省中西医结合医院	6	都江堰	5 月 12 日	5 月 12 日	5 月 27 日
四川省中医医院	65	都江堰市区、紫坪铺；绵阳市区、平武、江油、北川；邛崃卧龙、桑园机场；凤凰山机场	5 月 14 日	5 月 14 日	6 月 5 日
泸州医学院附属中医医院	29	成都中医大附院、省医院；什邡、洛水；江油	5 月 13 日	5 月 13 日	7 月 25 日
四川大学华西第二医院	185	绵阳、北川、安县、都江堰、德阳、绵竹、什邡、剑阁	5 月 15 日	5 月 15 日	7 月 29 日
四川大学华西第四医院	147	凤凰山机场	5 月 14 日	5 月 14 日	5 月 30 日
四川大学华西口腔医院	41	德阳、绵竹	5 月 14 日	5 月 14 日	5 月 20 日
成都三六三医院	70	绵阳、北川、安县、江油、都江堰	5 月 12 日	5 月 12 日	6 月 4 日
成都四一六医院	29	都江堰、蒲阳镇、紫坪铺、疾控中心；彭州、通济、新兴；广元核工业某厂	5 月 12 日	5 月 12 日	6 月 7 日

陈家坝乡等地救治伤员。泸州医学院附属医院共派出 184 名医务人员，到青川、绵竹等极重灾县（市）开展医疗救援工作。

各市（州）委和市（州）政府及卫生局于 5 月 12 日下午迅速组织医疗队伍奔赴灾区，开展医疗防疫救援工作。成都市卫生局于震后 30 分钟内即派出 16 支医疗队赶赴都江堰、彭州、崇州等地开展医疗救援工作。（参见图 18）德阳市卫生局于地震后 40 分钟，组织医疗队赶赴绵竹、什邡开展医疗救援工作。绵阳市卫生局于震后 1 小时，启动应急预案，17 时，组成 10 人医疗队奔赴北川开展医疗救援工作。广元市卫生局派出医疗队连夜赶赴青川开展医疗救援工作。地震发生后，进出汶川、茂县、理县的几条公路全部中断。阿坝藏族羌族自治州卫生局当即抽调州医院、州疾控中心和金川、红原、壤塘、小金等县的 42 名医疗卫生骨干人员，组成 7 支医疗救援队，在震情灾害程度不明、道路险阻不清的情况下，冒着强余震紧急启程，从马尔康、小金方向赶赴汶川。随后，州卫生局又组织州医院和阿坝、九寨沟、松潘、若尔盖等县医院组建第二批医疗救援队，赶赴极重灾区。雅安市卫生局于地震后 1 小时，组织医疗队赴汉源开展医疗救治工作。成都医学院第一附属医院于震后 30 分钟，迅速组织 3 支应急医疗队共 54 人，分别赶赴

图 18　5 月 12 日 16 时，崇州市卫生局突击队员、解放军战士以及鸡冠山乡镇政府工作人员冒着生命危险翻越地震塌方地段，转运鸡冠山乡地震伤员

（崇州市卫生局　提供）

彭州、都江堰等地灾区开展医疗救援工作。四川非灾区和非重灾区也迅速组织医疗队奔赴灾区开展医疗救治工作。

四川省疾控中心迅速组织卫生防疫队伍赴灾区开展卫生防疫工作。至7月上旬，四川省疾控中心有8支卫生防疫队的专业技术人员，先后在成都、德阳、绵阳、阿坝、广元及雅安等灾区开展卫生防疫救援工作。5月12日至7月底，四川大学华西公共卫生学院及华西第四医院先后派出50名专家和工作人员及学生志愿者910余人，奔赴成都、德阳、绵阳、阿坝、广元、雅安等市（州）灾区开展卫生防疫救援工作。5月15日至7月31日，四川省卫生执法监督总队派出卫生执法监督小分队多次到成都、德阳、绵阳、阿坝等灾区开展食品及饮用水的检测和卫生执法监督，派往灾区的总人数为72人，工作近两个月。5月13日起，四川省各市州纷纷组织卫生防疫、卫生监督执法队伍赴灾区，开展卫生防疫和卫生监督。

截至8月底，四川省共派出医疗队员41024人次（含乡镇卫生院及社区医务人员）、专业防疫人员8586人、卫生执法监督人员2491人，总数达52101人；派出救护车、防疫及卫生监督车9413台次。在医疗队员中，医师占75%（其中副主任医师以上医师占15%）、护理人员占20%、其他人员占5%。医师专业构成为外科（骨科、神经外科、胸外科、普外科、麻醉科）、内科（肾脏内科、心血管内科、呼吸内科、感染科）、ICU、心理卫生、康复等。

甘肃省医疗防疫救援队伍　5月13日1时30分，甘肃省卫生厅派出的首支由兰州大学第一医院组织的医疗救援队一行7人，于次日6时抵达重灾区成县开展医疗救治工作。与此同时，受灾地区各医疗机构积极开展自救，及时抢修相关设备，搭建临时病房和手术室，全面投入到伤员救治工作中，救治功能迅速恢复。

5月15日，甘肃省卫生厅紧急抽调30名卫生监督检测人员及6台卫生监督快速检测车，组编成6个小组分赴陇南市各受灾县区开展工作。各小组均配备先进的食品、饮用水快速检测仪器，并携带大量的消杀用品。16日，甘肃省卫生厅向省内灾区派出医疗卫生救援队共14支310人。其中，甘肃省人民医院12人在陇南市第一、第二医院和文县医院；甘肃省中医院12人在康县；兰州大学第一医院8人在徽县；兰州大学第二医院8人分别在武都区7人、平凉市1人；甘肃省急救中心2人（不含司机）及7台救护车在文县；兰州市第一医院12人分别在文县第一医院6人、武都区中医院6人；甘肃中医学院附属医院12人在甘南藏族自治州；张掖市医院5人在舟曲县；天水市第一医院9人中，5人在文县医院、4人在武都区中医院；甘肃省疾控中心20人在武都区、舟曲县和文县；甘肃省卫生监督所24人分别在文县、武都区、成县和舟曲县（参见图19）；兰州军区抽调140人，其中三爱堂医院45人在舟曲县和天水市，20人在陇南市医院，解放军某部75人在文县；武警甘肃省总队医院42人在文县，后转援四川灾区。甘肃省卫生厅调集的3台负压手术车1台在徽县、2台在文县。24日，甘肃省卫生厅组织第六批卫生防疫队赶赴陇南，开展卫生防疫和监督工作。防疫队由省卫生监督所和白银、临夏、定西等市（州）卫生局卫生监督所抽调的22名卫生监督骨干组成，携带36台快速检测设备、8套检测试剂、6辆卫生监督车和1辆物资运送车。抗震救灾期间，甘肃省省级卫生单位共派出18支医疗队赴灾区开展医疗救治工作；组织11批238名专业技术人员、95台车辆组成卫生防疫队伍开展卫生防疫工作。

图19　5月16日，甘肃省卫生监督所赴陇南防疫人员徒步前往灾区开展防疫工作（甘肃省卫生厅　提供）

陕西省医疗防疫救援队伍　陕西省卫生厅紧急组派防疫救灾队和医疗救灾指导组，分别从陕西省疾控中心、西安市铁路医院、汉中职业技术学院附属医院、宝鸡市卫生局、西安交通大学医学院第一附属医院等医疗机构，组成多支医疗防疫救援队，携带消杀灭药品、器械相继抵达重灾区宁强、略阳以及宝成铁路109隧道塌方现场，指导和帮助重灾区开展灾后医疗防疫和巡诊工作。其中宝鸡市第二人民医院和西安市铁路医院医疗队，参加109隧道塌方事故现场排险抢修卫生医疗保障工作。同期，汉中市中心医院、中航工业汉航集团3201医院、略阳铁路医院等单位也都组建抗震救灾医疗队，赶赴宁强、略阳等地进行医疗救援。宁强县先后参与医疗防疫救援工作的人员达900余人，组建28支医疗救治小分队，建立28个临时医疗救治点，积极展开灾后自救工作。

地震发生后，陕西省卫生厅紧急部署支援四川灾区医疗救治工作。5月12日22时，10支应急医疗队组建完毕。10支救援医疗队分别由西安市10家医院胸外科、骨外科、神经外科、普外科及内科、妇科、儿科、麻醉科、护理等专家和医护人员组成，每个分队20人，加上工作人员共210人。各分队按照独立执行救援任务的要求，备齐必需药品、手术器械、卫生材料、照明发电机、帐篷、生活饮水、方便食品及救护、运输车辆。13日1时，由西安交通大学医学院第一、第二附属医院及陕西省人民医院和西安市中心医院成立的3支各18人的应急医疗队组建完毕。14日下午，由西安交通大学医学院第一附属医院24人组成首批医疗队赶赴四川灾区。15日14时左右，陕西省卫生厅接到第四军医大学唐都医院从绵阳打来的电话，要求紧急派遣20名医护人员支援唐都医院救灾医疗队工作。陕西省卫生厅决定由西安医学院附属医院组派8名骨科医师、12名护理人员，携带2台麻醉机、2台监护仪等医疗设备，紧急赶赴绵阳救灾现场。同日下午，23名医护人员携带麻醉机、监护仪等医疗设备，分乘2辆救护车紧急奔赴绵阳执行医疗救援任务。

5月16日下午，陕西省卫生厅接到卫生部命令，要求速派160人医疗队，自带药品、器械、耗材、食品、生活用水、帐篷、车辆等，紧急赶赴四川执行医疗救灾任务。仅用两个半小时，由陕西省人民医院、陕西省第二人民医院、第四人民医院及西安交通大学医学院第二附属医院、西电集团医院、西安市中心医院、西安市第四医院、陕西省博爱医院、西安市儿童医院等医院组建的 8 支医疗队共 226 人，分乘 28 辆车紧急出发向四川疾进。到达成都后，西安交通大学医学院第一附属医院医疗队到广汉市人民医院，西安医学院附属医院医疗队到绵阳第 404 医院，西安交通大学医学院第二附属医院、陕西省第四人民医院医疗队到广元市中心医院，陕西省人民医院、陕西省第二人民医院医疗队到广元市第一人民医院，西安市中心医院、陕西省博爱医院医疗队到广元市中医院，西安市第四医院医疗队到广元市第三人民医院，西电集团医院医疗队到广元市第二人民医院，西安市红十字会医院医疗队到广汉市第二人民医院、广汉市中西医骨伤医院，开展医疗救治工作。

5 月 17 日，陕西省卫生厅按照卫生部命令，组建 40 人的救灾防疫工作队，并征调 10 辆消杀防疫车、5 辆疫苗冷藏车，自带消杀药械、食品、生活用水、帐篷等，于 18 日 6 时到达成都，迅速将一批防疫药品、疫苗送往广元市。20 日，由榆林市疾控中心及陕西省和西安市两级卫生监督所共 51 人组成的陕西省第二批抗震救灾防疫队，从西安出发奔赴青川县部分乡镇执行防疫任务。此外，咸阳市疾控中心、渭南市疾控中心、铜川市疾控中心、安康市疾控中心、延安市疾控中心的 5 支运输分队和 15 辆运输车，先后被派往马尔康、德阳、绵阳等地运送救灾物资。国务院出台全国对口支援的政策后，第二批队员中除留守的 8 名卫生监督员负责交接工作外，其他队员于 6 月 19 日返回西安；交接工作结束后，留守队员于 24 日返回西安。

6 月 19 日，西安交通大学医学院第一附属医院抗震救灾医疗队从四川广汉返回后，重新组建了由肝胆外科、消化内科、妇产科、骨科、普外科、心内科、精神心理科、外联部、党办等部门组成的 12 人医疗队，在略阳铁路医院和甘肃重灾区康县展开为期 4 天的巡回医疗活动。

抗震救灾期间，陕西省共出动医疗救治人员 32746 人次、卫生防疫人员 8008 人次、卫生监督人员 31915 人次；向四川灾区组派 11 支赴川救援医疗队、11 支救灾防疫队和 6 支卫生监督队，共计 28 支救援队、667 人、56 台车辆。

重庆市医疗防疫救援队伍　5 月 12 日 19 时 10 分，重庆市卫生局组织市急救中心、儿童医院等 6 支市级医疗救援专家组，计 18 人、6 台救护车，陆续赶到梁平县开展医疗救援。至 24 日，重庆市各区县共派出 90 支医疗防疫队、770 人次，参加本市的医疗救治、卫生防疫工作。

5 月 12 日 23 时 30 分，由重庆市卫生局机关、重庆医科大学附属第一医院、重庆市第二人民医院、重庆市第三人民医院、重庆市疾控中心、重庆市血液中心和中国人民解放军第三军医大学附属医院，抽调 101 人组成的第一批抗震救灾医疗队，携 15 台车和大量药品、设备、血浆，紧急出发奔赴四川灾区，成为全国首支到达灾区的四川省外医疗卫生救援队伍。在整个抗震救灾工作中，重庆市累计派出赶赴四川医疗卫生救援队 28 批、1453 人次，分布在汶川、都江堰、什邡、彭州、绵竹、北川等县（市）及德阳、绵阳等地开展医疗救援、卫生防疫和卫生监督工作。

5 月 17 日晨，四川省卫生厅电告重庆市卫生局，都江堰和彭州灾后卫生监督与防疫形势严峻，要求重庆方面派卫生监督队尽早前往支援。重庆市卫生局在两个小时内迅速集结市卫生监督所和九龙坡区、江北区、渝北区、长寿区和璧山县的38名卫生监督人员，组成首批支援四川卫生监督应急队，当天15时到达成都后，分成两支卫生监督队，分别抵达都江堰和彭州投入卫生监督应急保障工作。截至6月29日，重庆市卫生监督所派出38人，33个区（县）卫生监督所派出167人，出动卫生监督执法车辆50台次，参与四川灾区卫生防疫与监督工作。重庆市疾控系统先后派出8批防疫队员，前往汶川县映秀镇、都江堰市、北川羌族自治县、安县等地震极重灾县（市）参与抗震救灾卫生防疫工作，其中派往都江堰的救灾防疫人员共5批177人、车辆35辆。

云南省医疗防疫救援队伍 云南省卫生厅指导受灾地区的卫生部门，迅速开展医疗救助和卫生防疫等工作，同时进行省内外的医疗救援准备工作。5月14日，昭通市卫生局在市直属医疗单位抽调骨外科、神经外科、胸外科、普外科、麻醉科、手术室、后勤人员共26人组成市级医疗队，出动救护车200余车次，分别在绥江、水富、永善等地震灾区展开救治工作。昭通市卫生局决定，由水富县人民医院负责建立由临床内科、外科、传染科、护理等专业技术人员共20人组成的医疗救治应急预备队伍；确定水富县人民医院、水富云天医院为救治医院，各乡镇卫生院为后备医院，以确保医疗救治工作的顺利展开。

云南省卫生厅接到卫生部关于调集救护车20辆支援四川灾区医疗工作的通知后，于5月13日连夜调集和组织救护车队赶赴四川灾区；迅速调派云南省第一人民医院、第二人民医院、第三人民医院，昆明医学院第一附属医院、第二附属医院及昆明市部分市级医院115名队员，组成6支医疗队，于14日下午飞赴四川灾区；派出9辆后勤保障车，装载医疗队应急救援所需药品、医用耗材、手术器械、变压器、应急灯及满足野外手术需要的帐篷等必需装备，赶赴四川灾区。15日下午，云南省首批医疗队抵达绵阳科学城医院，先后出动23车次，将23名危重伤员由科学城医疗点转往绵阳市中心医院治疗。当晚，云南省医疗队被派往安县，途中接到指挥中心指令，又抽调60名队员组成应急分队，轻装折返成都，支援茂县灾区救援工作，其余队员和20辆救护车继续赶往安县，辗转于安县、北川的9个重灾乡（镇）执行转运救护任务。18日，云南省卫生厅组织昆明市卫生局、昆明医学院第二临床学院、昆明市级医院、解放军第478医院、武警云南总队医院、云南省交通医院、云南省林业医院及云南民营医院协会所属6家医院等单位，抽调132名行政及医务人员，组成医疗队赴四川转运伤员。抗震救灾期间，云南省卫生厅又根据工作需要，在人数、车辆不减的情况下，派出内科、儿科、传染科、心理科的优秀中青年医师同首批赴四川灾区医疗队进行轮换。

云南省疾病预防控制系统迅速组建45支疾控应急救援队共350名队员，除在云南省内灾区开展卫生防疫工作外，云南省疾控中心、云南省地方病防治所、云南省寄生虫病防治所，昆明、曲靖、玉溪、楚雄、红河、大理、普洱等市（州）疾控中心及7个省级医院，组建2轮8支共241人的防疫队伍，赴四川理县支援卫生防疫工作。

5月19日，根据云南省卫生厅的通知要求，云南省卫生监督所在全省卫生监督系统迅速抽调102名卫生监督员，组建第一批两个梯队的云南卫生监督抗震救灾工作队，携带所需的物资和装备奔赴四川灾区。第一批第一梯队60人、车辆10台乘坐火车抵达绵竹开展卫生监督工作，第一批第二梯队42人也乘坐火车随后抵达。6月6日，云南省卫生监督系统再次抽调102人，组建第二批两个梯队待命；13日，第二批第一梯队52名卫生监督员、车辆5台，乘坐火车抵达绵竹。

抗震救灾期间，云南省卫生部门先后派出6批675人组成的医疗队、卫生防疫队和卫生监督队赶赴四川地震灾区开展医疗救援、卫生防疫和卫生监督工作，并派出132名医务人员赴四川转运伤员到云南治疗。

宁夏回族自治区医疗防疫救援队伍 宁夏回族自治区卫生厅于5月12日连夜组建第一批宁夏赶赴四川抗震救灾医疗卫生防疫救援队，研究制订自治区卫生部门赴四川抗震救灾工作方案，向自治区党委、政府请缨赴四川参加抗震救灾工作。14日晨，宁夏回族自治区抗震救灾指挥部向自治区卫生厅下达赶赴四川抗震救灾指令。当天下午，由自治区卫生厅、自治区人民医院、宁夏医科大学附属医院及自治区和银川市疾控中心、卫生监督所的33名医疗卫生人员和6辆救护车辆，组成集医疗救治、紧急救援、卫生防疫“三位一体”的首批宁夏医疗卫生防疫救援队，携带数十万元的救灾药品和物资奔赴四川地震灾区。

图20 5月21日，宁夏医疗卫生防疫救援队在青川灾区翻越大山开展卫生防疫工作

（宁夏回族自治区卫生厅 提供）

5 月 15 日 21 时许，宁夏医疗卫生防疫救援队抵达青川县，立即在县城开始医疗救治工作。19 日，救援队的医疗救治分队和紧急救援分队转到旺苍县开展救灾工作。（参见图 20）28 日，宁夏第二批医疗卫生防疫救援队得知青川县大院回族乡严重缺少妇产科、儿科、外科等医务人员治疗伤病员的情况，立即向自治区抗震救灾指挥部总指挥汇报。30 日，由银川市第一人民医院妇产科、儿科、外科 5 名医护人员组成的医疗救治小分队昼夜兼程抵达青川，在大院回族乡临时搭建的宁夏卫生医疗应急救助点，开展医疗救治工作。

自 5 月 14 日至 6 月 30 日，宁夏回族自治区先后派遣 3 批 8 支医疗卫生防疫救援队，共计 96 人，在青川、旺苍两县灾区开展医疗卫生防疫救援。

五　非灾区省（区、市）及新疆生产建设兵团医疗防疫救援队伍

北京市医疗防疫救援队伍　北京第一批医疗救援队由来自宣武医院、天坛医院、北京大学人民医院、北京大学第三医院、协和医院、儿童医院、安贞医院、积水潭医院和友谊医院的 53 名医疗救援人员组成，其中胸外科、普外科、脑外科和骨科医师 30 人、护士 20 人，领队 3 人。按照卫生部《灾害事故医疗救护队基本装备表》，北京第一批医疗救援队每家医院各携带 100 人份的药品、器械和物资，于 5 月 13 日 14 时 30 分抵达绵阳，分别在绵阳市中心医院、绵阳市骨科医院、绵阳市肛肠医院、绵阳市中医院和解放军第 520 医院开展工作。28 日晚，北京第一批医疗救援队随同北京接收的 91 名灾区伤员乘坐“救”26 次列车返回北京。

北京第二批医疗救援队由 51 家医疗机构的 70 辆急救车、3 辆保障车、297 名院前急救人员组成，每辆救护车配备 1 名医师、1 名护士和 2 名司机。医疗救援队携带心电图机、吸痰器、氧气瓶、外伤包、夹板等急救物品，以及可供 1000 人份使用的物资、药品及生活用品，于 5 月 15 日中午乘火车奔赴灾区。（参见图 21）在四川灾区期间，医疗救援队辗转于成都、绵阳、德阳、

图 21　5 月 15 日，装满药品和食品的急救车从北京广安门货运站运往四川灾区
（李木易　摄影）

广元、乐山等地的27家医院，行程达23万公里，完成2836名伤员的转运任务，占四川地震灾区全部伤员转运量的30%。北京第二批医疗救援队队员于6月2日分乘4个航班返回北京，救护车和保障车于6月1日经铁路运回北京。

北京第三批医疗救援队由北京医院、中日友好医院、北京大学第一医院、北京大学人民医院、北京大学第三医院、北京大学第六医院、安定医院、回龙观医院、积水潭医院、友谊医院、宣武医院、朝阳医院、佑安医院13家医院的50名心理医师、6名医院感染监控专家和10名放射科医师组成，携带日常药品、精神专科药品、心理测评量表和测量设备、消毒剂、宣传手册、防护用品及生活用品等和北京丰科城医药有限公司捐赠的2吨药品，于5月17日13时乘坐国航飞机奔赴四川灾区。按照前线指挥部的安排，66名医疗救援人员分别在都江堰、彭州和成都市区开展工作。北京第三批医疗救援队的10名放射科医师和3名心理干预人员于28日随北京市接收的伤员返回北京；37名心理干预人员、6名医院感染监控专家于31日乘飞机返回北京。6月1日，医疗救援队其余10名队员返回北京。

北京第四批医疗救援队由26家医院的40名肾内科医师、20名ICU医师及2名领队组成，于5月17日22时从首都机场乘飞机赶赴四川灾区。

北京第五批医疗救援队由25家医院的血液透析护理人员组成，于5月19日15时，乘飞机奔赴四川灾区。第四批与第五批医疗救援队医务人员分成9个小组分赴成都市第一人民医院（一组），成都市第二人民医院（二组），成都市第三人民医院（三组），雅安（四组），彭州（五组），眉山（六组），成都市第五人民医院、西区医院、第132医院、成都医学院第一附属医院（七组），新津县中西医结合医院（八组），乐山（九组）开展工作；ICU医师分成8个小组分别赴解放军第363医院（一组）、成都市第三人民医院（二组）、双流（三组）、成都市第六人民医院（四组）、成都市儿童医院（五组）、成都市金牛区人民医院（六组）、成都市第九人民医院（七组）、雅安（八组）开展工作。第四、五批医疗救援队大部分队员于6月1日返回北京，其余人员于8日乘飞机返回北京。

北京第六批医疗救援队由复兴医院、北京大学人民医院、协和医院、同仁医院、天坛医院的5名ICU专家组成，于5月22日赶赴四川灾区，在华西医院开展工作，负责重症病人的救治和会诊工作。2名专家于7月8日返回北京，3名专家于13日返回北京。

北京第七批医疗救援队由中日友好医院、北京大学第一医院、儿童医院、北京大学人民医院、肿瘤医院、回龙观医院等6家医院的37名骨科、普外科、急诊科、脊柱外科、关节外科、消化内科、ICU、心胸外科和心理干预医师，以及13名疾病预防控制人员、北京市卫生局2名干部共52人组成。北京第七批医疗救援队携带专科药品、消杀类药品和相应的医疗器械、防护用品等物资，于5月26日飞抵绵阳，其中37名医务人员被分别安排在第一批北京医疗救援队工作的绵阳市中心医院、绵阳市骨科医院、绵阳市肛肠医院、绵阳市中医院和解放军第520医院5家医院开展医疗救援工作；13名疾控人员分为3组，分别到绵阳、北川、平武开展救援工作。6月10日，北京第七批医疗救援队乘飞机返回北京。

北京第八批医疗救援队由协和医院、中日友好医院、天坛医院、北京大学第一医院、北京大学第三医院、肿瘤医院、安贞医院、积水潭医院、友谊医院和佑安医院10家三级医院的感染监控专家和临床药学专家组成，于5月28日乘飞机奔赴成都。到达后，经四川省卫生厅统一安排，到四川省人民医院配合负责重症患者救治、会诊工作，对患者进行药物调查、用药指导和监控，并编写临床药学快讯等。6月25日，北京第八批医疗救援队乘飞机返回北京。

北京第九批医疗救援队由安定医院的3名心理专家组成，于5月31日到达成都后，与第三批医疗救援队留下的10名心理医师一起在灾区开展心理救援工作，在各医院开展心理培训并进行心理干预治疗。6月14日，3名心理专家完成任务返回北京。

北京第十批医疗救援队由内科、皮肤科、妇科、儿科、感染科等专业的医师组成，于6月10日到达绵阳，与第七批医疗救援队进行工作交接，以队员来源的区、县为单位分成4组开展工作，崇文区组支援绵阳市骨伤科医院、东城区组支援解放军第520医院、丰台区组支援绵阳市中医医院、石景山区组支援绵阳市第八人民医院。16日，队员全部集中，由绵阳市中心医院任联络服务单位，统一安排救治工作。经绵阳市抗震救灾医疗救治分指挥部分配，救援队员全面接手北川羌族自治县陈家坝乡医疗站和擂鼓镇医疗站救援工作，并在九洲体育馆和绵阳市中心医院开展工作。29日，北京第十批医疗救援队从绵阳返回北京。

北京第十一批医疗救援队由2名烧伤专业、2名整形专业专家组成，于6月12日抵达成都，在华西医院、四川省人民医院和成都军区总医院负责危重病人的救治和会诊，7月3日返回北京。

北京市中医药管理局先后派出3批36人的中医抗震救灾医疗队，分别由北京中医院、北京中医药大学、东直门医院、东方医院、北京中医药大学第三附属医院及中国中医科学院望京医院、广安门医院、西苑医院的中医骨伤科、外科、肾病科、急诊科等专家组成。北京市中医药管理局为每位医疗队员配备价值万元的装备和随身药品。北京中医抗震救灾医疗队分别于5月14日和18日、6月6日到达四川灾区，在成都中医药大学附属医院、德阳市中医院、德阳市旌阳区中医院、什邡市中医院参加抗震救灾工作，并在北川羌族自治县陈家坝乡和德阳灾区巡诊。

由共青团北京市委、北京市卫生局共同组建的北京青年医疗卫生志愿者抗震救灾服务队一行26人，其中包括来自北京儿童医院和北京老年医院的医疗救治人员、来自回龙观医院和安定医院的心理医师、来自北京市疾控中心的疾病预防控制人员，以及共青团北京市委派出的后勤保障人员，携带价值40余万元、重量达4吨的物资，于5月20日飞抵成都。到达后，经与共青团四川省委、北京市卫生局抗震救灾前线指挥部、绵阳市抗震救灾指挥部和北京市卫生局派出的第一批医疗救援队协调沟通，在绵阳市最大的灾区群众安置点九洲体育馆设立综合服务点，开展综合医疗卫生服务工作。27日，北京青年医疗卫生志愿者抗震救灾服务队完成任务返回北京。

从5月13日起，北京市先后向四川地震灾区派出11批医疗救援队，涉及全市的67家医疗卫生单位的697名医护人员，包括70辆救护车、3辆保障车及价值1350余万元的医疗和其他物资。北京市中医药管理局派出3批共36名队员的医疗救援队；共青团北京市委与北京市卫生局联合派出由26名队员（其中卫生系统20名、团市委6名）组成的北京青年医疗卫生志愿者抗震救灾服务队，支援地震灾区医疗救治工作。

天津市医疗防疫救援队伍　天津第一批医疗救援队由天津医科大学总医院、天津医科大学第二医院、天津市环湖医院、天津市人民医院、天津市天津医院、天津市第一中心医院、天津市胸科医院、天津医科大学肿瘤医院、天津市第三中心医院等医疗机构的普外科、骨科、胸外科、泌尿科、神经外科、麻醉科和护理专业的52名技术骨干组成，携带价值数十万元的灾区急需医疗救治药品和器械于5月13日7时从天津出发，飞赴四川灾区，前往青川支援当地医疗救治工作。（参见图22）

天津第二批医疗救援队有208名队员，均为来自天津医科大学总医院等22家医疗机构的中青年业务骨干。5月16日，天津医疗救援队携带价值数百万元的医疗器械和药品抵达成都，分为10个小分队，连夜奔赴广元、青川、华西医院执行医疗救援任务。

天津第三批医疗救援队由天津市卫生局根据卫生部的紧急通知，从全市6所三级甲等医疗机构抽调10名医院感染专家组成，由天津医科大学第二医院64岁的主任医师宋诗铎带队，于5月18日赶赴绵阳灾区执行医院感染防控任务。

天津第四批医疗救援队为ICU护士医疗队。5月23日，华西医院请求天津市紧急调派20名从事ICU护理工作5年以上的骨干护士，支援医院重症伤员的抢救和护理工作。天津市卫生局从已派到四川灾区的医疗队员中抽调出6名经验丰富的ICU护士到华西医院报到，又从天津市泰达国际心血管病医院、泰达医院抽调14名ICU护士，组成天津市第四批ICU护士医疗队，于24

图22　5月24日，天津急救中心急救队员在青川灾区抬运伤员
（周勇　摄）

日赴四川支援华西医院。

天津第五批医疗救援队为ICU专家组。5月27日，天津市卫生局接卫生部紧急电话通知，要求立即组建一支ICU专家组赶赴四川灾区。天津市卫生局组织天津市第一中心医院、天津市环湖医院、天津市胸科医院、天津市人民医院、天津市第三中心医院的重症监护专家建立ICU医疗专家组，于28日下午抵达成都，到四川省人民医院开展重症伤员救治工作。

天津第六批医疗救援队于5月30日组建。按照卫生部调整四川灾区医疗救援学科、专业结构的要求，天津市卫生局组织天津医科大学总医院等8所医院的普外科、骨科、神经外科、内科、儿科、皮肤科和护理专业的30名医务工作者，于31日赶赴青川、广元执行医疗救援任务。

天津第七批医疗救援队6人，由大港油田总医院2名内科医师、1名麻醉科医师和3名外科医师组成，于6月2日启程赴绵竹市汉旺镇，主要为天津市援建人员提供医疗卫生保障工作。

天津第八批医疗救援队，按照天津支援四川援建工地指挥部的要求，由大港油田总医院派出4名医师和天津市急救中心派出1名急救车司机组成，于6月19日飞往四川灾区，接替前期到达援建工地医务室工作人员和急救车司机。

天津第九批医疗救援队，由大港油田总医院派出2名医师和天津市急救中心派出1名急救车司机，于7月10日飞往四川灾区，接替在四川援建工地医务室执行任务的人员。

5月13日凌晨，天津市急救中心接到天津市卫生局转达的卫生部命令，紧急调派救护车和急救人员赴四川灾区进行救援。救护车救援队由28人、20辆救护车、1辆指挥车组成，乘坐铁道部调拨的运送救护车的“抢”5次专列，于16日上午到达成都东站，前往广元执行救护任务。

从5月13日起至7月26日，天津市共派出医疗队9批、卫生防疫队4批、救护车队4批（救护车20辆、指挥车1辆）、436人赴四川灾区参加医疗救援、卫生防疫工作，其中医疗队332人、卫生防疫队64人、120救护车队40人。天津市医疗、防疫队先后在青川、汶川、松潘、绵竹等县（市）及成都、绵阳、广元等地开展救援工作。

河北省医疗防疫救援队伍 地震发生后，河北省卫生厅立即研究组建支援四川灾区医疗救治的医疗队。5月13日凌晨，由河北省人民医院和河北医科大学第二、三、四医院的40名医务人员组成的两支省级医疗队组建完毕；下午，由河北医科大学第一医院的20名医务人员组成的第三支省直医疗队组建完毕，由19人组成的市级医疗队也同时组建完毕。从14日晚上起，陆续派出医疗队赶赴四川灾区开展医疗救援工作。

5月13日，紧急组建由河北省疾控中心和11个设区市疾控中心144名疾控人员参加的卫生防疫队，并连夜完成培训和物资准备工作。15日起，河北省陆续派出卫生防疫队赶赴四川灾区。

5月20日，由河北省卫生厅卫生监督局和11个设区市卫生监督机构的120名监督人员参加的卫生监督队组建完成，赶赴四川灾区开展卫生监督工作。

唐山市卫生局于5月12日连夜在全市筛选出最有经验的46名医疗专家，组成唐山市支援四川抗震救灾医疗卫生队。整个医疗队按4套手术班子配备，其中主任医师9名、副主任医师7名，携带B超机、心电图机、呼吸机、小型X光机等多台先进医疗设备、近千件医疗器械及部分药品。

抗震救灾期间，河北省卫生厅先后向四川灾区派出由607人组成的10支医疗队、8支防疫队和2支卫生监督队，各种车辆33台，配备价值800余万元各种医疗和防疫药品、器械等物资，分赴德阳、安县、崇州等灾区，开展医疗救治和卫生防疫工作。

山西省医疗防疫救援队伍 5月15日，山西省卫生厅向卫生部书面请求派医疗防疫救援队到四川地震灾区参加医疗救援等工作，并向四川省卫生厅发函，请求允派医疗救援队和疾病预防控制应急队到四川灾区抗震救灾；同时，要求全省组建完成的医疗救援队和疾病预防控制应急队整装待命，医疗救援队每队配备能保障100个伤病员救治的药品和器械，并配备救护车和医疗帐篷。

5月17日，由来自山西省人民医院，山西医科大学第一医院、第二医院，太原市中心医院，大同市第三人民医院，长治市人民医院，临汾市人民医院，运城市中心医院，阳泉市第一、第三人民医院，晋中市第一、第二人民医院的251人组成的10支抗震救灾医疗队，赶到平武开展医疗救援工作。

5月18日，来自山西省疾控中心、山西省卫生监督所、山西省精神卫生中心及太原、大同、晋城、运城等市相关单位，由传染病防治、流行病学、食品卫生、饮水卫生、环境消毒、尸体处理、心理干预等方面115名专业人员组成的6支抗震救灾防疫队，携带消毒器械及10余吨消毒药品、杀虫剂等卫生防疫应急物资，与17辆运输物资车辆一同开赴四川灾区。

5月20日，由来自山西省卫生监督所及太原、大同、阳泉、长治、朔州、忻州、吕梁、晋中、临汾等市疾控中心、卫生监督所，由传染病防治、流行病学、食品卫生、饮水卫生、环境消毒、遗体处理、心理干预等多方面专业人员组成的7支抗震救灾防疫队和2支抗震救灾卫生监督队共计164人，携带消毒器械及10余吨消毒药品、杀虫剂、食品和饮用水现场快速检测设备等卫生防疫应急物资，与21辆运输物资车辆同时奔赴四川灾区。

6月1日，山西省3支医疗队49名医护人员乘飞机奔赴四川灾区。这些医护人员分别来自山西省第三人民医院、山西省第二人民医院、山西医科大学第三医院、山西省人民医院、山西医科大学第二医院、山西省儿童医院、太原精神病医院，专业涉及呼吸内科、消化内科、皮肤科、儿科、普外科、骨科、心理干预等。3支医疗队进入平武县响岩镇后，对灾区伤病员实施救治和常见病的防治。

6月3日，山西省派出防疫队和卫生监督队，分成13支队伍，与14辆运输物资车辆同时开赴四川灾区，接替前一批防疫队和卫生监督队的工作。

5月17日起至6月3日，山西省卫生厅先后分5批派出由304人组成的13支医疗队，由329人组成的22支防疫队，由93人组成的6支卫生监督队，以及救护、防疫、卫生监督车辆88台赶往四川灾区，在平武县响岩镇、南坝镇、平通镇等受灾地区开展救援工作。

内蒙古自治区医疗防疫救援队伍 5月13日，内蒙古自治区卫生厅向卫生部提交请战书，组建4支医疗卫生救援队伍和10支后备增援队伍，准备赶赴四川灾区开展医疗卫生救援。同日晚，根据内蒙古自治区党委、自治区政府的安排，内蒙古自治区卫生厅派出3名医护人员，随同特警部队赶赴都江堰，徒步前往汶川，为特警部队战士和灾区群众提供医疗保障。

5月14日，由呼和浩特市和包头市各大医院急诊科、骨科、普外科、脑外科、儿科等的119名专家和医护人员组成的首批10支医疗救援队飞往四川灾区，到绵阳、北川开展医疗救援。（参见图23）17日，主要由疾病预防专家和心理医师组成的内蒙古自治区疾病防控工作队启程赶赴

图 23　5 月 16 日，内蒙古自治区首批医疗救援队队员在北川羌族自治县曲山镇抬着幸存者过危桥
（内蒙古自治区卫生厅　提供）

四川，在平武县坝子乡开展工作。21 日，呼和浩特、乌海、乌兰察布、鄂尔多斯等市的 31 名卫生防疫人员组成的内蒙古自治区卫生防疫队，乘坐 6 辆汽车，携带 6 顶帐篷和部分消杀药品等，由鄂尔多斯启程，赶往平武县龙安镇开展灾后防疫工作。27 日，47 名主要来自乌兰察布和巴彦淖尔的医疗、疾控和卫生监督机构的队员组成的内蒙古自治区第四批医疗救治队，乘坐 6 辆汽车，携带药品、医疗器械以及生活物资，在包头集结，赶赴绵阳开展医疗救援工作。医疗救援队抵达绵阳后，到涪城区四川音乐艺术学院唐家山堰塞湖塘汛镇群众安置点，全面启动群众集中安置点医疗救治、食品监督、水质检测、心理咨询和健康教育等工作。

6 月 12 日，由赤峰市医疗卫生单位调集的预防、消杀、儿科、心内科、皮肤科、急诊科等方面 27 名专家组成的第五批内蒙古自治区医疗防疫救援队，乘坐随行车辆 3 台，携带救护车、消杀药品及器械和生活必需品等，到四川灾区承担消杀灭等疾病预防工作。15 日，内蒙古自治区第五批医疗救援队到达极重灾区平武县，按属地管理原则，分成龙安镇和坝子乡两个分队，分别接替第二批疾病预防控制工作队和卫生防疫工作队，工作至 7 月 2 日返回。

抗震救灾期间，内蒙古自治区卫生系统先后派出整建制抗震救灾医疗卫生工作队 5 批 299 人（其中包括随队媒体记者等），动用救护车 39 辆，到四川灾区开展医疗卫生救援工作。

辽宁省医疗防疫救援队伍 5 月 14 日，辽宁省卫生厅紧急组建辽宁省首批赴四川抗震救灾医疗队。医疗队 118 名队员来自中国医科大学附属第一医院、盛京医院、省人民医院、大连医科大学附属第一医院、大连医科大学附属第二医院和沈阳市奉天医院、第一医院、沈洲医院、骨科医院、第四医院以及大连市中心医院、中山医院、友谊医院 13 家三级甲等医院，以骨伤科为主，并配备胸外科、脑外科、麻醉科、内科、儿科、护理等专业人员，医疗队按照灾区目的地无水、无电、无食品、无住地、无医院、无人接应的“六无”情况，配备足够供给 7 天的食品、水等生活物资，13 吨医疗器械、药品、血浆等医疗物资和 2 台发电机，为野战救援做了充足的物资供给保障。当日 21 时 10 分，专机抵达成都，全体医疗队员将重达 13 吨的医疗救灾用品装上卡车，急赴绵阳灾区。两个小时后，医疗队分别进驻绵阳市中心医院、绵阳市中医院、绵阳市人民医院和九洲体育馆，开展紧急医疗救援。（参见图 24）

5 月 14 日至 6 月 11 日，辽宁省共组织 10 批 610 人次的医疗卫生救援队伍，其中 5 批为医疗救援队、297 人次，5 批为防疫监督队、313 人次，并派出医疗急救和卫生防疫车辆 34 辆，装备、携带价值 2000 万元的药品、医疗器械、消杀药剂等物资，在绵阳、什邡等地灾区，开展医疗救治和卫生防疫监督工作。

图 24 5 月 17 日，辽宁省医疗队员在四川灾区断裂的高架桥上艰难前进

（辽宁省卫生厅 提供）

吉林省医疗防疫救援队伍 吉林省组织的第一批医疗救援队，分别由吉林大学第一医院、第二医院，中日联谊医院，吉林省人民医院，长春市中心医院组成，包括脑外科、胸外科、普外科、骨科、麻醉科等的医师、护士及后勤保障人员，共计116人。医疗队于5月14日上午乘专机到达成都，被分配到成都、眉山开展医疗救助工作。于15日上午到达华西医院的20名医疗队队员，全部是从5支医疗救援队精选出的骨科专家、护士和麻醉人员；于15日傍晚到达眉山的医疗救援队队员，经简单休整，进入眉山市第二人民医院，当晚即参加了灾区伤员的紧急救治工作。16日上午，按照四川省抗震救灾指挥部的指令，吉林省医疗救援队从眉山市第二人民医院撤出，赶往马尔康灾区进行医疗救援。18日，按照四川省抗震救灾指挥部的意见，吉林省医疗救援队又分成两部分，第一、四、五分队作为第一梯队，经理县开赴汶川；第二、三分队作为赴汶川的第二梯队，暂时留守马尔康，参与当地的医疗救治工作。当日上午，第一梯队从马尔康开赴汶川；下午，留守马尔康的第二梯队36名医疗队员，在马尔康县城的阿坝藏族羌族自治州人民医院建立马尔康医疗救治点，开展医疗救治工作。18日17时30分，吉林省医疗救援队第一梯队到达汶川县城。19日上午，医疗队兵分两路，分别在汶川县雁门乡和威州镇七盘沟社区建立医疗救治基地（见图25），设立医疗救治点。

5月29日，按照卫生部的指示，吉林省卫生厅组织一支ICU救援队。救援队由吉林大学第一医院、第二医院，中日联谊医院，吉林省人民医院，长春市中心医院5家医院的21名ICU骨干护士组成，到达华西医院后，执行ICU救援任务。31日，吉林省卫生厅组织第二批医疗救援队赶到汶川，接替第一批医疗救援队的工作。第二批医疗救援队共有队员26名，分别来自一汽集团总医院（吉林大学第四医院）和延边大学附属医院，其中医师21人、护士5人，医疗救

图25 图为5月19日吉林省医疗队驻汶川县医疗救治基地全景

（金阳山 摄）

援队以汶川县威州镇七盘沟社区和凤坪坝及绵虒镇羌锋村灾区群众安置点为营地开展医疗救治工作。

吉林省首批防疫救援队由6支防疫小分队组成，队员分别来自吉林省疾控中心、吉林省卫生监督所和长春、吉林、四平等市的相关单位，共计61人，分3批分别于5月17日、18日和22日抵达四川灾区，开展卫生防疫和监督工作。5月17日至6月10日的25天中，吉林省第一批防疫队分成三江分队、银杏分队和卧龙分队，分别负责汶川县水磨镇、三江乡、银杏乡、卧龙自然保护区和小金县日隆镇，共计5个乡（镇）21个村、11731人的卫生防疫工作。6月4日，吉林省又相继组建有46人参加的第二批防疫救援队和吉林省地方病防疫救援队，分批次进入三江乡和卧龙镇等地进行灾后防疫工作。

5月14日至6月7日，吉林省共派出5批医疗救援队，其中医疗队8支、ICU护理队1支、防疫队8支，共计424人；调集的医疗物资价值达680余万元。抗震救灾期间，吉林省地方病第一防治研究所还向甘肃、陕西等灾区派出5名专家指导鼠疫防控工作。

黑龙江省医疗防疫救援队伍 5月13日，按照卫生部、中医药局及成都市卫生局的要求，黑龙江省快速组建预备队准备奔赴灾区。同日18时，在卫生部和黑龙江省委、省政府的参战指令下达前，黑龙江省卫生系统组建了23支紧急医疗救治、防疫队共460人，作为支援四川地震灾区卫生应急救援队伍随时待命出发；同时筹措各种应急医疗、防疫物资65吨。黑龙江省卫生厅组建的省级紧急医疗救援预备队，每支队伍由20人组成，包括领队和普外科、胸外科、脑外科、骨外科、麻醉科以及ICU、肾内科、医院感染控制科等科（室）医师、护士组成，并配备相应的药品、器械等应急物资及装备。每支队伍以医院为单位组建，黑龙江省卫生厅及中医药管理局确定哈尔滨医科大学附属第一医院、第二医院、第四医院，黑龙江省医院和哈尔滨市第一医院、齐齐哈尔市第一医院、齐齐哈尔医学院附属第一医院、牡丹江医学院附属红旗医院、牡丹江市第二医院、佳木斯大学附属第一医院、佳木斯市中心医院、大庆市油田总医院、大庆市人民医院、鸡西市人民医院、黑龙江省农垦总局总医院，黑龙江中医药大学附属第一医院、第二医院，黑龙江省电力医院为组建单位。另外，哈尔滨市卫生局确定哈尔滨市第一医院、第二医院、第四医院、第五医院各组建一支医疗救援队伍。

5月14日，应成都市委、市政府的紧急求助，哈尔滨市卫生局组织哈尔滨市第一医院、第二医院、第四医院、第五医院和哈尔滨市疾控中心的骨外科、脑外科、胸外科、普外科专家，成立12人的医疗救援队，于15日凌晨飞抵成都，到四川康骨医院和中国第五冶金建设公司医院开展医疗救助工作。16日，按照国家电网的要求，黑龙江省电力医院抽调由普外科、循环内科、检验科等专家组成的医疗救援队12人，乘坐满载价值50余万元的代血浆、抗生素、消杀药品及绷带、纱布、夹板等卫生耗材的大客车和吉普车，赶赴绵阳灾区，负责湖北电力公司施工队伍的医疗保障和疫情防控工作。17日，按照卫生部的指令，黑龙江省卫生厅从黑龙江省医院，哈尔滨医科大学附属第一医院、第二医院、第四医院，哈尔滨市第一医院、第二医院，哈尔滨市传染病院，哈尔滨市胸科医院，哈尔滨第242医院和黑龙江省农垦总局医院，抽调肾内科、ICU和感染控制及护理专家等组成的医疗救援队，乘飞机赶赴四川灾区，到广元、江油、什邡开展医疗救援工作。19日，黑龙江省卫生厅派出从哈尔滨医科大学附属第一医院抽调的消化内科、儿科、感染科专家和从手术室、骨科抽调的具有经验的护师、主管护师、主任护师组成37人医疗队，赶赴四川。22日，黑龙江省卫生厅派出由黑龙江省医院、黑龙江省农垦总局医院、黑龙江省中医研究院，黑龙江中医药大学附属第一、第二医院，黑龙江省皮肤病研究所，及哈尔滨医科大学附属第二、第三、第四医院，抽调神经外科、呼吸内科、消化内科、肾内科、心外科、皮肤科专家组成的52人医疗队，乘飞机赶到成都，并于当晚到达绵竹市清平乡救助站、绵竹市人民医院、绵竹市汉旺镇卫生院和绵竹市新市镇卫生院展开救援工作。23日和6月4日，黑龙江省卫生厅先后从哈尔滨医科大学附属第一医院、哈尔滨医科大学附属第二医院、黑龙江省医院的ICU室抽调经验丰富的护理人员，组成11人和20人护理小分队，赴华西医院协助开展重症护理工作。

6月5日，黑龙江省卫生厅抽调哈尔滨医科大学附属第二医院的骨外科、儿内科、麻醉科、心内科、感染科专家6人组成医疗队，赶赴绵竹市开展医疗救助。同日，黑龙江省卫生厅派出由哈尔滨医科大学附属第一医院呼吸科、感染科、心内科、皮肤科、创伤外科、精神科、内分泌科、神经内科、儿科等科（室）抽调的专家组成的9人医疗队，到什邡、江油开展医疗救助工作。同日，黑龙江省卫生厅又派出由黑龙江省医院、鸡西市人民医院骨外科、神经外科、泌尿外科、普外科、感染内科、消化内科、皮肤科、心内科等科（室）抽调专家组成的10人医疗队，到江油市武都镇开展医疗救治工作。6日，黑龙江省卫生厅又派出一支由哈尔滨市第一医院内分泌科、心内科、神经科、消化科、普外科、骨外科、妇科、产科等科（室）抽调的专家组成的9人医疗队，一支由哈尔滨医科大学附属第四医院从胸外科、ICU室、急诊外科、普外科、骨外科、儿科、心内科、神经内科、感染监控科等科（室）抽调的专家组成的10人医疗队，赴广元开展医疗救助工作。10日，由哈尔滨医科大学附属第三医院、哈尔滨医科大学附属第四医院、黑龙江中医研究院、黑龙江中医药大学附属第一医院、黑龙江中医药大学附属第二医院胸外科、泌尿外科、神经外科、腹外科、心内科、感染监控科等方面专家组成的25人医疗队，赴广元、绵竹开展医疗救援工作。11日，黑龙江省卫生厅派出由黑龙江省医院、黑龙江省第四医院、哈尔滨医科大学附属第一医院普外科、骨外科、泌尿科、呼吸内科、神经外科、传染科、皮肤科等方面专家组成的21人医疗队，赴江油市武都镇、绵阳开展医疗救援。

5月20日，由黑龙江省疾控中心、黑龙江省卫生监督所和大庆市精神病院的食品、饮用水、环境、传染病、消杀、心理干预、健康教育方面的专家组成的21人防疫队，乘飞机到达成都后，赶赴什邡市方亭街道和元石、皂角、回澜三镇开展灾后卫生防疫工作。23日，黑龙江省卫生厅派出由省卫生厅和哈尔滨市卫生局、省医院、省疾控中心及齐齐哈尔市疾控中心、佳木斯市疾控中心、齐齐哈尔市卫生监督所、齐齐哈尔市第七医院的消毒、饮用水、传染病、免疫接种、流行病学、心理咨询和健康教育等方面专家组成的16人防疫队，乘飞机于当晚到达什邡市元石镇，帮助开展卫生防疫工作。6月8日，黑龙江省卫生厅派出由黑龙江省疾控中心、黑龙江省卫生监督所、大庆市第三医院的疫情监测、检验、病毒学、生物制药、消毒、医院感染、虫媒、预防医学、健康教育、心理卫生等方面专家组成的20人防疫队，赴什邡开展卫生防疫工作。12日，黑龙江省卫生厅派出由齐齐哈尔市疾控中心、齐齐哈尔市卫生监督所、齐齐哈尔市第七医院（精神科）、佳木斯市疾控中心的流行病学、传染病学（病媒）、公共卫生、心理卫生、消毒等方面专家组成的10人防疫队，赴什邡开展卫生防疫工作。

抗震救灾期间，黑龙江卫生系统先后向四川灾区派出医疗和防疫救援队 18 支，共计 349 人。

上海市医疗防疫救援队伍　上海市卫生系统于 5 月 12 日连夜组织抗震救灾医疗队。震后 24 小时内，由上海市中山医院、儿科医院、仁济医院、新华医院、第九人民医院、第一人民医院、第六人民医院医护人员组成的首批 5 支紧急医疗救援队和中国红十字会上海华山医院紧急救援队全部组建完毕。每支医疗队 18 人，包括脑外科、胸外科、普外科、骨科、泌尿外科、ICU 医师 10 人及麻醉医师 2 人、手术护士 4 人、外科护士 2 人。同时，包括内外科常用药物、止血药物及麻醉药物等在内的地震灾害救援必需药品、手术器械和帐篷也同步配备齐全。

5 月 14 日早晨，上海市首批 6 支赶赴四川医疗救援队在虹桥机场集结。11 时 10 分，上海市首批赴四川抗震救灾医疗救援队 109 名队员（含 6 名救灾防疫队员）乘专机赶赴四川灾区。同日，接到组建赴四川灾区救护车队的命令后，上海市急救中心在两小时内调配 30 辆救护车，成立由市和郊区急救中心（站）60 名骨干组成的应急救援队伍。30 辆救护车装备先进，全部配备卫星导航设备和除颤机、心肺监护仪、心电图机、常用急救药箱、血氧饱和仪等急救设置，其中 10 辆救护车配备呼吸机。当天中午，上海市派遣的首批 30 辆救护车及 60 名急救人员紧急出发赶赴四川灾区。

5 月 15 日，上海市卫生局组织上海市疾控中心、上海市精神卫生中心、上海市健康教育所及浦东新区、黄浦、卢湾、闸北、虹口、宝山等区疾控中心，组建一支由 12 名传染病防治、消毒、病媒生物防控、食品和饮水卫生、环境卫生、心理卫生和健康教育等专业人员组成的专业卫生防疫队伍，飞赴四川地震灾区开展卫生防疫工作。同日，上海市广电通讯网络有限公司和上海市白玉兰远程医学管理中心派员携带一批远程移动通信设备赶赴成都，帮助四川省卫生厅设立远程医疗指挥中心，实现对灾区医疗救援工作的远程指挥，并对位于交通不便地区的重伤员利用远程网络进行医疗会诊。16 日，上海市卫生局组织派遣由 6 辆医疗急救车、12 名医疗救护人员组成的车队，满载外伤救治急需的绷带、三角巾、固定设备等药械物资，赶往四川灾区支援救灾工作。

5 月 18 日，上海市卫生局组织第二批 60 人组成的医疗救援队和岳阳中西医结合医院 5 人组成的中医医疗救援队赶赴四川灾区；18 日、21 日、22 日，相继组派 13 人、31 人、60 人的卫生防疫队赴四川灾区；19 日，组织 20 名血液透析室护士乘机赴四川灾区。24 日，组派 20 名急救人员奔赴四川灾区；25—30 日，选派 47 名内科、普外科、皮肤科、儿科、感染科等专业人员及 38 名 ICU 医护人员和 12 名防疫人员赴四川灾区；27 日，派遣由宝山、普陀、闵行、长宁四区卫生局和仁济医院组织的医务人员赴四川灾区，重点补充内科、普外科、皮肤科、儿科、感染科等专业队伍。6 月 29 日，上海市卫生系统 192 名队员乘飞机赴都江堰，开展对口支援都江堰市灾后恢复重建工作。

上海市卫生局根据救援前线形势需要，及时调整和充实医疗救援力量，陆续增派 ICU、肾内科、传染科等科（室）专业医务人员和卫生防疫人员，将部分专科人员和先期赶赴四川人员撤回上海。上海市医疗救援队伍抵达四川后，分别在成都、绵阳、德阳、广元等市（州）和汶川、都江堰、青川、安县、什邡等县（市）展开医疗救助工作，并协助四川省人民医院、华西医院、四川省中医院、绵阳市中医院等医院进行医疗救治工作；还在汶川县的雁门、威州、漩口、水磨和什邡市的师古、皂角等乡（镇）、街道开展卫生防疫工作。

抗震救灾期间，上海市累计派遣763名医疗防疫人员、36辆医疗急救车，组织医疗和防疫物资近百吨，支援绵阳、德阳、广元等市和汶川、都江堰、青川、安县、什邡等县（市）的抗震救灾工作。

江苏省医疗防疫救援队伍 5月13日晨，江苏省卫生厅按照卫生部通知，要求江苏省人民医院等6家医院抽调精干医护人员组建赴汶川地震灾区医疗队，同时紧急调配药品、器械、血液和医疗队户外生活用品，以确保到达灾区后能依靠自身力量，独立开展医疗救援工作。由各医院普外科、胸外科、骨科、脑外科、急诊科、手术麻醉科的105名医护人员参加的医疗队迅速组建到位，携带7吨多应急救援药品、医疗器械和2万毫升新鲜血液等物资，乘专机赶往四川灾区。（参见图26）当日下午到达成都后，医疗队按照安县现场指挥部的要求，途经绵阳奔赴安县临时医疗救护站开展医疗救助工作。由于临时医疗救护站条件所限，医疗队又返回绵阳市区，连夜到绵阳市区及江油市各医院开展救治工作。

5月15日，江苏省卫生厅组织江苏省疾控中心和各设区市调集环境卫生、食品卫生、消毒与媒介生物防控等方面的业务骨干，紧急组成江苏省卫生防疫救援队。16日，江苏省卫生防疫救援队由南京禄口机场赴四川灾区，到达成都后奔赴绵阳；次日，赶到北川县城，负责当

图26 5月13日，江苏省赴汶川地震灾区医疗队在南京禄口机场准备出发

（冯清华 摄）

地的环境卫生消毒与食物中毒预防等工作。其中一个卫生应急救援小分队冒雨被成功空投到小坝乡，开展环境消杀、饮水消毒等卫生防疫及医疗联合巡诊和健康教育等工作。

抗震救灾期间，江苏省卫生系统先后向四川灾区派出564名医疗卫生人员，其中医疗队员150多人、卫生防疫人员201人、卫生监督人员100余人、救护转运队员102人；派出救护救援车77辆，转运价值2000余万元的抗震救灾物资，其中包括价值163.5万元的药品、价值534.7万元的医疗器械、价值30.6万元的医疗耗材、价值299.3万元的卫生防疫用品、价值400余万元的急救车辆、价值188万元的生活用品及价值424万元的其他保障类物资。

浙江省医疗防疫救援队伍　5月12日晚，浙江省省级医疗卫生救援队组建完毕。13日，浙江省5支医疗卫生救援队全部准备到位，每支医疗队由18名胸外科、脑外科、骨科、防疫科和心理干预室等科（室）专业医师和外科护士组成。浙江省急救中心做好了医疗器械、药品、帐篷等救援物资的储备工作，浙江省血液中心做好血浆的储备工作。14日，浙江省赴四川地震灾区的医疗卫生救援队首批队员飞往四川灾区开展医疗救援工作。同日，浙江省赴四川地震灾区的50辆救护车和3辆应急车组成的车队，由胸外科、脑外科、骨科和普外科等94名医务人员和115名救护车队员组成的医疗卫生救援队，赶赴极重灾区平武县。同日，卫生部应急办委托浙江省组建心理危机干预救援专家组（10人），随同浙江省医疗卫生救援队一起乘专机赶赴四川灾区。

5月17日，由浙江省、市疾控中心42名防疫专家和杭州、宁波、嘉兴等市10名心理干预专家组成的浙江省卫生防疫救援分队奔赴四川灾区。19日深夜，接到卫生部向四川地震灾区增派卫生防疫队的紧急通知后，浙江省卫生厅迅即在全省调集卫生防疫人员，组成第四批浙江省医疗防疫救援队。20日，浙江省卫生厅与共青团浙江省委组建的浙江省青年志愿者抗震救灾医疗队赶赴四川灾区。21日，由浙江省卫生厅卫生监督局和杭州、嘉兴、湖州、绍兴等市卫生监督所抽调的41名卫生监督员组成的浙江卫生监督救援队，赶赴极重灾区青川县参加卫生监督救援工作。同日，浙江省卫生厅卫生监督局派出19人驾驶的9辆汽车，把包括食品、消杀物品，卫生监督监测、专业现场监测设备等5吨救灾物资送往广元灾区。23日，浙江省医疗卫生救援队一行32人赶赴四川灾区。26日，由浙江省疾控中心和温州、台州、嘉兴、义乌等市组成的卫生防疫救援队一行50人赶赴四川灾区。27日，由10名心理危机干预专家和5名卫生防疫人员及省卫生厅综合医疗卫生组成员组成的医疗卫生救援队，赶赴四川灾区。30日，浙江省医疗卫生救援队一行81人，飞往四川灾区开展医疗防疫救援工作；次日早上，又有14人飞往四川救援。6月6—8日，每天一批医疗卫生救援队飞往四川灾区救援。11日、12日，浙江省医疗卫生救援队又派2批人员飞往四川灾区救援。15日，由浙江省疾控中心、浙江省卫生监督所和温州、金华、台州等市抽调的56名医疗专家、防疫和监督人员及驾驶员组成的浙江省医疗卫生救援队飞往成都。23日，浙江省卫生厅派出医政处4人赶赴四川参加卫生救援工作。

抗震救灾期间，浙江省医疗卫生救援队分19批赶赴四川灾区，参加医疗卫生防疫救援的公卫医师、临床医师、卫生监督员、护士、司机等1196人，运送医疗器械、药品、消杀用品等救援物资50余吨、价值1000余万元，并有51辆救护车、10辆卫生监督车、3台应急指挥车参加平武、青川、江油灾区医疗卫生救援。其间，浙江省卫生厅在成都设立保障组，负责医疗救援队在四川的后勤保障。

安徽省医疗防疫救援队伍　5月15日，由安徽省卫生厅、安徽医科大学第一附属医院、安徽省立医院、蚌埠医学院第一附属医院、皖南医学院弋矶山医院，及合肥、蚌埠、芜湖、安庆、马鞍山、铜陵、池州等市卫生局选派的普外科、脑外科、骨科、胸外科、麻醉科医师和手术室护士等103人组成首批医疗队，携带价值近200万元、重近10吨的药品和医疗器械及10余顶帐篷，奔赴青川灾区执行救灾医疗任务。19日，由安徽省卫生厅、安徽省疾控中心、合肥市疾控中心等单位组成的安徽省首批卫生防疫队奔赴四川灾区，先后驻扎在青川县关庄镇、红光乡、石坝乡，开展卫生防疫和心理健康咨询、心理危机干预等工作。22日，由安徽省中医院和六安市医疗单位抽调50余名队员组成的第二批医疗队飞赴成都，随机携带2吨药品器械等物资，到重灾区崇州市执行救灾医疗任务。同日，由安徽省立友谊医院和宣城市、淮南市医疗单位抽调76名医疗队员组成的第三批医疗队，随机携带7吨价值100余万元的药品等物资，奔赴青川灾区，接替安徽省第一批医疗队继续执行救灾医疗任务。

5月24日，安徽省卫生厅从安徽省卫生监督所和安庆、蚌埠、淮南、淮北、滁州、池州、合肥、马鞍山8个市级卫生监督所（局），抽调40名卫生监督员，携1台卫生监督现场快速检测车、8台卫生监督车，组成8支卫生监督分队，赶赴四川执行卫生监督任务。6月27日、9月27日，安徽省卫生厅又先后派出3名和2名卫生监督员前往松潘支援卫生监督工作。

5月26日，安徽省卫生厅派出4人参加安徽省青年志愿者抗震救灾服务队，到四川灾区从事医疗救助工作（6月2日返回）。6月1日，安徽省卫生厅派出2人，组成蚌埠市援建灾区安置房建设医疗防疫小分队到四川灾区开展卫生防疫工作。

抗震救灾期间，安徽省卫生系统相继从54家医院抽调231名医疗专业技术骨干，组建3批省级医疗队；从各级疾控中心抽调203人，组建6批卫生防疫队；从8个市级卫生监督机构抽调40名卫生监督员，组成8支卫生监督分队，先后动用救护车、卫生监督、防疫车辆31辆，携带近32吨价值400多万元的治疗、消杀灭药品和医疗防疫器械。安徽省医疗队、防疫队、监督队分布在青川、什邡、崇州、茂县、松潘等县（市）开展医疗防疫和卫生监督工作。

福建省医疗防疫救援队伍　5月16日，福建省首批支援四川医疗救援队乘坐包机赶赴四川灾区。救援队有队员159人，分为6支小分队，每队有20多人；队员来自全省各主要医疗单位，以骨科、神经外科、普外科、胸外科和麻醉科为主，其中医师91人、护士56人、药剂师6人、其他人员6人。18日，主要由10名医院感染专家组成的第二批支援四川医疗救援队乘坐飞机赶赴四川灾区。19日，以流行病学、食品卫生、消杀灭等领域20名专家和技术骨干组成的第三批医疗卫生救援队，携带消杀药品和器械等物资，乘飞机赶赴四川灾区。20日，由卫生防疫人员30人和心理医师6人组成的第四批医疗卫生救援队乘飞机前往四川灾区。21日，第五批医疗卫生救援队乘飞机前往四川灾区，救援队有卫生防疫人员和卫生监督员各30人。22日，由30名队员组成的第六批支援四川医疗卫生救援队乘飞机抵达四川灾区，前往极重灾区开展卫生防疫工作。同日下午，福建省卫生厅紧急购置价值200多万元的10辆机动车，组成支援四川医疗卫生救援车队从福州启程，由20名驾驶员轮流驾驶日夜兼程赶赴四川灾区，为卫生防疫提供保障。6月4日，由43名医护人员组成的第七批医疗卫生救援队飞抵成都，被分别安排在成都市第五人民医院、第六人民医院、第七人民医院、第九人民医院和成都市妇产科医院、郫县人民医院、核工业系统成都

416医院7家医院支援当地开展医疗救治工作。7日，由全省抽调的70名卫生防疫、卫生监督人员组成的第八批医疗卫生救援队乘飞机到达四川灾区，到汶川、江油等灾区与前几批卫生防疫监督队进行交接，继续支援当地开展卫生防疫和卫生监督工作。10日，由59名卫生防疫人员、15名卫生监督人员和5名驾驶员组成的第九批医疗卫生救援队，乘飞机前往四川灾区，进行卫生防疫和监督工作。

福建省先后派出9批532名医疗救援人员，共携带30多吨救灾药品、医疗器械和10辆救援车，分别进驻汶川、都江堰、江油、彭州等重灾地区开展医疗救援工作。

江西省医疗防疫救援队伍　5月14日，江西省卫生厅接到卫生部指令，迅速派出由江西省人民医院、南昌大学第一附属医院、南昌大学第二附属医院、江西省肿瘤医院、江西省胸科医院、南昌大学第四附属医院、江西省儿童医院、江西中医学院附属医院和南昌、九江、宜春等市的102名医务人员组成的第一批医疗卫生救援队赶赴四川灾区。医疗卫生救援队主要由骨科、脑外科、胸外科、普外科、麻醉科和护理等专业技术人员组成，携带急救药品、手术器械、消毒药品、帐篷和发电机等5吨物资，于当日抵达广元后，迅速分成3支应急小分队，分别到受灾严重的广元市区和青川县木鱼镇、关庄镇开展医疗救治。（参见图27）

5月16日，由江西省疾控中心、江西省卫生监督所、江西省健康教育所和南昌、宜春、赣州等市52名卫生防疫专业技术人员组成的江西省第二批医疗卫生救援队，赶赴青川县金子山乡、马鹿乡、七佛乡、凉水镇开展灾区卫生防疫工作。19日，由江西省人民医院、南昌大学第一附属医院、南昌大学第二附属医院、南昌大学第四附属医院、江西中医学院附属医院和南昌市的血液透析专业人员组成的江西省第三批医疗卫生救援队，到四川省人民医院支援医疗救治工作。20日，由九江、景德镇、萍乡、新余、上饶等市卫生防疫分队组成的江西省第四批医疗卫生救

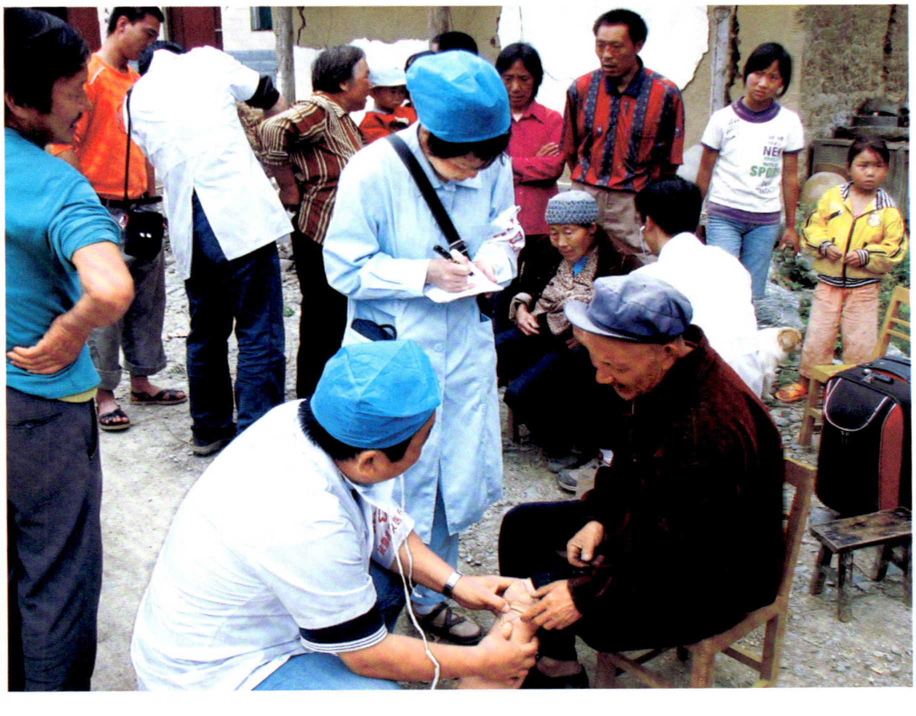

图27　5月24日，江西省医疗小分队在青川县孔溪乡青峰村巡诊

（徐蓝波　摄）

援队，到青川县房石、曲河、前进、乐安寺等乡（镇）进行卫生防疫工作。21日，由江西省卫生监督所和南昌、新余、上饶、赣州、萍乡等市卫生监督分队组成的江西省第五批医疗卫生救援队，到青川县凉水、马鹿、七佛、楼子、茅坝等乡（镇）开展卫生防疫工作。22日，由从吉安、鹰潭、抚州等市卫生防疫分队抽出的流行病学、消毒杀虫、健康教育等专业技术人员，组成江西省第六批医疗卫生救援队，到青川县茶坝、大坝等乡开展卫生防疫救援工作。同日，由南昌大学第一附属医院、南昌大学第二附属医院、南昌大学第四附属医院、江西中医学院附属医院、赣南医学院一附医院和南昌、上饶、赣州三市医疗救援分队的骨科、呼吸内科、脑外科、消化内科、肾内科、皮肤科和神经外科等医师组成的江西省第七批医疗卫生救援队，到青川县木鱼镇开展医疗救援。27日，由江西省儿童医院、江西省人民医院、江西省妇幼保健院、南昌大学第一附属医院和第四附属医院、井冈山大学附属医院、江西省职业病防治所、江西省胸科医院和上饶、抚州、景德镇、南昌、萍乡、吉安、赣州等市医疗救援分队的骨科、普外科、胸外科、妇产科、呼吸科、儿科、皮肤科、传染科、肾内科、心电图室等医师组成江西省第八批医疗卫生救援队，到青川县木鱼镇开展医疗救援。6月3日，由江西省疾控中心、江西省职业病防治所和南昌、赣州、宜春等市卫生防疫分队组成的江西省第九批医疗卫生救援队，赶赴青川县竹园、马鹿、七佛、凉水、茅坝等乡（镇）开展卫生防疫救援工作。4日，由江西省人民医院、南昌大学第一附属医院和第二附属医院、江西省儿童医院、赣南医学院第一附属医院和南昌、赣州两市的20名ICU护士组成的江西省第十批医疗救援队，到华西医院支援医疗救治工作。10日，由江西省卫生监督所和南昌、新余、上饶、赣州、萍乡等市卫生监督分队组成的江西省第十一批医疗救援队，到青川县凉水、马鹿、茅坝、楼子、大院、七佛等乡（镇）进行卫生监督工作。由萍乡、景德镇、新余、九江、上饶、吉安、鹰潭、抚州等市卫生防疫分队组成的江西省第十二批医疗卫生救援队，到青川县曲河、乐安寺、前进、房石、茶坝、大坝等乡（镇）进行卫生防疫救援。

截至7月1日，江西省卫生系统先后派出由医疗队员261人、疾控队员255人、卫生监督队员142人参加的12批658人抗震救灾医疗卫生救援应急队，及应急车辆19辆，携带折合111.9万元的医疗卫生药品、器械等，前往四川灾区开展医疗救援和卫生防疫工作。

山东省医疗防疫救援队伍　5月12日19时，山东省卫生厅接到山东省委、省政府立即组织救灾防疫队伍赶赴四川支援指令后，在两个小时内迅速组建由山东省卫生厅、省立医院、省疾控中心、齐鲁医院、省千佛山医院、山东大学第二附属医院、省中医院、省中医二院、省精神卫生中心、济南中心医院、省卫生监督所11个单位55人组成的山东省首批卫生应急救援队，包括急诊科、骨外科、普外科、胸外科、心内科、心理室、疾控防疫科、护理等科（室）相关专业的医护人员。

5月13日7时30分，山东省首批卫生应急救援队在济南机场紧急集结，当天下午到达都江堰市人民医院展开医疗救援。同日晨，山东省卫生厅接到卫生部调用50辆救护车赶赴成都支援抗震救灾的紧急通知，立即研究决定由济南、青岛、潍坊、烟台、淄博、东营等市组建山东省抗震救灾救护车队，于当天下午赶赴成都。14日，山东省卫生厅前线指挥部在四川灾区成立，并于当日下午到达绵阳。16日下午，山东省派出的第一批卫生应急救援队离开都江

图28 6月17日，山东省第二批抗震救灾卫生防疫队员在四川灾区做消毒的各种准备工作

（张伟建 摄）

堰，赶赴绵阳开展救治工作。19日晚，卫生部紧急通知山东省派出80人的卫生监督队伍到四川灾区进行卫生监督工作。山东省卫生厅连夜调度，组织112名卫生监督员、16辆执法监督车组成的卫生监督队伍，配备齐全的卫生监督检验设备和有关物资，于次日9时出发赶赴四川灾区。（参见图28）

截至6月20日，山东省卫生厅共派出医疗卫生救援人员782人，其中医疗队员519人、卫生防疫人员151人、卫生监督人员112名；派出救护车50辆、卫生监督车16辆。整个抗震救灾期间，山东省卫生厅先后向四川灾区派出医疗卫生救援人员1994人次，派出车辆102台次。

河南省医疗防疫救援队伍 5月12日晚，河南省卫生厅组成医疗救援队和卫生防疫队，作为支援四川灾区的医疗救治和卫生防疫的第一梯队。医疗救援队员来自河南省人民医院，郑州大学第一、二、五附属医院，河南省中医学院第一附属医院，洛阳正骨医院，新乡医学院第一附属医院，河南大学淮河医院、东京医院，以及郑州市卫生系统，由普外科、胸外科、骨科、麻醉外科、神经外科的医疗骨干及外科护士118人组成，编为6支分队。卫生防疫队由11人组成，其中10人为河南省疾控中心流行病、传染病、食品卫生、环境卫生、健康教育等方面的专家，1人为河南中医学院第一附属医院心理咨询专家。两支队伍都配备了充分的药品、器械和帐篷等生活用品，能够独立开展医疗救援工作。同时，河南省卫生厅要求各地卫生部门做好准备，组建第二梯队随时待命。14日晨，河南省卫生厅接到卫生部指令，立即从焦作、洛阳、郑州、平顶山、新乡、安阳等市抽调急救车52辆、司机和领队107人，配备先进的海事卫星电话，到郑州统一装备物资后奔赴四川地震灾区。同时，在河南省民航局和南航集团的帮助下，118名医疗队员携带价值40万元的药品、器械和生活用品，乘专机赶往四川灾区。

抗震救灾期间，河南省卫生系统先后派出6批902人的医疗卫生救援工作队、车辆170台，携带药品器械价值近600万元，在成都、绵阳、资阳等市和汶川、北川、理县、安县等县开展医疗卫生救援工作。

湖北省医疗防疫救援队伍　湖北省卫生系统支援四川灾区抗震救灾人员，主要是从部、省属医疗卫生单位和市州级医疗卫生单位中抽调的政治素质高、业务能力强、具备5年以上专业工作经验、中级以上技术职称、身体健康、年龄原则上不超过45岁的人员，并在专业结构和数量上保持相对平衡。医疗救治队伍由内科、外科、妇科、儿科、感染科、临床检验科、医院感染科的医护人员和司机组成。

5月14日，由部、省属医院及武汉、宜昌、十堰三市卫生局抽调的第一批医疗救援队92人，携带总价值50万元的药品和设备，到达什邡开展医疗救护工作。同日，一支由武汉、宜昌、荆州、襄樊等市卫生局调派的51辆救护车（含1辆指挥车）、109名司机和医务人员组成的救护车队到绵竹参加医疗救护工作。15日，湖北省疾控中心派出由12人、3台车组成的湖北省第一批卫生防疫队赶赴汶川县映秀镇执行卫生防疫任务。20日，湖北省卫生厅卫生监督局及武汉、宜昌、黄冈、荆门、黄石、荆州、十堰、襄樊八市卫生局抽调127人、27台车组成的第一批卫生监督队赴安县、汉源开展卫生监督。27日，湖北省卫生厅组织由66名医务人员组成的第二批医疗救援队与第一批轮换，另组一支由19名医务人员组成的青年志愿者医疗队在绵竹开展13天医疗救治工作。

抗震救灾期间，湖北省卫生厅派出5批352名医疗队员、7批394名卫生防疫人员、5批296名卫生监督人员，共计1042人，到汶川县映秀镇、雅安、绵竹、什邡、崇州等地开展医疗救治、卫生防疫等工作；先后调集急救、防疫和监督车辆144台，调拨价值1367万元的救灾设备和物资运往灾区。

湖南省医疗防疫救援队伍　湖南省第一批医疗救援队127人于5月14日到达成都，当晚即赴彭州开展医疗救治等工作。随后，医疗队分成6支小分队，分布在彭州市人民医院、彭州市中医院、龙泉驿区人民医院、成都航天医院、成都市第三医院及紫坪铺、映秀、磁峰、通济、小鱼洞等镇开展医疗救治工作。

湖南省第二批医疗救援队由医院感染专家组成，到达四川灾区后，主要分布在成都市第一人民医院和都江堰市滨河社区医疗点。湖南省第三批医疗救援队由来自湖南省人民医院，中南大学湘雅医学院、湘雅医学院第二医院、湘雅医学院第三医院，湖南省脑科医院，湖南省马王堆医院，长沙市中心医院，长沙市第一人民医院、第三人民医院、第四人民医院、第八人民医院和长沙市天心区人民医院等医院的血液透析专科护士及医院感染专家组成，5月19日到达四川灾区后被安排到华西医院、四川省肿瘤医院、成都市中医院、广元市中心医院和广元市第一人民医院参与重症伤员的救治。

湖南省第四批医疗救援队到达四川灾区后，主要分布在彭州市龙门山镇宝山村、国坪村、团山村、三沟村，及小鱼洞镇董坪村、磁峰镇皇城村和滴水村救援；第五批医疗队分布在成都救援；第六批医疗队分布在彭州市人民医院、彭州市中医院和葛仙山镇、红岩镇、龙门山镇等地救援。湖南省第七批、第八批医疗救援队为康复医疗队，主要在绵阳市中医院、德阳市中西医结合

图 29　6 月 4 日，湖南省赴彭州抗震救灾医疗队为灾区群众举行大型义诊活动
（湖南省卫生厅　提供）

医院救援。湖南省卫生系统派出的第一批救护车队于 5 月 15 日到达四川灾区后，主要在都江堰、彭州、都江堰市紫坪铺镇、成都市龙泉驿区等地参加医疗救援；第二批、第三批救护车队主要在成都市区、都江堰等地参加医疗救援。

5 月 14 日至 6 月 24 日，湖南省卫生厅先后从省疾控中心、省脑科医院和 14 个市（州）及部分县（市）疾控机构中挑选业务骨干，派出卫生防疫人员 231 人、车辆 17 台，分 4 批前往彭州，主要负责隆丰、葛仙山、红岩 3 个镇及龙门山镇宝山村 9~13 组、三沟村 13 组和天彭镇龙门山灾区群众集中安置点等地的卫生防疫工作。（参见图 29）

至 6 月 24 日，湖南省卫生厅先后向四川灾区派出 8 批医疗防疫队员 949 人以及医疗救护车 69 台参与救援工作。

广东省医疗防疫救援队伍　5 月 12 日晚，广东省卫生厅立即组建 6 支医疗急救队伍和 3 支卫生防疫队伍，并连夜筹集相关医疗救治和卫生防疫药品、物资，随时待命赶赴四川地震灾区。第一批由省直和广州、深圳、佛山等市医疗机构及中山大学、南方医科大学等医学院校组成的 6 支 111 人的医疗队，于 13 日 22 时从广州白云机场乘专机飞抵成都，开展医疗救援工作。价值 200 多万元的各类救治药品、器械随专机送抵四川。6 支医疗队于 14 日 2 时左右到达成都后，经指挥部同意，于 14 日一早赶往汶川，乘冲锋舟穿越“死亡谷”、露宿“乱石滩”、徒手攀悬崖。15 日 6 时，医疗队克服重重困难，在汶川县映秀镇集合，在余震不断、间有泥石流、缺水缺粮的情况下扎营映秀镇，迅速建立医疗点，开展医疗救治工作，成为第一批抵达映秀镇的外省医疗队之一。17 日，派出 9 人小分队乘军用直升机在耿达乡建立第一个医疗点，还派出 5 人小分队转战水磨镇，另 23 名医护人员转战都江堰，6 名医护人员被分派至成都市武侯区人民医院，对受灾群众、救灾抢险人员实施医疗救治。17 日，12 名医院感染专家飞赴青川；19 日，12 名心理干预专家抵达江油。14 日、20 日、31 日，广东省分别派出 3 批共 91 辆医疗防疫救护车及 367

名医务人员，驻点在安县睢水、沸水、晓坝、花荄等4个重灾镇，直接参与伤员转运并辐射绵阳市50余个乡（镇），跨区域8个市，转运伤员19684人次，最远到重庆、南充等地，行车22万余公里。

5月20日，根据卫生部统一部署，按照广东省委、省政府的要求，广东省卫生厅紧急抽调深圳、佛山、汕头、惠州、肇庆、中山、东莞7个市疾病预防控制、爱卫、防疫消杀专业骨干150人，组成14个分队，携带21辆防疫车，经五天四夜长途跋涉，于24日抵达黑水开展卫生防疫。同日，由广州、深圳、珠海、佛山、韶关、惠州、东莞、中山等市援川抗震救灾卫生监督队和省卫生监督所、省职业病防治院等单位105人、2辆卫生监督快速监测车组成的卫生监督队伍赶赴四川灾区开展卫生监督监测工作。30日，再次组织广州、深圳2支卫生防疫队伍共16人分赴江油、平武县南坝镇轮换开展卫生防疫工作。6月15日，派出由省卫生监督所及湛江市卫生监督所11名卫生监督员组成的第二批卫生监督队赴汶川执行卫生监督任务。

截至7月28日，广东省卫生系统共派驻四川灾区医疗防疫、卫生监督人员846人次，派出近150辆消杀救护车，执行医疗防疫救援任务。

广西壮族自治区医疗防疫救援队伍 广西壮族自治区卫生厅于5月13日上午给四川省卫生厅发出慰问电，并请求尽快安排广西壮族自治区卫生医疗队到灾区开展医疗卫生应急救援。5月

图30 5月23日，广西壮族自治区卫生防疫工作队队员对灾区群众安置点进行消毒杀虫作业

（广西壮族自治区卫生厅 提供）

18日至7月1日，广西壮族自治区卫生系统先后向四川灾区派出抗震救灾防疫工作者278人，其中卫生防疫工作队3批142人、卫生监督工作队2批125人、医院感染控制工作队11人；派出冷藏车、快速检测车等各种车辆49辆，携带喷雾器31台、检测仪器70件、消毒药品17吨。广西壮族自治区卫生防疫工作队主要负责江油市厚坝、文胜、二郎庙、马角、华平、云集、双河、永胜、新春、新兴等乡（镇）、街道116个村及64个集中式灾区群众安置点的灾后防疫工作。（参见图30）广西壮族自治区卫生监督工作队除协助都江堰市疾控中心对全市生活饮用水进行监督抽检外，还分赴龙池镇、虹口乡、紫坪铺镇开展卫生监督工作。

抗震救灾期间，广西壮族自治区卫生系统先后派出10支医疗卫生工作队、1支青年志愿者医疗队共278名队员及49台车辆支援灾区。

海南省医疗防疫救援队伍　5月13日，海南省地震灾害紧急救援队飞抵成都，经绵阳连夜冒雨前往北川。救援队中包括海南省医疗救援队的3名医护人员。14日凌晨，根据公安部和公安部边防局的指令，海南省公安边防总队抽调84名精干力量组成医疗救护队，带着装备和医疗器材乘坐专机奔赴地震灾区，到都江堰投入医疗救援工作。

抗震救灾期间，海南省卫生系统共派出315人参加的9批16支抗震救灾医疗防疫队伍。

贵州省医疗防疫救援队伍　从5月12日夜至13日，贵州全省三级以上医疗机构，包括市（地、州）三级医院开始组建医疗救援队，人员构成以外科为主，主要有脑外科、胸外科、普外科、骨外科、麻醉科等现场处置急需的专家及护理人员，并进行医疗设备、器材、药品、资金、车辆等准备工作。13日晚至14日晨，贵州省卫生厅从贵州省人民医院、贵阳医学院附属医院、遵义医学院附属医院组织105人的3支医疗队，携带帐篷、发电机、无影灯、药品、绷带等各种医疗设备、器材及后勤物资，抵达四川灾区开展医疗救治。此后，贵阳市、安顺市、遵义市、黔东南苗族侗族自治州、铜仁地区相继派出医疗队抵达四川灾区。抗震救灾期间，贵州省卫生系

图31　5月22日，贵州省卫生监督人员在四川灾区开展食品、饮用水卫生监督工作（贵州省卫生厅　提供）

统先后派出8支医疗队累计235人，主要在眉山市和仁寿县、彭山县等地开展医疗救治工作，至6月27日全部返回。（参见图31）

5月13日至7月2日，贵州省疾控系统先后派出救灾防疫应急队15批500人，调运应急物资10余吨，到彭州市通济、龙门山、小鱼洞、白鹿、磁峰、桂花等镇，与成都市疾控中心、彭州市疾控中心及所在镇卫生院、村防疫队密切配合，有针对性地、科学规范地开展灾后卫生防疫工作。5月20日至7月3日，贵州省抽调省、地、县三级卫生监督机构的食品、饮用水卫生监督业务骨干，先后组成两支计106人的抗震救灾应急救援队在彭州市通济镇负责食品、饮用水卫生和传染病防治指导。

西藏自治区医疗防疫救援队伍　地震发生后，西藏自治区卫生厅向卫生部、西藏自治区政府提出组派救灾队伍赴灾区的申请，并紧急调拨价值84万余元的救灾药品及物资。5月16日，西藏自治区卫生厅协调西藏阜康医院组织一支由内科、外科、急诊科、儿科等专业的医师、护士组成的26人医疗救援队，携带1辆福特救护车和药品、1台美国产索罗声便携式B超机、1台手提式X光机、2台发电机，及价值20余万元的药品和10余万元的骨科耗材赶赴四川灾区，到绵竹市九龙镇驻点，负责九龙、遵道、金花、汉旺等灾区群众的医疗救治。昌都地区医院派出10人医疗队，于20日到广汉市开展医疗救援。20日，西藏自治区卫生厅紧急抽调卫生厅应急办、卫生厅疾病控制处、卫生厅监督处、自治区疾控中心、自治区卫生监督所的16名防疫骨干，组建西藏自治区卫生防疫队，于26日抵达茂县，主要负责黑虎、沟口、飞虹、回龙、白溪、渭门等6个乡27个村的卫生防疫工作。这是西藏自治区自中华人民共和国建立以来第一次派出医疗卫生工作队支援内地救灾。

青海省医疗防疫救援队伍　至5月12日23时，青海省卫生厅分别从青海省人民医院和青海大学附属医院骨外科、脑外科、普外科、胸外科、麻醉科抽调38名有主治医师和护师以上职称医护人员组成2支抗震救灾医疗队；同时，还从青海红十字医院和西宁市第一人民医院组建了2支预备医疗队待命。14日晚，青海省卫生厅根据救灾需要和卫生部的指示，又从青海省妇女儿童医院、青海省第五人民医院、青海省心血管病专科医院和青海省疾控中心连夜组建3支抗震救灾医疗队和1支卫生防疫队。至此，青海省共组建了由109名医疗救治和公共卫生专业医护人员组成的7支抗震救灾医疗队和1支卫生防疫队。

截至6月21日，青海省陆续组派医疗救援和卫生防疫队各5支、队员228名，先后分6批奔赴名山、芦山、荥经、天全、汉源，广元，青川县城及关庄镇，马尔康，理县县城及薛城镇、米亚罗镇、夹壁乡、下孟乡，都江堰、崇州、彭州等17处灾区开展救治工作；派出医疗急救和卫生防疫车辆29辆，各医疗队和卫生防疫队随队配备有价值360万元的药品、医疗器械、消杀灭药剂等物资。

新疆维吾尔自治区医疗防疫救援队伍　新疆维吾尔自治区卫生厅组织的第一批医疗防疫救援队共90人，携带30吨价值300多万元的医疗防疫物资和7辆救援车，于5月21日下午到达茂县开展医疗防疫救援工作。克拉玛依市医疗防疫救援队作为新疆第三批赴茂县参加抗震救灾的医疗防疫救援队，由卫生行政、卫生监督、疾病控制、新疆油田公司等单位的30人组成，于6月16日出发，18日18时30分抵达茂县县城，立即开始交接准备工作，

图 32　6 月 9 日，羌族大娘自发为在茂县灾区奋战 20 天的新疆维吾尔自治区疾控中心的救援队员送行
（张楠　摄）

分成指挥部以及南新镇、光明乡、富顺乡、土门乡、东兴乡等医疗防疫救援组，卫生监督人员主要集中在南新镇。该救援队从 19 日开始工作，7 月 5 日撤出茂县、10 日返回克拉玛依。（参见图 32）

新疆维吾尔自治区卫生厅从自治区人民医院、新疆医科大学第一附属医院、自治区中医院、乌鲁木齐市第四医院以及乌鲁木齐市友谊医院等医疗单位抽组医疗防疫救援队，先后派出 3 批共 172 名医疗卫生人员赴茂县的 4 个乡、2 个镇，开展医疗救治、环境消杀灭和疾病预防工作。同时，向四川灾区捐赠价值 613 万元的医疗、保障物资，投入救护、防疫及运输车 20 辆，诊疗伤病员 1.1 万余人。

新疆生产建设兵团医疗防疫救援队伍　5 月 18 日下午，新疆生产建设兵团应急医疗卫生救援队 31 名专业技术人员乘飞机抵达灾区，并于 19 日上午奉前方指挥部命令，经雅安、宝兴、小金等地，绕道数百公里，前往茂县开展医疗救援工作。21 日，第二批 20 名队员分乘 8 辆急救车，历时 66 个小时长途跋涉近 3000 公里，到达茂县。22 日，兵团医疗卫生救援队在茂县渭门乡、沟口乡、飞虹乡、回龙乡、白溪乡和洼底乡 6 个乡、35 个村全面展开救援工作。兵团应急医疗卫生救援队共有 3 批次、62 人在茂县参加医疗救援和卫生防疫工作。7 月 3 日，兵团最后一批救援队员返回乌鲁木齐。

全国卫生系统救援队伍参与四川灾区救援工作情况，参见表 3。

全国卫生系统赴四川灾区救援队伍参与救援情况一览表

表 3

省（区、市）及兵团	派出救援人员（人）	车辆（台）	起止时间	救援地点
北京	697	73	5 月 13 日—6 月 29 日	成都市区、绵阳、德阳、广元、乐山、都江堰、彭州、雅安、眉山、新津、乐山、双流、北川和华西医院、四川省人民医院
天津	436	21	5 月 13 日—7 月 26 日	华西医院、四川省人民医院、四川省中医院、广元市区、青川、汶川、松潘、绵竹市剑南镇和汉旺镇、绵阳
河北	607	33	5 月 14 日起	德阳、安县、崇州
山西	726	88	5 月 17 日—6 月 3 日	平武县响岩镇、南坝镇、平通镇
内蒙古	299	39	5 月 14 日—7 月 2 日	绵阳市涪城区塘汛镇、平武县龙安镇和坝子乡
辽宁	610（人次）	34	5 月 14 日—6 月 11 日	绵阳市区、安县、什邡、阿坝
吉林	424	—	5 月 14 日—6 月 7 日	成都、眉山、马尔康、汶川
黑龙江	349	—	5 月 14 日—6 月 12 日	四川康骨医院、中国第五冶金建设公司医院、广元、江油、什邡，绵竹市清平乡、汉旺镇、新市镇，绵竹市人民医院
上海	763	36	5 月 14 日—6 月 29 日	成都、绵阳、德阳、广元等市和汶川、都江堰、青川、安县、什邡等县（市）
江苏	564	77	5 月 13 日—6 月 20 日	绵阳市区和江油市各救治医院，平武、北川，什邡市蓥华镇、八角镇和红白镇
浙江	1196	64	5 月 14 日—6 月 23 日	平武、青川、江油
安徽	474	31	5 月 15 日—6 月 27 日	青川、什邡、崇州、茂县、松潘
福建	532	10	5 月 16 日—7 月 2 日	汶川、都江堰、江油、郫县、崇州、北川、茂县、彭州以及成都市第二、第五、第六、第七、第九人民医院，成都市妇产医院，核工业系统成都 416 医院等
江西	658	19	5 月 14 日—7 月 1 日	青川县木鱼镇、关庄镇、凉水镇、马鹿乡、七佛乡、楼子乡、茅坝乡、房石镇、曲河乡、前进乡、乐安寺乡、茶坝乡、大坝乡、竹园镇
山东	782	66	5 月 13 日—6 月 20 日	都江堰市人民医院、绵阳

续表 3

省（区、市）及兵团	派出救援人员（人）	车辆（台）	起止时间	救援地点
河南	902	170	5 月 14 日—6 月 12 日	成都、绵阳、资阳等市和汶川、北川、理县等县
湖北	1042	144	5 月 14 日—6 月 15 日	汶川县映秀镇，绵竹、什邡、崇州、安县、汉源、阿坝、雅安等地
湖南	949	69	5 月 14 日—6 月 24 日	华西医院、四川省肿瘤医院，彭州、都江堰、汶川、理县，广元
广东	846（人次）	150	5 月 13 日—7 月 28 日	汶川县映秀镇、耿达乡、水磨镇，江油、安县、平武、青川、黑水、理县、都江堰
广西	278	49	5 月 18 日—7 月 1 日	江油市厚坝镇、文胜乡、二郎庙镇、马角镇、华平街道、云集乡、双河镇、永胜镇、新春乡、新兴乡等，都江堰市区及其龙池镇、虹口乡、紫坪铺镇
海南	315	—	5 月 13 日—6 月 11 日	都江堰、汶川、安县的 8 个乡（镇）
重庆	1453（人次）	135	5 月 12 日—6 月 29 日	德阳市区，什邡、绵竹、都江堰、北川、安县、彭州，汶川县漩口镇、映秀镇
贵州	841	—	5 月 13 日—7 月 3 日	眉山、仁寿、彭山，彭州市通济镇、龙门山镇、小鱼洞镇、白鹿镇、磁峰镇、桂花镇
云南	675	44	5 月 15 日—6 月 13 日	绵阳市区，安县、茂县、理县
西藏	52	1	5 月 16 日—5 月 25 日	绵竹市九龙镇，茂县黑虎、沟口、飞虹、回龙、白溪、渭门等 6 个乡
陕西	667	56	5 月 15 日—6 月 19 日	广元市区，青川、马尔康、德阳、绵阳
青海	228	29	5 月 14 日—6 月 21 日	名山、芦山、荥经、天全、汉源，广元，青川县城及关庄镇，马尔康，理县县城及薛城镇、米亚罗镇、夹壁乡、下孟乡，都江堰、崇州、彭州
宁夏	96	16	5 月 15 日—6 月 30 日	青川、旺苍
新疆	172	20	5 月 21 日—7 月 5 日	茂县
新疆生产建设兵团	62	8	5 月 18 日—7 月 3 日	茂县

说明：此表资料由各省（区、市）及兵团卫生厅（局）报送，含行政、带队、勤杂人员

第二节　其他行业系统医疗防疫救援队伍

汶川特大地震发生后，全国质检系统先后派出质检总局及直属机关单位救援队伍，及天津、辽宁、上海、江苏、宁波、山东、福建、厦门、广东、深圳、重庆等检验检疫部门的卫生防疫救援队伍。国家电网公司派出国家电网公司抗震救灾医疗救援队，下辖北京、天津、上海、四川、吉林、黑龙江、浙江、山东、江苏、河南、辽宁、陕西 12 支分队；中国水电集团、四川电力公司、中国大唐、中国华电、水电顾问集团等电力企业派出医务工作组。此外，农业、安监、民航等系统也都派出了医疗防疫救援队伍。

一　质检系统卫生防疫救援队伍

防疫救援队伍组建规模　5 月 16 日，质检总局决定组织卫生防疫工作队奔赴四川地震灾区，执行消毒、杀虫等卫生处理任务。17 日上午，质检总局要求天津、辽宁、江苏、宁波、福建、厦门、山东、广东、深圳、重庆等检验检疫局，及总局机关服务中心、中国检验检疫科学研究院等单位，立即组建 19 支整建制的卫生防疫队，每队 10 人；要求机关服务中心督导厦门卫健医药有限公司紧急生产并向灾区人民和抗震救援队伍提供 10 万份应急药盒、1 万支驱蚊剂。下午，质检总局再次紧急通知天津、辽宁、江苏、宁波、山东、深圳、广东局组建第二批卫生防疫队伍，随时待命出发。18 日上午，质检总局在成都望江宾馆召开质检系统支援四川灾区动员大会，来自全国检验检疫系统的 9 支卫生防疫队、92 名卫生处理专业人员参加。会后，9 支队伍立即开赴绵阳市最大的救助中心九洲体育馆，执行消毒处理任务。下午，9 支队伍分为 3 组，分头执行卫生防疫处理任务：第一组由江苏、厦门、深圳 3 支队伍组成，前往北川中学；第二组由天津、辽宁、宁波 3 支队伍组成，赴平武县南坝镇；第三组

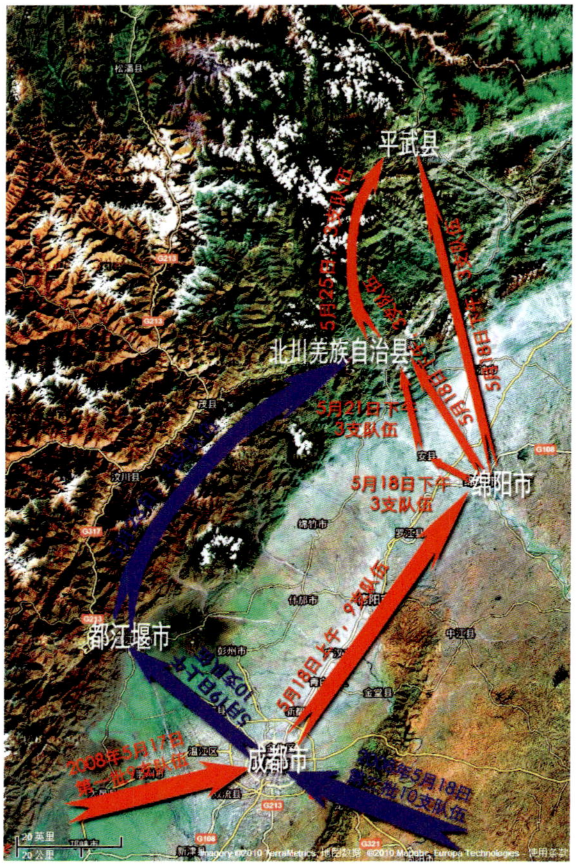

图 33　质检总局第一、二批卫生防疫队行进图

质检系统赴四川防疫队参与救援情况一览表

表 4

防疫队单位名称	支数	人数（人）	起止时间	援助地点
质检总局机关	2	21	5 月 18 日—7 月 2 日	都江堰
中国检验检疫科学研究院	2	16	5 月 18 日—7 月 2 日	都江堰
天津检验检疫局	4	40	5 月 17 日—7 月 2 日	平武县南坝镇、都江堰
辽宁检验检疫局	4	44	5 月 17 日—7 月 2 日	平武县南坝镇、北川
上海检验检疫局	1	10	6 月 2 日—7 月 2 日	北川
江苏检验检疫局	4	40	5 月 17 日—7 月 2 日	平武、都江堰
宁波检验检疫局	4	42	5 月 17 日—7 月 2 日	平武县南坝镇、都江堰
福建检验检疫局	1	10	5 月 30 日—7 月 2 日	北川
厦门检验检疫局	2	20	5 月 17 日—7 月 2 日	北川、平武
山东检验检疫局	3	31	5 月 17 日—7 月 2 日	安县、北川
广东检验检疫局	6	61	5 月 18 日—7 月 2 日	安县、北川、都江堰
深圳检验检疫局	4	44	5 月 17 日—7 月 2 日	平武、都江堰
重庆检验检疫局	2	14	5 月 17 日—7 月 2 日	安县、北川
合　计	39	393		

由山东、广东、重庆 3 支队伍组成，奔赴安县。质检总局临时购买 8 辆面包车，为卫生处理队伍提供交通保障。此后，又有 30 支质检系统的防疫队伍陆续抵达灾区开展工作。（参见图 33、表 4）

质检总局机关服务中心卫生防疫救援队伍　5 月18 日，质检总局机关服务中心经营管理处迅速从相关单位抽调 10 名卫生处理专业技术骨干，组成质检总局卫生防疫一队，在 5 个小时内快速完成消杀灭专用设备、专用药剂、个人防护用品、生活必需品等计 59 件近 500 公斤的物资筹备，于当日 23 时 55 分飞往成都。质检总局机关服务中心卫生防疫一队赴灾区执行任务两周后，质检总局决定派遣新的卫生防疫队员赴灾区轮换。质检总局机关服务中心卫生防疫一队又主动申请在灾区多坚守工作一周。6 月 4 日，总局机关服务中心组建卫生防疫二队接替一队。中心从 30 名报名者中筛选出 7 名，会同总局标准法规中心选派的 4 名人员，组成第二支卫生防疫队，于 6 日下午奔赴四川。

中国检验检疫科学研究院卫生防疫救援队伍　5 月 17 日，中国检验检疫科学研究院决定由卫生检疫研究所、院属陆桥商检新技术公司组建一支 8 人卫生防疫消毒技术小分队，由院属陆桥商检新技术公司负责前方队员的消毒药械的配备和后续药物、器械、防护用具等相关物资的补给。18 日，研究院第一支卫生防疫消毒技术小分队组建完成并飞赴成都。22 日，研究院第二支防疫消毒技术小分队组建完毕，于 30 日启程奔赴四川灾区。（参见图 34）23 日，研究院完成 3 吨杀虫剂和 5 吨消毒剂的生产和储备工作，总价值超过 175 万元。

天津检验检疫局卫生防疫救援队伍　天津检验检疫局在 200 多名报名者中选出 10 名卫生专业人员组成赴灾区卫生防疫一队，携带卫生检疫消毒药品、器械以及自身防护用品、食

图34　5月31日，中国检验检疫科学研究院抗灾防疫队队员在都江堰市青城桥安置点整装待发

（质检总局　提供）

品等，于5月17日19时30分从北京乘机赴四川灾区。18日晚，天津检验检疫局卫生防疫二队10人乘飞机赴四川灾区。6月11日，天津检验检疫局派出防疫三队和四队20人赴四川灾区接替一队和二队的工作。

辽宁检验检疫局卫生防疫救援队伍　5月17日17时，辽宁检验检疫局卫生防疫一队准时集结，乘坐19时的飞机赶往成都。18日，辽宁检验检疫局卫生防疫二队从大连出发，当晚抵达成都。19日下午，辽宁检验检疫局向下属单位发出紧急通知，组建抗震防疫后备队。抗震救灾期间，辽宁检验检疫局共派出4支抗震救灾卫生防疫队参加四川灾区防疫工作，有44名队员，其中专家组成员1名。

上海检验检疫局医疗防疫救援队伍　5月18日，上海检验检疫局从13个单位择优组建了2支各11人的卫生防疫队。29日，根据质检总局派遣1支10人组成卫生防疫队赶赴四川的通知，上海检验检疫局从22人中选出10人，组建成上海检验检疫局卫生防疫一队，其余12人待命。6月2日11时20分，上海检验检疫局卫生防疫队携带80箱重2吨价值20万元的卫生处理药品和器械等飞赴四川灾区。（参见图35）

江苏检验检疫局卫生防疫救援队伍　5月17日10时30分，接质检总局派出抗震救灾技术服务队赶赴灾区的通知后，江苏检验检疫局在90分钟内组建成江苏局卫生防疫一队。17时，一队携带消杀灭器械、消毒药品和个人防护等用品飞赴成都。在抗震救灾工作中，江苏检验检疫系统选派40名卫生防疫队员组成的4支江苏检验检疫抗震救灾卫生防疫队奔赴灾区。

宁波检验检疫局卫生防疫救援队伍　5月17日中午，宁波检验检疫局接到质检总局要求当天派出抗震救灾卫生防疫队的命令，局党组研究确定由临床医学、卫生防疫和卫生处理专业人员共10人组成第一支抗震救灾卫生防疫队。14时，卫生防疫队队员乘飞机奔赴四川灾区实施防疫援助。18日，宁波检验检疫局第二支由10名专业人员和1名后勤保障人员组成的抗震救灾卫生防疫队

图 35　6 月 23 日，质检总局上海卫生防疫队跋涉在北川羌族自治县擂鼓镇坪上村的废墟间

（赵文斌　摄）

乘飞机奔赴四川灾区，后勤保障人员也于次日飞赴成都开展后勤保障和协调工作。6 月 2 日，根据质检总局部署，宁波检验检疫局第三、第四支抗震救灾卫生防疫队赶赴四川，分别替换第一、第二支抗震救灾卫生防疫队的工作。

福建检验检疫局医疗防疫救援队伍　5 月 19 日，福建检验检疫局通知机关有关处室和福州检验检疫局、泉州检验检疫局、莆田检验检疫局、福清检验检疫局，及福州机场办、邮件办等卫生专业人员报名参加赴地震灾区卫生防疫队，不到两小时即有 75 人报名参加；同日，向质检总局上报《关于赶赴四川参加灾后卫生控制工作的请示》和《赶赴四川参加灾后卫生控制工作请战书》。30 日下午，福建检验检疫局卫生防疫服务队 10 人出发赶赴四川灾区。

厦门检验检疫局卫生防疫救援队伍　5 月 17 日下午，一支由 10 名专业卫生防疫技术骨干组成的抢险防疫队在 3 小时内集结完毕，携带 2 台大型喷雾器、3 台背负式喷雾器和大量用于环境消毒的药品及充足的个人所需物资和防护用品等 1000 余件应急物资，于 20 时到达成都，18 日与全国质检系统紧急征召的其他 8 支卫生防疫队进行简短的誓师仪式后奔赴灾区。29 日，厦门检验检疫局防疫二队全体队员飞抵四川替换救援一队，负责平武县南坝镇檬子树村群众安置点的卫生防疫工作。

山东检验检疫局卫生防疫救援队伍　5 月 17 日上午，山东检验检疫局挑选出 11 名卫生检疫专业技术人员组成山东局卫生防疫一队；同时紧急调配消毒剂、杀虫剂及卫生防疫器械等卫生检疫处理用品、防护用品及生活用品等。下午，山东卫生防疫一队飞赴成都。18 日上午，山东检验检疫局组织第二批10人赴四川灾区防疫消毒工作队，并进行药品、器械、物资等各方面准备工作。同日晚，山东局卫生防疫二队乘飞机赶往成都。30日，山东检验检疫局决定，由来自青岛、烟台、威海、日照、潍坊、龙口、荣成、岚山等检验检疫局10人组成的山东卫生防疫三队，携带卫生处理消毒、除虫药品、喷雾器械等药械，于15时45分直飞绵阳。

广东检验检疫局卫生防疫救援队伍　5月17日9时，质检总局致电广东检验检疫局，要求组织的救援队伍必须于当晚抵达成都。汕头、湛江检验检疫局组织的队伍也迅速做好准备，随时候命出发。按照质检总局的要求，广州检验检疫局10名工作人员整建制组建成广东检验检疫局抗震救灾卫生防疫技术服务第一队，并在15时前完成消杀技术培训、采购调配所需物资及人员登机、物资托运等准备工作。23时，广东局卫生防疫技术服务一队登机奔赴四川灾区执行防疫救灾任务。

5月17日，汕头检验检疫局、湛江检验检疫局各选出10名政治素质较高、身体素质较好、业务能力较强的工作人员，组成广东检验检疫局抗震救灾卫生防疫技术服务二队和三队，并按广东检验检疫局卫生监管处的指导做好物资准备。18日下午和晚上，由汕头检验检疫局和湛江检验检疫局组成的广东局卫生防疫技术服务二队、三队，分别乘机直飞成都。

5月26日，广东检验检疫局接到质检总局关于轮换卫生防疫队的通知，卫生监管处从报名者中精选出卫生检疫专业人员，组成第二批共3支抗震救灾卫生防疫队，即广东检验检疫局抗震救灾卫生防疫四队、五队、六队。20时50分，广东检验检疫局第四队12人登机奔赴四川灾区。30日，由新会检验检疫局6名卫生检疫人员和茂名检验检疫局4名卫生处理人员组成的广东检验检疫局第五队集结完毕，于18时30分乘机前往绵阳。31日15时，由顺德检验检疫局6名和增城检验检疫局3名卫生防疫人员组成的广东检验检疫局第六队乘机赴地震灾区。

深圳检验检疫局卫生防疫救援队伍　5月17日，深圳检验检疫局紧急挑选出11位业务熟练、专业技术较好的从事消杀灭的卫生检疫专业技术人员组成卫生防疫一队，紧急配备价值10多万元的便携式消杀灭器械和药品及生活用品、食品，于14时30分，奔赴四川灾区执行卫生防疫任务。

5月18日，深圳检验检疫局派出由11人组成的卫生防疫二队，于14时30分赴四川灾区开展卫生防疫工作。三队和四队共22人，于6月6日12时25分从深圳出发赶赴成都。

重庆检验检疫局医疗防疫救援队伍　5月17日，重庆检验检疫局抽调7人组成重庆检验检疫局卫生防疫一队，派2辆皮卡车赶赴成都。21日，又抽调7人组建重庆检验检疫局卫生防疫二队，于24日到四川灾区替换防疫一队。

二　电力行业医疗防疫救援队伍

驻四川电力行业医疗救援队伍　5月12日晚，国家电网四川电力公司医院启动抗震救灾应急工作方案，派出第一支医疗队奔赴都江堰抗震救灾现场。与此同时，国家电网映秀湾水力发电总厂医疗小组、国家电网成都电业局医务工作组、中国大唐甘肃公司抗震救灾指挥部医疗卫生服务组、中国华电宝珠寺水电厂医疗工作组、水电顾问集团成都院配备医护小组、四川地电嘉阳电力医疗防疫组和四川地电江油发电厂医务工作组等电力行业医务小组在灾区坚守岗位，开展医疗救治和卫生防疫工作。

5 月 12 日 20 时左右，当了解到成都电业局都江堰供电局受灾严重后，四川电力公司医院决定组建医疗队，迅速奔赴都江堰市直接参加现场医疗救助。23 时左右，由 6 人组成的四川电力公司医院医疗队乘坐救护车，赶往都江堰供电局参加医疗救治工作。13 日 8 时和 12 时，四川电力公司医院又派出两批人员前往都江堰市与医疗队会合。第一批 4 人携带各类药品、方便面、矿泉水、军大衣等生活用品，到都江堰为医疗小分队补充药品和生活用品；第二批 4 人携带救灾物资前往都江堰，充实和更换部分医疗队成员。18 时，四川电力公司组织包括医务人员在内的 100 人左右的救援队伍从都江堰出发，徒步赶往汶川县映秀湾地区参加救援。14 日下午，四川电力公司又组织包括医疗救援人员在内的 100 余人，携带药品、食品、饮用水、净化器和必要的救援工具，徒步赶往映秀湾地区展开救援工作。抗震救灾期间，四川电力公司医院采购各类抗震救灾药品及医疗器械 16 批次，为 22 个医疗点提供 53 批次药品、消毒品及医疗器械，提供中药 2000 余份，总价值 45 万元。

国家电网医疗救援队伍 国家电网于 5 月 13 日组建了国家电网公司抗震救灾医疗队，下辖北京、天津、上海、四川、吉林、黑龙江、浙江、山东、江苏、河南、辽宁、陕西等电力公司 12 个分队，共计 268 人（见表 5）。医疗队指挥部设在都江堰市的四川电力公司翠月湖培训基地。各医疗分队以各省市公司电力医院为班底组成，到达四川后，在翠月湖培训基地集中，由四川分队提供物资保障。各分队在划分的对口服务片区，开展医疗救护和卫生防疫工作。在整个灾区的

国家电网抗震救灾医疗队参与救援情况一览表

表 5

医疗队名称	实到灾区人数（人）	后勤保障车辆（台）	医疗物资总价值（万元）	起止时间	救援地点
北京分队	36	11	43.5	5 月 15 日—6 月 3 日	映秀湾发电厂、中国水电十局安装分局、北川县城
天津分队	18	6	46	5 月 17 日—6 月 3 日	都江堰供电局本部、都江堰供电局员工安置点
山东分队	25	11	44.5	5 月 15 日—6 月 3 日	汶川县映秀镇、德阳、都江堰
辽宁分队	23	4	65	5 月 16 日—6 月 3 日	绵竹
吉林分队	23	5	35.4	5 月 15 日—6 月 3 日	国家电网映电总厂
上海分队	31	10	29.5	5 月 15 日—6 月 3 日	紫坪铺水库大坝、汶川县映秀镇
浙江分队	15	4	14.9	5 月 14 日—6 月 3 日	都江堰、汶川
江苏分队	39	16	54	5 月 14 日—6 月 3 日	北川、安县、江油、汶川、都江堰
陕西分队	12	4	31	5 月 18 日—6 月 3 日	广元、绵阳
河南分队	14	2	25.5	5 月 15 日—6 月 3 日	汶川县映秀镇
四川分队	22	8	337.9	5 月 13 日—6 月 6 日	都江堰、汶川
黑龙江分队	10	4	52	5 月 16 日—6 月 3 日	绵阳
合 计	268	85	779.2		

医疗防疫工作中，国家电网医疗队共投入32辆医疗及后勤保障用车和总价值779.2万元的各类急救药品、防疫消毒用品、医疗器械等物资，在都江堰、汶川县映秀镇、绵阳、绵竹、北川电力职工社区，及四川电力公司前线指挥部、成都电业局指挥中心、紫坪铺大坝、都江电力设备厂等10个地区，设置医疗站实施医疗救治、卫生防疫工作。从14日开始，国家电网抗震救灾医疗队先后组织5支医疗突击队，人均背负近30公斤的药品和给养，冒着沿途余震不断、山体滑坡、飞石滚落以及泥石流、塌方等危险，跋山涉水进入汶川县映秀镇，成功抢救大批重伤员，确保国家电网映电总厂幸存人员得到及时救治。

国家电网医疗队北京分队由北京电力医院组建。5月14日凌晨接到北京市卫生局组织医疗救援队赶赴四川灾区的紧急通知后，北京电力医院立即抽调1名医师、1名护士和2名司机及救护车1辆，组成北京120抗震救灾医疗队电力医院分队，携带医疗器材和药品物资参加北京市卫生局120抗震救灾医疗队，赶赴成都参加救援。到达成都后，北京分队立即到都江堰参加抗震救灾医疗救助工作。17日下午，北京电力医院派出一辆依维柯救护车，满载着抗震救灾物资、药品和食品再次出发，于18日晚到达成都，与第一批医疗队会合。国家电网医疗队北京分队先后有32名精通外伤抢救的业务骨干和其他工作人员参加，在国家电网映电总厂、中国水电十局安装分局和北川县城等地参加医疗救援工作。

国家电网天津分队于5月14日组建。15日19时，由天津电力医院首批10名医护人员、1辆装载价值近10万元的急救和防疫用医疗器械和药品的大型集装箱货柜车、1辆旅行车和1辆指挥车组成的医疗队出发赶赴四川灾区。17日17时，天津分队抵达都江堰市国家电网抗震救灾医疗救护中心，被分配在都江堰供电局本部和都江堰供电局受灾员工安置点进行救护工作。

国家电网医疗队辽宁分队由辽宁省电力有限公司组建。5月16日，19名医疗队员乘飞机赶到绵竹市设立医疗救助点，展开医疗救援工作。4名队员乘坐医疗救护车和中巴运输车，携带价值93万元的医疗设备、应急药品和生活物资于15日从沈阳出发，17日抵达四川灾区。

国家电网医疗队吉林分队的医疗队队长和医护人员由吉林电力医院选派，领队和随队记者由吉林电力公司本部选派，后勤保障工作由公司所属省送变电公司西南分公司负责。5月14日，医疗队派先遣组4人抵达四川灾区协调有关事宜。15日下午，国家电网医疗队吉林分队其他队员，携带医疗器械、药品等抵达位于都江堰的四川电力公司翠月湖培训基地，主要在国家电网映电总厂开展医疗救援。

国家电网医疗队黑龙江分队，由临床经验十分丰富的骨科、普外科、颌面外科及手麻科主任医师、副主任医师、护士等组成，5月13日组建完成。14日，监护设备、心电机、麻醉器械、手术器械等医疗设备以及代用血浆、抗生素、消毒杀菌药品、绷带、纱布、夹板等卫生耗材以及队员必备的生活物资准备完毕。16日，黑龙江分队6名队员由1名副院长带队，分别乘坐1台大客车和1台越野吉普车，满载价值50余万元的药品、医疗器材等救援物资先期奔赴四川灾区。19日，经过重新调整的4名医疗队员乘飞机赶赴抗震救灾前线，于20日凌晨在西安与运送物资的车队会合，再赶赴都江堰市。黑龙江分队主要在绵阳灾区开展医疗救援工作。

上海电力医院派出1辆发电车和1辆指挥车，携前方急需药品，于5月14日赶赴四川灾区。次日5时50分，由上海电力医院内科、外科、骨科、烧伤科、急诊科、护理部的医师和护士组

图36　国家电网医疗队上海分队医师在紫坪铺渡口抢救婴儿
（国家电网医疗队上海分队提供）

成的国家电网医疗队上海分队乘飞机赶赴四川地震灾区。15 日 15 时 50 分，医疗队抵达都江堰市紫坪铺水库大坝，就地对从映秀镇运送出来的伤员实施医疗救护。（参见图 36）

江苏电力公司首批医疗救护队由 15 名资深外科、骨科及麻醉科医师、护士组成，5 月 14 日在南京完成集结，乘飞机赶赴成都。同日，江苏电力公司派出 1 辆应急医疗车和 3 辆保障车，装载为医疗队提供的价值 20 余万元的药品和其他物资，从陆路赶往四川灾区。当晚，江苏电力公司又派出包括 1 辆应急医疗车、3 辆运输保障车和 3 名医师在内的，由 11 名成员组成的医疗救护队，携带 2 台应急发电机和价值 35 万元的药品从南京出发赶赴四川灾区，到国家电网梓潼供电局开展医疗救援。江苏电力公司共计派出医疗救援人员 85 人。

由浙江电力公司紧急抽调国家电网职业病防治院骨干力量组成的国家电网医疗队浙江分队，于 5 月 14 日组建。当晚，队员分乘两个航班飞往成都，到达后立即赶到都江堰医疗队集结地报到待命。同日，浙江电力公司派出 1 辆救灾车及 1 辆面包车，装载医疗急救和防疫药品、器械、防护用品等，日夜兼程，赶往四川灾区，于 16 日到达集结地与医疗队员会合，开展医疗救治。

山东电力公司于 5 月 13 日晚从山东电力中心医院抽调医护人员，组成医疗队前往四川抗震救灾。同时，从山东电力中心医院和鲁能物业公司、济南供电公司、山东电力超高压公司等单位紧急调配医疗器械、药品、食品、矿泉水、帐篷、小型发电机等救灾物资和冷藏运输车辆，为医疗队配备心电图机、血球仪、尿生化仪、血糖仪、血压表和显微镜等医疗设备和器械，以及现场医疗处置、群发性疾病防治等方面的药品和防护用品。医疗队成员包括内科、外科、骨科、护理、检验专业的医护人员，山东电力公司带队干部及司机和小型发电机工作人员。14 日晚，山东电力公司抗震救灾医疗队的医护人员到国家电网抗震救灾医疗救护中心报到。（参见图 37）同日，医疗队后勤物资车队从济南出发，经过 27 个小时连续赶路，于 15 日 19 时到达都江堰抗震救灾急救现场。17 日，根据医疗救援工作的需要，山东电力中心医院增派 2 人、山东电力公司抽调 3 人，赶赴抗震救灾一线参加救援。

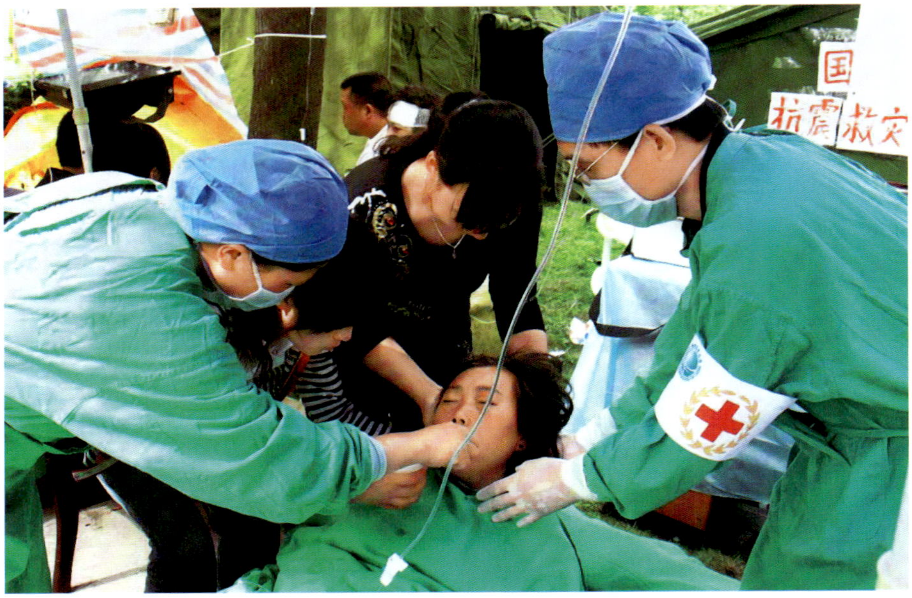

图37 山东省电力集团公司抗震救灾医疗救援队在映秀湾电厂小区进行现场急救

（高立联 摄）

河南电力公司首批支援四川抗震救灾医疗小分队，于5月15日上午乘坐一辆携带心电图机、呼吸机、除颤仪、吸痰器、制氧机、氧气袋、登山氧气瓶等医疗器械的重症监护车从郑州出发，赶赴四川灾区。首批支援四川医疗小分队共有8名成员，均为河南电力医院经验丰富的内、外科医师。下午，按国家电网要求，河南电力公司又组建抗震救灾医疗二分队，赶赴四川地震灾区，到汶川县映秀镇开展医疗救援工作。

鉴于成都双流机场物资转运困难，消毒药品等防疫物资匮乏，国家电网抗震救灾医疗队指挥部决定，调西安电力中心医院的医疗人员和设备参加灾区的卫生防疫工作。5月18日，由西安电力中心医院一行6人组成的国家电网陕西医疗救援分队，乘坐2辆装载防疫药品和物资的汽车，日夜兼程赶到都江堰电力设备厂开展卫生防疫工作。

卫生部派遣的大批医疗队伍到达四川灾区后，国家电网抗震救灾医疗队于6月4日撤离，后期的医疗卫生防疫工作正式移交四川电力医院。四川电力医院人员除在映秀镇的医疗组仍留守岗位外，其余人员全部从都江堰市翠月湖培训基地医疗队抗震指挥部撤离，四川电力医院的各项工作基本恢复常态。

中国水电集团医疗防疫救援队伍 地震发生32分钟后，地处成都的中国水电集团第十工程局医院获悉都江堰市灾情严重，立即派出由18人组成的医疗救护队赶赴都江堰，到新建小学组织营救受伤师生。从5月14日起，第十工程局医院又相继派出7支医疗突击队，进入汶川县映秀镇、水磨镇、漩口镇等重灾乡村参加医疗救援工作。随后，第十工程局医院在都江堰市区设立8个医疗点、2支街头巡回医疗队。

地震发生后，第五工程局中心医院派出由72名医务人员组建的4支医疗队，在四川灾区承担伤员救治、伤员转送、基地卫生防疫和工程项目震后传染性疾病预防等工作。第五工程局中心医院组织的伤员救治医疗队40人，由医院医师和护士组成，主要承担第五工程局广元基地职工、家属和当地群众地震受伤人员的抢救和治疗工作。伤员转送医疗队4人，由医师、护士、救护车司机组成，主要承担从第五工程局基地所在地广元市利州区宝轮镇，将重伤员向广元有关医院及广元火车站伤员专列转送的任务。广元基地及地方卫生防疫医疗队 18 人，由医院防疫站及有关科室工作人员组成，主要承担广元基地生活区和办公区域，以及地方政府指定的有关区域的卫生防疫工作。震后传染性疾病预防医疗队 10 人，由医师、护士及有关工作人员组成，主要承担第五工程局在川各工程项目、第五工程局机关、第五工程局成都市区 3 个生活小区职工、家属震后预防传染病疫苗接种，以及有关人员体检等工作。在抗震救灾抢险期间，第五工程局中心医院的 158 名医护和工作人员，全部参加抢险救护工作及服务工作。

三　农业和其他行业系统医疗防疫救援队伍

农业系统卫生防疫救援队伍　5 月 16 日，农业部抗震救灾前线专家组与四川省畜牧食品局召集四川农业大学、西南民族大学负责人，专门研究组建部、省联合动物疫病防疫应急分队事项，决定从四川省畜牧食品局机关和直属单位抽调兽医技术人员，与四川农业大学、西南民族大学动员的畜牧兽医院系教师、高年级学生志愿者，组成部、省联合动物疫病防控应急分队，分批进驻灾区开展动物疫病防控工作。20 日，农业部与解放军总后勤部协调，决定由四川省畜牧食品局和军事医学科学院军事兽医研究所各派 18 名兽医卫生人员组建农业部、解放军联合动物疫病防控应急分队，进驻实施交通管控的重灾区开展动物疫病防控工作。截至 6 月 10 日，农业部发动和组织由地方、军队共 388 人参加的 10 支联合动物疫病防疫应急分队开展疫病防控工作。

抗震救灾期间，农业部按照“以系统内部为主、以外部为辅，以畜牧兽医专业人员为主、以非专业人员为辅，以灾区自身力量为主、以帮扶力量为辅”的原则组织救援力量，仅在四川省就组建了 3679 支防疫分队，有 20050 名基层防疫人员和志愿者、部队官兵，参加死亡动物无害化处理和消毒工作。四川省组织灭鼠专业队 180 个、小分队 947 个、专业灭鼠员 11700 名、群众灭鼠员 3 万余名，使灾区鼠传疫病防控工作得以顺利开展。农业部组织的卫生防疫救援队伍在救援区域上，呈现的是“点”“线”结合的特点。部、省联合动物疫病防疫应急分队采取“点”的方式，分 3 批，每批出动 3 支分队开展救援工作。5 月 17 日，首批第一分队分成两组分别进驻彭州、都江堰两市，彭州组驻龙门山镇，都江堰组驻石羊镇；同日，第二分队进驻绵竹市东北镇双胜村。18 日，第三分队进驻什邡市师古镇。（参见图 38）24 日、29 日，第二、第三批防疫分队相继在上述地点接替前一批防疫分队，继续开展防疫救援工作。农业部、解放军联合动物疫病防控应急分队采取“线”的方式开展卫生防疫救援工作。应急分队于 22

图 38　5 月 19 日，农业部、四川省联合动物防疫队第三分队队员在什邡市师古镇挖坑穴，掩埋死亡动物尸体

（杨林　摄）

日分两路进入受灾县（市），一路沿理县—茂县—黑水行进，一路沿江油—青川行进。每地驻扎2～5天不等，之后再转往下一地。此外，这支队伍还分别深入德阳、绵阳两市和都江堰、彭州、绵竹、什邡、安县等县（市）的35个乡（镇）、85个村布点采样，实施人畜共患病和重大动物疫病监测。灾区各地组织的救援队伍，按照“上级帮下级、重灾区帮极重灾区、一般灾区帮重灾区和极重灾区、极重灾区以自救互救为主”的原则开展救援行动，救援地域实现全覆盖。

安全监督系统医疗救援队伍 地震发生后，安全监管总局矿山医疗救护中心（北京煤炭总医院）立即派出医疗队赴四川灾区救灾。中心先后向河南、山西、河北等分中心发出通知，要求各分中心迅速组织医疗队赴四川灾区。5月14—31日，矿山医疗救护中心共派出14支医疗队共173名医务人员到四川灾区开展医疗救援，其中矿山医疗救护中心医疗队50人、芙蓉分中心医疗队30人、平顶山分中心医疗队12人、晋城分中心医疗队10人、大同分中心医疗队10人、开滦分中心医疗队23人、广元分中心医疗队11人、焦作分中心医疗队10人、四川华蓥山矿山急救分中心医疗队14人、华北煤炭医学院附属医院医疗队3人。医疗队员中，有主任医师19人、副主任医师41人、副主任护士3人，主要专业为骨科、肠外科、神经外科、普外科、消化内科、呼吸内科、肾脏内科等。安全监管总局矿山医疗救护医疗队分别在绵竹、青川、安县等县（市）灾区开展医疗救护工作。

民航系统医疗防疫救援队伍 5月15日，中国民航局连夜紧急调集30架直升机，从各地出发前往广汉机场，参加抗震救灾工作。这些直升机以中国民航飞行学院广汉机场为基地，向灾区空投物资，运送伤员。17日18时，中国民航总医院的首批医疗救援队赶往四川灾区，参加医疗救援工作。19日，中国民航总医院又组织第二批医疗救援队赶赴四川灾区参加医疗救助。

公安边防医疗救援队伍 公安边防部队从广东、云南、福建、海南4个边防总队抽调660名官兵，组成4支抗震救灾医疗抢险队。广东边防总队医疗抢险队率先于5月13日中午抵达四川，云南、福建、海南边防总队医疗抢险队于14日先后到达灾区开展救援工作，四川边防总队担负后勤保障任务。5月13日至6月6日，公安边防医疗抢险队转战于绵竹、都江堰、汶川、安县、什邡等县（市）的汉旺、紫坪铺、水磨、漩口、龙池、三江、白花、映秀、界牌、永河、洛水11个乡（镇），开展医疗救治工作。

环保系统卫生监测救援队伍 5月19日至6月6日，环境保护部先后调集3批共21个省（区、市）的环境监测力量到四川灾区救援，实现了对灾区饮用水源地监测范围和监测指标的两个全覆盖。在四川灾区共出动环境监测人员1350人、现场监测仪器设备600多台（套），出动车辆6000余台次，行程160余万公里，历时两个半月，对48个城市饮用水源、203个乡（镇）饮用水源、96个其他农户水井等分散饮用水源水质进行应急监测。

第二章 解放军和武警部队医疗防疫救援队伍

解放军指战员在总参谋部、总政治部、总后勤部、总装备部的统一指挥和部署下，以成都军区为主体，向地震灾区紧急驰援。全军直属和各大军区、各军兵种主要医疗单位和军事院校，火速动员和组织医疗防疫救援力量赶赴灾区，开展医疗救援和卫生防疫工作。全军先后派出共有7061人参加的397支医疗卫生救援队伍奔赴地震灾区参加医疗救治、卫生防疫和心理救助工作；同时，还有39所军队医院参加地震伤员的接收救治工作。

在执行四川地震伤员救治任务中，沈阳军区、北京军区、济南军区、空军总医院、第二炮兵总医院等军队医院首次派出先进的野战急救车16台、野战X线诊断车9台、野战手术车8台、野战远程会诊车10台、野战消毒灭菌车3台、野战被服消洗车1台、野战防疫车1台、发电拖车9台。野战手术方舱及第二代野战医疗方舱等用于野外或野战医院（所）的伤员救治，使不少重伤员得到及时救治。

武警部队官兵在武警总部组织部署下，也紧急驰援地震灾区。武警部队后勤部卫生部在地震发生当天成立抗震救灾卫勤保障领导小组，统一组织协调武警部队在地震灾区的医疗救治、卫生防疫、药品筹集等工作，并派出655人组成的38支医疗防疫队，赶赴四川等地灾区开展医疗救治和卫生防疫工作。驻地震灾区武警部队医疗单位按照武警总部和驻地中共地方组织、地方政府的命令和安排，就地展开医疗救援。抗震救灾期间，武警部队的医疗卫生救援队先后开赴灾区开展医疗卫生救援，山东、宁夏、上海、吉林、海南等14个省（区）的武警部队医疗救援队，以空运、铁路、公路、水路运送及徒步等方式向灾区突进，迅速到达指定救援地点。

第一节　解放军医疗防疫救援队伍

汶川特大地震发生后，成都军区、兰州军区、沈阳军区、北京军区、济南军区、南京军区、广州军区、海军、空军、第二炮兵、总参谋部、总后勤部（第二军医大学、第三军医大学、第四军医大学、军事医学科学院、解放军总医院、解放军第302医院、解放军第161医院）、总装备部组织医疗防疫救援队伍，到四川等地灾区进行医疗救援和卫生防疫等工作（参见表6、图39）。

解放军各大军区部分医疗防疫救援队伍到达时间与主要救援地点一览表

表6

军区	单　位	到达时间	主要救援地点
成都军区	成都军区峨眉疗养院都江堰片区	5月12日15时30分	都江堰市蒲阳镇
		5月12日17时	都江堰市向峨乡
	四川省军区门诊部	5月12日16时30分	都江堰
	成都军区总医院	5月12日16时40分	都江堰市人民医院，绵竹、北川、安县、青川等地
	达州军分区医疗所等组成的医疗队	5月12日傍晚	汶川县城、映秀镇，青川
	第452医院	5月12日19时	都江堰市中医院、北川、茂县、汶川县映秀镇、理县
	重庆警备区预备役师卫生营等5家	5月13日晨	绵竹、阿坝铝厂
	第42医院、第324医院	5月13日晚	北川、汶川县映秀镇、什邡市洛水镇
	成都军区昆明总医院	5月14日	北川、绵竹及汉旺镇
	第44医院	5月15日下午	绵竹、都江堰市聚源镇
	成都军区疾控中心	5月15日	北川县城、都江堰市向峨乡
兰州军区	第323医院、第451医院（各3支）	5月15日凌晨	绵竹市金花镇、天池乡、清平乡、汉旺镇；之后先后被部署在绵竹市区、汉旺镇、金花镇、土门镇和彭州市龙门山镇银厂沟
	兰州军区第三医院	5月16日6时30分	略阳、宁强
	兰州军区第一医院	5月16日19时	舟曲
	兰州军区总医院、军区疾控中心	6月9日	陇南（县）

续表 6

军区	单　位	到达时间	主要救援地点
沈阳军区	沈阳军区总医院	5 月 17 日	平武县响岩镇、平通镇、南坝镇，青川县乔庄镇，北川羌族自治县擂鼓镇和绵竹市遵道镇
	第 201 医院	5 月 18 日晨	苍溪、剑阁、朝天、青川等县（区）
	第 463 医院	5 月 18 日晨	绵竹，平武县响岩镇、平通镇、南坝镇
	第 202 医院	5 月 18 日晨	绵竹、绵竹市遵道镇
	沈阳军区疾控中心	5 月 21 日	茂县及凤仪镇
	第 208 医院	6 月 13 日	茂县
北京军区	白求恩国际和平医院 256 临床部	5 月 14 日	四川灾区
	北京军区总医院	5 月 14 日下午	汶川县原白花乡、三江乡、映秀镇，都江堰市向峨乡
	第 261 医院	5 月 14 日晚	都江堰、汶川县原白花乡
	第 255 医院	5 月 19 日	绵竹市剑南镇
	北京军区疾控中心	5 月 16 日	安县
	66393 部队救灾防疫队	5 月 26 日	汶川县映秀镇
济南军区	第 456 医院	5 月 14 日	彭州市龙门山镇
	济南军区总医院	5 月 14 日 2 时 50 分	彭州市通济镇、磁峰镇和小鱼洞镇，都江堰、平武等
	第 150 医院、第 153 医院、第 371 医院、第 159 医院	5 月 15 日	彭州市白鹿镇、济南军区部队驻地
	济南军区疾控中心	5 月 13 日	四川灾区
	第 150 医院、第 154 医院	5 月 14 日	都江堰市玉堂镇、彭州市通济镇
	第 88 医院	5 月 26 日	彭州市通济镇、隆丰镇双埝村、磁峰镇小石村、新兴镇湔水河
南京军区	第 455 医院	5 月 14 日下午	平武县南坝镇
	第 85 医院	5 月 14 日下午	什邡、汶川县水磨镇
	第 411 医院	5 月 14 日下午	汶川
	第 81 医院、第 454 医院、南京军区疾控中心	5 月 26 日	什邡市湔氐镇、蓥华镇
广州军区	武汉总医院	5 月 13 日	什邡市红白镇、元石镇、洛水镇、马祖镇，中江县继光镇，绵竹市汉旺镇、天池乡
	广州军区疾控中心	5 月 25 日夜	四川灾区

说明：到达时间一般指第一支医疗防疫队到达的时间

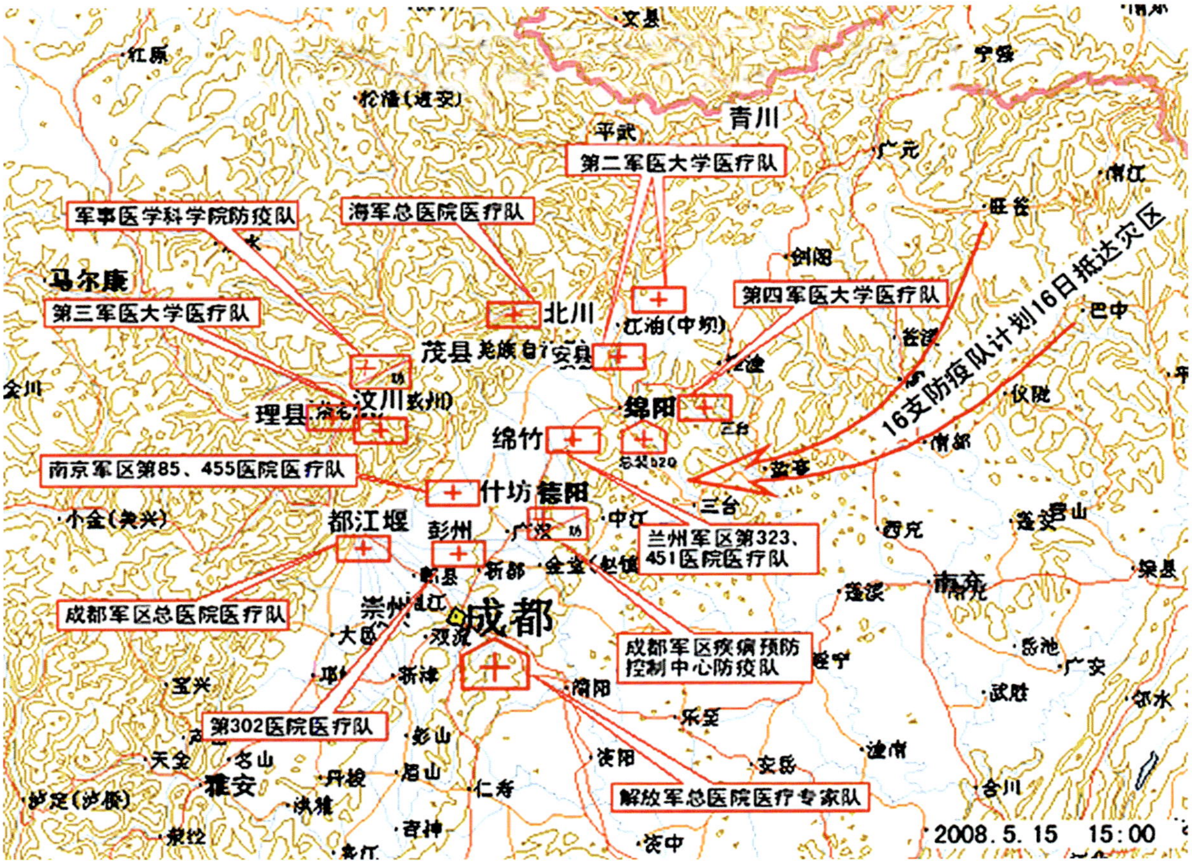

图 39　中国人民解放军参加抗震救灾医疗队部署图

一　各军区医疗防疫救援队伍

地震发生伊始，成都军区紧急调集 10 余支部队医院医疗队赶赴都江堰、北川、绵竹、什邡、平武、青川等极重灾和重灾县（市）进行现场救援。兰州军区抽组 6 支医疗队，采取航空输送方式，赶赴四川灾区执行抗震救灾医疗保障任务。济南军区先后抽组 5 支野战医疗防疫队，带着 5 台救护车，赶赴四川灾区执行抗震救灾卫勤保障任务。北京军区、沈阳军区、南京军区和广州军区也先后抽组多支医疗队，赶赴四川执行抗震救灾卫勤保障任务。

成都军区医疗防疫救援队伍　地处四川灾区的成都军区峨眉疗养院都江堰片区，虽然大部分营房倒塌，基础设施严重受损，但主震刚过，院区立即成立抗震救灾指挥部，抽组医疗小分队。5 月 12 日 15 时 30 分，都江堰片区第一支医疗小分队到达蒲阳镇开设紧急医疗救护点，展开救护工作。17 时，第二支医疗队在瓢泼大雨中沿着被严重震裂的山区公路赶往向峨乡，抢救伤员；第三支医疗队沿着被严重震裂的山区公路赶往向峨中学抢救被压受伤学生。至 17 日清晨，都江堰片区先后派出 3 批医护人员参加向峨乡现场救治。

5 月 12 日 16 时，成都军区某集团军装甲旅卫生队随留守部队，在驻地附近 6 个受灾乡镇展开救援。18 时 15 分，某炮兵旅卫生队随团自邛崃到达都江堰展开医疗救援。19 时 20 分，该集团军某师医院向绵竹机动展开医疗救援。19 时 50 分，某集团军高炮部队卫生队随留守部队向绵竹机动展开医疗救援。21 时，该集团军某团卫生队随团自松潘川主寺出发向茂县机动展开医疗救援。23 时 40 分，某集团军工兵团卫生队随团自康定，经泸定、雅安向崇州机动救援；后又随团向都江堰市紫坪铺机动，准备向汶川县映秀镇机动展开医疗救援。同日，该集团军炮兵旅卫生队随留守部队在驻地附近展开救援。13 日零时，该集团军装甲团卫生队随团向北川机动展开医疗救援。14 日 13 时，该集团军某师某团卫生队随团自雅江，经塔公、小金向汶川县威州镇、雁门乡机动展开医疗救援。19 日 8 时，某电子对抗团卫生队随团留守部队向都江堰市大观镇机动展开医疗救援。

5 月 12 日 16 时 30 分，由四川省军区门诊部组成的四川省军区第一批医疗救护分队到达都江堰市，在四川农业大学都江堰校区建立医疗救护点，当晚即开始抢救和运送伤员。12 日傍晚，达州军分区医疗所等医疗机构组成的医疗救护队，分别到达汶川县城、映秀镇及青川等极重灾区开设医疗救护所，展开医疗救援。13 日，四川省军区组织现役军人、民兵、预备役人员组成 41 支医疗保障分队开赴各市、县、乡受灾地区展开医疗救援。

第 452 医院组织医疗队就近在都江堰和北川等极重灾县（市）开展医疗救治。5 月 12 日 19 时，第 452 医院组织的 25 人医疗队到达都江堰市中医院。13 日 13 时，第 452 医院一支 25 人医疗队采取摩托化机动方式到达北川，部署在北川中学。14 日，第 452 医院紧急抽组一支 15 人的医疗队，乘机赴茂县执行医疗救援保障任务。14 日 21 时 40 分，由 24 人组成的医疗队到达理县，配置在理县广场展开医疗救援。15 日 9 时，映秀医疗队 15 人空运至汶川县映秀镇，配置在漩口中学操场展开医疗救援。

成都军区卫生部紧急从 78300 部队、78438 部队、军区总医院、昆明总医院等单位抽组 24 支医疗队作为应急救援力量。成都军区总医院于 5 月 12 日 16 时 40 分，组建由 22 名业务骨干组成的医疗队，携带医疗器械、药品赶到都江堰灾区，在都江堰市人民医院坍塌现场救治伤员。22 时，成都军区总医院再抽组一支 10 人的医疗分队，乘 5 辆卡车前往彭州接收伤员，23 时 21 分医疗队到达彭州全力抢救伤员。

成都军区昆明总医院以医院野战医疗所的成员和装备为基础，抽组了 4 支医疗队 104 人和相关卫生装备，于 5 月 13 日晚，随 78438 部队第二梯队经铁路输送入川，并于次日进入灾区，分赴北川、绵竹实施医学救援行动。

78438 部队抗震救灾指挥部先后从第 42 医院抽组 2 支医疗队，分赴灾区。北川医疗队 22 人于 5 月 13 日采取摩托化机动方式机动至北川，配置在北川中学操场。映秀医疗队 23 人于 14 日 17 时出发，采取空运方式，机动至汶川县映秀镇，配置在漩口中学操场。第 324 医院什邡医疗队 22 人，摩托化机动 400 多公里，于 13 日 22 时 10 分到达什邡市洛水镇，配置在洛水镇镇政府。（参见图 40）北川医疗队 25 人，摩托化机动 500 多公里，于 15 日 10 时到达北川，配置在任家坪收费站。

第 44 医院抽组由 74 人组成的 2 支医疗队，于 5 月 14 日 13 时分乘 14 辆卡车，从贵阳出发，分别到达绵竹、都江堰市聚源镇，被编入绵竹第二野战医疗所和都江堰野战医疗所，配属部队展开医疗救援。

5 月 14 日 19 时，成都军区疾控中心紧急抽组 2 支防疫队，每支 5 人。其中北川防疫队于 15

图40　5月14日，成都军区第324医院医疗队在四川灾区救治地震伤员

（总后卫生部　提供）

日11时进入北川县城；汶川防疫队因到达都江堰后无法通行，经调整，部署在都江堰市区，先后赴都江堰市向峨乡等地工作。

兰州军区医疗防疫救援队伍　5月14日，由第323医院和第451医院182名医护人员和工作人员组成的6支医疗队完成组建，携带医疗设备255台（件）、野战医疗所战救药材18个基数，23时20分和23时45分，分别乘2架军用运输机，于15日晨先后抵达四川灾区后，迅速赶赴绵竹市的金花、天池、清平3个山区乡（镇）和彭州市龙门山镇银厂沟等道路塌毁、通信中断地区执行医疗救援任务。（参见图41）此后，这6支医疗队先后被部署在绵竹市区和汉旺镇、金花镇、土门镇及彭州市龙门山镇银厂沟风景区5个地域，担负10个重灾乡（镇）、75个村庄、8.07万名受灾群众的医疗救治任务，以及9600余名抗震救灾官兵的医疗保障，任务区域达305平方公里。

5月15日，按照兰州军区联勤部“派遣医疗队赴甘南、陕南方向执行抗震救灾命令”，兰州军区第一医院抽组46人医疗队，携带各类医疗设备116台（件），野战医疗所战救药材5个基数，15日晚乘坐野战急救车开赴甘肃省甘南地震灾区，于16日19时抵达舟曲。

兰州军区第三医院抽组45人医疗队，也于5月15日晚携带3个基数野战医疗所战救药材、3个基数14种加强药材、部分医疗仪器设备，分乘7辆汽车，于16日6时30分到达汉中军分区，分赴汉中市受灾最严重的略阳、宁强两县，开展灾区医疗救助工作。

5月25日22时25分，兰州军区紧急抽组7支防疫队、每支5人，赴四川灾区执行抗震救灾任务。26日9时，兰州军区疾控中心4支防疫队乘飞机奔赴四川灾区，到达绵竹展开工作；同日11时，新疆军区疾控中心3支防疫队从乌鲁木齐飞抵成都，摩托化开进到达理县执行卫生防疫任务。

6月8日上午，由兰州军区总医院和兰州军区疾控中心共同抽组的66人野战医疗防疫队，携带各类医疗设备共402台（件）、野战医疗所战常材一个月量、野战X线诊断车等专业和保障车辆，从兰州出发摩托化机动开赴陇南，于9日下午到达陇南灾区，投入医疗救治和卫生防疫工作。

沈阳军区医疗防疫救援队伍　沈阳军区先后派出464人组成的16支医疗救援分队，赶赴四

图 41　5 月 17 日，兰州军区第 323 医院医疗队在绵竹市金花镇转运伤员
（总后卫生部　提供）

川执行抗震救灾卫勤保障任务。其中，沈阳军区总医院抽组 90 人成立 3 支抗震救灾医疗队，抽组 30 人组建 2 支野战血站；第 201 医院和第 210 医院抽组 90 人组建 3 支抗震救灾医疗队，第 202 医院抽组 60 人组建 2 支抗震救灾医疗队，第 463 医院抽组 60 人组建 2 支抗震救灾医疗队。

5 月 17 日上午，沈阳军区联勤部机关和沈阳军区总医院、第 201 医院、第 202 医院、第 463 医院组织的抗震救灾医疗队，分别由沈阳飞往成都；下午，装载 30 余吨医疗队携行物资的空军飞机，从沈阳直飞成都。沈阳军区抗震救灾医疗队到达成都后，成都军区联指征集地方民用客车 15 辆、货车 15 辆进行保障，各医疗队分别向预定地域机动。

第 201 医院按照"外科为主、选精配强、专业对口、全面过硬"的原则，抽组 74 名医务人员，于 5 月 18 日晨到达广元市区，分别到苍溪、剑阁、朝天执行医疗救援任务；傍晚，医疗队又快速机动至青川县第一中学院内设立野战医院展开医疗救治。第 202 医院抽组 60 名医护人员组成的 2 支医疗队到达成都后，和第 463 医院抽组 90 名队员组成的医疗队同赴绵竹抗震救灾，于 18 日晨到达绵竹市体育场，随即组织巡诊和卫勤侦察。19 日，全部人员装备继续摩托化机动，到绵竹市遵道镇开展医疗救助工作。同日，沈阳军区总医院和第 463 医院组织的 3 支医疗队被派往平武县响岩镇、平通镇、南坝镇开展医疗救治和卫生防疫工作；此后，成都军区联指又将沈阳军区的10支医疗队整编为3所野战医院，配置在青川县乔庄镇、北川羌族自治县擂鼓镇和绵竹市遵道镇开展医疗救治和防疫工作。

5月20日，根据沈阳军区联勤部指示，第202医院再次抽调由15名医护人员、后勤人员和大型医疗设备组成的加强力量，赴四川灾区配合先前到达的医疗队开展工作。21日，运载76人和拖车、挂车、手术车、发电拖车、野战急救车、远程会诊车、X线车、发电拖车、野战防疫车、消毒灭菌挂车、牵引车的铁路运输专列，从沈阳东站出发，奔赴成都。同日，由沈阳军区疾控中心抽组2支防疫队10人和沈阳军区大连疗养院心理干预分队3人飞往成都，防疫队配置在茂县凤仪镇，心理干预分队配置在北川羌族自治县擂鼓镇。26日，沈阳军区疾控中心再次抽调3支15人防疫队加强四川灾区防疫工作。6月13日，第208医院抗震救灾医疗队30人，携带2吨医疗、生活物资和医疗器械，从长春机场直飞成都，替换先期队员，在茂县开展防疫工作。

北京军区医疗防疫救援队伍 北京军区先后从军区总医院、第261医院和第255医院、北京军区疾病预防控制中心、白求恩国际和平医院256临床部和66393部队医院及卫生队等单位抽组1个野战医疗所、4支医疗分队、3支防疫分队、1支心理救援分队，共计365人，装备99台（件、套），赶赴四川执行抗震救灾卫勤保障任务。

5月14日晨，北京军区总医院着手组建91人的抗震救灾医疗队，同时命令野战医疗所进行物资准备。下午，医疗队从北京乘坐飞机到达四川灾区，再由成都乘车赶往汶川。傍晚，医疗队先遣一组20名队员，在紫坪铺水库大坝登船赶赴汶川灾区，于22时30分到达汶川县原白花乡后，又徒步7公里于午夜时分宿营阿坝铝厂；次日上午到达汶川县漩口镇。在短短4天中，北京军区总医院医疗队组织3支突击队，分别完成向汶川县原白花乡、都江堰市向峨乡、汶川县三江乡挺进任务，组织50人抵达汶川县映秀镇。17日，北京军区总医院的5台保障车辆、部分医疗装备及生活保障物资，由北京空运至四川灾区，支援前方医疗队。

5月14日17时30分，第261医院医疗队30人乘专机到达四川灾区；21时50分，乘3台运输车向都江堰市紫坪铺水库机动，冒雨连夜向汶川挺进。15日，第261医院再次抽组21名队员（包括配属司机7名和1名干部）组成第二批抗震救灾医疗队，携带远程会诊车、野战手术车、野战X线车、野战救护车、运输车、心电监护仪、心肺复苏仪、B超机、血气分析仪等15个品种62台（件）设备，及价值30余万元的药品、器材等，于16日从丰台火车站出发，19日2时30分到达成都火车站；上午，医疗队摩托化机动至都江堰市公园路停车场，与第一批队员会合。

5月16日，第255医院先后接到总后卫生部和北京军区联勤部抗震救灾指挥部通知，要求医院抽组野战方舱医院，全员全装携带二代野战医疗方舱，按照扩大展开床位200张准备，增带卫生帐篷、病床和有关药品物资，采取铁路输送方式，赶赴四川执行抗震救灾卫勤支援保障任务。第255医院迅速做好准备，22时30分，野战方舱医院全体人员162人、装备46台套、战救药材5个基数、战常材2个月量、500余个品种价值81万元的紧急救灾药品器材、2个月生活保障物资，在唐山南站集结完毕。17日11时40分，从唐山南站出发，于19日14时28分到达德阳南站，采取摩托化机动方式，于17时45分抵达绵竹市剑南镇，在绵竹市政府东侧100米处、景观大道南侧的开阔地迅速展开，设立医疗方舱诊疗区、伤病员住院收容区、工作人员生活区及伤病员分类场、后送场和野战车场，搭设指挥帐篷 1 顶、收容帐篷 20 顶、生活帐篷 18 顶，展开床位 200 张、手术台 4 张和 4 个重症急救单元，下设指挥、门诊、外科、内科、手术、急救、医疗保障、防疫组和汽车勤务排、警卫调整连。第 255 医院开设的野战方舱医院主要负责绵竹地区及周边受灾群众的医疗救援任务，同时承担赴绵竹地区执行紧急救援任务官兵的医疗保障任务。（参见图 42）

5 月 16 日，北京军区疾控中心第一批防疫分队 10 人从北京乘飞机于 11 时 30 分抵达成都；19 时 30 分，赶赴极重灾区安县。18 日 2 时 20 分，第二批防疫分队 3 人携行一台卫生防疫车和部分装备物资到达安县。

5 月 26 日 13 时 15 分，北京军区某集团军从各部队抽组人员 13 名、指挥车 1 台、卫生防疫车 2 台组成抗震救灾卫生防疫分队到达成都，16 时乘直升机飞抵汶川县映秀镇。

济南军区医疗防疫救援队伍　济南军区先后从第 150 医院、第 153 医院、第 371 医院、第

图 42　5 月 19 日，北京军区第 255 医院开设的野战方舱医院在绵竹市剑南镇开展救治
（总后卫生部　提供）

159医院、第91医院等抽组5支野战医疗防疫队186名医务人员，带5台救护车赶赴四川灾区执行抗震救灾卫勤保障任务。其中，第150医院野战医疗队15人加强71282部队，第153医院、第371医院各一支野战医疗队共91人加强71352部队，第159医院野战医疗队39人加强71811部队，第91医院野战医疗队41人加强71426部队。

济南军区总医院迅速组织3支各30人的医疗分队，于5月13日11时45分飞往成都。14日2时50分，医疗队到达彭州市通济镇冒雨搭建野战医院。之后，3支医疗队先后被部署在彭州市通济镇、磁峰镇和小鱼洞镇开展医疗救治工作。20日16时10分，济南军区总医院选派担负济南军区抗震救灾前线指挥部医疗保健任务的5名医务人员到达都江堰灾区。22时30分，济南军区总医院抽调4台车辆，与其他单位抽调的车辆共同组成车队，向都江堰摩托化机动，支援抗震救灾医疗队；车队于22日上午到达济南军区总医院医疗队驻地。22日，济南军区总医院调整部分专业人员，选派5名有高级职称人员支援医疗队，于19时到达医疗队驻地。24日，济南军区总医院派出2名心理咨询门诊医师赴四川灾区进行心理教育和疏导。整个抗震救灾期间，济南军区总医院先后派出5批医疗队员，共计117人。

5月13日，第456医院抽组30人医疗队，赶赴四川灾区执行抗震救灾医疗救治任务。同日，71988部队2名通信兵配属第456医院医疗救治分队协助保障。14日，第456医院医疗队到达彭州市龙门山镇灾区，迅速投入紧急救治。15日，71897部队医疗队随部队到达彭州市白鹿镇，迅速展开医疗救护工作，共展开9个卫生帐篷和1辆手术车，分为门诊、内科病房、外科病房、药房防疫保障点等进行各种抢救治疗。

5月17日3时30分，72495部队从第153医院、第152医院、某独立汽车营等单位抽调150名官兵，携带1套战役卫勤支援系统，出动车辆29台，抽调加强炊事员和机械维修工各1人，组成野战方舱医院，从第153医院营区出发，沿连霍、西汉、二河高速向绵阳方向摩托化机动，18日7时27分，野战方舱医院到达绵阳南。15时15分，在绵阳市高新区飞云大道旁部署完毕，展

图43　图为济南军区第153医院在绵阳市涪城区永兴镇建立的野战方舱医院全景（总后卫生部　提供）

开医疗救治。（参见图 43）

济南军区某集团军某旅卫生队到达灾区后，编成 35 支医疗小分队加强到各团卫生队和宿营点，团（旅）卫生队再抽组卫生人员加强到各营、连，确保部队每个点上都至少有 2 名以上卫生人员；在对部队实施不间断伴随保障的同时，积极为灾区受伤患病群众开展医疗救治。71521 部队野战医疗队还与部队本级卫生机构一起，以救护车、急救车、手术车、X 线车、防疫车、消毒灭菌挂车“五车一挂”为平台，迅速在驻地开设野战救护所，共开设野战救护所 29 个。5 月 24 日，第 456 医院抽组医护人员 3 人、救护车 1 台，赶赴四川灾区支援医疗救治工作。

济南军区疾控中心组建的卫生防疫队由 15 人组成，携带微生物采样箱组、检水检毒箱、食品细菌检验箱、便携式细菌培养箱、热烟雾机、背负式机动喷雾器等仪器设备 28 台件，奋斗呐、拜力坦、热烟雾剂、优氯净、饮水缓释消毒丸等防疫药品 12 种 600 公斤，狂犬、甲肝、乙脑、出血热等疫苗 4 种各 400 人份，及个人生活物资等各类装备物资共 3.5 吨，于 5 月 13 日 14 时到达成都双流机场。14 日，济南军区研究决定从 72495 部队第 150、154 医院各抽组一支 15 人的防疫队，分别加强至 71521 部队、71320 部队，在都江堰市玉堂镇和彭州市通济镇开展工作。26 日，济南军区又从第 88 医院抽组 3 支共 20 人防疫队支援灾区，先后在彭州市通济镇、隆丰镇双埝村、磁峰镇小石村和新兴镇湔水河边开展防疫工作。

南京军区医疗防疫救援队伍　5 月 14 日，南京军区联勤部卫生部从第 85 医院、第 411 医院、第 455 医院抽组 6 支医疗队，其中第 85 医院抽组 2 支医疗分队 64 人、第 411 医院抽组 2 支医疗分队 64 人、第 455 医院抽组 2 支医疗分队 62 人。14 日 18 时 20 分，3 支医疗队加上指挥部及新闻报道组人员 18 人，共计 208 人从上海飞抵成都。第 455 医院和第 85 医院 2 支医疗队奔赴什邡市和平武县南坝镇；第 411 医院医疗分队携带包括 2 台野战医院车辆在内的救灾必备药物及物资，乘坐 7 台运输车赴汶川县。（参见图 44）

5 月 26 日，南京军区联勤部从第 81 医院、第 454 医院和南京军区疾控中心抽组 34 人组成卫

图44　5月28日，南京军区医疗队给居住在海拔 2300 米大山深处的四川藏族同胞送医送药
（总后卫生部　提供）

生防疫队，携带防疫车、急救车及防疫装备器材，飞赴四川，于11时30分到达成都。3名女队员编入第85医院医疗队，一队16人配属95971部队部署在什邡市湔氐镇，二队15人配属95900部队部署在什邡市蓥华镇，34人安全抵达任务地域后迅速展开工作。

广州军区医疗防疫救援队伍　5月13日，广州军区武汉总医院抽调92名专家、医师、护士和药剂、政工、保障人员组成首批3支抗震救灾医疗队，从武汉飞赴四川灾区，执行抗震救灾卫勤保障任务。17时30分，医疗队抵达成都后，分乘两台大巴和两台中巴冒雨紧急赶赴什邡市洛水镇。第一医疗分队配属95944部队，在什邡市红白镇、中江县继光镇开展救援；第二医疗分队配属95942部队直属队和95963部队，分别在什邡市洛水镇、湔氐镇、马祖镇、元石镇和绵竹市金花镇、汉旺镇、广济镇开展救援；第三医疗分队主要配属95969部队和95963部队，分别在绵竹市汉旺镇、拱星镇、天池乡、清平乡和什邡市马祖镇开展救援。

5月14日，武汉总医院紧急组建以外科和麻醉医师为主的医疗技术骨干、装备操作人员和司机共20人组成的第二批医疗队，配备野战救护车、野战手术车（含发电车）、远程会诊车、野战X线车、装备保障车等，采用摩托化开进方式赶赴什邡市洛水镇，与前线医疗队会合。17日，武汉总医院派出两名心理专家抵达洛水镇与医疗队会合，在什邡市洛水镇和红白镇、绵竹市汉旺镇开展心理救援工作。

5月25日夜，广州军区疾控中心抽组防疫队4支共20人（每支5人）赴灾区开展防疫工作。

二　各军兵种医疗防疫救援队伍

海军医疗防疫救援队伍　5月13日，海军总医院启动应急预案，抽组第一支抗震救灾医疗队于10时从北京飞赴成都，紧急赶往北川县城，行至安县，因交通中断，又返回绵阳市中心医院展开救治工作。此后，海军医疗队再次前往北川县城，到达北川中学后，建立起第一个野战医疗救护所，迅速展开伤病员救治工作。（参见图45）19时5分，海军总医院抽组的第二支、第三支各30人的医疗队到达成都，在赶往汶川途中，两支医疗队于14日晨受阻于都江堰市以北20公里处，后被调往成都市青白江区医院和金堂县第一医院开展医疗救治工作。

3支海军抗震救灾医疗队共107人，其中指挥组成员15名，以骨科、神经外科、普通外科和麻醉科为主的医师49人，护士26人，技师5人，后勤保障人员9人，防疫人员3人。3支医疗队共携带价值450万元的药品、器械、设备、耗材和军需物资，其中药品110种、器械设备34种102台（件）、耗材75种、军需物资65个品种，总重8.1吨。

海军后勤部派遣2支共10人的防疫分队携带食品理化检验、检水检毒、压力喷雾、机动喷雾等先进卫生防疫专用装备和消毒、杀虫等特效防疫药材，从北京乘运输机于5月16日11时10分抵达成都，17日增派3名队员加入，组成13人野战防疫队，在什邡市红白镇开展工作。

6月6日11时30分，海军后勤部紧急抽调5名海军心理学专家组建的海军心理救援队飞赴四川灾区。

空军医疗防疫救援队伍　空军后勤部卫生部先后组派医疗、防疫、航卫、心理、皮肤病等卫勤分队共23支252人。其中，从空军总医院和解放军第457医院抽组医疗队2支共165人；从空

图 45　5 月 15 日，海军医疗队与第 42 医院在北川羌族自治县交接转运伤员（总后卫生部　提供）

军、沈空、北空、兰空、南空、广空、空直等防疫队和部分部队抽组防疫分队 8 支共 49 人；从空军总医院、航空医学研究所和空军部队抽组心理救援队 7 支 19 人；从空军总医院抽组空军前指医疗保健组 1 支 3 人、皮肤病专家组 2 支 5 人；从航空医学研究所、北空和成空部队抽组航卫专家组和航医分队 3 支 11 人。

5 月 12 日晚，第 457 医院根据上级指示要求，抽组 50 人空降医疗队到四川灾区执行抗震救灾卫勤保障任务。针对任务性质和特点，第 457 医院组成空降医疗队，并建立指挥组、分类组、手术组、医疗一组、医疗二组、防疫组、医疗保障组和后勤保障组，携带野战医疗装备 1 套 22 种 43 台（件、套）、战救药材 5 个基数 81 个品种、常备药材 1 个月量 194 个品种、手术耗材 500 人次量、仪器耗材 500 人次量，并针对抗震救灾医疗救治任务特点补充药材 31 个品种，又从科室抽调和购置麻醉机、心电监护仪、电动吸引器、便携式 B 超、心电图机、尿液分析仪、血球分析仪、电解质分析仪、半自动生化仪和手术器械包等医疗设备器械。13 日 6 时，第 457 医院空降医疗队 50 人和空降兵 2 个部队的 2 批医疗救护分队，携全部医疗装备、物资登车，装载完毕，分别向指定机场机动；15 时，全体人员和物资登机，向指定地域机动；17 时安全到达成都；23 时，所有人员、物资在规定时限内到达什邡。19 日，根据灾情变化、任务转换，第 457 医院空降医疗队对人员和分组重新进行组合，并成立 3 支支援保障分队执行伴随保障任务，第一支 6 人赴绵竹市汉旺镇空降兵某部驻地，第二支 11 人赴什邡市蓥华镇空降兵某部驻地，第三支 3 人赴平武县南坝镇空降兵某部驻地。7 月 21 日，第 457 医院医疗队首批 16 名队员回撤归建。空降兵医疗队重组为 3 批医疗救护分队伴随保障空降兵某部赴什邡市元石镇、蓥华镇和红白镇灾区一线执行卫勤保障任务。

从 5 月 14 日起，空军总医院先后派出 12 批医疗防疫队伍和 4 部战救车辆，奔赴四川灾区执行抗震救灾任务。14 日下午，空军总医院组建的 3 支抗震救灾医疗分队，每队编组 30 人，每支分队携带呼吸机、监护仪、除颤仪、心电图机各 1 台，及药品耗材 181 种、便携式担架床 20 张、野战医疗床 2 张、班用帐篷 3 顶、个人携行物资 35 种，于 17 时飞抵四川灾区，并立即向位于地震中心区域的汶川进发。所有救灾医疗队于18日下午到达汶川县绵虒镇羌锋村，整合炉霍县医疗队、若尔盖县医疗队、武警8740部队医疗队、绵虒镇卫生院等单位组成100张床位的“绵虒抗震救灾联合医院”，集中开展医疗救护，主要负责绵虒镇医疗救治工作。之后，空军总医院汶川抗震救灾医疗队调整部署到离汶川县城较近的阿坝师范高等专科学校操场。15日15时，空军总医院接到空军后勤部卫生部电话通知，要求将空军总医院部分战救车辆空运至震区执行任务。21时，野战救护车、野战X线车、野战手术车、远程会诊车4部战救车辆全部准备完毕。17日22时，野战X线车、野战手术车、远程会诊车3部战救车辆，到丰台货运站进行军列编组装车，随18日发车军列前往成都，野战救护车空运到成都。16日9时，空军总医院选派临床心理科主任带队组成心理干预分队，赶赴四川灾区开展心理干预。接着，空军总医院又完成45人的抗震救灾医疗预备队抽组工作，其中空运分队30人，主要承担空运救护任务；补充力量分队15人，主要承担一线力量补充替换任务。18—24日，空军总医院先后派出空军抗震救灾地面指挥部医疗保障组、两批皮肤病专家小组赴成都。6月2日，空军总医院院长马中立带领超声科、临床检验中心、妇产科的6位医师，携带检验、超声、手术等相关设备、药材飞抵成都，到汶川支援医疗救治工作。

空军抗震救灾防疫队主要部署在绵竹、德阳、什邡、都江堰、成都等地机场，执行抗震救灾卫生防疫保障。解放军空降兵也在各部队分别组建医疗救护分队，随部队到达四川灾区执行医疗救护任务。

第二炮兵医疗防疫救援队伍 第二炮兵后勤部卫生部从第二炮兵总医院、第537医院、第538医院和96531部队医院共抽调6支医疗队，从96251、96201、96401等部队抽调并组建3支防疫分队、3支防化防疫分队、2支心理服务队和1支保健小分队，分别在北川羌族自治县曲山镇任家坪、安县永安镇和睢水镇，绵竹市东北镇和江油市大康镇施救。

5月14日13时30分，第二炮兵总医院抽组的3支医疗队共90人，从北京乘运输机赶赴四川灾区，15日午夜抵达北川羌族自治县曲山镇任家坪开展医疗救助工作。14日23时30分，第二炮兵总医院医疗队20人、防化防疫队5人，携带药品器材和医疗装备，从北京通过铁路输送，17日2时30分到达绵阳，其中20人、29台装备车辆于12时40分抵达曲山镇任家坪，5人、1台防疫车于12时30分抵达绵竹市东北镇。

第537医院抽组35名医护和保障人员，携带指挥车、野战急救车、野战手术方舱、野战X线诊断车、野战灭菌消毒挂车、野战炊事挂车、运输车各1台及战救药材、战时常备药材、基本医疗装备和生活保障物资，从宝鸡市出发，公路机动，于5月15日14时抵达北川羌族自治县曲山镇任家坪。

第538医院抽组14人的医疗队从汉中奔赴四川灾区，伴随96501部队救灾部队执行抗震救灾医疗救援工作。5月14日上午，第538医院医疗队公路机动，于当晚抵达北川羌族自治县曲山镇任家坪。14日15时45分，第二炮兵礼士路门诊部3名医护人员，跟随第二炮兵抗震救灾现场指挥部，从北京乘专机出发抵达成都，22时30分抵达曲山镇任家坪。96531部队医院抽组13人的医疗队奔赴四川灾区，于15日晨抵达绵竹市东北镇，随96531部队执行抗震救灾医疗救援。

5月16—17日，第二炮兵防化防疫队两支10人和一支3人的防疫分队，先后抵达北川羌族自治县曲山镇任家坪。18日和22日，96251部队防化防疫分队99人和96201部队防化防疫分队106人，携淋浴车、喷洒车、消防车和指挥保障车辆，分别从洛阳、昆明出发，摩托化机动，于 22 日先后抵达江油市大康镇。22 日，96401 部队防化防疫分队 40 人，携防化洗消装备车、指挥保障车各 4 台，从陕西省太白县出发，于 24 日 11 时 40 分转进至安县睢水镇，执行重污染区卫生防疫任务。

5 月 19 日、6 月 7 日，第二炮兵先后抽组 6 人和 13 人组成的 2 支心理服务分队，分别在北川羌族自治县曲山镇任家坪和绵竹市东北镇，开展心理卫生服务工作。

解放军各军兵种部分医疗防疫队伍到达四川灾区情况，参见表 7。

解放军各军兵种部分医疗防疫队伍到达时间与主要救援地点一览表

表 7

军兵种	单　位	到达时间	主要救援地点
海军	海军总医院	5 月 13 日晚	绵阳，北川县城，成都市青白江区医院和金堂县第一医院
	海军防疫队	5 月 17 日	什邡市红白镇
空军	第 457 医院	5 月 13 日 23 时	什邡，后调整至绵竹市汉旺镇、什邡市蓥华镇、平武县南坝镇空降兵某部驻地
	空降兵医疗救护分队	5 月 13 日 2 批、15 日凌晨 1 批	绵竹市汉旺镇，什邡市蓥华镇、元石镇、红白镇，平武县南坝镇
	空军总医院	5 月 18 日下午	汶川县绵虒镇
	空军防疫队	5 月 19 日	绵竹
第二炮兵	第 538 医院	5 月 14 日晚	北川羌族自治县曲山镇任家坪
	96531 部队医院	5 月 15 日早晨	绵竹市东北镇
	第 537 医院	5 月 15 日 14 时	北川羌族自治县曲山镇任家坪
	第二炮兵总医院	5 月 15 日午夜	
	防化防疫队	5 月 16 日	曲山镇任家坪、江油市大康镇、安县睢水镇

说明：到达时间一般指第一支医疗防疫队到达的时间

三　总参谋部、总后勤部和总装备部医疗防疫救援队伍

总参谋部救援队伍　总参谋部防疫队共由 10 人组成，5 月 21 日 22 时到达彭州市通济镇，配属济南军区 71320 部队开展卫生防疫工作。

第 161 医院医疗救援队伍　5 月 13 日晨，第 161 医院接到抽组 2 支 30 ~ 40 人的医疗队，随时准备配合空降兵某部行动的预先号令。第 161 医院迅速启动抢险救灾应急预案，连夜抽组 74 名官兵组成 2 支医疗队，并准备足够的抢险救灾物资和生活用品等整装待命。下午，第 161 医院医疗队从武汉乘坐大型运输机紧急飞往四川灾区，执行抗震救灾卫勤任务。（参见图 46）14 日下午，第 161 医院第一医疗分队按照成都军区联勤部命令，向北川县城开进。18 时 30 分，医疗队抵达北川

图 46　5 月 13 日，62101 部队第 161 医院医疗队登机赴四川灾区参加医疗救援（总后卫生部　提供）

中学，立即搭建帐篷、准备医疗器械，对伤员进行止血、包扎、固定、手术处理等紧急救治。

第二军医大学医疗防疫救援队伍　第二军医大学从附属医院组织 4 支医疗队，从上海军用机场赶赴安县、江油、茂县等灾区一线开展医疗救援。其中，第二军医大学附属第一医院长海医院和附属第二医院长征医院各抽组 3 支医疗队共 180 人，附属第三医院肝胆医院与长海医院联合抽组 1 支医疗队共 30 人（肝胆医院 22 人、长海医院 8 人）。第二军医大学首批赴灾区医疗队加随队人员共 221 人，携带 100 余种、价值 200 余万元的药品和物资器材，于 5 月 14 日 14 时抵达上海军用机场，再赶赴四川灾区。（参见图 47）

5 月 21 日和 26 日，第二军医大学先后派出两批卫生防疫队，第一批 21 人（含防疫车驾驶员

图 47　5 月 14 日，第二军医大学医疗队誓师大会现场（总后卫生部　提供）

1人和心理救援队员3人），第二批15名队员和3名驾驶员，随行携带医疗物资、装备和生活用品，从上海乘专机赶赴四川灾区。

第三军医大学医疗防疫救援队伍 第三军医大学按优势互补原则，从附属医院和校直机关抽组的第一批以战救和创伤外科为主的38人医疗队于5月12日23时50分出发，于13日6时20分抵达德阳。13日12时，第三军医大学抽组第二批医疗队（第三军医大学第二、三、四医疗队）共109人开赴四川灾区。其中，第二医疗队35人由第一附属医院的骨科、普通外科、肝胆外科、神经外科、急救部等15个专科的25名医护人员、5名机关干部和5名司机组成；第二附属医院抽组14名医技专家、10名护士以及5名指挥组成员、司机组成第三医疗队；第三附属医院抽组创伤外科、心胸外科、骨科、神经外科、泌尿外科、麻醉科等临床各科室的专家、技术骨干38人，另有7名保障人员组成第四医疗队。第二批医疗队分别在汶川、德阳、理县开展工作。（参见图48）14日21时，由124人组成第三军医大学第三批抗震救灾医疗队出发，15日凌晨抵达都江堰，分三队分别赴汶川县城、汶川县映秀镇和理县县城。22日，第三军医大学派出由11人组建的抗震救灾心理救援队，先后在德阳、都江堰、理县开展工作。15—30日，第三军医大学先后抽调3批卫生防疫队，分别赴北川、理县开展工作。第一批卫生防疫队37人，随保障车辆，携带200公斤消毒剂和杀虫剂、专用检水箱和食品理化检测箱以及1万本防疫手册，于15日22时30分出发，16日11时30分到达北川县城，并于18日起赴理县开展防疫工作。第二批卫生防疫队18人，于26日17时到达成都，28日11时40分乘直升机到达理县，与第一批卫生防疫队会合，执行卫生防疫任务。第三批卫生防疫队27人，于31日15时30分到达理县。

地震发生后，第三军医大学分别派出8批23支卫勤分队（其中医疗队7支、卫生防疫分队14支、心理救援队1支、装备物资保障分队1支），到德阳和北川、理县、汶川县城及映秀镇等地执行医疗救治、心理救援和卫生防疫任务。

第四军医大学医疗防疫救援队伍 5月13日，根据总后卫生部统一部署，第四军医大学抽调

图48 5月14日，第三军医大学医疗队冒着余震、泥石流，背着30多公斤重的药品徒步前往汶川县映秀镇（总后卫生部 提供）

230名医护人员，组建了由骨科、神经外科、肝胆外科等医护人员为主的7支医疗队。其中，医疗一、三、五队由第一附属医院西京医院抽组；医疗二、四、六队由第二附属医院唐都医院抽组；医疗七队由第三附属口腔医院以及第四军医大学预防医学系、航空航天医学系、护理系联合抽组。医疗队携带200多种药品，包括抢救、消毒、抗生素等急救药品，并携带手术床、B超、X线机等急救设备。

5月12日晚，西京医院30人组成的第四军医大学赶赴四川抗震救灾第一医疗队组建完毕。13日5时和20时，西京医院又按照命令，增加2支医疗队，组建第四军医大学赴川抗震救灾第三医疗队、第五医疗队。第一医疗队、第三医疗队于14日12时飞往成都，赶往指定救援地域安县，迅速展开医疗救护。15日6时，第五医疗队带手术车、急救车和后勤保障车12辆紧急驰援四川灾区，19时30分抵达安县。

5月13日晨，唐都医院接到学校通知后，立即组建各由32名队员组成的第四军医大学第二、四医疗队，于14时30分飞往成都。同时，第四军医大学又从唐都医院抽组成立第六医疗队。第二医疗队、第四医疗队于13日16时40分到达成都，第六医疗队14日零时30分到达成都，其中18名队员紧急赶往北川羌族自治县陈家坝乡，其余医疗队分两组进入绵阳市第404医院和第三人民医院开展救治工作。14日晨，口腔医院抽组抗震救灾第七医疗队，作为综合医疗队编组，前往四川灾区救援，在江油市配合攀钢集团长钢医院收治汶川转至的伤员。

5月15日，第四军医大学抽组第一批6支防疫队，每队5人，共计30人；16日11时30分，以摩托化机动方式向安县挺进，随队编有12辆车，其中特种车7辆。22日，第四军医大学又抽组第二批5支防疫队和1个专家组，分赴江油、安县、平武、北川等地开展救援。

抗震救灾期间，第四军医大学共派出5批38人的心理救援队，分赴安县、理县，负责救援部队官兵和灾区群众的心理应急救援任务。

军事医学科学院医疗防疫救援队伍　军事医学科学院在抗震救灾期间共调集6批127人赴灾区一线开展救援。救援队以中科院院士贺福初、工程院院士夏咸柱领衔，队伍中40%具有高级专业技术职称、80%具有硕士以上学位。

5月14日上午，军事医学科学院抽组11人组成防疫专家组，赴灾区执行卫生防疫救援指导任务。15时30分，军事医学科学院从院机关、四所、五所、六所、十所及307医院，抽组32人组成第一批抗震救灾防疫队，于15日6时30分，从北京飞赴汶川县映秀镇执行卫生防疫救援任务；17日又派出8人、3台卫生防疫车及1台急救车前往增援。21日6时30分，军事医学科学院第二批防疫队13人携1辆运输车和2吨防疫器械、药品赴四川灾区。25日22时20分，从院机关和二所、四所、五所、六所、八所和十所抽调33人组成的军事医学科学院第三批抗震救灾防疫队赴汶川灾区增援。

解放军总医院医疗救援队伍　5月14日晨，解放军总医院（301医院）接到总后卫生部关于组派抗震救灾医疗队的紧急电令，仅用6个小时，就抽调了包括卢世璧、陈香美两名院士在内的，覆盖骨科、胸外科、普外科、肝胆外科、泌尿外科、妇产科、耳鼻喉科、口腔科、神经内科、小儿内科等多个专科277名医护人员组成的9支医疗队。与此同时，医院紧急筹措便携式呼吸机、监护仪、简易手术床、快速生化仪等15类医疗器械及战备箱组123套、担架床110架、担架30

图 49 5 月 15 日，总后勤部副部长、解放军总医院院长秦银河为专家队授旗（总后卫生部 提供）

副，各类急救器械 100 余种 600 余件和价值 100 余万元的急救药品和装备。医疗队乘飞机于 18 时 30 分到达四川灾区。

5 月 15 日晨，总后卫生部决定从解放军总医院派一批高级专家前往四川指导医疗救治工作。接到命令后，解放军总医院仅用两小时即组建一支包括耳鼻咽喉头颈外科、创伤骨科、神经外科、普通外科、肝胆外科、胸外科、呼吸内科、心血管内科、神经内科等领域的权威专家杨伟炎、张伯勋、郑秋甫、周定标、宋少柏、冯玉泉、刘又宁、周乃康、吴卫平等组成的医疗队。（参见图 49）鉴于地震后挤压伤造成肾脏衰竭情况的发生，根据先期抵达成都军区总医院开展救治工作的肾脏病科专家陈香美的建议，解放军总医院又派出第三批专门由肾病内科 5 人组成的医疗队，赶赴四川灾区参加医疗救助工作。16 日晚，根据抗震救灾前线需要，解放军总医院组建 73 人参加的第四批医疗队，其中专门组建了 23 人组成的后勤保障分队。18 日、19 日，解放军总医院本部和第 304 医院、第 309 医院医疗分队在都江堰市彩虹大道、城西、城南建立 3 个野战医院。

7 月 14 日，解放军总医院组织心内科、超声科、生化科、医学心理科等 8 名专家，与第 236 医院心理科 4 名专家，共同组成 12 人的专家医疗队，赴四川灾区指导部队官兵心理疏导等工作。

解放军第 302 医院医疗防疫救援队伍 5 月 14 日 1 时 45 分，按总后卫生部要求，第 302 医院筹组以外科为主的第一批 30 人抗震救灾医疗队。医疗队于 18 时 30 分抵达成都，配属彭州第四责任区的 71320 部队。18 日，第 302 医院的防疫车、救护车到达成都。21 日 12 时 20 分，第 302 医院抽组的 16 支防疫队、9 支心理疏导队到达成都双流机场。

总装备部医疗防疫救援队伍 地震发生时，驻绵阳市区的解放军第 520 医院营房设施、医疗设备遭受严重毁损，但在震后 5 分钟，医院就派出救护车接回首批伤员。同时，全院医护人员紧急疏散住院病人，搭建帐篷和临时手术台，进行紧急手术，全天接诊伤员 538 人。5 月 12 日 15 时 55 分，第 520 医院的 9 名医护人员在医院总值班室前集结完毕，采用摩托化开进方式，紧急赶赴安县晓坝镇救援。

总装后勤部第306医院抽组4批医疗队赶赴绵阳市，支援第520医院的抗震救灾工作。5月12日15时30分，总装后勤部卫生局要求第306医院抽组以普通外科、神经外科、骨科专业为主的专家医疗队，赴第520医院进行医疗支援。13日上午，第一批医疗队8人乘飞机赶赴绵阳，于下午抵达第520医院。14日，第306医院抽组以外科专业为主体的第二批31人医疗队，配备价值85万元的手术器械、药品器材及生活物资，与海军医院医疗队同乘一架运输机赶赴成都。15日晨，医疗队从紫坪铺水库向绵阳灾区开进，16时30分抵达第520医院。16日，第306医院19人组成第三批医疗队赴第520医院加强第一批医疗队力量，当天由首都机场乘飞机赴绵阳，并紧急筹措破伤风类毒素4500支、一次性手术包450个以及抗生素、消毒喷雾器等共12个品种、价值100万元的药品器材同机运抵基地。24日，第306医院组成第四批医疗队当天乘飞机赴绵阳，到第520医院加强第二批医疗队力量。

5月16日，总装备部组派一支由10人组成的卫生防疫队，赶赴四川灾区执行卫生防疫任务。17日，防疫队分两组，从江油市大康镇水口庙村启程到平武县平通镇，一组在平通镇开展卫生防疫工作，另一组坐船前往平武县南坝镇开展卫生防疫工作。

5月21日，总装备部心理服务队3人从北京乘专机出发，配属济南军区总医院医疗队，在彭州执行任务。

各总部部分医疗防疫队伍赶赴四川灾区参加救援情况，参见表8。

总参、总后、总装部分医疗防疫救援队伍到达时间与主要救援地点一览表

表8

类别	单　　位	到达时间	主要救援地点
总参谋部	总参谋部防疫队	5月21日22时	彭州市通济镇
总后勤部	第三军医大学（西南医院、新桥医院、大坪医院）	5月13日6时20分	德阳、北川、理县、汶川县城及映秀镇
	第二军医大学（长海医院、长征医院、东方肝胆医院）	5月14日	安县、江油、茂县
	解放军总医院（院本部、第304医院、第309医院临床部）	5月14日18时30分	成都军区总医院、都江堰
	第302医院	5月14日18时30分	彭州
	第161医院医疗队	5月14日18时30分	北川
	第四军医大学（西京医院、唐都医院、口腔医院）	5月14日	北川、安县、江油、绵阳市区
	军事医学科学院	5月14日	汶川
总装备部	第520医院	5月12日	安县晓坝镇
	第306医院	5月13日	绵阳第520医院
	总装备部防疫队	5月16日	平武县平通镇、南坝镇
	总装备部心理服务队	5月21日	彭州

说明：到达时间一般指第一支医疗防疫队到达的时间

第二节 武警部队医疗防疫救援队伍

汶川特大地震发生后，武警部队派出包括武警总部医疗防疫救援队伍，武警四川、重庆、甘肃、上海、陕西、山西、山东等省（市）总队医疗防疫救援队伍，以及武警森林部队、武警水电部队、武警交通部队、武警 8650 部队、武警 8740 部队、武警 8690 部队等医疗防疫救援队伍，走赴四川、甘肃、陕西等地灾区，开展医疗卫生救援工作。（参见表 9）

武警部队医疗防疫救援队伍到达时间与主要救援地点一览表

表 9

<table>
<tr><th>类别</th><th colspan="2">队　　伍</th><th>到达时间</th><th>主要救援地点</th></tr>
<tr><td rowspan="4">武警总部</td><td colspan="2">武警总医院医疗分队</td><td>5 月 12 日午夜</td><td>都江堰市聚源中学、绵竹市汉旺镇、北川、汶川</td></tr>
<tr><td colspan="2">武警部队疾控中心应急救援队</td><td>5 月 14 日凌晨</td><td>都江堰、北川、汶川、茂县、理县</td></tr>
<tr><td colspan="2">武警医学院医疗防疫队</td><td>5 月 15 日傍晚</td><td>都江堰市幸福镇</td></tr>
<tr><td colspan="2">武警部队汶川医疗防疫队（四川省总队医院、四川省总队医院成都分院、武警医学院附属医院）</td><td>5 月 16 日</td><td>汶川县威州镇、雁门乡、草坡乡、绵虒镇</td></tr>
<tr><td rowspan="10">省市武警总队</td><td colspan="2">武警四川省总队医疗防疫队</td><td>5 月 12 日 17 时</td><td>都江堰、汶川、北川、青川、平武、绵竹、什邡</td></tr>
<tr><td colspan="2">武警重庆市总队医疗防疫队</td><td>5 月 14 日 4 时 45 分</td><td>茂县</td></tr>
<tr><td rowspan="4">武警甘肃省总队医疗防疫队</td><td rowspan="2">武警甘肃省总队医院医疗防疫队</td><td>5 月 14 日下午</td><td>文县人民医院和城关镇清水坪村、碧口镇</td></tr>
<tr><td>5 月 16 日</td><td>青川县沙州镇、姚渡镇、木鱼镇、营盘乡</td></tr>
<tr><td>武警陇南市支队医疗队</td><td>—</td><td>文县玉垒乡、西关村、关家沟村、马家山村，武都区</td></tr>
<tr><td>武警甘肃省第三支队医疗队</td><td>—</td><td>武都等地</td></tr>
<tr><td colspan="2">武警陕西省总队医疗防疫队</td><td>5 月 22 日</td><td>宁强县广坪镇、安乐河乡</td></tr>
<tr><td colspan="2">武警上海市总队医院心理康复专家组</td><td>5 月 25 日</td><td>绵竹、罗江</td></tr>
<tr><td colspan="2">武警山西省总队医院医疗防疫队</td><td>5 月 30 日</td><td>什邡</td></tr>
<tr><td colspan="2">武警山东省总队医疗防疫队</td><td>6 月 1 日</td><td>四川灾区救灾部队驻地</td></tr>
<tr><td rowspan="3">武警警种部队</td><td colspan="2">武警森林部队医疗防疫队</td><td>—</td><td>卧龙自然保护区，汶川县耿达乡，陇南（市）</td></tr>
<tr><td colspan="2">武警水电部队医疗队</td><td>—</td><td>都江堰、什邡、汶川、茂县、理县</td></tr>
<tr><td colspan="2">武警交通部队医疗防疫队</td><td>—</td><td>茂县至北川、映秀镇至耿达乡、卧龙镇至耿达乡，都江堰至汶川、江油、青川、康定、旺苍</td></tr>
</table>

续表 9

类别	队　　伍	到达时间	主要救援地点
武警机动师	武警 8650 部队医疗防疫队	5 月 14 日上午	汶川县草坡乡、银杏乡、耿达乡，理县甘堡乡
	武警 8740 部队医疗防疫救援队	5 月 14 日	汶川、茂县、都江堰
	武警 8690 部队医疗防疫救援队	5 月 15 日	北川羌族自治县擂鼓镇

说明：到达时间一般指第一支医疗防疫队到达的时间

一　武警总部医疗防疫救援队伍

5 月 12 日午夜，武警总医院抽组的医疗分队，与国家地震灾害紧急救援队等救援队伍一起，乘专机抵达成都，赶赴都江堰市聚源中学参加救援。（参见图 50）15 日，根据任务需要，武警总医院又特别派普通外科、神经外科、关节四肢科、口腔科、重症监护科等医护人员，飞抵都江堰灾区实施增援。两支医疗分队先后转战都江堰市聚源镇、绵竹市汉旺镇和北川、汶川等地的 48 个作业点，开展医疗救治工作。（参见图 51）

5 月 14 日晨，武警部队疾控中心根据武警部队后勤部指示，紧急抽组 10 名防疫专家和骨干成员，组成应急防疫队，赶赴四川地震灾区，到都江堰、北川、汶川、茂县、理县等重灾地区展开卫生防疫工作。

5 月 15 日，武警医学院派出由附属医院副院长、著名神经外科专家、博士生导师张赛为队长的 20 人医疗防疫队，于傍晚到达都江堰市幸福镇开展医疗救治。

5 月 16 日，针对极重灾区汶川县人员伤亡严重的现状，武警总部抽组武警四川省总队医院

图 50　5 月 12 日夜，武警总医院第一批医疗队乘军用飞机赶赴四川灾区

（郑丽萍　摄）

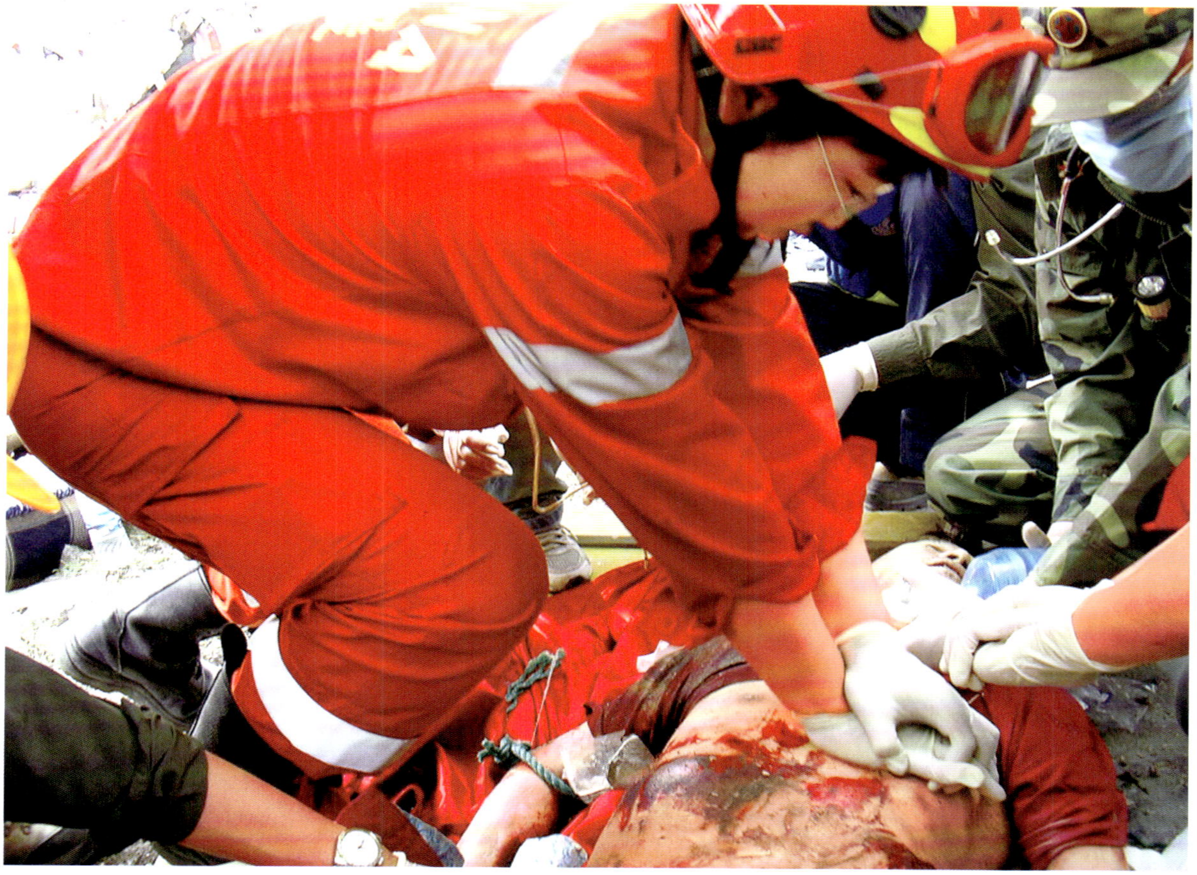

图 51　5 月 16 日，武警总医院医疗救援队队员在汶川县映秀镇为从废墟里解救出的伤员行心外复苏术
（武警总医院　提供）

22 人、四川省总队医院成都分院 22 人、武警医学院附属医院 20 人，共 64 人，在汶川县雁门乡组成武警部队汶川医疗防疫队，对威州、雁门、草坡、绵虒 4 个乡（镇）的 20 个行政村受伤群众实施医疗救治和进行卫生防疫工作。

二　武警各省（区、市）总队医疗防疫救援队伍

武警四川省总队医疗防疫队，由四川省总队医院及其成都分院和基层支队先后成立的 35 支医疗分队组成。5 月 12 日 15 时 30 分，武警四川省总队医院第一支开赴四川灾区的 12 人医疗队，从乐山出发，于 17 时到达都江堰开展医疗救援。此后，根据救灾需求，武警四川省总队又陆续派出 34 支医疗防疫队，分别在汶川、北川、青川、平武、绵竹、什邡等地开展医疗防疫救援工作。

5 月 13 日凌晨，武警重庆市总队组建的医疗防疫队随部队突进重灾地区茂县叠溪镇后，又徒步行进 70 公里，于次日 4 时 45 分突进茂县开设野战医疗救护所，实施医疗救治和卫生防疫工作。

5 月13 日，武警甘肃省总队医院组建的医疗防疫队赶赴陇南地震灾区，经过 700 多公里的行程，长途奔袭 29 个多小时，于次日下午到达文县，在文县人民医院和城关镇清水坪村、碧口镇实施医

疗救援和卫生防疫工作。地震发生后，武警陇南市支队组建的医疗队和驰援的武警甘肃省第三支队医疗队，分别在文县玉垒乡、西关村、关家沟村、马家山村和陇南市武都区等地开展医疗救援。16日，根据国务院抗震救灾总指挥部的命令，武警甘肃省总队医院医疗防疫队分出12名医疗防疫队员，赶赴青川县沙州、姚渡、木鱼、营盘等乡（镇），开展医疗救援和卫生防疫工作。

5月20日，根据共青团中央的工作部署，共青团上海市委委托上海市心理咨询行业协会，组建由20名心理专家组成的赴四川灾区心理康复援助专家志愿团。武警上海市总队医院的3名心理咨询师编入该团第二小组。25日，武警上海市总队医院3名心理咨询师赶赴德阳，在绵竹、罗江开展抗震救灾心理康复援助工作。

5月21日中午，武警陕西省总队派出的医疗防疫队，历经21个小时长途跋涉，行程400余公里，到达宁强灾区，随即转赴宁强县广坪镇和安乐河乡开展医疗救治和卫生防疫工作。30日，武警山西省总队医院派遣3名专业技术防疫人员，奔赴什邡，配属武警成都市支队进行卫生防疫工作。

5月30日，武警山西省总队医院派出医疗防疫队，在什邡灾区开展医疗救援。

6月1—7日，武警山东省总队先后挑选总队医院、济南指挥学院、东营市支队的4名心理医师和4名医护人员组成医疗防疫队，赶赴四川参加灾区卫勤保障，协助抗震救灾部队做好医疗保健、卫生防疫和心理干预工作。

三　武警机动师医疗防疫救援队伍

5月13日晨，武警8650部队医疗防疫队采取摩托化方式，从青海省达日县出发，沿青海省省道101线、四川省省道302线和国道317线，经久治、阿坝、理县，于次日上午到达汶川地震灾区，在汶川县草坡乡、银杏乡、耿达乡和理县甘堡乡设立野战救护所，实施医疗救治和卫生防疫。

5月14日，武警8740部队医疗防疫救援队随部队从马尔康县、阿坝县、南充市3个方向向地震灾区开进，同时在汶川、茂县、都江堰开设3所野战救护所，实施紧急医疗救治和卫生防疫工作。

5月15日，8690部队医疗防疫救援队随部队开进，在伴随部队保障的同时，在北川羌族自治县擂鼓镇开设野战救护所，开展医疗救治和卫生防疫工作。

四　武警警种部队医疗防疫救援队伍

由武警四川省森林总队、甘肃省森林总队12支医疗小分队组成的武警森林部队医疗防疫队，在汶川县西南部的卧龙自然保护区、耿达乡和陇南市展开医疗救治、卫生防疫工作。

武警水电部队医疗队在遂行部队抢通道路的同时，在都江堰、什邡、汶川、茂县、理县等灾区执行医疗救援任务。

武警交通部队医疗防疫队在保障遂行部队抢修茂县至北川、映秀镇至耿达乡、卧龙镇至耿达乡，以及都江堰至汶川、江油、青川、康定、旺苍道路的同时，救治沿途受伤群众。

第三章　社会医疗防疫救援队伍

汶川特大地震发生后，中国红十字会上海华山医院、中国红十字会武警总医院、北京市红十字会 999 救援中心、河北省唐山市红十字会以及安徽、湖南、四川等省红十字会应急救援中心，派出紧急救援医疗队赴四川灾区抢救伤员，中国红十字会先后派出两批心理救援队前往灾区开展心理危机干预。中国残疾人联合会根据灾区伤员康复需求，先后派出 5 批国家康复医疗队实施康复医疗援助。

地震发生后，民营医院迅速行动，积极组织医务人员前往四川受灾地区救治和转运伤员。从 5 月 12 日起至 5 月底，成都市 30 余家民营医疗机构，组织上千名医务人员到成都、德阳、绵阳等地灾区开展医疗救援。在灾区各医院，志愿者日夜活跃在急诊科和各科病房，协助医务人员救治伤员，但由于志愿者数量众多，一些志愿者仅凭一腔热情，缺乏组织、培训等，这是今后需要改进之处。

第一节　社会团体医疗防疫救援队伍

一　红十字组织医疗防疫救援队伍

中国红十字会医疗救援队伍　5 月 13 日上午，根据卫生部和中国红十字会的部署和要求，上海华山医院成立由骨科、普外科、胸外科、神经外科、麻醉科、泌尿外科医生和护士组成的紧急救援队。上海市红十字会积极支持华山医院赶赴四川参与紧急救援行动，向医疗队提供了两辆医疗救护车。14—29 日，上海华山医院紧急救援队在安县实施医疗救援工作。（参见图 52）

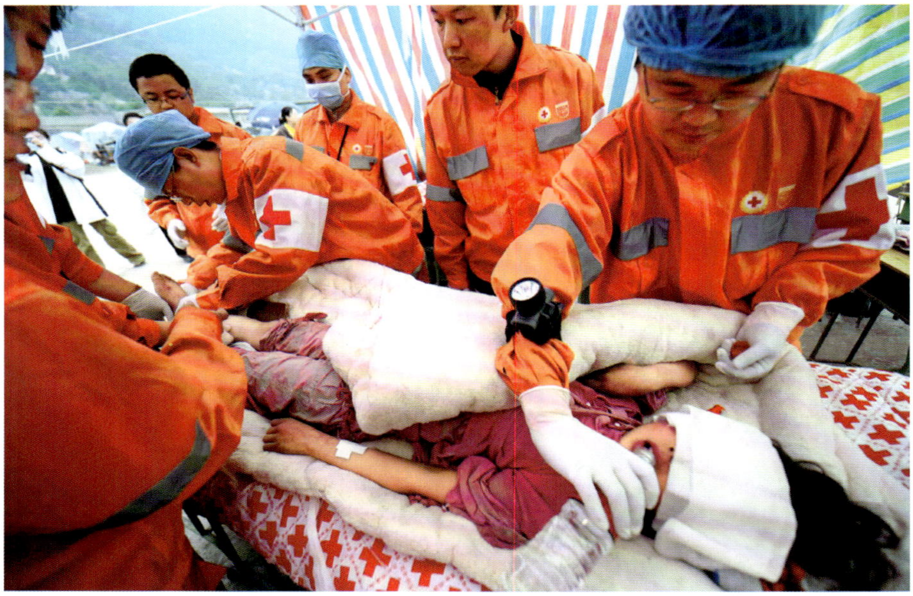

图52 5月20日，上海华山医院医疗队救治被困87小时的小学生蒋瑀琪（中国红十字会 提供）

受中国红十字会委托，武警总医院组织一支没有携带大型检查和治疗设备的轻装医疗分队。轻装医疗分队包括武警总医院的10名医务人员，以及驾驶17辆越野车的北京市各行各业的志愿者，携带武警总医院提供的价值200余万元的药品，部分医疗器械，及大量矿泉水、饼干、面包、方便面等，于5月15日赶到平武县南坝镇垭头坪村开展医疗救援工作，至6月16日返回。

中国红十字心理救援队伍 5月19日，中国红十字会组建19人的中国红十字心理救援一队。救援一队由首都医科大学、北京同仁医院、中国人民大学、西南大学等单位的临床心理学教授、医师、博士后和研究生组成，并有体育界世界冠军随行。救援一队于20日抵达四川后，先后在成都、绵阳、安县、德阳、绵竹及重庆梁平等受灾地区或安置点开展工作，对受灾群众、儿童和孤儿、一线官兵、医务人员及截肢伤病员等不同群体进行心理干预和辅导。队员中的资深专家，还对其他心理救援志愿者群体、精神科医师及护理受伤人员的医师和护士进行创伤与危机心理干预的培训与指导。

5月20日14时，中国红十字会组建中国红十字心理救援二队。救援二队由中国红十字会心灵阳光工程项目工作人员，北京心理危机研究与干预中心、西南大学、北京师范大学的心理专家和心理咨询师，奥运冠军，以及凤凰卫视、中央电视台、百度网站记者及纪录片摄像工作人员等24人组成。22日，救援二队抵达四川灾区，先后在绵阳、成都、德阳等市区，安县、绵竹、北川、青川等县（市），以及重庆梁平等受灾地区或安置点工作7天。

北京市红十字会医疗救援队伍 5月13日11时，北京市红十字会接到中国红十字会通知，要求以北京市红十字会999救援中心为依托，火速组建一支救援队奔赴四川救灾。12时，北京市红十字会以所属紧急救援中心医护人员为骨干，组成北京市红十字会999紧急医疗救援队，调派配备有心电图机、心脏除颤仪、输氧设备等先进救护设备的5辆救护车，及1辆指挥车、1辆通信保障车、1辆第一次投入实战的大型多功能饮食供应车（携带4大罐煤气、500公斤大米、50

公斤大蒜、100公斤鸡蛋和2.5吨饮用水等生活物资）。16时，由38人组成的救援队乘车赶往四川灾区。（参见图53）15日晨，北京市红十字会999紧急医疗救援队到达德阳与当地红十字会接洽后迅速纳入当地救灾指挥体系，赶到绵竹市体育场医疗救治安置点开展救援和医疗救助等工作。

图53 5月13日，北京市红十字会999紧急医疗救援队乘车赶赴灾区

（北京市红十字会 提供）

河北省唐山市红十字会医疗救援队伍 5月12日河北省唐山市红十字会召开紧急会议，制订抗震救灾工作紧急预案，为应急救护队员做好随时出发的准备，从备灾药品中调拨价值10万元的药品，着手准备帐篷、发电机、毛毯等赴灾区必备物品。13日下午，唐山市红十字会接到河北省红十字会委派医疗救援队的通知，利用半天时间完成队伍紧急集结和各项准备工作。河北省红十字会唐山紧急医疗救援队由19人组成，携带备灾物资和药品，于13日晚从唐山地震纪念碑广场出发赶往四川灾区，行程2000多公里，到达绵竹市九龙镇开展医疗救助工作。30日，唐山市红十字会组织的第二批紧急医疗救援队12人，与第一批医疗队进行交接换岗，继续在灾区进行医疗救助工作。

安徽省红十字会医疗救援队伍 5月15日中午，安徽省红十字会第一批紧急医疗救援队搭乘包机抵达成都，下午即直接赶赴北川。首批队员由红十字铜陵医院（铜陵有色职工总医院）10名医护人员和安徽省红十字会人员组成。16日，医疗救援队到达绵阳市后，驻扎在九洲体育馆，为灾区群众进行医疗服务。安徽省红十字会第二批紧急医疗救援队，由红十字安庆市立医院的10名队员组成。24日，第二批紧急医疗救援队赶到九洲体育馆，接替第一批紧急医疗救援队进行医疗救助工作。安徽省红十字会第三批紧急医疗救援队由安徽省红十字会人员带队，与红十字淮南医院6名队员共同组成，6月7日抵达九洲体育馆灾区群众安置点，接替第二批紧急医疗救援队。

5月15日至6月10日，安徽省红十字会先后组建由28人参加的3支医疗队，到达绵阳开展搜救和医疗救治工作。3支医疗队先后参与北川地震幸存者的搜救和现场急救，并在绵阳市九洲体育馆医疗救治点、北川羌族自治县曲山镇景家村和陈家坝乡金鼓村等偏远受灾山村开展医疗巡诊。

湖南省红十字会医疗救援队伍 湖南省红十字会组织的湖南省红十字紧急救援队，先后于5月14日、24日、26日和6月3日分4个批次，向什邡灾区派遣医疗救援队伍，志愿者共91人，驻扎在什邡市回澜镇柏树村60米大街灾区群众帐篷集中区域开展医疗救援工作。14日上午，由34名红十字志愿者为主要力量的湖南省红十字会紧急救援队组队完毕，其中医疗救护分队21人、志愿者救援分队13人。湖南省红十字会为紧急救援队配备救护车、GPS定位仪、对讲机、帐篷等。队员携带常规医疗救助用品和价值10余万元的常规药品，分乘3辆车，11时从长沙出发，经过

30多个小时的长途跋涉，于15日傍晚赶到四川省红十字会，被安排到什邡市开展医疗救援。24日晨，湖南省红十字会紧急救援队第二梯队22人，分乘3辆车，携带前方急需药品和救灾物资从长沙出发，于25日19时30分到达什邡。这支队伍包括医疗救护分队、后勤保障分队和宣传发动分队，到达什邡后替换第一梯队。5月26日和6月3日，湖南省红十字会组织的心理咨询志愿服务队，分两批乘飞机抵达什邡营地，开展心理咨询服务。至6月14日，湖南红十字会紧急救援队队员全部撤回。

四川省红十字会医疗防疫救援队伍 地处灾区的四川省红十字会应急救援中心，紧急部署灾后救援行动，组建救援大队开赴灾区一线。5月13日，四川省红十字会应急救援中心派出6支由328名工作人员和志愿者参加的四川省红十字会应急抢险队，急赴灾区抢救伤员。同日，四川省红十字会应急救援中心获悉彭州、北川、都江堰、安县等地灾情比较严重，迅速组织救援大队火速赶往这些地区参与抢救伤员等救援活动。四川省红十字会卫生救护培训中心，组织100名经过红十字卫生救护培训、具有红十字急救员证书的志愿者，分为4支急救队，携带价值100万元的急救包等物资，奔赴北川、都江堰、彭山、绵竹等灾区开展紧急救援工作。14日，志愿者前往绵竹参与抢救伤员等救援活动。15日，四川省红十字会应急救援中心又组织有60名急救员参加的3支急救队赶赴北川。同日，约100名志愿者分别前往平武、安县、北川、绵竹市汉旺镇等地，参与抢救伤员。16日，四川省红十字会应急救援中心派出一批约150余人的救援队伍，奔赴受灾严重的绵竹市汉旺镇和安县等地参与抢救伤员的救援活动。17日，四川省红十字会应急救援中心派出8支约150人的救援队伍，前往什邡市湔氐镇白斧头街、安县晓坝镇、绵竹市体育馆、安县老城中学和北川等受灾地区参与抢救伤员等救援活动。四川省各市州红十字会纷纷启动招募志愿者活动，在原有红十字志愿者队伍的基础上，成立红十字志愿者抗震救灾工作小组，组织红十字志愿者队伍。至29日，四川省红十字会应急救援中心先后组织75支共6546多人参加的应急救援队到灾区救援，并接待和安排前往灾区的国内外专业医疗队15支，其中中国红十字会和各省市红十字会、香港红十字会、台湾红十字组织医疗队8支，俄罗斯、意大利、日本、韩国、德国、法国、德国红十字会的医疗队7支。

二 中国残联医疗康复救援队伍

5月20日，卫生部商请中国残联组派一批抗震救灾国家康复医疗队作为国家抗震救灾第八批医疗队，赴四川抗震救灾一线开展康复医疗工作。中国残联下发《关于组派中国残联国家康复医疗队为地震伤残人员开展医疗康复服务的通知》，负责国家康复医疗队组派工作的中国残联康复部紧急行动，仅用一天时间就协调中国康复研究中心和辽宁省、上海市、广东省残联，选派52名临床经验丰富、思想作风过硬、年富力强的康复专业技术人员，组成第一批中国残联抗震救灾国家康复医疗队，赴成都、德阳、绵阳等地，开展震后伤病员医疗康复工作。（参见表10）

中国康复研究中心和辽宁省、上海市、广东省残联接到任务后，集结康复医疗方面的专家

中国残联抗震救灾国家康复医疗队各分队赴灾区救援情况一览表

表 10

分队名称	人数（人）	起止时间	主要援助地点
中国康复研究中心分队（第一批）	22	5 月 22—29 日	四川省人民医院
辽宁分队（第一批）	10	5 月 22—29 日	安县人民医院
上海分队（第一批）	10	5 月 22—29 日	德阳市第二人民医院和旌阳区中医院
广东分队（第一批）	10	5 月 22—29 日	成都市第三人民医院
浙江分队（第二批）	8	7 月 27 日—8 月 27 日	广元市残疾人康复中心
上海分队（第三批）	8	8 月 27 日—9 月 28 日	广元市残疾人康复中心
广东分队（第四批）	10	9 月 25 日—10 月 25 日	广元市残疾人康复中心
辽宁分队（第五批）	7	10 月 25 日—11 月 28 日	广元市残疾人康复中心

及救灾物资、药品等，组建 4 支医疗分队，为赴四川开展康复医疗工作做好准备。中国康复研究中心分队连夜起草《中国康复研究中心抗震救灾早期康复医疗队工作方案》，明确康复救援基本工作方向和目标，并组建由专家组成的抗震救灾康复医疗队伍。辽宁省残联接到通知后，不到两个小时共有 60 多名医护人员报名参加医疗队，经过筛选，派出临床经验丰富、思想作风过硬的业务骨干组建辽宁分队。上海市残联紧急选派康复专家组成上海分队，同时，成立康复业务保障组、生活后勤保障组、新闻宣传保障组，做好各项准备工作。广东省残联抽调以康复医疗为主、儿科和护理专业为辅的康复专家组成广东分队，并紧急制订医疗队的工作方案，召开技术会议，研究如何对四川省内的医疗专业技术人员进行与地震伤害相关的康复技术培训，为地震伤员提供必要的心理治疗。

5 月 21 日，国家抗震救灾康复医疗先遣队赶赴四川。22 日，由中国康复研究中心和辽宁省、上海市、广东省残联抽调的 4 个国家康复医疗分队相继到达成都。23 日，4 支国家抗震救灾康复医疗分队在中国残联党组书记王新宪等中国残联党组、理事会成员带领下，分赴成都、德阳、绵阳开展康复医疗工作。在赶赴四川灾区时，中国康复研究中心分队携带了 2 吨 69 件救灾物资；辽宁分队携带 3 吨救灾物资，包括医疗器械、灾区群众生活用品、食品等；广东分队携带价值 1.5 万元的药品和价值 6 万元的其他救灾物资，同时还代表广州市残联向灾区捐款现金 12 万元；上海分队携带价值 10 余万元的药品、康复用具等救灾物资。4 个分队到达四川灾区后，分赴灾区一线的医疗机构参加康复医疗服务，其中中国康复研究中心分队到四川省人民医院，辽宁分队到安县人民医院，上海分队分成两组分别到德阳市第二人民医院和旌阳区中医院，广东分队到成都市第三人民医院。21—29 日，国家康复医疗队经过 9 天的艰苦工作完成任务。

7 月下旬，根据部分外运灾区伤员经过救治回到四川迫切需要专业化康复服务的实际情况，应四川省残联和广元市残联请求，中国残联决定组派第二批中国残联抗震救灾国家康复医疗队，并下发《关于组派中国残联国家康复医疗队为四川省广元市地震伤残人员开展康复服务的通知》，要求浙江省残联组建中国残联抗震救灾国家康复医疗队浙江分队，赴四川省为广元市残疾人康复中心接收的地震灾区伤员提供康复服务。浙江省残联认真贯彻落实中国残联的指示精神，精心挑选出临床经验丰富、思想作风过硬、年富力强的8名康复专业技术人员，用最短的时间组建了中国残联抗震救灾国家康复医疗队浙江分队。27日，浙江分队到达广元市残疾人康复中心，开始为地震伤残人员提供康复服务。（参见图54）

中国残联抗震救灾国家康复医疗队浙江分队于8月27日返回浙江，而广元市残疾人康复中心仍有地震伤员92人，省外就医伤员亦将陆续返乡。根据实际情况，受中国残联委派，上海市残联从上海市残疾人康复中心选调8名责任心强、技术过硬的康复技术骨干，组成中国残联抗震救灾国家康复医疗队上海分队，于8月27日至9月28日在广元市残疾人康复中心，进行康复医疗工作。

根据中国残联《关于组派中国残联国家康复医疗队广东分队为四川省广元市地震伤残人员开展康复服务的通知》，广东省残联精心选调出省内残疾人康复中心责任心强、技术过硬的康复技术骨干再次组成10人的中国残联抗震救灾国家康复医疗队广东分队，于9月25日至10月25日在广元市残疾人康复中心，为地震伤残人员提供康复服务。

鉴于广元市残疾人康复中心仍有地震伤员54人，并有少数地震伤员继续入住进行康复训练，迫切需要专业化康复服务的情况，中国残联委派辽宁省残联组建中国残联抗震救灾国家康复医疗队辽宁分队，赴广元接替广东分队的工作。辽宁分队由7名康复技术骨干组成，于10月25日至11月28日在广元市残疾人康复中心继续提供康复服务。

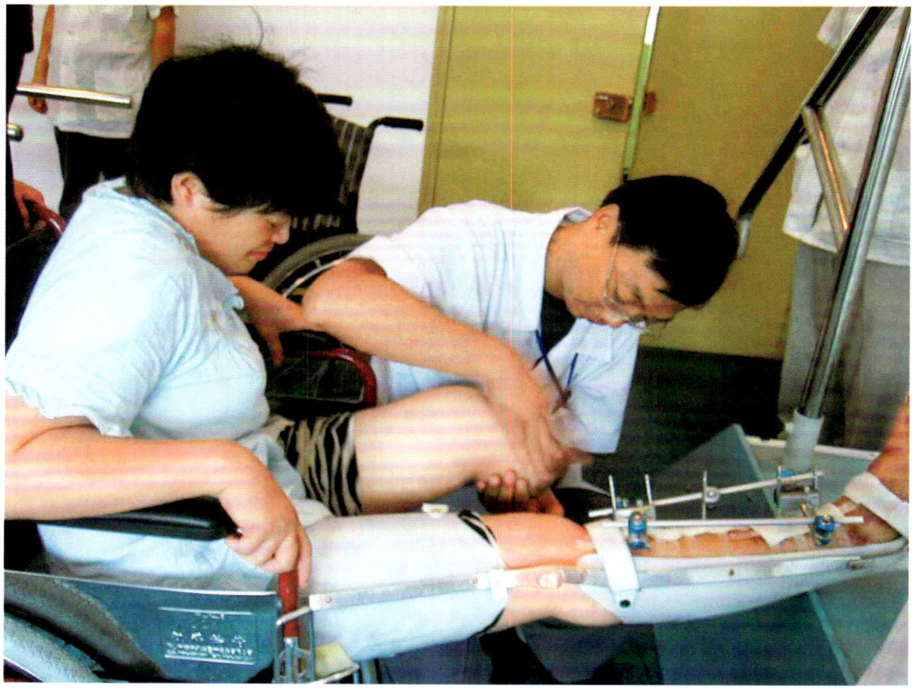

图54　浙江康复医疗队专家正在为伤员进行假肢安装前的评估
（卫生部医政司　提供）

第二节 民营医院与志愿者医疗防疫救援队伍

一 民营医院医疗救援队伍

汶川地震发生后，成都市民营医院积极组织医务人员前往四川受灾地区救治和转运伤员。从5月12日起至5月底，成都西区医院、成都新华人民医院、成都恒博医院、四川华美整形美容医院、四川骨康医院、成都金沙医院、成都友谊医院、成都博大男科医院、成都棕南医院、成都博爱医院、成都少城医院、成都中山医院、成都瑞金医院、成都军区医院、成都济民医院、成都同仁医院、成都阳光妇科医院、成都现代医院、成都严非牙科医院等30余家民营医疗机构，组织上千名医务人员到成都、德阳、绵阳等地灾区开展医疗救援。成都恒博医院从地震发生当日至30日，先后派出医务人员118人次，出动救护车33台次，分别在都江堰、汶川、绵竹灾区开展伤员救治和转运工作。成都博大男科医院于13日派出12名医务人员到都江堰救治和转运伤员。成都康桥医院也从地震发生后第二天起，先后派出18支医疗队共97名医务人员到都江堰、彭州、绵竹、绵阳、汶川等地灾区开展医疗救援。成都新华人民医院于12—20日，先后派出医务人员106人次，出动救护车62次到都江堰和成都双流机场、成都火车站转运伤员。

二 志愿者医疗防疫救援队伍

参加成都医疗防疫救助志愿者 在成都市各医院，有不少志愿者参加医疗救助活动。在华西医院，有1500多名临床医学的学生日夜活跃在急诊科和各科病房，协助医务人员救治伤员，为病人进行心理疏导等工作。在华西医院口腔医院和华西医院附属第二医院、第四医院，也有500多名志愿者日夜为伤病员服务。在四川省人民医院、四川省第二医院和成都中医药大学附属医院，有上千名志愿者在为救治伤病员服务。此外，四川大学华西公共卫生学院的300余名志愿者，深入灾区开展卫生防疫工作。5月13—25日，成都市第三人民医院共接待外地到成都的志愿者948人，其中安排586人到各科室为地震伤员服务。到成都市第六人民医院的志愿者既有成都各高校的大学生和各中学学生，也有教师、律师、个体医师等，共150余人。他们参加护理、消毒、搬运物资、分发食品、陪伴老人和为儿童开展心理咨询工作。成都市第六人民医院特别倡议志愿者要服从安排，听从指挥，统一衣服及标志，按医院规章工作，对伤病员要做到关心，特别是对无亲属者要给予更多的关照。

参加德阳医疗防疫救助志愿者 抗震救灾期间，在德阳市市级医院和绵竹市、什邡市等县级医院及乡镇卫生院，为伤病员提供医疗护理和生活服务的省内外医学院学生、民营医疗机构人员、国家医疗机构人员（非派出医疗队员）、社会青年、企业人员、私人业主等志愿者，总人数超过5000人。尖峰户外俱乐部是德阳市第一支从事登山、攀岩、探险、越野自行车等户外极限运动的民间组织，为德阳市红十字会团体会员单位，骨干会员均接受过红十字会的急救培训并获得急救员证书。地震发生后，尖峰户外俱乐部的队员不约而同地集结在就近的市区几大医院，有50多名志愿者于当晚加入抢运伤员的战斗。5月13日早晨，尖峰户外俱乐部召开紧急会议，宣告成立尖峰户外抗震救灾志愿者服务队，下设医护组、搜救组、搬运组、运输组、外联组，开始分头行动。外联组志愿者运用户外生存技能，为德阳市第二人民医院、德阳市红十字骨科医院搭建帐篷，安顿不断拥入的伤员，并火速支援一顶可容纳10余人的大帐篷给德阳市眼科医院。此外，尖峰户外俱乐部志愿者有6辆私家车驻扎在德阳市红十字会，为绵竹、什邡等近20个重灾乡（镇）运送急救所需的药品、食品、日用品等物资，并把灾区所需物资的信息带回。

5月16日23时，一批人血白蛋白急需送到绵竹市人民医院，运输组一个志愿者连夜开着越野车，以最快的速度将这批冷冻中的救命药送达目的地。17日凌晨，获悉绵竹市精神病医院用水告急，驻扎在德阳市红十字会的志愿者立刻把批调的370件矿泉水送到医院；随后，又从德阳市红十字会紧急调运一批卫生消毒用品。外联组一位志愿者从一家设在西部地区的香港企业组织到10吨消毒液、自行车和收音机等物资，与同伴一起将其运送到绵竹市的重灾乡镇。此外，德阳市尖峰户外俱乐部志愿者服务队还主动联系南京心理干预专家到德阳举办培训班，组织队员、青年朋友和学校教师学习心理援助相关知识，并前往什邡市蓥华镇对学生和遇难学生家长进行心理疏导工作。

参加绵阳医疗防疫救助志愿者　5月12日21时，共青团绵阳市委首批组织150名志愿者，奔赴各大医院开展医疗服务工作。13日早晨，60名志愿者带上药品和医疗物资，赶到北川中学救护伤员；上午，600名志愿者到达九洲体育馆帮助灾区群众及伤病员。14日，绵阳市志愿者协会发起“红丝带行动”，开通绿色通道，保障交通运输。随后，绵阳市各高校学生、大中型企业职工纷纷加入“红丝带”行动。志愿者中年龄最小的仅10岁，最大的70多岁。这些志愿者来自北京、上海、江苏、广州、湖南、湖北、云南、江西、河南、贵州、青海、辽宁等地，达2万余人。志愿者在绵阳各灾区现场救护伤员，搬运医疗物资，转运伤员，在医院内为住院伤病员提供医疗护理和生活服务。

5月13日，来自重庆市协和医院的28名志愿者，携带价值30余万元的药品和医用物资，乘大型体检车和3辆救护车，到达北川开展医疗抢救工作。15日，北京市玛丽医院的10名志愿者，携带价值5万元的医用物资，到安县开展救护工作。16—18日，深圳市阳光医院集团先后派出21名从事医务工作的志愿者，携带价值44万余元的药品和医用物资，到绵阳、平武开展医疗救援工作。20日，共青团青海省委组织的青海省青年医师志愿者服务队23人，携带价值20余万元的医用物资，到达安县开展医疗防疫工作。北京奥运会志愿者组成的医疗志愿者26人，携带4吨医疗物资到达绵阳，在九洲体育馆开展医疗卫生服务。21日，海南省志愿者协会组织海南省人民医院及各级疾控中心和医院的25名医师、卫生防疫人员，携带价值120余万元的医疗防疫物资，到绵阳和安县开展医疗防疫工作。23日，河南长通物流公司董事长杨志萍带领23名医务人员和4辆车，携带价值30万元的药品和医用物资到江油开展卫生防疫工作；河南少林寺药局延林法师带领11名僧人，携带少林寺特有的药品，购买一辆救护车及一批药品，赶到北川开展医疗救援工作。来自河北省玉田县的宋志永等13人组成的救助小分队，一直工作在抢险和救助伤员的第一线。

与此同时，一些国际志愿者赶到绵阳进行医疗救助工作。5月14日，来自“心连心国际组织”的美国志愿者一行10人（包括生活、工作在成都的美国留学生和护士）开着一辆救护车，携带药品等物资到达北川帮助伤病员治疗。此后，又有来自美国、英国、日本、加拿大、澳大利亚、墨西哥等国家的100余名外籍志愿者，参加到伤员的救治工作中。

参加广元医疗防疫救助志愿者 在广元市级医院和区、县医院，有上千名志愿者参加灾区伤员医疗救护工作。5月13日下午，剑阁中学8名志愿者、剑州中学3名志愿者及其他学校的志愿者共10余人，在剑阁县人民医院广场临时病员安置点搬运、护理伤员。17日，受农工党中央派遣，上海、北京、湖南等省（市）的7名专家，到达剑阁县医疗机构开展医疗救援工作。7月15日，共青团中央组织的抗震救灾大学生志愿者一行7人和来自黑龙江省的68名大学生志愿者到达剑阁，被安排到医疗防疫部门协助工作。

参加阿坝医疗防疫救助志愿者 成千上万个志愿者奔赴阿坝藏族羌族自治州的6个重灾县，参加医疗救援及物资转运工作。汶川县纸厂下岗医师李兴明在七盘沟开诊所，当地有3000余人被困、100余人受伤，李兴明积极救治伤员，并将价值10余万元的药品及医用物资无偿地用于伤病员救治。来自射洪县金华镇的何大荣，于5月16日晨开着摩托车，又雇了两辆摩托车，携带价值2200元的药品和食品等，穿过7个县（市），行程300多公里，于19日到达汶川县映秀镇，在一个半山腰上的民房内开展伤员救治工作。贵州省黔西县钟山布依族彝族乡明灯村个体医师白云，几经辗转赶到映秀镇，与何大荣共同开办志愿者私人诊所，连续工作30余天。15日，宜宾市志愿者医疗队5人到达汶川县水磨镇开展医疗救援工作。16日，共青团阿坝藏族羌族自治州州委及汶川团县委，组织400名志愿者到汶川县城开展医疗救援工作。松潘团县委组织“黄丝带行动”，组织志愿者150人在灾区抢运医疗防疫物资。茂县团县委组织20多名志愿者参加转运物资的救援工作。

5月13日，内江市第一支乡村医师志愿者医疗救援队10人到达都江堰、汶川开展医疗救治工作。13—16日，内江市组织由29名青年医师及乡村医师参加的5支志愿者医疗队，赴都江堰、汶川、北川、安县等地灾区开展医疗救援工作。

此外，江西省抚州市个体私营企业协会副会长满江生，于5月20日在四川省红十字会与来自北京、上海、广东等地的志愿者共同组成“阳光独立团”，为四川灾区孩子提供心理辅导。

第四章 中国香港、澳门、台湾与国际医疗防疫救援队伍

汶川特大地震的发生，引起中国香港特区、澳门特区和台湾地区同胞的同情和关注。紧急救治阶段，香港、澳门特区和台湾地区先后派出13批医疗队，共有290多名医务人员参与灾区伤员医疗救治工作。

抗震救灾期间，按照到达灾区的时序排列，先后有俄罗斯、日本、意大利、德国、古巴、英国、法国、巴基斯坦、印度尼西亚和美国10个国外医疗队，共227人到四川和甘肃地震灾区进行医疗救援工作。到四川灾区参与医疗救援工作的俄罗斯、意大利、德国等国家的医疗队均建立了野外“帐篷医院”。俄罗斯、日本、意大利、古巴、法国、巴基斯坦、印度尼西亚等国家的医疗队均由政府派遣。

第一节 中国香港、澳门、台湾医疗防疫救援队伍

一 香港特别行政区医疗防疫救援队伍

5月15日，香港医管局组织的第一批医疗队共4人，在香港医管局应急部行政经理带领下到达华西医院。15—30日，香港医管局先后派出5批医疗队共57人，到华西医院参加伤员救治工作；同时，携2229公斤的医疗物资支援华西医院。医疗队成员主要包括骨科、麻醉科、感染科、普外科、急诊科、康复科、心理科、ICU室等专家和医护人员。香港医疗队于30日离开华西医院回到香港。

5月15日19时，香港红十字会派出由6名医疗专业志愿者组成的工作队，抵达北川，协助

图 55　香港卫生署防疫队与阿坝藏族羌族自治州卫生局人员研究灾后防疫工作（阿坝藏族羌族自治州卫生局　提供）

当地红十字会救助地震伤员。20 日，香港卫生署派出的防疫队 10 人，到汶川县开展防疫工作。（参见图 55）同日，香港安康医院组织的医疗队 10 人，到理县开展医疗救援工作。21 日，香港红十字会赴四川灾区工作队，与四川省红十字会组织的医疗人员，合组流动医疗队，前往偏远地区为地震伤员提供医疗服务。从 6 月初到 10 月上旬，香港康复会、香港理工大学、香港华裔骨科学会、香港医管局先后组织康复专家、康复医疗队，共 87 人，在华西医院开展康复医疗工作。7—12 月，由世界华裔骨科专家组织的香港“站起来”行动组织，向四川省人民医院派出短期志愿者医疗康复队员 30 多人，开展康复医疗工作。

二　澳门特别行政区医疗防疫救援队伍

澳门特区积极申请前往四川灾区参与救援工作的医护人员达到 500 多名。5 月 23 日，由 20 名志愿者组成的澳门特区政府第一支医疗救援队飞抵四川灾区。医疗救援队成员分别来自澳门特区政府卫生局和镜湖医院，包括 10 名医师和 10 名护士。到达四川灾区后，澳门特区政府医疗救援队主要在成都市第三人民医院的重症监护室、骨科、肾内科、手术室、急诊科、普外科和内科等科室，为灾区民众提供医疗服务。（参见图 56）此外，他们还前往灾区一线巡诊，并同当地医务人员进行学术交流。6 月 3 日，医疗救援队顺利完成任务返回澳门。

6 月 10 日下午，澳门特区政府第二支医疗救援队，包括随行的一批医疗物资，乘包机抵达成都。医疗救援队成员分别来自澳门仁伯爵综合医院和镜湖医院，有 10 名骨科、内科、外科、急诊科、麻醉科、ICU 室、手术室专家和 10 名专科护理人员，下飞机后立即赶往南充市川北医院和南充市中心医院开展医疗救援工作，于 23 日返回澳门。

7 月 21 日，在中国红十字会的协调安排下，澳门红十字会与澳门特区政府卫生局组织澳门特区一支有 15 名医务人员的医疗救援队，由广州白云机场启程飞往成都。医疗救援队由来自仁伯

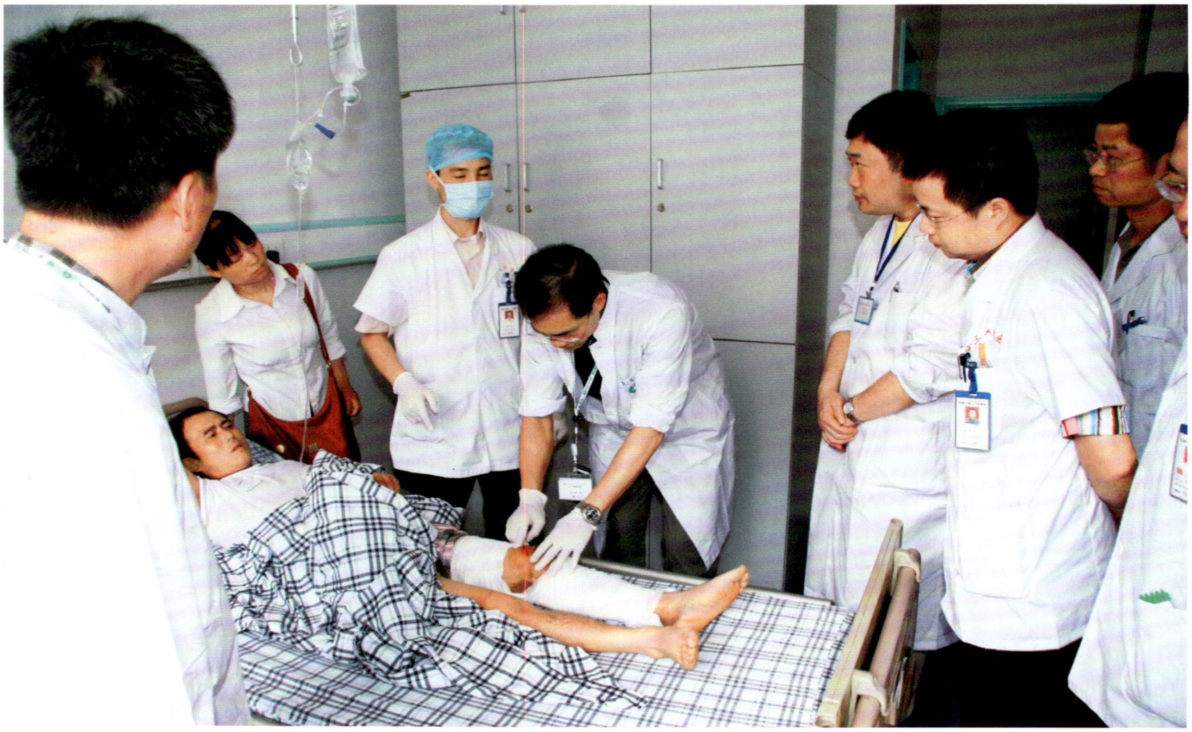

图 56　5 月 24 日，澳门医疗队在成都市第三人民医院开展援救工作

（刘琳　摄）

爵综合医院、卫生中心及镜湖医院的儿科、妇产科、内科、急诊科、骨科等科 11 名医师和 4 名护士组成，澳门红十字会理事长曹国希任领队。医疗队抵达都江堰市中德红十字会野战医院后，当晚入住于马路上搭建的帐篷，第二天就参与临床医疗工作，在内科、外科、妇科、儿科、急诊科等诊室为当地市民服务。

由中国红十字会总会和德国红十字会于 5 月 26 日联合建立的中德红十字会野战医院，建成初期仅能提供基本的医疗护理；澳门红十字会了解到医院的需求后，在澳门特区政府的支持下，紧急购置一批医疗器材于 6 月 1 日包机直接送到野战医院，提高了医疗救治能力。

三　台湾地区医疗防疫救援队伍

5 月 18 日，台湾红十字组织整合建立一支医疗队。20 日下午，由 47 名外科、骨科、感染科、麻醉科、中医科以及护理、紧急救护等各科专家及后勤志愿者组建的医疗队，携带 5000 剂破伤风疫苗和优碘、止痛药、消炎药等 3.5 吨紧急医疗救援物资，搭乘台湾华信航空包机抵达成都双流机场，赶赴德阳开展医疗救治工作。21 日、22 日，台湾红十字医疗队在广汉市高坪镇灾区群众安置中心设立医疗救助工作站，工作两天。（参见图 57）23 日、24 日，台湾红十字医疗队在广汉市体育中心灾区群众安置点设立医疗救护站。25 日下午，台湾红十字医疗队完成在四川灾区的医疗救援工作返回台湾。

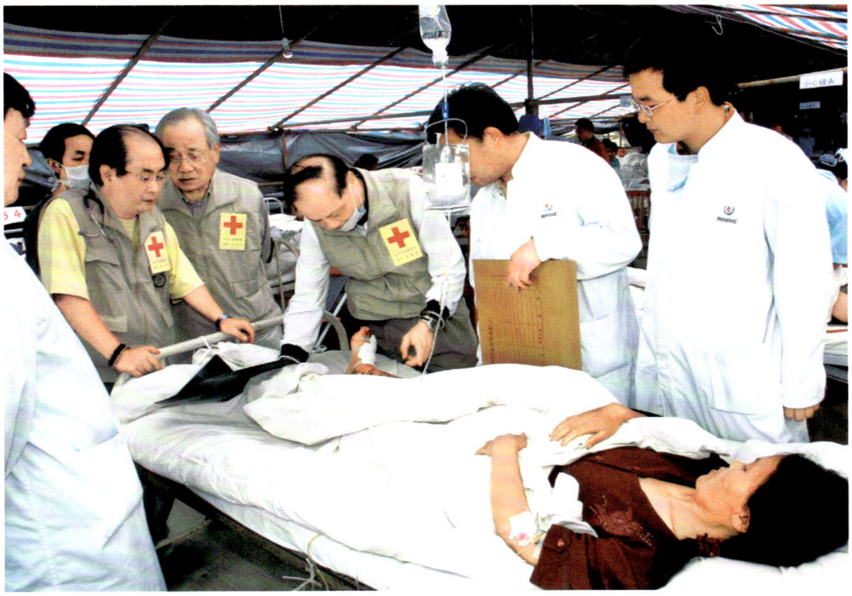

图 57　5 月 22 日，台湾红十字医疗队在广汉灾区诊治地震伤员
（中国红十字会总会　提供）

第二节　国际医疗救援队伍

一　俄罗斯医疗救援队伍

俄罗斯政府紧急情况部和卫生部下属的重点医院组织医务人员共 47 人，于 5 月 20 日到达四川灾区，会同结束抢救任务的俄罗斯救援队中的医务人员共 67 人赴彭州，迅速搭建起 20 余个巨

图 58　俄罗斯医疗救援队在彭州灾区搭建临时救护点
（四川省卫生厅　提供）

型充气医疗帐篷实施医疗救援。（参见图 58）医疗队由救援人员、医疗人员、技术人员和各专业工程师组成，医务人员为来自俄罗斯的各大重点医院，包括外科、内科、儿科、神经科和心理科等方面的专家，携带 B 超、心电图仪、便携式 X 光机等灾区急需的医疗器材及 7 吨药品。俄罗斯医疗队参加过斯里兰卡、印度尼西亚、土耳其、巴基斯坦灾害伤员的救治工作，具有丰富的野外救援和地震伤员救治经验，其装备和人员都具备空投能力，可作为一个全功能医院，直接对伤员进行手术。医疗队一名心理医师开办了心理咨询中心。俄罗斯医疗队在彭州工作 12 天，于 6 月 2 日完成医疗救治任务返回俄罗斯。俄罗斯医疗队是国外医疗队中最先抵达地震灾区的一支医疗队，也是此次救援人数最多的一支国外医疗队。

二　日本医疗救援队伍

5 月 20 日晚，由日本外务省中国课田尻和宏为团长的日本医疗队一行 23 人，携带约 5 吨医疗物资抵达成都。日本医疗队有丰富的地震伤员救治经验，特别擅长挤压综合征的救治；到达成都后，分成急诊、ICU、透析、妇儿等 4 个小组到华西医院开展医疗救援工作，向华西医院赠送 9 台透析机，于 22 日正式开展医疗诊治工作，23 日下午又增加了放射、药剂医疗服务。日本医疗队还派两名队员到华西医院附属第二医院协助医疗救助工作。31 日，日本医疗队结束在华西医院的救援工作，于 6 月 2 日启程回国。（参见图 59）

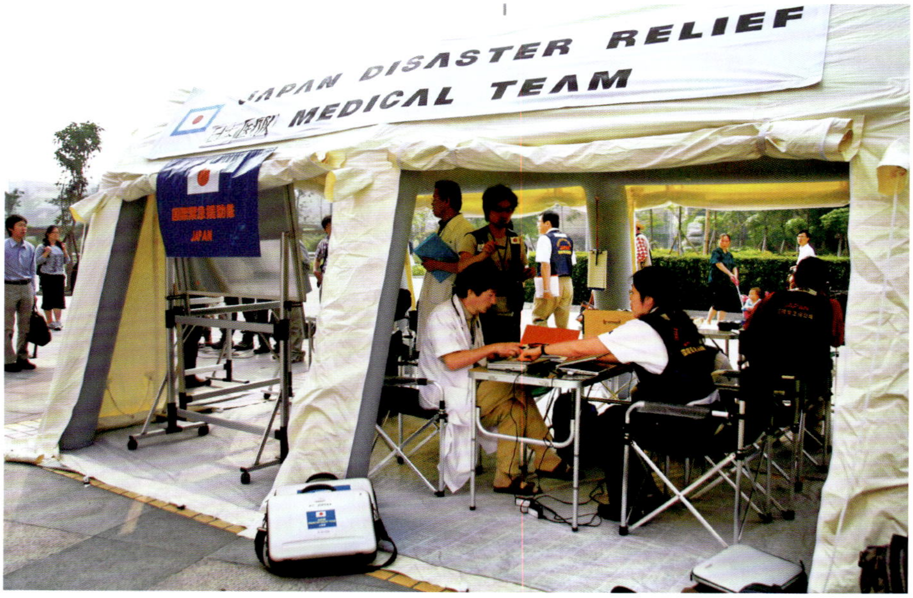

图 59　5 月 24 日，日本医疗队在华西医院协助进行医疗救援（田春　摄）

三　意大利医疗救援队伍

5 月 22 日下午，受意大利政府派遣，意大利医疗队一行经北京转机抵达成都，前往绵竹市

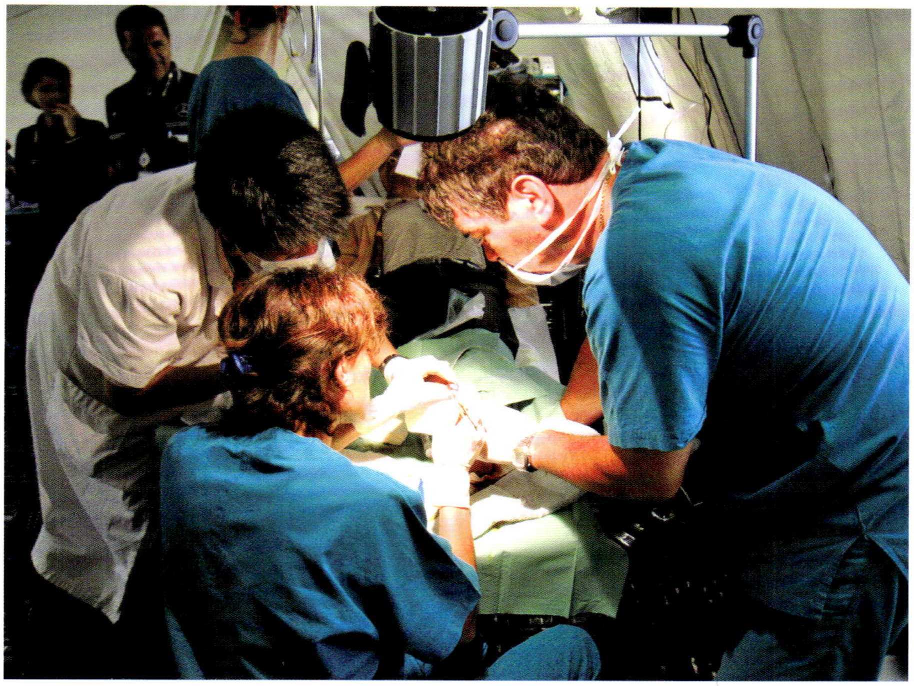

图60　5月25日，意大利医疗队在绵竹市孝德镇紧急医院为灾区伤员实施手术（四川省卫生厅　提供）

孝德镇开展医疗救援工作。医疗队携带的30吨设备，于次日凌晨运抵成都，转而运达孝德镇，搭建医疗帐篷，建立起一所紧急医院。意大利医疗队由一名意大利政府公民保护部门的官员、来自意大利比萨一所大学附属医院的14名医护人员及其他成员组成，医护人员包括外科、妇科、神经科、麻醉科、骨科等方面的专家。紧急医院自带发电机、手术台、心电图仪、B超机、呼吸机、麻醉设备、担架等医疗设备及各类医疗用品。24日，意大利紧急医院开始收治病人。（参见图60）6月5日，意大利医疗队离开孝德镇回国。

四　德国医疗救援队伍

5月23日17时，德国红十字会组织的德国医疗队一行12人到达都江堰市，参加复旦大学附属华山医院中德红十字会野战医院的筹建工作。野战医院坐落在都江堰市普什宁江集团门前，在长约400米、宽30米的道路上一字排开大大小小60个帐篷，每顶帐篷都由天然材料制成，防火、无污染，有真空隔热层。配备的制氧机可直接将空气制成氧气，并可以调节氧气浓度，代替笨重的氧气瓶。手术室的帐篷用充气管支撑，内有散热的空调设备。里面所有的设备都可以拆卸移动，并可根据需要随时迁往任何地方。野战医院设有门诊、内科、外科、妇科、儿科和药房，还有放射科、检验科、病房以及重症监护室，有检验、X光检查设备，药剂、中心供应室、消毒等设备，能够提供120张床位，开展各类手术，可服务25万人口。25日，中德红十字会野战医院正式接诊病人。此后，门诊量逐日增多，由最初的外科治疗逐渐转向慢性病症的诊治。（参见图61）6月18日，除一名行政主管留下处理少量行政事务外，德国医疗队其余11人完成医疗援助工作，离开都江堰返回德国。此后，中德红十字会野战医院交由当地医院管理。

图61 6月17日，中德红十字会野战医院专家们在研究工作（宋林勇 摄）

五 古巴医疗救援队伍

5月23日夜，古巴政府援助四川救灾医疗队一行36人抵达四川省人民医院，并于次日上午投入紧张的医疗救治工作。古巴医疗队由外科、内科、麻醉科、特护科、康复科、儿科、矫形科、放射科、妇产科医师及特护护士等组成，并随行携带一批急救用药品与医疗设备。医疗队员进行简单分组后，进入集中收治地震伤员的病房里，与四川省人民医院医护人员一起查房，进行病案讨论和病人处置等医疗救治工作。24日下午，温家宝考察四川省人民医院，看望古巴医疗队的医师与护士，并向医疗队员们致谢。6月6日，古巴医疗队完成医疗救援任务，离开四川省人民医院返回古巴。（参见图62）

图62 古巴医疗队与四川省人民医院医务人员在医院门前合影（四川省人民医院 提供）

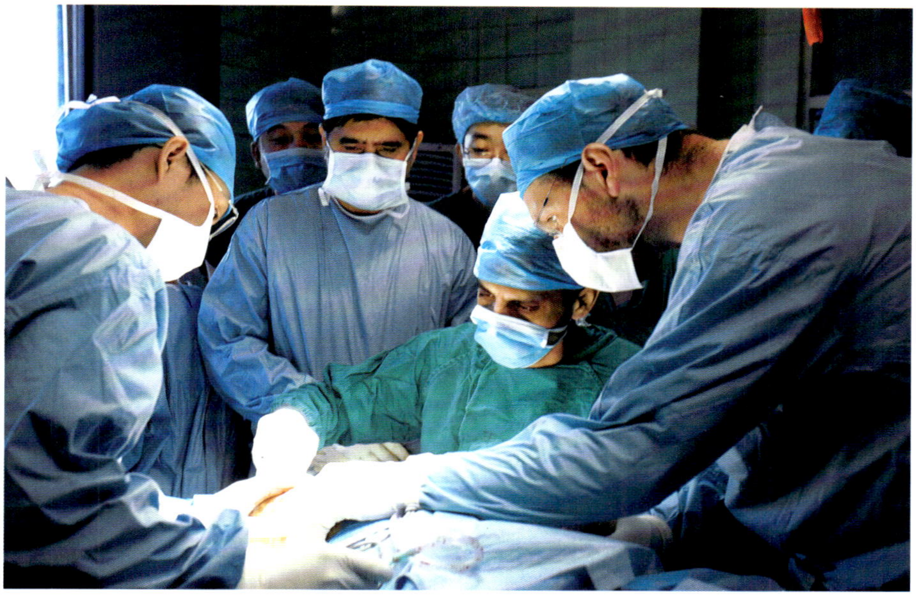

图 63　5 月 25 日，英国医疗队在绵阳市中心医院救治伤员
（四川省卫生厅　提供）

六　英国医疗救援队伍

5 月 24 日下午，由急诊、外科、公共卫生、整形与修复、骨科、外伤专家组成的英国医疗队一行 7 人抵达绵阳市中心医院。（参见图 63）英国医疗队在绵阳市中心医院工作两天后，因堰塞湖可能溃堤的原因，于 27 日转到成都市第二人民医院工作 4 天，侧重于骨伤救治，实施数台复杂手术。30 日，英国医疗队完成救援任务，由成都返回英国。

七　法国医疗救援队伍

5 月 25 日 7 时 30 分，携带 4.5 吨装备物资，参加过印度尼西亚海啸、埃及特大地震救援的法国医疗队一行 14 人抵达广元市中心医院，次日即投入医疗救援工作。法国医疗队在广元市中心医院工作 9 天，主要开展急诊救助工作，并多次外出巡诊，收治重病患者。（参见图 64）6 月 4 日，法国医疗队完成医疗救援任务，6 日离开四川返回法国。

图 64　5 月 29 日，法国医疗队在广元地震灾区工作
（王平生　摄）

八　巴基斯坦医疗救援队伍

5 月 27 日，巴基斯坦医疗队一行 28 人自

图 65　5 月 29 日，巴基斯坦和印度尼西亚医疗队从兰州出发赴陇南灾区前与中国救援人员合影留念

（牛建业　摄）

行携带医疗药品、器材和设备，乘巴方运输机抵达兰州。29 日上午，从兰州出发赴陇南市武都区开展医疗卫生救援工作。（参见图 65）当晚，巴基斯坦医疗队抵达武都区，经过短暂休整，于 30 日晨开始搭建临时医院。31 日，巴基斯坦医疗队建立野外医院，在当地医疗卫生单位的配合下展开医疗救援工作。6 月 1 日下午，胡锦涛到陇南市第一人民医院看望巴基斯坦医疗队，代表中国政府和人民向他们表示衷心的感谢。11 日，巴基斯坦医疗队结束在武都区 10 天的紧张医疗救援工作，启程回国，临行前向陇南医疗卫生部门捐赠价值 70 余万元的医疗器械和药品。

九　印度尼西亚医疗救援队伍

5 月 28 日，印度尼西亚政府派出一支由 20 人组成的医疗队抵达兰州，开展医疗卫生领域国际人道主义援助。30 日，印度尼西亚医疗队携带救援药品及设备，驱车前往文县，到达后即开始工作。6 月 7 日下午，印度尼西亚医疗队结束在甘肃灾区的救援行动回国。印度尼西亚医疗队为当地灾区群众捐款 7700 元。

十　美国医疗救援队伍

可调度 20 余架救援直升机参与美国各地急救的美国马里兰大学休克创伤中心派出的医疗队，由最有经验的 4 名创伤领域和 ICU 医护人员及 1 名远程会诊工程师组成，队员均为创伤救治领域

图 66　6 月 15 日，美国医疗救援队在华西医院 ICU 讨论救治情况
（许跃忠　摄）

的国际知名专家，领队为中心院长、世界顶级创伤外科专家托马斯 · 斯卡雷（Thomas Scalea）。6 月 7 日晚，医疗队抵达成都，被安排在华西医院重症监护病房工作，工作 8 天，16 日离开成都回国。美国马里兰大学休克创伤中心医疗队在华西医院工作期间，主要侧重于学术交流，开展多次专题讲座，并建立华西医院与美国马里兰大学休克创伤中心的远程医疗网络。（参见图 66）

国际医疗救援队在灾区开展救援工作情况，参见表 11。

国际医疗救援队伍开展救援情况一览表

表 11

国　家	人数（人）	起止时间	救援地点
俄罗斯	67	5 月 20 日—6 月 2 日	彭州市“帐篷医院”
日　本	23	5 月 20 日—6 月 2 日	四川大学华西医院
意大利	15	5 月 22 日—6 月 5 日	绵竹市孝德镇意大利紧急医院（“帐篷医院”）
德　国	12	5 月 23 日—6 月 18 日	都江堰中德红十字会野战医院
古　巴	36	5 月 23 日—6 月 6 日	四川省人民医院
英　国	7	5 月 24—30 日	绵阳市中心医院、成都市第二人民医院
法　国	14	5 月 25 日—6 月 4 日	广元市中心医院
巴基斯坦	28	5 月 27 日—6 月 11 日	陇南市武都区临时医院
印度尼西亚	20	5 月 30 日—6 月 7 日	文县人民医院
美　国	5	6 月 7—16 日	四川大学华西医院
合　计	227 人		

说明：此表资料由卫生部国际合作司提供

第三篇

医疗救治与康复服务

汶川特大地震，造成四川、甘肃、陕西等地灾区巨大的人员伤亡。大难当头，地震灾区卫生医务人员挺身而出，迅即开展自救互救和现场急救工作。

在国务院抗震救灾总指挥部卫生防疫组的统一部署下，全国卫生、质检、农业等系统及解放军、武警部队，迅即向地震灾区派出大批医务人员，开展医疗救援工作。抗震救灾期间，卫生防疫组陆续调派医疗、防疫、监督、药监等方面的专家和技术人员，携带医疗器械、药品、血液、帐篷等必需物资，从全国各地奔赴地震灾区开展医疗卫生救援。解放军、武警部队医疗救援队伍，采取徒步、空降、乘冲锋舟等方式，迅速进入道路不通的受灾县市边远山区的乡镇，在极重灾区和重灾区联合建立定点医院、野战医院、方舱医院、野战血站、远程医疗系统，采取定点和巡回医疗相结合的方式，争分夺秒地抢救受伤群众，发挥了突击队和主力军的作用。中医药管理部门推荐的中医正骨疗法、小夹板和中药治疗，在救治伤员过程中也发挥了较好的作用。

针对四川灾区危重伤员多，灾区基层医疗机构受损严重，分散抢救难度大的严峻形势，卫生防疫组及时提出“集中患者、集中专家、集中资源、集中救治”的“四集中”原则，将危重伤员集中收治在华西医院等医疗条件较好、医疗力量较强的省内医院，并从全国调集大批医学院士和专家赶赴灾区指导医疗救治工作，有效降低地震灾区伤员的死亡率和致残率。

为缓解四川省的医疗救治工作压力，从 5 月 17 日开始，卫生防疫组协调民航、铁路等有关部门，组织 19 次专列、99 架包机，分别向 20 个省（区、市）的 58 个城市 375 家地方医院和军队医院，紧急转送 10015 名地震伤员，并安排医务人员 5000 余人、伤员家属 9099 人沿途陪护，使地震伤员得到及时救治。至 6 月下旬，经过相关省（区、市）接收医院医护人员精心医治和悉心照料，从四川转运到全国各地的地震伤病员陆续康复出院返回四川。

地震造成大批人员伤残，接受基本救治后尚需进行全面系统的康复治疗。中国残联与卫生部、中国红十字会密切合作，共同出台一系列指导性文件，指导各地开展地震伤员的康复工作。卫生部和中国残联成立四川汶川地震伤员康复工作专家组，负责为伤员康复提供咨询和技术指导，使康复工作得以科学规范地开展。

地震给灾区群众和救援人员带来极大的心理伤害。卫生部及灾区各级政府多次召开专题会议，研究指导开展心理危机干预工作。国内外心理专家、各级红十字会和解放军、武警部队的卫生工作者及社会各界人士、广大志愿者，积极参与灾区心理卫生服务工作，使绝大多数灾区儿童、在校学生、伤病员、受灾群众和救援人员通过心理咨询、心理疏导和心理治疗，缓解心理压力，恢复正常生活。

截至 10 月 13 日，全国累计收治住院地震伤员 91177 人（其中重伤员 16563 人），治愈出院 88368 人，开展手术 39689 台（次），巡诊服务 73.01 万人次，开展医学心理治疗 97969 人次，抢救复苏危重地震伤员 10533 人次，极低的危重症伤员死亡率受到世界卫生组织的高度评价。

第一章 现场救治

汶川特大地震发生后，灾区各级医疗卫生机构迅速组织救援力量，出动救护车和救援人员，竭尽全力开展紧急医疗救援。灾后半小时内，四川省极重灾区和重灾区70%以上的市、县两级医疗机构就派出了医疗队，85%以上的县级医疗机构开始收治伤员。

地震发生约2小时后，四川省卫生厅派出19支救援队伍到达地震极重灾区现场，会同当地医疗卫生人员共同开展医疗救援行动。四川省非重灾区有600余名医疗队员，被调往极重灾区和重灾区。甘肃省卫生厅立即启动《突发公共事件医疗卫生应急预案》Ⅰ级响应，组建省级医疗队并协调各市州医疗队赴地震灾区。地震发生后5小时，甘肃省卫生厅工作组到达陇南灾区开展医疗救治工作，随后又有16支医疗队赴灾区开展医疗救治工作。陕西省卫生厅迅速启动卫生应急响应，紧急部署陕西灾区的医疗救治，并支援四川灾区医疗救治和卫生防疫工作。

地震发生13小时后，解放军、武警部队紧急抽组的医疗队，陆续抵达四川灾区开展医疗救援行动。全国卫生、质检、农业等系统在灾后24小时内，即向灾区派出1424名医疗人员，开展医疗救援工作。抗震救灾期间，卫生防疫组陆续调派25071名医疗、防疫、监督、药监等方面的专家和技术人员，携带医疗器械、药品、血液、帐篷等必需物资，从全国各地奔赴地震灾区开展医疗卫生救援。灾后72小时，一些伤员在经过现场急救处理后，被快速转运到灾区临时医院和灾区省内各医疗机构进一步治疗。

地震发生后72小时，在四川地震灾区实施医疗救援行动的省内外医务人员达3.5万余人，收治地震伤员68700余人，其中重伤员14400余人，占一周重伤员总数的96%以上。

第一节　灾区卫生机构与卫生人员现场自救

汶川特大地震发生后，重灾地区县级医院、乡镇卫生院和村卫生室幸存的医务人员，冒着余震的危险，在交通、电力、通信完全中断的严峻形势下，搭建临时医疗救治点，争分夺秒抢救伤员，自发或有组织地就近开展紧急医疗救援行动。多数伤员通过自救或在他人的帮助下，较快地脱离受伤环境，由当地医疗人员或后续赶到的医疗救援队就地进行现场急救；较重的伤员则被紧急送往附近的医疗机构，或在当地医务人员的救护下等待转送救治；也有相当一部分伤员陷于城市和乡村的废墟中，因环境复杂加之余震不断，缺乏抢救所需的重型设备等，不能在短时间内被救出；另外还有许多偏远、地势险峻地区的伤病员，由于交通、通信完全被阻断，医疗服务机构基本被损毁，缺医少药，无法得到有效的治疗，处于等待救援状态。

一　卫生人员自救互救

汶川灾区理县卫生人员救治受伤群众　5 月 12 日，理县人民医院护士董咏凤、吴红英、唐莉、王雪、李继蓉、杨琴、张庆媛、张世瑶乘单位的救护车到成都学习。地震突然降临，大地抖动，楼房摇晃，成都市区满街的人惊惶失措四处奔逃。董咏凤等人得知震中在与理县相邻的汶川县后，急忙乘车赶返理县救灾。途经都江堰时，董咏凤等人看到那里灾情异常严重，立即从救护车上取下唯一的一只急救箱，汇入到当地医疗救治的队伍中，为伤员止血、包扎，固定断肢，摸黑进入废墟抢救被埋群众。她们不顾手脚被锐物刺伤和划伤，冒着倾盆大雨将伤员送往救治点，从 12 日下午一直忙到 13 日上午，董咏凤等人通宵未眠，仅吃了几口群众送来的快餐面。13 日中午，除两人继续留在都江堰，其他人随董咏凤徒步赶往汶川县映秀镇救灾。途中管制交通的军人受其精神感动，予以放行并一再叮嘱她们注意安全。当晚，董咏凤等人相互依偎，露宿山中，大雨浇淋寒风侵骨。14 日晨，她们赶到映秀镇展开医疗救援。映秀镇医药物资严重匮乏，董咏凤等从废墟中刨出木板和布单，自制简易夹板 50 余副、绷带 100 余根；没有输液架就用手托举着为伤员输液；强忍饥渴和疲惫抢运伤员，冒着大雨在废墟中搜索幸存者；钻入随时可能坍塌的危楼与被埋者对话，给被埋伤员以关怀和希望；顶着 40 多摄氏度的高温，在帐篷里连续工作 10 余个小时。连日的忙碌和紧张，她们心力交瘁，有的多次昏倒；有的身上伤痕累累；有的处在特殊的生理期，由于没有卫生用品，伤员和自己的鲜血染红了白大褂；还有的患有严重痔疮，也不肯吱声。白天，她们拼命工作；夜晚，挤在透风漏雨的工棚里啃着干粮充饥。想到生死不明的家人，她们曾无数次失声痛哭。在映秀镇，董咏凤等人协助当地医院抢救、治疗、转运伤员 1000 余名。

北川灾区卫生人员抢救伤员　北川羌族自治县卫生执法监督所监督科科长李晓涛、监督员苏瑾和驾驶员韩开平，刚刚在陈家坝乡完成医疗卫生安全工作监督检查，驱车返回县城时，地震突然发生。在公路边，李晓涛等看到一辆面包车被巨石砸坏，有两人被压在车里，便立即对他们进行紧急抢救，经过两小时的努力，终于把两名伤员救了出来。其中的一名伤员有生命危险，需要马上送医院抢救。此时余震不断，石头不断地从山坡滚落，李晓涛等冒着被砸伤的危险，找来木杆和丢弃的麻袋做成一副简易担架。路边有一个骑摩托车做小生意的农民见状后，马上把摩托车连同几千元的货物丢到一边，和他们一起抬着伤员徒步向曲山镇卫生院（黄家坝）转移。6公里山路，他们整整走了5个小时，终于把两名重伤员抬到黄家坝。此时的黄家坝村已成为一片废墟，到处是受灾的人群。苏瑾找来简单材料为伤员做了临时包扎处理后，托付给一名乡村医师，等待救援人员到后再做进一步救治。3人赶往县城后，从逃出来的熟人口中得知李晓涛的妻子、儿子、哥哥、嫂子等15位亲人遇难，苏瑾的父亲、妻弟遇难，韩开平的妻子遇难。

什邡灾区卫生人员救治受伤群众 地处龙门山脉中心地段蓥华山麓的红白镇，位于什邡市西北部山区。地震给红白镇带来了毁灭性灾害，建筑被损毁、人员伤亡惨重。

5月12日，红白镇卫生院院长陈健驱车到40公里外的什邡城区参加护士节庆祝活动。地震发生后，在什邡城区未遇危险的陈健立即开车返回红白镇。当时余震不断，公路多处坍塌，两边山上巨大的石头仍在不断滚落，稍有不慎即可能被连人带车砸得粉碎。到达蓥华镇穿心店时道路受阻，陈健冒着被化工厂震后泄漏的有毒气体熏倒的危险，徒步行走近两个小时，终于回到红白镇。

陈健发现，卫生院大楼已经全部垮塌，两名医务人员遇难，整个镇到处是痛哭声、呼救声和惨叫声，幸存的医务人员都在拼命救治受伤群众。伤员太多，医务人员和村民们从医院药房和库房中刨出来的药物，特别是液体药物很快用尽。此时风雨大作，风雨声、呻吟声、呼救声、山体滑坡的轰隆声交织成一片，外界通往红白镇的道路已经被地震毁坏，桥梁垮塌，通信中断。没有药品，无法救治不断涌来的伤员；交通阻断，又无法将伤员送出去治疗。

陈健立即带领两名工作人员，徒步赶往什邡市求救。汇报完灾情，陈健带上急需的药品又连夜赶回红白镇，同医务人员一道继续救治受伤群众。当救援队伍开进红白镇时，陈健的双眼已布满血丝，嗓子也已嘶哑。领导要陈健休息，陈健说："没有谁比我们更熟悉山区的地形和老百姓的居住分布，我们还要组成医疗和防疫小分队，给救援的队伍当向导，让他们尽快去抢救生命。"

青川灾区卫生人员抢救学生和村民 木鱼镇位于青川县东部，距县城23公里，平均海拔为590米，是一个新建的移民集镇。地震发生时，木鱼中学的教学楼垮塌，400多条生命被埋在废墟中。木鱼镇卫生院的医务人员与木鱼镇干部、村民、家长、教师一起，在废墟中用手刨、用木棍撬、用绳拉，抢救出一个又一个受伤的孩子，并将所有受伤人员有序地集中到操场上实施救治。天黑后，全镇停水断电，镇里采用两台汽车的车灯和手电筒为营救现场照明，医务人员则用蜡烛照明救治受伤学生。蜡烛数量有限，只能在输液、裹伤时点燃；挂上药液瓶，裹好一个受伤学生后又将蜡烛吹灭，来了新伤员再把蜡烛点燃。从5月12日下午到14日下午，木鱼镇卫生院的医务人员连续两天两夜全力以赴抢救生命。一个农民背了半背篼刚从地里摘下的黄瓜赶到救援现场，见到穿白大褂的医务人员就递上半根。

青川县红光乡东河口村，是一个依山而建的小山村。地震把垂直高度约300米的王家山从中间裂割成两半，崩塌、断裂的山体致使上千万方巨石裹挟着泥土，从西向东倾泻而下，先后埋压了王家山社、王阳坪社和三元坝社，东河口小学和村里的184户人家、780余人被埋。5月13日晨，获悉东河口村幸存的学生和伤员全部集中在小学后面一个黄泥包上等待救治的消息，邻近红光乡的关庄镇政府派卫生院院长陈志清带两名医务人员，从距离东河口村 4 公里的镇政府所在地前往救援，并请两个人随行为他们背药品和器械。途中，遇山体滑坡，背药品器械的两人不愿再走，陈志清 3 人就自己扛着药品箱、器械箱继续前行。东河口小学后面的黄泥包上，在塑料彩条布搭起的棚子里，躺着 10 多个学生和 10 多个村民，铺在地面上的油菜秆和泥浆混为一体。学生有的脚断了，有的手折了，有的全身是伤，有的遍体是血。陈志清和两名医务人员含着眼泪跪在地上为他们清创、输液。固定骨伤的夹板不够了，又没有刀具，他们就用石头砸断竹块、木板当夹板；没有绷带，他们便四处寻找电灯胶线，用石块一节节砸断代替绷带。

青川县营盘乡地处四川、甘肃、陕西三省结合部，全乡平均海拔 750 米。营盘乡营盘小学校园房屋垮塌，师生面临生命危险。正在学校开展学生体检工作的青川县疾控中心副主任付吕兵一行 8 人立即展开营救。在成功营救被困于教学楼的师生之后，付吕兵又匆匆带领同事徒步 9 个小时赶回单位，连夜与县疾控中心主任商议全县灾后的卫生防疫工作。

都江堰灾区卫生人员抢救伤员 地震使位于都江堰市东北部的向峨乡遭到毁灭性破坏。5 月 12 日下午，向峨乡卫生院护士杨秋随都江堰市疾控中心人员正在各村进行卫生检查。地震发生后，她以最快速度赶回乡卫生院。此时卫生院只有新修的住院楼孤零零地矗立着，周围是一片废墟；有数百名学生的向峨中学变成废墟，所有留在卫生院的医护人员已开始抢救伤员。杨秋来不及探询在都江堰新建小学上课的幼女的安危，立即加入到抗震救灾队伍中。

冒着频繁不断的余震威胁，杨秋一次又一次冲入病房将病员转移到安全地带。在紧张的救援中，传来女儿遇难的消息，杨秋强忍悲痛，顾不上料理女儿的后事，含着眼泪奔赴向峨中学。她边刨边哭，全力抢救被压埋在废墟中的学生，一直坚持到 5 月 13 日才赶回市里。抱着女儿早已冰凉的小身体，杨秋泪如雨下：“孩子，妈妈没有及时赶到你的身边，可妈妈救活了更多的生命。”匆匆见了女儿一面，她又立刻返回向峨乡卫生院投入抢救生命的紧张工作中。18 日是杨秋女儿 6 岁的生日，她赶到邛崃殡仪馆见了女儿最后一面。

彭州灾区私人诊所业主救治受伤群众 灾区的一些乡村卫生所和私人诊所的从业人员，积极投身到现场救治工作中。位于彭州市西北部山区的通济镇的一私人诊所业主封丛华，因幼时脊椎受伤致终身驼背，身高仅 1.5 米，后随祖父学医成才，在镇里开业，成为一名执业医师。在成都中医药大学进修时，封丛华收下因患小儿麻痹症致全身肌肉萎缩、行动困难的王兴茂为徒。师徒两人从医多年，一直免费为残疾人和“五保户”等困难群众治病，并被通济镇聘为社区卫生负责人。

地震发生后，封丛华见自家楼房没倒，立即招呼妻子冲进诊所，把药品搬到街边开始救治伤员。一开始，他们还对每个伤员进行登记，后来前往求救的人越来越多，根本登记不过来。地震当天下午，封丛华至少为 100 余人处理了伤口，并全部免费发放药品。5 月 16 日，徒弟王兴茂打来电话，告知地震时他拄着拐杖跑到自家诊所外面，被楼房的落瓦砸倒在地，妻子和周围群众将他拖到安全地带，震后第二天他和家人跑到温江躲避地震。封丛华告诉徒弟，镇里情况很严重，很多人等待治疗，缺医少药。听了师傅的话，尽管母亲双目失明，妻子也是残疾人，儿子才读小学需要人照顾，王兴茂还是马上租了一辆车，带着妻子赶返通济镇。路遇交通管制，车辆无法到达通济镇，他们便弃车步行，于 17 日上午赶到镇里，此后师徒俩一起为伤员和病人诊治。王兴茂诊所内的药品没有受损，他找人撬开卷帘门，把所有药品搬出来，到镇里一个灾区群众安置点开办免费“帐篷诊所”。因为每天接诊量太大，帐篷内温度高，王兴茂几度差点晕倒。一个多月的时间里，师徒二人开设的免费“帐篷诊所”接诊量超过 4000 人次，这还不包括为小伤小病诊治的人数，并免费提供价值 4 万余元的药品。封从华师徒多次到外面组织药品货源，因此赊欠药品费用近万元。

二　卫生机构紧急救治

汶川灾区卫生机构紧急救治　地震发生的当天下午，汶川县各医疗机构在县城及各乡镇设立 13 个医疗救治站（点）。在震后 3 天无水、无电、缺食品的情况下，县城的 280 余名医务人员组成联合医疗队，忍饥挨饿，日夜奋战，救治了数千名伤病员。（参见图 67）

地处汶川县南部山区的映秀镇，是进出阿坝藏族羌族自治州的门户，有居民近 1.2 万人。映秀镇处于地震震中，人员伤亡惨重。

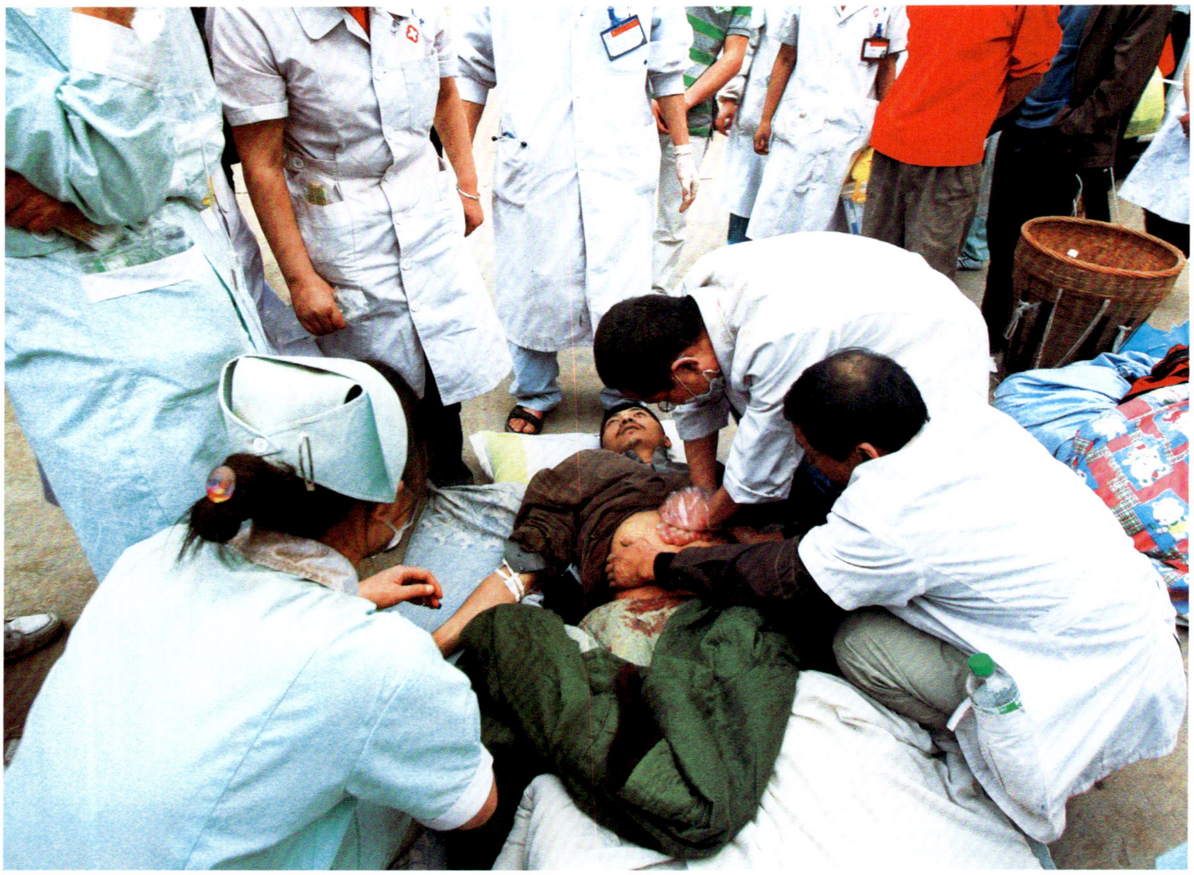

图 67　5 月 12 日，汶川县人民医院医护人员现场抢救伤员

（四川省卫生厅　提供）

映秀镇中心卫生院的楼房没有完全倒塌。强震刚过，映秀镇中心卫生院院长崔彬立即安排人清点职工人数和住院病员，组织人员进入废墟帮助受困病人撤离，带领职工冲进摇摇欲坠的卫生院楼房抢救药品、器材，组织医务人员在安全地带搭设临时急救场所和简易手术台，迅速展开医疗救治工作。随后，崔彬派出4个急救小组赶赴受灾最重、人员伤亡较多的映秀小学、漩口中学、国家电网映电总厂及福堂坝水电站，与当地群众一道搜寻和救治伤员，在废墟中救出20多名小学生和幼儿园孩子。

地震发生后不久，天降倾盆大雨，四周不时传来山体塌方的隆隆巨响，不少伤员呻吟着、拥挤地躺在泥淖中。映秀镇中心卫生院的医务人员含着眼泪在雨中忙个不停，一些医务人员的家人还被埋在废墟下生死不明。医师董成云赶到映秀小学垮塌的楼房前，他十分清楚女儿所在教室的位置，但顾不上寻找女儿，本能地听到哪里有呼救声就在哪里刨挖，两手刨得鲜血淋漓，双脚被砸伤，和大家一起救出十几名幸存学生。第二天，他女儿被从废墟中救出来，因受压时间过长出现严重的挤压综合征。紧张忙碌十几天后，董成云才抽时间请假去看望父母，但他的父亲、祖母、舅舅、舅妈已经遇难，遗体一直未能找到。

藏族护士高勇花在地震发生时正在为一名患者输液。当她和大家一起抢救出病人和药品、器械后，才想起上小学的孩子和在中学教书的丈夫。高勇花赶到学校，只见一片废墟，急忙一边刨挖救人，一边打听亲人的消息。地震发生3天后，被埋70余小时、伤势严重的儿子终于被救出来，丈夫也侥幸生还，夫妻俩抱着孩子失声痛哭。孩子想喝可乐，高勇花答应等他伤好后再让他喝个够。她流着眼泪和丈夫一起把孩子送上救援的飞机，自己留下来继续救护伤员。十几天后，她带着可乐找遍成都市的各大医院，最后在一家医院的太平间里见到儿子那幼小冰冷的躯体。

地震发生后，映秀镇中心卫生院职工李丽、汪海燕一直在舍生忘死地抢救伤员，她们上小学的孩子被埋在废墟下没有任何消息。6天后，当专业搜救队伍经反复探测宣布废墟下已经没有生命迹象时，她们再也支撑不住，悲痛欲绝，痛哭了一场。在映秀镇中心卫生院全体医务人员的艰难支撑下和解放军、武警部队及各地医疗救援力量共同努力下，卫生院住院病人无一人受伤，所在地区1000余名伤病员得到及时救治，其中500余名重伤员赢得后续医治机会。

汶川县人民医院药剂师蒲元芳原拟请假去成都看病。地震突发，她不顾自己的病情，强忍着腰痛和眩晕，与同事们投入紧张的现场救治工作，连续七天七夜。同事们发现她的脸部和双脚肿得十分厉害，强行让她找医师诊治，被诊断为肾衰竭。5月19日，同事们眼含热泪把她送上直升机，这一去蒲元芳就再也没能回来。

北川灾区卫生机构紧急救治　地震发生后，北川县城成为废墟，人员伤亡惨重，城区卫生系统死亡157人、受伤30余人，成千上万伤员需要救治。震后10分钟，北川羌族自治县卫生局长杨国兴、副局长赵华组织幸存医务人员，强忍悲痛，全力救治伤员。他们先后在县政府、北川中学、北川职中操场等处设立临时救治点，震后1个小时左右，现场救治伤员1000余人；至当日21时，救治伤员3000余人。

地震发生时，县卫生局大楼垮塌了一半。正在县卫生局5楼办公室的杨国兴和赵华，跑进空间较小的卫生间躲避。趁着余震的间隙，两人搀扶着一名摔伤腰的同事，从消防楼梯逃出来。杨国兴随着人流跑到北川大酒店前的开阔地带，面对惊慌失措的人群高声喊道："凡是卫生系统的人全部站出来！"5名县疾控中心的工作人员、5名县妇幼保健院的医务人员应声而出，跟随他一起展开现场营救。

找不到工具，他们就用双手刨挖被埋在废墟下的人，用石头砸碎县妇幼保健院的玻璃窗，抢出药品。余震不断发生，身边的危楼随时可能倒塌。杨国兴领着群众向高处转移，沿途人们逐渐跟上，队伍最后汇集到3000余人。把伤员转移到县政府大楼前的广场后已是深夜，杨国兴带着医务人员不停地为重伤员输液，为群众发感冒药和消炎药。杨国兴在人群中发现自己的妻儿，妻子左腿鲜血淋淋，儿子的左半张脸包裹着妈妈的裙角和红领巾，血迹斑斑。从妻子口中得知，他的大哥、大姐、小弟都在地震中不幸遇难。大雨倾盆而下，有救援队伍冒雨赶过来，杨国兴带领救援队员冲进废墟，卸门板、扯窗帘，扎成简易担架，把伤员一个个抬上车。面对妻子"我们一起走，一家人死也要死在一起"的请求，杨国兴回答道："把伤员送走了，我再走。"直到6月8日，杨国兴才和转运到重庆医院的妻子通上电话。

赵华跑出大楼后，沿街召集医务人员，组成一支11人的急救队伍。没有药品器械，没有外科医师，他们扯下危房中的窗帘、被单、床单，撕成布条为沿街的伤员包扎，用树枝和木板代替夹板为伤者固定断肢。他们一边展开救治，一边告诫重伤员们要自己对自己说话，千万不能睡着，并安慰伤员说解放军的飞机马上就到，给那些危重病人支撑下去的希望。湔江河水突然断流，赵华判断可能是山体滑坡所致，一旦决口新城区可能再遭水患。赵华急忙带领医疗队把300多名受伤群众转移到地势较高的北川大酒店前的草坪上。草坪上，全是呻吟不止的重伤群众，必须及时处理伤情。一些计划生育干部、进城办事的乡村医师、私人诊所医师和私营药店店主纷纷加入医疗队，急救队伍扩大到20多人。赵华带领急救队员冲进随时可能垮塌的药店和诊所，抢出部分药品，并用木板和树枝代替石膏板，用塑料管代替导尿管，想尽一切办法治疗伤员。晚上，赵华得知县人民医院大楼整体垮塌，几层楼叠在一起，附近的山体滑坡又把医院埋了，而在医院上班的所有医护人员、住院病人几乎同时罹难，其中包括他在医院任护理部主任的妻子。

地震发生时，北川羌族自治县中医院院长魏应江正随救护车接病人入院。救护车被强大的地震波掀翻在地，又被倒塌的房屋压住，刚才还是繁荣兴旺的县城，转眼间已经满目疮痍。灰尘弥漫中，魏应江赤着脚从破碎的车窗爬出来，高声喊道："我是医生，我是县中医院院长，大家不要慌。"说完，他便同驾驶员和一名刚从废墟中爬出来的民警一同救人。没有工具，他们靠双手不停地搬移刨挖砖块、瓦砾，很快救出30余名伤员，其中重伤员15人。魏应江赤着脚在瓦砾堆中奔忙，把衣服和毛巾撕成布条为伤员包扎伤口止血，为骨折病人进行手法复位和固定。余震不断，近百群众继续停留在当地非常危险。魏应江果断地把人们分为若干小组，轻伤者相互搀扶，无伤者背负重伤员，向安全地带转移。安顿好受灾群众，已是22时多。看着遍地血肉模糊的伤者，听着四处痛苦的呻吟，医生的责任感使他放弃寻找亲人的念头，毅然登上县人民医院的救护车，抢救和转运伤员至邻近的安县医院，一直忙碌到5月15日才疲惫不堪地回到县中医院。县中医院的3层楼房已经变成一堆废墟，幸存的同事及救援人员告诉他，他的妻子、岳父、岳母、内弟、姐姐和姐夫6人遇难，魏应江跪在废墟上失声痛哭了一场，然后继续带领县中医院幸存的11名职工全力以赴救治受灾群众。他们负责接收捐赠药品的登记造册，制订分发计划，及时向各乡镇分发、配送。没有运输车辆，11人分成两个送药小组，冒着生命危险，翻山越岭，手提肩扛，徒步将成箱成箱的药品送到目的地。他们还熬制防疫中药，分发到安置点受灾群众手中。

绵竹灾区卫生机构紧急救治　震后2小时，绵竹市以市级医疗机构救援队伍为主力，在绵竹市体育中心建立绵竹市地震伤员救治中心。5月12日晚，绵竹市人民医院在体育场设立临时救治站，开始收治伤员。绵竹市妇幼保健院在医院空地及飞凫菜市场设立临时医疗点。绵竹市中医院110余名医务人员在剑南镇政府广场设立由外科、骨伤科、内科、疼痛科等中西医结合的医疗救治站，同时，在体育中心、天河小区、二号立交桥、剑南新村设立4个医疗救助站，每站配备5～10名医务人员。绵竹市卫生系统还在绵竹市精神病院、绵竹市骨伤科医院和土门、九龙、金花、汉旺、西南、玉家、新市、遵道、天池等地乡镇卫生院设立20多个医疗救治站。紧急救治期间，绵竹市各医疗救治站（点）共救治伤员2万多人次，转运伤员3000多人。

5月12日下午，德阳市第二人民医院骨科医师陈鹏随120救护车前往绵竹市救灾。只见绵竹市人民医院的门诊楼墙体开裂，水电断绝，院子里横七竖八地躺着遇难者的遗体和等待救治的伤员。一辆救护车急驰而至，陈鹏瞥见车里有他在东汽上班、身受重伤面色苍白的父亲。老人见到儿子，说："儿子，我很疼。"陈鹏试着给父亲做检查，发现父亲腰腹被砸，腹内大出血，伤势危急。"口渴，我想喝水。"这是陈鹏听到父亲说的最后一句话。市人民医院骨科医师少，地震受伤人员80%伤筋动骨，急需救治，陈鹏默默地将父亲的遗体送至太平间后，马上投入到抢救伤员的工作中，仅在手术间隙，才打电话安慰一下妈妈。地震发生后，陈鹏连续72个小时未曾合眼，连续参加手术20余台。在接下来的20多天里，陈鹏与各地医疗救援队员们一起，坚守岗位，困了就地打个盹，支撑他的只有一个信念：救死扶伤是医生的天职。

汉旺东方汽轮机有限公司医院现场救治　位于四川盆地西北部的绵竹市汉旺镇，有中国三大汽轮机生产企业之一的东汽、中国四大磷矿基地之一的清平磷矿等大中型企业6家，还有镇、村两级工业企业45家，常住人口约6万人，其中非农业人口3.5万人、流动人口约2.5万人。

地震发生时，距离震中直线距离约30公里的汉旺镇灾情十分严重，房屋几乎完全被摧毁，人员死伤惨重。作为汉旺地区的主要医疗机构——东汽医院（见图68）迅即展开紧急医疗救治工作。

5月12日下午，东汽医院正在举行纪念国际护士节的庆祝活动。突然间大地颤抖房屋摇晃，一声巨响，会场对面的住院大楼轰然塌陷，主楼与辅楼之间被撕开一道5米多宽的口子。强震刚过，楼内的人们在医院领导的指挥下，迅速有序地转移到楼外开阔地带。地震发生刚过6分钟，东汽医院抗震救灾指挥部在温馨病房小广场紧急成立，一分钟内做出两个决定：派人分头赶赴德阳市和绵竹市，向两级政府和卫生局报告地震灾情并请求支援；在温馨病房小广场设立第一个医疗急救点，负责转移和安置医院住院病人，同时在体育馆空地设立第二个医疗急救点开展紧急抢救。一声号令，近百名医师、护士立即奔赴急救点，开始救治伤员。医院领导又率领青年职工成立抢险突击队，冒险砸开库房，抢出部分急救药品和器材，快速送往救治点。几分钟后，地震伤

图 68 在汶川特大地震中被摧毁的东汽医院住院大楼（四川省卫生厅 提供）

员从四面八方涌向东汽医院。医院抗震救灾指挥部立即决定，集合刚从家里和绵竹市赶回的医护人员，在小学操场设立第三个急救点。尽管条件艰苦、药品奇缺，1500 多名伤员依然得到精心的包扎和处置，为后续治疗赢得宝贵时间。

在开辟急救点的同时，东汽医院抗震救灾指挥部请求东汽支援车辆运送伤员。10 余辆大货车先后赶到 3 个救治点，几百名医护人员用门板和床单做担架，或人背或肩扛，将 1500 余名伤病员抬送上车，转往德阳市区医院救治。

午夜时分，医院抗震救灾指挥部在东汽大门口安营扎寨，全面展开搜救行动。垮塌严重的厂房、中学和技校等场所均需要医院派出医务人员救治伤员和现场指挥转运，医院抗震救灾指挥部立即调整部署，救援队伍开赴哪里，急救点就建立在哪里。在叶片分厂办公楼前，一主机厂房外，铸造公司高炉旁，中学、技校倒塌的大楼前，医疗小组和救护小分队对抬出来的伤员，组织抢救、包扎、输液，竭尽全力挽救生命；对已遇难的遗体进行妥善处置、消毒，并运送到安葬点。医院参加抢救的医务人员达到 240 余人。医务人员冒险到废墟里拆门板、找木条做担架，冲进医院危房寻找药品，后勤人员、保安和清洁工冲进中心氧房搬运氧气瓶。大家自告奋勇，脏活、累活、险活抢着干。无人休息，无人下班，在岗的马上投入医疗急救，倒班休息的迅速返回医院救人，夜以继日地救治伤员。

什邡灾区卫生机构紧急救治 位于德阳市西南部的什邡市，是汶川地震的极重灾县（市）之一。地震发生当天下午，什邡市各级医疗机构在医院空地和恒达驾校、什邡广场、什邡高中，及洛水、师古等镇（街道）设立 10 余个医疗救治站，全市 2500 余名医务人员参加现场救治工作。（参见图 69）从 5 月 12—17 日，医疗救治站共收治伤员 1.3 万余人次，抢救危重病人 720 多人次，开展各类手术 2500 余台次，转运伤员 3000 余人次。

图 69　5 月 12 日下午，什邡市人民医院医务人员在院内空地上开展紧急救治

（房才兴　摄）

地震发生时，什邡市中医院、妇幼保健院院长桂逢春正在什邡市电视台参加护士节庆祝活动。在余震不断的情况下，桂逢春在混乱不堪的街头拦截一辆警车，回到有孕产妇和新生儿住院的什邡市妇幼保健院，和医师护士们一起，紧张有序地将孕产妇和新生儿全部转移到楼外安全地带。几个女医护人员硬是从 5 楼将一位体重达 90 多公斤的产妇抬了下来，没有一个人叫苦叫累。医护人员安慰因惊恐吓得哭泣的病员："不要怕，只要我们医护人员还在，你们就是安全的。"桂逢春安排好妇幼保健院的工作后，立即赶到市中医院。两位副院长已组织医务人员将 100 余名住院病员转移到安全地带，他们用小夹板、手法复位等传统中医方法救治地震伤员。桂逢春一边指挥大家迅速搭建帐篷安置病人，一边指挥有关人员砸开库房和手术室的门窗收集药品及医疗器材，准备急救药箱，统一调配中医院和保健院的人员设备。当得知大批受灾群众和伤员正涌向什邡广场时，桂逢春带着中医院 6 名医疗骨干赶到广场。此时广场上人山人海，呼喊声、呻吟声响成一片，伤员的惨状让人触目惊心。桂逢春果断决定，中医院和保健院除留下值班人员外，所有医护人员全部到广场救治伤员，并自任现场救治总指挥。当晚，中医院和妇幼保健院及其他医院的部分医务人员，在什邡广场紧急救治伤员 1000 余人，转送重伤员 300 余人。（参见图 70）随后，桂逢春紧急组建医疗队，经什邡市卫生局指派，奔赴死伤严重的湔氐、洛水等地救治伤员。

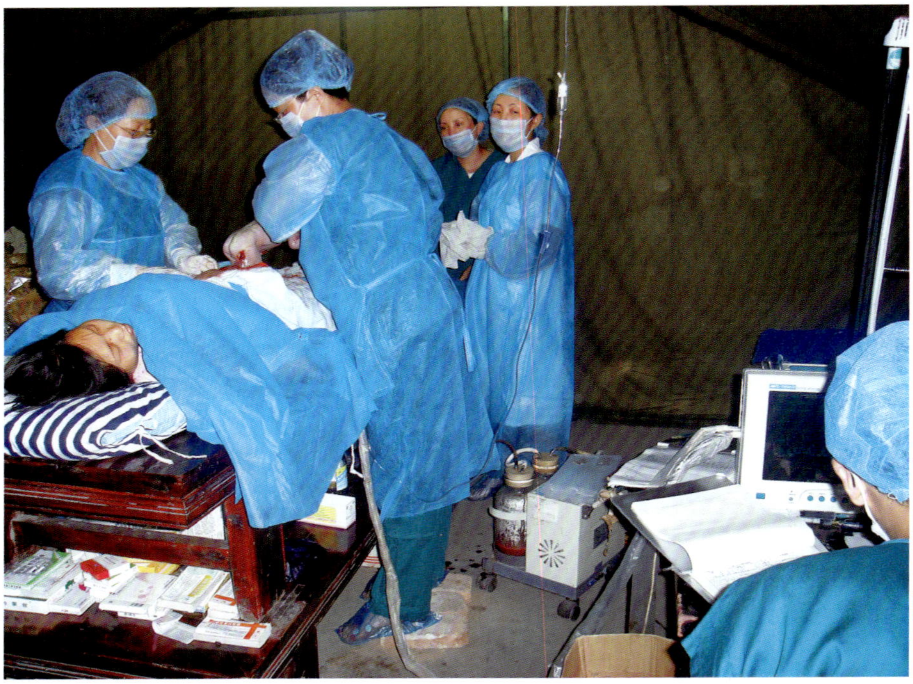

图70　5月12日，什邡市妇幼保健院医务人员在罗汉寺简易医疗点为孕妇接生
（刘强　摄）

青川灾区卫生机构紧急救治　地处四川盆地北部边缘的白龙江下游，位于四川、甘肃、陕西三省结合部的青川县，是汶川地震的极重灾县（市）之一。地震造成青川县城的医疗机构房屋和医疗设备严重毁损，交通、电力、通信完全中断。青川县医务人员在县卫生局的组织下，强忍失去亲人和同事的巨大悲痛，在危房中紧急转运伤员，抢救药品、医疗设备、器械和医用材料。5月12日下午，青川县各级医疗机构500余名住院病人全部被安全转移，没有发生一例住院病人死亡。灾后两小时，县城、竹园、马鹿、木鱼等39个乡（镇）建立医疗救治点。在"救援黄金时间72小时"内，全县各级医疗机构400余名医务人员在饥饿和缺水断电的情况下，靠手电筒照明，将工作服撕成布条代替绷带为伤员包扎，从废墟中找来竹片、木片作夹板为伤员固定肢体，积极开展伤员救治。至15日，全县成功救治伤病员1.27万人次。青川县中医院院长董润泽指挥副院长陈圣堂组织医务人员，分头冲向各个病室，将64名患者全部安全转移出医院大楼。他自己带领一支由党员和青年职工组成的突击队，冲进摇摇欲坠的医院大楼，从满地狼藉的危房中抢运出病床、被盖、棕垫、床垫、药品、医用器械和耗材，肩挑背扛地运到县武装部外的空旷地带，在震后40分钟内设立县城第一个临时医疗救治点，从地震发生至当天午夜，共救治伤员1000余人次。

青川县中医院救护车驾驶员马明方同医护人员转移完住院部病人，刚刚把一只90公斤重的婴儿保暖箱从三层抬下来，便听到门诊楼五层有几名职工和家属在呼救。门诊楼摇摇欲坠，四、五层之间的楼梯已经垮塌，马明方迅速找来一根粗麻绳，小心翼翼地踩着楼梯登上二层，将粗麻绳抛至五层，吩咐楼上的人将麻绳一端紧紧固定，自己则下到一层紧紧地拽住麻绳下端。等到被困人员沿着这根救命麻绳全部安全着地，马明方的手已被勒出深深的血痕。就在马明方忙着救别人的时候，他家所在的医院家属楼已经垮塌，妻子和儿子还困在家中。然而，抢救伤员的命令已经发出，马明方义无反顾转身上车，驾驶救护车往返各地转运伤员。

位于青川县西南部37公里处清竹江上游的前进乡场镇房屋在地震中全部被毁，前进小学变成一片废墟。前进乡卫生院院长，也是全院唯一的执业医师何显龙，立即组织全体医务人员将病员迅速转移。在余震不断的情况下，何显龙带着医务人员从医院危房中抢出药品和器材，搭建简易病房，救治伤员，并动员乡里所有个体医师捐献药品器械参与抢救病人。附近各村寨受伤人员陆续被转移至卫生院后，何显龙和另外两名医务人员忙得几乎喘不过气来。当天下午，何显龙听说父母居住的红光乡东河口村因山体滑坡有房屋被埋，他按捺住揪心的牵挂，一连三天没日没夜地救治伤员，就连他的妻子也当起义工协助救治。卫生院3天内医治伤员100余人，其中危重病人15名，无一例死亡。

茂县灾区卫生机构紧急救治　茂县位于阿坝藏族羌族自治州东南部，境内重峦叠嶂，河谷深邃，悬崖壁立，北有岷山，南有龙门山，西有邛崃山，素有“峭峰插汉多阴谷”之说。地震发生后，茂县各医院在县政府广场和阿坝藏族羌族自治州中等职业学校及全县各乡镇卫生院，就地展开辖区内地震伤员的现场救治和转运工作。

地震刚刚发生不到10分钟，茂县人民医院医务人员就将150余名住院病人转移到安全地带；震后15分钟，已将急救药品和器械送到伤员安置点。茂县中医院医务人员在震后立即转移病人。他们用双手刨挖，从倒塌的房屋废墟中解救出2名病人。茂县中医院57岁的羌族医师余国林，在地震中头、肩、腿被严重砸伤，血流如注，但他仍然坚持紧急疏散医院里的患者，和其他医务人员一起用双手刨挖被埋在废墟下的病人。待余国林浑身是血踉跄着走到设在广场的“帐篷医院”，被诊断为颅骨和胸部多处肋骨骨折，并发颅内血肿和气胸，终因伤势过重，抢救无效而牺牲。在地震发生的24小时内，茂县人民医院、中医院共救治伤员100余人。

在地震发生后的48小时内，茂县土门乡中心卫生院救治伤员数百名。没有夹板，医务人员就用硬纸板和小木板做成夹板固定伤员的受伤部位；用捡来的大木板做成担架，抢救和转运伤员。茂县南新镇中心卫生院在地震当日下午，从废墟中救出10余名伤员并当即进行手术，还收治100余名伤员。

安县灾区卫生机构紧急救治　安县各医疗机构成立医疗救治组、危重病人手术组、医用物资供应组，划定轻伤清创区和危重病人手术区，全面展开紧急治疗。四川省卫生厅医疗队于5月12日22时在西苑中学建立四川省临时医疗急救站，安县卫生局又先后在晓坝和睢水等乡（镇）设立医疗急救站。全县累计设立医疗救治站（点）25个，至15日，收治伤病员5700人次，开展手术130台次，转运伤员4200人。

都江堰灾区卫生机构紧急救治　都江堰市是汶川地震的极重灾县（市）之一。地震中，该市医务人员死亡37人、失踪5人、受伤37人。都江堰市的49家医疗机构、近4000名医务人员，在震后5分钟全部投入伤员救治工作。震后2小时内，医疗机构在城区建起11个救治点，在临时搭建的360顶帐篷内开始收治伤员，实施现场急救。地震发生当日，救治伤员5987人次，转运伤员1642人次。此后，都江堰市城区医院和乡镇卫生院，在城区和19个乡（镇）、1个工业区设置医疗救治站（点）150余个。截至5月25日，全市范围内设立的医疗救治站（点）增加到193个，其中外地医疗队设置医疗站（点）32个；累计收治地震伤员10560人，门诊处置病人27422

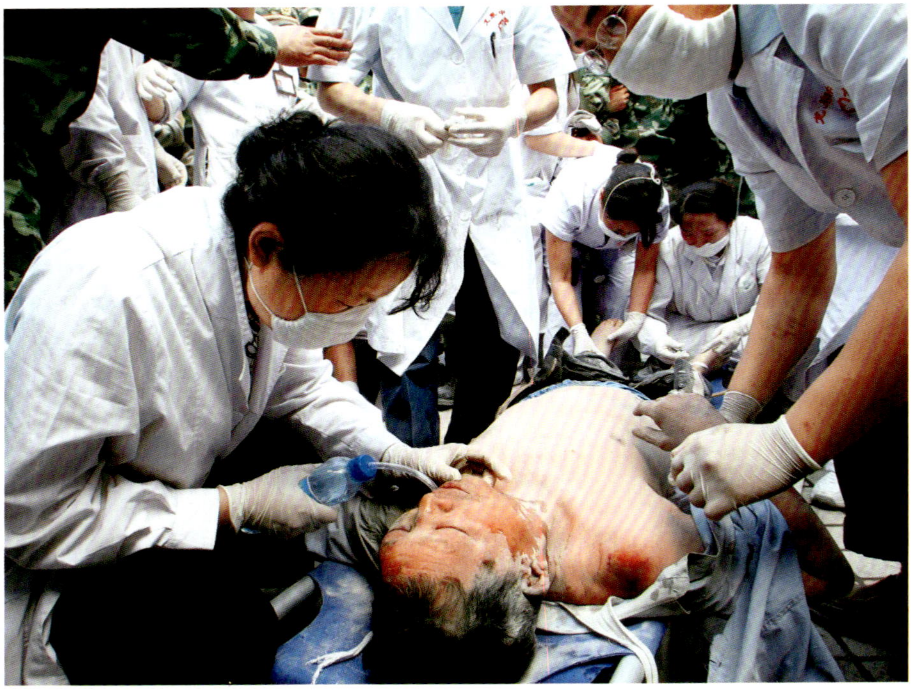

图 71　5月14日，医务人员正在都江堰灾区为被压埋49小时后获救的67岁老人王德祥实施紧急救治（中国青年报社　提供）

人，收入住院伤病员27人。（参见图71）

地震发生时，都江堰市中医院住院部6层钢筋混凝土大楼发生坍塌，正在里面工作的医护人员、住院病人及探病家属，均未来得及逃生。地震时，护士许萍与同事正在四层值班，半小时后，她顺着亮光爬了出来，仅手脚有轻微擦伤。许萍立即忙着抢救被压在废墟下的同事，抢救和运送伤员，输液、护理，从当天下午一直忙到第二天早上，而她父母居住的楼房也已垮塌，两位老人被埋在废墟下生死未卜。

都江堰市区有一幢6层商住楼，下面2层垮塌。救援的消防队员发现第四层有一名幸存者被3米高的水泥墙紧压着双腿，生命垂危，必须先由医护人员上去输液，但楼房摇摇欲坠，如果徒手攀爬，很可能发生二次坍塌。救援人员商议后，决定让医护人员坐在挖掘机的机械手臂上慢慢升上去进行救援。参与现场救援的成都市青白江区妇幼保健院24岁护士颜覃接受了这项任务。机械手臂将颜覃和一名消防战士送到幸存者身边，救人心切的颜覃从机械手臂上下来时，一脚没踩实，脚下的废墟突然向下垮塌，颜覃重心不稳，身子一斜，旁边的消防战士眼疾手快，一把拉住她。此时的颜覃脸色煞白，拿着输液器的手也有些颤抖，但她并没有退却，而是听从救援人员的建议，每一步都踩在有钢筋的水泥板上，慢慢靠近幸存者，弯腰进入废墟里面。幸存者被挤压在仅80厘米高的狭小空间内，神志还比较清醒，但嘴唇干裂，一个劲地叫疼。颜覃和消防战士一起帮他戴好安全帽，以防他被上面掉落的瓦砾砖块再次砸伤。颜覃先以温柔的话语安慰幸存者，帮助他放松紧张情绪，然后娴熟地为之输液。半个小时后，幸存者被成功转移到地面。

平武灾区卫生机构紧急救治　位于四川盆地西北部、绵阳市北部地区的平武县，东邻青川县，南连北川羌族自治县，是汶川地震的极重灾县（市）之一。

地震发生后，平武县卫生局立即组织县医院、中医院、妇幼保健院医务人员疏散住院病人，及时救治伤员。南坝、平通、响岩、水观等地乡镇卫生院房屋损失严重，医务人员从废墟中爬出，冒着余震威胁救治伤员，没有绷带，就把工作服、床单撕成布条给伤员包扎、止血，就地取材为伤员固定受伤肢体，救治了1000余名伤员。5月13日6时，平武县卫生局调集县内卫生机构45名医务人员分成9支救援小分队，步行9小时，行程50多公里，赶到南坝、平通、响岩等乡（镇）开展现场伤员救治。

平武县卫生局及医疗机构在城区飞龙广场、报恩寺、接官亭广场、西门片区、隆安中学设立5个医疗救治点，各乡镇也纷纷设立救治点。全县共建立医疗救治点37个，先后收治伤员2100多人，住院350多人，抢救重伤员100多人。至5月底，平武县医疗机构累计收治地震伤病员42272人次，住院731人，向外转运782人，其中重伤员227人。

彭州灾区卫生机构紧急救治　彭州市位于成都市西北部，西南部的龙门山紧邻汶川县境，是汶川地震的极重灾县（市）之一。地震发生不到15分钟，彭州市卫生局即成立卫生应急指挥中心，及时派出医疗救援队伍赶赴受灾严重的乡镇开展医疗救治工作。5月12日15时30分，彭州市人民医院、彭州市中医院及其他医院，根据彭州市卫生应急指挥中心要求，在市体育馆建立临时医疗救治点（帐篷或雨棚），调派市级和乡镇卫生院医务人员赶到体育馆救治伤员。当天下午，彭州市在城区设立5个医疗救治站，在灾情严重的龙门山、小鱼洞、通济、新兴、磁峰、白鹿等镇设立10余个临时医疗救治站。同日16—24时，医疗救治站共救治伤员300余人，转运伤员150余人。抢险救灾期间，全市各“帐篷医院”收治伤员16743人次，其中重伤员全部被转入成都的市级和省级医院治疗。

四川省其他灾区卫生机构紧急救治　震后，四川灾区各地卫生机构均展开了紧急救治工作。（参见图72）地震发生一小时后，剑阁县人民医院就开始收治伤员，计收治伤员281人，住院治

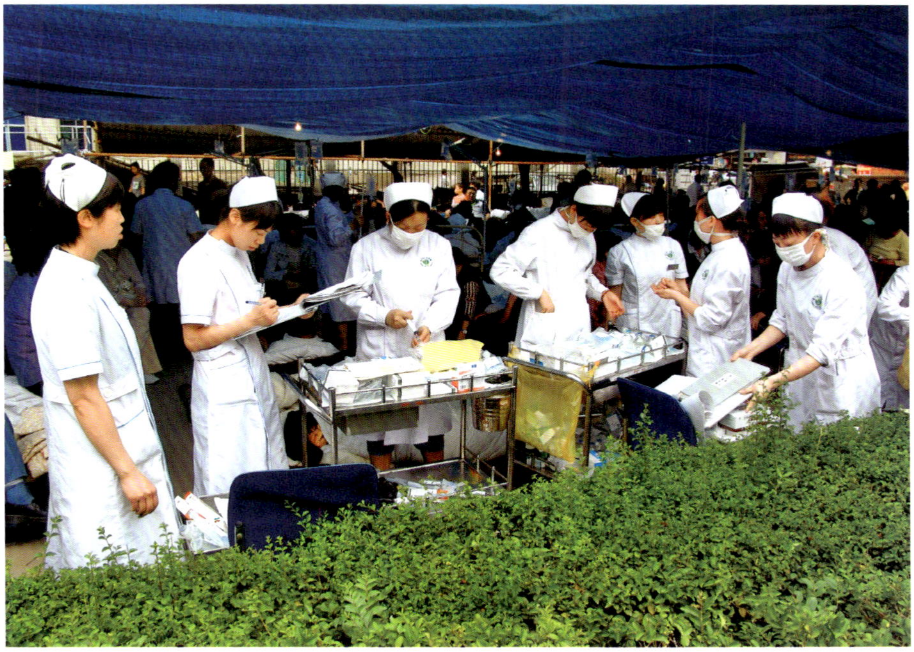

图72　5月13日，遂宁“白衣天使”在灾区搭建的临时帐篷下紧张有序地救治伤员（四川省卫生厅　提供）

疗 52 人，抢救重伤员 18 人。截至 5 月底，剑阁县各医疗机构共收治伤员 3241 人次，其中住院治疗 2137 人，开展手术 1319 台次。剑阁县城乡医疗卫生机构先后建立医疗救治站（点）200 余个，绝大多数医疗站点设在临时搭建的帐篷或雨棚内。5 月 12 日当天，剑阁县“帐篷医院”救治伤员 159 人，抢救重伤员 5 人；至 15 日，救治伤员 500 余人。

理县各医疗机构搭建帐篷临时医疗救治点 10 余个，理县人民医院医务人员与外援医疗队密切配合，将重症伤员集中在两顶帐篷内，联合查房、会诊，采取积极有效的治疗措施，共救治伤病员 2 万余人次，收治住院 1000 多人次，抢救重伤员 300 多人。黑水县人民医院在县武警中队搭建帐篷 10 顶，设病床 24 张、临床科室 5 个，收治伤病员 25 人。江油市各医疗机构收治地震伤员共 2400 人。截至 6 月 20 日，崇州市各医院诊治伤病员 24257 人次，住院 2219 人。

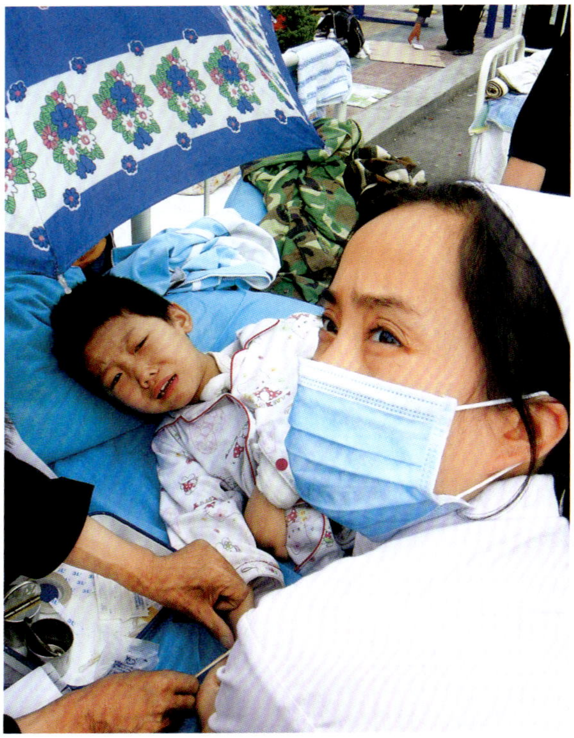

图 73　5 月 12 日地震发生后，陇南市人民医院在马路上设置临时救治点救治伤员

（金奉乾　摄）

甘肃灾区卫生机构紧急救治

陇南市等地灾区的各级医疗机构克服业务用房受损、设备损坏等种种困难，迅速搭建临时帐篷，采取所有医疗救治费用记账、先免费治疗的办法，积极开展医疗救治工作。（参见图 73）

文县卫生局成立医疗救治组和后勤保障组，各医疗卫生单位搭建临时“帐篷医院”，重点在文县第一人民医院和第二人民医院开展伤员救治工作。5 月 16 日，文县医疗秩序全面恢复正常，各救治点重新搭建帐篷，对各科室病人进行隔离，尤其对麻疹患儿进行隔离治疗，危重病人则派专人监护，并为每位住院病人免费发放饮用水及方便面。

成县人民医院在文化广场划分区域搭建起临时救治点，并悬挂简易病区牌子做标志。至 5 月 12 日 18 时 30 分，10 顶帐篷搭建完成，所有的伤病员按病区设置全部搬入帐篷内，瓶装水、方便面也陆续分发到患者和工作人员手中，临时应急电源供电也于夜幕降临时全部畅通。至 13 日 12 时，医院在文化广场搭建帐篷总面积 1250 平方米，救治受伤患者 113 人，其中死亡 7 人、转院 6 人（4 人转往省中医院、2 人转往天水市医院），5 个病区共收治普通住院患者 623 人次，120 急救中心出车 128 次，接诊各类门诊患者 13490 人次，开展手术 104 例，帮助产妇分娩 134 人次。

5 月 12 日夜间，礼县第一、第三人民医院和礼县中医院、妇幼保健站，以及 29 所乡镇卫生院均搭建帐篷，建立 4 个县级临时医疗点、29 个乡级临时医疗点，并转移受损房屋中的住院患者，接诊日常门、急诊和住院病人。13 日上午，礼县第一人民医院在东新南路人员疏散地设立急救站，安排医护人员24小时值班，确保群众就医需要。

陕西灾区卫生机构紧急救治 地震发生前，宁强县广坪镇中心卫生院和往常一样，忙碌有序地接治就诊患者。突然，一阵巨大的震动，整个综合大楼左右摇晃，像立刻就要倾倒，住院楼、住宿楼房顶的瓦片像树叶一样四处飞落。

地震晃动刚停，广坪镇卫生院院长李开斌冒着危险跑进院子察看情况，发现综合楼严重开裂，住院楼即将倒塌，职工住宿房屋东倒西歪，整个院子瓦砾成堆，而且余震还在不断发生。李开斌果断决定将13名住院病人转送至中学操场上。紧接着，李开斌组织药房和行政后勤人员冒险抢运出部分急救器械和药品，在操场上建立临时救治站。全院33名医务人员在李开斌的指挥下，从药房抢运药品，从科室抢运器械，到街上购买彩条布，去店铺借遮阳棚；不到两个小时，临时病房、临时药房搭建起来，挂起“临时救治站”的牌子。正在紧急救治金山寺送来的两名重伤员时，一位临产孕妇被送入临时救治站，李开斌派人从百货摊点借来广告伞作“产棚”，又从学校借来几张桌子当“产床”，五六个人举起一张彩条布围成一道墙，几分钟时间就搭起一个临时产棚。半小时后，一个女婴平安降生，医务人员为婴儿取名“震英”。

宁强县有关方面协助武警总队医院、陆军第三医院等派来的医疗救治组赴重灾区开展医疗救治，组织宁强县人民医院紧急救治二郎坝、广坪等乡（镇）受伤群众6人。（参见图74）抗震救灾期间，宁强县共救治因灾受伤群众1063人次，累计住院总人数88人，医院对家庭困难伤员一律免费治疗。

略阳县紧急出动救护车110台次、医护人员330人次，在全县城乡搜救24名伤员，其中轻伤15人、重伤9人；同时，组织全县医务人员将490名住院病人撤离到安全地带，并设立27处医疗救护点，其中城区7个、乡镇20个。地震致使略阳县中医院门诊楼墙体错位，大梁断裂。略阳县中医院在院外搭建帐篷，建立临时病房、医疗点，医疗救护工作照常开展。

图74 5月12日地震发生后，宁强县人民医院医护人员紧急救治受伤群众
（宁强县卫生局 提供）

宝鸡市卫生局组织市区二级以上医院和社区卫生服务机构在群众搭建帐篷集中区设立医疗服务点，配备医护人员和常用药品，确保户外居住群众基本医疗卫生服务需求。宝鸡市陈仓区陈仓医院、陈仓区中医院、陈仓区妇幼保健院、陈仓区虢镇医院及时将900余名门诊、住院患者转移到安全地点，并在天黑前搭建起“帐篷病房”，将患者转移到“帐篷病房”里。李家崖厂区社区卫生服务中心、渭阳柴油机厂职工医院搭建临时医疗救助帐篷10顶，救治患者154人，其中3人为重伤员；同时，在火车站、啤酒厂、育才花园搭建28平方米的救治帐篷作为医疗卫生服务站，共救治患者200余人。792厂职工医院、陕西双欧洗衣机厂职工医院、车站酒精厂职工医院在各自家属小区搭建医疗救助帐篷10顶，开展伤员救治工作。虢镇康复医院、毛志成个体诊所在虢镇育才园搭建救治帐篷100平方米左右，救治患者200余人。

第二节　灾区医疗救援队伍现场救治

四川、甘肃、陕西、重庆等受灾省（市）卫生厅（局）积极组织医疗队赶赴灾区开展伤员救治工作。四川省卫生厅通过电话和手机发送短信通知成都市120指挥中心及四川省级医疗卫生机构和全省各市州卫生局，组织医疗卫生救援队赴灾区开展医疗救援工作。（参见图75）震后12小时，四川全省紧急抽调96支抗震救灾医疗队、400余名医护人员赶赴极重灾区；在“救援黄金时间72小时”内，基本实现10个极重灾县（市）省外医疗救援力量的全覆盖。

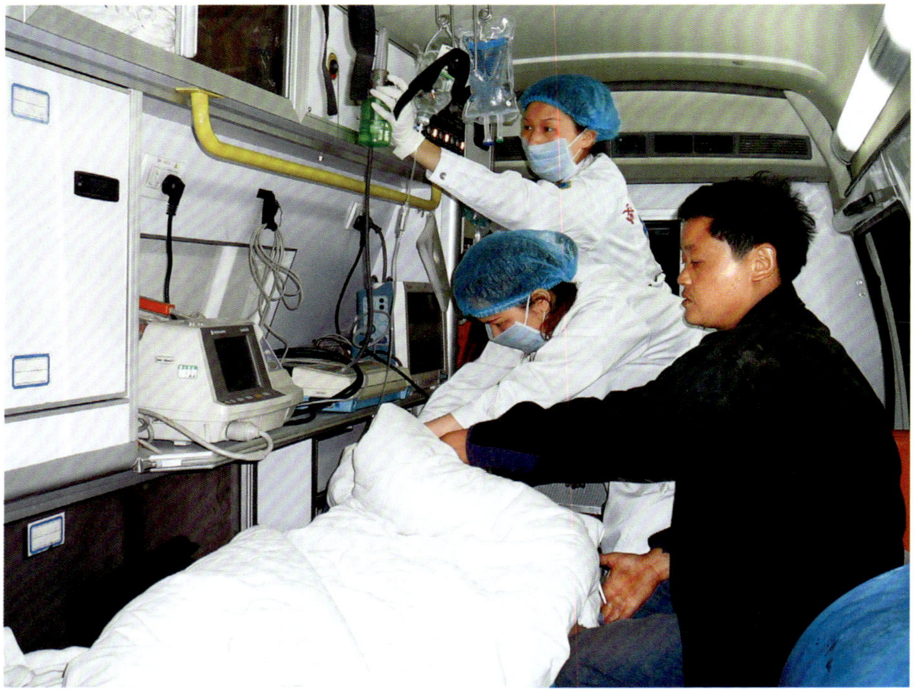

图75　5月12日23时33分，四川省卫生厅医疗队在救护车上救治什邡市洛水镇伤员

（张传技　摄）

一 四川省120指挥系统指挥救援

成都市120指挥中心紧急调派急救人员 地震发生后3分钟，成都市120指挥中心成立抗震救灾指挥救援领导小组。成都市委、市政府将紧急成立的成都市抗震救灾指挥部设在成都市120指挥中心，市党政领导相继赶到120指挥中心了解情况，指导医疗救援工作。

震后35分钟，成都市120指挥中心组织市第一人民医院、第二人民医院、第三人民医院医务人员及车辆开赴重灾地区；启动中心信息系统各项功能，开通8个预备接警台，利用有线、无线数字集群系统实施调派，利用数据库随时掌握救治信息，利用大型电子屏幕展示、路面监控系统，直观跟踪和显示车辆和伤员信息。12个接警台于地震发生当天处置呼救电话6479个，58小时内达14749个。震后58个小时内，全市紧急调派救护车1184台次、医疗队705支、医务人员3000多名到重灾地区救援，现场抢救和转运伤员6000多人。

5月12日至6月4日，成都市120指挥中心指挥调派、出动急救车辆3911台次，进行紧急救护、分流转运，66家120网络医院门诊与住院部收治伤员237192人，其中门诊收治213797人、住院收治23395人。（参见图76）

四川省其他市州120指挥中心紧急调派急救人员 德阳市120指挥中心组织全市110辆急救车组成德阳市120急救转运队，30支应急手术队赶赴什邡、绵竹灾区，救治和转运伤员1000余人。绵阳市120指挥中心立即执行《绵阳市重特大突发公共事件医疗救援应急预案》，启动《绵阳市紧急救援指挥中心重特大灾害医疗救援指挥调度应急预案》，组织抢修、转移“120”电话，各县（市、区）级120急救专线陆续开通。至5月12日24时，绵阳市120指挥中心接到医疗救助电话1263次，开展医疗咨询服务3000余次，有2684名受灾群众通过“120”电话得到及时救治和转运。13日，绵阳市120指挥中心调集30余辆平板车，将北川伤员转送至安县西苑中

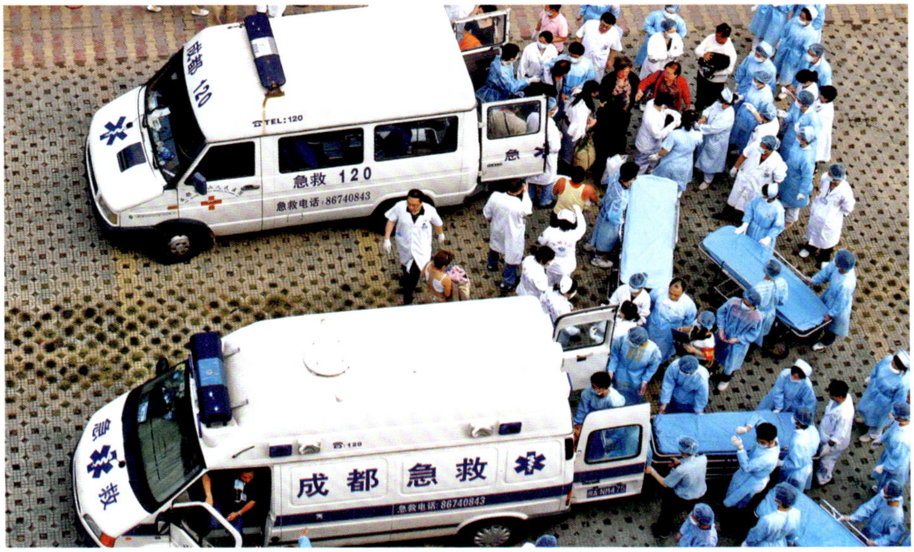

图76 成都120急救人员现场转运地震伤员
（成都市卫生局 提供）

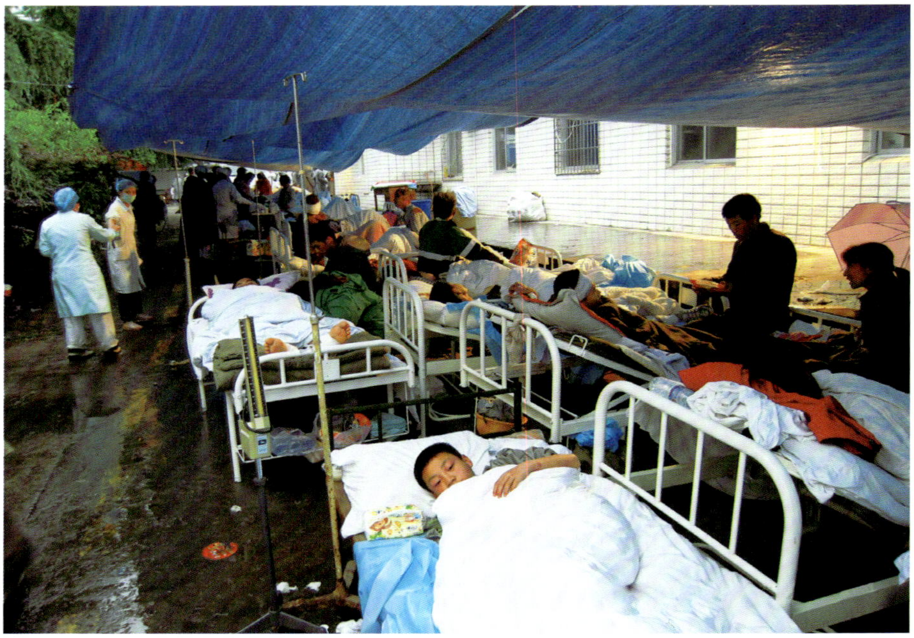

图 77　5 月 14 日，位于绵阳的解放军第 520 医院在大院里搭建帐篷临时安置伤病员（总后卫生部　提供）

学进行救治。至 28 日，绵阳市 120 指挥中心接收医疗求助电话 1.4 万余次、开展医疗咨询 2 万多次，1.1 万余名灾区群众通过“120”电话得到及时救治和转运。广元市 120 指挥中心调动全市各级 120 网络医院，赶赴极重灾区青川县开展伤员救治和转运工作。12 日 17—24 时，广元市 120 指挥中心接到救援、咨询电话 2155 次，派出车辆出诊 223 次，参加的医务人员共 600 余人次，现场救治和转运伤员上千人。雅安市 120 指挥中心的电话系统因地震严重受损。在电信部门帮助下，雅安市 120 指挥中心将“120”专线切换至雅安市卫生局，实行异地临时办公。12 日晚至 13 日晚，雅安市 120 指挥中心接到呼救电话 65 次，出诊 68 次；至 28 日，接到呼救电话 260 次，出诊 219 次。（参见图 77 ～ 78）

二　紧急调派医疗队赶赴灾区救援

极重灾区、重灾区所在市州医院紧急救援　5 月 12 日，四川省卫生厅紧急抽调 96 支医疗队进入极重灾区和重灾区开展救治工作；至 22 日，医疗救援覆盖到极重灾区和重灾区每个乡镇；至 27 日，医疗救援延伸到每一个受灾严重的村庄。

地震造成成都市各县（市、区）33.5 万人受伤、4000 多人死亡。地震发生后，成都市卫生局迅速组织 3 支医疗队分别开赴都江堰、彭州、崇州 3 个灾区开展救援工作。全市调集 400 余辆救护车、1500 名医务人员到现场开展急救，震后 12 小时，急救和转运伤员 5874 余人；震后 48 小时，派出医疗队 705 支，急救转运病人入院 6216 人；震后 72 小时，派出医疗队 740 支，累计现场处置转运入院伤员 11053 人次。根据四川省卫生厅安排，成都市卫生局从 5 月 13 日起至 8 月 5 日，先后派出 16 支医疗队共 224 名医务人员增援汶川、什邡、北川等极重灾县，救治伤病员 9993 人，其中住院伤病员 3376 人，并在眉山、桑园、凤凰山、太平寺机场转运伤员 2109 人。

德阳市卫生局先后调集市、县级医院医疗队赴绵竹、什邡开展伤员救治。绵阳市卫生局迅速派出市、县级医院医疗队赴北川、安县、平武、江油开展伤员救治。阿坝藏族羌族自治州卫生局调集州、县医疗队冒着强烈余震和严重山体滑坡的危险，在震后 48 小时内徒步赶到汶川、茂县和理县开展医疗救治。

绵阳市第三人民医院由急诊科副主任李银先任领队，主要以外科医师为主组成急救分队，于 5 月 12 日 21 时到达北川中学。医疗队员马上投入救援工作，搜索伤员，检伤分类，为伤员止血、包扎、固定，按先救命后治伤、先重后轻的原则进行救治，并帮助搬运及转运伤员，每辆救护车装运 1 ～ 2 名重伤员和 4 ～ 5 名轻伤员到安县医院救治。14 日，在废墟下发现一位女孩，腿被墙砖卡住，无法动弹。女孩严重脱水，需要先给予医疗支持。消防官兵从楼顶凿开一个 50 厘米左右的洞口，用绳索把李银先吊进去。在强烈余震中，李银先仔细察看女孩的伤情，耐心指导她小心移动肢体，最终将女孩完好地救了出来。

图 78　地震发生后，绵阳市中心医院立即搭起临时医疗站

（绵阳市卫生局　提供）

5 月 12 日晚，广元市中医院组成一支以骨科医师为主的医疗队奔赴青川一线。医疗队冒着余震不断和塌方、滑坡的危险，经过 14 小时的艰难跋涉，于 13 日 14 时赶到青川县木鱼镇，先后救治伤员 126 名。

四川省部属和省级医疗机构紧急救援 坐落在成都的 15 家部属和省直医疗机构，地震发生后立即组织医疗队赶赴重灾地区，开展现场伤员救治和转运工作。震后 3 小时，由华西医院 24 名医护人员、6 台救护车组成 8 个抢救组奔赴抢险救灾一线。5 月 13 日凌晨，华西医院医疗救援队抵达北川，现场救治转运伤员 100 余人。北川中学女生段志秀被埋在废墟下 10 个小时，奄奄一息。医疗队员用双手把她刨出来，送到绵阳第 404 医院救治；经专家初步诊断后，又迅速送往华西医院，终于挽回其生命。13 日上午，华西医院医疗队奉命赶到极重灾区安县，救治多名伤员，并在安县中学的课桌上成功为一名学生施行手术。14 日下午，华西医院医疗队奉命赶赴绵阳第 404 医院；截至 6 月 30 日，华西医院医疗队在绵阳第 404 医院诊治伤病员 850 人，收治住院病人 410 名，开展手术 300 多台次。

5 月 12 日至 7 月 8 日，四川省人民医院共向北川派出 7 批医疗队，计 67 人次，现场转运和救治伤员 737 人，开展手术 386 台，收治伤病员 2618 人，其中重伤员 100 余人，巡诊 6000 余人次。

四川省其他地区医院紧急救援极重灾区 四川省卫生厅电话通知广安、达州、南充、泸州、自贡、宜宾、内江、乐山、眉山、资阳、雅安等市卫生局，立即组织医疗应急抢险队，赶赴极重灾区参加医疗应急抢险工作。

5 月 12 日 23 时，内江市第一批 51 名医务人员乘坐 10 辆救护车连夜赶往极重灾区青川县。从广元到青川的路况极其险恶，道路因塌方和泥石流变得狭窄崎岖，悬崖上的巨石摇摇欲坠，险象环生；经过 3 个多小时的艰难行走，终于到达青川县城。灾区群众安置点共有伤员 300 多人，医务人员马上进行伤口缝合、包扎固定、分检分诊。伤员中有 30 名头颅外伤、胸部外伤、内脏出血病人急需手术，但青川县人民医院和中医院已被震毁，内江市第一人民医院副院长周楠果断决定，立即将 30 名生命垂危病人用救护车转往广元市医院救治。途中，医疗队又将 5 名孕妇、骨折和发烧群众救上车，全部安全转运到广元市中心医院。内江市第一人民医院医疗队是第一支把青川县重伤员安全转移出来的医疗队。

泸州医学院教授、主任医师万礼仪不顾自己年岁已大，递交请战书要求支援灾区紧急救治工作。泸州医学院附属医院领导考虑到他作为外科主任，有着丰富的抢救经验和管理、组织经验，同意了他的请求，并任命他为赴青川医疗救援队副队长。经过 14 个小时的颠簸，医疗救援队于 5 月 13 日 12 时 50 分到达青川县抗震救灾指挥中心。医疗队分为两组，万礼仪带领一个组赶赴受灾严重的木鱼镇。他们到达木鱼镇时，木鱼中学聚集了很多伤员，80% 是骨伤。万礼仪将队员分为 5 个小组，对伤员进行紧急包扎、止血救护。队员们按受伤程度将伤员分为特重伤、重伤、次重伤、轻伤几个等级，对受伤较重者立即进行现场救治，并安全有序地转移其他伤员。在缺乏手术设施和条件的情况下，他们就地取材，从废墟中找来木板代替夹板；用吸痰管代替导尿管；没有压脉带，就用手紧紧地压着病人的血管。（参见图 79）13 日晚，得知木鱼坝有大批伤病员急需救治，万礼仪不顾疲惫立即带领医护人员赶往现场。他们一一查验消防官兵搬出的遇难者遗体，生怕漏掉一个生还者。参加过抗美援朝战争的 76 岁老人刘少金，在木鱼镇玻璃厂废墟中被埋数十

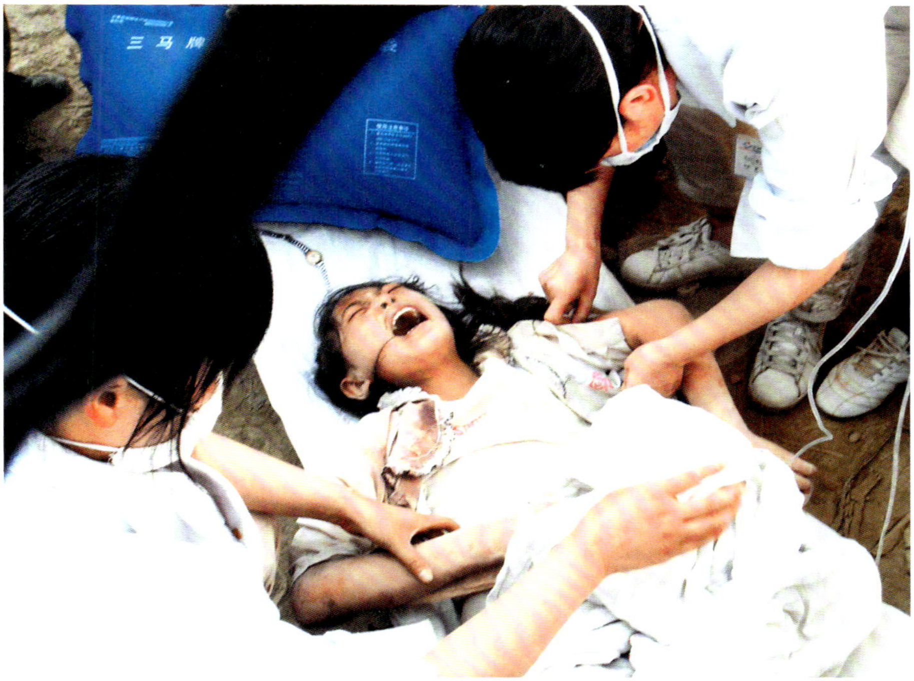

图79　5月14日，泸州医学院附属医院医疗队员在青川灾区救治被埋50小时的何翠清（泸州卫生局　提供）

个小时，凭着一种坚强毅力和求生欲望，始终保持着清醒的头脑。万礼仪带领队员一直守护在废墟旁，当听到老人说想喝水时，安排护理人员用输液器挂着糖水瓶，从断壁残垣的缝隙中把水送给老人。15日凌晨，老人被救出后，万礼仪为老人清创、上夹板，待老人生命体征稳定后，立即为他进行手术，使老人最终度过危险期。

5月13日17时许，听到一名消防队员“废墟里有一名小孩不能取出，需要抢救”的叫喊声，泸州医学院附属医院医疗队队员陈妮立即跑到危机四伏的废墟里，看见窟窿里露出一个十二三岁小男孩头部。男孩下半身被压在重叠的水泥板下无法动弹，左右都是死者，孩子受到恶性刺激，情绪异常激动。陈妮趴在废墟边拉着孩子冰冷的手，为其输液，并和其亲人一起轮流不断地呼唤孩子。5个小时后，孩子被救出废墟，由于伤势严重，一度出现呼吸、心跳停止现象，陈妮立即为其实施心肺复苏急救，男孩最终获救。

5月16日凌晨，在什邡市蓥峰厂区倒塌的楼中发现生命迹象。一幢6层楼全部倒塌，伤员被埋在10多米深的废墟下已达80多小时，施救非常困难。达州军分区医疗队队员不顾连续几天的旅途疲劳，根据施救官兵营救情况，多次修改医疗救治方案。经搜救官兵全力抢救，被埋伤员终于露出右手，靠近施救洞口的医疗队医师胡昌益，钻进洞中探查伤员情况后，决定立即为其补液。护士长艾举芬进入窄小洞中，迅速将准备好的液体输在伤员仅能伸出的右手背上。官兵们轮换着用手挖出碎石、砖瓦。当用专业工具撬起压在伤员上边的水泥预制板时，伤员终于露出头和左手。胡昌益第二次下到洞中察看伤员情况，发现其头部、胸腹无大伤害，生命体征基本平稳。救援官兵加快施救速度，医疗队两位护士长始终在现场守候，医疗队领队张献波与医护人员再次讨论施救方案。由于伤员的左脚被卡挤在水泥板之间，不能松动；余震不断，松动的砖块、泥土还在不停地下滑，随时有再次坍塌的危险，官兵们无法继续施救。伤员的左脚因长时间受挤，已感染、部分坏死，可能危及生命。医疗队经过综合考虑决定截肢，得到施救官兵和家属认可后，艾举芬进入洞内注射止痛药、扎止血带，医师严平、胡昌益实施手术，并从伤员被压的左小腿尽量靠最低位下切。为防止伤员休克猝死，胡昌益同时负责生命体征监测，领队张献波、护士长杨丽负责接应。18 时 30 分，经过 20 多小时的努力，成功救出被埋废墟中长达 100 多小时的幸存者。伤员因被埋压时间过长，身体极度虚弱，心音微弱、血压极低、脉搏消失，医疗队队员在急驶的救护车上实施抢救。经施行加压给氧和加压补液、开通另一静脉通道输代血浆等措施，伤员情况有所好转。半小时后，伤员被安全送达解放军第 324 医院野战救护所救治，脱离了生命危险。

第三节　全国医疗救援力量现场救治

抢险救灾阶段，来自全国各地、各系统及解放军和武警部队的医疗救援队伍，采取徒步、空降、乘冲锋舟等方式，从陆路、空中和水路到达重灾地区地形复杂的偏远地区，及时配合参加抢险救灾的军队和地方救援力量，进行现场紧急救治，使很多陷入绝境的重伤员得到及时救治，极大地降低了地震受伤人员的致残率和死亡率。至 5 月 15 日，四川省境内的 10 个极重灾县（市）基本实现省外医疗救援力量全覆盖。

一　医疗救援队伍突进极重灾区

医疗队乘冲锋舟突进极重灾区　地震发生后，通往汶川县映秀镇的国道和省道遭受毁灭性破坏，路基基本被毁。同时，地震还导致大面积的山体垮塌，有的塌方甚至达到几百万立方米，且伴有几吨到几十吨不等的巨石不时滚落下来。进入汶川县映秀镇境内的公路全被山体滑坡堵死，只能从紫坪铺水库乘冲锋舟进入。由于运力有限，现场只有 10 艘冲锋舟，进入汶川县映秀镇救援，需要指挥部统一部署和安排。赶到紫坪铺水库大坝的重庆市卫生应急队，经四川省卫生厅领导出面与救灾部队协调，将重庆市卫生应急队的 15 名医护人员与救灾部队混编，于 5 月 13 日下午乘坐冲锋舟进入映秀镇。到达对岸后，重庆市卫生应急队员背着药品、器械步行 3 个小时，于当晚到达位于汶川县漩口镇的阿坝铝厂，连夜救治 25 名伤员。未能进入映秀镇的医护人员，则在水库前的桥头搭起临时手术台，收治由冲锋舟不断送出来的伤员，重伤员则由直升机运走。

5 月 14 日下午，广东省医疗急救队赶到紫坪铺水库大坝。由于运力有限，很多救援队伍集聚于此，为避免混乱，该地已由指挥部统一部署，由武警战士严格把守，按计划要求他们第二天再过。当时，受伤的灾区群众源源不断地从渡口被抬上来，在坝上等候的广东省医疗队队员一边就地展开救治工作，一边积极协调，医疗队终于被放行。（参见图 80）人多船少，医疗急救队只得

图 80　5 月 14 日 6 时，广东省赴四川抗震救灾医疗队准备通过水路突进汶川县映秀镇

（周汉新　摄）

分 3 批强渡紫坪铺水库，到达对岸后，在近黄昏时开始艰难的夜行军。上有滚石下有岷江，医疗急救队员们背负沉重的背囊，于 15 日晨走到映秀镇，投入紧急救治工作。

医疗队乘直升机空降突进　5 月 15 日下午，一支由成都铁路中心医院和成都市第一人民医院、第二人民医院和第三人民医院共同组建的 12 人医疗救援队，集结太平寺机场，乘直升机飞赴汶川县漩口镇实施医疗救援。经过半个多小时的颠簸飞行，飞机终于在漩口镇附近一个不知名的干枯河床临时停机坪降落。降落地点距离漩口镇政府还有 4 公里，经过一个多小时徒步行走，队员们到达几乎已被夷为平地的漩口镇，迅速在镇卫生院前小片平地上搭建起一个棚作为临时医疗救护站，随即投入紧张的救治工作中。其时，当地已有 200 余名伤员集聚。根据伤员多、病情重，医疗器材、药品匮乏，救护人员少等具体情况，救援队分成三组。第一组为救护组，负责组织、登记、确认伤情，协助解放军通过冲锋舟转运重伤员；第二组为急诊手术组，实施紧急医疗救助、包扎处理伤口；第三组为后勤保障组，负责与当地卫生院、部队联系，在倒塌的卫生院危房中挖掘、抢救药品和器材，提供后勤保障。18 日，医疗队派 9 名队员乘直升机前往汶川县陆路交通完全中断的耿达乡，建立起第一个医疗点，诊治数十名伤病员。

5 月 16 日，解放军第 452 医院抗震救灾医疗队随同某部队徒步向汶川方向前进，沿途开展搜救工作。搜救工作历时 3 天，途中救护伤病员 311 人次，其中重伤病员 56 人次、轻伤病员 253 人次、孕妇 2 人次。18—23 日，医疗队的 3 名队员与解放军第 42 医院的 7 名队员联合组成医疗小分队，乘直升机到汶川县交通闭塞的银杏乡，对周边村庄进行搜救工作，历时 6 天，救护伤病员 121 人次，其中转送 45 人次。（参见图 81 ~ 82）

汶川县草坡乡足湾村有 4 名伤员伤情严重。5 月 22 日，由 5 名上海医师组成的医疗小分队，乘坐直升机抵达村里进行救治，翌日通过直升机将 4 名伤员运往成都。

医疗队徒步突进　5 月 15 日，进入四川灾区的解放军第 537 医院医疗队，经过 20 个小时的摩托化急行军，进入北川境内。在汽车不能行驶的情况下，队员们冒着生命危险，背着急救箱、氧

图 81　5 月 18 日，成都军区抽组军区医疗队乘直升机前往汶川县映秀镇（总后卫生部　提供）

图 82　5 月 22 日，上海东方医院、普陀区中心医院等医院医疗队员深入“孤岛”汶川县草坡乡开展救治工作（上海市卫生局　提供）

气袋，扛着担架，攀险坡，翻巨石，越山涧，连夜徒步赶到漆黑一片的北川县城，展开医疗救治。

5 月 16 日 14 时，北京军区总医院医疗队到达都江堰，按照任务部署要求，医疗队先派遣由 20 名队员组成的医疗小组，从都江堰市紫坪铺水库大坝登船开赴汶川。上岸后到达原白花乡，又徒步 7 公里夜宿阿坝铝厂。17 日晨，队员们从阿坝铝厂出发，徒步向漩口镇挺进，于 11 时到达漩口镇展开医疗救治。

5 月 16 日下午，总装备部第 306 医院医疗队先遣队徒步向北川县城进发，先行探路。17 日晨，第 306 医院医疗队临时分成 3 支医疗分队，带上药品和干粮，徒步开进北川县城。

都江堰市虹口乡在地震发生后，道路阻断，通信中断。当地村民用柴刀开辟出一条已有 50 多年无人走过的山路，将虹口严重受灾的情况通报给都江堰市抗震救灾指挥部。5 月 16 日晚，成都市疾控中心都江堰前线指挥部接到通知，当即派出小分队赶赴虹口。小分队从都江堰出发，先搭乘部队汽车到达九转坪，转而走那条 50 多年无人走过的山路。小分队二男四女每人背负平均重达 30 公斤的消毒药品和喷雾器，沿着崎岖山路艰难前进。经过大部分只能匍匐前行的道路，队员们来到一条大河前，道路再次中断。队长黄中夯带头下河，走了几步即被湍急的水流阻住。一个老乡带他们走到一座"桥"旁说，可以从那里过去。走到那座"桥"旁，只见上下两根钢管横架在湍急的河流上，要过河只能踩在下面一根钢管上，拉住上面一根钢管慢慢地滑过去。黄中夯体型较胖，行动不很利落，可他毅然走在队伍的前面，雨靴不合脚又很滑，就脱掉雨靴扔过河，赤脚从钢管上走过去，几次都差点从"桥"上掉下；4 名女队员也没有丝毫退缩。全队赶到面目全非的虹口乡后立即开展医疗救治。

5 月 17 日上午，广州军区武汉总医院医疗队接到当地群众报告，距离地处什邡市西北部山区红白镇 12 公里的蓥华山金莲池峡马口村有 5 名村民被困，已经断水、断粮，其中一名村民左腿骨折，急需救助。武汉总医院医疗队第一医疗分队两名队员从红白镇出发，徒步前往马口村营救受困村民。经过两个半小时的急行军，医疗队员赶到蓥华山脚下，而被困村民地处深山密林的山顶上，还需要翻过两座海拔近 2000 米的高山才能到达。平时村民进出的小路已被山体滑坡和泥石流全部毁坏，两名队员用柴刀砍树开路，有的陡峭地段，只能用背包绳相互牵引才能攀爬。沿途有 4 处山体塌方和泥石流地段，只能慢慢趴着前行，稍有不慎就可能被山石打中或山土所埋，或掉进深山峡谷。一路艰辛，他们最终赶到马口村，对被困村民中的伤员进行紧急救治。

5 月 17 日中午，据从什邡市蓥华山风景名胜区欢乐谷出来的村民报告，在距离红白镇 32.5 公里的欢乐谷还有群众被困。13 时 30 分，广州军区武汉总医院医疗队第一医疗分队医师郗二平、甘国胜背上医药器材和干粮，随同空降兵搜救小分队 50 余名官兵前往营救。他们途经梅子岭、金河磷矿、小木瓜坪和岳家山金河水电站，于 20 时 30 分到达大木瓜坪宿营。18 日晨，搜救小分队兵分三路，寻找能够进入欢乐谷和茨竹坪的道路。海拔 2100 米的八卦顶上没有路，战士们用背包绳套在大树上往上攀登。甘国胜跟随其中一支小分队翻山越岭，历经艰险，于 17 时到达欢乐谷。在欢乐谷里，甘国胜发现来自成都市某运输公司的一对夫妻，丈夫张杰的右膝关节开放性损伤韧带断裂，妻子杨雪的右小腿已经坏死腐烂发臭，并出现败血症前兆。在仔细清洗伤口、剪除已经坏死腐烂的组织并进行包扎后，再护送他俩和幸存的 7 位老人乘直升机离开欢乐谷。

5 月 18 日晚，从茨竹坪返回木瓜坪的武汉总医院医疗队 5 人小分队，带回 7 名被困群众，其中一名 60 岁老人在地震中右上肢被倒塌的房梁砸伤骨折。留守大木瓜坪的郗二平马上对老人进行简单检查，用小夹板固定上肢。小分队还带来茨竹坪仍有 9 人滞留的消息。次日天刚亮，郗二平和 3 名空降兵官兵组成一个小分队，请一名当地群众做向导，前往茨竹坪救人。山体多处滑坡，山路全部被毁坏，茨竹坪村对面的山体整体垮塌，山脚下的电站和林场已被整体压埋。小分队选择一条最近但也是较危险的路，先从河谷进去，然后从茨竹坪背面大山的滑坡面爬上去，再翻山下到茨竹坪，8 个小时后走到茨竹坪。滞留在茨竹坪的 9 名群众大都行动不便，其中 5 名是 80 岁以上的老人。郗二平为所有的伤者一一进行处理。傈僳族产妇余丽芝正发高烧，已经几天不能进食，身体非常虚弱，出现产后感染症状；而出生刚刚 16 天的婴儿罗一梓也由于奶水严重不足嗷嗷待哺，母子情况非常危急。郗二平给余丽芝进行退烧处理，并精心护理母婴二人。19 日 20 时，救援直升机到达，郗二平将受灾群众和余丽芝母子安全护送到太平寺机场，并把其他村民移交给成都市安置中心；罗一梓被成都市 120 急救中心护送到成都市妇产科医院。后余丽芝一家为感谢解放军医疗队的救命之恩，将罗一梓改名为“罗郗”。

5 月 18 日，解放军第 457 医院 52 岁的普外科副主任医师黄国稳，跟随空降兵某部 125 名官兵冒着余震不断、碎石纷飞的险情，穿越 3 处塌方，翻越一座千米高山，急行军 2 个多小时抵达海拔 1200 米的什邡市蓥华镇的偏远山村麻柳坪村，展开救治。在黄国稳的精心治疗下，18 例危重病人被成功救治，200 多例骨折、软组织挫裂伤等愈合率达 100%。同日，第二军医大学的 9 名医疗队员和安县医疗机构派出的 54 名医务人员，徒步跋涉 10 个小时，翻越海拔 2850 米高山，到交通完全中断的“孤岛”安县千佛镇开展医疗救治。医疗队队员和当地医务人员一起救治伤员 1230 人，其中重伤员 290 余人，转运伤员 184 人，无一人死亡。

二　医疗救援队伍现场紧急救援

汶川灾区现场紧急救援　5 月 13 日，第三军医大学医疗队乘坐冲锋舟渡过紫坪铺水库，赶到极重灾区汶川县受灾最严重的映秀镇。映秀镇到处都是残垣断壁，小镇前面的河滩上躺着三四百名亟待救治的伤员，满地都是用各种塑料布、花布、床单包裹着的遇难者的尸体，空气中飘散着伤口腐烂的气味。第三军医大学医疗队队员立即投入到救治伤员的战斗中。夜幕降临，每个医疗队员身边仍围满焦急的人群，医疗队员便打着手电进行操作。有些伤员的伤口感染严重，打开敷料时，恶臭把周围的家属们都熏得后退几步，但护士们迎难而上，为病人清创、换药。没有盐水，她们拿出自己宝贵的饮用水，给病人冲洗伤口。直到伤员们都得到有效救护后，医疗队员们才拖着疲惫的身躯，在漩口中学教学楼前的一块空地上铺上雨衣和被子，和衣而卧。（参见图 83）

5 月 14 日，被埋的 12 岁女孩张春梅被救援人员发现，护士长鲜继淑冒着危险钻进废墟中，察看体征，送矿泉水。因极度恐惧，小女孩一把握住鲜继淑的手，说什么也不肯松开。余震随时可能发生，废墟极有可能发生垮塌，鲜继淑却毫无惧色地安慰孩子：“别怕！叔叔阿姨们来救你来了，我会一直在这里陪你”……她像母亲一样为张春梅擦脸、喂水、壮胆，不停地安慰鼓励孩子。（参见图 84）至 15 日 10 时 40 分，张春梅被成功救出。10 分钟后，张春梅被送往停机坪，而

图 83　5 月 15 日，成都军区第 42 医院医疗队在汶川县映秀镇冒着生命危险抢救伤员

（总后卫生部　提供）

图 84　5 月 15 日，第三军医大学医疗队护士长鲜继淑在极其狭窄的空隙里照顾被埋废墟下 68 小时的小伤员张春梅

（总后卫生部　提供）

陪护她的鲜继淑脚被钉子刺伤，鲜血直流。

21岁的姑娘袁艺被困时大量出血，被营救出来时凝固的血块混合着污水，恶臭难闻。护士颜方力跪在潮湿的地上，一遍遍用碘酒棉球为她擦洗，直到消去异味。夜晚，袁艺情绪不稳，常常从噩梦中哭喊惊醒，护士周娅颖跪守在她的担架前，紧握着她的手轻声安慰鼓励，直到天明袁艺才沉沉睡去，而周娅颖的双腿早已麻木僵硬。在被送上救援直升机时，袁艺哽咽着说："你们就是我的妈妈、我的姐姐，我永远不会忘记你们。"

广东省抗震救灾医疗队到达映秀镇的当天，紧急救治50余名伤员。全部队员到达映秀镇以后，加入由第三军医大学医疗队统一指挥的医疗救治和后送体系，负责伤病员的首诊救治工作，分检需转诊的重病人，由直升机运走。5月15日，在映秀电厂的一处废墟下，一名职工脚掌被大梁压住出不来。经过劝说，这名职工同意截肢，但下去察看的消防员说，要钻到下面去做手术，大个子或体胖的不行，体力差的也不行。来自深圳市南山医院的麻醉师马伟文站了出来。经消防队认可后，马伟文二话不说，马上换了衣服，装上麻醉药和针筒，拿了一把手术刀，戴上头灯、手套钻进废墟。由于身材比较瘦，他很快就爬进去5米，但越往里爬难度越大。他艰难地绕过废墟中的尸体，忍住恶臭，用尽全力，像蚯蚓一样向前蠕动，终于看到伤者了。通过头灯，他发现伤者右脚掌三分之二处被楼房倒下的大梁压住，血肉模糊，发出阵阵恶臭；上有水泥板、钢筋阻挡，下面稍稍悬空，但也只能用一只手操作，手术操作空间受限。仔细检查后，马伟文决定沿着大梁所压脚掌断面进行麻醉和手术，这样可以减少出血和疼痛。手术一点点进行着，突然碰到大梁，手术刀断了，马伟文只好接过消防员递上的电工刀，继续切、撬。从袜子到皮肤，从肌肉到碎骨头，病人的脚终于可以松动了，而马伟文也已精疲力竭。病人的患足还有点肌腱相连，马伟文退出去，换上医师陈建良进去，用剪刀继续施行断离手术。病人最终被成功解救，送上直升机。

5月18日9时，第三军医大学医疗队接到中国地震应急搜救中心的通知，在映秀镇交通稽查征费所废墟中发现幸存者沈佩云。医疗队队员立即携带抢救药品器械赶赴救援现场。经过一个上午的挖掘，接近沈佩云的救援通道被打通。护士王莉迅速用一根4米多长的软管给沈佩云输送营养液。教授杨占宇沿救援通道向沈佩云爬去，利用自己走出地震灾难阴影的亲身经历，善意隐瞒他受困的时间，告诉他地震刚发生不到两天，肯定他"两天"的非凡表现，指导他利用全肺呼吸法控制情绪，稳定生命指征，积极配合救援。坚定伤员生存信念后，杨占宇返回地面，为伤员配制含葡萄糖、氯化钠、氯化钾、抗生素的口服液后，再次返回废墟喂给伤员。其间发生余震两次，杨占宇被地面救援人员强拉出废墟。15时50分，经过紧张施救，受困146小时的沈佩云被救出废墟。杨占宇和崔剑等迅速察看他的伤情，建立3条静脉补液通道，并清创、止血、包扎、导尿。因沈佩云全身有严重挤压伤，且严重脱水，病情危急，心理学专家冯正直叮嘱他危险还没过去，要坚持挺过救治难关，以防因欣喜过度、放松意志而死亡。沈佩云被抬到医疗队帐篷后，杨占宇带领医务人员立即采取抗休克、抗感染等手段对其进行治疗。17时，阿坝藏族羌族自治州抗震救灾指挥部医疗卫勤总指挥、第三军医大学校长王登高派杨占宇护送沈佩云乘直升机到成都接受后续治疗。由于早期医疗处置及时，心理干预得当，经成都军区总医院救治后，沈佩云逐渐恢复健康。

北川灾区现场紧急救援　北川羌族自治县曲山小学5层高的教学楼坍塌成3层高的废墟，赶往救援的成都军区某部工兵团官兵在狭窄的空间里搜寻着可能的幸存者。5月15日，听说有一名孩子被埋在废墟里，不知还有没有救。海军总医院骨科专家张超立即扔下背包，和战士爬进废墟。透过狭小的缝隙，张超发现孩子邱耀的下面还压着3名女孩。张超用手小心翼翼地扒开松动的砖石，使自己的手勉强能够伸进去。孩子的一条腿已经发黑并完全坏死，必须立即截肢，否则会感染引发败血症危及生命，但孩子情绪非常激动，拒绝配合手术。如不立即开展手术，不仅他难以生还，埋在身下的3名孩子性命也难以保全。张超一边安慰他，一边在同事的配合下，对其进行输液麻醉。孩子痛苦的叫喊声和不断发生的余震，撼动了头顶上松动的预制板，不时有碎石砸在他们身上，任何一点过大的动作，都会引起新的塌方。没有灯光，张超只能凭着手感，一点点完成手术。手术完成后，张超和搜救队员合力把邱耀从废墟中抬出来，被埋在其身下的3个女孩也被依次救出。

5月15日凌晨，海南省医疗救援队一行55人赶到坐落在北川羌族自治县曲山镇任家坪的北川中学。地震发生时学校有两栋教学楼垮塌，627名师生不幸遇难。在配合消防官兵施救过程中，队员们不顾余震的危险，争分夺秒解救被困学生。一名女学生因右大腿被承重墙牢牢压住而动弹不得，必须截肢才能挽救生命。海南省人民医院创骨科副主任医师郑南生和另一名医师不顾危房坍塌的危险，相继爬入仅能容纳两人的狭小空间实施截肢手术。手术过程中，由于安装止血带困难，郑南生当机立断，一手捂住股动、静脉，一手施行手术，经过半小时艰难手术完成截肢。郑南生一手按着残端血管，一手抱着那名学生，洞外的队员们拉着他的双腿，把他们一寸一寸地挪出“隧道”。

5月15日上午，由第四军医大学西京医院抽组的医疗队在北川县城附近，对刚刚被从坍塌的学校楼房废墟中救出的学生李月实施急救。李月被埋3天，左腿股骨干离断伤，双上肢骨折，大量失血，最低心律只有63次／分，呈休克体征，意识模糊。医疗队队员与几名武警战士，在崎岖不平的山路上步行一个多小时，将李月运送到一辆120急救车上，经过注射多巴胺、肾上腺素及静脉推注、加压输液等紧急处理，李月的心律恢复至100次／分。随后，医疗队队员以最快速度将李月送回医疗队安县驻扎点，待她病情稍微稳定后，又转送至绵阳404医院，进行深度救治。由于抢救及时，李月病情稳定，生命体征良好。

解放军第161医院两支医疗队到达灾区后，按照成都军区联勤部的统一部署，在最短时间内开进北川中学、青川关庄救灾现场，展开医疗设备设施抢救伤员。5月15日9时，医疗队深入到北川城区继续实施搜救任务。11时，队员们听到一栋倒塌的幼儿园废墟里传出微弱的呼救声，发现一个5岁左右的小男孩双腿被楼板卡住，动弹不得，脸色苍白。护士立即侧着身艰难地钻进夹缝，检查他的生命体征。由于大型救援设备进不来，坍塌的预制板太重，如果楼板下滑，幼小的生命瞬间就会消逝。队员们和武警官兵用铁棍撬、用手刨，拼命地扒开压在孩子身上的瓦砾。有的队员手套磨穿了，干脆摘掉手套继续刨；有的队员手指出血了，仍咬牙坚持，救援一刻也未停止。17时32分，被埋75小时的孩子终于获救。医疗队员立即对他实施清创包扎、急救处理，并用救护车后送至医疗队治疗。

5月16日5时，正在北川羌族自治县曲山镇卫生院废墟搜索遇难者的志愿者，发现废墟下面还有人幸存，急需医疗救助人员进行紧急抢救。内蒙古自治区医疗救援队获悉这个消息后，立即派出 6 名医护人员，抬着担架，携带急救药品，赶赴现场。医疗队员爬过几十米即将垮塌的吊桥，以及布满险石和废墟的陡坡，冒着生命危险攀爬到废墟上。14 时 20 分，伤员即将救出，医疗队员赶紧抬上担架来到石缝处，准备好要输的液体。14 时 23 分左右，女护士段忠英被挖出来。医护人员蒙上她的眼睛，防止应激性失明，并立即为之输液，简单包扎后，抬她下山。下山之路比较陡峭，志愿者在废墟顶上拉着绳子，抬担架的人拽着绳子往下滑，20 多米的下坡路，他们艰难行进了 20 多分钟。回到医疗队简易诊所，医疗队员立即对段忠英进行抢救。

第二炮兵总医院医疗队、第 537 医院医疗队、第 538 医院医疗队奉命从空中、铁路同时开进，进入北川县城以后，医疗队先后救治 57 名从废墟中挖掘出来的危重伤员，其中包括被埋 117 个小时的北川羌族自治县国税局干部季中山、被埋 139 个小时的北川羌族自治县人民医院医师唐雄。（参见图 85）

5 月 17 日上午，用探测器探测已被判断没有生命迹象的北川羌族自治县国税局被震塌的办公楼废墟，忽然又传出声音。第二炮兵总医院肛肠科医师李军和泌尿外科医师孙博走到废墟前循声探去，听见地下隐隐约约传来微弱的求救声。李军马上让身边的救护人员打开急救包，准备好液体和输液器，让护士把绷带和固定架归拢到一起，准备抢救。当作业人员从废墟里将伤者头部清理完毕，只见这名男子头发凌乱面容苍白，生命垂危。眼科副主任医师杨永进叮嘱作业人员用纱布盖住伤者双眼，防止应激性失明。由于房屋危险，不能使用千斤顶，不能使用任何大型机动工具，只能依靠双手慢慢清理他周围的障碍物。11 时 30 分，被埋 117 个小时的季中山终于被解救

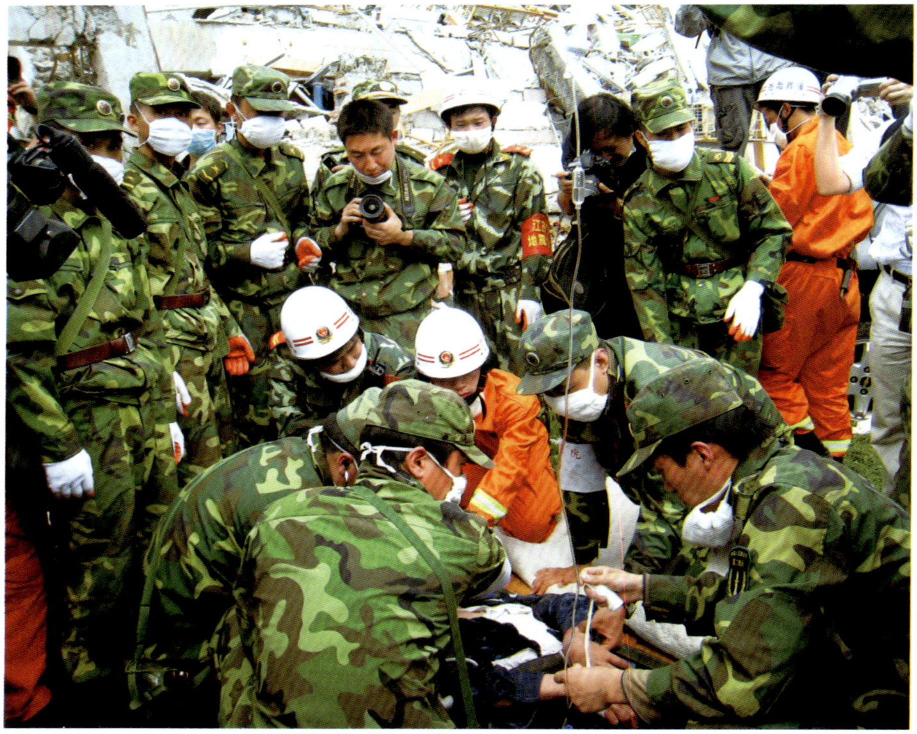

图 85 5 月 16 日 14 时，第二炮兵总医院医疗队在北川羌族自治县政府办公楼废墟上抢救幸存者
（总后卫生部 提供）

出来，但他全身挫伤已经休克，无法测到血压，脉搏只有54次，心跳缓慢，浑身冰凉。医疗队员立即给氧，快速建立输液通道，经过15分钟的现场急救，季中山恢复生命体征，被迅速护送到后方医院继续治疗。

5月17日，救援队发现被压埋在楼板废墟中的北川羌族自治县人民医院医师唐雄。一块石板正好压住唐雄右脚，使他无法动弹，而废墟楼前有一条很深的水坑，四周都是废墟，救援工作十分困难。当时，唐雄已极度虚弱，救援队在他受压处上方打出一个通道后，第二炮兵总医院医疗队队员轮流为之补充葡萄糖液，维持其微弱的生命，并鼓励他坚定信心，等待营救。当天晚上下大雨，还发生多次强余震，其中一次较大余震使一面断墙轰然倒塌，砸在正在给唐雄补充能量的队员身旁。18日上午，被困139个小时的唐雄被成功救出。

5月17日晨，总装备部第306医院医疗队在北川县城老城区，与某部救灾队、苏州市消防救援队会合。14时30分，医疗队配合苏州市消防救援队挖出幸存者马豆。副队长张坚带领医疗分队迅速抬出伤员进行全面检查，医疗队各专业医师迅速报告伤情：马豆左胸、左髋大面积皮肤软组织挫伤，肋骨、左髋可疑骨折，口腔无异物，牙齿部分脱落，心率120次/分，严重脱水。医疗队立即对马豆的伤口进行清创包扎，护士孙立秀和张丽在伤者严重脱水的情况下准确定位，迅速建立静脉通路，抢救伤者生命。（参见图86）

5月19日，第306医院医疗队配合国家地震灾害紧急救援队，从北川老县城菜市场救出被埋164小时的老人李明翠。李明翠虽然还有意识，但身体相当虚弱，全身严重脱水，电解质紊乱，多处骨折和软组织损伤。医疗队当即现场为李明翠实施清创，建立静脉通道和保持呼吸道畅通等临时处置措施，并迅速将其转送第520医院进一步治疗。

图86 5月17日，总装备部第306医院医疗队在北川灾区转运伤员
（总后卫生部 提供）

绵竹灾区现场紧急救援 绵竹市金花镇的龙宝坪，距离什邡市红白镇广州军区武汉总医院医疗队驻地22公里。仅靠一条盘山公路与外界相连的龙宝坪，大部分路段旁的房屋都在地震中被泥石流淹埋或冲毁，上百人失踪和伤亡，成为一条“死亡峡谷”。

5月17日13时30分，广州军区武汉总医院医疗队第一医疗分队派出医疗小组携带40公斤药品，随空降兵官兵前往龙宝坪营救被困群众。医疗小组随同救援官兵沿岳家山—广汉铁路线向深山挺进，沿途山体滑坡，飞石不断。15时50分，经过小梅子岭时，医疗小组遇到志愿者从木瓜坪废墟下抢运出来的什邡市金河磷矿矿工周志。周志全身多处擦伤，严重感染，重度脱水，低血容量性休克，颅骨外露，胸、腹部大面积撕脱伤，胫骨骨折，伤口全是矿渣，部分肌肉变黑坏死。医师杨家荣和易峰涛快速对伤员头面部及胸部伤口、腹部及下肢伤口进行清创包扎等处理后，继续随部队前行抢救其他重伤员，并将周志的情况及时向上报告，请求第二梯队队员前往紧急接应。武汉总医院院长浦金辉接到报告后，当即要求按照“梯队抢救、连线救治”的行动方案，由医疗队医师李志进和护士许丽带着急救药品和器材迅速跟进，于16时30分赶到抢救现场。在第一批医疗队员紧急处理的基础上，李志进迅速对周志进行全身检查，进一步进行清创包扎。许丽用纱布蒙住伤者双眼，为伤员建立静脉通道抗休克、抗感染治疗。在转运途中，周志因痛苦难忍几次提出放弃治疗。为不让他沉睡过去，许丽一直守护在担架旁，每15分钟测一次生命体征，喂服糖盐水，不断安慰鼓励周志。（参见图87）17时50分，被压埋100多小时的周志被送到什邡市人民医院接受进一步治疗。

19时50分，杨家荣、易峰涛随同救援官兵到达龙宝坪，发现58名被困人员，其中灾区群众48人、志愿者5人、武警战士5人；有伤员24人，其中轻伤员13人、危重伤员11人。大部分伤员伤口严重感染，出现高热，部分病人体温在39度左右。医疗小组立即展开救治，对每一位发热病人肌注抗生素，观察5分钟，并迅速找来一块门板作手术台，用两盏矿灯和两只手电筒照明现场展开手术。由于手术床低矮，医疗队员只能跪在地上进行手术。第一个接受治疗的

图87 5月17日，广州军区武汉总医院医疗队在抢救被埋100多小时的重伤员周志（总后卫生部 提供）

是一位70多岁的老年妇女，她左侧脸部皮下肌肉组织全部变黑，混合着泥沙，感染蔓延至颧骨、口鼻、眼部，散发着恶臭。医疗队员小心翼翼地为其清理坏死组织，再进行包扎。第二位伤员是一个右腿腓骨粉碎性骨折的妇女，其发黑坏死的右足已被切去，残腿断端发黑腐烂，渗出的血水散发出恶臭。医疗队员清除破碎骨片，切除发黑的肌肉组织，结扎血管，用盐水、双氧水和活力碘轮流清洗，用纱布加压包扎。第三位伤员左足骨折，清创后用小夹板包扎固定。另有两名伤员是软组织损伤坏死，进行双氧水清洗、活力碘消毒，然后包扎。还有一位老人有慢性喘息型支气管炎病史多年，出现心慌、胸闷，肺心病期，没有专科药品，用速尿剂利尿治疗后有所缓解。23时左右，11名重伤员均都得到及时救治，完成清创、消毒、包扎固定，并注射抗生素，伤势平稳。

5月19日下午，武汉总医院医疗队第二医疗分队派出医疗小组随空降兵官兵前往什邡市红白镇响水沟磷矿营救受伤矿工。15时50分，医疗小组从红白镇出发徒步进山。经过5个小时急行军，赶到龙宝坪。一到龙宝坪，队员们发现从响水沟磷矿逃生出来的矿工陈永平左侧肘关节骨折。医疗队员立即用夹板为他固定，用三角巾悬吊左臂。20日清晨，医疗小组继续前行，上山救人。由于道路断裂山体滑坡，短短5公里路，医疗小组走了近3个小时，于8时左右到达响水沟磷矿，顺利救出2名受伤矿工。矿工黄伯明为右下肢骨折伤、肖永军为右踝部伤，队员们立刻为他俩进行下肢骨折固定包扎，并送往解放军第255野战方舱医院进一步治疗。

什邡灾区现场紧急救援　5月13日下午，空降兵某师师医院门诊所所长葛勋随队到达什邡市洛水镇。在一处废墟中搜寻时，葛勋发现一个2岁左右的小女孩被压在废墟下，立即组织营救。在营救时，葛勋一边安慰小女孩，一边用手小心地将砖一块一块移开，拨开一个小洞，将手伸进去仔细感知小女孩的生命体征。在确认小女孩生命体征平稳后，他立即指导在场的部队官兵实施救援。两小时后，在废墟下压埋26个小时的小女孩被救出。葛勋对小女孩进行现场处置后，紧急护送至师野战救护所进一步检查治疗。

驻武汉的空军第457医院派出医疗队疾赴地震灾区，驻扎在什邡市城区一广场上，并派出小分队前往洛水、龙居、蓥华、红白四镇，救治伤者。医疗队用7顶野战帐篷搭起野战医院，其中4顶大帐篷用以救治伤员（每个帐篷可容纳12人），一顶帐篷摆放医疗仪器，一顶帐篷供保障生活用，一顶帐篷作为手术室。5月14日10—18时，临时医院接诊267名伤病员。

5月15日，红白镇四村2社56岁的罗君慧在废墟中被埋3天后被救援部队救出。当时罗君慧的颅骨清晰可见，右眼眶外侧骨折错位，创面污染严重，因天气较热，已严重感染，并出现恶心呕吐、嗜睡昏迷等症状，如不及时进行手术治疗，将有生命危险。考虑到出山路途艰险，短时间内难以送到医疗点，第457医院空降医疗队外科医师胡青华对其伤口作清创消炎、包扎、固定等简单处理后，队员们抬着罗君慧翻山越岭，在乱石堆中行走20多公里，到达车辆可进出的公路上，再用车将罗君慧送至野战医院做进一步清洗消炎、抗感染治疗和缝合。经过两个多小时的手术，罗君慧转危为安。

5月17日零时20分，红白镇中学办公楼废墟内发现幸存者。幸存者李克成是红白镇中学厨师，地震发生时正在学校实验楼一层宿舍里睡觉，突然间楼房轰然倒塌。由于门梁的阻挡，上面垮塌下来的预制板在其头部刚好留出一个小空间，头部、胸部没有受伤，双手都可以移动，但身体被预制板压住。四天五夜，李克成靠喝自己的尿和吃书本活了下来。广州军区武汉总医院医疗队第一分队医疗队员透过20厘米的救援通道，给李克成递进矿泉水和生理盐水。39分钟后，李克成被成功救出。医疗队队员立即用厚口罩为伤者盖上双眼，以防应激性失明；并进行快速检诊，测量各项生命体征，发现李克成四肢冰凉，意识模糊，呼吸微弱，血压测不清楚，心率达158次/分钟，身体极度虚弱，呈现严重的脱水状态，为低血容量性休克前期。医务人员在半分钟内为李克成建立两条静脉通道进行补液和抗休克治疗。经过现场紧急诊治、包扎输液处理后，再迅速将李克成用救护车送往成都军区总医院继续治疗。

红白镇有一个叫断头崖的村子，地势险要，海拔2380多米。地震发生后，村子与外界音讯不通。5月16日上午，广州军区武汉总医院医疗队第一分队派出4人医疗小组，随空降兵搜救小分队向红白镇巴蜀金河一级电站开进。金河电站位于断头崖上，距离红白镇40公里。10时40分，医疗小组行至青风洞，突然发生余震，几块巨石从山上滚落，砸在队员们中间，把水泥路面砸出一个1米多深、2米见方的大坑。紧接着，碎石、浮土如雨点般哗哗往下滚落，原本只能容一人通过的山路，眼看就要被乱石掩埋，但队员们还是冒险强行通过。14时30分，医疗小组到达断头崖山脚的青牛沱。19时左右，接近金河电站。因为山体大面积滑坡，道路损坏严重无法前行，队员们只好返回断头崖宿营。17日6时，队员们分成4个小组向目的地搜寻，不断向电站隧洞口鸣枪呼喊。9时，金河电站6名受困群众听到呼喊声，从电站隧洞里爬出来，队员们为他们包扎伤口，补充干粮和饮用水。12时左右，队员们从断头崖回撤。历经18个小时的攀行，大家干粮已尽、水壶见底，疲惫至极，双腿不住颤抖。回程同样艰辛，前面是悬崖绝壁，下面是大山谷，队员们攀着山间青藤，沿着滑坡一步步向前挪，一名队员一脚踏空，险些坠下深谷。18日6时，队员们继续出发。14时20分，与指挥部失去联系长达三天两夜的医疗队员们，护送6名职工安全返回营地。

5月17日晨，广州军区抗震救灾医疗队第二医疗分队的队员，乘车前往绵竹市金花镇执行任务，途中听说蓥华镇蓥峰化工厂废墟中还有幸存者，立即下车赶赴搜救现场。幸存者是蓥峰实业公司俱乐部的女职工卞刚芬，被困在一座坍塌变形的楼房内。地震发生后，蓥华实业公司一栋5层大楼，下面3层完全垮塌，上面2层整体右移20米，整栋楼严重扭曲变形，随时可能再次坍塌。地震时卞刚芬正在二层后部的一个房间里，被困在二层与三层之间的狭小空间里。挖掘过程中，当废墟被挖出不足一米深的洞时，顶端还横着两根断裂变形的大梁，大梁间隙不超过30厘米，卞刚芬出现焦躁情绪，医疗队队员杨铭冒险爬进废墟。他把头伸进两横梁之间的缝隙与伤者交流，鼓励她坚持。3个小时后，他再次进入废墟，爬进比上次多挖掘出一米多的狭缝中，用矿泉水瓶装了两瓶糖盐水，送到伤者手中让她补充液体，并告诉她外面的营救进度和医疗救治准备，要她坚定信心。18时20分，被埋124小时的卞刚芬被成功救出。医疗队队员们迅速进场展开急救：用毛巾盖住她的双眼以防应激性失明，测血压、听心音，快速检查各项生命体征；快速建立静脉通道抗休克治疗，补充平衡液、代血浆，并迅速检查四肢骨骼伤情，用绷带将其双下肢固定。19时50分，卞刚芬被送到什邡市人民医院继续治疗。

都江堰灾区现场紧急救援　5月13日3时12分，某集团军炮兵旅官兵到达都江堰市向峨乡中学展开救援。一名战士听到废墟中有微弱呼救声，仔细察看，发现一个女孩被压在一块重达几吨的石头下。在等待大型机械移开石头的间隙，部队卫生队女护士段娟半跪于泥浆中为女孩输液和灌氧。3时32分，小女孩被成功救出，经现场紧急处理后送上救护车。

彭州灾区现场紧急救援 5月15日下午，兰州军区第五医疗队、第六医疗队经过近6小时的艰难行进，到达位于彭州市西北部龙门山镇境内的银厂沟风景名胜区后，发现一名中年男子双腿流血，断裂的骨头露在外面，正痛苦地呻吟着。几名队员顾不上放下背囊就冲过去，迅速为他清创、止血、缝合、包扎，经过一个多小时的忙碌，将他安全转送。随后，队员们分组对送来的伤员实施救治。医疗队进驻九峰村后，在一小片空地上建起医疗救治站，将队员分成紧急处置、巡诊救治、防疫洗消3个组，迅速展开救治。普外科主任付京、副主任医师王仁带领医疗队员分赴各受灾群众安置点，一个帐篷一个帐篷地诊治，为伤病员消毒、止血、清创、包扎、固定、输液。17日晨，值班医师杨普刚刚抢救完一名伤员，得知九峰村村民徐磊脑部受伤、生命垂危的消息，便立即带领8名队员，不顾山体滑坡、道路坍塌、余震频发的危险，冒着大雨连夜上山营救。到达现场后，发现伤员已神志不清，一侧瞳孔散大，经脱水、止血等治疗后，仍未脱离危险，便决定立即送至救治点治疗。下山之路又险又陡，医疗队员把伤员固定在担架上，肩扛手抬，经过两个多小时的艰难跋涉，终于将伤员安全送到救治站。九峰村村民、76岁的陈孝金和75岁的王群，被困于海拔3700米的九峰山观音崖药师殿长达八天七夜，严重脱水，身体极度虚弱，救援部队立即将其送往医疗队。骨科主任范少地带两名医护人员冒着滑坡滚石的危险，沿着崎岖陡峭的山路徒步前往参加救治。到达目的地后，医疗队员迅速为老人诊断伤情、包扎伤口、补充液体，并接回医疗队进一步治疗，为挽救两位老人的生命赢得宝贵时间。

平武灾区现场紧急救援 浙江省新华医院神经外科副主任医师殷利春于5月14日随浙江省第一批医疗救援队到达平武县，在废墟上临时搭建的帐篷病房内、在余震不断的恶劣环境里抢救伤员，并在没有CT定位和双极电凝止血器情况下成功施行一台脑外伤手术。26日16时，120急救车送到一名深度昏迷的危重伤员，那位50余岁的伤者是被突发强烈余震从房上甩下，头部着地受了重伤。殷利春凭多年的临床经验判定，伤者头部外伤，深度昏迷，双侧瞳孔不等大，自主呼吸微弱，是典型的脑疝症状，唯一的选择就是尽快开颅清除血肿减压，但临时搭建的帐篷病房没有CT仪器检查，无法准确对手术切口定位，没有脑外伤手术常规用的双极电凝止血器，连无影灯也没有。伤员的儿子知道帐篷里没有急救的仪器设备，央求快些转院，而把伤员送到医疗条件稍好的绵阳市城区救治，路上至少需要4小时，伤员可能等不到救治就会在途中发生危险。正当大家焦急万分举棋不定之时，殷利春毅然说道："从地震中活下来不容易，转送是必死，我们宁可冒一次手术的风险，绝不能放弃每一个机会。请你们相信，让我来主刀，我会尽力的。"伤员家属同意手术后，在35摄氏度的帐篷内，殷利春立刻换衣消毒，在简陋的手术台前一面给伤员剃发备皮，一面根据伤者的全身状况迅速判断颅内的伤势定位。借着一盏立地灯的光亮，殷利春凭着经验果敢地下了第一刀。这一刀切口正下方恰好就是瘀血处。3个小时后，伤员脑部的血肿清除了，血压及自主呼吸都恢复正常，手术非常成功。两天后，伤员的儿子看到父亲日渐好转，含着泪水哽咽着对殷利春说："谢谢你们把我爸的命救回来了！"

理县灾区现场紧急救援 理县位于四川省西部、青藏高原东部，是典型的中高山峡谷区。境内群山连绵，峰峦重叠，沟谷纵横，伤员救治的难度较大。

理县杂谷脑镇关田村3组92岁的藏族村民穆国华，是位受人尊敬的“红军老妈妈”。地震发生后，穆国华被塌垮的砖瓦泥土压埋，两小时后才被家人从废墟中抬出，送到第三军医大学医疗队。第三军医大学医疗队立即组织骨科、脑外科、普外科、心内科、呼吸科的专家会诊，确诊穆国华全身软组织挫伤，因有严重的高血压、心脏病、慢性阻塞性肺气肿等内科疾病，导致呼吸循环功能衰竭，病情危重，随时有生命危险。医疗队迅速成立专家小组和有多年护理经验的护理人员组成特护组，对穆国华进行精心抢救和护理。治疗过程中，穆国华的病情多次反复，血压一直居高不下。由于医疗队所带药品多为外伤用药，没有很好的降压药，第三军医大学科室主任、副教授史忠就把自己服用的降压药给穆国华服用，及时控制了她的血压。经过5天的精心治疗和护理，穆国华病情好转回家。6月6日晚，穆国华的家人赶到驻地说老人病危，但临终前要求再看一眼救她的“金珠玛米”。医疗队员背上药箱，立即赶到穆国华临时居住的棚屋进行急救，但她最终还是离开了人世。穆国华的儿女跪在地上痛哭不已，拉着医疗队队员的手哽咽着说感谢“金珠玛米”。

茂县灾区现场紧急救援 地震发生后，极重灾区茂县的房屋受损严重，全县交通、电力、通信、供水系统全面瘫痪，大量伤员等待救治。茂县人民医院180余名职工将95名住院病人紧急转移到县政府广场上，在广场的简易帐篷里开设急诊，但没有手术室和病房。200余名伤员和灾区群众混住在简易帐篷内，很多人伤口感染化脓。5月16日，第二军医大学长海医院医疗突击队乘直升机抵达茂县，立即进行查房分类，确定转送人员名单，再想办法解决手术室的问题。待确定81名需转送重伤员名单后已是深夜，队员们顾不上休息，将带来的两顶帐篷拿出来，利用其中一顶和茂县人民医院联合组建手术室，并将医疗队带来的急救药品、手术设备以及茂县人民医院存有的药品集中起来统一管理。17日凌晨，第一个野战手术室刚刚搭建起来，便有2名伤员被抬进来，都是上肢砸压伤，伴有感染的严重开放损伤。孙颖浩当机立断，展开高难度的保存肢体清创手术，终获成功。短短几天时间，孙颖浩等突击队军医在茂县这间唯一的野战手术室，先后完成各类手术150余台，其中包括骨科清创、阑尾切除及剖腹产等手术。（参见图88）

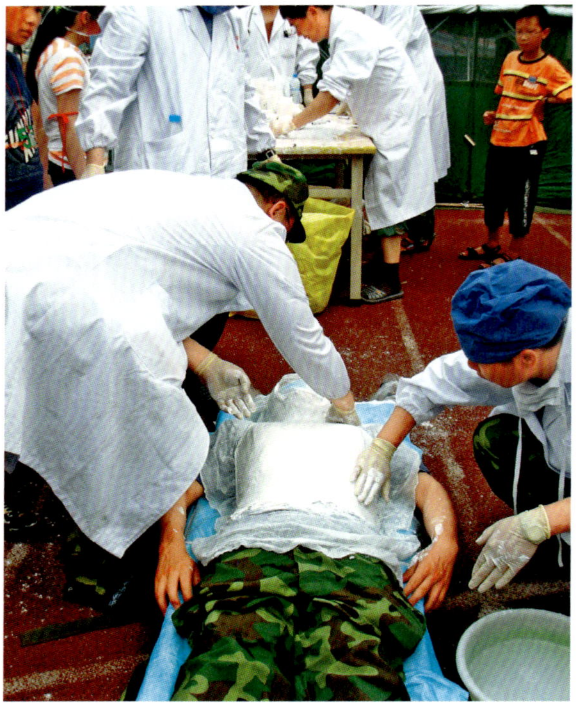

图88 5月17日，第二军医大学医疗队专家以自身当模特，制作石膏手术床为57岁农民傅利华成功进行世界罕见的野战条件下的急诊全麻颈椎手术

（总后卫生部 提供）

由于茂县人民医院的门诊尚未恢复，许多常见病、多发病和慢性病患者得不到及时治疗，孙颖浩带领队员开设了茂县第一个“野战门诊”。门诊条件非常简陋，在已经拥挤不堪的帐篷里再分隔一小块地方，摆上一张小小的桌子便开张了。小小门诊成了城中最热闹的地方，老百姓拖儿带女从四面八方赶来，每天1500多人次的门诊量使队员们忙得连上厕所的时间都没有，他们成为茂县最忙碌的人。

宁强县广坪、青木川现场紧急救援　武警陕西省总队赶赴灾情严重的宁强县、略阳县的战地医疗队，冒着生命危险为灾区群众送医送药。由39名官兵组成的医疗队进驻宁强县广坪镇后，了解到当地有一位名叫郭欣荣的孕妇预产期已超过7天，B超检查为胎儿脐绕颈，头颈过大，不能正常生产，只能进行剖腹产。孕妇赶到宁强县人民医院时，医院因地震损坏严重，无法进行手术。此时，孕妇已出现羊水混浊破裂，胎儿随时可能窒息，如不及时手术，不但胎儿不保，还会危及母亲的生命。“救人要紧，立即准备手术！”医疗队队长张华在条件极其简陋、器材极其短缺的情况下，立即组织医疗队唯一的妇产科医师逯蕾和护士长刘巧莲进行术前准备，其他各科大夫、护士长也紧急行动，协助做好各项工作，后勤保障人员预备好自带的发电机，以防出现断电。为防止手术中大出血，医疗队王文涛、郑军等4名与孕妇血型相同的医护人员，在帐篷外做好献血的准备。5月22日凌晨，手术在帐篷里紧张而有序地开始。2时20分，手术结束，一名男婴降生，母子平安。（参见图89）第二天，孩子的父亲专程给医疗队送来锦旗，并告诉大家，为了感谢武警官兵的救命之恩，他们已给孩子取名“赵震武”。

5月15日16时21分，青川县发生强余震，与青川县毗邻的宁强县青木川镇震感强烈。其时，张华带领医疗小分队部分队员正在青木川镇巡诊，一时间，医疗队帐篷外遍地都是等待救治的伤员。危急时刻，队员们没有一丝胆怯，顾不上自身安危立即投入救治工作。当得知距营区2公里

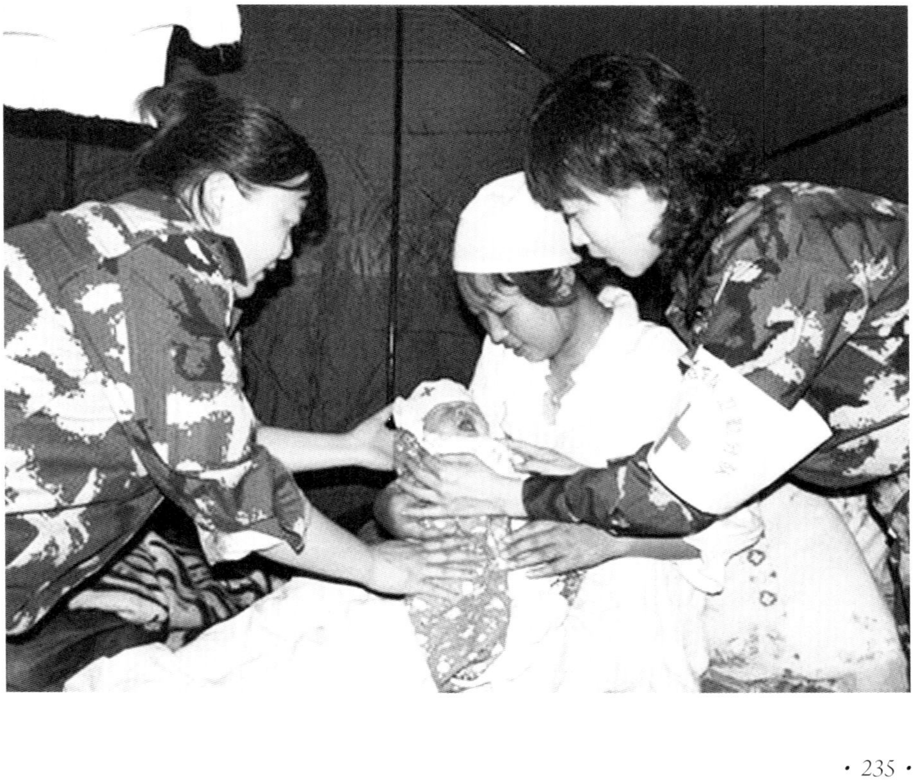

图89　5月22日，武警陕西省总队医院医务人员在宁强县广坪镇救灾帐篷里为一产妇顺利接生

（徐秦生　摄）

外一名妇女腿部摔伤急需处理时，骨科医师王文涛、护士孙赟等迅速携带担架冒着山石滚落的危险赶到伤员身边，把伤员抬回急救帐篷，实施抗炎、消痛、止血。就在做伤口缝合处理时，大地忽然又晃动了几下，手术台上伤员本能地抖动着，站在一旁的家属也紧张得手直哆嗦，而队员们坚持在不足9平方米的急救帐篷里进行止血、缝合，做治疗，并不停地安慰着伤员，保证救治顺利进行。

专记　紧急救治伤员虞锦华

国家电网映秀湾水力发电总厂位于汶川县映秀镇，是四川电力系统大型骨干水电厂之一。汶川地震发生后，国家电网映电总厂的生产和生活设施遭受严重损毁，映秀湾、渔子溪、耿达3个电站及闸首、二台山开关站均被震毁，生活区9层高的办公楼及宾馆、职工医院、职工住宅楼等建筑被震毁。

5月18日20时许，经过来自地方和军队的7支救援队和志愿者队伍艰苦努力，被埋在办公楼废墟中长达150小时的国家电网映电总厂女工虞锦华，在废墟中接受双腿截肢手术后成功获救。

5月16日上午，山东省公安消防总队救援队在废墟中发现生命迹象，立即展开搜救工作，发现虞锦华被坍塌的几层水泥板死死压住了双腿，动弹不得。虞锦华双腿已经局部坏死腐烂。水泥横梁压着虞锦华，同时也承载着成百上千吨的废墟，为她支撑出狭小的生命空间。水泥横梁不能破拆，现场截肢成了救出虞锦华的唯一选择。救援队员们设法用塑料管为虞锦华送水和稀饭，努力延长她的生命。官兵们轮流爬进废墟和虞锦华聊天，承诺一定会把她救出来，给她生存的信心和勇气。

第三军医大学医疗队做好现场紧急抢救虞锦华的准备，广东省抗震救灾医疗队骨科医师做好现场截肢手术准备，解放军第42医院医疗队全力做好配合保障，成都军区联指也做好派遣直升机运送虞锦华的准备。广东省抗震救灾医疗队队员、深圳市第二人民医院骨科主任医师杨欣建勇敢请战，率先进入废墟爬到虞锦华所在位置勘察情况。虞锦华被困空地不足一平方米，医师只能从水泥横梁下探进大半个身体实施手术。医师俯卧的位置刚移走一具遗体，还残留着尸液、碎肉块与毛发，周围苍蝇嗡嗡飞舞，不知名的昆虫爬来爬去，环境非常恶劣。在令人窒息的恶臭中，杨欣建迅速确定了手术方案。

正常情况下，普通病人接受这样的手术可承受的出血量约为500～800毫升，而接近虚脱的虞锦华出血若超过50毫升就有生命危险。快速离断肢体，有效止血，术后妥善的包扎，防止血管钳及止血带松脱等，都是手术成败的关键。麻醉是一个很大难题，药量大了会危及生命，量小了又怕她难以承受痛苦。手术刀片要多准备，手术要快。在废墟狭小空间内一个人实施手术体力上难以为继，杨欣建提出由他和深圳市人民医院医师杜冬接力完成手术。第三军医大学医疗队两位同行也进入废墟观察虞锦华的伤情，对杨欣建的手术方案给予支持，并做好术后抢救的准备。

杨欣建重新爬入废墟，说服虞锦华同意截去双腿，并把随身带来的瓶装水递给她解渴。随后，杨欣建剪开她的裤管，在其左大腿中段绑上橡皮止血带，将大半瓶碘伏消毒液泼洒在她的左膝关节上进行消毒，在膝关节四周迅速进行局部麻醉。由于不能进行全麻，手术时，救援通道里回荡着虞锦华痛苦的叫喊。杨欣建紧张地进行手术，杜冬和消防战士们不断鼓励和安慰虞锦华。第 42 医院医疗小分队的护士长汪玉、护士长魏薇、护士张珊、消防战士袁虎则在通道口紧张地传送手术器械和药品。

膝关节离断手术对于骨外科专家杨欣建来说早已是轻车熟路，但在这么恶劣的条件下进行手术却是第一次。他一边安慰虞锦华，一边沉着地快速切开其左腿外侧韧带和关节囊，切断前后交叉韧带，切开后关节囊，分离关节，用止血钳将关节后侧的大血管紧紧夹住，左膝关节分离手术终于获得成功，杨欣建却累得一点力气也没有了，仰面被消防战士拽着双脚拖出废墟通道。

杜冬迅速接力进行右腿膝关节分离手术。在手术过程中，他不断与虞锦华说话，从她说话的语气、语速判断其生命状态。虞锦华的右腿被紧紧压在地板上，杜冬尝试了几次都无法绑上止血带，防止手术大出血成了摆在他面前的难题。他小心翼翼地切开皮下，发现腐烂的右腿组织里全是散发着异味的气泡，伤员出现气性坏疽。他小心翼翼地用左手托起伤员的大腿，右手持手术刀进行膝关节切割分离。由于刀柄太短，在切割膝后组织时刀片突然断在肉里。如果杜冬的手被肉里的断刀片划伤，将难免被感染危及生命的危险。没有时间多想，杜冬迅速换上新刀片继续手术。当止血钳终于夹住可能导致大出血的动脉时，他松了一口气，手术成功了。当杜冬在消防战士的帮助下爬出通道“竖井”时，汗水已经湿透衣服。平时在手术室需要 4 个人配合，预计需要两个小时才能完成的手术，由杨欣建和杜冬在废墟下接力进行仅用 70 分钟就完成了。

虞锦华的躯体和水泥横梁彻底分开了，但要将她从废墟中运出来绝非易事。消防队员们一个接一个躺在狭小而弯曲的废墟水平通道内组成人体输送带，用双手托起担架把虞锦华传送到“竖井”井底。在运送过程中，包扎虞锦华右腿创面的纱布被碰掉了，挂在伤口创面上的止血钳裸露出来，如果碰掉止血钳造成大出血，伤员就有生命危险。负责指挥的消防队参谋长陈爱新当即命令暂停并迅速调整运送办法，确保不再出现纰漏。官兵们抽掉帆布担架两侧的杠子，用绳索系住帆布四角，把“竖井”下的虞锦华抱到帆布上，小心翼翼地将她提升出 5 米多深的“竖井”，至此，经过救援人员长达 50 多个小时的营救，被埋在废墟中 150 小时的虞锦华终于被救了出来。

此时的虞锦华生命体征十分微弱，处于休克状态，测不到血压，几乎听不到心率，气若游丝。守候在现场的第三军医大学校长王登高立即指挥新桥医院医疗队在空地上对虞锦华进行急救。新桥医院医务部主任徐剑铖带领医护人员，凭着过硬的野战救护本领，快速颈穿刺成功，快速建立静脉、股脉、正中通道成功，经过快速加压补液，血压上升，意识恢复。重新为她包扎手术创面后，大家终于松了一口气。

由于直升机在山区无法安全夜航，当晚转送伤员已不可能。虞锦华依然徘徊在死亡边缘。灾区野战医疗帐篷中的条件十分简陋，没有输血条件，没有必要的医疗仪器设备，只有一些常规急救药品，医护人员完全靠临场判断控制病人的生命体征。他们凭着丰富的临床经验和精湛技术，使虞锦华的生命体征有了明显好转。第二天，虞锦华被直升机送到成都军区总医院，经会诊认为必须对她再次实施高位截肢手术。经过 5 个半小时的手术，虞锦华最终脱离了危险。

第四节　现场转运急救伤员

汶川特大地震发生后，危重伤员接受现场救治后，必须尽快转送到医疗条件较好的较大城市医院进行抢救。四川灾区省内转运经现场救治后的伤员，以公路转运为主；对于道路完全中断的极重灾区，只能用直升机转运经现场救治后的伤员；而公路不通可走水路的地方，则通过部队的冲锋舟转运。

一　伤员省内转运“三级”模式

四川省地处极重灾区的市州相继开始经现场救治伤员的转运工作。刚开始时，因缺乏相应的组织指挥和经验，转运工作有些忙乱。5 月 13 日，四川省卫生厅做出部署，要求各灾区迅速建立现场救治点，对伤员进行处置、分类，建立“现场救治站（点）—就近医院—县级医院—市级医院—省级医院”转送伤员的救治网络；同时，确定省级医院和成都市各医院及非灾区的资

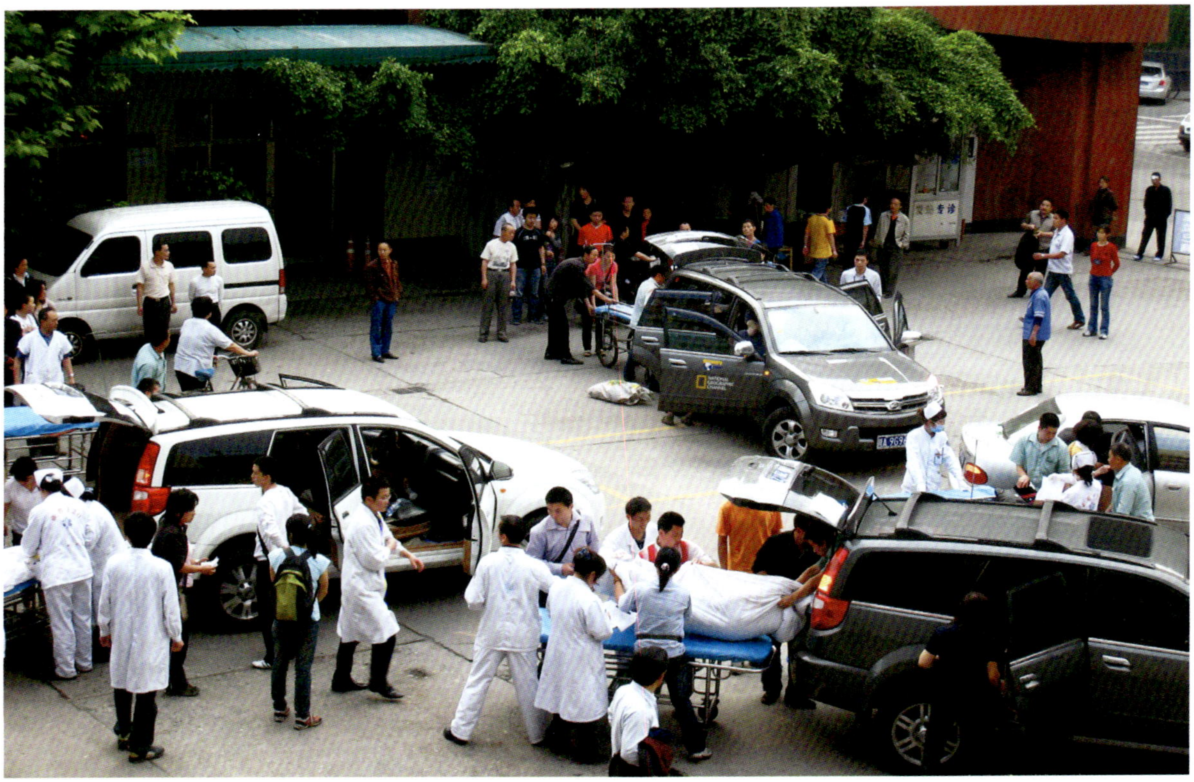

图 90　5 月 14 日，自驾车志愿者从什邡出发将地震伤员送到成都市第六人民医院救治

（成都市卫生局　提供）

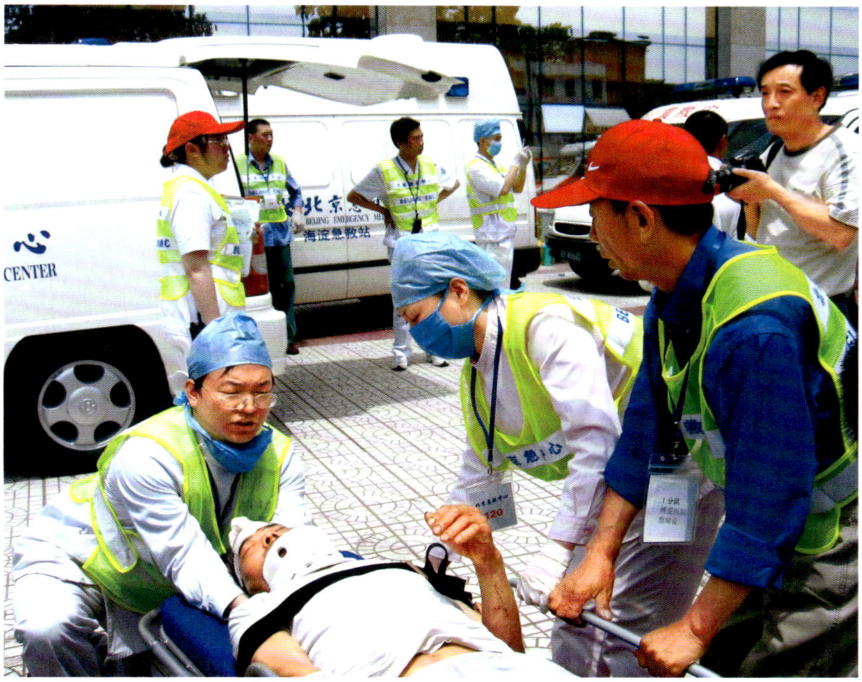

图91 5月18日，中国残联国家康复医疗队中国康复研究中心分队在绵阳快速运送伤员
（中国残联康复中心 提供）

阳、眉山、乐山、遂宁、南充、泸州、自贡、巴中、达州、广安等市医院为极重灾区和重灾区伤员转运治疗的后方医院。四川省卫生厅还根据实际情况，明确各灾区伤员转运的路线和目的地：都江堰、彭州、崇州等极重灾区和重灾区现场救治的伤员主要运往成都的省级医院、市级和区县医院；绵竹、什邡等极重灾区现场救治的伤员主要运往德阳、成都、眉山、资阳、乐山等市的医院；北川、安县、平武、江油等极重灾区、重灾区现场救治的伤员主要运往绵阳、遂宁、南充、广安等市的医院；青川、剑阁等极重灾区、重灾区现场救治的伤员主要运往广元、巴中、达州等市的医院；汶川、茂县、理县等极重灾区、重灾区现场救治的伤员主要运往成都、眉山、资阳、乐山、自贡、泸州等市的医院。四川省卫生厅要求各伤员集散地及主要交通路口设立指挥点，进行有组织的转运，确保伤员转运工作安全有序进行。（参见图 90 ～ 91）

5 月 12 日傍晚，绵阳城区各个医疗机构组织的医疗救援队陆续到达北川中学现场，救护车、客车等开始转运北川地震伤员至绵阳市医疗机构。由于北川的医疗设施在地震中几乎全部损毁，绵阳市抗震救灾医疗卫生分指挥部将距离绵阳城区仅 8.5 公里、距离北川县城仅 29 公里的安县，作为北川伤员转运的临时中转站，创造性地实施“三级转运”“四次检伤后送”伤员转送模式。

“三级转运”是医务人员及抢险官兵将伤员从北川运送到能通车的地方，再用救护车或小型车辆送到安县中学操场的战地医院；经简单处置后，再用大型平板车转运至绵阳市内医院救治。

“四次检伤后送”是在北川中学根据“先抢救、后治伤”的原则，实施第一次检伤后送；在安县中学操场的战地医院，根据受伤严重程度决定送往市内哪家医院，实施第二次后送；在市级医院内，根据受伤部位决定送往哪个病区，实施第三次检伤后送；在大规模伤员转运前，根据伤员转运条件及伤情后续治疗的要求，决定通过什么交通工具转，以及转往哪级医院，实施第四次

检伤后送。"四次检伤后送"，有利于伤员安全顺利达到医院和病区，得到及时治疗。

5 月 13 日 3 时，绵阳市抗震救灾医疗卫生分指挥部加大伤员转运力度，紧急调集 30 多辆平板车抢运伤员，救护车、皮卡车、大卡车、客车来回穿梭于安县和绵阳城区各医疗机构抢运伤员。上午，天下大雨，北川中学现场有重伤员 300 余人，仅有几十副担架，伤员运送非常困难和缓慢。抢救队员从废墟中找来门板、窗栏等制成担架，协助转运工作。至 16 时，北川中学操场最后一名伤员被救援部队接走。

5 月 13 日 18 时，四川省卫生厅和绵阳市委、市政府在安县安昌镇设立医疗救治点，作为北川伤员转运的中转站。医护人员和救援人员将伤员从北川县城废墟抬到任家坪救护现场，根据先救命后治伤、先治重伤后治轻伤的原则，对伤员实施第一次检伤；不作停留，用救护车或小型车辆将伤员转移至设在安县中学操场的战地医院，需要立即就地手术的安排手术，其余伤员进一步检伤；根据伤情将需转至医院的名称写在转运车窗上或者伤员胳膊上，再通过救护车或大型平板车转运至绵阳市内，由交警车开道送往各家医院。

二　灾区省内公路水路转运伤员

在四川省卫生厅的精心组织下，各市州卫生局迅速组织力量，除 120 急救车外，协调公共交通运力如公共汽车、卡车转运伤员。（参见图 92）大批出租车司机和私家车主也主动加入转运队伍。

地震突然袭来时，成都市出租汽车行业反应迅速，成都市交通运输委员会（成都市交委）出租汽车管理处很快成立出租汽车行业应急救灾工作组。5 月 13 日 1 时 15 分，一条关于"都江堰运力缺乏，急需汽车运送伤病员"的信息从成都市抗震救灾指挥部传出后，成都市交委迅速安排。一方面，交委通过与成都人民广播电台交通台联系，请他们发出呼吁；另一方面，立即求助

图 92　5 月 13 日，彭州市用公交车从地震重灾区往外运送伤员（成都市卫生局　提供）

全市 7 个片区的出租汽车公司协助转运。30 余家出租车公司得到信息后，立即组织起数百辆出租车组成救援队伍。很多出租车驾驶员听到成都市交通台的信息后，也纷纷自动加入到救援队伍之中。在成灌高速公路入口，成都市各出租汽车公司的一辆又一辆亮着顶灯、打着应急灯的出租车鱼贯而过，川流不息地朝着都江堰市城区驶去。当晚，成都市约有 1200 多辆出租车参加抢运伤员行动。出租车司机说得最多的话是："伤员在哪里？""哪里还有伤员？"蓉城出租汽车公司第二分公司车队队长赵国成通过呼叫和路上拦截，很快就组织 20 多辆车。进入成灌高速公路后，该公司已有 300 多辆车汇入浩浩荡荡的救援车队，一辆接一辆连续不断。赶到都江堰市城区后，他们先到人民医院，接着又赶往郊区的蒲阳镇医院，后来又往山上的向峨乡进发，半山腰的盘山路上闪烁的全都是出租车应急车灯的灯光。蒲阳镇路两旁的灾区群众不断招手喊道："成都的哥来了！"

四川省副省长李成云在四川省政府召开的新闻发布会上，特地向众多志愿参与抢运伤员的成都出租车司机表示感谢。成都人谈起他们的出租车司机，都自豪地说：成都有这样十多个小时不停为救灾无私奉献的出租车司机，四川一定行！

5 月 15 日下午，成都军区某舟桥部队一艘冲锋舟抵达都江堰市紫坪铺水库临时码头，送来一位名叫杨云秀的重伤妇女。地震时，杨云秀正在家中的石灰窑运料，十几米高的石灰窑坍塌下来，滚烫的石块把她砸烫成重伤，面部、胸部、四肢多处烫烧伤，面积达 20% 左右。杨云秀被抬送到码头时已出现脱水，受伤处有大小不一的水泡，部分皮肤已发黑，并有脓性分泌物，情况十分危急。正在大坝上忙碌的成都航天医院外科医师杨政见状，立即招来同事把她从冲锋舟上抬下来放在一块七八厘米厚的门板上抬上大坝。从码头上到坝上，救护车要经过一道长约 30 米的陡坡，脚下碎石松动，十分难行。十几个人抬着倾斜得厉害的门板和伤员，相互间手抵着背，吃力地往坝上赶。伤员被抬上救护车后，医护人员紧急为伤员处理创面、吸氧、建立静脉通道输液。17 时 30 分左右，伤员被送到成都航天医院急诊科，经紧急处理后即刻转送华西医院。

5 月 14 日 17 时，内江市医疗队的救护车从青川运送伤员到广元。在关庄附近，司机发现路边有人求救。求救者是一名六七岁的孩子，满脸血迹，腹部剧烈疼痛。经随行医务人员检查后，疑是内脏出血，病情十分危急，需立即组织抢救，而狭小的救护车内载有 4 名重伤员和 4 位医护人员，已经没有空位。这时，护士兰景华看见孩子满身泥土，嘴里还不时吐血，立即从车上跳下去，将孩子抱上车搂在自己怀里，为他细心擦洗身上的血迹，与医务人员一起积极抢救。经了解，受伤的孩子叫杨洋，父母已在地震中遇难。知道情况后兰景华哭了，她把孩子紧紧抱在怀里，一路细心呵护，直到把孩子送到广元市第三人民医院。经过抢救，杨洋脱离了生命危险。

三　灾区省内直升机转运伤员

抢险救灾期间，军队和地方共动用直升机 135 架、出动直升机 436 架次协助转运伤员，至 5 月 30 日，完成空运后送危重伤员 1723 人，其中成都凤凰山场站 1123 人、成都太平寺场站 329 人、邛崃场站 107 人、绵阳和广汉场站 164 人。5 月 15 日，出动直升机 48 架次，空运伤员 258 人，创单日空运伤员纪录。从汶川、茂县、理县后送危重伤员 1358 人，其中 31 人是通过公路后送的，其余均为直升机后送，空运比例达到 97.7%。

5 月 15 日下午，解放军总医院医疗队到机场接送危重伤员，往返于凤凰山机场数十次。每次直升机刚一降落，队员们就冒着螺旋桨发出的轰鸣和卷起的巨大气浪冲上去。第一天，他们接收通过军用飞机转运来的伤员 100 余人，并负责伤员的救治和安置。在邛崃机场接运一位被埋 70 小时后获救的伤员时，医疗队的车刚停稳，空中又传来直升机的轰鸣声，两架满载伤员的直升机随即降落。按照调度员的指挥，队员孔雪岩和第 452 医院的 3 名工作人员抬着担架向飞机舱口飞奔过去。飞机巨大的气流让大家站立不稳，队员们刚把担架固定好，一个躺在破旧门板上右腿严重受伤的中年男子被抬出来。为节约时间，也为防止病人从门板转移到担架时增加痛苦，队员们决定直接把门板放到担架上。当孔雪岩用力接住门板向下顺沿时，门板上废旧的合页从她的小臂上划过，留下两道长长的口子。她忍住疼痛，没有松手。就这样，队员们在温江、太平寺和凤凰机场，3 天往返 128 人次，前接危重伤员 167 人。（参见图 93）

图 93　5 月 20 日，成都 120 急救人员在邛崃桑园机场转运灾区空运来的伤员

（戴斌　摄）

5 月 20 日 16 时 25 分，民航局使用米—26 直升机将 110 名群众从绵竹市清平乡空运至广汉。米—26 直升机是中国民航当时投入灾区执行救援任务的 34 架直升机中载运量最大的直升机机型，一次可载运 120 人，是普通直升机的 5 ～ 6 倍，也是世界上最大的直升机。

5 月 20 日，靠吃草、吃蚯蚓存活下来的四川省地方电力什邡巴蜀电力公司金河一级电站职工崔昌会在什邡市红白镇境内的金河一级电站引水洞的洞中被发现。地震发生时，崔昌会被压在废墟下，同事们奋力将她救出来。但她全身是伤，且伤势严重，无法由断头崖带出，同事们只能把她放在相对安全的引水洞里等待救援。21 日 10 时 20 分，一架上海特警的海上救援直升机停靠在广州军区武汉总医院医疗队什邡市红白镇驻地，武汉总医院神经外科主任医师秦尚振与空降兵驻武汉某部炮兵科科长戴志强立即登机，向大山深处飞去。半个小时后，救援飞机在秦尚振的指引下，顺利找到崔昌会避难的引水洞。原准备用吊带将她吊上飞机，但秦尚振察看其病情时发现，崔昌会右上臂肿胀、成角畸形，右侧胸部压痛，呼吸困难，初步判断伤员为右肱骨骨折、右肋骨骨折，伴有血气胸，如用网兜吊，会加重伤情，甚至危及生命，当即提出改用担架起吊。随后，更换一架配备有担架的海事直升机参加救援。秦尚振第三次登上断头崖的引水洞，和救援人员一起用担架把崔昌会托进机舱。14 时 30 分，被困长达九天九夜的崔昌会被救出。经检查，她右侧肱骨骨折，第五至第九根肋骨骨折，全身多处擦伤，还有严重的血气胸，这些症状与秦尚振此前的判断吻合。秦尚振迅速为伤员做夹板固定，建立静脉通道，及时送往华西医院进行救治。由于采取的救援措施得当，被困 216 小时的崔昌会成功获救。

四川灾区紧急转运伤员情况，参见表 12。

5 月 12 日至 6 月 2 日四川灾区急救伤员现场转运情况统计表

表 12　　单位：人

转出地	转入目的地	转运方式	转运时段	转运人数
都江堰、彭州、崇州	成都	公路	5 月 12—21 日	8289
什邡、绵竹	德阳、成都、眉山、资阳、乐山、泸州	公路	5 月 12—20 日	4600
北川、安县、江油、平武	绵阳、遂宁、南充、成都	公路	5 月 12—20 日	24000
汶川、理县、茂县	成都、眉山、泸州、乐山	公路	5 月 12—30 日	4190
青川、剑阁	广元、成都、巴中	公路	5 月 12—30 日	1000
汉源	雅安、成都	公路	5 月 12 日—6 月 2 日	20
汶川县映秀镇	都江堰、紫坪铺	水路	5 月 13—18 日	2740
汶川、理县、茂县、九寨沟	成都	直升机 民用飞机	5 月 14—31 日	673
北川羌族自治县禹里乡	成都	直升机	5 月 18 日	17

第二章 灾区医院院内救治

汶川特大地震造成大量山体滑坡、建筑物倒塌，灾区很多人因受到撞击、砸、压等机械性损伤，从而导致四肢骨折、软组织和内脏损伤。在灾区抢救现场，轻伤员主要是软组织损伤、肢体骨折、复合型外伤、脑外伤等，重伤员主要是脊柱骨折并脊髓损伤、颅脑外伤等。不少伤员脱险后，经过现场急救等院前处理，被就近、就便快速送往本地和外地医院接受进一步治疗。

5 月 12—14 日，四川灾区的危重伤员占住院伤员的 22%，危重伤员最多时达到 18365 人。地震发生后，灾区所在地和距极重灾区、重灾区较近的医院全部开放，全力就地、就近救治伤员。四川、甘肃、陕西等地各级医院在救治地震伤员时，从接诊、分诊、转运、检查、入院到手术，实行一条龙服务。其中，大多数医院停止择期手术和部分专科门诊，动员轻症病人出院，利用旧楼房、停车场、大厅和一切可利用的空间，增设和搭建救灾病房，收治地震伤员。在紧急救治时，医务人员打破专业界限，全面投入医疗抢救，一些医院手术间 24 小时不间断运行，许多医务人员连续几天几夜不休息，大量伤员得到及时有效的抢救治疗。

为加强受灾地区各级医院的临床救治力量，卫生部及时派遣全国各地医疗机构组织的医疗队支援四川灾区医院，并分批次派出 138 名全国各地的重症医学专家到各医院指导，确保、协助监护重症伤员的质量及器官支持方案的制订，检查、指导重症伤员的各项临床质量措施。医疗救治初期，卫生部派出的医疗救援力量主要是普通外科、胸外科、骨科、急救、护理科、麻醉科等专业的医务人员，以及时抢救被砸伤、压伤人员；随后，根据灾区医疗救治工作的实际需求，对医疗队的专业结构进行及时调整，增加肾内科、血液透析治疗、重症监护、感染控制以及心理危机干预等专业的医务人员。除依托灾区区域医疗中心和大型医疗机构科室齐备、技术优良等优势开展院内医疗救治外，全国各地支援灾区的地方和军队医疗救援队主要通过在灾区搭建流动医院，设置各类医疗科室，开展外科、内科、妇产科、儿科等多学科治疗，分选诊治各类伤病员，实施各类手术，抢救危重病人。

针对重症挤压综合征、多脏器功能衰竭、严重混合感染和中枢神经系统严重损伤等危重症严重威胁伤员生命安全的现状，根据李克强关于“继续组织优势力量救治重症伤员，最大限度地降低死亡率和致残率”的批示精神，卫生部于 5 月 26 日提出“集中伤员、集中专家、集中资源、集中救治”的重症伤员救治原则，将危重伤员集中收治于掌握优势医疗资源的重点医疗机构，以 ICU 救治平台为主，组织全国各科专家参与治疗，倡导多学科交叉协作解决疑难问题，整合优势资源，尽最大努力挽救伤员生命，最大限度降低伤员死亡率、致残率，提高生存率和治愈率。根据“四集中”原则，华西医院、四川省人民医院、成都军区总医院等硬件设施齐备、学科齐全、专业技术队伍较强的国家级和区域性医院，集中收治 3000 多名重伤员。卫生部调集全国各地各专业专家，组成专家顾问组和部省联合专家组、院内专家组，分次分批到接收灾区重症患者的各医院进行专家会诊，重点做好挤压综合征、急性肾衰竭的伤员抢救工作，解决伤员多器官功能衰竭和复杂耐药性感染等问题。卫生部先后调集全国 ICU 专家、感染专家、临床药学专家和血液透析专业医护人员（包括肾脏内科专家），加强接收重症患者的有关医院医疗救治、监护、防止感染、血液透析等方面的力量。同时，要求有关医院认真落实执行三级医师查房、疑难病例会诊、死亡病例讨论等核心医疗管理制度，确保医疗救治质量；并严格实施对重症伤员的动态评估和管理，加强信息收集和报送工作，确保重症伤员能够得到及时甄别和强化治疗，有效降低危重症伤员的死亡率。

抗震救灾期间，四川灾区收治地震伤员的医院有 350 余家，其中卫生部直接管理和省直属医院 19 家、市州级医院 42 家、县级医院 150 余家、乡镇卫生院 90 余家、解放军和武警部队医院 5 家、工矿和民营医院 40 余家，以及一些在极重灾和重灾县（市、区）建立的野战医院，参加院内伤员救治的医务人员数达到 10 万人左右。截至 10 月底，四川 19 家部（省）级直属医院（不含成都军区总医院）共收治地震伤员 11681 人，住院伤员 7271 人，其中重伤员 2434 人；施行手术 3763 台次，出院 6564 人，院内死亡 57 人。

第一节　灾区医院紧急应对与伤员收治

四川、甘肃、陕西等地极重灾区和重灾区伤员众多，一些重伤员，特别是危重伤员被紧急转运到灾区省内外各市州医院和省城医院抢救；大多数伤员则留在本地，在解放军野战医院和县、市级医院就地就近治疗。四川省转移疏散住院病人达 10 万余人次，转移的病人无一例伤亡、无一例纠纷发生。

一　县级医院紧急应对与伤员收治

汶川灾区医院紧急应对与伤员收治　汶川县中医院在地震发生后 30 分钟内将全院 20 名住院病人转移到安全地带。

危急时刻，汶川县人民医院领导沉着冷静，指挥近200名干部、职工迅速有序地转移到院外的空旷地带。与此同时，在院领导的率领下，一支由医护人员组成的敢死队冲进危机四伏的住院部，几分钟之内便将内、外科和妇科的112名病人全部转移到楼外草坪上，病人无一人伤亡。之后，医院领导又带人冲入危房中抢救出价值约500余万元的药品、设备和物资。地震发生一小时后，岷江河水突然中断，有形成堰塞湖的危险。医院领导立即召开紧急会议，果断决定将病人和职工、家属及子女向姜维城山上紧急转移；同时，请求县政府、卫生局和民政局协调解决帐篷，以搭建简易房，准备收治地震受伤人员。随后，医院组织住院病人和地震受伤人员200余名，以及职工家属子女100余人转移至姜维城山上。地震发生两小时后，医院又按县政府和卫生局的指示和要求，再次将200余名住院病人和赶至求治的伤员安全转移至威州民族师范学校院内，并及时为伤病员搭建帐篷，开展紧急救治。在短短5小时内，汶川县人民医院3次紧急转移伤病员，没丢下一个病人，无一个病人在转移中受伤。

5月12日下午，汶川县人民医院、汶川县中医院在地震发生后搭建起625平方米的“帐篷医院”，接收150多名伤病员进行紧急治疗。12—14日，汶川县断水、断电，交通和通信中断，外援力量因交通阻塞无法开进，而本地医师少、伤员多，手术的无菌环境差，应急医疗设备及药品、手术用品等非常有限。汶川县人民医院的医护人员不等不靠，及时对伤员展开治疗。为了不让伤员伤口感染、出现并发症，他们对伤员逐一进行清创手术，并隔日换一次药。紧急救治重伤员的手术一台接着一台，没有一个人喊累叫苦。在极其简陋的医疗条件下，在3天后陆续到达的外援医疗队伍的支援下，地震发生后的10天内，汶川县人民医院先后开展门诊17671人次，接收伤员住院273人，其中重伤员241人，转院130余人。其间，医护人员完成石膏固定术、截肢术、脾切除术等手术754台次，无一例破伤风、气性坏疽、全身感染及褥疮发生，无一例差错事故，所有被送至医院救治的重伤员均得到及时有效的治疗。截至6月30日，汶川县人民医院共收治伤病员46371人次，

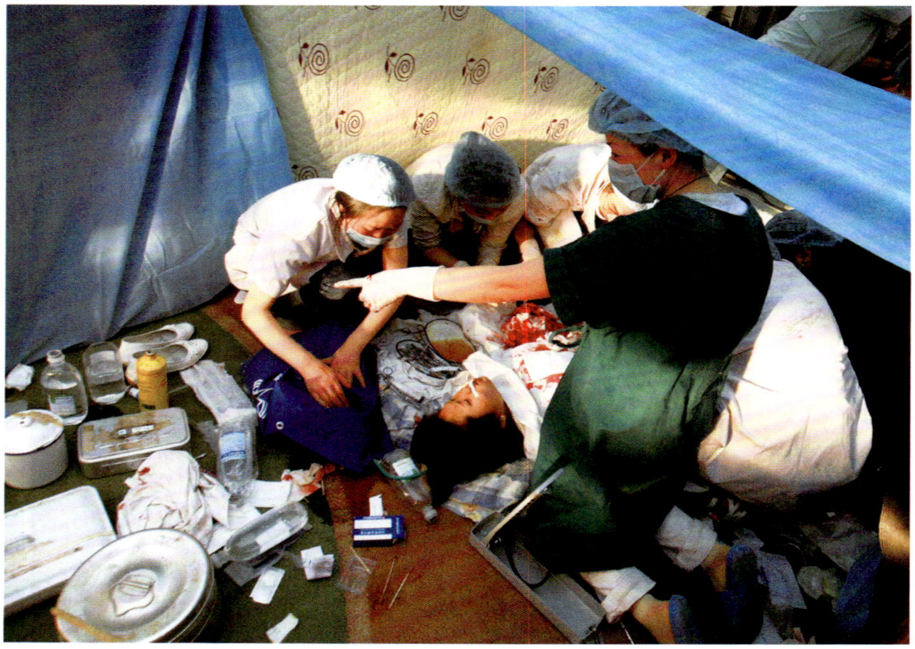

图94　5月12日，汶川县中医院医护人员跪在地上抢救伤员（四川省卫生厅　提供）

住院伤病员 1317 人次，出院伤病员 1160 人次，转诊伤病员 143 例，抢救重伤员 306 人，开展各类手术 1307 台次。同一时期，汶川县中医院收治伤病员 14640 人次，其中重伤员 71 人次（参见图 94）；汶川县妇幼保健院收治伤病员 6721 人次；汶川县威州镇卫生院收治伤病员 13793 人次、重伤员 84 人次。汶川县灾后累计收治伤病人 27 万余人次，住院 6700 余人。

绵竹灾区医院紧急应对与伤员收治 地震发生时，绵竹市人民医院大楼剧烈晃动，紧靠楼梯口的护士们的第一反应不是下楼，而是冲进病房，帮助病人迅速撤离。楼梯上，病人往下跑，医务人员往上跑；手术室大门紧闭，医护人员临危不惧继续手术。其时，医院外科主治医师刘中文和陈智勇正在为一名患者做肾结石手术。在剧烈的摇晃中，他们意识到发生了强烈地震。担心无影灯掉下来砸着患者，他们就用身体拱卫着手术台。外面惊惶的喊声传进手术室：“垮了好多房子，死了好多人，快跑！”但手术台上的患者腹部已经打开，无法马上转移，不能丢下病人不管，刘中文和陈智勇冒着楼房垮塌的危险继续施行手术。强烈的余震袭来，手术台上的器械直往下掉，他们坚持把手术做完，再将患者转移到楼下安全地方。

地震发生后不久，成百上千的伤员涌向绵竹市人民医院，尽管医护人员全力以赴，每人要照顾十到数十个伤员，但仍然有一些伤员因为无法得到及时救治而离世。为了抢救更多的生命，院长金鸿要求：“全体医师和护士，现场处置自己做主，不用会诊和请示。记住，原则只有一个，就是尽全力挽救更多人的生命。”到 5 月 13 日晨，医院接收伤员数千人，抢救和转送伤员 2000 人，正在住院的几百名病人全部被安全转移，无一人受伤。

地震发生时，绵竹市精神病院的围墙和大水塔轰然倒塌，住在医院里的精神病人惊恐不安，大喊“救命”。150 多名精神病人如果在大地震中跑散，不仅生命安全不能保证，还可能给社会治安带来严重后果。院长冯波立即指挥医师、护士转移病人，一起冲进不断摇晃的住院部，把病人迅速转移到院外的空地。副院长李启祥等人赶到几百米外的西南镇卫生院，将那里的 57 名住院精神病人也转移出来。医院把所有病人和陪护人员集中到空地上，搭起两口大锅，用篷布围起一间厨房，首先解决病人的吃饭问题。夜幕降临，冯波又组织医务人员搭建防震棚，为 200 多人过夜做准备。此时，冯波的弟弟哭着跑来告诉他：母亲和大哥在地震中遇难，三哥和三嫂也被倒塌的房子砸成重伤。冯波痛苦地闭了闭眼睛，然后歉疚地对弟弟说：“妈妈和大哥的后事你就多操心吧，我这里实在离不开。”几天后，他跪在母亲和大哥的坟前，两手深深地插进泥土中哽咽着道：“母亲啊，你要原谅儿子，忠孝不能两全啊！”

5 月 12 日晚，绵竹市人民医院在绵竹市体育馆开设医疗救治点。13 日，又在医院空旷地带搭建起“帐篷医院”，设置床位 188 张，开展急诊及院内伤病员救治工作。至 17 日，医院搭建的“帐篷医院”开始开展 X 光、B 超检验等辅助检查工作，18 日开展首例截肢手术。绵竹市妇幼保健院、绵竹市中医院也分别在医院空旷地带和剑南镇政府广场建立“帐篷医院”，参加伤员救治工作的医务人员达 115 人。

什邡灾区医院紧急应对与伤员收治 地震突然发生，什邡市妇幼保健院的主要楼房变成危楼。当时，妇幼保健院里有数十位孕、产妇正在住院，临时搭起的帐篷根本容纳不下那么多病人，如何安置一个个大肚子孕妇和刚刚生完小孩疲惫虚弱的产妇成了大问题。妇幼保健院领导想到了罗汉寺。当时，虽然寺院的房子不能住人，但寺院里面有空地，可以搭建临时帐篷，是一个比较理想的避难场所。妇幼保健院领导找到刚驱车回来的住持素全法师，提出把保健院暂时搬到寺院的想法，素全法师没有犹豫就同意了。地震发生两小时后，孕产妇们住进了罗汉寺。5月12日夜，狂风暴雨，寺院里的房间几乎都漏雨，一个孕妇出现产前阵痛临盆在即。医师在临时搭建的帐篷里诊断，发现胎儿头位不对，必须立即实施剖腹产。素全法师二话没说，当即召集僧人把寺院唯一的一间不太漏雨的斋房腾出来，把3张饭桌拼在一起，上面铺一层棉絮和草纸，进行简单的消毒后，孕妇就上了“产床”。没有电，就用手电筒照明。经过几个小时的手术，一个健康的女婴呱呱坠地，成为震后在罗汉寺出生的第一个孩子。在避震的3个月内，先后有108个孩子在罗汉寺出生，被称为“罗汉宝宝”。

5月12日至10月31日，什邡市人民医院共收治伤病员7415人次，其中院本部收治2879人次，住院治疗1138人次，开展各类手术324台次，清创缝合2400人次，转出伤员626人次；什邡市第二人民医院收治伤病员10716人次，住院683人次，开展脑外、胸外、普外科手术164台，门诊处理伤员2318例次，转院941人；什邡市中医院收治伤员6012人次，其中骨科收治2894人次，为地震伤员进行伤口处理、清创缝合、包扎等1123人次，中医治疗1575人次，完成手术102台次，转院4人，救治肾衰竭病人32人，血透1290次。什邡市妇幼保健院从5月12日下午至8月7日，在罗汉寺临时医院接生108例，诊治患儿1343人次，实施儿童保健642人次，诊治妇科病人3210人次，筛查新生儿疾病86人次，皮肤科诊治病员169人次。

青川灾区医院紧急应对与伤员收治 地震使青川县中医院业务用房垮塌，毁损严重。医院在震后40分钟内组织抢救伤员，抢拿被褥搭建临时帐篷，建立临时医疗救治点，迅速恢复了医疗服务。在外开会的院长董润泽不顾家人的安危立即赶回医院，指挥全院医务人员冒着强余震威胁，踩着裂缝扭曲的楼板，顶着随时可能掉下的砖头和水泥块，在摇摇欲坠的危楼上搜寻幸存人员，将64名住院患者全部转移到院外安全地带。两名医务人员还从住院部二层，将重达100多公斤的婴儿暖箱连推带拖抬下楼。五层、六层住有20余名退休职工和家属，大多是老年人和妇女儿童，由于二层以上楼梯全部垮塌，呼救声此起彼伏，危楼仍在余震中摇晃，情况万分危急。董润泽沉着地指挥职工有序进行紧急救助，使被困人员全部获救。

截至6月22日，青川县共救治伤病员（门诊）36582人次，收治住院伤病员2994人次，转送广元市级医院治疗伤病员1448人。截至11月底，全县共收治伤病员155155人次，收入院内治疗3885人次，开展手术1000余台次，出动救护车5730台次。

都江堰灾区医院紧急应对与伤员收治 地震发生时，都江堰市人民医院住院部4楼手术室第二手术间，一名急性化脓性阑尾炎患者正在接受手术治疗。突然，手术台开始剧烈晃动，手术间的立式空调“哐当”一声砸向正面手术台的医师。“地震了，快闪开！”随着护士的一声惊呼，空调在离手术台30厘米处倒下。站立不稳的医务人员用手抓住手术台边缘和门框，手术台上的患者吓得目瞪口呆。医师曾令春、护士鄢容不约而同地安慰道：“别急，有我们在。”短暂的晃动过后，手术继续进行。震后7分钟，手术只剩下表层缝合未做完。忽然余震袭来，手术器械被晃落一地。第二次震动过后，手术继续进行；14时40分，患者腹部的刀口完全缝合。此时，手术室使用的电梯已全部停运，整个住院大楼空空荡荡、一片狼藉。

曾令春、易勇、陈峰、鄢容等医护人员将患者抬到手术推车上，飞速抬送到住院部前的花园地带。

地震时，都江堰市人民医院ICU室主任张小飞正在病房里值班，病房剧烈震动，人不能站立，而在病房接受治疗的都是危重病人，多数病员不能下床，有的甚至还处在昏迷中。张小飞带领全科医务人员，冒着房屋垮塌的危险，在极短时间内，往返3次将全部病员用担架抬出病房，安置在院中草坪上安全地带。接着，他又带领科室人员返回病房，将抢救车、氧气筒、监护仪、药品等搬运到草坪上。伤员源源而至，张小飞安排好值班人员照顾现有病员之后，又和其他医务人员一起赶往门诊部参与急救。忙到5月13日凌晨，他得到确切消息，母亲被埋废墟里，但他却无法离开医院去营救。下午，大批医疗救援队伍赶到时，张小飞才抽身赶到父母居住大楼的废墟前，跪倒在地泪流满面；几分钟之后，他又擦干眼泪归队，投入到医疗救治工作中。

截至10月31日，都江堰全市共计救治伤病员273096人次，住院6952人次，开展手术564台。设在都江堰市的中国水电十局医院从5月12日至8月30日，收治伤病员35320人次，住院971人次，血透158人次，开展手术375台次。

彭州灾区医院紧急应对与伤员收治 地震突发时，彭州市人民医院病房大楼剧烈摇动，病房里灰尘弥漫，病床、桌椅到处挪移，到处传来病人绝望的哭喊声和求救声。当班医护人员立即行动，组织疏散病人，快速撤离病区，使309名病人全部安全转移。内二科副主任黄正桥先后背出17个病人；外一科护士吴丽君把4个病情危重、不能行走的病员搬到床下盖上棉被，守候在他们身边不断安慰；患急性肺炎咳嗽高热正在家休息治疗的骨科副主任史艳光，地震发生后5分钟就赶到医院，冲进住院部搬运病人。地震时，医院7楼手术室正在进行一台急诊胃十二指肠修补术。手术已近尾声，但病人尚未完全清醒。医护人员们拼命稳住身体，在余震中坚持做完手术，再将刚刚苏醒的病员从7楼抬到住院大楼前的草坪上。刚参加完护士节活动的外二科主任李秀德和同事们迅速赶回医院，一口气跑上6楼外科病房，把所有的病人转移到安全地带。他们还没来得及喘口气，伤员就被从四面八方送来了。李秀德紧张地处理完一拨又一拨伤员后，抽空给哥哥打了个电话，但打不通。傍晚通信恢复，侄儿打来电话，泣不成声地对他说："爸爸死了，咋个办？"李秀德心头一沉。妻子赶到医院劝他回老家看看，但李秀德却说："人已经走了，这么多伤员我怎么能离开？"他继续坚守在自己的岗位上，直到第二天上午见伤员情况已得到控制，才请假赶回白鹿镇。看着一堆堆废墟，李秀德再也控制不住自己的泪水。他借了一副棺材，安葬了哥哥，下午又赶回医院投入救治工作。

地震突然发生，彭州市妇幼保健院整个大楼不停地摇晃起来，刹那间，走廊上站满惊慌失措的人，不少病人和家属开始向楼下跑。王丽所在的办公室恰好就在二层楼梯口，若径直冲下楼，只要几秒钟就可以跑到同样在妇幼保健院工作的丈夫罗义身旁；顺着B超室朝外走几步就是妇幼保健院大门，王丽的家就在大门对面一个院子里，年近八旬的公公婆婆还住在老房子里没人照顾。危急时刻，王丽选择奔向20余米外的产科手术室，那里有一位等待手术的产妇和一名待产孕妇，必须先把她们转移下楼。王丽推开手术室大门，看到等待手术的产妇杨美容在一位护士的搀扶下正跌跌撞撞地往外走。此时屋顶的天花板再次传来巨大的响声，要跑下楼已来不及了。匆忙之中，王丽看到无菌区外那间四五平方米的待产室，便毫不无犹豫地和护士一起将杨美容扶向待产室。此时，待产室里还有一名待产孕妇躺在手术担架车上，车在地震中不停地晃动。王丽和护士一面让杨美容紧紧靠在待产室角落里，再用身体挡在杨美容身前；一面用双手死死地按住手术担架车，不让躺在上面的孕妇受到更大震动。几分钟后，震动平息了。王丽和护士急忙扶着惊魂未定的杨美容和那位孕妇转移到医院大楼外相对安全的院子里。刚从二层下来的王丽，得知还有两名术后产妇在住院部三层，便又同其他医务人员冲上三层，用椅子将两名产妇抬下来。“我不行了。”刚转移下来不到 10 分钟的杨美容开始剧烈呻吟，原本就准备做手术的她发作得非常厉害，且胎位不正无法顺产，必须马上进行剖腹产。此时医院已经停电，不具备在楼下搭建临时手术室的条件。王丽毫不犹豫地请示院领导，要求回到楼上手术室为病人实施手术。征得病人和家属同意后，妇幼保健院决定立即用发电机进行应急发电以实施手术。王丽和副主任刘琳及两名护士一起重新回到二层产科手术室准备实施手术，医院主管业务的副院长胡晓蓉在手术室里做“后备”，医院其他几位领导为了给大家鼓气，也要陪同王丽一起进入手术室，被王丽坚决拒绝：“你们就不要去了，如果真有什么事，少损失一个算一个！”就这样，15 时刚过，一台紧张的手术在妇幼保健院产房内开始。余震随时可能袭来，王丽用最快的速度进行准备、麻醉、手术、术后处理。每一个环节，他们都不敢有一点点疏忽。“这是人命关天的事，就算是地震，也不能遗漏每一个细节。”震后一小时，一个男婴，彭州市震后的第一个新生命诞生。5 月 13 日下午，又有两名从致和镇、通济镇送到的产妇急需手术。经过短暂商量，王丽和胡晓蓉决定在手术室同时进行两台手术，以尽可能节约时间，减少危险。就在进行手术消毒准备时，手术室内的无影灯突然开始晃动，天花板也不断摇晃。“有余震，我们在，你不要怕。”紧要关头，王丽用娴熟的技术让孕妇打消了顾虑。晃动的灯，稳健的手，除去消毒时间，王丽主刀的手术只花了 20 多分钟。两台手术进行得非常顺利，母子平安。

彭州市人民医院、彭州市中医院、彭州市妇幼保健院等医院先后收治大量伤员。5 月 25 日，彭州市人民医院迁回原住院部，当天成功开展 5 例手术。截至 7 月 3 日，彭州市各医院诊治伤病员 100947 人次，住院 5775 人次，转出伤病员 1779 人。（参见图 95）

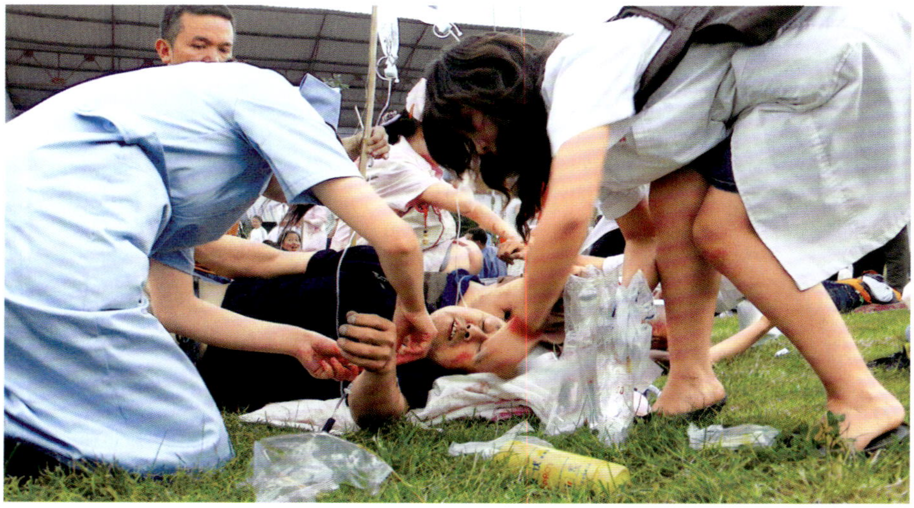

图 95　5 月 12 日 17 时，医务人员在彭州市体育场临时医疗点抢救伤员
（彭州市卫生局　提供）

汉源灾区医院紧急应对与伤员收治 5月12日14时28分，地震骤然发生时，正在上班途中的汉源县人民医院医务人员不约而同地向住院大楼冲去。刚到大楼门口，跑在前面的36岁护士严莉被一块突然掉落的水泥板砸倒在地。当大家搬开水泥板时，她已经气息奄奄。看着同事们，她只用微弱的声音说了一句“不要管我，快上楼转移病人”，就永远地闭上了眼睛，同事们含泪放下她冲向大楼。副院长任锦翔跑到3楼时，一名中年男子正抱着吓得号啕大哭的孩子不知所措。“快跑，地震了！”任锦翔大声喊着，想把父子俩往外推，可那男子已经吓得死活不肯往外走。此时楼房晃得更加厉害了，玻璃“哗哗”地砸落下来。任锦翔一把夺过孩子往楼下冲去。又一次震波袭来，颠簸的楼道把他重重摔倒在地。他的手臂被擦破了一大片，孩子却被他紧紧搂护在怀里毫发无损。外科主任傅泽君知道两位住院老人的家属不在身边，便组织4名医护人员将他们从3楼背到楼下。此时，在一层血液透析室，肾内科主治医师李华正经受着更加严峻的生死考验。地震发生后停电，透析设备停止工作，而病人的血液还有一部分在机器里，随时都有生命危险。冲出房间只需要两三秒，用手动的方式把血液回流到体内则很难估算到底需要多少时间。听着外面慌乱的脚步、凄惨的哭嚎和楼顶的水泥块“啪啪”掉下来的声音，病人绝望地说：“李医生，你们走吧，我不怪你。”黑暗里，李华俯下身子护住病人，一边艰难地维持手动循环，一边安慰她道：“放心吧，我们不会丢下你的。”10余分钟后，李华和护士刘文英终于将血液顺利回流到病人体内，然后抬着病人走出了黑暗的病房。

大批地震伤员涌进医院，药品、医疗器械还在不断晃动的危楼里。医务人员冒险冲进去，抢出价值150万元的药品，搬出近200张病床、容量近200升的医用冰箱和器械，就在医院楼外操场展开救治。不长时间，重伤病人越来越多，医院的条件已经不能满足救治的需要，将重伤病人转往汉源县中医院和其他医院成为当务之急。该院的医护人员立即出动，担架不够就用板凳，没有板凳就用手抬，迅速把病人送到门口。此时，医院大门口已经自发排起志愿运送伤员的长长车队，有私家车、有大巴车、有货车。在短短的18小时内，汉源县人民医院紧急转移病人4次：在地震发生后短短半小时内，将病员及家属安全转移到医院外相对空旷的操场；一小时后，医院转移到老城区广场，晚上又转移到新城区广场，次日早晨又转移到新区一处农家大院开展救治工作。

甘肃灾区医院紧急应对与伤员收治 地震发生后，礼县第一人民医院的医护人员紧急抢救医疗设备，疏散病员，迅速疏导150多名住院患者到医院空旷地带，将急、危重病人转移到新建框架两层的传染病楼，将症状较轻患者转移到院内集中管理。

舟曲县卫生系统受灾严重，县医院住院部大楼、县疾控中心综合大楼墙体裂缝变成危房，21个卫生院不同程度受损，其中倒塌31间。5月12日23时，舟曲县人民医院接收第一例地震致脑外伤病人，医院组织人员进行紧急救治。至22日，舟曲县先后有59名重伤员和310名轻伤员在县医院、解放军第一医院医疗队“帐篷医院”和乡卫生院接受治疗，其中住院治疗112人（含解放军“帐篷医院”救治的病人44名），各巡回医疗队救治78人，乡卫生院治疗179人。无院内死亡病人。

文县卫生局成立医疗救治组和后勤保障组。各医疗卫生单位搭建临时“帐篷医院”，重点在文县第一人民医院和第二人民医院开展伤员救治工作。地震发生当天，两所医院共收治伤员228

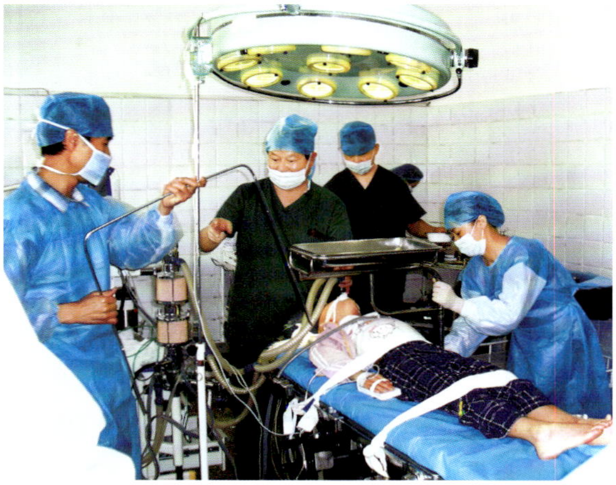

图96　5月23日，甘肃省肿瘤医院赴文县医疗队正在准备手术

（甘肃省卫生厅　提供）

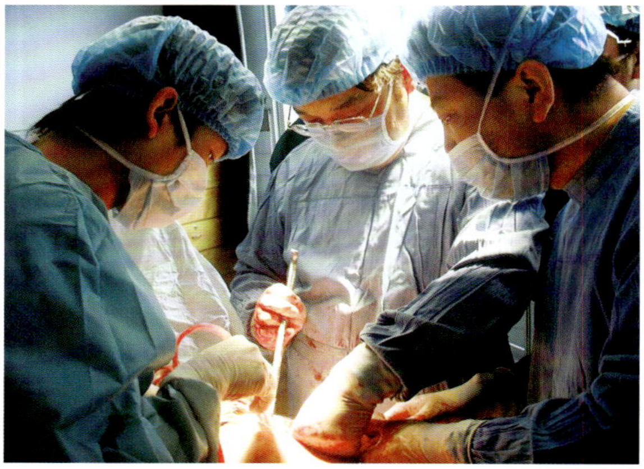

图97　5月21日，甘肃省人民医院赴陇南市武都区救灾医疗队专家在余震不断中为伤者施行急诊手术

（甘肃省卫生厅　提供）

人，其中住院伤员81人（9人因抢救无效死亡、重伤29人）。5月13日晚，文县第一人民医院在已成为危楼的住院部5楼手术室，组织部分医护人员进行一台长达40分钟剖腹产手术，母婴平安。14日和15日，武警甘肃省总队医院和甘肃省人民医院的医疗队，先后到达文县第一人民医院协助救治伤员。15日下午，甘肃省人民医院医师在5楼手术室为在地震中受伤的杨某进行左股骨切开复位内固定术；晚上，金昌市医院医疗队和文县第一人民医院医师为李某实施硬膜下血肿开颅术。17日，兰州大学附属第二医院专家组到达文县第一人民医院，协助医院对19名骨折病人进行切开复位内固定手术。（参见图96～97）

陕西灾区医院紧急应对与伤员收治　地震发生后，宁强县医院的医护人员或肩背或搀扶，帮助病人向楼下安全地带转移。他们一次又一次冲向住院部大楼，将180名病人全部转移到安全地带。宁强县中医院将患者转移到安全地点。5月12日下午，在当地政府安排下，全院职工自己搭建帐篷、搬运病床、转移病人，仅一小时即将政府发放的15顶救灾专用帐篷搭建完毕，将病人安全转移到帐篷里，并将医疗设备和药品搬至“帐篷医院”，向患者发放食品和饮用水。当晚，宁强县中医院有一名孕妇临产，医护人员赶建产房，不到20分钟便搭建起一座结实安全的“帐篷产房”。半小时后，一名男婴在“帐篷产房”内顺利降生。18日，“帐篷医院”转移至三角洲公园内，帐篷扩大到31顶，其中质地最好的3顶帐篷被用作手术室和产房。帐篷顶悬挂有“宁强县中医院抗震救灾临时医院”的横幅。在“帐篷医院”，医护人员共实施手术27例，接生32例。

二　市级医院紧急应对与伤员收治

成都市各医院紧急应对与伤员收治　成都市卫生局根据四川省委、省政府和成都市委、市政府的指示和部署，迅速印发《关于调动一切力量救治伤员的紧急通知》《关于切实做好抗灾救

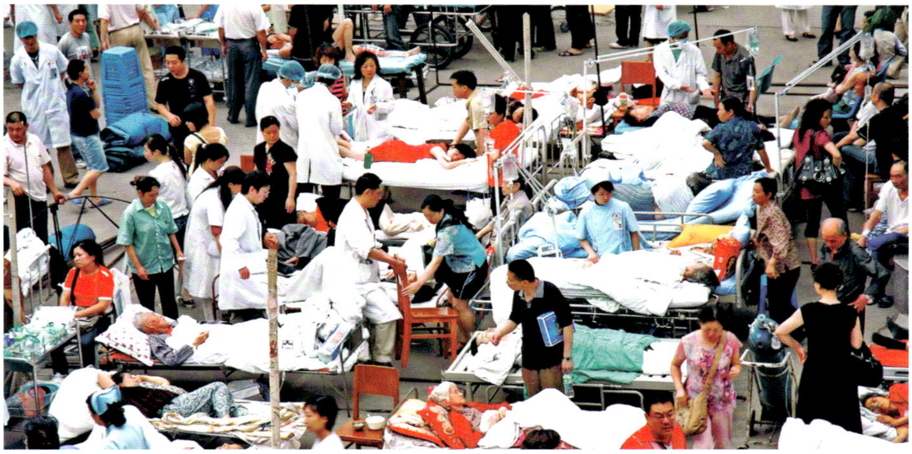

图 98　5 月 12 日地震发生后，成都市第二人民医院医护人员在临时医疗站救治伤病员
（成都市卫生局　提供）

灾医疗救治工作的紧急通知》《关于收治彭州市地震受伤人员的通知》《关于立即对“5·12”危重伤员进行筛查转诊的紧急通知》《关于做好防治气性坏疽等严重感染性疾病工作的紧急通知》《关于规范地震危重伤员转院的紧急通知》等一系列紧急文件，组织和指导伤员的院内治疗工作。5 月 13 日，成都市卫生局对伤员救治进行进一步部署，要求各级医疗机构调整出 30% 床位收治地震伤员；同时要求全市医务人员做好各项准备，全力投入到伤员救治工作之中。地震发生当日，成都市各主要医院收治伤员 1600 多人；到 13 日早晨达 2000 多人，14 日达 6000 多人，16 日达 1.1 万多人。截至 10 月底，成都市各级各类医院收治地震伤员 64863 人（不包括收治灾区病人），住院伤员 18287 人，其中重伤员 2600 余人；开展手术数千台次，转院伤员 3676 人，出院伤员 17917 人；院内死亡 370 人，院内死亡率为 2.02%，无院内感染性疾病发生。（参见图 98 ～ 99）

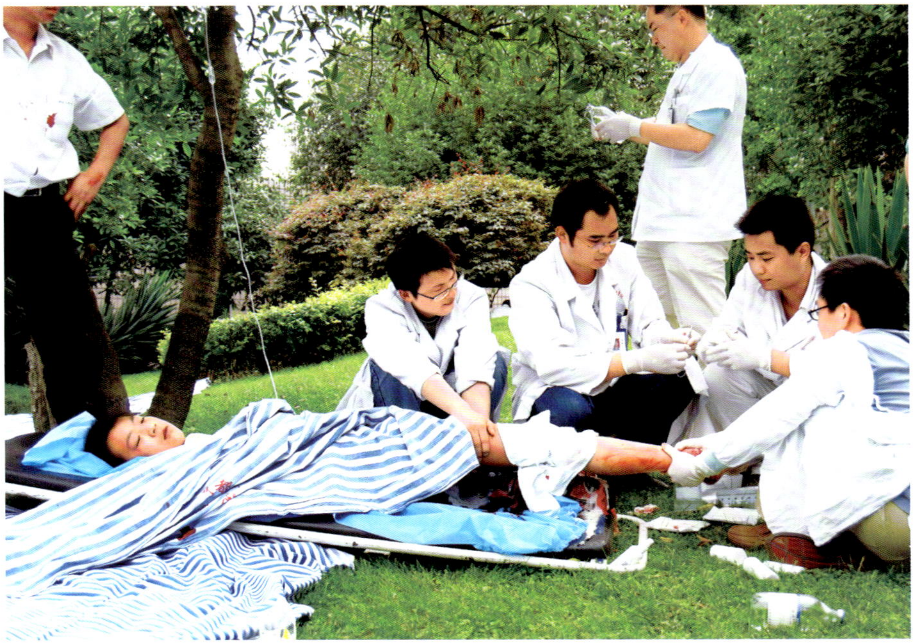

图 99　5 月 12 日地震发生后，成都市第五人民医院医务人员在草坪上的“手术台”上，全力抢救蒲江县 12 岁学生陈浩
（四川省卫生厅　提供）

抗震救灾期间，成都市第三人民医院共收治危重伤员120人，多数为多发性骨折、复合伤及挤压综合征。在ICU室收治的24例极危重伤员中，经血液透析、抗感染治疗及手术治疗，23例被成功救治，1例因病情极其危重，经全力抢救无效死亡。医院成功救治了都江堰市新建小学10岁女学生廖红昕。廖红昕入院时被诊断为挤压伤综合征、多器官功能衰竭，经持续床旁血透（CRRT），纠正高血钾、施行骨筋膜室切开减压术，快速补液扩容，抗感染和抗休克治疗168小时，生命体征平稳，器官功能逐步好转，并保住了肢体。崇州市51岁的伤员王家新，因胸椎骨折合并脊髓损伤，双下肢瘫痪，经过6个多小时的救治，手术成功。

德阳市各医院紧急应对与伤员收治　德阳市所有医疗卫生机构和9000多名医务人员冒着落石、余震、垮塌等危险，坚守工作岗位，全力救治地震伤员。地震发生时，德阳市人民医院妇产科副主任徐志红正在12楼的手术室为患者做子宫肌瘤切除手术。肌瘤已顺利切除，正准备关腹，手术台突然摆动个不停，手术刀、麻醉器械纷纷掉落。徐志红被晃得站立不稳，马上意识到这不是一般的地震，但她和同事们没有放下手术逃生，而是异常镇定地将病人的切口缝合上。病人被推出手术室时电梯已关闭，她和其他医务人员一起将病人抬下楼。地震突发时，院长赵鲁平正在路上，他不顾司机劝阻，留下一句“死都要死在岗位上”，跳下车便往医院狂奔；跑回医院后，迅速有效地组织转运重症患者，半小时后所有病人被安全转移到楼下开阔地带，无一患者受伤。

第一批市区内的伤员送达医院后，德阳市人民医院的医务人员立即投入到紧急救治工作之中。灾后半小时内，在救护车旁边，两张桌子成为简易抗震救治指挥部所在地。紧接着，绵竹、汉旺的伤员也开始运到，急诊床位和场地不足，医院救治指挥部组织人员搭帐篷，在半小时内迅速组建第二救治区。原有的手术室已无法运行，医院立即组织手术室、麻醉科等相关科室克服一切困难，在急诊科2楼开辟临时手术室。地震伤病员多为复合型外伤，其中部分伴有严重的脑外伤，需立即进行开颅手术以挽救生命。手术室刚落成，第一个被推进去的是一个仅7个月大的男婴，手术组的医师立即对其实施手术，几天后男婴的生命体征平稳，幼小的生命获救。

5月12日当晚，德阳市人民医院急诊科大楼前，一辆辆救护车呼啸而来，一辆辆满载伤病员的大卡车急驰而至。全院职工身上沾满血迹和汗水，一趟又一趟地转运伤员，怀孕的护士李燕也穿梭其间，骨科专家、副院长徐巍于当晚赶赴绵竹市人民医院支援。国家地震灾害紧急救援队队员芦源泉在汉旺镇执行搜救任务时遇余震摔断腿，骨科主任刘跃洪和副主任刘树平冒着余震为其做手术。一名医师老家在北川县城，地震造成其7位亲人死亡，但他顾不上回家看一下，全身心扑在抢救伤员的工作中。第二救治区躺满伤员，医院迅速建立第三救治区、第四救治区。不到8个小时，德阳市人民医院接收伤员近千名。

来自绵竹市的伤员高世聪，两年前进行过左骨中段骨折内固定术，术后一直愈合不良，地震又导致其骨折处内固定物断裂，治疗难度增加。德阳市人民医院旌南分院骨科专家和第三军医大学医疗队专家组成的治疗小组，多次就其手术方案、治疗原则、预后康复等进行深入细致的研究和讨论。为让伤员得到更好的救治，6月11日下午，第三军医大学医疗队从什邡市抽调一台卫星通信车，与远在重庆的骨科专家许建中等进行视频通话，以进一步完善治疗方案。这是地震发生以后，在旌南分院进行的首次军地联合远程会诊。在40摄氏度高温的帐篷里，四川、重庆两地专家经过反复认真讨论，为高世聪制订出一套周密的手术和术后康复方案。

截至 5 月 31 日，德阳市人民医院共收治危重伤员 590 余人，伤员多为四肢及骨盆外伤、胸腹部外伤、脑外伤、挤压综合征和复合伤。在对危重伤员进行 ICU 综合治疗、手术诊疗及感染控制的同时，为进一步提高治疗成效，保障伤员生命，德阳市人民医院向华西医院转运重症伤员 140 名。从 6 月 1 日起，德阳市人民医院按照危重伤员“四集中”抢救治疗的要求，在旌南分院建立德阳市地震伤员救治中心，88 名危重伤员转入中心进行集中救治。抗震救灾期间，德阳市各医疗机构和 12 个医疗救治点共收治伤员 59110 人，治愈出院 22408 人，经抢救转出伤员 4626 人，住院死亡 947 人。

绵阳市各医院紧急应对与伤员收治 绵阳市卫生机构迅速建立医疗救治分指挥部，对伤员救治进行统一指挥、协调、调度和安排。绵阳市各医院医护人员在 30 分钟内，把城区 1 万多名住院病人和家属从高楼全部转移到安全地带，没有发生一例踩踏、挤压、伤亡事故。在地震发生后的 30 多个小时里，全市大多数医务人员不眠不休，在临时搭建的“帐篷医院”中施行大小手术 6057 例，无一例院内感染发生。

5 月 12 日下午，绵阳市中心医院院长王东正在门诊值班。强震袭来，他马上组织疏散病人，并两次冒着强烈余震冲进门诊大楼，背出两位行动不便的病人。门诊部主任邱万岐年近六旬，地震发生后一直忙着转运病人，直到力竭休克，经抢救才苏醒过来。12 日是星期一，也是门诊病人最多的一天，病人加陪伴人员约有 3000 余人在医院里，但在医护人员的帮助和组织下，短短半小时内即疏散完毕。地震时医院有 7 台手术正在进行中，其中一台子宫肌瘤全切手术刚进行到一半，无影灯开始剧烈摇晃，手术器械纷纷掉到地上。主刀医师李燕华镇定地望着身边的助手说：“如果我死了，请照顾好我的儿子。”说罢继续进行手术。医院里最危重的病人都集中在内、外科监护室，很多病人都依靠呼吸机呼吸，搬运极其困难，稍有不慎就会危及病人的生命安全。外科监护室护士长王玉莲说：“不能抛弃病人，否则就算活下来也会终生内疚，难以心安。”在医护人员的有序组织下，近 1300 名住院病人全部安全撤离。

绵阳市中心医院迅速在门诊楼前就地成立抗震救灾指挥部，负责协调调动院内及院外一切资源。同时，迅速拟订应急措施，打破建制，所有病区、专业、科室的医护人员统一管理、调配，全力救治伤员。地震发生后 24 小时内，全院夜以继日开展大小手术 360 余例。至 5 月 30 日，绵阳市中心医院收治重伤员 965 例，其中危重伤员 355 例。在危重伤员中，重型颅外伤 110 例、挤压综合征 23 例、四肢骨折和骨盆骨折 122 例、重症胸部外伤 49 例、复合伤 51 例。对住院的 23 例挤压综合征患者，通过血液透析机全身营养支持等综合治疗，有效改善挤压综合征急性肺水肿，22 人获救。对四肢骨折伤员先进行手术固定，骨盆骨折病人优先考虑手术固定，经治疗，手术效果明显。北川中学一名 17 岁男学生在震后 10 小时被送到中心医院，入院被诊断为右胫腓骨骨折，左手二、三掌骨骨折，全身多处软组织损伤，并有挤压综合征。随即进行血液透析，并行双侧小腿及左前臂筋膜切开减压，进行 ICU 监护。入院的第二天下午，再进行双侧大腿、左臀部、左上臂切开减压病血透。病人出现失血性休克，经快速输血、创面止血及连续血透、抗感染治疗，病情得到控制。右小腿肿胀很快消退后，又进行左手掌第二、三掌骨折处理及夹板固定，病人伤情很快好转。医院对 51 例复合伤伴肾损伤进行治疗，4 例肾修补、1 例行肾切除术、46 例进行保守治疗，无一例死亡。

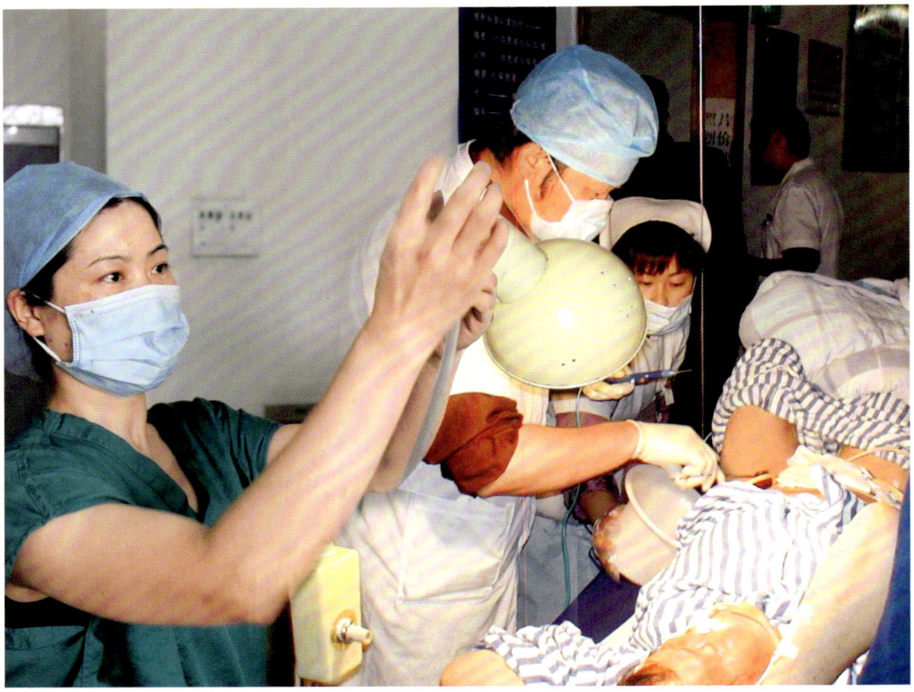

图 100　痛失 7 位亲人的绵阳市中医院护士长黄琼（左一）仍坚守手术岗位（四川省卫生厅　提供）

绵阳市中医院手术室护士长黄琼（见图 100），3 天内相继接到 7 位亲人在地震中去世的噩耗，但繁忙的救治工作使她几乎没有时间流泪。每听到一个噩耗，黄琼只觉头晕目眩。远在平武县的 80 岁老母生死不明，虽然她的心像压着沉重的铅块，但还是拖着虚弱的身体配合医师连续做了近 100 例手术。临时手术间没有无影灯，她就一连几个小时提着落地灯，给做手术的医师们照明，站得两腿发软，提得两手发麻，同事都称她为“提灯天使”。

在外援专家指导下，绵阳市医疗救治分指挥部制定“集中专家、集中医院、集中伤员”救治原则。截至 7 月 7 日，绵阳市各医院共计收治地震伤员 2.4 万多人，住院 1.8 万多人，其中重伤员 1637 人，出院 1.3 万多人，转院 1573 人，院内死亡 712 人。

广元市各医院紧急应对与伤员收治　地震发生后，广元市卫生局向全市各卫生行政部门和各医疗机构发出通知，要求各医疗机构立即做好人员、床位、药品、设备、物资、器械等准备，全体医务人员要全力以赴救治地震伤员。同时，组织广元市 6 家市级医院、21 家县级医院及 50 多家乡镇卫生院的 3500 余名医务人员参加伤员救治工作。

广元市中心医院组织全院职工在震后一小时内，将全院当日 823 名住院病人和急诊留观病人全部安全转移到医院住院部花园和其他安全地带，并成立抗震救灾领导小组，启动自然灾害应急预案，组织搭建临时手术棚和建立院前急救队，落实病员安置及各种物资储备。医院通知全院职工终止休假，实行 24 小时值班，统筹调配各科室人员，支援急诊抢救工作。医院抽调两个社区卫生服务中心的医护人员，充实到医院门诊部设立接诊分诊点，接待震灾伤病员及其家属。医院还整合各科室资源，组建住院病人应急处理组、急诊抢救应急处理组和医技科室应急保障组，投入急救工作。5 月 12 日下午至晚上，中心医院医务人员冒险恢复放射科、输血科等部门仪器设施的使用，在急诊科设立应急检验室，并连夜抢修手术室、ICU 室。14 日，医

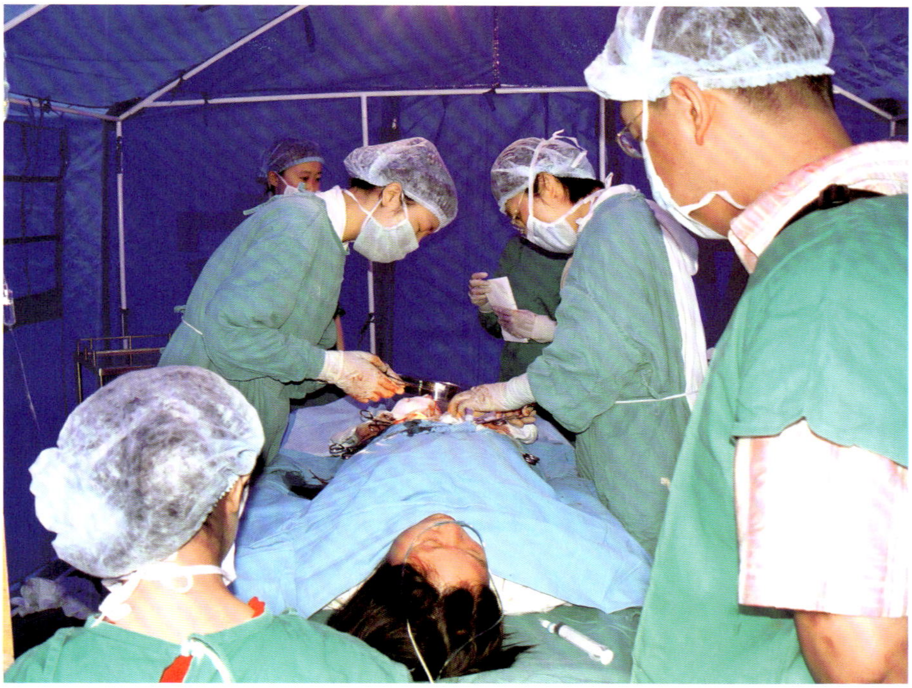

图101 5月12日21时，广元市中心医院医务人员在临时帐篷中为伤员紧急实施手术
（四川省卫生厅 提供）

院手术室全面开通；15日，ICU室恢复正常使用。在此前后，医院将接受捐赠的血透仪、呼吸机、心电监护仪迅速安装投入临床使用，对捐赠耗材、药品及时入账用于伤员治疗，并及时补充、购进药品和耗材，满足急救治疗的需要。12日下午至13日凌晨，中心医院的医护人员在临时搭建的手术室施行剖宫产手术6例、截肢手术6例，抢救重症伤员12例，清创120余例。（参见图101）

针对地震伤病人员开放性伤口多、感染伤口多、灾区环境恶劣、病人抵抗力低等严峻形势，5月13日下午，医院全面启动医院感染突发事件及传染病流行防控应急处理预案，设立外伤感染伤员病室，严格执行分诊制度。14日，全面开通医院手术室。15日，恢复ICU室及CT、磁共振等设备的使用。随着地震重伤员的不断增加，调整ICU室，增加医师6名、专家2名，实行24小时监护，并及时对危重伤员进行会诊，提高治疗措施，最大限度保住危重病人的生命。

截至10月底，广元市各级医疗机构共收治地震伤员3.2万余人，住院伤员7200余人，其中重伤员1400余人；开展各种手术3090台次，出院伤员7100余人，向市外转运伤员810多人，院内死亡15人。

阿坝藏族羌族自治州各医院紧急应对与伤员收治 阿坝藏族羌族自治州的地震极重灾和重灾县较多，人员伤亡惨重，医疗机构多数损毁。在交通、电力、通信中断的情况下，一些地区医疗机构奋起自救，救治了上万人的生命。随着交通、电力及通信的逐步恢复，在省内外的地方和军队医疗队的大力支持下，截至10月底，部分州级医院、县级医院、乡镇卫生院及医疗队等，收治住院伤员15071人，其中重伤员3205人；开展各种手术2100多台次，出院伤员15068人，院内死亡3人，向州外转运伤员4190人。

图102　5月12日，陇南市第一人民医院将病人全部转移到安全地带
（甘肃省卫生厅　提供）

陇南市各医院紧急应对与伤员收治　陇南市各家医院的医务工作者，迅速将住院病人安全转移到院子里、马路上，大批地震伤员被送入医院后，医疗费用全部由医院先期垫付，以使所有伤员都能得到及时救治。（参见图102）

5月12日下午地震发生时，陇南市武都区中医院主治医师包惠珍正在为一位高危孕妇做剖腹产手术。她刚把婴儿从母亲子宫中取出来，手术室突然剧烈晃动起来，顿时一片狼藉。看着病床上刚开刀后的孕妇及刚刚出生的婴儿，正实施手术的医师不知如何是好。“不要慌，大家保持镇定。”包惠珍吩咐其他医师继续进行手术，3位主治医师、2位麻醉师、1位助产师、2位护师亦各就各位。由于胎内缺氧，婴儿刚出生就没有自主呼吸，包惠珍立即实施人工呼吸，三四分钟后听到孩子第一声清晰的啼哭声，他们这才迅速将母婴抬运下楼。

5月12日17时许，陇南市人民医院胸外科接诊的第一位在地震中受伤的伤员是70岁的陈茶中，入院被诊断为左侧肋骨骨折合并气胸，医护人员立即对其进行治疗。13日，陇南市第二人民医院接诊的首位因地震受伤的是武都区汉王镇杨庄村村民杨二耀，挤压致下肢胫骨、腓骨粉碎性骨折，右下肢肿胀十分严重。骨科主任杨小广主刀，完成切开、复位内固定手术。

宝鸡市医院紧急疏散与伤员收治　震后，宝鸡市卫生局组织病员紧急疏散，将市区医院5000余住院病人安全转移到临时搭建的帐篷病房，未发生一例伤亡事件。宝鸡市中心医院胸外科肿瘤一病区立即安排全病区42个病人，井然有序向楼下空旷地带疏散。当时科里有9名重症病人，有的完全不能坐起，有的不能下地，还有的身上插满引流管，其中4名病情危重，有一名刚做完贲门癌手术。外科主任张保平和护士长巨亚丽迅速集结调配医护人员，按病人病情轻重程度分配医护人员，或搀扶或用轮椅抬或直接抬病床，将9名重症患者先行全部安全转移出病房。强震刚过，宝鸡市中医院肿瘤科有6名患者行动不便，5名护士守在病人身边，直到

图103　5月12日，宝鸡市中医院医护人员迅速将病人转移到院内空地
（宝鸡市卫生局　提供）

震情平稳后才将病人搀扶到楼下安全区。妇产科6名女护士与部分家属组成运送队，从8楼把3名产妇安全运送到楼下安全区。干部病房患者多是年龄在80岁以上的老人，主任许玲芳指挥病人和职工立即将他们转移到卫生间躲避。地震时，手术室正进行一台手术，医护人员和脊柱骨病一科手术人员坚持做完手术，再将患者直接抬到疏散区。神内一科有一个刚做完开颅手术的病人，地震时身边没有一个陪护人，科室工作人员把这名危重病人抬到楼下继续治疗。手骨关节科有7名卧床暂时不宜搬动的患者，科主任、护士长将科室医护人员分成两组，分别在病区和疏散区看护病人。（参见图103）

5月12日夜晚，一位外伤致脾脏破裂男子到宝鸡市人民医院就诊，需要立刻手术。医护人员立即将患者送进二层手术室。手术自23时30分开始，直到次日晨结束，患者脱离了生命危险。同日，宝鸡市陈仓医院共接诊因灾受伤患者63人，现场实施清创、缝合34例，石膏小夹板固定19例，经抢救无效死亡4例，11名危重病人被及时转送上一级医院救治。20日18时，陈仓医院接诊一位“宫外孕”大出血患者，病人处于休克状态。经过医护人员救治，患者于次日凌晨脱离生命危险。

截至6月26日，宝鸡市共救治地震伤员995人次，包括门诊病人723人次、住院病人272人次。

汉中市医院紧急应对与伤员收治　汉中市中心医院的医护人员在两个多小时内，将898名住院患者全部安全转移到空旷地带的临时救治区；3201医院的医护人员在50分钟之内把800多名病人全部转移到大街上。汉中市卫生系统紧急转移住院病人达7014人次，有52名医务人员在地震和紧急转移安置病人中受伤。

三　省（部）直属和解放军、武警医院紧急应对与伤员收治

华西医院紧急应对与伤员收治　四川大学华西医院，是西南地区疑难重症诊疗中心、医学科学研究中心，国家循证医学中心，国家新药、中药安全性评价中心，医疗水平居于全国先进行

列，特别在活体肝脏移植、重症胰腺炎治疗、临床麻醉等方面达国际先进水平。

地震发生后，院长石应康立即冲进手术室鼓励医护人员以手术台上病人生命为重，坚持完成手术；院党委书记郑尚维带领班子成员指挥病人和家属疏散。经过近3个小时的紧张工作，地震时正在开展的56台手术顺利完成。医院启动全院应急预案，建立前线指挥中心，召开全院紧急会议，组织各类医用抢救物资储备，组建救灾急救医疗队，召回全部出差人员并停止一切休假，动员部分在院病人转院或出院，准备500～1000个床位接收伤员。5月12日下午，华西医院各科室紧急行动，分析在院病人情况，做好离院病人工作，重点加强骨科床位，把骨科床位由原有的240余张扩展到600张，调动全院医疗骨干向急诊、骨科、ICU室、手术室集结支援。医院相关部门从当天夜间开始，与物资生产厂商联系直接采购，到生产线直接订货，到厂商总库去提货，要求骨科器械生产厂商尽全力以最快的速度将各类骨科器械送到医院。实验医学科、放射科、药剂科、消毒供应室、洗浆房等，在人员、设备、物资各方面都做好了充分准备。

华西医院紧急制定灾区伤员抢救专用流程并建立专用通道，使抢救治疗过程前移。为争取缩短抢救时间，医院采取入院一切手续从简的原则。当地震灾区伤员从入口处被救护车运入医院时，根据救护车数量由1～2名医师到救护车旁询问并公布病人人数，然后医师、护士和志愿者按已安排好的顺序接管病人，将病人从救护车抬到运输车或轮椅上。在急诊接诊现场，一支由急救医学、普外科、骨科、神经外科、胸外科、小儿外科组成的专家组，以最快的速度对不同伤情进行分检；根据需要现场进行伤口分泌物细菌涂片和血常规、血液生化检查，补充液体电解质，注射破伤风抗毒素。根据伤情进行影像学等检查，确定伤员伤情后，收入专科救治。有开放性伤口的伤员，立即进行清创或扩创后再送入急诊室；有坏疽的，送到特殊病房；无开放性伤口的，送入急救室做相应处理。其中，危重伤员直接被收入ICU室，需要手术者直接进

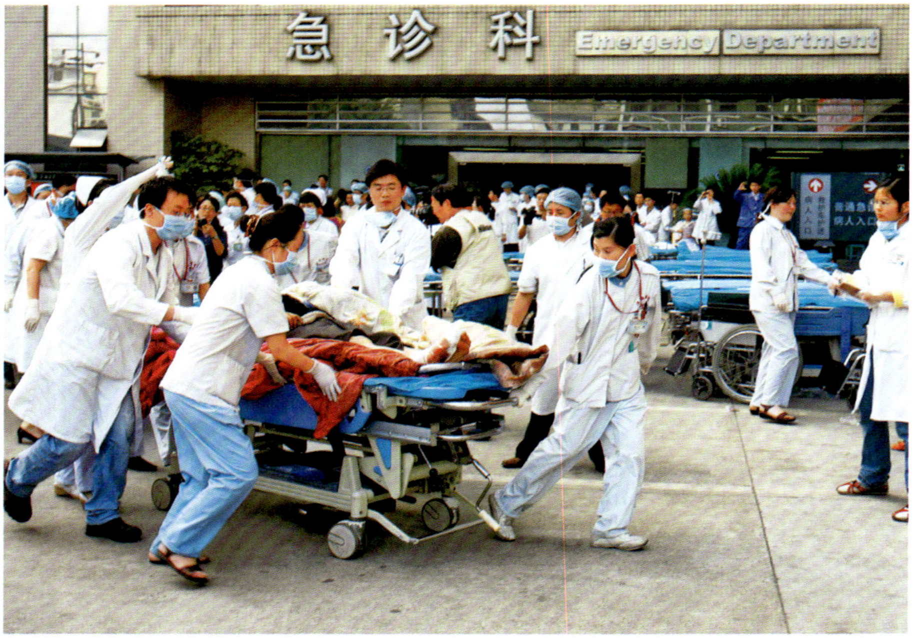

图104　5月14日，华西医院医护人员正在抢运从重灾地区送达的危重伤员

（田春　摄）

入手术室。与此同时，后勤人员为救护车消毒，以防接运下一批病人时交叉感染。整个过程环环相扣、有条不紊、秩序井然，接一批 10 余人的伤员只需 10 分钟左右。截至 5 月 15 日下午，华西医院已接诊从灾区送来的伤病员 767 人。（参见图 104）从 5 月 12 日至 6 月 30 日，急诊科接诊和处置地震伤员 2717 人。

华西医院骨科于 1999 年实施的“以病人为中心、医师跟着病人走”医疗模式，在救治地震伤员过程中得到实战检验。开展“四集中”前后，华西医院收治的 2000 多名地震伤员，骨科接诊约占 77%。地震之前，华西医院骨科设有 3 个病区、246 个床位，平时都是满员运作，有时候还要加床。面对突如其来的严重地震灾害，华西医院骨科为全力以赴抢救灾区伤员，动员部分病情较轻的病人回家，添加病床做好床位准备，为地震灾区的伤员开辟紧急救护通道；停止门诊，停做择期手术，为接收即将到来的大批地震伤员做好准备；科主任及副主任轮流在病房坚守，负责指挥调度，科里的医师统一调配，分散在各个骨科病房，轮流值班；召回一批已毕业分配到全国各地的硕士、博士研究生补充人手。同时，科室领导立即电话联系骨伤病人治疗需要材料的厂家和商家大规模采购，为暴增伤员治疗准备医用物资；电话联系国内骨科界同行，请求专家增援。短短几天时间，骨科病床就扩增到 600 余张，占 8 个病区。

地震发生当天，骨科主任裴福兴一再叮嘱年轻医师在抢救地震骨科伤员时的注意事项：对早期接诊的伤员要特别注意伤口的处理，6 ~ 8 小时内形成的开放性伤口一般不会感染，12 小时后部分伤员的伤口仍然可以半开放性缝合，24 小时之后伤口开始感染，绝对不可以再缝合，不然可能发生气性坏疽；被挤压五六个小时的挤压综合征伤员，其肌肉会出现缺血性坏死，甚至血管组织损伤，而超过 6 小时的患者会出现高血钾、肾衰竭等症状，严重的甚至会因心跳骤停和器官衰竭而死亡，对此类病人特别是截肢病人应该进行降低血钾、血液透析等治疗，以减轻其肾脏和肝脏的功能损伤，并尽快进行截肢手术；开放性伤口和粉碎性骨折病人伤口污染严重，容易引发感染；不少伤员骨折的同时还伴有合并性胸部、腹部的挤压伤和肺部挫伤，并出现内脏破裂出血。鉴于此，对于地震骨科伤员，无论在什么场所进行治疗都要特别注意血容量的补充，特别是被困时间长的伤员。同时，在伤口处理时，要根据时间段的不同采取不同的处理方式。一般来讲，6 ~ 8 小时是黄金治疗时间段，主要进行清创、缝合，使开放性伤口变成闭合性伤口；超过 12 小时的，简单清理并做抗感染处理，要特别注意气性坏疽的发生；48 小时后，气性坏疽发生的概率非常高。由于准确判断病情的发展趋势，华西医院骨科在地震发生后的 24 小时内集结了 220 套外固定支架，30 小时内又准备了充足的骨折固定器材和真空负压敷料。在震后每天的早例会上，通过探讨病情发展控制治疗质量，及时调整治疗方案。5 月 16 日，骨科医师被分成抢救和治疗两条线，抢救线主要收治急诊病人，抢救生命、挽救受伤者肢体；治疗线主要进行骨折复位、骨折固定和创面修复。3 天之后，收治的地震伤员病情基本稳定，骨科大部分医师开始转入治疗线，主要致力于缓解高血钾、肾衰竭的病人病情。22 日，华西医院骨科增开手术室，以确保非危重病人尽可能在治疗的最佳时间段，即两周内完成手术，尽量不超过第三周。截至 5 月底，华西医院骨科成功抢救地震伤员 1000 多人，为地震伤员进行骨科手术 800 余台次，无一例死亡，其中包括挤压综合征伴急性肾衰竭、高钾血症 28 例，气性坏疽 37 例；伤员中年龄最大的 102 岁，最小的 3 岁。

5月18日，华西医院与中国电信成都分公司携手，在极重灾区绵竹市救灾医疗点建立的远程放射影像诊断系统正式投入运行。通过先进的计算机X射线成像系统（CR）医疗设备，受伤群众的全数字影像可通过中国电信的数字专线，立即被远程传输至华西医院影像中心，由放射科医师进行实时诊断，并通过双向视频会议系统与现场医师进行沟通，及时支撑一线的医疗救治工作。系统运行从18日开始，至11月底，共完成放射诊断1000余例、远程会诊和分诊600余例。

四川省人民医院紧急应对与伤员收治　四川省人民医院是一所集医学科研与临床于一体的三甲医院，四川省急救中心设在该院。地震发生后，医院立即启动突发公共卫生事件应急预案，建立以院长、院党委书记李元锋为组长的抗震救灾领导小组及应急指挥中心，由李元锋任总指挥，全力救治地震伤员。（参见图105）

医院在急救中心拉起警戒线，设立运送伤员车辆的快速通道，紧急调度外科、内科等临床科室医护人员及医技人员与行政后勤人员集中在急救中心，对伤员进行接待、分诊检查、急救、转送，需住院者及时转入住院部，需急诊手术者立即送手术室，对一般伤员在急救中心进行清创缝合，保证了伤员救治科学有序地进行。

地震伤员80%为骨伤，骨科及急救中心床位十分紧缺。医院领导决定，在应急期间实行病房、医护人员、物资、设备统一调用，全力收治地震伤员，将急救中心、皮肤科病房全部改作外科病房；部分伤员送草堂病区治疗；紧急启用老门诊大楼，建立3个地震应急病房，设床位210张；暂停其他专科收治例行病人，停止择期手术；动员轻病人出院、转院，空出床位1000张，尽一切力量满足救治伤员的要求。震后2～3天内，有大量地震伤员需手术治疗。医院责成大外科主任、骨科专家刘仲前和骨科主任王跃牵头，集中全院外科技术力量，以骨科为核心，编为10个手术组，夜以继日突击手术。刘仲前全面负责手术方案，由骨科清理伤员并确定手术，大外科副主任余小炯负责管理伤员。停止例行手术，全院外科医师除完成本专业医疗工作

图105　5月12日15时46分，四川省人民医院疏散病人（四川省人民医院宣传部　提供）

外，尽力派员支援骨科。急救中心主任胡卫建、骨科副主任医师袁加斌协助在急救中心完成分诊、清创和紧急手术。设备处全力做好手术材料供应并直送一线。向四川省红十字会请求支援移动式数字X光机，解决多部位骨折、复合伤等重症伤员手术需要。向省卫生厅争取监护仪、呼吸机、骨科材料及骨科医师。全院手术室统一调配安排手术，合理使用，提高手术室运行效率，保证伤员手术之需。5月12—16日，住院部手术室共完成手术419例。骨科全科40余名医护人员分为急诊组、病房组和手术组，急诊组完成急诊伤员检查诊断、包扎和石膏固定等，手术组完成急诊手术，病房组完成术后病人的治疗，保证了骨伤患者得到及时有效救治。

医院在应急阶段（5月12—17日）医疗急救取得阶段性胜利的基础上，总结经验，打破常规，迅速、有效地整合医疗救治力量，建立以重症抢救为中心的多学科联动机制。

在救援黄金时间72小时内，医院收治伤员1206人，住院892人，手术501人。截至10月底，四川省人民医院收治伤员2200人，住院1874人，手术1653台次，其中重伤员943人，院内死亡27人。

四川省骨科医院紧急应对与伤员收治 四川省骨科医院的前身是成都体育学院附属体育医院，原为国家体育总局成都体育医院。2003年12月，划转到四川省，更名为四川省骨科医院，另名成都体育医院、成都运动创伤研究所。抗震救灾期间，医院先后救治1675名灾区伤病员。

地震发生时，骨科医院的手术室正在进行一例髋臼骨折复位内固定手术。突然间，手术台剧烈晃动，医务人员双脚无法站稳，但没有人退缩逃离，手术有条不紊地继续进行，直到顺利完成。与此同时，医院领导指示医教处将全院医护人员立即重新整编分块运行，住院部负责在院病员管理，协助灾区伤病员入院后救治；门诊、急诊合署接诊，将急诊清创室改建为临时手术间，全面负责灾区伤病员的急救；各病区抽调专业医师组成医务组，抽调护理人员组成临时护理单元，成立包括临时手术室在内的应急病区，专门收治灾区伤病员。

5月12日下午，20余人的救治队伍在医院所在地大石西路沿街巡回展开救治。几位老专家不顾余震威胁，跪在大石西路的街沿边，为受伤的群众进行手法复位和包扎。在时间紧、任务重的情况下，医护人员临危不乱，充分发挥中西医结合治疗骨伤、外伤的专科优势，全力以赴救治伤员，紧张有序地开展救治。对皮肉瘀血肿痛的，用传统的郑氏手法理筋后敷上新伤软膏；对关节僵硬或错缝以及骨折、脱位的病员，用郑氏手法整复，用小夹板固定；对必须手术治疗的及时进行手术。住院部到门诊、急诊支援的几名年轻医师，不停地在门诊大厅临时开辟的治疗点给伤员进行清创缝合，一个通宵下来，大家双手酸痛得无法抬起。

成都军区总医院紧急应对与伤员收治 成都军区总医院是距震中最近、规模最大、等级最高的军队医院，始建于1953年，为3个全军医学专科中心和9个军区医学专科中心所在地，从1983年起向社会全面开放。

地震发生5分钟后，成都军区总医院即开始转移住院病人，在20分钟内将1600多名住院病人安全转移至医院空地上，其中有年老体弱的老干部193人。紧接着，医护人员以医院中心通道为界，搭建包括卫生帐篷在内的各类帐篷130余顶，将伤病员划区妥善安置。5月12日16时，医院克服通信不畅、人员不足和地震造成的人员恐慌及混乱等因素，将紧急分类场、急救手术

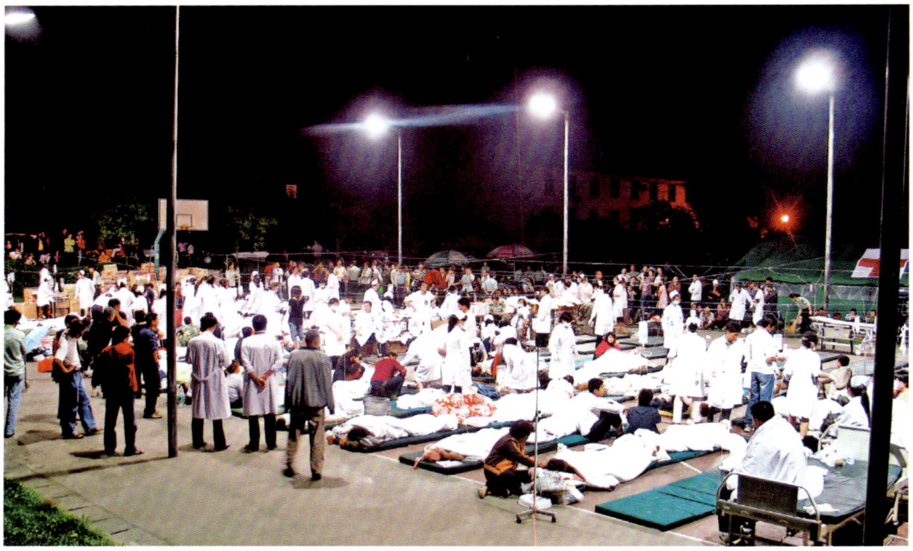

图106　5月12日晚，成都军区总医院在医院露天球场设置伤员救治点
（总后卫生部　提供）

区、医疗缓冲区、专科治疗区“一场三区”打开完毕。同时停止收治其他病员，集中全体人员、全部装备、全院财力，投入抗震救灾。（参见图106）

抗震救灾部队从都江堰、彭州、什邡、北川、汶川、青川等极重灾县（市）送去大批伤员。成都军区总医院门诊部打开所有通道，药剂科把药房搬到露天场地，护理部把护士站建在现场，院务部也把饮食点设在病区，加强医治和保障力量。在成都军区总医院的万人大广场上，医护人员有的跪在地上询问伤情、书写病历，有的趴着扎针、穿刺、缝合、包扎。输液架不够，就拉上铁丝替代。从极重灾区转运去的伤员60%都是骨折，有的要马上清创缝合，有的要截肢，大一些的手术当时也要在帐篷里进行，骨科医疗救治任务特别繁重。骨科主任权毅立即向院领导建议，按病情分类将骨科伤员分到全院其他有病床的科室。骨科只有12名医师，一个医师要管两三个科室，要换药、制订手术方案、实施手术，还有的要打石膏做牵引。5月12日傍晚到夜间，骨科实施手术183台次。13日，成都军区总医院组织两个外科手术救治组，采取换人不换台的方式，24小时不间断进行紧急手术，以每天完成50台手术的超常规速度与死神赛跑。至14日7时，医院应急接诊地震伤员2198人，其中收治住院人数为687人。

解放军第452医院紧急应对与伤员收治　解放军第452医院位于成都市市区东南部，医疗设备齐全、医疗技术比较雄厚。5月12日晚，第452医院从都江堰市接回30余名重伤员，当夜即对急需手术的伤员进行了手术。至13日，收治伤员800余人，开展手术120余台次。此后，医院先后从双流等机场接回伤员200余人；从华西医院接走40名伤员进行治疗，减轻华西医院的压力。第452医院先后成功救治被埋90余个小时的国家电网映电总厂职工李科；成功救治彭州市银厂沟左手缺失、双腿严重开发性骨折的孕妇施雪梅，并保住她7个月大的胎儿。截至6月11日，第452医院累计收治伤员1156人，住院1032人，其中危重伤员185人；施行各种手术611台次，出院1019人，院内死亡13人。

四川省部分省（部）直属医疗机构以及解放军、武警部队医院疏散病人、收治地震伤员情况，参见表13～14。

四川省部分省（部）直属医疗机构及解放军、武警医院紧急疏散院内病人情况一览表

表 13

单位名称	地震发生后紧急疏散所用时间	疏散病人数（人）
四川大学华西医院	1 小时内	4000 多
四川省人民医院	40 分钟内	2500 多
四川大学华西口腔医院	30 分钟内	153
四川大学华西第二医院	30 分钟内	623
四川大学华西第四医院	30 分钟内	200
四川省第二人民医院	60 分钟内	789
四川省第四人民医院	—	157
四川省第五人民医院	20 分钟内	700 多
四川省妇幼保健院	2 小时内	120
四川省中医医院（成都中医药大学附属医院）	30 分钟内	800 多
四川省第二中医院	30 分钟内	100 多
四川省中西医结合医院	30 分钟内	236
四川省科学城医院（含 903 医院）	30 分钟内	640
成都军区总医院	20 分钟内	1600 多
成都空军医院	30 分钟内	800 多
总装备部 520 医院	10 分钟	80 多
武警四川省总队医院和武警成都医院	—	500 多

说明：此表含卫生部直属医院；成都军区总医院紧急疏散 1600 余名伤员中，有年老体弱的老干部 193 人

四川省 19 家省（部）直属医疗机构收治地震伤员情况统计表

表 14　　单位：人

单位名称	门、急诊	住院	重伤员	手术台次	出院	院内死亡
四川大学华西医院	2813	1941	1153	1461	1916	25
四川省人民医院	2200	1874	943	1653	1415	27
四川省第二人民医院	253	224	—	108	224	—
四川省第四人民医院	59	25	—	—	25	—
四川省第五人民医院	—	16	—	6	16	—
四川省妇幼保健院	160	60	—	19（接生）	60	—
四川省科学城医院	498	83	64	50	—	—
四川省中医医院	304	204	53	156	105	4
四川省第二中医院	—	19	—	—	19	—
四川省中西医结合医院	398	85	—	34	84	1
成都医学院附属第一医院	649	622	—	114	622	—

续表 14

单位名称	门、急诊	住院	重伤员	手术台次	出院	院内死亡
四川大学华西口腔医院	113	113	—	25	113	—
四川大学华西第二医院	—	329	—	—	329	—
四川大学华西第四医院	230	151	—	39	151	—
川北医学院附属医院	—	107	—	—	107	—
泸州医学院附属医院	—	57	21	13	57	—
泸州医学院附属中医医院	—	5	—	—	5	—
四川省骨科医院	1541	293	—	85	253	—
四川省科学城 903 医院	2463	1063	200	—	1063	—
合　计	11681	7271	2434	3763	6564	57

说明：四川省科学城两家医院均单独列出相关数据；本表含卫生部在四川医疗机构；本表统计数据为 5 月 12 日至 10 月底；重伤员及手术统计按各单位实际数据列出

陕西省部级医院紧急应对与伤员收治 地震发生时，西安市震感强烈，各医院立即启动突发事件应急预案，紧张有序地进行病员疏散工作。陕西省人民医院医护人员纷纷冲回各自科室，把病人有序疏散到花园地带。当时，手术室中有 8 名病人正在进行手术。面对实施了麻醉、正在手术的病人，医护人员无暇考虑自身的安全。为防止室内设备晃动给病人造成不必要的伤害，医护人员蹲下身，双手紧紧拉着设备以减轻摇晃。主刀医师用身体顶着手术台坚持完成手术，之后陆续将病人用担架抬到安全区域。

在通信全部中断、电梯因灾害无法正常使用的情况下，陕西省第二人民医院领导和医护人员、行政后勤人员将个人安危置诸脑后，想方设法疏散患者。由于事发突然，轮椅和担架不够用，危重患者、刚刚施行完手术及不能下床行走的患者被困在病房，医护人员、行政后勤人员便以病床、连椅、靠背椅等作为急救工具，将患者抬出病区抬到楼下。20 分钟内，全院 3 栋楼房 13 个病区的 151 名住院患者全部撤离到相对安全的地带。手术麻醉科的医护人员震后一小时仍无一人离开位于七层的科室。地震中手术间的氧气瓶全部被震倒在地，其中一个氧气瓶阀门被撞坏后向外大量泄漏高压气体，情况危急，科主任带领医护人员不顾一切地冲入手术间进行紧急处置，排除了一场极有可能发生的爆炸事故。

陕西省妇幼保健院产房里有 15 名孕妇在待产和检查。转运过程中，一位孕妇刚被抬出产房就临产。紧急时刻，医务人员迅速在门诊楼前的空地上排成一个方形人墙，白大褂当围帘，屏风、床单、分娩床迅速布置到位，5 分钟搭建成一个临时产房；来不及装运病人输液架，就举着吊瓶输液，产钳助产，3 分钟后婴儿安全降生。12 楼的手术室里，一名患者正接受剖宫产手术，医务人员突然感到整个大楼在晃动，手术操作台在摇摆，止血钳、手术剪等手术器械纷纷从手术台上掉落下来。危急时刻，医务人员仍镇定从容地继续手术，直到手术做完，才拖着疲惫的身体把病人从 12 楼抬到住院部大楼门前的安全空地上。与此同时，医院启动突发事件应急预案，借用邻近学校的操场快速搭建帐篷，分区域划分各病区住院病人，所有治疗用药跟随病床上的病人，氧气等急救设施与急救药品快速备用到位。病情轻的患者自己走，病情重的全部由医务人员抬出住院楼，在家的医务人员纷纷返回医院转运病人，所有住院患者的主管医师和护士都坚守在病人身旁，向病人及家属免费提供瓶装水，稳定病人情绪。

西安交通大学医学院第二附属医院各临床科室迅速将1200余名住院病人从住院病区撤至安全地带，病人的抢救治疗等均在室外有序进行。余震过后，又将病人安全转回各病区；疏散过程中，全院无一例医疗差错及意外发生。西安交通大学医学院第二附属医院共有6台手术正在进行中，正在手术的医护人员均未离开手术台，尽力保护病人的安全。陕西中医学院第二附属医院有512名住院病人，医院领导带领行政后勤人员到各病房指挥转移住院病人，一小时内将所有患者安全转移。西安市第四医院打开所有应急通道，紧张有序疏散和转移病人，10分钟内将大部分患者按病区转移到安全地带。西安市红十字会医院手术室有7台手术正在进行，突然的摇晃使正在进行的手术被迫停下来，但医师、护士、麻醉师没有一个人离开。手术护士配合医师盖好伤口、稳定病人，麻醉师密切观察患者状况，直到摇晃停止，坚持做完手术。西电集团医院医务人员始终同病人在一起，半小时内平稳疏散451人，整个紧急疏散过程未发生一起意外事件。西安市铁路医院医护人员安全有序地疏散住院患者261人，转移危重病人17人。

四　解放军野战医院伤员收治

总后卫生部协调成都军区联勤部卫生部和地方有关部门，按照“急用先建、逐步完善”的原则，在伤病员比较集中的地域，开设6所野战医院①，4所为帐篷野战医院，2所为野战方舱医院②。其中，都江堰野战医院由解放军总医院和第304医院、第309医院联合开设，绵竹野战医院由沈阳军区第202医院和第463医院联合开设，青川野战医院由沈阳军区第201医院开设，北川野战医院由沈阳军区总医院和第463医院开设，绵阳野战方舱医院由济南军区第153医院开设，绵竹野战方舱医院由北京军区第255医院开设。截至5月20日22时，6所野战医院共收治伤病员921人，其中重伤员占26%；手术105例，其中大手术占19%。北京军区第255医院抽组的野战方舱医院，经57小时长途输送，于19日17时抵达绵竹，该医院展开1小时就收治160余名伤

① 野战医院是适于野战条件下展开和工作的战时医疗后送机构，具有组织精干、装备轻便、机动能力强的特点。主要任务是：收容从前方部队救治机构转送来的伤病员，进行早期治疗和部分专科治疗，并负责组织后送到后一级救治机构。中国人民解放军的野战医院设有医务处、政治处、院务处，实行分所制即下属若干个医疗所，能分能合，以便于战时机动使用。各医疗所展开时，分为收容分类、抗休克、手术、收容治疗、后送和医疗技术保障、生活保障等组（室）。（参见《中国军事后勤百科全书·卫生勤务卷》）

② 野战方舱医院是解放军野战机动医疗系统的一种，在各种自然灾害的应急救治中也有广泛使用。野战方舱医院由医疗功能单元、病房单元、技术保障单元三部分构成的模块化野战卫生装备，具有伤员分类后送、紧急救命手术、早期外科处置、早期专科治疗、危重急救护理、X线诊断、临床检验、卫生器材灭菌、战救药材供应、卫勤作业指挥、远程会诊等功能。野战方舱医院系统采取模块化设置，可以将手术台、预备台、急救台按需要任意组合，一套标准的野战方舱医院系统昼夜可完成75例伤员的大、中、小手术和危重急救处置；病房单元最多可展开100张床位，留治不宜后送和一周内能治愈归队的伤病员；技术保障单元可为医疗功能单元和病房单元提供医疗作业所需的医用氧气、负压气体、冷暖空调、工作用水及照明、动力用电。（参见《中国军事后勤百科全书·卫生勤务卷》）

病员。根据灾区一线医疗救治工作急需，总后卫生部在北川、德阳、安县、汶川映秀等地开通远程医学站点6个，部署远程医疗会诊车及远程会诊设备箱组共13套，基本辐射灾区医疗救治主要方向和重点区域，为一线救治提供信息技术支撑（参见图107～108）。

5月17日，解放军总医院抗震救灾前线指挥部根据总后勤部命令，对医疗队进行重新编组，决定在都江堰市城区成立野战医院，开设门急诊、处置室、留观室，减少后送伤员的压力。根据要求，解放军总医院医疗队在城东彩虹大道成立院本部野战医院，第304医院、第309医院医

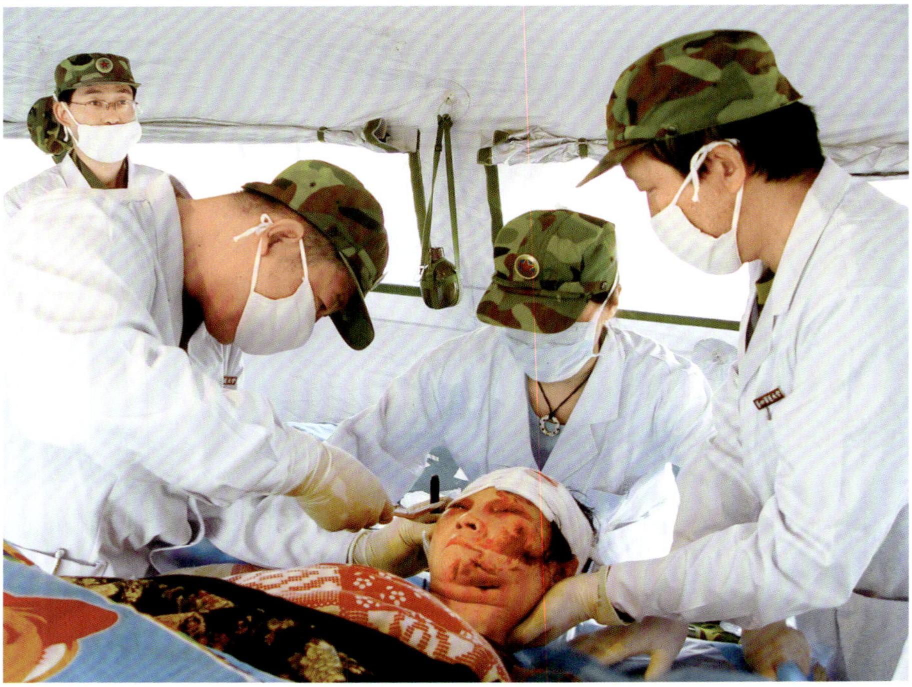

图107　5月15日，第四军医大学医疗队在安县中学展开野战医疗所救治伤员
（第四军医大学　提供）

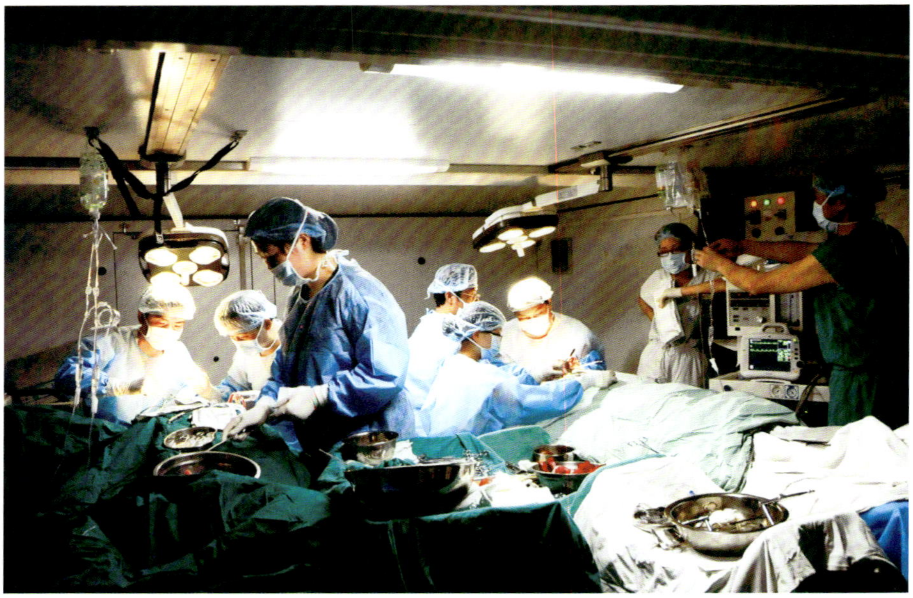

图108　5月15日下午，第三军医大学德阳医疗队在野战手术车上同时开展两台手术
（总后卫生部　提供）

疗分队在城西、城南建立2个临床部野战医院。解放军总医院3个野战医院的日门诊量迅速达到1100余人，最多时1700余人；3天时间内，共接诊患者3156例，拍X光片27人次，转运伤员28人次，成功抢救26例，收治6人，共开展手术14例，其中第304医院临床部第一天便在野战手术车上开展6台手术。19日晨，解放军总医院赴四川抗震救灾后勤保障分队携带X线车、手术车等6台野战车辆，3台淋浴、发电、炊事拖挂车，及20余吨生活给养物资到达都江堰市。随着先进医疗设备的到来，解放军总医院野战医院的诊治和医疗条件得到极大改善，可开展生化、临检、微生物等各类检查近60项，完全满足救治和手术的需要；储存各类血型的野战血库拥有专业的野战运血箱，在断电8小时后箱内温度亦可保持在8摄氏度以下；胃镜、肠镜检查都可在帐篷内实现。解放军总医院院本部野战医院和两个临床部野战医院自组建到撤离，门诊总量达42213人次，成功开展包括急诊宫外孕、急诊结肠穿孔、剖宫产、骨折内固定、皮瓣转移在内的各种手术1054例，收治273例，抢救463例，转诊后送40人。

5月17日，沈阳军区总医院和第463医院的骨科、神经外科、产科、泌尿外科126名医护人员组成的医疗队到达成都。18日下午，医疗队到达北川境内，当晚医疗队在擂鼓镇搭建起一所集医疗、防疫、心理干预于一体的北川综合性野战医院，主要承担北川羌族自治县人民医院、擂鼓镇卫生院的职能，同时负责安置点受灾群众的疾病防治和部队官兵的疾病治疗。医院设有行政处、医务处、政治处、院务处、护理部、门（急）诊，及内科、外科、妇科、儿科、传染科、检验科、麻醉科、心理干预科、手术室等科（室），功能齐全，对灾区伤病员的救治工作提供了强大的技术支撑，被灾区群众称为“北川人民自己的医院”。医院从19日晨开始对外服务，每天诊伤病员达500～700人次，医护人员24小时连轴转，至8月17日撤离，野战医院共诊治病人1.5万余人次，到灾区群众安置点和60多个村开展巡诊达1.38万人次，开展手术100余台次。

北川羌族自治县地震幸存者康东，5月17日下午被武警战士救出送往安县野战医院时，已经在废墟里深埋124个小时。因被困时间过长，康东神志恍惚，生命垂危，身体严重腐烂，全身爬满蛆虫。由于伤情复杂危重，涉及学科众多，第四军医大学西京医院的肝胆外科教授宋振顺建议邀请国内知名专家对康东进行远程会诊，制订科学的救治方案。18日上午，通过一台小型DV摄像机镜头，第四军医大学西京医院安县野战医院里的场景，被全国各地的20多名医学专家尽收眼底，与此同时，这些专家的画面也在远程会诊车的高清屏幕上一一出现。总后卫生部领导以及解放军总医院陈香美，南京军区总医院黎介寿、黎磊石和刘志宏等多学科专家、院士，通过卫星数据传输面对面地为康东把脉会诊。经过各地专家视频会诊指导，帐篷里医护人员紧张施救，康东终于脱离危险。

5月18日晨，济南军区第153医院医疗队到达绵阳市涪城区永兴镇，组建济南军区野战方舱医院，开设病床200张、手术台4张，日可诊治伤病员400人、住院200人。野战方舱医院先后赶赴平武等地开展伤员救治和转运，10天左右就抢救重伤员196人，其中12位孤寡老人得到周到的照顾。（参见图109）野战方舱医院医护人员深入灾区群众安置点及唐家山堰塞湖泄洪区，开展疾病防治和卫生消毒等工作。截至6月19日，野战方舱医院共派诊51091人次，诊治伤病员4160人次，住院治疗230人次，开展手术198台次，抢救重危病人44人，转运伤病员83人，出院病人129人，开展心理干预1841人次。

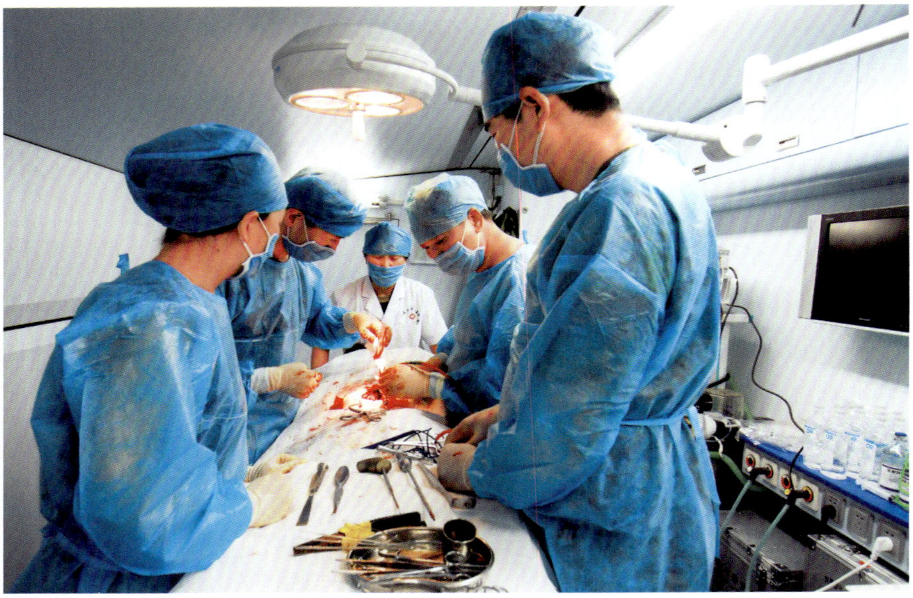

图109 5月23日，济南军区野战方舱医院为平武灾区77岁老人实施手术
（总后卫生部 提供）

沈阳军区第201医院112人的医疗队于5月18日到达青川后，立即组建一所由内科、外科、妇科、儿科各专业科室组成的沈阳军区第201医院野战医院。19日，军医李晶为待产妇苟国蓉进行检诊时，发现胎儿心率增快尚未入盆，急需剖宫产手术。7名女军医在手术车上忙碌几个小时，迎来了一个新生命的诞生。婴儿父亲为感谢解放军，为孩子取名为“王军生”。第201医院野战医院在青川共诊治伤病员5143人，开展各类大中型手术124例，走村入户巡诊3657人次。

5月20日，北京军区第255医院在绵竹市政府办公区左侧组建野战方舱医院，开始收治灾区伤病员。方舱医院功能齐全、设备先进、信息化程度高、机动性能好、自身保障能力强，由第二代大型骨干野战卫生装备野战医疗方舱模块和120名医务人员组成，设置床位200张、手术台4张，只需一个多小时就能展开运行，不受外部电力、水源等条件制约，昼夜可接诊伤员400人、留治伤员200人。

截至5月28日，解放军野战医院计接诊伤病员19043人次，住院伤员510人，开展手术785台次，后送伤员307人，巡诊23958人次。到7月4日，野战医院接诊的伤病员达到101674人次，收治伤病员1875人，开展手术3539台次，后送伤病员594人，巡诊99439人次。

第二节 危重伤员集中救治

5月下旬，卫生部提出“集中伤员、集中专家、集中资源、集中救治”的重症伤员救治原则，全力救治危重伤员，并派出重症医学专家指导危重伤员救治工作。四川省抗震救灾指挥部医疗保障救治组和四川省卫生厅根据各医院的实际需求，及时为各灾区医院配备相应的抢救监护设备，尤其对集中收治医院加大了支持力度，多次召开专家会议，对危重伤员救治工作进行深入研究，分阶段拟订救治措施，提高危重伤员救治的成功率。华西医院、四川省人民医院、成都军区总医院3家定点集中收治危重症伤员医院极低的危重症伤员死亡率，得到世界卫生组织的高度评价。

一　集中救治部署实施

“四集中”原则提出　地震危重症伤员中病种所占比例由高至低依次排列为：复合性肢体损伤、颅脑外伤、脊柱骨折合并脊髓损伤、截肢、挤压综合征、急性肾衰竭以及截瘫等。多器官功能衰竭、复杂耐药性感染虽然所占比例不高，但其致死率高。地震危重症伤员病情具有严重原发外伤，如脑外伤、内脏损伤、截瘫、严重挤压伤等；老年患者多；相当多的一部分伤员合并有高血压、糖尿病、慢性阻塞性肺病、慢性心功能不全等基础疾病；伤员处于能量高消耗状态、营养状况差、抵抗力下降、感染难以控制等四方面的特点。

5月26日，根据四川省重症伤员医疗救治需要，卫生部医政司紧急派出全国资深骨科专家、院士戴尅戎，肾脏病专家王海燕和院士陈香梅、重症医学专家刘大为等赴四川指导重症伤员救治工作。同日夜，陈竺、卫生部医政司司长王羽通过视频与前方综合协调组组长王国强、已到达四川的几位专家及相关专业的军地专家，共同商讨重症伤员救治工作。在视频会议上，专家指出，现阶段重症伤员主要是多脏器功能衰竭、严重混合感染、挤压综合征和中枢神经系统严重损伤等，应当将重症伤员集中治疗，以提高救治成功率、降低死亡率。陈竺提出了“集中伤员、集中专家、集中资源、集中救治”的重症伤员救治原则，要求对重症伤员进行筛查，集中收治在成都医疗力量较强的华西医院、四川省人民医院和成都军区总医院。会议决定紧急增派血液透析、重症医学、感染、临床药学等专业的医护人员，支援集中接收重症伤员的医院开展救治工作。27日，四川省卫生厅根据四川省抗震救灾指挥部医疗保障救治组的要求与部署，印发《关于进一步加强危重伤员医疗救治工作的紧急通知》。通知提出，在重症伤员的救治工作中，要实行“四集中”原则，最大限度地降低伤员死亡率和致残率。6月6日，四川省卫生厅再次印发《关于切实做好重症震伤伤员救治工作的紧急通知》，要求各地各医疗机构整合院内外医疗资源，统一管理，加强组织协调，充分发挥本地专家和支援专家的协同作用，最大限度降低死亡率和致残率。在重症伤员救治工作中要坚持三级医师查房、疑难病例会诊、死亡病例讨论等核心医疗制度，确保医疗救治质量。

危重伤员集中救治专家体系和工作模式　在卫生部抗震救灾工作领导小组前方综合协调组的指导下，四川省建立包括专家顾问组、部省联合专家组、院内专家组组成的三级专家咨询体系，采取专家驻院、分工负责的办法，整合专家资源，充分发挥作用，提高救治成效；并根据治疗进展情况，及时调整专家组业务结构，形成以ICU生命支持为平台，肾脏内科、骨科、创面外科、神经外科等相关专业融合的专家架构。卫生部先后调集ICU专家138人、感染专家146人、血液透析（CRRT）专业医护人员（包括肾内科专家）200余人支援四川灾区危重伤员救治。部省联合专家组每周两次，定期对集中收治危重伤员的华西医院、四川省人民医院、成都军区总医院及成都市第二人民医院、成都市第三人民医院等医院病例进行讨论，修正完善治疗计划。同时，根据各市州一些集中收治危重伤员医院提出的会诊和转院申请，及时通过床旁会诊、网络会诊和电话会诊等方式予以指导。各医院同支援专家密切配合，采取组建诊治小组、分工包干、集体查房、重点讨论、优化治疗等措施，对危重伤员实行三级医师查房及多学科合作管理伤员的治疗模式，实行24小时严密监护和重点管理。尤其是对重点伤员，各医院都组织专门救治小组进行全面救治，与支援专家进行会诊处理。同时卫生部还调集高压氧治疗人员与呼吸支持人员，分别开展高压氧支持和呼吸机支持治疗，最大限度地降低危重伤员的死亡率与致残率。

为加强重症救治工作，卫生部建立“省内专家会诊、省外专家指导”的工作模式，利用部省专家资源，组织成立生命支持和创面处理两个多学科专家组。自7月7日始，专家组对6个受灾较重市（州）的重症伤员再次进行筛检以调整救治力量和医疗资源。11日，根据重症伤员救治工作情况并征求收治医院意见后，召开部省联合专家组会议，确定重症救治专家组的工作模式，即保持部省联合专家组的架构不变，省外专家暂时撤离，需要时再请来指导。每日将重症伤员救治信息报专家组组长，让专家及时掌握情况予以指导。至13日，卫生部赴川的重症救治专家全部撤离，“省内专家会诊、省外专家指导”的工作模式运行顺畅。

危重伤员转运、筛查与监测 经过专家组讨论，把震伤是否造成伤员生命威胁作为判定危重伤员的基本原则，确定危重伤员转院的基本要求和转运程序，建立逐级转院机制，使危重伤员转院能够做到安全有序。各地各医疗机构对收治的危重伤病员逐一进行梳理，按照伤情进行分门别类、摸清底细、分类统计。对于重症伤员的转运，贯彻省外转运和省内集中转运相结合的原则，对损伤程度不重、生命体征平稳的伤员向省外转运，年龄大、感染严重、休克状态没有有效纠正、存在呼吸循环生命体征不平衡的危重伤病员不适合转运，必要时考虑在省内医疗机构中转运。确定具有转院指征的危重伤员，科学拟订详细的转运计划，分期、分批转院，确保转院途中伤病员的生命安全。5月下旬，卫生部加强危重伤员筛查工作，前方综合协调组医疗救治组与四川省卫生厅共同组织专家对伤员进行筛查。7月初，四川省卫生厅再次上报21例危重伤员，医疗救治组立即组织部省专家组根据报告情况，再次筛查和会诊。截至7月11日，共筛查和收治危重伤员226名。

四川省内专家组建立每周会诊的工作制度。5月29日，四川省抗震救灾指挥部医疗保障组救治组和四川省卫生厅适时建立日报制度，要求华西医院、四川省人民医院、成都军区总医院及各市州有关医院从即日起，建立危重伤员日报制度，每日上报危重伤员的病情变化、治疗进展；抽调ICU专家，每天根据日报表对伤员动向进行综合分析，实行动态监测，并上报卫生部抗震救灾领导小组前方综合协调组。其间，专家组分析确立死因分类原则，将伤员死亡原因分为由震伤或与震伤直接相关并发症导致死亡的，以及由基础疾病与基础疾病直接相关并发症导致死亡的两类。分析死因后制订死亡病例报告表，要求各医院及时上报。根据此原则，各医院上报的34例死亡病例中，由震伤或与震伤直接相关并发症导致死亡16例、占47%，由基础疾病或与基础疾病直接相关并发症导致死亡18例、占53%。

危重伤员分阶段治疗 地震发生初期，挤压综合征及肾衰竭是重症伤员致死的主要原因。5月25日，经专家对前期抢救重症伤员评估分析，挤压综合征伤员约占15%。挤压综合征是在四周或躯干肌肉丰富部位，遭受重物长时间挤压，在挤压解除后出现的。临床呈以肢体肿胀、肌红蛋白尿、高血钾为特点的急性肾衰竭。采取的治疗措施主要是补充血容量、纠正休克、改善微循环和防止酸中毒；根据伤肢情况采取切开减胀、引流等措施；采取血液透析和肾功能支持方法及时治疗急性肾功能衰竭，伤员经合理治疗均可脱离生命危险。卫生部从北京、上海等地调派包括院士戴尅戎、陈香美等在内的ICU专家和肾内科专家到四川抢救重症伤员，降低了挤压综合征和急性肾衰竭致死率。100余名挤压综合征和急性肾衰竭患者经及时、科学治疗，全部挽回生命。

危重伤员救治第二阶段主要攻克多器官功能衰竭和复杂耐药性感染问题。卫生部调集北京、上海等7个省（市）的ICU专家138人，组成7个治疗组，对各救治医院的重症患者进行会诊。同时，卫生部调集上海、福建、北京等9个省（区、市）的感染专家146人，组成5个组，对各救治医院的重症感染者进行会诊。卫生部还调集全国血液透析（CRRT）专业医护人员（包括肾内科专家）200余人，开展对重症伤员，特别是挤压综合征病人进行肾脏功能24小时不间断支持和血液透析工作，新增配备血透设备126台。由于措施得当，治疗效果明显，大大降低了多器官功能衰竭和复杂耐药性感染所导致的死亡人数。

二 华西医院危重伤员救治

多学科专家联合救治 极重灾区和重灾区的大批重伤员被送到华西医院以后，针对来院伤员多、伤情重的实际情况，为提高伤员抢救质量，华西医院发挥临床学科交叉优势在解决复杂疑难伤病中的重要作用。急性肾功能不全床旁血液透析交叉学组，由来自肾脏内科、ICU室、骨科、泌尿外科、实验医学科和循证医学的多学科专家组成，在抢救现场针对某一问题研究制定规范的路径和指南。骨科治疗时，配备有肾脏内科、心脏内科、心理干预治疗、普外等专业的医师。普外科、肾脏内科也都由3～5个专业的专家联合组成的危重伤员治疗组，从而提高危重伤员的抢救治疗效果。5月13—31日，华西医院ICU室共收治危重伤员157人，其中血透77例，死亡24例，死亡率为15.29%（157例重伤患者入院时估计死亡风险高达49%）。

院内感染控制 华西医院对从伤员下救护车到病房治疗，每个流程都严格把关，每个细节都认真对待，不管抢救过程再忙，伤员再多，均严把院内感染关。（参见图110）伤员在

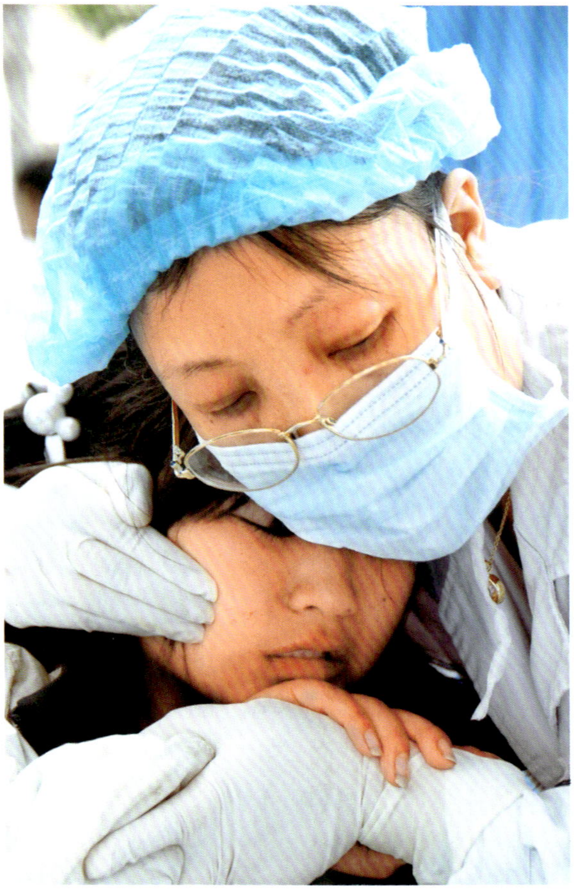

图110 5月14日，华西医院感染性疾病中心医务人员在急诊现场安抚来自汶川县映秀镇无亲人陪伴的小伤员

（田春 摄）

先期诊断、伤口清洗包扎处理后，进入急诊分诊区，医院把伤员的衣物做统一消毒处理。在病房，每天进行伤口分泌物细菌涂片，血液、痰液等标本培养，医院感染委员会专家与香港抗感染专家、四川省疾控中心专家一起针对疑似气性坏疽和泛耐药鲍曼不动杆菌，制定抗感染干预措施。

从5月14日起，感染性疾病中心开始实行24小时抗震救灾应急门诊。当日，在从地震灾区转到华西医院的外伤病人中发现了气性坏疽可疑病例，中心除加强住院总医师、二线值班医师会诊之外，派出专家到骨科病房查看全部气性坏疽病例，并参与讨论修改《四川省卫生厅关于预防气性坏疽加强院内感染控制的通知》，参与讨论、撰写《成都市卫生局关于做好防治气性坏疽等严重感染性疾病的紧急通知》。地震72小时后，普通的灾区伤员接收变得比较顺畅，感染病人的处理成为重点。医院开辟了眼科的9个床位，配上呼吸机等器材进行改造后，单独收治有气性坏疽重病人；同时在ICU室单独设立隔离区，开辟病床。第一位疑似气性坏疽病人需要马上照X光确诊，但其病情有可能对其他有伤口的普通病人造成交叉感染。经医务部组织专家讨论，确定急诊室放射科为震灾病人的专用放射室，普通病人转入二层的放射科。在医务部协调下，全院设置污染区和半污染区，通过层层剥茧式消毒，有效控制了院内感染。

5月18日下午，中心感染病房在接到医院安排将感染病房作为接收感染伤员的专用病房时，全体医护人员积极同住院病人及相关科室沟通，3个小时内将感染病房84张病床全部腾出，接收骨科伤员。至29日，4例气性坏疽伤员和21例泛耐药鲍曼不动杆菌得到有效控制，没有发生一例外伤性破伤风感染。

危重伤员重症加强护理　地震发生时，华西医院ICU室副主任康焰正要赶往机场，他立刻放下行李奔回医院。冲进ICU室时，所有的医护人员都在病人床旁，有条不紊地治疗、安慰病人。当晚，大批伤员被运到医院抢救。ICU室将日常班调整为应急班，实行三班倒；同时，尽可能多地准备病房空床位和相应设备、器材、医疗用品。护理部将危重病人集中收治在重症监护病房，并集中使用和管理全院重症监护资源。除ICU室和S区ICU室外，护理部先后在胸外ICU室B区、重症冠心病CCU室、肝移植ICU室、金卡8楼收治危重伤员，保证院内外灾伤危重伤员的集中收治。由于危重病人的剧增，ICU室护士数量严重不足，护理部从全院抽调骨干护士和省外医疗队护士组成重症护理队伍。

5月13日，ICU室收治第一名伤员；15日，接收30名重症伤员，随即90张病床的ICU室全部住满。21日，院长石应康在查看死亡病例时发现，两名伤员不是在ICU室去世的，乃要求立即进行全院排查，又找出18名危重伤员。当时，ICU室只有3张空床。石应康命令全院其他科室压缩，给ICU室扩床，使床位增加到168张。在重危病人的抢救治疗上，华西医院充分发挥多学科联动机制，ICU室集中优势兵力，一个一个地重点突击，以确保实现减少死亡率、努力提高病人康复后生命质量的目标。

“四集中”工作实施后，卫生部调派10名重症医学专家、40多名护士进驻华西医院ICU室，增强病房的救护力量。61岁的王友琼在彭州市银厂沟被埋196个小时后获救，当时，老人神志不清、全身脱水、软组织挫伤、左眼眶肿胀、骨折。5月20日被送往华西医院ICU室，经过精心护理，病情趋于稳定，为后续治疗提供了机会。

从5月14日开始，华西医院有计划地邀请来自国内与境外的骨科、ICU室、麻醉科、肾内科、医院感染科、营养和心理科、康复科等方面的专家进行增援。医院实施外援医疗队工作、生活安排学科负责制，让外援医护人员融入相应学科，编入工作序列。先后有来自北京、黑龙江、吉林、天津、上海、广东、江苏和香港、台湾等地及美国、日本等国家的医疗队，共计 419 人增援华西医院。医院骨科原只有 22 名医师、56 名护士，由于很好地搭建了协作平台，外援医疗队 117 名医护人员与骨科医护团队精诚合作，完成管理 8 个骨科病房、收治 1320 余名伤员、实施 653 台手术的救治任务。

危重伤员收治实例　北川中学高中女学生段志秀的左大腿被严重压伤，肌肉组织严重坏死，在第四军医大学唐都医院在绵阳市设置的救治点实施左下肢截肢手术。经过 5 天的全力救治，病情危重的段志秀被转运至绵阳第 404 医院救治。由于段志秀全身多处皮肤擦伤、骨折和挤压伤、左下肢伤口感染并伴有败血症、肾功能不全、水电解质紊乱、呼吸衰竭，随时都有生命危险，绵阳第 404 医院医护人员对其紧急实施了抗感染、气管切开、纠正水电解质紊乱等治疗。因医疗条件限制，5 月 20 日，段志秀被转至华西医院 ICU 室，专家组诊断其为左下肢截肢后伴感染、急性呼吸窘迫综合征（ARDS）、急性肾衰竭、败血症、肺部感染、挤压综合征等多种疾病。国家抗震救灾专家组和华西医院专家组立即为段志秀制订了治疗方案：给予呼吸机辅助呼吸、抗感染治疗、连续肾脏替代疗法（CRRT）、输血、营养支持等治疗，病情得到控制。27 日，段志秀出现肝功能衰竭，体内六大系统出现严重衰竭现象。来自国内的 10 余名权威级重症医学专家和华西医院 ICU 室专家立即进行会诊，制订救治方案，实施紧急救治。从 5 月 27 日至 6 月 30 日，专家们坚持每日会诊和查房，调整治疗方案，采用血浆置换、内毒素吸附技术进行救治。为确保治疗的有效性，每天甚至每个小时输什么液、用量多少，都由专家们共同商定。段志秀最终脱离生命危险，于 7 月 1 日转入康复科进行康复治疗。

在废墟中被埋压 80 个小时，因被救出时的一句“叔叔，我要喝可乐”而家喻户晓的绵竹东汽中学高二学生薛枭，获救后第二天便被转送到华西医院。其右手臂伤情严重，同时感染气性坏疽，必须截肢。当时，薛枭的家人还没有赶到医院，爱好打篮球的薛枭自己做出同意截肢的决定，并用左手在手术书上按下手印。在医护人员精心的治疗下，薛枭身体得以康复。

什邡市金河电站一处工地女工崔昌会被救援部队的直升机救出后送到华西医院。患有严重多发伤，右侧 2 ~ 10 肋骨骨折伴气血胸，左侧 7 ~ 9 肋骨骨折，右肱骨、肩胛骨粉碎性骨折，腰二椎体压缩骨折，还有贫血和低钾血症、低蛋白血症等的崔昌会，经抢救后脱离了危险，病情渐渐趋于稳定。

地震发生时，正在查房的绵竹市林业局职工医院院长贾德康被压在废墟下，全身多处骨折，仍坚持指挥医院医护人员救治病人和伤员。后被送到华西医院紧急救治，接受了 9 个部位的手术。

来自极重灾区汶川县的伤员吕康银，被埋在地下 70 多个小时，不得已在当地进行了现场截肢手术。被送到华西医院时，吕康银的腰、臀、左下肢脚踝以下均形成严重的挤压伤，所有裸露伤口全部感染，并伴有肾衰、心衰、败血症，伤情危重，其家属多次要求放弃治疗。吕康银入住 ICU 室后，由骨科、ICU 室、肾内科等多科医师为他实施联合治疗。骨科医师黄富国、屠重祺每天带着治疗小组到 ICU 室为他治疗、换药。吕康银体重 90 多公斤，身上插满管子，裸露感染的伤口创面非常大。换药时，由 8 个人小心翼翼地把他抬起来，另外 4 人负责换药，一抬、一换需要两个小时。有时一天需要换 3 次药，用的敷料、纱布等装满两个小推车。每换完一次药，医务人员都累得大汗淋漓、腰酸背痛，但没有一个人叫苦叫累。经过近 90 天的精心治疗和护理，吕康银终于转危为安。

5 月 24 日下午，温家宝到华西医院看望伤员和慰问医务人员时说："你们做了大量工作，最多的时候医院收治伤员近 2000 人，而且救治率很高，这就表明我们华西医院不仅有崇高的道德，而且有精湛的技术。"温家宝看望了在华西医院 ICU 室治疗的段志秀，写下对段志秀的鼓励和希望语："昂起倔强的头，挺起不屈的脊梁，向前，向着未来，坚强地活下去。"得知崔昌会被困期间靠吃蚯蚓、青草，喝雨水维持生命，受伤后坚决要求工友离开以避免出现伤亡时，温家宝对她说："你的坚强不只是个人的坚强，显示了我们国家的坚强、民族的坚强，你要为人民活下去，你要为自己活下去！"28 日、29 日，高强和陈竺先后到华西医院看望伤员和慰问医务人员，对华西医院在医疗救援中发挥的骨干支撑和引领作用给予高度评价。6 月 3 日，李长春赞扬"华西医院在抗震救灾中做出了巨大贡献"。

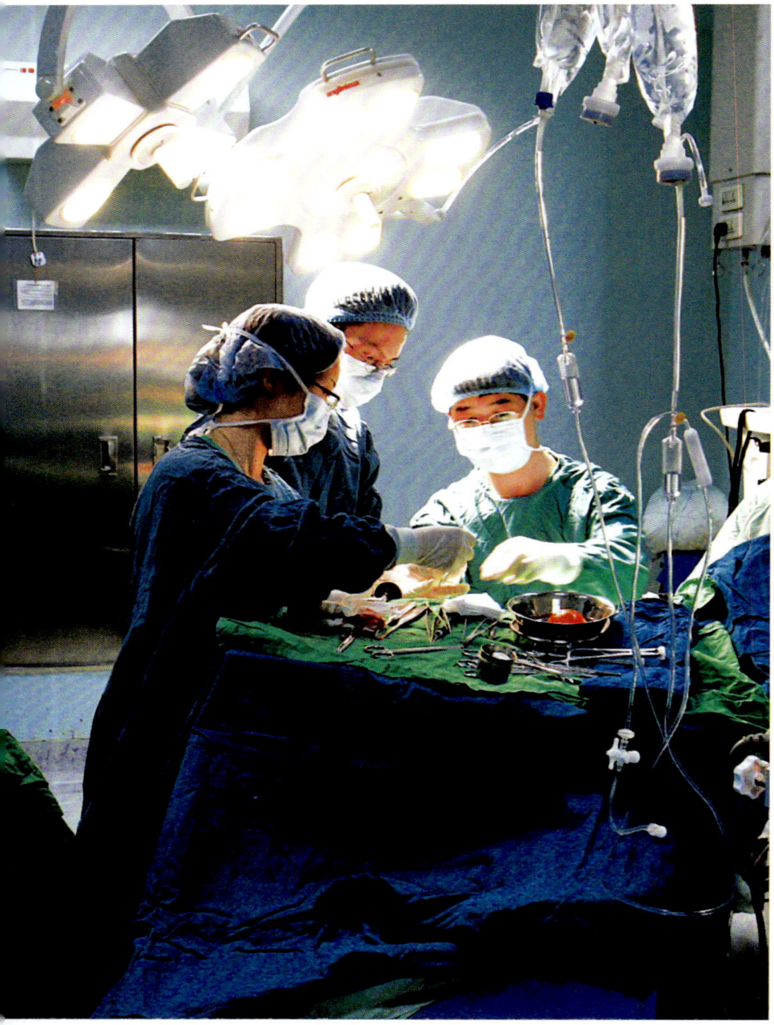

图 111　5 月 15 日，四川省人民医院神经外科医师连夜为地震小伤员做手术

（付辉　摄）

三　四川省人民医院危重伤员救治

从 5 月 13 日起，四川省人民医院开始陆续收治从地震灾区转入的危重伤员。（参见图 111 ~ 112）由于震后灾区气温明显升高，伤员肢体被挤压普遍超过 48 个小时，加之灾区救治条件所限，导致伤员肢体坏死、无法保留的情况大量出现；致命性的高血钾及急性肾衰竭等挤压综合征不断增多，伤口感染气性坏疽者也逐日增加，多器官功能衰竭和复杂耐药性感染等成为危重症伤员救治的突出问题。为此，医院的抗震救灾医疗救治工作转向以危重伤员抢救为重心的第二阶段。医院抗震救灾领导小组连续一个多月，每日数次碰头或召开会议，及时、深入研究重症伤员的救治方案，要求全院医务人员在伤员数量多、危重症多的严峻形势下，高度重视医疗安全，强化医疗质量管理，严防医疗事故，坚决扑灭气性坏疽感染，提高重症伤员抢救成功率，降低死亡率。

地震发生时，四川省人民医院肾内科及血液透析中心主任、四川省医学会肾病专委会主任委员王莉正在瑞典参加肾脏病国际学术会议。从新闻中得知汶川地震发生的消息后，她判断因地震会造成大量的挤压综合征伤员导致急性肾衰竭，需要透析治疗，便立即回国。5 月 13 日抵达成都后，王莉与北京大学第一附属医院肾内科专家王海燕联系，确定地震挤扭伤的救治原则，并用短信转发到四川省各医院以及肾科医师，很快建立全省透析应急预案。面对大量需要通过血液透析抢救的伤员，王莉积极寻求社会捐赠透析设备，请求卫生部紧急购置床旁血液透析（CRRT）治疗机，并承担了四川省医学会肾脏病专委会向成都市级医院及各地方医院赈灾物资临时中转点分发透析机的任务，进行透析机操作技术人员培训。同日晚，都江堰市聚源中学学生李露被送到设在四川省人民医院的四川省急救中心，由于严重挤压伤已经引发肾衰，肾内科立即参与对李露的紧急抢救。肾透析中心紧急筹建 14 台床旁血液透析机，急救中心组建急诊床旁血液透析抢救小组，投入抢救工作。

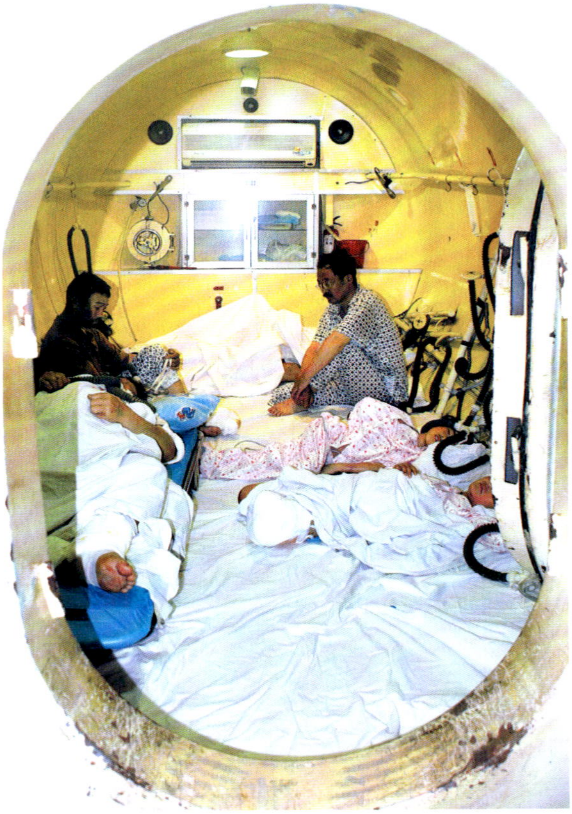

图 112　5 月 19 日，伤员在四川省人民医院高压氧舱中接受治疗

（付辉　摄）

5 月 13 日上午，四川省人民医院医护人员发现一些伤员伤口有泥土，可能有伤口

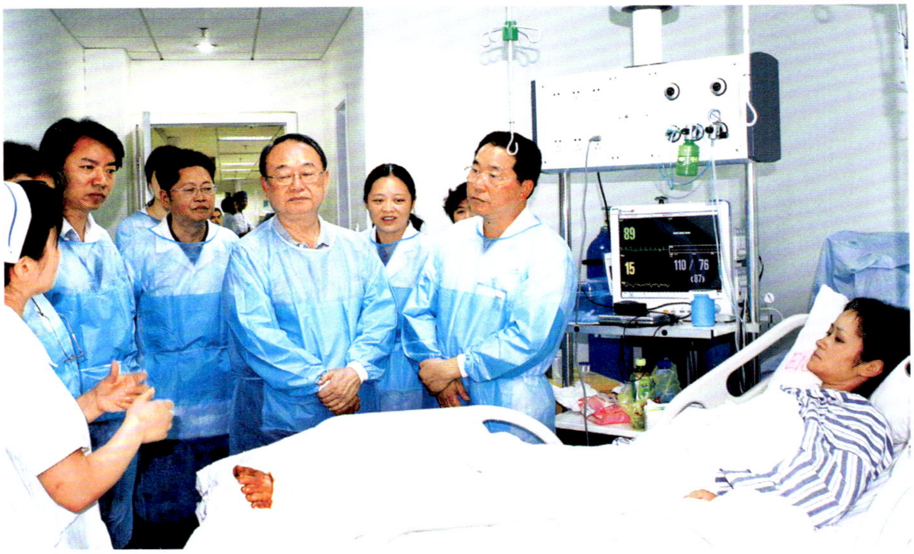

图 113　5 月 27 日，工程院院士戴尅戎（中）在四川省人民医院急救中心指导工作

（付辉　摄）

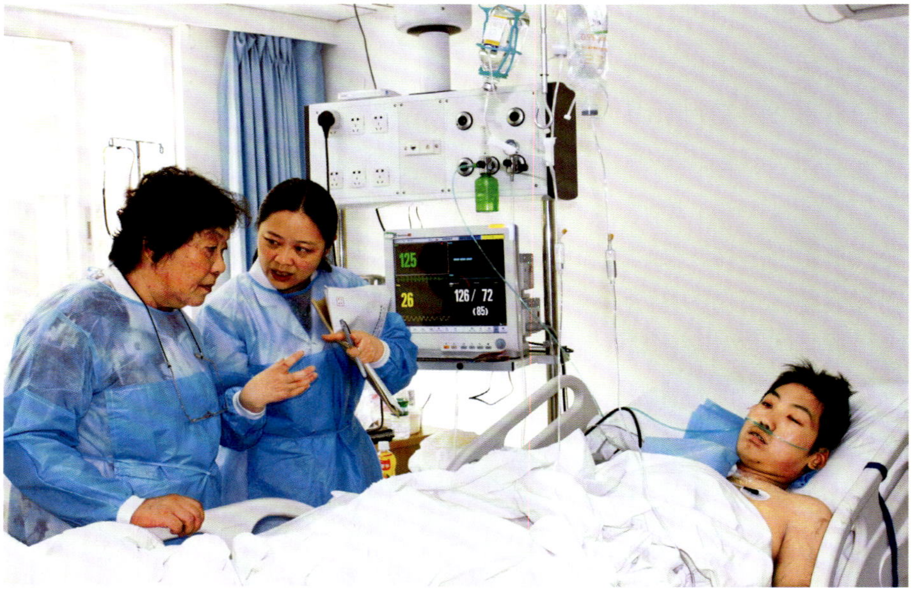

图114　5月27日，卫生部抗震救灾专家组组长、中华医学会副会长王海燕（左一）在四川省人民医院重症监护室指导抢救重危病人

（付辉　摄）

感染，当天医院决定在急诊接诊处对气性坏疽病进行排查，并在院内划出隔离区，建立隔离手术室和隔离病房。同时，在急救中心开展筛查工作，并对伤员伤口分泌物涂片检查。医院感染管理办公室制定工作流程和预防控制措施，防止气性坏疽、破伤风等感染扩散。14日，医院发现一例气性坏疽感染疑似病例，马上成立特殊感染清创室，手术室、治疗室、防控关口前移，在急救中心进行伤口现场排查，对污染重的伤口、深部伤口进行及时处理、消毒，并将伤员送至特殊感染病房。医院感染科特殊感染病房严格按有关流程、规范和措施进行治疗和管理。18日，开展四川省内首例高压氧舱治疗气性坏疽病人，取得明显效果。一个月后，19例气性坏疽感染者康复。至10月底，四川省人民医院没发生一例气性坏疽二代感染病例。

5月27日，参加卫生部前线医疗救治专家组的戴尅戎、王海燕、刘大为、陈香美查看四川省人民医院ICU室和急症重症加强护理病房（EICU），确定四川省人民医院为四川省危重伤员集中收治医院。（参见图113～115）28日，医院抗震救灾领导小组再次研究决定，进一步强化地震重症伤员医疗专家组。院长李元峰、副院长蔡力任专家组组长，医疗院长助理肖邦榕任副组长，集中四川省急救中心、急救中心急症ICU室、大外科、骨科主任、胸外科、神经外科、大外科ICU室、感染科、肾内科、康复科等各专业骨干力量，由医务处、护理部、院内感染办公室全力配合协调，每日对挤压综合征、严重耐药性感染、多器官功能衰竭、严重颅脑外伤等重症伤员进行专门会诊，严密监测，严格筛查，严格管理。卫生部又派遣北京、上海、天津、哈尔滨等地大型医院的ICU室、骨科、肾内科、肾透析科、感染科、胸外科、脑外科、呼吸科等18个专业的专家队伍进驻四川省人民医院，协助救治工作。戴尅戎、王海燕、刘大为等多次到医院指导重症伤员的救治。经过专家团队和广大医护人员的共同努力，对重症伤员的诊断治疗更加科学合理，及时处置了地震伤员的各种复杂并发症，保证了重症伤员的救治水平和质量。

都江堰市聚源中学学生李某因上下肢严重挤压综合征、肾功衰伴高血钾症，伤口出血不止，无尿，血小板严重下降，生命垂危，经血液透析中心10余名人员的全力救治，病情稳定。广元市电力技术员陈某因脑挫伤、脑干挫裂伤伴血肿，深度昏迷，5月21日转入四川省人民医院ICU室，经神经外科、内科、急诊科及上海市第十人民医院医疗队多次会诊，确定了治疗方案，经手术治疗抢救成功，并于7月29日转到康复病房治疗。都江堰市新建小学学生王某被压埋在废墟下10余个小时，5月13日10时被救出，送到省人民医院后，经全力抢救，保住生命，恢复良好。北川中学学生张某，因挤压综合征伴急性肾功衰被收在绵阳市三医院治疗，行双下肢、右上肢深筋膜切开减压术、血液透析等治疗，生命体征平稳，于29日下午转入省人民医院EICU继续治疗。入院检查时，发现张某肢体创面不新鲜、肌肉坏死，渗血多、止血难，同时出现左上肢肿胀发硬、血色素及血压下降、氧合下降、神志不清、凝血功能差、无尿等症状，病情严重。经卫生部专家组成员戴尅戎、陈香美、刘大为、王海燕及省医院各科专家大会诊，先后对张某进行右上肢及双下肢清创术。术后3天，病人出现弥散性血管内凝血（DIC）、失血性休克，经对症治疗，病情一度好转。然最终病人出现高热、心内病变，经省内外专家全力救治，未能挽回其生命，于7月9日死亡，但这一救治案例为重症伤员救治留下宝贵经验。

6月1日，重症伤员转运省外后，经卫生部、四川省联合专家组确认，在四川省人民医院救治的在院重症伤员55人中，有挤压综合征35例，35例中有并发多器官衰竭、弥散性血管内凝血和严重感染12例。血液透析中心特别对35例严重挤压伤并多器官功能障碍综合征（MODS）的

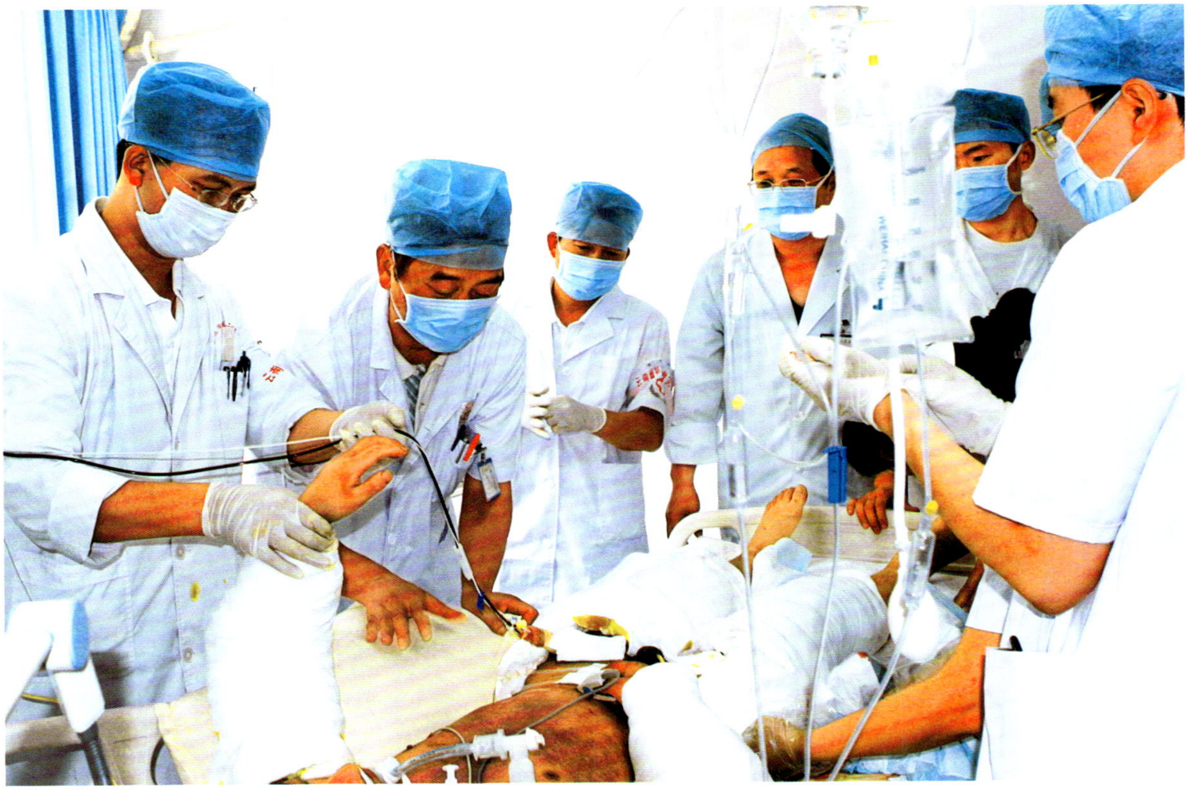

图115　6月2日，四川省人民医院全力抢救伤情严重的伤员张建华

（四川省人民医院宣传部　提供）

伤员，采用床旁血液透析（CRRT）共410次，计3452小时，挽救了生命垂危的伤员，为伤员进一步医疗康复提供了良好的生命基础。全院死亡重症伤员4例。

抗震救灾期间，温家宝、贾庆林、李克强先后到医院看望伤员，慰问医务人员。

四　成都军区总医院危重伤员救治

5月16日，解放军总医院专家医疗队赶到成都军区总医院。根据解放军总医院高级专家医疗队卢世璧的提议，将成都军区总医院的骨科医师与解放军总医院医疗队第四分队的骨科医师分成9个手术小组，其中解放军总医院医疗队6个小组、成都军区总医院3个小组，不间断展开手术。卢世璧也走上手术台，共同完成地震伤员的“手术突击战”。18日，一天完成手术45台。16—25日，成都军区总医院共完成危重伤员手术400多台次。（参见图116）

四川地震灾区有多名被埋废墟中超过100个小时的幸存者，其中有5名被送到成都军区总医院，分别是被埋104小时的汶川县映秀镇高速公路收费员袁艺、被埋108小时的什邡市红白镇中学55岁的炊事员李克成、被埋146小时的汶川县映秀镇公路稽查员沈佩云、被埋150小时的国家电网映电总厂女职工虞锦华、被埋196小时的绵竹天池煤矿矿工赖元平。经过抢救，5名伤员无一例死亡。

成都军区总医院ICU室收治危重伤员22例。在卢世璧、陈香美等各科10多位专家的指导以及各方面的大力支持和援助下，成都军区总医院建立了床旁血透病房，对收治的22名危重伤员进行血透治疗、手术治疗及综合治疗，全部抢救成功。来自什邡灾区的27岁危重伤员刘国志，地震后被埋在有氨水的地下，抢救出来时双腿腐烂，入院后截肢；术后无尿，多器官功能差，肚子胀且无大便，不能进食；切除坏死小肠1米多，发现肠内有密密麻麻的小溃疡，伤员每天流血、流脓，伤口不能愈合。这种病情谁也没有遇见过，卢世璧提出采用不缝合、不包扎的暴露

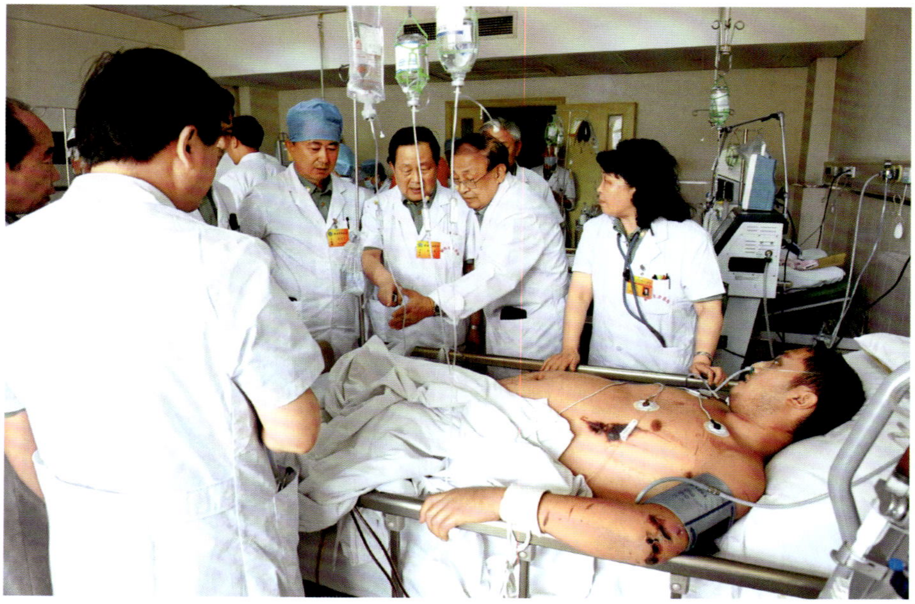

图116　5月19日，解放军总医院专家在成都军区总医院与医护人员共同抢救伤员（总后卫生部　提供）

疗法治疗，待病情好转再进行包扎。病况很快出现改观，经多日血透后有尿液，刘志国的病情逐渐好转。

5月13日，成都军区总医院远程医疗会诊系统开通“北京—成都——线的远程医学会诊车”卫星通信线路；10时30分，医院第一台远程医学会诊车到达汶川县映秀镇后，与后方完成对接。在其后的24小时内，远程医学会诊车和医疗方舱陆续抵达青川、北川、都江堰等极重灾县（市），并及时与总医院远程医疗会诊中心和总后卫生部远程医疗会诊中心成功对接。远程医疗会诊设备及人员全部到位，并开始为救治灾区伤员服务，这是成都军区总医院第一次在非战争军事行动中大规模使用的高科技远程医疗保障。至7月8日，远程医疗会诊系统服务已经全天候24小时无间隔、无故障运行，运行时间数千小时，传输图形、图像数万余幅，传输和发布信息数万条，为后方指挥控制提供必要的信息支持，为外界了解抗震救灾工作进展及灾区信息提供可靠及时的消息来源；并在内地和后方专家的远程帮助下，缩短伤员后送时间，解决了许多疑难危重伤员的抢救问题，较好地消除一线医护人员因重症伤员多、治疗问题复杂而产生的焦虑心理，确保医疗救治工作的顺利开展。被埋196小时的赖元平被救出后，送到成都军区总医院，通过远程会诊，专家提出治疗意见，终于使其得以存活，树立起远程医疗会诊的一个成功范例。

第三节　医疗救援队支援灾区医院伤员救治

来自全国各地的医疗队在四川抗震救灾期间，除积极开展现场伤员救治外，还加入四川灾区医院的院内救治工作。紧急救治阶段，来自中国香港、澳门和台湾地区的医疗队以及俄罗斯、日本、意大利、德国、英国、古巴、法国、巴基斯坦、印度尼西亚、美国等国家的医疗队也参与灾区医院的危重伤员救治工作。

一　各省（区、市）医疗队支援灾区医院伤员救治

5月13日至8月13日，各省（区、市）医疗队共收治伤病员22万余人次，抢救危重伤员近万人次，开展各类手术6800余例。医疗队先后进驻四川灾区省级医疗机构和6个市（州）医疗机构，及200多家县（市、区）、乡镇医疗机构，积极参与当地医疗机构的伤员救治，或者单独管理病区，独立开展伤员救治。全力救治危重伤员时期，从北京、天津、上海、辽宁等10余个省（区、市）抽调ICU专家和感染专家，分别在四川省人民医院、华西医院及收治危重伤员的灾区医院参加危重伤员的救治工作。同一时期，来自10多个省（区、市）的医师，ICU及床旁血液透析（CRRT）等专业200余名护理人员，协助华西医院、四川省人民医院及其他灾区医院开展危重伤员医疗护理工作。

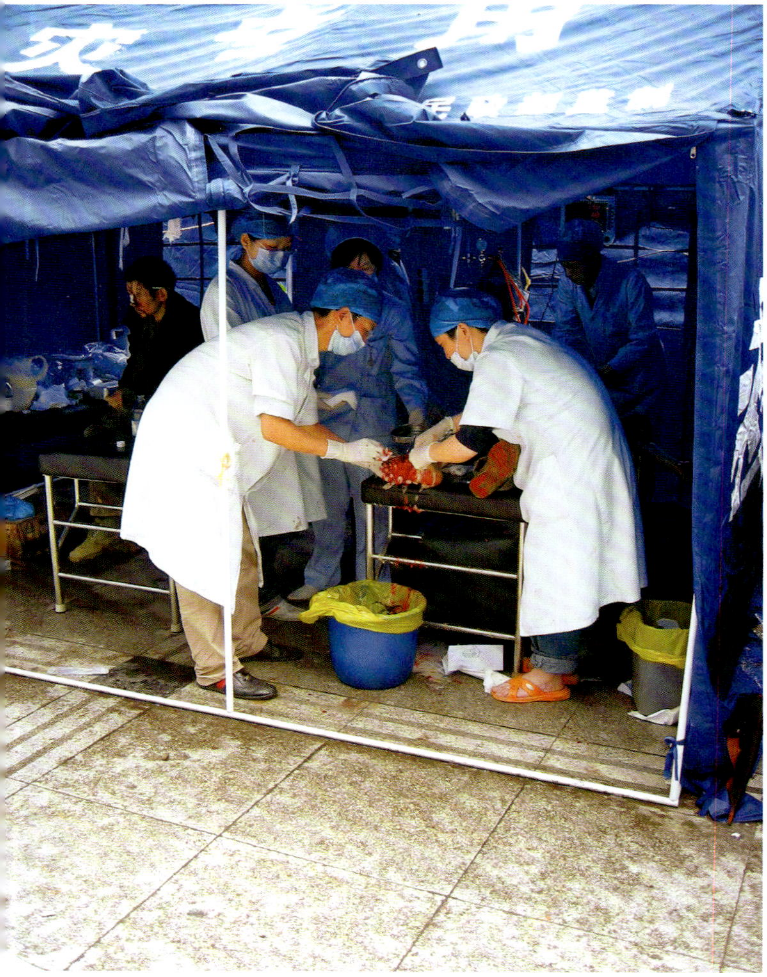

图 117　5 月 14 日，北京市首批医疗队在绵阳市中心医院帐篷里为伤员做手术
（四川省卫生厅　提供）

北京医疗队支援灾区医院伤员救治　北京市第一批医疗队的 50 名医务人员于 5 月 14 日到达绵阳市后，被安排在绵阳市中心医院、绵阳市骨科医院、绵阳市肛肠医院、绵阳市中医院和解放军第 520 医院支援医疗救治工作。（参见图 117）第三批医疗队的 6 名医院感染专业医师被分派到四川省人民医院、成都医学院第一附属医院和德阳市中心医院开展医院感染防控工作，10 名放射科医师和 3 名心理医师支援绵阳市医院。第四批医疗队的 40 名肾内科医师、20 名 ICU 医师，除 4 人支援绵阳市医院，其余被分为 9 个组到成都市卫生局所属医疗机构开展工作。北京市 5 名知名 ICU 专家在华西医院每天负责 50 余名重症伤员的监护工作，坚持工作 53 天。18 日，他们接诊一名被废墟压埋 139 小时的 33 岁男性患者，经急诊紧急救治病情得以稳定。一个两个月大的婴儿，其母为保护他而身亡，婴儿颅脑水肿严重，北京市天坛医院神经外科医师立即为其穿刺进行引流治疗；北京大学附属第三医院的骨科医师会诊处置，使婴儿病情稳定。至 18 日，这批医疗队的医务人员累计诊治伤病员 3830 人，其中危重伤员 970 人，完成手术 144 台。

北京医疗队共 15 批先后在华西医院、四川省人民医院以及成都市、德阳市、绵阳市的市级医院和县级医院开展医疗救治工作，共诊治伤病员 24178 人，抢救护理危重患者 2973 人，开展各类手术 629 台，提供专家会诊 256 人，巡诊病人 18436 人，开展各类培训讲座 100 多次，排查住院病人挤压综合征 2650 人，完成血液透析 1115 人次。

天津医疗队支援灾区医院伤员救治　天津市第一批医疗队在广元市中心医院、广元市第一人民医院和青川县城临时医疗站、青川县竹园镇临时医疗站开展医疗救治工作。5 月 14—24 日，天津医疗队的 52 名队员在广元工作的 10 天时间里，诊治伤员 1059 人，实施大型手术 99 台次、小手术 94 台次，无一例死亡或发生并发症。18 日，天津市赶赴四川医院感染防控队到达绵阳，被分配到绵阳市 5 家医院开展医院感染防控和传染病预防工作，特别是对气性坏疽的防控工作。第二批医疗队共计 208 人，其中 88 人于 19 日到华西医院支援医疗救治工作，其余在广元、青川开展救治工作。24 日，第四批 ICU 护士医疗队一行 14 人到达华西医院与先前到达的 6 人会合，在新建的 ICU 室（设床位 30 张）开展重症病人监护工作，其中 10 名重症病人的监护工作取得良好成效。28 日，天津市第五批 ICU 专家医疗队到达四川省人民医院，指导和帮助救治重伤员。

天津市陆续向四川灾区派出的 9 批医疗队，先后转战成都、广元、绵阳、绵竹、青川等地医院、临时医疗点及乡镇卫生院开展医疗救治工作。截至 6 月 18 日，救治伤员 11346 人，其中抢救重伤员 1396 人、轻伤员 9950 人，完成大中型手术 189 台次，开展危重伤员手术治疗近百台。

河北医疗队支援灾区医院伤员救治 河北医疗队两批 161 名队员，先后进驻德阳市人民医院、德阳市第二人民医院、德阳市第五人民医院、德阳市中西医结合医院和德阳市旌阳区中医院等 5 家医院。5 月 15 日 17 时 30 分，医疗队到达后一小时内实施了第一台手术；当晚诊治伤员 1000 余名，实施重症手术 14 例。至 17 日，医疗队共诊治伤员 1376 名，抢救重危病人 406 人，实施手术 138 例。医疗队还深入到什邡、绵竹的重灾乡镇搜寻、救治伤病员，一些手术是在余震不断、房屋摇晃中进行的。

5 月 14 日 14 时 30 分，唐山医疗队抵达灾区，经与当地政府紧急磋商，立即兵分三路奔赴郫县人民医院、成都市第三人民医院、新都第 47 医院展开救治。新都是成都市的一个区，南距成都市区 15 公里，北距绵阳、德阳及绵竹 70 公里左右。绵阳、德阳及绵竹等地的伤病员大量涌入新都第 47 医院和新都区人民医院，医疗救治任务繁重，技术力量突显不足。根据成都市卫生局指令，唐山医疗队将力量集中到新都第 47 医院。该医疗队在四川灾区连续奋战 18 个日夜，共完成复杂、重大手术 106 例，实施清创术 210 人次，筛查病人 800 多人次，诊疗 6063 人次。

山西医疗队支援灾区医院伤员救治 山西医疗队先后在平武县卫生局设立的县城和响岩、南坝、大印、平通等乡（镇）临时医疗点和巡诊急救车内，开展伤员医疗救治工作。5 月 17 日至 6 月 29 日，共收治伤病员 7659 人次，其中伤员 1440 人次，转运伤员 161 人次，为灾区群众作健康检查 2.4 万人次、心理干预 5155 人次。（参见图 118）

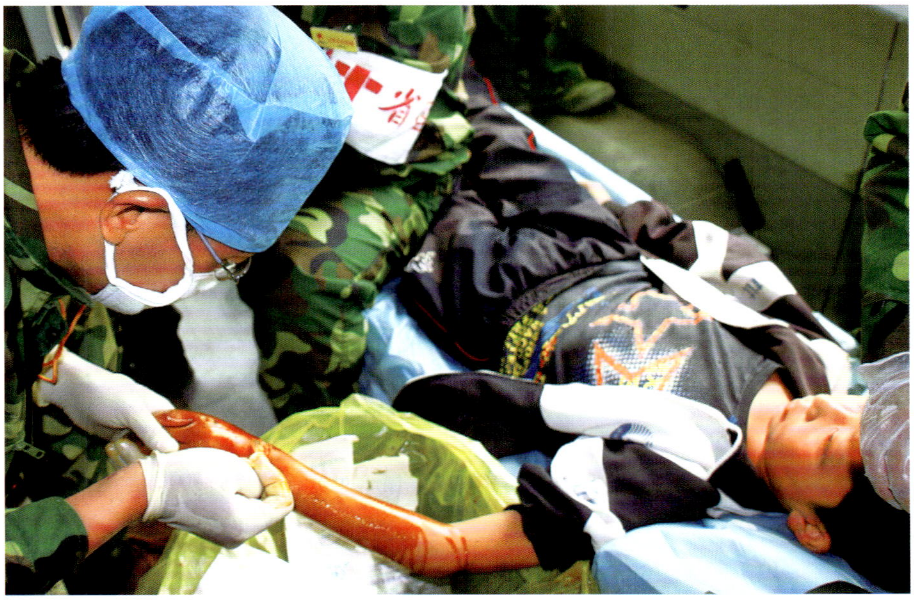

图 118 5 月 23 日，山西省驻平武县响岩镇医疗队为伤员实施清创处理

（山西省卫生厅 提供）

辽宁医疗队支援灾区医院伤员救治 辽宁省医疗队与绵阳灾区医疗机构快速衔接，充分发挥结构合理、科室齐全、人员精良的优势，以“院中院”形式独立开展救治工作，建立了伤员急诊入院抢救、急诊手术、术后入重症病房监护的紧急绿色通道。在工作中，医疗队严格手术适应证，特别是骨科，尽全力开展保肢手术，最大限度地减少截肢手术。严格各项操作规程，严格消毒隔离措施，控制了气性坏疽和其他院内感染。

辽宁省医疗队在绵阳累计接诊伤员5800人，完成会诊查房6400余人次，实施各类手术107例、清创等各类处置620例。医疗队还成功抢救了9名被困废墟下72小时和3名被困100小时以上的危重患者，其中有一名95岁老人，经治疗，伤员无一死亡。

吉林医疗队支援灾区医院伤员救治 5月15日晨，在都江堰几乎整夜未眠的吉林医疗队接到命令，迅速抽调20名医护人员组成赴四川抗震救灾驻华西医院医疗队，开展救治伤员工作。9时30分，医疗队到达华西医院，立即投入医疗救治工作。由于需手术处理的伤员数量不断增加，医疗队员每天至少要工作14个小时以上。吉林省医疗队还派队员到眉山市第二人民医院救治伤病员88人次。

5月19日，因伤员大量增加，医疗分队再增加一个病区，收治病人达97人。到20日，医疗队所管病区伤员增加到162人。面对众多伤员，医疗队队员有的甚至连续24小时未离手术台。24日，温家宝、回良玉到成都查看灾情时，看望了吉林省驻华西医院医疗队的队员们。华西医院骨科主任裴福兴说：“吉林医疗队是第一个进入华西医院的医疗队，也是接收治疗伤员最多、手术例数（部位）最多、参加麻醉和护士跟台手术最多、工作量最大的医疗队。”28日，吉林省ICU护理队队员到达华西医院，工作30余天，护理病人2200余人次，其中包括鲍曼不动杆菌感染病人。

截至5月29日，吉林省医疗队共收治病人180多人，开展手术65例，麻醉组麻醉病人140人，护理、配合手术128例。

黑龙江医疗队支援灾区医院伤员救治 5月14日至6月30日，黑龙江医疗队207人，分为若干医疗分队奔赴四川灾区开展医疗救援工作。赴成都的医疗队先后进驻四川省康骨医院、中国五冶集团有限公司医院（五冶医院）和华西医院。

黑龙江医疗队有60名专家和护士在华西医院ICU室工作，医疗队在ICU室和急诊科、手术室等科室为100多名危重伤员、上千名急诊伤病员进行医疗救治。到五冶医院的医疗队，5月18—19日诊治伤病员410余人次，会诊185人次，参加急诊抢救2例，实施手术30例。黑龙江省赴广元市医疗队进驻广元市中心医院、广元市第一人民医院和广元市精神卫生中心，19日刚刚到达即查房治疗伤病员200余人次；至22日，诊治患者300余人，为10名危重伤员进行了特别监护，开展手术5例，抢救重伤员3例。被困164小时的伤员王春邦被送到广元市中心医院后，广元市医疗专家组同黑龙江省医疗队专家通力合作会诊抢救，保全了他的生命。黑龙江省赴德阳市医疗队分别在绵竹市和什邡市医院及医疗救治点开展医疗救援工作，24—25日救治伤员569人次，抢救重伤病员83人次，实施手术3例，参加门诊诊疗伤员280人次。在什邡市的医疗队员转运伤员50余人，诊治患者100余人。赴绵阳市的医疗队，在江油市中医院等医疗机构转运伤员40余人，处置伤员80余人。

截至5月30日，黑龙江医疗队在四川灾区共救治伤员4500余人，其中重伤员258人，施行手术119例，转运伤员400余人。

上海医疗队支援灾区医院伤员救治 上海市奔赴四川灾区的中山医院医疗队5月14—15日在华西医院工作两天，完成手术20余台。长海医院在安县“帐篷医院”工作15天，共收治伤员1202人，开展手术223台，观察病人253人次，巡诊2290人。长征医院在江油市人民医院支援期间收治伤员1300余人，对300余位伤情较轻伤员进行处置，对伤情重的306位伤员施行了手术。上海市第一人民医院医疗队在绵阳市工作的3天中，实施一例截肢手术，为200多名灾区伤员保住了腿，救治300余名伤病员。仁济医院医疗队在四川省人民医院负责4个应急病区的工作，仅15—16日即完成手术4台，完成复杂骨科手术12例，诊治伤病员70余人。20日，仁济医院医疗队到达位于绵阳市的解放军第520医院，在“移动手术室”实施6台手术。医疗队还在四川省人民医院诊治病人1800余人，参加救治重伤员500余人，完成骨科手术50余台。

抗震救灾期间，上海医疗队在华西医院、四川省人民医院、四川省中医医院及绵阳、广元，汶川、安县、青川等灾区开展医疗救援工作，收治伤员60665人次，开展手术1157台次。

江苏医疗队支援灾区医院伤员救治 江苏省5支医疗队于5月13日到达绵阳，被分配到江油市第一人民医院、第二人民医院、第三人民医院和绵阳第404医院、解放军第520医院等医疗机构开展伤员院内救治。抗震救灾期间，医疗队250余名队员在绵阳市各医院救治伤病员6000余人，开展各类手术2000余台次，抢救重病人1000余人次，培训当地医务人员486名，开展义诊500余人次。

浙江医疗队支援灾区医院伤员救治 5月14日上午，浙江省首批救援队员兵分两路奔赴平武灾区。浙江省人民医院等医院7名神经外科医师，在到达江油市中医院后，连续奋战20多小时，抢救50余名颅脑外伤病人。（参见图119）

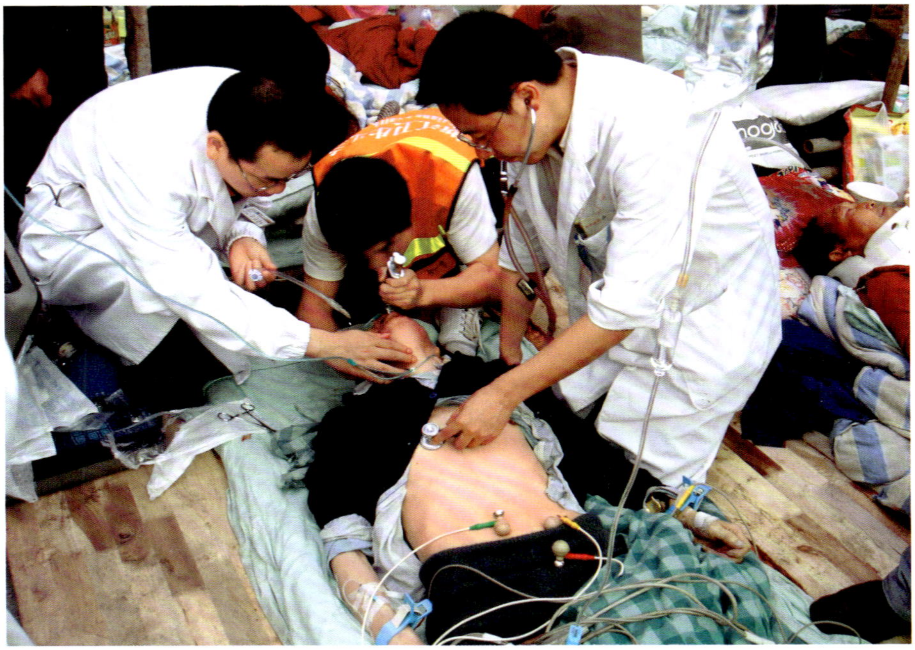

图119 5月16日早晨，浙江省医疗救援队员在江油市中医院临时病房中成功抢救心跳、呼吸骤停伤员（浙江省卫生厅 提供）

此后的一个多月时间里，医疗救援队1196名救援队员先后分19批，赶赴江油市、平武县和青川县，共救治伤病员1.56万人，其中重症患者253人；完成手术170台，向浙江省转送1020名伤病员。

安徽医疗队支援灾区医院伤员救治 安徽省第一批医疗队于5月16日下午到达青川县，在青川县中医院临时医疗点开始救治伤员；16—27日，安徽省第一批医疗队103名医疗队员在青川县设立固定医疗点9个，救治伤病员3077人，抢救重伤员57人，开展手术10余台，转运伤员10多人。18日，派出11名队员到青川县人民医院临时医疗点开展医疗救治工作，医疗队深入青川县12个乡（镇）设立的固定医疗点救治伤病员。安徽省第二批医疗队51人于22日到达成都，被安排在重灾区崇州市开展医疗救治工作。应成都市卫生局请求，安徽省还派出两支医疗队到成都市的7个县（市）筛查危重病人203人。

福建医疗队支援灾区医院伤员救治 福建省首批医疗卫生救援队于5月16日抵达成都后分成13个小队，分别在成都市人民医院、成都市中西医结合医院、成都市第二人民医院等13家医院参加紧急救治工作。17日，有47名队员被派往都江堰灾区开展医疗救援工作，4名队员乘直升机进入北川、茂县等重灾地区开展医疗救援工作。到17日，福建省医疗队参加诊治灾区伤病员1323人，其中轻伤病人员1159人、重伤人员164人，完成手术255台，转运伤病员35人。

截至6月25日，福建医疗队员累计接诊、救治伤病员30498人次，其中重伤员837人次，开展手术593台次，转运伤病员1355人。

山东医疗队支援灾区医院伤员救治 山东省第一批医疗队于5月13日下午到达都江堰灾区，当天抢救伤病员85人，其中重伤员25人。后转赴绵阳灾区开展医疗救治工作。几经转战，在平武县中医院、平武县人民医院开展医疗救援，在医院搭建的“帐篷医院”处理急诊伤病员，并深入到木皮藏族乡、木座藏族乡、白马藏族乡等乡（镇）救治伤病员。

山东医疗队在平武灾区共救治伤病员6000余人，其中重伤员200人，开展手术20余台次，转运伤病员16830人。

河南医疗队支援灾区医院伤员救治 河南医疗队113人于5月15日到达资阳，在资阳市5家医院开展医疗救治。医疗队在资阳期间，先后收治伤员520余人次，治疗住院病人189人，施行手术69台次，抢救重危病人24人。

此后，医疗队的100名队员和52辆救护车又转战汶川灾区开展医疗救援。到达汶川后，分成3个小分队到克枯乡卫生院、威州镇姜维城安置点、七盘沟等地开展医疗救治，先后诊治病人3500余人次，开展各类中小手术20余例，转运伤员70余次。河南省赴理县医疗队先后在理县人民医院和10余个乡（镇）开展伤病员救治及卫生防疫工作，诊治病人1500余人次，巡视1000余人次，抢救重伤员20余人次，开展手术20余台次，转运伤员50余人。

湖北医疗队支援灾区医院伤员救治 5月15日下午，湖北医疗队到达什邡，被分别安排到什邡人民医院和什邡市第二人民医院开展医疗救治工作，共收治140多位伤病员，开展手术58台次，抢救重伤病员22人次，查房2200余人次，会诊25次。在救治伤员过程中，医疗队采取集中伤员、集中专家、集中资源、集中救治的方式抢救22名危重伤员，2名在废墟中被埋120小时的伤员成功获救。

湖南医疗队支援灾区医院伤员救治　湖南省首批医疗队 127 人于 5 月 14 日到达成都，分两批赴彭州市和龙泉驿区开展医疗救援工作。

到彭州市的医疗队员于 5 月 15 日晨到达彭州市人民医院，立即查看伤员，紧急实施第一例脑外科手术。一些队员在医院门诊前面空地上摆上桌椅接诊伤病员，每天诊治伤病员 300 ~ 400 人，对轻病人进行清创缝合、打石膏，重伤病人立即送手术室治疗。医疗队队员冒险在彭州市人民医院 7 楼设置的临时手术室，为伤员做手术。在龙泉驿区工作的医疗队，也积极参加伤员的救治工作。医疗队带去的救护车，每天在成都和彭州、龙泉驿等地转运救治伤员。中南大学湘雅医院的骨科专家、博士生导师李康华，同队友在临时搭建的野战医院连续工作 15 天，每天工作 18 小时左右。李康华患有糖尿病，每次注射胰岛素后即又接着工作，先后完成大型手术 61 台。

截至 5 月底，医疗队在成都灾区巡诊、接诊灾区群众 16399 人次，救治伤病员 9648 人次，开展手术 384 台次，抢救危重伤员 55 人次，无一例死亡。救护车队出动救护车运载 13831 人次，转运伤员 2345 人。

江西医疗队支援灾区医院伤员救治　江西省抗震救灾第一批医疗队赶到广元之后，分成 3 支应急医疗分队迅速投入到受灾严重的广元市区、青川县木鱼镇和关庄镇开展医疗救援工作。分配到广元市直属医院的 17 名医疗队员，5 月 14 日晚到达医院后立即开始救治：驻广元市第三人民医院的江西省人民医院医疗小分队，救治的伤病员没有发生一例误诊，没有出现一例院内死亡；驻守广元市第二人民医院的南昌大学第二附属医院外科主任吴凯，连续 36 个小时工作，完成 15 台手术，处置软组织挫伤及无法手术的患者 80 余例。25 日，南昌大学第一附属医院骨科主任医师马勇和几名医疗队员正在手术时，余震突然袭来，手术室无影灯被震得摇摇晃晃，吊瓶被碰得"哐哐"作响。马勇和几名医务人员沉着冷静，一面用身体抵着患者，防止患者从床上滚落下来，一面将患者伤口用无菌棉垫保护起来。在场的 6 名医疗队员没有一个离开岗位，直到手术顺利完成。抗震救灾期间，医疗队共完成 156 台手术。

广东医疗队支援灾区医院伤员救治　广东省抗震救灾医疗队根据四川省卫生厅安排，于 5 月 15 日早上到达汶川县映秀镇，加入映秀镇由第三军医大学统一指挥的医疗救治网络，负责抢救出来的伤病员首诊救治工作，分检需转诊的重病人。截至 6 月 3 日，医疗队救治、分诊、运送伤员 6125 人次，开展现场手术 10 余台。医疗队的救护车队 63 辆救护车，驻点在安县睢水、沸水、晓坝等重灾镇，往返于成都、遂宁、重庆、绵阳，跨区域 8 个市，辐射 50 个乡（镇），日夜救治并转运伤员。截至

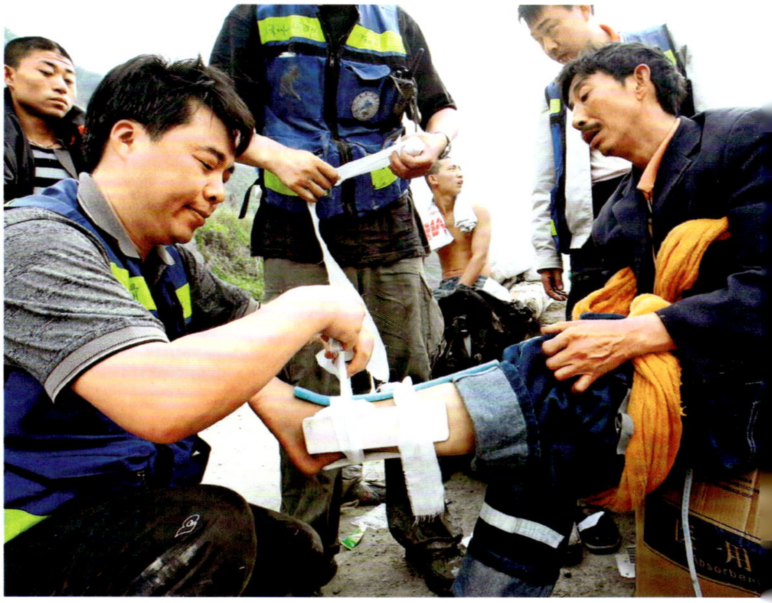

图 120　5 月 15 日，广东省医疗队队员在北川灾区为灾区骨折群众上夹板

（广东省中医院医疗队　提供）

7 月 28 日，医疗队诊治伤员 16778 人次，其中重伤员 555 人；救护车队行程 22 万余公里，转运伤员 19684 人；成功抢救被困 124 小时的蒋雨航、被困 150 小时的虞锦华。（参见图 120）

广西医疗队支援灾区医院伤员救治 广西壮族自治区医院感染控制工作队的 11 名感染控制专家于 5 月 18 日到达成都后，被安排在驻成都的解放军第 416 医院和都江堰市、彭州市医疗点及 4 家二级医院开展医院感染防控工作。工作队先后巡查重点伤员 1492 人，发现感染伤员 34 人、重伤员 38 人，向医院提出防控的建议和措施，并指导对感染伤员的治疗，帮助医院制订、修改医院感染防控相关制度、预案及流程 29 项；对手术室、供应室、口腔科、内镜室 4 个重点部门的布局和流程进行医院感染管理指导，举办医院感染管理及防控措施培训班 8 期，培训 314 人次，并开展了细菌耐药监测、环境监测等工作。

贵州医疗队支援灾区医院伤员救治 贵阳医学院医疗队 53 人于 5 月 14 日晨到达眉山市第二人民医院后，立即对收治的 11 名重伤员进行会诊和救治。其中一例严重挤压综合征伤员经会诊后，排除原颅内蛛网膜下腔出血的诊断，立即进行血液透析治疗，抢救伤员生命，经会诊后的所有伤员治疗效果良好。15 日，医疗队赶到仁寿县人民医院，又对 9 名伤员进行会诊，确立治疗方案，对 2 例病人立即进行手术。极重灾区 5 名重伤员被转送到眉山市第二人民医院后，医疗队队员又赶回眉山，对伤员进行会诊处理，并于当晚开展 10 台手术，其中包括让一位 82 岁的严重骨折并有感染的病人保住生命。

贵州省人民医院医疗队一行 27 人于 5 月 14 日到达彭山县人民医院、彭山县中医院、彭山县血防站等医疗机构开展医疗救治工作，每天奔波于 3 个医院之间查房、会诊、诊疗伤员、开展手术，还到绵阳、绵竹、成都双流机场等地转运伤员。医疗队共诊治伤员 100 余人，转运伤员 80 余人，抢救伤员 80 余人，开展手术 23 台次，无一例伤员死亡。

遵义医学院附属医院医疗队于 5 月 14 日晚到达眉山，主要负责眉山市第一人民医院、第二人民医院、第三人民医院和眉山市中医院的伤员接诊、抢救、会诊及指导工作。在眉山市的 9 天里，医疗队救治伤员 212 人，其中重伤员 36 人；开展手术 16 台，并到都江堰、江油、绵竹等地转运伤员 30 余人。

由贵州省派出的 3 支三甲医院医疗队及之后派出的 5 支医疗队，根据四川省卫生厅的安排，主要支援眉山市和仁寿县、彭山县等地医院开展医疗救治工作，共救治伤病员 4833 人，其中重伤员 582 人、轻伤员 4251 人，开展各类手术近 200 台。

云南医疗队支援灾区医院伤员救治 云南省赴成都医疗队共 44 人，于 5 月 17 日进驻四川省第二人民医院（四川省肿瘤医院），先后

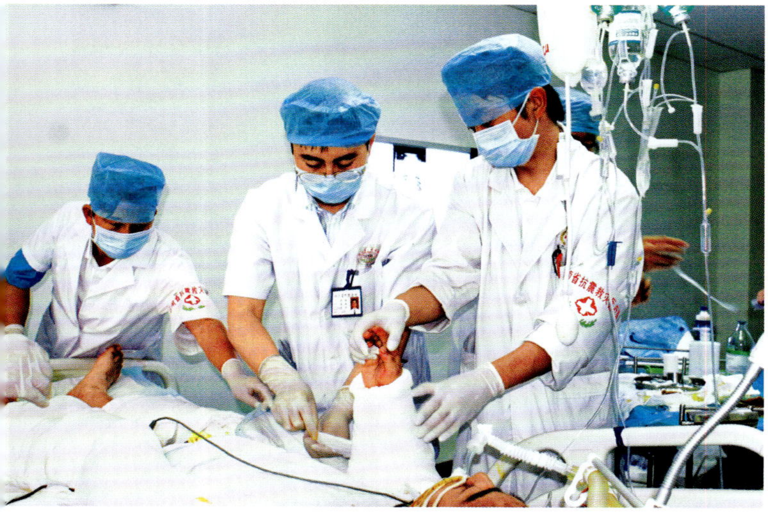

图 121　6 月 2 日，云南医疗队和四川省人民医院医务人员在四川省人民医院急救中心共同救治地震伤员

（付辉　摄）

建立创伤病房 2 个，设床位 100 张。云南省赴安县医疗队 100 多人进驻安县中医院、安县人民医院旧城分院和设在安县新城的安县人民医院开展医疗救援工作。

医疗队在成都、安县各医院接诊病人 1700 多人次，会诊 1791 人次，转诊伤员 819 人次，开展各类手术 213 台次，治疗伤病员 8811 人次，出动救护车 1025 次。（参见图 121）

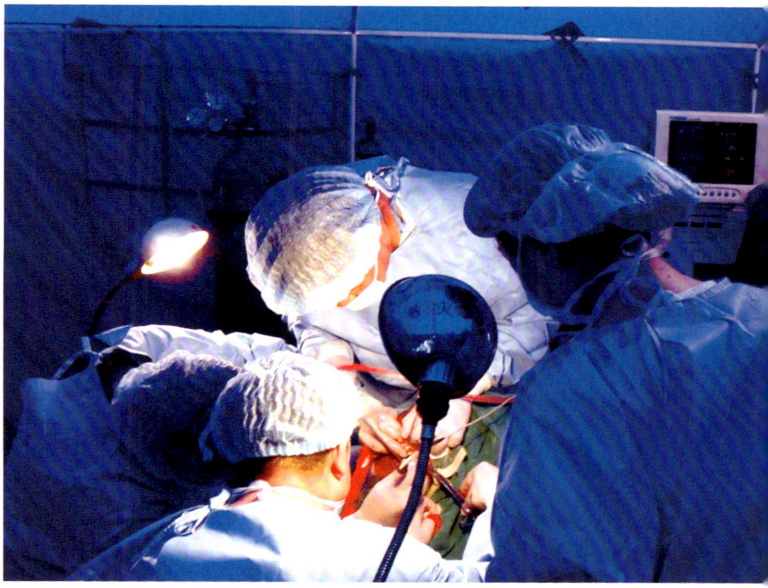

图 122 5 月 22 日，陕西省人民医院第一批医疗队在帐篷中为病人实施手术
（陕西省人民医院 提供）

陕西医疗队支援灾区医院伤员救治 6 月 11 日，一位来自青川灾区尿毒症病人急需进行血液透析治疗，病人外周静脉穿刺非常困难。正在广元市第一人民医院参加医疗救治的陕西省人民医院第二批医疗队主任医师李振江决定对病人进行颈内静脉置管术血液透析，经过消毒、铺巾、穿刺、固定，一针见血，颈内静脉置管术成功，顺利完成血液透析治疗。

陕西省医疗队先后在广元、青川、平武、汶川、广汉等地医院，以及绵阳第 404 医院等单位开展医疗救治工作。医疗队累计救治伤病员 10963 人次，抢救重伤员 1768 人次，开展手术 760 台次，转运伤员 2025 人次，出动救护车 677 次，会诊伤病员 965 人次，巡诊 311 次，参与各种治疗 2174 人次。（参见图 122）

青海医疗队支援灾区医院伤员救治 青海省医疗队转战雅安、汉源、名山、广元、青川等地，5 月 15 日至 6 月 28 日，医疗队共救治病人 6822 人次，开展手术 88 例，抢救重伤员 17 人。

中医系统医疗队支援灾区医院伤员救治 5 月 14 日始，北京中医药大学东直门医院医疗队在德阳市中西医结合医院参加医疗救治工作，共为地震伤员进行 32 台手术，无一例术后感染，无一例截肢。17 日，西苑医院急救队与积水潭等 5 家医院共同组成救治小组，往返于绵阳、重庆、成都之间，将受伤灾区群众转送至医院；18 天里，先后抢救、转运 20 余名重伤员，累计行驶里程 4000 余公里。

在救治伤员过程中，北京中医药大学东直门医院医疗队积极运用中医药技术和方法，对一些伤员术后配合服用中药，指导进行功能锻炼，促进骨折愈合，防止肌肉萎缩。对有些伤员，使用镇静安神中药稳定情绪。中国中医科学院广安门医院医疗队运用中医食疗的内服外治法，使用干酵母粉治疗空军部队空降兵及其他抗震救灾部队官兵出现的烂嘴症，10 小时以后重度患者疼痛消除、轻度患者得以康复，36 ~ 48 小时重度患者彻底康复。在治疗空降兵驻汉旺某师官兵烂裆时，医疗队利用剩余的纯净水加少许盐和土豆汁，冲洗患处，使轻度患者很快治愈，中度患者接近痊愈，重度患者有所控制。天津中医药大学第二附属医院外科专家张朝晖，运用中医外治法独具的优势，对于感染性伤口采用去腐生肌、活血化瘀的方法进行早期干预，减少抗生素的使用，降低截肢率。洛阳正骨医院派出的赴四川灾区医疗队根据伤员骨折的不同情况，采用洛阳正骨复位八法及小夹板固定，结合中药治疗以及功能锻炼，加速伤员康复。

望京医院抗震救灾医疗救援队广泛使用小夹板和中医手法复位技术，开展院前抢救和现场急救，在大批需要手术治疗伤员术前对其骨折肢体进行有效固定，避免骨折端对软组织的二次损伤，减轻肢体疼痛。小夹板根据肢体形状进行预塑形，克服急救现场没有水源，石膏外固定难以实现，临时捡拾树枝、木片、纸板等仍需花费时间修剪且与肢体贴附性较差的问题，现场急救方便、快捷，院前即可以对骨折肢体进行有效固定，便于伤员转运及防止骨折端对组织的进一步损伤。同时，因医疗物资严重短缺，牵引装置全部用尽，小夹板外固定也作为围术期肢体临时固定措施。针对灾区医院手术室均遭受不同程度破坏，医务人员紧缺，手术设备、手术器材严重不足，余震不断，手术内固定治疗方法很难在短时间内使大量四肢骨折的伤员得到有效治疗的状况，医疗救援队对部分较为稳定的四肢闭合性骨折、关节脱位的伤员，采用中医正骨手法复位、小夹板外固定等中医技术进行治疗，一个有经验的骨科医师在 10 ～ 20 分钟左右即可完成一例骨折伤员的治疗；对部分四肢不稳定骨折伤员，医疗救援队采用闭合穿针、中西医结合孟和氏外固定器外固定治疗，减少开放复位内固定的手术风险（如感染、失血等），提高手术安全性，节约有限的医疗资源。特别是对开放性骨折、感染性骨折、软组织挫伤严重等不适合手术切开复位内固定治疗的骨折，外固定器治疗能够对骨折进行有效固定，同时又便于观察伤口和及时换药，对设备、器材、无菌条件等没有严格要求，使用方便，手术时间短，也可以在短时间治疗批量伤员。对单纯胸腰椎压缩骨折伤员，医疗救援队采用中医五点支撑练功及腰后垫枕的方法进行保守治疗，通过伸位腰背肌功能锻炼，利用前纵韧带的牵拉作用，使大部分伤员椎体高度得到完全或部分恢复，取得良好的临床效果，避免了脊柱手术时间较长、手术条件及无菌环境要求较高等问题。对骨折伤员，无论是手法复位还是手术内固定，望京医院抗震救灾医疗救援队均在术后让伤员内服活血化瘀、接骨续筋、强筋壮骨的中药骨伤制剂。软组织损伤和闭合性骨折，均运用中药外敷、熏洗，配合中医四肢骨折练功、推拿等中医药方法，促进四肢骨折患者关节功能的早期康复，提高了临床疗效。对地震伤员挤压综合征，采用中药活血化瘀、补气排毒；对脑外伤地震伤员早期采用止血、活血、开窍，后期益气、活血、通窍等治疗法则。地震灾害初期由于条件限制，不少开放性伤口招致感染，运用扶正祛邪中药内服，按照中医“去腐生肌”的原则，辅以解毒消肿、化腐生肌的中药外用，中药换药使伤口内肉芽组织生长更快、肉芽质量更好。对感染伤口的中药换药，中医药有明显优势。

抗震救灾期间，四川灾区各地使用中成药、院内制剂达 70 余种。四川省中医药管理局紧急组织四川省骨科医院生产 2 万支骨伤外用制剂“新伤软膏”，提供给阿坝、广元、德阳、绵阳和成都等市（州）的地震伤员使用。北京中医医院的院内制剂“红纱条”，在华西医院、成都中医药大学附属医院、四川省中西医结合医院的地震伤员治疗中起到积极的作用。成都中医药大学附属医院、四川省骨科医院和解放军总医院都江堰野战医院的中医药专家针对烂裆、蚊虫叮咬、皮肤瘙痒等情况，研制出中药外用喷剂“都江堰 1 号”（治疗体股癣、各种皮炎）和“都江堰 2 号”（治疗和预防蚊虫叮咬等），紧急生产 18 万支，解决了部队抢险官兵普遍出现的烂裆和蚊虫叮咬等皮肤疾患问题。

5月13日，四川省骨科医院接到四川省卫生厅和四川省中医药管理局的通知，根据灾区软组织损伤人员较多的实际情况，要求紧急生产2万支新伤软膏，医院立刻安排采购原药，启动生产线。按照平日程序办理，从采购各种原辅材料开始到生产结束，制作2万支药膏约需1个月左右的时间。在生产过程中，6000多公斤中药原材料要分5批次提取，提取过程中需要技术人员不断搅匀，每批次需要搅匀的时间是6个小时，还要不断加辅料；提取之后，将这460公斤的提取物熬制成膏状，然后用机器装药、人工包装。14—16日，四川省骨科医院干部、职工连续三天三夜加班加点，按期完成2万支新伤软膏的生产。

抗震救灾前线的解放军和武警部队官兵深受皮肤病和蚊虫叮咬的困扰，很多人出现皮肤红肿、剧烈瘙痒、溃烂等症状，十分痛苦，严重影响部队的战斗力，急需外用药物治疗。6月3日，四川省骨科医院接到四川省中医药管理局指示后，立即组织药剂科全力投入“都江堰1号”和“都江堰2号”的生产，以最快的速度、最短的时间为前线解放军和武警部队官兵送上优质安全的纯中药制剂。一瓶小小的45毫升药水有着复杂的制剂工艺和19道严格的生产工序，包括准备原药、投料、提取、浓缩、配制、灌装、包装等。在生产时，灌装设备严重不足，生产人员缺乏，医院号召全院职工到药剂科当志愿者协助生产。药剂科全体工作人员更是不分昼夜连续生产，在灌装设备短缺的情况下，药剂科人员采取机器灌装和传统的手工灌装相结合的方式，以缩短生产周期增加药品产量。8日是农历端午节，但是制剂室的生产仍然没有停顿，全体人员一直工作到深夜，直到完成生产任务。（参见图123）

图123　6月4日，四川省骨科医院工作人员正在紧张生产“都江堰1号”和“都江堰2号”药剂
（四川省卫生厅　提供）

二　香港、澳门和台湾医疗队支援灾区医院伤员救治

香港特区医疗队于 5 月 15 日抵达华西医院参与灾区伤病员医疗救治工作，并与华西医院 ICU 室护士进行技术磋商和交流。医疗队的临床心理学家小组就“灾害伤员的心理急救”问题举行专题讲座，与成都市儿童医院的管理人员就“灾后患儿心理干预”问题进行交流，并参加华西医院心理卫生中心主办的心理危机干预训练课程。15—30 日，香港医疗队共诊治病人 193 人次，开展手术 69 台次，护理 102 人次，查房 7 次，会诊 16 次，讨论病案 23 例，巡诊 3 次，培训交流 17 期。

澳门特区政府第一支医疗队于 5 月 23 日晚抵达四川灾区后，在成都市第三人民医院开展医疗救援工作，共实施手术 29 例，护理 521 例，查房 368 次，会诊 7 次，讨论病案 35 例，巡诊 10 次，培训交流 8 期。队员还与成都市第三人民医院医师就挤压综合征并多器官功能障碍综合征死亡病例进行讨论，总结诊治过程中的经验和教训。澳门第二支医疗队于 6 月 10 日下午抵达成都后，赶赴南充川北医学院附属医院和南充市中心医院参加医疗救治工作。截至 6 月 23 日，共诊治病人 480 人次，参与手术 115 台次，护理 761 人次，查房 433 次，会诊 34 人次，讨论病案 69 例，巡诊 43 次，开展学术交流 19 次。

台湾红十字医疗队于 5 月 20 日抵达成都后，立即奔赴德阳市开展医疗救治工作；21 日和 22 日又转战广汉市高坪镇，在设置有中西医内科、外科、儿科、针灸及药房等功能单位的临时医疗站内，为灾区伤病员开展清创、换药及诊治，并进入居民点为老弱灾区群众巡诊。台湾红十字医疗队 20—24 日在四川灾区参加救援工作时，共诊治病人 437 人次，开展手术 1 台，查房 50 次，会诊 114 人次。

三　国际医疗队支援灾区医院伤员救治

俄罗斯医疗队到达四川灾区后，重点对伤病员进行初步诊治，判断伤员病情并进行分类，将处理好的重伤员转到成都医疗机构进行专业救治。截至 6 月 1 日，医疗队共接治病人 1425 人次（其中心理治疗 305 人次）、手术 112 台次，护理 57 人次，查房 57 次，会诊 57 人次。

日本医疗队在华西医院与中方医护人员共同对地震伤员进行治疗。队员被分为 3 组，分别负责急诊、ICU 室及血液透析。另外，医疗队还派 2 名队员到华西医院附属第二医院协助救助工作。医疗队在华西医院期间，共对脊椎骨折、脑损伤等重症地震伤员 253 人次实施急救诊治和急救护理，并护送部分伤员前往成都双流机场乘机。至 5 月 31 日，总计参与救治各类伤患人员 1015 人次，护理 214 人次，查房 36 次。

意大利医疗队 5 月 24 日在搭建好的医疗帐篷中开始收治伤员，截至 6 月 4 日，共接治伤员 912 人次，其中手术约 260 台次，护理 73 人次，讨论病案 126 次，会诊 47 次，培训 11 期。意大利医疗队队员还配合当地医务人员完成大量伤病员的医疗救治。

德国医疗队抵达都江堰市后马上开始搭建帐篷安装设备，建立中德红十字会野战医院。5 月

25 日至 6 月 18 日，中德红十字会野战医院双方工作人员共诊治伤病员 18905 人次，开展手术 43 台次，护理 1689 人次，查房 1805 次，会诊 25 次，组织讨论病案 3 例，外出巡诊 37 次。德方医务人员还先后举办培训讲座 12 期。

古巴医疗队员在四川省人民医院与省人民医院医务人员共同查房，了解急诊病房流程，为病人护理、铺床、输液，并参与疑难病案讨论。至 6 月 6 日，共诊治伤病员 484 人次，开展手术 31 例，护理 264 人次，查房 670 次，会诊 12 次，组织病案讨论 41 例，外出巡诊 6 次。

英国医疗队抵达绵阳市中心医院后，立即对住院部、门诊大厅、帐篷区等处的病员进行伤情了解，并详细讨论工作计划。5 月 25 日、26 日，英国医疗队在绵阳市中心医院进行查房和病例讨论，共察看伤病员 160 余例，为每位伤病员拟订了详细的诊疗计划。同时，英国外科专家主刀先后完成股骨骨折内固定、跟骨骨折内固定等 6 台手术，均获成功。英国医疗队为中国医护人员做了题为“地震灾害急救与灾后疫情防治”的专题学术讲座，上百名医务人员参加讲座。27 日，英国医疗队从绵阳市中心医院转到成都市第二人民医院投入紧张的医疗工作。英国医疗队共诊治病员 128 人次，手术 11 台次，查房 8 次，会诊 1 次，病案讨论 4 例，巡诊 2 次，培训交流 8 期。

法国医疗队在广元市中心医院加入急诊室的抢救伤员工作，至 6 月 4 日，共诊治病员 225 人次，护理 67 例，查房 4 次，会诊 25 次，外出巡诊 80 次，培训交流 1 期。

巴基斯坦医疗队经过短暂休整后，于 5 月 30 日晨开始在陇南市武都区搭建临时医院，进行伤员接收前的准备工作。当天上午，巴基斯坦医师与中国医疗专家一起对第一个被送到医院、在地震中被倒塌房屋砸伤的伤员王条花展开救治。截至 6 月 9 日上午，医疗队共诊治病人 1105 人次，X 线检查 171 人，B 超检查 91 人，心电图检查 30 人，化验 178 人份，手术 13 台次，会诊 20 人次，并向陇南市医疗卫生部门捐赠价值 70 多万元的医疗器材和药品。

印度尼西亚医疗队在文县人民医院对住院病人进行查房、换药、诊断和护理等，并为当地伤员和群众开展义诊和心理辅导。5 月 31 日至 6 月 5 日，先后诊治住院病人 260 人次，实施手术 7 台次，为学生健康体检 120 人，为群众义诊 844 人次。

美国马里兰大学休克创伤中心医疗队抵达华西医院后，按专业分组协助 ICU 的医疗救治工作，6 月 7—16 日，共诊治病员 292 人次，护理 32 人次，查房 12 次，会诊 46 次，外出巡诊 7 次，讨论病案 23 例，培训交流 9 期。

第三章　四川灾区伤员跨省转运治疗

汶川特大地震发生后，成都、德阳、绵阳、广元等市各医院伤员爆满，医疗资源相当紧缺，医务人员超负荷运转。为减轻受灾地区所在省的医疗救治压力，全力抢救伤员生命，确保救治效果，中共中央、国务院决定将部分能够转移的四川伤员送往其他省（区、市）条件较好的医疗机构进行救治。

按照中共中央、国务院决策部署，卫生部抗震救灾工作领导小组决定由医疗救治组统筹组织和负责实施重症伤员转运治疗工作。根据地震灾区伤员转运工作方案，四川灾区伤员转运工作迅速展开。四川省抗震救灾指挥部医疗保障组深入转运一线，具体安排处理转运工作中有可能出现的一些细节问题，确保转运工作顺利进行。四川省的省级、重灾地区市级医院提前进行伤员甄别、筛查工作，确定转运伤员名单、数量，准备伤员个人信息资料，以在转运交接时提供给接收方。

为保证伤员能安全到达火车站或机场，支援四川灾区医疗救灾工作的各省（区、市）医疗队积极参加伤员转运工作，北京、天津、河南等救护车队全力参加伤员转运工作。5 月 19—31 日，转运工作没有发生一起事故，所有被转移伤员均安全抵达目的地。

截至 5 月底，卫生部与前方综合协调组、四川省卫生厅密切协作，协调公路、铁路、民航等部门，出动医务人员 5000 余人，动用 19 列专列、99 架次专机和大量救护车，安全有序地从四川灾区向北京、天津、河北、山西、辽宁、上海、江苏、浙江、安徽、福建、山东、河南、湖北、湖南、广东、广西、重庆、贵州、云南、陕西 20 个省（区、市）的 58 个城市的 375 个医疗机构转送 10015 名伤员，并安置陪护家属 9099 人。

375 家医院中，三级医院 295 家、二级医院 50 家、其他医院 30 家（含部队医院）。各省（区、市）高度重视四川转运伤员的收治工作，各接收医院专门开设“爱心病房”，预留床位，配备最好的医护力量和设施，对伤员的迎接、运送、治疗、陪护、心理疏导及日常生活照顾等各个环节都做了精心安排，使每一位来自四川的地震伤员都受到最好的治疗和护理。

据四川省卫生厅 9 月 8 日统计，在四川省转往外省治疗的 10015 名伤员中，单纯肢体骨折占 34.5%、混合性外伤占 14.3%、脑外伤占 11%、躯干部外伤占 12.5%、软组织损伤占 8.6%、闭合性外伤占 2.1%、脏器衰竭占 0.7%、其他占 16.3%。在省外治疗期间死亡 18 人，死亡率为 0.018%，死亡伤员以病情危重又有严重基础疾病年龄大的伤病员为主。截至 10 月 31 日，绝大多数四川地震灾区伤员伤愈出院，陆续返回四川。

第一节　伤员跨省公路转运

汶川特大地震发生后，经四川省卫生厅同意，在德阳市卫生局等相关部门的协调下，重庆市医疗救援队和第三军医大学医疗救援队从什邡、绵竹等地经公路向重庆市转运地震伤员。此举提供了灾区积聚伤员批量处置的办法，为灾区医疗机构应对可能的次生灾害提供了救治空间，也使全国医疗资源就地参与震灾伤员治疗工作实现效能扩大化，引起医疗卫生高层决策机关的重视，逐步发展到卫生部统一调配远程护送工作，从而使灾区伤员得到及时有效的分流救治。

一　地方组织跨省公路转运伤员

跨省公路转运伤员，主要是将四川省的部分伤员转运到临近的重庆市。5 月 13 日，为保证公路转运四川灾区伤员能有序、安全到达目的地重庆，重庆市卫生局确定定点收治四川灾区伤员的医院，并做好人、财、物、床位等方面的充分准备。

为了做好伤员跨省转运工作，卫生部医政司于 5 月 17 日下午召开地震灾区伤员转运工作协调会，研究制订转运工作方案，并决定成立伤员转运工作指挥部。会议决定，由卫生部医政司统一指挥协调伤员转运工作，北京市卫生局负责伤员的分检和具体转运工作，四川省卫生厅负责与地方政府和相关医疗单位的沟通协调，为伤员的转运提供支持和保障，重庆市卫生局负责伤员的接诊工作。会议强调，在转运伤员时要注重检伤分类和保证转运质量，尽可能减少二次损伤的机会，为伤员的进一步救治创造条件。

5 月 17 日，绵阳市医疗救治分队指挥部召集医疗、交通、公交、后勤保障等部门，以及北京急救中心救护车队、接收伤员的重庆市卫生局等各方面人员的工作协调会，协调公路转运伤员到重庆治疗的组织工作、车辆及医疗物资的准备工作、伤员护送的人员保障工作等，制订公路转运方案、转运时间、目的地、转运人数和伤员来源及筛查等事项。

绵阳市制订公路转运伤员的方案和工作流程，预先确定车队行车路线，精确计算每批伤员接送时间。救护车队提前一小时接应，伤员有序上车，在交警配合下，形成井然有序的工作流程，以保证伤员安全到达目的地。为防止伤员在转运途中病情恶化，转运途中配备医护人员和必要的

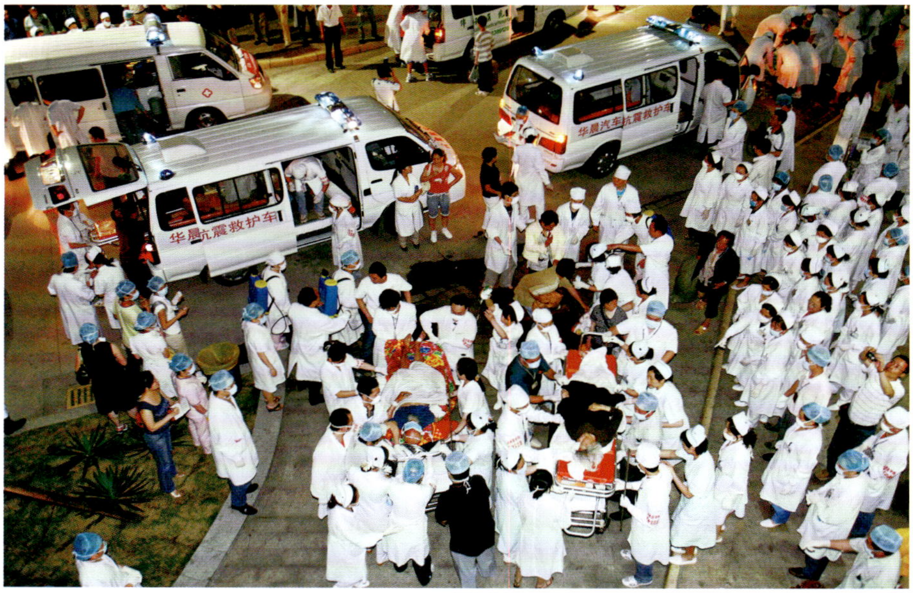

图 124 5 月 18 日晚，绵阳地震灾区伤员 50 余人被紧急转运至重庆救治
（绵阳市卫生局 提供）

器械。按照“一对一”输送伤员的原则（即一名伤员由一辆救护车转运，配备一名陪伴、一名志愿者、一副担架，同一单位或地区的病人尽量同一批转运）转运伤员，同时派一名医护人员观察伤员在转运途中的病情变化。

5 月 17 日，绵阳市经公路向重庆市中山医院、重庆市骨科医院、重庆市和平医院、重庆市西郊医院和合川区医院、铜梁县医院、潼南县医院、重庆市急救中心等医疗单位转运伤员 297 人。18 日，绵阳市出动救护车 100 辆、驾驶员 200 人，经公路向重庆市的江津人民医院、荣昌县人民医院、巴南区第二人民医院和重庆市第七人民医院、南川区中医院、璧山县人民医院转运伤员 875 人。（参见图 124）由于转运伤员的组织准备工作充分，加之随车医护人员的精心照顾，伤员无一例死亡和再次受伤。此后，德阳市和绵竹市、什邡市经公路向重庆各医院转运伤员 239 人。

北京急救中心受绵阳市卫生局委托，集结 73 辆救护车、297 名队员组成医疗救援转运队，在 14 天里行驶 23 万公里，向重庆等地转运伤员。5 月 18 日，车队将伤员由绵阳转到重庆以后，又接到指令，立即返回绵阳继续转运伤员。至 19 日，转运队队员连续工作 36 个小时，只吃了一顿饭。在转运时，绵阳第 404 医院收治的一个女孩正要被送上救护车，一位医师阻止道：“病人的伤太重，转运太危险了。”医师郝伟当即表示：“不能放弃这个刚从废墟里救出来的孩子，我来负责转运。”救护车走了近 10 个小时，在郝伟一路精心监护下，女孩被安全送到医院，接受进一步治疗。

二 军队组织跨省公路转运伤员

解放军第三军医大学医疗队公路转运伤员 5 月 15 日 9 时，第三军医大学第一医疗队根据灾区伤员众多、灾区医疗条件有限、手术设施设备破坏严重等情况，提出灾区批量伤员转运分流是解决及时救治的有效办法。队长郭继卫与第三军医大学第一附属医院医疗科沟通，探讨转运伤员治疗可行性问题，分析运力、接送人员、途中医疗安全、收治空间与转运数量、救治衔接等情况。随后，医疗队总指挥赵先柱向第三军医大学指挥部提出转运伤员到第三军医大学治疗的建议。经学校党委和学校指挥部批准同意，按照“卫勤指导、医院前接、确保安全”原则，由3所附属医院接转约60名伤员回校，并迅速开始伤员转运的相关准备工作。

当时还没有单位跨省区大规模转运地震灾区伤病员，国家也没有出台相关政策，德阳市人民医院担心伤病员的安全，部分专家也不能理解。赵先柱、郭继卫等就灾区工作重心变化和医院救治能力实际等情况，同德阳市人民医院领导深入沟通，得到医院的理解与支持。

当医院与伤病员沟通转运至重庆治疗时，绝大部分伤病员因不了解整体政策情况，对转运持保守态度，至5月15日22时，仅有3名伤员愿意转往重庆治疗。为提高伤员转运治疗的积极性，医疗队以救治效果为标准，提出免医疗费、允许家属陪伴、提供生活补助等系列措施，让伤病员安心转运治疗。通过详细解释，多数伤员同意转运。在此基础上，第三军医大学医疗队制定转运知情同意书，完善转运的相关医疗文书。

为确保地震伤员转运安全，第三军医大学医疗队根据转运伤员基本原则，确定42名转运伤员名单。当时确定的转运伤员的选择标准为，较复杂的闭合伤伤员，生命体征适合转送搬运的伤员，最好有家属陪伴的伤员；而病情较轻，两周内可治愈出院的伤员不予转运。

5月15日22时30分，第三军医大学组成的由7名医护人员参加的首批灾区伤员转送小组，租用2辆重庆公交集团的豪华空调卧铺大巴车，调用2辆救护车，携带急救医疗包和急救药品等及4副便携式军用折叠担架，赶往德阳市人民医院。16日8时20分办理伤员交接和登车，9时20分交接完毕，9时40分全部伤员顺利完成登车赶赴重庆。15时，救护车先期到达指定医院病房大楼广场，20辆转运推车整齐排列，每辆推车配有一名医师和两名护士。第一位被抬下的伤员是在地震中右侧胫腓骨骨折的80岁老人温凤俊，被立即送往抗震救灾专用病房。19时8分，接运18名伤员的卧铺大巴车到达指定医院，此批伤员多数来自绵竹市汉旺镇，都是骨折伤员，受伤后仅用木条、绳索、塑料等材料做过简单固定处理，搬运难度大，30分钟后全部顺利转到病房。20时，需要立即手术的4名伤员被同时送到手术室接受手术；22时30分，4台手术顺利完成。伤员转运队历时22小时，往返行程900余公里，安全顺利完成灾区伤员向省外的首次转送任务。

解放军第520医院公路转运伤员　5月17日晚，解放军第520医院确定转往重庆伤员46名名单，其中伤情较重只能平卧的伤员20名。第520医院派出一辆救护车，携带救治设备、药品、器械、简单食品，租用地方营运中巴车4辆、大客车1辆运送可以坐立的轻伤员、家属和生活用品，租用大卡车5辆运送只能平卧的重伤员，每车配备司乘人员2人。18日10时，11辆车、42名工作人员带着46名伤员，经遂宁至重庆的遂渝高速公路前往距绵阳市600余公里的重庆市万盛区的两家医院。车队规定以不得超过50公里/小时的速度平稳行进，每小时停车一次，检查报告伤员情况，有紧急情况随时报告。一路上，医护人员宁可自己忍饥挨饿，把有限的饼干、水让给伤员，悉心照顾每一位伤员，认真细致地处理出现的病情变化；沿途许多群众和交警纷纷为车队让路、带路。19日2时，车队和所有伤员平安抵达指定医院。

第二节　伤员跨省铁路转运

为了提高伤员转运效率，协调四川省卫生厅和铁路部门，在使用专机转送伤员的同时，充分发挥铁路交通运力大的优势，利用专列向四川省周边省份转送伤员。铁道部迅速部署，紧急指定伤员转运工作的负责人就位，电令铁路系统成立转运伤员指挥部，要求 100 辆客车入川待命，同时做出"安全运输、优质服务、全力以赴、万无一失"的指示。5 月 19—31 日，铁道部先后从地震重灾区绵阳、江油、德阳、广元、成都 5 个车站，向重庆、西安、昆明、遵义、贵阳、汉口、长沙、郑州、杭州、石家庄、天津、太原、北京、徐州、镇江、常州、扬州、泰州、南通、洛阳、漳州和厦门开行伤员转运专列 19 列次，转运伤员 5053 人、陪护家属 4882 人、医护人员 1873 人，占四川灾区累计向省外转运伤员的 51%。（参见表 15）

5 月铁路转运汶川特大地震四川灾区伤员情况统计表

表 15

日期	累计列数	开行车次	承担局	始发站	到达站	运输人数（人）			小计
						伤员	陪护	医师	
19 日	1	57005	成都铁路局	绵　阳	重庆北	246	220	65	531
20 日	2	"救" 1/2/1	成都铁路局	绵　阳	重庆北	297	307	122	726
	3	"救" 12/3	广州铁路集团	绵　阳	西安	247	239	79	565
21 日	4	"救" 5	昆明铁路局	江　油	昆明	247	234	141	622
	5	"救" 9/10/9	成都铁路局	德　阳	重庆北	264	244	103	611
	6	"救" 7	郑州铁路局	德　阳	遵义、贵阳	288	286	87	661
23 日	7	"救" 12	南昌铁路局	绵　阳	汉口	279	264	101	644
	8	"救" 15/4	广州铁路集团	德　阳	长沙	238	239	67	544
24 日	9	"救" 18	南宁铁路局	绵　阳	汉口	280	273	96	649
	10	"救" 16	郑州铁路局	广　元	郑州	272	270	100	642
25 日	11	"救" 22/1/2	昆明铁路局	成　都	杭州	285	285	110	680
	12	"救" 19/20	沈阳铁路局	德　阳	长沙	264	224	81	569
26 日	13	"救" 24	北京铁路局	广　元	石家庄、天津	160	172	73	405
27 日	14	"救" 26	南昌铁路局	绵　阳	太原、北京西	189	180	148	517
28 日	15	"救" 28/7	郑州铁路局	成　都	徐州、镇江、常州	348	335	83	766

续表 15

日期	累计列数	开行车次	承担局	始发站	到达站	运输人数（人）			小计
						伤员	陪护	医师	
29 日	16	“救”36/3/6/3	沈阳铁路局	成　都	扬州、泰州、南通	348	326	87	761
	17	“救”29/32	南宁铁路局	德　阳	杭州	330	318	86	734
30 日	18	“救”38	广州铁路局	成　都	洛阳、石家庄	190	185	165	540
31 日	19	“救”40	南昌铁路局	成　都	漳州东、厦门	281	281	79	641
合　计						5053	4882	1873	11808

一　铁路转运部署

铁路转运开行方案制订　5 月 17 日 9 时，铁道部劳动和卫生司副司长韩树荣受命火速赶往四川，负责铁路伤员转运工作。15 时 30 分，韩树荣抵达成都后立即驱车赶往成都铁路局会议室，组织召开有成都铁路局总会计师和劳卫处、运输处、车辆处、客运处等部门负责人参加的铁路转运伤员工作第一次紧急会议，传达铁道部党组决策，决定在继续全力以赴做好抗震救灾物资运输的同时，充分发挥铁路安全平稳、运能大、速度快的特点，组织最优秀的乘务员，开行专列，在最短时间内将伤员转运出灾区。会议确定，将宝成铁路线上的广元、江油、绵阳、德阳、成都火车站作为转运伤员的始发站。

5 月 17 日晚，铁道部转运地震灾区伤员工作的负责人组织成都铁路局的多个部门召开紧急会议，要求成都铁路局率先行动，充分发挥铁路运输安全、运能较大的特点，开行伤员专列，完成铁路伤员转运任务。21 时，铁路负责伤员转运的工作人员赶到四川省卫生厅，向指挥伤员救治工作的卫生部副部长王国强汇报铁路方面的准备情况，共商伤员转运的时间、地点和人数等有关问题。双方经过磋商达成一致意见，首列转运伤员专列于 19 日 11 时由绵阳开往重庆。

地震伤员中绝大部分是必须用担架搬运的骨伤病人，大规模转运难度较大；伤员来自不同的地区和医院，救护车辆少集结困难，需要铁路多点组织乘降；旅客列车缺乏医疗条件，长时间、跨区域的远途运输，途中医疗急救工作面临考验；每次几百人同时用餐，铁路餐车史上没有先例，医用垃圾和生活垃圾处理也存在一定难度，特别是在短时间内，铁路部门需要协调与四川省卫生部门及各接收地政府卫生部门的联系，建立统一指挥机制的难度很大。

5 月 17 日 23 时，铁道部与成都铁路局的领导在成都铁路局主持召开会议，细化准备工作。成都铁路局车辆处连夜制订《车辆系统开行抗震救灾运送伤员专列开行方案》，并按照方案成立以车辆处处长、车辆段段长等为负责人的指挥机构。成都车辆段连夜抽调 50 人，并选取 15 辆外部整洁一致的非半包式硬卧车辆随时待命。

5 月 18 日 4 时，成都铁路局完成《“5・19”绵阳灾区伤员转移重庆北实施方案》，共青团成都铁路局委员会迅速召集在家休息的所有团委人员到单位制订上报青年志愿者工作方案；6 时 30 分，分头通知重庆客运段、南充客运段和多元集团组织志愿者队伍落实人员。上午，300 名志愿者名单落实，有 180 名和 120 名志愿者分别在成都、重庆待命。与此同时，成都铁路局疾病预防控制中心完成对绵阳车站水质采样检测，并协同参与的车辆、客运、劳卫、公安等单位，联合完成列车消毒和检查。专列车辆在绵阳站编组完毕，绵阳站派出所民警上岗守卫。

5 月 18 日，卫生部发出《关于做好四川地震灾区部分伤员转出和接收工作的紧急通知》；成都铁路局结合铁路工作实际，用电报连发《关于做好运送地震灾区伤员组织工作的通知》《关于进一步规范运送地震灾区伤员组织工作流程的通知》《关于做好地震灾区伤员运输工作的补充通知》。客运段挑选出经过红十字救护培训、心理素质好、业务精通的 172 名员工待命。下午，铁道部领导专程到成都客运段做战前动员，要求“铁路员工要像对待自己亲人一样为伤员服务”，并指导担架进出车厢演练工作。19 时，卫生部医政司和绵阳市政府、绵阳市公安局、绵阳市卫生局有关负责人、有关医院院长以及铁路部门有关领导，在绵阳火车站会议室召开会议，明确次日的伤员转运工作分工。会议决定，卫生部负责调集北京市派到灾区的 69 辆救护车，承担市内转运任务；成都市交警分 3 批完成救护车护送；铁路部门负责在两个半小时内将伤员搬上火车。同日 23 时，先期赶到绵阳的铁道部副部长王志国打电话确定列车出库时间，要求尽全力保证转运时间，提高车站伤员转运效率。

5 月 19 日晨，铁道部负责伤员转运工作人员再次前往绵阳医院，协调当日准备工作的落实情况，根据医院到火车站的距离，与医院共同商定汽车发车的时间间隔等事宜。11 时 20 分，铁道部成立转运地震灾区伤员指挥部。指挥部由成都铁路局局长安路生担任总指挥，铁道部劳卫司副司长韩树荣、成都铁路局党委副书记何元和卫生部医政司副司长张宗久担任常务副总指挥，下设运输组、卫生组、保卫组、宣传组、志愿队和综合组。指挥部办公地点设在绵阳，在成都设办事处，根据工作需要，兵分两路，一路在绵阳和江油转运伤员，另一路往返于广元和德阳之间。

铁道部铁路转运伤员指挥部紧急制订《铁道部地震灾区伤员指挥部组织机构框架》《铁路转运震灾伤员工作流程图》《转运工作规范管理通知》，以确保地震灾区伤员转运工作安全有序进行。成都、绵阳、德阳、广元、江油等地政府部门高度重视铁路转运伤员工作，积极协调医院、铁路，安排落实伤员筛选、交接、救护车接送站及转运途中的医护工作等各项具体事宜。

铁路转运车辆准备 在铁道部统一指挥下，转运伤员的热备车底分别从上海、昆明、郑州、北京、沈阳等地紧急驶向四川。火车车窗在一般情况下不能拆卸，尤其是空调车窗，拆卸会影响车厢的使用效果和寿命。为尽量减少伤员在乘车过程中的痛苦，铁路职工进行演练，“伤员”躺在担架上，由同伴抬着上下车，寻找最合理的动作要领。正常情况下，从车门上下运送一位伤员需要 18 分钟，不仅耗费时间，还会增加伤者的痛苦。从列车尾部的行李车大门进入，再通过车厢转进，试验结果表明，方法可行，但速度太慢。改用每 3 节车厢配一个行李车的办法，让担架伤员先进入行李车，再向两侧车厢疏散，这仍与铁道部两个半小时完成伤员上车的要求相差甚远。最终，指挥部决定卸下车窗玻璃，由医护人员和青年志愿者将伤员担架从车窗直接抬进车厢，减少伤员上车时间，最大限度减轻伤员痛苦。伤员上下列车的这扇车窗，被人们称为“生命之窗”。（参见图 125）

5 月 18 日，成都铁路局车辆处组织技术人员赶赴绵阳。成都车辆段从整备大队、乘务车间、检修车间选出 50 名业务骨干，备足车窗玻璃、胶带以及安装工具，并抽调 4 辆汽车作为抢修专用

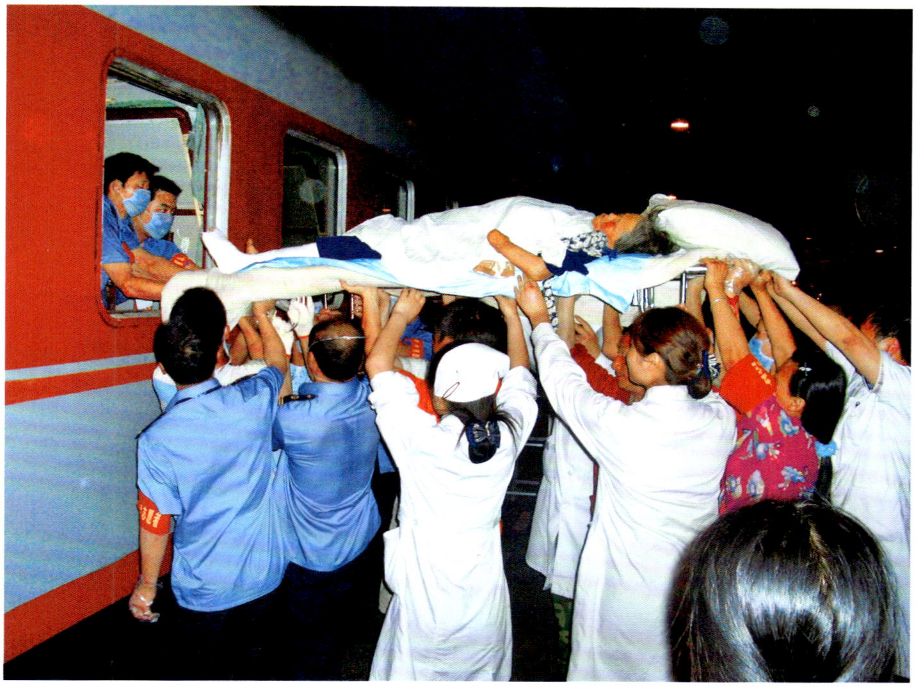

图125 5月24日，广元市卫生局组织医护人员等在广元火车站通过“生命之窗”向车厢传送跨省转运伤员
（广元市卫生局 提供）

车，随时应战。从19日起，以成都车辆段段委书记为第一责任人，在绵阳、江油、广元、德阳、成都5个工作点组织拆卸车窗的突击战开始。抢修队分3个大组，每大组有8个小组，每小组2人，保证紧张时能在3个不同地点同时作业。为节约时间，每小组负责两节车，一个小组完成后，自动支援其他小组，滚动前进；在列车中间留出一扇车窗为应急通道。车窗封装，实行严格的三级质量复查制，由大组组长、车辆添乘干部和指挥部领导分别把关。16位车辆段抢修队的老职工，在绵阳客技站连夜拆卸车窗，研究封窗技术要领。正常情况下，拆装一个车窗需要20分钟，经过一夜反复练习，最快能在30秒内完成单扇车窗拆卸，全列最快拆卸仅需5分钟、最快安装仅需10分钟。熟练工的动作被拍摄成录像，迅速传到各铁路局供学习借鉴，以确保能以最快速度拆装列车车窗。

临时改造硬卧车厢方便伤员乘车，将中铺全部吊起，只用下铺；在上铺安装挂钩，可挂吊瓶；每一个铺位张贴温馨提示卡，登记伤员信息；行李车改造成临时急救病房，应对途中突发事件。列车环境和医疗配备，相当于二级医院水平。根据转运伤员的特殊需要，每节车厢由原来普通列车的1名乘务员增加到4名，乘务员全部经过红十字会医疗和心理培训，方便在途中照顾伤员。绵阳、广元等车站站台较低，成都铁路局劳动服务公司制作坡式渡台，上铺防滑红地毯，放在车厢门口。整备列车，卧具、地毯全部更新，列车卫生间配备坐便器和一次性纸垫、卫生纸、消毒液、洗手液、毛巾和尿壶等备品。各车厢配置报话机，保障指挥畅通。

二　铁路转运实施

首列伤员铁路转运列车开通　5月19日7时，首列伤员转运专列57005次列车停靠在绵阳车站一站台，铁道部和成都铁路局领导在现场协调指挥。7时5分，运载着246名伤员的救护车，陆续驶入绵阳车站站台，守候在站台上的志愿者和铁路干部职工按照分工进入岗位，互相配合，有条不紊地将一个个躺在担架上的伤员从车窗直接送入车厢，仅用 90 分钟就将 246 名伤员、220 名护理家属护送上车。右肋骨、腰椎和骨盆多处骨折的伤员朱玉梅最担心的“折腾”没有出现，她说：“我都做好了心理准备，结果我还没感觉到怎样，人就平稳地躺在火车卧铺上了。”9 时 55 分，车辆人员封闭车窗，各项作业全部完成。10 时 20 分，专列提前 40 分钟发出。（见图 126）

首列伤员专列上配有心电图机、呼吸机、吸痰器、心肺复苏等设备和部分外科器材，以利于途中救治。医务人员由接收地卫生部门抽调人员和第四军医大学抽组的列车医疗队组成。专列设有专家组，每个车厢有配属医师。每个伤员都有一整套人员和设备对应服务，包括一组陪护人员（包括志愿者）、一张伤员转运清单、一个乘车证、一条写着个人信息的腕带、一个接收单位等信息。列车开动后，医护人员给伤员换上接收医院的病号服，对伤员进行详细登记并建立病案，了解乘车前的伤情，以便继续为伤员治疗。

为保证专列上 500 多人同时用餐，成都客运处打破铁路餐车以往的惯例，直接从全段抽调特级和一级厨师执行任务，从餐料准备到完成，都严格落实食品安全标准。针对伤员饮食需要，餐车提前统计各类用餐人数，准备与之适应的流食和套餐等 10 余个品种；对行动不便的伤员，准备 2000 多个吸管和饭勺等餐具；普通伤员和家属的午餐是米饭、香菇烧肉、黄瓜胡萝卜鸡丁、红烧鱼、番茄蛋花汤，外加一碟泡菜，餐后水果是圣女果和橙子。对吞咽困难或不适合吃固体食物的伤员，由列车员用勺喂食。

列车运行中，列车员端茶送水提供热情周到的服务。6 号车厢有位姓杜的老人，肝肾损坏，全身插管无法行动，列车员杨建悉心照顾，为老人端屎端尿。17 岁的北川中学学生刘敏被埋 50 多个小时后获救，由于难以接受右腿截肢终身残疾的痛苦，上车后情绪不稳定，不配合工作人员的工作。列车员蒋兰利用红十字会培训的知识对她进行安慰开导，帮助她树立生活信心。当刘敏脸上露出微笑时，刘敏的妈妈跪地向列车员表示感谢。

图 126　5 月 19 日 10 时 20 分，运送 246 名地震受伤群众及 220 名护理家属前往重庆接受治疗的首列伤员转运专列从绵阳火车站发车

（徐志群　摄）

5 月 19 日 17 时 32 分，57005 次专列平稳地停靠在重庆北站一站台。重庆市副市长谢小军等和铁路干部职工、志愿者、各大医院的医护人员到车站迎接。站台上悬挂着“全国铁路职工与灾区人民同呼吸、共命运、心连心”的标语，现场响起“重庆人民欢迎你”的广播声。站台上，重庆市各大医院集结的 208 辆救护车对着每节车厢准确停放。重庆车辆段的 60 名工作人员动作熟练地拆卸车窗玻璃，194 名青年志愿者进入车厢，4 人一组搬运一名伤员。他们从卧铺上轻轻抱起伤员放在担架上，然后抬出车窗，有条不紊地将伤员安全抬上救护车。

首次专列从开始准备到发车仅用 30 余个小时，车辆、客运、卫生等多个部门共同参与，几千人步调一致协同作战，实现快速集结、快速准备、快速搬运、快速发车、快速行车。

伤员铁路转运列车运行 第一列伤员转运任务完成后，铁路与地方政府建立常规协调机制，约定每次转运的前一天晚上召开协调会议，共商次日准备工作，解决随时出现的特殊问题。铁路转运伤员指挥部紧急制定了伤员转运工作流程图和转运程序。转运程序包括：铁路转运伤员指挥部每天指定专人和四川省卫生厅保持联系，随时掌握 5 日内的伤员转运人数和去向；根据地方提供的转运计划，计算交路和周转时间，按照伤员运送的需要，对转运车辆的型号、定员和上次专列设备情况逐辆摸底核对，充分做好车辆备用工作，并及时向铁道部运输局汇报。

在备好车底的同时，铁路客运段按照每节车厢 4 名列车员的标准做好人员集结，并根据伤员情况做好餐饮、卧具备品和通信工具的准备。非成都局客车担当伤员专列时，专列开车前一日，召开由客运处牵头、专列担当段与成都客运段参加的协调会。车底出库前，防疫部门进行消毒，客运处组织对专列准备工作检查，保证准备工作及时到位。伤员专列始发站和局管内途经或到达站做好车站客运组织方案和上水方案，备足人力和现场通信工具，特别注意伤员专列和其他客流交会时，杜绝交叉和冲突。客运段指定专人与运输部门配合，做好专列开行方案和调度命令下达工作，及时向路局现场转运工作组通报情况，将《铁路转运伤员专列乘务工作注意事项》传达至全体列车乘务员，做好现场组织工作。车站、客运段、公安、车辆、防疫、房建等单位协同配合，提前四五个小时对站区环境进行清理整治，客运部门负责提前做好站区卫生以便防疫部门进行消毒。车站客运人员和随车医护人员及医疗物资提前一个小时就位；房建部门提前一天对站房设施进行全面检查，在车底到达后立即安放渡台。之后，车辆段人员立即组织拆卸车窗玻璃。列车员把好车门，每车厢按 20 ~ 22 名伤员的标准乘车。客运处与现场的指挥机构保持沟通，分阶段及时汇报伤员上车情况，并向公安指挥员通报，以便协调组织救护车流向。

伤员上车过半后，车辆部门开始封闭车窗。根据伤员登乘进度，指挥部提前告知车站，由车站运转与路局调度部门联系，灵活调整开车时间。指挥部会同劳卫部门联系地方卫生部门，确认伤员、陪护人员和医护人员，登乘完毕报告列车长后，由车站运转人员下令发车。指挥部还陆续建立了几项重要的管理制度，其中的会议制度、信息沟通制度要求将各类会议记录和每次完成工作的简报、总结等一并存档，为完成以后的任务提供重要依据。

“救”字头专列开行 从 5 月 20 日起，铁路转运伤员指挥部决定，伤员转运专列改称“救”字头。“救”字头列车是一趟没有制订始发时间的列车，实行随开快行的运输组织方式，伤员上完即可开车，不受时间限制。全国铁路网上运行的列车都要为“救”字头专列让路。各铁路局调度指挥优先放行，以最短的运行时间快速行驶，除沿途下交伤员外，一站直达目的地。开行“救”字头专列，在中国铁路史上是第一次。“救”字头专列平均设置850个硬卧席位，一般是1名伤员、1名陪护家属随行，每节车厢配备4名医务人员，全部免费乘车。同时，采取谁的车辆，谁承担乘务工作；承担任务的铁路局委派添乘干部跟车，统筹安排，协调运力。（参见图127～129）

5月19日21时，郑州铁路局首趟“救”字头专列开出郑州站。列车编组18节车厢，60名经中国红十字会培训合格、持“救助资格证”上岗的列车员随车服务。

5月20日，长沙客运段接到开行抢运伤员专列的紧急命令后，段长、党委书记直接动员部署，连夜从机关科室和各车队抽调80名乘务员，在20分钟内全部集合完毕；1800余件卧具、1000多件备品以及防护药品、纱布、手套、应急便盆、口罩等备品按特快专列标准出库；餐料、食品、矿泉

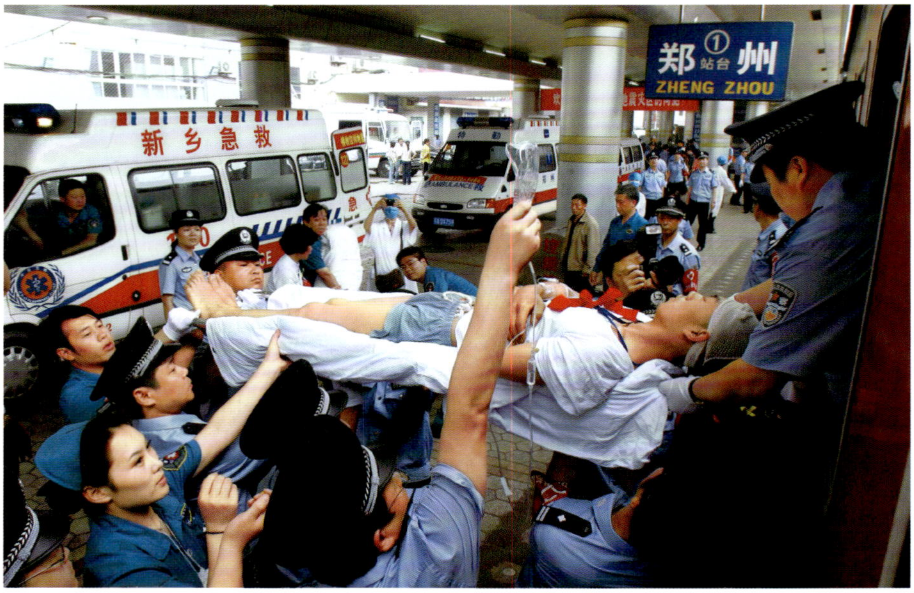

图127　5月24日11时，从广元市运送青川灾区272名伤员及270名陪护家属的“救”16次专列抵达郑州火车站

（李洪远　摄）

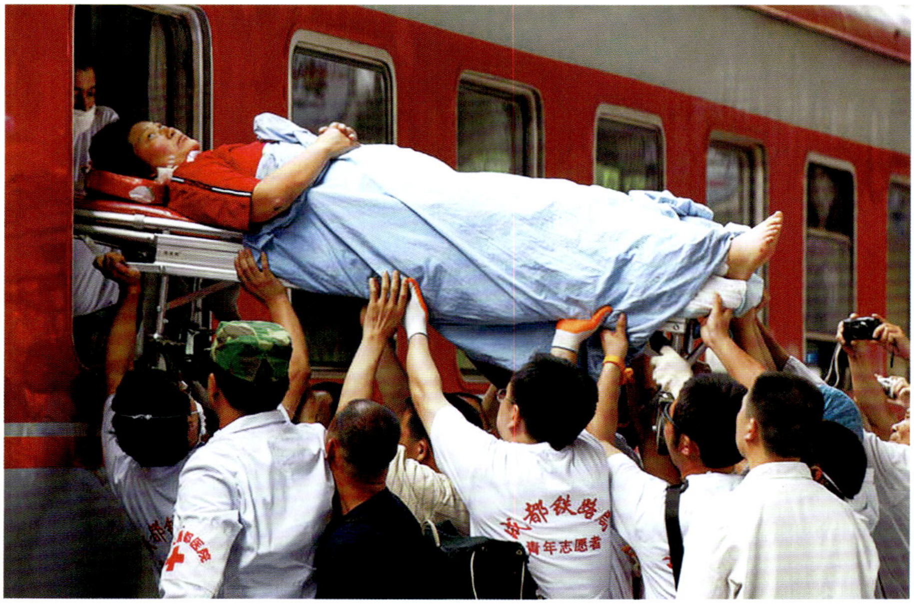

图128　5月20日，从绵阳市转运到西安的247名伤员，由经过培训的成都铁路局青年志愿者抬进专列车厢

（陈孚平　摄）

图 129　5 月 27 日 18 时 5 分，北京铁路局北京西站干部职工在站台上列队迎接运送地震伤员的“救”26 次专列

（张振国　摄）

水、茶炉用煤等按 10 天的用料量准备，共组织 100 件方便面、250 件矿泉水饮料、1500 公斤大米、165 公斤鲜鸡蛋等价值近 7 万元餐料上车。客运段业务科室领导全程添乘，3 名运输经验丰富、应急处理能力强的列车长各就各位。此后，昆明、南昌、南宁、沈阳等铁路局的专列也迅速向四川集结。

5 月 20 日 10 时 28 分，满载 297 名伤员的“救”字 1/2/1 次专列从绵阳站驶出，开往重庆北车站。16 时 50 分，专列开进重庆北站。列车停稳后，车辆检车人员迅速卸下车窗玻璃，列车员、车站工作人员和铁路青年志愿者敏捷、有序、平稳地将伤员从车窗抬出，送上等候在站台上的救护车。20 时，共有 18 节车厢的“救”字 12/3 次列车从绵阳发车。这是首次从四川灾区转运伤员到西安的列车，也是地震灾区送出的第三批伤员。247 名重伤员主要来自安县、绵阳、广元等受灾严重地区，其中多为开放性骨折、颅骨损伤、四肢挤压伤，急需手术治疗。

5 月 21 日 6 时许，“救”12/3 次列车到达西安，已有 200 多辆救护车停放在车站附近古城墙下的指定位置。站台上，西安铁路局中心卫生防疫站 32 名防疫人员，携带 10 台喷雾器准备登车进行消毒检疫。西安铁路局专门成立协调指挥部，决定打开车站东边的贵宾通道和西边的紧急通道，将救护车分为若干个组，每组 30 辆，分别从两个通道驶入 1 号站台。西铁局团委组织 100 名青年志愿者，协助医护人员转运伤员。由火车站后勤干部职工组成的 84 人服务队，每 6 人负责一节车厢，为伤员提供后勤保障和安抚服务，他们还为每位伤员准备一支康乃馨和写着祝福语的心形卡片。7 时，专列准时停靠西安火车站，1000 余名在站台上待命的第四军医大学学员、西安市急救中心的医护人员，立刻展开紧张有序的转运伤员行动。仅用 50 分钟，最后一辆运送伤员的救护车驶出站台，将伤员转送到第四军医大学西京医院和唐都医院。

5 月 21 日，德阳火车站有两次转运任务。指挥部领导按照工作惯例，提前到车站现场确定救护车行进路线，发现站内只有一个入口和出口，车辆在站内无法掉头，决定拆除站台北侧一头的围墙，让车辆从中间进站，两侧运行两边出站，以节省时间。在广元、成都等站，类似的问题也得到及时解决。铁路公安段按照警卫任务，每天制订一套保卫方案，详细部署每个公安人员的位置和任务，确保救护车进出车站仅用 4 ～ 8 分钟。

5 月 22 日下午，铁路部门原计划从绵阳转运伤员，后接到当地报告，受伤人员主要来自江油市，从江油转到绵阳尚需一个多小时的车程，长途颠簸容易给伤者造成痛苦。韩树荣立即与转运指挥部负责人研究决定，专列始发站从绵阳站改为江油站，并带队赶往江油车站。完成转运后，他叮嘱指挥部人员，要安排搬运伤员的志愿者洗手消毒后再用餐。

第四军医大学列车医疗队是地震后解放军唯一一支担负灾区伤员护送的专业医疗队。医疗队 64 人分成两个队，每队 32 人，都是从各个科室抽调的技术骨干，接受过列车运行中救治基本理论、基本操作、战前动员、物资准备、机动开进、前接护送等严格训练。列车医疗队出色完成 1048 名伤员到重庆、西安、武汉、太原、石家庄、天津、北京 7 个大城市的转运任务。在完成第一次护送伤员任务后，列车医疗队员及时总结经验，对检伤标准进行修改，尽可能做到对伤员提前检伤，确保护送的伤员符合标准。在护送伤员实践中，列车医疗队设置伤员分类登记表和胸挂式标识卡，建立列车上的医疗护理记录单，使伤员护送科学化、标准化。温家宝在看望列车医疗队时称赞说："在这次斗争中，你们表现了很高的觉悟，充分发扬了我军不怕疲劳、不怕困难、连续作战的精神，救治了大量伤员，受到了灾区人民高度赞誉。"

5 月 20 日下午，受胡锦涛委托，在重庆地震灾区指导抗震救灾工作的中共中央政治局常委、中央纪委书记贺国强，到重庆北站看望慰问由绵阳转运至重庆的地震灾区伤员。当伤员陈中凤被从专列上转运下来时，贺国强扶着担架，鼓励她树立信心战胜伤痛。看到在较短的时间内就把 200 余名伤员送上救护车，贺国强充分肯定铁路系统与地方政府及有关部门密切配合，全力做好抗震救灾物资抢运和伤员转运工作，对列车、车站工作人员和铁路青年志愿者辛勤工作表示赞赏和感谢，并代表中共中央、国务院对奋战在转运伤员和抢运抗震救灾物资第一线的广大铁路干部职工表示慰问和感谢，叮嘱铁路和地方政府的有关人员，进一步加强协调配合，科学安排车辆，加强调度指挥，开辟绿色通道，切实把伤员转运和治疗工作做好，确保万无一失。

5 月 25 日下午，回良玉到成都站为转运伤员的"救"字头列车送行，检查指导铁路转运震区伤员工作，慰问铁路工作人员、医务人员和青年志愿者。14 时 40 分，回良玉登上即将开往杭州的"救"22 次列车看望、慰问伤员和家属，关切地询问伤员的病情。他抚摸着小伤员的脸说：不要怕，要坚强，你们一定能很快好起来。他安慰伤员家属，全国人民都在关心灾区，伤员到了新"家"会得到更好的治疗和照顾。他嘱咐列车上的医务人员和列车工作人员，要密切关注伤员的病情，给予他们无微不至的关照，把伤员们平平安安送到目的地。15 时 9 分，"救"22 次列车徐徐驶出成都站。随后回良玉又前往设在成都站的铁路转运伤员指挥部，详细了解铁路转运伤员的流程。回良玉指出，为了让震区伤员得到更好的治疗，中央决定将部分地震灾区伤员转到其他省市接受治疗，这是一项艰巨的任务，也是一个庞大的系统工程，铁路部门要再接再厉，进一步做好这项工作，让更多的伤员得到更好治疗，早日康复。

伤员铁路转运任务完成 为保证伤员在转运过程中的生命安全，四川省抗震救灾指挥部伤员转运组从各医院抽调医护人员负责伤员转运途中的医疗救治工作。随行医护人员每节车厢 4 人，每趟列车 15 节车厢，全车随行医护人员在 60 人以上。医护人员准备了足够的急救药品、医疗器械、医疗设备及医用物资，24 小时观察伤员病情，并为伤员输液或治疗。医护人员不顾旅途疲劳，在列车上与伤员同吃同住，尽心尽责，看护伤员，尽可能地减少伤员的痛苦，把伤员平安地转运到目的地。

5 月 19—31 日，铁道部从地震重灾地区绵阳、江油、德阳、广元、成都 5 个车站，向重庆、西安、昆明、遵义、贵阳、汉口、长沙、郑州、杭州、石家庄、天津、太原、北京、徐州、镇江、常州、扬州、泰州、南通、洛阳、漳州和厦门开行伤员转运专列 19 列，紧急转运伤员 5053 人、陪护家属 4882 人、医护人员 1873 人。在北京，铁道部副部长彭开宙沟通协调指挥各铁路局的伤员转运工作，指导前方指挥部的组织安排，并亲自到北京西站迎接伤员。在郑州站，铁路局党委书记杨建祥担当现场总指挥。参加伤员转运的铁路职工，冒着余震威胁，奔赴灾区接受转运伤员。

为确保伤员专列安全运行，铁路系统共有 7436 名干部职工参战，其中 4817 名青年志愿者抬送伤员，1359 名客运职工承担中途乘降组织，924 名民警负责转运疏导和治安维护，336 名卫生防疫人员做好站车防疫，成都铁路局车辆系统共拆装客车车窗玻璃 1552 扇（其中拆下车窗玻璃 776 扇、安装车窗玻璃 776 扇）。在铁路伤员转运队伍中，有支奔波在几个车站间的志愿者队伍，经常一天换两个地方。他们住帐篷，睡地铺，吃盒饭，有时为了起早赶路，还要忍着饥饿搬运伤员。

5 月 31 日上午，卫生部部长陈竺到成都火车站看望伤员，检查铁路伤员转运工作，到铁路转运伤员指挥部看了铁路转运伤员流程图后说："铁路制度化管理，制度落实到人，转运伤员的方法最科学。"当晚，卫生部召开伤员转运工作总结大会，陈竺充分肯定了铁路伤员转运的组织工作，称其为"非战时状态一次大规模伤员的成功转移"。

第三节　伤员跨省民航转运

为给重伤员争取救治时间，减少病人在转移途中的病痛，中国民航局在承运大量救灾物资后，主动及时组织民用航空飞机转运救治伤员。民航局要求成都、重庆两地基地航空公司，改装飞机运送伤员。四川所有需民航转运的伤员全部经由成都双流机场转出。5 月 20—30 日，先后有国航、川航、深航、东航、鹰联航、南航等航空公司执行空运伤员的任务，出动专机 99 架次，转运伤员 3495 人，运送陪护家属 3168 人，随机医护人员 941 人，无一例伤亡事故发生。（参见图 130、表 16）

一　民航转运伤员部署

5 月 20 日，民航西南地区管理局抗震救灾指挥部给川航、深航、国航西南分公司、鹰联航和民航西南交通管理局、四川机场集团有限公司、中国航油集团西南公司发出关于做好伤员运输工作的通知，要求机场安检站认真做好伤员的查验、相关人员的安检工作，确保空防安全；航空公司在运输伤员的航班上应配置航空安全员，机场应在机坪划定专门区域停靠飞机，专门区域应与其他正常航班机位保持安全距离，机场公安、安检部门要做好专门区域机坪监控和航空器守护工作。通知还要求，四川省卫生厅和民航西南地区管理局抗震救灾指挥部、机场、航空公司间应建立有效的信

图 130　5 月 28 日，浙江省卫生应急救援队在萧山机场迎接伤员

（浙江省卫生厅　提供）

5 月 20—26 日民航空运伤员情况统计表

表 16

目的地	伤员人数（人）	家属陪护（人）	医护人员（人）	运输人数（人）	累计航班（架次）
广　州	384	383	119	886	13
上　海	140	121	41	302	3
南　京	193	184	57	434	6
沈　阳	140	140	40	320	4
南　宁	191	181	64	436	6
合　肥	105	99	30	234	3
珠　海	36	35	9	80	1
青　岛	68	64	19	151	2
深　圳	96	96	30	222	3
烟　台	102	94	29	225	3
柳　州	47	47	20	114	2
福　州	110	103	35	248	3
济　南	221	212	52	485	6
合　计	1833	1759	545	4137	55

息沟通、联络制度，及时沟通有关信息，协调解决有关问题，确保空运伤员的工作顺利进行。

四川省卫生厅负责将需要空运伤员的信息，包括伤员、随机医务和陪护人员的数量和名单，伤员类型（担架、轮椅等），运输目的地，运送伤员到机场的车辆信息（驾驶员姓名、车牌号码），随机医疗器械和液态药品的品种及数量等，在空运前 24 小时书面通知民航西南地区管理局抗震救灾指挥部。

管理局抗震救灾指挥部向航空公司下达运输伤员的任务，受理航空公司加班申请和航班时刻批复。负责伤员运输工作的航空公司提前做好飞机、设备和人员的准备，对客舱进行必要的改装，合理安排航班计划和机组人员，要求转运伤员的专机乘员运载担架伤员时，大飞机需配备 30 人，小飞机需配备 24 人；运载座椅伤员时，大飞机需配备 6 人，小飞机需配备 2 人；伤员陪护亲属，大飞机限定 36 人，小飞机限定 26 人。承运航空公司航班计划安排妥当后，将航班信息及时通知四川省卫生厅，以便组织伤员，同时报管理局抗震救灾指挥部。

在具体实施中，由管理局抗震救灾指挥部根据四川省卫生厅报送的信息统一安排、协调、监督伤员运输工作。由四川省卫生厅用救护车，将伤员送至成都双流机场。机场公安局安排引导车在机场候机楼前花钟处等待，待运送伤员的救护车辆到达后引导至东十四道口。机场安检站负责对伤员、医疗机械、液态药品和车辆进行查验，对医护人员、陪护人员及驾驶人员进行安检。通过安检后，由负责承运的航空公司或成都双流机场安排人员引导车辆前往相应停机位，并负责伤员登机。空管部门优先放行运输伤员的飞机。任务执行完毕、飞机返回成都双流机场后，由负责承运的航空公司或成都双流机场负责联系四川省检验检疫局对飞机进行消毒。

根据四川省抗震救灾指挥部医疗保障组伤员转运工作组同民航西南地区管理局抗震救灾指挥部达成的意见，民航转运伤员护送人员由卫生行政部门派出。四川省伤员转运工作组要求各级医疗卫生单位按每次航班配备 8 ～ 10 名医护人员，参加伤员转运途中的医疗救护工作。四川省各级医疗机构共派出 941 名医护人员随机飞往目的地，并时刻监护伤员病情，作好应急准备，保证伤员生命安全。同时，各医疗卫生单位为转出伤员准备了充足的药品、器械、设备、医用物资，以保证飞行中突发事件时有可靠的物资、药品保障。

5 月 23 日，鉴于双流机场地区伤员专用包机航空运力尚有剩余，能够满足每日转运近 500 人次伤员的正常转运，民航西南地区管理局抗震救灾指挥部向四川省抗震救灾指挥部提出，请省指挥部积极协调有关部门，进一步核实尚需空运的伤员人数，加强空运伤员的组织和地面运输计划编排，以便尽快组织空运。如后续伤员不足，民航将调整部分运力恢复航班运行，以保证保障航班尽快恢复正常运行。

二　航空公司转运专机改装

5 月 20 日，接到伤员转运任务后，川航、深航、国航西南分公司、鹰联航、东航等各航空公司迅速抽调机务技术骨干，完成各类飞机座位拆除及改装 9 架，其中川航 2 架、国航 2 架、深航 2 架、东航 2 架、鹰联航 1 架。每日可保障 18 个伤员运输航班及 540 名担架伤员运输。22 日晚，国航西南分公司连夜实施完成第三架飞机改装。

通过飞机转运的伤员多为外伤，以担架旅客为主，稍有一个小小的环节考虑不周到，就有可能在转运过程中造成二次伤害，担架的固定成为空中安全转运的关键点。

5 月 20 日，川航接到首批 36 名汶川地震重症伤员飞机转运任务后，组织 20 名机务技术骨干组成突击队，只用 75 分钟就顺利完成客舱紧急改造工作。机务技术人员将飞机的客舱座椅每四排拆三排，留一排作为担架固定基点，并采取交叉固定方式；同时，考虑到一些重伤员和输液器具的安放、医护人员的座位等，创新设计自制输液挂钩，以确保伤员空中转运安全可靠，万无一失转运至广州。

同日，国航成都维修基地仅用一天时间，完成B2844号波音757的改装工作。原本可以容纳36排200座位的飞机，改造后只剩下8排50座位，安置36个担架位置，国航专门购置可以固定到飞机专用槽上的专用担架。机务人员在行李架上安装金属挂钩，便于悬挂输液瓶。随着大批伤员转运出四川需求的增加，国航除采取集中改造客舱的办法外，更多采取临时拆卸座椅的办法紧急运送担架伤员，并优先保证受伤旅客乘机。从5月21日开始，继改装B2844号波音757后，国航西南分公司连夜紧急完成第二架B2841号波音757飞机客舱改装任务。22日，又连夜实施完成第三架B2845号波音757飞机改装。至此，国航在成都拥有3架改装飞机、共108个客舱担架位置，随时待命。（参见图131）

5月23日下午，东航一架A320客机和一架A300全货机，分别安装12副民用客机专用担架和61副传统担架，随时准备运送灾区伤员。改装后的A300，成为中国民航最大的全担架飞机，被称为国内民航最大的“空中医院”。东航采用的民用客机专用担架是一种快速拆装式担架，是世界上最先进的机上医疗专用担架，其优点是在安装过程中不需要对飞机结构做任何改动，也不会对飞机结构造成任何影响，在满足医疗救治需要的同时，可以减少伤员的痛苦，增加舒适度。

深航调用波音737系列中最大的飞机——波音737—900型客机执行伤员运送任务，并在5月21日完成机舱改装工作。深航机务工程师接到指令后，立即开始研究改装方案。21日晨，几十名深航机务人员陆续上机开始改装。经过近5个小时的辛苦作业，此架189个座位的波音737—900型飞机只保留50个陪护人员座位，改装后的每排座椅间距都超过2米，所有腾出的地方可以安放30余个担架。同时，深航精心布置机舱，并悬挂“地震无情、深航有爱”“祝伤员早日康复”的横幅。22日，深航接到从成都转移144名伤员到南宁的运送任务，将另一架波音737—800型客机紧急由153座减至51座，与已经改装的波音737—900型客机一起投入伤员运送任务之中。

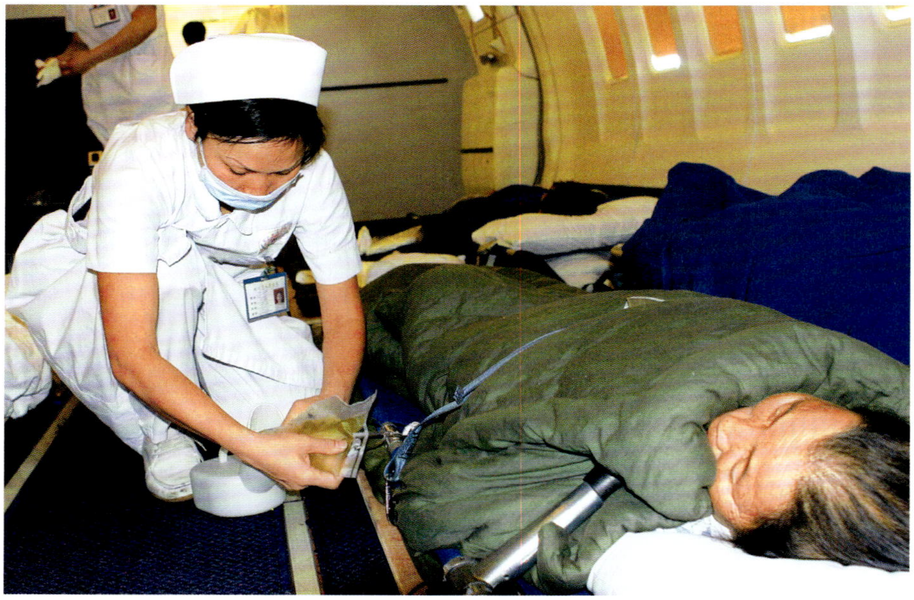

图131　5月22日，四川省人民医院医务人员在飞机上照顾转运伤员
（四川省卫生厅　提供）

三　航空公司执行伤员转运任务

各航空公司采取多项专门措施精心保障抢运伤员航班，制订担架伤员登机应急预案，通过简化手续、开辟专门通道缩短担架上机时间，选派经验丰富的机长、乘务人员，平稳飞行，周到服务，尽可能减轻航行过程中伤员的伤痛。

川航执行航空转运伤员任务　5 月 20 日上午，川航承运首批 36 名伤员。川航专门组织员工组成一支志愿者队伍，培训后负责在现场担运病人上机。14 时 10 分，120 急救车运输担架伤员通过绿色通道到达双流机场南头 K339 重要航班机位，每名担架伤员被七八名工作人员小心翼翼抬进客舱，通过应急舱门进入客舱。川航董事长蓝新国现场指挥，并和志愿者一起担运伤员进入机舱，安慰伤员。为给 36 名伤员提供安全优质的空中服务，川航派出经验丰富的资深机长执飞，并派出两名乘务长带领党员乘务组保障航班，以及时应对病人在飞机上的各种特殊情况。15 时 36 分，搭乘 36 名汶川地震重病伤员的川航救灾 001 号航班从成都飞往广州。26 日上午，川航救灾 001 号航班计划 10 时起飞，川航机长王运德带领机组提前两小时进场进行航前准备，并在伤员上机前召集机组成员举行临时准备会议，向组员们交代转运伤员专机保障的注意事项，以全力保障转运 35 名地震重病伤员赴上海治疗的专机任务。

5 月 30 日 10—11 时，100 名四川地震灾区伤员和 95 名陪护家属分乘东航和川航专机抵达太原武宿机场，一下飞机即被送上早已在停机坪旁等待的 100 辆救护车（见图 132），再分别送往山西省中西医结合医院、晋中市第一人民医院、阳泉市第一人民医院接受治疗。

国航执行航空转运伤员任务　国航尽一切力量优先保证急救飞行，及时满足地震灾区重伤员转运治疗的需要。在搬运病人上飞机的过程中，国航使用为奥运会准备的西部民航唯一的机场残疾旅客升降平台车转移伤员。此车可以平稳升降，与直接人力托举相比，病人可以始终保持水平状态，减轻搬运中伤员的痛苦。机组在飞行过程中，尽量避免大的机动飞行，柔和操纵飞机，着陆时尽力操纵飞机以较小的载荷接地，灵活使用柔和刹车。全体乘务组组员耐心、细致地照顾病人和随行医师，为行动不便的伤员准备纸尿垫。为保证伤员搬运正常进行，国航西南分公司成立搬运伤员志愿者队伍，每天定时进入机坪搬运伤员。志愿者成员相对固定，分工明确，经验丰富，操作熟练，给受伤群众带来很大安慰。

图 132　5 月 30 日，山西省 100 辆急救车在停机坪集结，有序转运伤员

（山西省卫生厅　提供）

5 月 21 日 7 时 50 分，运送灾区伤员的救护车在警车引领下，驶入成都双流机场。国航西南分公司地面服务人员在救护员的协助下，从

车上小心翼翼地抬起担架，把伤员转移到飞机下的残疾旅客升降平台车。仅用一个小时，伤员被依次安全地送进客舱。11 时 55 分，搭载着四川地震中受重伤的 35 名担架伤员、1 名普通伤员、34 名家属及 7 名医护人员等共 77 名乘客的国航 CA4390 航班抵达广州白云机场。这是国航派出的第一班向外省市转运伤员的急救包机。此次航班由国航西南分公司飞行部副总经理颜德华亲自带队飞行，并派出主任乘务长徐军带领乘务组保障航班。由于飞行任务的特殊性，国航特地配备 17 名富有飞行经验的川籍机组人员，方便与伤员沟通、及时了解伤员的情况。在伤员承运过程中，航班全程保持 8000 米高度飞行，以防止气压过大影响伤员的伤口，整个飞行过程机组人员谨慎飞行，平稳起降，无伤员受到二次伤害。由于固定在机舱的担架比较矮，担心食品车在飞机上推进会撞到伤员，乘务员不顾劳累，来回数十次，用手拿着食品送到伤员面前。乘务员还特地为伤员准备牛奶、面包和八宝粥等易消化的食品，并把温热后的食品喂给伤员，亲切周到的服务令伤员和家属非常感动。

5 月 22 日 21 时 5 分，国航 CA4391 航班运载 36 名伤员、35 名陪护人员和 9 名医师抵达珠海机场。24 日 16 时，载有 36 名灾区重伤员的国航 CA079 号波音 757 飞机从成都双流机场飞往沈阳。当天，国航共运送 108 名担架伤员，分别运至沈阳、广州等地的多家医院。31 日 19 时，运载伤员的国航 CA073 航班平稳地降落在珠海机场。

国航还为伤员李明翠单独执行一次空运任务。5 月 21 日，支援第 520 医院的第 306 医院医疗队将重伤员李明翠转至第 306 医院继续接受治疗的提议得到批准。22 日 11 时，医师邵水霖和 ICU 护士张萍护送李明翠登上国航飞机。14 时 30 分，飞机降落在北京首都机场，医院专家组和救护车已在停机坪严阵以待。15 时 10 分，救护车到达第 306 医院外科楼，李明翠入住第 306 医院 ICU 病房，开始接受系统治疗。

东航执行航空转运伤员任务　5 月 24 日 14 时 30 分，东航接到从成都运送 48 名担架伤员到福州的任务，仅 20 分钟就完成飞机调配和航班计划。25 日，48 名伤员搭乘改装后的 A300 专机从成都转至福州。26 日凌晨，经过改装的“大型宽体担架飞机”A300 飞机又飞赴成都双流机场，转运首批到上海治疗的四川地震重症伤员；11 时 30 分许，接运的 53 名重症伤员抵达虹桥机场。东航指派最好的飞行员执飞“救”字头专机，平稳飞行，减少颠簸，减轻伤员的痛苦。东航派出 20 余名机组人员加强空中服务，其中包括特意挑选掌握心理学知识的乘务人员和四川籍乘务员参加，还有 10 名机务人员随机负责伤员担架的固定工作。

5 月 26 日下午，这架改装后的 A300 飞机执行第二班成都至上海虹桥机场的转运任务，运送 55 名来自四川省人民医院和华西医院的伤情较重的伤员。由于双流机场只有一辆升降车，所有承载伤员的担架都是由志愿者、医务工作者和东航员工抬上飞机的。机组制定了从前舱门登机、伤员由后舱开始安置、运送人员随后从后舱门下机的流程。仅用不到一个小时，55 名伤员全部登机。19 时，飞机平稳离地。59 岁的机长王德康表示：“在飞行中，我们要尽最大力量减轻伤员的痛苦，并增加他们的安全感和舒适度。”东航运控中心总经理施国锋、客舱部书记吴莉莉等都在客舱里忙碌，给没有家属照顾的病人喂水、喂面包，陪他们聊天。89 岁高龄的“五保户”代国秀被东航通用航空的直升机从绵竹清平的山里救了出来，在成都稍作救治后，由东航专机运送出川，两名来自安徽的 60 岁志愿者主动承担起护送任务。飞机临近上海时，伴随着悦耳的广播，乘务员为每位伤员送上早已准备好写有“加油，中国加油、四川加油”的卡片、千纸鹤和红色康乃馨等。

当日，改装后的 A300 飞机共执行两班成都至虹桥机场的转运任务，运送 108 名伤员。

深航执行航空转运伤员任务　5 月 20 日，深航接到运送四川地震灾区伤员赴深治疗的紧急通知。21 日 9 时 15 分，经过改装的波音 737—900 型客机从深圳宝安机场起飞，11 时 40 分到达济南遥墙机场，装运 15.3 吨油布、帐篷等救灾物资；复于 14 时从济南机场起飞，16 时到达绵阳机场。接着，飞机又于 17 时 10 分从绵阳机场飞往成都双流机场，运载来自广元市的 34 名灾区伤员，于次日零时 1 分抵达深圳宝安机场。此次执行救灾运送伤员任务航程远、地点多、时间长。为了抢时间，机组人员在绵阳机场卸救灾物资时，抱的抱、抬的抬，与装卸工相比也不逊色。在成都双流机场搬运伤员过程中，深航成都办事处员工与成都双流机场义工一起抬伤员入机舱，深航机组人员和保障人员周密安排伤员担架安放位置，固定担架。22 日，CSC005 空客 320 中型客机顺利执行转送广元市中心医院第二组 26 名重伤员从成都飞深圳的任务。当日晚，深航两架客机共执行 4 趟成都—南宁航班，将首批运至广西的 144 名伤员全部安全送达南宁。23 日晚，深航两架客机共承运 47 名伤员，再次从成都飞往南宁。同日，深航还执行将首批 66 名伤员运至江苏的飞行任务。25 日上午，航班号为 ZH9022 的深航波音 737—800 型飞机，搭载首批 72 名到安徽治疗的四川地震灾区伤员，顺利降落在合肥骆岗机场。26 日，深航一架专机又搭载着一批伤员飞赴济南。

四　各地民航管理局和机场保障伤员转运

江苏民航保障航空转运伤员任务　5 月 23—30 日，江苏省共接收通过急救飞机转运至江苏治疗的四川地震灾区伤员 618 人，其中通过南京机场转运 9 架次 332 人，通过无锡机场转运 8 架次 286 人。民航江苏安全监督管理办公室与江苏省政府应急管理办公室、江苏省卫生厅建立运送伤员信息热线，召开专门会议研究、部署急救飞行到港保障工作，并派出人员分赴南京禄口机场和无锡硕放机场，对运送伤员的 17 架次急救飞机的保障进行现场督察，确保急救飞机地面保障工作安全、有序开展。

5 月 23 日，江苏省接收的首批四川地震灾区 193 名伤员及随行的 200 余名家属和 60 名医务人员，

图 133　5 月 23 日，四川灾区 193 名伤员分乘 6 架飞机从成都抵达南京禄口机场

（江苏省卫生厅　提供）

从成都乘专机分6个航班转运南京（见图133）。为全力做好保障工作，民航江苏安全监督管理办公室主要领导率有关处室人员于当日一早即赶赴南京禄口机场，会同江苏省卫生厅、南京禄口机场等单位召开现场协调会，落实航班到达时的停机位，50辆救护车及领导和医务人员进入停机坪接送伤员，中央及地方新闻记者进入停机位置采访，航空器及时消毒，利用运送伤员飞行回程飞机的空余吨位运送救灾人员和物资等事宜，在停机坪划定区域用于另外50辆救护车待命，准备伤员出舱时备用升降舷梯。从当日12时30分至19时30分，6架航班先后到达，机场、公安、卫生、武警等部门全力配合，30～45分钟即完成一架航班全部伤员下机、转运离场等保障工作，机场急救中心随即组织人员对航空器实施全面清洁、消毒和灭虫等防疫工作，回程航班还运送救灾物资10余吨。

福建空管分局开辟空中绿色通道 福建空中管理分局在接到飞行保障任务后，组织人员做好充分的准备工作。5月26日15时，包机即将抵达前，机场天气变坏，天空乌云堆积，气象条件对飞机降落十分不利。如果飞机不能赶在雷暴来临前尽快落地，航班将被迫备降其他机场，但此时周边的厦门、晋江机场天气更差，甚至有8个航班到福州备降。面对不利天气，福建空管分局马上研究调整应急预案，不断向空中飞机及气象部门咨询天气情况，指挥飞机抄近路直飞机场，采取各种措施，为包机开辟出一条“空中绿色通道”。最终由四川灾区飞去的3架救灾包机平安降落在福州长乐机场，200多名伤员及家属被送上100多辆救护车，前往福州各大医院治疗。

珠海机场保障转运灾区伤员航班 5月22日上午，珠海机场接到保障国航CA4391成都至珠海急救飞行的通知后，立即会同公安等相关部门，召开保障工作会议，制订保障方案。珠海机场各保障部门共抽调40余名骨干人员投入急救飞行保障工作。21时5分，当运载36名伤员、35名陪护人员和9名医师的CA4391航班抵达珠海机场时，机场各部门立即有条不紊地开展保障工作，动用救护车47辆，动员医疗人员及专家190余名，将伤员从珠海机场运往珠海市各医院。这是珠海机场通航之后最大规模的一次航班保障。

5月31日19时，搭载第二批由成都双流机场转运的30名四川地震灾区重伤员、33名陪护人员和8名医护人员的国航CA073航班，平稳降落在珠海机场。经过医护人员的简单检查后，伤员被陆续抬出机舱，通过平台升降车被转移到等候的救护车上。20时30分，救护车在警车的护送下全部驶离机场。此次行动，从机场一线保障部门各抽调40余名骨干人员，对选择合适机位，将伤员搬下飞机的运输设备，接伤员救护车辆通过便利安检手续进入机坪，停机坪现场安全保障，及如何保证车辆能以最快速度将伤员从机场送往珠海市、中山市各医院等各个环节做了周密安排。现场秩序井然，伤员搬运快速平稳，将全部伤员从飞机上搬运到救护车上只用了1小时20分。

安徽民航执行航空转运伤员任务 5月25日，103名四川地震伤员分别乘坐深航、川航和国航的专机到达合肥接受治疗。安徽民航机场集团及时启动抗震救灾应急预案，并多次召开协调会，集团公司主要领导及各相关部门负责人都到现场靠前指挥。安徽省调集救护车74辆，从9时开始集结在机场附近的第六人民医院，第一批38辆救护车10时抵达机场，每名救护车上挂着“合肥就是你的家”的横幅。11时16分，深航9022次航班首先飞抵合肥骆岗机场，机上载有伤员33名、随行伤员家属31名和医护人员8名，随即被送往接收医院。（参见图134）18时55分和19时10分，川航、国航的两架飞机先后飞抵合肥骆岗机场。安徽省副省长谢广祥登上飞机向伤员致欢迎词。20时许，救护车分两批在警车引领下，驶离合肥骆岗机场，开赴省、市有关医院。

图 134　5 月 25 日，安徽省医务人员在合肥骆岗机场迎接首批从灾区转来的伤员
（安徽省卫生厅　提供）

大连机场开通转运灾区伤员绿色通道　接到转运四川灾区伤员的任务后，大连机场制订《保障四川地震伤员运输实施方案》，并于 5 月 26 日召开专题会议部署有关工作，以保证伤员转运工作万无一失。27 日，大连机场顺利完成疏运灾区伤员的 3 架包机保障任务，乘坐国航、川航包机的 103 名灾区伤员、74 名陪护家属及 22 名医护人员被顺利送往大连市各定点医院。当日 13 时 35 分，由成都至大连的运输灾区伤员包机——国航 CA071 航班降落大连机场，机场立即启动保障方案，开辟绿色通道，机场领导亲自组织指挥，各保障部门积极配合大连市政府及大连市卫生局等部门的 40 余辆救护车、近 200 名医护人员及媒体记者进入岗位。机场参与保障任务的 13 个部门的 90 余人、20 余台特种车辆按照保障方案完成现场的外围管理、现场封控、伤员搬运、物品装卸、飞机维护、飞机消毒等工作。同时，机场还在机坪划分出专门区域，设置临时抢救处，为危重伤员的紧急抢救做好准备。15 时 23 分，第一架包机的 32 名伤员疏运工作完成，飞机安全起飞返回成都。转运灾区伤员的第二、第三架包机分别于当日 21 时 40 分、22 时 36 分抵达大连，共运载 71 名伤员、46 名陪护人员及 16 名医师。

宁波栎社机场保障伤员转运　5 月 28 日，运送四川灾区 36 名地震伤员、由国航改装的波音 757 飞机将降落宁波栎社机场。为做好伤员运输保障工作，机场专门成立伤员运输保障工作领导小组，组织 120 余人保障队伍，制订周密的转运和医疗救治工作方案。10 时，旅客服务部及机场其他部门的工作人员在停机坪集结待命。宁波市卫生部门组织医疗救护人员和 36

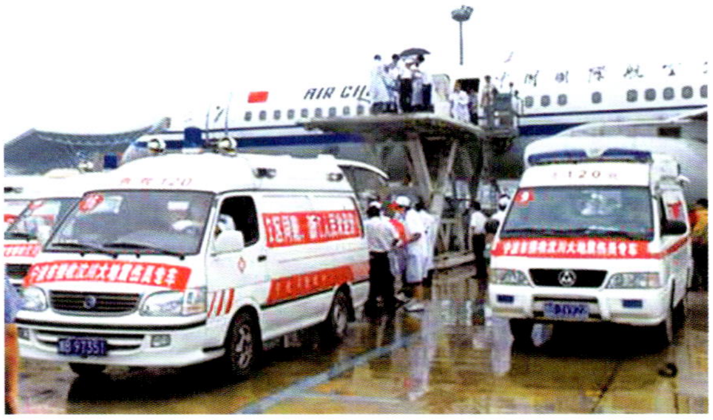

图 135　5 月 28 日，医务人员在宁波栎社机场将 36 名四川地震伤员从飞机上转运至 120 救护车
（浙江省卫生厅　提供）

辆救护车到机场转运伤员。11时，航班安全落地后，公安、货运、运输等部门工作人员冒雨工作，40名救援人员组成的担架队分批将伤员顺利从客舱移出，36名伤员被医护人员和志愿者安全有序地送上救护车，迅速送往指定医院救治。（参见图135）19时，川航运送的第二批伤员安全顺利抵达。

上海虹桥机场为灾区伤员开通绿色通道 5月25日，上海机场集团有限公司接到上海市政府迎接运送四川灾区伤员专机的紧急通知，当即会同虹桥机场公司和相关驻场单位协调保障事宜，制订机场转运伤员方案，落实具体保障人员，为伤员、救护车辆和救护人员开通绿色通道。在虹桥机场机位相当紧张的情况下，上海机场集团有限公司紧急调配预留4个机位作为伤员包机停机位，并就近指定地面救护车辆和设备的临时停放点，最大限度缩短担架伤员从飞机到救护车的转运时间，确保伤员能在最短时间内离开机场前往医院。

5月26日，首批144名伤员分别乘坐东航和吉祥航空3架包机顺利抵达虹桥机场。在虹桥机场的严密组织、协调与上海市医疗卫生部门、各驻场单位的紧密配合下，上海医疗卫生部门的85辆救护车迅速赶到指定位置，医疗救护人员争分夺秒护送伤员下机。虹桥机场公司配备10余名志愿者配合医疗救护人员，在最短的时间内把伤员运离机场。28日，最后一批转运至上海的174名四川地震灾区伤员分别乘坐4架包机顺利抵达虹桥机场，转运至上海定点医院接受治疗。26—28日，虹桥机场保障7个航班、318名伤员的机场转运工作。

重庆江北机场启动绿色通道转运伤员 重庆江北机场立即启动紧急预案，从5月13日起即开通了灾区伤员转运绿色通道，在候机楼内专门设立抗震救灾伤员接待处，伤员从飞机下来至转运完成最多只需要30分钟。18日13时32分，CA4428航班搭载一位重伤员，从九寨黄龙机场飞往重庆。14时37分，飞机刚刚着陆重庆江北机场，机场医疗救护中心的一辆急救车已等候一旁，4名医护人员提着氧气瓶和担架，迅速登上飞机，经过8分钟简单询问，7名工作人员将伤员抬下飞机，送上救护车，通过江北机场开通的“绿色通道”紧急送往新桥医院。机场派出一辆警车为救护车护航。同日下午，又有一名因地震受伤的伤员从雅安到达重庆，于16时4分乘坐HU7358从重庆转运至长沙接受救治。

5月28日上午，重庆机场抗震救灾应急办公室接受一项特殊任务，转运地震中被营救出的受伤小姑娘杨柳和尚婉莹，送往深圳的广东边防总队医院进一步治疗。重庆江北机场与重庆市边防总队进行协调，启用医疗救护专用绿色通道。运送杨柳、尚婉莹的重庆市肿瘤医院救护车到达机场后，工作人员快速为乘机人员办好乘机手续，把登机牌送到乘机人员手中，救护车直接通过绿色通道，在机场交警车辆的引导下，经过安全检查进入停机坪飞机下。机场救护工作人员协助护送人员用手把杨柳、尚婉莹托上飞机，并固定在南航的飞机上，前后用时30分钟。16时4[illegible]分，载着两个孩子的飞机安全起飞前往深圳。

广州白云机场伤员航班保障 白云机场制订周详的保障方案，全力做好接收转运地震灾区伤员的保障工作。白云机场还特意安排509—515号机位作为应急机位，用于运送震区伤员的航班起降。同时，破例允许参加救治的有关医院车辆及人员免检进入机坪。为加快运输速度，用每次可放置四五个担架的装卸升降平台车，小心翼翼地将伤员从飞机上搬下。5月20日，四川地震灾区首批31名伤员抵达白云机场。21日，共有5个航班分别从成都和绵阳起飞，运送216名伤员抵达白云机场，机场安排300余名工作人员、50余台特种车参加保障工作，确保整个工作顺利完成。

第四节 省外医院接收四川转运伤员

北京、天津、河北、山西、辽宁、上海、江苏、安徽、浙江、福建、山东、河南、湖北、湖南、广东、广西、重庆、贵州、云南、陕西等省（区、市）的地方党委和人民政府，认真研究和部署接收灾区伤员的工作，组织调动各个方面的力量，全力保证灾区伤员及时入院到位。各地的解放军医院和武警部队医院，按照统一安排和部署接受地方党委、政府分配的救治伤员任务，积极参加灾区伤员救治工作。

一 四川转运伤员接收工作部署

卫生部办公厅、中国残联办公厅下发通知，要求接收伤员的20个省（区、市）卫生部门和残联，积极做好伤员接收和医疗救治及康复工作。各接收省（区、市）卫生部门和残联均成立伤员接收转运和伤员救治工作领导小组，并专门成立医疗救治专家组，指导接收医院做好伤员救治工作。接收伤员的医院多数为省级或市级医院中的三级医院，还有一些医疗设备和水平较高的军队医院。

接收伤员的省（区、市）地方党委、政府及卫生厅（局）主要领导极为关心伤员和陪护家属的生活，到医院看望慰问伤员，并尽力为他们解决生活上的困难。所有伤员都得到免费治疗，大多数医院为伤员及家属提供食宿或给予一定生活补贴。伤员康复返乡时，各地政府尽量提供方便，集体返乡的护送回四川，个别返乡的为其联系车票等，方便伤员及陪护家属返回家乡。

重庆市委于5月15日召开常委会议，专题研究四川地震灾区伤员的接收救治工作。辽宁省委、省政府动员航空、机场、交通、公安、民政、卫生等各部门，安排多个城市的救护车辆，安全、迅速地将四川地震灾区伤员及家属从机场转运到医院。

山西省委、省政府协调省卫生厅、省民航机场管理局、省武警总队、省交警总队、省高速公路管理局等单位，在太原武宿机场精心组织迎接灾区伤员的工作，调集省直、晋中市、阳泉市100辆救护车、200名医护人员，保证每个伤员一车一医师一护士，全程护送。

5月20日，当得知四川灾区伤员准备被送往外省治疗的消息后，浙江省委、省政府高度重视，立即指示浙江省卫生部门做好准备。浙江省政府召集省应急办、共青团浙江省委、省卫生厅和杭州市卫生局等单位领导连夜研究具体措施，就派遣医务人员赴四川交接、护送，到杭州后的车辆安排、医院转送等问题，进行协调安排。浙江省卫生厅迅速制订落实收治伤员工作计划，与各医院进行紧急会商制订方案，安排在杭省级及部分市级医院腾出床位接纳四川灾区伤员。

福建省被卫生部确定为第三批全国接收灾区重伤员救治的省份。福建省委书记卢展工、省长黄小晶多次指示，要认真做好接收救治工作；省委常委、副省长陈桦主持召开专题会议，研究部署接收工作，要求做到安全有序地接收、全力以赴地救治、周到细致地服务。

二 四川转运伤员接收实施

北京市组织实施伤员接收 北京市卫生局在三级医院中精心挑选，确定由具备良好康复条件和无障碍设施、环境幽美安静、医疗技术水平较好的北京老年医院，承担全部伤员的集中收治任务。医院为地震伤员专门设立爱心病房，成立专门机构，为伤员救治、康复及家属安置做好一切准备。抗震救灾期间，北京市共接收四川灾区伤员 91 人，其中骨科 58 人，占 63.7%；颅脑损伤 14 人，占 15.4%；胸部损伤 5 人，占 5.5%；并发感染 13 人，占 14.3%；眼外伤 1 人，占 1.1%。按受伤程度分，重伤员 50 人、中度伤 37 人、轻伤 4 人。

5 月 28 日 18 时，伤员及家属乘专列抵达北京。北京市卫生局组织由 91 辆救护车、3 辆急救指挥车、375 名院前急救人员组成的转运队伍前往接站。（参见图 136）在北京铁路局、北京市交通管理局的配合下，全部伤员于 21 时入住北京老年医院专区病房。

图136　5月28日，北京市政府组织院前急救人员到北京西站迎接医疗队和四川灾区伤员
（北京市卫生局　提供）

天津市组织实施伤员接收 天津市卫生局对接收的 83 名四川灾区伤员按病种和病情进行了分类，指定 17 所三级医院作为接诊医院，其中环湖医院和天津医科大学总医院分别接诊神经外科伤员 6 人和 8 人，第一中心医院负责接诊普通外科伤员 2 人，胸科医院负责接诊胸外科伤员 1 人，口腔医院负责接诊颌面外科伤员 3 人，骨科伤员主要由天津医院、人民医院、天津医科大学总医院、第一中心医院、中医一附院、第三中心医院、医大第二医院、第四中心医院、南开医院、中医二附院、泰达医院、第五中心医院、宝坻区人民医院、静海县医院负责接诊，共计 63 人。各医院在床位、医务人员、设备、物资、药品等方面均做好充分准备。5 月 27 日 13 时 50 分，转运伤员专列抵津，天津市卫生局党委书记王贺胜、局长程津新等到达月牙河临时车站，现场指挥、调度，迎候伤员。45 辆救护车及工作人员迅速行动，安全有序地将伤员分别送至 17 家医院。

河北省组织实施伤员接收 5月16日，河北省卫生厅主动向卫生部请缨要求收治伤员，并指定全省40家综合实力强的大医院作为预备医院，预留床位3000张，开始进行医护人员培训、药品器械储备等各项准备工作。河北省将2批172名灾区伤员安排在位于省会石家庄市的河北省人民医院、河北医科大学第一医院、河北医科大学第二医院、河北医科大学第三医院、河北医科大学第四医院、河北省胸科医院、石家庄市第一医院、白求恩国际和平医院。河北省收治的172名伤员主要来自广元、都江堰、汶川、青川、什邡、绵竹、北川等地，其中男伤员94名、女伤员78名。27日8时38分，由河北省医疗队25名队员护送的首批77名伤员乘坐专列抵达石家庄火车站。河北省卫生厅、石家庄市卫生局组织77辆救护车、77名医师、154名护士和100名志愿者参加伤员接收转运工作，50分钟后，全部伤员被安全送往收治医院。31日15时50分，由河北省医疗队75名队员护送的第二批95名伤员乘坐专列抵达石家庄车站。河北省卫生厅、石家庄市卫生局组织95辆救护车、95名医师、190名护士和100名志愿者参加伤员接收转运。30分钟后，全部伤员被安全送往收治医院。

山西省组织实施伤员接收 山西省卫生厅安排全省18所医院作为接收预备医院，配备500张床位和配套设施，负责的医护人员全部到位，同时邀请专家对山西省人民医院等5所医院即将参与救治灾区伤病员的医师护士进行培训。为防止不正确搬运给伤病员带来二次损伤，太原铁路局与山西省红十字会联合对运送伤员的列车员进行以止血、包扎、固定、搬运为重点，辅以心肺复苏和简单的护理常识为主的紧急救护培训。山西省人民医院、山西医科大学第一临床医学院、山西医科大学第二临床医学院、山西省中西医结合医院、太原市中心医院、晋中市第一人民医院、阳泉市第一人民医院7家三级医院参与收治。5月28日8时22分，来自绵阳的专列准点停靠太原站，首批转送山西省治疗的98名四川灾区伤员顺利抵达，被迅速分送各治疗医院。30日上午，来自四川灾区的100名伤员乘两架飞机抵达太原机场。山西省共收治四川灾区伤员198名，其中男性88人、女性110人，年龄最大的90岁、最小的19个月，有危重及重病人15人。伤员中有汉族165人、羌族32人、回族1人；需要骨科治疗的153人、胸外科治疗的12人、神经外科治疗的17人、普外科治疗的10人、内科治疗的5人、烧伤科治疗的1人；存在心理问题有67人，其中9名较重。

辽宁省组织实施伤员接收 辽宁省卫生厅紧急召开做好接收四川灾区伤员工作的电视电话会议，部署相关工作。辽宁省把接收的四川灾区伤员安排在沈阳、大连两个医疗资源丰富、医疗力量雄厚的城市。被选中的医院都设立独立的病区，配备最优秀的医务人员，安排志愿服务人员，并为患者和家属准备了必备的生活用品，全力救治244名灾区伤员。244名伤员分别乘坐7架专机，被迅速转运到辽宁省人民医院、中国医科大学第一附属医院、盛京医院、辽宁中医药大学附属第一医院、沈阳医学院附属沈洲医院、沈阳市第五人民医院、大连医科大学附属第一医院、大连市中心医院等医院接受治疗。

上海市组织实施伤员接收 上海市卫生局制订《上海市收治汶川地震伤员总体工作方案》及医院收治伤员分配方案和机场转运伤员工作方案。各收治医院提前做好伤员机场转运和院内治疗等准备工作。所有接收伤员的医院均成立医疗救治领导小组、医疗救治办公室、医疗救治病区治疗组及医疗救治专家组，并在人力、财力和物资上提供充分保障。5月26日、28日，有2批共

307名四川灾区伤员抵沪，被分别安置在上海市第一人民医院、第三人民医院、第六人民医院、第九人民医院、第十人民医院，复旦大学附属中山医院、华山医院、儿科医院、华东医院，第二军医大学附属长征医院、长海医院，上海交通大学医学院附属瑞金医院、仁济医院、曙光医院、新华医院，同济大学附属同济医院，上海中医药大学附属龙华医院，上海市儿童医院，上海儿童医学中心19家市级医院；同时，对261名伤员家属进行妥善安置。

江苏省组织实施伤员接收　5月20日，江苏省卫生厅发出《省卫生厅办公室关于做好接收四川汶川大地震伤员准备工作的通知》，要求在南京的省属医院及南京、镇江、常州、无锡、苏州等市卫生局做好接收伤员的床位预留工作和接收伤员的准备。根据江苏省卫生厅的要求，全省预留了1000张病床，所有床位由各三级医院提供。同时，各市卫生行政部门和各有关医院制订接收伤员方案，做好在省内接收、转运伤员救护车辆的准备，随时准备接送伤员。接收伤员分布在江苏省9个市的40家医院（含南京军区南京总医院等5家部队医院），其中南京361人、无锡175人、镇江131人、徐州130人、常州121人、扬州118人、苏州104人、南通99人、泰州60人。各接收医院认真做好现有住院患者的分流、转诊和必要的解释工作，妥善安排好床位，确保四川灾区伤病员到达后得到良好的医治。至31日，江苏省累计接收四川灾区伤员1299人，其中危重病例53例、重度病例306例、中度病例690例、轻度病例250例。接收转运过程中，江苏省专门派出120余人组成的医疗组，确保伤员转运工作的快速安全、有力有序。

5月23日13时58分，南京军区南京总医院分派救护车36台、医务人员200名，接收四川灾区后送伤员36人，医院紧急腾空50张床位、调整20张床位，建立地震伤员救治中心。

浙江省组织实施伤员接收　浙江省卫生厅迅速制订落实收治伤员工作计划，与各医院进行紧急会商制订方案，安排医疗技术力量强、医疗条件好的三级医院，其中省级医院9家、市级医院34家，腾出床位接纳四川灾区伤员。接收四川灾区伤员之前，先派出60名医务人员到成都接收伤员。第一批伤员281人于5月26日到达杭州，在最短时间内被转送到省、市定点医院。26—30日，四川灾区伤员共10批乘专列和专机，先后到达杭州、金华、台州、温州、绍兴、宁波、嘉兴、湖州、丽水等地进行治疗。浙江省各地医院共接收四川灾区伤员1020人，其中重伤员224人，包括危重伤员22人、2例气性坏疽患者，伤员以骨伤为主。

安徽省组织实施伤员接收　5月18日，安徽省卫生厅紧急制定接收四川灾区转运伤员救治工作预案，首批准备应急接收伤员床位300张。24日，接到接收四川灾区103名伤员医疗救治任务后，安徽省委、省政府高度重视，安徽省卫生厅对伤员接收、转运、分配、救治、生活保障等各个环节进行周密计划，精心准备，连夜从六安等6个合肥周边市调集78台救护车，确保伤员到达后快速、有序、安全入住。安徽省立医院、安徽医科大学第一附属医院和合肥市第一人民医院，分别接收四川灾区伤员36人、33人和34人。

福建省组织实施伤员接收　福建省卫生厅于5月21日接到卫生部电话通知后，立即研究部署接收工作，组织制订伤员接收运送和医疗救治工作方案、工作流程及应急处置预案等。

5月25日，首批110名四川灾区伤员抵达福建，被分别安排在福建省立医院、福建医科大学附属协和医院、福建医科大学附属第一医院、南京军区福州总医院、福建省人民医院、福州市第一医院6家医院救治。27日，第二批64名四川地震伤员被转送至福建，被分别安排在福建省立医院、福建医科大学附属协和医院、福建医科大学附属第一医院、南京军区福州总医院、福建省第二人民医院、福州市第二医院 6 家医院接受救治。31 日，第三批 281 名四川灾区伤员启程赴闽，卫生部部长陈竺到成都火车站为转运伤员专列送行，并登上专列看望伤员和福建省随车的医疗救援队员。6 月 1 日晚，伤员顺利抵达福建，在漳州和厦门完成分流接收，其中厦门接收 162 人，分别由厦门市第一医院、厦门大学附属中山医院、厦门市中医院、厦门市第二医院、解放军第 174 医院和厦门市第三医院收治（参见图 137）；漳州接收 79 人，分别由漳州市医院、漳州中医院、解放军第 175 医院收治；泉州接收 40 人，分别由泉州市第一医院、福建医科大学附属第二医院、解放军第 180 医院和泉州市中医院收治。至此，福建省先后接收 3 批共 455 名从四川灾区转送去的伤员。

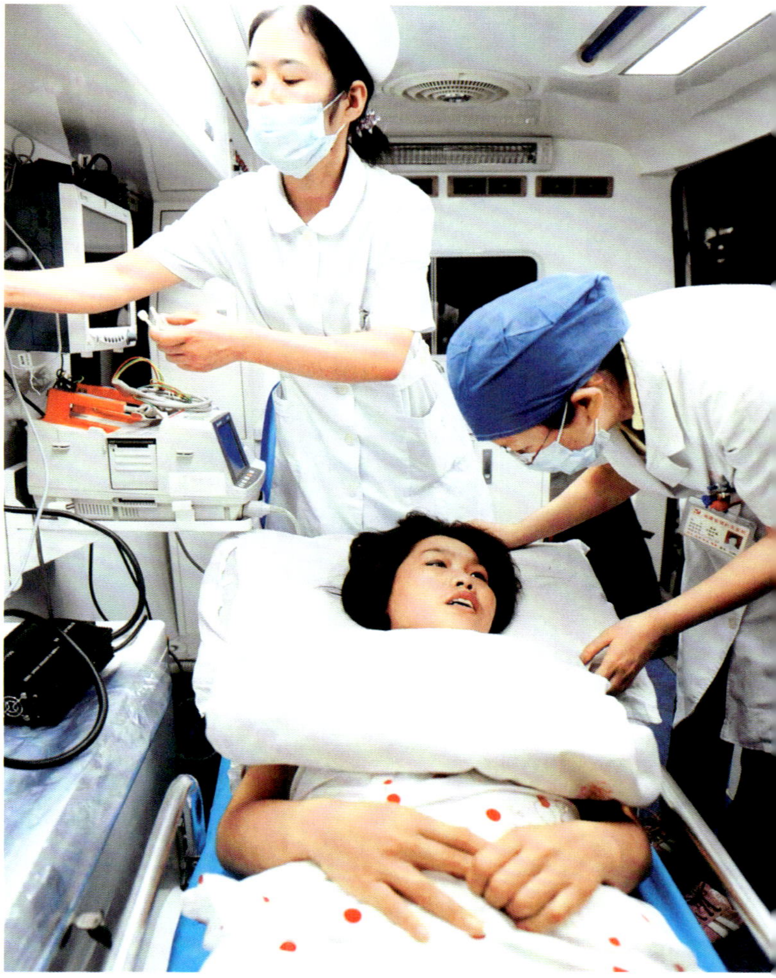

图 137　6 月 1 日，四川灾区伤员乘专列到达厦门，一名伤员被迅速转移到救护车上

（福建省卫生厅　提供）

山东省组织实施伤员接收　山东省卫生厅制订《山东省接收四川地震灾区伤病员医疗救助工作预案》，决定省直医疗机构全部作为收治灾区伤病员的预备医院，各市指定综合实力强、医疗救治经验丰富的医院作为预备医院。按照属地化管理的原则，以铁路沿线和机场附近城市的三级综合医院、设区的市级综合医院和省、部属医疗机构为主，以 400 张床位以上的二级医院为后备。同时决定，原则上三级综合医院和省、部属医疗机构至少预留 50 张床位，400 张床位以上的二级医院预留 20 张床位；各市卫生行政部门根据实际情况统筹安排伤病员救治，根据实际需要随时进行调整。5 月 22—27 日，山东省分 3 个批次接收四川灾区 397 名伤员、374 名陪同家属。这些伤员被分送到山东省立医院、山东省千佛山医院、青岛大学医学院附属医院和济南、青岛、烟台、威海等市的 18 家医院。其中，驻青岛的解放军第 401 医院于 22 日接收 15 名灾区伤员，驻烟台的解放军第 107 医院于 24 日接收 15 名灾区伤员。山东省收治的 397 名伤员中，有危重伤员 101 人；中老年伤员、严重复合伤伤员、截肢处理伤员数量较多，其中年龄最大的 93 岁。

河南省组织实施伤员接收　河南省卫生厅成立接收四川灾区伤员领导小组和医疗救治专家组，按照“充分准备、反应迅速、接转有序、全力救治”的原则，制订接收四川灾区伤员的工作预案，决定以三级医院为主，由省直医疗机构和郑州、洛阳、三门峡、南阳等市 25 所医疗机构

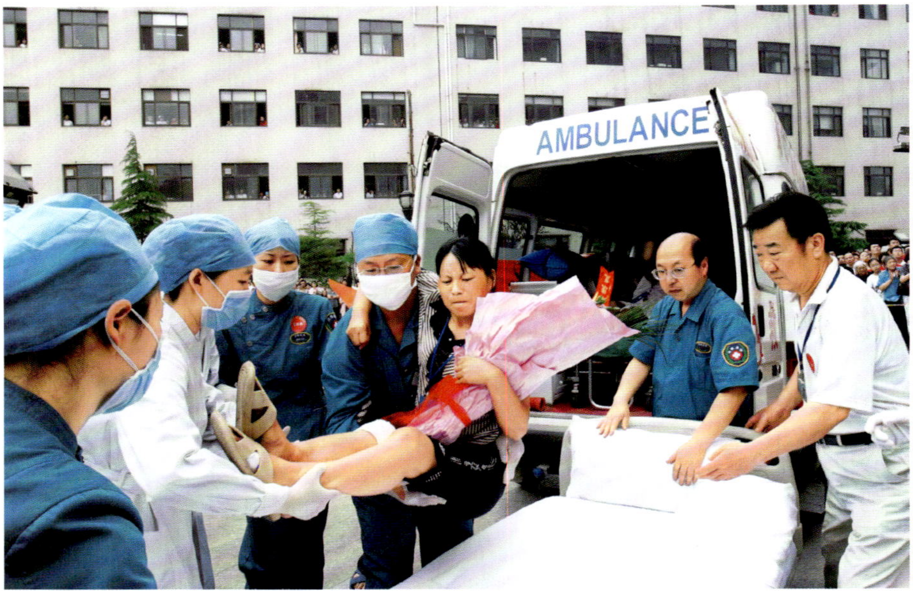

图138　5月25日，来自四川灾区伤员被转运到河南中医学院第一附属医院（河南省卫生厅　提供）

预留650张床位，做好药品、血液、医疗器械、一次性用品、生活用品等物资储备，并抽调132辆救护车承担向各定点医院转运伤员的工作。5月25—31日，四川灾区370名伤员分两批先后到达郑州、洛阳，各接收医院在一小时左右将伤员安全转运至医院。（参见图138）河南省收治第一批伤员270人，其中重伤员106人；第二批伤员100人。河南省收治的伤员，被分别安排在河南省人民医院、郑州大学第一附属医院、郑州大学第二附属医院、郑州大学第五附属医院、河南中医学院第一附属医院、武警河南总队医院、郑州市中心医院、郑州市第五人民医院、郑州骨科医院、洛阳市正骨医院、河南科技大学第一附属医院、洛阳市中心医院12家医院进行治疗。12家医院均为三级医疗机构，技术力量强，设备和住院条件好。接受的伤员中，年龄最大的85岁，70岁以上的18人；年龄最小的刚出生45天，16岁以下的71人。264名陪护家属也得到妥善安置。

湖北省组织实施伤员接收　湖北省卫生厅确定13家三级医院为定点收治四川灾区伤员的医院，组织救护车队到机场和火车站接送伤员。5月23日、24日，湖北省分两批共接收从绵阳市灾区转送伤员543名，一名伤员因其他疾病突发死于转送途中，实际接收转送伤员542名。伤员中年龄最大者95岁，最小者1岁零3天；70岁以上者90人，占伤病员总数的16.6%；10岁以下者20人，其中3岁以下者5人；严重创伤和复合伤病人290人，占伤病员总数的53.5%，多为脑外伤、多发性四肢骨折、多发性肋骨骨折、高位截瘫或截肢病人等；重症病例206人，占伤病员总数的38%，其中治疗风险大，预后不理想的病人初步统计有76例。伤员被分配在华中科技大学同济医院和协和医院、武汉大学人民医院、武汉大学中南医院、广州军区武汉总医院、武警湖北总队医院、武汉市中西医结合医院、武汉市中心医院、武汉市第三医院、武汉市普爱医院、武汉市第六医院、武汉钢铁公司总医院、解放军第161医院。伤员到达武汉后，又有6名陪护人员或家属因伤情或病情较重，先后被收治入院治疗。还有一名四川籍大学生地震时恰好在四川实习，受伤后回校治疗也转为伤员。加上上述情况，湖北省收治的四川灾区转送伤员总数最后达549人。

湖南省组织实施伤员接收　5月22日，湖南省卫生厅组织52名医护人员到德阳市迎接伤员。

24日11时，第一批237名四川灾区伤员到达长沙，不到一小时即由130辆救护车及500余名医务人员、100余名铁路职工转送上救护车，送到湖南省卫生厅确定的接收医院。26日，又有一批伤员抵湘。湖南省先后两次共接收512名四川灾区伤员及461名陪护人员。伤员被分别安排到中南大学湘雅医院、湘雅第二医院、湘雅第三医院和湖南省第二人民医院、长沙市中心医院、长沙市第一医院、湖南中医药大学附属第一医院、湖南中医药大学附属第二医院、湖南旺旺医院（民营医院）等省会11家综合实力最强的三级医院接受治疗。其中，危重病人31人，25%的伤病员转入时就有不同程度的感染，67名伤病员患有褥疮，9名伤员截瘫、4名伤员截肢；30%左右的伤病员为70岁以上的年老体弱患者，20%的伤病员伴有心脏病、中风、肿瘤等原发疾病。

广东省组织实施伤员接收 广东省卫生厅成立收治四川灾区伤病员工作领导小组，制订详细的收治方案，起草下发《关于切实做好四川地震灾区伤病员收治工作的紧急通知》《地震伤员康复指导规范》等，对灾区伤员收治的组织、治疗、后勤服务等工作提出明确要求，并建立收治情况报告制度，及时掌握伤病员的动态。同时，领导小组召开各收治医院负责人会议，要求各医院听从统一指挥，协同配合，做到快而有条不紊，确保伤病员以最快速度入院接受治疗。为确保救治工作顺利妥当，广东省卫生厅还积极联系、协调机场管理部门，保证每次接机的数十台救护车辆能顺利进入机场停机坪待命，为顺利接治伤病员提供充分保障。（参见图139）5—7月，广东省共接收950名灾区伤病员，其中截瘫29人、截肢57人。这些伤员，被分送到广东省人民医院、第二人民医院、广东省第二中医院、南方医院、珠江医院，中山大学附属第一医院、第二医院、第三医院，暨南大学附属第一医院、第二医院，广州中医药大学第一医院、祈福医院，广州医学院第一医院、第二医院，广州市第一人民医院、第二人民医院以及深圳市、佛山市、中山市、江门市中医医院等省属、市属和地级市三等甲级医院，及广州军区总医院和解放军第421医院、第458医院等医院接受治疗。

广西壮族自治区组织实施伤员接收 广西壮族自治区卫生厅成立接收四川灾区伤员后续治疗

图139 5月23日午夜，广东医务人员冒着倾盆大雨在广州白云机场接收四川灾区伤员
（广东省人民医院 提供）

工作领导小组，明确治疗工作的组织领导、步骤实施、后勤保障、信息上报等工作职责，确定接收医院及收治人数。同时，做好迎接伤员及伤员转运的各项准备。各定点接收伤员的医院成立相应的领导小组，并制订接收伤员的工作方案。接收医院均为三甲医院，医疗技术力量强，医疗设备先进，医疗环境优美。5月22日15时，首批载有36名绵阳灾区伤员的包机安全抵达南宁机场。广西壮族自治区人民医院、广西医科大学第一附属医院等医疗机构的专家、护士分乘从南宁市各大医院抽调的救护车，将伤员安全转送到指定医院。22—24日，南宁、柳州两地共接收5批8架次专机的伤员共238人。这些伤员被分别安排在广西壮族自治区人民医院、广西医科大学第一附属医院和柳州市人民医院、柳州市工人医院进行救治，其中危重伤员46人，多为挤压综合征、特重度烧伤、多发性创伤、多器官功能衰竭及严重颅脑外伤。

重庆市组织实施伤员接收 重庆市卫生局采取“分级分层、重病优先、留有余地”的措施，将重伤员优先安排到市内三级医院，病情较轻的伤员安排到二级医院治疗，三级医院也预留床位接收转诊来自二级医院的伤员。5月13日至7月17日，重庆市共收治四川地震伤员2290人、2486人次，占四川省转往省外救治伤员的20%。伤员主要来自四川地震灾区的20个县，以北川、绵竹、安县、平武等地为主，占70%以上；以中轻度伤为主，占接收伤员总数的80%，其余为重伤员及危重伤员。5月18—21日4天为收治高峰期，占收治伤员总数的92.09%。在伤员接收工作中，重庆市共有80家医疗机构收治伤员，其中三甲医院17家、三乙医院1家、二级医院62家。第三军医大学西南医院于17日、20日、21日，在龙头寺火车站接收四川地震灾区伤病员3批共95人，年龄最小的14岁、最大的77岁。20日，第三军医大学西南医院经重庆市卫生局医政处统一协调，接收从重庆市巴南区人民医院、长寿区人民医院、璧山县人民医院、沙坪坝区人民医院等12个区（县）医院治疗效果不明显的地震伤员。截至6月14日，25名危重病人在第三军医大学西南医院进行强化救治。武警重庆总队医院接到收治命令后，成立灾区伤员救治专家组，制定灾区伤员接诊、救治流程，腾出床位组建灾区伤员专治病区，派出救护车和医务人员从北川接回41名伤员。

贵州省组织实施伤员接收 贵州省卫生厅对接收四川灾区伤员做出安排部署，确定接收医院准备床位，落实医务人员、救治物资和设备及到贵阳火车站接收伤员的准备工作。5月22日，四川灾区288名伤员到达贵州，其中100人由遵义市政府组织转运到遵义市医学院附属医院收治；其余188名伤员由200辆救护车转运至贵阳市指定医院收治，由贵州省人民医院接收76人，贵阳医学院附属医院接收69人，解放军第44医院接收43人。

云南省组织实施伤员接收 云南省卫生厅要求省级三甲医院不惜代价，全力接收四川灾区伤员；每家医院都要为伤员腾出最好的楼层，安排专门的病区，根据伤员人数及伤情，配备一流的医师和护士。5月22日上午，首批搭载245名地震灾区伤员和230多名家属的专列到达昆明，由91辆救护车和20辆面包车将其中的137名伤员及119名家属，分别转运至昆明市定点收治伤员的昆明医学院第一附属医院、云南省第一人民医院、第二人民医院、第三人民医院、中医院、成都军区昆明疗养院478疗区、武警云南省总队医院7家医院。其他108名伤员及111名家属，继续乘坐专列前往石林火车站，于当日11时37分转运至石林天奇医院治疗。云南省共收治252名伤员，有重伤员115人、骨折病人166人。

陕西省组织实施伤员接收 5月19日，陕西省卫生厅和西安市卫生局联合召开西安地区收治四川灾区伤员工作紧急会议，决定西安地区接收灾区伤员工作由西安市卫生局全权负责、统一协调指挥，省级直属直管各医院及驻军医院全力配合，无条件接受统一指挥和任务分配；各医院制订相应的工作预案，对现有住院患者进行分流、转诊，做好耐心细致的说明解释工作，对危重病人逐一排查，落实责任医师和护士，确保医疗安全，做到两不误；各医院要坚持诊疗护理常规，按规范要求做好医疗文书书写和各种检查单、报告单等资料的收集整理，同时要严格按照收费标准做好记账及财务管理，所有医疗收费账目要经得起审计核查。

5 月 21 日 6 时 55 分，由绵阳发往西安的转运伤员专列抵达西安火车站，来自北川、安县、青川的伤员被迅速送往第四军医大学西京医院和唐都医院进行救治。西京医院、唐都医院派出 200 多副担架，调动 600 余名学员专门负责运送伤员和途中护理，并从社会上招募 200 余名志愿者帮助照顾伤病员的日常饮食起居。西京医院腾出 4 个病区 200 张床位，抽调 150 名医疗骨干组成灾区重伤员医疗救治组，抽调 30 余名专家教授组成专家会诊组，接治来自北川、安县的伤员。唐都医院腾出 4 个病区 86 张病床，每个病区配有 6 名医师、7 名护士，并为伤员开辟就诊爱心绿色通道，接治来自青川灾区的伤员。为提高伤员的治愈率，降低致残、致死率，第四军医大学制定大批量接收灾区伤员的紧急预案，成立接收救治领导小组、医疗救治专家小组、医疗保障小组、生活保障小组、伤员接送指挥与保障小组、伤员搬运护送小组 6 个组织，调动所有力量，全力以赴接治伤员。7 时，工程院院士、第四军医大学校长樊代明说：四医大有两个战场，一个战场是四川前线的现场急救，另一个战场是学校附属医院的后方收治；前方的口号是“灾情就是命令、时间就是生命”，后方的要求是“病房是战场、争取零死亡”。为了完成伤员收治任务，第四军医大学准备了 1000 张病床、1000 名医护精英人才、1000 名由学员组成的志愿搬运陪护者。

5 月 28 日 20 时，安康市卫生局接到陕西省卫生厅紧急通知，由四川开往南京的“救”28/7 次列车上有一名伤员因病情危重，须在安康下车接受紧急抢救治疗；同时，需要为列车补充急需的 7 种抢救药品。接到通知后，安康市卫生局立即启动地震灾区伤病员应急医疗救治预案，指定安康市中心医院立即作好抢救准备、药品补给及随行人员生活接待安置。23 时 50 分，列车抵达安康站，安康市中心医院抢救组人员与专列医护人员快速交接，迅速将伤员接到医院普外科抢救治疗。

第五节 省外医院救治四川转运伤员

接收四川地震灾区伤员的各省（区、市）卫生厅（局）成立相关专业专家组成的专家组，对收治伤员进行逐一会诊，指导伤员救治工作。各接收医院严格控制院内感染，对感染者（创口感染）进行隔离治疗；重症伤员及时收入 ICU 室进行监护，集中专家、集中医疗技术人员、集中伤员进行集中治疗。各收治医院均成立专家组，对伤员进行会诊，明确诊断，制订治疗方案，及时治疗伤员。各接收医院大多设立单独的专门病区或“爱心病区”收治伤员，提供空调、电话等服务，保障伤员得到安全舒适的治疗和休养。在救治四川灾区伤员时，各医院定期开展伤情评估，根据伤情、病情变化及时调整治疗方案。此外，一些收治伤员的医院采取“一医一护一病人一志愿者”的治疗护理服务模式，使伤员得到最优良的医疗和生活服务。(参见表17)

四川地震伤员转往省外治疗情况统计表

表17

省份	接收医院（家）	原上报接收人数（人）	接收省份上报伤员数（人）	重伤员数（人）	手术（台次）	出院（人）	院内死亡（人）
北京	1	91	91	50	52	85	0
上海	19	306	307	97	153	306	1
天津	17	83	83	15	—	83	0
河北	8	177	172	26	—	169	0
辽宁	10	243	244	70	15	243	1
山东	18	390	397	101	—	397	0
江苏	40	1302	1299	361	638	1292	5
浙江	43	1021	1020	224	140	1017	3
福建	21	455	455	66	—	455	0
广东	53	934	950	187	550	948	0
山西	7	193	198	15	45	198	0
陕西	3	250	263	48	148	263	0
安徽	3	105	103	57	63	103	0
广西	4	236	238	48	195	236	2
重庆	80	2276	2290	643	—	2197	5
贵州	4	297	288	—	—	288	0
云南	8	242	252	115	146	252	0
河南	12	364	370	106	175	370	0
湖北	13	544	549	206	—	544	1
湖南	11	506	512	31	247	509	0
合计	375	10015	10081	—	—	9955	18

说明：1. 接收省份上报伤员数包括陪护人员因伤转为伤员人数
　　　2. 统计表数据截至2008年9月8日12时

一　地方医院救治四川转运伤员

北京市医院救治伤员　为确保灾区伤员在北京得到最好的医疗救治与康复，北京市卫生局成立四川灾区伤员医疗救治工作领导小组，负责伤员在北京期间的医疗与康复工作；同时，专门制订《关于做好收治四川地震灾区伤员工作方案》《地震伤员功能康复工作实施方案》《地震伤员心理康复治疗实施方案》，采取康复与救治并举、心理康复与功能康复同步展开等措施开展康复工作；并成立由来自25家医院的ICU室、肾病科、胸外科、骨科、普外科、神经外科、呼吸科、心内科、医院感染科、心理干预科、护理科、康复科、儿科、皮肤科、神经内科、传染病科、消化科17个学科的94名专家组成的市级医疗救治专家组，组织康复专家为伤员们制订详细的康复计划。在伤员救治期间，神经外科专家、工程院院士王忠诚到北京老年医院参加查房并指导手术。

北京市救治地震伤员的北京老年医院，按照住院伤员的病情进行合理分配，组建3个爱心病房，共计101张病床，集中安置伤员。医院整合全院30名外科医师、58名专业护士，同时组建骨科医疗组，为所有骨科伤员提供医疗保障。此外，医院还成立伤员救治多学科小组，由30个专业的专家组成。伤员救治期间，医院安排206人次，涉及20余家三级医院26个学科的专家会诊，共会诊481人次；协调、安排手术52台。北京市卫生局还组织北京安定医院等4家大型精神心理专科医疗机构的20余名专家，对伤员和家属进行心理筛查和干预，计安排心理干预的医护人员120余人次，完成心理筛查269人次，心理干预215人次，取得良好成效。（参见图140）

在到北京治疗伤员中，病情最为严重的伤员金某被诊断为肺部感染（重症）、高血压病3级（极高危组），其右侧基底节区脑出血术后，偏瘫，失语，重度营养不良，恶液质，呼吸衰竭，酸碱失衡，水电解质紊乱。在救治过程中一度病危，出现生命体征危象。医院将金某的救治工作列为全院工作的重中之重，组建救治专家组和专门护理小组，共组织全市专家会诊8次、全院专家会诊21次，组织专门医疗护理人员35人次。经过精心的救治和照顾，金某的病情逐渐好转，达到康复出院的标准。26岁的女伤员何某入院被诊断为右股骨干骨折和右股骨颈骨折。5月30日，医院为其施行右股骨干骨折切开复位内固定术及右股骨颈骨折复位内固定术；术后一个月发现双下肢不等长，经专家会诊于7月8日再次行右股骨颈骨折内固定调整术，手术顺利。康复医师为

图140 6月1日，来自四川灾区的小伤员在北京老年医院得到很好的照顾（北京市卫生局 提供）

其制订详尽的康复方案，并妥善实施，经康复治疗后，何某患肢功能恢复良好，达到预期效果。经过精心救治和康复，91 名伤员好转率达到 100%，无一人死亡。

天津市医院救治伤员 5 月 27 日，在伤员到达天津的当晚，天津市各医院立即组织多科专家组检查伤员询问病史，严格控制感染等并发症的发生。有关医院连夜为一名伤员施行手术，术后情况良好；对有感染的 5 名伤员及时进行检查、隔离及消毒处理；对重症病人及时收入 ICU 室监护治疗。83 岁的伤员盛某伤情严重，同时出现心衰及严重脱水等情况，被立即收入 ICU 室进行治疗监护，经治疗后病情逐渐稳定。经过清创、引流手术、断骨复位、关节置换、微创修复、重症监护、营养支持、抗感染治疗、中医中药治疗及心理干预等精心治疗和护理，17 家医院收治的 83 名伤员恢复良好；截至 8 月 31 日，全部伤员治愈，分 5 批返回四川。

河北省医院救治伤员 河北省卫生厅制订收治四川灾区伤员工作方案，成立河北省四川灾区伤员救治专家组，按照“全面巡治、个别指导、危重直接参与”的原则，对伤员进行全面巡诊，现场指导救治，特别对重症伤员的病情进行认真、细致的分析讨论，研究并制订最佳的治疗方案。河北省卫生厅和河北省残联还共同组织康复专家团对 172 名伤员逐一巡诊，确保全部伤员以最佳的康复方案、最科学的康复措施进行康复医疗，以获得最好的康复效果。

各接收医院抽调最优秀的医护人员成立医疗救治组，配置最先进的医疗设备，准备充足的药品、器械、血液及生活用品等物资，对伤员实行“一对一”的护理，并安排具有护理知识的志愿者照顾伤员。各医院为每位伤员提供一套新住院服、一套新被子、一套新内衣、一束鲜花、一套洗漱洗涤用品和餐具、一份慰问金，并为陪护家属做一次全面体检，为伤员及家属做一次心理疏导。“八个一”的服务为伤员及家属创造了和谐温馨的医疗环境。经 8 家医院的精心治疗和护理，转送到河北省的 172 名伤员全部治愈出院，无一人死亡。

山西省医院救治伤员 山西省卫生厅及早安排，有关医院积极行动，选定骨科、神经外科、普通外科、泌尿外科、胸外科、妇产科、儿科、麻醉科、康复科、医院感染管理、临床心理、ICU 护理、手术室护理等专业中责任心强、业务水平高的骨干力量参加医疗救治工作。各医院成立了地震伤员病区，集中收治伤员。同时，由相关科室的医疗、护理骨干组成医疗、护理组，严格按照诊疗规范开展伤员救治工作，切实做好医院感染预防控制，保证医疗质量和医疗安全，提高治愈率，降低死亡率和致残率。各医院加强细节管理，包括伤员的转运路线、医师和护士的接诊工作、对伤员进行全面体检、医院会诊专家组对所有伤员进行会诊，在此基础上制订合理准确的诊治方案。各医院医技检查科室对伤员全部开放“绿色通道”，第一时间出具检查报告等，努力为伤员专用病区提供优质、高效的服务。各医院同时加强了病区的安全管理，增派医院的保安人员在入口进行 24 小时轮班值守，确保伤员和陪侍人员的生命健康安全。8 月 18 日，山西省接诊的 198 名灾区伤员全部治愈出院。

辽宁省医院救治伤员 辽宁省收治伤员的所有医院均设立独立的病区安置伤员，集中收治伤员，安排最优秀的医师、护士为其服务。各医院职工积极响应党、团组织倡议，为伤员提供志愿服务。在将近 5 个月的救治工作中，辽宁省卫生厅组织全省地震伤员医疗救治专家对 244 名伤员逐一进行会诊，制订个体化治疗方案，同时对重症伤员及疑难病例反复会诊，专家会诊累计 2000 余人次。辽宁省收治的四川地震灾区伤员，除一名患者因肺癌死亡外，其他伤员都康复出院。

上海市医院救治伤员 上海市卫生局及时整合全市医疗救治力量，组建包括心理干预专家在内的伤员医疗救治专家组，以提高救治工作的质量和水平。各收治医院接收伤员后，立即组织院内外专家对伤员病情进行讨论，制订治疗方案，加强医疗救治力量，全力救治伤员。

上海市19家医院收治的307名伤员，均被安置在各医院特设的“爱心病房”。各医院在伤员到达病房后，立即组织各科专家对伤员进行会诊，确定治疗方案，安排相关检查，需做手术的伤员尽早进行手术，按照收治方案认真合理开展救治工作，确保医疗安全和医疗质量，以“提高治愈率、严控死亡率、降低致残率”为重点，强化医疗质量管理。在救治过程中，严格实施危重病人日报告制度，及时协调组织市内专家会诊，并根据伤员病情特点和各医院的专科特色，协调安排伤员的转院治疗。上海市收治的伤员，除一例87岁高龄伤员于5月30日猝死外，其他均康复出院。

江苏省医院救治伤员 江苏省在四川灾区伤员的救治过程中，健全组织体系，建立伤员救治专家组，定期召开专家组会议，明确工作要求和会诊原则、程序。江苏省卫生厅救治四川灾区伤员领导小组下设的医疗救治小组每日收集情况，督察进展，从各方面加强救治工作的巡诊会诊制度。江苏省卫生厅扩大省级专家组成员，任命121名专家为省级专家组成员，聘请工程院院士、南京军区南京总医院的国际著名肾脏病专家黎磊石和普外科学专家黎介寿为省级专家组顾问。全省专家组分为南京、苏南、苏中、苏北4个片区开展工作，其中南京片区负责省直、南京市和镇江市各医院的巡诊、会诊工作，按需要对全省其他地区工作给予支援；苏南片区负责苏州市、无锡市各医院的巡诊、会诊工作；苏中片区的负责扬州市、泰州市、南通市各医院的巡诊、会诊工作；苏北片区的负责徐州市各医院的巡诊、会诊工作。

南京市鼓楼医院于5月22日晚接到任务后，由著名骨科专家邱勇为组长的专家治疗小组立即为每个病人制订了医疗救治预案。年龄最大、无家属陪护的94岁高龄伤员马某，左手臂伤情严重，尺桡骨多段骨折，手前臂有一个5×6厘米缺损，严重感染，出现神情萎靡、呼吸缓慢、嗜睡状态，如不及时治疗，毒素进入全身，不仅手臂保不住，性命也难保全。专家治疗小组决定视老人身体状况尽快手术。19时，鼓楼医院为马某实施紧急手术，麻醉师采用对生理干扰最小的区域麻醉方法，使伤员处于清醒状态，以便掌握其手术的各种反应；仅半个小时，即成功地为老人进行了左手臂内外固定术和创面坏死组织清理术。23日11时20分，医院将生命体征平稳的老人转出ICU室，回到骨科爱心病房进一步观察并进行康复治疗。江苏省各收治医院共为伤员开展各类手术638人次，组织专家会诊2944人次。截至8月底，被转到江苏省救治的1299名伤员，除5名因患有严重的原发疾病或其他严重的基础疾病经治疗无效死亡外，其余均治愈返回四川。

浙江省医院救治伤员 根据浙江省卫生厅的要求，各伤员接收医院都成立医疗救治领导小组及专家救治组、医院感染控制组、后勤保障组、爱心服务组等专业小组，普遍设立爱心病区和爱心病房。伤员入院后，各收治医院均安排专家组进行全面、逐个查房和会诊，对疑难重症病例实行先收和ICU监护，马上组织全院会诊，对所有伤员在入院当日即确定详细的治疗方案，对需要手术的重症病人立即施行急诊手术。专家组还实行24小时轮岗制，随时给伤员提供服务，保障所有伤员得到及时、安全、有效的救治。各医院在关心伤员身体健康的同时，关注他们的心理健康。伤员入院后，医院对所有伤员全部进行全面的心理测评，并根据测评结果，确定专业的心理

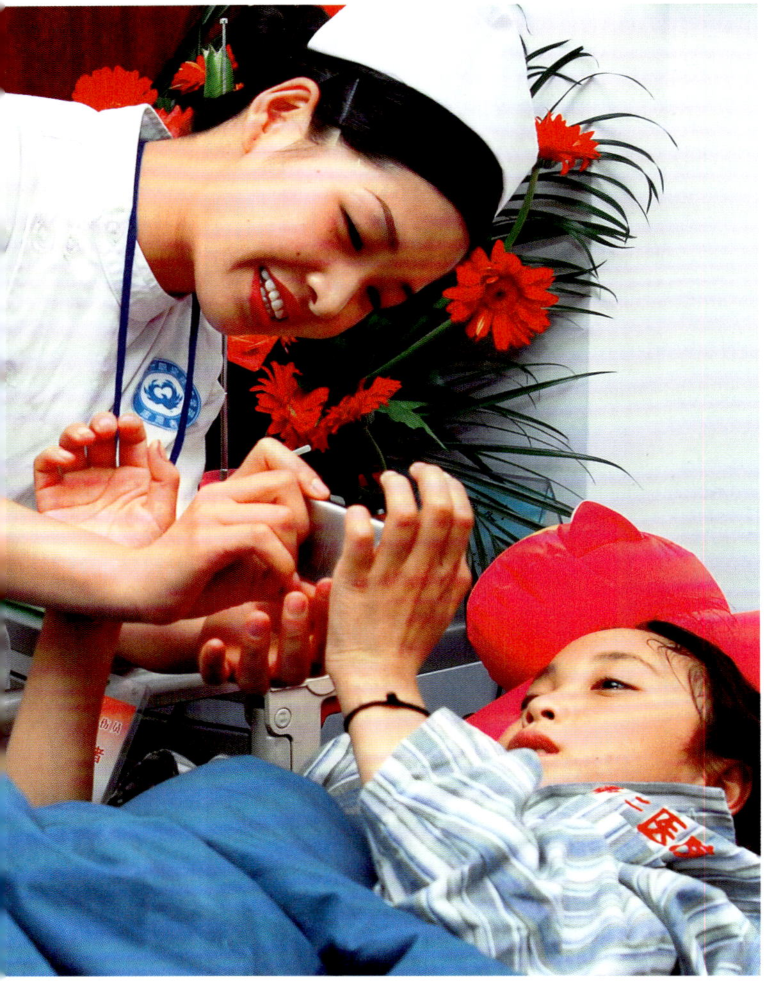

图 141　6 月 2 日，在地震中遭受左腿粉碎性骨折的茂县 10 岁小伤员在宁波市第二医院接受治疗

（宁波市健康教育所　提供）

医师开展一对一的心理干预和心理疏导工作。（参见图 141）

工程院院士、浙江大学医学院附属第一医院院长郑树森，工程院院士、浙江大学医学院附属第一医院传染科专家李兰娟到 ICU 室对伤员进行检查和会诊。截至 9 月 8 日，在浙江省治疗的 1020 名伤员，出院 1017 人，院内死亡 3 人。

安徽省各医院救治伤员　安徽省 3 家定点收治医院均设立环境最好的病区或腾出干部病房作为“抗震救灾爱心病房”收治伤员，并抽调技术骨干组成专家组对伤员进行会诊，确定治疗方案，医务人员和志愿者组成护理组和爱心志愿者团队，对伤员进行“一对一”式救治和服务。省立医院还邀请工程院院士、北京协和医院骨科主任邱贵兴指导伤员救治工作。

合肥市第一人民医院 ICU 室 11 床的 12 岁男孩李某入院时候病情危重，被诊断为挤压综合征、多脏器功能不全，经 27 名专家 72 小时不分昼夜地抢救，终于转危为安。省立医院收治的伤员刘某血型为罕见的 RH 阳性 AB 型，在合肥市中心血站的努力配合下找到了献血者，使手术得以顺利进行，术后伤员恢复良好。安徽医科大学附属第一医院收治患有精神障碍的女性伤员曹某，医院多方与都江堰市天马镇政府联系，终于找到其丈夫，并安排他赶至合肥，6 月 1 日为患者顺利动了手术，术后伤员病情平稳。截至 9 月 8 日，在合肥治疗的所有伤员治愈后返回四川。

福建省医院救治伤员　福建省卫生厅成立灾区伤病员医疗救治专家组，各接收医院相应成立医疗救治工作组，及时腾出病房，设立专门病区；选派责任心强、业务水平高的技术骨干负责医疗救治工作，安排护工照顾无家属陪护的伤员；实行伤员治疗情况日报告、周报告制度，对伤员进行会诊、检查、治疗、手术和护理。从 6 月 8 日第一名伤员出院起，至 8 月 29 日，在福建治疗的 455 名伤员全部治愈出院返回四川。

山东省医院救治伤员　山东省卫生厅成立包括 19 个专业 37 名专家组成的省级医疗救治专家组，负责为重伤员巡诊会诊。山东省收治四川地震灾区伤员的 18 家医院，在伤员到达医院的“爱心病区”后，医院专家组立即对伤员进行全面检查，逐个讨论病情，为每位伤员制订最佳治疗方案。山东省卫生厅领导到济南各收治伤员的医院逐一看望伤员、了解病情，参加专家组对危重伤员的会诊，共同研究治疗方案，落实医、护、志愿者责任，使每位伤病员有一名医师、一名护士和一名志愿者跟踪治疗护理和服务。各医院对技术复杂，耗时较长的择期手术，严格术前讨论，制订周密的手术方案，组织专家共同参与，减少残疾，同时加强全院院内感染控制。各医院建立重危病人调度制度，每天根据重危病人和需手术患者病情需要，及时组织专家会诊，及时治疗；规范使用抗生素，控制感染，预防下肢静脉血栓形成、坠积性肺炎和褥疮等并发症出现。经过精心治疗，全省接收的101名重危病人病情全部好转，5名90岁以上重病老人恢复良好。针对伤员的心理状态，心理干预人员进行筛查，发现心理问题较重的伤员即提供心理干预，使其稳定情绪，配合治疗；对地震伤员进行早期的康复介入，对有康复需求的，实施康复治疗。截至9月8日，在山东治疗的397名伤员全部出院返回四川。

河南省医院救治伤员　河南省卫生厅根据伤员伤情，成立由内科、外科、康复、心理、护理及院内感染控制方面的50名专家组成的专家组，负责全省四川地震伤员的会诊和医疗指导工作。从5月27日起，专家组分5个组每天对郑州市9家医院巡回指导，并定期会商提出治疗意见和建议。各收治医院均成立救治专家组、医疗护理组，设置专门病区，提供最强的医疗护理队伍和最好的药品设备器械，并为伤员提供最温馨的服务。收治伤员的12家医院对重伤员进行及时会诊，确定伤情，开展病情评估，制订治疗方案；应手术的伤员及时安排手术，使重症病人得到最好治疗，无一例死亡。截至9月8日，全部伤员康复出院。85岁高龄的张仕秀，是武警河南总队医院接收的伤病员中年龄最大的伤员，在地震中左小腿被压断，在当地医院先后两次接受截肢手术，截肢后的伤口创面严重感染，伴有房颤、心律失常、电解质紊乱等症状。经过专家11次会诊，决定对其实施了第三次截肢手术。6月1日，张某截肢手术成功，经过精心护理康复出院。

湖北省医院救治伤员　湖北省各接收医院按照湖北省卫生厅《关于做好四川灾区伤病员接收及诊疗、生活保障工作的紧急通知》要求，迅速开展治疗工作。

武汉大学人民医院以手术科室医师和护士为主的12名医师、14名护士，承担35名伤员的治疗工作，经手术治疗和内科治疗及精心护理，均治愈出院。武汉市第六医院抽调20名医师和20名护士组成医疗小组，承担39位伤员的治疗工作，开展手术22人次，无死亡病例；至9月8日，伤员全部治愈出院。武汉市中心医院调集外科专科医疗骨干7人及22名护理人员治疗的39名伤员，除一名患者因脑肿瘤复发去世外，于9月13日全部治愈返回四川。华中科技大学同济医院从绵阳接收转运的42名伤员，由90岁高龄的中科院院士裘法祖担任医疗顾问，指导对四川灾区伤员的救治工作。医院先后组织会诊80余人次，开展手术25台次，使16名危重病人的病情迅速稳定。华中科技大学协和医院组织各科专家小组对伤员进行会诊和治疗指导，100余名医师护士负责39名伤员的治疗和护理；治疗期间，开展手术43台次，至7月1日出院36人。武汉市普爱医院收治伤病员40人，经治疗于7月底全部治愈出院。武警医院收治伤员36名，治疗期间开展手术33台次，院内外会诊10余次；8月12日，伤员全部康复出院返乡。（参见图142）武钢总医院在院内专门设立“四川同胞康复病区”，对40名伤员进行精心治疗和护理，到8月20日全部治愈出院。武汉市第一医院收治41名伤员，并为陪护家属租用宾馆、提供休息场所。经治疗，伤员全部治愈出院返回四川。武汉市第三医院收治的40名伤员，经治疗全部康复出院。

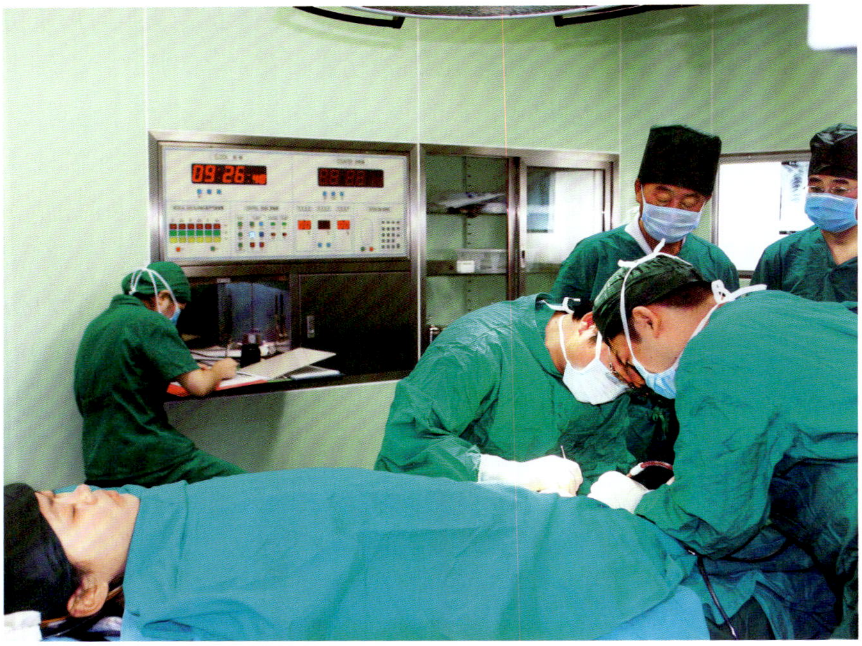

图 142　5 月 28 日，武警湖北总队医院医生正在为灾区伤员动手术
（武警湖北总队医院　提供）

湖南省医院救治伤员　湖南省卫生厅成立省级专家组，对 11 家医院收治的 512 名伤病员进行全面检查、会诊，并对诊断、治疗进行指导；同时，要求各医院院内专家组对重危病人进行会诊并上报省卫生厅，只要病情需要，省卫生厅随时派遣专家组前往会诊。

11 家收治医院成立救治领导小组和院内专家组，设立专门病区，确定专门医护人员对伤员进行集中治疗。工程院院士、中南大学校长黄自云，工程院院士、中南大学湘雅医院人类与医学遗传学教授、博士生导师夏家辉，工程院院士、湖南医科大学副校长兼湖南省药品监督管理局副局长周宏灏，参加对伤员的大会诊，指导对伤员的救治工作。各医院根据伤员伤情和疾病种类，做出诊断，制订治疗方案，迅速展开救治。在湖南省收治的伤病员中，有 25%的伤员有伤口感染。湖南省卫生厅制定相关制度和办法，要求各医院严格执行，控制感染。经过几个月的治疗，四川灾区伤病员全部治愈出院，于 10 月 22 日前陆续返回四川。

广东省医院救治伤员　广东省卫生厅建立专家巡诊制度和日报告制度、零报告制度等，加强对转运到广东的四川灾区伤员的诊治工作。全省各收诊伤员的医院投入最强的技术力量，不惜代价抢救伤员，全力救治重症和患有严重基础疾病的伤病员。转运到广东省 53 家医院治疗的 950 名伤员中，重症伤员 187 人，共施行手术 550 例，特殊治疗 93 人，特别护理 147 人次，经过精心治疗和护理，无一例死亡。截至 9 月 8 日，948 名伤员及家属顺利返乡，2 名伤员留院继续治疗。同时，还有 119 名伤员转入残联和民政部门的康复机构接受康复治疗或安装假肢。

84 岁的周某入院时病情严重，心理状态不佳，经过医护人员的多方沟通，为其联系上家人，顺利进行手术，被送往 ICU 室，由医院骨科、心血管、ICU 医师组成的医师小组和护士 24 小时轮班看护和监控病情。5 月 23 日凌晨，第三批 5 名伤员被广州市红十字会医院接收，其中青川县的伤员董某，胸第 12 椎体爆裂型骨折并截瘫、腰第 3 锥体压缩性骨折、左胫腓骨折，阴囊皮肤溃疡严重；问诊时发现他 10 天没有大便，腹部鼓胀如鼓，难受，甚至不敢吃饭；用开塞露、灌肠通便亦无效。总护士长潘丽沁带领护士叶洁玉和胡素芬，用手帮他把粪便抠出来，再用软管为他做深部灌肠，终于排出积在其腹部多日的粪块、粪水和气体，然后为他擦拭全身，清洗阴囊溃烂的伤口和臀部褥疮，经过两天多的正规治疗和精心护理，病人情况好转，可以正常吃饭。伤员陈某地震时跳车逃生，导致左股骨上段骨折和第3腰椎爆裂骨折。到达广州的当天下午，广东省第二中医院即为他施行手术。医院派出麻醉科主任为他做全身麻醉，骨科主任医师操刀，医院领导和医务科负责人、骨科主任现场指导，手术取得成功。

广西壮族自治区医院救治伤员　广西壮族自治区接收的伤员中有46名危重伤员。各医院在伤员到达之后，迅速组织医疗护理专家组会诊，明确诊断，按照诊疗护理规范、常规及指南，对伤员进行骨折固定、抗感染、伤口换药、营养支持及手术等治疗，同时开展心理疏导。对患有挤压综合征和特重度烧伤、多发性创伤、多器官衰竭、严重颅脑外伤的危重伤员，采取“四集中”的方式，集中在ICU室，抽调最好的医师，使用最好的药物及设备进行抢救。（参见图143）加强三级查房，重点会诊，并对重症伤员进行动态评估及时调整治疗方案，做到早发现、早解决，提高救治成功率。其间，自治区医疗专家组到各医院进行指导，参加伤员的抢救工作，先后在4家医院会诊10次；4家定点医院为伤员实施手术195人次。在广西治疗的238名伤员中，有236名伤员病情好转，分13批出院返回四川，有2名危重伤员经抢救无效死亡。

伤员杨某，右前臂毁损伤、左小腿皮肤坏死、颅底骨折、左手背皮肤裂伤伴感染，在资阳市第一人民医院施行右前臂前1/3截肢术后，于5月24日被转送入柳州市人民医院，进行抗炎、降糖、扩管降压治疗。29日，柳州市人民医院为其行左手背皮肤缺损并感染清创术；6月4日，行右前臂残端清创和左前臂皮肤缺损腹部取皮植皮术；19日，行右前臂残端清创缝合和左小腿皮肤缺损游离植皮术。由于患者自诉多次失语，29日，医院又为之行急诊头颅CT检查，诊断为左额、颞、顶部亚急性硬膜外下血肿；30日，又为其行硬膜下血肿钻孔引流术。在柳州市人民医院医

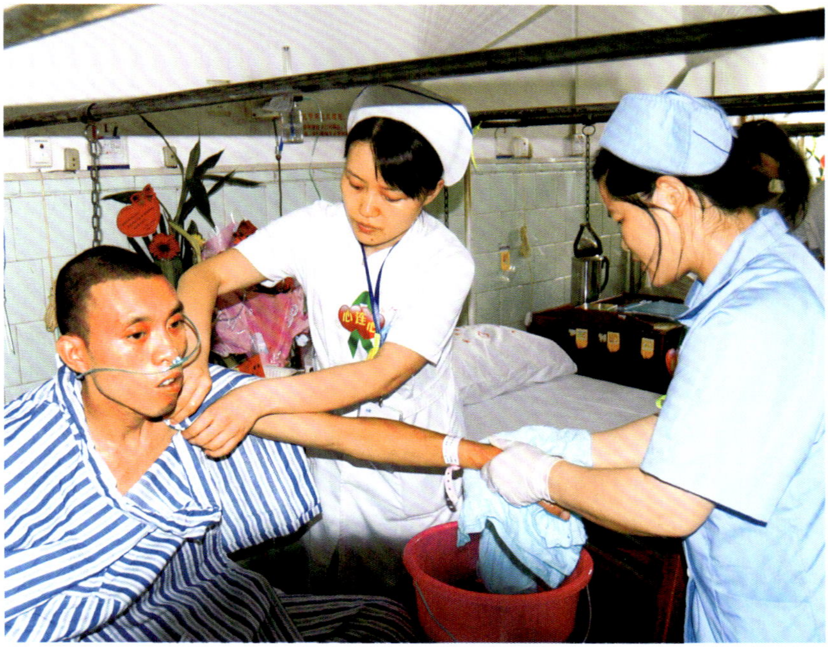

图143　5月25日，柳州市人民医院护理人员在精心护理四川灾区伤员
（广西壮族自治区卫生厅　提供）

务人员的治疗与精心照顾下，杨某手臂残端伤口逐渐愈合，植皮部位渐渐长好，头痛症状得到解除，精神状态较前有所好转，出院回当地医院进行康复治疗。

重庆市医院救治伤员 重庆市卫生局发出《关于进一步做好四川灾区伤员医疗救治工作的紧急通知》，要求各接收伤员的医院，尽全力挽救伤员生命，确保危重伤员得到及时抢救和转诊；在安全救治的情况下，确保最大限度地降低伤残率；全力救治受伤儿童，尽全力确保不留下严重后遗症；全力照顾无陪伴家属的伤员，确保有专人护理照料。重庆市卫生局组织相关专业的45名专家组成重庆市救治四川灾区伤员专家组，负责重伤员及危重伤员的会诊和治疗技术指导等工作；收治伤员的各家医院均建立救治领导小组和专家组，对伤员进行会诊、治疗；同时，建立危重伤员转院绿色通道，规定各区、县危重伤员原则上转入第三军医大学各附属医院和重庆医科大学各附属医院，危重儿童伤员转入重庆医科大学儿童医院；伤员转院时，家属亦随同一起转走，以便照顾伤员。

为挽救伤员的生命，又能保住伤员的肢体，重庆市抗震医疗组指导各医院建立一整套“双保”措施，成立跨学科医疗专家组，建立专家会诊、巡查制度，开辟重症病人转院通道。为攻克一个重病例，全市最优秀的骨科、神经外科、内科、重症监护专家集中会诊，投入最好的设备、药物进行治疗。截至11月6日，出院伤员2278人，在院继续治疗伤员7人，院内死亡伤员5人。

来自北川的78岁老人贾某，左趾骨、上下肢骨折，颅脑损伤，心律不齐，奄奄一息。救治小组为老人制订救治方案并及时请专家会诊。10天后，贾某脱离生命危险，病情趋于稳定。什邡市龙居镇中心小学五年级学生郭某，是重庆市医院收治的第一个四川灾区伤员。他左髋关节脱位，右足跖骨开放性骨折。为保住他的右脚，医师采用保守治疗法。郭某刚被送到医院时，很少说话，只要病床轻轻一晃就大喊“地震”；经过医护人员的悉心照顾和他父母的爱护，他脸上逐渐有了笑容，也爱说话了。

北川中学高一学生刘某由于腿伤严重，高烧不退，已进入病危状态，被紧急从绵阳转移到重庆市第三人民医院接受治疗，医疗专家组会诊的结果是“截肢的指征远远大于保肢的指征”。经多次专家会诊，结合临床观察，医护人员决定全力保肢。1次手术、4次清创，每天3次换药，每次换药敷料堆起来有半米高。随着其病情逐渐变化，医院不断调整用药。经过半个月全力抢救，病人右腿得以保全，血象、肝功能逐渐恢复正常。5月20日15时，第三军医大学重庆新桥医院ICU室内医护人员对被埋179个小时的马元江进行全面检查和紧急抢救，不到一小时，20余名专家就开始会诊。检测结果和照片报告显示，患者体内的钾、钠、二氧化碳、尿素、血糖等均为异常。医院成立特别治疗组和特别护理组，对马元江实行24小时特别监护，以“每小时多少毫磅”精确计算其排尿和输液量。住院7个月，马元江在新桥医院接受了6次手术。6月1日，马元江第一次离开重症监护室。

贵州省医院救治伤员 四川灾区伤员被转运到贵州以后，贵州省人民医院提前启动新外科大楼，将伤员及家属安排在新楼治疗、陪护，每个病房配备一部无绳电话及小灵通等；病房中央空调等设备齐全、24小时供应热水。医院组织70余名资深专家进行全院大会诊，逐一分析病情，制订医疗方案，并安排护理经验丰富的退休老护士作为志愿者为伤病员提供护理。医院还特地将送给伤病员的病号服改为睡衣，希望伤员像住在家里一样，感受到“家”的温暖。

贵阳医学院附属医院专设4个爱心病区，组织500名志愿者为伤员及家属服务。遵义医学院附属医院在收治伤员的各病区设专职管理负责人、医疗负责人、护理负责人，配备医师、护士、心理疏导员、生活护理员，24小时有专人管理。解放军第44医院提供床位120张、ICU室床位20张。贵州省内各收治医院均建立专家组，对伤员精心会诊、治疗和手术。经过近3个月的治疗，在贵州省治疗的288名伤员全部康复出院，于8月26日返回四川。

云南省医院救治伤员　云南省接收的四川灾区伤员，除地震所致的四肢和脊柱骨折、颅脑外伤、胸部损伤等外，老年病人还合并有高血压、糖尿病、冠心病、急性重症胰腺炎、肺心病、贫血、电解质紊乱、褥疮和其他部位的感染等疾病。定点医院对此开展集临床诊疗、医学护理、生活护理、心理治疗、康复治疗、营养支持的“六位一体”救治工作。为提高伤员的治愈率和康复率，降低感染率和致残死亡率，云南省卫生厅组织96名相关专业人员组成的救治专家组，对各接收医院的伤员进行多次巡诊、会诊，指导医疗救治工作的开展。各接收医院设立专门的“爱心病区”，集中治疗和护理伤员。

5月23日13时左右，昆明医学院石林天奇医院值班医师发现一名74岁的左侧臂丛神经损伤并多发肋骨骨折的女性患者，突然出现昏迷和血压下降，被诊断为糖尿病酮症酸中毒。医院立即组织内分泌、神经、危重医学等专家进行抢救，使患者脱离了危险。鉴于这批病人的伤情重而复杂，变化快，随时都会出现危重情况，医院组成内外科联合专家组对全部病人进行全面、细致的检查和诊断，并特别注意身体其他部位是否还有损伤，或合并其他疾病，继而提出对危重病人集中管理、专人负责、重点监护、内外科医师联合诊治的处理原则。云南省第一人民医院接收的一位42岁的伤员，因齿状突骨折、寰枢椎脱位，随时可能因呼吸中枢受压迫而导致呼吸骤停。医院紧急调去牵引床，进行急诊颅骨牵引治疗，并会诊确定切实可行的治疗方案，使之最终保住生命。昆明市7家医院收治的伤员中，实施紧急抢救4人，施行各类手术97台次，无一例死亡或截肢。石林天奇医院收治108名伤员，紧急抢救危重病人4例，开展各类手术44台次，康复治疗400余人次。至8月13日，在云南省治疗的四川灾区伤员分4批出院返乡。

陕西省医院救治伤员　为及时全面了解西安市收治四川灾区伤病员医疗救治情况，西安市卫生局下发《关于收治地震灾区伤病员医疗救治情况统计工作的通知》，并建立收治地震灾区伤病员日报告制度，要求各单位要密切配合，高度重视，落实人员，严格按照要求固定专人负责直报工作；同时，启动西安收治地震灾区伤员工作预案，要求西安地区各定点收治医院做好一切工作，确保收治工作顺利、有序进行，使每位伤员能够得到及时、有效的治疗。

5月28日晚，安康市中心医院普外科接收一名由四川开往南京“救”28/7次列车上的危重伤员后，经专家组紧急会诊和检查，初步诊断为闭合性胸部损伤、右侧第8～10肋骨骨折、右肺挫伤、右侧胸腔积液，并有慢性阻塞性肺病和肺源性心脏病、肺性脑病、肝功能衰竭等，全身多处软组织挫伤。安康市中心医院专家组立即依据患者伤情及病情诊断，制订抢救方案，组织全院性会诊抢救。至30日上午，患者的生命体征及病情趋于平稳。

二　解放军和武警部队医院救治四川转运伤员

总装备部医院救治伤员　5月22日，脊柱完全失稳的不稳定骨折老年患者李明翠被转入总装备部第306医院。设在第306医院的全军脊柱外科中心采用国际先进的微创外科手术技术为李明翠精心治疗。6月2日，全军脊柱外科中心主任邹德威为李明翠作手术，在1小时20分钟内，经皮穿刺先后在胸11、12和腰2、3的4个椎体上4对椎弓根内精确植入8枚椎弓根螺钉，并通过皮下隧道穿入2根连接棒，将骨折离断的脊柱重新牢固地连接在一起。在失血仅有几十毫升，几乎没有手术切口的情况下，完成脊柱复位及坚强固定的复杂手术。手术后，李明翠得到医院的精心护理，每日营养配餐，并遵照医嘱循序渐进进行康复治疗和功能锻炼，迅速恢复全部身体功能，生活完全能够自理，达到出院标准，于9月3日出院。

第四军医大学医院救治伤员　第四军医大学西京医院和唐都医院在接收四川灾区伤员和陪护人员后，立即对入住伤员展开积极救治，进行全面伤情分析和体检，组建医疗队和爱心护理组，有针对性地开展治疗和心理疏导。5月21日，西京医院神经外科主任章翔对接收的47岁伤员姜某紧急实施手术。患者头部被瓦砾砸成重伤，颅骨大块凹陷性骨折，造成脑膜破裂、脑组织挫裂，意识障碍，创面面积达到49平方厘米，右颅骨碎裂成6块，刺破了血液回流通道上矢状窦。手术中，章翔将患者颅骨碎片取出，进行无菌处理，结扎缝合血管，修复破损的脑组织和脑膜，运用对接技术拼接破碎的颅骨。世界上首例地震伤员的大血管吻合与颅骨整复技术手术获得成功。

西京医院普外科接收的北川藏族伤员彭某患尿毒症多年，合并心衰肺部感染，出现急性出血性心包填塞。医院先后两次组织8个科室专家进行大会诊。经过对患者进行1次心包穿刺引流、6次血液透析、16次输血、25天腹膜透析和28天抗感染治疗，抢救获得成功。6月10日上午，第四军医大学口腔医院口腔颌面外科教授何黎升、医师商洪涛，为驻滇某部战士张某实施颌骨骨折复位固定术。同日，第四军医大学口腔医院颌面外科接收一位上肢骨折合并下颌骨骨折的灾区患者。在确保上肢治疗的情况下，由颌面外科主任刘彦普主刀进行下颌骨骨折复位固定术，患者得到及时治疗，康复出院。

“敬礼娃娃”郎铮被从废墟中救出后，唐都医院灾区医疗队的医师确诊其为左上臂肱骨上三分之一骨折，有桡神经损伤，并于5月21日为小郎铮成功实施了交叉克氏针内固定手术。术后，用自制的小夹板做了外固定，并与支具厂联系，定做帮助手功能恢复支具。25日晚，3岁的郎铮乘坐8个小时的救护车，转到唐都医院接受进一步治疗。经过近一个半月的抗感染和营养神经治疗，郎铮腕背伸和拇指背伸功能恢复情况不明显，医院骨科专家治疗小组决定为小郎铮再一次进行手术治疗。经过详细会诊和制订周密手术计划，7月9日8时，60多岁的骨科专家范清宇主刀为郎铮做手术。手术中，在郎铮左臂肱骨近端三分之一处进行桡神经探查，发现在原骨折部位，神经被骨痂严重粘连、牵拉，导致变细，形成45度锐角，牵拉变形的神经表面颜色变得苍白，神经传导受到影响。由于粘连部位面积很小，稍不留神就有可能触及周边神经，范清宇在5倍显微镜下，采用先进的纤维外科技术，顺利切掉一块骨痂，从而彻底解除了骨痂对神经的粘连，使神经由变形弯曲状态恢复平直，手术获得圆满成功。

总后勤部医院救治伤员　5月25日下午，第161医院接收四川灾区转运伤员40人。伤员入院后，医院迅速对伤员进行全面体检，连夜完成所有放射、心电、B超、血液常规、生化、电解质等辅助检查，明确诊断，制订诊疗方案。医院对93岁高龄的肝脏占位性病变伤病员及时安排做增强磁共振成像检查。伤员付某因地震造成腰椎神经损伤，导致下肢瘫痪大小便不能自理，椎体后臂的碎裂骨块挤占椎管达 80%以上。6 月 2 日，医院在亲情病区为其实施椎根钉内固定、植骨融合术。经过 5 个多小时的精心手术，术后第三天，病人感觉肌力开始增强；术后一周，双下肢的肌力已经达到 4 级，大小便能够自理。出院时，患者已能够扶拐行走。到 8 月 1 日，40 名伤员全部治愈出院。

北京军区医院救治伤员 5 月 31 日 15 时，北京军区白求恩国际和平医院到石家庄火车站接收从灾区转运的 10 名伤员。16 时 40 分，医院按照“一对一”服务模式，指定专职医师和护士，对伤员进行查体。17 时 10 分，专家组听取伤员伤情报告，研究制订治疗方案，并安排心理专家对伤员进行心理疏导。6 月 2 日，医院组织 15 名专家对伤员逐一会诊，调整治疗方案。11 日，医院组织骨科、心内科、心外科、呼吸科、麻醉科、肝病科等相关专业专家为需要手术的伤员进行术前讨论，制订手术方案。12 日，为伤员杨某施行右胫骨切开复位、外固定架固定，腓骨切开复位、内固定，脐血干细胞移植，皮肤缺损取自体皮移植术；为伤员余某施行右肩锁关节切开复位、内固定，肩锁、喙锁韧带重建术；为伤员袁某施行右侧耳廓清创、二期整形修复术。23 日，按照卫生部印发的《四川汶川地震伤员出院指导原则》，由医务部副主任徐海滔组织骨科、心内科、肾内科、胸外科、护理科等相关专业专家，对拟出院伤员进行会诊。27 日，经河北省卫生厅批准，7 名伤员出院。7 月 8 日，2 名伤员出院；9 月 4 日，1 名伤员出院。

南京军区医院救治伤员 南京军区南京总医院成立以黎介寿、黎磊石等 3 名院士为首的地震伤员救治专家组，负责指导伤员救治工作。5 月 24 日 15 时，南京总医院救治专家组对从四川地震灾区转送的 36 名伤员进行会诊，其中危重伤员 8 人、重度伤员 10 人、中度伤员 16 人、轻度伤员 2 人，一名伤员患有肺癌并广泛转移。医院在全面检查的基础上，为每名伤员制订个性化治疗方案，分 5 个手术组对 14 名伤员进行紧急手术，对 2 名严重挤压综合征患者实施连续血液透析。21 时 24 分，南京总医院接受救治由南京医科大学第二附属医院转来肠瘘、腹腔严重感染的什邡市洛水镇危重伤员余某。25 日 21 时，南京总医院救治专家组对 8 名危重伤员进行会诊，对一例脑外伤致左侧肢体偏瘫，右小腿截肢，合并肱骨、锁骨骨折的危重伤员实施手术；经检查，发现一例腰 1 椎体爆裂性骨折致截瘫伤员存在碎片压迫骨髓，经手术及高压氧治疗，病情平稳。27 日 16 时，南京总医院专家救治组对 6 名伤员实施骨科手术，术后伤情稳定。检查发现一伤员家属患有开放性肺结核，鉴于医院不具备传染病收治条件，将其转至南京市胸科医院治疗。29 日 8 时，南京总医院调整首批转入的 3 名严重挤压综合征伤员的医疗方案，对 2 名截肢伤员进行加强高压氧治疗。

广州军区医院救治伤员 5 月 26 日，广州军区总医院接收从灾区转运的多位危重患者。患者王某被诊断为外伤性右侧脑室内出血、高血压性左侧脑室出血、高血压病Ⅲ期、全身多处软组织挫伤。入院后，查头颅核磁共振（MRI）、磁共振血管造影（MRA）、数字减影血管造影（DSA）及颈椎核磁共振（MRI），经心电监护、吸氧、止血、神经营养、降血压、预防上消化道出血和心理安抚等对症治疗处理，恢复良好，于 6 月 26 日治疗终结出院。患者邓某腰第 5 椎体爆裂性骨折、右肩锁关节脱位、左小腿中段截肢术后感染、全身多处软组织挫伤，腰第 3 ～ 5 棘突、腰第 2 ～ 5 横突骨折骨折伴泌尿系感染。入院后，给予换药、抗感染和对症治疗，在全麻下行后路 L5 爆裂性骨折减压植骨内固定术、左小腿截肢残端清创术。术后，L5 伤口引流管引流，左小腿残端负压吸引术，截肢端清创缝合术，后期进行第三期心理危机干预，6月26日转入广州市康复中心进行康复治疗。患者黄某左尺骨鹰嘴粉碎性骨折，左肘关节脱位，左股骨中上段粉碎性骨折，左肘部皮肤缺损并感染，右中指末节缺损并感染，全身多处软组织挫裂伤。入院后，给予抗感染、换药、左肘石膏托固定、左胫骨结节牵引、止痛等对症处理，在全麻下行左股骨中上段粉碎性骨折切开复位内固定术、左肘关节清创、石膏托外固定术、左肘关节切开复位内固定术、植皮术，进行心理疏导和安抚，恢复良好，于7月17日治疗终结出院。患者严某右跟骨关节内粉碎性骨折并移位、腰2椎体压缩性骨折、骨盆骨折（左髋臼、耻骨支）、左侧肱胫骨下段、足骨骨折、急性肝损害。入院后，给予清创换药、下肢石膏托固定等对症治疗后，在全麻下行右跟骨骨折切开复位钢板内固定术、左股骨髁上牵引术，行左股骨髁上牵引术，术后进行心理疏导，恢复良好，于7月3日出院。

羌族女伤员刘某左小腿中下段大面积皮肤缺损、肌肉坏死并发脓毒血症、感染性休克和重度贫血，在绵阳接受救治时被告知需进行截肢。刘某被转入武汉总医院后，医院采取尽早手术清创、频繁换药的方法进行治疗。5月24日晚，骨科主任陈庄洪等在腰硬联合麻醉（CESA）下为其行左小腿清创原位植皮、负压引流置管术，27日又在局部麻醉下行左小腿清创重新置管术；6月5日，在腰硬联合麻醉（CESA）下行左小腿清创术、取左大腿中厚皮片植皮术，25日在局部麻醉下行左小腿窦道清除并缝合术。经过多次清创手术和术后支持治疗，7月25日，刘某治愈出院，避免了截肢。伤员田某左前臂骨筋膜室综合征减压术后感染，左正中神经、尺神经、桡神经损伤，左前臂屈肌坏死，右大腿外侧软组织挫裂伤，感染性休克，败血症，左小指末节坏死，情感障碍，左前臂伸肌变性坏死，入院后下病危通知。5月24日，爱心一病区主任蔡贤华等为田某急诊行清创换药术；29日，在臂丛麻醉下行左前臂骨筋膜室综合征清创和人工皮覆盖术；6月11日，在全麻下行左前臂骨筋膜室综合征清创取大腿皮植皮术；7月2日，行左前臂皮肤缺损清创植皮术。经过多次手术，术后换药、抗感染、补液等对症治疗和后期的理疗、高压氧等治疗，8月15日，田某治愈出院，避免了截肢。患者何某右上臂、肘部及前臂骨筋膜室综合征切开减压术后，右桡神经、尺神经、正中神经、肌皮神经麻痹，心理焦虑。5月26日，唐运章等为其在全麻下行右上肢、右小腿创面清创和右胫骨复位克氏针内固定及人工皮（VSD技术）覆盖术；6月5日，在全麻下再次行右上肢、右小腿创面清创和右胫骨复位克氏针内固定及人工皮（VSD技术）覆盖术；6月20日，在全麻下行右小腿皮肤缺损植皮术及右肘窦道清除术。术后予以抗感染、补液、营养及对症支持治疗，后期予以理疗、高压氧等治疗，8月15日何某痊愈出院，避免了截肢。患者马某左前踝骨折、左下胫腓联合分离、左外踝软组织缺损并异物存留。5月26日，医师唐运章等为其在腰硬联合麻醉（CSEA）下行左小腿创面清创和左下胫腓联合复位、克氏针内固定和人工皮（VSD技术）覆盖术；6月5日，在腰硬联合麻醉（CSEA）下行左外踝创面清创缝合、取同侧大腿游离皮片植皮术，术后给予预防感染和对症支持等治疗；7月14日，在局部麻醉下取出内固定克氏针。7月25日，马某治愈出院。84岁的患者杨某左股骨骨颈中下段等多处骨折，合并肺部感染、胸腔积液、骶尾部及臀部褥疮、低蛋白血症等多项并发症。经X线、肺部CT等检查，发现患者左肺不张、双侧胸腔积液，右胫腓中下段不全骨折、右内外踝骨折、跟骨粉碎性骨折，室性早搏、房性早搏，贫血、低蛋白血症。入院后告病危，给予ICU护理，积极对症、支持治疗。9 月 12 日，杨某治愈出院。

武警部队医院救治伤员 武警重庆总队医院从北川接收 41 名伤员治疗后，救治专家组对每名伤病员都制订有详细治疗方案，每天至少查房一次，对危重病员专题进行讨论，对术后病情平稳的病人及时给予康复治疗、肢体功能锻炼。救治期间，开展手术 40 台。绵阳灾区伤员吴某因地震导致多发性肋骨骨折、胸骨骨折、右肺血胸，转送到重庆总队医院后，病情危重，肺部严重感染、低氧血症、纵隔摆动、呼吸衰竭，随时可能死亡。医院及时组织外科专家，在开展急诊肋骨及胸骨固定手术的同时，组织呼吸、心内、胸外专家组会诊、讨论治疗方案。由于吴某呼吸困难，医护人员立即实施气管切开插管，用呼吸机辅助通气，采取全血、血浆、蛋白、静脉高营养支持，抗感染对症处理，最终使伤者转危为安。截至 8 月 7 日，重庆总队医院接收的伤员全部康复出院返回四川。5 月 24 日、30 日，武警江苏总队医院 4 名医护人员从四川灾区接回伤病员 40 人，其中危重病员 3 人；通过救治，伤病员于 8 月 25 日全部康复出院。

三　四川转运伤员出院返乡

四川灾区伤员在全国各地接收医院的精心治疗后，进行康复训练，据四川省卫生厅统计，截至 9 月 8 日，出省治疗的伤员出院 9955 人。

从 5 月 27 日起，陆续有在省外接受治疗的地震伤员返回四川。四川省卫生厅根据卫生部、民政部、财政部《关于妥善解决接收四川地震灾区伤员有关问题的通知》精神，制订省外治疗伤员返川工作流程。6 月 5 日，李登菊召集民政、卫生、财政、公安等厅（局）领导会议，研究返回四川伤员接收安置工作，明确各部门职责。会议决定，地震伤员医疗救治工作由卫生厅负责，地震伤员接收安置工作由民政厅负责，地震残疾伤员康复由省残联负责，地震伤员医疗救治费用由财政厅负责，不明身份的地震伤员身份确认由公安厅负责。四川省民政厅、卫生厅于 14 日向接收伤员的 20 个省（区、市）发出《关于请求做好四川“5・12”地震伤员出院返乡工作的函》，请求各省（区、市）妥善、规范地安排伤员返川。16 日，四川省抗震救灾指挥部发出关于做好地震伤员返乡接收安置工作的通知，要求各市州切实做好伤员返川接收安置工作；要求对因地震截肢、截瘫和精神病人没有亲属或亲属无能力接送的，各县（市、区）民政局要派人派车到车站码头接收，并负责将伤病员送到安置目的地。

随着四川地震转运伤员开始返乡，四川省民政厅、财政厅及时下发通知，要求做好赴省外就医地震伤病员伤愈返程工作。通知要求各市（州）、县（市、区）民政局落实专人负责；各市（州）民政局接到省民政厅发给的地震伤病员返程通知后，及时安排部署各县（市、区）民政局做好接收和安置工作，为没有住所的返程伤员准备好临时居住住所；对地震伤病员中的孤老、孤残、孤儿“三孤”人员和无家可归、无生活来源、无劳动能力、无法定赡养人（抚养人）“四无”人员，要妥善安置到敬老院、福利院等福利机构。通知还规定，对地震伤病员和随同陪护人员，自行返乡的，根据路程远近情况，一天之内到达目的地的，一次性发给每人伙食费 50 元；在返乡途中住宿的，发给每人每天食宿费 150 元包干使用；交通费按省内直达，凭发票到县级民政局或乡镇民政所据实报销；由民政局接送的，发给每人每天伙食费 50 元；中转住宿的由民政局按每人每天100元以内安排住宿，凭发票据实报销。

四川省伤员转运组成立信息组、协调组和现场组3个工作小组。协调组主要协调省卫生厅与民政厅之间的工作，协调省外20个省（区、市）卫生厅（局）和58个市卫生局、375家医院之间的工作，协调省内各医疗机构和康复中心工作。信息组负责收集省外出院返川伤员等相关信息，提前一天掌握第二天返回四川的伤员数量及车次、航班到达时间，掌握需要轮椅、担架人数及伤员病情，尤其是危重伤员、担架病人和轮椅病人的安置，建立返回四川伤员户籍所在地信息，制订康复病人筛查工作计划，并将上述信息、计划及时传递给省民政厅和相关市（州）卫生局。伤员转运工作组现场组根据车次、航班到达时间，到火车站及机场做好现场协调和督导工作。6月14日至7月11日，每天凌晨至深夜往返于火车站和机场，做好康复伤员分流和安置工作。现场组还组织华西医院、四川省人民医院、四川省骨科医院专家到车站和机场，对返川伤员进行筛查，需在康复中心或分中心进行后续治疗的伤员，由省级康复中心和6个市（州）康复分中心接收并安排住院。（参见图144）

为不让伤员在机场和火车站长时间逗留，现场组召集成都市卫生局、成都120指挥中心专题会，要求成都120指挥中心协助做好伤员返乡安置工作；抽调成都铁路中心医院医务人员在火车站协助做好返乡伤员安置工作，将各市州未及时接走的伤员，安排在成都铁路中心医院观察室进行临时安置。

6月20日，民政部办公厅下发通知，要求北京、天津、河北、山西等20个省（区、市）民政厅（局）认真贯彻卫生部、民政部、财政部《关于妥善解决接收四川地震灾区伤病员有关问题的通知》，积极协助做好伤病人员返回四川工作。通知要求，在各地救治的伤病人员，可以办理出院手续的，原则上返回四川安置。各救治地民政部门要与四川省民政部门加强沟通，及时通告相关人员返川信息。通知还转发四川省民政厅、卫生厅《关于请求协助做好四川“5·12”地震转运伤员出院返乡工作的函》，对具体工作流程做出说明。

图144　6月28日，被转运至安徽医科大学第一附属医院治疗的四川灾区伤员康复返乡
（安徽省卫生厅　提供）

第四章　伤员康复治疗

汶川特大地震发生后，得到及时抢救和治疗的四川灾区地震重症伤员中，7000余人为脊柱脊髓损伤、骨关节损伤和截肢的伤员，需要后续康复治疗。国务院办公厅6月23日发出《关于进一步做好地震灾区医疗卫生防疫工作的意见》，明确提出要进一步做好重症伤员的医疗、康复和安置工作，最大限度地提高治疗效果，降低死亡率和致残率。卫生部与民政部、中国残联等相关部门、组织密切协作，明确分工，健全工作机制，共同组织开展地震伤员康复工作，先后派出5批国家康复医疗队并协调部分省市康复医疗人员进入灾区开展早期介入康复治疗、康复需求评估、康复方案和技术规范的制订、康复从业人员培训，实施个体化康复计划、中医康复治疗、开展康复义诊活动、志愿者服务和康复体系恢复重建等工作，实现伤员康复治疗“早介入、多层次、全方位、广覆盖，分重点、高质量”。

各级康复医疗机构和各地援助灾区的康复医疗队，在对地震伤员功能进行全面评估基础上，拟订个性化康复治疗方案，建立地震伤员康复档案，采用康复团队治疗工作服务模式，发挥中医药技术在康复治疗中的优势，对伤员全面实施早期康复教育和心理干预。各地接收四川地震伤员的医院，在全力救治伤员的同时，及时将需要进一步康复治疗的伤员转入指定的康复中心，进行后期康复治疗。

截至12月25日，四川省各级康复医疗机构共收治地震康复伤员6132人，其中出院5302人。地震伤员的截肢截瘫比例仅占0.9%，累计有214人安装假肢，415人配置辅助器具。绝大多数地震伤残人员的康复治疗取得预期效果，生活状况得到改善，部分伤员能够生活自理，并能参加一些力所能及的劳动。

第一节　康复治疗组织准备

随着医疗救治工作的深入开展，卫生部与中国残联提前准备，着手部署伤员的康复治疗工作。四川省卫生厅对全省的医疗康复资源状况进行调查，整合医疗康复资源，建立以部、省级医疗康复中心为龙头，市州医疗康复分中心为依托，县级医疗康复机构为重点，社区（乡镇）医疗康复机构为基础的四级医疗康复网络体系。

一　康复治疗部署与队伍组建

卫生部、中国残联等部署伤员康复医疗工作　卫生部与中国残联联合发出《关于做好四川汶川地震转送伤员医疗救治和康复工作的通知》《四川汶川地震伤员康复工作方案》《关于加强汶川地震伤员康复工作有关问题的通知》《地震伤员康复指导规范》等指导性文件，指出地震伤员康复工作涉及卫生、残联、民政等多个部门，需要各方面加强沟通协调，密切配合协作。

卫生部陈竺、高强、马晓伟等多次对地震伤员康复工作做出批示，进行工作部署，地震伤员的康复工作得到各级卫生行政部门和伤员收治医院的普遍重视，卫生部协调广东、湖南、湖北、江苏、上海、浙江、山东、福建等省（市）和香港特区的180多名医疗康复专家到四川开展康复医疗援助。伤员的早期康复介入，最大限度地减少残疾的发生和发展，为地震伤员重返社会创造了条件。

中国残联主席邓朴方要求中国残联抓紧做好抗震救灾和地震伤残人员的早期康复救治工作。中国残联党组、理事会连续派出5批国家康复医疗队奔赴灾区，为伤残人员提供康复服务。同时，陆续组派辅助器具服务分队赴四川、安徽等省，为有需要的地震伤员开展假肢装配、辅具适配等服务。5月19日，中国残联下发紧急通知，要求各省（区、市）残联迅速将本地各级残联康复中心、辅助器具中心、聋儿康复中心的康复专业人员、康复床位，及能够赴地震灾区参加康复救治工作的康复医师和康复治疗师等情况，进行统计汇总，并根据本地康复资源状况，提出可以承担的伤残人员康复救助工作意见。

5月31日，卫生部与中国残联联合印发《关于做好四川汶川地震转送伤员医疗救治和康复工作的通知》，指导各地做好转送伤员的医疗救治和康复工作，对康复对象、康复原则和康复工作要求做出明确规定。通知指出，康复对象包括在医疗机构接受医疗救治、有康复需求并适合进行康复治疗的伤员；医疗救治结束后转至康复机构继续进行后期康复训练的伤员；需要在医疗机构安装假肢、适配矫形器以及有辅助器具需求的伤员；在社区和家庭接受康复训练的伤员。通知要求，对在医院接受治疗且有康复需求的伤员，及早做好医疗与康复的配合和衔接；对需要装配假肢或矫形器的伤员，在可能情况下全部装配假肢和矫形器，并根据需要提供辅助器具；坚持机构主导与自愿参加的原则，选择有条件的康复机构（包括医院的康复科）作为定点康复机构，在伤员及其亲属同意的前提下，对其进行康复治疗与训练；坚持就近就便的原则，对有康复需求而不需住院的伤员，通过社区康复和家庭康复，改善其功能，促进回归社会。通知还要求，地震灾区追踪掌握转送伤员的病情信息，为提出下一步工作建议提供依据；接收四川灾区伤员治疗的20个省级卫生厅（局）和残联在救治伤员的同时，尽快实施早期康复干预，避免和减少残疾发生，减轻残疾程度；接收伤员的医疗机构要组织康复专家对伤员进行会诊，提出康复治疗方案和计划，进行治疗，提供功能训练；各省级卫生行政部门和残联要共同成立转送伤员康复工作领导小组，协调相关部门落实假肢安装及辅助器具使用的工作。

6月22日，陈竺在四川省卫生厅机关主持召开四川地震残疾伤员医疗康复工作联系会，中国残联、四川省直有关部门代表和医疗康复专家出席，专题研究部署下一步地震残疾伤员医疗康复工作。会议议定建立省、市、县三级康复服务网络，将伤员康复纳入灾后重建规划统筹考虑；加强人员培训和分类指导；积极解决经费，为伤员康复提供保障；继续做好转往外省伤员的康复工作；建立长效机制，推动康复医学发展；加强领导，形成合力，确保各项工作落到实处。

7月9日，卫生部医政司在成都召开地震伤员康复暨学科发展座谈会。会议听取卫生部康复调研督导组赴8个省（市）调研和督导地震伤员康复工作的情况汇报，肯定第一阶段取得的成绩，并就调研、督导过程中发现的问题以及今后的工作重点和措施进行讨论，强调要认真贯彻落实陈竺提出的“立足国情、实事求是、科学决策、分类指导”的指示，采取集中与分散康复相结合的方式，在有条件的省（区、市）继续进行重症伤员的持续康复医疗，切实加强四川省3个省级地震伤员康复中心和6个市级康复分中心的康复服务功能，进一步加强地震伤员康复工作的宏观协调和资源集成。卫生、民政、残联、人力资源与社会保障部等有关部门要统一协调，密切配合，明确职责，发挥优势，加强地震伤员康复工作的力度，形成资源互补和任务联动机制。

7月15日下午，卫生部医政司、中国残联康复部在北京联合召开地震伤员康复工作电视电话会议。四川省及20个接收地震伤员的省（区、市）卫生厅（局）医政处长、残联康复部主任及省级地震伤员康复工作领导小组办公室有关成员、省级地震伤员康复专家组负责人参加会议，就地震伤员医疗康复、康复训练和辅具装配等工作进行经验交流。会议要求，各地要进一步提高对地震伤员康复工作重要性的认识，在当地政府的统一领导下，卫生、残联等有关部门密切配合，全力以赴做好伤员的医疗康复、功能康复训练和辅助器具装配工作，充分发挥专家组作用，科学规范开展康复工作，促进康复工作长远发展。

7月22日，卫生部、中国残联联合下发《关于成立四川汶川地震伤员康复工作专家组的通知》，专家组由卫生和残联系统的共12位康复专家组成。

四川、陕西部署伤员康复医疗工作　刘奇葆、蒋巨峰等四川省党政领导多次做出批示，要求做好伤员康复工作。李登菊、陈文华多次召集财政、民政、残联、卫生等部门专题研究康复工作，发出《四川省政府办公厅关于加强地震伤员康复工作的通知》，明确政府牵头下的各部门工作职责。四川省卫生厅成立地震伤员医疗康复工作领导小组，负责领导全省地震伤员康复医疗工作，落实1800万元的康复设备经费，保证康复工作的开展。四川省卫生厅及时成立医疗康复工作专家组，具体指导各市州开展地震伤员医疗康复工作，以确保每一位有康复需求的伤员能得到有效的康复治疗。5 月 19 日，四川省卫生厅派出四川省心理干预和康复专家，到各救治地和医疗机构开展伤员医疗康复工作，以康复团队治疗工作服务模式对伤员进行全方位康复治疗。

6 月 11 日，四川省政府办公厅发出《关于加强地震残疾伤员康复工作的通知》，要求全省建立康复医疗网络，各市州建立健全组织机构，明确各级残联、民政、卫生、财政、劳动保障、教育、公安等部门的职责，各部门要加强配合，积极协调，保障经费，全力做好地震残疾伤员康复工作。四川省财政厅、民政厅、劳动和社会保障厅、卫生厅及省残联，根据《关于医疗卫生补助金的通知》精神，于 7 月 4 日联合发出《关于汶川地震出院伤员后续医疗有关问题的通知》，明确年底以前对地震伤员实行免费医疗康复（含后续医疗），基本解决了地震伤员医疗康复和治疗费用问题。

陕西省卫生厅成立四川地震伤员康复工作领导小组和专家组，主要负责在陕西省治疗的四川地震伤员康复工作的组织、协调、管理工作，及对康复工作进行业务技术指导、康复评估及人员培训。

康复医疗队伍组建 5 月 20 日，卫生部商请中国残联组派一批抗震救灾国家康复医疗队，作为国家抗震救灾第八批医疗队，赴四川抗震救灾一线开展康复医疗工作。中国残联连夜起草《抗震救灾早期康复医疗队工作方案》，组建抗震救灾早期康复医疗队伍，准备赶赴四川灾区。

5 月 21 日，中国残联医疗先遣队到达四川灾区，与四川省卫生厅沟通协调医疗队员的接站、食宿、路线等事宜，搭建国家康复医疗队在灾区开展救助活动的工作平台。22 日，中国康复研究中心和辽宁、上海、广东等省（市）残联联合组建 52 人康复医疗队，启程赴成都、德阳、绵阳等灾区，开展震后伤病员医疗康复工作。（参见图 145）中国康复研究中心分队根据四川省人民医院收治伤员的情况，将泌尿康复和心理康复组并入脊柱脊髓损伤康复组、骨关节康复组、脑外伤康复组 3 个专业小组，要求各组与四川省人民医院迅速整合，形成与四川省人民医院统一的工

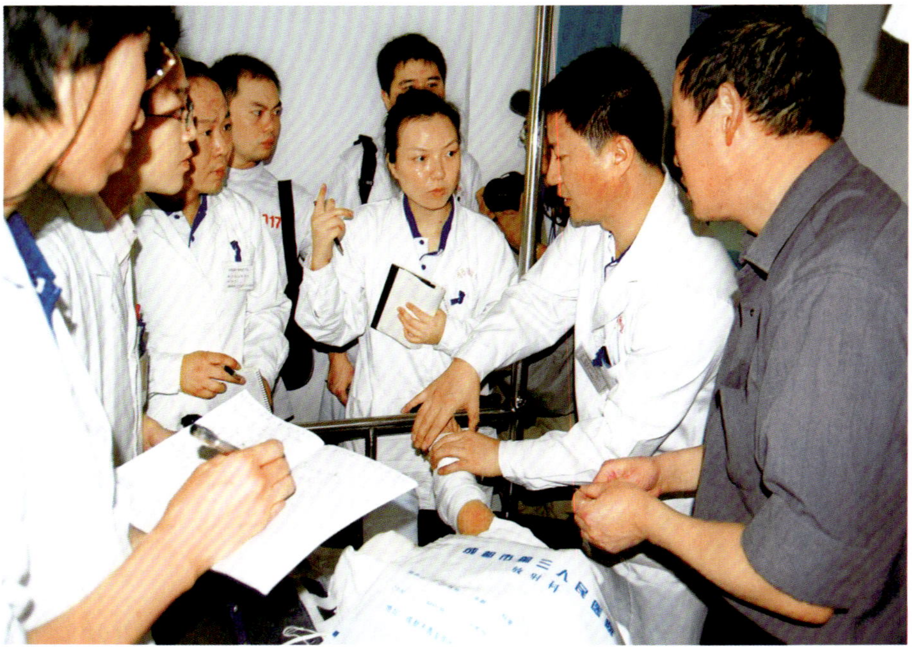

图145　5月27日，中国残联抗震救灾国家康复医疗队广东分队在彭州灾区现场工作
（中国残联　提供）

作团队，开展务实的康复治疗工作。6月6日上午，由甘肃康复中心医院的康复医师、康复治疗师、假肢制作师和心理咨询师15人组成的国家康复医疗队甘肃分队，从兰州出发赶赴天水、陇南等地震灾区，对有康复需求的地震伤员提供康复治疗、安装假肢、矫形器和心理干预工作。

7月10日，卫生部医政司组织15名康复医学专家赴华西医院、四川省人民医院、四川省骨科医院和成都市第二人民医院对地震伤员进行康复技术指导。13日，由卫生部医政司派遣、中国康复医学会协助组建的国家康复医疗队江苏分队一行13人率先抵达华西医院地震伤员康复中心，开始为期4个月的康复援助。其后，广东、上海、湖北、浙江、湖南等省（市）康复医疗分队相继抵达四川各地震伤员康复中心。

7月下旬，转运省外的灾区伤员大多得到良好救治，陆续回到四川灾区，专业化的康复服务需求增加。25日，应四川省残联和广元市残联请求，中国残联组织第二批国家康复医疗队浙江分队赴广元市支援康复中心工作，为地震伤残人员提供康复服务。8月27日，中国残联组派国家康复医疗队上海分队接替浙江分队在广元市康复中心继续为地震灾区伤员开展康复服务。后来，中国残联又派广东分队，交替工作到11月。

7月中旬至11月中旬，在各地收治地震康复伤员不断增加，而四川省医疗康复专家不足的情况下，广东、湖南、江苏、上海、浙江、山东、福建等省（市）和香港特区及英国等国家，相继派出180名中外医疗康复专家，支援四川地震伤员康复工作。这些医疗队来自实力较强的综合性医院，成员大都经过系统的康复医学教育，有的还拥有康复医学专业的博士、硕士学位，具有丰富的临床康复经验。

7月26日，中国康复医学会联系德国泰安公司捐助的价值为20万元的踝关节矫形器运抵四川并举行捐赠仪式。8月21日，受卫生部医政司委托，中国康复医学会联系北京三捷欧技医疗器械有限公司捐助总值50万元的康复医疗器材运抵四川灾区，缓解了当地康复医疗设施严重缺乏的燃眉之急。

二　四川省康复网络建立

部属和省级医疗康复中心建立　四川省医疗卫生系统内约有医院康复科和可提供康复服务的社区卫生服务中心床位6951张，从业医师2705名、护士1891名、康复技师703名，医疗康复场地面积约19万平方米，康复设备9115台件。

针对伤员康复网络基础设施差，训练器材不足，康复队伍人员特别是社区医疗服务中心的医师、护士、康复治疗师人员不足，难以满足震后伤员康复需求的现实，四川省卫生厅建立了以华西医院、四川省人民医院、四川省骨科医院3个部属和省级医疗康复中心为龙头，成都、绵阳、德阳、广元、阿坝、雅安等市（州）医疗康复分中心为依托，县级医疗康复机构为重点，社区（乡镇）医疗康复机构为基础的四级医疗康复网络体系。6月29日，四川省抗震救灾指挥部医疗保障组印发《四川省地震伤员医疗康复网络建设方案》，对省、市、县、乡镇（社区）级康复治疗中心规模设置提出要求，省级设置康复床位100张，市州级康复治疗分中心各设置康复床位80 ~ 150张，县级康复治疗机构康复床位原则上设置10 ~ 20张，乡镇、社区具体数量由地方卫

图146　7月3日，华西医院地震伤员医疗康复中心正式揭牌成立
（四川大学华西医院　提供）

生局根据当地地震伤员康复工作的需要设置。同时，对康复设备的配备、伤员的收治和开展康复治疗工作做出具体要求。

7月3日，华西医院地震伤员医疗康复中心挂牌成立（见图146）。中心拥有物理治疗、作业治疗、功能训练，针灸、中医治疗等场所，总面积超过300平方米，原有床位70张，新设置床位100张。康复中心有专业医师9人、护士19人、康复治疗师34人。华西医院投入资金数百万元为中心购买了医疗设备，如中频、超短波、冲击波、偏振红外线、关节治疗、骨质疏松治疗仪器及骨伤治疗仪、蜡疗机、磨砂板、滚筒、磨砂板、滚筒、木棍插板、铁棍插板、认知拼图、螺母训练器、关节抬举器、橡筋手指运动训练器、波巴氏球、手功能训练箱、手气压治疗仪、神经网络重建仪、功能性作业治疗系统、OT综合训练台等。中心建立地震伤员康复治疗工作组，下设脊髓损伤、脑外损伤、骨关节损伤等专业治疗组。

7月3日，四川省人民医院地震伤员康复中心挂牌成立，设置病床120张，投入资金100万元配置了必备的康复设施。（参见图147）中心按四川省卫生厅的安排，不仅承担与绵阳市、德阳市、广元市3个二级康复中心的对口关系，并与56家基层医院、社区建成康复网络，还在北川、什邡、汶川、茂县等重灾县设立康复分中心，形成康复指导医院关系，每月一次派专家到灾区医院指导工作。7月25日至9月25日，广东省卫生厅陆续派出康复专业人员35人到四川省人

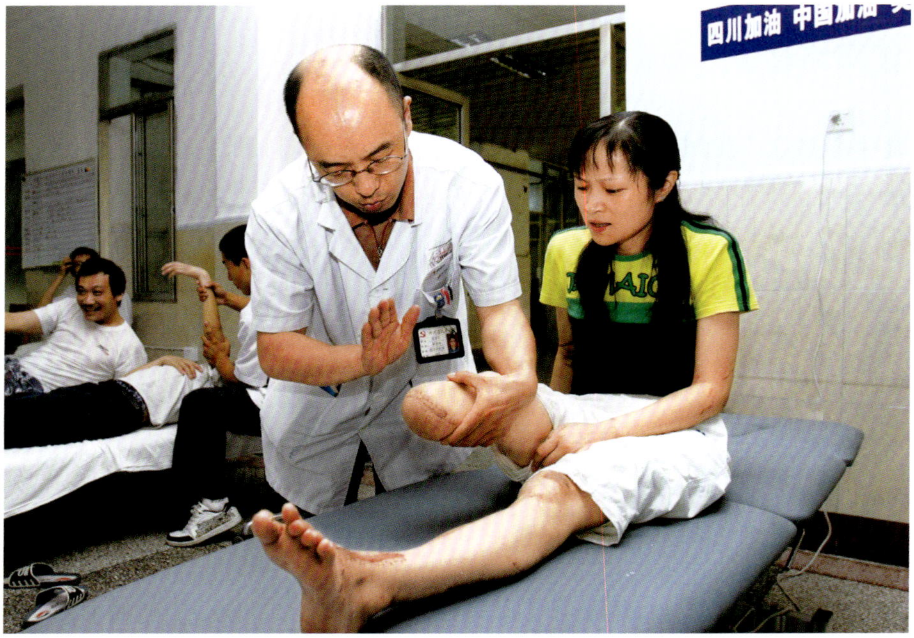

图147　8月27日，四川省人民医院康复专家为地震伤员进行康复治疗
（四川省卫生厅　提供）

民医院地震伤员康复中心援助工作。香港华裔骨科学会“站起来”行动组织派出康复专业人员3人，在此中心重点开展配制假肢等辅助器具方面的工作，持续至2009年结束。

7月26日，四川省骨科医院地震伤员医疗康复中心挂牌成立，设床位100张，有训练场所200平方米，拥有一批康复治疗设备和专业医疗康复医师、康复治疗师等。（参见图148）

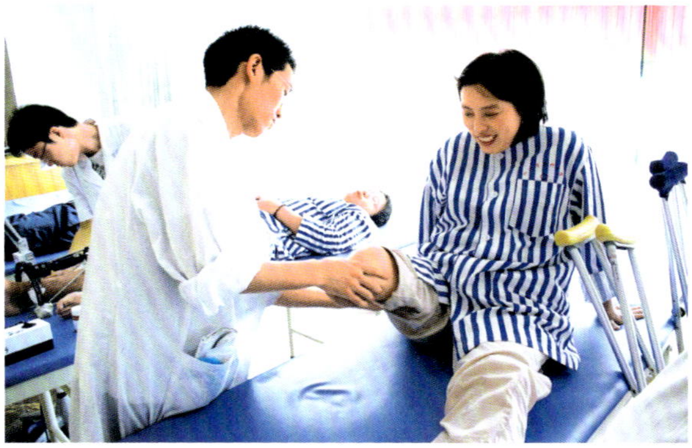

图148　8月4日，四川省骨科医院医务人员为地震伤员做康复治疗

（四川省骨科医院　提供）

市州地震伤员康复治疗分中心成立　6月下旬，成都、绵阳、德阳、广元、阿坝、雅安等市（州）设置的地震伤员康复治疗分中心陆续成立，并投入使用。

成都市地震伤员康复治疗分中心设在成都市第二人民医院，于6月27日正式成立。中心设置床位120张，有训练活动场所100余平方米、专业技术骨干30余人。同时，医院为分中心购置一批新的康复治疗设备，专门为地震伤员提供后续康复治疗，辖区包括都江堰、彭州、崇州、温江等7个区12个县（市），负责审核康复中心收治地震伤员的条件，指导落实地震伤员的诊治与康复工作，详细研究康复伤员收治流程中存在的资格审查、康复计划制订、康复工作实施等事项，对康复所需设备、人员进行安排，对康复的技术、质量和康复病人的生活管理、信息管理提出具体要求。

德阳市地震伤员康复治疗分中心也于6月27日在德阳市中西医结合医院挂牌。该分中心设置床位100张，新建物理治疗室140平方米，主要设备有J48A电疗中频治疗仪2台和热磁电治疗仪、超短波电疗机等20余台。雅安市地震伤员康复治疗分中心亦于同日在雅安市人民医院成立。该分中心设床位80张，配备医护人员34人，其中高级职称5人、专业护士15人，配备有专门治疗室、训练场地及康复治疗设备。

绵阳市地震伤员康复治疗分中心于6月26日在绵阳市中医院成立。分中心设床位100张，有治疗、训练场地200余平方米，拥有一批康复医疗设备，有专业医师20余人、护士30余人。

广元市地震伤员康复治疗分中心于7月1日在广元市中医院上西分院成立。分中心设置床位100张，有治疗及训练场地200多平方米，配备有骨伤治疗仪、中频治疗仪、超短波治疗仪、熏蒸床及肢体功能训练器械等设备，地震伤员康复病房配备有空调、电视机、洗浴等生活设施。该分中心配备有较强的专业技术队伍，有医护人员26人，其中医师10人、副高职称以上医师4人，护士16人。8月，由浙江省援建、中国残联设计并提供康复设备的地震灾区第一家，也是唯一一家板房式残疾人康复中心在广元市建成并投入使用，汶川地震伤员陆续进入中心进行康复训练。康复中心占地5000多平方米，建筑面积3000平方米，采用庭院式结构，无障碍设置，设有截瘫康复、神经康复、社区康复、假肢安装、矫形制作等业务科室。

阿坝藏族羌族自治州地震伤员医疗康复分中心因各方面的原因，建立较晚，秋冬时节才在马尔康县成立。

基层地震伤员康复站点设置 地震发生后，根据四川省卫生厅关于建立地震伤员医疗康复网络的要求，重灾县（市、区）纷纷成立县级医疗康复站。

成都市金牛区西安路、沙河源、九里堤、人民北路、抚琴社区卫生服务中心，被指定为地震伤员康复机构。每个卫生服务中心结合自身特点，分别确立可在本社区开展的康复项目，并根据可开展的康复项目特点设立独立的康复室（业务用房面积60～1000平方米）；配备截瘫训练运动器、腰椎牵引床、训练用阶梯、矫正板式平衡杠、踝关节矫正器、偏瘫康复器、辅助步行训练器等相应的康复器材20余种。5家中心组建有肢体类、视力类、听力类和智力障碍类残疾人康复社区指导专家组及专（兼）职康复技术指导员队伍，负责培训和普及康复知识，提供康复服务，进行督导检查。同时，各中心还选派优秀的康复工作人员参加市、区组织的各类康复技术培训，提高康复技能。都江堰、彭州等重灾地区建立康复站8个、社区（乡镇）康复点35个。

绵竹市人民医院专门组建可收治100人的康复科，配备相应康复专业人员及设备，在沿山区极重灾乡镇卫生院建立康复点，配备相应人员及设施。什邡市人民医院建立市康复中心（县级站）。6月28日，什邡市卫生局将什邡市中医院确定为伤员医疗康复基地（站）。平武、安县、江油、青川、剑阁、旺苍、苍溪等县设立康复站，在灾区一些乡镇、居民安置点设立康复点。汉源县中医院在地震后建立汉源县地震伤员康复治疗站，配备相应专业人员及设备。汶川、理县、茂县的医疗机构在治疗地震伤员的同时，开展伤员的康复治疗，筹建县级康复站。

川港（四川·香港）地震伤员康复中心建设 7月25日，香港医管局主席胡定旭和世界华裔骨科学会会长陈启明率领15名康复专家到四川省人民医院考察。（参见图149）31日，香港政务司司长唐英年率领香港特区政府代表团，到四川省人民医院考察地震伤员康复情况。港方表示，准备利用四川省人民医院建立的省级地震康复中心为地震伤员服务，拟建300张床位，集康复治疗、科研、培训于一体的综合中心。9月9日，陈启明及“站起来”行动组织成员再次到四川省人民医院就建立川港康复中心的具体事宜进行座谈，表示在修建川港康复中心大楼的3年期间，将派遣香港康复专家到四川省人民医院开展地震残疾伤员的康复工作，制订并实施长期的康复专业人才培训计划等。双方对川港康复中心的设计方案进行商讨，四川省发展改革委、四川省港澳工作办公室对此项建设给予了全力支持。11月7日，香港特区政府与四川省政府在成都签署《香港特别行政区援建“川港康复中心”意向书》，川港康复中心项目正式启动。川港康复中心建设面积约2.7万平方米，其中包括川港康复培训中心和假肢具矫形中心，规划病床350张，并设立配套门诊、

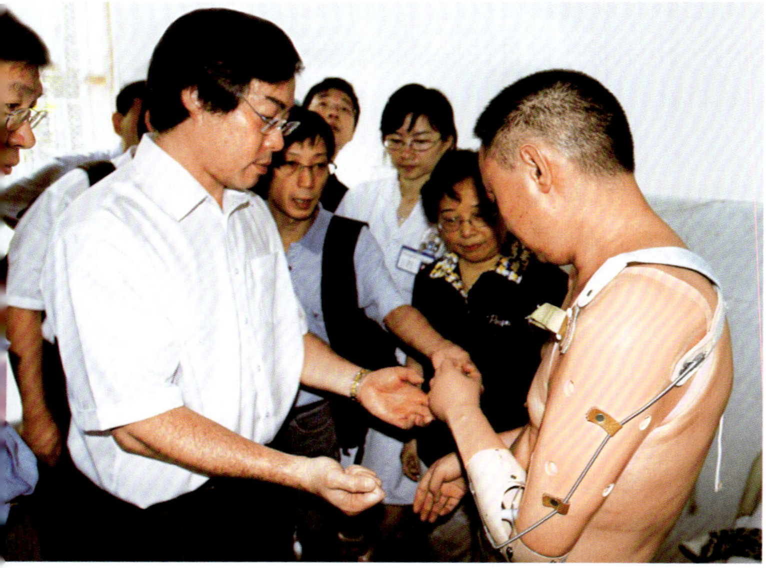

图149 7月25日，世界华裔骨科学会会长陈启明在四川省人民医院地震病房指导地震伤员使用假肢

（付辉 摄）

治疗及辅助科室，为地震伤员提供各种康复服务。该项目由香港特区政府投入资金 2.25 亿元实施。

川港康复中心 12 月在四川省人民医院挂牌成立。2010 年 5 月 27 日，川港康复中心科技综合大楼奠基，2012 年竣工并投入使用。

四川省八一康复中心筹建　针对四川省是残疾人口大省的现实状况和因地震致残伤员的康复需求，5 月 25 日，中国残联党组书记王新宪在成都主持召开“四川省残疾人康复中心筹建工作会议”，会议决定支援四川省建设一座现代化的残疾人康复中心。6 月，中央军委决定由解放军总参谋部、总政治部、总后勤部、总装备部共同援建，命名该康复中心为四川省八一康复中心。6 月 12 日，中国残联在北京召开四川省残疾人康复中心筹建专家论证会，来自全国康复医学、康复机构建设和管理领域的 30 余位专家建议四川省残疾人康复中心要建设成以现代康复医学为主导、以残疾康复和心理康复为特色，借鉴中国康复研究中心 20 年来建设与发展的成功经验和模式，将现代康复技术与临床医学、中医学、康复工程学紧密结合，运用运动疗法、作业疗法、文体疗法、语言矫治、心理治疗、假肢矫形器装配、康复护理、矫形手术、职业训练等多种先进手段，为各类伤残人员提供从急性期抢救、早期干预到后期康复医疗全面服务的大型现代化康复医院。

10 月 16 日，中国残联、解放军总后勤部、四川省政府共同签署军队援建四川省八一康复中心项目合作协议书。中心建设由总后勤部承办，中国残联在中心设计、机构运营、人员培训等方面予以支持和协助。中心设计占地 185 亩，建筑面积 5 万平方米，设立 500 张床位，投入资金近 4 亿元，2010 年 5 月通过项目验收并被评为优质工程，2010 年 6 月移交四川省政府并投入使用。（参见图 150）

新建成的八一康复中心单体建筑之间实现全封闭无障碍连接，符合国际标准，拥有一个占地 490 平方米的直升机停机坪，保证救援人员能够在第一时间赶赴现场运送抢救伤员。康复中心内拥有多种先进康复设施和医疗手段，可为伤残人员进行检查、评价、理疗、运动疗法、作业疗法、语言疗法、心理康复、功能训练等康复治疗，并引进国内外数十种最先进的假肢和辅具。康复中心医疗条件能够满足三级甲等综合医院医疗服务需求，康复设备整体配置达到全国先进

图 150　四川省八一康复中心（总后卫生部　提供）

水平。中心建成移交后，四川省残联原有康复医院、医疗点的脑瘫儿童和其他伤病员被陆续转移到康复中心。

三　康复治疗人员培训

四川省卫生厅于7月与卫生部医疗司联合举办3期医疗康复技术培训班，组织国家级康复专家对各市州和各医疗康复机构人员进行业务指导。四川地震伤员康复技术培训班每期3天，培训内容包括脊髓损伤康复、骨折康复、截肢康复、假肢临床应用及地震伤员康复治疗指南。参加培训的人员来自灾区各医疗机构或康复机构，总人数达350多人。

四川省人民医院、华西医院及各市州也组织了多期康复治疗业务培训班。从6月初至10月底，四川灾区3个省级康复中心、6个市级康复分中心及县级康复站共有1400余人次参加各种康复技术培训。

截至6月26日，四川省人民医院康复中心为省内的市、县级医院和社区、乡镇卫生院共81个单位，举办康复培训班4次，386人参加，内容包括康复专业、护理专业、骨折康复培训、物理治疗培训。四川省人民医院医师、职工共5批18人到香港进修学习。

5月23日至10月22日，华西医院先后举办25期康复技术培训班，培训专业人员达6085人次。7月23日至8月10日，华西医院与香港理工大学康复医学系联合举办地震伤员康复治疗技术系列培训班，进行物理治疗技术、作业治疗技术和假肢矫形技术培训。在培训中，以严重骨折、截瘫及截肢为重点，为震后康复工作的开展提供技术支持及临床工作指南。学员为来自汶川、青川等县和成都、德阳、绵阳、广元等市的康复专业人员，培训总人数达175人。学员参加培训听课及临床实习达4595人次。7月30日至8月4日，华西医院和四川省残联主办汶川地震灾区康复技术培训班，邀请比利时、加拿大、英国、新西兰等国家以及世界卫生组织（WHO）和香港复康会等组织的知名康复专家办班或讲学，培训90人。同时，通过远程网络为都江堰市和青川县康复专业人员讲授地震骨折伤员的康复治疗，培训学员200余人。华西医院和四川省残联还组织国内外康复专家组18人次，赴绵阳、德阳、什邡、都江堰、雅安、广元、青川等地的23家地震伤员医疗康复网络医院开展专业技术人员会诊及指导康复医学建议，确定康复治疗方向。

成都市康复分中心先后派出50人次参加卫生部、四川省卫生厅和华西医院等单位组织的医疗康复技术培训。在做好入住患者康复治疗的同时，还承担对下级医院会诊、灾区社区康复站点的建设指导和康复专业技术人员的培训工作。分中心专家先后20次到都江堰、双流、郫县、彭州、绵竹、汉旺、德阳等地进行会诊，康复指导、筛查病人共450余人次，培训康复专业技术人员65人。绵阳市康复分中心多次组织外援康复专家作康复医学专题讲座及技术培训，培训康复专业人员200余人次。

7月22日至8月1日，中华慈善总会与香港职业康复学院在天津免费举办医疗康复人员培训班，四川灾区一些市、县康复分中心、康复站均派人参加。8—9月，广元市康复分中心专家组多次与浙江康复医疗队专家一道，赴青川县地震伤员康复点（青川县中医院）、旺苍县地震伤员康复点（旺苍县中医院）、苍溪县人民医院、苍溪县中医院、苍溪县红十字医院和苍溪县五龙镇卫生院、苍溪县白鹤乡卫生院等地震伤员治疗的康复点，进行伤员康复检查和康复带教指导。旺苍县地震伤员康复治疗点选派5名康复专业医护人员到广元市康复分中心进行为期一周的跟组学习。

第二节　康复治疗实施

四川省卫生厅派出首批康复专家到灾区开展康复指导工作，又请求卫生部、中国残联派遣康复专家到四川灾区指导康复治疗工作。灾区的各市州卫生行政部门及医疗机构，根据各自的情况和条件，开始指导或实施对住院地震伤员进行的早期康复治疗。截至12月25日，四川省级康复中心、市州康复分中心及各级医疗机构共收治地震康复伤员6132人，出院5302人，为214名伤员安装假肢，并为伤员提供辅助器及矫形器具415件。

一　灾区康复治疗早期介入

灾区康复治疗的早期介入　四川省卫生厅在5月19日派出首批康复专家到灾区开展康复指导工作。22日，四川省卫生厅又请求卫生部、中国残联派遣50名康复专家到四川灾区指导康复治疗工作。各市州卫生行政部门及医疗机构，根据各自的情况和条件，开始指导或实施对住院地震伤员的早期康复治疗。

华西医院康复科医务人员从5月14日起，先后介入到骨科、ICU室、脑外科、胸外科、肾内科、儿外科等收治地震伤员的科室，提供早期床旁康复治疗，包括早期床旁康复宣教、物理疗法、作业疗法及中医疗法。华西医院康复中心建立整合医学康复综合方案＋工程康复综合方案＋社区康复综合方案＋教育康复综合方案于一体的综合康复模式，形成地震伤员功能障碍综合康复治疗的技术规范，使伤员的功能障碍降到最低。医学康复综合方案包括物理治疗＋运动治疗＋作业治疗＋针灸治疗＋超声治疗＋专利新技术＋药物治疗，在改善或恢复伤员的关节活动度，提高肌力消除疼痛，改善伤员平衡功能及伤员后期日常生活活动受限等方面，具有良好的临床疗效。工程康复治疗是中心首先提出的治疗地震截肢与截瘫的工程康复综合方案，其中包括现代假肢技术＋医学康复或矫形技术联合＋医学康复等方法，在改善和恢复地震伤员日常生活能力，代替肢体、提高肌力及消除疼痛等方面，具有良好的临床疗效。教育康复综合方案，包括应急康复技术培训体系＋应急康复专家体系＋应急康复设备援助体系，创立地震伤员功能康复的技术应急模式和应急模式技术规范，用以解决技术与人才严重缺乏问题。针对地震伤员日常生活能力受限、社区参与能力受限，采用社区康复、医学康复和工程康复的方法进行治疗，效果良好。

华西医院康复中心在国内外专家和专业人员的支援下，为5766名残疾伤员所在卫生福利机构、伤员家庭及个人提供了广泛的服务。中心在为地震伤员实施医学康复治疗的同时，组织伤员收看奥运会开幕式，举办音乐会，放映“坝坝”电影，开展滑冰表演，举办口琴、葫芦丝培训班，开展病房运动会，参观熊猫基地，举行伤员生日晚会、中秋晚会等，建立有6000余册图书的“爱心书屋”，通过各种措施缓解伤员精神压力和心理创伤。华西医院康复中心教授何成奇、副教授屈云发明的多项康复治疗专利技术，在地震伤员康复治疗中发挥了较大作用，如治疗腰椎小关节紊乱综合征的药物组合物及腰托，在腰部损伤导致的腰腿痛方面，特定低频脉冲磁伤专利技术在促进骨折愈合，防治继发性骨质疏松、缓解疼痛和改善循环方面，“膝关节长轴牵引器”专利技术在膝关节损伤和下肢骨折引起的功能障碍中，均收到良好效果。

四川省人民医院康复中心采用物理治疗、作业治疗、康复工程（假肢、矫形器、自助器具等）、心理干预、针灸及药物治疗措施，在伤员受伤医疗早期，通过床旁康复指导、物理治疗、作业治疗、针灸、电刺激、文体治疗等综合康复项目，以维持关节活动度、防止肌肉萎缩，预防并发症；特别是对气性坏疽患者单独隔离救治，并采用高压氧治疗，避免交叉感染，降低致残率，取得良好的效果。伤员康复医疗后期，通过职业训练，家访指导患者进行环境改造等，提高了患者的社会生活能力。不少地震伤员遭受多发性骨折及周围神经损伤的复合伤，同时具有2～3处以上损伤，外固定支架多，伤口感染多，多项物理治疗项目不能做。每个伤员的损伤和功能障碍均不相同。中心根据骨折伤员、脊髓损伤伤员、截肢伤员和脑外伤伤员、外围神经损伤伤员等不同情况，制订不同的康复治疗方案，进行专业化治疗。中国康复中心分队分成3组对四川省人民医院应急病房收治的300名地震伤员进行摸底和筛查，最终确定80余名需要进行早期康复治疗干预的伤员。康复中心组员自带先进的康复评定仪器表面肌电图机，为伤员评测运动肌群存在的问题，用最短的时间完成对伤员的分类、功能评定以及伤员康复档案的建立，完成伤员康复初评工作，编制中评、末评病例，各种功能评定量表和康复治疗记录单。康复医疗队在对每一个伤员进行多方位的康复评定基础上，针对每个伤员的不同情况，制订个性化训练方案，分组对这些伤员进行床边训练。国家康复医疗队充分发挥康复团队治疗工作服务模式的优势，组成以康复医师、心理医师、康复治疗师、康复护师的专家康复团队深入病房和治疗室，对每一个伤员给予全方位的康复干预和治疗。在对伤员从各项运动功能上进行训练和治疗，提高他们的日常生活活动能力的同时，注重积极疏导伤员，在心理上给予他们支持和关怀，帮助伤员逐步走出巨大创伤后的阴影，逐步面对现实，重新树立新的人生目标。他们在进行治疗的同时，通过对典型病例进行早期康复治疗干预，形成了地震伤员早期康复干预的治疗模式和工作流程，为其他伤员的康复提供了理论和实践依据。这一模式的推广，对减少各种早期严重并发症，预防残疾的发生，降低残疾的程度，促进伤员功能的恢复，发挥了良好作用。（参见图151）

四川省骨科医院康复中心根据地震伤员大多为复合伤、多发伤、多段骨折、骨感染、皮肤肌肉缺损、合并神经损伤的特点，采用不同的治疗方法，收到良好疗效。针对脊柱骨折、骨盆骨折、下肢骨折术后遗留功能障碍的伤员进行水下运动疗法，为伤者恢复功能创造条件。水疗室将传统的运动疗法和水下运动疗法有机结合，在减重状态下，减少疼痛刺激，取得患者的配合度及依从性，进展顺利。特别是髋部骨折、脊柱骨折伤员，经水疗，髋关节活动度改善约30度，自觉疼痛明显减轻，活动度增加。在关节松解术方面，以四川中医骨科专家郑怀贤创造的经典治疗手法加入关节松动术的手法，对所有关节障碍患者进行治疗，均收到良好疗效。他们还将中医药

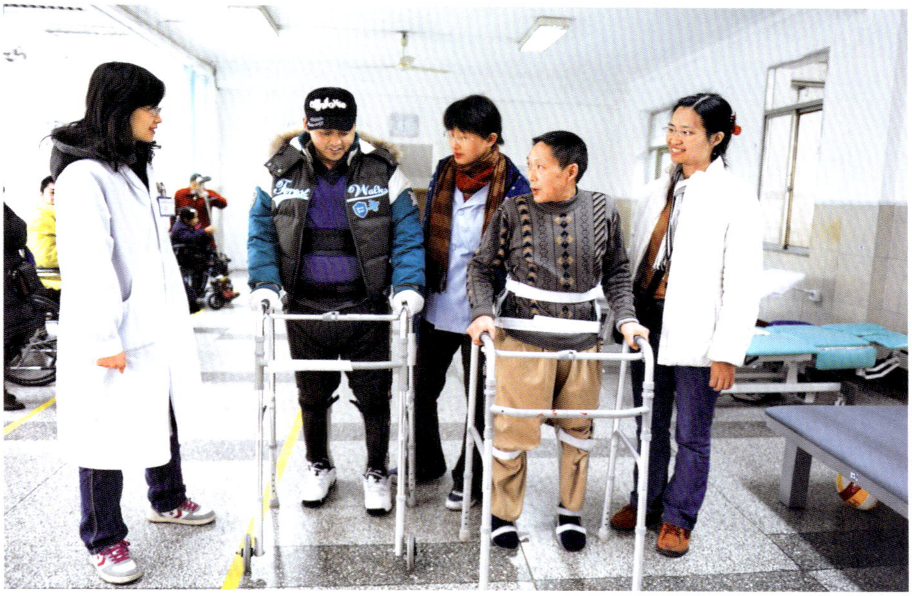

图151　12月5日，地震伤员在四川省人民医院康复治疗师指导下进行步态练习

（付辉　摄）

和现代理疗技术结合，将郑怀贤研制的新伤软膏、软坚散等代替耦合剂作为超声波的介质，达到理疗和药物治疗的双重作用，对地震伤员的疼痛和肿胀等起到很好的治疗作用。根据骨折病人不能下床活动的特点，对伤员采取个体化治疗方案和运动处方，加强床上运动和训练，有效防止肺炎、尿路感染及褥疮的发生。

成都军区总医院康复医学科派出医护人员到骨科三病区（收治地震伤员科室）等伤员集中科室，为术前术后地震伤员做良肢位摆放、关节活动训练及针灸、磁疗、红外线等康复治疗，每天在300人次以上，实现伤员的早期康复治疗。康复治疗，包括运动疗法，关节松动术，截瘫伤员肢体综合训练，轮椅、关节连续被动运动仪（CPM）、平衡功能训练，电动起立床、手功能训练、作业疗法、磁疗、神经肌肉电刺激疗法，超声波、电针、中医中药治疗及工程康复等数十种康复治疗项目，主要涉及截瘫、截肢、骨折后功能恢复及周围神经损伤、脑外伤、挤压综合征等病种。广东康复医疗分队进驻成都市第三人民医院开展康复救治医疗工作后，对139名地震伤员进行康复评估，为43名重症地震伤员实施早期康复措施，并建立康复档案，为骨折、脊髓损伤、颅脑外伤周围神经损伤和心理障碍等地震伤员进行康复指导156人次，康复治疗86人次，心理干预8人次；制作矫形器4套，适配发放轮椅5台、拐杖5副，使地震伤员及时避免不必要的康复延误而造成永久残疾，为后期的康复治疗做好延续、衔接工作。此外，他们还赠送给成都市第三人民医院价值5000多元的矫形器低温板材及一批辅件。

德阳市人民医院、第二人民医院、中西医结合医院、第五人民医院、眼科医院，以及绵竹市、什邡市各医院都对地震伤员进行了早期医疗康复治疗。治疗措施主要有激光、热疗、磁疗、电疗、中医中药治疗等。在伤员中较早进行关节训练、平衡功能训练、步态训练、语言训练等。沈阳军区抗震救灾医疗队绵竹野战医院，针对住院和巡诊遇到的骨折后功能障碍患者组织护理专家组讨论，由两名骨科护士长负责制订翔实的健康教育和针对性强的功能训练方案。不少压缩性腰椎骨折、四肢骨折和肌腱断裂的患者，经过锻炼后，功能恢复到受伤前的70%～80%。

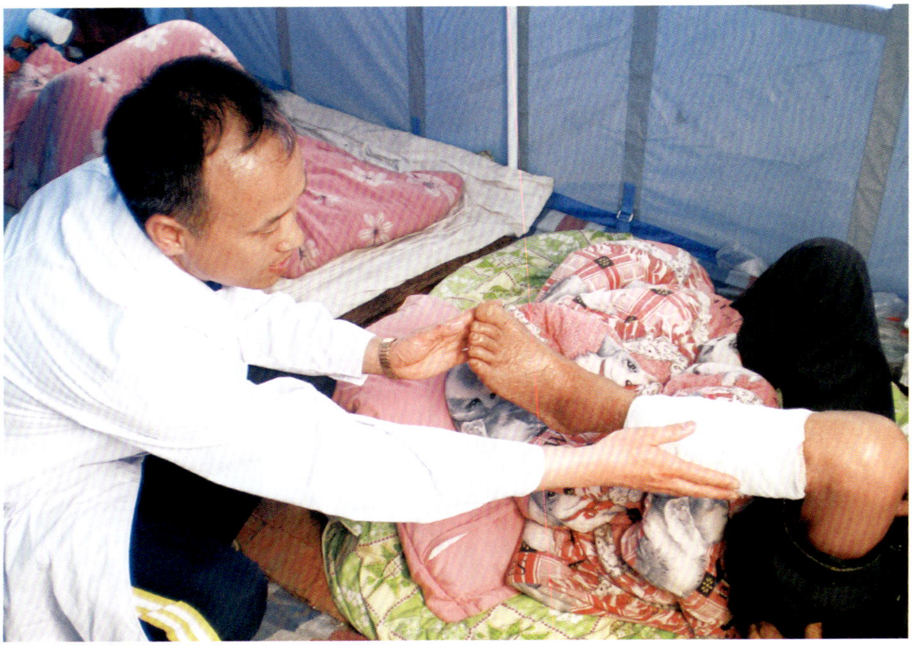

图152　5月28日，中国残联康复医疗队辽宁分队队员在绵阳灾区察看伤员伤情

（中国残联　提供）

辽宁康复医疗分队在随时可能出现山体滑坡、余震不断的情况下，不怕路途遥远，顶烈日，冒酷暑，进帐篷，克服生活和工作中的种种困难，深入安县医院及其下属的千佛、高川、桑枣、秀水、塔水、兴仁、清泉、永安、安昌等数十个乡（镇）医疗救助点及救助站，为伤者进行康复指导，为当地医护人员进行基本康复知识的培训，诊治部分重症患者，成为流动的康复医疗队。（参见图 152）

广元市地震伤员康复中心制订康复治疗方案、规范、治疗计划，开展运动疗法、手术疗法、物理疗法、中医中药疗法及作业疗法等多项目、多措施的综合治疗。

雅安市先后拟订《雅安市康复分中心地震伤员功能康复评定表》《雅安市康复分中心地震伤员医疗康复档案》和地震伤员治疗原则及方案等，对地震中常见的骨折、颅脑损伤、脊髓损伤、周围神经损伤等患者，制订详细的治疗原则、方案和流程，并根据不同的病情和个体差异，拟订个性化康复治疗方案，建立地震伤员康复档案，通过康复技术和手段的应用，实施早期康复干预。

7 月 4 日，云南省红十字会假肢康复中心派出的第一批假肢矫形和康复理疗人员前往德阳，协助香港特区红十字会在地震灾区建立假肢康复中心。此后，云南省红十字会假肢康复中心又多次分批派遣假肢技师和理疗师到四川灾区，在假肢生产车间的假肢制作和康复理疗等方面帮助工作。

康复义诊和宣传活动　国家康复医疗队在赴四川灾区工作期间，积极开展康复义诊活动，为地震重灾区青川、旺苍、北川、安县、都江堰人民医院和一些乡镇、社区进行地震伤员康复医学指导及实地指导康复训练，并向灾区伤残人员、医务工作者和广大公众宣传康复知识。

中国残联康复部会同中国康复研究中心有关专家针对震后伤员的身心康复和护理，编写《地震伤残康复与护理》系列丛书第一册，并由协和医科大学出版社免费出版、印刷，免费发往灾区。鉴于部分接收伤员的医院医护人员康复经验少、相对缺乏康复知识，康复部再次召集专家，编写面向医护人员的知识读本《地震骨科伤员早期康复（上、下）》《地震脊髓损伤并发症防治》《地震伤员泌尿系统损伤与功能障碍的治疗和康复》《地震脊髓损伤的功能恢复训练》《地震肢体伤残与截肢的康复》《地震脊髓损伤的护理》《地震伤员辅助器具的使用与功能训练》《地震脑外伤伤员康复》《地震伤员的心理康复》共10册。中国残联康复部于6月27日向各省（区、市）残联康复部寄发此系列丛书，要求各省残联将丛书迅速发至收治伤员的医疗机构和康复机构。

国家康复医疗队向灾区伤员、家属及当地医务人员赠送由中国残联康复部和中国康复研究中心共同编写的《地震伤残的康复与护理》手册1万册，普及有关地震伤员的救助知识。国家康复中心分队在四川人民广播电台做了地震伤员早期康复救助专题节目，就地震后伤残人员接受早期康复的重要性以及对伤员的肢体与心理进行康复干预等多个方面进行讲解，宣传普及康复知识。《法制晚报》《公益家》杂志及当地多家媒体和新加坡亚洲新闻台、《半岛都市报》，都对康复医疗队情况进行了相关报道。

中国康复医学会在地震发生后的一个月内，先后与香港复康会、广州南方医院联合制作完成《骨折伤员自助康复功能训练》光盘，与“24小时医学频道”联合制作完成《脊髓损伤的康复》科普光盘，组织编写《实用康复医学健康教育》，免费赠送给有关地震伤员康复机构。

从7月17日起到11月中旬，华西医院康复中心组建康复治疗专家组，深入到成都、阿坝、德阳、绵阳、广元等地的市、县、乡镇、社区卫生服务中心的康复治疗分中心、站、点，进行伤员治疗评定，帮助灾区康复机构制定康复治疗目标，确定治疗方案，进行康复技术指导。医院康复中心帮助灾区建立康复技术指导站23个，会诊地震伤员789人，向华西医院转诊77人，评定地震伤员256人次，指导康复治疗203人，治疗伤员69人，矫形器制作4人。华西医院康复中心通过中国康复医学会和香港复康会，向重灾地区23家医院捐赠仪器23组共414套，总价值约200余万元。

7月22—25日，中国康复学会常务副会长、南京市人民医院康复科主任励建安，国际红十字会香港项目总监贝维斯，中国康复学会常务理事何成奇组成3人专家组，先后赴什邡市骨科医院和人民医院，及红白镇、蓥华镇、洛水镇等地“板房医院”，会诊重伤员，进行技术指导、制订治疗方案。23日，3人专家组赶赴德阳市中医院，深入康复病房查看病人和会诊。24日下午，3人专家组不顾余震危险，赶到广元市中医院康复分中心，与当地医师一起查房和会诊，并给予业务指导。余震发生后，他们依然坚持看望、安慰伤员，指导治疗，直到把96名伤员看完后才离开。

7月23日，绵阳市康复分中心5名专家前往平武县平通镇，对当地康复医疗机构进行业务调查和指导，并进行义诊活动。

二　转运省外伤员康复治疗

接收四川地震伤员的北京、天津、河北、山西、辽宁、上海、江苏、浙江、安徽、福建、山东、河南、湖北、湖南、广东、广西、重庆、贵州、云南、陕西20个省（区、市）卫生厅（局），根据卫生部、中国残联下发的《四川汶川地震伤员康复工作方案》《地震伤员康复指导规范》的要求，分别制订地震伤员康复工作实施方案，要求接收伤员的医院按卫生部、中国残联的要求和各省（区、市）卫生厅（局）的有关要求，对地震伤员实施早期康复治疗。接收四川地震伤员的省外各医疗机构，专门成立伤员康复领导小组及院内专家组，对收治的外伤性病员进行会诊、病情评估及筛查。特别对骨折、截肢、脊柱外伤、颅脑外伤、周围神经损伤5种伤员进行伤情评估和功能障碍评定，确定需进行康复治疗的人员名单，拟订治疗方案和治疗计划，进行综合性的康复治疗。

上海市首家四川地震转沪伤员康复治疗定点机构上海阳光康复中心，整合上海市残疾人康复职业培训中心、上海市残疾人辅助器具资源中心的技术优势和人员优势，形成一体化的团队服务模式，为转入的伤员提供物理治疗、作业治疗、语言治疗、假肢矫形器安装及安装前后的功能训练、心理咨询等全方位的康复服务。第二军医大学长征医院、长海医院收治的34名四川地震转沪伤员，有32人合并有骨折或开放性伤口。伤员接受清创或内固定手术并拆除缝线后，由床位医师和骨科医师共同评估伤员功能状况，制订功能锻炼计划。医院共购买和接受社会赞助助步器和拐杖25副、轮椅10辆。上肢骨折伤员及早开始功能锻炼，下肢骨折伤员分阶段采取不负重站立、助步器行走训练和轻度负重训练，逐渐增加强度，并结合复查X片确定骨折愈合进度并调整功能锻炼方案。脊柱骨折伤员卧床满两个月后开始床上轴线翻身训练，术后两个月复查，决定是否下地行走。结合伤员功能训练进程，由专业康复人员评估后，6名伤员转入阳光康复中心继续接受康复训练。患者刘某筋膜间隙综合征后肌肉萎缩，给予功能性电刺激、微波治疗和功能训练的综合方案；患者张某腰椎骨折后膀胱功能障碍，给予功能性电刺激，同时针对下肢肌力降低，给予针灸推拿和功能锻炼的方案；患者李某腓神经损伤，给予微波治疗促进血液循环，加功能性电刺激一个月；患者郑某上臂截肢后伤口感染，给予有效治疗，促进伤口愈合。其他伤员继续进行功能锻炼，直至达到康复出院标准。

5月27日，广州军区武汉总医院对收治的76名地震转运伤员逐一进行康复评定，为每个病人制订个体化康复治疗方案，以康复治疗师定期床边指导康复练习，结合行动自主伤员到康复科治疗的方式，开展康复治疗。武汉总医院先后引入香港复康会、湖北省残联、德国奥托博克假肢矫形中心、武汉云龙假肢矫形中心、华中科技大学同济医院、世界卫生组织（WHO）康复中心、湖北省医学会等单位和组织的医疗资源，开展康复指导、授课、假肢安装等工作。6月17日、21日，武汉总医院康复理疗科两次邀请香港复康会专家到医院爱心病区对地震伤员进行床边康复指导56人次，提供价值约42万元的肢具、矫形器等。

至6月2日，广东省共收治四川地震伤员948人，其中截肢、脊椎损伤瘫痪、颅脑外伤瘫痪、四肢或骨盆骨折造成严重运动障碍的伤员约有200余人。这些伤员迫切需要康复治疗，以减少残疾发生或减轻残疾障碍程度。截至7月8日，广东省残联定点康复机构接收从医院转出、需接受康复治疗的地震伤员58人，分布在6个定点康复机构。其中，广东省工伤康复中心收治康复伤员21人，在中心全体医护人员的精心护理下，伤员情况明显好转。

重庆市卫生局制订《重庆市收治地震伤员康复工作方案》，建立康复领导小组，明确职责，确定第三军医大学西南医院、大坪医院和重庆市中西医结合医院为医学康复和安装假肢的定点医院，提出对重残伤员实行“四集中”的工作方式，同时成立市级康复专家组，抽调专家组成4个康复指导组，分赴 8 个区（县）医院，培训当地医务人员，对收治的 200 余名伤员进行检查，指导当地医务人员科学、规范地实施早期康复干预。重庆市卫生局还与市民政局等部门联合开展灾区伤员康复需求调查，制订康复方案，在全国率先实施“假肢安装康复计划”，规定凡重庆集中收治的灾区转运伤员，只要自愿安装假肢并具备安装条件，均可免费安装假肢、接受康复训练，伤员假肢安装和康复训练期间的住院和生活费用等均由重庆市民政部门给予补助。重庆市确定西南医院、大坪医院和市残疾人用品用具供应站为配置矫形器的定点服务机构，确定市残疾人用品用具供应站为轮椅和其他辅助器具的定点供应机构，以自愿、适用为原则，免费为灾区残疾伤员配置辅助器具，并为他们提供康复指导。重庆市共计发放矫形器 441 件，对 294 人进行了康复训练，有 109 名截肢伤员在 3 家定点安置单位装配假肢，并进行功能锻炼后康复出院。

5 月 31 日，云南省卫生厅委托云南省康复医学会为 7 家接收地震伤员医院举办抗震救灾康复医疗早期介入培训班。各接收医院根据伤员情况分别制订具体的康复计划，开展早期心理治疗，运用运动疗法、低频脉冲电治疗、中频脉冲电治疗、电动起立床训练、截瘫肢体综合训练、普通针刺、电针、红外线治疗、中药涂搽治疗等多种康复治疗手段，对部分病人进行高压氧治疗，促进伤员尽早康复。各接收医院还在云南省民政厅假肢厂、云南省残联康复中心的支持下，积极组织伤员急需的康复治疗设备及康复辅具。香港医院管理局和香港威尔斯亲王医院的工作人员到昆明石林天奇医院，协助昆明医学院附属第二医院康复医学科完成矫形器的装配工作。

三　中医康复治疗

中医对地震伤员挤压综合征采用中药活血化瘀、补气排毒治疗方法；对脑外伤地震伤员早期采用止血、活血、开窍，后期采用益气、活血、通窍等治疗法则；对于外伤伤口感染者，运用扶正祛邪中药内服与解毒消肿、化腐生肌的中药外用相结合，进行早期干预治疗，提高了临床疗效。各中医医疗机构采用中药洗、敷、按摩、针灸、汤剂内服和功能锻炼等方法介入地震伤员的康复治疗，为病人减少后遗症，降低致残率。

四川省中医系统在汶川特大地震发生后，派出医疗队支援灾区，采用针灸、按摩、中药熏洗、功能锻炼等中医药技术，早期介入地震伤员的功能康复，提高了伤员的治愈率和好转率，减少后遗症，促进功能恢复，效果显著。

四川省人民医院在骨折伤员行切开复位内固定术后，加之传统康复治疗，还给予骨折超声治疗，促进骨痂生长。非手术者，在保证断端稳定的情况下，活动其他正常肢体，给予针灸、蜡疗、中频等治疗，并根据损伤情况，给予矫形器及其他辅具以达到临床愈合标准。

骨伤和重症筋伤的后期康复，是地震伤员回归社会的一个重要步骤。四川省骨科医院在对住院的 100 余名地震伤员各项功能进行综合测评的基础上，采用多种措施进行康复治疗。主要治疗方法有中药蜡疗、中药奄包、中药熏洗、中药熏蒸、中药敷贴、中药漩涡浴、中药热盐敷、中药介质超声药物透入疗法、中药水下超声疗法、红外线浸剂疗法、中频中药离子电疗法、针灸疗法、电针疗法、水疗（水中运动疗法）、郑氏伤科经穴推拿按摩、摇晃抖动、郑氏形意站桩练功、心理康复及反悬运动疗法、等速运动疗法等。实践表明，采用中医中药治疗结合现代康复手段，对伤员进行综合治疗，效果显著。通过中医中药治疗，住院伤员治愈好转率达到99%。

德阳市、绵阳市康复分中心专家在利用现代康复技术治疗手段的同时，发挥中医药优势，使用针灸、推拿、按摩等传统治疗技术，促进康复伤员的骨折愈合及功能恢复。绵阳市康复分中心发挥中医药的优势，采用推拿按摩、针灸、中医关节熏洗疗法、物理疗法、运动疗法、关键路径关节训练疗法、特定电磁波（TDP）疗法、足洛疗法、关节粘连松解疗法等中西医结合措施，对地震伤员进行综合康复治疗，疗效显著。截至10月8日，绵阳市康复分中心累计针灸451人次、推拿按摩58人次、辨证施治中药内服253人次、中药外用82人次、中药熏洗67人次。

中医药治疗，主要体现在闭合性损伤方面的应用，在开放性损伤上的运用能力显得有限。对于复杂骨伤、多断骨伤、粉碎性骨伤、不稳定骨伤以及开放性骨伤等，采用手法整复、小夹板固定等方法，并不能完全满足救治需要。

四　康复治疗成效

截至12月25日，四川省级康复中心、市州康复分中心及各级医疗机构共收治地震康复伤员6132人、出院5302人，为214名伤员安装假肢，并为伤员提供辅助器及矫形器具415件。在各级康复中心（分中心）及医院继续接受康复治疗的伤员中，颅脑损伤50多人、截瘫163人、截肢260余人，脊柱及骨盆骨折重伤员450余人。同时，各省（区、市）卫生厅（局）加强同民政部、中国残联及康复机构等的联系和沟通，共同解决伤员康复治疗的物资、设备、经费及器材等问题，为伤员安装假肢，配备矫形器和辅助器具。

四川省卫生厅组织医疗康复专家组，对省级医疗机构和康复中心、6个市（州）医疗康复分中心和县级医疗康复站（点）的地震伤员康复治疗情况，进行多次评估。评估标准按卫生部、中国残联制定的《地震伤员康复指导规范》相关要求进行。经调查、评估，发现出院的5302名治愈伤员，绝大多数人的康复治疗取得预期效果。如截瘫伤员，周围神经损伤伤员经过康复治疗后，症状明显改善；骨折及关节功能障碍伤员，通过康复治疗后关节活动度明显改善；使用辅助器的伤员生活状况得到改

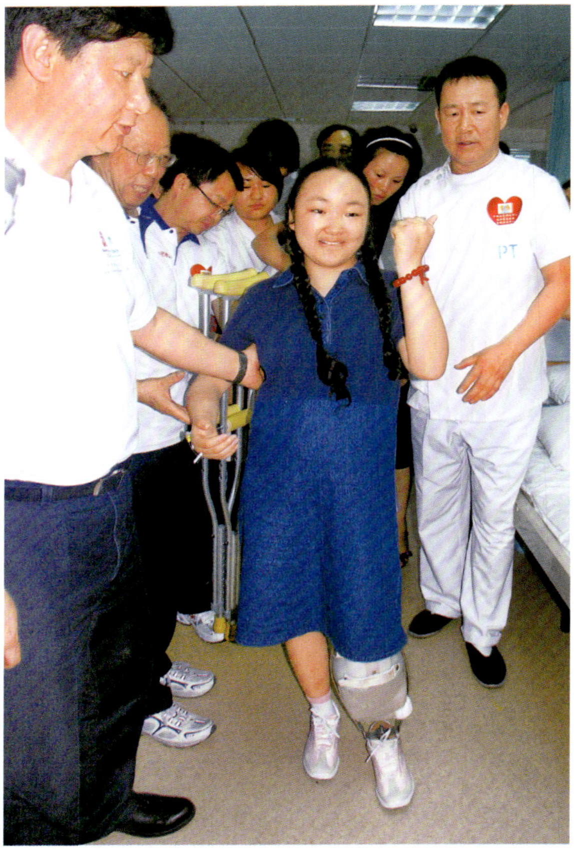

图153　5月27日，中国康复研究中心专家在四川省人民医院帮助地震伤员借助临时假肢站起来

（四川省人民医院　提供）

善，安装假肢的伤员经训练和指导，基本过上正常生活，完全达到生活自理并能参加一些力所能及的劳动。

四川省人民医院地震伤员康复中心成立后，收治住院地震伤员226人，包括从外省转回伤员91人，到10月19日，治愈好转出院及转当地医院继续治疗的伤员148人；在院伤员总数78人，其中在ICU室伤员5人、整形科4人、烧伤科1人。在中心治疗的所有伤员均接受全面康复治疗。康复治疗量，从中心成立初期每天几十人次发展到后来的600人次，总量达到2万余次，康复治疗覆盖率达到100%、有效率达到100%。脊椎损伤患者生活自理能力大幅度提高，18例患者安装国际一流的截瘫助行器，患者戴助行器后可在室内步行。中心还对4名出院伤员进行家访，指导他们改造家居环境。（参见图153 ~ 154）

在几个月的时间里，四川省人民医院地震伤员康复中心累计为伤员安装假肢120余人次，其中包括肌电手16例；患者安装假肢后，经过系统康复训练，均具备基本步行能力，手功能也有明显改善。都江堰市聚源中学一名初中二年级学生，在地震中左侧小腿被截肢，在康复治疗组专家的精心指导下，她从学会在床上穿上鞋子，到学会床边移动、落地、站立，在治疗师的协助下迈出了因地震伤残后的第一步。经过治疗师的指导，掌握了拄拐行走的技巧和掌握身体平衡的技能，成为汶川地震受伤截肢后第一个站起来的伤员。彭州市一名年轻妇女在震后94小时被救出，因压伤左上臂和大腿、腰部，左上臂、双大腿组织严重坏死，腰椎体骨折，经截肢术后转至广州市第一人民医院进行多次残端修整、清创缝合机负压引流等治疗，于9月25日转入四川省人民医院康复中心进行康复治疗。她被转回成都治疗时，双侧大腿、左上臂截肢伴截瘫，双髋关节不能自主活动，大小便不能控制，生活不能自理；经康复训练，安装假肢和助行器，并进行职业训练后，大小便能够控制，可独自翻身起床，在别人帮助下可站立，生活能部分自理。绵阳青年代某在地震中受伤后，在绵阳市医院接受双下肢截肢术，于9月17日被转到四川省人民医院康复中心继续治疗。刚入院时，代某左髋关节挛缩，前屈明显受限，全身肌肉萎缩，右髋部活动时伴有疼痛，截肢残端有多处瘢痕，生活不能自理；经康复治疗，安装双下肢假肢并进行训练，生活能完全自理，2009年在云南集训后参加全国18岁以下残疾人游泳锦标赛获得第三名。

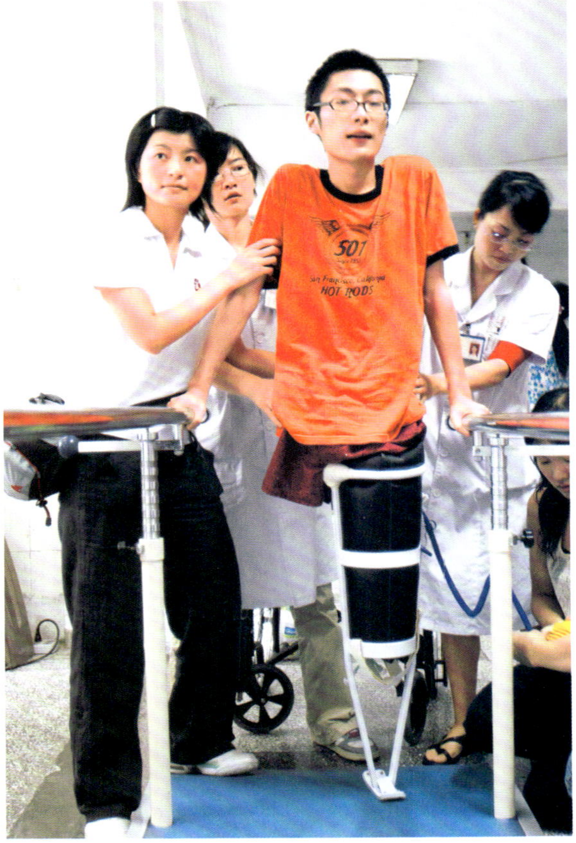

图154　8月15日，北川青年刘畅在四川省人民医院康复中心工作人员的帮助下重新站起来

（付辉　摄）

华西医院康复医学科为地震伤员提供126518人次的康复治疗，截至12月30日，绝大多数地震伤员达到出院标准出院。北川中学16岁女学生段志秀经过康复治疗，安上假肢并进行训练，重新回到学校读书。东汽中学17岁学生薛枭，施行右臂截肢术后，经康复治疗和训练，安装上假手，经训练后能自由动作，并开始进行写字等功能训练。2009年，薛枭考上上海财经大学。此外，华西医院康复医学科经过康复医疗治愈出院的还有宋馨懿、卿静文，以及从废墟中爬出来的廖梓琀、空军救援人员搭人梯救出的王兰、残疾人运动员田富刚、因地震脑外伤昏迷一个月后醒来的刘欣怡等。

四川省骨科医院康复中心共收治住院地震康复伤员131人，治愈好转率达99%。

成都军区总医院康复科收治地震伤员50多人，每天有15名伤员进行达300人次的康复治疗机训练，共进行5万余人次治疗。被埋在矿洞达196小时的绵竹矿工赖元平因左脑重伤，颅骨破裂，失去大部分记忆，只有5分钟记忆并有失语等症状，其左侧头颅骨有7平方厘米颅骨缺失。经急救后，成都军区总医院康复医学科为赖元平实施完美头骨缺损重建塑性手术；为实施双膝离断手术后的虞锦华制订康复治疗方案，进行功能训练，并在11月26日为其装上假肢，实施康复训练3周后，虞锦华站了起来。

成都市康复分中心从成立至2009年3月，共收治震伤康复病员309人，其中省外转入246人、省内转入63人；出院伤员有128人重返工作岗位，有39名学生返校学习。德阳市康复分中心至10月底收治住院地震伤员107人，骨折伤员的功能恢复良好；安装假肢5例，提供辅助器、矫形器等共126具。中心开展各种治疗机功能训练达700余人次，经一段时间康复治疗，大部分伤员达到出院标准出院。截肢伤员安装假肢后，都能很好地使用假肢进行日常生活；脊椎损伤伤员部分能通过辅助器具完成行走和日常行为，部分伤情较重的只能通过轮椅进行活动；脑损伤伤员通过康复锻炼，基本恢复各种功能。截至11月19日，绵阳市地震伤员康复分中心累计收治康复伤员164人，其中截瘫13人、截肢151人。在住院伤员中，有118人接受绵阳靖康假肢装配站、英中耐成都假肢矫形器有限公司、李嘉诚基金会、香港慈善机构等机构的援助，安装了假肢。对绵阳市康复中心评估的结果显示，康复伤员的治疗取得预期效果，截瘫伤员、周围神经损伤伤员经过康复治疗后，症状明显改善；骨折及关节功能障碍伤员，通过康复治疗，关节活动度明显改善。至10月底，广元市康复中心收治地震伤员242人，1人因其他基础疾病死亡，13人转入上级康复中心治疗，其余伤员康复后出院，其中215人经评估治愈或好转出院。

雅安市医院、汉源县中医院以中西医结合（康复）科为基础，集中系统地对地震伤员进行康复治疗，安装假肢1例。住院和门诊康复治疗的67名地震伤员，机体功能得到有效改善，均痊愈或好转出院。

重庆市收治的转运伤员中，共有截肢患者126人，其中双上肢截肢2人、双下肢截肢9人。高强到重庆检查康复治疗工作时，希望重庆创造“让第一名肢残伤员站起来”这一新的“第一”。6月2日，重庆医科大学附属第一医院收治的北川中学17岁学生陈某成功安装假肢，成为重庆市首个成功站立起来的灾区转运肢残伤员。7月8日，地震伤员李云珍小腿假肢安装成功；12日，双大腿截肢的地震伤员张春梅安装双大腿短桩假肢，进行站立及步行训练。8月14日，左前臂被截肢的马元江，安装了重量仅有1031克，比人的手臂重量还轻的肌电感应假肢——“肌电手”，它能通过人使用手臂所产生的肌电信号进行准确控制，完成打开、闭合、旋转等简单动作。23 岁双腿截肢的绵竹市舞蹈教师廖智，在装配安全稳定的假肢，进行针对性的康复治疗和功能训练后，生活能完全自理，并重新登上舞台。

北川羌族自治县曲山小学学生李月被截肢转到第四军医大学唐都医院后，情绪低落，晚上经常做噩梦，不愿意接触外人，不愿意说话，甚至对医师的治疗措施也有抵触。医院领导专门找来神经内科的心理医师对她进行辅导，安慰其受伤的心灵，加之社会各界爱心人士的帮助，李月逐渐恢复往日的笑容。（参见图 155）她的右腿由于被压时间过长，腓总神经受到损伤，经过功能性锻炼以后，逐步恢复健康。什邡市 11 岁的小学生张家志，受伤后左上臂截肢、右前臂截肢，经第三军医大学西南医院康复科采取肢体功能康复与心理治疗相结合方式进行治疗，恢复良好。他的双上肢假肢装配难度大，经过反复配置，安装双上肢肌电假肢后，生活可以自理，并重返学校。

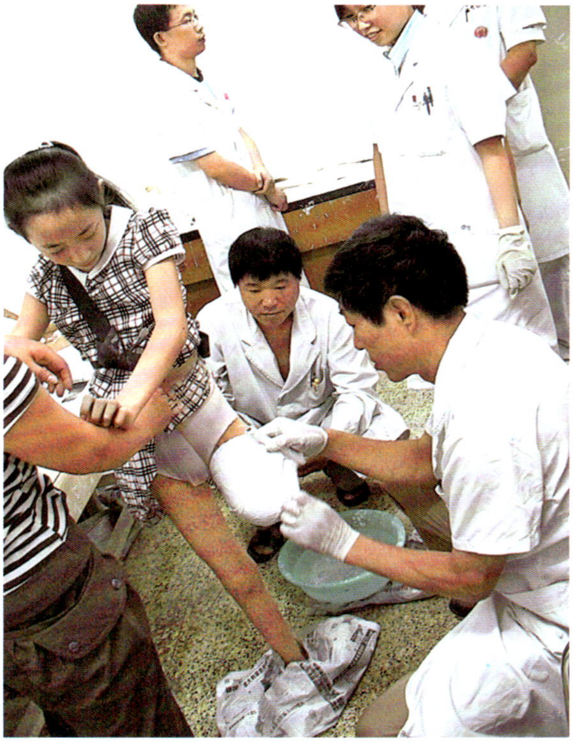

图 155　7 月 3 日，中国康复研究中心假肢制作车间为“芭蕾女孩”李月取模具

（中国残联　提供）

第五章　灾后心理卫生服务

中共中央、国务院和灾区地方政府高度重视地震灾区伤病员、灾区民众、基层干部、学生和救援人员的心理卫生服务工作，把心理危机干预作为医疗救援工作中的一部分，坚持把医学治疗和心理康复工作相结合，将灾后心理卫生服务纳入灾难医疗救援体系之中，及早介入。卫生部、教育部、共青团中央、全国妇联、中国红十字会、中华慈善总会等部委、社会团体，与灾区和参与救援的各省（区、市）政府部门、外援队伍、国际组织和专业机构密切配合，在地震灾区大力开展心理援助活动，不断加大技术支持力度，努力缓解灾区群众的心理压力，延缓、减少灾区群众的精神障碍发生。

卫生部和其他政府部门、社会团体，与解放军、武警部队及众多民间组织，先后向灾区派遣数十支心理救援队，展开中华人民共和国成立以来规模最大的一次灾后心理救援行动。四川和北京、浙江、上海等省（区、市）的心理危机干预中心，及时组队奔赴受灾现场，开展心理救援。各社会咨询中心开通心理卫生服务热线电话，由心理咨询师、心理学专家值守，提供心理创伤危机干预，帮助遭遇严重地震灾害的人们度过心理危机。在国内外精神卫生、心理卫生专业人员和志愿者的共同努力下，地震灾区的心理卫生服务工作取得明显效果，灾区群众、学生、干部、救援者通过心理健康教育、心理疏导、心理咨询和心理治疗，减轻了灾难带来的心理影响，恢复正常生活。

第一节　心理卫生服务工作组织

汶川特大地震发生后，卫生部、教育部、共青团中央、中国红十字会、中华慈善总会等部委和社会团体，解放军总政治部、第二炮兵、总后勤部、总装备部、北京军区、沈阳军区、南京军区、广州军区，华西医院等医院，香港特区，及加拿大、美国、新加坡、日本、马来西亚、德国、英国、澳大利亚等国家，先后组建心理卫生服务工作队伍，或派出专家奔赴灾区，与灾区的精神卫生、心理卫生工作者共同开展心理卫生服务工作，应对灾后群众常见心理行为问题和应激性精神障碍。

一　心理卫生服务工作部署

国务院、卫生部部署心理卫生服务工作　5月17日，卫生部委托中国疾控中心精神卫生中心（北京大学第六医院）派出的第一支心理危机干预队伍共7人到达绵阳和成都，负责收集信息和配合当地工作。18日，卫生部对各省心理危机干预骨干300人进行为期一天的紧急培训，筹备支援灾区的人员力量，同时召开心理危机干预专家紧急会议。19日，卫生部发出《紧急心理危机干预指导原则》，明确心理危机干预工作的组织领导、干预原则、工作内容以及相关的工作程序，要求心理救援医疗队（包括防疫队）按照一定的专业构成组建心理医疗救援队和救灾地点心理危机干预队伍，到达指定救灾地点后，及时与救灾地的救灾指挥部取得联系，成立心理救援协调组，统一安排救灾地的紧急心理危机干预工作。后期到达同一地点的心理救援医疗队或人员，在上述心理救援协调组的统一指挥、组织下开展工作。各心理救援协调组的工作，应及时与所在地精神卫生专业机构沟通和协调，并接受当地卫生行政部门领导。之后，卫生部又先后颁发《灾后不同人群心理卫生服务技术指导原则》和《灾难后临床常见精神卫生问题处置原则》等规范性文件，指导灾区心理援助工作。6月23日，国务院办公厅下发《关于进一步做好地震灾区医疗卫生防疫工作的意见》，要求积极开展心理援助工作，依托现有医疗、精神卫生和心理卫生服务网络，对不同人群特别是高危人员实施分类干预，及时治疗精神疾患。

四川省部署心理卫生服务工作　四川省成立以省委常委、常务副省长魏宏为组长，副省长黄彦蓉、陈文华为副组长，卫生、教育、民政、财政、宣传、妇联、共青团、工会、红十字会等部门和团体负责人参加的四川地震灾区干部群众和学校师生心理卫生服务协调小组。各受灾地区也随之成立相应的领导小组，由各级政府组织开展灾区心理卫生服务工作，对各部门的资源进行整合，共同做好灾区心理卫生服务。

5月13日，四川省精神卫生中心招募志愿者70余人，进行心理卫生服务工作的短时培训后，安排奔赴绵阳市九洲体育馆、南河体育馆、长虹培训中心、英才学校、市中心医院等灾区群众安置点和伤员救治点，开展心理卫生服务工作，同时利用当地广播媒体，广覆盖、全天候滚动播出心理健康科教宣传节目。19日，四川省卫生厅派出首批心理危机干预专家赴地震灾区开展工作。

5月20日，四川省卫生厅下发《关于加强对震后伤员实施心理危机干预进行心理治疗的意见》，要求各级医疗机构和医务人员在做好医疗救治工作的同时开展心理卫生服务工作，开展心理危机干预的业务培训和指导，扩充心理卫生服务队伍，有条件的地方应开设心理咨询工作和心理治疗热线。28日，四川省卫生厅印发《关于加强灾后心理危机干预工作的通知》，要求受灾地区各地卫生局、各大型医疗机构高度重视灾后心理卫生服务，加强领导，联合社会力量共同参与心理卫生服务工作。7月14日，四川省卫生厅组织华西医院心理康复专家，研究和制订《四川省地震灾后心理卫生服务工作方案》，发至受灾地区各市州卫生局及医疗卫生机构；同时，成立由44人组成的四川省灾后心理卫生服务专家组。

在抗震救灾紧急救援期，灾区民众的心理危机干预服务需求不断增加。四川省卫生厅组织各级医疗机构，在省、市、县、乡镇、社区、居民安置点的医疗机构中开设心理咨询门诊，开展咨询和治疗。华西医院心理卫生中心开设灾后心理卫生服务门诊，开通心理卫生服务热线电话，安排30名志愿者全天候为地震伤员和群众提供心理咨询服务，建立灾后心理教育网和心理康复QQ群，组织经过专门训练的心理咨询师在网上开展心理危机干预活动。四川省精神卫生中心完成地震创伤后应激障碍评估治疗流程图，并发放至各受灾地区，开通灾后心理门诊和心理危机干预热线专人值守。受灾地区各市、县也陆续开设心理咨询热线电话，建立省、市、县、乡镇（社区）、村五级心理卫生服务模式，在灾区社区开展心理康复工作，建立居民心理康复社区6个。在卫生部的支持下，四川灾区启动“建立学校未成年人心理康复模式”项目。6月7日，成都市心理重建工作办公室成立。办公室设在成都市第四人民医院，统一协调、指导成都市恢复重建期心理卫生重建工作。成都市还建立市、县、乡、村四级心理危机干预和心理卫生重建管理网络，健全灾后心理卫生重建工作为主体的心理危机干预长效工作体系。

紧急救援工作结束后，灾区群众发生急性创伤后综合征的数量开始增多，部分群众出现严重抑郁、焦虑等症状。四川省卫生厅针对这一时期出现心理问题的重点人群、重点区域，扩大心理危机干预和治疗的范围，部署恢复重建期心理健康、危机干预等工作。

二　心理卫生服务队伍组建

卫生系统心理危机干预队伍　四川灾区本地心理救援人员由精神卫生专业人员、心理卫生工作者、心理咨询师和志愿者等人员组成。华西医院、四川省人民医院和四川灾区各市州均组建了心理卫生服务队。5月14日，四川省人民医院成立心理卫生服务工作小组，组成36人的心理危机干预队伍，主要任务是对住院伤病员及家属开展心理危机干预。15日，华西医院心理卫生中心在院内及灾区启动伤员及灾区群众的心理卫生服务工作，组织了由90余名精神科医师、心理治疗师、心理咨询师和志愿者参加的9个心理卫生服务队，投入服务行列。成都市组织包括精神科医务人员、心理咨询人员及志愿者900余人参加的30余支心理卫生服务队，在都江堰、彭州、崇州及市区内外各医院开展心理卫生服务。德阳市组织200余人在市辖各受灾县（市、区）开展心理卫生服务工作。绵阳市组织40余支心理卫生服务工作队，在各县（市、区）灾区开展心理卫生服务工作。广元市组织主要由精神科医务人员参加的5支心理卫生服务工作队，到青川、剑阁等受灾县开展心理卫生服务工作。雅安市14名精神卫生专业人员，先后在都江堰、彭州、崇州、青川、剑阁、汉源，开展灾区群众心理危机干预工作。阿坝藏族羌族自治州由于灾情范围广、专业技术人员较少，没有派出专业心理卫生人员。据不完全统计，先后有近3000名专业技术人员和志愿者参加四川灾区心理卫生服务工作。

全国援助四川省心理卫生人员分别由卫生部、科技部及各救援省政府组织。5月13日，浙江省卫生厅首批组建的“三合一”医疗防疫救援队伍，有10名心理危机干预专家参加，整个救援过程中组建的18批"三合一"医疗防疫救援队伍里共有37名精神卫生、心理卫生专业人员参加，其中主任医师5人、副主任医师15人、主治医师16人、医师1人。

5月16日上午，北京市卫生局确定选派安定医院22名、回龙观医院22名、北京大学第六医院6名精神卫生专家，组成心理危机干预专家队伍，每人携带10～15天的工作和生活用品，包括精神专科药品、心理测评量表及测量设备、消毒剂、宣传手册及防护用品等，赶赴四川灾区支援灾区群众心理危机干预工作。20日，共青团北京市委、北京市卫生局共同组建的北京青年医疗卫生志愿者抗震救灾队26人抵达成都，其中包括回龙观医院和安定医院的5名精神科医师。31日，北京市卫生局又派出由安定医院3名精神科医师组成的第九批医疗救援队奔赴成都，与第三批医疗救援队的精神科医师一起在灾区开展心理救援工作。

5月17日，辽宁省卫生厅应绵阳市卫生局的请求，从全省医疗机构和疾病预防控制机构紧急抽调34人组成心理危机干预医疗队，赶到绵阳，与四川省精神卫生中心心理危机干预应急小分队一起，分别对住院伤员、集中安置的灾区群众及医务人员开展心理危机干预。队员主要来自中国医科大学附属第一医院、附属盛京医院、附属第四医院，辽宁省疾控中心、沈阳市精神卫生中心和辽宁省人民医院等单位，他们中有专家、教授、归国学者、研究生导师，也有来自临床一线的医务工作者。

安徽省成立一支由7人组成的心理援助小分队赶到四川灾区开展心理危机干预。小分队成员均为临床一线中青年精神科医师，其中精神科主任医师2人、副主任医师2人、主治医师2人、医师1人，分别具有儿童精神科、心理动力学、家庭治疗、心理测试与评估等从业及培训背景。

江西省派出的医疗救援队中，有来自精神卫生机构的精神科医师和护士、心理咨询师、社会工作者，经紧急培训后到达四川灾区立即投入工作。同时，按照卫生部的部署，江西省医疗卫生救援队各卫生防疫分队都编入两名精神科医师，专门开展心理危机干预。

5月19日，中山大学得知灾区急需心理专家抚平灾区群众情绪后，报请广东省卫生厅，获卫生部同意，派出12名精神卫生专家抵达绵阳开展工作。

云南省疾控中心迅速组建一支由6人组成的突发公共卫生事件心理危机干预组。心理危机干预组的两名成员作为云南赶赴四川救灾防疫队的队员，分别于5月16日、18日赶到四川灾区救援现场，开展心理危机干预工作。

甘肃省卫生厅和甘肃省心理卫生协会组建了一支由12人组成的心理卫生救援工作队。首批两名队员于5月16日赶赴陇南灾区开展灾后人群心理应激救援工作，评估受灾人群的心理卫生需求，确定灾后心理卫生服务的重点人群，帮助经受这场重大灾害的人们渡过心理难关。

5月22日，在卫生部抗震救灾前方综合协调组的提议下，卫生部成立心理危机干预医疗总队，统筹协调已入川的各省心理危机干预医疗队。总队由华西医院心理卫生中心主任孙学礼等负责，下设新闻宣传、秘书、电话咨询、专家、志愿者等小组。志愿者服务队主要由华西医院心理卫生中心医护人员、心理咨询师和有关方面志愿者600余人组成，志愿者服务队下设成年组、伤员组、受灾居民组、救援人员组4个组，分别到灾区开展工作。同时，组建8支省外心理危机干预医疗分队，其成员为来自北京、上海、天津、广州、贵州、辽宁、河南、内蒙古、山西等省（区、市）的200余名精神卫生和心理卫生专业人员。总队总人数达800余人。

军队系统心理卫生服务队伍 根据总政治部通知，解放军从全军20多个大单位抽调70余名心理专家，按照成都军区联指的五大责任区分为五大组，为部队官兵提供心理卫生服务，帮助灾区百姓重建心灵家园，同时积极探索在部队执行多样化军事任务过程中开展心理卫生服务的新模式、新方法。

5月19日，首批军队抗震救灾心理卫生服务专家组21名成员在北京西直门宾馆集结完毕，进行一天半的心理卫生服务岗前培训后，于20日下午奔赴四川灾区；21日，专家组抵达汶川县，为解放军救灾部队官兵和灾区群众提供心理援助服务。20日，总参谋部下发《关于向灾区增派防疫队和心理救援队》通知，决定从总参谋部、总后勤部、总装备部、空军、沈阳军区、北京军区和南京军区抽组8支心理救援队赴四川灾区，开展心理救援工作。总后卫生部抽组派出8支心理救援队，其中空军航空医学研究所、总装备部第306医院、第二军医大学、第四军医大学、北京军区白求恩国际和平医院和沈阳军区大连疗养院各一支，南京军区第102医院和杭州疗养院各一支，每队3人，共24人，赶赴彭州、绵竹、什邡、绵阳、北川、平武、汶川、茂县、理县等重灾地区。22日，成都军区联指政治部印发《转发总政治部〈关于加强抗震救灾中心理教育和疏导工作的通知〉》，要求各级党委和政治机关要紧贴抗震救灾工作实际，组织官兵学习心理健康知识，在提高心理承受能力的同时，力所能及地为受灾群众提供心理援助，帮助群众重建“心灵家园”。6月8日，由50名精神卫生和心理卫生专业人员组成的第二批专家组，分5组抵达四川地震灾区。各军区派出

图156 军队抗震救灾心理服务专家组的心理专家在救灾部队驻地开展心理卫生服务
（总后卫生部 提供）

的心理卫生服务分队陆续赶赴抗震救灾一线，指导救灾部队做好心理教育疏导工作，培训基层心理骨干，开展一对一心理卫生服务和为灾区群众提供心理援助，规模达数百人（参见图 156）。

中国红十字会心理卫生服务队伍　5 月 20 日、21 日，中国红十字会先后派出两支心理救援队赴四川灾区开展心理援助等相关工作，包括首都医科大学、中国人民大学、西南大学及北京同仁医院等单位的 20 余名临床心理学教授、医师、博士后、研究生和 6 名世界体育冠军同行。两支心理救援队分别在成都、绵阳、安县、德阳、绵竹、北川、青川、高川及重庆等受灾地区或安置点开展工作。

此外，教育部、共青团中央等均组织了心理援助、心理危机干预队伍及心理卫生服务志愿者队伍。5 月 20 日，应四川省科技厅要求，科技部、四川省科技厅、中科院成都分院、中科院心理研究所和中国心理学会共同组织，成立四川省抗震救灾“安置安心”心理救援行动专家组。同日，首批专家组成员由温州医学院心理系、武汉市心理医院领导及教授率领，赴四川灾区开展心理援助工作。

三　心理卫生服务人员培训

卫生系统和灾区心理卫生服务人员培训　赶到灾区进行心理卫生服务工作的众多人员中，除精神卫生和心理卫生工作者外，大多未经过专业培训，特别是志愿者。卫生部组织疾控中心力量，迅速开展心理卫生服务培训。除 5 月 18 日的初次培训外，卫生部于 7 月 10—13 日在成都举办中澳心理危机干预医疗队长与志愿者骨干培训班。培训由澳大利亚墨尔本大学亚澳精神卫生中心、北京大学临床心理中心、上海交通大学附属精神卫生中心、中国疾控中心精神卫生中心主办，华西医院、成都市精神卫生中心、四川省精神卫生中心、辽宁省卫生厅、湖北省司法厅等单位协办。培训班围绕灾后心理危机干预这一核心，根据实际需求，将精神病学、临床心理学、急诊医学、公共卫生学、应激管理、人类文化学、媒体应用等学科的相关知识进行必要的整合，培训学员 258 人，费用均由澳大利亚政府提供。（参见图 157）

截至 12 月底，四川省卫生厅先后培训心理卫生服务人员 600 余人。华西医院组织 5 期心理危机干预培训班，培训人员 1150 余人。成都、德阳、绵阳、广元、阿坝、雅安等市（州）举办多期培训班，培训大批心理卫生服务人员。其中成都市举办灾后心理卫生知识培训 48 场，对重灾地区县级精神病院的 6368 名专职人员、社区卫生服务中心（站）和乡镇卫生院的精防人员开展专业培训。

5 月 24 日，甘肃省卫生厅、甘肃省心理卫生协会在兰州举办首期灾后心理危机干预

图 157　5 月 24 日，四川大学华西医院心理卫生中心精神卫生和心理卫生专家为成都市小学教师举办心理危机干预讲座

（四川省卫生厅　提供）

图158　5月24日，甘肃省卫生厅和甘肃省心理卫生协会在兰州举办首期灾后心理危机干预培训班

（甘肃省卫生厅　提供）

培训班（见图158），通过培训，组建甘肃省灾后心理卫生服务队伍，随时准备奔赴灾区，科学、规范地开展心理卫生服务工作。培训班邀请北京大学医学部心理学教授，讲授开展灾后心理危机干预的理论与方法，灾后危机反应的心理精神症状的诊断与处理等内容。受训人员包括省内医疗卫生机构的相关人员、取得国家三级以上心理咨询师职业资格及心理治疗师资格的人员、甘肃省心理卫生协会心理咨询培训班的师资人员、符合条件的灾后心理卫生服务工作志愿者等300余人。26日，甘肃省心理卫生救援工作队一行6人从兰州出发抵达天水，在天水举办两期灾后心理危机干预培训班，每期培训10个学时，培训主要对象是临床医师、教育和心理卫生工作者，重点讲授心理援助和心理危机干预的适宜知识、方法和技能；培训内容为心理学概述，危机、应激与创伤后应激障碍，居丧与团体心理危机干预，创伤后应激障碍的个体心理支持，儿童心理支持与其他等5个单元。来自天水市医疗单位的100余名医务人员先后接受培训。甘肃省卫生厅心理危机干预队8人自26日起，在天水、武都、舟曲等地举办7期培训班，培训人员800余人。

北京市精神卫生和心理卫生专业人员对四川灾区的当地医师、护士及志愿者，开展“灾难后的心理救援技术和注意事项”和“放松与沟通技巧”等培训。

辽宁省精神卫生和心理卫生专业人员多次对四川灾区的医务人员进行相关业务培训，指导开展心理辅导，并根据救灾情况的需要，组织本省医疗队队员及当地的医护救助人员、精神卫生中心的专业人员，共同进行包括心理急救培训、灾后心理急救流程、创伤后应激障碍干预培训、集体晤谈（CISD）眼动脱敏信息再加工技术（EMDR）的应用、保护受灾儿童心理救援等相应的心理危机干预方法技术的培训。

安徽省针对赶赴四川的防疫人员和志愿者、抗灾小组中的队员和部分官兵及当地卫生院的医师和部队军医，开展大规模的灾后心理危机干预、心理救助方面的专题培训，宣讲在应激情况下的心理卫生知识；对灾区卫生人员进行心理咨询和心理危机知识的简易培训。

深圳市从5月20日举办第一次心理救援培训开始，先后在康宁医院、人民医院、北京大学深圳医院、深圳市科学馆等场所，针对各医院心理危机干预小组成员、收治医院病区工作人员、心理咨询师、义工与社工等，分别进行5批次分层次的心理危机干预知识及技术短期培训，近千人接受培训；在南山区，教育培训中心为全市教育系统心理教师进行3次心理危机干预专项培训，120余名教师受训；在深圳市中医院，对相关医务人员开展心理危机干预专项培训3次，近百名医务人员参加培训。

云南省女医师协会等3个团体组织“抗震救灾百名心理咨询师联合行动”，云南健康与发展研究会和昆明市的心理卫生专家对参加人员进行专业培训，并成立联合行动领导小组，对昆明市即将接受来自四川灾区约500名学生的11所中小学校100余名教师进行心理基础知识培训。

红十字会心理救援队心理危机干预人员培训　针对灾区群众数量过大、心理援助小组人力有限的现状，中国红十字会心理救援队专家抵达绵阳以后，立即开展对志愿者的培训工作。志愿者包括来自浙江台州学院、西南财经大学天府学院、西南科技大学、绵阳师范学院应用心理学系的学生，共52名。通过“诱导法”和“情景模拟法”，采用多种互动的形式，包括分组讨论、角色扮演等，对志愿者进行危机干预技巧与访谈方法等方面的培训。培训内容包括创伤后应激障碍的症状表现与评估、心理辅导的基本目标与原则、稳定化技术、心理工作者的自我保护等理论知识及操作技术，并且以互动的形式，带领学员进行体验和讨论，对学员在实际工作中的问题进行解答。专家对志愿者提出的多个灾后心理援助个案进行现场分析和危机干预技术督导，既肯定心理援助志愿者的工作，又通过反诘、旁敲侧击等方式巧妙地引导志愿者自己思考，并带领他们进行即时团体实践练习，帮助他们宣泄内心压抑的情感，寻找解决问题、处理情感的新方法。此外，心理救援队的几位专家还对安县安昌镇的30余名医护人员，进行现场心理危机干预的专业培训。

军队卫生系统心理危机干预人员培训　成都军区空军卫生处紧紧依托各责任区由总政治部选派的专家，在抗震救灾一线部队思想政治工作干部和高、中级士官中培训190名营、连心理工作骨干。其中10名心理咨询师通过跟随专家跟班见学，促进理论知识向实践运用的转化，成为一支既懂心理学知识，又懂管理教育，并具有很强沟通能力和亲和力的心理工作骨干队伍。5月23日19时，北京军区派出的专家为第42医院、第452医院联合医疗队医护人员进行心理危机干预专题讲座，内容涉及常见心理危机的临床表现、分类、演变规律、干预方法。

5月24日，第二炮兵总医院第二医疗队在绵竹市紫岩小学举办教师心理疏导培训班，对43名教师进行培训。6月27日，第二炮兵总医院心理卫生服务队为绵竹市遵道镇60名教师进行心理辅导讲座，传授基本心理卫生常识和心理疏导技巧，帮助教师对部分因地震造成心理障碍的学生进行疏导。

南京军区杭州疗养院心理救援队到达四川灾区以后，主动为参与一线救援的教师和北京大学等高校志愿者培训心理卫生骨干260余人。其时，一些来自北京、河北的志愿者与当地志愿者在什邡市六十米大街、外国语学校等灾区群众安置点开办一所“帐篷小学”，收纳灾区60余名儿童开展相应儿童游戏和小学教学工作。许多孩子在地震中受到的心理伤害太大，上课时根本听不进去，而志愿者因缺乏临床心理学相关知识，较难处理儿童因心理受创出现的情绪和行为异常情况。杭州疗养院心理救援队许涛了解到这一情况，随即每晚对“帐篷小学”的地方志愿者开展临床心理知识培训，针对他们白天遇到的问题提出针对性的心理辅导方案，并适时给予心理技术指导和帮助。此项工作得到共青团德阳市委和什邡的肯定和支持，共青团什邡市委为心理救援队开展工作配备了保障专车。心理救援队在什邡市志愿者协会的协助下，对150余名当地高中生志愿者进行心理卫生知识的培训。

6月5日，以“培植当地自身力量、建立长效自救机制”为目的，第二军医大学心理救援队在茂县人民医院举行茂县第一期心理咨询员培训班，为茂县当地培养心理工作者。（见图159）至6日，第二军医大学心理救援队在茂县人民医院共举办9次心理咨询骨干培训班讲座，主要介绍心理咨询的技术、心理咨询的基本问题与解决方法、心理治疗的基本理论和常用方法、认知疗法的基本方法、行为治疗的基本方法和心理治疗的注意事项等问题。

6月18日，第四军医大学抗震救灾前线指挥部在帐篷内召开军队抗震救灾心理工作研讨会，在北川、绵阳、什邡、江油等地震重灾区执行抗震救灾任务的总装部队、沈阳军区、南京军区、海军总医院、第二军医大学、武警医学院及救援部队的军队精神卫生和心理卫生专业人员和负责军队思想政治工作的34名专家参加。与会专家就如何评判参加抗震救灾部队官兵心理问题、心理障碍发生的比率，抗震救灾部队官兵心理危机干预的方法、经验和存在问题，以及如何将心理疏导与思想政治工作有机结合起来等问题展开讨论，形成《进一步做好抗震救灾部队官兵心理工作的倡议》。5月13日至7月26日，四川灾区参加心理危机干预培训的人员有9800多人，其中包括医务工作者、心理咨询工作者和众多志愿者。

图159　6月5日，第二军医大学心理救援队在茂县开办第一期心理咨询员培训班（总后卫生部　提供）

第二节 紧急救援期心理卫生服务

汶川特大地震发生后，受灾地区民众普遍存在紧张、焦虑、哀伤、沮丧、抑郁等情绪，以及随之产生的头痛、头晕、全身乏力、心慌等躯体化症状，少数亲历地震的幸存者、地震灾害现场的目击者存在绝望情绪。针对灾区民众普遍存在的心理问题，来自全国各地和四川灾区本地的精神卫生专家、有关人员及志愿者，组织多支心理危机救援小分队，深入医院和救援现场、临时灾区群众安置点、临时接收灾区学生的安置点和学校，科学有序地开展心理疏导工作。中医药局心理危机干预队将西方心理危机干预理论与中医一些放松心身，缓解焦虑、抑郁、失眠等治疗方法相结合，形成具有中医特色的本土化的心理卫生服务模式。

一 普通群众心理卫生服务

医院内伤员心理咨询与治疗 心理卫生服务人员分别在医院内对住院伤员开展心理卫生知识讲座、群体及个体心理疏导，心理咨询和心理治疗，院内伤病员及家属心理卫生服务覆盖面达到80%左右，收效较为明显。

华西医院组建的心理卫生服务队，在院内通过和病人访谈、聊天等方式进行个体和团体心理危机干预，人数达500余人次。四川省人民医院开展心理卫生服务，使大多数住院病人、伤员及家属，尤其是儿童急性应激障碍得到明显缓解。

在地震灾后紧急心理救助阶段，成都市精神卫生心理危机干预小组对11862人次进行集体或个体心理危机干预。从5月21日起，德阳市人民医院精神卫生专业人员与心理外援专家在院内的骨科、神经外科及感染科等病房开展心理调查、心理咨询、心理治疗等工作，截至8月31日，开展心理咨询服务达到423人，开展心理治疗200余人，进行药物治疗10余人。什邡市人民医院的20余名精神卫生专业人员在院内为住院伤病员进行心理危机干预达2000余人次，在各乡镇卫生院开展心理卫生服务1000余人次。绵阳市第三医院组织心理卫生服务队，到绵阳市收治地震伤员较多的医院，向伤员及家属提供心理援助服务，发放心理自助资料，进行心理疏导，服务人数达数百人。同时，他们还在本院外科病房开展个别心理危机干预，服务人群达600余人次。广元市精神卫生中心在门诊部设立灾后心理卫生服务咨询室，做心理咨询200余人次，为649名住院精神科病人提供每周3次的集体及个别心理治疗，并派出精神卫生专业人员到市内各医院开展服务。汶川县人民医院设立心理咨询和心理治疗专科门诊，在攀枝花市第三人民医院（精神卫生中心）医疗队援助下开展心理咨询和心理治疗，受助人员670人，同时对4例精神疾病患者进行心理治疗和药物治疗。雅安市人民医院对本院收治的地震伤病员进行心理危机干预，受益人数约100余人。

从5月17日起，卫生部疾控局派出的2批共14名心理危机干预专家分别加入绵阳、成都的

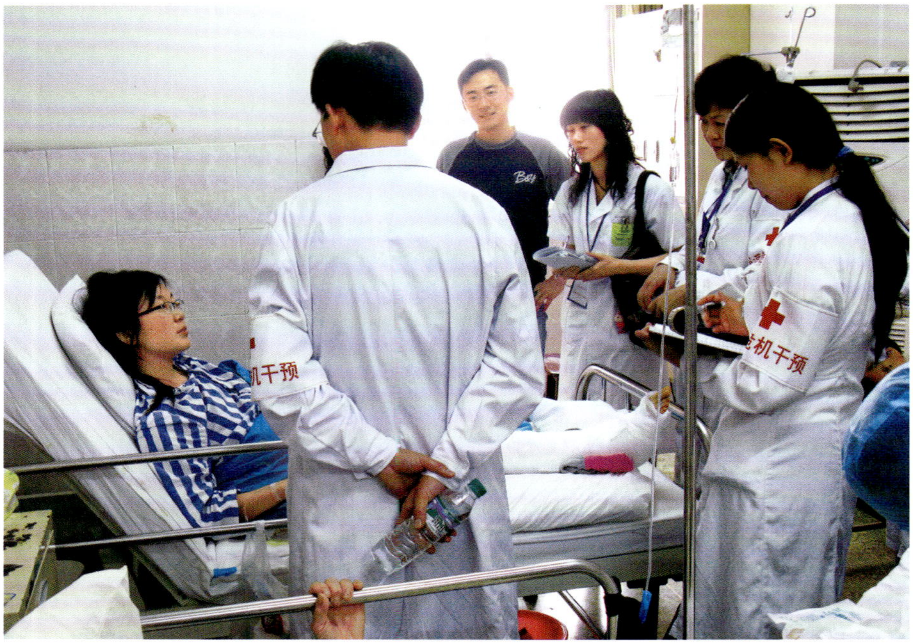

图160　5月20日，成都市第七人民医院心理危机干预专家在病房筛查伤员
（四川省卫生厅　提供）

院内心理危机干预和临时安置点的工作，除参与现场心理急救外，与四川省精神卫生中心共同探索出把援助队伍纳入本地管理的方式，即每一个病房配备一名有医师资格的外援精神科医师，与外科医师一道同时评估伤员的伤病情和心理状况，确立早期伤员的生理和心理同时救治的新模式，并在后期卫生部出台的管理文件中得到肯定。卫生部心理危机干预专家在九洲体育馆设立的心理危机干预点首先采用国际上常用的儿童心理保护模式，即与志愿者一起购置书籍和学习用品，组织受灾儿童开展他们熟悉的活动，儿童精神科医师在活动中随时发现问题并当场解决。该模式迅速被效仿普及，多家媒体进行了报道。卫生部心理卫生服务队在华西医院、成都市第五人民医院等医院的神经外科、骨科、ICU室、小儿外科，为住院伤病员进行心理评估和心理卫生服务各800人次，为家属进行心理卫生服务700人次；为伤员群体进行心理危机干预，服务人数达3000余人次（参见图160）。

北京市第三批医疗救援队是一支以心理救援为特色的队伍。这支50人的心理救援队伍，有21人具有高级职称。参加北京市第三批医疗救援队的精神科医师到各救助点开展心理危机干预对象的筛查工作，对筛查出存在不同程度心理问题的对象通过晤谈、放松治疗等方式进行重点干预。（参见图161）共对8318人进行心理筛查，对筛查出的1808人进行干预，成功干预被埋139个小时后获救的北川医师唐雄，帮助其治愈灾难带来的心理问题。他们还配合医院进行病人的转运安抚工作，为患者及家属开展题为“关于应对灾难突发事件的科普宣传”的大型讲座，与成都市第一人民医院研讨建立精神科联合会诊制度，建议为干预过的重点病人建立档案，以便继续开展后续心理救援工作。北京安定医院的精神科医师先后在崇州市人民医院和崇州市急救中心为74名受灾群众进行心理危机干预，其中集体晤谈11人，一对一个案晤谈63人，所有干预对象在晤谈后接受呼吸放松训练，其中5人接受眼动脱敏再加工干预。由北京大学第六医院的精神科医师6人、安定医院精神科医师2人、回龙观医院精神科医师1人组成的心理医师小

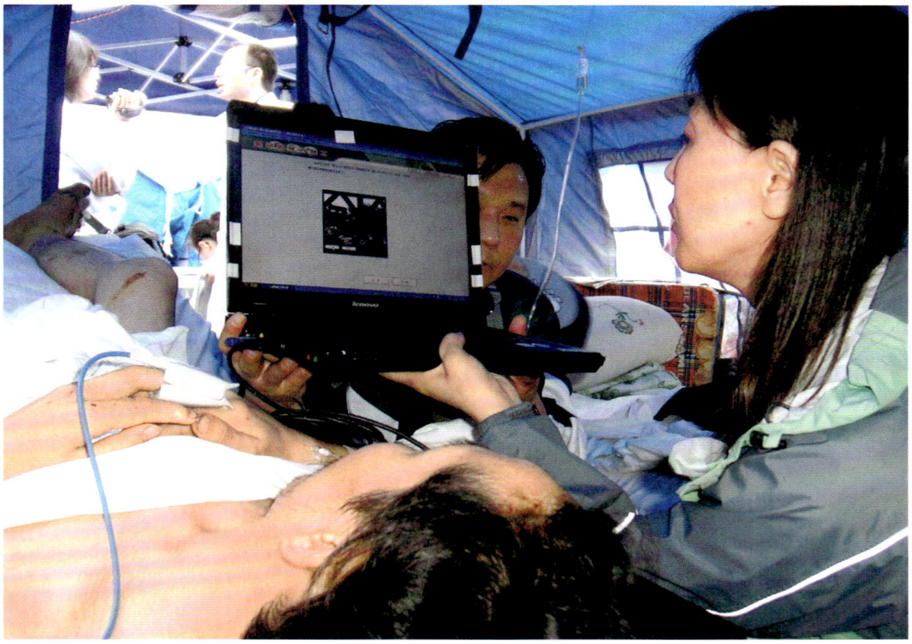

图161　5月21日，北京安定医院精神科医师对被埋139小时的获救者进行心理危机干预
（北京市卫生局　提供）

组，在成都市第三人民医院对10名重点受灾者进行一对一晤谈，对12名受灾者进行一般咨询。

浙江省在灾后心理危机干预中，采取“杭州模式”，即当突发公共安全事件（洪水、空难、地震、爆炸）降临时，平时的精神科医师便成为心理危机干预救援人员。在江油市中医院，来自浙江省的医疗卫生救援队的94名医护人员投入伤员的救治工作，并给伤员心灵的安抚。

西安市第四医院医疗队心理危机干预小组根据心理危机发生的不同阶段，采用应激疏泄法对患者进行一对一的心理辅导。

灾区群众安置点心理咨询与治疗　心理卫生服务人员深入灾区，深入各个居民安置点，为灾区群众提供心理卫生服务工作。卫生部心理危机干预总队工作组在四川灾区，包括德阳和北川、什邡、青川、都江堰、彭州、温江、新都、双流等地临时居民点开展工作，覆盖人口约14万人。

什邡市心理危机干预专业人员和省内外心理卫生服务专家及志愿者100余人，深入到红白镇、八角镇、蓥华镇、洛水镇等地的居民安置点，发放宣传资料3000余份，开展团体咨询和讲座10余次，开展个体心理卫生服务1000余人次。

广元市精神卫生中心同省内外精神卫生、心理卫生服务专家组及志愿者一道，分别在青川县青溪镇、乔庄镇、孔溪乡、竹园镇等灾区，为受灾群众提供心理卫生服务，受益者达6000余人，免费发放物资及药品价值10余万元，心理治疗人数近1000人。

雅安市组织精神卫生、心理卫生专业人员深入灾区群众安置点进行心理卫生服务，开展心理访谈、心理咨询多次，受益者达200余人次。在汉源县深入汉源第二中学开展心理危机干预共51场17个班，受助者达数百人。

北京市心理专家在绵阳、成都和彭州、崇州等地对受灾群众、伤员家属和医务人员开展筛查，并对筛查出的患者开展重点干预及回访。他们在成都市开设的救助点，共筛查出115人存在不同程度的心理问题，重点干预20人；对发现的两例重度抑郁患者，现场发放抗抑郁药，并转告当地救助医院；发现一例轻度躁狂发作患者，及时同家属进行沟通。回龙观医院的精神科医师对彭州市北部山区的龙门山镇100名受灾者进行筛查，对其中10名不愿撤离堰塞湖流域的受灾者进行心理危机干预，使之同意撤离。

安徽省精神卫生防治中心先后两次选派中青年精神卫生、心理卫生服务专业人员，安徽省卫生厅派出精神卫生、心理卫生专家3人，于5月19日、6月5日随安徽省卫生防疫队奔赴极重灾区青川县关庄镇，为灾区群众提供心理指导和心理卫生服务。（参见图162）

江西省萍乡市医疗队以小组为单位，每组2～3人深入青川县大岩村、王家村、梅花村等远郊或偏远村社及人口居住集中、经济条件相对较好、得到救援时间较早的锦坪村、青城村、双龙村，进行地毯式一对一的心理危机评估，对有问题者进行一对一干预。

重庆市精神卫生中心和重庆市公共卫生救治中心的专业人员，在什邡市的灾区群众安置点展开心理疏导，了解受灾人群的社会心理状况，发现可能出现的紧急群体心理事件苗头，及时向灾区救灾指挥部报告并提供解决方法。通过实施干预，让人们了解灾难给人带来的应激反应表现和灾难事件对自己的影响程度，引导重点人群说出在灾难中的感受、恐惧或经验，帮助重点人群明白这些感受都是正常的；同时，让重点人群确认自己的社会支持网络，寻求社会支持网络，明确自己能够从哪里得到相应的帮助，包括家人、朋友及社区内的相关资源等；对没有严重应激症状的普通人群，采用心理危机管理技术开展心理危机管理；对有严重应激症状的重点人群，采用“稳定情绪”“放松训练”“心理辅导”技术开展心理危机救助。

浙江省心理救援专家组在平武县的半个月时间里，总共服务11000余人次，开展集体心理辅导17场、小组心理治疗16场次，参与人员达6000余人次，个体心理危机干预人数1000余人次。（参见图163～164）针对当地多数学校教师用忘我的工作压抑内心的不安、恐惧的情绪，教师之间缺乏应有的情感情绪的表达和交流，缺乏与家庭成员间的沟通交流，体力严重透支、

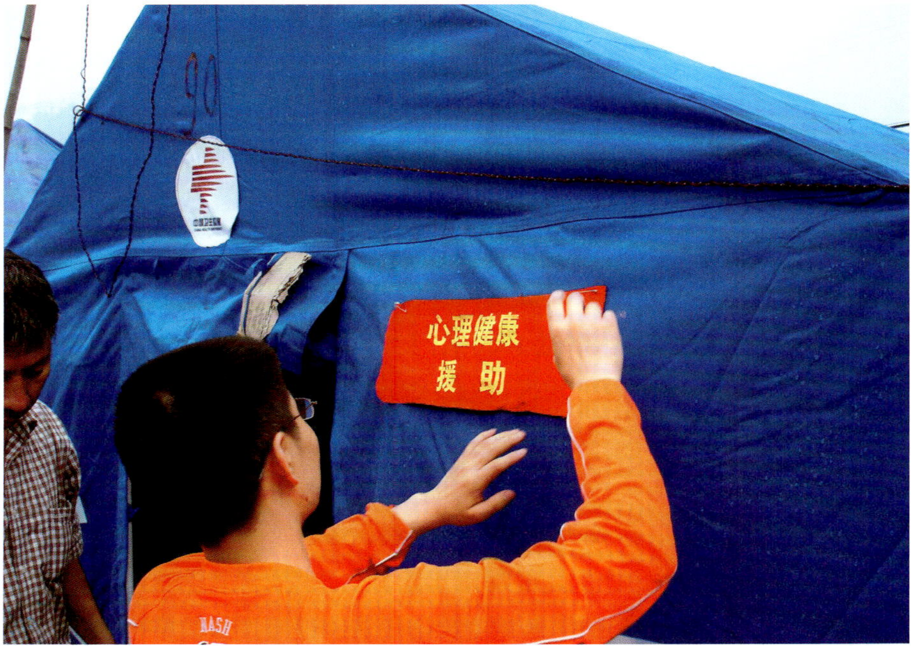

图162　5月21日，安徽省心理卫生服务专业人员在青川县关庄镇临时灾区群众安置点设立心理咨询点（安徽省卫生厅　提供）

图 163　5 月 27 日，北川羌族自治县擂鼓镇五星村 6 组杨某在接受心理疏导
（徐建平　摄）

情绪低落的分别占 50% 和 60% 的情况，专家们对老师开展心理危机干预。

广东省心理危机干预分队在重灾区江油市 5 个大的灾区群众安置点，走访 5000 余人、问卷调查及心理危机干预 315 人，采用医疗服务与心理危机干预相结合、药物治疗与心理治疗相结合，必要时提供现实帮助的综合干预模式。5 月 28 日，广东省赶赴四川救灾心理医疗队与江油市精神病医院签订合作协议，承担起整个江油市、北川羌族自治县陈家坝乡和平武县南坝镇等地区的心理卫生保健工作，帮助建立灾后中长期心理危机干预机制。

5 月 27 日 14 时，受余震影响，什邡市蓝星机械制造厂出现大批反应性精神障碍患者，不少群众恐慌躁动。杭州疗养院精神卫生和心理卫生专家服务队迅速赶赴现场，为居住在 32 个帐篷的人员进行心理疏导和培训，稳定群众情绪，消除灾区群众心理恐慌。

6 月 21—24 日，济南军区 71620 部队，结合“进村入户”活动，为群众讲解心理常识，帮助群众克服心理障碍，共为青川县 6 个乡（镇）30 个行政村的 438 名灾区群众解决心理问题。他们还于 7 月 7 日协助关庄镇小学平整场地 500 平方米，利用简易器材搭建两顶面积 200 平方米的帐篷心理辅导站，挑选文化程度较高、说教能力较强的四川籍官兵和师医院精神科医师组成 5 个心理咨询小组，进驻就近的灾区群众救助站，帮助大家认清地震是自然

图 164　5 月 20 日，浙江省卫生防疫救援队的心理危机干预专家在平武县南坝镇灾区群众帐篷前开展心理危机干预治疗
（张新卫　摄）

灾害，不可避免会造成人员伤亡、财产损失、失去亲人的悲痛、远离家园的无奈，但更为重要的是尽快调整心态，找回重建家园的信心，化悲痛为力量，早日走出阴影。

针对震后灾区部分群众出现的悲痛、悲观、恐慌情绪以及少数官兵随着救灾进展逐渐出现的紧张、焦虑等心理，济南军区71622部队主动邀请4名总政治部组织的抗震救灾心理卫生服务专家，到彭州市龙门山镇开设心理卫生服务中心，积极为救灾官兵和灾区群众提供心理卫生服务。

沈阳军区青川野战医院针对灾区群众震后普遍存在恐惧心理的状况，在进村入户巡诊送医时，要求每个医护人员都要成为心理疏导员。他们克服没有经过专业心理知识训练的弱点，用各自最朴实的语言和炙热的真情实感，对灾区群众进行心理疏导。

中西医结合心理危机干预与治疗 国家中医药局心理危机干预队将西方的心理危机干预理论和中医中具有放松心身，缓解焦虑、抑郁、失眠的治疗方法，比如八段锦、调心安神按摩操、耳豆、针灸、火罐等结合起来，形成具有中医特色的本土化的心理卫生服务模式。

5月25日，国家中医药局指派中国中医科学院广安门医院教授到成都中医药大学附属医院，与成都中医药大学心理教研室合作，临时组建一支由中医心理专业研究生为主体的心理医疗队，深入德阳、绵阳和绵竹、都江堰、江油等重灾地区的灾区群众安置点，做心理量表调查，收集第一手的灾区信息，为建立符合中国国情与文化特色的心理卫生服务体系打好基础。心理医疗队共发放调查表400余份，收回有效问卷350份，掌握了较可靠的第一手资料。他们还在很短的时间内，深入各灾区群众安置点，开展现场心理卫生服务，了解中医心理危机干预的过程，并研究各灾区群众安置点、不同人群心理卫生服务的特点、难点、方法和技巧，帮助成都中医药大学附属医院组织人才与培训力量，在抗灾一线火速建立心理科，为灾后心理重建做好组织准备。整理出1.4万字的《关于发挥中医心理学优势，加强灾后心理危机干预与心理重建的报告》。

国家中医药局中医心理医疗队一行10人，6月6日开始在德阳、绵竹展开救援工作，至25日结束。其间，他们在德阳市体育馆附近的3个较大灾区群众安置点，深入极重灾区绵竹市汉旺镇东汽厂区、汉旺镇中心小学、汉旺镇街道以及汉旺镇红星凌法小学、遵道镇遵道中学、孝泉镇民族小学、广济镇广济东方爱心学校、剑南新村东方爱心家园（帐篷区）等地，开展团体心理辅导、个体心理危机干预及科研宣传等工作，当地民众比较愿意接受这种具有中医特色的心理干预和治疗。

开展心理健康宣传活动 受灾地区广泛开展心理知识宣传，通过专题讲座，在广播、电视、报刊、网络等媒体上宣传、普及心理卫生知识，发放心理卫生自救互救手册10余万册，其中在四川灾区接受直接心理健康教育的群众即达50余万人次。

5月17日，爱白成都青年中心通过成都电台和电视台向民众公布四川省第一条灾后心理咨询热线，向灾区群众提供心理援助。22日，卫生部心理危机干预医疗总队成立，开通心理应急24小时热线电话。华西医院心理卫生中心专门购置语音系统程控交换机开通4部电话，指派30名志愿者24小时坚守岗位，每天人均接听电话20个，其中40%来自地震灾区。随后，成都市、德阳市、绵阳市和广元市相继开通心理危机干预热线电话，并保证线路24小时畅通。

5月20日，解放军77293部队抗震救灾广播站，在平武县南坝镇何家坝村开播，这是四川灾区首个战地广播站，结束了地震后南坝镇通信中断、消息闭塞局面，帮助灾区群众消除疑虑、树立信心。何家坝村村民听到广播后说："知道党和政府这么关心我们，心里踏实多了。"济南军区某部猛虎营在北川羌族自治县开设"猛虎之声"广播站，设立防疫宣传、亲情点歌、猛虎新闻联播等栏目，分早、中、晚3个时段播放，安抚灾区群众情绪，帮助群众树立生活信心。内江军分区也在灾区开设广播站，鼓励灾区群众搞好自救。沈阳军区心理援助分队到达北川灾区后，针对灾区面积大、受灾群众多，无法对灾区庞大群体及时提供个体或团体心理辅导服务情况，与成都人民广播电台交通频道合作，于25日开播心理援助直播节目，每天19—23时，用通俗易懂的语言向灾区群众传递心理学基本知识，引导听众调整失衡心理。成都军区疾控中心防疫队官兵与第二军医大学心理救援队专家联合开展心理访谈节目。

5月29日，卫生部疾控局组织北京大学公共卫生学院，在西安杨森公司支持下印刷《成人心理自助》《中学生心理自助》《学前儿童心理支持》等心理援助宣传画6万张，运抵四川、甘肃、陕西灾区，迅即发到灾区一线。陕西省心理专业人员积极参与紧急翻译《心理救援——现场操作指南》，为抗震救灾前线提供心理救援重要参考资料。

利用互联网开通心理咨询网站开展心理援助也在地震灾区得到应用。5月16日，绵阳市第三人民医院心理危机干预医疗队、绵阳市心理学会、中国社会工作协会儿童救助社会工作委员会、湖北省司法厅及心理救援志愿者数百人，在绵阳市九洲体育馆建立网络平台"希望九洲志愿者联盟"，向九洲体育馆安置群众、儿童提供心理危机干预服务，日服务数千人次。这是四川地震灾区第一个心理咨询网站。22日，卫生部心理危机干预医疗总队成立时，即开通心理咨询网站，日点击量达2000次。7月10日，四川大学的华西医院心理卫生中心、常青藤学生心理健康协会志愿者联合建立灾后心理重建QQ群，采用重要引导群成员主动与在线管理员交流，根据群里谈话语言显示，发现特别心理状况，并通过发送群邮件、聊天、交流等方式，完成心理辅导。

卫生部心理危机干预医疗总队及华西医院心理卫生中心印制50万份心理危机干预手册和光盘，分发给每个灾区医院、学校和居民安置点的工作人员及灾区伤病员和灾区群众；还利用网站进行宣传，专门设计网页，并在网上开展视频咨询。四川省精神卫生中心组织编制《彩虹重现——地震之后的生活》《灾后心理卫生知识手册》以及各种宣传资料12万份，发放至心理危机干预工作者和灾区群众安置点民众手中，开通心理救援热线，并在北川、安县等地道路两旁和灾区群众安置点的醒目处，以大型公益宣传画的形式，宣传心理卫生知识和求助热线。

各心理救援工作队利用电视专题节目、发送传单、派送心理健康手册、设立专业咨询点等形式，为受灾群众普及心理健康知识。北京市心理危机干预医疗队在开展紧张救援工作之余，编写了近10万字的《灾后心理救助实用手册》，免费发放。安徽省灾后心理卫生服务专家组利用"安徽心理卫生网"等媒体，发布和转发有关灾后心理应激反应及心理急救、心理卫生等知识和消息，发表抗震救灾心理卫生科普宣传及相关报道。湖北省心理救援队参照卫生部《紧急心理危机干预指导原则》，专门编制《四川在汉伤员心理救援工作手册》作为参考，其中包括四川在武汉地区的伤员心理救援工作流程及其附加说明、伤员心理救援工作记录表，以及有关心理卫生服务的资料等内容。云南省有关部门组织编写《震灾心理危机干预手册》，供灾区培训和干预使用。手册分为6个部分，主要内容为震灾心理危机简介、震灾心理危机常见问题、震灾心理危机现场集体心理危机干预简介、震灾心理危机现场集体干预要点、震灾心理卫生服务流程图、震灾心理卫生快速评估与调查等。6 月 8 日，浙江省医疗卫生救援队制作的《地震灾后心理危机干预专题片》在平武电视台播出，《地震灾后心理危机干预调适顺口溜三字诀》也在电视屏幕上以字幕形式滚动播出。沈阳军区总医院抗震救灾心理救援队主动与四川人民广播电台联系，在四川人民广播电台制作播出心理疏导节目 41 期。5 月 18 日，中国军网携手全军心理专业力量，开展远程心理疏导与治疗的连线，支援抗震救灾一线的心理救援。首批担任灾后心理重建在线咨询的值班医师、解放军总医院医学心理科专业人员就如何让灾区民众尽快走出阴影、步入正常的生活轨道等话题进行解答。

二　儿童青少年心理卫生服务

中小学生心理卫生服务　地震发生时，四川灾区有数十所学校倒塌，数千名师生被压，受灾人员中儿童和青少年占有相当比例。汶川地震给灾区青少年心灵带来重大创伤，他们的信念、情绪和行为发生巨大的改变，焦虑、恐慌、畏惧夜晚、不明原因的生理问题，不爱上学、上课不易专心、情绪及行为的反应不稳定且容易失控等许多心理、病理性的变化也逐渐表现出来，如儿童、青少年面对灾难时的无助感比成人更加强烈，灾害在他们内心留下的创伤会比成人更加严重地影响他们未来的生活。为此，卫生部在组建心理危机干预医疗队时，特地安排三分之一的儿童、青少年心理医师，在灾区安置点、临时学校点以个体咨询、团体辅导等方式开展儿童、青少年心理卫生服务。

卫生部心理危机干预工作组在都江堰市聚源中心小学、成都市温江区玉石乡中心小学、北川中学、北川擂鼓镇中心小学等受灾严重的中小学校开展心理卫生服务，服务人数近 1 万人。（参见图 165）5 月 16—19 日，华西医院先后派出 8 支队伍到德阳和双流、北川、都江堰、什

图165　6月12日，卫生部心理卫生服务医疗队的志愿者通过做游戏为小朋友们进行心理辅导
（四川省卫生厅　提供）

邡、温江等地的学校，为从灾区转移出来的师生进行心理卫生服务，服务人数达3000余人。5月13日至10月底，绵阳市第三人民医院、绵阳市心理学会和卫生部、辽宁省、中国红十字会总会派出的心理救援队、香港无国界组织等心理卫生医疗队员和专家，分别在绵阳市外国语学校、英才学校、西南财经大学绵阳天府学院、绵阳市长虹培训中心北川学生点、安县黄土镇盐井村"帐篷学校"、梓潼县文昌中学等学校，通过谈心、演讲、讲座、游戏、绘画、个别心理辅导、团体心理辅导等形式开展心理援助工作，帮助师生树立良好心态，面对现实，战胜困难，走出灾害造成的阴影，受益者达5000余人次。（参见图166）广元市精神卫生中心心理卫生服务队分别在广元市利州区上西中学、青川县竹园镇渔水村"帐篷小学"等地为师生提供心理咨询及心理治疗，受益人员达1000余人。剑阁县的县级医疗机构及乡镇卫生院在全县中小学开展心理卫生服务，受益学生达11万余人次。广元市朝天区人民医院组织医务人员在朝天小学、支江中学、朝天中学、羊木中学等学校开展心理卫生服务，受益者达1300余人。雅安市同时在富林中学和小学、清溪中学等对师生进行团体及个体心理辅导，通过座谈、访谈和电话咨询等方式，受助师生达3600余人次。什邡市在红白小学、湔氐"帐篷学校"、什邡中学开展心理卫生服务，接受心理辅导、心理咨询和心理治疗的师生达600余人次。

华西医院将灾后儿童少年心理危机干预及康复项目选定的四川省的都江堰市聚源中学、彭州市职业中学、彭州市白鹿镇中心小学、彭州市通济中学、北川羌族自治县擂鼓镇中心小学和陕西省的宁强杨森中学、宁强逸夫中学、宁强燕子砭初级中学、宁强燕子砭中心小学、宁强安乐河小学10所中小学校作为示范点，根据灾区儿童青少年心理卫生的实际需求，积极组织有关人员开展项目活动，项目对象以学生为重点，兼顾家长、学校心理卫生辅导教师、普通教师、基层精神卫生专业人员，共覆盖2万人。康复项目完成600名学校教师的心理普及教育；协助

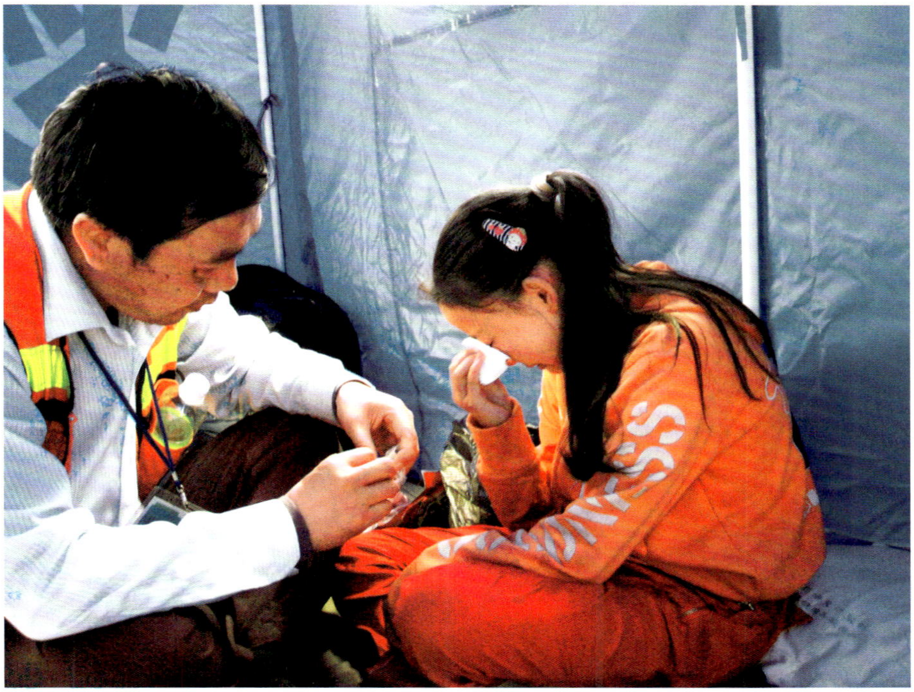

图166　5月16日，浙江省心理卫生服务专家正在对一名学生进行哀伤干预（浙江省卫生厅　提供）

每所学校培训专职及兼职心理保健人员1～2名，使他们具备对儿童青少年情绪、行为问题的早期识别、初步干预能力；帮助学校建立专用的心理咨询室，保障心理危机干预和康复工作的开展。

在心理救援过程中，中国红十字会心理救援队专家通过集体活动、班级活动和个别辅导等多种方式进行心理危机干预。专家带领队员先后在安县安昌镇“八一帐篷学校”，对小学一年级至高中三年级的学生共170余名进行多次心理咨询和辅导，并对陈家坝小学近30名学生进行团体辅导，对那些不能融入团体活动、适应能力较差的孩子进行一对一的沟通和辅导。5月19日至6月30日，江西省抚州市红十字会志愿者服务队的志愿者，深入灾区一线，组织和协同其他志愿者100余人，在都江堰、彭州、安县、茂县等地开展心理辅导3000余人次。志愿者走访该市20所学校，对4所学校近2000名师生进行心理普查，建立心理档案近万份。志愿者还协同来自北京、福建、台湾的3支心理团队，开展数次专业心理辅导活动。

兰州军区第二医疗队结合巡诊，采取集体辅导、个别交谈等方式，针对地震中受到严重伤害的绵竹市汉旺镇200余名儿童进行心理疏导。他们抓住孩子们对军人崇敬、向往的特点，组织孩子唱歌、跳舞、做游戏，帮助孩子们走出地震的阴影。

5月22日，总政治部心理服务队的空军总医院心理专家在彭州市龙门山镇组织希望课堂，对55名小学生和31名中学生进行团体心理辅导。活动内容包括与逝者告别，一是内心说“再见”，二是内心永远铭记，三是做逝者想做而未能做的事；做团体肢体操，进行情绪行为放松；开展音乐整合治疗，齐唱激励歌曲等。具体方法为：将所有学生分为5个小组分享地震后的心理感受。有的害怕，有的在学校哭泣，有的担心父母等，相互分享、缓解情绪，想象放松，深呼吸，语言暗示，尽情高喊“我自信、我努力、我勤奋、我成功”的口号，释放不良心理，增强心理力量。同时，对个别创伤严重的学生进行个体治疗。

5月23日，济南军区71622部队捐助的帐篷希望小学开学，邀请专家组成员对86名中小学生进行集体心理辅导。通过组织向逝者告别、团体肢体操、音乐整合治疗和个体心理治疗相结合等形式，帮助学生接受现实，告别过去，珍藏对震灾中亡故者的真情怀念，消除不良心理影响。

6月20日，第二炮兵总医院心理救援队与绵竹市紫岩小学一起举行“小手拉大手、真爱筑心桥”健康心理爱心互动活动，紫岩小学一群聋哑孩子到医疗队绵竹营地和心理专家一起做游戏、画画，释放自己心中的压力。专家们采用手语交流、用绘画画出心中愿望、用相关书籍慰藉受伤心灵等方式，引导孩子们走出心理误区。（参见图167）

南京军区杭州疗养院心理救援队和驻江苏省常州市的解放军第102医院心理救援队，针对地震灾害对青少年和儿童心理影响大、持续时间长的特点，加大对驻地中小学生心理回访力度。从7月初开始，他们利用10天时间，先后对什邡市和平武县9个乡（镇）的25所“板房学校”进行跟踪式心理回访，对70余名丧失亲人、心理疾患较重的学生进行单个疏导和针对性干预，对50余名教师进行心理学培训，有效保持心理援助工作的延续性。

高考学生心理重建 各受灾学校全面复课后，灾区高三学生即将面临高考，不少学生因失去亲人和同学，身体和心理一直处于低谷状态；再加上余震频发，给教学带来一定影响，学生心理

图167　6月20日，第二炮兵部队心理救援队与绵竹市紫岩小学学生举行健康心理爱心互动活动（总后卫生部　提供）

压力极大。各心理卫生服务队把灾区高考学生的信心重建作为心理卫生服务保障的重点，采取多种形式，为灾区高考学生进行心理疏导，帮助他们重建信心。心理危机干预专家专门针对高三学生开展灾后学生心理危机干预，开设专题讲座，介绍灾难发生时自我心理诊断、自我放松、减轻心理恐慌的方法和措施，帮助学生消除恐惧心理，调整心态，集中精力积极备战高考。同时，开展各种丰富多彩的心理疏导活动，如开通电话热线、发送短信、家访沟通、开展文体活动等，动员激励学生把灾难化为学习的动力，共渡心理难关。

5月26日下午，应茂县中学高中部的要求，第二军医大学心理救援队派出专家对准备参加高考的受灾考生进行心理调适，对全体准备参加高考的受灾考生作题为《面对地震灾害、积极准备迎考》的报告，随后对7名学生和1名教师进行个别心理咨询。

6月30日，第二炮兵总医院心理咨询专家队到绵竹市遵道镇，对全镇170名教师和即将参加高考的学生进行健康体检，并为师生进行“走出心灵堰塞湖、重建美好心灵家园”的心理调适和疏导。

6月3日，针对地震后易引发的群体心理疾患，第四军医大学心理救援队对安县中学1700余名学生开展心理援助，在做好师生身体保健的基础上，编印2000余份心理健康评估检测表，根据评估结果对师生进行心理辅导、诊疗，引导师生正确面对人生挫折，走出灾难的阴影。医疗队还组织在川专家和后方优秀学生代表与学生代表开展座谈，就学生关心的临考准备和大学阶段学习生活等话题进行交流，针对灾后心理重建和高考前心理调适的问题给同学们讲理论、教方法。此外，第四军医大学心理救援队组织“五个一”活动，即一次健康体检、一次心理检测、一次心理辅导讲座、一次“重扬理想的风帆”座谈、一次远程连线。

绵阳地区因地震灾害，高考被迫推迟，军校体检工作也随之延后。7月8日，第四军医大学赴四川抗震救灾医疗队前线指挥部接到绵阳军分区对报考军校学生进行心理检测的请求后，立即派出心理卫生医疗队，到绵阳市八一中学开展绵阳地区报考军校学生的心理检测工作。至10日下午，心理检测工作圆满结束。

三　特殊人群心理卫生服务

伤残人员心理卫生服务　伤残者在震后出现的心理危机的概率高约 67% 左右。很多人不是被地震直接夺去了生命，而是沉浸在地震的心理阴影中不能自拔。伤残者的心理危机出现后，解决的难度很大。对伤残者实施心理援助，前期主要由专业的心理危机干预队实施，具体为 1 ～ 2 人一组，针对干预对象进行认知、支持、行为治疗，必要时辅助药物治疗；后期工作则以家属和社区工作人员监护为主。

遇难者亲友心理卫生服务　在地震中丧失重要亲人及其他缺乏社会支持系统的灾区群众，在地震后负性心理反应的恢复所需时间较长。心理危机干预人员专门针对这些人员进行危机干预，陪伴他们度过人生中最痛苦的时刻，倾听、引导其悲痛情绪的宣泄，并给予支持心理治疗。（参见图 168）

5 月 25 日，解放军总医院医疗队在青川县木鱼镇巡诊时发现由于木鱼中学学生宿舍楼倒塌，数百名学生遇难，遇难学生家长情绪难以控制。医疗队主动介入，在工作帐篷外挂起军队抗震救灾心理卫生服务队的横幅，迅速组织医学心理科专家为遇难学生家长进行心理辅导，帮助遇难学生家长稳定了情绪。

成都市精神卫生中心采取家庭访问的方式，多次前往都江堰市主要城镇的遇难学生家中，对他们进行充分的共情（指体验别人内心世界）与支持，鼓励家人相互交流、释放内心的悲伤，互相帮助，互相支持。共对 2000 余名遇难学生家长（包括父母、祖父母）开展心理危机干预和心理治疗工作。心理卫生服务小组对 23 名存在焦虑、抑郁等严重情绪症状的遇难学生家长，采用结合支持治疗、认知疗法及家庭治疗的综合心理治疗方式，并配合适当的药物治疗，对这些家长

图 168　5 月 27 日，第二军医大学心理救援队队员对灾区痛失孩子的母亲进行心理疏导（总后卫生部　提供）

进行 108 人次的重点心理危机干预，并对每个家庭进行 3 ~ 5 次随访，家长们心理状况显著改善且基本稳定。

7—10 月，北川羌族自治县卫生系统 100 余名医务工作者、绵阳市公安系统有遇难亲人的 68 名公安干警以及有遇难家属的基层干部数十名，分别在绵阳市卫生局、公安局和市委组织部的精心组织和安排下，分批次在梓潼县大庙山、绵阳仙海风景区和深圳大亚湾休养，四川省精神卫生中心组织开展了一系列的减压和创伤心理疏导工作，取得很好的实际效果。

6 月 4 日开始，空军航空医学研究所 3 名专家参与 92734 机组人员邱光华和王怀远家属的心理援助，分别按要求进驻各自工作点对家属实施心理抚慰。11 日，广州军区的精神科医师被派到成都军区某陆航团，为失事飞行员家属做心理疏导和哀伤辅导，陪伴其顺利度过正常哀伤过程，实现接受现实回归生活。

救援人员心理卫生服务 由于地震造成的交通、通信中断，余震频发及遗体处理工作等恶劣环境，救援人员自身的认知、思想、社会、家庭、生理问题，如受伤、对没能及时救治的伤员的愧疚等，特别是早期进入灾区的救援人员大部分准备不足，进入灾区后后勤保障出现困难等，一些救援人员出现心理问题；还有一些救援人员本身缺乏挫折的经历，属于易受影响的心理特质，较易产生心理问题。种种原因，导致部分救援人员存在适应障碍，出现乏力、头晕、易疲劳等心理反应及担心害怕、紧张不安、自责、无助、人际冲突等身体反应，甚至出现不服从安排、故意违纪等攻击性行为。地震发生后，参与救援的官兵和医护人员同样也是产生替代性创伤的高危人群。对他们开展心理卫生服务，重点是让其宣泄负性情绪，引导他们相互鼓励、支持，学会自我减压的技术，助其形成正性积极的心理资源取向。

解放军、武警部队及各医疗机构派出的心理救援队，服务救援部队官兵，针对救援官兵出现的心理问题，通过小团体辅导、团体辅导、个别咨询以及催眠疗法等方式进行干预。（参见图 169）

图 169　6 月 16 日，心理服务专家到汶川县映秀镇对“铁军”师开展心理卫生服务（总后卫生部　提供）

救援者恢复法是地震中针对救援人员心理障碍而创造的心理干预疗法。抗震救灾初期，绵阳市第三人民医院（四川省精神卫生中心）在开展救援者心理状况调查时，分析救援人员心理变化过程，认为救援者在抗震救灾中心理反应包括兴奋期、质疑否认期、持续恐惧害怕期和情绪麻木期4个防疫阶段，产生心理反应原因有替代创伤、持续环境压力、持续工作压力、期望值过高及个人方面压力等，提出救援人员心理恢复要做好救援工作调查、救援工作技能培训、持续沟通和跟进、适度激励等工作，进而提出救援者恢复正常生活策略“休息、饮食、支持、表达”八字法。绵阳市医疗卫生救援分指挥部心理危机干预工作组，利用“八字法”完成对本地干部、教师、医务人员、省内外救援队伍和部队、武警官兵的心理危机干预，接受心理服务数千人，使大多数救援者走出地震灾害阴影。在心理干预中，德阳、阿坝等市（州）医护人员又将“八字法”发展为“休息、饮食、支持、表达、放松”十字法。

自我心理调节是地震后排解心理障碍的主要方法，特别是救援人员心理问题，一般都通过自我心理调节得到克服。自我心理调节方法主要有宣泄法、放松练习、心理行为训练等。6月2日，成都军区联指联勤部编印的《地震后民众心理创伤简易救援手册》中提到：“地震后，如果你心情十分郁闷，你可以和亲朋好友谈心、打电话，甚至可以上网交流，消除内心的焦虑和恐惧，让自己的心情轻松起来。”这种倾诉式“心理自救互救”方法在成都军区总医院病区得到广泛应用。在无法获得专业心理人员帮助的情况下，尽量寻找亲友晤谈，充分表达内心感受，尽量宣泄负面情绪，不否认或掩盖内心担忧和恐惧，以免造成一生创伤。深呼吸、练习健手操、放松想象，是海军心理学专家组研究整理的灾后心理调适方法，这种方法在海军救援一线官兵、部分灾区群众自我心理调整、自我预防心理危机方面，发挥重要作用。广州军区抗震救灾防疫队在救灾官兵开展“警察抓小偷”“给自己画像”“畅想未来”等活动，帮助官兵掌握自我心理调节方法。心理行为训练主要是“组建团队”“紧急行军”“众志成城”“密码破译”等集体行为训练。13日，解放军某部队开展心理自救“五下”活动，即要好的战友之间相互倾诉一下；用积极的心态暗示自己一下；通过哭泣、呐喊让内心的压力释放一下；开展文娱小活动，把注意力合理转移一下；进行自我放松训练，让紧张焦虑状态缓解一下。通过开展心理自救“五下”活动，转移注意力、达到自我放松目的。

救灾现场的心理疏导，时间紧，范围大，团队辅导是最容易开展且收效最明显的心理疏导方式之一。与此同时，对反应严重个体，采取重点干预。在抗震救灾现场，各心理救援队主要采取灾后心理危机自我救助的健康教育、社会支持的环境营造、心理危机情绪反应的情绪管理培训和危机应激叙谈（CISD）等形式，对一线救灾的消防人员、武警战士、警察、预备役人员及一线医护人员开展心理卫生服务；采用“休息、饮食、支持、表达、放松”的十字方法，进行心理危机干预，缓解救援人员的心理压力。5月22日，空军总医院心理专家组在彭州市龙门山镇共安排2批次团体心理咨询与辅导，35名四川籍士兵参加。连队官兵团体心理辅导，主要采取互相倾诉，表达情感，团体肌肉放松与传递关爱、支持，想象性放松，释放压抑情绪、增强自我力量（共同高喊口号）方式进行，通过倾诉（当事人叙述心理感受），分享个人体验，获得理解支持，分享自己的心理感受，传授自我疏导的方法（肌肉、呼吸放松）、催眠减压，采用自信心重构技术，让当事人面对每位战友依次进行目光的注视，并通过发自内心的真诚的语言表达和肢体的拥抱，传递战友之间的相互支持、鼓励、接纳、肯定和温暖等。在呼喊口号中增强自我心理能量、增强凝聚力，通过集体、个体的疏导及咨询，缓解官兵们心理压力、提高官兵面对痛苦和挫折的承受力、极端环境的适应性。四川籍战士小华眼神忧郁，话语很少，表情紧张严肃、行为拘谨。他亲历尸体处理现场，目睹生死离别情景，身心受到冲击和震撼。对生命不确定性的内心体验，导致恐惧、不安、害怕等痛苦情绪的交织缠绕，诱发他对13年前6岁弟弟意外死亡的回忆。这种被灾难现场唤醒的创伤记忆，让他深陷在痛苦、内疚、自责、害怕、紧张等情绪状态中，晚上站岗时出现前所未有的恐惧和紧张。总政治部心理卫生服务专家组采用倾听、同在、关注、理解等技术，鼓励他把13年来积压在心里的话语和情感都表达出来。同时，选择“苏格拉底”式提问技术，改变小华的偏离认知，帮助他梳理问题实质。4天后进行回访，小华晚上站岗恐惧心理减轻，睡眠改善，与战友交流增加。6月11日，工程兵指挥学院心理救援小分队在彭州市龙门山镇团山村成都空军某通信总站和雷达某团所在地，组织官兵开展“组建团队”“人体战车”“荆棘排雷”“战壕换防”等心理行为训练项目，利用“战场心理恢复车”开展车上自主心理调适练习。

成都军区医疗队针对官兵受地震破坏和灾区环境影响可能产生的恐惧、焦虑等心理和长时间、高强度持续执行任务，可能产生厌倦、忧虑、暴躁等情绪，邀请军地专家授课，引导官兵进行自我调节，并发挥集体影响的感染作用和制约作用，采用官兵互相谈体会、谈感受等多种方式，大力开展心理咨询服务，有针对性地对官兵进行心理疏导和心理危机干预。在此基础上，对官兵心理健康情况进行跟踪调查，帮助官兵及时缓解心理压力、跨越心理上的障碍。据统计，成都军区医疗队在整个抗震救灾期间，累计开展心理卫生知识讲座50余次，受教育人数达5000人次；进行心理咨询300余人次，官兵的心理反应和症状均得到有效化解。

在突然袭来的地震灾害中，63820部队除6人遇难、1人失踪、21人受伤外，还有66名家在地震灾区的官兵和职工失去亲人，绝大部分家庭不同程度遭受财产损失；加之灾后高强度的抢险救灾工作，给部队广大官兵和职工的心理健康带来消极影响，一些人出现恐惧、紧张、疲惫、忧虑、烦躁、焦虑、自责7个方面的心理问题。5月18日，部队下发《关于在基地部队开展抗震救灾心理健康防护工作的通知》，心理教育骨干针对地震灾害给官兵和职工精神上造成的恐惧、悲痛、焦虑、抑郁等不良心理反应，深入科室、帐篷、病房讲解心理健康知识，进行心理疏导，帮助官兵、职工及家属逐步学会自我调控，减轻心理压力，适应正常生活。

从5月21日开始，空军心理救援队对驻绵竹市汉旺镇的空降兵某部的1500多名官兵实施心理援助保障。为适应救灾一线的艰苦条件，他们采用“短、平、快”的工作方式，不搞大规模的集体授课和集体心理测试，每天晚间直接走进官兵帐篷，通过集体晤谈，对官兵的心理问题进行疏导，筛选出心理问题较重的个别官兵，进行一对一的心理咨询治疗。

针对少数官兵潜在的心理问题，海军心理救援队到连队进帐篷，先后给195名官兵发放《抗震救灾心理调适手册》，帮助官兵搞好心理自我调适和心理互助。某陆战一营一连战士殷某，同战友们执行废墟清理任务时，清出两具严重腐烂的遗体。事后，殷某时不时回想起当时的惨烈场面，常常因此半夜惊醒，晚上不敢一个人上厕所。由于每天的防疫洗消，还产生怕传染的心理困扰。在海军总医院医学心理科专家的疏导下，殷某的心理紧张情绪得到缓解。

解放军总医院医疗队在北川羌族自治县擂鼓镇、平武县平通镇和响岩镇为救灾官兵开展心理辅导。医疗队通过对驻扎在擂鼓镇的、承担地震中受灾最为严重的北川县城遗体挖掘、处理以及后期的防疫洗消任务的某集团军防化团的访谈，了解到防化团平时在训练中比较注意战士的心理辅导，执行任务前曾组织官兵观看灾区录像，执行任务时最大程度降低灾区惨状对战士心理的影响。他们共收集心理问卷 250 份，心理访谈 30 人。之后，他们分为两组，一组赶往驻扎在平通镇、响岩镇的济南军区某装甲师装甲团，一组赶往驻扎在什邡市元石镇空降兵某军某团第三营，为部队官兵进行心理疏导。在访谈过程中发现，这些部队的官兵长期经受科学严格的特种训练，心理素质很好，大都能够经受较大的压力。

地震发生后，通往汶川震区的道路被阻，通信中断，某部一支小分队为大部队探路，途中突遇泥石流，险些被覆盖，所有人都成了“泥人”。历经千难万险完成任务后，有 10 余名官兵出现程度不同的心理恐惧。心理危机干预专家对这个小分队开展团体辅导，用一个个问题引发官兵的真实情绪表达。官兵在互相诉说中，逐渐认识到自己的表现是一种正常的心理反应。他们互相鼓励，心态得到调整。此后，心理危机干预小组平均每隔 3 天就对救灾官兵进行一次团体辅导，官兵出现的焦虑、紧张、恐惧等负面情绪得到及时有效的化解。

在紧急救援工作基本完成后，参与抗震救灾的武警部队逐步转入实施卫生防疫、帮助群众恢复生产、安置受灾群众生活、维稳执勤等工作。随着工作节奏减缓，一些官兵因在紧急抢险、救人过程中亲眼目睹遇难者遗体、倒塌建筑，亲历山体滑坡、泥石流等惨烈场面而产生的心理问题开始显现，少数官兵表现出恐惧、压抑、焦虑等不良心理情绪。武警部队参与抗震救灾的部队卫生队在完成当前任务的同时，采取互动游戏、心理讲座团体心理辅导、个案辅导、量表数据反映、个体干预等形式，有针对性开展心理危机干预、辅导和咨询工作，帮助官兵调节心理和情绪，以饱满的热情投入灾后重建工作。

5 月 21 日，陕西省、宁夏回族自治区和广东省消防总队的近 500 名官兵第一次从一线撤回安县驻扎。在繁重的救援任务中，最易产生挫败感、无助感和内疚感；同时，惨烈的现场让一些官兵极易出现失眠、梦魇、闪回等急性应激症状。红十字心理救援队员根据以往的专业知识和经验，并参考国内外危机干预专家的意见，以建立安全感的稳定化技术为主，帮助官兵学习和体验“蝴蝶拍”等放松训练，运用“安全岛”“遥控器”“保险箱”等积极想象技术，帮助官兵有效缓解创伤后的急性应激症状。对于心理反应严重、挫败和内疚感极深的战士，心理专家采用在团体治疗中以心理剧的方式加以处理，效果显著。

通过采取积极的干预措施，大多数救援者走出地震灾害造成的阴影，重新投入到抗震救灾之中。对个别仍未缓解者，则采取脱离灾区环境的保护性措施。一位 26 岁的女护士，自己要求上前线参与救援，到达灾区后，泥石流和余震等让她惊恐不已。每次余震，她都出现恐怖、焦虑、全身发抖症状。心理援助者发现这一情况后，立即给予支持性心理治疗、脱敏治疗。经过两三次治疗，有些效果，但她仍不适应每天一二十次余震，经请示当地救灾指挥部后，利用换防机会，将她护送回原单位。

第四篇

卫生防疫与卫生监督

中共中央、国务院在部署灾后医疗卫生救援时，一再强调要切实做好卫生防疫工作，做到早安排、早防范、全覆盖，以确保大灾之后无大疫。

卫生部要求在地震灾区各群众定点医院、临时医疗救护点、集中安置点开展传染病症状监测工作，要求中国疾控中心增发地震灾区疫情日报，每日对极重灾和重灾县（市、区）的传染病疫情及突发公共卫生事件进行分析。灾区各级疾控中心想方设法展开应急实验室检验工作，对灾区可能出现的饮水、食品、环境污染进行快速检测，并逐步开展各种卫生检测与传染病菌检测采样和实验等工作。为防止传染病的流行，各地灾区根据工作需要设立临时接种点，组织实施应急预防接种工作，恢复常规免疫系统并实施国家扩大免疫计划，使预防接种工作逐渐纳入正常轨道。

地震发生后，为确保灾区食品和饮用水的安全，做好地震灾区食品和饮用水卫生监督管理工作，在卫生部、质检总局等有关部门的统一部署下，各级卫生监督机构、质检部门紧急抽调卫生监督人员赶赴灾区，协助当地开展食品饮用水的卫生监督检测工作。灾区的卫生监督部门明确责任，确定工作任务和目标，配备必需的卫生监督设备和工具，实行分区划片，定岗定员，巡回进行指导与监督，确保灾区食品、饮用水的安全。

抗震救灾期间，四川、甘肃、陕西等地的重灾地区采取群众运动与专业队伍相结合，动员全社会力量参与环境卫生治理。各级政府周密部署，全面开展遗体处置、环境消毒、媒介生物控制、堰塞湖泄洪前后的卫生学处理等工作，并组织专业力量加强环境卫生治理工作的督导与技术指导。地震灾区通过艰苦细致的工作，大力开展爱国卫生运动，广泛宣传普及灾后卫生防疫知识，发动群众全面综合整治环境卫生，抓重点，树典型，创建一批灾区群众示范安置点和示范卫生厕所，确保大灾之后无大疫。

地震造成大量畜禽死亡，严重危及灾区公共卫生安全。农业部及灾区各级畜牧兽医部门贯彻落实国务院“加强领导、密切配合、依靠科学、依法防控、群防群控、果断处置”的防控方针，以死亡动物无害化处理和养殖环境消毒为切入点，以动物紧急免疫为着力点，多措并举，想方设法做好死亡畜禽处置、活畜禽转移安置等工作。

在灾区卫生防疫工作中，卫生部和受灾地区卫生行政部门特别注意预防急性化学中毒与粉尘危害和放射诊疗机构的职业安全防护，及结核病、血吸虫病、艾滋病等重大传染病、地方病的预防和控制，切实加强妇幼保健、营养保障及食品改善等方面的工作，保障灾区民众特别是妇女、儿童的健康和安全。

各有关出入境检验检疫机构迅速启动应急预案，加强出入境人员和救援物资检验检疫，保障抗震救灾工作顺利进行。

抗震救灾期间，地震灾区未发生重大传染病疫情和重大突发公共卫生事件，实现“大灾之后无大疫”的既定目标。

第一章　传染病和突发公共卫生事件防控

抗震救灾期间，为应对传染病和突发公共卫生事件，受灾地区的卫生行政部门、疾病预防控制和卫生监督机构，制订切实可行的防控预案和技术方案，开展传染病风险评估，尽快恢复灾区疾病预防控制和卫生监督工作体系，四川、甘肃、陕西等地灾区的监测报告系统逐步恢复，疫情报告整体趋势较为平稳，各种传染病和突发公共卫生事件报告工作得以正常运转。

卫生部督促灾区设立疾病监测点，及时研判疫情形势，发现苗头性问题及时处理，预防疫情的发生和蔓延。同时，要求中国疾控中心增发地震灾区疫情日报，每日对灾区县（市、区）的传染病疫情及突发公共卫生事件进行分析。灾区疾控部门及赴灾区支援的卫生防疫监督人员克服种种困难，想方设法展开应急实验室检验工作，对可能出现的饮水、食品、环境污染进行快速检测。

抗震救灾期间，灾区密切关注突发公共卫生事件，发现苗头，及时处置，未发生传染病暴发、流行以及与地震相关的突发公共卫生事件。（参见表 18 ~ 19）

四川、甘肃、陕西部分灾区法定传染病报告统计表

表 18　（5 月 13 日至 11 月 12 日）

疾病名称	四川 18 个极重灾和重灾县（市）		甘肃 5 个重灾县（区）		陕西 2 个重灾县	
	2008 年病例数	2005—2007 年合计病例数	2008 年病例数	2005—2007 年合计病例数	2008 病例数	2005—2007 年合计病例数
甲乙丙类合计	9797	50551	3181	7355	914	2426
鼠疫	0	0	0	0	0	0
霍乱	0	13	0	0	0	0
传染性非典型肺炎	0	0	0	0	0	0

续表 18

疾病名称	四川 18 个极重灾和重灾县（市）		甘肃 5 个重灾县（区）		陕西 2 个重灾县	
	2008 年病例数	2005—2007 年合计病例数	2008 年病例数	2005—2007 年合计病例数	2008 病例数	2005—2007 年合计病例数
艾滋病	17	20	1	1	0	1
肝炎	2309	18116	997	2724	291	855
其中：甲肝	154	993	46	164	5	24
乙肝	1930	16280	914	2453	264	768
丙肝	98	367	31	82	19	32
戊肝	18	27	0	0	0	0
肝炎（未分型）	109	449	6	25	3	31
脊髓灰质炎	0	0	0	0	0	0
人禽流感	0	0	0	0	0	0
麻疹	41	984	302	162	3	57
出血热	0	2	1	0	0	0
狂犬病	2	10	0	0	0	0
乙脑	9	69	28	68	0	17
登革热	0	0	0	0	0	0
炭疽	0	1	0	1	0	0
其中：肺炭疽	0	0	0	0	0	0
细菌性痢疾和阿米巴性痢疾	1103	4997	475	1142	61	169
肺结核	2668	10921	979	2077	277	883
伤寒、副伤寒	5	6	0	4	0	0
流脑	0	4	0	2	0	0
百日咳	1	15	2	15	3	1
白喉	0	0	0	0	0	0
新生儿破伤风	4	7	0	11	0	0
猩红热	13	98	4	4	4	6
布鲁菌病	1	0	0	0	0	0
淋病	162	1346	27	86	7	38
梅毒	456	977	45	100	15	41
钩体病	1	2	0	0	0	0
丝虫病	0	0	0	0	0	0
血吸虫病	2	119	0	0	0	0

续表 18

疾病名称	四川 18 个极重灾和重灾县（市）		甘肃 5 个重灾县（区）		陕西 2 个重灾县	
	2008 年病例数	2005—2007 年合计病例数	2008 年病例数	2005—2007 年合计病例数	2008 病例数	2005—2007 年合计病例数
疟疾	3	37	2	5	0	1
流行性感冒	16	287	20	13	1	0
流行性腮腺炎	646	2462	161	615	130	207
风疹	131	424	10	21	8	23
急性出血性结膜炎	67	298	11	3	6	8
麻风病	10	16	0	0	0	4
斑疹伤寒	1	0	0	0	0	0
黑热病	8	34	71	160	1	1
包虫病	7	10	0	1	0	0
感染性腹泻病	2114	9276	45	140	107	114
手足口病	375	19	14	3	2	0

说明：手足口病于 2008 年 5 月 2 日被纳入丙类传染病报告管理，未与既往数据比较，故未纳入传染病总计

四川省 18 个极重灾和重灾县（市）法定传染病报告统计表

表 19

（5 月 13 日至 11 月 12 日）

疾病名称	合计	江油	安县	彭州	剑阁	绵竹	都江堰	汉源	崇州	茂县	什邡	黑水	青川	平武	北川	松潘	汶川	理县	小金
甲乙丙类合计	9797	1539	1043	979	941	776	575	571	545	494	451	359	347	340	235	185	156	156	105
鼠疫	0	0	0	0	0	0	0	0	0	0	0	0	0	0	0	0	0	0	0
霍乱	0	0	0	0	0	0	0	0	0	0	0	0	0	0	0	0	0	0	0
传染性非典型肺炎	0	0	0	0	0	0	0	0	0	0	0	0	0	0	0	0	0	0	0
艾滋病	17	0	0	2	0	0	10	0	3	1	1	0	0	0	0	0	0	0	0
肝炎	2309	351	221	259	292	223	161	113	149	73	155	28	82	40	50	27	44	23	18
其中：甲肝	154	8	23	7	9	12	6	17	10	33	4	1	6	2	0	2	2	8	4
乙肝	1930	321	172	223	278	178	131	88	127	35	124	26	63	32	42	25	38	15	12
丙肝	98	12	8	4	2	17	14	5	5	1	12	0	8	3	5	0	2	0	0
戊肝	18	0	0	1	1	5	5	1	1	0	0	0	1	1	0	0	2	0	0
肝炎（未分型）	109	10	18	24	2	11	5	2	6	4	15	1	4	2	3	0	0	0	2
脊髓灰质炎	0	0	0	0	0	0	0	0	0	0	0	0	0	0	0	0	0	0	0

续表 19

疾病名称	合计	江油	安县	彭州	剑阁	绵竹	都江堰	汉源	崇州	茂县	什邡	黑水	青川	平武	北川	松潘	汶川	理县	小金
人禽流感	0	0	0	0	0	0	0	0	0	0	0	0	0	0	0	0	0	0	0
麻疹	41	5	2	2	10	4	1	2	0	3	0	0	5	1	1	1	2	2	0
出血热	0	0	0	0	0	0	0	0	0	0	0	0	0	0	0	0	0	0	0
狂犬病	2	0	1	0	0	0	0	0	0	0	0	0	1	0	0	0	0	0	0
乙脑	9	0	1	1	2	1	1	0	1	0	0	0	2	0	0	0	0	0	0
登革热	0	0	0	0	0	0	0	0	0	0	0	0	0	0	0	0	0	0	0
炭疽	0	0	0	0	0	0	0	0	0	0	0	0	0	0	0	0	0	0	0
细菌性痢疾和阿米巴痢疾	1103	111	139	36	47	80	30	36	24	236	16	126	14	21	39	33	19	80	16
肺结核	2668	428	270	168	443	187	197	134	236	50	105	131	98	64	37	46	33	12	29
伤寒、副伤寒	5	0	2	0	1	1	0	0	0	0	1	0	0	0	0	0	0	0	0
流脑	0	0	0	0	0	0	0	0	0	0	0	0	0	0	0	0	0	0	0
百日咳	1	0	0	0	0	0	0	0	0	0	0	0	1	0	0	0	0	0	0
白喉	0	0	0	0	0	0	0	0	0	0	0	0	0	0	0	0	0	0	0
新生儿破伤风	4	0	0	0	0	0	0	0	0	1	0	0	0	0	0	0	1	0	2
猩红热	13	3	2	0	1	0	1	0	3	0	0	0	2	0	1	0	0	0	0
布鲁菌病	1	0	0	0	0	0	0	0	0	1	0	0	0	0	0	0	0	0	0
淋病	162	31	4	41	9	4	20	6	21	0	8	2	7	5	2	0	2	0	0
梅毒	456	95	25	79	36	54	46	22	26	1	21	1	21	8	8	3	4	0	6
钩体病	1	0	1	0	0	0	0	0	0	0	0	0	0	0	0	0	0	0	0
血吸虫病	2	0	1	0	0	0	0	0	0	0	1	0	0	0	0	0	0	0	0
疟疾	3	0	0	1	0	0	0	2	0	0	0	0	0	0	0	0	0	0	0
流行性感冒	16	0	0	0	5	9	0	0	0	0	0	0	0	2	0	0	0	0	0
流行性腮腺炎	646	39	49	42	46	50	30	13	23	8	63	42	64	132	15	6	18	4	2
风疹	131	4	7	0	9	20	13	1	2	26	16	0	23	0	5	0	4	0	1
急性出血性结膜炎	67	12	12	6	2	4	1	1	1	0	11	0	0	5	2	0	0	7	3
麻风病	10	1	0	0	4	0	0	3	0	0	0	0	1	0	0	0	0	0	1
斑疹伤寒	1	0	0	0	0	0	0	0	0	0	0	0	0	0	1	0	0	0	0
黑热病	8	1	0	0	0	0	0	0	0	3	1	3	0	0	0	0	0	0	0
包虫病	7	0	0	0	0	0	0	0	0	0	0	1	0	0	0	2	0	2	2
感染性腹泻病	2114	458	306	342	34	139	64	238	56	91	52	25	26	62	74	67	29	26	25
手足口病	375	25	12	33	19	22	46	41	36	5	3	52	1	8	50	0	17	4	1
丝虫病	0	0	0	0	0	0	0	0	0	0	0	0	0	0	0	0	0	0	0

说明：手足口病于 2008 年 5 月 2 日被纳入丙类传染病报告管理，未纳入传染病总计

第一节　传染病疫情和突发公共卫生事件监测与报告

汶川特大地震发生后，卫生部和受灾地区卫生行政部门重视灾区的法定传染病和突发公共卫生事件监测与报告工作。四川、甘肃、陕西等地灾区各级卫生部门紧急行动，在较短时间内使灾区的监测报告系统基本恢复，各种传染病和突发公共卫生事件报告工作得以正常运转。

一　灾后疫情和突发公共卫生事件监测

四川灾区疫情和突发公共卫生事件监测　5月16日，四川省疾控中心组织专家紧急制订《四川省地震灾区重点传染病监测方案》，在灾区启动传染病相关症状监测报告工作，并实行灾区传染病与症状监测日报和零报告工作。方案要求各级卫生防疫人员，必须进村入户监测传染病症状，市级和县级疾控中心每天都要对传染病疫情进行日分析，每周实施周分析，掌握疫情流行动态，一旦出现异常，立刻预警。与此同时，成都市卫生局责成成都市疾控中心对所辖都江堰、彭州、崇州、温江、郫县、大邑等地的灾区群众安置点和人群聚集地，进行传染病监测和发热、腹泻症状监测，以安置点为单元，建立传染病疫情直报点。

卫生部将学校和托幼机构作为重点监测区域，学生和儿童作为重点人群，针对手足口病、流行性腮腺炎、水痘等儿童常见病，及发热、皮疹、腹泻等儿童常见症，制订地震灾区疫情监测和突发公共卫生事件监测方案。卫生部组织专家紧急制定并于5月28日由四川省卫生厅、教育厅联合下发《四川地震灾区学校和托幼机构传染病疫情报告工作规范（试行）》，提出建立防控工作责任制，明确教育行政部门、卫生行政部门、疾病预防控制机构、学校和托幼机构的职责，要求灾区各级各类中小学校和托幼机构指定专（兼）职疫情报告人，负责组织开展学校晨检、缺勤缺课登记报告、症状监测及疫情报告等工作，确保地震灾区学校和托幼机构及时发现和报告疫情信息。

抗震救灾期间，全国各地奔赴灾区支援卫生防疫工作的专业人员全力帮助灾区开展重点传染病监测工作。截至5月30日，在中国疾控中心和四川省卫生厅、四川省疾控中心及受灾地区市、县有关部门的共同努力下，四川省的极重灾区和重灾区绝大多数灾区群众安置点，均初步建立症状监测系统，为及时发现传染病暴发疫情或突发公共卫生事件提供信息。（参见图170）

成都军区疾控中心担任极重灾区茂县卫生防疫工作的牵头单位后，于5月18日依托茂县原有的疫情报告网络，及时组织军地各级卫生防疫力量，加强疫情报告工作。成都军区疾控中心在迅速恢复和规范茂县灾后疫情报告系统的同时，统一规定：地方疫情，每日16时以前通过配发的专用手机上报到县疾控中心汇总，由县疾控中心向卫生防疫联合指挥组报告；军队疫情，每日16时以前通过军队专用电话或手机短信报成都军区疾控中心卫生防疫队。同时，经军地卫生专家研究决定，在茂县开展发热（伴呼吸道症状、出疹）、腹泻（水样便、血便每日3次以上）及急

图170　5月17日，四川省疾控中心人员在绵竹灾区部署灾后防疫工作
（四川省卫生厅　提供）

性黄疸等11种疾病症状的监测。

解放军总装备部防疫队是到达极重灾区平武县平通镇的第一支防疫队，其时当地其他防疫人员极少，仅有平武县疾控中心派出两名工作人员参与协调工作。为保证防疫工作的有效性，防疫队决定建立疾病监测哨点，规定疾病报告的内容、种类、时间、方式等，恢复疾病监测体系；同时，按照《地震灾区重点疾病症状监测方案》要求，下发《疾病症状监测表》《地震灾区传染病（症状）登记表》《灾后卫生防疫月工作评分表》《军人病例登记表》《部队医疗点灾后病人门诊量登记表》等表格，帮助各村成立卫生防疫队，建立灾区疾病监测体系，在5个部队驻地、7个村庄设立疾病监测网点，覆盖8.2万余人。

中国疾控中心汶川县工作队在分析当地疾病监测工作现状的基础上，提出疾病监测工作应当做好制订方案、开展培训和加强日报分析3个关键环节，并与汶川县疾控中心合作制订《汶川县"5·12"地震灾区疫情（症状）监测方案》，进一步明确灾区开展症状监测的范围、责任单位和具体要求，并要求把加强症状监测与常规传染病疫情报告紧密结合，实现两者并举。6月6日，汶川县抗震救灾指挥部下发《汶川县"5·12"地震灾区疫情（症状）监测方案》，汶川灾区的规范症状监测工作全面开展。中国疾控中心理县工作队在对上报的6例症状监测信息进行核实时，发现其中一例患者出现腹泻水样便，经临床医师诊断为消化不良；发热患者1例，经电话核实为扁桃体炎；其他3例为急性胃肠炎，1例发热伴呼吸道症状病例，诊断为普通感冒。这6例患者病情均稳定，患者所在地周围未发现类似新发病例，排除肠道传染病和呼吸道传染病的可能。随即，工作队电话随访62名症状监测点固定联系人中的6人，帮助他们进一步明确症状监测的内容和要求。中国疾控中心平武县工作队在调查核实一起疑似疫情时，发现平武县南坝镇各医疗点医务人员对症状监测手机报告程序不熟悉，对症状监测的定义掌握不准确，导致数据收集不准确。针对这一情况，工作队于5月28日下午举办平武县南坝片区军队和地方医务人员参加的症状监测培训班，向军队、地方医务人员详细讲解症状监测的定义，统一发放中国疾控中心制订的症状监测录入表及门诊日志登记表，并制定平武县南坝镇灾区群众安置点症状监测手机上报程序的规范制度。

6月4日，四川省疾控中心按照四川省卫生厅《强化地震灾区传染病防控重点的工作方案》要求，制订下发《四川省地震灾区重点传染病监测方案》。《四川省地震灾区重点传染病监测方案》规定，监测内容分为病例监测、症状监测、病媒生物监测和外环境监测等。病例和症状监测在21个极重灾和重灾县（市、区）开展，按照四川省卫生厅《强化地震灾区传染病防控重点的工作方案》要求，霍乱、痢疾、甲肝、伤寒副伤寒、钩体病、流行性出血热、鼠疫、其他感染性腹泻病、肺结核、流行性腮腺炎、风疹、流感、乙脑、黑热病、疟疾、炭疽、狂犬病、手足口病、水痘19种重点传染病为监测重点病种。

甘肃灾区疫情和突发公共卫生事件监测 地震发生后，甘肃省卫生厅于5月16日发出紧急通知，要求地震灾区紧急建立震后疾病监测系统，组织开展灾区现场流行病学调查，对灾区可能发生的传染病及其危险因素进行分析、预测，并提出防治措施。通知要求，甘肃地震灾区从即日起启动传染病疫情监测日报制度。平凉市各级卫生行政部门和疾控机构，震后迅速进入卫生防疫应急工作状态。平凉市卫生局下发《关于进一步严明全市卫生系统抗震救灾工作纪律的紧急通知》，严格各种抗震救灾信息报告制度和工作纪律，要求各级卫生行政部门、疾病预防控制机构实行24小时值班制度，加强疫情实时监控，固定专人浏览审核疾病、突发公共卫生事件和救灾防疫等3个信息管理系统；同时要求卫生防疫工作人员前移疫情监测关口，主动深入各受灾地区，加大监测力度，严防疫情发生，切实实行受灾县区重点传染病疫情和食物中毒日报告制度。

5月14—17日，甘肃省疾控中心组建第一支抗震救灾防疫队，先后抵达重灾区陇南市武都区和文县，帮助各受灾县区尽快恢复疫情网络直报系统，协调开通网络直报平台或采取电话疫情报告制度，加强霍乱、痢疾、伤寒等肠道传染病的监测。之后，抗震救灾防疫队分成两组，分赴武都区和文县的重灾区指导传染病疫情监测。

5月15日，甘肃省卫生厅派出的抗震救灾综合救援组9人到达舟曲县，分4个小组分赴灾情较重的八楞乡、峰迭乡、江盘乡和曲告纳乡进行流行病学调查；其他灾情较轻的乡镇派防疫人员进行巡回指导。24日，抗震救灾防疫队深入曲告纳乡，重点检查传染病网络直报和疫情监测等工作。

5月25日至6月2日，甘肃省疾控中心抗震救灾防疫队在甘南藏族自治州各县及陇南市文县、武都区的灾区驻点开展救灾防疫工作。在灾区一线，防疫队深入市、县疾控中心、卫生监督所，及县医院和各乡镇卫生院、行政村、水厂、学校、餐饮单位，主要检查、指导和实施灾后卫生防疫、传染病报告、疫情监测等工作。6月4日，甘肃省卫生厅组织疾病控制和卫生监督的骨干力量，分赴陇南和甘南灾区，督导落实传染病报告、疫情监测工作及网络直报系统运行情况，指导灾区对发现的传染病病例及时开展调查和隔离治疗。

6月25—29日，陇南市卫生局和市疾控中心、市卫生监督所组织专业人员开展传染病防治法执法检查，分别深入武都区、文县、康县、徽县、礼县，对灾后县、乡、村三级医疗机构的疫情监督与报告工作进行检查。结果显示，市、县医疗卫生机构严格执行疫情监测与报告制度，落实24

小时值班制度和日报告制度，全市固定专人，强化传染病疫情网络直报工作，信息渠道畅通。

陕西灾区疫情和突发公共卫生事件监测　汉中市、宝鸡市的一些受灾严重的县区余震不断，灾区大量群众居住在临时帐篷内，防疫任务十分繁重。5 月 13 日，陕西省卫生厅发出通知，要求各级卫生部门做好灾后疫情监测和预测、预警和环境的消杀灭等疫病防控工作，落实各项防疫措施，积极预防并妥善处置次生突发公共卫生事件，确保灾后无疫情；同时，各级卫生部门要按照当地政府的统一规划和部署，积极开展灾后自救工作，尽快恢复正常的医疗卫生服务功能。

5 月 14 日，陕西省卫生厅公布《陕西省震灾后防疫技术指导方案》，以指导灾区各地开展震后疾病预防控制工作。在此期间，陕西省疾控中心疫情管理人员加强网络直报系统日常监测，密切关注灾区传染病与突发公共卫生事件网络报告情况，及时对灾区传染病疫情进行专题分析，定期反馈疫情信息。

二　灾后传染病和突发公共卫生事件报告

四川灾区灾后传染病和突发公共卫生事件报告　地震发生后，四川省疾控中心要求地震灾区实行疾病每日报告制度，报告方式为逐级电话或传真报告；各地每日应安排专人对所有灾区群众安置点进行调查，填写包括灾区群众姓名、年龄及急性水样腹泻、出血性腹泻、发烧、皮疹或皮肤瘀斑、咳嗽、呕吐、颈项强直、黄疸、急性麻痹等症候群有无出现等情况的《四川省地震灾区群众疾病监测表》。四川省疾控中心还要求，各灾区群众安置点应于每日 9 时前将《四川省地震灾区群众疾病监测表》报告至当地县（市、区）疾控中心；县（市、区）疾控中心汇总后填写《四川省地震灾区群众疾病监测汇总表》，于每日 11 时前报告至市（州）疾控中心及县（市、区）卫生局；受灾市（州）疾控中心汇总所辖县（市、区）数据，于每日 13 时前将前一日数据传真至省疾控中心及市（州）卫生局；省疾控中心汇总全省数据，于每日 15 时前报告至省卫生厅。四川省疾控中心制定的具体监测方案为：灾区各县级疾控中心应要求各医疗机构加强疾病监测工作，详细记录和报告发热、腹泻、其他聚集性病例或异常增多病例；发热、腹泻病例实行日报告，无病例也要进行零报告，其他聚集性病例或异常增多病例随时电话报告，并纳入随后的日报告。各乡镇中心卫生院负责本辖区卫生院、村卫生室、个体诊所、临时医疗点等医疗机构日报信息的收集、分析和上报。县级疾控中心要指派有丰富经验的专业人员每日分析报告，发现异常情况及时开展流行病学调查并报告上级疾控中心和当地卫生行政部门。

在进行本地区的重点传染病监测的同时，各县疾控中心及时分析近年传染病疫情，明确需防控的重点传染病，开展有针对性的应急监测工作，及时发现疫情暴发或流行苗头。在对帐篷区等临时居住点进行重点疾病监测时，设立临时医疗点，每日对临时居住点的灾区群众进行一两次巡查，汇总每日巡查和就诊的病例情况并报告乡镇卫生院。同时，各县疾控机构要加强辖区内各种传染病疫情的调查处理工作，县疾控机构接到疫情报告后，立即派出疾控人员赶赴现场，开展流行病学调查，及时采样检测，查找传染源、隔离病人、疫点消毒，切断传播途径，传染病发病人数达到《四川省突发公共卫生事件应急预案》规定的标准，及时按规定报告、处置。

5 月 13 日至 11 月 12 日，四川省共报告法定传染病 159844 例、死亡 471 例，报告病例数较前3年同期平均水平下降17%。四川极重灾区和重灾区无甲类传染病报告，18个极重灾和重灾县（市）共报告乙、丙类传染病（不含手足口病，下同）9797例、死亡24例（艾滋病11例、肺结核8例、新生儿破伤风3例、狂犬病2例），与前3年同期平均报告病例数（16850例）相比，法定传染病报告病例总数下降近42%；报告其他类传染病1601例，较前3年同期平均水平下降约18%。灾后6个月极重灾区和重灾区法定传染病报告病例数时间分布分析显示，灾后一周灾区报告病例数较少，从5月20日起报告病例数逐渐增加，除国庆长假期间疫情报告明显较少外，整体趋势较为平稳。

乙类传染病中，四川省18个极重灾和重灾区县（市）报告与前3年同期平均报告水平相比，肠道传染病报告病例数（1389例）下降36%，呼吸道传染病报告病例数（2723例）下降32%，血源及性传播疾病报告病例数（2663例）下降58%，均未发现病例的明显聚集性；自然疫源及虫媒传染病报告病例数（18例）下降78%。报告病例数居前5位的疾病为肺结核（2668例）、感染性腹泻病（2114例）、乙肝（1930例）、细菌性痢疾（1103例）、流行性腮腺炎（646例）。报告病例数较多但较前3年同期平均水平下降的有麻疹、乙肝、淋病、甲肝、细菌性痢疾、急性出血性结膜炎、感染性腹泻病、肺结核、流行性腮腺炎；报告病例数较少且较前3年同期平均水平下降明显的有血吸虫病、百日咳、乙脑。另报告手足口病375例、水痘811例。病例以散发为主，无明显聚集性。

甲肝共报告154例，其中茂县33例、安县23例、汉源17例、绵竹12例、崇州10例；细菌性痢疾共报告1103例，其中茂县236例、安县139例、黑水126例、江油111例、绵竹80例、理县80例；感染性腹泻共报告2114例，其中江油458例、彭州342例、安县306例、汉源238例、绵竹139例。从报告时间看，5月底报告病例数最多，之后逐渐下降并在一定范围内波动；流行性腮腺炎共报告646例，其中平武132例、青川64例、什邡63例、绵竹50例；风疹共报告131例，其中茂县26例、青川23例、绵竹20例、什邡16例、都江堰13例；麻疹共报告41例，主要分布在剑阁、青川、江油、绵竹、茂县等地。上述报告病例，均无明显聚集性。

与地震前3年同期比较，茂县、黑水、松潘的传染病报告病例数有所增加，其他重灾县报告病例数均有不同程度下降。在极重灾区和重灾区，均无突发公共卫生事件报告。

甘肃灾区灾后传染病和突发公共卫生事件报告 地震发生后，陇南市武都区、文县、康县、成县、徽县、西和县、两当县和甘南藏族自治州舟曲县等重灾区，从5月13日至11月12日，均无甲类传染病报告，5个重灾县共报告乙、丙类传染病3181例，死亡5例（乙肝、肺结核各2例，麻疹1例），较前3年同期平均报告病例数（2451例）上升近30%。同期，甘肃省共报告法定传染病92489例、死亡73例，报告病例数较前3年同期平均水平上升15%，其中武都1363例、成县597例、康县541例、文县383例、舟曲311例，武都、康县较前3年同期上升较为明显，分别上升62.91%和51.26%。报告病例数居前5位的疾病依次为：肺结核979例、乙肝914例、细菌性痢疾450例、麻疹302例、流行性腮腺炎161例。与前3年同期平均报告病例数相比上升较明显的疾病为：麻疹、肺结核、细菌性痢疾、黑热病。报告水痘65例、手足口病14例。法定传染病报告病例总数虽高于前3年同期平均水平，但整体疫情走势较为平稳，未发现与灾情有关的传染病暴发疫情，病例总数高可能与加强疫情监测有关。10月13日，康县迷坝乡迷坝小学发生

图 171　5 月 17 日，甘肃省疾控中心工作人员在甘肃灾区了解乡镇卫生院网络疫情直报情况

（甘肃省卫生厅　提供）

流行性腮腺炎疫情，报告病例 22 例。其余重灾县区无突发公共卫生事件报告。（参见图 171）

陕西灾区灾后传染病和突发公共卫生事件报告　5 月 13 日至 11 月 12 日，略阳、宁强等重灾区均无甲类传染病报告，略阳、宁强两县报告乙、丙类传染病 914 例、死亡 2 例（肺结核和乙肝）。与前 3 年同期平均报告病例数（809 例）相比，报告病例总数上升约 13%。同期，陕西全省共报告法定传染病病例 83168 例，较前 3 年同期平均报告病例总数上升约 5%。

报告病例数较多的病种为肺结核（277 例）、乙肝（264 例）、流行性腮腺炎（130 例）、感染性腹泻病（107 例），其中肺结核及乙肝占报告病例总数的 59%。报告病例数较多且增加明显的有感染性腹泻病、流行性腮腺炎，报告病例数较多但较前 3 年下降较明显的病种为肺结核。另外，报告水痘 10 例、手足口病 2 例。灾后重灾区的传染病报告病例数虽有一定程度的波动，但病例总数较少，未发现与灾情有关的传染病暴发疫情。略阳县报告法定传染病病例 388 例，较前 3 年同期上升 40%，其中流行性腮腺炎 105 例（2007 年同期为 13 例），病例分布在 17 个乡（镇），无明显聚集性。宁强县共报告法定传染病病例 526 例，较前 3 年同期下降 8%，其中感染性腹泻病 88 例（2007 年同期 33 例），病例分布在 18 个乡（镇）。其他疾病也未发现明显聚集性。略阳、宁强等重灾区均无突发公共卫生事件报告。

第二节　应急实验室建立与应急检测

汶川特大地震发生后，灾区部分疾控中心实验室用房和设备遭到不同程度破坏，影响了地震灾区食品、饮用水和肠道传染病等的实验室检测工作。在中国疾控中心和其他支援省（区、市）的支持下，灾区疾控部门因地制宜建起包括“帐篷实验室”在内的各种应急实验室，开展疾病监测和检测工作。

一　应急实验室建立

地震发生后，极重灾区和重灾区的县级医疗卫生单位几乎没有留下一个完整的实验室。四川省疾控中心理化所在地震中有 22 台（件）仪器受损，其中 19 台（件）需要更新，另有 3 台（件）需要维修才能继续使用。绵阳市各级疾控中心毁损的办公设备、实验室检测仪器设备 415 台（件）。广元市疾控中心实验室实验楼成为 C 级危房，实验室无法投入使用；原主要检测设备原子吸收仪、气相色谱仪、分光光度计、分析天平等大部分仪器设备损坏报废；化学试剂库房大部分试剂从试剂架上摔落地面造成包装破损、药品外泄并相互混合；实验室部分玻璃器皿摔坏，部分检测项目无法开展。阿坝藏族羌族自治州卫生系统的房屋和实验室毁损严重。陇南市疾控中心实验室出现裂缝，陕西省重灾区的疾控中心也不同程度受损。实验室的损毁，导致常见病、多发病、传染病、生活饮用水、食品等实验室检测无法展开，临床医师、流行病学医师无法准确判断食物中毒、传染病暴发疫情和生活饮用水的污染情况。

5 月 13 日，广元市疾控中心在办公楼一层大厅及计免接种室，组建临时水质检测应急实验室，负责城区自来水及青川、剑阁等重灾地区送样应急检测工作。7 月 3 日，在杭州市第二建筑公司的支援下，广元市疾控中心修建的一座板房实验室正式投入使用，临时水质检测应急实验室艰苦简陋的工作条件得到改善。

中国疾控中心组织地震灾区现场工作队和后方专家组起草《关于恢复灾区县级疾控中心实验室应急检测能力建议》报告，建议全国各地尽快协助四川地震灾区的受灾市、县恢复和建立应急实验室。5 月 16 日，第一批进入极重灾区茂县的 11 名中国疾控中心和 3 名四川省疾控中心工作人员发现，茂县疾控中心检验科的大多数仪器还在实验台上，少量设备滑落地上，遂紧急开始搬运，以保住没有损毁的仪器和试剂。他们先后搬运出孵箱、冰箱、分光光度计、酸度计、离心机、精密天平等设备及多种试剂、耗材等。搬出的这些设备，能够建立起基本的细菌培养实验室。队员们决定在这些设备和试剂的基础上，建立灾区应急检测实验室。建立新的实验室需要更多的试剂，工作人员与中国疾控中心和四川省疾控中心联系，得到中国疾控中心传染病所的大力帮助，传染病管理办公室和腹泻病室的工作人员提供价值 50 万元的试剂仪器，包括 1 台发电机和 8 部对讲机。与此同时，工作人员又同卫生部抗震救灾指挥中心联系人员和物资运输问题，与茂县抗震救灾指挥中心联系帐篷、发电机等事宜。几天后，帐篷和发电机运到，电路也恢复正常。经协调，济南军区某部官兵派人帮助实验室搭建2顶帐篷并接入电源。23日，中国疾控中心茂县卫生应急检测实验室开始工作。（参见图172）

图172　6月7日，中国疾控中心工作人员在茂县第一个卫生应急临时实验室内调试设备（李亦　摄）

5月17日，四川省疾控中心微生物检验所在地震极重灾区安县设立第一个“帐篷实验室”，展开对灾区自来水、饮用水、水源等水样大肠杆菌的快速检测，同时承担对来自茂县、汶川、什邡、绵竹等极重灾县（市）的水样检测工作。青川县疾控中心在地震中损失严重，仅剩各地援助的几台培养箱和快检设备，检验任务主要由广元市疾控中心承担，但一些乡镇采样需要四五个小时，送到广元市又需要四五个小时，水样超过检测时限。24日，中国疾控中心营养与食品安全所实验室工作组抵达青川县，在广元市卫生系统前线指挥部和广元市、青川县疾控中心的协助下，在青川中学搭建帐篷，组建临时实验室，迅速开展水质检测工作，并于25日6.4级余震发生后发出第一份水质检测报告。随着样品的扩大，原有的实验场所无法满足需求，实验室工作组于28日又重新搭建帐篷实验室，面积由8平方米扩大到36平方米，可以开展水质快速检测和常规水质检测，包括颗粒物、臭味、浊度、色度、亚硝酸盐、氨氮、挥发酚、总大肠菌群、菌落总数等四川省卫生厅要求的检测项目，具备接受100 ~ 150份水质的检测能力。

5月27日，中国疾控中心紧急调集的4台现场应急检验车开赴四川，协助灾区开展实验室检测检验工作。中国疾控中心汶川工作组进入汶川县城后，对汶川县疾控中心相关实验室进行检查，发现实验室房屋结构无明显破坏，但墙体出现不同程度的裂缝，属限制使用建筑，实验仪器设备大部分损坏，实验用试剂多已撒落或失效。中国疾控中心汶川工作组联合解放军疾控中心、四川省疾控中心、阿坝藏族羌族自治州疾控中心和汶川县疾控中心，以中国疾控中心应急检验车为主体，整合各方救援力量，在汶川县城建立汶川县公共卫生应急检测实验室。

5月26日，江苏省疾控中心的各种检测设备及试剂经北川辗转到达江苏省赴四川卫生防疫队什邡市蓥华镇驻地，随即组建了所有外援队伍中第一个临时水质分析实验室。

6月13日，四川省疾控中心和绵阳市疾控中心在新建的板房内建成突发公共卫生事件应急检测实验室，开展生活饮用水、食物中毒、霍乱、细菌性痢疾、伤寒与副伤寒、麻疹、水痘、流行性腮腺炎、风疹、甲肝、戊肝、乙脑及三大常规检测。

二　实验室应急检测

中国疾控中心实验室现场应急检测　5月23日，中国疾控中心茂县卫生应急检测实验室开始工作（见图173），当晚即为收集到的临床诊断为麻疹的9例病例血清进行检测，经酶联免疫吸

图173　5月23日，中国疾控中心茂县卫生应急检测实验室开展工作

（魏征　摄）

附剂测定（ELISA）检测，发现其中6例风疹体液免疫检测（IgM）抗体阳性、1例为临界，而所有血清麻疹IgM抗体检测均为阴性。25日，茂县人民医院医疗点收治1例腹泻病人，实验室遂进行增菌及多个选择性平板接种培养，第二天获得菌落，对增菌液和平板上的不同特征菌落提取核酸，进行实时荧光聚合酶链式反应（PCR）检测，检测多个肠道菌的毒力基因和鉴定基因，结果显示为致泻性大肠杆菌，并获得分离菌株。同时，对4份出现黄疸等症状的病人血清进行甲肝抗体ELISA检测，显示3例甲肝IgM抗体阳性。应急检测实验室利用先进的实时荧光PCR仪进行快速和灵敏的检测，直接达到核酸检测水平。工作队采集茂县自来水厂的水源水、末梢水开展微生物学检测，同时采集灾区群众安置点的排出污水及一些重要食品进行检测，用于监测灾区人群的微生物污染的卫生状况。根据试剂和设备情况，相继开展肠道病原菌、病毒和卫生学检测等检测项目，充分发挥地震灾区临时实验室的作用。

中国疾控中心青川县工作组新的帐篷实验室建立后，工作人员在电力受控的情况下，不分昼夜开展青川县出厂水、网管水、乡镇居民生活饮用水和济南军区某部生活用水及饮用水的快速分析，相继发出微生物检测报告49份、理化检测报告39份，提供254个检测数据。在检测间歇，中国疾控中心的队员们对青川县卫生监督所及疾控中心的相关人员进行水质快检仪检测技术、微生物检测技术和采样要求的培训，详细讲解快检仪的性能、关键分析步骤及注意事项，进行操作示范，并指导相关人员进行实际演练。地震发生后的青川县供电电压时常不稳，加之天气炎热，帐篷实验室中气温高，造成浊度测定结果的漂移。中国疾控中心营养食品所专家反复验证便携式和台式浊度计性能，发现便携式浊度计有电压保护，抗电压波动干扰的能力变强，测定结果更稳定，便及时与厂方取得联系，为其设备性能的完善提供了有力依据。

中国疾控中心汶川工作队队员连续工作三天三夜，开发出汶川县公共卫生检测实验信息系统。系统利用计算机对样本进行编码，实验数据录入后可自动形成检验报告，并可根据时间、样本来源、检测项目任意调用和分析数据，为实验检测数据的统计、分析、利用提供方便。

四川省疾控中心实验室应急检测　地震发生后，四川省疾控中心立即组织人员进行房屋、设备、试剂、气体、菌毒种等安全情况检查，切断电源以防次生事件的发生。针对灾区疾控机构监测设备和试剂的毁损情况，四川省疾控中心开通应急检测绿色通道，调整实验室，将部分卫生实验室从九层调整到一层，二层部分病毒应急检测也临时整合到一层。中心检验所从下属4个所抽调经验丰富的专家组成应急方案组作为第一分队，分析灾后情况，并针对地震灾害特点起草相应的应急预案；选择不同专业的专家组成现场培训组作为第二分队，对中心人员分别进行各相关专业灾区现场快速检验知识和技能进行培训；第三分队为业务支持组，相关人员回归各所，在继续坚持常规工作的基础上，检查和整理相关设备、耗材、试剂，为中心本部和现场实验室卫生应急监测工作做好准备；第四分队为综合协调组，全面负责各组工作的统筹和协调，全力保障应急工作正常进行。4个分队分头并进，在两天内起草《各检验所抗震救灾应急处理工作方案》《各检验所灾区现场快速检测采样和实验工作指南（暂订）》《防震救灾现场消毒技术方案（草拟稿）》等文件，规范工作秩序，为救灾防疫做好技术准备工作。同时，集合第三分队的所有力量，在短时间内按照灾区现场快速检测采样和实验工作指南，准备现场需要的仪器、试剂和耗材100余件，并按照中心要求分成3个队的装备，每队10余箱，连夜装载上车。

5月14日，实验室工作组完成现场采样工作的准备和卫生检测与肠道传染病监测工作的准备；卫生微生物科准备水、食品等的采样容器和卫生检测的试剂与培养基的配置，做好实验工作的准备；细菌科做好食源性疾病和肠道传染病的采样和实验工作的准备。17日，四川省疾控中心组织抗震救灾防疫队分别赶赴汶川和绵阳、德阳，携带可供灾区现场快速检测的装备、试剂和药品，在当地组建简易野外理化及微生物检测实验室，对灾区可能出现的饮水、食品、环境污染可进行快速检测。其中，微生物检测方面带有培养箱、冰箱、显微镜、采样管、培养皿等，可开展霍乱弧菌、炭疽、大肠菌群和大肠埃希菌群、志贺菌、沙门菌、甲肝、戊肝、流感、病毒性腹泻的检测；理化检测方面带有自制快检箱2个，另带解放军军事科学院饮水理化快速检测箱1个，可检测27项理化指标。

地震发生的最初几天，大多数极重灾区和重灾区的实验室遭到严重破坏，水样中的很多项目无法进行检测，加上道路不通，只能通过直升机送到四川省疾控中心。四川省疾控中心实验室30余名工作人员，除6人前往汶川县的“帐篷实验室”进行水样抽检之外，均在检验室内日夜忙碌，坚持对都江堰、彭州等极重灾县（市）及成都市市政集中供水的水源定期做水样的理化检验。四川灾区的水质快检等实验室检测工作遇到的困难，很快引起各方面的注意。至5月22日，四川省疾控中心理化所得到企业捐赠救灾设备22台套，其中余氯检测仪16台、浊度仪1台、COD[①]消解器和DR890便携式比色计1套、便携式水质快速测定仪3套、微波消解仪1套。这些设备为在灾区快速判定病因，并及时采取相应措施打下良好的基础。截至8月15日，四川省疾控中

① COD（Chemical Oxygen Demand），中文名称为“化学需氧量”或“化学耗氧量”，是指利用化学氧化剂（如重铬酸钾）将水中的还原性物质（如有机物）氧化分解所消耗的氧量。它反映了水体受到还原性物质（有机物）污染的程度。COD越高，表示污染越严重。

心共完成微生物、理化检验样本 1141 份、7182 项次。

四川省疾控中心在汶川设立的帐篷实验室，部分实验设备因在数百公里的山路上辗转颠簸而受损，加上当地电力供应没有恢复，微生物指标检测遇到相当大的难度。长期从事微生物检验工作、有着丰富经验的微生物检验所工作人员曾文明将灭菌的培养瓶装在兜里贴身携带，通过体温给细菌继续生长保持必要的温度。24 小时后，结果出来，显示成功。事后，曾文明被戏称为帐篷实验室的“人体孵箱”。

四川省疾控中心微生物检验所在安县设立的帐篷实验室除对灾区自来水、饮用水等水样进行大肠杆菌的快速检测外，还承担部分灾区水源是否安全、是否适合饮用的检测工作。到 5 月 28 日，完成 140 份水质检测报告、37 个其他样本的检测。同期，理化检验所在帐篷实验室承担来自茂县、汶川、什邡、绵竹等极重灾县（市）的水样检测工作，开展氨氮、敌敌畏、六六六、放射物等项目的检验。

四川灾区市、县疾控中心应急检测　地震发生半小时后，德阳市疾控中心立即着手检查实验室仪器设备，重新调试精密仪器，为即将到来的灾后检验工作做好准备。从 5 月 13 日 9 时接到第一批来自灾区的样品起，震后一个月内，检测人员冒着余震危险，工作在楼层较高处，检测什邡、绵竹及德阳市区的饮水 1360 件，涉及氨氮、酚、COD、细菌总数、大肠菌群等 30 余个参数，出具 2 万余个科学数据；外环境、医院污水监测 380 余件，涉及粪大肠菌群、霍乱弧菌、沙门菌、志贺菌 4 个参数，出具 1552 个数据。

地震损坏了绵竹市疾控中心的部分仪器设备，使检验检测工作陷入瘫痪状态。检验科的工作人员冒着强烈余震的风险，到三、四层楼上抢救仪器设备，并利用仅存的仪器设备，依托绵竹市人民医院的实验场所，借助德阳市疾控中心检验室，开展生活饮用水部分卫生学指标检测和肠道致病菌的监测检验工作。在中国疾控中心和江苏省疾控中心、德阳市疾控中心的指导和协助下，绵竹市疾控中心的实验室工作逐步走上正轨。截至 8 月 13 日，完成生活饮用水理化指标 640 个样 11338 项次的检测、微生物指标 545 个样 2180 项次的检测，肠道致病菌和从业人员肛拭检测 469 个样，从业人员健康体检 353 人。

5 月 13 日下午，什邡市疾控中心检验科的 5 名工作人员，冒着强烈余震，头戴安全帽，到受损的中心大楼四层和五层实验室清理设备、配制试剂和制作培养基。14—16 日，检验科完成震后第一批 10 个水样的水质全分析检测，为全市的饮用水安全提供了第一手资料。截至 12 月 10 日，检验科共完成生活饮用水理化指标 131372 个样 19532 项次的检测、10 个酒样理化指标的检测、13 个食品理化指标的检测、生活饮用水微生物指标 1290 个样 5160 项次的检测、肠道致病菌和从业人员肛拭检测 5326 个样的检测、食品从业人员健康体检 3481 人、职业卫生体检 459 人；完成公共场所空气 169 个样和公共场所共用具大肠菌群 144 个样的检测；完成医疗机构空气 508 个样的检测、消毒液 458 个样 1374 项次的检测、物体表面细菌总数 482 个样的检测；完成护理手沙门菌分离培养 11 个样的检测、医疗机构餐食具大肠菌群 41 家 205 个样的检测、高压灭菌效果检测 11 家、污水 3 个样 6 项次的检测；完成餐饮业餐食具大肠菌群 111 个样的检测；完成艾滋病自愿咨询检测（VCT）HIV 抗体（人类免疫缺陷病毒）370 人的检测；完成一次性医疗用品 8 个样 33 项次的检测；完成粉尘监测 30 件 30 项次；两对半 88 人 440 项次的检测、外来肝功 20 人 140 项次的检测；处置突发事件 15 起，其中一次采样送四川省疾控中心。报告的及时率、准确率均为 100%。江苏省疾控中心卫生防疫队在什邡市蓥华镇驻地组建的临时水质分析实验室，根据当地的条件、饮水习惯及水质实际情况，开展余氯、色度、浑浊度、肉眼可见物、臭和味、水溶液中酸碱度（pH 值）、总硬度、硫酸盐、氨氮、硝酸盐氮、亚硝酸盐氮、氟化物、氰化物、铬（六价）14 个项目的检测。（参见图 174）实验室接到从南京空运到的培养箱和检测试剂后，自 6 月 1 日起进行总大肠菌群和大肠埃希菌的检测，共完成 219 份水样 3000 余个数据的理化指标检测，出具 21 份检测报告；完成 20 份水样 40 个数据的微生物指标检测，单独出具报告 3 份，另与理化报告合并报告 1 份。

广元市疾控中心在临时实验室开展水质应急检测的项目有水溶液中酸碱度（pH 值）、臭和味、色度、浑浊度、肉眼可见物、余氯、氨氮、亚硝酸盐、氰化物、挥发酚类、细菌总数、大肠菌群等指标。临时水质检测应急实验室的人员冒着余震的危险，加班加点，既完成水质检验任务，又承担灾后传染病监测、突发公共卫生事件应急检测，为保障水质检测工作顺利进行，及时准确提供检测数据，做出了最大努力。5 月 13 日至 11 月 19 日，广元市疾控中心实验室共检测市区水质 883 份，检测青川灾区水质 1215 份、职业病诊断检验 1623 人、麻疹风疹 IgM（免疫球蛋白）检测 370 份、HIV 抗体检测 741 人、梅毒抗体检测 150 人、丙肝检测 20 份、餐饮器具与空气检测 9134 份、医院消毒效果检测 895 份、医院污水检测 28 份、霍乱弧菌监测 150 份、食品检测 186 份、盐碘检测 120 份、消毒剂检测 14 份、尿碘检测 500 份，公共场所卫生用品检测 1842 份、流脑检测 40 份、学生蛔虫卵检测 1250 份、一次性卫生用品检测 36 份、禽流感标本检测 116 份、手足口病检测 20 份、托幼机构消毒效果监测 200 份，处理突发公共卫生事件 5 起。在此期间，实验室共发出各种检测报告 10250 份，提供各种检测数据 678650 个。

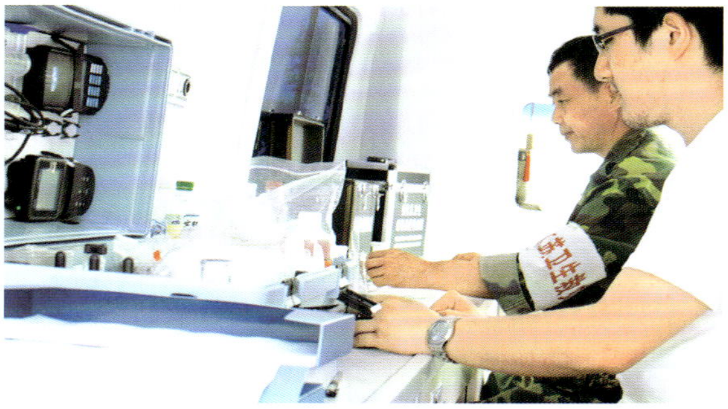

图 174　5 月 20 日，江苏省卫生监督应急救援队在什邡协助开展水质检测

（江苏省卫生厅　提供）

汶川县公共卫生应急检测实验室对自来水厂出厂水、末梢水、居民点生活饮用水开展检测和连续监测工作，为抗震救灾相关决策人员、各驻点防疫人员和卫生监督人员指导当地灾区群众使用安全合格的水源，提供重要参考依据。实验室主动对市场的食品进行抽检，同时接受卫生监督机构委托检测的食品样品，对

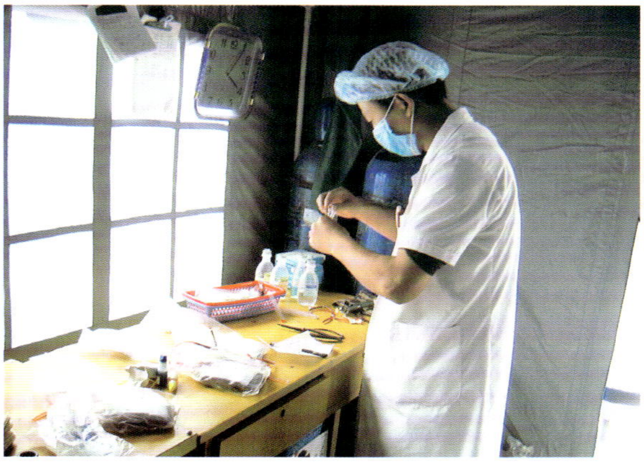

图 175　5 月 25 日，汶川县疾控人员在帐篷实验室对灾区群众安置点水源进行检测

（阿坝藏族羌族自治州卫生局　提供）

生活污水和其他环境样品进行腹泻病原菌的分离鉴定工作。（参见图 175）截至 6 月 13 日，汶川工作队检测实验室共对 112 份不同类型水样进行微生物学和理化指标检测，对市场上刚刚恢复销售的 12 份乳制品进行微生物学指标的检测，对 6 例发热、出疹或黄疸的病人进行病理检测，分别诊断为风疹或乙肝，排除麻疹和甲肝的诊断。

第三节 预防接种

汶川特大地震发生后，受灾地区的免疫规划工作无法正常开展。为防止传染病的流行，确保大灾之后无大疫，中国疾控中心在地震发生后的一周之内，对灾区甲肝、流行性乙型脑炎（乙脑）、麻疹、腮腺炎、流行性脑脊髓膜炎（流脑）、水痘、破伤风 7 种疫苗可预防传染病进行灾后风险系统评估，并组织开展针对适龄儿童的群体性预防接种。

一 免疫规划机构和队伍破坏及传染病危险性因素评估

地震对免疫规划机构与队伍的破坏 地震发生前，成都、德阳、绵阳、广元、雅安、阿坝等严重受灾市（州）的市、县、乡三级共有免疫规划工作人员 1419 人，因地震死亡 3 人；冷链设备、疫苗等均遭受不同程度的损坏。（参见表 20 ～ 21）由于灾区房屋倒塌、计算机损坏等原因，多个乡镇卫生院接种点的接种资料和接种信息丢失，儿童家长保管的接种证也大多丢失。

极重灾区绵竹市接种点房屋 100% 受到不同程度损坏，冷链设备、计免信息管理硬件设备损毁，25 个乡镇卫生院 66% 的电脑、69% 的打印机、57% 的冰箱毁损，接种资料全部或部分丢失，全市的常规免疫接种工作陷于瘫痪状态。

四川灾区冷链设备损毁情况统计表

表 20

设备	成都	德阳	绵阳	广元	雅安	阿坝	合计	损坏比例（%）
冷藏车（台）	0	0	0	0	0	2	2	33.33
疫苗运输车（台）	1	0	2	0	2	0	5	16.13
低温冰箱（个）	6	1	6	0	6	4	23	12.64
普通冰箱（个）	19	57	78	47	43	49	293	26.91
冷藏箱（个）	13	32	50	25	0	0	120	21.35
冷藏包（个）	32	0	159	35	0	0	226	9.4

四川灾区疫苗损毁情况统计表

表 21

疫苗名称	成都	德阳	绵阳	广元	阿坝	合计	损失比例（%）
乙肝疫苗（人份）	1411	1100	4630	9780	8175	25096	41.79
卡介苗（支）	246	2500	2800	1590	1301	8437	34.84
脊灰疫苗（粒）	3850	7000	27220	37400	31212	106682	35.08
百白破（支）	490	4800	11760	1545	4607	23202	50.47
白破疫苗（支）	180	3000	1790	1664	698	7332	37.7
麻疹疫苗（支）	2185	4200	13269	18310	3665	41629	74.06

说明：雅安灾区因房屋倒塌无法统计

极重灾区什邡市原有 26 个国家免疫规划预防接种门诊，地震造成 7 个预防接种门诊房屋、冷链设备受到损毁，其余接种门诊也受到不同程度影响，不能正常开展工作。另外，什邡市疾控中心损毁冷链车 1 辆，各预防接种门诊冰箱损毁 16 台、破损 14 台，冷藏箱报废 32 台。

极重灾区北川、平武、安县和重灾区江油等地的县、乡两级，共损毁疫苗专用低温冰箱 18 台、普通冰箱 102 台，损坏需维修的冰箱 65 台，损毁冷藏箱、冷藏包共 239 个，损毁麻疹等疫苗 21 种共 103940 支，损毁计算机共 113 台，有 17 个乡（镇）儿童接种档案资料遭到不同程度损坏。

汶川、茂县、理县、小金、黑水、松潘等地，因停电和冷链设备损坏，使原库存的所有疫苗失效，儿童基础免疫工作完全陷于瘫痪状态。其中，低温冰箱损坏 4 台、普通冰箱损坏 49 台、疫苗运输箱损坏 63 个，阿坝藏族羌族自治州仅有的 2 辆冷链车在救灾途中被飞石击毁。

疫苗可预防传染病危险性因素评估　在地震发生的一周之内，中国疾控中心根据灾区相关传染病流行特点、灾后流行因素的变化等因素，对灾区甲肝、乙脑、麻疹、腮腺炎、流脑、水痘、破伤风等 7 种疫苗可预防传染病，进行灾后风险系统评估。评估显示，四川省 2005—2007 年甲肝报告发病数居全国前 3 位，报告发病率居前 10 位，其中成都、凉山、南充、达州等市（州）报告甲肝病例较多，甘孜、阿坝、凉山等州报告发病率较高。灾区临时安置点人口密集，卫生条件恶劣，肠道传染病极易传播，发生甲肝流行的危险性也较高，甲肝疫苗应被列为较高等级普遍接种的疫苗。雨季低洼水坑积水较多，加上气温升高，给媒介蚊虫大量滋生创造条件，灾区群众多居住在帐篷或其他临时性场所，容易受到媒介蚊虫叮咬，蚊虫传播乙脑病毒风险加大。另外，来自非乙脑流行区的救援人员对乙脑普遍易感，可能会有散发病例出现。四川省麻疹发病率波动较大；阿坝、绵阳、成都、德阳等市（州）以往的腮腺炎发病率较高，每年 5—8 月是发病高峰。据监测信息，灾区群众中已出现麻疹和腮腺炎病例，不排除在个别地区小规模暴发或流行的可能性。

都江堰、绵竹、什邡、北川、汶川、茂县等县（市），2005—2007 年曾有流脑病例报告，但流脑疫苗接种率较低。地震发生后，安置点群众聚集，人口密度大，卫生条件难以保证；同时，灾区群众抗病能力下降，患流脑等呼吸道传染病的危险性增高。此外，救援人员流动性大，均为流脑的高危易感人群。据此分析，四川地震灾区发生流脑流行的可能性不大，但可能出现散发病例。水痘疫苗未列入国家免疫规划，接种率较低，发生水痘小规模暴发的危险性较高。破伤风杆菌广泛存在于泥土中，地震导致灾区的建筑物破坏十分严重，特别是随着伤员的不断增多，灾区群众和救援人员感染破伤风的风险较大。

二　群体性预防接种

制订群体性预防接种方案　5 月 23 日，卫生部印发《地震灾区预防接种指南》，要求地震灾区根据工作需要设立临时接种点，接种点设在临时居住点、临时学校、临时医疗救治点等人口相对集中的地方，有醒目的标示或标记。每个接种点需配备有疫苗和稀释液的储存设备，至少配备 2 ~ 3 名工作人员参与现场接种工作，当地疾控中心给予现场技术指导。卫生行政部门在当地政府的领导下负责组织实施预防接种工作，做好社会宣传、人员登记、疫苗管理、接种实施、接种异常反应处理等工作。教育部门积极协助做好幼儿园和学校的接种工作。5 月 30 日至 6 月 30 日，四川、甘肃、陕西等省分别对地震灾区的既往无甲肝病史、无明确甲肝疫苗接种史的 18 月龄至 12 岁的儿童接种甲肝灭活疫苗（以下简称甲肝疫苗）。四川省和陕西省分别对地震灾区无明确乙脑疫苗接种史的 8 月龄至 6 岁的儿童接种乙脑减毒活疫苗（以下简称乙脑疫苗）。甘肃省对地震灾区无乙脑病史、无接种史的 8 月龄至 9 岁的儿童接种乙脑疫苗，并对地震灾区所有 8 月龄至 4 岁的儿童，不论既往接种史，一律接种 1 剂次麻疹减毒活疫苗（以下简称麻疹疫苗）。（参见表 22）

根据卫生部印发的《地震灾区预防接种指南》，四川省卫生厅于 5 月 25 日印发《四川省“5·12”地震灾区预防接种实施方案》，又于 28 日下发《关于做好地震灾区预防接种工作的紧急通知》，对预防接种工作做出安排。四川地震灾区预防接种范围为成都、德阳、绵阳、阿坝、雅安、广元等市（州）的受灾县的临时安置点和学校（包括学前教育机构），覆盖主要灾区的 21 个县（市）、254 个乡（镇），覆盖总人口共 349 万人。除成都市温江区和崇州市外，其余市（州）的县（市、区）均安排全县范围内接种甲肝疫苗。阿坝藏族羌族自治州的小金县和成都、德阳、绵阳、广元、雅安等市的辖县（市、区）安排乙脑疫苗的接种，阿坝藏族羌族自治州其他辖县未安排接种乙脑疫苗。甲肝疫苗接种的对象为无甲肝患病史及无明确甲肝疫苗接种史的 18 月龄至 12 岁的儿童，接种 1 剂次甲肝疫苗；乙脑疫苗的接种对象为无明确乙脑疫苗接种史的 8 月龄至 6 岁的儿童，接种 1 剂次乙脑疫苗。

5 月 25 日，甘肃省卫生厅向陇南市卫生局、甘南藏族自治州卫生局和甘肃省疾控中心下发《关于在我省地震重点灾区开展应急免疫接种工作的紧急通知》，要求在重灾区开展甲肝和乙脑疫苗应急接种。31 日，甘肃省卫生厅下发《关于甘肃省地震重灾区乙脑减毒活疫苗、甲肝灭活疫苗、麻疹减毒活疫苗预防接种实施方案的紧急通知》，于 6 月 5 日全面开始预防接种工作，19 日前全部完成。

四川、甘肃、陕西灾区部分市、县预防接种组织实施工作统计表

表 22

省	市、县	接种点数（个）	培训人员（人）	接种工作人员（人）	社会宣传（次、幅）			
					电视	横幅	传单 / 宣传画	标语 / 墙报
四川	成都	357	436	440	0	233	37700	720
	德阳	197	367	207	11	135	100000	259
	绵阳	367	1097	734	120	108	104398	704
	广元	37	147	147	0	10	50000	40
	雅安	252	429	1198	43	69	54801	260
	阿坝	660	—	—	—	—	—	—
	小计	1870	2476	2726	174	555	346899	1983
甘肃	康县	—	921	568	7	—	45300	—
	文县	—	430	355	12	5	56438	6
	武都	—	1885	1258	52	95	210000	—
	舟曲	—	302	424	7	7	28338	—
	迭部	—	567	967	7	8	12900	—
	小计	—	4105	3572	85	115	352976	6
陕西	汉中	2332	—	—	—	—	200000	—
	宝鸡	2132	—	—	—	—	100000	—
	小　计	4464	—	—	—	—	300000	—

6 月 9 日，陕西省卫生厅下发《关于印发地震灾区免疫规划工作技术指导方案的通知》，又下发《关于下发汉中市、宝鸡市群体性预防接种指导意见的通知》，对两市所辖的陈仓、太白、略阳、宁强、南郑、勉县等受灾县（区）的灾区群众安置点、地震灾区小学和托幼机构等人口集中地区的儿童，开展甲肝疫苗和乙脑疫苗群体性预防接种工作进行具体的部署。汉中市和宝鸡市分别制订本地灾区的预防接种方案。

四川灾区群体性预防接种实施　为支持四川灾区开展群体性预防接种和应急接种活动，自 5 月下旬起，卫生部先后调拨 63.9 万人份甲肝疫苗、23.5 万人份乙脑活疫苗、109.5 万支注射器，用于四川灾区的预防接种工作。随后，又调拨相应的甲肝疫苗、乙脑疫苗份数和注射器，分别用于甘肃灾区和陕西灾区的群体性预防接种和应急接种工作。

为确保四川灾区群体性预防接种工作顺利实施，5 月 30 日至 6 月 12 日，卫生部和四川省卫生厅组成联合督导组，对重灾地区的预防接种工作进行督导。成都、德阳、绵阳、广元、雅安、阿坝等市（州）分别成立灾后预防接种工作技术专家组，对各县预防接种工作提供技术指导，完成对乡镇人员的培训。据统计，此次预防接种，四川省主要灾区所在 6 个市（州）共培训人员 2476 人。

在开展灾后疫苗预防接种工作时，四川省各受灾县开展了形式多样的宣传活动，利用电视、广播、板报宣传灾后预防接种工作的重要性和紧急性；利用开展“三包”工作的乡镇干部发放甲

肝疫苗和乙脑疫苗的接种告知书；动员适龄儿童家长自觉参与灾后预防接种。据统计，四川6个主要灾区市（州）在灾后预防接种期间，共进行电视宣传174次，出动宣传车48车次，悬挂和张贴各种宣传横幅555幅，发放接种告知书和宣传画346899份，开办板报、墙报1983期。

根据四川灾区一些地方由于地震造成冷链设施损坏、冷链设备严重缺乏的实际情况，卫生部为四川省补充1100个冷藏包。有关市州也紧急动员，临时调配现有资源，以保证所有的接种点均有冷藏设备，使疫苗能够在冷链系统下储运。5月31日之前，四川省疾控中心将卫生部调拨的63.9万人份甲肝疫苗、23.5万人份乙脑疫苗、109.5万支注射器全部发往灾区。截至6月10日，主要灾区所在市州共报告接种甲肝疫苗399075人，接种乙脑疫苗137543人（见表23）。

四川主要灾区甲肝、乙脑疫苗预防接种工作统计表

表23 单位：人

市　州	甲肝疫苗		乙脑疫苗		异常反应（例）
	估计应种人数	实种人数	估计应种人数	实种人数	
成　都	35000	85523	20000	33483	0
德　阳	113020	81676	42300	31985	0
绵　阳	134900	97817	49600	40114	0
广　元	18305	17358	7150	7197	0
雅　安	70602	52034	30599	20329	0
阿　坝	62146	64667	5152	4435	0
合　计	433973	399075	154801	137543	0

说明：此表数据截止时间为6月10日

为保证灾区居民疫苗的接种率，到6月下旬，四川省又在地震灾区开展甲肝疫苗的查漏补种工作。截至6月30日，补种儿童32585人，其中成都市7293人、德阳市3549人、绵阳市2352人、广元市18869人、阿坝藏族羌族自治州522人。

根据卫生部对灾区疫苗接种工作要求，成都市组织白破（白喉、破伤风二联疫苗）、伤寒、出血热、钩体、炭疽、狂犬病、麻腮（麻疹、腮腺炎二联疫苗）等7种急需疫苗用于临床地震伤员救治和应急储备。6月中旬，成都市疾控中心督导组对成都市16个县（市、区）的16个灾区群众安置点群体性接种情况进行督导，发现检查的安置点内的9309名灾区群众中，适龄儿童甲肝、乙脑疫苗分别接种1260人、670人，接种覆盖率分别已达100%、95.50%，仅有30名儿童因其他原因未接种乙脑疫苗（后于6月底前接种完毕）。

在开展甲肝疫苗和乙脑疫苗群体性预防接种工作时，德阳市采用发通告、电视公告、电台广播、手机短信等多种方式，宣传乙脑、甲肝疫苗免疫活动的重要性及活动时间、地点和年龄范围。德阳市疾控中心还根据地域、人群等情况，在学校、车站、市场、接种点等醒目地方悬挂横幅张贴标语，并利用宣传专栏、咨询等多种形式开展宣传活动。

图 176　6 月 3 日，四川省疾控中心工作人员在什邡灾区群众安置点开展预防接种工作（四川省疾控中心　提供）

地震发生后，什邡市对解放军官兵、特警、志愿者、民兵预备役、支援什邡建设者、医疗防疫队等外援队伍的人员受犬伤者，一律实行狂犬疫苗免费注射。6 月 1—10 日，什邡灾区开展计划免疫接种活动，黑龙江省卫生防疫队加强对方亭街道、元石镇、皂角街道、回澜镇所辖地区的计划免疫接种的组织和指导，建议当地在疫苗接种过程中，将甲肝、乙脑疫苗分开设立接种点，避免重复接种。从 6 月 20 日起，什邡市对红白镇、蓥华镇、八角镇、洛水镇、湔氐镇、师古镇等重灾地区的受犬伤者，及全市的防疫人员、打狗队工作人员，实行狂犬疫苗免费注射（至 7 月 15 日恢复常态工作，开始按规定进行收费）。截至 11 月 19 日，全市 19 个接种单位中，16 个按旬、3 个按月开展各项预防接种工作。此前，什邡市疾控中心共免费提供狂犬疫苗 2630 人份、狂犬免疫球蛋白 47 支。（参见图 176）

6 月 1—10 日，绵阳市对受灾县的学校（含学前教育机构）、过渡安置点等进行甲肝疫苗、乙脑疫苗、口服霍乱疫苗群体性预防接种。对来自新疆和西藏的救援人员，特别是需要在 7—9 月继续驻留的人员接种 1 剂次乙脑疫苗；安置点 60 岁以上人群及灾区小学校 7 ~ 12 岁学生，口服 3 剂霍乱疫苗。从 1 日起，北川、平武、安县、江油 4 个极重灾和重灾县（市），对适龄儿童开展甲肝、乙脑疫苗的群体性预防接种工作。当时，四川省下发甲肝疫苗 15.8 万人份、乙脑疫苗 5.75 万人份、冷藏包 257 个。根据分配方案，绵阳市将两种疫苗约 80%的数量用于 4 个极重灾县（市）的群体性预防接种，其余 20%用于市里及各县的应急储备，冷藏包全部分配给 4 个极重灾和重灾县（市）。（参见图 177）

6 月 1—8 日，江油市在全市开展甲肝疫苗、乙脑疫苗群体接种工作，对无明确甲肝疫苗接种史的适龄儿童，接种 1 剂甲肝疫苗和乙脑疫苗。中国疾控中心救灾防疫工作队在巡回督导时，密切关注各乡镇免疫规划的冷链运转、疫苗储备、人员配备、房屋设置等情况。甲肝疫苗、乙脑疫苗群体接种工作基本结束后，中国疾控中心救灾防疫工作队组织广东、广西和福建等省的免疫规划专家，协助江油市疾控中心制定了《江油市灾后免疫规划工作技术指南》。

图177　6月2日，卫生部副部长刘谦（左二）在绵阳市九洲体育馆居民安置点检查免疫接种工作
（绵阳市卫生局　提供）

截至8月7日，广元市灾后甲肝疫苗累计接种39852人份，其中极重灾区青川县累计接种20218人份，其余县区累计接种19634人份；乙脑疫苗累计接种17496人份，其中青川累计接种8945人份，其余县区累计接种8551人份。经评估，青川县甲肝、乙脑疫苗接种率分别达98.15%和96.23%。

阿坝藏族羌族自治州所辖各县，也制定灾后预防接种实施方案。在接种工作开展之前，各县疾控中心乡级防保人员进行培训。5月27日、6月13日，阿坝藏族羌族自治州先后两批共收到四川省疾控中心统一运送的甲肝疫苗9.5万人份、乙脑疫苗3.5万人份（后调配2.7万人份到省内其他受灾县）、冷藏包279个、冷藏箱135个、注射器14.3万具。甲肝疫苗下发到汶川、理县、茂县、松潘、小金、黑水、九寨沟等县88132人份，乙脑疫苗下发到汶川县映秀镇和小金县6600人份；同时，根据人口数量分配相应冷藏包、冷藏箱、注射器等物资。各县安排各乡镇疫苗及相关物资的分配及运送计划，克服受灾乡无电力供应、无冰箱的重重困难，在各灾区群众集中安置点组织所有乡级医务人员全力开展甲肝疫苗的群体性预防接种工作，用冷藏包、冷藏箱统一装运疫苗，及时更换冰排，保证疫苗接种效果。

6月3日，天津市防疫队在汶川县龙溪乡接到甲肝接种的任务后，与当地卫生院密切配合，用4天时间完成全乡718名儿童（其中包括居住在汶川县大门、直台等高山上的154名儿童）的甲肝疫苗接种工作。其间，队员每天工作近10个小时，最长达到12个小时。汶川县抗震救灾指挥部印发《汶川县“5·12”地震灾区甲肝疫苗预防接种实施方案》，在中国疾控中心、四川省疾控中心和解放军、武警部队驻汶川部队医疗队及一些外援单位的协助下，汶川县顺利完成甲肝疫苗接种工作。截至7月22日，为9076名适龄儿童以及餐饮、医务工作、参与抢险救灾的解放军、武警部队等重点人群共计8437人接种甲肝疫苗。其间，出动车辆208台次。（参见图178）

甘肃灾区群体性预防接种实施　6月3日，甘肃省疾控中心派出14人的防疫队分为4组，分赴陇南市的文县、武都区、康县和甘南藏族自治州的舟曲县、迭部县等5个县（区），组织开展市、县级预防接种人员培训、现场技术指导及督导检查等工作，为25万14岁以下儿童实施乙脑、

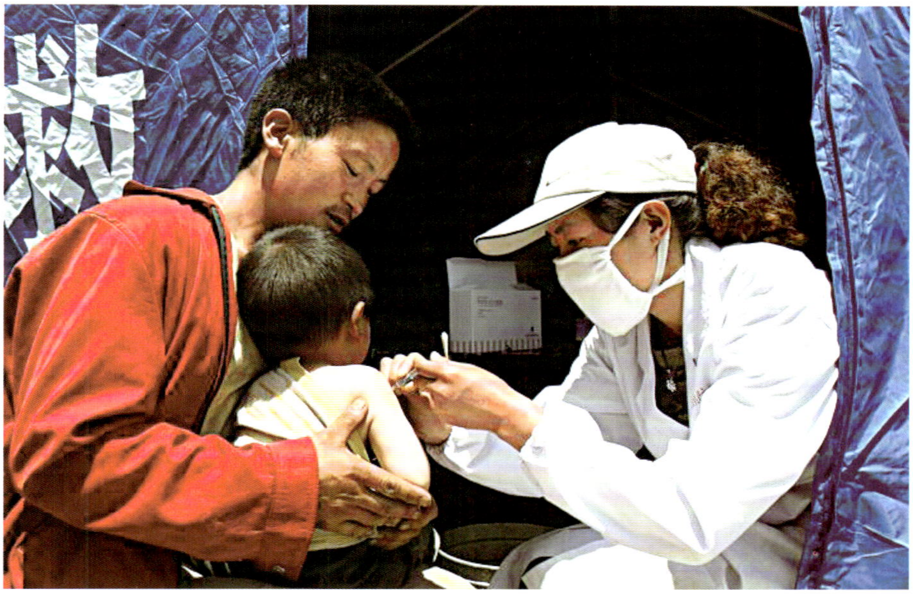

图 178　6 月 5 日，新疆维吾尔自治区医疗防疫救援队与中国疾控中心防疫队在茂县光明乡、富顺乡为儿童进行甲肝疫苗应急接种
（新疆维吾尔自治区卫生厅　提供）

甲肝、麻疹 3 种疫苗预防接种。（参见表 24）同时，甘肃省疾控中心快速组织车辆向各重灾县运送预防接种疫苗和物资，其中包括 18 台冰箱、10 万人份乙脑疫苗、25 万人份麻疹疫苗、12 万人份甲肝疫苗、43 万支注射器等。

甘肃省 5 个县（区）甲肝、麻疹和乙脑疫苗报告接种率统计表

表 24　　　　单位：人

县（区）	甲肝、甲乙肝联合疫苗			麻疹疫苗			乙脑疫苗		
	估计应种人数	实种人数	接种率%	估计应种人数	实种人数	接种率%	估计应种人数	实种人数	接种率%
康　县	18650	17673	94.76	29047	27635	95.14	16154	15497	95.93
文　县	26000	22363	86.01	31000	29509	95.19	19960	18969	95.04
武　都	69120	66987	96.91	90375	87041	96.42	57716	55562	96.27
舟　曲	24178	24115	99.74	27328	26739	97.84	—	—	—
迭　部	9231	9160	99.23	10965	10746	98.00	—	—	—
合　计	147179	140298	95.32	188715	181670	96.27	93830	90028	95.95

6 月 5 日，舟曲县灾后应急预防接种工作全面展开，主要接种麻疹、甲肝疫苗。10 日，舟曲县卫生局下发《关于开展灾后应急预防接种工作的通知》，抽调 56 名人员到各乡镇参加和指导灾后应急预防接种工作。11 日，下发《灾后城区麻疹应急疫苗接种工作的紧急通知》，对灾后城区适龄儿童的麻疹疫苗接种工作做出具体安排。12 日，下派 24 个乡镇卫生防疫小组 56 人，组成 24 个应急预防接种小组，培训乡级工作人员 251 人、村级工作人员 131 人，悬挂横幅 5 条，发放宣传单 3000 余份、标语 500 条，将 29760 人份麻疹疫苗送到各乡镇卫生院，应接种（8 ～ 14 岁）

27328人，实种26739人，接种率达97.84%。14日，舟曲县灾后麻疹疫苗预防接种工作结束。随后，舟曲县甲肝疫苗和甲乙肝联合疫苗应急接种工作全面展开。迭部县卫生局抽调县医院、县疾控中心、县妇幼保健站的得力工作人员，规定进度，采取各单位分片包干、入户排查、巡回督导、整体推进等方式，于13日完成全县12个乡（镇）10746名适龄儿童的麻疹疫苗接种。至25日，甘肃省完成受灾地区的疫苗预防接种工作，5个重灾县（区）累计接种乙脑疫苗90028人，占应接种适龄儿童的95.95%；接种麻疹疫苗181670人，占应接种适龄儿童的96.27%；接种甲肝疫苗和甲乙肝联合疫苗140298人，占应接种适龄儿童的95.32%。实施过程中，没有严重的异常反应发生。

陕西灾区群体性预防接种实施　陕西灾区共接种甲肝疫苗257882人份，接种率为97.53%；接种乙脑疫苗30375人份，接种率为98.48%。（参见表25）所有参加群体性预防接

陕西灾区甲肝、乙脑疫苗报告接种率统计表

表25　　　　单位：人

市	县（区）	甲肝疫苗			乙脑疫苗		
		估计应种人数	实种人数	接种率（%）	估计应种人数	实种人数	接种率（%）
汉中	汉台	—	—	—	3281	3263	99.45
	南郑	23185	22800	98.34	2589	2575	99.46
	城固	—	—	—	1600	1600	100.00
	洋县	—	—	—	1768	1747	98.81
	西乡	—	—	—	2900	2830	97.59
	勉县	15147	15147	100.00	2014	2014	100.00
	宁强	29908	28527	95.38	1545	1513	97.93
	略阳	16678	15434	92.54	1705	1620	95.01
	镇巴	—	—	—	1290	1249	96.82
	留坝	—	—	—	305	295	96.72
	佛坪	—	—	—	286	269	94.06
	小计	84918	81908	96.46	19283	18975	98.40
宝鸡	渭滨	26791	26141	97.57	298	296	99.33
	金台	19344	19167	99.08	1998	1975	98.85
	陈仓	21976	21920	99.75	4011	3976	99.13
	凤翔	30572	30380	99.37	—	—	—
	眉县	20469	18959	92.62	—	—	—
	陇县	31483	30986	98.42	5092	5000	98.19
	千阳	10938	10785	98.60	—	—	—
	凤县	9619	9387	97.59	69	68	98.55
	麟游	4000	4000	100.00	—	—	—
	太白	4301	4249	98.79	94	85	90.43
	小计	179493	175974	98.04	11562	11400	98.60
合　计		264411	257882	97.53	30845	30375	98.48

种工作的县（区），报告甲肝疫苗接种率均高于 90%。宁强县、略阳县、勉县、南郑县开展甲肝灭活疫苗接种工作，汉中市 11 个县（区）开展乙脑疫苗的群体性接种工作。接种工作结束后，汉中受灾地区共发放甲肝疫苗 89600 支、乙脑疫苗 20000 支；甲肝疫苗应种儿童 84918 人，实种 81908 人，接种率为 96.46%；乙脑疫苗应种儿童 19283 人，实种儿童 18975 人，接种率为 98.40%。宝鸡市陈仓区成立地震灾区群体性预防接种工作领导小组，陈仓区卫生局成立预防接种工作技术指导小组、群体性预防接种不良反应处理小组和诊断小组、医疗救治小组等，并充分利用各种媒体和方式开展社会动员与宣传活动，使广大群众充分了解此次灾后群体性预防接种的重要意义和具体时间安排，提高群众的认识及自觉参与意识。据统计，陈仓区共悬挂横幅 53 条，张贴标语 140 条，发放宣传单 4 万张，电视台公告 30 次，出动宣传车 20 次；区、乡两级还分别举办业务技术培训班，共计培训接种人员 526 人。陈仓区疾控中心培训各卫生院院长、专职干部及督导人员 83 人，设立临时接种点 27 个，所有参与现场接种的人员均持证上岗；另外，区疾控中心对每个乡镇的责任区均派有一名区级督导人员，对接种工作进行全程督导，对接种率进行快速评估，保证群体性接种率达到目标要求。据统计，陈仓区共有 8 月龄至 12 岁目标儿童 62003 人，其中乙脑应种对象 4011 人、实种 3976 人，甲肝应种 21976 人、实种 21920 人，接种率分别为 99.13% 和 99.75%，全区未发生群体性心因性反应或严重不良反应。

群体性预防接种工作评估　地震灾区的群体性预防接种工作基本完成以后，卫生部组织专家对灾区甲肝、乙脑的控制效果进行评估总结。经过对四川地震灾区的 18 个极重灾和重灾县（市）甲肝疫情的分析，发现汶川地震发生一个半月以后，甲肝发病率明显下降，低于历年发病率水平；整个下半年，未发生甲肝暴发疫情，甲肝疫苗群体性预防接种效果显著。对四川省极重灾区和重灾区乙脑疫情分析发现，2008 年乙脑报告病例数 9 例，与 2007 年同期（31 例）相比下降 70.97%，与 2006 年同期（23 例）相比下降 60.87%。8 月龄至 6 岁群体性接种乙脑疫苗人群中，2008 年报告平均发病率 1.0447/10 万，低于 2006 年的 2.1613/10 万和 2007 年的 2.9252/10 万。在四川省范围内，2008 年乙脑报告病例 573 例，与 2007 年同期（600 例）相比下降 4.50%，与 2006 年同期（1199 例）相比下降 52.21%。2008 年灾区的乙脑发病水平与 2007 年比较，下降幅度明显大于四川省以外地区和全国水平。地震灾区未报告乙脑疫苗接种异常反应，未发生乙脑暴发疫情，乙脑疫苗群体性预防接种效果显著。

四川、甘肃、陕西三省的卫生部门，也及时开展相关疫苗接种率的快速评估。四川省共调查 8 月龄至 12 周岁儿童 2744 人，甲肝疫苗应种 1825 人（除有甲肝疫苗接种史儿童），实种 1783 人，接种率 97.70%；乙脑疫苗应种 912 人，实种 869 人，接种率 95.29%。在成都市范围内，都江堰市调查儿童甲肝和乙脑疫苗的快速评估接种率最低，分别为 65.52% 和 75.00%，其余各县快速评估接种率均在 90% 以上。甘肃省乙脑疫苗接种率快速评估共调查 234 名适龄儿童，应接种人数 219 人，实际接种 207 人，接种率为 94.52%；麻疹疫苗接种率快速评估共调查 459 名适龄儿童，应接种人数 439 人，实际接种 430 人，接种率为 97.95%；甲肝疫苗接种率快速评估共调查 450 名适龄儿童，应接种人数 450 人，实际接种 444 人，接种率为 98.67%。5 个灾区县甲肝疫苗调查接种率均在 95% 以上。陕西省甲肝疫苗接种率快速评估共调查 1024 名适龄儿童。其中，甲肝疫苗应接种人数761人，实际接种757人，接种率为99.47%；乙脑疫苗应接种人数263人，实际接种263人，接种率为100%。

三　常规免疫系统恢复与实施国家扩大免疫计划

常规免疫系统恢复　四川灾区所有集中安置点均设有接种门诊，安排274名专职接种人员、兼职670人，为群众免费提供预防接种服务，散居儿童能就近得到预防接种服务；通过多种形式，补充所有灾区县、乡镇卫生机构冷链设备，新增冷链正常运转新疫苗运输车9台、低温冰箱21台、普通冰箱207台、冷藏箱244个、冷藏包750个、租用冰箱54台；共补发接种证8.33万本。

地震发生后，成都灾区搭建简易帐篷设立临时接种门诊。5月下旬至6月上旬，极重灾区和重灾区各接种点陆续恢复常规运转。成都市疾控中心及时下发《关于成都市地震后免疫规划工作恢复、重建的指导性建议》，建议县级疾控机构根据各地实情制订灾后免疫规划工作实施方案，对灾后工作重点、组织实施及部门职责进行安排和部署。成都市疾控中心为都江堰市等极重灾县（市）预防接种门诊印制预防接种管理制度、接种公示、接种告知书等上墙公示牌370幅，各类登记表格6万余份，基层调查表1万多份。各接种单位对辖区内免疫儿童接种册、证进行清理，开展辖区内儿童摸底调查、学校（幼儿园）接种证查验。开展补证、补册工作，重点兼顾流入儿童的册证管理。城区新设接种门诊，对辖区内6岁以下儿童接种证进行清理，并新建接种册。同时，根据儿童摸底调查和接种证查验结果，深入安置点和学校开展漏种儿童、学生补种。成都市疾控中心和灾区县疾控中心及援助单位密切配合，定期对基层接种点开展专业知识培训和现场技术指导，培训包括扩大免疫、免疫规划资料管理、儿童信息化建设等内容。一些临时接种门诊也陆续搬入板房接种门诊，并根据安置点的设置，调整服务范围、增设新的门诊，新设门诊由当地卫生局考核验收，符合条件的予以认证授牌，允许开展服务。成都市疾控中心还积极与灾区的当地政府协调，尽早恢复接种门诊供电；未能恢复供电乡镇，每天用冷藏箱送疫苗到接种门诊实施接种，寻求各方帮助，为灾区受损严重的预防接种门诊配备冰箱和补充冷藏箱和冷藏包。

绵竹市疾控中心在江苏省疾控中心援助下，为各接种单位配备笔记本电脑、激光打印机、冰箱、紫外线消毒机各一台，还为各接种点配备急救箱、冰箱温度计、医疗废物桶、接种点标牌、疫苗标志等。7月10日，绵竹市卫生局制订下发《绵竹市灾后常规免疫接种工作恢复方案》，全面恢复全市的计划免疫服务体系。

地震发生后，由于停电、疫苗供应、交通等原因，汶川县的常规免疫接种工作被迫停止。到6月下旬，汶川县的常规免疫工作全面恢复，保障了适龄儿童能够及时享受到免疫接种服务。截至7月22日，汶川县累计接种乙肝疫苗、卡介苗、脊灰糖丸、麻疹疫苗、百白破（百日咳、白喉、破伤风）疫苗共计895针次。

实施国家扩大免疫计划　四川省于7月1日启动地震灾区扩大免疫规划，要求62.7%的灾区县接种点于7月启动，28.6%的灾区县接种点于8月启动，9.7%的灾区县接种点于9月启动。卫生部和中国疾控中心于6月下旬和7月上旬，在成都对四川省包括灾区县在内的所有县级以上免疫规划骨干人员进行了2期培训，促进四川灾区扩大国家免疫计划的实施。据报表统计，7—8月，汶川、北川、绵竹、什邡、青川、茂县、安县、都江堰、平武、彭州和理县、江油、小金、黑水、崇州、剑阁、松潘等极重灾和重灾县（市），接种A群流脑疫苗5300人、A+C群流脑疫苗1587人、乙脑疫苗5156人、甲肝疫苗2662人、麻风疫苗（麻疹、风疹二联疫苗）3676人、麻腮风疫苗（麻疹、腮腺炎、风疹三联疫苗）10699人、麻腮疫苗（麻疹、腮腺炎二联疫苗）2704人。

7月15日，什邡市召开扩大免疫规划工作启动培训会，将麻腮风、麻风、麻腮、A群流脑、流脑A+C、乙脑疫苗、甲肝疫苗7种疫苗，纳入国家免疫规划，实施免费接种。至7月底，除红白镇卫生院延至8月外，18个接种单位均按要求实施了扩大免疫规划工作。

从8月起，绵竹市开始实施国家扩大免疫规划，免费对适龄儿童新增甲肝、乙脑、麻腮、麻风、麻风腮等扩大免疫规划疫苗的接种。

截至9月底，德阳市累计接收四川省下发扩大免疫规划疫苗6.2万多份，其中麻风疫苗1.8万支、麻腮疫苗6000支、麻风腮疫苗10080支、A群流脑疫苗1万支、流脑A+C1疫苗1万支、精品乙脑疫苗8000支。

阿坝藏族羌族自治州从7月起开始，全面启动国家扩大免疫规划工作，各县疾控中心举办扩大国家免疫规划培训班，共培训县、乡工作人员80人。同时，照常进行儿童的基础免疫疫苗接种工作。

8月，宝鸡市在扶风、岐山、眉县3个出血热项目县，启动出血热疫苗扩大免疫规划项目，对16～60岁人群开展3针次出血热疫苗全程免疫接种工作，实现总接种率达到70%以上的预期目标，未发生异常反应和接种事故。同时，在麟游、太白、陇县3个国家级贫困县，组织开展两轮乙肝疫苗查漏补种工作，接种率达到不低于95%的项目指标要求。

第四节　传染病疫情和突发公共卫生事件处置

汶川特大地震发生后，为防止出现较大的传染病疫情和发生突发公共卫生事件，中国疾控中心及时组织人员对四川省21个极重灾和重灾县（市、区）灾后传染病发生、流行的影响因素和流行风险进行评估。灾区卫生防疫机构和各防疫救援队伍及时处置各种传染病疫情，加强疾病监控、环境消毒和健康教育，有效地防止传染病疫情暴发风险。（参见图179）同时密切关注突发公共卫生事件，发现苗头及时处置。

一　传染病疫情和突发公共卫生事件评估与预案

地震发生后，中国疾控中心组织人员对四川省21个极重灾和重灾县（市、区）灾后传染病发生、流行的影响因素和流行风险进行评估，编写《四川省地震灾区重点传染病风险初步评估

图 179　5 月 26 日，江西省疾控人员在灾区进村入户开展消毒杀虫工作
（江西省卫生厅　提供）

报告》上报卫生部。报告在分析四川省历史上传染病疫情的基础上，具体分析水源性及食源性疾病、呼吸道和密切接触传播疾病、虫媒及自然疫源性传染病和其他传染病的发病风险，并提出加强水源保护及饮用水卫生、食品供给和饮食卫生监督工作，做好灾区群众安置点的设置及评估，加强病媒生物的监测与控制工作，加强健康教育、疾病监测和暴发控制工作，努力恢复公共卫生基本服务，加强病例管理。

5 月 15 日起，卫生部先后制定并下发《抗震救灾卫生防疫工作方案》《地震灾区鼠疫疫情应急处理预案》《地震灾害卫生防疫现场操作手册》《地震灾区受灾群众安置点卫生要求及传染病预防指南》等一系列工作方案和规范性文件，用于指导灾区开展防疫工作。

为指导四川地震灾区各级疾控机构和各省（区、市）援助四川灾区疾控队伍做好灾后过渡期卫生防疫和基本公共卫生服务（项目）恢复工作，中国疾控中心根据卫生部的总体部署与工作要求，组织编写《汶川地震灾后过渡期疾病预防与控制工作技术指导意见》，报送卫生部抗震救灾领导小组前方综合协调组卫生防疫组、四川省抗震救灾指挥部医疗保障组疾控组，为抗震救灾卫生防疫工作提供技术支持。指导意见重点提出灾后过渡期疾病预防与控制工作的主要任务和工作要点，具体技术要求参照卫生部和中国疾控中心下发的工作规范、技术指南和方案等相关技术文件执行。

5 月 31 日，经征求成都、德阳、绵阳、广元、雅安、阿坝等市（州）卫生局的意见，四川省卫生厅下发《关于开展地震灾后传染病疫情应急演练培训的紧急通知》，要求指定灾区传染病收治医院组织开展传染病疫情应急演练，各传染病指定收治医院在一周内举办一次重大传染病疫情和其他突发公共卫生事件的应急演练、演习，并开展以肠道传染病疫情防控为重点的卫生应急培训，做好应对技术储备。指定医院要结合当地传染病疫情的历史发病特点，突出重点，在一周内做好肠道、虫媒等传染病疫情应对的药物、器械、防护服装等各项准备工作，储备一定数量的传染病救治床位，以确保有效应对可能发生的重大传染病疫情和其他突发公共卫生事件。

二　传染病疫情处置

肠道传染疾病疫情处置　5 月 19 日下午，驻扎在都江堰市玉堂镇的重庆市卫生监督队，接到当地救灾防疫指挥部的紧急电话，告知部分从汶川县映秀镇转移出来的灾区群众接触过一位已经死亡的腹泻病人，这些人已经到达都江堰市大观镇，那里存在食源性疾病传染的潜在危险。重庆市卫生监督队从玉堂镇赶往数十公里外的大观镇，组织队员走村串户排查，5 个小时后找到 9 名与死亡腹泻病人接触过的灾区群众，并立即组织对其隔离观察，直到完全确认这 9 人均未出现腹泻等肠道传染疾病症状及体征后离开。

5 月 24 日上午，广元市中心医院报告称，一名住院腹泻患者在霍乱快速诊断试纸检测时，发现霍乱 O139 群、O1 群均呈阳性。广元市疾控中心立即组织人员前往现场调查、采样。调查发现，64 岁的男性患者李某系青川县沙州镇居民，地震后一家 8 人在青川县沙州宾馆附近搭建帐篷居住，患者于 14 日出现腹泻，黑（黄）色稀便，平均每天 8 次，腹痛（腹泻后腹痛缓解）伴里急后重，到沙州镇卫生院诊治，经输液、口服青霉素、头孢类药物，无明显好转。20 日，患者呕吐 3 次，呕吐物为黑色、血性胃内容物、血块等，以“上消化道出血、肝硬化”被收治入广元市中心医院。入院后，其手部、上肢前臂、足部出现肌肉痉挛，腓肠肌无疼痛，23 日腹泻次数增多，为黄色水样大便，每天 10 余次。24 日，广元市中心医院大便胶体金快速检测霍乱 O139 群、O1 群阳性，其大便常规可见脓细胞、白细胞。经广元市疾控中心实验室采用大便胶体金快速检测，霍乱 O139 群为阳性，又将患者大便送四川省疾控中心做霍乱弧菌培养，培养结果为阴性。患者无外出史，无在外就餐史，无喝生水和吃凉菜史，食用水源为沙州宾馆堡坎下黄家沟的水，与其同吃同住的其他 7 名家人均未出现腹泻等类似症状。根据流行病学调查、临床表现和实验室检测结果，判定其所患为感染性腹泻、细菌性痢疾。广元市疾控中心对病人按肠道传染病病例转至广元市传染病医院隔离治疗，对患者居住过的场所、使用过的物品、排泄物污染的环境等严格消毒处理，并灭蝇，防止后续病例发生。（参见图 180）

图 180　5 月 28 日，广元市疾控中心消毒队专业人员对流动厕所进行消毒

（四川省疾控中心　提供）

6月8日上午，驻安县的山东省滨州市防疫队接到安县抗震救灾指挥部转来由安县人民医院上报的一例感染性腹泻疑似病例报告后，立即组织人员寻找陈姓疑似患者。报告上只有病人姓名、年龄等信息，家庭住址等信息则相当笼统，仅有“花荄镇政府”等几个字。工作人员赶到安县人民医院找到接诊医师，但门诊病历未能提供任何有价值的线索；到花荄镇政府查询仍未找到。几经辗转，在当地派出所和县公安局帮助下，于当晚找到陈某。经查，排除其患有霍乱等恶性传染病的可能。

中国疾控中心茂县工作队自6月12日进驻茂县后，参与所有病例的流行病学调查。茂县欢欢幼儿园小班学生刘某于4月26日患上甲肝，茂县疾控中心对全班学生进行应急免疫接种，但未进行全园儿童免疫。5月23日、24日，幼儿园与刘某不同班的陈某和文某先后发病。中国疾控中心茂县工作队队员参与茂县疾控中心的紧急处理工作，当时无甲肝疫苗或丙种球蛋白可用于应急免疫。之后，与陈某同住的张某等人先后发病，与文某同住的罗某等也先后发病；欢欢幼儿园的余某虽未发病，其兄却于6月23日出现临床症状。此外，曲谷乡色尔窝村在6月11日发现3例甲肝病例。茂县工作队驻曲谷乡队员调查发现，除曲谷乡色尔窝村有3例病例聚集发生外，其他病例均已查明流行病学关系，并且均在掌握的上代病人的密切接触者名单中。流行病学调查表明，病例间通过密切的生活接触发生传播，没有发现通过水源和市场供应食品传播的证据。由此确定这些甲肝病例都被控制在可以防范的范围之内。8月上旬，传染病网络直报显示，北川羌族自治县擂鼓镇前往安县就诊人员的腹泻病例明显增多。8月11日，中国疾控中心驻北川工作队与北川羌族自治县疾控中心专业人员前往安县医院进行流行病学调查，核实情况，明确流行特征。调查采用查阅原始资料、访谈门诊医师和主治医师等关键人物、个案调查等方法，主要内容包括病例报告、病例诊断依据、病例治疗及其效果、病患卫生行为资料等。调查结果显示，擂鼓镇报告的就诊腹泻病人情况基本属实，住院病例以儿童为主，无明显家庭聚集性和群发性等流行特征。此次儿童腹泻，可能与其个人卫生习惯和周围卫生环境较差有关，无证据表明当地饮用水与此次腹泻有关。

6月20日11时，湖北省十堰市驻汉源县卫生防疫队接到汉源县疾控中心电话，称当日10时47分接到新县城萝卜岗移民安置点试点房建筑工地五工区有10余名民工出现腹泻、咳嗽等症状报告。接报后，卫生防疫队疫情组、检验组、消杀组的工作人员会同汉源县疾控中心专业人员前往萝卜岗进行核实调查及处理。根据患者的临床表现，结合流行病学调查，排除食物中毒，排除霍乱、甲肝、伤寒等，初步认定患病民工可能是因饮用受污染的水而引起的感染性腹泻。7月15日，湖北省赴汉源县卫生防疫队卫生检验人员从汉源县人民医院送检样中检测出3例细菌性痢疾。潜江市卫生防疫队到汉源县人民医院调查，发现有2例病人来自瀑布沟水电站的一个施工队，有流行病学关联。考虑到施工队人口密集、吃住卫生条件差，很容易引起菌痢的暴发流行。潜江市卫生防疫队当即和湖北省防疫队队员赶到瀑布沟水电站建设工地，经调查，施工队86人中有8人发病。队员们立即对工人居住地及厕所进行消毒，对工人进行预防性服药和健康知识宣传。由于处置及时，此起疫情未进一步扩散。17日上午，湖北省疾控队与汉源县疾控中心工作人员对汉源县万里乡里坪村6组报告的7例腹泻病人进行个案调查和快速检测，确认为感染性腹泻，并迅速采取疫点消毒、预防性服药、健康知识宣传和主动监测等综合性防控措施，防止了疫情的扩散。

呼吸道和密切接触传染疾病处置　5月21日14时，四川省疾控中心应急办公室电告广元市疾控中心：朝天区羊木镇兰坝村村民向卫生部和中国疾控中心反映，当地有几十例出疹性疾病，从13日治疗至电告之日尚未好转。广元市疾控中心立即通知朝天区疾控中心速派专业人员赶赴现场调查。调查发现，为避地震，兰坝村所辖6个村民小组的村民全部居住在临时窝棚内，卫生状况较差。在走访的160名14岁以下儿童中共发现16例荨麻疹患儿、2例疥疮患儿，未发现有麻疹、风疹、水痘、猩红热及手足口病。6个村民小组除第四组无病例发生外，其余各组均有病例发生，第一组与第六组各有1例疥疮患儿，发病年龄最大的14岁、最小的1岁，男性、女性各8例，无重症病例及死亡病例发生。经现场核实，兰坝村并无出疹性疾病流行。

7月1日17时30分，军事医学科学院防疫队在汶川县映秀镇粤秀医院进行疾病监测调查时发现，四川水利水电工程局一处的一个施工队有10余人均以头痛、发热、咳嗽、全身无力等症状到映秀镇卫生院就诊。防疫队立刻派出6名人员，在映秀镇卫生院人员陪同下，到3公里外的施工现场调查。流行病学调查发现，自6月27日起，施工队有13名工人出现上呼吸道感染症状，主要表现为头晕、头痛、咳嗽，咳白色或淡黄色痰，量少；咳嗽时伴胸部疼痛，有鼻塞、流清涕，周身乏力等症状。首发病例为44岁的杜某，6月26日下午参加施工时遭到雨淋，次日上午出现鼻塞、流涕、头疼等症状，下午即感发热、周身乏力，并于帐篷内休息。其他病例均在其后相继发病，出现相似症状，继发病例散居于各帐篷内。自发病以来，全部患者都曾到映秀镇卫生院就诊，门诊诊断为上呼吸道感染，患者服用头孢拉定、阿昔洛韦和感冒胶囊等药物后，症状均已缓解。根据流行病学调查和临床资料，调查组初步判定，此次疫情为一起由于应激反应和过度疲劳引起的聚集性上呼吸道感染疫情。调查组为全部作业工人发放防护口罩和治疗药品，并安排人员对作业车辆驾驶室及驻地消毒，提供喷雾器和消毒药品，教会工人操作使用方法；同时对施工单位负责人提出做好个人防护、积极配合治疗、做好环境消毒、合理安排作业、开展预防性服药、调整患者房间、做好疾病监测7条具体要求。之后，防疫队对这个施工单位进行连续6天的跟踪调查，至7月6日，全体人员恢复健康，未出现新发病例。

青川县蒿溪回族乡民族学校为新建“板房学校”，位于该乡的马家院安置点。学校于8月初复课，9月1日正式开学。新建的“板房教室”和宿舍通风效果不良，居住环境拥挤，10名学生共住一间约20平方米的宿舍。9月2日，青川县疾控中心接到蒿溪回族乡卫生院关于学校发生6例风疹病例的报告后，中国疾控中心青川工作队与青川县疾控中心工作人员立即前往开展流行病学调查，现场个案调查发现，患病学生大多存在发热、咳嗽、咽痛、流涕症状，伴有结膜充血、淋巴结肿大及红色斑丘疹等，均未接种过风疹疫苗，与风疹病例接触史不详。根据临床表现、预防接种史和流行病学史，初步确定，此校的学生所患疾病为风疹，属聚集性疫情。现场采集血清样本8份送往广元市疾控中心进行病原学检测。4日，检验确诊蒿溪回族乡风疹病人3例。至8日，蒿溪回族乡共报告发病人数10人，实验室确诊3人，疑似病例7人，学校及其他人群未发现新发病例。青川工作队与青川县疾控中心对学校教室、学生宿舍、办公室进行全面消毒；蒿溪回族乡卫生院对民族学校未患风疹学生进行风疹疫苗应急接种。

虫媒及自然疫源性传染病处置　5月15日，广元市第三人民医院向广元市疾控中心报告，医院收治一例疑似狂犬病病例。广元市疾控中心立即派人前往调查。调查发现，12岁男性患者蒋某，系青川县茶坝中学学生，曾于2007年10月被自家饲养的犬咬伤下肢，未清创和冲洗，仅用酒精自行处理伤口，也未接种狂犬疫苗。患者既往无其他动物咬伤史，肇事犬无狂犬疫苗接种史，骚扰伤人后不久被车撞死。15日，患者出现烦躁不安、喝水呕吐、唾液多等症状，送至青川县城区临时医疗点诊治，怀疑为狂犬病；随即被转至广元市传染病医院，入院后经专家会诊，临床诊断为狂犬病。患者病情迅速恶化，经抢救无效，于19日凌晨死亡。患者治疗期间，为单间隔离治疗，对其分泌物、排泄物及污染物等进行严格消毒处理，死亡后按传染病管理相关规定及时进行处理。

6月20日和8月1日，绵阳市涪城区塘汛镇洪恩村和石塘镇范家村先后发生狂犬病疫情，发病2人，死亡2人。疫情发生后，涪城区委、区政府高度重视，全区共划定疫点18个，疫点内的犬只全部被捕杀，共捕杀犬只5237只（含流浪犬188只），其中塘汛镇捕杀2664只、石塘镇捕杀722只、吴家镇捕杀827只、城厢街道捕杀158只，其他非疫点乡镇（街道）捕杀恶犬、野犬866只，并全部做无害化处理。

7月15日，名山县发生一例狂犬病，患者系名山县双河乡金鼓村5组农民。当日，患者被转入雅安市人民医院传染科住院治疗，21日死亡。17日和21日，四川省疾控中心急性传染病所工作人员，会同雅安市疾控中心流调人员，两次前往名山县疾控中心，查看和指导疫情处理，并前往双河乡采集狗脑标本，带回四川省疾控中心进行病毒分离培养。

三　突发公共卫生事件处置

安县秀水镇群体腹泻皮肤丘疹事件处置　5月21日，安县卫生局收到卫生部抗震救灾前方综合协调组发去的电传称，有人报告安县秀水镇大丙村空气中有异味，有数百名成年人腹泻，青少年普遍出现皮肤丘疹，饮用水源人畜不分。22日，受安县卫生局抗震救灾指挥部委托，第四军医大学防疫队与中国疾控中心有关专家、安县疾控中心工作人员组成联合调查组，对报告所称情况进行核查，查明报告所说秀水镇大丙村实为水井村，调查共涉及对象440人，年龄最长者78岁、最小者8个月。调查结果显示，此村在地震中无人员死亡，空气未发现尸体味道等异味，但部分饮用水源存在防护差、无消毒措施、人畜共用等现象。在被调查的440人中，发生腹泻的患者14例，其中大部分已痊愈或好转；未见青少年大量出现皮肤丘疹现象。调查结果否定该地发生重大疫情的结论。

理县营盘街小学过敏事件处置　8月5日晚，第三军医大学防疫队接到理县疾控中心通报，当天下午营盘街小学数十人发生眼痛、眼痒及面部皮肤刺激症状。卫生防疫队赴现场了解得知，当天中午营盘街小学发生第一例病例，傍晚发病出现高峰；至20时左右，不同班级共130余人发生类似症状。防疫队高度怀疑有化学物刺激可能，遂提出对症治疗、随访观察及通风、清水冲洗、安抚学生及其家长、通报信息等综合措施。措施落实后，有效控制新病例的快速上升，避免社会恐慌。6日9时，无新发病例，患病例减少为71人，且症状明显缓解。为寻找发病原因，避免再发类似事件，卫生防疫队于6日会同理县疾控中心工作人员前往营盘街小学，通过现场查看和细致调查，排除板房、生活用水、花粉、药物、疫苗等原因；结合5日10时左右，曾在学校环境及教室走廊、墙壁使用过氯氰菊酯（为当地新启用的杀虫剂，存在一定皮肤、黏膜刺激副作用）等信息，确定较高浓度氯氰菊酯的使用是引起这一症状群发生的主要原因。由于事件发现及时、处理正确得当，事件影响被降到最低程度。

甘肃省一起学生群体性癔症处置 6月4日凌晨，甘肃省卫生厅接到通渭县卫生局报告，通渭县陇山职中部分学生连续出现不明原因疾病，发病29例。尽管通渭县并非地震灾区，甘肃省卫生厅依然高度重视，立即组派专家组赶赴现场指导诊疗防控工作。专家组连夜听取汇报，现场查看学生发病情况，诊断为一起学生群体性癔症。专家组制订《学生群体性癔症预防与控制指导方案（草案）》，到现场对教师、学生和家长按群体性癔症进行治疗，使原有29例患者中20例症状消失，新发的1例于当日10时症状消失，9例在家休息治疗，群体性癔症得到有效控制。6日，甘肃省卫生厅将处理情况向卫生部进行了专报。

第二章　食品和饮用水卫生监督监测

汶川特大地震灾区水源遭到破坏，饮水安全难以得到有效保障。四川、甘肃、陕西等地灾区不断加强对饮用水的卫生监督监测，广泛宣传和普及灾后防疫相关卫生知识，教育灾区群众注意饮用水卫生，切实提高灾区民众的卫生意识和防疫能力。

地震发生后，大多数地震灾区的食品生产、流通、贮存和餐饮等环节的基本卫生设施遭到严重破坏，致使灾区的食品安全工作存在不少隐患和问题。加上夏季气温不断升高，导致灾区发生食物中毒事故的风险不断加大。灾区卫生监督部门不断加强灾后恢复和临时性食品生产经营和餐饮消费单位的监督管理工作。质检部门监督企业严格执行相关法律法规，严把原料关和加工关，禁止使用腐败变质、来历不明、超过保质期限和以回收食品为原料的食品，严厉打击生产加工假冒伪劣食品的违法行为。出入境检验检疫部门加强灾区进出境食品检验检疫工作，严防不合格食品或国家明令禁止进境的食品随救援物资进境，进一步加强灾区口岸食品生产经营单位的监督管理。

为保障抗震救灾物资的质量安全，防止假冒伪劣产品和不合格物资流入灾区，质检总局及时部署各地质量技术监督局深入开展以食品、饮用水等灾区急需物资为重点的质量监督和执法打假活动，把好产品质量安全关。经检验，灾区备灾食品和各地捐赠食品质量状况良好。

第一节　食品和饮用水卫生监督监测部署

汶川特大地震灾害造成饮用水供应系统及卫生设施的大范围破坏，致使灾区水源性和食源性疾病暴发的风险增加。卫生部、食品药品监管局、中医药局要求灾区各级卫生部门、食品药品监管部门和中医药部门贯彻预防为主的方针，加强食品、饮用水卫生的监督和监测工作。

一 卫生部等部门部署食品和饮用水监督监测

卫生部、食品药品监管局、中医药局于5月13日联合下发《关于切实做好抗震救灾医疗卫生应急救援和食品药品安全监管工作的通知》，要求灾区各级卫生部门、食品药品监管部门和中医药部门贯彻“预防为主”的方针，加强食品卫生的监督和监测工作。15日，卫生部发布地震灾区卫生防疫工作饮水卫生要点，在饮用水水源的选择与保护、临时性供水、自来水厂清理与供水管网修复、饮水消毒、饮水水质检验等方面提出指导性意见。24日，卫生部、环境保护部、住房城乡建设部、水利部、农业部联合发出《关于切实做好地震灾区饮用水安全工作的紧急通知》，要求灾区各级政府、各部门在消毒、杀虫和动物尸体处理中切实采取措施，防止水源污染。环保部门要做好污染源排查，尽快查清饮用水水源周边工业企业状况。环保、水利部门要做好城市集中式饮用水水源的监测。建设、卫生部门要加强对城市水厂出厂水、管网水、居民家庭出水口（龙头水）水质监测；同时，卫生部门要做好农村饮用水监测，建设部门要进一步加大对受损污水处理设施、供水设施和管网的抢修力度，尽快恢复正常运行。通知要求各有关部门要按照国家相关标准开展水源、水质监测工作，提高监测频率，一旦发现水源污染或水质异常要及时互通信息，以便采取有效处理措施；各有关部门要在当地政府的领导下，加强协作、密切配合，做好应对水源污染的准备工作；要广泛宣传和普及灾后防疫相关卫生知识，教育灾区群众注意饮用水卫生，切实提高灾区群众的卫生意识和防疫能力；要尽可能在灾区群众集中安置点设置针对水污染的净化水处理设施，配备将水加热至沸的设施或装置，努力为灾区群众提供开水，防止肠道传染病流行。随着地震灾区卫生防疫工作的深入开展，卫生部又与农业部、商务部、工商总局、质检总局、食品药品监管局于6月5日联合下发《关于进一步加强地震灾区食品安全工作的紧急通知》，要求各地灾区进一步强化食品安全工作的组织领导，加大农产品质量安全监管工作力度，加强食品安全监督检查和技术指导，深入开展食品安全宣传教育，加强食品卫生监测，及时上报食物中毒事故和食源性疾病发生情况。

5月15日，卫生部与四川省卫生厅联系，了解到地震灾区的食品和饮用水卫生监督监测工作面临极大困难，立即紧急争取专项资金，制订政府采购计划，仅用两三天时间，就给四川灾区卫生监督部门配置100辆执法监督车辆及相配套的海事卫星电话、对讲机等，并迅速运往灾区。

5月19日，卫生部从全国20余个省（区、市）紧急抽调1307名卫生监督员支援四川灾区，并从全国各地抽调饮水和食品卫生专家，进驻四川灾区的12个重点受灾县蹲点指导，有针对性地帮助当地制订饮水、食品卫生安全技术保障策略。

二 灾区省部署食品和饮用水卫生监督监测

四川省部署食品和饮用水卫生监督监测 5月15日，四川省政府发出《关于切实做好地震灾后疾病防控工作的紧急通知》，提出把灾区饮水、食品卫生监督工作纳入卫生防疫工作的整体部署，灾区各级政府要组织质监、工商、卫生等部门切实加强对生产、流通、餐饮等环节食品安全的监督检查，尤其加强灾后恢复食品生产、经营和餐馆（含学校）的监督检查，严防食物中毒事件的发生；各级环保、建设、卫生部门要做好饮用水的检查监测，保障集中式供水、灾区临时供水符合标准和要求，同时加强对自备水、井水、分散式供水消毒及指导，确保饮用水的卫生安全。通知还提出，灾区各地要制订周密的工作计划，合理调配卫生监督力量，加强安置点、集中式供水单位的驻点监督；要针对应急供水特点，强化取水点卫生防护和水质快速检测，每日对安置点的供水、分散式供水进行快检，同时加强饮用水卫生监督相关知识培训，大力开展“喝开水、不喝生水”卫生知识宣传。疾控人员要会同有关人员，每日对集中式供水的出厂水、末梢水进行采样检测，对检测不合格的供水单位及时跟进，加大监督指导力度；对不合格的分散式供水，及时指导消毒，大力推行煮沸饮用措施，及时检查落实安置点开水供应配备；强化饮用水消毒，规范供水单位使用消毒药剂投加，督促供水单位逐步修复和完善制供水设施，恢复制水工艺，改善供水质量，确保饮水卫生安全。

四川省卫生厅抗震救灾指挥部成立后，在疾病防控组下设饮水食品安全小组，承担灾后饮水、食品卫生安全工作的领导和组织工作，负责建立自下而上、快捷的卫生监督应急指挥体系。

5月16日，四川省卫生厅下发《关于加强地震灾后饮用水卫生安全工作的紧急通知》，要求受灾市、县要在两日内全面完成集中式供水水源、供水状况、分散式供水及消防车应急供水等应急给水卫生安全现状调查，制订震后初期饮水卫生监督监测方案，以灾区群众安置点、集中式供水、农村分散式供水为卫生监督监测重点，提出水源卫生防护、临时供水措施、饮水消毒、集中式供水管网修复供水要求、水源地周围环境卫生清理等技术措施要求，有针对性地组织开展饮用水卫生监督监测，建立关于饮水卫生安全每日监督、监测、报告的通报工作机制。为尽快恢复灾区的食品、饮用水的卫生监督检测工作，四川省从省内非地震灾区紧急组建16支560余人的卫生监督应急支援队伍，赶赴汶川、青川等12个极重灾和重灾县（市），开展食品、饮用水卫生监督检测工作。（参见图181）

图181　5月31日，四川省卫生执法监督总队应急队员在绵竹检查灾后农村饮用水卫生情况

（四川省卫生厅　提供）

与此同时，四川省卫生厅下发《关于加强灾区卫生监督工作的通知》，提出“整合资源、地方负责、统一指挥、网格监管、不留死角”的组织工作原则，要求各受灾县卫生行政部门，迅速整合本地和来自省内外的卫生监督工作人员，按照“网格管理、进村入户、驻点与巡回结合、全面覆盖、落实责任”的要求，迅速摸清灾区饮用水、食品卫生监督单位基本情况，建立卫生监督本底档案，落实卫生监督员职责，实现工作重心的下移。各地灾区要人员进驻到乡村，工作开展到组户，在两周内实现主要受灾地区的21个县（市、区）的446个乡（镇）、4185个村、680余个集中安置点、

150余个水厂、1000余所学校和恢复经营餐饮单位网格化卫生监管的全覆盖。

此外，饮水食品安全小组负责起草了《关于加强应急饮用水卫生监测和供餐卫生的紧急通知》、《关于切实做好地震灾区学校食品饮用水卫生安全工作的通知》等专门文件，针对应急、过渡、常态等不同时期的情况，先后制订下发20余个饮水食品卫生监督文件及技术方案、突发事件应急处置预案等，提出科学、有序地开展灾区卫生监督工作的具体措施。

甘肃省部署食品和饮用水卫生监督监测　5月15日，甘肃省卫生厅下发紧急通知，要求受灾地区各级卫生行政部门切实加强领导，迅速安排部署灾区卫生执法监督和卫生安全保障工作。通知要求各级卫生行政部门和卫生监督机构全面动员，把救灾卫生保障工作作为卫生工作的重点切实抓紧抓好；各地要组织卫生监督机构及卫生监督人员按照全省的统一部署，加大力度监管进入灾区的食品、饮用水等相关物资的卫生质量，大力宣传灾后相关卫生知识，加强食品、饮用水等监管情况的报告。各地要切实落实责任，确保食品和饮用水卫生安全，不断加强食品和饮用水卫生监管及保障工作。

5月18日，甘肃省卫生厅发出紧急通知，要求灾区卫生行政部门将食品和饮用水卫生监督工作纳入抗震救灾卫生防疫工作进行统一部署，重点加强受灾群众集中安置场所、灾区留居群众和救灾人员集中生活点以及救灾物资集中分发场所的食品和饮用水卫生监督管理工作。19日，甘肃省卫生厅下发《关于进一步做好地震灾区食品和饮用水卫生监督管理工作的紧急通知》，要求地震灾区加强组织领导，确保食品和饮用水卫生安全，切实加强食品和饮用水卫生监督管理工作，全力开展食品和饮用水卫生监测检测和技术指导工作；加强对灾区群众饮食、饮水安全的宣传教育工作，加强传染病和食物中毒监测报告工作，及时掌握疫情动态。（参见图182）

5月28日，根据卫生部监督局《关于进一步做好地震灾区饮用水卫生监督监测工作的紧急通知》要求，甘肃省卫生厅下发通知，要求各有关单位和受灾市州制订切实可行的饮用水卫生监督

图182　5月19日，定西市赴文县抗震救灾队员在文县碧口镇杨沟里村采集水样（甘肃省卫生厅　提供）

监测工作计划，合理安排，有效开展监督检查，全面掌握饮用水卫生状况，切实保障灾区群众身体健康。甘肃省卫生厅要求灾区各地应当全面了解安置点情况，摸清当地受灾群众集中安置点的数量、位置、人口、环境、饮用水供应和监督员配置等情况，制订工作计划，确保饮用水卫生监督任务和责任得到落实；要针对饮用水存在的问题和隐患，加大监督检查、技术指导和宣传教育力度，强化防范措施；对于严重威胁群众生命健康安全的饮用水卫生问题，及时报告当地政府。通知要求要加强饮用水卫生监测，全面掌握饮用水卫生状况；根据居民安置点的供水类型和水质情况，合理确定自来水管道供水、分散式供水、消防车等机动供水水质监测指标；加强集中式供水出厂水水质监测，防范群体性饮用水安全事件发生；充分发挥现场快速监测设备的作用，及时、准确、全面地掌握饮用水卫生状况。做好监测信息报送工作。

陕西省部署食品和饮用水卫生监督监测　5月19日，陕西省卫生厅下发《关于加强震后灾区卫生监督工作的紧急通知》，要求各设区市卫生行政部门及卫生监督机构切实采取有效措施，加强食品、生活饮用水等卫生监督执法和卫生保障工作；各级卫生行政部门及卫生监督机构应当高度重视灾区食品和饮用水卫生监督工作，结合当地实际，全面做好灾区食品、饮用水及传染病防治卫生监督工作，实行分级负责、分片包干的责任制，务必做到监督到位、措施落实到位。陕西省卫生监督所和西安、汉中、宝鸡、安康、渭南、商洛、咸阳等市要迅速抽调卫生监督骨干人员待命，准备充足的快速检测设备和相关试剂，随时准备赶赴受灾地区开展工作。受灾地区要重点针对食品、饮用水等开展卫生监督检查和卫生监测，汉中市、宝鸡市要以受灾群众安置场所、灾区留居群众和救灾人员集中生活点及救灾物资集中分发场所为重点，向灾区临时居住点派驻卫生监督员，对灾区食品、饮用水卫生状况开展卫生监督和检查，加强对餐饮单位和集体用餐配送单位的巡回监督检查，严防食物中毒及饮用水污染事件发生；加大对进入灾区食品、饮用水等相关物资监管力度，确保卫生质量安全。各设区市要迅速组织卫生监督力量，采取有效措施，加大执法力度，在全面加强灾区食品和饮用水卫生监管的同时，严防不合格食品、饮用水流入灾区和灾区群众安置点。灾区卫生监督机构要主动与当地赈灾部门联系，对发放的食品、饮用水实施卫生监督检查，必要时可实行检测。

5月26日，陕西省卫生监督所下发《陕西省灾区生活饮用水卫生监督工作指导意见》，对生活饮用水集中式供水单位的卫生监督、纯净水生产企业进行专项监督检查和受灾群众安置点的卫生指导，提出了指导性意见和要求。

第二节　食品卫生监督与监测

汶川特大地震发生后，灾区各级卫生部门、食品药品监管部门和中医药部门贯彻以预防为主的方针，切实加强食品卫生的监督和监测工作。卫生部和各省（区、市）派出的抗震救灾卫生监督工作队，协助灾区开展食品卫生监督监测工作，确保灾区的食品卫生安全。

一　食品卫生监督

四川灾区食品卫生监督　都江堰市赈灾物资调配中心是灾区捐赠物资集散重地，承担全市赈灾物资的接收与发放，每天有50余个品种、数百吨的捐赠食品进出。抗震救灾初期，由于工作忙乱和缺乏经验，食品贮存未划定专区，部分食品置于室外，无防晒、防雨设施；食品混存现象也比较突出，食品与非食品混存，食品与破损食品、腐败变质食品混存，致使部分蔬菜腐烂变质；整个场区也未建立有效的赈灾食品卫生检查验收与管理的制度。5月18日，重庆市卫生监督小分队进驻赈灾物资调配中心后，立即制定改进措施，要求都江堰市赈灾物资调配中心划分出固体食品存放区、液态食品存放区、零星捐赠食品待检区、食品报损区4个区域贮存处理捐赠食品，其他区域不得存放及处理食品；要求固体食品存放区设在室内，其他食品存放处理区可设在室外，但须搭建简易遮阳防雨棚，增设防晒、防雨设施；食品必须分类存放，标识明显，建立捐赠食品卫生安全管理机制。（参见图183）同时，重庆市卫生监督小分队又协助都江堰市赈灾物资调配中心，制定捐赠食品入库检查验收制度、可疑食品现场快速检测制度和程序、库存食品晨检制度、食品出库登记制度、发放食品流向追踪制度、监督人员24小时驻点值班制度、食品库房定期消毒制度。这些改进措施被采纳实施后，从18日下午开始，赈灾物资调配中心的食品卫生面貌发生了改变，各项食品卫生监督保障措施走上正轨。此后，重庆市卫生监督小分队共开展灾区群众卫生防疫食品卫生知识宣传培训4.5万人次，检查指导餐饮、副食和学校食堂等各类食品经营网点2500余户次，检查各类赈灾食品450余吨，控制、销毁不符合卫生要求食品8000余公斤。

什邡市卫生执法监督所按照应急处置预案，于5月12日晚制定《抗震救灾卫生监督工作实施方案》，实行以专业牵头负责制，分片包干负责制的“双负责”制和食品卫生监督工作监督到位、措施落实到位的“双到位”制。通过“双负责”制和“双到位”制的实施，什邡市没有发生一起灾后食物中毒和食源性疾患事件。

图183　5月18日，重庆市卫生监督员在都江堰市赈灾物资调配中心检查食品卫生

（重庆市卫生局　提供）

广州军区防疫队第二分队5月30日至8月2日在北川羌族自治县禹里乡重点开展对禹里场镇居民的饮食卫生保障工作。堰塞湖泄洪后，禹里乡湖面水位高度由原来的近30米急剧下降至约10米，整个街道废墟一天之内基本露出水面。到7月3日，原街道居民陆续返回废墟居住，逐步自发地在废墟上形成一个小型集市，除日用品等交易外，鲜肉、熟食等易

腐败变质的食品亦有供应，也有个别小饮食店开张，但废墟清理工作按计划尚未完成，卫生状况较差。第二防疫分队坚持每日两次对集市进行卫生监督，特别是对食品进行监督，防止过期变质食品流入市场；对农民自宰出售的猪肉进行感官检验，防止病死猪肉流入市场；并现场对乡兽防站的肉品检验员进行宰后猪的感官检验方法培训，对5名出售自宰猪的档主进行宰前猪感官的检查培训。

6月6日上午，温家宝到唐家山堰塞湖四川音乐学院绵阳分院疏散群众安置点检查工作，看望在那里坚守的卫生监督人员，并向绵阳市涪城区卫生执法监督所所长询问有关情况。当得知对供应食品的加工各环节都进行监督检查时，温家宝点头表示放心。温家宝看到悬挂在餐饮服务点后面的卫生监督宣传标语，欣然读起来："这段时间不吃凉拌菜，四季豆要煮熟再吃，发芽土豆不能吃，喝开水不喝生水。"温家宝肯定地说："非常好，简单易懂，群众看了这些标语，按照这样做就可以少得病。"

阿坝藏族羌族自治州卫生执法监督所先后制订下发《关于在地震灾区过渡安置点实行网格化监督管理的通知》《关于进一步加强震后灾区卫生监督工作的紧急通知》《关于成立阿坝卫生监督震后应急工作队的通知》《关于加强灾后餐饮业食品卫生安全工作的紧急通知》，全面安排、部署全州的灾区卫生执法监督工作。卫生执法监督所组成巡回监督快速监测组，对各灾区县定期或不定期地开展巡回监督和快速检测。5月16日，阿坝藏族羌族自治州卫生局下发《关于印发"5·12"抗震救灾食品卫生安全保障工作方案的通知》，要求州、县各级卫生监督机构迅速恢复食品卫生安全保障工作平台，成立应急小分队，落实各项食品卫生安全保障监督措施，加强食品卫生安全保障工作。在卫生局的组织下，非重灾县的监督员翻山越岭蹚水过河，冒着滑坡飞石和余震的威胁，前往汶川、理县、茂县等重灾地区，在最短时间内实现所有受灾乡镇、行政村食品卫生监督全覆盖，受灾县未出现群体性食物中毒等重大卫生安全事故。

青川县结合全县灾后卫生防疫工作实际，制订《青川县灾后食品卫生监督管理工作方案》，提出抗震救灾和灾后恢复重建期间各阶段食品卫生监督的重点内容和具体措施。地震发生初期，青川县的食品生产经营处于瘫痪状态，为鼓励和支持食品生产经营单位恢复生产，青川县卫生监督大队主动联系经营单位和业主，鼓励、支持他们恢复食品生产经营，并及时跟进指导。青川县卫生监督工作者划片包干，分组对全县食品经营情况进行拉网式的监督检查和清理登记，建立健全食品卫生监督经营户档案。针对灾后食品、餐饮单位多、卫生条件差等问题，卫生监督工作人员一方面抓住食品原料、餐用具清洗消毒保洁、加工场所卫生等关键环节，严格食品经营单位执行食品采购索证登记，督促各单位加强餐用具清洗消毒、添置"三防"设施和冷藏设施，使用清洁卫生水源；另一方面加强食品安全重点单位监管，重点对学校食堂、建筑工地食堂、农家乐旅游点餐饮和小型餐馆加强日常监管，采取集中检查、层层督察等方式，全面落实食品安全责任，健全食品卫生监督量化分级管理制度，确保灾后食品、餐饮卫生消费安全。青川县共检查食品经营户792户，下达卫生监督意见书1123份，对存在卫生问题的经营单位责令限期整改，收缴销毁过期变质食品380余公斤。此外，青川县卫生监督工作者对食品生产经营单位及197个居民安置点的7000余个自炊点食品加工人员，进行卫生安全监督指导和食品卫生安全知识宣传教育，发放食品宣传资料2万余份，确保经营单位不生产、不采

图184　5月23日，江西省卫生监督人员在青川县楼子乡对灾区群众家庭饮食卫生进行监督指导
（江西省卫生厅　提供）

购、不销售过期变质制品，有效防止食物中毒事件发生，并先后与293家餐饮单位和集体食堂签订食品安全承诺书。（参见图184）

卫生部、安徽省、西藏自治区、四川省攀枝花市和阿坝藏族羌族自治州等卫生监督应急队及山西省对口支援卫生执法队伍，先后抵达茂县，与当地执法人员进行整合，分组、分片区、分街道对食品卫生、集中供餐点、生活饮用水、灾后恢复营业的餐饮业等进行拉网式卫生监督检查，监督检查覆盖率达到100%。在现场监督检查过程中，工作人员要求餐饮业经营单位禁止销售因地震灾害伤亡的畜禽肉，对不具备冷冻冷藏设施的经营单位，严禁制售凉菜和卤制品，完善餐饮具的消毒、保洁、防蝇、防尘设施。检查期间，对没收的腐烂变质畜禽肉、水产品以及其他过期食品采取深埋、撒生石灰等措施进行无害化处理。茂县6个卫生执法监督工作分队重点加强学校食堂、灾区群众集中安置点、建筑工地及丧葬、喜宴等重点场所、重点环节的食品卫生安全监管工作，严防群体性食源性中毒事件发生。茂县开展地震灾后食品卫生安全专项整治行动，逐步将全县食品卫生安全监管从应急监管转入正常监管。截至9月17日，茂县共出动执法监督人员4926人、监督车辆819台次，监督检查食品经营户8761户次，其中餐饮业4498户次、宾馆105户次、学校食堂609户次、卤肉制品摊点125户次、副食1896户次、居民集中安置点730户次、集中就餐点754户次、农家乐15户次、生产加工20户次；签订餐饮业食品卫生安全承诺书82份，与30所中小学校签订食品卫生安全承诺书，下达卫生监督意见书286份；没收销毁腐烂变质畜禽肉、水产品以及其他过期食品约89个品种、4073余公斤；累计进行现场卫生知识培训4035人次，从业人员健康体检累计703人。

质检总局组织对灾区大米、膨化食品、食用植物油、小麦粉等食品产品的监督抽查，开展28类食品无证查处工作，检查生产企业、小作坊70403家，查处无证生产案件2419起，有效减少食品安全隐患。截至 8 月底，四川省质量技术监督部门共出动监督、执法人员 14505 人次，检查捐赠点 9879 次，查验食品 173.98 万件、约 143 万吨，销毁过期变质食品 11.2 吨。

甘肃灾区食品卫生监督 甘肃省卫生厅下发《关于加强地震灾区食品饮用水卫生监督及保障工作的紧急通知》，要求各市州切实加强食品卫生监管及保障工作，防止肠道传染病传播，确保灾区食品卫生安全。

5 月 14 日上午，甘肃省卫生监督所第一批支援灾区工作队携带卫生监督快速检测车辆等设备，赶赴陇南灾区，利用现场快速检测手段，在当地灾区群众聚集点、学校开展食品卫生监督监测等工作。与此同时，甘肃省卫生监督所开始对运往灾区的食品进行卫生监督检查。（参见图 185）

图 185 5 月 26 日，甘肃省卫生监督所卫生人员在文县检测食品

（甘肃省卫生厅 提供）

5 月 15 日，为防止次生灾害发生，甘肃省卫生厅紧急抽调 30 名卫生监督人员及 6 台卫生监督快速检测车，组编成 6 个小组分赴陇南市各受灾县区。各小组均配备先进的食品快速检测仪器，携带大量消杀用品，以保障灾区民众能吃到安全的食品。

陇南市卫生监督所于 5 月 13 日出动 15 人、监督执法车辆 1 台，对武都区食品经营门市部进行监督检查。截至 7 月 10 日，陇南市累计出动卫生监督执法人员 6863 人次、卫生监督执法车辆 1481 台次，对辖区 165 个乡（镇）、1961 个行政村（含社区）进行卫生监督检查，累计监督检查食品生产经营单位 7571 家，快速监测食品样品 865 份、发放和张贴食品及传染病防治宣传资料 4.2 万余份，给予行政处罚总数 1895 户次，确保无重大食物中毒事件发生。文县灾后卫生监督工作涉及 20 个乡（镇），销毁过期、变质食品 185 袋和霉变食品 1300 公斤，总价值 5000 余元。

陕西灾区食品卫生监督 陕西省卫生监督所印发《灾区食品卫生监督工作指导意见》，提出要重点做好受灾群众聚集点集体供餐点、学校食堂、城市受灾群众用餐配送单位等各类食品加工场所的食品卫生监管，并加强开展食品卫生知识宣传和培训。

汉中市卫生局卫生监督所针对各餐饮单位、学校食堂的食品卫生安全工作，下发紧急通知，要求各餐饮单位、学校食堂，彻底清理未进行冷冻或保鲜的半成品及熟食，销毁腐败变质、感官性状异常的食品及食品原料；凉菜间所存放的熟食不得再加工制作凉菜，可作为热菜原料使用，凉菜间所使用的熟食必须现场加工、当场使用；彻底打扫厨房的内外环境卫生，对刀、案、工具、容器以及冷藏、保洁等设施进行清洗消毒；对地震中受损的卫生设施（如窗纱、排气口钢网、地沟钢网等设施）及时维修，避免昆虫、鼠类和其他有害动物接触食品；加强食品卫生管理和食品卫生知识培训，强化个人卫生意识，确定专人定时检查食品卫生，受伤或患病人员，不得参加直接入口食品的加工制作；严把食品原料采购关，做好食品原料验收台账记录，严禁采购无检疫证明的禽肉及其制品。同时，汉中市卫生局卫生监督所要求各县（区）卫生监督所高度重视食品卫生安全，加强灾区食品卫生知识宣传教育，加强对救援食品、灾区临时集中式用餐、公共餐饮业和学校食堂以及各地救灾人员集中就餐场所的卫生监督管理。

宝鸡市卫生局将市卫生监督所人员分成4个监督小组，深入陈仓、太白、凤县、凤翔、金台、渭滨、千阳、陇县等10个县（区），督导、协助卫生监督机构开展灾后食品卫生监督，并在餐饮单位等现场培训县（区）卫生监督员，保证基层监督人员能按照救灾期间卫生监督工作重点、要求、基本方法开展卫生监督工作。抗震救灾期间，各受灾县（区）卫生监督机构共出动卫生监督车辆2568台次、监督人员8518人次，监督检查餐饮、食品加工、销售单位1.5万户次。宝鸡市陈仓区卫生局卫生监督所在汶川地震发生后，迅速成立抗震救灾工作领导小组，及时启动紧急预案，建立24小时双值班制度。截至6月3日，陈仓区卫生局卫生监督所先后出动卫生执法人员500人次、执法车辆80台次，监督检查餐饮单位200户次、食品经营单位400户次，监督检查群众聚集场所餐饮供应点50余户次。

预包装食品是灾区急需的食品，陕西省质量技术监督局在全省范围内确定30家规模较大、市场占有率较高、荣获名牌称号的优秀食品生产企业，作为抗震救灾期间食品保障供应特许企业。与此同时，陕西省质量技术监督局加强检验检测力量，严把食品安全关口，重点对米、面、油等基本日用品，以及香肠、方便面、饼干等救灾急需的方便食品实施专项抽查；对食品生产加工企业和食品小作坊，组织力量提供必要的帮助，全力支持企业早日恢复正常生产能力和水平，为灾区提供安全放心食品。

二　食品卫生监测

食品卫生应急流动监测　5月17日16时，按照质检总局抗震救灾领导小组的统一部署，中国检验检疫科学技术研究院（以下简称中国检科院）派出首辆食品安全监测车从北京出发，赶往四川抗震救灾第一线，执行应急流动监测任务。次日，中国检科院又向黑龙江省质量技术监督局紧急借调两辆食品安全监测车①，赶往四川灾区执行应急流动监测任务。

5月19日17时，中国检科院派出的3辆食品安全监测车在成都会合，组成食品与饮用水安全流动监测小分队，20日抵达四川灾区重要的食品供应基地眉山市，投入紧张的检测工作。至22日，完成对眉山市99家食品企业的监测，进行600余个食品、饮用水样品的检测分析。其间，流动监测小分队利用工作间隙对眉山市质量技术监督局技术人员进行食品安全监测车的操作技术培训，使之可以独立操作食品安全监测车的设备。23日，流动监测小分队分别跟随食品安全监测车转赴绵竹、什邡等地，协助地方质检部门对当地储备库中存放的粮油食品进行检测，完成90余个样品的检测。

食品生产企业卫生监测　眉山市是四川食品生产基地，抗震救灾期间，约有三分之二以上的

① 食品安全监测车是中国检科院在“十五”期间的一项重要科研成果。其优化集成食品检测实验室常用的先进检测仪器设备，能够现场快速检测出食品、饮用水中各类食源性致病微生物和化学性有毒有害物质，并能适应复杂路面行驶和在恶劣气候、无外在电力供应等状况下野外独立持续工作的需要。

方便食品在该地集散和供应，平均每天向灾区输出近300吨饮用奶、1万桶饮用水和400余件酱腌菜等救灾食品。眉山市质量技术监督局的检测设备仪器在地震中受到损坏，无法检测微生物、重金属、农残、天然毒素等指标，造成当地大量销往灾区的饮用水和乳制品、酱菜等食品的质量无法正常检验。

5月20日下午，流动监测小分队赶到眉山后，立即开始调试检测设备和调配试剂，一直忙到次日凌晨。21日晨，流动监测小分队与眉山市质量技术监督局技术人员分成3组，分别到四川三苏矿泉有限公司、四川妙士乳品有限公司、四川菊乐乳品有限公司、味聚特食品有限公司等企业调查了解灾后生产情况，分别对企业如何防止污染、保证产品质量提出合理化建议，并对4种13批次产品进行现场检验检测。全天共抽取并检测酱腌菜企业8家30个样品、乳制品企业2家6个样品、米面企业10家10个样品、酱油企业1家1个样品。检验检测队对样品的pH值、氟化物、氰化物、六价铬、色度、浑浊度、微生物指标等参数进行检测，检测结果均为合格。

四川清香园调味品股份有限公司主要生产酱油、食醋等调味品，年产量近3万吨。公司的检验室在地震中受到严重破坏，微生物指标无法进行常规检测。5月21日，重庆市质量技术监督局检验检测队到达江油后，对这个公司的5组产品进行现场检测，微生物指标均符合标准要求。同日，检验检测队赶往江油市兰兰糕点城，发现生产车间严重受损，无法开展生产，建议企业另寻生产场地，并对糕点生产的工艺条件要求、产品生产质量的管理、产品质量的检测和检测设备的配备提出可行性建议。

5月22日，重庆市质量技术监督局检验检测队对安县的7家食品生产企业和1个村庄的6份水源水进行采样检测。每个企业都取样分析水源，快速准确分析主要卫生指标。检验检测队到达后，绵安酒厂主动配合抽水取样，队员们顾不上吃午饭，迅速检测，水质检测结果符合标准要求。24日，检验检测队与绵阳市质量技术监督局技术人员一起前往梓潼县，取样检测5家食品生产企业。次日，走访4家公司，针对质量管理、标准执行等问题，提出改进工艺、加强管理、运用新标准等建议。

食品卫生现场快速检测 5月20日，受卫生部委托，中国疾控中心营养所中卫公司将紧急生产配置的100个食品安全快速检测箱全部发往四川灾区。此批检测箱是针对灾区情况而特别配置的，能检测筛查遭受自然灾害侵害时期容易发生的多项急性食物中毒，包括农药、鼠药、亚硝酸盐、氰化物及有毒植物油等近40个项目。（参见图186～187）

安徽省赴四川抗震救灾卫生监督工作队于5月25日赶到茂县后，立即利用携带的现场快速检测设备，在县城及光明、富顺、石大关、松坪沟、土门、东兴、白溪、太平、三龙、洼底、雅都、维城、曲谷13个乡（镇）开展食品卫生监测工作。卫生监督工作队对大米、面粉、食用油、蔬菜等共12类63份食品样品快速检测结果表明，茂县城关灾区食品卫生状况整体良好，除茂林中学一份大米新鲜度不合格外，其余样品全部合格，合格率为99%。截至6月13日，安徽省卫生监督工作队在茂县采集包括大米、面粉、食用油、盐、蔬菜等在内的食品及食品原料119份，检测大米的新鲜度、面粉的吊白块、食用油的酸价和过氧化值、蔬菜农药残留、食用盐碘和亚硝酸盐含量等，检测项次数达142项，合格率为97.18%。

图186 5月28日，河北省卫生监督员利用食品快速检测箱在崇州市三郎镇进行食品安全快速检测
（河北省卫生厅 提供）

图187 5月29日，广西救灾防疫工作队在都江堰市虹口乡开展食品现场快速检测
（广西壮族自治区卫生厅 提供）

三 食物中毒事件处置

江油市两起食物中毒事件处置 6月5日上午，广西壮族自治区救灾防疫工作队第三工作组在江油市重华镇卫生院进行防疫督导时，接到重华镇一农户家发生一起腹泻事件的报告。接到报告后，救灾防疫工作队的4名公共卫生人员立刻和重华镇政府、镇卫生院有关人员赶去调查处理，发现有5人发病，无重症及死亡病例发生。经调查发现，5例病人有共同聚餐史，食物有腊肉、皮蛋、四季豆、葱头、豆腐干、黄瓜、泡菜和花生米等，其中皮蛋、黄瓜和泡菜未经热加

工，其他均经过炒煮处理。食物加工者胡某1日以来一直有腹痛、腹泻，自行治疗未愈。调查清楚后，工作人员对5例病人和胡某进行采样，把6份肛拭样本送往江油市疾控中心实验室进行检验，初步诊断为由不洁食物引起的细菌性食物中毒。工作人员当即消毒现场并对村民进行了卫生知识宣传教育。

7月11日，四川省疾控中心接到江油市发生一起食物中毒的报告，即派人与四川省监督执法大队人员赶赴事件发生地区。江油市敬元乡沐水村婆孙二人共同食用一听铁皮装“即食玉米笋”罐头后约一个半小时，小孩出现口唇、面色青紫和呼吸困难、四肢抽搐等症状，继之出现昏迷。家人立即呼救“120”，并向青川县七佛乡卫生院护送。青川县竹园坝卫生院接到“120”指令后派出急救车辆在七佛乡干溪沟与病人相遇，经医务人员简单检查，发现患者病情加重，在报告相关部门的同时迅速向广元市人民医院转送。待到达青川县金子山高速路口时，小孩出现心跳骤停等病危征象，返回竹园镇卫生院进行急救无效，于17时55分死亡。孩子外婆罗某于当日16时左右也出现类似症状，经当地医师简单治疗后，紧急转送到广元市人民医院消化内科救治，病情逐渐趋于稳定，暂无生命危险。经现场调查，中午其他就餐者没有发病，但发现其厨房环境差，杂物和食品混放。工作人员当即对有关当事人逐个调查，并采集可疑食物、呕吐物、胃内清洗物等11个样品，就地封存村民中留存的“即食玉米笋”罐头等可疑食物。在初步判断为亚硝酸盐食物中毒后，调查组发现，死者主要吃了方便面与“即食玉米笋”罐头，喝了糖水，而另一个吃过此方便面的小孩没有发病。还有一农户5口人在6月15日左右食用过“即食玉米笋”罐头，尽管感觉玉米笋酸、脆，味道不太好，但食用后未出现任何症状。调查组经过研究，要求绵阳市和江油市卫生局组织对死者吃过的方便面、“即食玉米笋”罐头、糖水做实验室分析，检测糖、盐、调料和其他午餐食物以及病人的呕吐物；同时要求广元市卫生局对罗某开展流行病学调查，并把结果发送给江油市与绵阳市卫生局。19时，绵阳市疾控中心报告，经检测，死者吃的“即食玉米笋”罐头亚硝酸盐为阴性，主要有机磷为阴性。20时，江油市疾控中心报告，在糖、洗锅水与罗某的呕吐物中检测出高剂量亚硝酸盐。调查组当即决定，把“即食玉米笋”、罗某的呕吐物、糖迅速送到四川省疾控中心复核检测结果；对绵阳灾区所发放的“即食玉米笋”罐头进行回收、封存；对罗某注意观察，积极救护；认真查找、调查糖中高剂量的亚硝酸盐的原因，进行溯源工作，并对所有捐赠食品进行清理，加强监督检测；进一步加强对群众食品卫生的宣传工作。之后，未发生类似事件。

理县通化乡误食野生马桑果中毒事件处置　6月25日傍晚，理县通化乡院子村木尔达组有4名小孩一起玩耍，误食野生马桑果后出现头痛伴有眩晕、恶心、呕吐、腹痛等症状，患儿杨某出现抽搐2次，服用食用醋无好转，于23时左右拨打“110”求救。随后，当地派出所向云南省赴四川卫生防疫队求助。接到报告后，驻通化乡防疫队立即组织临床医师、调查人员与乡政府干部、卫生院医师一同驱车火速赶往院子村进行调查处理，把3名患儿转移到通化乡卫生院进行抢救治疗，一名症状较重的患儿被连夜转至汶川县人民医院救治。26日，中国疾控中心、第三军医大学、云南省赶赴四川防疫队的专业人员赴通化乡卫生院，对3名患者作进一步调查核实。经调查确认，为误食野生马桑果中毒。由于整个事件处置及时，4名患儿得到及时救治，未出现更严重情况。

广元市朝天区两起集体食物中毒事件处置　7月14日，广元市朝天区疾控中心报告，有6例腹泻病人到两河口乡卫生院就诊，初步诊断为“疑似菌痢”。广元市疾控中心调查发现，两河口乡吉庆村9组胡某于10日在家中举办“立房酒宴”，共举办20桌，参加酒宴者164人，其中酒宴厨师17人均为当地农妇，未进行健康检查；酒宴举办者的家庭环境卫生状况较差，苍蝇密度较大；饮用水为山泉水，未消毒处理；无冰箱等冷冻设施，食品均在常温下放置；餐具保洁措施不良，生熟菜墩未分开；厨房无有效防蚊蝇、防尘措施，无餐具消毒剂。餐后发病22人，主要表现为腹泻、腹痛、发热、恶心、呕吐、乏力，部分患者伴有头昏、头痛、全身疼痛等前驱表现；潜伏期最短9小时，最长62小时，平均约29小时；未聚餐者未发病，无人传人病例。调查人员采集19份病人大便（或肛拭子）样品，其中10份检出肠炎沙门菌。据流行病学调查、临床表现，结合实验室检测等综合分析，为一起沙门菌食物中毒。为防止事件恶化，广元市疾控中心当即决定，所有病例在当地卫生院进行隔离治疗，直至痊愈方可出院；对就餐的其他人员每日排查，直至事件结束；立即封锁现场，停止使用可疑食品和原料；对所有就餐者和相关人员进行流行病学调查，对举行酒宴的家庭厨房现场进行卫生学调查，分析查找可疑中毒食品和中毒原因；采集病人大便（或肛拭子）、剩余食品、饮用水、厨师大便（肛拭子）样品送到广元市疾控中心进行实验室检测；对举办酒宴的家庭环境进行彻底消毒，并对当地环境进行消杀灭工作，加强生活饮用水和医院内环境消毒；开展农村酒宴等聚餐卫生管理知识宣传和肠道疾病防治知识宣传教育。由于事件调查处置及时，22例患者均痊愈，无重症病例与死亡病例发生。

9月7日15时，广元市朝天区疾控中心报告，朝天小学有15名学生因发热、腹泻等症状在区人民医院就诊，且就诊病例有逐渐增多的趋势。广元市疾控中心立即组织专家小组，赶赴现场和区疾控中心开展联合调查处理。据流行病学调查、临床表现、实验室检测综合分析，广元市疾控中心和朝天区疾控中心联合调查组断定，是一起细菌性食物中毒事件，决定对病人进行隔离治疗，直至痊愈；封存学校食堂食品及原料，停业整顿；学校严格晨检、晚检排查，做到早发现、早诊断、早报告、早隔离、早治疗；对病人所有排泄物、呕吐物及场所进行消毒处理；对校园环境，尤其是厕所、垃圾场、食堂、寝室、教室等进行彻底消杀灭；对其他在校学生进行预防服药，加强食品卫生、饮水卫生监督检查和日常管理，进行日常卫生防疫知识教育，并对食品从业人员进行卫生知识培训。经调查处置，先后出现的57例患者均治愈，无重症病例与死亡病例发生。

青川县骑马乡一起细菌性食物中毒事件处置　7月30日，青川县疾控中心接到骑马乡卫生院报告，元村6组发现10余名腹泻病人。青川县疾控中心会同中国疾控中心进驻青川县的防疫工作队立即进行调查，发现20名腹泻病人曾于26日中午集体就餐，次日傍晚出现首发病例，其中16人首发症状均为头昏头痛、腹痛，继而出现水样便腹泻，伴里急后重。开展流行病学调查后，初步排除了化学性食物中毒及饮用水致肠道传染病的可能性，怀疑为食用变质食物而引起的细菌性食物中毒。中国疾控中心驻青川县工作队协助青川县疾控中心积极开展病人救治工作，并指导当地做好排泄物消毒、加强和规范饮水消毒，加大卫生防疫知识的宣传力度，强调集体就餐申报制度等，使事件得到妥善处置。

第三节 饮用水卫生监督监测

汶川特大地震发生后，各有关部门相互协作密切配合，不断加强饮用水的卫生监督监测，千方百计做好应对水源污染的准备工作，尽可能在灾区群众集中安置点设置针对水污染的净化水处理设施，配备将水加热至沸的设施或装置，努力为灾区群众提供开水，教育灾区群众注意饮用水卫生，防止肠道传染病流行。

一 饮用水源地水质卫生监督监测

灾区饮用水源地水质应急监测 绵竹、什邡、青川等极重灾县（市）大多以地下水为水源的地区，由于地震造成地质结构发生变化，以地下水为水源的井水因水井结构受到破坏而水质发生改变，突出表现为浑浊度增加，色度、臭和味变化明显，部分化学物质铁、锰超标，甚至还有少数地区水脉震断、水源消失、井水枯竭。汶川、汉源等县以地面水为水源的江河水、山泉水、山溪水，也都受到人畜尸体、塌方、泥石流、垃圾、粪便、生活污水等多种污染物影响。不少成都市民担心水源地上游因地震造成的废墟和动物遗骸会影响水质，大量购买瓶（桶）装饮用水，使市场瓶（桶）装饮用水供应相当紧张。种种情况，致使饮用水源地的卫生监督监测工作十分紧迫。

水源地水质监测是地震灾区环境应急监测工作的重点，确保饮用水安全饮用贯穿了地震灾区环境应急监测的始终。其主要监测范围是灾区和受影响地区的集中式饮用水源地水质，同时对重点流域、河流开展预警监测。监测项目除常规指标外，重点是酚、氰、砷、六价铬等有毒性的指标。

5 月 15 日至 10 月 6 日，中国环境监测总站组织四川省、陕西省、甘肃省、重庆市环境监测中心（站）持续开展地震灾区饮用水源地水质应急监测，累计发出饮用水源地水质监测快报 94 期，监测饮用水源地超过 7675 个（次）。中国环境监测总站于 15 日报出第一期地震灾区饮用水源地水质监测快报。至当日 15 时，德阳、广元及什邡、绵竹、江油、都江堰、青川、北川、安县、彭州等重灾地区 35 个样品（地表水 29 个、地下水 6 个）12 个项目（氰化物、氟化物、砷、汞、铅、镉、发光细菌等）的监测结果表明，四川省境内饮用水水质总体良好，与地震前相比无明显变化，部分点位氟化物出现超标，其余 11 项均未超标。（参见表 26）

5 月 19 日至 6 月 6 日，环境保护部先后调集 3 批共 21 个省（区、市）的环境监测人员到四川灾区，共出动环境监测人员 1350 人、现场监测仪器设备 600 多台（套），出动车辆 6000 余台次，行程 160 余万公里，对灾区主要河流和影响区重点流域的地表水、48 个城市饮用水源、203 个乡（镇）饮用水源、96 个其他农户水井等分散饮用水源水质进行应急监测，监测项目除常规指标外，重点是酚、氰、砷、六价铬等有毒性的指标。为快速掌握饮用水源地水质的毒性，紧急购置一批便携式生物发光测试仪，能快速检测饮用水源是否有毒和毒性强弱。监测频次按照初期加密、异

四川灾区主要水源及震后初期水源水质状况一览表

表 26

灾区主要水源地		水源水质	评价标准	超标物
成都境内	柏条河、徐堰河、岷江都江堰段、锦江、湔江、东风渠、白沙河	较好	地表水Ⅲ类	
	沱江	较差	地表水Ⅴ类	氨氮、总磷
德阳境内	石亭江、绵远河	差	地表水劣Ⅴ类	总磷、氨氮
绵阳境内	涪江、平通河、安昌河、沉抗水库	较好	地表水Ⅱ、Ⅲ类标准	
广元境内	嘉陵江、南河、白龙江、青江河	较好	地表水Ⅱ、Ⅲ类标准	
雅安境内	大渡河、青衣江、流沙河、宝兴河	较好	地表水Ⅱ、Ⅲ类标准	
阿坝境内	打色尔沟、渔子溪、杂谷脑河	较好	地表水Ⅱ、Ⅲ类标准	
	岷江	较差	地表水Ⅳ类标准	氨氮

常加密、正常减少的原则安排。监测结果表明，地震灾区和影响区的地表水环境质量、饮用水水源地水质状况总体稳定，与地震前相比无明显变化。

5 月 30 日，四川省环保局抗震救灾指挥部制订《四川省汶川“5・12”大地震确保饮用水安全第二阶段环境应急监测方案》。6 月 5 日，四川灾区实现对饮用水源地监测范围和监测指标的两个全覆盖。监测结果表明，四川灾区饮用水源地水质总体稳定，除局部区域的个别时段出现异常外，与地震前相比没有明显变化。

5 月 14 日，甘肃省环境应急监测小组先后对受灾最重的天水市及陇南市的武都区、徽县、成县、两当县、宕昌县、礼县、文县、康县、西和县等的集中饮用水源地水质中 26 项常规指标及 14 项有机项目进行应急监测；同时组织陇南、甘南、天水等 10 个受灾严重市（州）的应急监测组，对当地饮用水源地开展应急监测。至 6 月 5 日，省、市应急监测小组共完成 10 个市（州）、26 个县、40 个取水点的饮用水源地 26 项污染因子的水质监测。

5 月 14 日至 6 月 7 日，重庆市对长江、嘉陵江、涪江上的饮用水源断面进行应急监测，共监测长江、嘉陵江、涪江上的饮用水源断面 80 余次，监测项目 109 项。

5 月 16 日起，陕西省对 25 个重点城市集中式饮用水源地开展应急监测，监测频率为每天 1 次。

甘肃省、陕西省、重庆市监测结果表明，灾区和受影响地区饮用水源地水质未受影响。

水体中生物胺检测标准的制定　5 月 23 日，四川省环境监测中心致电科技部，鉴于国内外尚无对水体中生物胺检测的标准方法，无法及时有效地监测灾区水体是否受到生物胺的污染，请求紧急援助。27 日晚，国家标准化管理委员会组织中国计量科学研究院、军事医学科学院、北京市理化分析测试中心等单位的检测专家，组成专家组赶赴四川灾区，开展需求调研。专家组提出，尽快立项，制定标准。国家标准化管理委员会紧急研究后同意立项，科技部立即组织中国分析测试协会、中国医学科学院、中国计量科学研究院、军事医学科学院等单位，联合提出《水质・组胺等五种生物胺的测定——高效液相色谱法》国家标准立项申请。此标准根据生物胺的毒副作用，对人体影响较大的腐胺、尸胺、亚精胺、精胺、组胺5种生物胺建立分析检测方法。30日，立项审定会在北京召开，立项审定通过，随即上报国家标准化管理委员会获得批准。各单位组织专家争分夺秒夜以继日，对相关的14组参数进行实验优化，同时按照标准格式起草文本。研制组协调环保部、卫生部、国土资源部等国内的10家实验室同步验证方案，并进行灾区实际样品测试，以保证这一标准对多个行业和多品牌仪器设备的普适性。6月3日，中国计量科学研究院寄出标准草案和比对试验样品，要求各单位在4日8时前将试验报告寄回。各参加单位迅速实验，在规定时间内完成全部比对实验，按时寄回数据。通过方法验证和收集反馈意见后，形成标准送审稿。10日，质检总局召开《水质 组胺等五种生物多胺的测定 高效液相色谱法》国家标准的送审稿审定会，科技部、环保部、卫生部、农业部和国土资源部的领导及专家共35人出席，与会专家一致通过审定。11日，国家标准化管理委员会根据应急程序，批准发布国家标准《水质 组胺等五种生物多胺的测定 高效液相色谱法》（GB/T 21970－2008），并立即实施。13日，国家标准化管理委员会和科技部共同组织召开《水质 组胺等五种生物胺的测定 高效液相色谱法》国家标准发布会。这一标准是运用高效液相色谱法检测污染水体中生物多胺的首个国家标准方法，按照"程序不减少、质量不降低"的原则，严格执行标准委的应急程序，立项确认、标准草案、讨论稿、征求意见稿、送审稿与报批稿，至最终批准发布，仅用时13天（按正常程序，国家标准起草工作需用1～2年时间），对于确保四川地震灾区水质应急检测的准确可靠性，确保人民群众的饮用水安全具有重要意义。科技部随后派出专家组到灾区宣传贯彻这一标准，培训当地检测人员，并采集当地水样对实际水源地进行监测。结果表明，水质安全，未受生物胺污染，可放心饮用。

二　供水卫生监督与监测

集中供水卫生监督监测　5月18日，成都、德阳、绵阳、广元、阿坝、雅安等市（州）的市政集中式供水基本正常。北川羌族自治县市政供水设施被全部摧毁，主要以瓶装水、消防车应急供水方式为主。绵竹城区5个集中式供水设施受损严重，不能正常供水，仅剑南春酒厂一个自备水源可为市区提供部分供水。什邡市11处供水设施9处受损，主要采取直排供水和水车供水。汶川县城恢复少量供水。青川县两个水源水受到破坏，启用一个应急水源，有6个集中式供水单位限时供水，供水人口1.2万人。理县县城恢复部分供水；茂县供水得到逐步恢复。都江堰市供水设施不能加压，仅能供水到一层。彭州市市政供水日供水量4万吨，供水管网设施完好，采用二氧化氯消毒，经检测水质合格。汉源县供水基本正常。乡镇供水方面，受灾特别严重的乡镇水厂供水基本中断或情况不明，能正常供水的水质消毒情况不理想。

四川灾区对集中式供水单位实行网格化管理，巡回监督，责任到人，检查集中式供水单位（含城市、乡镇、自备供水）60414户次，监督供水单位落实卫生管理制度、配备供管水人员，指导供水单位规范制水、消毒及水质检验工作，并追踪整改措施落实情况，消毒措施落实情况。四川灾区饮用水的监测范围包括成都、绵阳、德阳、广元、阿坝、雅安等市（州）的都江堰、崇州、彭州、北川、江油、平武、安县、绵竹、什邡、青川、剑阁、汉源、汶川、理县、茂县、

图188　6月27日，自贡市卫生监督应急队员翻山蹚水勘查饮用水水源
（四川省卫生厅　提供）

松潘、小金、黑水18个极重灾和重灾县（市）。5月16—23日，四川灾区大部分地方供水设施仍未全面恢复，动力供应严重不足，水处理工艺和部分设施不能正常运转，实行应急供水。水质检测项目包括的感官性状指标有色度、浑浊度、pH值、臭和味、肉眼可见物，微生物指标有细菌总数、总大肠菌群，消毒指标有游离氯，化学指标有氨氮、挥发性酚类、亚硝酸盐等。同时，对各受灾县按集中式供水、分散式供水及应急供水分别进行统计。由于大多数受灾县的疾控中心实验室遭到毁灭性破坏，水样检测工作基本上由市级疾控中心负责。各受灾县监测出厂水259件、合格率72%，末梢水338件、合格率60%，主要不合格指标依次为游离氯、总大肠菌群、细菌总数、浑浊度。从20日起，按照卫生部的要求，地震灾区的饮用水卫生监督工作重心向受灾群众集中安置点转移，每日监督检查受灾群众集中安置点的供水、储水设施设备，督促和指导受灾群众集中安置点饮用水卫生管理和消毒工作，每日快速检测安置点供水消毒合格情况，开展安置点饮用水快速检测。此后，受灾地区的群众安置点消毒措施逐步落实到位，饮用水的卫生安全得到保障。（参见图188）

5月24日至6月1日，随着交通设施的逐步恢复，各地救援力量的到达，各种保障物资（汽车、快速检测仪器等）投放灾区，水质监测力量得到加强，监测范围逐步扩大。对受灾地区集中式供水单位（含市政供水、乡镇水厂、自备供水）和灾区群众集中安置点供水、分散式供水、流动消防车供水点进行的监测，每日至少一次，监测项目与前一时期相同，流动消防车供水检测项目仅测微生物或余氯。同时，考虑到灾后环境条件发生改变，一些污染物可能对饮用水产生不良影响，分别对饮用水进行放射性物质、“敌敌畏”含量、石油类污染物指标进行检测。四川省疾控中心对成都、绵阳等地28份水源水和出厂水进行放射性监测，结果发现全部样品总α与总β放射性体积活度均符合标准要求，未发现饮用水受到放射性物质污染。通过对紫坪铺水库、西河水库、柏条河、沙河、湔江、井水、泉水、山涧水共30份水样进行检测，“敌敌畏”含量均符合《生活饮用

图189　5月19日，乐山市卫生监督队队员在极其危险的桥边取水点提取水样（四川省卫生厅　提供）

水卫生标准》；通过对成都市供水六厂、都江堰市自来水公司水源水和出厂水、绵竹市清水河段进行石油类指标检测，结果均符合《生活饮用水卫生标准》。（参见图189）其间，采集水样1894件进行实验室检测，其中水源水19件，合格11件，合格率为57.89%；出厂水365件，合格292件，合格率为80%；末梢水473件，合格378件，合格率为79.91%。监测结果表明，地震未造成灾区放射性物质的污染，没有石油等化学物质泄漏导致的水体污染，也未发生常用有机磷类等农药污染环境及水体。受灾群众安置点饮用水消毒合格率逐步提高，而市政集中式供水合格率明显高于乡镇集中式供水合格率，乡镇集中式供水主要不合格指标依次为总大肠菌群和消毒剂余量。

5月31日，为贯彻落实《四川省“5·12”抗震救灾指挥部关于确保灾区饮用水安全的通知》精神，经卫生部专家研究论证，四川省疾控中心结合灾区饮用水卫生监督监测工作开展的实际情况，适时拟订《地震灾区饮用水卫生监督监测调整方案》，要求各灾区一并遵照执行。方案要求，地震受灾县集中式供水出厂水、末梢水卫生监测情况日报表实行日报制，并对地震受灾县饮用水监督检查及安置点水质快速检测结果实行日报制。同时，要求每个乡镇以上集中式供水单位派驻一名卫生监督员，负责监督水厂的卫生制度落实、制水、消毒及水质检验工作。

6月2日至8月10日，灾区群众安置点饮用水安全由震后互助期原班人员每日负责调查、指导，同时进行饮用水卫生安全知识宣传。其间，18个极重灾和重灾县（市）共监督检查灾区群众安置点71043个，快速检测安置点水样30716个，其中经煮沸及加氯消毒的共30491个，消毒合格率99.27%。18个受灾县（市）实验室检测水样6051件，其中出厂水1695件，合格率85%；末梢水4356件，合格率93%。监测结果表明，由于各项保障措施到位，特别是水处理设施的修复和完善，动力供应得到保证，各项设施稳定运转，集中式供水出厂水和末梢水合格率明显增高。由于宣传工作深入开展，居民卫生意识的提高，掌握了消毒方法，改变饮水习惯，受灾群众安置点饮用水消毒合格率大幅度提升，绝大部分群众饮用水卫生安全。监测结果同时表明，主要存在的问题是部分乡镇集中式供水，其出厂水主要不合格指标为总大肠菌群、消毒剂余量、浑浊度；

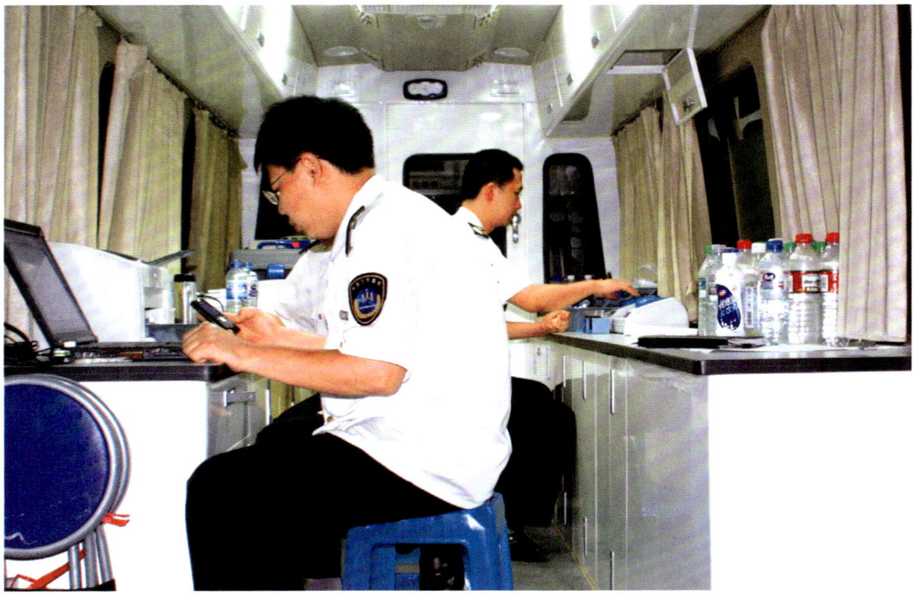

图190　6月22日，湖北省卫生监督工作队宜昌分队在快速检测车上检测饮用水水质
（湖北省卫生厅　提供）

末梢水主要不合格指标为消毒剂余量和浑浊度。为有效防止灾后介水传染病的发生，将总大肠菌群指标作为连续监测指标，以判断水质变化趋势。每日对18个县（市）的集中式供水单位出厂水和末梢水按1:2至1:3比例进行采样，检测总大肠菌群。在此阶段，共检测出厂水2943件、末梢水7462件。检测结果表明，出厂水和末梢水合格率随着时间推移同步上升，到6月中旬基本达到震前水平；无论在应急救援还是在灾后重建阶段，水体未受新污染源的污染，所供水质不断改善，灾区饮水安全形势不断好转，表明各阶段所采取的保护水源、改善供水条件等措施得到落实。（参见图190）

5月24日至6月10日，甘肃省卫生厅组织的第六批卫生防疫组在陇南市工作期间，共检查8家自来水公司、7家纯净水生产厂家，采集各种类型生活饮用水水源和末梢水水样共345份，其中检出大肠菌群的有49份，检出大肠埃希氏菌的有18份。检查发现，仅有少数水厂能够采用二氧化氯生成器对出厂水进行消毒，大多数水厂仍然将水源水抽进蓄水池后直接外供，未采取任何消毒措施，部分水厂虽有消毒设施，却不能正常运转，存在一定的卫生安全隐患。卫生防疫组及时下达监督意见书，要求立即整改，并开始连续追踪整改情况，将监督检查结果告知有关部门，引起当地政府的高度重视。

5月27日16时，重灾区宁强县发生余震，余震使宁强县的灾情进一步扩大。次日上午，陕西省卫生监督所工作人员赶到宁强县自来水公司，检查落实水质消毒整改情况，并针对自来水公司储备的应急用漂白晶片匮乏情况提出尽快调配要求。29日，陕西省卫生监督所应急队的6名队员再次到宝鸡市现场指导陈仓区、凤翔县等受灾较重地区的卫生监督工作。对凤翔县自来水厂消毒方法不严格、余氯不达标等问题，提出改进方案。

6月3—4日，陕西省卫生监督所应急队再次赴宁强指导灾后卫生监督应急工作，在汉源镇亢家洞五里坡受灾群众集中安置点，针对水中发现有红色线虫和消毒不到位等问题，提出对饮用水水源蓄水池加盖加锁、清洗消毒和对饮用水过滤后使用的整改方案，并现场演示消毒方法，指

导消毒员掌握消毒技术。应急队对宁强县广坪镇水厂所供自来水两个点检测余氯含量均达不到饮用水卫生标准要求，主要是因为消毒剂的加入方法及加入量不符合要求，队员当即根据用水量对消毒剂的加入量进行计算，现场指导正确的消毒方法。在青木川镇长沙坝受灾群众集中安置点，应急队检查组发现取水点选址不当，一旦河水上涨易被淹没，加之周围有群众洗衣服、洗澡，易对水源造成污染，建议尽快另择水源或用管道引水，彻底解决群众饮用水安全问题。

分散式供水卫生监督监测 抗震救灾初期，大部分灾区农村以泉水、井水、地表水作水源的分散式供水未作消毒处理，饮用水卫生安全形势严峻。针对分散式饮水，灾区各级疾控机构向灾区群众宣传饮水卫生的重要性，提倡喝开水。卫生防疫人员对每个饮水家庭发放消毒剂，并指导饮用水消毒方法。卫生防疫人员坚持取水样送县、市疾控中心实验室进行水质检验，并做卫生学评价。根据大多数乡镇村民饮水基本还是自备水井水的情况，卫生监督员每到一处都现场进行余氯检测，要求村民对饮水自行消毒，并现场培训饮水消毒方法。卫生监督员翻山越岭，进村入户，宣传饮水卫生知识，发放消毒药，指导消毒方法，推广喝开水。同时，帮助山区的群众寻找合格水源和建立简易消毒设施，并切实加强对死难遗体掩埋的卫生安全监督检查，对初期掩埋不符合卫生要求极易造成对水源环境影响的地方，逐一调查核实，督促当地政府按照要求重新选址深埋，严格监督处理。（参见图 191）

地震发生后，极重灾区安县永安、迎新、秀水、睢水、桑枣 5 个乡（镇）的群众怀疑当地的水源受到污染，不肯饮用，而瓶装水供应不足，一户人家一天只能分得一瓶，要求政府提供干净水，且情绪非常激动。5 月 17 日晨，北京军区疾控中心抗震救灾防疫队得悉这一情况，立即乘坐佛山市疾控中心的救护车赶赴距佛山市疾控中心防疫队驻地 230 公里的乡镇临时安置点，了解水源卫生状况和供水情况，采集水样，使用检水检毒箱连夜检测。北京军区疾控中心防疫队向安县防疫救灾指挥部出具第一份水质检测报告后，8 时 50 分安县政府发布公告，宣布经北京军区疾控中心防疫队检测，水源水质没有问题，烧开后可以饮用。北京军区疾控中心防疫队

图 191　5 月 31 日，广西救灾防疫工作队队员给四川灾区群众解释水中余氯测定情况
（广西壮族自治区卫生厅　提供）

又分头深入晓坝、迎新等乡（镇）的村庄，现场进行化验讲解，当众烧开水源之水饮用，以打消群众顾虑。根据地震灾区污染渠道多、水质变化快等情况，为确保群众喝上放心水，防疫队每天坚持对方圆50公里范围内的安昌、晓坝、秀水等8个水源地，采集一遍水样，制作一份检测报告，提出一套防护建议，并利用一周时间，对安县各临时供水点和所有乡镇和村庄各类水源的150余个样品进行普查，对化工厂污水、安昌河等6条大小河流进行水质检测，消除民众对河流污染的担忧。

5月21—25日，军事医学科学院防疫队在汶川县映秀镇组织开展水源调查，筛选出水质符合标准的水源，指导修建蓄水池和供水装置，采取洁治措施，设置警示标志，实施武装保护，防止污染和人为破坏。派出人员对卫生院井水、枫香树村山泉水、渔子溪村井水和山顶泉水、岷江水的水质进行监测。防疫队员每天历时3个半小时，步行10余里，到镇内外10余处水源处采集水样进行检测。检测项目分为23项，包括氨氮、亚硝酸盐氮、色度、浊度、肉眼可见物、味、臭、pH值、总铁、总硬度、氯化物、硫酸盐、氟化物、六价铬、氰化物、砷、铅、镉、汞、有机磷农药、游离氯、细菌总数、大肠菌群。防疫队员还深入群众家中和抗震救灾部队，宣传饮水卫生知识，倡导多喝开水，禁止直接饮用未经处理的山泉水和江水，并发放饮水消毒片（丸）20万片，指导采取正确饮水消毒方法进行饮用水消毒，全镇群众和救灾官兵均未发生水源性疾病。

5月27日，总参防疫队到达彭州市小鱼洞镇某部基地指挥部驻地，负责饮食饮水卫生监督指导和食品、生活饮用水和湔江河水监测。不到两个月时间，防疫应急处置分队对官兵的生活饮用水进行7轮监测，发放净水片60大瓶，检测水样291份，确保救援官兵饮水卫生安全。

5月30日，新疆军区疾控中心防疫队到达理县桃坪乡，发现当地的自来水设施受到严重破坏，供水管线处于瘫痪状态，灾区群众多数饮用山泉水，但水质比较浑浊，有悬浮物，无二次供水及洁治消毒设备，且担心因上游山体滑坡、房屋倒塌，人、动物尸体及人畜粪便、垃圾可能污染山泉水。防疫队立即利用快速检验箱对灾区群众的饮用水进行水质化验，没有发现严重的污染问题，经煮沸和消毒后即可饮用。针对此情况，队员及时向当地群众发放饮水消毒片12万余片。

福建省支援四川卫生监督队于6月9日下午抵达汶川县绵虒镇，立即到各村落和安置点实地考察。震后通往绵虒镇14个村的通道全部坍塌，监督队队员常常顶着狂风暴雨，冒着滚石和泥石流危险，步行入村进户采水检测。半个月，检测水样64份，检测项目640多项次。

北川羌族自治县擂鼓镇建新村有两口水井，周围大量安置群众以此井水当作生活饮用水水源。江苏省卫生防疫应急救援队北川大队四队队员，将两个矿泉水空瓶绑在一起，其中一个瓶子作为浮筒，另一个瓶中装上含氯消毒的漂粉精，在其瓶体上扎上数个小孔，制作了两个简易的缓释消毒器投入井中使用，并通过监测水中余氯含量调整小孔数量，使游离性余氯含量保持在0.7~1.0之间，既达到消毒效果又不产生过高臭味。这种取材方便、装置简单、经济适用、推广容易、持续消毒效果可靠的“灾区简易饮水缓释消毒器”，至少可以使井水保持8天以上不用投放消毒剂，而井水的游离性余氯含量能稳定在合格范围内，使受灾群众随时可饮用消毒合格井水。

7月13日上午，驻平武县南坝镇的空降兵某部卫生队报告，部队机炮连放养在蓄水囊中用于观察水源水质的3条鱼死亡，怀疑是水源污染所致，请求防疫分队调查处理。总装备部防疫队南坝防疫分队的2名队员立即带着检水检毒箱赶到现场，逐项检测水质指标均为正常，解剖死鱼也未发现异常。流行病调查表明，饮用该囊水的官兵近3日无人出现不适症状，营区24小时有人巡逻，排除人为投毒可能，初步判断鱼是因缺氧而窒息死亡，解除官兵的恐慌。

瓶（桶）装饮用水监督监测 为保障灾区人民群众的饮用水安全，四川省质量技术监督局于5月20日成立瓶（桶）装饮用水驻厂监督领导小组，对饮用水生产实行全部免费检测和上门服务，做到现场抽检、特事特办。截至6月底，四川省质量技术监督局对600余家瓶（桶）装饮用水生产企业进行现场质量监督，抽检样品1200批次；对不合格饮用水，及时通知停止饮用。

至7月底，兰州市质量技术监督局对瓶（桶）装饮用水生产企业，开展专项监督检查和抽查，检查纯净水5万件、饮料100件。

地震发生后，重庆市质量技术监督局对重庆市9个主城区瓶（桶）装饮用水生产企业开展专项监督抽查，共抽查37家企业生产的51个批次的产品，合格46批次，合格率90.20%；对不合格产品发出整改意见书，要求存在问题的企业限期整改。其中沙坪坝区质量技术监督局检查饮料和饮用水生产企业14家，对一家未获取食品生产许可证而擅自生产饮用水的厂家封存产品，责令立即停产。至7月底，重庆市质量技术监督系统共监督抽查饮用水生产企业43家224批次。（参见图192）

图192 6月13日，重庆市卫生监督员深入受灾乡镇水厂开展水质快速检测

（重庆市卫生局 提供）

第三章　环境卫生管理

汶川特大地震发生后，灾区生态环境遭到严重破坏，居住和生活环境急剧恶化，停水、停电，尚未处理和不断产生的生活垃圾数量巨大，污染环境并给媒介生物滋生创造有利环境条件。夏季的气温逐日升高，除死难者的遗体，还有大量家禽家畜及其他动物尸体腐烂，给人们的生存环境带来极大的潜在危害。根据这种情况，地震灾区首先要开展遇难人员遗体的卫生学处理，防止疫情发生。最先赶到灾区一线的解放军和武警部队官兵及各有关卫生防疫队，根据遇到的不同情况，对挖出的遗体进行卫生学处理工作，预防因遇难人员遗体处理不当而引发疫情。

抗震救灾期间，地震灾区的卫生部门十分重视环境消毒工作，反复论证制定科学的环境消毒方案，规范环境消毒实施方法，加强消毒药品的管理，注意解决消杀灭药品的科学计划和合理供应等问题。四川灾区加强废墟清理和垃圾处理，以及野外简易厕所等临时搭建的厕所卫生消毒、管理和粪便无害化处理，预防肠道传染病的发生与传播。

地震发生后，灾区人群相对集中，缺少必要防范措施，导致潜在的传染源严重存在、蚊蝇等媒介生物滋生，病媒疾病流行的风险增加。灾区各地积极开展以媒介生物控制为主、重点环境消毒为辅的卫生防疫工作，加强地震灾区堰塞湖泄洪区的环境卫生管理，防止泄洪后淹没区和泄洪区遗留的医疗卫生系统化学、放射等有害物品及消毒药品污染环境、对人群产生有害影响。

第一节　遗体卫生学处理

遇难者遗体若腐烂不及时处理，散发尸臭，污染环境，并可能对河流或其他水源造成污染，导致灾后疫病的发生，会对灾区民众的身心健康造成严重威胁。四川、甘肃、陕西等地灾区根据不同情况，妥善、及时处理地震遇难人员的遗体，避免因遗体腐烂处理不当造成的环境和水源污染，预防地震灾区疫情的发生与流行。

一　拟定遗体卫生学处理规范

卫生部5月15日印发的《抗震救灾卫生防疫工作方案》对地震灾区遗体处理提出，自然灾害遇难者的遗体一般不会引起传染病的流行，但应认真做好人与动物尸体的卫生处理。在进行地震灾害遇难者的遗体处置时，必须遵循及时就地清理和尽快掩埋处理的原则；对需要辨明身份而不能马上处理者，存放时间应尽量缩短，存放地点应远离水源、避开人员活动区，避开低洼地。存放时间在平均气温低于20摄氏度的情况下，自然存放不宜超过4天，放入存尸袋的可适当延长存放时间，但应在遗体上下撒盖漂白粉，降低遗体腐败的速度，减少异味。遗体出现高度腐烂时应及时进行火化或掩埋处理；在条件许可的情况下，应当适当集中存放，便于管理。遗体包裹时，首选使用统一制作的裹尸袋，也可因地制宜选用逝者生前使用的被褥等进行包裹；在遗体高度腐烂时，裹尸袋内要加棉织物吸收液体，并适当喷撒漂白粉或其他消毒除臭剂；遗体的包裹要尽量严紧结实。对轻度腐烂的一般性遗体，无须进行消毒除臭处理，为减轻周围环境的臭度，在遗体周围环境可适当喷洒消毒除臭剂。要点指出，应当有专门的遗体运输车辆。遗体装车前要在车厢里衬垫液体吸收物，液体吸收物清除前需对液体吸收物与车厢用漂白粉等进行消毒处理；遗体运输时，要尽量选择人群较少的路线。有条件进行火化处理的，应当送往火化处理场。对甲乙类传染病死亡者，应做彻底消毒后，以最快速度运出火化或者2米以下深埋。对高度腐烂的遗体应进行消毒除臭处理。遗体埋葬的场所应由当地政府指定，不得随意乱埋；选用土葬，应尽可能选择2米以下深埋的方式。埋葬人数集中或有特殊原因不能选择深埋方法时，经现场卫生专家集体决定可选用浅埋（1米）的方法。在便于运输又不影响城镇、村容的地点选择遗体掩埋地，掩埋地应土壤结构结实、地下水位低、地势较高、远离水源地，且在人口密集区的下风向。遗体清理后需对其场所进行消毒处理，可选用漂白粉液喷洒。一般遗体的清理、运输人员需有一定的防护意识和卫生防护设备，要戴医用防护口罩，穿着工作服，戴手套、穿胶鞋，尽量避免意外擦伤，出现外伤时要及时进行医疗处理，应注意及时洗手并注意个人卫生。

为妥善、及时处理地震遇难人员的遗体，预防地震灾区疫情的发生与流行，保障灾区群众身体健康和公共卫生，维护灾区社会稳定，5月中旬，民政部、公安部、卫生部联合制定下发《“5·12”地震遇难人员遗体处理意见》，对遗体处理方式、遗体辨认程序、境外人员遗体处理、卫生防疫、协调配合和经费保障等方面提出明确要求。意见指出，根据遇难者有效身份证件或经亲属辨认，能够确认死者身份的，由民政部门安排火化；不具备火化条件的，土葬处理。既无有效身份证件也无亲属辨认，无法确认遇难者身份的，公安、卫生部门根据灾区实际情况，尽力对遗体进行编号、记录、拍照、提取可供DNA检验的检材，并由公安部门统一保管和检验，建立地震遇难人员身份识别DNA数据库，遗体及时火化或土葬。遇难者经确认是外国人的，遗体由中国殡葬协会进行防腐处理，遇难者身份确认、通知、遗体运输等问题，按有关规定处理。意见强调在卫生部门的指导下，参照卫生部有关技术方案进行遗体搬运和土葬。为避免因遗体腐烂造成环境污染，在遗体发现后尽快完成相关鉴别程序并进行处理。在遗体处理时，严格遵守操作规程，尊重遇难者尊严，并做好遇难者家属安抚工作。

《“5·12”地震遇难人员遗体处理意见》下发后，卫生部与民政部、公安部联合组建遗体处理工作组，赶赴绵竹、什邡、彭州等极重灾县（市）实地调查有关情况。工作组先后到灾区部分医院，了解落实无主遇难者遗体编号、记录、拍照、提取血样或其他可供DNA检验的样本等情况，并指导彭州市龙门山镇现场搬运和埋葬遇难者遗体、对遗体接触环境消毒处理。通过调查，工作组发现灾区部分地区的遗体处理速度较慢，处理压力很大，如绵竹市因火葬场在地震中被毁损，什邡市无火葬场，只能运送至广汉市火葬场火葬；一些遗体掩埋深度不足，掩埋地选择距离水源较近，存在污染环境和水源的隐患。

从5月13日起，中国疾控中心通过网站开始发布《灾难发生后遇难者遗体处理》专帖，为处理灾后遇难者遗体提供参考与指导。18日，中国疾控中心抗震救灾领导小组成立抗震救灾专家组，组织起草《遇难人员的遗体清运人员的卫生防护要求》，上报卫生部后，放在中国疾控中心网站公示，为灾区各卫生防疫队伍开展遗体卫生学处理工作提供参考和指导。

四川省政府5月15日下发《关于切实做好地震灾后疾病防控工作的紧急通知》，提出要尽快处置灾后遗体，防止污染环境造成疾病流行。通知要求灾区各级政府加强领导，把遇难者遗体处置工作纳入抗震救灾的重要内容，一起安排，一起部署；要落实责任，把任务分到部门，分到单位，分到户，落实到人，调动全社会的力量，做好遗体的处置工作；同时，要加强宣传教育，让家属和亲友顾全大局，及时配合政府做好遗体处置工作。通知提出，要防止因遗体处置不及时、不果断、不规范造成疾病的发生。随后，四川省政府又向灾区各地政府下发《关于地震遇难者遗体处置的通知》，明确提出遗体处理的主要方式是消毒之后，就地深埋；对于灾区一线挖掘出的遗体，原则上不再运往殡仪馆。16日，四川省卫生厅印发《关于加强地震灾后尸体处置的紧急通知》，要求受灾地区各级卫生部门，采取果断措施，及时处置灾后死亡人畜尸体，并对防尸碱中毒与除恶臭、遗体的卫生清理与消毒以及遗体移送工具的消毒提出严格要求；此后，又下发《四川省卫生厅等关于加强地震灾后遇难人员遗体和畜禽野生动物尸体处置的紧急通知》。成都、德阳、绵阳、广元、阿坝、雅安等市（州）也相应下发有关文件，以确保极重灾区和重灾区的遇难者遗体的规范化处理。

四川省卫生厅制定的应急条件下遗体最终处置办法有火化与掩埋两种。遗体火化后不具有传染性，但需要专用设备和大量燃料，耗时也比较长，不适合灾后大批遗体的处置。在遗体身份未确认时也不适宜采取火化形式。灾后遗体处置的推荐方式是使用尸袋单例择地掩埋，掩埋时应避免污染地下水源。

二　部队对挖掘出的遗体进行卫生学处理

成都军区防疫队处理遗体　地震发生后，距北川县城仅3公里的任家坪村民房几乎全部坍塌，位于任家坪的北川中学第二教学楼二层楼深陷入地面以下，第一教学楼彻底坍塌，变成废墟，数百名师生被深埋于废墟中。成都军区疾控中心防疫一队于5月15日到达任家坪，专门负责处理遇难者遗体及环境消毒。救援人员从倒塌的建筑废墟中挖掘出一具具遇难者遗体，停放在学校大门左侧的空地上，公安人员对遇难者遗体编号、遗物检查、拍照并登记，防疫队员背着背负式喷雾器对遗体逐一喷洒消毒处理。消毒后的遗体用塑料布包裹或被装入尸体袋内，再集中运至德阳市殡仪馆火化处理。成都军区疾控中心防疫一队队员负责对抬运遗体的担架、运载遗体的车辆、停放过遗体的地面以及挖掘出遗体的废墟等场所按规范作全面消毒处理。

济南军区救援部队处理遗体　济南军区抗震救灾指挥部政治部、联勤部发出《关于协助地方做好遇难者尸体处置工作的通知》，要求济南军区参加抢险救援的部队指战员克服困难，协助地方做好遇难者遗体的处置工作。通知规定，作业人员分为消毒、搬运、掩埋、保障等小组，参加遗体处理的所有人员都穿隔离衣，戴防毒口罩，扎橡皮围裙，戴厚橡皮手套，穿高统胶鞋（靴），扎紧裤脚、袖口，对遗体喷洒 10% 漂白粉乳液、三合二乳剂或除臭剂。搬运转移时，除消毒除臭外，还要用衣服、被褥或布匹将遗体包严，装入裹尸袋内并将口扎紧，防止尸臭逸散。在遗体装车前，先在运尸车厢垫一层沙土或塑料布，防止尸液污染车厢。遗体转移后，对现场用 10% 漂白粉乳液消毒和除臭剂进行终末消毒处理。掩埋时，首先和地方政府进行交接，双方签字后按照规定要求进行深埋。挖埋遗体的人员作业完毕，在距生活区 50 米以外的消毒站脱下隔离衣、围裙和胶鞋，由消毒人员进行消毒，把橡皮手套放入消毒缸内浸泡消毒，双手用 3% ~ 5% 来苏液浸泡消毒，再用酒精棉球擦手，最后用清水肥皂洗净。

5 月 15 日至 6 月 16 日，济南军区 71521 部队组织所属部队卫生防疫力量伴随保障，协调第四军医大学、第 201 医院、第 301 医院、第 150 医院等单位派出防疫人员，组成防疫队，深入各任务区清理掩埋遇难群众遗体现场，指导官兵作业前防护，作业后清洗、消毒和体检，先后挖掘、掩埋遇难者遗体 2647 具。（参见图 193）

图193　5月22日，四川省疾控中心人员与当地参与救灾部队在绵竹灾区消毒掩埋遇难者遗体
（四川省卫生厅　提供）

5 月 15 日，济南军区 71566 部队政委王高峰组织 30 名官兵在都江堰市青城山镇红岩村 9 组组织搜救时，3 个正在清理废墟的青年跑过来请求救援他们被埋在废墟下面的父亲。经过一小时的奋战，在倒塌的墙壁下发现老人遗体，坦克二营营长胡迪家拿出自己的白毛巾，把老人脸上的尘土和血迹擦净。根据当地风俗，村民逝世后要埋到本家墓地。王高峰组织官兵翻越 5 公里山路，用自制简易担架将老人遗体抬到墓地进行消毒掩埋，并向遇难老人默哀一分钟。老人的 3 个儿子深受感动，双膝跪地，冲着官兵们磕头拜谢。

5 月 16 日上午，赶赴四川灾区的济南军区疾控中心卫生防疫队接彭州市卫生局通知，要求迅速派出一支分队奔赴搜救现场，执行遗体处置和周围环境的终末消毒任务。防疫队 11 名队员携带 1 台机动喷雾器、1 台热烟雾机、4 台背负式手动喷雾器以及拜力坦、优氯净等消杀药品 50 公斤，于中午前到达东林寺地区。防疫队先对遗体及周围环境用有效氯浓度为 2 克 / 升的消毒液喷洒消毒，再用热烟雾机对周围环境进行杀虫处理。在消杀过程中，多次发生强烈余震，并伴有大面积山体滑坡，但所有队员坚持在废墟中对 14 具遗体进行消毒和热烟雾杀虫处置。

5 月 19 日至 6 月 15 日，济南军区 71811 部队直属队在青川县南坝、坝子等地挖掘遗体 78 具。官兵采取多组轮换作业方式，防止人员过度疲劳，缩短接触尸臭时间，按“查、消、埋、洗”四步法进行处理。“查”即先检查装具是否齐全完备，“消”即对遗体先消毒再处理，“埋”即处理完毕后及时掩埋遗体，“洗”即作业完毕后及时对人员装具清洗消毒。71811 部队直属队处理遗体的“查、消、埋、洗”四步法，在军内外卫生学处理遗体工作中迅速得到推广。

5 月 21—31 日，济南军区 71781 部队担负汶川县映秀镇遇难者遗体挖掘掩埋任务。由于山体滑坡和楼房坍塌，造成大部分遇难者遗体支离破碎，整个废墟气味刺鼻，感染尸毒概率大，作业环境十分恶劣。部队出动 600 名官兵，采取“多点同时展开、分班轮流作业、昼夜连续实施”的方法，严格按照“五个必须”（必须统一组织工作人员消毒、必须在地方工作人员或遇难者亲属在场情况下进行、必须派出警戒人员、必须尽最大可能保证遗体完整、必须严格履行登记手续）和“十步”规范化操作流程（询问定位、现地查看、确定方法、机械挖掘、人工清扒、消毒防疫、验证身份、装袋密封、搬运遗体、挖坑深埋）实施作业。担负任务的官兵身着密不透气的防护服，头戴防护面罩，脚穿高腰雨鞋，在废墟上一干就是七八个小时，中间不能喝水、不能擦汗、不能休息、不能排便，每次下来，从防护服和鞋中都能倒出汗水，不少官兵身上长了湿疹，刺痒难忍。为安抚遇难者亲属，尽量保持遗体的完整，官兵承受着心理意志的考验，反复寻找残缺的肢体，让遇难者有尊严地上路。经过 10 天的连续奋战，部队共清理掩埋遇难者遗体 391 具。26 日上午，部队在汶川县映秀镇执行“进村入户”搜救任务。由于震后道路被阻绝，映秀镇烧火坪村一直与外界隔绝，成为一座“孤村”。部队参谋长朱自强带领 2 名战士沿渔子溪逆流而上，深入烧火坪实地勘察灾情。面对震后山体滑坡道路中断、悬崖绝壁无法攀缘的现状，在余震、滑坡、泥石流不断的情况下，他们在急流与滚石夹缝中开辟通路，3 公里的路程走了将近 3 个小时。到达烧火坪村后，他们发现暴露在外的遇难者遗体已高度腐烂，臭味刺鼻，苍蝇横飞，传播疫情的风险极大。27 日上午，朱自强和政委张博带领 100 名官兵，在地方有关专家指导下，对暴露在外的 27 具遇难者遗体进行集中掩埋，并耐心疏导，救出不肯离家、大腿骨折的 81 岁老人李志民。官兵共挖掘掩埋遇难者遗体 36 具，并对该地区实施大规模消毒。

5月23日上午，济南军区某装甲营应青川县卫生防疫人员请求，对红光乡一具被雨水冲刷外露的遇难者棺木重新安葬。经与遇难者家人和防疫人员商量，选择在远离水源、土质相对松软的北山上重新安葬。挖掘掩埋组克服山石较多、天气炎热等不利因素，分2个小组轮换作业，至中午，深3米、长2米、宽1米的墓穴挖掘完毕。由于死者下葬时间较长，遗体严重腐烂，气味很大，再加上棺木掩埋在一片石块、木头、沙土混杂的废墟中，挖掘工作难度很大。挖掘掩埋组采取先大后小、先易后难的顺序分批清理棺木周围杂物，同时对棺木流出液体和蛆虫进行消灭杀。由于山路陡峭狭窄，在抬运棺木路线选择上，本着“宁平勿陡、宁宽勿窄”原则，在人员配合上采取“矮上高下”的方法分段抬运。消毒组伴随其后，对流淌在地上遗体腐化水进行消毒。重新掩埋完毕，官兵将手套、口罩集中焚烧后，返回营区。

沈阳军区防疫队处理遗体　5月21日，沈阳军区防疫队到达极重灾区茂县后，赴石大关乡蹲点的3名队员无意中听说在大店村附近埋有14名被砸死的游客，便立即赶到实地勘察，发现夹杂着血迹的旅行包、衣物、鞋等东西散落一地，河床边埋遗体的位置露着裹尸的白布，一阵阵恶臭味迎面而来。遗体被浅埋在河床边，会影响到下游沿岸村民、甚至整个县的饮用水安全，增大疫情发生、传播和蔓延的概率。察看周边环境后，防疫队员选好一处安全的埋尸位置，然后立刻返回村里，动员将遗体挖出重埋。一些村民们认为他们大惊小怪，谁都不愿意干挖掘之事。防疫队员当即表态，由村民负责挖坑，由防疫队员负责挖掘遗体。由于遗体高度腐烂，不但气味难闻，还流水流脓，甚至掉着肉渣。3名防疫队员强忍着恶心和快被呛出的眼泪，将遗体一具一具地挖出重新包裹好，放入新挖的深坑深埋，并仔细完成现场消毒。

北京军区防疫队处理遗体　地震发生后，安县睢水至高川路段一些汽车和遇难者遗体被塌方的山体所埋。5月22日上午，获悉部分被埋入泥石多达10天的遗体即将挖出，北京军区疾控中心防疫队消杀组从驻地出发，行驶130公里山路到达挖掘现场。因塌方泥石体量巨大，还有滚石不断滑落，挖掘工作进展缓慢。防疫队员主动与在挖掘现场等待的死者家属沟通，了解死者有无随身携带物品等相关信息。下午，载有遗体的被埋车厢前盖被打开，防疫车紧贴山体一侧倒近被埋车辆前。一名防疫队员手持高压喷枪，对被埋车体进行全面消毒。3具遗体被抬出后，防疫队员穿好防护装备，身背机动喷雾器，贴近早已高度腐败变形、尸臭浓烈的遗体，用500毫克/升浓度的含氯消毒剂消毒，并把喷雾尽量调整得柔和一些。待用尸袋将3具遗体装殓装车后，防疫队员对死者身上的贵重物品和现金用消毒液消毒处理后通过现场公安人员交还死者亲属。

空军防疫队处理遗体　空军防疫队先后在绵竹、都江堰、彭州等地规范处理遗体122具。防疫队从卫生学角度指导部队合理选择埋尸点，要求把埋尸点尽量选择在交通便利，不影响城镇和乡村容貌，且地势较高、土壤结实、地下水位较低、远离水源地的下风向。5月17日上午，空军防疫队员对绵竹市汉旺镇汉旺中学废墟中发现的3具遇难者遗体进行处理。其时遗体已经完全肿胀，散发着刺鼻的尸臭，防疫队员做好个人防护，对遗体表面进行消毒，并对周围5米范围进行终末消毒，然后留下部分消毒液和一个背负式喷雾器给清理废墟的部队并进行尸体处理指导。（参见图194）

图194　5月31日，驻彭州市龙门山镇防疫队队员与部队战士对遇难者遗体和动物尸体进行消毒（四川省卫生厅　提供）

军事医学科学院防疫队处理遗体　5月16日，汶川县映秀镇政府确定在渔子溪村建立遇难者公墓，在渔子溪村附近的山腰上挖掘大坑，并向坑中转移遗体。军事医学科学院防疫专家组指导对映秀镇废墟遗体进行消毒及掩埋，具体程序为发现遗体后由现场医师取血样备查，先经过法医、公安鉴定及照相，供其家属以后认领。在家属还没有与逝者见面时，在原废墟地，即进行喷药消毒；抬取出来之后，即刻撒漂白粉与石灰再消毒，装进裹尸袋掩埋。掩埋前，为不造成污染及疫情，防疫工作者及负责抬运的士兵们再一次对遗体进行消毒，埋于3米以上的深坑中，“埋一层、撒一层石灰”。战士们24小时三班倒连续工作，在7米深的壕沟内，埋有6层遗体。当地灾区群众对特殊时期的这种遇难人员遗体处理方式表示理解和支持。

5月19日下午，军事医学科学院防疫队接到通知，映秀小学将对危楼进行爆破，以展开遇难师生遗体集中挖掘工作。防疫队派出5名队员和8名战士，携机动式喷雾器和背负式喷雾器及漂白粉、溴氰菊酯类杀虫药和生物除臭剂等药品，跑步赶到映秀小学。防疫队和现场的指挥人员、武警、法医及挖掘人员共同研究遗体挖掘处置相关问题和分工。按照防疫队的建议，挖掘工作开始前，先由防疫队队员对挖掘区域进行消毒、除臭处理；随后，挖掘人员展开工作。发现遇难者遗体后，防疫队队员上前对遗体进行消毒、除臭，武警战士负责搬运遗体至指定地域，遗体移开后对现场再次喷洒除臭剂和消毒剂。在停放遗体的第二现场，按除臭、消毒、杀虫的顺序对遗体进行处理，待法警取证；遗体装入遗体袋，在遗体表面直接撒消毒粉，武警战士将遗体袋封好、将口扎紧，防疫队队员再对遗体袋外侧喷洒消毒液。遗体运走后，对第二现场进行消毒和杀虫处理。当天共处理遗体4具。从19日起，防疫队队员开始全天候三班轮换作业。至25日，映秀小学挖掘工作结束，防疫队共处理遇难师生遗体240多具。此次挖掘过程中，军事医学科学院防疫队设计并实践的遗体处置程序，被作为标准予以广泛推广和应用。

5月21日，随着渔子溪河上临时铁架桥的建成通车，大型挖掘机械得以进入映秀镇，挖掘进度明显加快。按照阿坝藏族羌族自治州抗震救灾指挥部的统一部署，映秀镇23个遗体集中掩埋点同时展开挖掘工作。遇难者遗体的卫生学处置由军事医学科学院防疫队负总责，前往救援的湖北省、重庆市和四川省的资阳、达州、南充、乐山等市疾控中心各承担其中一个点的处置任务，军事医学科学院防疫队增派战士予以协助和加强。军事医学科学院防疫队的全体人员每天分三班不间断地轮换作业。截至6月5日，大规模集中挖掘工作结束，军事医学科学院防疫队共处理遇难者遗体665具，其中仅在5月24日一天就处理102具。

总装备部防疫队处理遗体 5月27日晨，总装备部防疫队接到平武县平通镇抗震救灾指挥部紧急通知：平通镇牛飞村发现一只遇难者手臂，地点在平通镇山体滑坡最严重的地方。总装备部防疫队立刻派出两名队员，穿好防护服随家属一起赶到发现遗体的河道对岸。当时遗体位于河道上方约50米处，为防止其对河道产生污染，必须及时处理，但从安全地带出发，中间要走一段长约1500米的滑坡地带，两名队员遂向指挥部提出立即通过滑坡路段进行遗体处理的建议。为保障遗体处理人员的安全，队员佩戴钢盔和防毒面具，同时一个班的战士持枪观察山体情况，一旦发现滑坡立即鸣枪示意。在遇难者家属的带领下，3名防疫队队员与平武县疾控中心的2名工作人员迅速通过滑坡地带，发现遗体。由于遗体严重腐烂，防疫队员在挖掘过程中几乎无法呼吸，先对遗体进行消毒处理，然后分组进行遗体的挖掘和处理工作。经过11个小时的连续作战，共挖出9具均已高度腐烂的遗体，在对遗体进行消毒和防腐处理后，转移到适当的地点深埋，防止其对河道造成污染。

广州军区防疫队处理遗体 7月23日，北川羌族自治县漩坪乡乡长急匆匆赶到广州军区防疫队第一防疫分队驻地漩坪乡永吉村，请求派人到山下的公路边协助永吉村村民，将地震中被山体滑坡埋没的3具遗体挖出来安葬，并帮助做好现场防护与消毒指导工作。防疫队员迅速准备消毒药械和防护服、口罩等物品，与驻白坭乡的第三防疫分队队员携带50公斤漂白粉同时赶往现场。遗体被埋地点在一条山涧旁的村级公路边，山体滑坡将整个公路埋没，震后村民在滑落的山石上开辟出一条危险的人行道，受余震的影响，山石时有滚落，仅靠现场10名村民挖掘，加上天气炎热，很难将遗体挖出来。经与乡政府协调，某部6连40余名战士到现场增援。防疫队队员进入现场与群众一起挖土清理，并给参加挖掘的战士和群众每人发放口罩和矿泉水，严格控制挖掘时间，及时轮换人员，防止有人中暑；指派专人每隔10分钟对作业面撒一次漂白粉，每隔20分钟对作业面用喷雾器洒84消毒液1次，对被挖出的遗体用足量的漂白粉消毒后，放入塑料袋内密封包好运往安葬点。任务完成后，所有挖掘人员用消毒液洗手，再自行晾干。

海军防疫队处理遗体 海军防疫队进驻极重灾区什邡市红白镇开展卫生防疫，发现遇难者遗体埋葬方式和埋葬地点选择都存在问题。红白镇伤亡最大的地方集中在镇政府所在地和二村、三村等地，其余村皆为零散死亡。零散死亡的遇难者，在地震发生两三天后，邻里之间相互帮忙，遗体均被挖出，并按照当地风俗就地安葬。集中死亡的遇难者遗体，主要埋葬在红白镇加油站上的坡地和金河磷矿家属院附近的平地。由于遗体数量较多，挖掘符合标准的墓穴的难度比较大，墓穴多为很浅的小坑，仓促掩埋遗体极易发生尸液泄漏，污染环境；泥土若被雨水冲刷，还可能会发生暴尸现象。墓地的选址由当地镇政府和金河磷矿领导决定，没有充分考虑到防疫要求。其中，在加油站坡地的坟场上方，有一个给居民供应饮用水的水源（水源为山涧溪水，汇集到水池通过管道连通到各户），距离坟场不到 20 米。海军防疫队防疫人员勘察现场后提出，立即停止在水源周围再建遇难者墓穴，同时在原有坟头上多覆盖土层，并用水泥等加固，以防止尸液污染水源及暴尸等现象发生。当地政府和卫生院领导根据这些建议，连夜从什邡市调用水泥及水泥瓦当（即将水泥下水管道锯成两半，形成半圆筒型的样子）。救援部队组织官兵先在加油站上方的坟头上堆加土壤覆盖瓦当，再用水泥混凝土填塞瓦当的两头，以防雨水冲刷。之后，又在金河磷矿家属院区的墓地挖出一条槽渠，将上百个遇难者并排摆放在渠中，覆盖土壤，形成一个长条的坟带，再在其上覆盖一层厚厚的水泥。在海军防疫队到达红白镇以前，埋葬的遗体都未经过防疫处理，基本上是直接装入裹尸袋中，在墓穴中直接下葬。海军防疫队到达以后，建议在墓穴中铺一层生石灰，在裹尸袋里面和遗体的上下放入漂白粉；当遗体放入墓穴后，在裹尸袋上面再覆盖一层石灰粉，以防止尸液流出污染环境；对已经安葬的坟头，也要撒上一层石灰粉。建议很快得到落实。

三　地方救援人员对遇难者遗体进行卫生学处理

地方救援人员对挖出遇难者遗体卫生学处理　成都市在地震发生的当天，在遇难人员较集中的地域，对遇难者遗体实行尸袋包裹，集中存放。（参见图 195）在尸袋紧缺的地方，有用棉被包裹遗体停放的。卫生防疫和消毒人员对挖出的遗体，立即进行消毒除臭处理，并指定远离水源、避开低洼地带，防止污染源扩散的地点存放和掩埋遗体；将遗体运到殡仪馆火化，涉及遗体处理多个环节，都有专业防疫人员介入处理。

图 195　5 月 15 日，成都市疾控人员在彭州市龙门山镇银厂沟对遗体进行消毒（四川省卫生厅　提供）

从5月13日起，绵阳市的市、县疾控部门开始对遇难者遗体采取统一方式处理：遗体经过氧乙酸溶液消毒后装入裹尸袋，裹尸袋经过氧乙酸消毒，再由专用车辆运至绵阳市城区及周边地区殡仪馆火化处理。此过程中，裹尸袋接触的环境地面和运输车辆等物体表面，均用过氧乙酸溶液进行消毒。由于地震死难者过多，绵阳市区和一些县的殡仪馆均处于高负荷运转状态。从15日起，遇难者遗体处理开始由火化转为就地深埋。遇难者遗体较集中地区开始采取集中掩埋的方式：掩埋坑底先铺上一层生石灰，放上一层遗体（遗体装入裹尸袋内并经过氧乙酸消毒处理）后再铺上一层生石灰，再放上一层遗体，直至最上面一层遗体距离地面一米，再铺上一层生石灰并覆盖泥土。山区分散住户中的遇难者遗体，则在专业防疫队现场指导下用生石灰深埋处理。截至5月底，绵阳灾区累计出动疾控防疫人员3400人次，按要求处理遇难者遗体3014具。极重灾区和重灾区的大多数地区在交通断绝或不畅的情况下，遇难者遗体多采用就地埋葬的方法进行处理，得到群众的理解。

5月19日下午，湖北省第一批抗震救灾卫生防疫队协助救援部队对汶川县映秀镇小学倒塌现场进行清理，解放军官兵负责将死亡师生的遗体往外运，防疫队员配合军队卫生人员负责对遗体和环境进行消毒，并经法医采样，最后就地消毒掩埋。至26日，湖北省卫生防疫队在映秀镇协助，掩埋处理消毒遗体26具。

5月20日下午，河北省抗震救灾防疫队接到安县卫生局和疾控中心报告，安县睢水镇凯江中发现一具浮尸，要求协助处理。接到报告后，河北省抗震救灾防疫队成立一个紧急情况处理小组，在绵阳市抗震救灾防疫队工作人员协助下，从驻地安县县城通过10余公里危险地段，及时赶到现场，立即对遗体进行检查，发现遗体为男性，死亡时间大约为三四天前，遗体已经出现腐烂迹象。处理小组马上用漂白粉对遗体消毒，用塑料布进行裹扎，并建议报告当地公安机关和民政部门对遗体进行辨认和留档处理。

5月21日下午，眉山市卫生执法监督支队在青川县木鱼镇巡查，发现木鱼镇中学背面的威虎山上浅埋的200余具遇难者遗体大多已经严重腐烂，简易棺木暴露在外，埋葬方法不符合地震灾后遇难者遗体处理办法，隐患突出。青川县抗震救灾指挥部和木鱼片区分指挥部闻讯，在木鱼镇召开威虎山地震灾害后遇难遗体再处理现场办公会，决定立即对威虎山掩埋遗体重新处理。在处理时，由青川县疾控中心负责提供消毒药物、防护设备和物资，宁夏回族自治区石嘴山市卫生防疫队负责现场消毒，青川县卫生执法监督大队负责监督掩埋遗体坟地打坑深度。至23日，埋葬在威虎山上的200余具遇难者遗体全部按照规范要求重新消毒和深埋，并对掩埋地及周围环境进行消杀，基本消除因浅埋造成的隐患。

5月23日傍晚，在安县桑枣镇支援抗震救灾卫生防疫的河北省唐山市卫生防疫队接村民报告，花庙村一个村民遗体被简单掩埋在村里的红薯窖中，已经发出严重腐败的尸臭。唐山市卫生防疫队立刻赶到花庙村对遗体进行处理。红薯窖入口很小，窖里填埋有大块的土坯等物，清理工作相当困难。队员们小心地钻进窖里清理，最终将遗体运出窖外，严格消毒处理后，交由当地民政部门运走火化。

6月2日，中国疾控中心汶川工作队驻克枯乡工作小组接到通知，要求工作小组前往下庄村全沟处理刚挖掘出的遇难者遗体。防疫队队员立即带上防护衣、口罩和消毒喷雾器前往发掘地点，做好个人防护后，按照要求对遗体进行消毒处理。当队员将遗体转移至背风处准备进行焚烧时，山体突然垮塌，原遗体停放点被厚厚的尘土和石块覆盖，河流上游100多米处的半边山体整个垮塌下来。队员们不顾危险，抓紧时间迅速完成遗体处理。

银洞村是青川县曲河乡的重灾村。地震发生后，银洞村两旁的大山大面积滑坡，无数巨石坍塌，阻塞和摧毁了外界进入该村的唯一一条乡村道路。地震发生当天，银洞村一位30岁左右男性村民在大山中砍柴时遇难，被发现时遗体已高度腐烂，臭气熏天。6月13日上午，江西省萍乡市防疫分队接到驻地曲河乡抗震救灾指挥部命令，要求派员配合处理这具遗体。分队3名队员携带装备和消毒药物，与乡、村有关人员和公安干警一起翻山涉水，穿越数公里长的山体滑坡危险地带，到达现场后，队员们选择理想的埋尸地点，挖好坑，用近2厘米厚的漂白粉垫铺坑底，将经消毒除臭处理后的遗体用大塑料袋裹装放入坑中，再在塑料袋上和周围撒一层厚约2厘米的漂白粉用土埋实，并对掩埋场所进行消毒卫生清理。

海南省卫生防疫队到达汶川后，负责的区域大部分为比较偏远的山区，遇难者遗体所在地点较分散，队员通过村民报告及撒网式监测，发现遇难者遗体埋葬不当后，协助当地完成鉴别程序，按照操作规程进行遗体清理、深埋及环境消毒。

质检总局组织多支防疫队进入四川灾区，协助开展卫生防疫，其中包括对死难者遗体进行卫生学处理。5月18日至6月29日，质检总局各卫生防疫队在北川、平武等县对区域内的199具遇难者遗体进行科学、有效的卫生学处理。5月19日，质检总局天津卫生防疫一队在平武县平通镇中学废墟消毒时，发现一具刚从地震废墟中搜寻出的60多岁女性遗体。遗体浸泡在水中，周围苍蝇成群，已经高度腐烂。所有队员列队向遇难者遗体默哀，然后，一名队员克服心理障碍，佩戴医用防护口罩、穿着工作服、戴手套、穿胶鞋，用5000毫克/升的有效氯制剂喷洒尸体并撒盖漂白粉，对尸体周围喷洒消毒除臭剂。最后，队员们与解放军官兵一起对遗体进行包裹，在远离水源地且地下水位高的地方进行2米以下深理。

地方救援人员对未挖出遇难者遗体卫生学处理 四川灾区的一些遇难者遗体深埋于废墟之中，还有一些在山体滑坡时遇难的人员被深埋在滑坡山体内，无法挖出。对于深埋于地震废墟中未能挖出的遗体，绵竹、广元等市均组织防疫队每日对废墟进行2次以上消毒，并禁止人员进入；对于深埋于滑坡山体中的遗体，由于条件所限，未做进一步处理。什邡市防疫队在对深埋于地震废墟中未能挖出的遗体进行消毒时，采用含有效氯50%～60%的二氯异氰尿酸钠（即优氯净），使用浓度为5000毫克/升，即每25公斤水中加优氯净500克（1袋）或5000毫克/升有效氯的漂白粉溶液喷洒消毒。

专记 失事直升机遇难人员遗体的卫生学处理

5月31日，成都军区某陆航团邱光华机组驾驶的直升机在汶川特大地震中心区域的汶川县映秀镇上空失踪；直至6月10日，搜寻人员才在距映秀镇直线距离7.5公里的山谷中找到失事直升机及机上5名机组成员和13名地方人员的遗体。

发现失事飞机的当天下午，军事医学科学院防疫队的两名专家，跟随搬运遗体的部队到达失事飞机现场。在飞机失事现场，遇难人员的遗体散落在数百米深、数十米范围的山谷中，均已高度腐败，并散发出恶臭，遗体上有大量的蝇蛆。防疫人员携带消毒药品顺绳索下到深谷，先对现场用10000毫克/升有效氯的优氯净进行消毒，再用微生物抑菌除臭剂10倍稀释液对遗体除臭处理，用0.05%的奋斗呐杀虫。然后，由搜救人员将遗体放进统一制作的裹尸袋，由防疫人员再一次对现场消杀。失事直升机现场距映秀镇遗体处置点直线距离不远，但要将遗体从现场通过深山峡谷搬运到处置点需要近20个小时。为做好搬运人员的卫生防疫工作，成都军区疾控中心指导参与防疫、清理、运输人员全部戴N95防护口罩，穿防护服，戴加厚乳胶手套，穿胶鞋（或雨靴），尽量避免在运输途中有人员受伤。

6月11日上午，根据成都军区联指的要求，成都军区联勤部卫生部副部长李江带领成都军区疾控中心工作人员从成都赶到映秀，与军事医学科学院防疫队研究直升机遇难机组人员和群众的遗体处置问题。与军事医学科学院科技部部长王玉民协商后，双方联合成立“失事直升机遇难者遗体处置工作领导小组”，共同制订直升机失事遇难者遗体卫生防疫处置工作方案。14时，在离水源约50米、人员活动较少而相对僻静的地方，布置了一个面积约500平方米的遗体中转处置场所。18副棺材排列于其西南面，用于遗体临时停放处置的9顶帐篷分布于其东北面。12日上午，军事医学科学院防疫队准备背负式手动喷雾器20台、优氯净10箱（100公斤）、微生物抑菌除臭剂5桶（125升）、5%奋斗呐10公斤、防护服240套、防护眼罩150个、N95口罩250个、雨靴100双、加厚橡胶手套240双。卫生防疫处置组人员共30人分为6组，一至五组为遗体消杀组，每组由2名防疫技术人员带2名战士负责遗体消毒、除臭、杀虫处理；第六组为外围洗消组，由1名技术干部带6名战士负责出入现场所有人员的洗消。14时30分，成都军区疾控中心和军事医学科学院防疫队，分别对消杀处置人员和遗体搬运人员进行自身防护及相关操作技术的培训。16时30分，根据直升机失事现场传回的遗体损毁情况，聘请5名殡仪馆工作人员协助整理遗容。21时30分，殡仪馆工作人员及四川省公安厅法医到达处置现场。10分钟后，第一具烈士遗体由黑水县民兵运送至处置现场。搬运遗体下来的部队人员直接将遗体放置在帐篷内指定位置后，由外围洗消组用3000毫克/升有效氯的优氯净对返回的官兵及抬运遗体的担架进行全面洗消。帐篷内防疫人员对剪开尸袋的遗体，用10倍稀释的微生物抑菌除臭剂、10000毫克/升有效氯的优氯净、0.05%的奋斗呐对遗体按照除臭、消毒、杀虫的程序处理，对腐烂严重的遗体直接撒消毒粉消毒。随后，公安人员进行尸检，殡仪馆工作人员对遗体整容和穿衣，并将遗体装入裹尸袋封严。防疫人员再次对裹尸袋进行消毒后入棺。入棺时，先在棺木底层撒优氯净消毒粉，铺一层裹尸袋，再撒优氯净消毒粉、铺棉絮。将包裹好的遗体移入棺木中之后，再一次在棺木外喷洒消毒，由6名战士将装有遗体的棺木搬运到专用车辆上。13日8时13分，6名战士将装有机组最后一名烈士遗体的棺木搬运到专用车辆上。两分钟后，载着5名烈士遗体的车队从映秀遗体处置点出发，前往都江堰。13名遇难群众的遗体被陆续运回后，进行了同样程序的处置，全部处置工作持续到14日8时结束。最后，对遗体处置后的残留物及参与处置人员穿戴和使用的物品进行焚烧。整个遗体卫生学处理工作紧张有序，未出现任何纰漏。

第二节　环境消毒

汶川特大地震发生后，灾区生态环境遭到严重破坏，给人们的生存环境带来极大的潜在危害。灾区各级政府周密部署，科学处置，全面开展环境消毒、媒介生物控制、堰塞湖泄洪区泄洪前后的卫生学处理等工作，并组织专业力量加强环境卫生治理工作的督导与技术指导，创建一批灾区群众示范安置点和示范卫生厕所。

一　环境消毒方案制订与论证

地震发生后，卫生部组织疾病预防控制专家根据地震灾区的实际情况，编写和发布地震灾区卫生防疫消毒处理要点，要求各级疾病控制部门应有具体分工，切实做好地震灾区的消毒组织工作。消毒处理要点要求，地震灾区应当有专人负责保护水源和饮水消毒，同时搞好周围的环境卫生消毒。消毒时专人负责，做好消毒剂的集中供应、配制和分发，并做好消毒常识宣传，组织群众实施消毒措施并具体指导其正确使用。在使用卫生部消毒产品许可批件的消毒剂消毒时，按说明书中的适用范围和使用方法操作。消毒处理要点对地震灾区各种物品包括一般用具、食具、墙壁、地面、粪便、呕吐物、污水、饮水、瓜果、蔬菜和手的一般卫生消毒的具体消毒方法，给出具体建议。

抗震救灾初期，灾区在环境消杀过程中，存在的主要问题是：消毒不彻底，如厕所粪便和垃圾未消毒或消毒不彻底；使用不合格的消毒药剂，如使用无证产品；杀虫剂的选择和使用不当，如将农药雷乐用作卫生用杀虫剂等；个别地区存在消杀过度现象，如对每辆过往车辆和人员进行喷洒消毒和杀虫，对城市道路喷洒消毒。

针对如何对地震灾区城区大面积的废墟、尸体、垃圾、粪便进行科学消毒的问题，中国疾控中心消杀灭专家组于 5 月下旬，会同四川省有关专家赴北川实地考察，提出地震灾区消毒工作一定要目标明确。以卫生防疫为目的的消毒，应严格依照卫生部发布的地震灾区卫生防疫消毒处理要点规范展开，避免消毒不足和消毒过度两类错误。灾区道路上设立消毒点对往来车辆进行喷雾消毒，用喷雾器对着来往人员喷雾消毒的做法，不仅浪费消毒剂，而且造成环境污染和对人的伤害；有些地方对居住点的群众个人手部消毒，对简易厕所、粪池排泄物等却没有严格落实消毒措施。专家建议，疾控部门应对消毒操作人员进行培训，真正实现科学消毒、有效消毒；对群众加强正确消毒方法的指导，教会灾区群众简便消毒方法。专家表示，消毒是灾后防大疫的一个必要手段，但“消毒并不等于防疫，灾区也不等于就是疫区”，大面积、高浓度使用消毒剂，不仅造成大量人力物力的浪费，也造成环境危害，使用消毒剂要控制量和使用范围。

5 月 24 日，四川省抗震救灾指挥部医疗保障组疾病防控组根据专家意见，向各地发布《关于合理使用消杀灭药剂的通知》。通知中做出“灾区不是疫区”的明确论断，纠正各地过度使用消杀药品的情况，指出未明确有污染时，不需要喷洒消毒；如明确有污染时，可根据污染物类型，采用相应的消毒方法进行消毒处理。各地消杀药品使用逐步规范。

陕西省卫生厅于5月19日下发《关于加强震后灾区卫生监督工作的紧急通知》，要求扎扎实实地开展灾后环境消毒卫生监管，受灾各地要结合实际做好地震灾区环境卫生清理消毒的监督指导，加强对进入灾区的消毒产品卫生质量安全监督管理，严防不合格消毒剂流入灾区，并要求对生产销售不合格消毒剂的单位和个人，依法严惩。

专记　震后北川县城消毒防疫决策纪实

汶川特大地震发生后，北川县城周边三面高山向城区坍塌，整个县城核心地带的建筑，新城60%被毁、老城80%被毁；水、电、气等基础设施荡然无存；人员伤亡十分惨重。

北川县城的卫生防疫，成为整个救援工作的关键环节。从5月17日开始，在四川省抗震救灾指挥部的统一指挥下，大规模卫生防疫队伍挺进北川；来自绵阳、泸州、自贡等市以及江苏、河南、内蒙古和第三军医大学的卫生防疫队伍陆续赶往增援。各种卫生防疫物资、设备从17日以后大量运入灾区，逐步充足起来。卫生防疫工作初期的重点是在尸体存放处、垃圾场和生活区开展消杀工作。震后天气炎热，遇难者遗体开始腐烂，整个县城飘荡着一股尸腐的臭味，就像一座“死亡之城”。卫生防疫队员每隔一个小时对重点区域消杀一次，特别是救援人员和群众的临时营地，以确保他们的健康。19日，出于安全和防疫的考虑，大部分救援队和防疫人员撤离县城，北川开始被限制进入。

针对北川县城卫生防疫工作面临的形势，各方都在思考如何在北川更好地开展卫生防疫工作。民航直升机抗震救灾指挥部提出可以使用直升机在人员难以进入的区域执行消杀任务。在网络上，一些疾控专业论坛也在谈论是否应该使用飞机喷洒作业的方法对极重灾区进行消杀工作，各方专家意见各异。

5月17日23时30分，唐山市委办公厅给四川省委书记刘奇葆发专报，介绍当年唐山地震后卫生防疫工作经验，并对四川地震灾区卫生防疫工作提出很多有针对性的建议，其中提到“飞机喷洒杀灭，对灾区整个环境进行大面积不间断消杀，降低蚊、蝇、老鼠等病媒生物密度”。飞机空中喷洒消杀药品是当年唐山地震发生后的重要防疫措施。据当时的媒体报道，当年政府调集大量飞机在唐山上空喷洒消毒水，使灾后唐山未发生大规模疫情，甚至连蚊子苍蝇都没有。刘奇葆当即将该专报批转给四川省卫生厅：“请结合实际情况，拟定防疫工作意见。”

飞机空中喷洒防疫药品的建议和批示很快被反馈到四川省抗震救灾指挥部医疗保障组疾病防控组。5月18日，四川省卫生厅召集疾病防控组消杀小组组长、四川省卫生执法监督总队总队长李章国及中国疾控中心环境所消毒检测中心副主任李新武、传染病预防控制所媒介生物控制室主任刘起勇、四川大学华西公共卫生学院教授张朝武，组成部、省联合专家组，对飞机喷洒消毒杀虫方案从可行性和必要性上进行论证，并对消杀的需求和结果检测提出相关建议。论证会最终形成《关于飞机喷洒杀虫、消毒的意见和建议》。专家对使用的飞机类型、人员保护、海拔高度、气象条件、使用的药物种类和剂型、飞机飞行高度和速度以及喷洒消毒时间安排、避免环境污染注意事项等问题提出具体建议，认为实施空中喷洒需要满足诸多条件：大飞机因受四川山地等地理条件和航速影响限制不能实施；小飞机每次载药量仅为 200 ～ 250 公斤，无法满足用药量巨大的消毒工作需求，只能用于杀虫作业；杀虫喷洒作业不适合在大范围内进行，需要详细划定喷洒区域和喷洒点，建议在北川老县城首先试行；在杀虫区域内，除少量采取防护措施的指挥和操作人员外，其他人员必须全部撤离；而且需要无雾无雨、无风或微风的气象条件，能见度不低于 2 公里；飞机喷洒时距离地面高度为 20 米以下，航速为 60 ～ 100 公里 / 小时。建议书还对地面人工喷洒和飞机喷洒成本进行比较，认为若飞机喷洒可行，则飞机喷洒的成本远低于地面人工喷洒成本。专家组最后建议，鉴于上述意见和建议完全是出于理论性推演，在正式执行喷洒任务前，务必先进行实地考察。

5 月 21 日，四川省抗震救灾指挥部再次发出《关于严格落实地震灾区疾病防控工作措施的紧急通知》，通知要求各地要动员一切力量，使用一切技术手段确保“大灾之后无大疫”，对卫生防疫中的“重大事项、重大问题务必及时研究解决”。22 日，四川省抗震救灾指挥部组织绵阳市政府、北川羌族自治县政府，四川省卫生厅、四川省林业厅、四川省农业厅、四川省公安厅、四川省气象局、四川省食品药品监督管理局、四川省畜牧食品局以及成都军区联勤部、西南民航管理局等单位召开专题会议，决定成立飞机喷洒现场指挥部，由四川省政府领导任指挥长，四川省卫生厅、绵阳市政府、北川羌族自治县政府领导任副指挥长，各四川省级部门为成员单位，具体研究部署飞机喷洒消毒杀虫工作。当晚，四川省卫生厅厅长沈骥与副厅长赵晓光组织疾病防控组各小组组长及国家、省、市专家对北川县城开展飞机喷洒消毒杀虫工作再次进行会商。参加论证的 15 位专家均系消毒、杀虫、灭鼠、生物处理、虫媒控制等专业的国内知名专家，但对是否应该执行飞机喷洒任务未能达成一致意见。来自民航、林业等部门的专家认为有必要进行消杀，理由是林业部门已经积累相当多的使用飞机对林区喷洒农药作业的经验，而且在当时全国人民万众瞩目的情况下，有理由采取空中喷洒措施。而疾控专家则认为，能否使用飞机喷洒，应根据实际情况进一步论证，需要考虑水源、效率等诸多问题，同时还要考虑舆论影响，避免误导大众将灾区和疫区的概念混淆。有专家认为，大面积消杀会对环境造成长期的不良影响，弊大于利；反对意见则认为，使用当时国家批准的消杀药品，不会造成太大污染。考虑到各方专家意见不一，会议最后初步决定成立飞机喷洒消毒技术专家组，专家组由国家、省、市疾控中心及四川大学华西公共卫生学院、四川省畜牧食品局、四川省林业厅、四川省气象局等单位资深专家组成；依靠专家，对是否开展飞机喷洒消毒杀虫进行再次论证，决定派遣专家组前往北川老县城进行实地考察，同时提前做好飞机喷洒消毒杀虫处理的各项准备工作。会议最后将讨论结果上报四川省抗震救灾指挥部。会后，四川省抗震救灾指挥部医疗保障组疾病防控组综合小组组长、四川省卫生厅应急办主任苏林对北川县城飞机喷洒消毒杀虫工作所需物资、人员进行安排部署，组织专家拟定《北川县县城直升机空中消毒实施方案》，明确飞机喷洒消毒现场指挥部组成及专家组成员名单，明确杀虫目的、范围和内容、实施时间、组织指挥、保障措施等内容；一一落实人员疏散、飞机准备、喷洒设备、药品等事项，并要求四川省疾控中心做好人员和物资准备，在飞机喷洒后立即进入现场，对杀虫效果进行评估。

四川省卫生厅将 5 月 22 日晚飞机喷洒现场指挥部会议形成的结论上报国务院抗震救灾总指

挥部，卫生部部长陈竺指示要求卫生部前方综合协调组即刻通报四川省卫生厅，要求组织专家充分讨论飞机喷洒消毒工作的可行性。

5月23日，北川羌族自治县抗震救灾指挥部发布公告："县城所有人员须撤离疏散到县城上风向2公里以外地域。24日，将用药物对北川县城3.3平方公里的区域实行直升机空中消杀，所有人员不得进入县城。"同日，腾讯、网易等网站纷纷贴出"北川县城封城，将采取空中消毒"的消息帖子，社会、媒体普遍关注，都希望在卫生防疫工作上有所突破；同时，也引起人们的猜测，"北川发生重大疫情"的谣言开始在网上流传，并有愈演愈烈的趋势。另一方面，得到消息的部队、民航等部门群情高涨、纷纷请战，要求执行北川飞机喷洒消毒任务，希望在抗震救灾中为灾区做出贡献。解放军总参谋部向卫生部抗震救灾指挥部提出请求执行专用飞机喷洒开展消毒的任务，提出已做好布洒消毒药剂的直升机准备工作，并安排5架飞机在3个机场待命。

由于飞机喷洒消毒在国内外均没有现成的经验，赵晓光组织多行业资深专家赶赴北川开展实地考察论证。5月23日8时，赵晓光与卫生部疾控局副巡视员徐惠民、中国疾控中心副主任侯培森、四川省卫生厅应急办主任苏林率中国疾控中心、四川省疾控中心、绵阳市疾控中心、四川大学华西公共卫生学院、四川省畜牧食品局、四川省林业厅、绵阳市气象局等单位11名专家从绵阳出发，对北川县城进行实地考察。其时绵阳通往北川的道路仍未完全清理出来，一路上滑坡、滚石不断，参加考察的专家随时面临着生命危险。为能对飞机喷洒工作提供一个科学的依据做出科学论证，专家们不顾危险，对北川老县城的地形地貌、公共卫生风险因素、现场卫生防疫工作、水源、环境、气候等相关要素进行深入考察。15时许，专家组返回绵阳，就北川县城开展直升机喷洒消毒的必要性再次召开论证会，最终达成一致意见，形成《关于在北川县城区使用飞机喷洒消毒的专家现场论证意见》。

论证意见认为，不宜在北川县城采用飞机进行大面积喷洒消毒处理。主要理由为：城区废墟浅层的尸体已清理完毕，废墟下被埋的尸体、垃圾、粪便是当时存在的主要卫生问题。对废墟开展飞机喷洒消毒仅为表面消毒处理，达不到对废墟下尸体、垃圾、粪便等的消毒目的。相反，使用人工消毒对提高消毒针对性、加强环境保护、提高消毒剂使用效率更好。县城遭受地震毁灭性打击后已无人居住，发生公共卫生问题的风险大大降低；北川县城三边环山、中间为河流，地形地貌狭长，中国现有直升机执行空中喷洒任务难度极大；灾区不是疫区，使用飞机喷洒消毒容易让国内外媒体、公众和有关专业人员误认为北川发生了疫情，造成不必要的误解和恐慌。专家组同时建议，将北川县城区废墟设为控制区，限制人员进入，可降低传染病发生的风险；限制时间暂定为一年，让被废墟压埋的尸体、垃圾、粪便等自然降解（过度消杀会延长自然降解时间）；同时开展蚊、蝇、鼠、尸臭等监测，适时杀灭蚊、蝇、鼠等病媒生物，并根据监测结果决定是否解除控制。专家组还对当时卫生防疫工作中存在的过度消杀的问题提出意见和改进建议。

四川省抗震救灾指挥部采纳专家意见，决定取消北川老县城空中喷洒消毒计划，并于5月24日下午召开新闻发布会，专门就此事向媒体进行通报。在发布会上，中国疾控中心环境所消毒检测中心主任张流波回答了记者的提问，向媒体澄清此次空中喷洒消毒计划取消的前因后果。自此，网上关于北川发生重大疫情的猜测逐渐消失。

5 月 24 日晚在成都召开的国务院抗震救灾办公会议上，国务院以及卫生部领导高度评价了此次北川空中喷洒消毒药品的专家论证过程。

二　环境消毒实施

四川灾区环境消毒实施　抗震救灾期间，四川省疾控中心先后出动专业人员 371 人、843 人次，深入一线开展救灾防疫工作，组织和指导开展消杀灭工作，累计指导消毒 6000 余万平方米，杀虫和清理蚊蝇滋生地 165 万余处，饮水消毒近 12 万立方米。同一时期，各受灾市（州）、县（市、区）的卫生和疾病防控等部门，也为开展环境消毒工作做出艰苦卓绝的努力。

为防止环境污染，成都市统一领导，把本地卫生防疫力量与外援力量（防疫人员、志愿者等）相互整合，编成应急小分队，针对地震发生初期来不及清运的垃圾粪便、废墟等病媒滋生地及腐败遗体实施预防性消毒。进入恢复重建阶段，成都市又以街道和乡镇、村组为单位，成立灾区群众安置点自治组织基层消杀队，制定消杀工作制度，由政府提供经费保障，建立消杀工作长效机制。为保证每个阶段消杀工作顺利进行，卫生部门和各单位均成立消杀技术保障组，负责制定方案、人员培训和质量控制工作。截至 7 月 30 日，成都市发放和使用各类消杀灭药物 514 吨，专业消杀灭面积 4.4 亿平方米，处理厕所、粪坑 176.8 万个（次），发放消毒器械 3628 套，处理垃圾堆放处等蚊蝇滋生地 148.4 万处（次），及时处理遇难者遗体 2546 具、动物尸体 11650 具、死鱼 5000 公斤。

成都市根据四川省《关于对进入成都市的灾区车辆进行全面防疫消毒的紧急通知》，要求由成都市卫生局牵头负责防疫消毒工作的组织实施；公安局负责确定防疫消毒点位，组织配足警力，设卡并指挥车辆接受防疫消毒；有关区、县、市政府负责各自区域内的组织协调，并根据当地实际，提出新增防疫消毒点位，确保全面覆盖不得遗漏。5 月 21 日起，成都市对凡从灾区进入成都市的车辆进行全面防疫消毒，并分别在从汶川方向进入都江堰市入口处，从德阳、绵阳、广元等方向进入成都市新都区、青白江区和金堂县入口处，从雅安方向进入蒲江县、新津县入口处等 18 个交通道口设卡，对进入成都市区的灾区车辆进行 24 小时全面防疫消毒，对车身车体喷洒消毒药剂，要求入城乘客全部下车，接受消毒处理。至 5 月下旬，这一做法逐渐停用。（参见图 196）

都江堰市城区是成都市管辖范围内受灾最严重的城市，地震中遇难人数最多，建筑受到损害最严重，加之人口稠密，又是各方抗震救灾力量汇聚、深入极重灾区的前沿，卫生防疫工作成为成都市的重中之重。成都市组织市卫生防疫队、市爱国卫生专业消杀队、市园林局洒水车队和成都军区防化部队，对都江堰市开展全城消毒防疫。对城区新建小学、中医院及聚源镇、向峨乡等多处重点区域反复消毒，特别是对遗体、厕所、粪坑、蚊蝇滋生地、垃圾点、人群聚集地、医疗点和殡仪馆进行定时拉网消毒。同时，加大灭“四害”、灭流浪犬和野犬的力度。

5 月 23 日晨，质检总局宁波卫生防疫队到都江堰市向峨乡开展紧急卫生防疫。向峨乡位于都江堰市北部，与汶川县映秀镇相距 8 公里，受灾非常严重。地震发生后，向峨乡中心区域所在地几乎看不到一幢像样的房子，而向峨乡的辖区是沿着狭长的山谷排列的，两边的房屋均依山而建，个别的则建在半山腰上等位置，队员们背负约 30 公斤重的消毒器械爬很长的山路上去实施

图196　5月21日，成都市成华区卫生、公安、城管、街道办等多部门联手，组织大学生志愿者一起在成绵高速公路成都出口处，对进入成都的车辆进行全面消毒
（成都市卫生局　提供）

消毒。在炎炎烈日下，队员们到废墟上对每一个角落实施卫生处理，用足药量，喷足时间，一天工作长达12小时。

彭州市大部分受灾乡镇地处龙门山区，泥石流、道路沉降频繁发生，许多村落散布在山里，交通中断，人员进入困难。随着天气转热，灾区卫生防疫工作任务紧迫。彭州市组织300余名专业防疫人员，紧随救援队伍之后，分赴灾区各乡镇，与当地镇、村一级医务人员共同开展环境消毒。彭州市城区各灾区群众安置点建立后，消毒人员坚持每过2个小时进行一次地毯式喷洒消毒。到6月上旬，彭州市完成90个厕所和87个垃圾堆放处的建设。彭州市龙门山镇国坪村和宝山村14组、15组居地，均坐落在海拔2000余米的山上，地震后道路被破坏，车辆不能通行，地方防疫人员一直没有进入。得知这一情况后，总参管理保障部防疫队组织队员，于6月5日冒着余震、顶着烈日，每人身背20多公斤的喷雾器前往消杀。震后山体沙石疏松，滑坡时有发生，有一段路滑坡严重，队员们踩着碎石，通过手爬脚登才爬上山坡。到达目的地，队员对山上73户人家居住点的厕所、垃圾点和被埋牲畜废墟等场所进行消毒杀虫，并对村民进行防疫技术指导、卫生防疫宣传，发放驱蚊液。

5月13日晨，绵竹市疾控中心派出专业消杀队冒着大雨，到绵竹市人民医院、中医院临时救治点和体育馆临时医院，对医院救治环境进行消毒；之后，坚持对中心广场、文化广场、迎祥广场和其他城区临时安置点等灾区群众聚集、集中点进行环境消毒。全市19个镇、2个乡的157个行政村均成立专业卫生防疫队，乡镇政府负责消杀灭药品、器材接收与发放，组织村民进行各自居住区的环境、垃圾的日常消毒等工作。绵竹市疾控中心的专业技术人员包乡包镇，实行环境消毒指导和监督。

什邡市疾控中心从5月13日起陆续派出专业人员分赴各镇开展灾后消杀指导工作，并在各重灾镇派出2名专业人员驻镇指导各项灾后防疫。什邡市疾控中心通过各种渠道积极组织消毒物资，分轻重灾区合理分配。为确保卫生防疫工作不留死角，什邡市政府健全市、镇、村三级卫生防疫体系，建立覆盖到组的卫生防疫网络，在各村民小组均安排1～2名防疫人员，主要负责对本村、组灾区群众安置点的环境消杀工作；市政府拨专项资金，连续3个月每月给每名防疫人员劳务补助600元。截至8月12日，全市累计发放漂白粉147吨、次氯酸钠47吨、泡腾片6吨、优氯净8000公斤、84消毒液18317公斤、其他消杀药品上百吨、机动喷雾器1397台、手动喷雾器2194台，消毒知识培训覆盖到镇（街道）、村、组。全市累计实施消毒面积约5000万平方米。

绵阳市疾控中心制订和完善震后防疫技术方案，派出多支防疫应急队伍，与外地援助绵阳市的卫生防疫人员一起，处理大量死亡人员遗体和动物尸体和粪坑，清除蚊蝇滋生地。（参见图197）解放军总装备部防疫队于5月21日抵达绵阳灾区，顾不上身体疲劳及天气炎热，立即穿上厚厚的防护服，配好消毒杀虫药物，在当地向导带领下，对安置点帐篷内外及周围环境进行消毒杀虫处理。总装配备的防疫车抵达灾区后，防疫队在简单熟悉车况和操作后，即开始对所负责范围车辆能够到达的地方及街道、道路两侧30米以内区域进行消毒杀虫，平均每天消毒面积10万平方米以上。平武县平通中学房屋在地震中全部倒塌，大部分房屋陷入地下，震亡人数达418人，个别遗体被埋地下，环境十分恶劣。防疫队进驻平通中学后，立刻对校区进行封锁，制订处理方案，对环境进行细致的消杀处理。25日，全体防疫队员又对驻地新建的临时市场进行全面细致的消毒和灭蚊蝇工作。26日，防疫队驾驶卫生防疫车对平通镇的街道和中学、小学开展消毒和灭蚊蝇工作，消毒面积15万平方米，喷洒药物600公斤；紧接着，又对装甲团救灾官兵的两个营地环境进行消毒，对战士驻扎的帐篷进行细致消毒，并发放消毒药品。防疫队还在新元村、林家坝、

图197　5月27日，江苏省卫生防疫队消杀人员在北川羌族自治县擂鼓镇综合市场进行消杀工作（江苏省卫生厅　提供）

益泉村、石坝村、桅杆村、大松村等村庄“进村入户”开展消杀工作，防疫队队员跋山涉水，深入每一个消杀点进行环境消毒。

广东省卫生防疫队到达黑水县后，在配属的珠海和佛山11名救护队员的协助下，进村入户，开展环境消毒杀虫、健康教育、心理干预、人员培训、传染病和突发公共卫生事件监测、水质监测、病媒生物监测等工作。5月25日至6月11日，卫生防疫队共出动1701人次，分赴17个乡（镇）124个村开展工作，实施消杀面积413.4万平方米，宣传教育53496人次，心理干预487人，水源消毒961个，饮食店消毒249个，卫生处理厕所1638个，病媒生物滋生点消杀1456个，疾病监测4105例，实现所有乡镇、受灾村全覆盖。全县未发现食源性疾病、消化道、呼吸道传染病等的暴发疫情和突发公共卫生事件。

自贡市第三抗震救灾疾控应急队于5月19日赶到北川，负责北川中学所有救援人员的住宿环境、工作环境杀虫、消毒，现场发掘的遗体消毒，校区驻地工兵、消防和武警收工后的全面消毒等。全队分为两组，上午和下午分两次对临时厕所、环境杀虫和消毒。厕所、环境杀虫和消毒面积大，工作量大，但队员们坚持完成任务。6月2日，质检总局山东局卫生防疫三队、广东局卫生防疫五队和福建局卫生防疫队配合第二炮兵和解放军某防化部队，进入北川县城进行终末消毒。队员们要随时防范距北川县城几公里外的唐家山堰塞湖溃堤，堰塞湖一旦决口，仅仅有几分钟时间逃生；同时，还要防范余震引起的山体滑坡及余震引起的倾斜房屋的倒塌。3支队伍在北川县城实施终末消毒杀虫的4个多小时中，遭遇4次余震，不远处的山峰不时有碎石滚落，但队员们仍一丝不苟地完成了消毒任务。

震后，广元市启动突发公共卫生事件应急预案，广元市卫生局局长坐镇极重灾区青川县靠前指挥卫生防疫工作。青川县抗震救灾医疗卫生指挥部专门设立公共卫生组，负责防疫消杀工作。抗震救灾期间，先后有第四军医大学防疫队、浙江省卫生厅防疫队、宁夏回族自治区卫生防疫队和四川省内江市疾控中心、眉山市卫生监督执法支队等近30支防疫、监督队伍，参与青川县震后防疫消杀工作。全县8个片区抗震救灾分指挥部和36个乡（镇），均成立相应的组织机构，负责环境消毒工作，做到横向到边、纵向到底。全县以县疾控中心为基地，乡镇疾控站为枢纽，外援专业队伍为技术依托，建立覆盖乡镇、村和社区的三级防疫消杀网络。乡镇成立消杀机构，负责消杀技术工作指导，各村安排两名以上的防疫人员，每个社区指定一名以上消杀人员，并由财政对村、社区防疫人员每月分别补助600元、500元，以确保消杀队伍的稳定。此外，还对县、乡镇、村、社的防疫消杀人员进行分级培训。全县共建立36支专业卫生防疫队伍，有专业防疫人员651人、防疫消杀人员2238人，消杀工作做到入村、入社、入户，实现消杀工作全覆盖，确保每天两次以上的消杀频次。

在开展环境消毒工作时，青川县聘请外援队伍的资深专家组成防疫消杀和生活饮用水两个专家组，定期召开联席会议，对防疫消杀工作方案和措施提出意见和建议，从而确保防疫消杀工作的合理性和科学性。抗震救灾期间，青川县累计发放消毒类药品14298件、杀虫类药品3704件、消杀器械3750台（件），出动消杀人员44万余人次，累计消杀面积达45219万平方米。陕西省商洛市疾控中心防疫工作队进驻青川县红光乡和苏河乡，采取先集中后分散，以集中消杀为主、专业人员消杀与群众义务消杀相结合方式开展消杀工作；而以群众义务消杀为主，把卫生常识宣传与周围环境清理相结合，开展环境消毒工作。他们对乡卫生院专职人员和村医、村社选派的消杀员进行集中培训，先后培训义务消杀员126人，帮助消杀员掌握消杀器械的使用要领和84消毒液、来苏水、漂白粉、氯氢菊酯等消杀药品的配制比例等基本防疫知识，并选出53名固定消杀员。与此同时，防疫队分成小组，采取轮换交叉的工作制度，每日对前一小组前一日负责的消杀工作跟踪督导，层层抽查，每日通报，确保消杀效果。防疫队走进灾区群众帐篷，向群众讲述灾后防疫知识，发放《震后卫生防疫知识》《地震灾区群众环境消毒与杀虫》《灾后心理重建》《震后卫生防疫知识墙报》等宣传资料。从6月5日开始，防疫队协助地方政府发动群众大力开展爱国卫生运动，改善灾区群众居住环境。红光乡和苏河乡共计消毒厕所978个次、牲畜圈舍832个次、垃圾堆703处次，消毒总面积达34.1万平方米，有效控制传染病流行。

广元市红十字会迅速向兄弟市红十字会请求支援消杀药品，运往地震灾区，对全市城区、受灾乡镇、村和灾区群众临时安置点进行全面消杀。截至8月31日，广元市红十字会组织出动消杀队伍85394人次。

5月下旬，四川省抗震救灾指挥部《关于认真落实合理使用消杀灭药品切实做好消杀灭工作的通知》下达后，雅安市不再大面积喷洒消毒剂，也不再在路上设卡对过往的每一辆车辆和人员进行喷洒消毒，转向以搞好环境卫生和个人卫生为主。但对存在传染源或可能有传染源的地点及车辆等，继续进行彻底的消杀灭工作；同时，注意未明确有污染时不喷洒消毒，明确有污染时则根据污染物类型，采用相应的消毒方法进行消毒处理。雅安市要求各县区的抗震救灾指挥部，切实做好重点区域的环境消毒，进一步加大对重点区域的环境整治和消毒工作。当时确定的重点区域，有灾区群众集中安置点、医疗卫生机构（包括临时医疗救治点、疾病预防控制机构）、灾区学校、托幼机构、临时学校、水源地、集中供水单位、垃圾、粪便和正在清理的废墟、救灾人员临时居住地、国道、省道和其他灾区过往雅安境内的沿途地区、旅游景点、人口聚集区、宾馆、餐饮场所等。30日，雅安市地震灾后疾病防控领导小组办公室及时转发四川省抗震救灾指挥部《关于认真落实合理使用消杀灭药品切实做好消杀灭工作的通知》，要求各区、县抗震救灾指挥部应优先选用低毒高效的消杀灭药品，禁止使用敌敌畏、六六六、滴滴涕等杀虫剂，加强管理，避免造成环境污染和出现安全事故。截至10月12日，雅安市共出动151798人次、车辆13121台次；累计消杀面积4963.17万平方米，消杀厕所284453个次、垃圾堆放处131600个次，处理粪坑284244个，清除蚊蝇滋生地131289处。

汶川县环境消毒工作在全国各地卫生防疫力量的大力支持和帮助下，全面展开。（参见图198）四川省抗震救灾指挥部《关于认真落实合理使用消杀灭药品切实做好消杀灭工作的通知》下达后，汶川县抗震救灾指挥部下发《关于安全管理和安全使用消杀灭药品的紧急通知》，加强对环境消毒工作的督促检查，及时回收发放到农户中的危险消毒药剂，实行乡村集中专人管理和使用；同时，加强对防疫专职人员的指导和培训，严防误食、误喝消毒药剂等安全事故的发生。截至7月19日，汶川县累计发放84消毒液54013瓶、敌敌畏3272瓶、漂白粉5382公斤、消毒片17.3万片、各类消毒剂14295袋（盒、瓶）、氯氰菊酯1108瓶、除臭剂136件（桶）、溴敌隆灭鼠药620件、正点蚊香49907盘、正点杀虫剂3576瓶、口服免疫球蛋白151盒、口罩8339个、

图 198　5 月 27 日，吉林省防疫队员艰难地通过一座已损坏的索桥前往汶川县银杏乡一碗水村开展防疫工作

（金阳山　摄）

耐酸手套 9062 双、线手套 2029 双、隔离服 831 套、防护眼镜 562 个、喷雾器 1093 台（含威绵片区乡镇）。全县消杀面积约 8980.17 万平方米，消毒处理粪坑 7360 个，处理蚊蝇滋生处 13539 处。

位于汶川县威州镇的长途汽车站，是汶川县城唯一的长途汽车站，日交通流量约有 1400 人。由于震后道路不通，车站聚集大量准备离县人员，周围还有两个灾区群众安置点，车站厕所不能满足灾区群众需求，随地便溺的现象严重，卫生条件极差。5 月 21 日，天津防疫队队员对威州镇长途汽车站进行重点消毒杀虫处理，建议车站管理人员对车站内部厕所定期清理消杀，并且将车站作为日后开展消杀工作的重要场所之一。

吉林省防疫队是第一支携带大型消毒设备和药品进入汶川县三江乡的整建制卫生防疫队伍，也是第一支进入三江乡的车队。三江乡上游是三江自然保护区，吉林省防疫队与解放军疾控中心相关专家一道，借鉴以往卫生防疫经验，特别是吉林省 1998 年洪灾卫生防疫的经验，提出灾后生态防疫保护家园的新理念。即以宣传教育、健康促进、改变行为、改善环境为主，不用或不轻易使用消毒药、杀虫药、灭鼠药，禁止使用敌敌畏等有机磷农药。这一理念得到当地支持，也得到卫生部等相关领导和专家的肯定。

从6月15日开始，为防止地震次生灾害，汶川县龙溪乡5000余人紧急避险转移至汶川县绵虒镇板桥村玉龙组，转移过程历时3天。确定转移地点时，紧急避险临时安置点没水、没电，缺少厕所、垃圾箱等基本的卫生设施，2万平方米的田地上帐篷数量密集，卫生防疫工作形势不容乐观。天津市第三批支援四川救灾防疫队提前介入，分散管理、分片负责，落实与公共卫生密切相关的设施、制度、人员。在灾区群众入住安置点前3天，天津市救灾防疫队通过在玉龙安置点进行现场调研，制定《汶川县龙溪乡临时安置点基本情况一览表》，在居民入住前进行全天杀虫消毒，保证村民入住的卫生安全；提出《关于龙溪乡大转移安置点卫生防疫工作的建议》，提交给县、乡两级抗震救灾指挥部，对安置点人口密度、地面硬化处理、医疗防疫点的设置、厕所和垃圾箱的设置、消毒和杀虫、供水卫生的管理以及防蚊、防蝇、灭鼠与集体供餐及餐具洗消等方面提出具体可行的要求，并要求每日对村民疾病发病情况进行巡诊登记上报，以避免传染病的发生。这个建议引起当地政府的高度重视，为政府决策提供科学依据。灾区群众转移到玉龙安置点后，天津市救灾防疫队制订《汶川县龙溪乡临时安置点卫生防疫情况日巡查记录》，每天对安置区进行巡视，查看环境卫生与饮水卫生，指导检查消毒、杀虫工作，入户询问群众健康情况，与村医进行沟通，进行传染病的主动监测，并对乡、村负责人和卫生防疫人员进行疫情报告、消毒、杀虫药品使用方法、垃圾粪便处理流程、水源卫生管理内容等卫生防疫工作的培训，在安置点建立村卫生防疫员每日例会制度，早点名、布置相关工作，针对发现的灾区群众健康相关问题，及时采取措施。出现个别村民捡用废弃的消杀药品瓶饮水等问题后，天津市救灾防疫队及时制定消毒、杀虫药品的领取制度（领取新药品时需交回上次使用后的包装容器），发动群众，开展环境卫生大扫除，清除卫生死角，并向群众宣传“安置点是我家，环境卫生人人有责”的理念。

茂县迅速组织有关人员将库存储备的物资、消毒药品、器械投入抗震防疫工作之中，及时拟定消毒物资的需求计划，积极筹备各种消毒物资器械，紧急征调民用喷雾器100余台、生石灰30吨。茂县疾控中心分别对城区各人口密集区、7个居民安置点、城区所在6所学校和一些人群聚居的地方、公共场所等重点部位开展定期消杀灭，并开展饮用水、环境、厕所、餐具消毒指导及健康教育知识宣传，同时整合疾控力量，分赴全县5个片区开展疫病防控、卫生防疫知识宣传工作，着眼于防，做好重点场所、重点环节的消杀，对公共场所、办公地点、居民居住点的帐篷、厕所、禽畜圈舍等重点区域进行定期、定点的消杀。截至9月17日，茂县累计投放84消毒液11万瓶（桶）、各种规格消毒粉22吨、过氧乙酸551桶、消毒片104840瓶、次氯酸钠228桶、次氯酸钙4.4吨、漂白粉234袋、生石灰30吨、鼠药234件、优氯净97.25公斤、氯氰聚酯8170瓶、奋斗呐5桶，发放喷雾器2242台，消杀面积345万平方米，发放疫病防控资料45万份，出动车辆7000台次、工作人员29239人次，所使用的消毒杀虫药品全部符合国家有关规定。

松潘县本着强化消杀灭工作、着力保障用药安全、注意保护环境生态、尽量减少资源浪费的原则，对受灾比较重的镇坪乡、镇江关乡、白羊乡、小姓乡、红土乡、岷江乡、青云乡进行大面积消毒，其他历年传染病发病不高的地方进行重点区域消毒。对存在传染源和可能有传染源的地点进行彻底消毒，或明确有污染时，根据污染类型采用相应的消毒方法进行彻底消毒处理。由县疾控中心的专业防疫队和各村培训的防疫人员实施环境消毒工作；同时，广泛发动和组织群众开展爱国卫生运动，加强环境卫生综合整治，消除卫生死角。在安置点等临时或永久居住区，设立足够的临时垃圾站，使垃圾集中存放、统一收集、及时清运、无害化处理，不随地扔垃圾（一次性饭盒、一次性塑料杯等），提倡良好生活习惯，以有效减少蚊蝇鼠等有害生物滋生。

5月30日起，新疆军区疾控中心防疫队按照“进村入户”的要求，负责重灾区理县桃坪乡桃坪羌寨、高山村、佳山村、东山村、曾头村5个村庄的消杀工作。（参见图199）对于车辆不能到达的地方，队员们身背喷雾器，冒着落石危险行进于悬崖断壁间，给每一户灾区群众的窝棚消毒、杀虫，并讲解卫生安全知识。由于山区水源不足，为不占用灾区群众好不容易提上山的饮用水，队员们背着30公斤重的机器，提着消杀药品，往返忙碌于山脚的水源与居住点之间。由于灾区群众在自家房前空地搭建窝棚居住，散居于数十平方公里的山区，防疫队分成3支小分队，分别携带背负式喷雾器、热烟雾机和相关药品、油料，分片进山消杀处理。待各村集中居住点的帐篷搭建完毕后，防疫队在指导本村防疫员正确进行消杀工作的同时，定期对3个居住区、1所“帐篷小学”进行消毒与杀虫处理。进入板房建设期后，又对建设工人的居住区、厕所反复进行消毒与杀虫处理。6月4日，防疫队派出一个7人小分队到佳山村开展防疫工作。佳山村在地震后仅剩下部分危房和残垣断壁，群众在废墟间及菜市场的空地上搭建窝棚居住，卫生条件极差，蚊蝇密度很高。针对这种情况，防疫分队先用有效氯浓度为2克/升的消毒液消毒，30分钟后又用浓度为1%的高效氯氢菊酯进行滞留喷洒处置，再用热烟雾剂熏杀；同时，在向导带领下对废墟中的原垃圾站进行消毒与杀虫处理。

抗震救灾期间，四川灾区累计完成消杀灭面积51.3亿平方米，处理粪坑1225.7万个（次），有效改善灾区卫生环境。

图199　5月31日，新疆军区防疫队在理县桃坪乡羌寨进行消杀灭工作
（总后卫生部　提供）

甘肃灾区环境消毒实施　天水市疾控中心及时抽调专业人员组成10个灾后预防疾病消毒组，对市区东至十里铺，西到红山厂，北至泰山路，南到南廓寺等主要干道，分为东、西、南、北、中五大片，对临时帐篷集中区和人口聚居区进行环境消毒工作。之后，天水市疾控中心成立一个由10人组成的专门消毒小组，坚持每日有重点、有针对性地进行消毒、灭蚊、灭蝇，直至全市帐篷拆除为止。

5月28日，白银市白银区疾控中心派出专业人员，带着一辆车和灾区急需的消杀药品器材，抵达陇南市的地震重灾区西和县。在连续14天的灾区救援工作中，白银区疾控中心专业人员对乡、村两级防疫人员开展灾后消、杀、灭操作技能现场培训指导，并深入受灾较重的苏合、长道、西峪、卢河、姜席、石堡、西高山、稍峪、马元、兴隆、晒经等乡（镇），参与现场消杀工作，指导乡村落实传染病监测报告等。

截至7月15日，甘肃省地震灾区累计开展环境消毒、杀虫、灭鼠面积7605万平方米，使用消毒药品116吨。

陕西灾区环境消毒实施　地震发生后，汉中市卫生局紧急抽调人员组成11个救灾防疫督导组，赴各县区进行疾病控制和环境消毒技术指导培训，开展大范围防疫消杀工作。汉中市卫生系统累计出动消杀人员7105人次，发放消杀药品90吨、器械2215台件，出动卫生监督应急小分队14支、监督人员3266人次，发放卫生防疫宣传资料94.62万份，设置临时医疗救治点159个、临时卫生防疫点373个，消杀面积达1.11亿平方米。

宝鸡市卫生系统动员防疫工作人员对各医院、居民露天集散地、聚集广场等传染病隐患地进行防疫消杀。在此前后，宝鸡市卫生局还安排9名专业防疫消杀队员，对市直、市管各医疗卫生单位开展防疫消杀工作，杜绝住院病人在帐篷中交叉感染。抗震救灾期间，宝鸡市共出动消杀人员4284人次、消杀点位518万平方米，使用消毒杀虫灭鼠药物4161公斤、杀虫灭鼠点位480万平方米，开展技术督导100多次，实现卫生消杀无盲区。

地震发生不久，宁强县卫生局和宁强县疾控中心即指派防疫工作人员驻守各受灾乡镇指导消杀工作，并派人到灾区群众集中安置点统一进行灾后疫情监测、食品卫生、饮水卫生、环境卫生、病媒微生物防控等知识的培训，并现场示范消毒、杀虫药的配置及器械的使用方法。各个消杀队伍进村入户，重点对集中点环境、垃圾堆放处、厕所、水源等部位进行定期或突击消杀和监测。

三　消杀灭药品管理与使用

消杀药品管理　地震发生后，大批消杀灭药品被紧急调往四川等地的极重灾区和重灾区。在应急状态下，对药品数量与种类的管理较为混乱，药品的使用缺乏重点与针对性，浪费与使用不当情况同时存在。如何发放和稳妥、有效地管理这些药品，成为一个必须注意的问题。

地震发生当天，成都市在动用应急储备时，根据灾情范围和程度，迅速制订消杀药械计划，进行紧急采购，以保证消杀工作可持续开展。震后两周，社会捐赠的药物陆续到达，其中消杀药物多达20余种。消杀药物中，以含氯消毒剂为主（有16种），其次是过氧化物消毒剂；杀虫剂种类相对较少，以敌敌畏和溴氰菊酯类药物为主。各种渠道来源的消杀药物由卫生部门抗震救灾指挥部统一调配和管理，大部分紧急调拨到各灾区供应急小分队现场使用。后来，经过清理，发现这些仓促调拨的消毒产品，大部分没有“生产企业卫生许可证”和产品批准文号。三台县疾控中心对调拨的漂白粉随机抽取3个样品，发现难以检出有效氯含量。这意味着，此类产品的盲目使用，会给灾区的防疫工作带来严重的安全隐患。为避免药物滥用，成都市和各县（市、区）疾控中心设置专业人员，在药物发放处进行技术把关，根据领药单位的施药场所和对象，严格控制发放量。在确定发放药物种类后，现场培训药物正确使用方法，宣传科学用药知识；同时，督促药物发放处做好领取发放登记工作。

大批消杀药品陆续调拨到四川省各受灾市（州）和县（市、区）后，四川省抗震救灾指挥部医疗保障组于5月29日下发《关于加强消杀药品储存安全管理的紧急通知》，要求做好相应的防潮、防水、防火等安全管理。对遇水具有易燃、易爆特性的化学消毒剂（二氯异氰尿酸钠、三氯异氰尿酸钠），特别要严格注意防水防潮。对含有一定毒性的杀虫、灭鼠类消杀药品要实行分类管理，严防相关安全责任事故的发生。30日，四川省卫生厅下发《消杀灭药剂中毒预防与急救措施》，要求各市州根据实际情况贯彻实施。

《关于合理使用消杀灭药剂的通知》下发后，四川省抗震救灾指挥部医疗保障组派出6个督察组，对灾区合理使用消杀灭药剂的情况进行督察。在督察中发现，通知的要求并没有完全传达到地震灾区的全部乡镇和边远村组，个别地方仍存在使用禁用的敌敌畏、六六六和滴滴涕等消杀灭药品的情况；一些地方消毒工作仍不规范，一般区域和重点区域不分，存在个别地方过度消毒和一些重点区域消毒不彻底现象；部分受灾地区消毒剂堆放混乱，有的甚至露天堆放，包装有较多损坏，存在安全隐患；接收消毒剂未严格执行索证制度，继续使用无证产品。针对这些问题，四川省抗震救灾指挥部又于5月29日下发《关于认真落实合理使用消杀灭药品，切实做好消杀灭工作的通知》，要求各地切实加强对消杀灭工作的组织领导、协调和管理，整合各种力量，覆盖全部乡村，做到分片包干，责任到人；在工作中，要区分重点区域和一般区域，采取针对性的科学有效措施，避免过度消杀；对重点区域，特别是灾区群众安置点、临时聚居区的水源、饮食加工贮藏、生活垃圾、粪便、医疗垃圾及周边环境等，每日按规范进行严格的消杀处理，不留死角；各地应严格遵照通知规定，贯彻科学消毒、杀虫、灭鼠的理念，规范消杀灭药品接收、配制和使用，要优先选用低毒高效的消杀灭药品，禁止使用敌敌畏、六六六、滴滴涕等杀虫剂。要严格索证，在购买、接收捐赠消杀灭药品时，应查看消杀灭药品的“生产企业卫生许可证”和“消毒产品卫生许可批件”，不得使用无证产品；要严格按照消杀灭药品使用说明书配置药剂，确保消杀灭药剂的消杀药效；各地要立即对储存使用的消杀灭药品进行清理，对国家明文规定禁止使用的敌敌畏、六六六、滴滴涕等杀虫剂清理后登记封存，妥善统一保管。要加强消杀灭药剂接收、储存、使用和登记封存消杀灭药品的监督管理，避免造成环境污染和出现安全事故。

总参防疫队参加地震灾区的环境消毒工作时，对消杀药品实行专用帐篷分类存放、专人管理，严格出入库和每日消耗登记，设专人负责安全管理和登记。5月25日，针对一些部队救灾官兵和灾区群众存在盲目、过度消杀现象，总参管理保障部防疫队应急处置分队以“科学合理用药、环保高效”的原则指导部队进行消杀，并编印发放《消杀药品使用指南》。6 月 12 日，为进一步指导部队官兵科学、合理使用消杀药品，正确使用新补充的消杀药品，防疫应急处置分队及时与某旅医院沟通，参照药品使用说明，结合实际细化完善《消杀药品使用指南》，进一步明确消杀药品的使用方法、频次、配比浓度、应用区域和相应的注意事项，确保消杀药品安全、高效使用。

中国疾控中心汶川工作队协助汶川县疾控中心，对汶川县城现存的消杀灭药品进行全面清理。汶川工作队还分别派人前往威州师范学校、汶川县种子站、汶川县疾控中心库房等消杀灭药品存放点，对药品进行重新登记，并归类摆放。经过 3 天盘查，清点消毒液、消毒粉、消毒片及其他种类药品共 30 余种，其中各类消毒液 10877.64 升、各类消毒粉 21281.4 公斤、各类消毒片 3118 瓶、消毒用口罩 11200 个、防护服 9750 件、手套 1872 套。6 月 7 日，中国疾控中心汶川工作队写出《汶川县威绵片区消杀药品接收及发放情况初步分析报告》，对威绵片区消杀药品接收及发放等情况进行分析，提出药品科学计划、合理供应的有关建议，引起阿坝藏族羌族自治州政府的高度重视。

6 月初，根据各地在使用杀虫剂时依然存在的问题，四川省抗震救灾指挥部下发《关于停止使用并回收敌敌畏杀虫剂的通知》，要求各受灾市州立即停止敌敌畏杀虫剂的使用，就地封存。

消杀药品使用　为了使地震灾区能够合理使用消杀灭药剂，四川灾区的卫生防疫部门和到四川灾区进行卫生防疫工作的各支防疫队，通过各种形式对消毒人员进行技术培训。（参见图 200）成都市由专业人员对应急小分队统一开展岗前培训，培训内容主要包括消杀重点对象和方法、药物配制、喷雾器使用等。抗震救灾常态阶段，成都市又由专业人员对社区卫生服务中心、乡镇卫生院的防保医师及保点人员开展一级培训，对基层消杀队开展二级培训。绵竹市疾控中心及时对

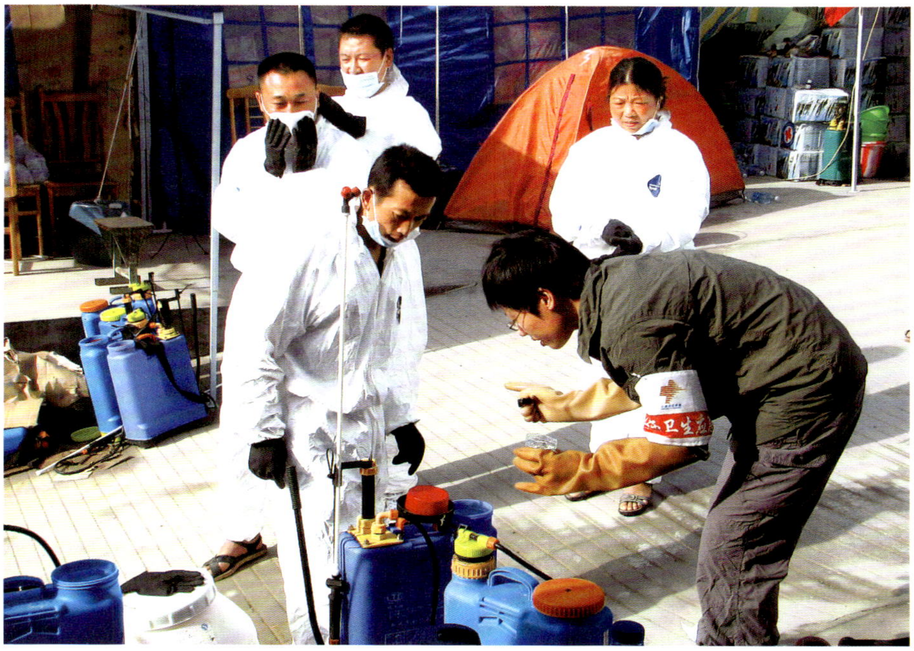

图 200　6 月 2 日，江西省卫生防疫队在青川县凉水镇培训当地防疫人员
（江西省卫生厅　提供）

城区各单位的消毒人员、各乡镇防疫人员（防疫医师、卫生院医务人员、乡村医师、村组消毒人员）等5000余人，进行消杀灭药品的配制、使用以及注意事项的培训，并深入现场进行消杀灭操作技能的培训，编印发放消杀灭技术操作要求及相关知识宣传资料6000余份。

5月20日，中国疾控中心专家与四川省疾控中心工作人员共同在绵竹市板桥镇专门对村级消毒人员进行技术培训。培训在柏杨林、复兴村分两次进行，实际培训80余人，主要培训内容为消毒片、漂白粉等消杀药品的简易使用方法和注意事项。8月18日，中国疾控中心汶川工作队协助汶川县疾控中心起草《汶川县关于进一步加强乡村消杀灭药品管理使用的紧急通知》，要求对全县各乡镇村民保存的消杀药品进行清点回收，由村医统一保管，恢复完善各级消杀灭药品的进出入库与使用记录制度，严把使用关，杜绝浪费与过量使用。

6月12—30日，天津检验检疫局卫生防疫三队到平武县南坝镇埡头坪村有560余顶帐篷的聚居区进行传染病预防知识的宣传，接受宣教人数累计4920人次。同时，组织当地业务骨干和志愿者学习卫生防疫专业知识8次，培训内容主要包括消毒、除虫药配制、消杀适应范围、传染病的预防等。25日，广东、福建、山东等检验检疫局3支卫生防疫队回到北川羌族自治县擂鼓镇营地，根据指挥部安排，各派出4名队员前往胜利村执行消杀和培训任务。12名队员携带消毒器械、消毒杀虫药剂和卫生宣传材料，进村开展宣教，有27户、43名村民携带自家的喷雾器接受培训。防疫队队员从环境卫生、个人卫生、饮食卫生入手，对媒介生物控制、杀虫剂性能特点、消毒剂配置、使用注意事项等，做了培训指导，逐步形成“由村队干部发动、村民集中培训、队员跟进实地指导”的工作机制。

兰州市卫生局抗震救灾工作小分队针对乡镇卫生院消毒工作人员消毒方法不规范、消毒效果不理想等问题，于5月15日、17日对徽县乡镇卫生院的卫生防疫人员、乡村医师进行农村地震灾区卫生防疫、消杀知识的指导与培训，并把带去的消毒药械、宣传材料、学习书籍等，分发送到全县15个乡镇卫生院，指导灾区相关部门做好环境卫生清理和定点消杀工作。

专记　绵阳市九洲体育馆安置点环境消毒

汶川特大地震发生后，占地13.67公顷、能容纳6050人的绵阳市九洲体育馆成为四川地震灾区最大的灾区群众安置点，安置点人员流动很大，最多时集中安置灾区群众近5万人。安置地点区域涉及体育馆内两层建筑物、馆外房檐下、外围绿化地带及馆外的公共交通道路边，整个安置面积达15万平方米。从5月13日至6月29日，九洲体育馆共安置受灾群众约50万人次。

5月13日，绵阳市委、市政府成立九洲体育馆抗震救灾指挥部，在九洲体育馆安置北川灾区群众。当天，绵阳市疾控中心派遣由10人组成的卫生防疫工作组进驻九洲体育馆开展卫生防疫工作。救援初期，志愿者不多，喷雾器紧缺，工作组成员拿着手提壶在体育馆内外消毒杀虫，为受灾群众的到来做准备。随着大批受灾群众不断涌入，体育馆人数骤增，高峰时一天达7万人次以上，公共厕所不够、生活垃圾清理不及时等现象相当严重。面对严峻的防疫形势，工作组一面向指挥部建议请环卫工人加紧清理粪便，及时进行消毒，同时新建厕所；一面建立疾病监测点，组织工作人员与分片负责的单位联系，对发热、腹泻的病人进行严格登记，实行追踪调查，严格控制每个可能存在的卫生安全隐患环节，做到一旦有疫情发生，及时发现，采取必要措施，控制事态发展，防止传染病疫情发生。工作组将体育馆分为34个片区，组织50余名志愿者在馆内外、帐篷区每天进行4～5次防疫性消毒，采取灭蝇、杀蚊措施，防止通过蚊虫传播病菌。

5月14日凌晨，温家宝到九洲体育馆地震灾区群众安置点，看望慰问受灾群众和医务人员。此后，根据绵阳市卫生局安排，绵阳市中医院抽调内科、外科、妇产科、儿科、针灸科、药剂科、心理疏导等多科医护人员组成医疗组进驻九洲体育馆，支援先期成立的医疗救护站，并分别在馆内和馆外设立两个医疗点。医疗点实行24小时工作制，主要负责外伤较重的病人和学生及婴幼儿的医疗救助、预防工作，对外伤病人进行清创、缝合，并对馆内的学生、馆外灾区群众进行巡回检查治疗，对临近产期的孕妇逐一登记，重点巡查，发现病情及时处理，及时转送疑难重症病人到有条件的医院治疗。

5月15日上午，绵阳市疾控中心派10名工作人员前往九洲体育馆，分成流病组、消毒组、治疗组3个小组，对腹泻、发热病人开展医疗救治、现场采样、疫情监测和环境消毒等工作。同日，根据绵阳市卫生局安排，绵阳市卫生执法监督支队调派6名卫生监管员入驻九洲体育馆，开展卫生监督和传染病防控，随后，组成安置点卫生监督队。

为保护受灾群众身体健康和生命安全，预防食品卫生安全隐患和传染病发生，绵阳市卫生执法监督支队提出《关于九洲体育馆南河体育中心灾区群众收容场所传染病防控及食品卫生的情况报告》，就九洲体育馆灾区群众安置点建设存在的环境和食品卫生问题，向绵阳市抗震救灾指挥部提出5点建议：建议在政府成立的灾区群众安置机构或安置场所管理机构中设置相应的卫生管理（监督）人员，检查了解相关情况，协助落实相关工作；灾区群众集中安置场所设置垃圾箱，落实专人及时收集清运；在各个灾区群众安置点设置足够的食品分发点，配备相应的基本卫生设施，无论是政府组织的还是单位或市民自发提供的食品均在发放点集中发放；在灾区群众安置点设置足够的临时洗手处，配备肥皂，条件许可时配设临时厕所；落实灾区群众安置点的环境消毒，急配足够的喷洒设备、消毒药品，并安排专业（或专门）人员负责消毒。绵阳市抗震救灾指挥部采纳了这些建议。卫生监督队队员分头行动，对捐赠的熟食品进行检查登记，对熟食加工场所进行现场监督指导，确保受灾群众近50天的食品和饮用水卫生安全，形成闻名全国的灾区群众安置点卫生监督九洲模式。

5月19日，绵阳市抗震救灾医疗防疫分指挥部制定相应措施，加大卫生防疫知识普及宣传力度，每天出动一台流动宣传车，并通过指挥部宣传广播站、流动宣传车每天播放各类健康知识近6小时，重点围绕普及卫生防疫、防止疾病传染知识和规范化管理，不断加强对灾区群众的宣传教育。卫生防疫力量得以加强，在原有90名环卫工人负责保洁基础上，增加35名卫生防疫专业人员、70多名环卫志愿者。针对馆内人员进出流动性较大的实际，对安置点受灾群众摸底建档，印发灾区群众救助证，所有人员全部凭证进出入，实行封闭式管理。紧急调拨消毒用机动喷雾器10台，增设洗手池3处，搭建澡房，并组织群众有序轮流洗澡。切实加强疫病监控，突出对腹泻、发烧等重点人群的监控，要求各责任区重点做好跟踪监测，对可疑人员采取必要的流行病学监测。每天对九洲体育馆及其周边地区循环消毒 3 ～ 5 次。至 19 日 24 时，绵阳市疾控中心在九洲体育馆共采集 57 例腹泻病人样，实验室检测霍乱弧菌、致泻性大肠杆菌、沙门氏菌、志贺氏菌，结果全部为阴性。

5 月 21 日，绵阳市卫生防疫部门进一步加强安置点内外消毒工作，在体育馆南北大门设置机动喷雾器和保持 24 小时被消毒液浸透的棕垫，对进出人员和车辆进行消毒，确保经过的人员、车辆接触面有效氯始终保持在 500 毫克以上；加强场馆内人员密集区域的消毒工作，累计安排手动喷雾器 60 台，安排卫生防疫志愿者 70 人，每日全面消毒、杀虫各 2 次，消毒面积达 15 万平方米；强化厕所、垃圾桶等重点监控设施的卫生消毒，场馆内 17 座厕所共消毒 2 次，临厕消毒 3 次，并强化场馆内的垃圾无害化处理；加强蚊蝇鼠密度监测，根据监测结果调整施药方法；在施药过程中，专业技术人员认真指导、监督志愿者的施药行为，仔细搜索卫生死角，确保用药效果；对前去医疗点就诊的腹泻发热等症状患者，给予服用氟哌酸、抗病毒冲剂、藿香正气液等药品，防止机体抵抗力降低，并且登记、跟踪；分别对安置点内 1.5 岁至 12 岁、6 个月至 8 岁儿童普种甲肝疫苗、乙脑疫苗；分发蚊香、苍蝇拍、喷壶给灾区群众，进一步阻断病原体的传播。

5 月 23 日，九洲体育馆安置点各医疗卫生防疫服务站设置基本完成，并投入运转。同时，在体育馆内划定区域，将消毒防疫工作责任落实到人。6 月 3 日，根据绵阳市抗震救灾医疗救治指挥部会议精神，由绵阳市中医院牵头，绵阳市疾病控制中心、绵阳市卫生执法监督所协助，负责九洲体育馆地震灾区群众安置点卫生服务站工作。服务站下设医疗救治组、疾病防控组和卫生监督组 3 个工作组。医疗救治组由绵阳市中医院牵头承担，主要负责安置点病员的医疗救治，具体开设内科、外科、妇科、儿科、西药房、注射室、外科处置室，主要诊治一般单纯病例，疑难重症患者及时转至有条件的医院救治。疾病防控组工作由绵阳市疾控中心承担，主要负责安置点疾病的预防、环境消毒、病媒生物的杀灭、流行病学的调查处理、疫情监测与控制工作；卫生监督组工作由绵阳市卫生执法监督所承担，主要负责安置点食品、饮用水的卫生监督、公共卫生监督、医疗设备设施准入、医疗机构及其从业人员执业资格的审查和健康教育宣传等工作。

为充分利用医疗资源，九洲体育馆抗震救灾指挥部将来自辽宁、湖北、河南、上海、湖南、北京等地和美国、新西兰等国有行医资格的志愿者及华西医院、成都中医药大学附属医院的专家整合在一起，实行 24 小时三班工作制，切实保证九洲体育馆灾区群众安置点每一个病人都能得到良好的医疗救治。疾病防控组和卫生监督组制定安置点垃圾和粪便处理规范。

截至 6 月 30 日，受灾群众全部撤离，九洲体育馆地震灾区群众安置点共喷洒消毒液近 300 吨、杀虫剂 150 余吨，出动消杀人员 1500 余人次、消杀车辆 100 余台次，使用消杀器具 3000 余台（套），登记发热、腹泻症状患者 1000 余人，采集肛拭样 100 余人份、血液样品 8 份，隔离（医学观察）疑似菌痢 1 例、疑似风疹 8 例（后均被病原学否定），蚊、蝇、鼠密度符合相关标准要求（见表 27）。绵阳市九洲体育馆受灾群众安置点除有一定数量的普通感冒、中暑、消化不良性腹泻病例发生外，无传染病暴发和中毒事件发生，各种疾病的发病率也明显下降。

绵阳市九洲体育馆安置点消毒、杀虫情况一览表

表 27　（5 月 13 日至 6 月 30 日）

场　所	方　　法	有效氯含量	频　　次
安置点入口	消毒：棕垫浸透含氯消毒剂	2000 毫克 / 升	每日 24 小时保持棕垫湿润
室（篷）外环境	消毒：氯制剂喷洒	500 ～ 1000 毫克 / 升	上下午各一次，间隔 4 ～ 6 小时，太阳暴晒时取消，消毒、杀虫间隔 0.5 ～ 1 小时
	杀虫：氯氰菊酯喷洒	1 : 100 ～ 200	
室（篷）内环境	消毒：氯制剂喷洒	有效氯含量 300 ～ 500 毫克 / 升	上下午各一次，间隔 4 ～ 6 小时，消毒、杀虫间隔 0.5 ～ 1 小时
	杀虫：氟氯氰菊酯喷洒	1 : 50 ～ 100	
室（篷）内空气	自然通风		
厕所	消毒：厕所四壁 1.5 米以下普遍喷洒氯制剂	有效氯含量 1000 ～ 2000 毫克 / 升	上下午各一次，间隔 4 ～ 6 小时，消毒、杀虫间隔 0.5 ～ 1 小时
	杀虫：普遍喷洒氯氰菊酯杀虫剂	1 : 50	
粪便堆	消毒：粪堆表面洒一层氯制剂干粉，再喷洒兑好的消毒剂至粪堆浸透	干粉含有效氯 25% ～ 65%，水剂含有效氯 2000 毫克 / 升	上下午各一次，间隔 4 ～ 6 小时，消毒、杀虫间隔 0.5 ～ 1 小时
	杀虫：氯氰菊酯喷洒至浸透	1 : 30 ～ 50	
垃圾箱（桶）、污水	消毒：喷洒氯制剂并做翻操	有效氯含量 1000 ～ 2000 毫克 / 升	上下午各一次，间隔 4 ～ 6 小时，消毒、杀虫间隔 0.5 ～ 1 小时
	杀虫：氯氰菊酯喷洒	1 : 50 ～ 100	
下水道	消毒：含氯制剂配制后直接倒入	有效氯含量 1000 ～ 2000 毫克 / 升	每日两次，间隔 4 ～ 6 小时

第三节　垃圾与粪便处理

汶川特大地震发生后，灾区群众安置点及救灾部队临时营区应急厕所的选址、设计和粪便的无害化处理大多不符合卫生学要求，造成粪便堆积，蚊蝇等害虫大量滋生，形成疾病传播的重要源地。灾区动员环保、城建、卫生、农业、畜牧兽医、民政、公安等多部门共同完成废墟清理和废物处理，推进修建示范厕所与先进卫生厕所工作，逐渐把粪便处理纳入正常化轨道。

一　垃圾处理

垃圾处理原则与要求　为指导灾区依法、有序、快速清理废墟和废物，环境保护部于5月23日下发《灾后废墟清理及废物管理指南（试行）》，要求有条件的地区，首先选择将灾后废物送到有关生活垃圾、工业废物或危险废物填埋场、焚烧场处置；对不具备条件的地区，对应急期产生的大量易腐、传染性废物（污染物），包括医疗垃圾、生活垃圾等，可采取焚烧热处理（如采取燃料辅助就地焚烧处理，或可就近征用水泥窑、石灰窑、砖窑和工业锅炉及发电厂锅炉等工业窑炉设施处理）等应急措施。指南指出，对于灾后医疗废物，应重点收集和处置感染性废物及被感染性废物污染的物品，有条件的应当送集中处置设施处置，对不具备条件的应当尽快就地处置。对于需要采取临时焚烧措施处置的废物，应当尽量使用现有处置设施或工业窑炉焚烧，尽可能避免露天焚烧。对于需要临时填埋的废物，应当送合格的垃圾填埋场填埋；没有合格垃圾填埋场，又需要以填埋方式处置的，应当满足一定条件。废物的临时贮存场所，应当设置必要的隔离措施（如警戒线）、一定的隔离带和醒目标识；应尽可能远离人群和环境敏感区域（如住宅和临时避难场所），特别是饮用水源地。指南还指出，应急及临时贮存、填埋和焚烧废物，应有专人管理，确保按规定要求接受废物；记录填埋或焚烧地点，所焚烧或填埋废物类别及数量、时间，并报有关环保或其他相关部门备案；应急及临时贮存处置设施要设置专门标识，向公众和废物运输者提供废物接受信息和紧急联系方式等；政府有关主管部门应当加强对临时处置设施的巡视、监管和指导；所有运行记录，应由当地环保或其他相关部门及时报上级环保部门备案。

四川省抗震救灾指挥部于5月29日下发《关于印发灾区废墟清理及废物处理卫生防疫技术指导意见的通知》，要求及时处理感染性废弃物及易腐烂废物；优先处理对饮用水源地、人口聚居地等产生威胁的废物。清理前尽可能对需要清理废墟污染源等有毒有害物质的种类、数量和分布进行调查核实，制订清理方案。尽可能采取对人和环境无害的方式分类清理和处置废物，如实施分类分检、废物的再生利用。焚烧后可能产生有毒、有害物质的垃圾，应在有关专家的指导下严格管理，送有条件的地区在危险废物填埋场、焚烧场处置。通知还对一般污染源清理、传染性污染源清理和个人防护等提出具体要求。

废墟和生活垃圾处理　《关于印发灾区废墟清理及废物处理卫生防疫技术指导意见的通知》提出，生活垃圾应集中清理进行卫生焚烧，无机垃圾消毒后就地掩埋，农作物秸秆、杂草等可与粪便一起进行高温堆肥处理。小型垃圾堆应先翻堆暴晒，然后对可燃烧性垃圾进行焚烧，不可燃烧部分可用有效氯1%～2%漂粉精1～2升/平方米或生石灰1～2公斤/平方米撒布后用水浇湿、集中掩埋、压实。大型垃圾存放场的卫生清理，应在当地城建、环保和卫生部门的技术指导下，按国家有关规定处理。经过卫生清理后的垃圾遗址，应采用有效氯1%～2%漂粉精溶液，按1～2升/平方米的量消毒。

四川灾区对居民临时集中安置点垃圾提出“垃圾入桶、加盖密封，日产日清、统一收集，鼓励回收、集中填埋”的管理原则，建立“组收集、村转运、乡镇填埋”的管理模式，统一配置垃圾桶。

成都市要求灾区群众临时安置和救灾人员临时居住地点产生的所有垃圾，用专用容器或袋子收集并密闭盛装，日产日清。若不能清运出现场，可燃物质可就地焚烧，或者喷洒有效氯2000毫克/升含氯消毒剂溶液作用60分钟以上深埋，或按当地生活垃圾管理要求处置。垃圾堆放处及废墟，每日用40%敌敌畏按1：100加水配置，用常量喷雾器喷洒灭蝇。同时，要求灾区群众和救灾人员产生的生活污水不要倾倒入沟渠内，应进入管网，如不能进入管网的尽量收集在缸、桶中消毒处置。消毒时，应先测定污水的容积，而后按有效氯502000～1002000毫克/升的量将消毒剂投入污水中，搅拌均匀，作用2小时。检查余氯在42000～62000毫克/升时，即可排放。对流动污水的水体，应作分段截流，截流后测污水容量，再按消毒上述污水水体的方法和要求进行消毒与检测。符合要求后放流，如此分段依次进行消毒处理。消毒的同时，应进行杀蚊幼处理，对水坑、积水内蚊幼，选用倍硫磷、杀螟松、马拉硫磷，根据使用说明稀释后进行喷洒，水体杀虫不能使用溴氰菊酯等拟除虫菊酯类杀虫剂。5月15日，济南军区防疫队得知彭州市通济镇东南方向3公里处的湔江河岸一个大型垃圾场苍蝇、蚊虫较多，臭味较大，严重影响了周边群众正常生活，且垃圾场流出的污水开始流入河中，对河水可能造成污染。防疫队先派人赶到现场，查看垃圾场周围环境，发现垃圾场由两个垃圾集中点组成；一个面积较大，约1万平方米，垃圾深达1米，位于河的右侧；另一个面积较小，约2000平方米，位于河的左侧。两个垃圾堆把河岸包围长达近150米，已经成为传染病传播媒介的滋生地和潜在的疫源地，存在着引发传染病的危险。根据现场勘查的情况，防疫队于17日携带高效消毒剂优氯净和除虫菊酯类环保杀虫剂、抗凝血灭鼠剂等药品和机动喷雾器、喷烟机，对垃圾点和垃圾周围用有效氯浓度为2克/升的消毒液消毒，并用浓度为1%的高效氯氢菊酯杀虫处置。

抗震救灾期间，绵阳市按每500人配置清洁工人1人、20个蹲位的男女厕所1个、垃圾箱（桶、筐、袋）1个。灾区群众集中区的生活垃圾与医疗垃圾均分类收集、及时清运、集中处理，医疗垃圾都由专人回收送医疗垃圾处理站处理，严禁现场焚烧。

绵竹市强化群众自觉参与到环境卫生的爱护与整治，定期与各基层政府配合开展强化卫生评比及公告，对环境卫生评比较差的安置点进行限期整改并指导整改方案。至11月19日，全市共无害化处置生活垃圾6000余吨、无害化处置医疗垃圾1.5吨。什邡市31个灾区群众安置点安置灾区群众39130余人，建立集中垃圾点81个，安置垃圾桶1208个。每个灾区群众安置点每日都定时清运垃圾，城区垃圾保证日产日清，先消毒后填埋。青川县统一配置垃圾桶560个，新建垃圾填埋场1座，配备卫生保洁员，日处理垃圾200吨。茂县在灾后恢复重建时不断强化垃圾处理工作，对垃圾实行日产日清，对医疗垃圾进行单独无害化处理。

重灾区松潘县组织干部职工和广大群众对城乡生活垃圾进行清除清运，共清运建筑废渣4万余立方米，基本实现所有街道的道路畅通。松潘县不断加强群众安置点的卫生清扫保洁工作，新增垃圾站（桶、池）25个、废物箱50个，确保垃圾的及时清运和处置，对人与动物的尸体及时清理与消毒，大部分尸体在不污染环境和水源的条件下集中深埋及消毒处理。

6月初，理县城区卫生防疫工作实行“条条管理”，第三军医大学防疫队负责安置区污染源清理，发现近万人外迁后集中分片安置，每天丢弃垃圾多达20余吨，清运难度大；环卫工人流失，清运效率降低；垃圾收容设施不足，乱堆乱放普遍；垃圾开放裸露，有机物质经高温迅速腐败，滋生大量蚊蝇。针对上述问题，防疫队采取多项措施确保安置环境整洁卫生，总结出垃圾清理10条基本经验，即指导居民生活垃圾堆放、收容、清运养成良好习惯；地方环卫工人分片负责，保持公共场所整洁“四无”（无杂物、无纸屑、无果皮、无烟头）；棚区垃圾尽量密封或者半密封存放，防止乱扔现象；落实技术规定，医用垃圾定点焚烧；集体食堂垃圾每餐后清理；根据人群分布重新部署密闭收容设施，合理利用资源；动员组织学生、青年、群众志愿者拾捡垃圾污物；环卫部门增派拖拉机和临时工人，加快垃圾车清运节奏，缩短在安置区存放时间；利用环境整治清除垃圾堆放死角；垃圾主要存放处每天喷洒药液，防止蚊蝇滋生。理县城外西山坡有一大型垃圾场，距生活区不足1公里，形似露天足球场，上宽下窄，净深约10米，全部容量约3000立方米，上被天网，底部防渗，四周加固，为标准化城市生活垃圾填埋场。地震发生后，垃圾碾压、铲挖、填埋等机械设备被派往各公路要道执行机动抢修排险任务，数万吨新产垃圾未及时处理，全部散置场地四处。加之居民垃圾增加，环卫人员流失，清运周期延长，炎热加速垃圾腐败等原因，场内苍蝇密度极高，西区居民对此反映特别强烈。第三军医大学防疫队环卫组深入现场考察垃圾堆放数量和处理现状，提出尽量收拢堆高，确保使用空间和运转顺畅，每3天集中处理一次新产垃圾意见。继之，协调防化分队每次派出2台洗消车，各装水3吨，按照最高浓度配制消毒剂和杀虫剂，全场滞留喷洒药液，作用30分钟后，待苍蝇密度明显下降，再行浇油焚烧，彻底消灭虫媒滋生场所。此后，两次协调专用机械集中堆积、压埋。20日，指挥长曹佳再次到垃圾场检查前期处理效果，提出“喷洒消毒剂以破坏苍蝇滋生环境”新举措，安排环卫人员、防化分队分批喷洒塑料桶装次氯酸钠溶液。此举可以暂停使用高浓度杀虫剂，利用含氯药品氧化性能彻底破坏苍蝇滋生环境，防止耐药蚊蝇产生，又可以主动消耗包装出现问题的化学药品，排除危险隐患，最大限度地利用好救灾物资，减少浪费。

军事医学科学院防疫分队到达各任务区后，结合当地具体情况，提出集中收集、密闭运输、合理消毒、防止外溢、禁止焚烧等多项垃圾管理措施，有效地防止蚊虫滋生及环境污染。

95900部队采用多种方法综合处理抗震救灾垃圾，建立垃圾卫生填埋场，把垃圾推平、压实、覆盖土层，以将对环境的危害减少到最低限度；对一些被病人、病禽污染的垃圾或禽畜的尸体采用焚烧处理的方法；对无害的生活垃圾，采取合适选取地址、集中堆放、每日消毒、定期运走的方式处理。

质检总局各卫生防疫队在灾区处理垃圾主要采取3种方法：一是根据灾区群众聚集点的实际情况，合理布设垃圾收集站点并加强管理，要求生活污水定点倾倒。二是及时用药物对垃圾站点及污水倾倒处进行消毒除虫，控制苍蝇滋生。对垃圾采取先杀虫后消毒的处理方法，先用敌敌畏、氯氰菊酯等杀虫剂按卫生部印发的《抗震救灾卫生防疫工作方案（修订版）》进行配制杀虫，作用30分钟后，再用浓度为1000～2000毫克/升的有效氯制剂按300毫升/平方米的标准进行消毒，作用2个小时；对生活污水，加氯量为50～200毫克/升，作用30分钟后，余氯保持5毫克/升；或用漂白粉撒在垃圾表面。三是如果有条件，对垃圾进行焚烧、掩埋处理。质检总局各卫生防疫队使用的设施主要为手动喷雾器、背负式机动喷雾器、大型机动喷雾器等。

云南省卫生防疫队垃圾处理的办法：选择地势高，地下水位低的地方，就地挖垃圾坑，将垃圾倒入坑中，倒满后，取土覆盖；对医疗废物和畜禽尸体采用焚烧法处理。灾后绵竹市无医疗废物集中处置机构。采取焚烧方法及时处置医疗废物，将焚烧后的渣土及时掩埋；不能焚烧时，采取深埋。深埋前，用含有效氯1000毫克/升的含氯消毒剂浸泡消毒30分钟。对于不能及时处置的医疗废物，定期在医疗废物的表面上喷洒消毒剂，以防蚊蝇滋生，传播疾病。

5月16日15时33分，济南军区疾控中心防疫队接成都市疾控中心和彭州市龙门山镇的紧急求援，龙门山镇大型养鸡场倒塌数日，3000余只鸡被埋在废墟内亟待处置。济南军区疾控中心防疫队派出人员立即携带消杀装备，搭乘地方志愿者的车赶赴现场。调查发现，鸡场面积在1.2万平方米左右，3000余只死鸡存在不同程度的腐烂，部分死鸡上有一龄蝇蛆活动；环境中蝇类密度很高，在鸡舍旁，密度可达230余只/平方米，且丝光绿蝇、大头金蝇、厩腐蝇、亮绿蝇等动物腐食性蝇种所占比例较高；活鸡到处乱跑乱飞，临时地震篷里床上、桌面、食品麻袋上均可见鸡粪，距鸡场50米内能明显闻到腐臭味。针对上述情况，防疫队向成都市疾控中心建议，应以杀虫为主，以消毒为辅，尽快实施杀虫处置；将此作为重点污染点专门向彭州市卫生局报告；在最短时间内组织人员清理倒塌废墟、清除深埋死鸡；所有活鸡重新圈养，不能让其到处乱跑乱飞，并对其实施消毒处置；向场主宣传教育，加强管理。随后，由8人组成的消杀组再次赶到养鸡场实施大面积消杀。测定当时风速不足1级，因此先用1%太康胶悬剂对鸡场及周围环境常量喷雾，再用热烟雾机对鸡场空间喷烟处置，在最短的时间内将蝇密度迅速降到不足为害的程度。第二天，济南军区疾控中心防疫小组派出3人小分队现场指导死鸡处置，用挖掘机挖一个7米左右深坑，底层铺生石灰，用铲车将死鸡铲入深坑，并边铲鸡边倒入一定量的石灰，离地面近2米时再铺厚层石灰，最后用鲜土盖实。

甘肃灾区开展重点区域的环境整治工作，定点定时清理垃圾。陇南市武都区组织环卫工人，对灾后环境影响大的滨河市场和城郊乡潘家湾两处垃圾进行重点清理，清运垃圾12吨。文县爱卫会办公室针对居民搭建的临时居所垃圾车无法进入，正常保洁无法开展的状况，组织应急垃圾清理，清运小分队及时清理清运卫生死角和暴露垃圾，震后平均每天清运垃圾达16车128吨。

6月7日，陕西省卫生厅抗震救灾指挥部召开会议，专题分析研究灾区防疫工作，要求受灾各市、县进一步落实灾后防疫措施，建议当地政府有关部门在灾区群众临时安置点建设固定垃圾堆放点，并加强对垃圾的消毒和治理。西安市卫生监督所卫生防疫队在灾区群众临时搭建的居住场所，对居民生活垃圾堆放场所进行消毒处理，采取空间喷雾等方法速杀。

医疗垃圾处理 按照要求，医院垃圾可焚烧的应立即焚烧，其焚烧残留物集中填埋，集中焚烧的医院垃圾应按照《危险废物焚烧污染控制标准》执行；不能焚烧的消毒后集中填埋，消毒方法参照《消毒技术规范》执行。对于医疗废物，应重点收集和处置感染性废物及被感染性废物污染的物品。条件允许应当送集中处置设施处置，不具备条件的应当尽快就地处置。对使用后的一次性医疗器具和容易致人损伤的医疗废物以及感染性废物，应当及时消毒，能够焚烧的应当及时焚烧，不能焚烧的消毒后予以填埋。

5月28日至6月1日，环境保护部西南环保督查中心出动86人（次），分10个现场督查组对成都、德阳、绵阳、广元、眉山、阿坝、雅安等重灾地区的医疗废物处置情况开展排查，共检查医疗废物集中处置场所5家、医院57家，每天产生医疗废物约2480公斤，集中处置约1590公斤，自行处置约830公斤，临时储存60公斤，有27家存在隐患。医疗废物处置普遍存在以下问题：医疗废物集中处置设施建设严重滞后；普遍未制定医疗废物过渡性处置方案；相当部分医疗机构医疗废物处置不符合规定，部分医疗机构存在仅对医疗废物简单消毒后送垃圾处理场填埋、将医疗废物在垃圾处理场露天焚烧、医疗废物暂存时间过长、医疗废物与其他废物混装等问题；部分医院无医疗废水处理设施或设施受损，直接排放医疗废水。6月2日，西南环保督查中心将上述情况书面函告四川省环保局，建议加快推进全省医疗废物处置设施建设，督促地方制定过渡性处理方案，并依法加强监管。四川省环保部门根据中心提供情况和所提建议，及时加强对灾区医疗废物处置的监管，防范医疗废物处置不当可能造成的二次污染。14日，环境保护部环境保护对外合作中心为绵阳市紧急调用了一套医疗废物高温蒸汽处理设备及破碎设施，及时解决灾区医疗废物安全处置问题，避免简易焚烧可能产生的二恶英等持久性有机污染物的二次污染问题。

二　厕所建设与粪便无害化处理

修建野外简易制式厕所　地震发生后初期，各地大都忙于抢险救援和安置灾区群众，无暇顾及厕所等公共设施问题。紧急状态稍稍和缓以后，一些地方开始修建野外简易制式厕所，逐渐把粪便处理纳入正常化轨道。（参见图201）

军事医学科学院防疫专家建议，厕所挖建的大小和深度，一般要考虑部队人数和驻扎天数。厕所移地挖掘频繁，不但影响执行抗震救灾任务，也浪费建设材料，占用耕地，破坏农作物。防疫队因地制宜，摸索出适合野战条件特点的简易厕所搭建方法，简易厕所具有搭建简便、经济实用、防雨、防风、遮阴、防蝇、防臭的优点。野战厕所的修建方法是，根据场地大小，修建深坑式储粪坑宽100厘米、深180厘米、长100厘米，25人设置一个蹲位；蹲坑用木板搭在深坑两侧，宽度为60厘米。厕所整体用木柱搭建成房屋式结构，顶部斜面铺塑料雨布或编织彩条布，起到遮阴和遮挡雨水作用；屋檐与四周排水沟对齐；入口用窗纱做门帘，四壁上半部分用窗纱隔蝇、通风，下半部用2米高的编织彩条布当墙裙；储粪坑用编织彩条布封盖，四周用土压实，起到防蝇、防臭，加速粪尿发酵的作用。厕所周围挖排水沟，保持通畅，以免厕所周围淤泥积水，在通往厕所的路径上，用编织袋装土或砖头铺简易小路。

图201　5月27日，江苏省防疫队员给什邡市蓥华镇仁和村5组改造成的临时厕所挂牌
（潘毅　摄）

针对灾区特点，兰州军区防疫队指导部

队在离生活工作区50米外的下风向处构建野战厕所。厕所卫生管理制度上墙，教育官兵严禁随地大小便；每天用灭蝇药物对厕所周围环境、四壁及顶部内外部、地面、蹲坑进行喷洒；每天用25%含氯漂白粉或二氯异氰尿酸钠或生石灰粉喷洒蹲坑内外。对简易厕所、粪池的粪便定时进行消毒处理。处理稀便，漂白粉加入量为稀便量的1/5，作用2小时；干便加入2倍量的10%漂白粉上清液，搅拌均匀，作用4小时。当粪便接近便池容积的2/3时，及时清运或加土回填覆盖，另建厕所。临时简易厕所在责任区任务部队推广应用后，收到很好效果，营区环境质量得到明显改善。

总装防疫队南坝分队指导部队和地方人员按标准建临时旱厕，要求做到遮阴、挡雨、通风。由于当地雨水较多，要求厕所周围挖排水沟，屋檐与四周排水沟对齐，保持排水通畅。5月18日下午，总装后勤部卫生防疫队在极重灾区平武县灾区群众居住点进行卫生监督，发现厕所无防雨防蝇设施，粪便溢流，苍蝇密度高，臭味熏人。救灾部队官兵反映，由于储粪池大小与实际使用人数不符，造成粪满过快，已经两次更换场地重建。针对这种情况，防疫队要求救援部队在两天内搭建符合卫生要求的临时简易厕所。

5月16日下午，参加抢险救援的解放军官兵到达阿坝铝厂渡口后，近千人的部队受阻，当地无处就厕，有些情急之下随处便溺，军事医学科学院防疫队的专家见此情形，立即带着战士找来木板，选择合适地方挖建简易厕所，供救援部队官兵使用。从18日起，极重灾区汶川县映秀镇开始修建野外简易制式厕所。军事医学科学院防疫队指导和协助救援部队战士在映秀中学附近区域，为受灾群众和救灾官兵搭建起临时厕所。当地土质结构复杂，土层中夹杂有许多大小碎石，由于没有挖掘机械，仅靠手中的镐头和铁锹挖掘。防疫队员和战士们先后搭建4个野外简易厕所。同时，防疫队对受灾群众和救灾部队开展卫生防疫宣传，教育大家不要随地大小便，到指定地点如厕。在随后的抗震救灾过程中，部队随着宿营地点的不断调整，随时在营区附近按卫生学要求搭建厕所。其间，共在映秀镇区域搭建野战厕所27个。为避免厕所成为新的蚊蝇滋生地，军事医学科学院防疫队每天安排4名战士专门负责全部厕所的管理工作，队员每天上午用少量消毒粉直接撒在粪便上，然后用土覆盖；之后，每1～2天用杀虫剂喷洒1次，从而使当地厕所卫生情况好于常态，蚊蝇虫数量一直被控制在极低水平。6月8日，汶川县政府协调环卫部门，为映秀镇配置20余套移动厕所装置，通过可降解薄膜制成的包装袋包装粪便，由机械装置牵引并封闭包装袋，粪便随包装袋下移进入储便桶内，厕坑表面的包装袋更新，封闭装置再次封闭，避免异味排出，便后不用水冲洗，这种厕所受到当地群众的欢迎。

什邡市为了解决灾区群众如厕问题，在城区灾区群众集中安置点配置多处移动厕所；在乡村灾区群众安置点，则因地制宜，开挖临时粪坑，使灾区群众的粪便处理得到基本的卫生保障。

河北省应急分队在河北省卫生厅支持下，为青川县凉水镇援助建设一座临时厕所。队员们临时筹集2600元，购置水泥，绘制简易施工图纸，与驻凉水镇救灾部队、凉水镇有关干部群众一道奋战近一周，新建成一座简易的“水冲蹲坑式”厕所。新建厕所的最大特点是采用“三格化粪池”设计，完全可以达到对粪便的无害化处理要求，而且由于当地是以山泉为水源水，水源充足，仅需用胶皮管引来山泉即可达到“水冲”的目的。同时由于厕所顶部采用简易的彩条棚布盖顶，既可以抵挡风雨，解决灾区群众上厕所不便的问题，又控制生活居住环境的重要污染源。

撤除水上厕所 理县城关镇营盘村数千居民聚集街心公园以东空旷区域，形成当地最大临时安置片区，但初期并无可供使用的公共厕所，卫生情况十分恶劣。5月23日，居委会建起水上厕所以解燃眉之急。厕所虽分男女两用，外有遮挡，但十分简陋，且位于社区进入县城三岔路口，亦为两阳沟交汇处，沿路（沟）左右上行20米均为居民棚户区，下行50米两侧为居民生活用水供应点。如厕人员粪便顺水而下，未经任何防疫处理，可见滞留便块，水质混沌，形成连续开放污染带，成为肠道传染病重大隐患。进入6月，天气逐渐炎热，水上厕所险情不断，引起周围居民强烈不满。11日晨、13日上午，理县疾控中心门口阳沟与阴沟移行处两次发生堵塞，粪便、垃圾、污水一并溢出水沟，下流街道一片狼藉，散发出浓烈臭味。第三军医大学防疫队环卫组即派人疏通沟渠，用高压水流冲洗街道，洒“三合二”乳剂去除沟内、街道臭味，消毒环境污染源，并与社区交涉。17日上午，社区派工人将水上厕所撤除，环卫人员再次彻底清除沟内杂物、垃圾、粪便，消毒污水。每天重复一次，保持流水通畅。自此，社区水沟流水贯通，未发生险情。

修建示范厕所与先进卫生厕所 根据四川省抗震救灾指挥部5月29日下发《关于印发〈震灾地区示范厕所建设工作方案〉的紧急通知》的要求，四川灾区在重点做好600余个灾区群众临时安置点的卫生厕所建设的同时，在每个临时安置点建设示范卫生厕所，以推动灾区卫生厕所的规范化建设。按照《震灾地区示范厕所建设工作方案》，示范卫生厕所选址应尽量远离临时水源、地势稍高、主导风向下方，距离群众生活区最近不少于10米，最远不宜超过80米；三格、两格和沼气厕所严格按照有关技术规范修建，蹲位数量不少于30人/个，化粪池容积根据使用人数制定，应保证粪便在化粪池内能够储存30天以上；深坑式厕所池深必须达到1.5米以下，贮粪池底、池壁要进行防渗漏处理，就地取材制作的木板式蹲便器，便器口长50厘米、宽20厘米，儿童使用的便器宽15厘米，便器口加盖；厕屋有顶、有墙、有门，粪池密闭有盖，防止雨水流入；建立必要的厕所保洁和清扫机制，落实维护管理责任人，对粪便每日施加生石灰或漂白粉进行及时消毒处理，粪便及时清掏并进行无害化处理。

6月1日，四川省爱卫会办公室下发《关于上报灾区群众聚居区示范厕所及环境卫生综合治理工作典型有关情况的通知》，要求各地在建设示范厕所过程中，积极开展环境卫生综合治理，做好生活垃圾和生活污水卫生管理工作，及时总结和推广灾区群众聚居区示范厕所及环境卫生综合治理工作的典型经验。

6月12日，四川省疾控中心抗震救灾卫生防疫队绵阳分队对安县永安镇129所安置点、市检察院安置点、市科技局安置点、大安村安置点的示范厕所建设进行督导检查，所有示范厕所建设都基本合格。

在震后的紧急救援中，奥地利红十字会、西班牙红十字会、英国红十字会、丹麦红十字会、红十字会与红新月会国际联合会联合派出4支紧急反应工作组，支援中国四川灾区的抗震救灾工作，向灾区群众提供清洁饮用水和修建卫生厕所的服务。国际紧急反应组推荐的卫生厕所，主要是为受灾群众在灾难发生后的3～6个月内使用。其特点是搭建迅速，大约一个半小时即可建成一个，并且卫生、环保，维护得当可反复使用5年以上。其厕所高约2米，所挖的坑深约2米、宽约60厘米、长约80厘米；当坑内的粪便距离地面约20厘米时，即可填埋，然后可将它再移动到另外的位置重新挖坑。在国际紧急反应组的倡导和指导下，截至8月17日，绵竹市九龙镇、遵道镇、板桥镇、金花镇为当地灾区群众修建此类临时厕所306个。

位于都江堰市彩虹大道街南段的中德红十字会野战医院，震后自建的12间临时厕所已经不能满足患者与医务人员的需求，急需改造。6月10日，中国疾控中心驻都江堰市工作队接到中德红十字会野战医院改造厕所的请求。中国疾控中心环境所的专家对医院所在区域的环境卫生状况进行整体评估，提出临时简易厕所设计方案。根据相关规范和现场应急技术要求，工作队选定在距离江安河120米处新建卫生厕所。新建的厕所与医院临时帐篷相距6米，符合环境卫生学要求。

按照工作流程，抗震救灾期间建立的临时厕所最终需要做填埋处理，以免成为安全隐患或疾病源。8月17日，云南省防疫队首批选择梨花广场安置点附近17个废弃的厕所开展填埋工作。防疫队队员严格按照操作规程进行消毒、填埋，并立起警示牌。

6月7日，陕西省卫生厅抗震救灾指挥部召开会议，专题分析研究灾区防疫工作时，建议灾区政府有关部门在灾区群众临时安置点搭建卫生厕所，并加强对厕所的消毒和治理。

粪便无害化处理　对灾区的粪便处理要求是：化粪池、沼气池、粪池、公共厕所、牲畜栏、养禽场中的粪便清理由环卫部门配合，彻底清掏，按相关要求进行无害化处理。无法清掏的残留物，加等量生石灰或按1千克/平方米撒布漂白粉混匀消毒后清除。坑穴用生石灰或漂白粉（漂白粉有效氯含量均以大于20%计算）按1千克/平方米撒布、浇湿后，用农田土壤或建筑渣土填平、压实。公共厕所地面和坑穴表面用4%漂白粉上清液按1～2千克/平方米喷洒。（参见图202）

地震灾区的粪便处理，实行“优、改、建、管”的粪便管理原则。“优”即优先考虑使用居民临时安置处的原有户厕；“改”即改造存在安全隐患的居民户厕；“建”即在居民临时集中安

图202　5月26日，江西省卫生防疫人员在青川给临时公厕粪便消毒
（江西省卫生厅　提供）

置点、复课学校等人群集中的场所，新建符合卫生要求的无害化厕所，为使用原有户厕确实存在困难的分散居住居民，搭建应急临时防渗漏的临时厕所；“管”即落实专人做好厕所杀灭蚊蝇工作。

成都市提出，灾区群众临时安置点和救灾人员临时居住点若无固定厕所，应搭建临时厕所，所有粪便用专用容器盛装，或挖坑收集。对收集容器、粪坑及其周边 10 米范围，每天用敌敌畏按 1∶100 加水配置，用常量喷雾器喷洒灭蝇。对于固定厕所，除了每日灭蝇外，用有效氯为 1000 ~ 2000 毫克 / 升的含氯消毒液每日喷雾，重点消毒门把手、水龙头和地面。收集的粪便应就地消毒后再行转运，可按粪便体积的 1/20 加入有效氯含量为 50% 的消毒粉，边加边搅拌，充分混匀，作用 2 小时。肠道传染病病人排泄物和呕吐物，必须用专用容器集中收集，可按粪便体积的 1/10 加入有效氯含量为 50% 的消毒粉，边加边搅拌，充分混匀，作用 2 小时，彻底消毒后倾倒入厕所或粪坑。

西安市卫生监督所卫生防疫队在四川灾区对临时搭建的灾区群众居住场所和临时修建的厕所进行及时消毒处理。处理稀便时，漂白粉加入量为稀便的 1/5，作用 2 小时；干便加入 2 倍量的 10% 漂白粉上清液，搅拌均匀，作用 4 个小时。当粪便接近便池容积的 2/3 时，及时清运或加土回埋覆盖。每天用生石灰或漂白粉消毒，在施药前应评估粪便量，据以确定施药的数量；并建议有关管理部门对不进入市政排污系统的厕所、移动式厕所内的粪便及时清理，防止蚊蝇滋生。

95829 部队后勤部卫生处，在抗震救灾部队中积极推行无害化堆肥法，即将人粪便、部分垃圾、杂草等混合放在一起，然后用土层掩埋，利用微生物的发酵作用，将堆料中的有机物分解、产生高热，以达到杀灭病原体的目的。同时，要求每日中午、晚上两次对厕所进行消毒杀虫，在地面、墙面、蹲坑等处喷洒浓度为 1000~2000 毫克 / 升的含氯消毒剂或如氯氰菊酯等。对在野外或抢险工作面建立的零散临时厕所，一律采用施撒“三合一”粉的方法，控制蝇蛆滋生。

军事医学科学院驻汶川县三江乡防疫队因地制宜，依靠科学，结合实际，开展生态防疫。根据灾后三江乡烧柴煮饭草木灰较多、山上野生棉花草较多的情况，推行利用草木灰和棉花草混合杀灭蝇蛆的方法，减少有毒有害药物的使用，对垃圾点、厕所等重点场所进行卫生整顿和消杀处理，降低蚊蝇密度。

第四节　病媒生物监测与防控

汶川特大地震发生后，灾区生态环境和人居环境发生巨变，人群相对集中，缺少一些防范措施，导致潜在的传染源严重存在，病媒疾病流行的风险增加。随着抗震救灾工作的进行，水源处理逐渐规范，尸体处理也基本结束，此时蚊蝇等媒介生物滋生成为突出问题，各地灾区加强媒介生物监测、制订病媒生物防制方案，实施全面药物消杀，防控病媒生物，有效地预防了病媒传播疾病等次生灾害的发生。

一　病媒生物监测

在地震灾区，病媒生物监测工作分为两个阶段，震后初期由于灾区疾控部门受灾严重，常规病媒生物监测器材大多遗失或损坏，无法正常开展监测工作，主要采取目测法开展监测。后期随着受灾群众逐渐得到安置，主要采用部分监测器材监测与病媒生物调查。为进一步规范地震灾区病媒生物监测工作，中国疾控中心传染病所媒介生物控制室研究制定《汶川地震灾区病媒生物监测方案（试行）》。《汶川地震灾区病媒生物监测方案（试行）》提出，蚊、蝇、鼠监测每周一次，一旦达到杀虫、灭鼠工作的参考指标，则建议实施杀虫灭鼠。每次杀灭后，要进行控制效果监测与评价。蚊、蝇、鼠等至少各选一种杀灭方法。建议每个安置点都开展监测工作，监测点首选重灾区，每个县（市、区）至少按方位设 3 ～ 5 个有代表性的灾区群众安置点进行监测。方案还提出了蚊、蝇、鼠的监测方法，蚊虫的密度监测可采取诱蚊灯法、人工小时法和目测法，蝇类密度监测可采取粘蝇条（纸）法和目测法，鼠类的密度监测可采取毒饵盗食法和鼠迹法。

《汶川地震灾区病媒生物监测方案（试行）》建议，当群众反映蚊、蝇、鼠较多，或当灾区群众安置点的灯诱法蚊密度超过了 15 只 / 灯·夜、人工小时法蚊密度 5 只 / 人工·小时、目测法蚊密度 10 只 / 人工·小时、粘蝇条法蝇密度超过 10 只 / 条·天、目测法蝇密度超过 1 只 / 平方米时，鼠盗食率超过 10%或鼠迹法鼠密度超过 5 处 /2000 米时，对整个灾区群众安置点进行相应的杀虫、灭鼠处理。

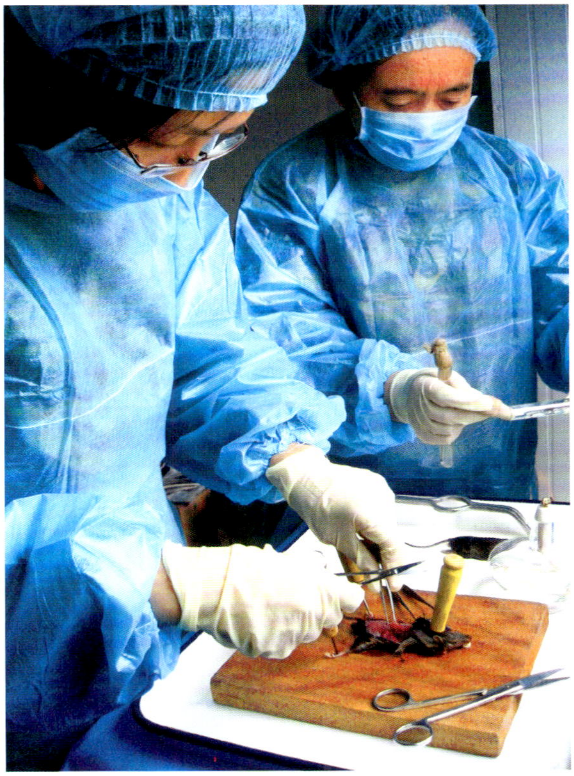

图 203　6 月 14 日，四川省疾控中心工作人员在汶川开展鼠疫病原学检测

（四川省卫生厅　提供）

四川省疾控中心在主要受灾地区连续 4 个月开展蚊、蝇、鼠等病媒生物监测及相关传染病的病原学监测工作。监测涉及都江堰、彭州、绵竹、什邡、北川、安县、江油、青川、汉源、汶川、茂县、理县、崇州、温江区、大邑、郫县、黑水、小金、松潘、宝兴、平武 21 个县（市、区）。（参见图 203）每周对灾区群众安置点及其周围环境进行一次蚊、蝇、鼠密度监测，其中蚊、蝇采用目测法，鼠采用鼠迹法；同时，进行一次病媒生物防制问卷调查。

截至10月31日，四川省共进行蚊、蝇、鼠密度监测5000余人次，收集监测数据2.2万余个；反馈问卷调查表4490份，获得调查数据6.7万余个。监测结果显示，蚊、蝇、鼠密总体密度较低，灾区群众对安置点环境的卫生状况及病媒生物防制等工作均较满意。除个别地区的蚊、蝇密度略为超出杀虫指标外，四川灾区的蚊、蝇、鼠总体密度均未超标。

成都市从6月1日起启动蚊、蝇、鼠密度监测，了解和掌握消杀效果，评估病媒生物性传染病发生的风险。成都市疾控中心组织和指导辖区内都江堰、彭州、崇州、大邑和灾区群众临时安置地温江、郫县开展病媒生物监测。成都市在19个安置点设置病媒生物监测点，由专业人员定期进行监测。监测结果发现，灾区蝇、蚊、鼠的密度尽管有一定波动，但均控制在建议的临时限值范围内。灾区安置点的蚊密度因7月气温上升和间断性降雨增加而自然上升，但到8月以后得到有效控制，呈下降趋势。灾区安置点的蝇、鼠的密度在夏、秋季持续保持在较低水平。监测结果表明，成都灾区的病媒生物密度保持在较低水平，灾区各安置点没有与病媒生物相关的传染病的暴发和流行。（参见表28、图204 ~ 206）在质检总局各卫生防疫队承担任务的工作区域内，主要病媒生物有蚊、蝇、蚤、蜱、螨、鼠等。在灾区各安置点，各卫生防疫队对病媒生物进行监测的结果表明，卫生处理后，病媒生物密度明显降低。6月13日，中国检科院卫生防疫二队在对都江堰市翔凤桥作业时，部分灾区群众反映蚊子增多，遂提出利用傍晚蚊子活动较多时诱捕，以期初步掌握蚊子的种类。受营地条件所限，只能利用简陋的吸蚊器进行“人肉诱捕法”。晚饭后，全体队员进行诱捕，历时1.5个小时。14日，卫生防疫二队与宁波检验检疫局卫生防疫四队在灌温路和玉堂镇设立23个监测点、在青城桥和翔凤桥设立24个监测点，监测区域主要为厕所、帐篷、食堂及储物间。密度监测结果显示，进行消杀后蚊蝇密度显著下降。

6~10月成都灾区群众安置点病媒生物监测结果（目测法）统计表

表28

县（市、区）	蝇密度（只/平方米）					蚊密度（只/人工·小时）					鼠密度（处/2000米）				
	6月	7月	8月	9月	10月	6月	7月	8月	9月	10月	6月	7月	8月	9月	10月
都江堰	0.34	0.13	0.06	0.04	0.03	1.31	2.3	3.5	3.06	0.75	0	0	0	0	0
彭　州	0.63	0.47	0.35	0.21	0.06	6	9.01	7.13	5.57	0.9	0.49	0.36	0.23	0.05	0
崇　州	0.05	0.08	0.02	0.44	0.06	6.42	6.73	4.25	1.47	0.44	0.25	0	0	0	0
大　邑	0.13	0.09	0.13	0.04	0.02	1.16	0.42	1.1	0.88	0.4	0	0.08	0.13	0	0.2
温　江	0.18	0.04	0.03	—	—	2.94	1.63	1.08	—	—	0.75	0	0	—	—
郫　县	0.03	0.04	0.03	—	—	12.1	17	11	—	—	0.2	0	0	—	—

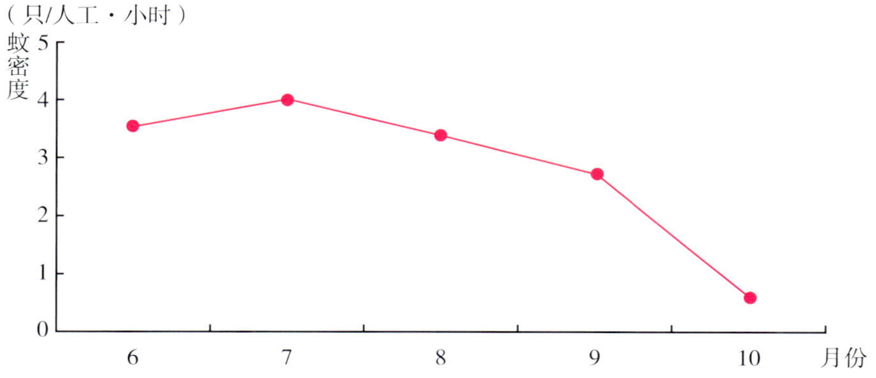

图 204 成都灾区群众安置点目测法蚊密度监测结果

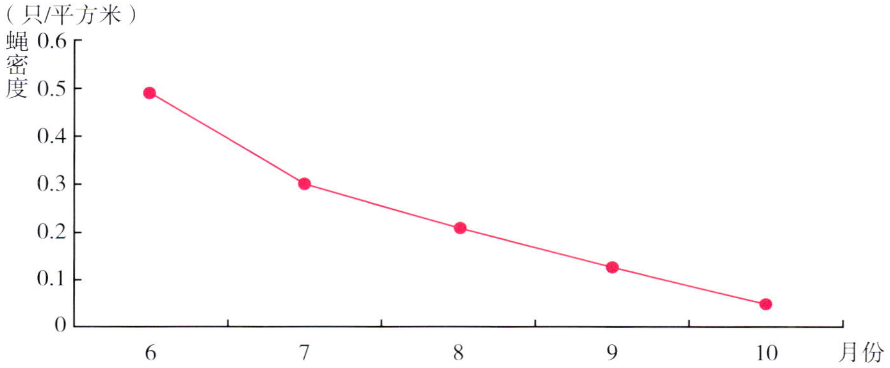

图 205 成都灾区群众安置点目测法蝇密度监测结果

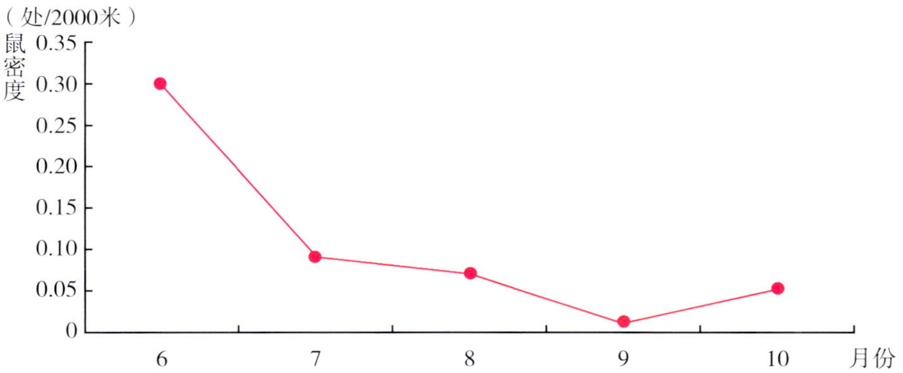

图 206 成都灾区群众安置点目测法鼠密度监测结果

绵竹灾区在江苏省疾控中心和德阳市疾控中心指导下，从 6 月起恢复病媒生物监测工作。6—10 月，绵竹市震后蚊、蝇、鼠密度监测共计 22 周，其中蚊虫密度监测临时住所 440 间，涉及帐篷 200 顶、板房 240 间，共目测发现蚊虫 2750 只，蚊虫密度指数为 25.00 只 / 人工 · 小时。蝇类密度监测安置点 3 类环境有 19800 平方米，目测发现蝇类 6503 只，蝇类密度为 0.33 只 / 平方米。鼠类密度监测安置点外环境 22 万延长米，鼠迹 539 处，鼠密度为 4.90 处 /2000 米。

自6月起，什邡市疾控中心在江苏、辽宁、黑龙江等地外援防疫队的帮助下持续开展病媒生物监测工作（7月以后由北京市各区县疾控中心病媒生物专家帮助开展此项工作）。6—8月，在洛水镇柳河公园安置点、红白镇安置点、蓥华场镇滨河路安置点、八角镇政府安置点、方亭体育场安置点选择病媒生物监测点5个。9—10月，选取除已撤销的方亭体育场安置点以外的4个监测点继续进行病媒生物监测。病媒生物密度监测结果显示，蚊、蝇、鼠密度一直呈总体下降趋势。

绵阳灾区在市区和北川、平武、安县和江油的16个点开展了蚊、蝇、鼠等病媒生物监测。截至7月底，绵阳市蚊、蝇、鼠平均密度分别为8.47只/人工·小时、0.395只/平方米和0.776%盗食率。

阿坝藏族羌族自治州针对辖区内灾区群众安置点较多，蚊、蝇、鼠密度监测工作任务繁重、人手紧等情况，组织消杀人员分片区包干，有计划、分步骤地对各灾区群众安置点进行蚊、蝇、鼠密度监测。经监测，6—7月蚊类密度为12只/盏·小时、蝇密度为2.2只/平方米、鼠密度为0.5处/2000米，8月蚊密度为8.2只/人工·小时、蝇密度为1.2只/平方米、鼠密度为0.55处/2000米。监测数据显示，病媒生物在灾后具有明显的繁殖高峰期，这与灾后废墟垃圾增多、遍地瓦砾、不断降雨导致滋生环境加剧有关。通过监测和病媒生物种群鉴定，防疫人员掌握汶川县病媒生物种群、密度分布及季节消长规律，采取有针对性的综合防治措施，有效地将蚊蝇鼠密度控制在最低限度。

茂县从6月11日开始每周派出工作人员不定点对各居民安置点进行蚊、蝇、鼠密度监测，相继监测帐篷及板房33处165个点、厕所33个、垃圾桶99个，出动人员132人次、车辆20台次，问卷调查人数990人次，上报报表33期、问卷33份。（参见图207）

图207　6月15日，四川省疾控中心与中国疾控中心专家组乘直升机赶赴茂县灾区开展防疫工作
（四川省疾控中心　提供）

松潘县于 6 月 4—5 日，对镇坪乡镇坪村采用盗饵法开展鼠密度监测。监测发现，该村鼠密度为 14%，为开展灭鼠工作提供科学依据。

理县先后制定《理县灾后重建（过渡期）疾病与控制方案》《理县蚊蝇鼠密度监测与消杀措施意见》，因地制宜开展蚊、蝇、鼠等病媒生物防控监测工作，城关和乡镇、村均有消杀队伍负责各自区域内的消杀灭工作及各安置点的环境卫生防疫工作。病媒生物防控监测工作，县城由理县疾控中心负责，乡镇由各区域内的防疫队负责。蚊蝇采用目测法，鼠用痕迹法。蝇密度垃圾堆放处控制在 4.3 只 / 平方米内，厕所控制在 3.5 只 / 平方米内，外环境控制在 2.1 只 / 平方米内，帐篷内控制在 1.5 只 / 平方米内；蚊密度在 0 ～ 1 只 / 平方米内，无鼠痕迹发现。青川地震灾区从 6 月开始进行病媒生物防控监测工作。据 2—16 日的病媒生物监测，蚊密度采用诱蚊灯法监测，2—8 日为 54 只 / 灯 · 夜，9—16 日为 56 只 / 灯 · 夜；蝇密度采用粘蝇条法监测，2—8 日为 6 只 / 条 · 天，9—16 日为 8 只 / 条 · 天；鼠密度采用鼠迹法监测，2—8 日为 1，9—16 日为 2。9—10 月，青川灾区的蚊密度，9 月 21—28 日为 4.00 只 / 平方米，10 月 6—14 日为 6.14 只 / 平方米；蝇密度，9 月 24—28 日为 0.43 只 / 平方米，10 月 6—14 日为 0.74 只 / 平方米；鼠密度，9 月 24—28 日、10 月 6—14 日为 0。

剑阁县疾控中心在下寺镇、普安镇、公兴镇、武连镇、城北镇 5 个重点灾区，连续 4 次开展安置点及周围环境的蚊、蝇、鼠密度监测工作，共监测安置点 32 个，问卷调查 430 份，目测法蚊密度平均 4.25 只 / 人工 · 小时，鼠迹法鼠密度平均 3.2 处 /2000 米，目测法蝇密度平均 1.04 只 / 平方米。监测结果表明，剑阁县除蝇密度轻度达标（1 只 / 平方米）外，其余监测对象均低于标准，没有达到病媒生物传播传染病的风险预警水平。

宝鸡市陈仓区主要存在鼠类、苍蝇、蚊子 3 种病媒生物，其中鼠类主要有褐家鼠、黑线姬鼠，苍蝇主要有家蝇、丝光绿蝇，蚊子主要有淡色库蚊、中华按蚊、三带喙库蚊、白纹伊蚊等。灾后病媒生物的密度分布无显著变化。

二　病媒生物防控

病媒生物防制方案　地震发生后，四川省卫生厅于 5 月 14 日发布《地震灾害公共卫生应急处置技术方案》，在“简易厕所的消毒与杀虫”“垃圾、废墟的消毒与杀虫”“污水处理”“人与动物尸体的卫生清理与消毒”“震灾临时住所的卫生保障”等内容中，对病媒生物防制工作提出了具体要求。在四川省卫生厅成立的抗震救灾医疗卫生救援指挥部中，病媒生物防制工作先被安排在疾病预防控制组，17 日被安排在爱国卫生运动组。21 日，四川省卫生厅抗震救灾医疗卫生救援指挥部成立消杀灭小组，专门负责灾区环境消杀灭工作的技术指导、消杀灭药械需求计划、消杀灭信息的收集和汇总等工作。

中国疾控中心在参考 1999 年制定的《震灾杀虫预案》《震灾灭鼠预案》《病媒生物应急监测与控制——通则》的基础上，根据四川等地的地震灾区环境、媒介生物种类和消杀药械的实际情况，经过现场试验和反复论证，制定出操作性强的《地震灾区病媒生物防制（杀虫、灭鼠）方案》，5 月 16 日，由卫生部和中国疾控中心发布，用于指导灾区媒介生物防治工作。该方案明确提出，灾区媒介生物控制的日常工作以控制滋生地为主，对发现的蚊、蝇、蚤等进行局部、定向杀灭。对受灾群众安置点、救灾营地等部位进行空间喷雾等速杀，对垃圾收集点、厕所等重点部位进行定期滞留喷洒等长效处理。当群众反映蚊、蝇、鼠较多，或当受灾群众安置点蚊、蝇、鼠等密度达到相应指标时，对整个受灾群众安置点进行相应的杀虫和灭鼠处理。方案指出，各级卫生行政部门负责病媒生物监测与防治的组织工作，要做好杀虫、灭鼠药物和监测工具的集中供应、配制、分发和剩余药剂的销毁及无害化处理工作。各级疾病预防控制机构要设立专项小组，做好蚊、蝇、蚤、蜱、螨、鼠等病媒生物预防控制常识宣传，指导专业技术人员和群众开展病媒生物防制工作，并对蚊蝇等的设施防护及个人防护、环境治理和滋生地控制、蚊蝇等成虫控制以及鼠类防治，提出具体防控措施。

在居民安置点尽可能设置对蚊、蝇等的防护设施，加强个人防护，努力实现对灾区人群的持续保护。在帐篷、简易房或其他临时住所装置纱门、纱窗等简单的防蚊、蝇设施，尽量使用蚊帐、药物浸泡蚊帐或长效药物蚊帐。在帐篷、简易房、临时房等住所内，使用盘式蚊香或电热蚊香。在临时居住帐篷或住所内与周围 5 ～ 10 米范围外环境，使用 5% 顺式氯氰菊酯（如奋斗呐）可湿性粉剂 100 倍稀释（或 10% 顺式氯氰菊酯悬浮剂 200 倍稀释，或具有滞留效果的其他拟除虫菊酯类杀虫剂，按照使用说明的剂量）进行滞留喷洒。傍晚、清晨尽量穿长袖衣裤，减少蚊虫叮咬。使用市售驱避剂（如蚊不叮、防蚊灵等含有避蚊胺有效成分的个人防护用品），也可使用花露水、风油精等。

在安置点等临时或永久居住区，设立足够的临时垃圾站，做到垃圾集中存放、统一收集、及时清运、无害化处理，不随地扔垃圾（一次性饭盒、一次性塑料杯等），提倡良好的生活习惯，能有效减少蚊、蝇、鼠等有害生物的滋生。对于公共厕所、私厕等，可以使用滞留喷洒处理厕所内一米以下的墙面；蹲坑挡板，两周处理一次。如果厕所内有大量蝇类飞舞，可以进行空间喷洒予以杀灭。

安置点使用粘蝇纸、粘蝇条、诱蝇笼、蚊蝇诱灭器（诱杀蚊蝇灯）、电蚊拍、苍蝇拍等捕杀蚊蝇。经监测评估后，对超过控制指标的高密度区或整个安置点、社区，蚊蝇控制用含有高效氯氰菊酯、氯氰菊酯、顺式氯氰菊酯、溴氰菊酯、马拉硫磷、辛硫磷等有效成分的药剂，使用常量喷雾器、超低容量喷雾器、热烟雾机等喷洒进行蚊蝇控制。确有必要时，使用飞机喷洒。

病媒生物防制实施 彭州灾区发挥乡镇卫生院、村级医疗站的作用，注重指导各地对灾区群众安置点及周边环境、临时厕所、临时垃圾收集点的蚊蝇、老鼠滋生地实施全面药物消杀，做到重点区域全覆盖。病媒生物防控工作持续开展，全市在抗震救灾期间未发生一例虫媒疾病和夏、秋季肠道传染病疫情，“四害”密度控制在国家标准范围之内。

绵竹灾区重点开展对公共厕所、私厕、垃圾桶、垃圾堆放场所、安置点各种积水和污水定期进行清查和清理工作，主动搜索和控制滋生地，对发现的蚊、蝇、鼠、蚤及其滋生地等进行局部、定向杀灭。同时，对灾区群众安置点、救灾营地等有蚊、蝇的部位进行空间喷雾等速杀，对垃圾收集点、厕所等重点部位进行定期滞留喷洒等长效处理。待居民开始陆续入住板房后，又及时加强环境治理工作，在板房区设立足够的临时垃圾站，使垃圾集中存放、统一收集、及时清运，进行无害化处理，有效减少蚊、蝇、鼠等有害生物的滋生，蝇类密度呈明显下降趋势。

绵阳灾区组织重灾地区和北川、平武、安县、江油等县（市）疾控中心，每月开展4次蚊、蝇、鼠密度监测和预防性消毒杀虫工作，对北川羌族自治县禹里乡，平武县南坝镇、石坎乡，安县千佛镇、高川乡，江油市枫顺乡、雁门镇7个乡（镇）进行重点消杀工作。截至7月18日，绵阳市消毒环境面积达99384万平方米，处理粪坑75.72万个/次，清除蚊蝇滋生地37591.12万处/次，发放消杀灭药（械）48291件（台、盒）。检测结果显示，绵阳灾区的蚊、蝇、鼠密度均无异常变化，未发生与地震相关的重点传染病发病与死亡情况。

广元灾区充分发挥防疫救援队伍作用，依靠社区组建2支8650余人的消毒、消杀队伍，形成一个全覆盖的消杀灭工作网，对安置点、垃圾场站（点）、厕所、污水坑（沟）等蚊蝇滋生栖息重点场所实行专人定时消杀灭。同时，各有关部门联防联控，在全市城乡统一开展灭鼠活动。抗震救灾期间，广元灾区共使用消毒杀虫药物24.73万公斤、鼠药毒饵14.47万公斤，消毒消杀面积达3.08亿平方米，将“四害”密度控制在不足为害的程度。青川县以控制滋生地为主，对发现的蚊、蝇、蚤等进行局部、定向杀灭，对安置点、营地等部位进行空间喷雾速杀，对垃圾收集点、厕所等重点部位进行定期滞留喷洒等长效处理。当蚊密度为10只/人工・小时、蝇密度超过1只/平方米时、鼠密度超过5处/2000米时，则对整个灾区群众安置点进行相应杀虫、灭鼠处理。

陇南灾区把大面积灭蚊蝇和重点区域灭菌消毒作为保障灾后无大疫的重要措施，紧急动员各方面人、财、物力量，开展灭蚊蝇和消杀工作。截至5月31日，武都区爱卫会办公室组织开展大面积灭蚊蝇10次，喷洒药液1.3吨，灭杀面积1200万平方米，并把避险居住区作为重点进行消杀。

宝鸡市陈仓区避险群众大量搭建临时帐篷，形成28个人员密集区。陈仓区爱卫会组织有关部门整治临时居住区和公共场所的环境卫生，清运垃圾污物，做好人畜粪便、垃圾的无害化处理；消灭蚊、蝇滋生地。陈仓区疾控中心组织消杀队伍，坚持每日两次对城区的街道、公园和广场等群众聚集区进行环境消毒和蚊蝇滋生地消杀，喷洒消杀面积累计达到926万平方米。

质检总局各卫生防疫队采用简易、实用的方法，对灾区群众安置点、救援队营地等区域内蚊、蝇密集的部位进行空间喷雾等方式速杀，对垃圾收集点、厕所等重点部位进行定期滞留喷洒等长效处理，对其他区域病媒生物控制以防为主。当群众反映蚊、蝇、鼠普遍较多，或当灾区群众安置点的蚊、蝇、鼠等病媒生物密度达到杀虫、灭鼠的指标时，对整个灾区群众安置点进行相应杀虫、灭鼠处理。重点对厕所、垃圾桶、垃圾堆放场所、积水坑等滋生地进行定向杀灭。各卫生防疫队采用粘蝇纸、粘蝇条、诱蝇笼、蚊蝇诱灭器（诱杀蚊蝇灯）、电蚊拍、苍蝇拍等物理方法捕杀蚊蝇，配合化学药剂进行消杀。对室外的垃圾桶、垃圾堆和其他蝇类停留的场所，用常量喷雾器进行滞留喷洒；室外局部环境蚊虫或苍蝇等密度较高时，采用空间喷洒迅速杀灭成虫；在帐篷内、帐篷四周篷布进行滞留喷洒；在临时居住帐篷或住所周围5～10米范围进行表面喷洒，防止蜱、螨、蚤侵害。5月26日，重庆检验检疫局卫生防疫队在北川羌族自治县擂鼓镇执行任务时，发现工作区域蚊、蝇密度较大，及时将原定的消毒方案调整为杀虫方案。6 月 28 日，深圳检验检疫局卫生防疫三队向都江堰市天府大道、勤俭人家安置点发放粘蝇条 1000 条，通过卫生处理蚊蝇滋生地，减少蚊蝇数量，净化安置点居民生活环境，得到安置点各方好评。蚊蝇类密度监测结果显示，蚊蝇分布密度和种类均显著下降。同日，宁波检验检疫局卫生防疫四队了解到驻扎在都江堰市附近山区的解放军某部驻地深受蚊蝇骚扰，且除虫药剂缺乏，立即前往查看周围的环境卫生情况，分析蚊蝇滋生的原因，确定具体的除虫方案，为解放军战士现场演示捕蝇笼和粘蝇条的操作方法，解决问题。

第五节　堰塞湖泄洪区卫生管理

为做好堰塞湖泄洪区卫生管理工作，排除可能淹没区遗留医疗卫生系统危险因素，各级卫生行政和医疗卫生机构迅速开展堰塞湖可能淹没区医疗卫生用化学、放射等有害物品的排查和清理；认真部署，组织开展泄洪区域环境垃圾和粪便清运、消毒杀虫、食品饮用水的监督监测，做好泄洪区的卫生防疫工作。

一　堰塞湖泄洪区卫生管理工作部署

唐家山堰塞湖位于北川羌族自治县曲山镇大水村，在北川县城上游 4.6 公里处，属高山峡谷地带。唐家山堰塞湖泄洪前，绵阳市政府组织对下游群众进行疏散安置。按三分之一溃坝组织疏散，需要疏散 19.75 万人，由于疏散安置范围局限性大，人口密度大，气温高，新设安置点各种供水、供餐、厕所、垃圾处理等设施相对原安置点滞后且简陋，安置点的卫生安全隐患较多。5 月 17 日，疾控人员被空投至唐家山堰塞湖坝顶，开展紧急消毒防疫工作。

5 月 17 日，环境保护部办公厅下发《关于加强对水库坝下环境隐患排查和治理的紧急通知》要求对堰塞湖下游加大隐患排查力度，及时通报排查情况，督促整改到位，并将隐患排查情况纳入信息报送工作。环境保护部、四川省按照“早发现、早报告、早处置”的原则，切实加强环境现场监管，积极开展环境风险排查和整治工作。从 23 日开始，大规模排查下游地区的环境风险，持续不断地对唐家山堰塞湖下游地区饮用水源地的保护，危化品、危险废物、医疗废物的转移和妥善处置，以及放射源的安全收贮等情况进行跟踪和督办，强化应急监测，采取多种措施确保下游的环境安全。5 月 26 日至 6 月 11 日，环境保护部西南环保督查中心先后投入执法人员 290 余人（次），行程 16000 多公里，排查督办涉及危化品企业 75 家（次），督促及时转移和安全处置危化品 5000 余吨，向环境保护部报送相关信息 150 多条。同时，及时将排查情况通报四川省环保局和当地环保部门，督促当地政府和环保局做好环境应急响应工作。至 6 月 11 日 16 时，唐家山堰塞湖黄色警报解除，环境安全风险得到有效控制。

位于唐家山堰塞湖下游的绵阳市城区，是受堰塞湖威胁的区域。唐家山堰塞湖泄洪前，绵阳市政府组织市民进行疏散撤离。5 月 26 日，绵阳市抗震救灾医疗救治分指挥部以绵阳市卫生局的名义向全市人民发布公告，号召撤离区的群众在撤离前清运所有垃圾，并在当地疾控中心指导下对所有旱厕粪便和未清运垃圾进行清运和消毒。中国疾控中心江油工作队为预防唐家山堰塞湖在泄洪期间及泄洪后突发公共卫生事件和重大传染病疫情暴发，将堰塞湖下游的 7 个乡（镇）泄洪后的卫生防疫作为重点，在泄洪前与江油市疾控中心和广东、福建防疫队一起，实地勘查了解基本情况，研究起草《唐家山堰塞湖泄洪卫生防疫应急预案》《江油市应对唐家山堰塞湖泄洪溃坝卫生防疫工作实施方案》，并协助江油市卫生局发布泄洪区卫生防疫公告。

5 月 28 日，为最大限度地减少堰塞湖泄洪可能导致的水体污染和下游地区发生传染病流行的风险，绵阳市抗震救灾指挥部发出《关于转发〈堰塞湖泄洪淹没区卫生清理实施方案〉的通知》，明确规定淹没区卫生清理范围、技术要求、实施要求及验收要求。同时，绵阳市抗震救灾医疗救治分指挥部发出《关于绵阳城区群众疏散安置点卫生防疫工作有关情况的报告》，分别从灾区群众集中安置点的防疫工作、堰塞湖放水前后的防疫工作、城区环境卫生、群防群控力量的整合和全民防控意识的培育等方面，阐述了全市医疗救治和卫生防疫工作所取得的阶段性成果。为规范、指导唐家山堰塞湖泄流疏散群众临时安置点的环境消毒和泄流期间病媒生物控制工作，绵阳市爱卫会办公室制定《北川羌族自治县唐家山堰塞湖泄流后环境消毒、杀虫预案》。

5 月 30 日，面临唐家山堰塞湖随时具有溃坝的危险，绵阳市委发布一号指挥长令：按既定的《1/3 溃坝撤离疏散应急预案》，将淹没区群众紧急撤离到提前安排的安置点。绵阳市抗震救灾医疗救治分指挥部下发《关于印发〈北川唐家山堰塞湖泄洪后卫生防疫工作方案〉的通知》，确定泄洪后卫生防疫工作目标、组织领导、主要职责与部门分工及保障措施，并制定饮用水卫生处置、食品卫生、环境消毒与杀虫、尸体及放置环境的卫生处置等相关技术方案，确保泄洪后不出现传染病流行和食物中毒等突发公共卫生事件，保障群众身体健康和生命安全。绵阳市卫生部门启动唐家山堰塞湖撤离疏散群众医疗卫生应急预案，根据临时安置点的布局情况，设置医疗卫生工作站 142 个，其中游仙区 30 个、涪城区 12 个、江油市 41 个、三台县 59 个。为实现对所有疏散群众的医疗卫生防疫全覆盖，绵阳市抗震救灾医疗救治分指挥部决定，各个医疗卫生工作站的责任领导、具体工作人员和工作职责必须明确；要配置足够的医务人员、药品、医疗设施等，对群众实行免费医疗；各工作站固定配备一辆救护车辆，根据道路交通情况，确定危重病员的转诊线路与接诊医疗机构，确保危重伤病员生命绿色通道的畅通；设置留观医院，加强重点人群和高危人群管理；落实传染病人的分诊转诊制，确定传染病临时定点留观医院；加大健康教育与卫生防疫力度，增强群众自我保健意识；要采取坐诊与巡诊相结合、治疗与预防相结合等举措，有序开展医疗卫生防疫工作，力争实现“零死亡、无疫情”的工作目标。

四川省卫生厅于 6 月 10 日下发《关于进一步加强堰塞湖可能淹没区医疗卫生系统危险因素排查的紧急通知》，要求堰塞湖可能淹没区各级卫生行政和医疗卫生机构立即开展医疗卫生用化学、放射等有害物品的排查和清理，及时报告政府相关管理部门，并协助环保等部门转移到安全处保管使用。要妥善管理消毒药品，将存放于可能淹没区的药品尽快转移到安全处，并根据使用的先后和需要合理布点存放消毒药品。

6月11日，四川省抗震救灾指挥部印发《四川省地震灾区堰塞湖泄洪区域卫生防病应急预案（试行）》，要求四川省卫生厅救灾防疫指挥部与有关部门密切配合，协调一致，共同做好震后堰塞湖泄洪区域的卫生防疫工作。各级卫生部门应在当地抗震救灾指挥部的统一领导下，成立卫生防疫应急领导小组，尽快制订、完善相关卫生防疫应急预案，细化各项具体措施，与有关部门密切协作，充分发动群众，群专结合，科学、有序、规范、高效地做好堰塞湖泄洪区域卫生防疫工作。环保、水利、建设、经委、安监、药监、工商、质检等相关部门，要在四川省抗震救灾指挥部的统一领导下，按照《四川省突发公共事件总体应急预案》规定的职责开展相应工作，重点负责水位监测预警、泄洪区域环境垃圾和粪便清运、有毒有害化学品和放射源处理、洪水中尸体打捞清运和消杀药械组织等工作。四川省堰塞湖泄洪指挥部专家组和各级卫生应急专家委员会要对堰塞湖泄洪区域的卫生防疫工作提供专业咨询和技术指导，接受调遣直接参与泄洪区域卫生防疫工作。预案还指出，各级医疗机构、疾病预防控制机构、卫生监督机构是堰塞湖泄洪区域卫生防疫主要专业技术机构，其他部门专业技术机构予以配合。《四川省地震灾区堰塞湖泄洪区域卫生防病应急预案（试行）》还要求，在泄洪前，各地要做好地震灾后卫生防疫工作，建立和完善泄洪区域卫生防疫应急预案和实施方案，针对泄洪开展各项卫生防疫工作；泄洪时，要做好泄洪疏散群众临时安置点的卫生防疫工作，做好泄洪区域卫生防疫工作；泄洪后，要继续做好转移群众疏散安置区各项卫生防疫工作，做好泄洪区域的卫生防疫工作。

二　唐家山堰塞湖泄洪前卫生管理

唐家山堰塞湖泄洪前，绵阳市卫生局安排市、县两级疾控中心组建6支应急防疫队，配备车辆、药品和人员，开展各疏散安置点的卫生防疫工作；在集中安置点设置卫生防疫救治站，配备卫生防疫人员，负责医疗救治和外环境的消毒及发热、腹泻病人的登记报告；采用群众自制或集中供应方便食品，设置临时食品销售点；有条件的安置点使用市政供水系统，其他安置点采用集中送水和瓶装水、统一供应开水的方式解决生活用水及饮用水；采用垃圾袋集中存放生活垃圾，在安置点临时搭建旱厕，由专人负责收集、清运垃圾和粪便；每天对各安置点环境卫生进行督察，对蚊蝇密度进行监测；加大预防中暑和腹泻等疾病的知识宣传力度，组织发放宣传资料2万余份；为疏散安置点配置喷雾器、消杀药品，落实专人进行清扫保洁和环境消杀；组织市绿化队对蚊蝇密度较高的安置点进行药物喷洒，每日消杀面积超过10万平方米；紧急向涪城区、游仙区及主城区安置点调配预防、灭杀药物180件。

绵阳市疾控中心制订中心疏散撤离实施方案，派出2支防疫队，分别对园艺片区、南山片区和涪城区疏散安置点，进行消毒杀虫处理。流行病学组和水质组联合制订《灾后防疫消毒和水质监测预案》，报送指挥部。后勤组人员紧急将地下室重要的救灾物资、消杀药品等迅速转移到安全地带；美沙酮门诊迅速转移到涪城路中心办公楼内，使门诊继续维持正常运转，保证患者治疗不受影响。绵阳市抗震救灾指挥部发出《关于印发〈唐家山堰塞湖预警预报及通讯保障系统预案〉的通知》，绵阳市抗震救灾医疗救治分指挥部发出《关于组建应急医疗及防疫队伍的紧急通知》，要求各有关卫生单位立即组建6支应急医疗队和防疫队，应对突发事件。绵阳市富临医院合并本院住院病人，空出住院部一层和六层，提供给绵阳市中心医院、绵阳市妇幼保健院撤离时安置病人。

绵阳市第三人民医院根据绵阳市卫生局的部署和灾情的发展进程，制订唐家山堰塞湖避险抢险紧急预案，承担白云洞、富乐山两个疏散群众安置点的医疗服务工作，并承担绵阳第404医院疏散住院病人的收治任务。绵阳市中医院成立两支应急医疗分队，进驻洞天公园、圣水寺，负责疏散群众安置点的医疗服务工作，除免费发放预防性中成药、健康知识宣传单、讲解中医药防疫知识外，还设置中药汤剂发放点，免费发放中药大锅汤药。

针对唐家山堰塞湖大坝蚊蝇滋生地增多，蚊蝇密度急剧升高，坝上工作人员被蚊虫叮咬严重影响正常休息，并有肠道传染病和虫媒疾病暴发流行的可能等情况，绵阳市疾控中心于5月27日开始对唐家山大坝施工区域进行消毒、杀虫。

为确保20万疏散群众的饮食卫生安全，绵阳市卫生执法监督所发布《唐家山堰塞湖泄洪期间绵阳城区生活饮用水卫生监督工作预案》，针对堰塞湖溃坝可能导致绵阳城区饮用水水源不同程度的污染情况制定相应措施，并到绵阳市水务（集团）有限公司和绵阳市武引游仙自来水公司了解供水企业相关应急措施，对其泄洪期间制水、供水工作提出相关的卫生要求，以确保城区生活饮用水卫生安全万无一失。绵阳市疾控中心加大各临时安置点疾病监控工作，将应急实验室人员分散到各疏散安置点，配置余氯和霍乱快检试剂，每日对饮用水进行余氯检测，并对腹泻病人作霍乱初筛检测。

5月31日，针对泄洪可能对下游沿岸地区的饮用水水源造成不同程度的污染，绵阳市卫生执法监督所发布《唐家山堰塞湖泄洪期间生活饮用水卫生监督工作预案》，成立安全领导小组，对3种溃坝方式以及涉及区域进行摸底。对生活饮用水摸底结果表明，如果三分之一溃坝需要撤离19.75万居民，淹没城镇面积460.2万平方米，涉及33个乡（镇）11个社区，可能导致5个乡（镇）不能供水；如果二分之一溃坝需要撤离120.16万居民，淹没城镇面积5368.6万平方米，涉及33个乡（镇）的169个社区，可能导致8个乡（镇）、9个自建水厂、8个城市供水厂不能供水；如果全溃坝需要撤离130万居民，淹没城镇面积6234.6万平方米，涉及35个乡（镇）175个社区，可能导致8个乡（镇）、10个自建水厂、8个城市供水厂不能供水。针对上述情况，绵阳市抗震救灾医疗救治分指挥部加派饮水监督人员，要求泄洪期间水质卫生检测合格前停止从涪江取水，对集中式供水单位的水源水进行高强度、高密度监督检测，对水车送水进行快速检测，掌握供水管网破损情况，防止污水进入管网，以保证唐家山堰塞湖泄洪期间的饮水安全。

6月1日，绵阳市卫生执法监督所发布《关于唐家山堰塞湖泄洪期间食品卫生监督工作预案》，针对堰塞湖泄洪可能会造成部分地区淹没，直接影响卫生安全的情况，制定相关措施：严禁使用病死、毒死和死因不明的禽、畜、水生动物和非食用原料或来源不明的野生植物、菌类当作食品加工原料；严禁销售腐败变质、油脂酸败、霉变、感官性状异常、超过保质期限的伪劣、来源不明的食品及原料；禁止食用被污水浸泡过食品及原料，食品加工场所须进行彻底消毒处理；集中供餐食堂禁止制作凉菜，食品加工、清洗用水，水质符合国家生活饮用水卫生标准要求；为疏散群众提供食品的从业人员无发热、头痛、呕吐、腹泻、腹痛等症状，个人卫生符合卫生要求；餐饮具进行清洗消毒，化学消毒的消毒剂浓度、作用时间和物理消毒的温度、时间符合卫生规定；食品储存防潮、防霉、防蝇、防鼠；避免有毒有害物质污染；灾区回收或长期存放的食品经过检测合格后投入使用；供餐单位送餐容器、运输工具符合卫生要求，并严格清洗消毒；集体供餐单位制作完食品后，每种食品必须留样100克以上，保存48小时；倡导疏散群众自带餐具或使用一次性餐具就餐；安置点配餐食品单位必须取得所属辖区卫生行政部门颁发的临时卫生许可证等。

6月2日，绵阳市抗震救灾指挥部发出《关于转发〈灾区废墟清理及废物处理卫生防疫技术指导意见〉的通知》，要求加强医疗卫生系统使用化学、放射等有害物品的管理。同时，发出《关于做好灾区群众安置点和群众疏散点防疫工作的紧急通知》，规定各县（市、区）、园区等抗震救灾指挥部要高度重视泄洪移民安置点防疫工作；要保证帐篷自然通风，并加强防暑、防疫知识宣传教育，准备充足的预防性中药；移民安置点群众均享受地震灾区群众同等的免费医疗卫生服务，提供免费大锅汤药供群众服用。同日，绵阳市卫生执法监督所发出《绵阳市唐家山堰塞湖全溃坝撤离群众集中安置点集中供餐卫生监督管理办法》《唐家山泄洪疏散集中安置点供餐单位食品加工制作与售卖基本卫生要求》。3日，绵阳市卫生局发出《关于印发〈唐家山堰塞湖泄洪期间生活饮用水卫生防疫工作预案〉和〈唐家山堰塞湖泄洪期间食品卫生防疫工作预案〉的通知》。

6月5日，根据堰塞湖可能溃坝的3种情况，将对下游沿岸的县（市、区）饮用水和食品造成不同程度的污染情况，绵阳市卫生执法监督所发出《唐家山泄洪期间生活饮用水、食品卫生监督工作要点》。绵阳市抗震救灾医疗救治分指挥部发出《转发四川省抗震救灾指挥部防疫组〈关于绵阳市疏散群众安置点食品、饮用水安全保障工作的意见〉的通知》，针对卫生部派遣的督察组3日在泄洪安置点发现的问题，提出各级政府应充分保障安置点的卫生设施和相关条件；各级政府及相关部门应认真履行饮用水和食品安全监管职责；强化企业社会责任；卫生部门应在每个集中式供水单位和安置点安排人员驻点开展食品、饮用水卫生监督，同时加强对群众的卫生知识宣传，增强公众自我保护意识。同日，绵阳市抗震救灾指挥部发出《转发四川省抗震救灾指挥部〈关于做好堰塞湖泄洪区移民安置点医疗救治和卫生防疫工作的紧急通知〉的通知》，要求各地合理安置堰塞湖泄洪区移民群众，不宜在一个安置点过多集中人员；各移民安置点应按照“五有”（有医疗队、有卫生防疫队、有公共厕所、有垃圾收集站点、有开水供应点）要求配备人员及设施；要建立严格的巡查制度，密切关注和排查发烧、咳嗽、腹泻、皮疹等症状的疑似病例，坚持疫情日报告和零报告制度；要提供移民安置点饮用水和餐饮加工等相关设施和条件，加强对饮用水和食品卫生监测监督，且各移民安置点不得直接接受社会捐赠的食品。

三　唐家山堰塞湖泄洪后卫生管理

6月7日7时，唐家山堰塞湖泄流槽开始过水。8日，绵阳市抗震救灾指挥部发出《关于印发〈北川唐家山堰塞湖泄洪后卫生防疫工作方案〉的通知》。9日，绵阳市抗震救灾医疗救治分指挥部发出《关于印发〈唐家山堰塞湖泄洪后卫生防疫工作实施方案〉的通知》。9日、11日，绵阳市疾控中心在绵阳市城区涪江段涪江三桥、东方红大桥、汉龙大桥、涪江铁路桥、三江半岛侧等10个点采集水样，对泄洪前后绵阳市地表水源水进行监测。监测结果显示，唐家山堰塞湖泄洪前绵阳集中式生活饮用水地表水源符合《地表水环境质量标准 GB 3838—2002》Ⅱ类水质要求；泄洪后地表水源水中铁、锰分别超标21.9倍和26.5倍，总氮、总磷和粪大肠菌群分别超标1.8倍、0.2倍和0.63倍，氯化物、敌敌畏等项目均低于标准限值。

6月10日，唐家山堰塞湖爆破泄洪，至11日，唐家山堰塞湖黄色警报解除，绵阳市临时疏散群众陆续离开安置点返回自己家中。绵阳市累计设置安置点133个，安置点内共设卫生站153个，派驻卫生服务站医疗卫生防疫人员1366人，出动巡诊医疗队132支，累计诊治群众81950人次，收治住院302人。

唐家山堰塞湖泄洪期间，绵阳市1862名卫生监督员奔走于安置点宣传、指导、监督食品卫生，绵阳市所有安置点未发生一例食物中毒事件或其他传染病疫情。6月12日当天，绵阳市疾病控制中心工作人员对外环境、临时帐篷内外、生活垃圾集中收集点和所有厕所，进行全面的终末消毒杀虫和蚊蝇滋生地处理，绵阳市20余万被疏散群众的身体健康和生命安全得到保证。

6月10—13日，为确保唐家山堰塞湖泄流过程中不发生次生环境污染，根据环境保护部汶川地震工作组工作会议要求，环境保护部西南环保督查中心出动64人（次），分4个现场督查组对唐家山堰塞湖下游影响区遂宁市涪江沿线33家企业和4处集中式饮用水源地开展集中督查。现场督查发现，33家企业中，有24家存在一般环境隐患、9家无隐患。泄流期间，涪江沿线县城以上饮用水源安全达标，没有发生次生环境污染。

7月8—15日，绵阳市疾控中心对唐家山堰塞湖及其下游9个断面（堰塞湖库尾、库中、坝体前、坝下，北川县城下游500米处，通口水库库区，通口河西屏段，涪江干流汇口以上彰明段，涪江干流绵阳铁路桥）的26个监测点的水质进行取样检测。监测结果显示，按《农田灌溉水质标准》（GB 5084—92）要求，26个采样点的所测指标均符合要求；按《生活饮用水卫生标准》（GB 5749—2006）进行评价，26个采样点的水质所测指标除感官指标和微生物指标外，一般化学性指标和毒理学指标均符合生活饮用水标准；按《地表水环境质量标准》（GB 3838—2002）进行评价，通口河水域所测24个点的水质均不符合该区原Ⅱ类水域标准要求，涪江干流所测2个点的水质均不符合该区原Ⅲ类水域标准要求。

四　其他堰塞湖泄洪区卫生管理

为防止堰塞湖泄洪及溃坝对广大人民群众健康的威胁，绵阳、遂宁等市紧急开展其他堰塞湖泄洪前的卫生防疫工作。6月23日晚，文家山堰塞湖溃堤，经质检总局天津卫生防疫三队驻地平武县南坝镇何家坝旁的涪江泄洪。24日，洪水退去，附近灾区群众聚集涪江河畔，捡拾从上游冲下的大量死鱼、死鸡，准备回去食用。发现这一情况，天津卫生防疫三队副队长杨鹏成立刻带领队员上前阻止，并对附近群众进行耐心劝导，晓以利害，随后将死鱼、死鸡等予以消毒、深埋处理。同日，南坝镇旧洲村安置点发现一例症状严重的腹泻病人，疑似肠道传染病。宁波检验检疫局卫生防疫三队队员了解详情后，立即对该患者的居住区域进行严格、周密的消毒处理，及时对患者使用的厕所进行无害化处理。之后，防疫队安排专人负责对该患者进行追踪调查，要求发现可疑情况，尽早上报；一旦出现疫情，一定要尽早处理，争取掌握控制疫情的主动性。

平武县响岩镇涪江两岸许多地方被洪水长期浸泡，存在较大卫生隐患。6 月 26 日，为防止蚊蝇滋生扩散，71426 部队紧急派出由 30 名军医和卫生员组成的防疫医疗队，动用消毒装备 5 台，兵分两路，对涪江两岸喷洒消毒液。同时，为涪江两岸居民点喷洒 84 消毒液。至 27 日 15 时，共消毒防疫 56.7 万平方米。

青川县境内的东河口等堰塞湖险情排除后，广元市卫生部门配合建设、环保等部门，及时组织清理临时安置区的垃圾、粪便，进行消毒工作；同时开展水源水和食品卫生学监督监测，对城镇、道路和居民区淤泥、垃圾的清运、清洗、消毒工作进行卫生指导；又与质监、工商等部门密切配合，加强食品、饮水卫生监督，做好食品生产经营和供餐单位的监管工作，并监督指导清理处置被污染的食品、原料和全面清洗、消毒食品生产经营场所及用品用具，对洪水流经区域内的食品、水源、环境卫生等进行综合评价，为安置点群众回迁提出卫生学建议。

第四章　动物卫生防疫

汶川特大地震发生后，国务院明确提出全面加强动物卫生防疫工作，严防疫病流行蔓延，确保大灾之后无大疫。农业部办公厅发出通知，要求灾区各地农业部门从“强化消毒、强化监测、强化无害化处理、强化灾后免疫、强化检疫监督”入手，抓好灾后动物疫病防控工作，千方百计防止动物疫病暴发，确保灾后无重大动物疫病和人畜共患病发生。同时，重申对因灾致死动物和病害动物“不准宰杀、不准销售、不准运输、不准食用”的规定，要求灾区各地切实做好产地检疫和屠宰检疫工作，保证灾后动物及其产品的正常流通秩序和畜产品安全。

四川、甘肃、陕西等地灾区各级畜牧兽医部门采取动物尸体无害化处理、养殖环境消毒并行，无主动物处置、幸存活畜安置、灭鼠工作交叉其间，紧急免疫、疫情监测、畜产品安全检测贯穿始终等措施，形成横不缺项、纵不断链的全方位、全时段、全覆盖综合防控新格局；按照“由外向内、逐步跟进”原则，开展死亡动物无害化处理和环境消毒，既主动避开救人“生命通道”，又为环境污染重灾区核心地带筑起一道防疫屏障；整合兽医资源，动员高等学校兽医院系教师和高年级学生志愿者组成动物疫病防控应急分队，赴灾区参加动物尸体无害化处理和消毒工作，既解决防控工作人力上的不时之需，又为灾区畜牧兽医系统起到示范带动作用；构建农业与卫生、军队与畜牧兽医系统联防联控机制，推进地震中心地带和交通管控区域动物尸体无害化处理和消毒工作；按照“需要多少、调拨多少、支付多少、就近供应、满足需要、特事特办”的原则，协调有关部门紧急解决救灾专用药械难题，建立救灾应急物资超前供应机制，使救灾物资供得上、不断档，从而实现灾区动物防疫药品需求与兽用药品生产企业产品对接，保障动物防疫工作顺利开展。

第一节　动物尸体无害化处理

汶川特大地震发生后，农业部确定按照“分级动员、逐级准备、由外向内、全面推进”的原则，动员和组织灾区各级畜牧兽医系统职工和广大志愿者层层组建防疫小分队和应急预备队，开展死亡动物无害化处理和消毒工作，对病死、压死的畜禽，采取深埋等方法进行处理，确保灾后不发生重大疫病和重点人畜共患病。

一　动物尸体无害化处理部署

农业部部署动物尸体无害化处理　5月12日晚，农业部召开抗震救灾工作会议，要求各司局和地方各级农业部门，特别是灾区农业部门，要坚决贯彻落实中共中央、国务院的指示和部署，做好农业抗震救灾工作。13日，农业部分别召开抗震救灾指挥部会议和全国农业系统抗震救灾视频工作会议，动员各级农业系统工作人员立即投入抗震救灾工作。14日上午，国家首席兽医师贾幼陵等农业部抗震救灾前线专家组一行在都江堰市查看灾情时提出，随着震后气温升高，可能导致各类动物重大疫病及部分人畜共患病的发生和蔓延，为预防炭疽、猪丹毒、乙脑等动物重大疫病及人畜共患病的暴发和流行，在不与救人发生冲突的情况下，采取由外向内推进，全面开展对规模养殖场（户）的消毒杀菌和死亡畜禽无害化处理工作，切断传染源，确保人畜健康。同日，贾幼陵在四川省畜牧食品局抗震救灾工作汇报会上提出，要积极组织畜牧兽医部门积极开展死亡动物无害化处理和消毒工作，防止引发人畜共患病和重大动物疫情。

从5月19日起，农业部部长孙政才等先后赴四川、甘肃、陕西等地灾区指导动物疫病防控等工作，要求灾区各级农业、畜牧兽医部门紧急动员起来，针对抗震救灾实际，探索动物疫病防控规律，摸索科学救灾路径，把握科学防控方式，破解防控工作难题，克服一切困难，做到死亡畜禽处置彻底、环境消毒彻底，不留隐患，严防由死亡畜禽引发人畜共患病和重大动物疫情，以确保灾区人民和救灾人员的健康和安全。（参见图208）

四川省部署动物尸体无害化处理　5月13日，四川省畜牧食品局分别召开市州畜牧局长会议和四川省畜牧食品局党组扩大会议，成立抗震救灾指挥部，紧急部署抗震救灾工作，并下发《关于做好畜牧业抗震救灾工作的紧急通知》，要求各地畜牧兽医部门要按照中共地方组织和地方政府的统一部署和要求，尽快开展抗震救灾工作。14日，四川省畜牧食品局和四川省动物防疫监督总站分别下发《关于加强灾后病死畜禽无害化处理和环境消毒工作的紧急通知》《关于做好灾后重大动物疫病防控工作的紧急通知》，要求各级动物防疫机构强化消毒灭源和死亡畜禽无害化处理工作，组织力量对无害化处理工作进行检查，指导养殖场（户）、养殖小区及时处置死亡畜禽，对野外、水网地区发现的动物尸体也要及时进行无害化处理。17日，四川省畜牧食品局下发《关于进一步加强灾区死亡畜禽无害化处理和环境消毒工作的紧急通知》，要求各地畜牧部门紧急动

图208　5月20日，农业部部长孙政才（右）在彭州市通济镇畜牧兽医站检查灾区动物防疫工作

（农业部　提供）

员，组织畜牧兽医系统职工和志愿者成立应急分队，以规模养殖场（小区）为重点，按照从外向内推进原则，开展对畜禽尸体清理和无害化处理及消毒工作；在工作中要专群结合，群防群控，加强防控知识宣传，引导散养户自觉行动，尽快对自养死亡畜禽进行无害化处理。

5月21日，四川省抗震救灾指挥部下发《关于严格落实地震灾区疫病防控工作措施的紧急通知》。根据通知精神，四川省卫生厅、四川省民政厅、四川省公安厅、四川省林业厅、四川省畜牧食品局联合发出《关于加强地震灾后遇难人员遗体和畜禽、野生动物尸体处置的紧急通知》，强调畜牧兽医部门把动物尸体处置纳入抗震救灾工作的重要内容，实行责任分区，责任到人，把任务分解到部门、单位，落实到户、到人，确保灾后无大疫的目标落到实处。6月5日，四川省省长蒋巨峰在全省抗震救灾工作电视电话会议上，进一步强调做好动物尸体无害化处理和防疫工作的重要性。四川省抗震救灾指挥部针对部分地方动物尸体掩埋不够规范，灾区防疫工作量大、面宽、任务艰巨、难度增大等问题，再次强调充分发动群众，上下互动，专兼结合，群防群治，打好防疫持久战；各部门进一步落实责任，加强沟通，密切配合，强化措施，决不懈怠；灾区防疫工作依法、科学、规范，遵守现行规章制度，严格执行相关技术规范和操作规程。同时，四川省抗震救灾指挥部再次指定四川省畜牧食品局负责对灾区畜禽尸体全面排查，按规定进行无害化处理。

6月7日，四川省畜牧食品局下发《关于切实做好夏季动物防疫工作的通知》，强调在夏季动物防疫工作中，极重灾区和重灾区要以死亡动物无害化处理、环境消毒和人畜共患病紧急免疫为重点，成都、德阳、绵阳、阿坝、广元、雅安等市（州）辖区内的40个受灾县（市、区）要组织力量，进村入户，继续对死亡动物尸体进行排查和对死亡动物掩埋地点进行回查，发现问题及时处理，不留空白、不留死角、不留隐患。

其他灾区省市部署动物尸体无害化处理　甘肃省委于5月19日召开常务委员会议研究部署

抗震救灾工作时强调，对死亡牲畜要妥善处置，严防灾区传染病流行，以确保大灾之后无大疫。同日晚，甘肃省农牧厅召开抗震救灾工作领导小组会议，研究灾后动物疫病防控工作，决定派6个工作组赴灾情较重的6个县（区）开展消毒和死亡畜禽无害化处理工作。

陕西省畜牧兽医局于5月16日发出《关于做好灾后重大动物疫病防控工作有关问题的紧急通知》，要求灾区强化环境消毒，及时消毒灭源，开展动物尸体无害化处理工作，消除人畜共患病隐患。26日，陕西省农业厅发出《关于切实做好农业抗震救灾工作的紧急通知》，提出非常时期，要采取非常手段调动一切力量，开展死亡畜禽无害化处理和消毒工作，确保不因畜禽死亡引发人畜共患病和重大动物疫病发生流行。27日，陕西省农业厅再次部署灾区人畜共患病防控工作。6月2日，陕西省畜牧兽医局发出《关于切实做好地震灾后动物疫病防控技术指导工作的意见》，对动物尸体处理和饲养场所消毒工作做出安排。

重庆市农业局于5月13日成立抗震救灾工作领导小组，下设畜牧业指导组，专门负责畜牧业抗震救灾技术指导工作。15日，重庆市动物疫病预防控制中心下发《关于做好地震灾后动物疫病防控工作的紧急通知》，要求各区（县）动物疫病预防控制中心组织人员对辖区内的养殖环境和畜禽圈舍进行一次全面彻底消毒，受灾地区要加强死亡畜禽无害化处理工作，确保灾后无大疫。6月5日，重庆市动物卫生监督所下发《关于切实加强震灾后和汛期高温季节动物防疫工作的通知》，要求对震后受损和被洪水冲刷地区养殖环境，增加消毒频次，加大消毒药液浓度，确保消毒效果。

云南省农业厅5月15日下发的《云南省农业厅转发农业部关于进一步做好农业抗震救灾工作文件的通知》提出，要通过强化消毒、强化监测、强化无害化处理、强化灾后免疫和检疫监督等工作，确保灾后无大疫。

二　动物尸体无害化处理方法

动物尸体无害化处理消毒药物和器械　5月13日，农业部兽医局抗震救灾工作组技术指导小组在研究制定灾后疫情形势和防控对策时，针对地震灾区动物尸体无害化处理时消毒剂的选择问题，提出应选择对环境无污染或污染小的氯制剂、过氧乙酸等消毒剂。为此，农业部在往灾区调拨消毒剂时，按照对“环境污染较小、对人和动物危害微、消毒效果较强”的原则，从12种常规消毒剂中选出三氯异氰脲酸钠粉、二氯异氰脲酸钠、复合亚氯酸钠等4种用于灾区消毒。

5月24日，四川省抗震救灾指挥部下发《关于合理使用消杀灭药剂的通知》，要求各地灾区选用消毒剂时，选用有卫生部消毒产品许可批件或符合卫生部相关规定、并在有效期内的产品，确保安全、有效，适合于多种消毒对象；同时，选用供应量大、价格便宜，能够满足需求的；选用方便使用，不需要特殊条件的；选用便于运输的产品。对环境、水、垃圾、粪便、尸体等的消毒，首选含氯消毒剂，包括二氯异氰脲酸钠、漂白粉、漂粉精、漂粉精片、三氯异氰脲酸。一些地方还可根据实际情况，使用生石灰、烧碱、草木灰等消毒代用品。

抗震救灾期间，农业部门使用的消毒器主要是手动喷雾器和机动喷雾器。据绵阳市畜牧兽医局于5月20日所作的关于灾后死亡动物无害化处理和环境消毒工作的情况统计，绵阳市共计发放消毒喷雾器 566 台，其中手动型 488 台，占 86.22%；机动型 78 台，占 13.78%。都江堰市农村发展局提供的《地震灾害后防制重大动物疫情发生的主要措施》显示，自地震发生后，都江堰市向乡镇下拨喷雾器 323 台，其中手动型 208 台，占 64.40%；机动型 115 台，占 35.60%。6 月 16 日宝鸡市震灾动物疫病防控情况统计显示，宝鸡市兽医局向各县区组织供应喷雾器 46 台，其中手动型 22 台，占 47.83%；机动型 24 台，占 52.17%。又据 9 月 22 日农业部《农业部兽医局抗震救灾防疫信息（81）》统计，通过农业部兽医局渠道向灾区各省市调运喷雾器 15963 台，其中手动型 13287 台，占 83.24%；机动型 2676 台，占 16.76%。抗震救灾期间，灾区大多使用人背负式超大容量手动喷雾器进行喷洒，与国家减灾委、科技部抗震救灾专家建议中提到的灾区使用喷雾器情况相吻合。

动物尸体无害化深埋处理 5 月 13 日，农业部兽医局抗震救灾工作组技术指导小组召开第一次会议，提出在对因灾死亡畜禽深埋处理时，掩埋地点应远离水源。14 日，宁强县下发《宁强县震灾死亡畜禽尸体无害化处理实施方案》，提出对畜禽尸体无害化处理深埋地点应选择高岗地带，远离居民区、水源、泄洪区和交通要道。

5 月 15 日，农业部渔业局下发《受地震灾害影响死鱼无害化处理技术指导措施》，提出应当把死鱼及时清捞并运送到远离水源、河流、养殖区和居住区的地点进行集中处理；掩埋时先在坑底铺垫 2 厘米厚生石灰，然后将死鱼置于坑中，最后撒一层生石灰，再用土覆盖，与周围持平，覆盖土层厚度应不少于 0.5 米，填土不要太实，以免尸腐产气造成气泡冒出和液体渗漏。掩埋后应设置清楚标识；发酵坑内部以塑料薄膜作为衬里，将死鱼置于坑内，上用塑料薄膜密封，用土覆盖，发酵后可作农业用肥；可采用焚烧炉焚烧的方法集中处理死鱼，如出现疑似疫病或其他不正常的情况，则必须进行焚烧；死鱼如已发生腐烂，清塘时须对池塘和水体消毒，可用每立方米水体 20 克漂白粉（或 200 克生石灰）全池分撒。

5 月 21 日，农业部下发《地震灾区动物尸体深埋处理技术要点》，将死亡动物的掩埋地址规定为：动物尸体掩埋点应有足够封土掩盖，土壤渗透性不高；如果土壤渗透性较高，掩埋点坑底至少高于地下水位 1 米；掩埋点应距江河、湖泊、池塘、井水等水源 100 ～ 150 米；掩埋点应易于动物尸体运抵，避开公共视野，距离居民区至少 100 米；避开洪水经常冲刷地和岩石层；特定情况下，饲养场死亡动物可就地掩埋；零散小动物，如鸡等可掩埋在树根下。《地震灾区动物尸体深埋处理技术要点》还提出，死亡动物掩埋坑体体积一般为动物尸体体积的 2~4 倍，坑体宽度一般不小于 1.2 米、深度不小于 1 米，但一般不超过 3 米，长度要能够容纳所有死亡动物，坑底应相对平坦。如果需要多个掩埋坑，坑间距不小于 1 米。坑体容积可按动物尸体估计重量计算：动物尸体体积（立方米）= 动物尸体估计重量（公斤）/1000。对于大、中动物，或家禽、仔猪等小动物尸体数量不大时，将尸体置于坑中后，加土覆盖，覆盖土层厚度不得低于 0.7 米；小动物尸体数量较大时，可分层掩埋，每层尸体厚度一般不超过 0.3 米，中间覆土至少 0.3 米，依次分层掩埋，最后覆盖土层厚度不得低于 0.7 米。掩埋过程中，掩土不得压实，以免影响自然腐化，条件许可时，坑底和动物尸体上应撒生石灰，尸体掩埋后，应防止野生动物刨挖。《地震灾区动物尸体深埋处理技术要点》要求，根据死亡动物处理数量多少，准备好作业工具，如卡车、拖拉机、挖掘机、推土机、装卸工具、动物尸体装运袋，运输车辆可考虑底层接触面铺垫塑料薄膜，动物尸体装运袋最好密封，防止体液渗漏，接触面宜于反复消毒。动物尸体装入密封袋，运输车辆密闭防渗，车辆和相关运输设施离开时应进行消毒，动物尸体不得与食品、活体动物同车运输。作业人员要注意做好安全和卫生防护，穿戴防护服、橡胶手套、面罩口罩、护目镜和胶鞋。作业后注意清洗消毒，接受健康监测，出现不良症状时应尽快去卫生部门检查。

5月21日，四川省卫生厅、民政厅、公安厅、林业厅、畜牧食品局在联合发出《关于加强地震灾后遇难人员遗体和畜禽、野生动物尸体处置的紧急通知》时，对遇难人员及畜禽、野生动物尸体的搬用工具、移运车辆从表面到空间消毒等提出具体技术要求。（参见图209）

5月21日，绵阳市抗震救灾指挥部发布《抗震救灾动物防疫工作方案》，要求对死亡畜禽采取深埋方式进行无害化处理。深埋应选择高岗地带，坑深在2米以上，尸体入坑后，撒上石灰或洒上消毒药水，覆盖厚土。方案要求，必须进行兽禽卫生大消毒。对畜禽圈舍环境要清扫，对所有圈舍进行一次全面消毒，并制度化。方案对常用消毒药用法提出使用意见：用生石灰配成10%～20%石灰水，可用来消毒场地，粉刷棚圈墙壁、桩柱等。使用草木灰水时，在10升水中加2～3公斤新鲜草木灰，加热煮沸（或用热水浸泡三昼夜），待草木灰水澄清后使用。2%烧碱溶液可用来消毒棚圈、场地、用具和车辆等。消毒棚圈时，将家畜赶（牵）出栏圈，经半天时间，将消毒过的饲槽、水槽、水泥地或木板地用水冲洗后，再让家畜进圈。2%～5%的过氧乙酸溶液，可喷雾消毒棚圈、场地、墙壁、用具、车船、粪便等。使用复合酚，按1∶100～300药、水配制后可用于消毒畜舍、场地、污物等消毒。用百毒杀3000倍稀释液喷洒、冲洗、浸渍，可用来消毒畜舍、环境、机械、器具、种蛋等。此外，可选用双季铵盐、强力消毒灵、复合三氯异氰脲酸散等药品，按药品说明书要求配制后对环境、器械等进行消毒。在《抗震救灾动物防疫工作方案》中还提出，对病死、死因不明及腐败的动物尸体处理时，要组织养殖业主、农户及群众进行彻底清理、搜集，不留死角；在野外发现的动物尸体要及时进行无害化处理，采取深埋办

图209　5月21日，农业部、四川省联合动物防疫应急分队正在什邡市师古镇一动物无害化处理点掩埋死亡动物尸体

（杨林　摄）

法。深埋应选择远离水源、高岗地带，坑深在 2 米以上，尸体覆盖前离地表 1.5 米以上。动物尸体入坑前后，撒上石灰或洒上消毒药水，覆盖厚土，不能夯实。有条件的可以进行焚烧处理。

5 月 26 日，四川省抗震救灾指挥部在《唐山抗震救灾经验专报》中，介绍唐山地震发生后对动物尸体无害化处理的做法，指出处理畜禽尸体，最好采取集中挖坑深埋的处理方法，掩埋深度应达到 1.5 米以上，在坑底撒一层石灰做消毒处理后，将畜禽尸体用塑料袋包裹严实，放入坑中用土埋牢压实，覆盖的土层厚度不少于 1 米，并设置明显掩埋标识。掩埋地点应远离水源、土壤渗透性要低，不能设置在水沟、峡谷、下水道或排水口附近。

陕西省疾控中心制订《震灾后防疫技术指导方案》，对动物尸体处置做出相关规定，畜、禽尸体应先用 10% 的漂白粉澄清液喷雾消毒，然后装入塑料袋选择远离水源的高地，深埋 1.5 ～ 2 米，尸体上下铺垫和覆盖生石灰或漂白粉。

三 动物尸体无害化处理实施

由农业部与解放军、农业部与四川省畜牧食品局分别联合组织的动物防疫应急分队，在四川灾区迅速开展死亡畜禽无害化处理和环境消毒工作，起到示范带动作用，灾区死亡动物无害化处理和消毒工作很快在灾区全面展开。仅四川灾区各市（州）、县（市、区）就组建动物防疫应急分队 3679 支、20050 人投入动物尸体无害化处理和养殖环境消毒工作。

彭州市龙门山镇江桥村一座占地 5.33 公顷的养鱼场近百吨鱼在地震中全部死亡，并高度腐烂，镇卫生院无技术力量处置。为防止臭味越聚越浓，渔场向鱼塘内不断注水，污水经由污水处置池流入附近一条小河内，在检查污水处置池出口时发现，出口水无色，但有明显鱼臭味，说明地震可能破坏了污水处置池结构，不能达到污水处置的效果。鱼苗塘区蝇密度较深水塘区高，主要蝇种有厩腐蝇、大头金蝇等，鱼塘区四周均是 20 ～ 40 厘米的杂草丛，有 4 处半干稀畜粪堆积（面积 40 ～ 90 平方米不等）。

5 月 21 日，济南军区防疫队员现场研究决定，首先用生物除臭剂消除烂鱼腐臭，再对塘内余水实施超氯消毒；干鱼塘及非鱼塘区用高效氯氰菊酯常量喷雾灭蝇，对畜粪堆积处使用灭蚊蝇幼剂。喷洒处置具体方法是：用洛洁芬生物除臭剂对腐鱼除臭，对塘内和塑料布表面的水实施超氯消毒，对干鱼塘及非鱼塘区用 1% 百家安（高效氯氰菊酯）常量喷雾灭蝇，畜粪堆积处使用 1% 功成灭蚊蝇幼剂喷洒处置，破损房屋内用热烟雾剂喷雾处置。经过 4 个小时的忙碌，消耗洛洁芬生物除臭剂 75 公斤、优氯净 40 公斤、百家安 34 公斤（消杀面积达 18 万平方米）、功成灭蚊蝇幼剂 5 公斤、热烟雾剂 28 升。第二天下午，由解放军工兵部队、武警部队和当地志愿者组成的联合处置队，携 10 吨生石灰、挖掘机、铲车等材料和大型机械，按照济南军区疾控中心防疫队的建议，对渔场进行全面彻底清理，消除腐鱼危害，有效控制蝇密度。

5 月 22 日晨，解放军 71697 部队 1 营 1 连接到命令，赶赴青川县金子山乡大磢村执行抢挖死畜和消毒防疫行动。指战员携带两箱防毒面具、消毒器材和消杀灭药物，戴上手套、口罩，从驻地金子山乡金子山村出发，边清障边前进，经过近 2 个小时艰难行进，抵达大磢村。由于村民散居大山，连队决定以排为单位分组执行任务，每排同时编有挖掘组、掩埋组、消杀组。各排受领任务后，迅速组织展开行动。2社位于大山顶端，地势险要，2排战士到达指定位置后，根据受灾情况和死畜被埋压的具体位置，进行仔细勘测。由于死畜埋在废墟最底层，上面覆盖着很多巨石，给挖掘工作带来困难，战士们不畏艰难，想尽一切办法抢挖死畜。一农户家2头100余公斤重的猪被埋达8天之久，战士们不畏恶臭，跳入废墟中，用手一点一点地往外挖，最终将2头死猪挖掘出来。全连官兵历时3个小时，共挖掘死牛1头、死猪2头、死兔26只。按掩埋死畜规范标准，官兵又挖掘3个1.5米深的坑，将死畜撒上消毒粉覆土1米以上深埋。返回时，连长李秀军总结此次工作经验，将其编成顺口溜："一看、二探、三分析，四把尸体来处理。"执行完抢挖、掩埋死畜任务，为彻底消除疫情隐患，连队又专门清理垃圾、整治环境卫生，并重点对水井、厕所、牲畜圈舍进行消毒处理。

5月22日，平武县南坝镇群众反映石坎子村发现很多病死牲畜腐烂变质，如果处理不及时，可能会污染生活环境引发灾区疫情。平武县抗震救灾联合指挥部请求解放军71811部队协助石坎子村防疫消毒，部队指挥所命令通信营紧急奔赴石坎子村执行防疫消毒任务。通信营受领命令后，决定让通信连派出25人执行消毒防疫任务。受命的25名官兵携带消毒、掩埋工具往返40多公里，经过12个小时连续奋战，疏散转移群众200余人，处理掩埋牲畜28头，消毒面积20余万平方米，完成石坎子村的防疫消毒任务。

5月25日上午，农业部、四川省联合动物防疫应急分队一分队接到群众反映，位于彭州市白鹿镇清河街的一个农户饲养的2头育肥猪在地震中被垮塌房屋所埋，一直未挖出来，附近已能嗅到腐尸味道。应急队立即前往处理。由于房屋垮塌严重，猪被埋点位置不确定，搜寻1个多小时后，发现已经严重腐败的死猪。队员们挖掘4个多小时，最终把两头重约90公斤的死猪挖出来，抬到20多米外的山坡上深埋处理。

北川羌族自治县畜牧兽医局及所属乡镇畜牧兽医站有25人遇难、9人重伤。5月25日，北川羌族自治县畜牧兽医局接到绵阳市畜牧兽医局关于《加强灾后防疫工作和生产自救的紧急通知》和绵阳市抗震救灾指挥部关于《加强灾后死亡动物尸体无害化处理的紧急通知》后，立即组织在绵阳市疏散避震的16名职工返回，组成小分队，背着消毒器具和药物翻山越岭，徒步行走3天，赶到小坝乡开展动物尸体无害化处理。

绵竹市清平乡道路被严重毁损，且一直没有修复通行。5月30日，绵竹市畜牧局与救灾部队联系，派工作人员搭乘军用直升机进入清平乡，组织、指导当地干部群众和进驻清平乡的部队，开展动物尸体无害化处理和环境消毒。

在死亡动物无害化处理和消毒过程中，各地普遍建立工作日报告制度。5月15日，农业部要求各省市确定灾情应急防疫联络员，每日定时向农业部兽医局报告消毒和死亡动物无害化处理情况以及防疫物资需求情况等，随时掌握灾区动物防疫工作进展。16日，四川省畜牧食品局在《抗震救灾动物疫病防控工作方案》中要求，部省联合动物防疫应急分队分队长以上人员保持24小时通信畅通，各分队每天17时前将当日工作情况向省局抗震救灾指挥部报告。

陕西省畜牧兽医局发出《关于做好灾后重大动物疫病防控工作有关问题的紧急通知》，要求各地畜牧兽医部门安排专人负责救灾信息报告工作，将因地震灾害死亡畜禽数量、抗震救灾进展情况，形成文字材料和数据报表于每天定时向省畜牧兽医局报告。

四 动物尸体无害化处理查漏

截至 5 月 26 日，四川灾区大部分受灾县动物尸体无害化处理和消毒工作基本完成，动物疫病防控工作的重点开始转入免疫阶段。为彻底消除人畜共患病和重大动物疫病隐患，有关部门强调，各地灾区要做好死亡动物无害化集中处理后的查漏处理工作，做到除患务尽。（参见图 210）

5 月 28 日，成都市农业委员会赴都江堰市动物防疫突击队在巡查紫坪埔水库时，得知水库有漂浮动物尸体。突击队立即会同都江堰市、郫县和成都市温江区组织的突击分队一起赶赴现场打捞，耗时 7 个多小时，打捞出死亡畜禽 48 头（只），其中马 1 匹、猪 15 头、牛 1 头、鸡 31 只，全部进行无害化处理。（参见图 211）绵阳市组织公安巡警支队和北川羌族自治县擂鼓镇畜牧兽医站人员扑杀擂鼓镇、曲山镇的流浪猫、犬 440 余只，并作无害化处理和消毒；搜寻清理曲山镇附近外露的死亡畜禽、犬只，并深埋处理。

6 月 7 日，四川省畜牧食品局发出《四川省畜牧食品局关于切实做好夏季动物防疫工作的通知》，提出要克服麻痹思想、厌战情绪，树立“抓防疫就是抓生产、抓公共卫生安全、抓抗震救灾”的理念，树立动物疫病防控持久战思想。通知要求，成都、德阳、绵阳、阿坝、广元、雅安 6 个重灾市（州）的 40 个受灾县（市、区），要在前一阶段工作的基础上，继续组织力量，进村入户，再次排查死亡动物尸体。对从废墟中清理出来的动物尸体，及时进行无害化处理和环境消毒；回查掩埋死亡动物点，发现问题立即整改；要做到发现一处处理一处，发现一头处理一头，发现一只处理一只，不留空白、不留死角、不留隐患。

6 月 10 日，唐家山堰塞湖泄流，洪水涌入涪江。涪江流域的北川、江油、涪城、游仙、三台和绵阳市农业科技园区六地的 19 个乡镇畜牧兽医部门，出动应急处置人员 200 余人次，对漂浮在

图210 6月8日，阿坝藏族羌族自治州动物防疫人员正在汶川县映秀镇地震废墟中搜寻死亡动物（阿坝藏族羌族自治州畜牧兽医局 提供）

图211　5月29日，成都市动物防疫突击队都江堰分队搬运刚刚从岷江打捞上来的动物尸体准备做无害化处理
（四川省畜牧食品局信息中心　提供）

江面上的动物尸体进行打捞和无害化处理，对水淹过的畜禽圈舍环境进行清理和消毒。至13日，共打捞、无害化处理动物尸体186头（只）。北川羌族自治县畜牧兽医局负责曲山镇邓家片区一带漂浮动物尸体处理，至23日，累计打捞、无害化处理动物尸体1269头（只），消毒20余万平方米。三台县畜牧兽医局组织沿江13个乡（镇）组成巡逻队，昼夜搜寻漂浮江面上的动物尸体。绵阳市游仙区畜牧兽医局派出应急处理技术小组对被江水淹过的石塘镇、游仙镇、游仙城区、小枧沟镇进行环境消毒和搜寻漂移动物尸体，至13日，未发现死亡动物尸体，环境消毒43.4万平方米。

通过农业、卫生部门合作，军队与地方联手，上下互动，专兼结合，群防群控，地震灾区的动物无害化处理工作卓有成效。截至6月30日，四川、甘肃、陕西、重庆、云南五省（市）地震灾区无害化处理因灾死亡畜禽3327.03万头（只）（见表29）。

五省（市）地震灾区无害化处理因灾死亡畜禽数量统计表

表29　　（截至6月30日）　　单位：万头（只）

省（市）	猪	牛	羊	禽　兔	马	小　计
四　川	325.3332	28.1737	49.8928	2813.4892	0.0914	3216.9803
甘　肃	2.0751	1.8529	1.4822	13.7883	0.1405	19.339
陕　西	3.2139	0.3353	2.0594	51.6918	0	57.3004
重　庆	1.2415	0.0251	0.3144	30.6101	0.0001	32.1912
云　南	0.183	0.0136	0.1258	0.8912	0.0055	1.2191
合　计	332.0467	30.4006	53.8746	2910.4706	0.2375	3327.03

第二节 人畜共患病和动物疫病监测与报告

汶川特大地震发生后，灾区各级畜牧兽医部门加强疫情监测预警、疫情监测报告和流行病学调查，防止炭疽病、乙型脑炎、狂犬病、猪Ⅱ型链球菌病等人畜共患疫病和高致病性禽流感、口蹄疫等重大动物疫病的发生和流行。

一 人畜共患病和重大动物疫病监测

5 月 16 日，农业部和四川省畜牧食品局联合组建部、省联合动物疫病防控应急分队，在应急分队工作任务第四条中明确规定，应急分队要做好疫情动态监测。四川省畜牧食品局、甘肃省农牧厅、陕西省动物疫病预防控制中心先后制订监测方案，对监测目的、监测病种、监测范围、监测地区、监测重点、监测内容、监测数量、监测进度、监测结果处理、监测报告、监测任务分工乃至样品采集、保存、运输都提出明确要求，要求受灾地区各级动物疫病预防控制机构要密切注意灾后动物疫病流行动态，进一步加大动物疫情监测和流行病学调查工作力度；充分发挥动物疫情测报体系和村级动物疫情报告观察员作用，及时汇总、分析灾区动物疫情发展态势。

四川省参加灾区动物疫病监测人员约 4.34 万人，其中四川省各级动物疫病预防控制和动物卫生执法监督机构近 6000 人，村级防疫员兼疫情观察员近 3.7 万人（按每村 1 名计算），农业部与解放军联合动物疫病防控应急分队、四川畜牧科学研究院和四川省高等学校兽医院系学生志愿者近 400 人。

为做好动物疫病监测工作，6 月 9 日，四川省制定《四川省地震灾区人畜共患病和重大动物疫病专项监测方案》和《四川省地震灾区人畜共患病和重大动物疫病监测方案》（以下简称两个方案）。两个方案按受灾轻重程度（当时认定的）确定的人畜共患病和重大动物疫病监测点为阿坝、绵阳、广元、德阳、成都、雅安等市（州）所辖 47 个县（市、区）的 967 个乡（镇）的 8870 个村。两个方案按病种确定了监测地域和监测对象。两个方案要求，各级畜牧兽医部门完善“纵向到底、横向到边”的疫情信息网络，严格疫情报告制度。各级动物防疫监督机构加大对受灾地区动物疫情监测和流行病学调查工作力度，组织县、乡镇兽医人员和村级防疫员包村包片，全面加强灾区动物疫情监测，重点对城乡接合部、灾区群众集中安置点、历史疫区进行监测。监测方法采用流行病学调查和实验室监测，由 47 个县（市、区）的动物防疫监督机构具体负责，并对调查结果实行周报和零报告制度，每周二将调查结果报至省、市重大动物疫病防治指挥部。两个方案要求，灾区对接种猪乙型脑炎、猪Ⅱ型链球菌病、口蹄疫、高致病性禽流感、猪瘟、新城疫、高致病性猪蓝耳病、小反刍兽疫等疫苗 20 ~ 30 天期间的猪、牛、羊、家禽等采集血清进行免疫抗体监测。其中，《四川省地震灾区人畜共患病和重大动物疫病专项监测方案》明确监测时间为 6—9 月进行一次集中监测，同时各地根据实际开展日常监测工作，发现可疑病例，随时

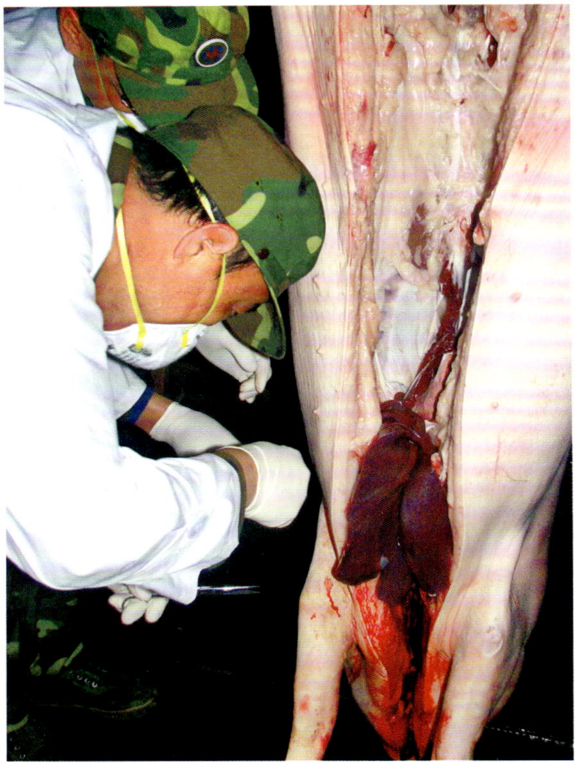

图 212　5 月 25 日，农业部、解放军联合动物疫病防控应急分队在理县杂谷脑镇玛瑙村采集病原学监测用猪组织样本

（马吉元　摄）

采样，及时检测。

从 5 月 22 日起，农业部、军事医学科学院和四川省动物疫病预防控制中心的专家组成联合动物疫病防控应急分队，在极重灾区都江堰、彭州、绵竹、什邡、安县等地的 35 个乡（镇）85 个村布点采样，实施卫生战略监测，并对阿坝藏族羌族自治州自然疫源地进行采样监测。截至 6 月 30 日，防控应急分队累计行程 3 万多公里，采集水、空气、蚊子、白蛉、蜱、野鼠、牦牛、羊、猪、犬等样本 730 份，获得了灾区乙型脑炎、黑热病等重要人畜共患病以及 7 种重大动物疫病卫生战略监测数据。上报监测报告 11 份，提出各类建议案 9 项。防控应急分队监测报告对四川灾后防控人畜共患病和重大动物疫病提供了宝贵的资料。（参见图 212、表 30）

地震发生时，四川省动物疫病预防控制中心的实验室大楼多处墙体开裂，成为危房。员工冒着余震危险，坚持在危楼实施不间断检测。抗震救灾期间，四川省动物疫病预防控制

四川省重点监测的人畜共患病及重大动物疫病监测情况一览表

表 30

监测病种	监测对象	监测重点区域及场所
炭疽病	牛、羊	历史疫区、城乡接合部、受灾群众集中安置点附近和动物门诊
猪乙型脑炎	猪	居民安置点附近、种猪场、规模猪场、屠宰场
猪 II 型链球菌病	猪	居民安置点附近、种猪场、规模猪场、屠宰场以及相关区域内的猪等
高致病性禽流感	鸡、鸭、鹅和其他家禽及野禽	居民安置点附近、种禽场、商品禽场、活禽交易市场、水网密集区以及候鸟密集活动区的家禽
口蹄疫	猪、牛、羊	居民安置点附近、种畜场、规模场、屠宰场以及发生过疫情地区的家畜
猪瘟	猪	居民安置点附近、种猪场、规模猪场、屠宰场
鸡新城疫	鸡、火鸡、鹌鹑等家禽	居民安置点附近、种禽场、商品禽场、活禽交易市场的家禽
高致病性猪蓝耳病	猪	居民安置点附近、种猪场、规模猪场、屠宰场
小反刍兽疫	羊	阿坝

中心派员深入21个市（州）的42个县所辖84个乡（镇）的168个村，对1680户农家圈舍和84个规模养殖场（户）进行重大动物疫病免疫质量检查和采样。6—9月，四川省动物疫病预防控制中心实验室检测口蹄疫、高致病性禽流感、猪瘟、鸡新城疫等血清学和病原学样品94719份。

7月11日，陕西省动物疫病预防控制中心发出《关于印发〈陕西省地震灾害后动物疫病监测工作方案〉的通知》，对监测任务进行分工：省动物疫病预防控制中心负责炭疽病原、猪血清乙型脑炎、高致病性猪蓝耳病和圆环病毒Ⅱ型病原监测任务；宁强、略阳、南郑、勉县、陈仓、凤翔、太白7个县（区）负责高致病性禽流感、口蹄疫、鸡新城疫、猪瘟免疫抗体监测；汉中、宝鸡、咸阳、安康4个市除负责与7个县（区）相同的病种监测任务外，还负责狂犬病病原和免疫抗体监测。

二　人畜共患病和动物疫病报告

四川、甘肃、陕西等地震灾区在进行人畜共患病和动物疫病监测工作时，不断加强疫情报告工作。根据《中华人民共和国动物防疫法》和国务院《重大动物疫情应急条例》规定，发现人畜共患病和重大动物疫病或疑似上述病例必须即时报告。5月14日、15日，农业部分别在《农业部办公厅关于做好灾后重大动物疫病防控工作有关问题的紧急通知》和兽医局抗震救灾工作组技术指导小组《研究灾后疫情形势和防控对策》中强调，灾区各地要明确专人进行疫情监视，及时发现疫情，及时报告，及时处置，防止疫情扩散蔓延。20日，农业部部长孙政才在极重灾区彭州、都江堰检查指导防疫工作时反复重申，要切实抓好疫情监测工作，及时发现疫情，及时采集样品送检，及时报告和果断处置疫情。

四川省畜牧食品局在5月13日发出的《四川省畜牧食品局关于做好畜牧业抗震救灾工作的紧急通知》中规定，实行灾情日报告制度。四川灾区各地均按照两个方案的要求，各市、县、乡、村的动物防疫监督机构和村级防疫员兼疫情观察员，发现动物疫情或疑似疫情立即上报：狂犬病的病原学监测阳性样品，送中国农业科学研究院长春兽医研究所进行病毒分离鉴定；高致病性禽流感的病原学监测阳性样品，送国家参考实验室进行确诊，同时将阳性情况按快报要求报告；口蹄疫的病原学监测结果呈阳性的，样品及时送国家口蹄疫参考实验室进行确诊。

四川省的动物疫病监测工作动态实行定时报告，分为日报告和周报告两种形式：广元市朝天区畜牧食品局加大狂犬病、乙型脑炎、炭疽、猪Ⅱ型链球菌病的监测，实行监测日报制，有疫报疫情，无疫报平安；松潘县动物防疫监督站建立以村为单位的人畜共患病监测网络，组织全县24个乡镇畜牧兽医站工作人员、142个村的146名村级防疫员兼疫情观察员，实行动物疫情日报告制和零报告制。据四川省12个市（州）65个灾区县及相邻县的流行病学调查结果显示，截至12月15日，共普查牲畜525.6万头、禽1672万只，均未发现人畜共患病和重大动物疫病。

工程院院士、军事医学科学院军事兽医研究所研究员夏咸柱，在汶川、茂县、理县、北川、青川等地的27个乡镇养猪场、养鸡场、屠宰场等动物集中地开展人畜共患病疫情监测（参见图213），撰写出《关于迅速开展地震灾区人畜共患病监测的建议》，经工程院院长徐匡迪特批上报中共中央。

图213　5月24日，工程院院士、解放军军事医学科学院研究员夏咸柱（右二）在理县甘堡乡甘堡村指导动物疫病防控工作

（农业部　提供）

陕西省略阳县动物疫病预防控制中心坚持24小时疫情报告制，固定3人值班，主动搜索疫情信息，密切关注疫情动向，并坚持每天17时前上报灾后疫情。

重庆市动物卫生监督所5月15日发出《重庆市动物卫生监督所关于切实做好灾后重大动物疫病防控工作的紧急通知》，陕西省畜牧兽医局16日发出《关于做好灾后重大动物疫病防控工作有关问题的紧急通知》，均强调要强化疫情监测，及时发现疫情，及时报告，及时处置。

第三节　动物疫病防疫

汶川特大地震发生后，四川、甘肃、陕西等地灾区根据农业部安排，广泛开展动物强制免疫、无主动物管理、灭鼠、活畜处置和动物检疫监督等工作，防止和控制人畜共患病和重大动物疫病的发生蔓延。

一　动物疫病免疫

农业部部署动物免疫　农业部办公厅于5月14日下发《关于做好灾后重大动物疫病防控工作有关问题的紧急通知》，提出要千方百计防止动物疫情暴发，并把灾后防大疫作为畜牧兽医系统抗震救灾工作的关键。通知还强调，要强化灾后动物疫病免疫，提高免疫密度和质量，加快疫苗等防疫物资生产调运，确保防控需要。

5 月 19 日，农业部再次强调人畜共患病防控的紧迫性和重要性，要求加强免疫，保证免疫密度、免疫质量，提高畜禽抵抗力，严防疫情发生。21 日，农业部下发通知，要求调动一切力量，把人畜共患病和重大动物疫病防控作为农业抗震救灾工作的重中之重，加快疫苗生产调运；加强高致病性禽流感、猪蓝耳病和口蹄疫等重大动物疫病的防控工作，认真开展春季集中免疫后查漏补免，确保灾区不因死亡动物引发人畜共患病和重大动物疫病发生流行，确保大灾之后无大疫。

5 月 26 日，农业部办公厅在《近期抗震救灾和农业生产重点工作安排》中进一步明确动物疫病免疫区域、免疫病种和免疫对象，指出在四川灾区受灾严重的成都、阿坝、广元、德阳、绵阳、雅安等市（州）对存栏畜禽进行一次高致病性禽流感、口蹄疫、高致病性猪蓝耳病、猪瘟强制免疫，对存栏生猪（重点是母猪、种猪）进行猪乙型脑炎、猪链球菌病紧急免疫，对猪、牛、羊等家畜进行一次炭疽紧急免疫。

四川灾区部署动物疾病强制免疫　5 月 14 日，四川省动物防疫监督总站下发《关于做好灾后重大动物疫病防控工作的紧急通知》，要求按照农业部《2007 年高致病性禽流感和口蹄疫等重大动物疫病免疫方案》的规定，结合本地实际，重点做好高致病性禽流感、口蹄疫、高致病性猪蓝耳病和猪瘟等疫病的强制免疫工作。15 日，四川省畜牧食品局按照农业部要求，安排各地按集中免疫和日常补免的原则，对新补栏畜禽及时进行补免，并认真组织开展春防和灾后免疫监测工作，对免疫空白、死角地带以及免疫抗体达不到要求的畜禽进行补免，保证免疫密度和质量。

5 月 26 日，四川灾区动物尸体无害化处理和消毒工作基本结束，动物疫病防控工作转入灾后人畜共患病和重大动物疫病紧急免疫。农业部抗震救灾前线专家组与四川省畜牧食品局共同研究制订《四川省灾区动物紧急免疫方案》，提出紧急免疫病种为狂犬病、猪乙型脑炎、猪Ⅱ型链球菌病、炭疽等人畜共患病；紧急免疫范围为阿坝、绵阳、广元、德阳、成都、雅安等市（州）所辖 47 个县（市、区）的 967 个乡（镇）的 8870 个村；紧急免疫时间从 5 月底开始，6 月上旬结束。方案提出，根据灾区特点，按照分类指导原则，在灾区人口聚集地开展犬只的狂犬病紧急免疫、生猪乙型脑炎紧急免疫；待乙型脑炎紧急免疫结束后，随即开展猪Ⅱ型链球菌病免疫。在阿坝藏族羌族自治州等传统炭疽病疫源地，同时做好炭疽免疫工作；犬狂犬病和生猪乙型脑炎紧急免疫由灾区人口聚集地开始，逐步向外推进。方案提出，紧急免疫病种外的其他重大动物疫病免疫工作，按 2008 年度免疫工作方案照常进行。内江、自贡、资阳、遂宁等市应提前开展猪链球菌病免疫工作。方案还提出，要加强组织领导，明确责任，落实到人，确保紧急免疫工作落到实处。灾区各级畜牧兽医部门要积极组织技术力量，抓好人员培训，规范免疫程序；要坚持统一疫苗、统一免疫程序、统一操作规程，严格按规定运输、储藏和使用疫苗，确保免疫质量。方案要求，建立免疫档案，做到免疫有案可稽、有据可查；要做好免疫物资供应，由省动物防疫监督总站具体负责紧急免疫所需疫苗等防疫物资的组织、调运，确保疫苗等防疫物资及时到位，不空缺、不断档。成都、德阳、绵阳、阿坝、广元、雅安等市（州）的畜牧兽医部门负责本辖区紧急免疫所需疫苗等防疫物资的统计、汇总和上报工作，以便统筹协调，及时组织调运。

四川省动物防疫监督总站及时组织调拨动物防疫物资，按照有关决策部署和规定程序，共组织紧急采购人畜共患病紧急免疫用疫苗 10559.28 万头份（万毫升）、冷柜 500 台、冰箱 500 台、冷藏包（箱）6431个、雨靴5800双、口罩5万个、睡袋5000个、帐篷500顶等物品器械，发放犬牌101.66万枚、犬免疫卡79.68万张；并及时下发农业部发展计划司、友成企业家扶贫基金会捐赠用于动物防疫的50辆越野车、940辆摩托车到灾区一线，为灾区动物防疫工作提供物资保障。四川省畜牧食品局于5月29日前向阿坝、成都、绵阳、德阳等灾区，紧急组织调运、下发第一批狂犬病疫苗26万只份、猪乙型脑炎疫苗9万头份、猪Ⅱ型链球菌病疫苗18万毫升、炭疽疫苗100万头份，及冷藏包、冷藏箱、冰箱、冰柜、注射器、碘酒、医用工作服等物资共计16304台（套、件、样）和5.28万枚免疫犬牌，要求这些地区在6月10日前全面完成免疫工作。

6月4日，绵阳市畜牧兽医局针对唐家山堰塞湖形成后，涪江沿岸部分随畜主避险疏散的家畜家禽可能漏免，唐家山堰塞湖泄流后这部分漏免畜禽将随畜主返回家园的情况，专门发出《关于进一步加强灾区动物防疫工作的紧急通知》，要求泄流区组织力量对返回的犬、猪分别进行狂犬病、猪乙型脑炎、猪Ⅱ型链球菌病免疫注射，切实做到免疫不留死角。

5月27日至6月24日，四川省畜牧食品局下拨狂犬病、猪乙型脑炎、猪Ⅱ型链球菌病、炭疽疫苗共计2348.78万头份（万毫升），组织调运冷柜、冰箱、冷藏包、注射器等免疫相关器械176679台（套、件、样），发放犬牌84.24万枚、犬免疫卡70.68万张。（参见图214）

为督促灾区各项动物防疫应急工作落到实处，四川省畜牧食品局组织3个督察组于6月11日开始对受灾严重的市州进行督察，重点督察灾区对死亡畜禽无害化处理排查情况和动物紧急免疫完成情况。督察组分别到都江堰、彭州、绵竹、安县、青川等极重灾县（市）进行督察，发现各地领导重视，措施到位，灾后无猪乙型脑炎、猪链球菌病、狂犬病等人畜共患病的发生，也无重大动物疫情。

截至6月12日，四川灾区人畜共患病紧急免疫基本完成；至27日，四川灾区人畜共患病动物紧急免疫任务顺利完成。成都、德阳、绵阳、阿坝、广元、雅安等市（州）的47个灾区县

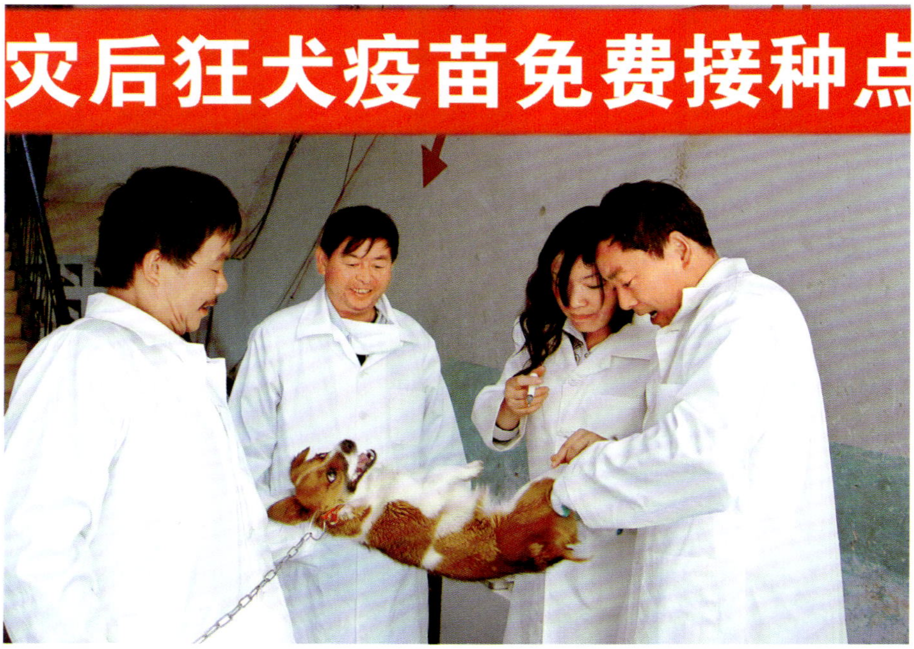

图214　6月18日，小金县动物防疫监督站与美兴镇兽医防疫站联合在城关设立狂犬病疫苗接种点

（农业部　提供）

（市、区）共免疫狂犬病59.77万只；免疫猪乙型脑炎526.37万头、猪Ⅱ型链球菌病479.67万头、炭疽190.46万头（只）。灾区人群密集区、灾区群众集中安置区、畜禽规模场和历史疫区动物人畜共患病的免疫密度达到100%。

陕西灾区部署动物紧急免疫 陕西省及时部署动物紧急免疫工作，将农业部下拨的430万元救灾资金拨付受灾地区，用于进一步开展紧急免疫工作。截至5月22日，陕西省紧急免疫家畜27.79万头（只）、家禽70.76万只。6月2日，陕西省畜牧兽医局出台地震灾后动物防控指导意见，要求在灾区开展动物流行病学调查和监测工作；同时，要求受灾地区动物防疫机构对所辖地区大家畜、猪和犬开展一次炭疽、猪乙型脑炎、狂犬病等动物疫病免疫接种工作，口蹄疫、禽流感等重大动物疫病防疫不到位的地方要加强免疫补针工作。抗震救灾期间，全省以重大动物疫病和人畜共患病为主，紧急免疫家畜45.6万头（只）、家禽141.3万只，确保了大灾之后无大疫。

重庆灾区部署动物紧急免疫 5月27日，重庆市部署动物紧急免疫工作，要求受灾地区做好口蹄疫、猪瘟、鸡新城疫和高致病性猪蓝耳病等疫病的强制免疫工作，对于没有进行免疫接种的畜禽，要立即补免；对已进行免疫接种的畜禽，根据免疫抗体检测情况及周边疫情情况，必要时强化免疫一次；对于其他畜禽传染病，根据疫情动态，做好预防接种工作。6月5日，重庆市动物卫生监督所下发通知，要求全市特别是灾区，在完成春季突击免疫的基础上，严格落实常年免疫和“三旬分类免疫制”（即每月上旬实施牛羊口蹄疫免疫和犬只狂犬病免疫，中旬实施禽类高致病性禽流感和鸡新城疫免疫，下旬实施生猪口蹄疫、猪瘟和高致病性猪蓝耳病免疫），做到月月补针、不留空白，确保畜禽免疫密度和质量。

二 无主动物管理

地震发生后，灾区出现大量无主犬，这些犬四处流浪，成为传播和扩散传染病的重要途径，且无主犬伤人事件时有发生。5月25日，四川省抗震救灾指挥部下发《关于切断灾区污染源确保人民生命健康的紧急通知》，明确家犬的管理由公安部门牵头，卫生、畜牧部门按照有关规定，做好犬只的免疫接种，犬伤后暴露伤口的处理和人用狂犬病疫苗的接种。6月1日，四川省抗震救灾指挥部发出《关于加强灾区无主动物管理的紧急通知》，要求深入宣传无主动物管理、动物尸体处理、狂犬病防治等的重要意义，建立政府主导、部门负责的灾区无主动物管理机制，督促畜牧、公安、卫生、城管、教育、药监、广播电视等部门认真履行各自职责，动员广大干部群众参与其中，确保灾区动物清理工作落到实处，不留死角和隐患；要采取强有力措施，遏制犬只伤人事件的发生。

5月19日，都江堰市政府发布《关于开展灾后突击灭犬的通告》，决定开展灾后突击灭犬行动。通告要求，严禁任何单位和个人在灾区群众安置点和篷住区饲养犬、猫等动物。农村经免疫的犬只，必须远离人口集中区，实行拴养。灾区群众安置点和篷住区饲养的其他动物必须限期转移至无人居住场所。市级有关部门和各乡镇，对辖区的流浪犬、野犬以及灾区群众安置点和篷住区内饲养的犬、猫，一经发现必须立即组织扑杀。扑杀和发现的死犬、死猫，不得乱扔乱抛，必须采取深埋等方式实施无害化处理。农村扑杀的由乡镇、村、组负责处理，城区扑杀的由乡镇、社区及时报告市狂犬病防治指挥部办公室，统一实施无害化处理。对灾区群众安置点和篷住区，特别是饲养过犬、猫的，必须全面彻底消毒。城乡居民若被犬、猫咬伤、抓伤，应立即到就近医院或市疾控中心注射狂犬病疫苗，妥善处置伤口。任何单位和个人不得拒绝和阻挠突击灭犬，违者由公安机关依法给予严肃处理。与此同时，都江堰市政府发放《关于开展灾后突击灭犬的通告》5000份，并通过手机短信提醒广大市民，严禁在灾区群众安置点和篷住区饲养犬、猫等动物，扑杀流浪犬、野犬及无法转移出灾区群众安置点和篷住区的犬，并进行消毒和深埋等无害化处理。6月4日，都江堰市抗震救灾指挥部根据四川省卫生厅《关于切断灾区污染源确保人民生命健康的紧急通知》精神，拟定《关于切断灾区污染源确保人民生命健康的工作意见》，明确无主犬只的扑杀、家犬的管理由公安部门牵头，卫生、畜牧部门按照有关规定，做好犬只的免疫接种，犬伤后暴露伤口的处理和人用狂犬病疫苗的接种。

5月29日，大邑县发布《大邑县地震灾后动物紧急免疫方案》，决定开展流浪犬只扑杀工作。方案要求，犬只的狂犬病和生猪的乙型脑炎紧急免疫由灾区乡镇人口聚集地开始，逐步向外推进。狂犬病防控工作由县狂犬病防治指挥部办公室具体组织实施和协调，对限养区流浪犬的扑杀由公安局负责实施，对乡镇流浪犬的扑杀由所在地乡镇政府负责实施。

5月18日，绵阳市抗震救灾指挥部下发《关于加强灾后死亡动物无害化处理的紧急通知》，严令各县对灾区流浪的犬、猫一律组织扑杀，并由市畜牧局、公安局等有关部门组成的犬只扑杀队，专门进行犬只扑杀工作。27日，绵阳市公安巡警支队和北川羌族自治县擂鼓镇畜牧兽医站工作人员，开始对北川的曲山镇和擂鼓镇等地的流浪犬、猫进行扑杀、无害化处理和消毒，4天扑杀420余只。其中曲山镇对扑杀的100余只流浪犬、猫及县城外露死亡的禽、犬、猫，全部进行清理并深埋。北川县城封城后，依然剩有少量流浪动物未作处置。人民日报社编印的《情况汇编》通报了这一情况："北川县城虽已无人烟，但可以听到鸡鸣犬叫。""一些家禽和猫犬尚未列为防疫目标，存在安全隐患。"29日，李克强在上面批示："北川县城管制后的防疫工作要全面加强，不能留隐患。"随后，蒋巨峰也做出批示："务必落实到位，杜绝空当，堵塞漏洞，不留隐患。"

5月29日，广元市动物重大疫病防治指挥部发出《关于对无主动物进行扑杀的紧急通知》，要求对无主动物进行果断妥善处置。通知要求，坚决扑杀流浪犬只，对无主犬、流浪犬只一律就地扑杀，就地无害化处理，严防犬只伤人事件发生。对流浪无主的猪、牛、羊、禽、兔，由乡镇、村（居委会）、组进行协调，鼓励有条件的群众收养，并归其所有；对无人收养的由乡镇、村（居委会）、组组织应急分队扑杀处理。

茂县抗震救灾指挥部于5月24日发布《关于加强动物防疫工作的紧急通知》，部署犬只管理和扑杀工作，要求各乡镇、各单位高度重视动物疫病防控工作，实行属地负责的原则，各乡镇政府和单位主要行政负责人为第一责任人。要搞好动员宣传工作，整合工作力量，全面完成本辖区动物防疫任务，做到进村入户、不留死角。对于野犬、流浪犬和未免疫犬只实行强制扑杀，乡镇由乡镇负责，县城由县公安局牵头，组织力量，就地扑杀，就地深埋。县畜牧兽医局、卫生局负责无害化处理技术指导。各部门务必按通知要求，各负其责，搞好野犬、流浪犬和未免疫犬只的强制扑杀工作。通知规定，从5月24日起至6月1日，全面完成扑杀任务。6月3日，阿坝藏族羌族自治州畜牧兽医局发出《转发〈四川省抗震救灾指挥部关于加强灾区无主动物管理的紧急通知〉的通知》，要求全系统各个单位积极配合公安部门，加强无主犬的扑杀和无害化处理，并按照农业部制定的《狂犬病防治技术规范》和《狂犬病免疫方案》要求，加强对灾区所有家犬的强制性免疫工作（在城镇实施准养制度，未经公安部门批准和未经免疫的犬只一律作扑杀处理），防止灾后发生狂犬病疫情，确保人畜安全。

截至6月27日，成都、德阳、绵阳、阿坝、广元、雅安等市（州）的受灾县（市、区），扑杀流浪犬只3.99万只。

三　活畜处置

灾区农村大批畜禽圈舍倒塌，饲料缺乏，水源受到破坏污染，致使大量幸存的活畜失去养殖条件，抵抗力逐步降低。如不妥善安置，幸存活畜将会陆续发病或死亡，不仅增加灾区疫病防控的难度，而且增大人畜共患病和重大动物疫病发生和流行的风险。为防患未然，四川、甘肃、陕西等地灾区采取畜产品屠宰加工企业收购和畜禽异地转移的办法安置活畜。

5月15日，农业部抗震救灾前线专家组在与四川省畜牧食品局抗震救灾领导小组召开的碰头会上指出，灾区一部分没有死亡的家畜家禽，已丧失继续饲养的条件。极重灾区和重灾区的棚圈几乎全部倒塌，养殖户没有饲料、没有干净水，耽误下去，残存动物仍会死亡。专家组建议，四川省畜牧食品局应紧急动员畜产品屠宰加工企业抓紧去灾区收购活畜，这样既可让养殖户减少一部分经济损失，也可减少死亡动物无害化处理的工作压力。为此，四川省畜牧食品局立即做出安排，组织指导各受灾地区的市州畜牧部门，动员协调畜产品加工企业向灾区倾斜，尽力多收购灾区养殖场户存活畜禽。至23日，四川省畜产品加工企业已在灾区收购存活畜禽近万头（只）。为加大活畜收购力度，26日，德阳市政府协调市农业发展银行向屠宰加工企业贷款2400万元，用于收购养殖场（户）存活生猪。

四川省大禹野生食品有限公司北川邓家PIC祖代种猪场，位于唐家山堰塞湖附近，距北川县城6公里，距湔江30米。猪场有幸存种猪5000余头，受唐家山堰塞湖威胁，随时将被淹没，不仅会直接威胁下游群众的饮水安全，而且还存在引发人畜共患疾病发生和流行隐患。鉴于北川县城封城，地方人员和车辆进出不便，绵阳市畜牧兽医局向四川省畜牧食品局和绵阳市抗震救灾指挥部报送《关于紧急转移四川省大禹野生食品有限公司北川邓家PIC祖代种猪场5000余头种猪的请示》，请求协调救灾部队支援猪场转移。这个猪场的转移工作，引起四川省委、省政府重视，省委常委、省总工会主席李登菊及副省长张作哈分别指示，要以最大力量支持猪场安全转移。通过多方协调，

图215　5月26日，成都军区救灾部队官兵正在帮助四川省大禹野生食品有限公司北川邓家PIC祖代种猪场转移种猪

（绵阳市畜牧兽医局　提供）

成都军区、绵阳军分区派出兵力350余人次、军用车130余车次，于5月24—27日，用4天时间将5000余头种猪全部安全转移至江油、梓潼等地。（参见图215）

四　动物检疫监督

各地都把灾后动物检疫监督工作，放在与动物尸体无害化处理、动物疫病监测、动物疫病预防免疫等项工作并重的位置。农业部发出的《关于全力做好农业抗震救灾工作的紧急通知》、《关于进一步做好农业抗震救灾工作的紧急通知》，农业部办公厅发出的《关于做好灾后重大动物疫病防控工作有关问题的紧急通知》，一再强调灾区各地农业、畜牧兽医部门要落实强化消毒、强化监测、强化无害化处理、强化灾后免疫、强化检疫监督，确保灾后无重大动物疫病和人畜共患病发生的“五强化一确保”防疫措施，反复重申对因灾致死动物和病害动物不准宰杀、不准销售、不准运输、不准食用，做好无害化处理的“四不准、一处理”规定，以做好产地检疫和屠宰检疫工作，保证灾后动物及其产品的正常流通秩序和畜产品安全。

四川、甘肃、陕西、重庆、云南等省（市）农业、畜牧兽医部门陆续发文，对灾后动物检疫监督工作做出安排，要求各级农业、畜牧兽医工作者树立灾后防大疫的思想，紧急行动起来，严格落实病死畜禽不准宰杀、不准销售、不准运输、不准食用的原则，认真做好无害化处理，严厉查处运输、加工、贩卖因灾致死动物和病害动物及其产品的违法行为，切实做好产地检疫和屠宰检疫工作。

5月19日，四川省畜牧食品局下发《关于加强抗震救灾中畜产品质量安全监管的紧急通知》，要求全省各地要加强驻厂检疫工作，确保灾区群众和救灾部队吃上放心的肉食品。通知要求，由四川省畜产品安全检测中心直接抽检承担向灾区调运畜产品的加工企业的肉制品，重点检测畜产品违禁药物、兽药残留。凡供应灾区的肉食品，原则上在省内规模养殖场收购加工，凡有在省外收购生猪加工的，除例行抽检外，相关市州还要在省畜产品安全检测中心协调下进行“瘦肉精”（盐酸克仑特罗）专项检测。承担向灾区调运畜产品的屠宰企业所在市州的畜牧兽医部门，要由分管畜产品安全工作的领导和行政监管人员组成督察组，每天对屠宰加工企业驻厂检疫情况进行督察，对在督察中发现的病死和灾害中死亡畜禽一律按“四不准、一处理”原则进行处理。

四川省派出兽药监督管理人员1020人次，对省内11家供应灾区的兽用清毒剂生产企业进行监督检查，派出2563人在全省范围内开展兽药市场专项检查，共检测兽用清毒剂10个品种30多批次，检验兽药质量100多个品种，150多批次。四川省兽药残留监控中心对供应灾区的5种畜产品进行了12种1052批次的药物残留检测，检测结果均符合规定。

6月6日，四川省动物防疫监督总站根据四川省抗震救灾指挥部《关于进一步加强灾区食品安全工作的紧急通知》精神，印发《关于进一步加强地震灾区动物检疫监督工作的紧急通知》，通知要求，各市州动物防疫监督部门切实认真做好灾后产地检疫和屠宰检疫工作，逐级落实检疫工作责任制，做好灾后畜禽产地检疫和屠宰检疫工作。产地检疫要到场到户，屠宰检疫要到点到场，做到按检疫程序和规范标准，该检的项目必检，该检的程序必做，切实做到经过检疫上市的动物和动物产品证章齐全、合法有效、安全放心。各级动物防疫监督机构要依照《中华人民共和国动物防疫法》赋予的职责，加强执法监督工作力度，严厉打击违反动物防疫法律法规的行为；要加大力量，增派人员，采取各种行之有效的监督管理措施和手段，加强屠宰点的检疫监管；要强化灾区死亡畜禽“四不准、一处理”的监督和落实，坚决严厉打击贩卖病死猪肉的违法行为，坚决防止未经检疫的肉食品进入市场，特别是流入灾区市场；做到发现一起，依法严惩一起，保证灾后动物及动物产品的正常流通秩序和畜产品安全。

7 月 21 日，四川省畜牧食品局获悉崇州市大划镇有屠宰加工病死猪（肉）的黑窝点，立即会同成都市农业委员会派出动物卫生监督和畜产品安全监管专家及执法人员，于当天晚上赶赴事发地。通过布控守候，次日凌晨在大划镇划石村一王姓村民家中查获病死猪 27 头、病死猪肉 1210 公斤；在崇州市江源镇桅杆村 8 组一肉食品加工厂查获病死猪肉 280 公斤，并在冻库查出涉嫌病死猪冷冻肉 240 余吨。此次行动查获的涉案金额超过 500 万元。22 日，成都市动物卫生执法人员依法对查获的病死生猪和病死变质冷冻猪肉采样送检。经四川省动物防疫监督总站和四川省农业科学院检测中心实验室检测，在查获的死亡生猪内脏中检出多种病原微生物，冷冻猪肉送检样品与国家强制标准不符，为质量不合格的变质肉食品。为此，四川省畜牧食品局于 24 日向各市州政府和畜牧兽医部门发出情况通报，要求各级畜牧兽医部门要举一反三，细化措施，落实责任制和责任追究制，对屠宰、加工、储藏动物及其产品的各个环节，再次进行全面排查和拉网式检查，防止类似违法案件再次发生。26 日，崇州市依法对查获的病死生猪、冷冻猪肉做无害化处理，案件移交成都市公安局立案查处。

9 月，四川省开展奶制品违规添加三聚氰胺专项整治活动。截至 9 月 20 日，四川省畜产品质量安全检测中心在成都、眉山、德阳、绵阳、凉山等市（州）的 23 家企业抽取生鲜牛奶和奶制品样品 53 批，其中 9 家收奶站、8 家乳品加工厂收奶点（收奶罐、收奶车）、4 家养殖场的生鲜牛奶样品 49 批、2 家乳品加工厂成品库房抽取学生饮用奶 4 批，均未检出三聚氰胺。

抗震救灾期间，四川省未发生一起畜产品安全事故。

第五章 爱国卫生运动与健康教育

汶川特大地震发生后，灾区各地迅速行动，及时、有序、有效地配合卫生防疫工作，发动受灾群众开展爱国卫生运动，及时清理地震废墟，整治环境卫生，创造健康安全的生活环境，预防各种疾病发生。

四川、甘肃、陕西等地灾区在开展卫生防疫工作时，不断加大灾后卫生防疫知识宣传与健康教育的工作力度，以提高灾区群众的自我防护意识和能力；指导灾区群众注意饮水卫生、食品安全，宣传个人安全防护措施，帮助救援人员了解自我防护知识、安全知识、野外生存技能，规范个人卫生行为，提高防疫能力。

第一节 灾区爱国卫生运动

全国爱卫会高度重视四川灾区在受灾地区发动群众开展爱国卫生运动的做法，于5月20日发出《关于大力开展灾后爱国卫生运动的紧急通知》，要求灾区省市爱卫会办公室充分发挥爱国卫生运动这一中国特色卫生工作方式的作用。截至11月，灾区的爱国卫生运动分夏季和秋季两个阶段开展，成效明显。

一 夏季爱国卫生运动

四川灾区夏季爱国卫生运动 四川省各级政府充分发挥爱国卫生运动组织的综合协调作用，

图216　9月17日，四川省副省长陈文华（右二）在灾区参加环境整治行动
（四川省卫生厅　提供）

推动部门联动，参与灾后爱国卫生运动。（参见图216）建设部门抢修恢复市政基础设施，解决受灾群众安置点环境卫生设施建设、垃圾收集处理等问题。水利部门全力保障灾区应急供水，抢修供水设施，投入净水设备，加强水质检测，解决灾区群众临时应急供水问题。农业部门加强灾区鼠害联防，开展灾区乡、村集中统一灭鼠，控制害鼠种群密度，降低鼠传传染病流行风险。环保部门开展灾后环境、水质应急监测，确保灾区环境监测区域全覆盖、监测指标全覆盖，使饮水安全得到保障。抗震救灾初期，四川省各级爱卫会针对灾区和避灾群众聚居地环境与卫生条件差，垃圾、污水、粪便等突出问题，协调相关部门，对城区街道、广场、河坝、公园、绿化带等公共环境卫生进行突击整治。同时，发动群众自己动手，依靠志愿者、救援官兵等对安置点及周边环境卫生进行突击整治，采用群众和专业人员结合模式组建环卫保洁队伍，共同参与安置点内外环境的清扫保洁和垃圾、粪便的收运、处置和消毒，并协调相关部门强化安置点环卫设施建设和卫生管理工作。通过省、市（州）、县（市、区）、乡（镇、街道）、安置点（村、社区）的爱国卫生五级联动，形成“政府主导、部门协作、群众动手”的爱国卫生工作网络体系和模式，依托群众性的环境卫生综合整治和群众性自我管理，控制疾病的传播途径。成都、德阳、绵阳、广元、阿坝和雅安等市（州）在地震发生后，共为受灾群众安置点建设厕所11806所、垃圾点（站）12352个，村组、社区组织有数万群众参与安置点和社区的卫生管理、卫生义务劝导和清扫保洁等工作。

5月13日，四川省卫生厅派出督导组深入极重灾区和重灾区所在县（市、区）、乡（镇）、村指导抗震救灾卫生防疫工作。四川省爱卫会、四川省卫生厅先后4次联合建设、环保等相关部门及救援部队防疫队，对极重灾区和重灾区的爱国卫生工作进行重点督导。

5月15日，四川省爱卫会办公室发出《关于下发灾后卫生防疫宣传标语口号的函》，下发灾后卫生防疫宣传标语口号，拟定包括爱国卫生、健康教育、防震棚周边卫生、防止粪便污染、饮食饮水卫生、除“四害”等方面的23条口号，供灾区进行卫生防疫宣传时参考使用。18日，四川省爱卫会与四川省卫生厅联合发出《关于在受灾地区发动群众用简易方法开展爱国卫生运动的紧急通知》，要求各市州爱卫会和卫生局组织受灾群众开展爱国卫生运动，广泛开展卫生知识宣传；指导群众用物理的、机械的方法清除蚊蝇等滋生场所；指导有关部门组织动员广大群众搭建简易厕所，及时覆盖排泄物或废弃不用的简易厕所；强化应急医疗救治点的环境卫生，加强医疗废弃物的收集和处置管理；指导群众在家中、医疗救治点、灾区群众安置点出现肠道传染病、病媒传染病和呼吸道传染病症状时及时报告，做到传染病的早发现、早报告。

为控制污染源，切断传播途径，防止传染病的发生与流行，四川省各级爱卫会大力开展以灭鼠、灭蚊蝇为重点的除害灭病活动。5 月 28 日，四川省爱卫会办公室发出《关于加强灾后除四害工作的紧急通知》，通知要求成都、绵阳、德阳、广元、阿坝、雅安等市（州）及所属 21 个受灾严重的县（市、区）除“四害”工作重点地区的爱卫会办公室，要统筹协调相关部门立即行动起来，根据本地区灾后的实际情况，确定除“四害”的重点区域和重点部位，集中开展城乡统一的除“四害”工作；其他市州也要组织对所属受灾地区和重要区域等开展集中、统一的除“四害”活动。各地要在灾后卫生防疫大面积消杀的基础上，发动群众大搞环境卫生综合整治活动。对灾区群众临时安置点、城区避震群众临时聚居区和广场、绿化带、公园、河坝等地的环境卫生，要进行突击整治，及时清除居住地及其周边的各类生活垃圾、污水、人畜粪便和卫生死角，安排专人做好垃圾的收集、消毒、清运及处理。相关部门要组织动员广大群众搭建简易厕所，并落实专人管理，同时要加强粪便的管理和无害化处理，基本做到环境整洁卫生。在除“四害”工作中，科学规范用药，杜绝使用违禁药品；做到“四害”消杀灭工作不留死角。通知还要求，各地做好宣传发动和培训工作，确保除“四害”工作家喻户晓、安全有效。（参见图 217）

图 217　6 月 10 日，救援人员和灾区群众为水渠清淤，整治环境

（丛岭滋　摄）

四川各级爱卫会办公室广泛发动群众参与环境综合治理，组建专业和群众消杀队伍进行环境消杀；同时，组织各级专家深入灾区进行技术指导，督促灾区做到科学消杀、规范操作、合理用药；及时举办除“四害”和环境消毒技术培训班，科学、规范开展消杀灭工作和使用消杀灭药剂；建立消杀灭工作联络员网络，及时掌握各地工作动态、药剂需求。四川省极重灾区和重灾区累计消杀面积 47.53 亿平方米，消毒、处理粪坑 1255.59 万个（次），有效地控制污染源，切断传播途径，防止传染病的发生与流行。

5月30日，为进一步做好地震灾区的卫生防疫工作，普及灾后卫生防疫知识，四川省爱卫会办公室发出《关于再次下发灾后卫生防疫宣传标语的函》，又拟出18条宣传标语，供各地灾区进行卫生防疫宣传时参考使用。

6月16日，四川省抗震救灾指挥部印发《受灾群众安置点爱国卫生工作方案》，要求各市州抗震救灾指挥部、爱卫会组织开展环境卫生整治活动，开展示范厕所建设，开展健康教育宣传，加强个人卫生，并提出相应保障措施。绵阳、广元、德阳等灾区地方党委、地方政府主要领导调研、部署爱国卫生运动，各市爱卫会办公室在灾后快速派出督导组，深入县、乡、村进行督导和指导。绵阳市举行灾后爱国卫生运动活动仪式，绵阳市政府与各县（市、区）政府签订《深入开展爱国卫生运动，全力抓好卫生防疫工作责任书》；广元市召开全市清洁城乡行动现场会，并下发《关于深入开展爱国卫生运动的意见》；德阳市下发《关于加强爱国卫生工作的通知》，推动灾区爱国卫生工作深入开展。

第三军医大学防疫队在理县与当地疾病防控部门通力合作，针对灾区群众相对集中安置特点，提出建立卫生防疫综合管理片区的构想，并付诸实施，为实现灾区卫生防疫工作由帮扶向自主模式转变，推动灾后长效防疫机制建设，提供有益借鉴。通过调查发现，营盘街小学安置片区由理县教育系统机关、学校教职员工、家属及滞校学生近500人组成，文化素质相对高，人员成分单一，场地封闭，便于管理，可作为片区管理试点。5月23日，理县受灾群众集中安置卫生防疫综合管理片区营盘街小学示范点成立，并进行组织分工。之后，各组迅速展开工作，调整帐篷、临时厨房位置，基本实现整齐划一；设立篷长，负责室内外卫生，每天检查内务；加强卫生防疫宣传，编写板报，制定规章制度，进行工作登记；清除垃圾死角，重新布置垃圾桶；每天安排人员展开消毒杀虫；组织学生参加文体活动，恢复生活信心；落实每日大扫除制度，保持环境整洁。27日，理县卫生防疫应急指挥部专门下发文件，确认卫生防疫综合管理片区试点建设成果，并在全县推广，营盘街小学被评为四川省规范化安置片区。

四川省各级爱卫会运用督导、检查、评比等手段，树立先进典型和推广好的经验，批评、督促工作差的地方和单位。四川省爱卫办及广元、德阳等市及都江堰、彭州、崇州等县（市）的爱卫会办公室，先后在工作突出的安置点召开现场会，推广“五有四强化”（有专业队伍、有固定医疗站、有卫生厕所、有垃圾收集点、有清洁水供应点，强化发动群众参与、强化环境卫生综合治理、强化健康教育和健康促进、强化爱国卫生工作检查评比）先进经验。各受灾县根据各自情况，组织开展各具特色的卫生检查评比活动。彭州市将安置点爱国卫生检查评比纳入对各镇的目标考核，采取市每月抽查、镇每半月检查、各安置点每周检查的方法，评选卫生户，并以安置点为单位开展卫生流动红旗竞赛。都江堰市幸福家园安置点坚持开展爱国卫生检查评比，并将评选出的最清洁、清洁和不清洁的牌子挂在每一户的门口。

甘肃灾区夏季爱国卫生运动　5月20日，甘肃省政府办公厅以特急明电下发《关于大力开展夏季爱国卫生运动进一步加强灾后疫病防治工作的通知》，要求省政府各部门、各市州政府、中央在甘肃的有关单位加强对爱国卫生运动和灾后疫病防治工作的领导，进一步完善全社会共同参与的爱国卫生工作机制，把开展爱国卫生运动、灾后疫病防治工作切实抓紧抓实。通知要求，各地要广泛开展健康教育，普及卫生防疫知识，要充分利用报纸、广播、电视、互联网等媒体，通过传单和招贴画等通俗易懂的形式，广泛宣传普及夏季传染病的防治知识，尤其要大力宣传疫病可防、可控、可治，消除群众恐慌心理，增强群众自我保护意识和抗病能力；要组织发动群众，广泛深入开展夏季爱国卫生运动，对城乡环境卫生进行一次集中整治，对餐饮单位、公共场所实行严格的卫生管理，搞好家庭、居民区、儿童活动场所、托幼机构、中小学校的环境卫生，认真做好农村地区垃圾的收集、清运和处理工作；要广泛开展除“四害”活动，推广卫生厕所。灾区卫生部门要会同有关部门加强对食品、饮用水、环境卫生等方面的检查和监测；对临时医疗场所和避难场所的垃圾、粪便、动物腐尸及时进行消毒和无害化处理；要坚持预防为主，依法科学防治各类传染病；要完善防控救治应急预案，提高应急处置能力，有针对性地抓好重点地区、重点人群和重点疾病预防控制工作；要把手足口病防治工作重点放在农村、基层和中小学校及托幼机构，做到早发现、早诊断、早报告、早治疗，对患者实行就地诊断、就地治疗和就地康复，有效阻断传播途径。地震灾区政府和卫生行政部门要加强对霍乱、痢疾、伤寒等肠道传染病的监测。发生疫情的地区要加强疫情监测报告，未发生疫情的地区要保持高度警觉。一旦发现传染病疫情，要及时开展流行病学调查，采取果断措施加以控制，防止疫情扩散蔓延。（参见图 218）

5 月 23 日，平凉市爱卫会办公室发出《关于认真组织开展以传染病防治为重点的夏季爱国卫生运动的通知》，就如何组织开展好灾后环境卫生整治、卫生防疫提出具体要求。爱卫会办公室工作人员深入受灾县，进行现场指导，发动群众开展以灭鼠为重点的除“四害”活动，按照“五统一”“五不漏”的要求，投放鼠药 3000 多公斤；同时，开展健康教育和病媒生物防制工作，发动和组织平凉市人民医院等 13 个医疗卫生单位的 66 名医务人员和 55 名工作人员，发放资料 1.5 万多份，义诊咨询群众 1.2 万多人次。抗震救灾期间，平凉市、县爱卫会召开各层次的动员会 110

图 218　5 月 21 日，济南军区卫生人员到灾区学校进行卫生知识宣讲
（总后卫生部　提供）

场次，悬挂横幅76条，张贴标语400条，书写黑板报300期，广播、电视宣传报道170次，印发宣传资料2.3万份，积极推动灾区爱国卫生运动各项工作的落实。

陕西灾区夏季爱国卫生运动 宝鸡市爱卫会及时印发《关于深入开展夏季爱国卫生运动做好城乡环境卫生综合整治的紧急通知》，要求各县安排部署“四害”消杀、生活垃圾清理等环境整治活动。在开展“四害”消杀、生活垃圾清理等环境整治活动时，划片包干，责任到人，从市、县到社区基层单位，逐级夯实责任，加大监督检查力度，层层抓好落实；加大清扫频次和消杀力度，对大型公园、广场，尤其是临时帐篷居住点及周边环境，随时清扫，消杀不留死角；加强厕所管理，24小时开放环卫公厕；动员城乡居民开展社会卫生义务劳动和落实周末卫生日制度，消除卫生死角和“四害”的滋生地；加强舆论引导，倡导健康文明的生活方式，普及卫生防疫知识。

宝鸡市爱卫会发出《关于深入开展夏季爱国卫生运动做好城乡环境卫生综合整治的紧急通知》后，召开专题会议进行安排，落实社会卫生义务劳动和周末卫生日制度，动员群众切实做好防震救灾指挥机构、群众临时居住场所及医疗机构、学校、餐饮单位、公共场所等部位的食品安全、卫生保洁、垃圾清运、蚊蝇消杀和防疫消毒工作。到6月29日，宝鸡市爱卫会办公室协调有关部门，新增简易果皮箱700余个，全天候开放158个环卫公厕，紧急搭建移动式公厕53个，在各个广场、公园设置便民服务箱，向居民发放可降解塑料垃圾袋2.3万余个，杜绝了垃圾明曝、污染现象；同时，还抽调人员对金台区、渭滨区、陈仓区69个较为集中的防震避险临时居住点环境卫生治理情况进行专项督察，现场解决问题；以消毒消杀和食品安全为重点，开展消杀药品配比培训，对公园、广场、游乐园、垃圾堆放点、垃圾集中收集站、厕所等重点区域开展消杀工作，保证群众户外活动期间的身体健康。

二　秋季爱国卫生运动

为巩固前一阶段工作成果，确保全面实现“大灾之后无大疫”的目标，自9月起，以“清洁卫生、绿色家园、健康生活”为主题，以城乡环境卫生整治、健康防疫知识宣传、学校卫生工作“三大行动”为重点的秋季爱国卫生运动在四川全省特别是灾区开展。此次秋季爱国卫生运动分3个阶段进行，即启动活动阶段（9月）、集中实施阶段（10月）和总结评比阶段（11月）。活动期间，各地工作动态实行“周五”报送制度。9月17日，四川省抗震救灾指挥部在成都召开全省秋季爱国卫生运动电视电话会议，安排部署秋季爱国卫生工作。当天下午，四川省秋季爱国卫生运动启动仪式在都江堰市翔凤桥社区举行。在启动仪式上，省、市领导向小学生赠送卫生健康用品，查看受灾群众安置点居住环境，看望慰问开展健康保健和卫生防疫知识宣传咨询、巡诊的卫生人员，并同群众一起参加义务劳动。18日，四川省爱卫会办公室和彭州市联合在彭州市通济中学“板房学校”举行四川地震灾区秋季爱国卫生运动“学校卫生大行动”启动仪式。

成都、绵阳、德阳、广元、雅安、阿坝、南充、眉山、资阳、遂宁、乐山、巴中、攀枝花、凉山等市（州），以及54个县（市、区）相继召开电视电话会议，或举行秋季爱国卫生运动启动仪式。成都市及各县（市、区）政府结合全国文明城市创建、灾后卫生防疫、社会主义新农村建设等工作，发动广大干部群众开展声势浩大的城乡环境卫生综合整治活动。各安置点坚持开展每周一次的卫生检查评比制度，镇每半月开展一次卫生检查评比，县区爱卫会办公室每月开展一次检查评比，形成户与户、幢与幢、安置点与安置点、镇与镇之间的联动卫生评比模式。遂宁市成立城乡环境综合整治指挥部，并分设城市环境综合整治指挥部、农村环境综合整治指挥部、总督查组。各县区、园区及市直部门也成立相应的工作机构，县区相继出台关于实施城乡环境综合整治工程决定和实施意见，层层签订责任书。遂宁市城区以创建国家卫生城市为目标，县城以创建保持巩固省级卫生县城为目标，实施“市容市貌整治工程”；农村以创建卫生村、镇为目标，实施农村“环境美村工程”，以清洁田园、清洁家园、清洁水源为主线，广泛开展卫生村镇的农村创建活动，把农村环境综合整治与卫生院落、卫生家庭等评选活动相结合，相互促进，形成合力。

资阳市各县在环境综合整治中确定做好“三个结合”：综合整治行动与卫生城市创建和巩固相结合，推进卫生城市创建和巩固工作；综合整治行动与场镇“八化”相结合，重点开展治脏活动；综合整治行动与秋季除“四害”活动相结合，确保科学规范除“四害”。各县（市、区）整合广播、电台、报社等宣传媒体，组织卫生专业人员，全方位开展健康知识宣传；同时号召强化学校卫生工作，打造卫生校园环境，对全市中小学和幼儿园的食品销售点、学生食堂、食品从业人员的健康状况及饮用水水质情况进行认真检查。

为使秋季爱国卫生运动取得预期的实际效果，成都、绵阳、德阳、广元、雅安、阿坝、南充、眉山、资阳、遂宁、乐山、巴中、攀枝花、凉山等市（州）采取监督、检查、评比及激励等多种方式，促进本地秋季爱国卫生运动扎实、有力、有序地开展。各地政府均将此次活动纳入目标管理，进行重点督察，实行效能问责，确保取得实效。各级爱卫会积极组织开展卫生城市（县城）、卫生乡镇、卫生村（社区）、卫生单位创建活动，充分调动广大干部群众的积极性，促进城乡环境卫生水平不断提高。各级爱卫会组织相关部门组成督察组对各地开展检查评比和暗访督察，及时发现先进榜样和落后典型，对好的经验和做法积极推广，对重视不够，行动缓慢，卫生整治不彻底或整治效果不好的进行通报批评和限期整改。

同一时期，甘肃、陕西等地灾区也开展相应的秋季爱国卫生运动。

三　鼠情监测与鼠害防控

地震发生时，正值鼠害发生高峰期，害鼠食源丰富，大量灾区群众露宿户外，生活及卫生条件较差，气温高、湿度大将加大鼠传疾病发生，流行性出血热、鼠疫、沙门氏菌病、钩端螺旋体病和鼠型斑疹伤寒等鼠传疾病传播的可能性加大。卫生部 5 月 14 日发布的《四川省地震灾害卫生防疫现场操作手册》中，要求重点实施对鼠类等的消毒杀灭工作。各级领导高度重视灾后灭鼠工作，及时成立灭鼠工作机构和技术指导小组，加强对统一灭鼠工作的指导、督促和检查验收。按照“三集中”（集中时间、集中人力、集中物力）、“五统一”（统一指挥、统一组织、统一行动、统一方法、统一配制毒饵）、“五不漏”（县不漏乡、乡不漏村、村不漏社、社不漏户、户不漏田）的防治技术模式进行统一安排。

5 月 16 日，四川省农业厅会同农业部、中国疾控中心、中国农业大学、四川大学专家对灾区鼠情和鼠传疾病暴发的可能性进行会商分析。21日，四川省农业厅在灾区紧急增设30个鼠情监测点，实行日报制，组建6个灾后鼠传疾病防控工作组，抽调180人组建鼠情监测与防控专业队，分赴受灾严重地区开展工作；同时，还组成3000名群众参加的防治队伍，迅速将3.6万多台喷雾器、500吨毒饵、10吨杀鼠原药和130吨消杀灭药品分发灾区。

四川省政府办公厅于5月21日发出《关于加强灾后鼠传疾病防控工作的紧急通知》，要求各级政府和有关部门高度重视，通力配合，特事特办，全力以赴，做好控鼠防疫工作。通知指出，阿坝、德阳、绵阳、成都、广元、雅安等市（州）的21个受灾严重的县（市、区）是鼠传疾病防控的重点地区，要集中开展城乡统一灭鼠工作，有效控制害鼠种群密度，降低鼠传疾病流行风险；要组织精干技术力量，开展鼠情和鼠传疾病监测，随时掌握发生、发展动态，保证信息畅通；要组织工作组、专家组深入灾区第一线，组织、宣传、指导控鼠防疫工作，搞好毒饵投放，实现科学灭鼠。各地要采取召开动员会、举办培训班、张贴宣传画等多种形式，利用广播、电视、公告等方式加强对控鼠防疫的重要性、基本知识、毒饵配制、投饵方法及安全防护知识的宣传培训。阿坝、德阳、绵阳、成都、广元、雅安等市（州）要对市（州）、县（市、区）、乡（镇）三级技术人员普遍开展一次控鼠防疫技术培训，使专业人员切实掌握控鼠防疫技术，灾区的城市居民和农民要做到控鼠防疫知识家喻户晓。通知还就加强鼠传疾病防控组织领导提出明确要求，要求各级政府、各有关部门认真研究鼠传疾病防控工作，制订、细化工作方案，加大对鼠传疾病防控的领导力度，切实解决鼠传疾病防控工作存在的具体困难和问题。各级政府和有关部门要统筹兼顾，协调配合，站在确保灾区人民群众生命安全、迅速恢复灾区生产的高度，做好控鼠防疫所需的杀鼠剂、灭鼠毒饵及防疫所需的机具、药剂等物资准备；要安全、及时调运控鼠防疫物资，确保控鼠防疫的需要。同日，四川省副省长陈文华主持召开与鼠控相关的13个厅（局）参加的鼠传疾病防控工作协调会。

5月23日，四川省农业厅印发《灾后鼠情监测及鼠害防控技术方案》，要求各地有关部门结合当地实际，加强培训，群策群力，科学防控，确保灾区农村灭鼠做到县不漏乡、乡不漏村、村不漏社、社不漏户、户不漏田。按轻重缓急的原则，重点抓好乡镇居民及农舍、灾区群众聚居点、倒塌房舍等场所的灭鼠工作，逐步过渡到农田灭鼠，实现农村灭鼠全覆盖。四川省农业厅还根据这一方案，编写《四川地震灾后灭鼠技术明白纸》，大量印制发放，使作业人员和群众家喻户晓，为科学防控鼠害打下坚实基础。

5月27日，中共中央政治局常委、全国人大常委会委员长吴邦国在听取四川抗震救灾工作汇报时，特别强调要防止鼠疫。28日，四川省农业厅、四川省畜牧食品局、四川省卫生厅、四川省爱卫会联合发出《关于加强灾区鼠害联防工作的紧急通知》，要求各级农业、卫生及爱国卫生运动委员会等部门务必高度重视，通力配合，联防联控，切实做好灾区的灭鼠工作。通知要求，受灾严重地区城乡所在地居民区、灾区群众集中安置区、倒塌房舍、农户，于5月底前实现灭鼠毒饵投放全覆盖，并从6月开始重点转向农田鼠害控制。通知特别强调，要规范灭鼠技术，严格按照灭鼠技术规程，保证拌饵质量和投饵到位；要以村组、社区和灾区群众集中安置点等为单位，组织多种形式的灭鼠队，加强灾区灭鼠毒饵的投放力度，切实做到灭鼠毒饵投放不留死角。在开展灭鼠毒饵投放作业时，作业人员要做好安全卫生防护，毒饵配制和毒饵投放时要戴手套并做好个人保护，投放灭鼠毒饵应有警示颜色，毒饵投放点要设立明显的警示标志，毒饵投放前应将家禽家畜及宠物关养，发现死鼠要集中深埋处理。如出现人员中毒，应及时送医救治。

根据监测情况，质检总局各卫生防疫队对灾区群众安置点、救灾营地等有鼠迹的部位进行定点处理，对垃圾收集点、厕所等重点部位定期投放灭鼠毒饵。当群众普遍反映鼠患较重，或当灾区群众安置点的鼠密度达到灭鼠的指标时，即对整个灾区群众安置点进行相应灭鼠处理。根据灾区实际情况，在选择灭鼠方法时多用器械灭鼠，慎用毒饵，灭鼠只用国家准用鼠药，多使用高效、安全的抗凝血灭鼠剂。在用毒饵时，根据鼠情决定投放量，一般每 10 平方米布放两堆，每堆放敌鼠钠和杀鼠迷 10 克，氯敌鼠、溴敌隆等 5 克，磷化锌 2 克；夕放、晨收，或用物品掩盖，晚上再暴露，有消耗处补充毒饵至原量，吃光处加倍补充。敌鼠钠、杀鼠迷连放 5 日；氯敌鼠、溴敌隆、大隆、杀它仗在第一、第四晚各投一次，磷化锌连投 3 日。

6 月 12 日，四川省农业厅召开全省灾后鼠害防控工作会议。会议指出，全省灾后鼠害防控工作发展不平衡，害鼠种群密度在加大，鼠传疫病的风险依然存在。鼠害防控人员要克服厌战、松懈情绪，认清形势，明确任务，树立连续作战的思想，切实做好鼠传疫病的防控工作，以确保灾后无大疫的目标能够实现。7 月 3 日，四川省农业厅发出《关于灾后深入开展统一灭鼠工作的紧急通知》，要求各市州农业（农牧）部门树立长期作战的思想，搞好鼠情监测，科学把握害鼠动态，落实工作责任，突出防控重点，抓好城乡联防联控，确保灭鼠收到实效。截至 7 月 23 日，四川全省累计深埋消毒处理死鼠 559802 只，鼠情监测显示灾区群众安置点平均鼠密度为 7.78%（耗饵法），其中 32.14% 的灾区群众安置点鼠密度达到防治指标；重灾县农村平均鼠密度为 0.69%（鼠夹法），控制在防治指标以下。

陕西省属鼠害常发省份之一，尤其是陕南浅山丘陵区、关中的宝鸡等灾区历来是鼠害发生较重的地区。地震波及陕西省后，汉中、宝鸡等灾区一些地方出现房屋倒塌、裂缝，农田、田间设施被毁等灾情，农舍及农田局部环境的改变，加剧了灾区害鼠的繁衍和迁移，也加大了鼠传疾病流行的危险。据地震发生后各地鼠情监测点监测报告，陕西省大部分地区鼠密度为 2% ~ 3% 夹次，严重发生地区鼠密度达到 4% ~ 5% 夹次，较常年同期高出 1 ~ 2 个百分点。据此分析，预计灾后全省农区鼠发生面积将达 40 万公顷，严重发生面积（3% 夹次以上）26. 67 万公顷，发生区域涉及汉中、宝鸡、安康、商洛、西安等市 70 余个县（区）。5 月 23 日，陕西省农业厅发出《关于认真做好灾后灭鼠工作的紧急通知》，要求灾区各市、县加大鼠情监测力度，固定专人定期、分区域（废墟、农田、居民安置点等）进行监测。汉中、宝鸡等灾区要加强监测力量，扩大监测范围。省级鼠情监测点，加大监测频次和单次布夹量，以及时掌握鼠情发生发展态势，为开展防控提供依据。通知还就投放毒饵、开展宣传培训做出安排，要求所有群众居住区和废墟都要按鼠类密度投放毒饵，群众聚居区和废墟四周要设投放毒饵阻隔带；余震发生期投饵要实行少量多次投放；采用电视、广播、墙报、板报、印发资料等形式，大力宣传鼠类的危害性以及防治的紧迫性，宣传灭鼠实用技术知识，动员群众自觉参与灭鼠活动。通知还指出，要采用统一组织领导、统一配制毒饵、统一投放毒饵、统一监督检查的方法，确保灭鼠效果。通知要求加强鼠情资料的传递，正常情况按程序报，出现重大情况要及时向当地政府和上级主管部门报告；加强安全管理，水源地及其周围不得投放毒饵，投放毒饵区要有明显标志，剩余毒饵应集中保管，严防人畜中毒事故发生。

第二节　灾后卫生防疫健康教育

为提高灾区群众的自我防护意识和能力，四川、甘肃、陕西等地灾区加大灾后卫生防疫知识宣传与健康教育的工作力度。赴灾区开展卫生防疫工作的各支救援队伍也十分重视开展卫生防疫知识宣传与健康教育，采取多种形式向灾区群众宣传灾后卫生防疫知识，传授自我防疫技能，增强群众卫生防疫意识和能力。

一　编印健康教育材料

根据卫生部的指示，中国疾控中心和四川、甘肃、陕西等省（市）疾控中心紧急策划、编印大量宣传资料。从5月18日起，各类针对地震后容易发生的常见病及饮水、食品、环境卫生等问题组织编印的宣传材料陆续发往灾区。至31日，卫生部和中国疾控中心组织的“百万防疫宣传资料送灾区”活动，先后印制卫生防疫宣传折页、宣传画、传单等达685万份，全部运往四川等地灾区；同时将这些宣传材料的电子版本公布在中国疾控中心网站，供各相关机构直接下载用以开展卫生防疫知识宣传与教育活动。

5月14日，四川省疾控中心编写出《地震灾区疾控人员现场工作手册》，印制5万份发往地震灾区；15日，印制《四川汶川地震灾区现场消毒及饮水卫生指南》10万本、《抗震救灾卫生防疫知识》宣传单20万份，陆续发往地震灾区。随后，四川省疾控中心与四川科技出版社合作，印刷出版《地震灾区卫生防疫手册》宣传手册5万册；与四川人民出版社合作，印刷出版《抗震减灾急救手册》5万册。四川省出版集团、四川省地震局、大众健康报社、解放军总医院等部门、单位，主动编印卫生防疫知识专版、手册、折页、图片等材料，自行发放或通过四川省卫生厅抗震救灾指挥部组织统一发送灾区。15日下午，雅安市疾控中心通过网络获知绵阳市健康教育所发布的绵阳地区所有印刷机构处于瘫痪状态，急需大量灾后防疫宣传资料的紧急求援信息，立刻快速编制、组稿、核稿，连夜为绵阳市健康教育所印刷《地震灾后卫生防疫知识》2万余份，通过旅游大巴车托运至绵阳；同时，又印刷上万余份抗灾防疫宣传资料，发往雅安市各县疾控中心。四川省卫生厅组织四川省疾控中心专家编写通俗易懂的“抗震救灾、卫生防疫”要诀，并在广元市印制20万份，及时分发到全省灾区。经过一个时期的健康教育，四川灾区受灾群众逐步养成饮水要消毒、不喝生水、饭前便后洗手、定点如厕等基本卫生习惯。

四川省卫生厅于5月18日发出《关于进一步做好灾后卫生防疫宣传材料分发宣传工作的紧急通知》，要求各地高度重视灾区群众的卫生防疫知识宣传，千方百计利用各种快捷渠道，在最短时间内将国家、省已经和即将印发的各类震后卫生防疫宣传材料分发到基层灾区群众手中，并广为张贴宣传，实现卫生防疫宣传材料灾区城市社区、农村乡镇、村社的全覆盖。

为科学指导基层开展灾后传染病报告、现场消毒、健康教育等工作，甘肃省疾控中心紧急组织消毒、传染病防治等方面专家，编写、设计包括“地震灾区群众预防传染病知识要点”“地震灾区如何做好个人卫生、环境卫生”“地震灾害后主要传染病的预防”“预防手足口病”4个方面内容的宣传册页，由印刷厂连夜赶印。甘肃省健康教育所设计制作以震后防疫等为内容的健康教育宣传画、传单和专题报纸，印制6万份发往地震灾区。截至7月22日，甘肃地震灾区累计向群众发放宣传材料161万份。

陕西省卫生厅、陕西省健康教育所和万裕文华产业公司（原陕西省人民印刷厂）紧急印制包括食品卫生、饮水卫生、环境卫生、精神卫生和个人卫生等内容的震后卫生防疫知识宣传材料54.63万张。其中，印制震后卫生防疫知识宣传单51.3万张，下发至各设区市及杨陵区卫生局。陕西省健康教育所编绘、印制设有《震后自我情绪调整》《震后警惕四类传染病流行》《如何选择水源水》《如何对饮用水进行消毒》《震后食品卫生应注意的问题》《灾区防疫个人卫生知识》等板块的震后卫生防疫知识宣传墙报1.2万张。5月16日，陕西省防疫救灾队连夜各带1000张赶赴四川灾区。17日，陕西省健康教育所派人赶往汉中、宝鸡、安康等市，向灾区群众发放9000余张。陕西省健康教育所编绘、印制以“勤洗手、吃熟食、喝开水、灭蚊蝇”为核心内容的抗震救灾卫生知识宣传画2.13万张，于18日晨派人送往宁强县、略阳县，下发到所有受灾乡镇和村组。

从5月13日起，四川检验检疫局陆续编写并印刷《抗震救灾防疫手册》《地震后常见传染病防治及心理健康》《地震应急小常识》《灾后企业卫生防疫指南》等系列宣传资料1.2万份向灾区群众发放。至6月9日，四川检验检疫局向受灾企业和群众发放宣传资料《地震后怎样预防传染病》5500份。

农业部兽医局组织专家会同中国农业出版社创作、编绘《地震灾后动物疫病防控知识宣传挂图》，于5月14日印刷2万张，迅速发往四川灾区。14日，农业部办公厅和新闻出版总署图书司联合行动，围绕卫生防疫等策划选题，出版一批灾区人民和灾区救灾工作者能用得上、看得懂、通俗实用的小册子、张贴画、挂图等出版物。农业部还在互联网上开设专栏，介绍人畜共患病防控知识，并联系中国移动、中国联通发送短信8000余万条，宣传动物疫病防控等知识。据统计，抗震救灾期间，农业部共向灾区发放地震灾后防疫知识明白纸50万份，《地震灾后动物疫病防控知识挂图》《地震灾后人畜共患病防控知识挂图》《中华人民共和国动物防疫法宣传挂图》《人畜共患病防控知识问答》《村级动物防疫员免疫技术手册》《地震灾区农村灭鼠技术挂图》等动物疫病防控宣传挂图42万张（册）。

5月27日，中医药局组织专家编写《地震灾后常见病多发病中医药治疗手册》和《震后灾区中医药防疫知识》。《地震灾后常见病多发病中医药治疗手册》包括病毒性肝炎、细菌性痢疾、乙脑、皮肤湿疹等40种灾区常见病、多发病的中医药治疗方案；《震后灾区中医药防疫知识》立足于“预防为主”理念，从生活常识入手，介绍适合震后灾区群众防疫的中医药知识。

二　利用媒体开展健康教育

卫生部抗震救灾领导小组重视加强灾害医学知识的公众宣传，动员媒体积极参与健康教育工作，联合组织疾病预防控制专家分别录制《灾后饮水卫生》《灾后食品卫生》《灾后疾病控制与环境卫生》《灾后心理危机干预》等专家访谈节目，通过四川卫视、四川电视台公共频道等电视媒介开展健康教育。

地震发生当晚，中央电视台新闻栏目播报了中国疾控中心成立抗震救灾队伍的消息。中国疾控中心在灾区建立应急实验室、开发手机疫情报告系统等重大事件，也多次被主流媒体报道和播出。从5月23日起，中国疾控中心网站开设“抗震救灾疾控中心在行动”栏目，刊登文章、照片及视频460篇，利用网站外网“中心疾控动态”，刊登抗震救灾防疫综合稿件369篇。在此期间，中国疾控中心宣传教育组还联系、协调与中央电视台联合拍摄灾后防疫科教片《地震灾后卫生防疫》，在全国电影院放映；与中央人民广播电台联合录制防疫专家谈《震后农村环境卫生》《肠道传染病和食源性疾病的防治》《虫媒传染病和人畜共患病的防治》《震后伤病护理》4部专题电视片，在“家庭健康”有线电视频道和中央人民广播电台播出。中国疾控中心健康教育所编制灾后防疫《疫病无情、人间有情》《确保大灾之后无大疫》《积极预防传染病、确保灾后无大疫》《注意饮水安全、预防肠道疾病》《讲究饮食卫生、防止病从口入》《搞好环境卫生、避免蚊蝇鼠害》等电视公益广告片与科普动画片（Flash），在中央电视台综合频道、电影频道及四川省电视台相关频道黄金时段滚动播出。

11月，四川省开展加强灾区冬季卫生防疫健康知识的宣传系列行动，四川省卫生厅新闻宣传组组织专家撰写《冬季防疫宣传知识》，并于9日以电子版形式报中共四川省委宣传部，并发各大媒体记者。《四川日报》在13日、15日、17日分别刊出《确保巩固大灾之后无大疫成果》《为灾区群众健康过冬“护航”》《灾区175万人接种流感疫苗》《专家支招：冬季防疫知识早知道》等文章，四川在线、四川新闻网、新华网成都频道均予转载。15日，四川人民广播电台、成都人民广播电台播出《为灾区群众健康过冬“护航”》《冬季防疫知识》。四川省卫生新闻宣传中心制作的电视专题片《防寒御病、健康过冬——灾区冬季卫生防疫须知》，于16日在四川电视台科教频道“健康快车道”栏目播出，并给无法转播的地方发放光碟；同时，协助四川卫视“四川新闻”栏目采访卫生防疫专家，在“四川新闻”以“专家访谈”节目形式播出，向群众宣传冬季防疫知识；制作完成冬季防疫公益广告片送四川电视台播出，印刷健康知识宣传画10万份、制作宣传专栏2200余个，发往灾区各地。同月，四川省卫生厅新闻宣传组在四川省卫生厅政务网站首页开通“灾区冬季卫生防疫专栏”，全面宣传健康防疫知识。

成都市疾控中心组织专家在成都电视台、成都人民广播电台开设灾后卫生防疫须知、地震棚公共卫生要求，震后心理健康等专题讲座，通过媒体及时传播卫生防疫知识。什邡市新闻中心通过《德阳日报》、德阳电视台对外宣传，给灾区群众的灾后生活提供正确健康信息引导。什邡市疾控中心通过手写稿向什邡电视台、什邡人民广播电台提供灾后预防常见传染病和常见肠道传染病的宣传知识，在电视台和电台滚动播放，向灾区群众宣传保护自身生命安全免受再次侵害的健康知识。

甘肃省健康教育所联合公共卫生、急救、教育等有关机构，在甘肃电视台、甘肃人民广播电台“农民与健康”等栏目录制节目，定时播出抗震救灾卫生防疫知识。5月18日，甘肃省健康教育所邀请环境卫生、食品卫生、饮用水卫生、消杀防疫、自救互救、儿童卫生防疫、心理应急与应对等领域的7名专家，在甘肃电视台演播大厅制作抗震救灾卫生防疫专题节目，在“健康之友”栏目播出，指导灾区灾后防疫工作；并在甘肃人民广播电台“农民与健康”专题栏目播出震后防疫健康教育知识，每天播出一次。

陕西灾区通过新闻媒体向群众宣传抗震救灾常识、卫生防疫知识。宝鸡市疾控中心与宝鸡电视台、《宝鸡日报》、宝鸡人民广播电台等新闻媒体联合举办抗震减灾健康教育专题节目，播放防疫健康教育专题节目10余次。5月16日，在宝鸡电台开办抗震防疫热线节目，宣传防震期间的食品、饮水、环境消杀和个人防护卫生知识，及时通报疫情管理、灾区群体性疫苗接种等方面消息，传授灾区消毒和杀灭“四害”的方法。略阳县卫生局利用广播电视开展灾后卫生防疫知识宣传，通过电视台滚动播放震灾防疫核心信息10天共20个小时。

为营造依法防控、科学防控、群防群控的氛围，农业部着力做好人畜共患病和重大动物疫病防控知识普及宣传。5月13日，农业部安排中国兽药监察所、中国农业大学专家录制《地震灾后防控人畜共患病技术讲座》，在中央人民广播电台“中国之声”栏目播出。

三　现场开展健康教育

从5月17日起，四川省疾控中心在极重灾和重灾区参与开展各项灾后防疫工作，始终强化对灾区群众的健康教育宣传工作，在汶川、北川、绵竹、什邡和安县等极重灾县（市），多次组织人员前往地处深山的灾区群众安置点发放宣传材料，讲解卫生知识和防疫技能，稳定群众情绪，落实防疫措施。四川省疾控中心赴什邡灾区救援防疫队，深入灾区进行有针对性的健康教育，在蓥华镇、红白镇、湔氐镇、洛水镇、八角镇向有青少年的受灾家庭发放《关爱灾后儿童、给他们心理阳光》的宣传册，并进行讲解。发放《灾后抗震防疫》折页时，根据折页的核心内容向灾区群众讲解，让灾区群众了解有关肠道传染病预防的知识。四川省疾控中心派遣专业人员赴汶川县三江乡开展灾后防疫工作，指导和培训消杀灭专业技术知识，开展公共卫生健康知识宣传。专业人员采取入户、集中和分组等形式，通过通俗易懂的讲解、一问一答、现场演示等多种方式，帮助村民弄懂学会消杀灭基本技术知识，改变不良卫生习惯。四川省疾控中心抗震救灾卫生防疫队汶川分队派出7个工作队，到草坡乡、绵虒镇、威州镇、威州镇姜维城、克枯乡周达村和木上村、威州镇双河村等地，发放《地震灾区卫生防疫手册》《四川汶川地震灾区现场消毒及饮水卫生指南》《抗震救灾卫生防疫知识》等宣传资料2600余份。四川省疾控中心茂县应急队在当地学生和热心居民的帮助下，在无电、无打印机情况下，手写364条通俗易懂、言简意赅的健康教育标语，沿街张贴。6月9—10日，四川省疾控中心派员到理县开展工作，经现场调查，确定以理县人民医院和杂谷脑镇、甘堡乡为监测点，探索出“小手拉大手”的工作模式，张贴各种宣传画、横幅，进行面对面的健康教育宣讲，使灾区群众对震后疾病预防、消杀灭措施等有更加充分的认识。7月7—11日，四川省疾控中心汶川工作队第三批4名队员开展震后汶川县居民健康教育状况分析专题调查，先后选取七盘沟社区（城市分散安置）、威州镇铁邑村（农村分散安置）、绵虒镇（农村集中安置）进行调查，并根据调查资料写出《“5·12”地震后汶川县居民健康教育状况分析》，为继续开展救灾防疫健康教育工作提供参考依据。

从5月18日起，质检总局各卫生防疫队在消毒、杀虫的同时，开展宣传教育工作，主要侧重于防疫卫生常识的宣传和消杀药剂、器械操作培训。23日起，卫生防疫进入“入村入户”阶段，各卫生防疫队不断扩大工作内涵，由过去单一的消杀工作模式，逐步向消杀、培训、宣传等相结合的工作模式转变。质检总局各卫生防疫队在绵阳市区、安县、北川、平武、都江堰的宣传教育、培训包括两类：一般卫生常识、疾病预防知识宣教；协助安置点社区和农村建立卫生消杀灭队伍，并进行专业防疫知识培训。5月18日至6月30日，质检总局各卫生防疫队在北川、平武、都江堰因地制宜，采取讲座、现场演示、发放张贴资料、广播、拉横幅等各种灵活方法，保证宣传教育的有效性和覆盖面。（参见图219）专业知识宣传侧重于村干部、村医、志愿者等具有一定知识层面的人群；一般防疫常识宣传侧重于村干部、村民、居民、学生、孩子等；消毒杀虫等方面的培训对象为志愿者、救援人员和临时防疫队队员等。防疫队举办宣传教育培训近400场次，4.68万人（户）次参加，发放宣传资料9.12万份；为培训合格的人员发放相应的消毒剂、杀虫剂、消杀器械和防护服、防护眼镜、口罩、手套等防护用品。宁波局卫生防疫队通过新闻媒体宣传、举办专题讲座、组织地方消杀专业人员培训、在街道和安置点醒目位置张贴宣传画、向灾区群众发放资料等方式，开展宣传工作。福建局卫生防疫队宣传教育的方法主要是发放宣传材料，现场讲解，手把手教会村民掌握消毒和杀虫操作要点。

四川省质量技术监督局组织卫生服务队到企业开展卫生防疫知识宣讲，对企业员工进行防疫专业指导和培训，向数百位企业中层干部宣讲地震后常见传染病预防及心理健康和地震应急小常识，赠送地震灾区卫生防疫手册、传单、宣传画235份。

从5月16日起，成都市组织开展为期22天的志愿者卫生防疫知识宣传活动。活动期间，每天出动宣传车20余台、志愿者近百人，携带宣传资料，深入都江堰、彭州、崇州各乡镇、村社及灾区群众聚集点，采取发放资料、张贴宣传画、车载广播播放、面对面人际传播等形式宣传卫生防疫知识。截至6月6日，共组织志愿者2367人次，出动宣传车546台次，发放各类宣传资料

图219　6月17日，质检总局卫生防疫队员在北川羌族自治县擂鼓镇盖头村向受灾群众发放宣传资料宣传防疫知识

（质检总局　提供）

图220　6月1日，成都市组织向灾区儿童发放卫生防疫知识宣传资料
（成都市卫生局　提供）

近140万份。（参见图220）崇州、温江、蒲江、新津、郫县、大邑等县（市、区）均组织流动宣传车，印制宣传资料，对灾区群众安置点、各乡镇开展卫生防疫宣传，印发各类资料约700万份。5月28日，成都市武侯区疾控中心驻彭州市新兴镇卫生防疫队，启动“小手牵大手”的健康教育模式，向新兴镇九年制义务学校的学生发放灾后健康教育宣传资料，开设专门的健康教育课，通过对学生的宣教带动对家长的健康教育。

德阳市疾控中心、德阳市健康教育所和市直医疗单位、各县健康教育机构，成立分片包乡工作组，派遣宣传小分队进驻各个乡镇，在各灾区群众安置点、各社区设流动健康教育宣传点，医疗防疫人员下到田间地头进行面对面宣传，采取书写标语、制作展板、出动流动宣传车、张贴宣传墙画、招募“卫生劝导员”、实施同伴教育以及发送手机短信等多种形式，全面开展健康教育。市级各医疗单位在进行医疗救治的同时，对有心理创伤的人员进行健康教育指导和心理疏导，并结合“健康教育进社区”活动，深入社区开展义诊，结合气候变化的生活常识及多发病、常见病，通过讲解，发放相关资料，广泛开展灾后防疫咨询服务活动，受到群众普遍欢迎。北京市对口支援什邡市的健康教育工作组，设计制作《致什邡居民一封信》和预防肠道传染病、呼吸道传染病、板房小区厕所和厨房的温馨提示等多种宣传材料进行分发，完成灾后医院健康教育基本现状调查，深入板房小区开展入户健康行为指导，并与什邡市卫生系统共同设计“小手牵大手、健康人人有”健康教育主题活动，对全市16个镇（街道、管委会）中小学开展健康大课堂，对中小学生进行防疫知识健康教育。德阳市、什邡市的电视台、报社和政府网站均详尽报道“小手牵大手、健康人人有”健康教育主题活动，9月16日，人民网（人民日报社网站）对这一活动进行了报道。什邡市启动“全民动员、卫生劝导”志愿者行动，将经过培训的300余名志愿者分派至各社区及灾区群众安置点，宣传震后个人卫生和个人防护、环境卫生、常见病预防等相关知识，劝阻不良卫生行为和习惯，现场指导培训群众消毒、环境卫生处理技能。

广元市爱卫会办公室和广元市健康教育所专门编印《震灾后如何预防疫病》《手足口病防治知识》等宣传资料14万份，发送到各县、市级部门、街道办事处、居民社区及受灾群众临时聚居地；同时，利用宣传车、标语、专栏、电视流动字幕、短信等进行连续宣传。青川县围绕饮水与食品卫生、心理卫生、常见传染病预防、肠道传染病预防、除“四害”和爱国卫生等重点，充分利用广播、电视、报纸、网络、标语等载体，采取巡回宣讲、办展览、健康咨询等形式，深入各集中安置点，大力普及卫生防疫知识，广泛宣传，张贴和分发《救灾防疫爱国卫生公约》《灾后卫生防疫知识专家访谈》。

阿坝藏族羌族自治州受灾地区在不同阶段组织健康教育工作者，及时实施心理疏导，缓解灾区群众的恐惧、悲伤、无助、绝望心理，指导灾区群众注意饮水卫生、食品安全，宣传个人安全防护措施，帮助救援人员了解自我防护知识、安全知识、野外生存技能。抗震救灾局势相对稳定后，健康教育工作者注重宣传救灾防疫措施，提醒灾区群众注意救灾防疫，规范个人卫生行为，并了解和掌握饮食饮水卫生、家庭消毒的简单方法和自我防护等卫生知识。

舟曲县群众自发编写灾后防疫工作顺口溜，其中一首顺口溜为：“大震之后防疫情，民生安全放在心。山泉井眼水易污，生水里面病菌多。喝水一定喝开水，杜绝病菌从口入。环境卫生很重要，垃圾粪便清理掉，蚊蝇鼠害才能少，传染病源截断了。牲畜死亡不吃、卖，大家一定要深埋。饭前便后要洗手，保证人民健康有。疫病防治齐动员，建设我们好家园。”5月16日，正在灾区指挥医疗卫生救援工作的甘肃省卫生厅厅长刘维忠要求灾区各地通过墙体标语等形式，广为宣传这种朗朗上口的顺口溜，引导广大群众养成灾后防疫的好习惯，促进卫生知识宣传与健康教育的普遍开展。

甘肃省卫生监督所从卫生防疫的角度编写灾后卫生防疫谣：“天惶惶、地沉沉，村庄摇成瓦渣堆。不要惊、不要慌，政府领导把灾抗。灾后防疫最要紧，祸不单行受不了。听安排、多请教，齐心合力把难消。先说喝水要谨慎，干净要数瓶装水。人多人少路程长，随领随喝不浪费。指定水源要认真，不明水源用不得。消毒净化在前头，烧开之后才入口。吃饭干净要记牢，锅碗瓢盆先消毒。动物尸体应深埋，死猪烂肉沾不得。凉拌菜、生瓜果，尽量少吃不惹祸。苍蝇老鼠乱纷纷，弄脏食物和饮水。药物药饵勤喷洒，干干净净消灭它。卫生习惯很重要，管住口，护住手，人多地方少逗留，定点厕所去歇足。天蓝蓝、地苍苍，万众一心救灾忙。出大力、流大汗，时时莫忘保健康。”

为加强地震灾区儿童及其监护人灾后危机应对能力，推广健康素养基本知识与技能，提高目标人群对健康素养相关内容的知晓率，9—11月，陕西省地震灾后健康教育项目在重灾区宁强县启动。具体内容为：妥善保存农药和药品等有毒物品，防止儿童接触；使用卫生厕所，管理好人畜粪便；勤洗手、常洗澡，不共用毛巾和洗漱用品；妇女怀孕后及时去医院体检，孕期体检至少5次和住院分娩等4大类核心信息。具体做法为在20个项目村中开展举办1场讲座、在人员集中的地方悬挂1块项目核心信息写真展板、办2份以核心信息内容为主的健康教育知识黑板报、刷写宣传核心信息固定墙体标语3条的“1123”传播活动。

第六章　预防、防护与保健

汶川特大地震发生后，由于人员流动、网络直报、感染者和病人随访管理、规范治疗等工作受到不同程度的影响，导致结核病、血吸虫病、艾滋病等重大传染病的防控面临巨大困难，疾病发生和传播风险加大。地震灾区卫生、疾控等部门加强对结核病、血吸虫病、艾滋病等重大传染病和地方病的预防和控制，尽快建立管理网络，恢复规范治疗和管理，降低疾病传播的风险。灾区内化工企业可能出现的危险化学品泄漏、粉尘、放射诊疗机构的放射性危害对灾区民众健康构成危险，卫生、环保等有关部门和专业机构以及灾区卫生行政部门，密切关注极重灾区和重灾区化学品泄漏情况，为灾区危险化学品泄漏应急救援提供技术指导，开展人工放射性和粉尘危害调查，积极采取措施加强防护。灾区切实加强妇幼保健、营养保障及食品改善等方面的工作。卫生部及时协调有关部委和国际组织调查灾区妇幼卫生保健需求，在抗震救灾初期为灾区 6 个月以上儿童发放营养包、维生素 A 胶囊，为孕妇发放营养素，一定程度上预防灾区孕妇和儿童营养不良情况的发生。

抗震救灾期间，中医药系统应用中医药技术和方法，充分发挥中医药在医疗和预防保健等方面的传统特色与自身优势，积极投入灾区防疫工作。

第一节　传染病与地方病防控

为切实加强重大传染病预防和控制，卫生部、中国疾控中心适时组织有关人员深入灾区开展结核病、艾滋病防控现状调查，组织对血吸虫疫源地的血吸虫病风险进行快速评估。灾区卫生、畜牧、农业、水利、农机等部门各司其职，采取多种措施防控血吸虫病疫情。灾区重大传染病防控体系迅速恢复正常，重大传染病和地方病防控工作目标得以顺利完成。

一　结核病防控

灾区结核病防治机构因地震受到不同程度损害，四川省重灾地区10个县（市、区）结核病防治所的X射线机、显微镜、计算机等主要设备遭到损毁，有22个结核病防治所的部分设备损毁，10个结核病防治所的房屋等基础设施受损，8个结核病防治所无药品，9个结核病防治所的资料受损，灾区结核病防治管理能力下降或缺失；同时，受灾群众临时安置点内高密度的人群居住状况，以及灾区群众处在应急状态下，机体免疫力下降，容易受到包括结核病在内的各种疾病的侵害等诸多因素，致使潜藏着结核病暴发流行的危险。

为掌握受灾地区结核病防治机构受损情况和肺结核病患者治疗管理现状，确保灾后幸存的肺结核患者继续治疗和管理，减少结核病在人群中的传播，早日恢复灾区结防工作的正常运转，中国疾控中心结核病预防控制中心组成工作组于5月29日至6月2日，对四川部分灾区结核病防治机构的受损情况和灾后结核病防治工作现状进行调研。卫生部组织有关人员先后制订《汶川地震灾区结核病防治工作方案》《地震灾区过渡期结核病防治工作指导意见》《活动板房区域结核病防治工作技术指导方案》等指导性文件，指导灾区的结核病防治工作。

6月2日，卫生部抗震救灾工作领导小组召开会议，要求灾区恢复结核病免费治疗药物发放工作，使因灾害中断服药的患者继续得到治疗，防止疾病传播。四川省卫生厅要求各地整合现有疾病预防控制力量，将结核病防治工作纳入当地抗震救灾疾病预防控制整体通盘考虑，安排人员负责结核病防治工作；各市州结核病防治机构尽快为无药品及患者资料的县结核病防治机构提供药品和患者相关信息。受灾县利用多种途径积极查找灾前登记在治患者，按时发放治疗药品并做好记录，同时做好患者的安抚工作；在灾区群众安置点或临时集中住所开展肺结核的症状监测，对可疑肺结核症状者进行及时检查和诊断。对在灾区群众集中的安置点或临时住所里找到或新发现的传染性肺结核患者，采取相应隔离措施；暂无条件开展诊疗的县，应将疑似肺结核患者转至邻近县进行诊断和治疗，并通知相应县结防机构；同时各地要为灾区前去就诊的肺结核患者和可疑症状者提供免费的诊断和治疗，并做好登记、记录和反馈。20日，四川省卫生厅下发《关于进一步做好地震灾区结核病防治工作的通知》，要求各地卫生行政部门高度重视结核病防治工作，在准确掌握受灾地区结防机构的防治能力、网络现状、病人丢失、药品供应等情况的基础上，加强结核病防治能力恢复和建设，指定专人负责，重建结核病疫情管理网络，及时掌握疫情动态，尽力查找和管理现有结核病病人，有效防止结核病传播，确保灾后无结核病暴发疫情发生。为掌握疫情动态，做好疫情的预测预报，尽早发现结核病人，各地要充分利用当前的疾控网络，落实人员对安置点安置人员、已经复课学校的学生以及支援灾区的流动人群进行结核病症状监测，对疑似病人及时进行痰检和X光检查，对已确诊的传染性肺结核病人进行强化期隔离治疗。各地要逐步恢复结防门诊日常诊治工作，利用多种途径积极查找灾前登记的在治患者，继续进行治疗，并重新登记建档。在受灾群众临时安置医疗点或医疗机构设置结核病诊治点，通过灾后卫生防疫网络，主动搜寻肺结核可疑症状者和新发病人，提供免费的诊断和治疗，并做好相关登记和记录。有条件的县尽快恢复痰检和X光检查，对患者进行规范化治疗；暂无条件开展诊疗的，主动与当地医疗机构协调，保障病人的诊疗；若医疗机构都无法开展工作的，与邻近县协商，将患者转至邻近县诊疗，并做好登记、记录和反馈。省、市级结核病防治机构要根据灾区药品的受损情况及现有结核病患者治疗需求，及时向县级灾区补充足够的抗结核病药品，保障灾区抗结核病药品的及时供应。

经过国家和省、市、县等各级政府及部门近 4 个月的共同努力，各方面先后给灾区提供督导车 4 台、X 射线机 69 台、计算机及打印机 18 台、便携式灭菌器及紫外线灯 21 台、生物安全柜 14 台、显微镜 18 台。在 18 个极重灾和重灾县（市、区），灾前登记病人 1955 例，遇难 36 人；截至 9 月底，累计追回登记病人 1887 人，追回率达 96.52%；规范治疗病人数为 1794 人，规范治疗率达 91.76%。

剑阁县疾控中心结核病防治所于 5 月 13 日恢复结核病控制工作，紧急启动灾后结核病人追踪，全部登记病人 363 人，其中有 3 人在地震中死亡，其余 360 人全部重新接受正规治疗。

9 月 11 日，卫生部在成都召开汶川地震灾区结核病防治工作交流会，通报并交流灾区结核病防治进展情况，提出《四川地震灾区过渡期结核病预防控制指导意见》。来自四川、甘肃、陕西受灾地区的省、市、县卫生厅（局）和疾控中心负责人及 18 个对口支援四川灾区省（市）代表共 100 余人参加会议。在随后举行的汶川地震灾区结核病防治设备捐赠仪式上，全球基金中国结核病防治项目向四川、甘肃、陕西 3 个受灾省份的基层结核病防治机构捐赠价值 200 余万元的设备仪器，其中包括督导车、生物安全柜、显微镜和电脑等，主要用于结核病病人的发现、治疗管理和疫情上报等工作。

二　血吸虫病防控

中国疾控中心寄生虫病所重点加强对地震极重灾区、重灾区的寄生虫病疫情分析，及时掌握当地疫情动态，编制《抗震救灾期间血吸虫病、疟疾、黑热病、阿米巴痢疾、蓝氏贾第鞭毛虫病和旋毛虫病等主要寄生虫病防控指南》和《地震灾害主要寄生虫病防控应急预案（初稿）》，为抗震救灾防疫工作提供技术支持。同时，寄生虫病所紧急为抗震救灾一线采购和储备部分血吸虫病和疟疾预防药品。寄生虫病所先后派出多名专家分赴四川绵竹、安县、彭州等县（市）和甘肃文县等重灾地区开展灾后血吸虫病、疟疾和黑热病等主要寄生虫病传播风险的快速评估工作，及时掌握灾区主要寄生虫病的传播风险因素，为灾区重点寄生虫病防控提供科学的意见和建议。

6 月 20 日至 7 月 20 日，中国疾控中心、四川省疾控中心、江苏省寄生虫病所、安徽省寄生虫病所联合对绵竹、安县、彭州地震灾后血吸虫病风险开展快速评估。评估发现，在救援人员和灾区群众中未发现血吸虫病感染病例，也未发现血吸虫病感染性家畜和感染性钉螺。当地医疗和卫生防疫人员主要精力全部投入抗震救灾和灾后重建工作，日常血吸虫病防控工作受到很大影响，灾后群众情绪不稳定，原计划的一些灭螺工作无法正常开展。随着抗震救灾工作开展，灾区大量人群流动，传染源输入的风险也随之增大；居民聚集区的居住环境和生活状况发生很大变化，人畜粪便无害化处理程度低，极易造成污染；在安县的野粪调查中发现了阳性牛粪。评估结论认为，尽管这 3 个县（市）在抗震救灾初期活动中感染血吸虫病的风险度不高，但已具备血吸虫病流行的高风险条件，血吸虫病的防控形势不容乐观。

为预防和控制血吸虫病在灾区流行，在绵竹、安县、彭州等血吸虫病防控的重点地区对血吸虫病流行村开展免费普查，对扩大化疗对象及询诊疑似病人均给予免费化疗，并组织开展查螺、灭螺活动。畜牧部门对牛进行血吸虫病免费检治；农业部门在血吸虫病流行村开展沼气池项目建设；水利部门完成涪江支流水利血防项目工程 2 公里，并争取到国家和地方财政投资 1200 万元，用于继续完善这一工程；农机部门落实国家“以机代牛”防治血吸虫病政策，补贴农民资金购置各种农业机械。各县还组织开展血吸虫病健康知识教育，在有螺地带放置警示标志和禁牧标志；确定各县级人民医院为晚期血吸虫病定点救助医院，执行晚期血吸虫病内科、外科治疗定额补助政策。在四川省疾控中心的技术支持下，绵竹、彭州、安县等县（市）血吸虫病防治相关责任部门认真履行职责，加大防治力度，采取有效措施，灾区未发生一例急性血吸虫病例，保障了灾区群众及外来援助人员的身体健康。

三 艾滋病防控

汶川地震重灾地区属于艾滋病低流行区，感染者人数较少，联合国四川地震灾区艾滋病紧急工作组对重灾地区开展的“灾区感染者现状调查”结果显示，灾区感染者人数 295 人，无感染者在地震中死亡，22 人正接受抗病毒治疗，情况稳定。地震后初期，由于灾区早期工作重点以救灾和防疫为主，对艾滋病防治重视程度下降，对艾滋病检测、疫情报告、感染者管理等日常工作造成影响，加之实验室及办公室等基础设施、检测设备毁损，四川省大部分重灾县（市）的艾滋病工作处于停滞状态，省内其他县（市）的工作也受到影响。由于人员设备和目标人群流动等原因，艾滋病重点人群哨点监测工作不能顺利执行，至 5 月底，高危人群干预工作各项指标较前 1—4 月下降。由于艾滋病防控机构采取应急措施，紧急联系药品生产厂家，调运抗病毒治疗药物和 HIV 职业暴露药物，灾区受治病人和一线救援人员的药品需求得以保障。不少县（市）疾控工作人员坚守岗位，为吸毒人员督导服药，美沙酮社区药物维持治疗安全有序。至 6 月 30 日，艾滋病综合防治数据信息系统—疫情数据库的统计数据显示，绵阳、雅安、阿坝 5 月份艾滋病疫情零报告，各市（州）5 月份的感染者流调率与 1—4 月的流调率相比差距不大。美沙酮维持治疗、病人抗病毒治疗工作基本正常运转，除个别重灾县，其余各市（州）的艾滋病检测、网络直报、感染者的随访管理工作正在或已经恢复正常。7 月 2 日，地震灾后艾滋病防治工作研讨会在成都召开。会后，中国疾控中心专家起草《灾区艾滋病防治工作报告》，系统评估地震对艾滋病防治工作造成的影响，制定灾后艾滋病防治工作指导意见和建议。对病人按时、规范治疗，感染者和病人管理、抗体筛查、网络直报、人群危险因素评估和宣传教育、检测实验室基础设施配备和人员能力等几方面工作提出明确要求，并且提出具体的应对措施。重灾地区艾滋病防治工作的主要指标得以顺利完成。

地处绵阳市的四川省新华劳教所收容男性劳教人员 1143 人，其中有 46 名艾滋病感染者。地震造成劳教所管教设施设备严重破坏，劳教人员思想、情绪极不稳定。5 月 23 日，四川省劳动教养工作管理局决定将 46 名艾滋病感染者转移到位于非地震带的资阳市雁江区大堰劳教所。新华劳教所研究制订了周密的转移方案，落实职业暴露、交叉感染防范、管理安全防范、车辆及交通事故的处置、逃跑事件的处置、哄闹骚乱的处置、围攻冲击的处置、突发疾病的处置和意外事故的处置等8个处置突发事件预案，并落实交通、通信和防护工具，配备相应的医务人员和必备的药品，抽调业务素质过硬的民警充实各组力量，为突发事件处置组人员配备了必要的防暴装备。大堰劳教所为接收转移的这些艾滋病感染者，调整出专门的管理舍房和活动区，并添置了新沐浴设备。四川省劳动教养工作管理局还调拨专款修建污水处理厂，强化地震后劳教人员中艾滋病感染者的卫生防疫。6月2日上午，载有46名艾滋病感染者的大巴车驶出新华劳教所。一路上，民警们恪尽职守，零距离接触提供服务。途中，有一感染者晕车，随行的主治医生为其把脉，按摩穴道；管理民警为其安排靠窗位置，倒水服药。经过3个小时的跋涉，46名艾滋病感染者安全抵达大堰劳教所。

四　地方病防控

抗震救灾期间，卫生部对灾后地方病防治机构受损情况、部分地区水氟和水砷超标情况以及降氟（砷）改水工程损毁情况、燃煤型氟中毒病区改炉改灶的家庭损毁情况、碘盐销售网络毁损等灾后重建防治需求进行调查。调查发现灾区存在新发克山病的危险因素，甘肃灾区硒盐合格率较低；部分病区县居民发硒水平偏低；四川、甘肃、陕西三省大骨节病病区实施退耕还林的62.5万平方公里面积中，有24.3万平方公里遭到地震破坏；搬迁的7662户居民中，有5769户房屋受到不同程度损坏。此项调查为恢复灾区地方病防治体系提供了重要依据。同时，对一些地方病的传播风险进行调查评估，根据评估结果及时调整防治策略，降低灾区地方病的发生。

第二节　预防急性化学中毒与粉尘危害

汶川特大地震发生后，卫生部和灾区卫生行政部门对受灾地区辖区内化学工业企业有毒有害因素进行认真摸排，了解掌握企业各类危险因素，提高危险因素的识别与处置能力，为应急处置各类泄漏造成的突发公共事件打下坚实的基础；并注意各地灾区环境质量变化，及时开展防治粉尘危害工作。

一　预防急性化学中毒

急性化学中毒应急响应　中国疾控中心职业卫生与中毒控制所对四川、甘肃、陕西等地震灾区可能出现的化学品泄漏情况予以高度重视。5月14日、15日，中国疾控中心职业卫生与中毒控制所两次召开相关业务部门负责人会议，要求各相关部门密切关注四川等地极重灾区和重灾区化学品泄漏情况，及时搜集信息，为赶赴地震灾区开展化学中毒救援做好技术储备。职业卫生与中毒控制所组织所内相关业务部门收集震区化工企业名录，组织专家编写《突发化学品泄漏事件现场应急工作指南》《地震及抗震救灾中高温、粉尘、噪声及化学危害的防护》《31种常见急性化学中毒物质泄漏事故应急处置要点》等技术资料，上报中国疾控中心；并按照卫生部的要求，紧急制订《卫生部应对灾区中毒事件应急方案》，编写《地震灾区食品卫生、环境卫生和化学品泄漏现场工作指南》的化学品泄漏现场工作部分、《地震灾区公共卫生现场工作指南》的职业卫生与中毒控制部分，给灾区危险化学品泄漏应急救援提供技术指导。在此期间，根据前线抗震救灾工作需要，职业卫生与中毒控制所向四川等地灾区发放《危险化学品应急救援指南》750本。

5月13日，四川省疾控中心职业与辐射卫生所通过职业病报告网络直报系统，了解地震灾区厂矿职业病危害因素及危害程度、可能存在的高毒物质及潜在危害；同时，通过互联网、电话黄页，查找地震灾区的厂矿企业分布、危险化学物品分布及防护、周围居民分布等情况，及时联系灾区疾控机构，对灾区可能出现的急性化学中毒提出建议。

6月6—9日，中国疾控中心职业卫生与中毒控制所专家前往四川灾区，对受灾严重、化工企业集中的安县、北川、平武、什邡、广汉等地的重点化工企业破坏现状及灾后重建中的职业卫生需求进行调研，收集四川灾区主要工业企业数量、行业分布、地理分布及受损后可能导致的职业危害等基本资料，为灾区工业企业灾后重建时如何预防、控制职业危害提出相应的建议。

急性化学中毒危险因素排查和处置　5月16日，四川省卫生厅要求各受灾市（州）、县（市、区）对辖区内化学工业企业有毒有害因素进行认真摸排，了解掌握企业各类危险因素，提高危险因素的识别与处置能力，为应急处置各类泄漏造成的突发公共事件打下坚实基础。四川省疾控中心职业与辐射卫生所要求灾区各地摸清危险化学品的品种、数量、地点及周围居民情况；调查灾区危险化学品现有防护情况，排查施工隐患；调查灾区危险化学品所在地点的应急救援措施，评估当前医疗救护能力及相应的化学品解毒能力，及时进行调整。

成都市疾控中心对成都灾区各类化学工业企业进行认真摸排，了解企业存在的各类重大卫生隐患，掌握可能发生泄露的重大危险源名称、毒性机理及防护、应急处置办法等，识别出二氧化硫、硫酸、盐酸、磷酸、苯、氨、一氧化碳、黄磷、五氧化二磷、铬酸盐、氟化氢、氢氧化钠等强碱及其他盐类化合物，为应急处置辖区内突发泄露事件作好技术准备。

绵竹市疾控中心按照要求，对工业重镇汉旺、拱星工业园区、新市化学工业园区各类化学工业企业进行认真摸排，计调查3家黄磷厂、6家硫酸厂、5家磷酸氢钙厂、2家皮革厂、7家水泥生产企业。5月13日，当地传言位于汉旺镇香山村的华丰磷化工有限公司五氧化二磷在地震中爆炸、四川省最大的碳铵生产企业四川绵竹川润化工有限公司（川润化工）氨气泄漏等，使得灾区群众处于一片恐慌之中。绵竹市委、市政府高度重视，绵竹市疾控中心受命组织专业技术人员携带直读现场检测仪，对川润化工可能产生的氨气、一氧化碳等有毒有害气体实施连续、动态监测；对华丰磷化工有限公司未能及时转移的黄磷、五氧化二磷等剧毒物品，提出合理的转移、转送意见及现场处置建议。绵竹市疾控中心将应急检测、调查的数据、信息及时汇报给政府相关部门，并通过媒体及时进行通报，解除灾区群众的恐慌情绪。

5月28日晚，北川羌族自治县擂鼓镇突降暴雨，存放于抗震救灾指挥部物资处的二氯异腈脲酸钠和漂白粉等消毒剂，因受雨淋分解而释放大量氯气，导致附近灾区群众和执勤部队官兵氯气中毒。接到救援电话后，中国疾控中心第六批抗震救灾卫生防疫队北川工作队立即派队员前往事发点和接诊医院，指导处理氯气中毒事件。中国疾控中心抗震救灾专家组闻讯后，迅速组织专家制订救治方案和现场处置措施建议，使事故未造成不良后果。

地震发生后，绵阳市境内余震不断，又面临唐家山堰塞湖溃坝的威胁。绵阳市城区及周边地区有化工企业，其原料、产品复杂，存贮量大，多属强腐蚀、高毒物质，一旦因余震、溃坝等造成危险化学品泄漏、爆炸、污染水源等，后果不堪设想。时至6月初，唐家山堰塞湖溃坝的危险越来越大，绵阳市抗震指挥部责令绵阳市安全监督部门和疾控中心，提出对化工企业危险化学品的处置意见和应对措施。正在绵阳市参与抗震救灾任务的四川省疾控中心两名工作人员听取情况介绍后提出，对可能处于淹没区，且存在强腐蚀、有毒物料的仓库进行紧急转移；制订人员紧急疏散、撤离预案；对可能发生泄漏的重点区域，如危险化学品罐区、原料仓库、产品库、存在腐蚀及危化品介质的生产装置区等进行不定期动态检测，以及时发现泄漏，及时处理；加强对生产现场通风、排水、泄险池、中和池、事故围堰、紧急喷淋装置等各种防护设施的检查与维护，保证其正常运行；制订危化品泄漏事故应急救援处置预案，配备必要的急救设施及物资；配备必要的、足够的个人应急防护用品。这些建议由绵阳市疾控中心整理、汇总，提交绵阳市抗震救灾指挥部，得到落实。

6—8月，四川省疾控中心受国家电网映电总厂、渔子溪电站委托，对因地震和水淹而停工的映电总厂和渔子溪电站的发电机层空气中硫化氢、一氧化碳、二氧化碳的浓度进行检测。根据中华人民共和国国家职业卫生标准《工作场所有害因素职业接触限值》第一部分《化学有害因素》（GBZ2.1—2007），结合检测结果进行评价，提出防护建议。9月，四川省疾控中心受东汽委托，为东汽汉旺生产基地灾后重建进行有害物质检测并提出防护建议。

二　粉尘危害防护

地震造成一些山体和建筑物坍塌，产生大量粉尘，甚至形成粉尘雾团遮天蔽日现象。此外，抗震救灾时使用机械粉碎石块和建筑物墙体、清理搬运坍塌的土石、修复道路涵洞等，也都产生粉尘。地震灾害及抗震救灾施工过程中产生的粉尘，多是较大的固体颗粒，一般情况下不会进入人的深部呼吸道，但不加防护，也会危害人的身体健康。为此，有关部门提出，因次生灾害致山体和建筑物坍塌形成大量粉尘雾团，防护时须注意：在大量粉尘雾团形成时，人员应向上风向撤离；首先要保护眼睛，用手挡住眼睛，或用手帕等轻轻捂住眼睛都是简单有效的办法；粉尘颗粒进入眼睛后不要用力搓揉，避免造成眼角膜和眼球的外伤，要请医务人员帮助取出异物；在没有医务人员的情况下，要让别人帮助翻开眼睑轻轻将异物吹出或用舌头轻轻舔出；同时可用手掌、手绢、布块等轻轻捂住鼻子，减少粉尘进入鼻腔。在抗震救灾作业时，用风动工具或电动工具进行坍塌建筑物切割时会产生较多粉尘，防护时须注意：作业人员应站在上风向作业；用手帕或其他布料块折叠后捂住鼻子，折叠的厚度以呼吸基本通畅为宜。在有水情况下，作业前在坍塌物上洒少量水，减少粉尘的产生；如有口罩，应戴上，此时一般纱布口罩即可；尽量少用风动或电动工具。在没有水的情况下，用手动工具铲除坍塌物时也会产生一些粉尘，无关人员尽量少在粉尘作业现场停留。在坍塌的涵洞、隧道进行抢修清理和施工作业时，粉尘危害较大，应为在涵洞、隧道作业人员提供口罩，最好是防尘口罩，在没有防尘口罩的情况下，应提供较厚的纱布口罩；有条件的应坚持湿式作业，最简单的办法就是在作业面洒水，减少粉尘的产生和扩散；有条件时对涵洞或隧道进行全面机械通风。灾后重建施工中的粉尘作业，严格遵守粉尘作业防护的有关规定，完善防护设施，提供合格的防尘口罩，监测作业场所粉尘浓度使其达到国家卫生标准的要求，并接受卫生部门和安全生产部门监督检查。

汶川县威州镇常被沙尘所笼罩，给当地居民的工作、生活、出行等带来严重影响。阿坝藏族羌族自治州州委书记侍俊在考察威州镇抗震救灾工作时，要求四川省疾控中心抗震救灾卫生防疫队，就威州镇环境质量变化对居民健康可能造成的影响进行评估。四川省疾控中心抗震救灾卫生防疫队迅即联合中国疾控中心抗震救灾卫生防疫队汶川工作组，共同对汶川县城震后空气环境质量现状进行调查。在广东省环境监测中心站、四川省环境监测中心站、阿坝藏族羌族自治州环境科研监测站、汶川县卫生局、汶川县环境保护局、汶川县国土资源局、汶川县林业局、汶川县气象局、汶川县疾控中心和汶川县环境监测站等多家单位的配合支持下，中国疾控中心和四川省疾控中心抗震救灾卫生防疫队组成的调查组，在经验、资料缺乏的情况下，从 6 月 9 日起冒着余震危险，采用调查表收集气象、地质变化、植被破坏情况和县医院呼吸道疾病门诊病例就诊情况等历史、现状数据，结合大气可吸入颗粒物（PM10）浓度实地监测结果进行分析评估。至 15 日，完成资料收集、数据分析和《汶川县威州镇“5·12”震后空气环境质量现状调查及对居民健康影响分析》报告编写工作，为地方政府进行科学决策提供相关依据。

第三节　放射性危害防护

汶川特大地震发生后，为做好人工放射性危害防护，灾区均开展人工放射性危害调查与检查等工作，摸清放射诊疗设备和场所损坏状况，并对人工放射性防护进行指导与检测，防患于未然。有关方面还组织专家对地震灾区人工放射性防护等问题进行研讨，提出在人工放射性防护方面应当注意的问题，做好核辐射应急医学救援的准备工作。

一　人工放射性危害调查与检查

地震对灾区放射诊疗机构的设备及设施，造成一定的破坏。四川省疾控中心对汶川县境内震后放射诊疗机构进行检查，发现放射诊疗设备和场所损坏严重。（参见图 221）地震发生前，汶川县境内共有 6 个放射诊疗机构、10 台放射诊疗设备，其中汶川县人民医院有 1 台 CT、3 台 X 射线机、1 台数字化 X 线摄影机（DR），汶川县疾控中心、汶川县中医院、威州镇卫生院、漩

图221　5月25日，广东省卫生监督队队员在汶川县自来水二厂进行放射性检测（广东省卫生厅　提供）

口镇卫生院、映秀镇卫生院各有一台X射线机，主要开展透视和摄片工作。地震中，汶川县人民医院的两台X射线机完全被损坏，映秀镇卫生院、漩口镇卫生院的X射线机也完全损坏，汶川县中医院设备损坏停用，汶川县疾控中心设备无损坏但停用，威州镇骨伤科医院设备基本完好。调查还发现，在用放射诊疗设备震后均未作性能和防护检测，部分机房墙体存在裂缝；所有场所没有连锁装置，部分单位没有警示标志和状态灯；缺乏必要的个人防护用品；个人剂量监测停止；部分单位相关档案完全丢失。此外，县境所有放射诊疗项目均未作建设项目职业病危害（放射防护）预评价和控制效果评价。

德阳市卫生执法监督支队与北京、江苏等地的外援监督人员一起，对辖区内150家放射诊断工作单位和1家放射治疗工作单位进行拉网式检查。检查发现，151家医疗机构中，持有效“放射诊疗许可证”的有96家；放射工作人员363人，持有效“培训考核合格证”的360人，放射工作人员上岗未配备个人剂量计的24人；89家医用X射线机使用单位建有放射工作人员健康档案及个人剂量档案，绝大部分医用诊断射线机使用单位均成立放射领导小组，防护规章制度及放射事故应急预案基本健全，定期进行放射防护检测、教育培训和健康检查。截至10月14日，在板房内开展放射诊疗活动的有两家单位，分别是绵竹市人民医院和什邡市中医院，机房均进行屏蔽防护，防护检测合格。

5月26日，广东省职业病防治院随同广东省抗震救灾卫生监督队赴四川抗震救灾的刘彦兵、黄伟旭两名放射卫生防护人员了解到，汶川县城峨塔水泥六厂使用的放射源由于公路不通等原因尚未收贮。两人首先赶到位于威州镇郊外、厂房多处坍塌、已经停止生产的峨塔水泥六厂，在与留守人员详细沟通后，找到一位当年把放射源安装到生产线上的电工，由其带领很快在厂房熟料车间找到安装在管道上的料位计，但料位计铭牌已遗失，无法得知放射源相关情况。经使用便携式多功能辐射污染探测仪系统主机（FH40G）巡测仪现场检测确认，放射源仍在储源罐中。此时，阿坝藏族羌族自治州环保部门的两名工作人员闻讯也赶到现场配合调查。两天后，刘彦兵、黄伟旭接到当地环保部门协助拆除峨塔水泥六厂放射源的任务，到达现场后发现水泥厂留守人员已将源拆下放入临时存放点保管，就立即使用巡测仪和便携能谱仪仔细测量，确定放射源仍在源容器中，但出束口因年久已不能关闭，距源容器一米处（非出束口方向）的测量值为2.4每小时的有效剂量当量（μSv/h）。测量完毕，现场确认无异常情况后，他们让留守人员将源容器的出束口转向无人的一侧墙，并测量放射源临时放置点周边房间，确保周围环境仍为天然本底水平，以避免留守人员受到不必要的照射。随后，四川省环保局派专车收储该放射源。至此，汶川县所有人工放射源安全隐患全部排除。

绵竹市各医疗机构受损严重，灾后各放射工作单位均于当日停止放射诊断工作。后来，为满足临床应急放射诊疗需要，部分放射工作单位逐渐恢复放射工作；但因地震造成原有机房、机器的损坏，存在一定的安全隐患。为保障放射工作人员身心健康、确保受检者及环境辐射安全，7月中旬，绵竹市针对各单位恢复工作情况、设备损坏及机房屏蔽现状、放射工作人员伤亡情况及放射卫生服务需求等情况进行专题调查。调查发现，震前全市共有35家放射工作单位、46台X线机、70名放射工作人员；因震毁损机器22台，毁损率达47.83%；原有机房均不能正常工作，11家沿山及山区乡镇医疗机构垮塌，机房成为一片废墟；因灾放射工作人员损失个人剂量计50个，损失率达71.43%；63名人员遗失“放射工作人员证”，遗失率达90%；因地震当日有38名放射工作人员正在异地参加职业健康检查，故绵竹市仅有2名放射工作人员受伤，无一例死亡；所有临床放射工作单位均于地震当日停止放射诊断工作，随后距山区较远的与什邡、德阳交界处的乡镇逐步恢复工作。至26日，绵竹市共计复业放射工作单位21家，复业率为60%。在复业的放射工作单位中，15家单位在未严重受损的原用机房开展投照工作，3家单位采用屏蔽技术改造板房作为机房，屏蔽状况较好；3家单位于板房内开展应急摄片，无功能分区，无工作指示信号，无任何防护用品，四周墙体未作任何屏蔽，防护极差。震后所有医疗单位放射工作人员，在第一时间内投入伤员急救、转运及后期的灾后防疫工作，原有机房内的设备、防护用品缺乏管理，在混乱中遗失严重，个人防护用品也严重缺乏；震前部分单位机房选址、防护设计不尽合理，造成部分人员的健康受到影响，对于震后永久性建筑迫切需要防护技术指导。通过应急整改，各级临床放射工作单位基本实现安全照射，避免辐射安全事故的发生。通过参与永久性机房的选址、功能分区、屏蔽设计工作，确保放射工作单位的远期规划趋于合理，全市提升了放射卫生防护工作的整体水平。

剑阁县卫生局及时对县内各医疗卫生单位的放射诊疗活动进行摸底调查，按照分级管理的规定，对开展放射诊疗活动的医疗机构的仪器设备、工作场所进行现场审查，对从事放射工作的人员资质及学历证明、医师执业证、专业职称证、工作经历等资料进行审查，为审核、发放“放射诊疗许可证”收集第一手资料。6月2—6日，剑阁县疾控中心监测人员对全县17台医疗放射设备进行地震后放射防护专项监测。监测发现，剑阁县内正常运行的X射线机有13台。

云南省昭通市各县卫生监督所对辖区内使用放射装置的医疗机构进行监督检查。昭通市从事放射诊疗工作的医疗机构共168家，符合条件发放“放射诊疗许可证”的有141家，持证率

83.93%。全市有放射工作人员385人，经省卫生监督局培训考试合格，发放“放射工作人员证”的有342人，持证率为88.83%。放射工作人员进行就业前和从业期间职业健康体检的有272人，体检率为70.65%。监督检查中发现有违规行为的医疗机构48家，其中被警告的3家、要求限期整改的40家、被罚款的5家。通过专项监督检查，昭通市掌握了全市各类医疗机构开展放射诊疗和放射防护工作的基本情况，督促医疗机构依法办理“放射诊疗许可证”和“放射工作人员证”，督促医疗机构认真落实相关法律、法规规定的各项防护措施。通过对各类医疗机构重点环节的监督管理，切实消除安全隐患，保护患者和医务人员的身体健康。

二　核设施安全保障和放射源排查收贮

四川省环境保护局放射源数据库统计资料表明，因地震受灾严重的成都、德阳、绵阳、广元、阿坝、雅安6个市（州），共有放射源应用单位228家、放射源2195枚。根据当时的灾情形势、放射源分布及放射源使用单位受损情况，成立由环境保护部核安全管理司放射源处、四川核与辐射安全监督、四川辐射站工作人员及各省应急支援人员组成的地震放射源安全排查应急组（以下简称辐射应急组）。辐射应急组下分5个小组，开展成都、德阳、绵阳、广元、阿坝、雅安等市（州）放射源排查和收贮工作，历时25天，先后调动专家和技术人员150余人，在严密监控核设施对周边环境影响情况、中核环保公司核设施安全事件的同时，对灾区228家单位的2195枚放射源进行安全排查和搜寻，收贮废墟下和危房中清理出的104枚放射源，并对可能受唐家山堰塞湖溃堤影响的12家单位的105枚放射源进行安全处置，及时准确发布了核与辐射安全应急工作信息，保障灾区核与辐射环境安全。

5月12日晚，四川省环境保护局、四川辐射站工作人员前往中国工程物理研究院、中国核动力研究设计院了解受灾情况。13日零时10分，四川省环境保护局核安全处、四川辐射站工作人员携带辐射监测仪到达中核四川环保工程有限责任公司，检查中核环保公司核设施受灾情况，排查险情。

5月13日11时11分，李干杰带领由环境保护部21名专家组成的抗震救灾现场工作组抵达灾区，协调、指导抢险救灾工作，现场指挥部设在环境保护部西南环保督查中心。13—16日，李干杰带领专家组先后到达中物院、中核环保公司检查安全情况，并要求四川省环保局对所管辖的放射源使用、生产单位进行排查，对受损情况提出处理办法。

5月14日，环境保护部四川核与辐射安全监督站对受灾严重地区的5座γ辐照装置（共有256枚I类放射源和8枚IV、V类校验源）进行了现场排查，排查结果确认这些γ辐照装置的放射源和屏蔽体没有遭受破坏，灾区内的极高危险放射源处于可控状态。18日中午，经公安部门侦查，雅安地区新康水泥厂一位装修工震后携类似放射源物体回到峨眉山老家。排查人员立即赶往峨眉山市，经现场监测认定，该物体为新康水泥厂丢失的铯—137放射源，放射源外包装完好，当晚即被安全送至四川省城市放射性废物库。

5月27日，辐射应急组派出一个小组赴绵阳市对可能受堰塞湖影响的一家放射源使用单位的一枚放射源进行了临时收贮，同时对绵阳市肿瘤医院进行现场安全检查。该医院共有钴—60放射源 13 枚，其中钴—60 治疗机用Ⅰ类放射源 1 枚（位于一层）、钴—60 后装治疗机用Ⅲ类放射源 12 枚（位于二层）。这些放射源可能因堰塞湖溃坝被淹没，需立即转移。28 日下午，绵阳市环境保护局通过传真向辐射应急组汇报因唐家山堰塞湖溃堤可能被淹没的 12 家放射源使用单位名单，涉及放射源 99 枚，后增加至 105 枚。辐射应急小组根据《绵阳地区放射源紧急安全暂存方案》，计划将可能被淹没放射源紧急转移到四川省放射性废物库，其中两家医院的后装机放射源暂存到中国核动力研究院。

三　放射卫生防护指导与检测

放射性辐射应急监测　5 月 13 日 2 时，四川辐射站监测组到达中国核动力院，立即对厂界外 NB 生活区、MC、综合楼附近、JB 等 5 个外环境监测点进行现场监测，并采集排放口下游（QY 江）地表水进行总 β 放射性测量。监测结果表明，核动力院外周围辐射环境质量在地震前后未发生变化。同时对中物院机关大院广场、绵阳市东风大桥附近、绵阳火车站周围、安县至北川路口大桥附近、安县睢水镇进行检测。结果显示，X−γ 辐射空气吸收剂量率均处于正常范围；卧佛寺饮用水、武都水库地表水总 α、总 β 放射性水平均低于《生活饮用水卫生标准》（GB 5749—2006）。

5 月 18 日，甘肃省辐射环境监理站派员到迭部县中核龙江公司查看尾矿坝和水冶厂的震后受损情况，组织抗震救灾工作，保证临近的白龙江迭部段不受影响。19 日，对震后尾矿库的安全情况检查显示，整个坝体未出现裂缝、塌陷、位移等现象，坝底退役的水冶厂所有设施均已拆除完毕，场地已撒放草籽儿，四周已修铁丝护栏，震后场地没有出现开裂等异常情况，尾矿库的泄洪和排水道也没有发现异常。检查组同时对尾矿库下渗水及排放口、白龙江迭部段进行取样和监测。监测结果表明，尾渗水铀含量为 1.09×10−4 克 / 升，尾矿坝下渗水排放口上游白龙江水铀含量为 2.2×10−2 克 / 升，白龙江迭部段铀含量为 1.1×10−2 克 / 升，在正常范围内。

5 月 30 日至 6 月 7 日，四川辐射站对成都市（市区、都江堰、紫坪铺、彭州）、德阳市（市区、什邡、绵竹、广汉）、绵阳、广元、汶川、汉源等重灾地区的饮用水源地总 α、总 β 放射性水平进行监测。监测结果表明，饮用水源地水体中总 α、总 β 放射性水平均低于《生活饮用水卫生标准》（GB 5749—2006）中总 α（0.5Bq/L）、总 β（1Bq/L）的标准值。

6 月 2 日 15 时 30 分，四川辐射站接广元市环境保护局报告：青川县关庄镇王家山山体滑坡点附近有疑似退役铀矿山，矿山区域驻扎 4000 余名抗震救灾官兵，希望立即对该区域开展辐射环境监测，以消除疑虑。3 日，四川辐射站派出 6 名专业技术人员进行应急监测，分析该区域可能的污染核素、污染源、地表水的总 β 和总 α 比活度、地表水中总 U 浓度、空气中的氡浓度和 γ 空气吸收剂量率水平。监测结果表明，该区域辐射水平属于较高本底水平，但整体分布比较均匀，未见有局部的放射性富集区域，不会对周围环境和群众健康产生明显影响。

国家辐射环境监测网环境 γ 空气吸收剂量率自动监测站监测数据显示，地震期间，灾区环境 γ 空气吸收剂量率监测结果未见异常。

放射诊疗机构防护指导和检测　5月19日，中国疾控中心召开抗震救灾专家组会议，讨论地震灾区的放射卫生防护等问题，提议加强与国防科工局、环境保护部的信息交流，掌握有关情况，切实做好核和辐射应急医学救援准备工作。随后，中国疾控中心辐射防护与核医学安全所组织专家完成《汶川地震现场工作指南》放射卫生部分等技术指导资料的编制。

6月8日，中国疾控中心及驻都江堰市救灾防疫工作队领导和技术人员，应邀对设在都江堰市的中德红十字会野战医院帐篷中的一台Kodak 400毫安床旁X射线机，进行现场防护检测与评价。当时，中德红十字会野战医院放射科的医师正在对一名受检者进行胸片摄影医学检查，经中国疾控中心辐射防护与核安全医学所的技术人员使用携带的防护剂量仪，对照射野外的剂量率水平进行现场测量，发现超过国家标准近6倍。经与医院主管领导交换意见，中国疾控中心专家建议应切实加强X射线机管理，并增添必要的防护设备，特别是放射科医师应当佩戴个人计量计，使用铅屏风等防护装置。9天后，中国疾控中心驻都江堰防疫工作队再到中德红十字会野战医院，针对医院帐篷内的移动式X射线机防护整改情况进行现场复检与验收。经用剂量仪复检，检测漏射线等防护指标均符合放射卫生防护标准，验收合格。

成都市对都江堰、彭州、崇州、大邑等县（市）医疗卫生机构放射卫生防护管理工作开展专项检查，对灾后能继续开展放射诊疗活动的医疗卫生机构，按照卫生部《地震灾区医疗卫生机构X射线诊断放射卫生防护工作指南》的具体要求，提出具体的整改措施，以切实做好放射防护工作，保障患者、放射工作人员和公众的身体健康与安全。从6月10日开始，成都市卫生局及时安排成都市疾控中心对医用X射线诊断放射防护情况进行检测检查。至12月，成都市疾控中心对都江堰、彭州、崇州、大邑等县（市）医院放射场所检测17次，现场督导61次。

什邡市中医院于8月底整体搬入市区北郊“板房医院”。由于板房是按居民房设计建设，放射机房改造难度很大。什邡市中医院遂决定在放射机房周围新砌24厘米厚度的砖墙，表面涂抹标准厚度防护材料，安装防护门，改进防护状况。检查室、诊断室均按放射防护标准改造。工作人员配备个人剂量计，使用铅胶手套、铅胶围裙、铅玻璃眼镜、铅胶围脖等个人防护用品。改造完成后，医院达到国家有关防护标准的要求。

9月1—3日，为了解地震灾区医疗机构X射线诊断放射防护工作现状，对过渡期的相关放射防护工作提出建议，中国疾控中心在北京召开地震灾区X射线诊断放射防护研讨会，卫生部、军事医学科学院、中国医学科学院放射医学研究所、北京市疾控中心、山东省医学科学院放射医学研究所、江苏省疾控中心、湖北省卫生监督局等单位的领导、专家参加会议。与会专家根据现行的相关法律、法规、标准，结合地震灾区的实际情况，针对过渡期及重建过程中的X射线诊断放射防护问题展开讨论，并就X射线影像诊断工作的机房位置、机房面积、机房内布局、机房墙壁及门窗防护、控制室及机房操作控制台的防护、警告标志和工作指示灯设置、个人防护用品配备以及X射线诊断设备性能、放射防护的检测等提出具体意见和建议，最终形成《地震灾区医疗机构X线诊断放射卫生防护工作指南》。

9月19日，卫生部办公厅发布《关于做好地震灾区医疗卫生机构放射卫生防护工作的通知》，要求灾区进一步做好地震灾区过渡期医疗卫生机构放射卫生防护工作，保障放射工作人员、患者及周边公众的健康。通知将《地震灾区医疗卫生机构X射线诊断放射卫生防护工作指南》以附件形式下发。随后，四川省卫生厅转发卫生部办公厅《关于做好地震灾区医疗卫生机构放射卫生防护工作的通知》，并下发《关于加强地震灾区医疗卫生机构放射防护工作的紧急通知》，要求相关单位对灾区震后放射诊疗机构、设备受损等情况进行调查，消除放射危险因素，加强放射卫生防护工作。

广元市疾控中心针对过渡期和灾后重建过程中X射线诊断放射防护问题，对青川县医疗卫生机构放射卫生防护管理工作开展专项检查。对灾后能继续开展放射诊疗活动的医疗卫生机构，按照卫生部《地震灾区医疗卫生机构X射线诊断放射卫生防护工作指南》的要求，提出具体整改措施。

阿坝藏族羌族自治州卫生执法监督支队结合灾区卫生监督工作的实际，会同省内外到阿坝支援工作的监督人员一起，对各县20家放射诊断工作单位进行拉网式检查，主要检查新建、扩建、改建或技术改造项目的放射防护设施，是否按照《职业病防治法》和《放射诊疗管理规定》的要求进行放射防护预评价和放射防护效果控制评价，是否经过卫生行政部门审查同意，放射工作场所是否设置电离辐射警示标志，以及放射工作人员健康体检、个人剂量监测及档案管理情况，购入X射线机的合格证明、防护监测结果和使用单位的组织管理机构建设、卫生管理制度、场所防护管理措施、放射诊断单位受检者防护用品配备及使用情况等。同时，结合《四川省卫生厅关于加强地震灾区医疗卫生机构放射防护工作的紧急通知》精神，重点对活动板房临时医疗机构开展放射诊疗工作情况进行监督指导。

四川省疾控中心派出专业人员参加四川省质量技术监督局负责的《地震损毁建筑再生骨料混凝土实心砖》地方标准（DB51）的编制，完成标准中有关放射性核素指标的论证工作，并委派专业人员撰写《地震灾区抗震救灾放射卫生工作建议书》，就放射源、射线装置、放射工作场所等的使用、管理和救灾中应当注意的问题提出意见和建议。

第四节　妇幼保健与营养保障

汶川特大地震发生后，卫生部门会同有关机构、组织全面调查妇女儿童卫生保健需求，了解灾区妇幼保健机构房屋损毁、设备损坏、人员伤亡和工作开展情况，制订下发《灾后妇幼卫生服务实施方案》，恢复四川灾区孕产妇系统管理网络、灾区妇幼保健机构门诊、建卡建档和资料管理、产科急诊和住院分娩绿色通道，为灾区6个月以上儿童发放营养包、维生素A胶囊，为孕妇发放孕妇营养素，预防孕妇和儿童营养不良，保障灾区妇女儿童的安全与健康。

一　妇幼保健

制订妇幼保健指导意见　卫生部妇幼保健与社区卫生司组织专家编写《灾害中儿童健康保护指南》，供救援机构、医护人员、社会志愿者及家庭在工作和生活中使用。《灾害中儿童健康保护

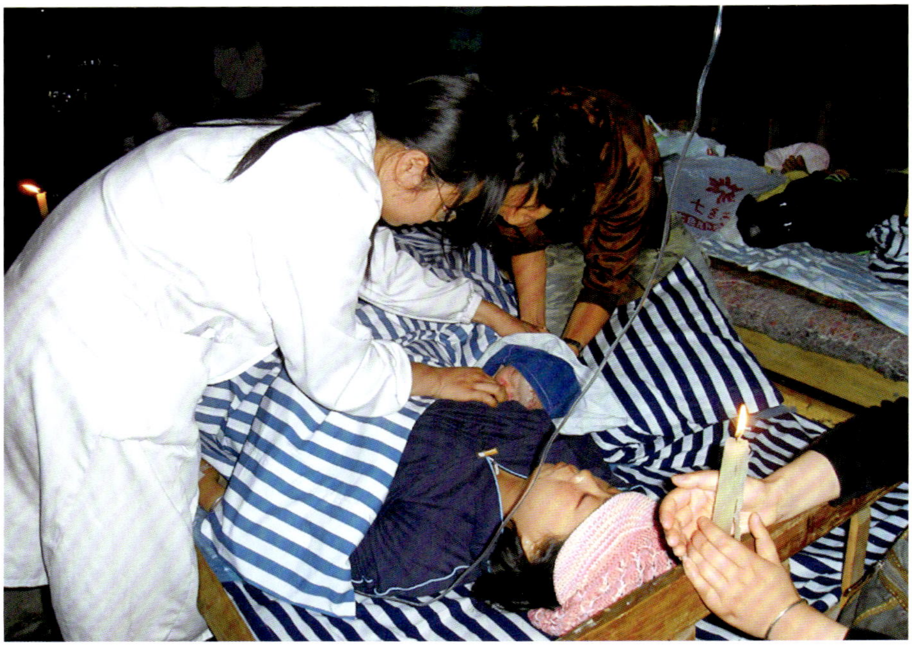

图222　5月14日，什邡市妇幼保健院医师在罗汉寺简易地震棚烛光下指导产妇帮助新生儿早吸吮
（刘强　摄）

指南》主要内容包括，灾害紧急救助基本知识、儿童特殊需求评估和对策、儿童紧急救援、疾病监测和预防、婴幼儿营养和喂养保障、儿童心理伤害的救助、家庭护理等。截至7月11日，卫生部将出版印刷的数万册《灾害中儿童健康保护指南》发到全国各省（区、市），其中四川、陕西、甘肃等省为重点发放地区。同时，卫生部还与国际组织、中国疾控中心妇幼中心合作翻译和编写《应急产科保健》《生殖健康应急服务指南》等相关技术指南。（参见图222）

7月21日，卫生部办公厅下发《关于印发〈灾后妇幼卫生服务应急方案〉的通知》，要求各地震灾区，在辖区属地管理、多部门合作的原则下，由卫生行政部门迅速组织一支由行政管理人员、妇幼保健人员、妇产科医师、儿科医师、助产士、护士组成的妇幼卫生工作队伍，采取切实可行有效的评估方法，对受灾情况和灾区妇幼卫生工作及服务需求进行快速评估。根据评估结果，及时制订灾后妇幼卫生应急救治及恢复重建计划；利用灾后可利用的资源，迅速有效地恢复妇幼保健服务的基本功能；建立快速有效的沟通机制，及时向上级机构汇报受灾、评估及工作进展情况，并指导下级机构开展相应的工作；卫生行政部门要对工作进展情况进行全面的监督指导和评估，根据工作进展情况及时调整妇幼卫生工作计划。通知列出灾区妇幼卫生的详细工作内容，其中包括快速现场评估、设立临时妇幼卫生机构及社区动员和健康教育等。通知要求各地灾区妇幼卫生服务单位在提供常规孕产期保健和儿童保健基础上，着重注意加强孕产妇和儿童营养、卫生及心理指导，确保孕产妇及儿童能够获得充足、安全的食品和饮用水，以保证孕产妇和儿童的营养需求；对所有6个月以下的婴儿，均应鼓励纯母乳喂养，对人工喂养的婴幼儿，应确保喂养用具和水源的卫生；要加强儿童免疫接种，妇女生殖系统卫生保健及预防妇女常见病（生殖道感染、性传播疾病），同时预防针对妇女的暴力特别是性暴力以及儿童意外伤害的发生。

恢复妇幼保健机构功能　四川灾区受灾严重的成都、绵阳、德阳、阿坝、广元、雅安等市（州），有40个县（市、区）的妇幼保健机构受损严重，占这些市（州）妇幼保健机构总数的

70.17%。巴中、遂宁、甘孜、凉山、资阳、广安、南充7个市（州）所属妇幼保健机构，也有一定程度损伤，房屋受损总计达8.1万平方米，占原有面积的44.67%；受损设备652台（件），占设备总数的51.52%。地震使极重灾区、重灾区的绝大部分妇幼保健机构妇幼保健服务提供受到严重影响，仅能搭建帐篷或在低矮的楼层开展一些简单的门诊业务和住院服务。

四川省妇幼保健院迅速与各地妇幼保健机构取得联系，了解受灾情况以及需求。获悉阿坝藏族羌族自治州妇幼保健院缺乏产妇和婴儿用品、医用耗材、产包等医疗物资后，四川省妇幼保健院联合四川省生殖健康协会于5月29日紧急调集一批医疗物资，用专车送到阿坝妇幼保健院。从28日起，四川省妇幼保健院派出调查组多次奔赴灾区，对各级妇幼保健机构受灾情况进行调查，把基层保健院最急需的药品、设备和卫生材料等送到灾区，支持灾区妇幼保健院开展工作。地震发生后一个多月时间内，四川省妇幼保健院先后向阿坝和北川、江油、青川、什邡、绵竹、都江堰、宝兴、汉源等受灾地区妇幼保健机构捐赠价值18万余元的医疗设备和材料，捐赠衣物1100余件、妇婴用品1500余件、生活用品380余件。

卫生部积极协调联合国儿童基金会，为四川灾区提供孕产妇救护车、流动产房等急救设备设施。抗震救灾期间，联合国儿童基金会向灾区14个县捐赠的救灾物资，包括紧急救助包1645个（基本包、药物包、器械包、暴露后预防包、窒息复苏包和分娩消毒包）、救护车14辆；同时为14个儿基会项目县配备了包括手术床、产床、无影灯、新生儿辐射抢救台、胎心监护仪等在内的医疗设备29类5241台（件），缓解项目地区灾后医疗设备短缺问题，促进灾后妇幼卫生工作的恢复和妇幼保健服务的顺利开展。

为筹备充分的物资保障灾区妇幼保健机构的使用，四川省妇幼保健院还协助将联合国儿童基金会、中华预防医学会妇幼保健分会等组织捐赠的物资，及时送到灾区妇幼保健机构。

6月3—6日，为帮助四川灾区妇幼保健机构尽快恢复重建，卫生部妇幼保健与社区卫生司组织妇幼卫生专家，对德阳、绵阳、广元和都江堰、绵竹、什邡、安县、青川等市级和县级妇幼保健机构及部分乡镇卫生院恢复重建工作进行实地考察，对妇幼保健机构的受损情况及服务现状进行初步评估；提出应当尽快展开妇幼卫生工作场所的重新建设工作、尽快配置妇幼卫生服务基本设备设施、尽快完成妇幼卫生基本服务体系重建；优先恢复急需的基本妇幼卫生服务，加强人员充实、保障与培训工作；同时，要重新建立妇幼卫生信息系统。（参见图223）地震发生后，绵阳市妇幼保健院业务用房、仪器设备受到不同程度损毁，孕妇学校、药房、供应室不能使用，行政办公楼被鉴定为危房，受损面积达6500平方米，价值2240万元；受损设备40台件，价值100余万元。绵阳市妇幼保健院成立地震灾后重建规划工作

图223 7月6日，设在板房中的都江堰市妇幼保健院

（四川省卫生厅 提供）

组，进行灾后重建动员，编制灾后重建规划方案，同时指导全市9个县（市、区）妇幼保健院认真编制灾后重建方案。

广元市全面调查、了解全市妇幼卫生系统受损情况，为抗震救灾期间整合妇幼卫生资源，确保妇幼卫生服务网络的有序、有效运转打下坚实基础。在灾后重建阶段，广元市妇幼卫生系统明确指导思想及原则，制定重建的总体目标（包括近3年建设目标和后5年建设目标），按照建设标准和建设内容，突出建设重点，估测建设投资额度及资金筹措渠道。广元市妇幼保健院、朝天区妇幼保健院、剑阁县妇幼保健院、苍溪县妇幼保健院都根据“重建规划”，编制出《“5·12”地震灾后重建项目可行性论证报告》。

松潘县妇幼保健站灾后急需恢复重建，安徽省妇幼保健所协助起草松潘县妇幼保健院恢复重建可行性报告，精心绘制新的保健院功能分区和科室设置草图，增加儿童保健、婴儿游泳、早期教育、听力筛查和保健多功能室等设置。

妇幼卫生人员能力培训 8月5—8日，中国疾控中心妇幼中心在绵阳、阿坝举办灾后妇幼卫生重建支持项目抗震救灾捐赠药品使用方法及健康教育培训班。来自项目实行地的市州级、县级妇幼保健院（站）的妇保、儿保专业人员，共71人参加培训。培训内容包括基本医疗包及暴露后预防包的使用，常规药物的使用，儿童常见病的诊断和治疗，孕妇、儿童贫血的诊断及干预，营养素及维生素A的分发及使用，灾后妇幼保健干预核心信息和项目管理要求及相关内容。

抗震救灾后期，中国疾控中心妇幼中心分别在成都、北京举办2期紧急情况下生殖健康服务培训班，来自全国31个省（区、市）及新疆生产建设兵团和20个四川地震重灾地区市、县的妇幼卫生行政管理人员及业务专家共140余人参加培训。通过培训，突出地震灾区群众尤其是妇女儿童的生殖健康的重要性，保障灾区妇女儿童的生殖健康权利；同时，提高全国妇幼卫生保健系统在紧急情况下和紧急情况后提供生殖健康服务的能力。

8月24日，在中国疾控中心和山西省支援四川医疗队妇幼分队的配合下，茂县妇幼保健中心举办首期全县托幼机构卫生保健学习班，1所县级幼儿园和12所私立幼儿园的工作人员参加培训。培训班就规范托幼卫生保健工作、保障幼儿健康成长、防止和控制疾病发生和提高托幼园所对托幼卫生保健工作的认识等内容进行讲解，为托幼园所相关人员更好地了解和掌握各幼儿的生长发育特点及进一步开展相关工作奠定良好基础。

安徽省各批次卫生防疫队队员通过集中授课等方式，为松潘县母婴保健技术人员开展技术培训，培训内容涉及孕产妇系统保健管理、乡镇卫生院产科建设、儿童保健工作常规、产科出血防治、异位妊娠、妇科肿瘤、儿科常见病诊治、手足口病防治等。通过培训，提高当地母婴保健技术人员母婴保健服务能力和服务水平，起到“留下一支不走的医疗队”的作用。

8月17—18日，成县举办全县妇幼卫生信息管理培训班，参加人员包括县直各医疗单位、民营（私立）医院和各乡镇妇幼保健工作负责人、信息人员计100余人。9月9日，陇南市卫生局启动出生缺陷防治培训，开展预防出生缺陷的健康教育，为孕前早期妇女20650人免费发放叶酸25650瓶。

妇科疾病普查 四川、甘肃、陕西等地灾区为保障妇女身心健康，一些地方根据实际情况，开展妇科疾病普查工作。松潘县的乳腺疾病发病率居高不下，安徽省防疫队队员主动提出帮助松潘县开展以乳腺疾病普查为中心的妇科病普查工作，查治妇科病及乳腺疾病患者1000余人，其中妇科患病率为53%、乳腺患病率为61%。同时，结合妇女病查治工作，对松潘县妇幼保健站的药房进行整理。大邑县免费进行妇女病普查，截至10月14日，普查18268人，查出患有不同程度妇女病患者1202人，全部得以及时治疗。

抗震救灾时期，陇南市继续严格执行“降低孕产妇死亡率、消除新生儿破伤风”的“降消”项目，开展妇女病普查活动。截至8月8日，应查499373人，实查230988人；查出妇科病患者103350人，患病率44.74%；治疗现症病人86125例，治疗率83.33%。徽县在全县范围进行高危孕产妇筛查，加强高危孕产妇的监护管理，使高危孕产妇住院分娩率达到100%，孕产妇系统管理率为96.4%，新法接生达到100%，儿童系统管理率为92%，孕产妇死亡率控制在105.99/10万，婴幼儿死亡率在15‰以下。同期，西和、两当等县也在全县范围内开展高危孕产妇的筛查，加强高危产妇的监护管理。

二　灾区群众营养保障

灾后营养保障技术指导　灾区居民（包括集中安置和分散居住灾区群众）的膳食营养由于食物供应（包括种类和数量）受限或不能单独做饭等因素，存在不同程度的营养不足或某些缺陷；特殊脆弱人群，如5岁以下儿童、孕产妇等，更容易发生营养缺乏病，严重的可能对儿童健康产生不可补救的损害。

5月15日，中国疾控中心营养食品所根据灾区居民的食品卫生状况和需求，研究制订《地震灾害地区食品卫生状况评估要点》，在中国疾控中心网站公布。17—18日，营养食品所研究制订《地震灾区食品与营养现场工作方案》，上报中国疾控中心，并在中国疾控中心网站上公布，为灾区开展食品卫生现场工作起到技术指导作用。根据中国疾控中心的安排，营养食品所专家分别接受中央人民广播电台、中央电视台第9套节目和中国国际广播电台等多家媒体采访，从不同专业角度就食品安全保障和营养保障、选择食品的标准、在灾区加工食品应注意事项、哪些食品适宜作为救援食品运往灾区、在灾区恶劣的情况下怎样存放救援食品等救灾防疫热点问题进行解答。

灾区居民营养状况调查　中国疾控中心营养食品所先后开展3次规模不同的典型营养评估或调查，组织20余名营养专家赴灾区实地考察评估。6月和8月，中国疾控中心营养食品所分别派出调查小组到四川理县、茂县、绵竹和甘肃康县、武都等地部分乡村的安置点与小学，对灾区特殊人群（孕妇、乳母、36个月以下婴幼儿、学龄前儿童和小学生）进行营养与健康状况典型调查，分析震后地震灾区特殊人群出现的营养与健康问题。调查总人数为756人，其中36个月龄以下的婴幼儿236人、学龄前儿童48人、小学生368人、孕妇32人、乳母72人。调查内容包括问卷调查、体格测量（体重、身长或身高），并对其中343人检测了血红蛋白值（采用HemoCue快速检测方法）。调查显示，36月龄以下的婴幼儿中营养不良现象依然严重，生长迟缓率为14%，贫血患病率达40%，均明显高于同类农村平均水平；婴幼儿上呼吸道疾病、腹泻患病率分别高达40.4%和30.2%；少部分婴幼儿出现口角炎、舌炎等营养缺乏症症状；婴儿喂养及辅食添加缺乏科学指导，表现在母乳喂养率偏低及辅食添加时间和添加的食物质量明显不足；学龄前儿童营养不良率和贫血患病率较高，其中低体重率为14%、生长迟缓率为15%、贫血患病率达40%；小学生的贫血患病率为11%；孕妇、乳母贫血状况比较严重，分别为54%和24%，而且钙缺乏、维生素C和B缺乏比较普遍。

灾区居民营养保障措施 地震的发生，使灾区民众的生活发生极大变化。在集中安置点配有集体食堂，多数供餐情况较好；没有食堂或者不能做饭的，多吃方便食品，虽能吃饱，但因供应食物种类单一，有可能造成微量元素缺乏。灾区面临的另一个问题，就是食品安全保障的问题。夏季空气湿度大、温度高，微生物易于滋生繁殖，易发生食物中毒事件；而散居居民购买市场中未经卫生检验的腌卤食品和家庭聚餐多，饮水卫生状况不良，多有大肠杆菌超标，易造成人员发生腹泻。

婴幼儿、儿童、孕妇、乳母、老人，都是受灾人群中急需食品安全和营养保障的重要人群，特别是婴幼儿，是遭受地震灾害中最脆弱的人群，恶劣的环境和不适当的喂养，会增加其发生营养不良、疾病和死亡的危险。为使灾区婴幼儿顺利渡过灾后困难时期，受灾地区在保障营养和防疫工作中，切实倡导坚持母乳喂养，正确进行人工喂养，及时为婴儿添加辅食，注意合理营养，保障食品安全和卫生，合理使用营养素增补剂。为及时遏制灾区婴幼儿营养不良，中国疾控中心营养食品所在组织专家多方讨论干预方案的基础上，最终确定以补充蛋白质和维生素A、D、B1、B2、B12叶酸以及铁、锌和钙的婴幼儿辅食营养包进行干预。9月，在全球营养联盟、联合国儿童基金会和灾区当地政府支持下，营养食品所与灾区各地妇幼保健机构联合启动为期6个月的北川、理县6～24月龄婴幼儿的营养干预示范项目，为北川、理县共计4000余名婴幼儿免费发放营养包，并开展婴幼儿辅食喂养知识讲座，发放婴幼儿喂养知识和营养包食用指导手册。营养包发放率到达90%以上，食用依从率达到70%以上，居民对婴幼儿科学辅食喂养认识普遍提高。

项目监测数据显示，营养包干预3个月后，北川羌族自治县6～24月龄儿童的总贫血率由59.6%降到29.6%，理县则由78.8%降到28.7%。两地6～24月龄儿童低体重率、生长发育迟缓率及消瘦率均有所下降，其中北川羌族自治县的消瘦率由9%下降到4%，急性营养不良现象得到初步控制。项目的实施为中国贫困地区婴幼儿营养改善，特别是为灾害应急时的营养干预提供可资借鉴的经验。

第五节　中医药卫生防疫

汶川特大地震发生后，中医药局积极部署中医药卫生防疫工作，制定运用中医药预防治疗灾后疾病的若干措施和方法，设立中药预防大锅汤发放点熬制中药汤开展疫病防治，充分发挥中医药在医疗和预防保健等方面的传统特色与自身优势，并解决抗震救灾前线救援部队官兵深受皮肤病和蚊虫叮咬困扰等问题。

一　中医药卫生防疫指导

国家中医药局提出的《抗震救灾医疗救治应用中医药技术指导意见》《关于在震区灾后疾病防治中应用中医药方法的指导意见》下发后，四川省中医药管理局提出相应指导意见，下发到各市、县中医院，要求组织中医专家，根据灾区气候、环境特点，分析服务人群的体质情况，借鉴国家和省有关推荐处方，就防暑降温、预防呼吸、消化系统疾病，因时因地拟定中药处方熬制大锅汤，在受灾群众集中居住点为群众提供中药汤剂服务，并充分保证救灾抢险的部队、医疗队的中医药服务需求。5月17日，四川省组织中医药专家拟定预防消化系统传染病中药处方（藿香15克、厚朴15克、法夏15克、茯苓15克、芦根30克、薏苡仁30克、白扁豆30克、黄连15克、苏叶15克、焦楂30克、神曲15克、生姜15克、甘草12克/1人份）和预防呼吸系统传染病的处方（银花30克、连翘30克、淡竹叶15克、荆芥15克、牛蒡子15克、薄荷15克、芦根30克、桔梗15克、板蓝根30克、枇杷叶15克、杏仁12克、甘草12克/1人份），使用要求为煎服（一日一剂，每剂水煎煮3次，每次煮沸10分钟，将3次药液混合，每天分3次服用），推荐给各地各单位在抗灾防疫中使用。

四川省中医药管理局受国家中医药局委托，组织省属单位中医药专家，针对震后灾区防疫实际情况，制定运用中医药预防治疗灾后疾病的若干措施和方法，紧急完成《地震灾后常见疾病的中医药预防与治疗》《地震后灾区常见皮肤病防治》《地震灾后骨伤疾病的家庭康复常识》《介绍几种地震后伤残的康复方法》《传统中医方法帮您应对灾后心理创伤》《走出灾后阴影、重建心灵家园》《介绍几种地震灾后常见病的食疗方法》《灾区徒手健身操》8篇约6.4万字的疾病预防和健康常识稿件，编辑印发12万份涵盖预防治疗、康复、心理、食疗、环境卫生与身心锻炼等方面内容的《中国中医药报》“灾后疾病防治特刊”，以最快速度运送到四川省各灾区群众安置点，分发给灾区群众。

二　中医药卫生防疫实施

抗震救灾卫生防疫工作逐步展开以后，四川省中医药管理局发动和组织本系统人员，在灾区各地设立中药预防大锅汤发放点2941个，共为灾区172万群众、10余万抢险部队官兵提供中药预防“大锅汤”服务。（参见图224）同时，四川省中医药管理局还在本系统组织262支中医巡回医疗小分队，深入灾区居民安置点、临时兵营，巡回医疗，发放中药预防药物，形成一个“见伤就救、见病就治、见疫就防”的覆盖全省灾区城乡的中医药服务网络。

成都中医药大学组织专家制订《地震后中医防疫调治方案》，向社会公布后得到普遍认可。成都中医药大学还组建4支80余人参加的赴灾区中医药科技防疫工作小组，先后前往平武、安县等地，根据灾区防疫实际，以大锅汤形式配制并分发中药汤剂，进行灾后中医药防疫知识宣传，对灾区民众进行心理安抚等工作。截至5月28日，成都中医药大学师生共为灾区群众及解放军指战员分发中药“灾后防疫汤”4万余人次，分发中成药1万余人次、颗粒饮片6000人次。

图224　5月14日，汶川县中医院在灾区群众临时安置点将中药大锅汤分发给群众（四川省卫生厅　提供）

德阳市中西医结合医院及时成立中医药灾后防疫及康复工作领导小组，制订《中医药灾后防疫及康复方案》，用于指导全院的抗震救灾卫生防疫工作。5月15日，医院自拟防呼吸系统、消化系统传染病处方，熬制大锅汤供全院医务人员、病员及家属服用。从17日起，又按四川省卫生厅推荐的处方熬制汤药，在医院和定点医疗服务的东汽灾区群众安置点发放，共发放汤药3.4万份次，送中成药近8000人次。与此同时，医院抽调康复科3名医师与社区医务人员组成3个小组，加大对辖区内灾区群众集中安置点的防疫康复服务，推拿病人400人次、针灸病人600人次、心理咨询约80人次。医院还先后制作3期《灾后中药防疫显身手》专栏，印发中医药防疫知识手册和传单，在医院和灾区群众安置点加大了中医药防疫的宣传力度。

德阳市旌阳区中医院建议灾区群众煎服、凉拌鲜鱼腥草和生吃大蒜等措施预防腹泻，用姜糖水、藿香正气水预防感冒，用艾草、艾条熏烟防蚊虫叮咬等；同时注重发挥中药汤剂预防疫病的作用，熬制中药大锅汤，免费提供给患者和灾区群众服用，以提高人群对传染性疾病的免疫能力。医院还专门派出3个医疗小组、医务人员20余人，多次到灾区群众安置点为灾区群众送医送药，在17个发放点发放中药汤剂33050人次。

什邡市中医院的医务人员不惧余震的危险，到制剂室危楼熬制中草药大锅汤，并冒着酷暑用救护车把熬好的防疫大锅药送到26个灾区群众安置点、部分乡镇、各机关和企事业单位、社区居民、武警官兵手中。5月14日至6月12日，共发送中药大锅汤预防药10万人次、价值70余万元。

绵竹市中医院按照国家中医药局为灾区提供的中医药方案，使用安神镇静、清热解毒、化湿祛邪、芳香开窍等名贵中药先后熬制中药大锅药汤9批、3.4万人份，免费发放给灾区群众及解放军官兵、公安武警等抗震救灾人员，预防肠炎、感冒、中暑，缓解震后紧张情绪。

中国中医科学院望京医院防疫队针对不同气候特点，熬制中药大锅汤免费提供给伤员和当地群众服用，以提高人群对传染性疾病的免疫能力。同时，防疫队还指导群众使用凉拌鲜鱼腥草和生吃大蒜预防腹泻，用姜糖水、藿香正气水预防感冒，用艾草熏烟防蚊虫叮咬等易学易行的中医药防疫治病知识，预防疾病，受到灾区群众的欢迎。

北京市中医系统的 3 支医疗队自 5 月 14 日至 6 月 15 日，分别到德阳市旌阳区和什邡市为灾区居民进行广泛巡诊达 3000 人次，并利用北京中医药专家组制定的防疫药方（以藿香正气配方为主）煎熬草药在灾区居民中发放。同时，结合当地湿、热、暑的特点，发放藿香正气胶囊、板蓝根冲剂，对防疫防暑起到积极作用。

重庆市“少林堂”名中医刘光瑞组织一支 20 余人的医疗队，携带约 6 万元的急救中成药和应急食品，紧急前往绵阳市救灾，为救灾部队官兵发放 1000 副“中医卫生口罩”。这种口罩由 1 个内罩、2 个外罩、6 片中药香薰膜三部分组成，口鼻处的金属网可以有效抗击粉尘飞沙，芳香浓郁的中药香薰膜令佩戴者呼吸清新，可以有效抵挡灾区各种异味及恶臭，且有杀毒灭菌作用。5 月 22 日，“少林堂”医疗队又紧急组织数千个“中医卫生口罩”和其他急救药品、食品，送往抗震救灾一线。

江苏省著名中医周仲英针对震后常见疫病，拟定防治肠道传染病的“防疫化浊方”及防治呼吸道传染病的“防疫清肺方”。南京中医药大学根据这两个处方，赶制 6000 袋颗粒剂和 3000 只中药香囊送到四川灾区。

北京中医药大学东直门医院教授姜良铎在中央电视台的“中华医药”抗震救灾特别节目中，介绍马齿苋煮水、大蒜泡茶预防消化道传染病，烧艾条或艾草预防流行性乙型脑炎，生姜红枣汤增强免疫力等中医药防疫方法。

第七章　出入境卫生检疫

汶川特大地震发生后，国际社会给予中国四川汶川地震灾区密切关注和及时援助，国际救援人员、国际援赠物资、仪器设备以及搜救犬等，陆续抵达成都、北京、上海、深圳等重点口岸。质检总局根据《国境卫生检疫法》及其《实施细则》，通过对出入境人员、交通工具、运输设备以及可能传播检疫传染病的行李、货物、邮包等物品实施国境卫生检疫。

质检总局要求各有关出入境检验检疫机构既要加快验放速度，保证救援人员、物资等快速通关，又要严格把关，防止违反中国有关法律法规要求的不合格物资入境。在进行救援人员卫生检疫时，要加强疫病防控和检疫力度；在进行救援物资检验检疫时，严格按照快速检测、快速放行、免收进境捐赠物资的检验检疫费用“两快一免”的要求，保证国际援赠物资检疫查验的安全性和时效性。

四川、北京、上海等地出入境检验检疫机构贯彻落实质检总局要求，迅速启动应急预案，实行 24 小时值班制度，保证入境救援人员、物资随到随检。（参见图 225）四川检验检疫局还在广汉机场开设临时航空口岸，以使国际救援人员和物资直接到达极重灾区，快速展开救援行动。

2008 年 7 月至 2009 年 8 月，四川、甘肃、陕西、重庆等地检验检疫局的国际旅行卫生保健中心，共为受邀出国休养和访问的 1927 名中小学生、教师、辅导员等进行体检，对体检合格的 1925 人签发“国际旅行健康检查证明书”（见表 31），保障出国人员健康走出国门、健康返回祖国。

第一节　出入境人员卫生检疫

抗震救灾期间，为做好国际搜救队、国际医疗队出入境人员的卫生检疫工作，质检总局要求

图225　5月19日，深圳检验检疫局为深圳口岸首批救灾物资办理入境检验检疫手续

（质检总局　提供）

川、甘、陕、渝四省（市）检验检疫机构为灾区学生出国疗养体检统计表

表 31　（截至 2009 年 9 月 1 日）

去往国家	检验检疫局	体检人数	签发“国际旅行健康检查证明书”（份）	体检时间	出国时间
俄罗斯（第 1 批）	四川	705	704	7 月 11—13 日	7 月 17 日
	陕西	103	103	7 月 12 日	7 月 17 日
	甘肃	200	200	7 月 11 日、18 日	7 月 24 日
保加利亚	重庆	46	46	7 月 24 日	8 月 4 日
匈牙利	四川	50	50	7 月 24 日	8 月 4 日
菲律宾	四川	118	117	2009 年 1 月 6 日	2009 年 1 月 11 日
蒙古	四川	60	60	2009 年 7 月 28 日	2009 年 7 月 30 日
俄罗斯（第 2 批）	甘肃	110	110	2009 年 7 月 23 日	
	陕西	100	100	2009 年 7 月 18 日	2009 年 7 月 23 日
	四川	339	339	2009 年 7 月 11—12 日	
日本	四川	96	96	2009 年 8 月 18 日	2009 年 8 月 22 日
合　计		1927	1925		

各有关检验检疫机构既要严把口岸关，加强疫病防控和检疫力度，保障国际救援和医疗人员健康安全，又要根据抗震救灾时期的特点，采取特殊措施，协助国际救援和医疗人员顺利通关，支援灾区应急救援工作。

一　出入境救援人员检验检疫要求

根据《入境救灾人员和物资检验检疫查验程序》要求，机场检验检疫人员在航班信息通报时，先期了解航班相关信息，确认入境人员携带物有无检验检疫应检物品、是否有搜救犬，有无救援物资入境、物资种类等，并及时与相关的检验处、卫生处理单位联系，要求派员参加货物口岸查验和卫生处理工作。对接待已明确机上情况的飞机，在审查相关证明材料，可不进行登机查验；对接待尚不明确机上情况的飞机，落地停靠廊桥或远机位后，开启舱门，检验检疫人员首先登机，向机组负责人索取总申报单、旅客名单、货物清单，询问机上人员健康状况，重点是救援人员健康状况，如无异常情况，告知允许下客，签发“入境卫生检疫证”。向现场带班领导报告后，根据情况，安排人员从快速通道放行，可不通过查验通道。对有健康申报的人员，按 SN/T1344“入出境人员卫生检疫查验程序”进行健康诊察和流行病学调查等规定程序处理。人员下机后，对航空器进行卫生检查，搜集机上使用过的杀虫剂空罐，需要进行卫生处理的进行卫生处理。对主动申报的行李物品，免予检疫查验；对没有申报或海关查验中发现问题的行李，按 SN/1190—2003《入出境旅客行李物品卫生检疫查验规程》进行。对携带有搜救犬的，及时协调动植物检验检疫处进行查验。各地检验检疫机构严格按照质检总局要求，启动应急预案，严格把关，在加强疫病疫情防控和检疫查验力度的基础上，改进监管方法，切实保障出入境检疫查验快捷通畅。

二　出入境救援人员快速通关

国际社会救援人员陆续来到中国参加抗震救灾后，各有关口岸检验检疫机构按照质检总局的统一部署，启动应急预案，严格把关，加强疫病疫情防控和检疫查验力度，改进监管方法，切实保障出入境检疫查验快捷通畅，保障国际救援人员的健康和安全。同时，加强与航空公司和地面代理公司的协调联系，及时了解国际救援人员包机信息，在查验大厅开辟旅客检疫绿色通道。

5 月 15 日，日本救援队一行 31 人抵达北京首都机场。这是第一支抵达中国的国际救援队伍，北京检验检疫局快速为其办理好检验检疫手续。17 日，荷兰救援小组 4 名救援人员携带 4 条搜救犬乘坐 KL897 次航班从北京首都机场入境，前往四川灾区救援。北京检验检疫局工作人员核实救援小组证明材料（该救援小组为自发组织，无官方函件）、动物的官方检疫证书后，与海关人员联系，迅速为其办理通关手续。至 12 月，北京检验检疫局办理国际救援人员和国际医疗人员通关手续 14 批 300 余人次。

5 月 20 日，俄罗斯医疗队作为首支抵达四川灾区的国际医疗队，乘坐两架专机到达成都双流机场。四川检验检疫局进行快速验放，使携带 B 超机、X 射线机等设备，能建立一个全功能医院，直接对伤员进行手术的俄罗斯医疗队，迅速在彭州市职业中学操场搭起几十座大型医用帐篷，建起流动医院，每天救治数百名伤员和病人。至 8 月 19 日，四川检验检疫局为 628 名国际救援人员、国际医疗人员快速办理了入境手续。

5 月 24 日 7 时 40 分，俄罗斯联邦紧急事务部远东中心派遣的米— 26 重型运输直升机降落在哈尔滨太平机场。黑龙江检验检疫局哈尔滨机场办事处按照特事特办原则，快速为 12 名机组成员办理出入境检验检疫手续。米— 26 重型运输直升机为全天候双发多用途重型运输直升机，也是世界上最重、运量最大的直升机，在运输陆路无法抵达的唐家山堰塞湖排险物资中具有难以替代的作用。这架飞机抵达四川灾区后，执行 26 次飞行任务，吊运各种机械设备和油料数百吨，为唐家山堰塞湖成功除险发挥了重要作用。6 月 17 日，俄罗斯米— 26 重型运输直升机经由哈尔滨太平机场出境回国。黑龙江检验检疫局专门开设礼遇通道，简化办事流程，5 分钟就为其办理完毕全部出境手续。

5 月 29 日零时 30 分，支援甘肃灾区抗震救灾的巴基斯坦医疗队一行 28 人，分乘两架巴基斯坦空军 C — 130 大力神运输机抵达兰州中川机场，同机到达的还有相应的医疗设备、器械以及医疗队员的生活用品。甘肃检验检疫局查验人员对入境飞机及时实施消毒、杀虫处理，并对抗震救灾人员和物资简化查验手续，快速验放。

搜救犬是救援队的得力“助手”。按照中国的法律规定，犬类入境须隔离 30 天。针对汶川地震灾害发生的特殊时期、特殊情况，5 月 15 日，质检总局动植物检疫监管司下发《关于做好抗震救灾进出境动植物出入境检验检疫工作的紧急通知》，要求各检验检疫局对境外援救团队携带入境的搜救犬事先了解情况，做到随到随检；对于没有携带动物健康证书和狂犬病免疫证明的，经现场临床检查健康的立即放行。15—16 日，来自中国香港特区、台湾地区，以及俄罗斯、日本、韩国、新加坡等国家的救援队携带 14 只搜救犬飞抵成都双流机场。四川检验检疫局对搜救犬入境给予特殊检疫便利，对没有携带动物健康证书和免疫接种证书的，按照质检总局规定，采取口岸现场临床检查，合格后全部放行。

三　出入境救援人员传染病监测

随着震后出入境人员增加，各口岸检验检疫局加强传染病监测，要求出入境检验检疫机场办事处切实加强与航空公司和地面代理公司的协调联系，及时了解救灾包机信息，收集世界范围内的流行性传染病的最新信息，对所有出入境航空器（包括定期航班和境外救灾飞机）人员和餐食都进行严格的检疫查验，并形成完备的查验记录。根据航班来自国家疫情情况，分国家和地区对航空器进行预警和风险管理，根据世界卫生组织（WHO）疫情通报，对近期发生疫情国家的航空器上的人员实行重点监测。事先划定病人、接触者区域，控制传染源，切断传播途径，保护易感者，达到快速处理要求。准备防范呼吸道和消化道传染病的宣传资料，向入境旅客分发，对出入境人员加强疫情的宣传，提高对传染病的认识。加强对专业人员的培训，加强对入境人员的体温监测和医学巡查，做到主动申报和仪器监测相结合；出现可疑病患，现场检疫人员立即对其开展流行病学调查，同时进行体格检查和相应实验室检查，如血液常规检查、登革热 IgM 抗体快速检测、疟疾快速检测、胸部 X 光透视等。及时准确地报送信息，以便上级部门了解最新工作动态，对有关方法、措施适时进行调整。

在疏散出境旅客的情况缓解后，大量国际救援包机在双流机场起降，再以双流机场为中转站，将国际救援物资源源不断地输往灾区。同时，入境人员多为志愿者、记者和救援队员。由于航班起降量大，而且航班信息相对滞后，飞机降落前对部分航空器国籍、运送物资的国家、机组人员的国籍等信息不甚明确，对传染病监测造成一定难度，亦无法对出入境人员做有针对性的专项监测。

5月12日至8月19日，四川检验检疫局驻双流机场办事处共对22877名出入境人员实施传染病监测，其中客机出境旅客12999人、国际救援队出境人员1130人、客机入境旅客8120人、国际救援队入境人员628人。机场办事处旅检科对传染病监测施行日报告制度，未发现可疑传染病病例。

四　灾区学生出国疗养体检

地震发生后，俄罗斯、匈牙利、保加利亚、蒙古、菲律宾、日本等国领导人先后以各种方式邀请灾区中小学生前往疗养、休养或访问。外交部、教育部商请质检总局在体检、出境检疫等方面给予配合。质检总局随即向相关口岸检验检疫局发出通知，要求各局高度重视，主动与地方外事、教育主管部门联系协调，严格按照“国际旅行健康检查证明书”所列项目开展体检工作。四川、甘肃、陕西、重庆检验检疫局国际旅行卫生保健中心先后为1927名中小学生及教师、辅导员等随行人员进行体检，对体检合格的1925人签发“国际旅行健康检查证明书”，为113人实施口服2粒霍乱疫苗并办理“疫苗接种或预防措施国际证书”，免除体检费28万余元，并且做好出境和入境旅检工作，保障所有出国人员健康地走出国门。

赴俄罗斯疗养学生体检　7月3日，外交部向质检总局发出的《关于做好赴俄灾区中小学生疗养工作的通知》指出，俄方要求对赴俄学生出具“国际旅行健康检查证明书”。4日，质检总局卫生司向四川、陕西、甘肃检验检疫局下发《关于开展赴俄疗养中小学生体检工作的紧急通知》，要求做好皮肤检查、体温检测和虱病检查，防止患有严重疾病、疥疮、虱病或其他传染病的儿童出境。11日，外交部召开关于中国地震灾区儿童赴俄疗养会议，要求质检总局给予赴俄罗斯1000名学生免费体检。至18日，陕西、四川、甘肃检验检疫局共为1008名赴俄疗养的学生和工作人员进行体检，签发1007份“国际旅行健康检查证明书”。

7月6日，四川检验检疫局与四川省教育厅召开工作协调会，确定11—13日为赴俄人员体检工作时间。11—13日，每天7时30分，导诊人员将体检表发到学生手中，依序将他们带到各个检查科室。由于部分体检项目有早餐禁食的要求，在完成相应的体检项目后，四川检验检疫局保健中心为学生提供免费早餐和午餐；还在体检大厅为学生播放动画片，让学生在体检等待时观看，消除学生的紧张情绪。3天时间，保健中心共为705名赴俄罗斯疗养的灾区学生及随行工作人员进行健康体检，给体检合格者签发“国际旅行健康检查证明书”704份。

甘肃检验检疫局国际旅行卫生保健中心严格执行“国际旅行健康检查证明书”检查项目和俄罗斯对入境人员的体检要求，分别于7月11日、18日抽调高级医务人员，免费为200名赴俄罗斯疗养学生体检，根据体检结果，如实签发“国际旅行健康检查证明书”，并联合甘肃省疾控中心为体检学生免费进行疫苗接种。

陕西检验检疫局保健中心接到质检总局紧急通知后，召开动员会，要求各科室精心准备，安

图226　陕西检验检疫局为灾区赴俄罗斯疗养的学生体检
（质检总局　提供）

排器材、药剂、人员、衔接等环节；安排专门人员引导学生体检；准备专门米尺，手工为个头较矮、无法使用身高体重计的学生测量身高；在大厅放置饮水机，备足饮用水，安排专人为学生接水，方便学生喝水。7月12日，保健中心工作人员为来自宁强县、略阳县的93名中小学生、4名带队老师、1名队医、2名翻译以及其他随行人员，总计103人体检，签发“国际旅行健康检查证明书”。（参见图226）

赴其他国家休疗养学生体检　7月21日，教育部国际合作与交流司将赴匈牙利和保加利亚疗养的各50名中小学生初选名单传给质检总局卫生司。24日上午，四川检验检疫局保健中心设专门时间段，为50名中小学生及随行人员进行体检，按时完成体检任务。同日，重庆检验检疫局保健中心为46名中小学生及随行人员体检。考虑学生年龄小、缺乏生活经验，保健中心安排人员全程陪同学生填写表格、标本采集等所有环节。

12月10日，外交部亚洲司召开四川地震灾区中小学生访问菲律宾跨部门协调会。同日，质检总局卫生司向四川检验检疫局下发《关于对赴菲律宾访问的中小学生进行体检和预防接种工作有关事宜的通知》，除重申以往文件规定外，特别强调对赴菲律宾访问的中小学生要求口服两粒霍乱疫苗，方可签发“疫苗接种或预防措施国际证书”。31日，四川检验检疫局保健中心派出两名医师前往德阳、绵阳，为灾区学生及随行人员每人送去一粒口服霍乱疫苗，现场指导，确保服用。2009年1月6日，保健中心体检岗位加设双岗，为118名赴菲律宾疗养的灾区中小学生及随行工作人员进行健康体检。体检完成后，保健中心医师再次指导学生们服用第二粒口服霍乱疫苗，其中有5人因“接种禁忌”而未服用霍乱疫苗，中心为他们办理“预防接种禁忌证书”，其余113人均口服2粒霍乱疫苗，并办理“疫苗接种或预防措施国际证书”。

2009年7月28日上午，四川检验检疫局保健中心工作人员到双流县棠湖中学，为赴蒙古休养的学生采取血样，发放健康证。

第二节　出入境救援物资卫生检疫

汶川特大地震发生后，大批国际救灾援赠物资源源不断地运往四川等灾区，全国各地出入境检验检疫机构建立完善各项专项工作机制，抽调人员加强口岸一线现场查验力量，在各个航空、陆运、水运口岸开辟"绿色窗口"，实行24小时受理报检服务，严格按照"两快一免"的要求，通过采取特事特办等措施，使入境赈灾物资在最短时间内完成口岸受理报检、查验手续，为物资顺利、快速通关提供有效保障，为灾区救援工作提供大力支持。（参见表32）

部分检验检疫局查验赈灾物资情况一览表

表32

时　间	单　位	查验物资总数
5月14日—7月30日	四川检验检疫局	快速验放来自俄罗斯、美国、法国、德国、英国、沙特阿拉伯、以色列、印度、西班牙、韩国、日本、斯里兰卡、巴基斯坦、欧盟、比利时、澳大利亚、荷兰、阿拉伯联合酋长国、孟加拉国、埃及、泰国、新加坡、加拿大、菲律宾、奥地利、伊朗、墨西哥、意大利、约旦、乌克兰、越南、印度尼西亚等70余个国家和组织，中国台湾、香港、澳门地区以及联合国人口基金会、联合国儿童基金会、中国驻外机构、国外红十字会、慈善会援赠的帐篷、被子、毛毯、药品、医疗器械、食品、矿泉水及净水设备、汽车、移动医院等救灾物资49种、496批、10576吨，其中专机货物200批；另有14只搜救犬随机进出境
5月15日—8月底	北京检验检疫局	快速验放来自美国、澳大利亚、德国、日本、韩国、丹麦、印度尼西亚等国以及中国台湾、香港、澳门地区援助的赈灾物资共计82批，物资种类包括帐篷、担架、直升机及飞行设备、卫星电话、卫星地面站辅助设备、化学试剂、医疗器械、药品等
5月14日—7月1日	广东检验检疫局下属各分支机构	快速验放来自英国、日本、泰国等国家以及中国香港地区的6批救灾援赠物资
5月12日—8月12日	宁波检验检疫局	快速验放来自伊朗的救灾帐篷，以及8批次的12万吨柴油、26批次的236.8万吨原油、4批次的11.7万吨煤炭
5月12日—7月12日	上海检验检疫局	快速验放来自19个国家和地区的109批次捐赠救灾物资
5月12日—8月15日	深圳检验检疫局	快速验放来自美国、印度尼西亚和中国香港地区的援赠物资21批
5月12日—8月12日	天津检验检疫局	快速验放8批救灾物资
5月16日—6月6日	重庆检验检疫局	共查验放行10架次共60吨境外援赠物资

一 出入境救灾物资检验检疫要求

5月13日，质检总局印发由通关司起草的《关于做好震后国际援赠物资检验检疫相关工作的紧急通知》，部署震后国际援赠物资检验检疫相关工作。同日，质检总局通关司与民政部、外交部、海关总署有关司（办）就做好国际救灾援赠物资的检验检疫和通关便利工作进行沟通协调。

5月14日上午，民政部救灾救济司召集外交部办公厅、海关总署监管司和关税司、质检总局通关司研究抗震救灾有关问题，明确建立接受国际救灾援赠物资的工作协调机制，决定由民政部征求海关总署和质检总局意见，提出急需援助和婉拒的物资清单，交由外交部发给驻外使领馆，供接受物资援助时参考。次日，质检总局通关司在征求各有关司局意见的基础上，向外交部提出中国明令禁止进口的物资清单。

在与相关部委沟通协调的基础上，质检总局通关司与卫生司、动植司、检验司、食品局，就做好灾后检验检疫工作，特别是口岸防疫、国际救灾援赠物资的检验检疫和通关便利问题进行研究。5月15日，通关司起草《关于做好国际救灾援赠物资检验检疫相关工作的补充通知》，由质检总局下发。

质检总局印发的两个通知，要求各地出入境检验检疫机构切实保障国门安全和口岸通关顺畅，相关出入境检验检疫机构做好国际救灾援赠物资检验检疫的工作，确保合格的物资快速通关并及时到达灾区；同时，要求相关口岸出入境检验检疫机构设立专门国际救灾援赠物资报检窗口，24小时受理报检，做到随到随检，快速验放；在工作中，执行国际救灾援赠物资优惠政策，包括简化血液制品、生物制品等特殊物品检疫审批手续、医疗器械备案手续和木质包装的国际植物保护公约（以下简称IPPC）证明要求；免除搜救犬提供健康证明和狂犬病免疫证明要求；凭民政部救灾救济司、全国妇联办公厅、中国红十字会、中华慈善总会或省级民政厅的证明报检，免收检验检疫费用；应急援助阶段，货已到而证明未到的，可以后补。各地出入境检验检疫机构要严防不法企业、机构利用国际救灾援赠名义从事非法活动，一经发现，要予以严厉打击。各局应当建立24小时值班制度，及时报告情况。

根据两个通知精神，各地检验检疫局开始实行简化程序。对国际救灾援赠物资，及时协调相关检验处，凭民政部救灾救济司、全国妇联办公厅、中国红十字会、中华慈善总会或省（区、市）民政厅（局）的证明受理国际救灾援赠物资报检。按照特事特办原则，给予检验检疫通关便利。在应急援助阶段，如货物已到，相关部门证明还未出具，可先检验放行，再由接收单位后补手续。对国际救灾援赠的中国明令禁止进口的物资，不受理报检。如属进境赈灾捐赠医疗器械，一律简化手续，临时备案，现场查验后快速放行，做好后续监督，事后向质检总局补办备案手续。对国际救灾援赠物资，在口岸现场查验时，只要批次、货证相符，感官检验物资包装标志完整，质量合格，未超过保质期或有效期的，在做好物资流向以及接收单位联系人、联系方式登记后放行。食品等涉及人类安全、卫生、健康的物资，感官检验合格并抽取样品后放行，随后对样品进行实验室快速检测；如检测不合格，立即通知接收单位停止使用。

根据国家《禁止进口货物目录》，各地检验检疫局详细制定现场查验流程，严格审核捐赠货物清单，加大开箱查验比例。对木质包装、食品、废旧物品、生物制品、血液制品以及血液制品中的人血白蛋白进行重点卫生检疫和查验。发现列入中国《禁止进口货物目录》物品及有害环境、公共卫生、社会道德及政治渗透等违禁物品，一律不予入境。对国外捐赠的生物制品、血液制品中的人血白蛋白入境时，严格审核有无国家食品药品监管局出具的“进口药品注册证”，查验其名称、批号、规格、数量、包装、输出国和生产厂等项目，经查验合格的，予以快速放行；对无“进口药品注册证”的，指定专人清点查验，办理禁止入境物品移交单，由出入境检验检疫部门作暂扣待处理。

对援赠货物的木质包装，实行前期应急检疫处理放行、后期常态监管。根据质检总局《关于做好抗震救灾进出境动植物检验检疫工作的紧急通知》，各地检验检疫局对前期境外援助物资使用木质包装的，有 IPPC 标志，经现场查验检疫合格的，立即放行；对无 IPPC 标志，做外表检疫处理后出具《木质包装检疫处理告知书》，在货物到达地作无害化处理。随着后期援赠救灾物资陆续转至货站海关监管库，应急通关需求减缓，援助物资木质包装检疫工作恢复为常态监管。明确对无 IPPC 标志，检疫不合格的木质包装必须现场拆解作销毁处理。

分段监管国际援赠食品，确保国际援赠食品快速通关和卫生安全。5 月 13—30 日，按照“灾情就是命令”“生命权大于健康权”的原则，各地检验检疫局建立救援食品可追溯体系，以外观检验检疫为重点，进行援赠食品的验放工作，登记援赠食品的进境日期、援赠国家、航班、食品名称、数量、重量及流向等内容，并现场对食品的包装、生产日期、保质期等进行外观检验后立即放行。30 日后，对国际援赠奶粉、糖果、方便面、饼干、矿泉水等食品的安全性进行快速检测，防止不安全的食品进入灾区。

按照质检总局要求，各地检验检疫局建立国际救灾援赠物资零报告制度，将救援物资和入境人员信息在检验检疫查验完备后一小时内向相关部门报告。

二　出入境救灾物资快速查验通关

四川口岸救灾物资快速查验通关　5 月 14 日 15 时许，首批震后国际援赠物资从俄罗斯运达成都双流机场。四川检验检疫局机场办事处立即启动应急通关方案，在机坪上现场受理报检、检疫查验、快速核放。（见图 227）

图 227　5 月 14 日，四川检验检疫局工作人员正在检验俄罗斯援赠的救灾物资

（质检总局　提供）

5 月 15 日 17 时 30 分，澳门航空一架满载台湾同胞捐赠救灾物资的专机抵达成都双流机场。此批物资系台湾同胞首批捐赠，包括帐篷、睡袋、饮用水、毛毯以及遗体袋，共计 2542 件、重 29.54 吨，分别由台湾慈济功德会、佛光山慈善基金会和灵鹫山社会慈善基金会

捐赠，四川检验检疫局机场办事处快速查验后放行。

截至8月30日，四川检验检疫局在成都双流机场检疫查验国际社会援赠物资516批，总重1.15万吨，在陆运口岸检疫查验援赠物资88批。

甘肃口岸救灾物资快速查验通关　5月21日，甘肃检验检疫局接到通知，由巴基斯坦政府向陇南灾区捐赠的480顶军用帐篷、医疗设备、仪器以及生活用品共598件，将由两架军用飞机运抵兰州中川机场，有关负责人立即到机场进行指导。20时18分，第一架飞机降落，3名检验检疫人员进入货仓，对货仓进行喷洒消毒和杀虫处理，对飞机上的生活垃圾进行消毒处理。在武警战士搬运的同时，检验检疫人员抽检、清点捐赠物资。21时20分，第二架飞机降落，检验检疫人员做完检疫查验后，与武警战士一起抢运援赠物资。22时许，装载巴基斯坦救灾帐篷的汽车驶向陇南灾区。

5月22日21时15分，由土库曼斯坦捐赠的救援物资运抵兰州中川机场，物资包括服装1300箱、棉被252袋、碘酒30箱，共计1582件、重22.8吨。甘肃检验检疫局按照救灾物资的相关查验规定进行快速查验与采样，并协助搬运（见图228）。23时许，救灾物资全部搬运完毕，连夜运往灾区。

5月30—31日，甘肃检验检疫局快速检验检疫中亚六国救援物资专列4列31节。

陕西口岸救灾物资快速查验通关　5月21日23时15分，国际社会首批救援陕西省的物资顺利从咸阳机场入境。陕西检验检疫局通过特设的“绿色通道”核实备案后，快速放行。该批救援物资为日本援助的30箱毛毯、130箱面包干，总重1130公斤，价值108.48万日元，其中大部分发放到陕西灾区，50箱面包干送往四川灾区。

重庆口岸救灾物资快速查验通关　5月27日晚，433箱日本援赠的救灾方便食品由重庆江北机场入境。重庆检验检疫局机场办事处先现场查验、抽样，后办理报检手续，迅速将样品送重庆检验检疫局检测中心连夜进行检测。检测合格后，该批援赠物资被迅速运往四川灾区。28日早晨，

图228　5月22日，甘肃检验检疫局工作人员快速检验检疫土库曼斯坦的援助物资
（质检总局　提供）

泰国中国总商会捐赠中国的2000顶帐篷运抵江北机场，重庆检验检疫局机场办事处对援赠物资现场检疫查验后放行。5月16日至6月6日，重庆检验检疫局累计抽样检测及查验放行境外援赠物资10架次，共计60吨。

北京口岸救灾物资快速查验通关 5月15日晚，首批来自日本的100副担架抵达北京首都机场，北京检验检疫局按照抗震救灾物资的查验程序对其进行快速查验，合格放行。

5月16日，北京检验检疫局紧急受理美国捐赠四川灾区的第一批援助救灾物资的报检。此批物资为两架直升机上共6个木箱的物资，货值104.8万美元，收货单位为武警陕西省消防部队。北京检验检疫局工作人员经过现场检查，发现其木质包装完好，加贴有IPPC标志，未发现有害生物，且报检单与救灾物资捐赠清单相符，迅速为其办理放行手续。

5月17日9时，北京首都机场检验检疫局综合处值班人员在接待一名询问关于抗震救灾物资报检手续问题的报检员时得知，由联邦快递公司代理、信息产业部委托英特康公司从美国进口的200台海事卫星电话，专门为四川地震灾区通信困难地区提供应急通信服务，因时间紧迫，此批货物只有信息产业部的文件，不能提供由民政部救灾救济司、全国妇联、中国红十字会、中华慈善总会或省（区、市）民政厅（局）的证明文件。此时距运输货物的飞机降落不足7个小时。值班人员迅速向值班领导汇报，根据质检总局两个通知的精神，对此批货物实行先受理报检、快速验放，后补相关部门证明手续的特殊政策，力争做到快速受理、随到随检、快速验放，为救灾物资的顺利通关节省一切可以节省的时间。17时许，运载货物的飞机落地。17时30分，报检员备齐报检单据，检验检疫值班人员开始受理报检，15分钟后完成审单和口岸登记工作并转单至施检部门查验。施检部门值班人员立即赶赴监管库区对货物进行现场查验。至19时，货物顺利完成检验放行工作。

5月19日，捷克众议院副议长率领捷克众议院农业委员会代表团一行8人，从布拉格乘专机CEF03抵达北京首都机场，同机抵达的还有捷克政府向中国地震灾区捐赠的一批药品。北京首都机场检验检疫局检疫人员对捐赠物资进行现场检疫，经现场查验，货物共计80箱、400公斤，全部为药品，主要种类为消炎药、止疼退热药，总价值70万捷克克朗，外包装完好，均在有效期内，货证相符。本着特事特办原则，检疫人员给予此批物资快捷通关的便利，使这批救灾物资得以及时运抵达灾区。

5月27日，有5批赈灾物资先后抵达北京首都机场。5批赈灾物资分别是从美国进口的20台除颤监护仪、20台监护仪、25台病员监护仪附件、9件检测试剂及从德国进口的27台胎儿监护仪。北京检验检疫局工作人员接到检验任务后，迅速到达查验现场，为其进行快速查验，经单证核对无误后，迅速为其办理了放行手续。

5月28日，中国红十字会接收一批日本捐赠的价值900余万元的医疗设备配件及耗材。因时间紧急，该批货物在进口前未来得及办理相关备案手续即已运抵北京首都机场。经请示质检总局，北京检验检疫局对此批国际社会援赠物资进行临时备案和登记，快速受理报检，确保援助的医疗设备及时运抵灾区。

截至8月底，北京检验检疫局受理和现场查验来自美国、澳大利亚等国家和地区共计82批、价值逾千万美元的国际援赠物资，物资种类包括帐篷、担架、直升机及飞行设备、卫星电话等。

天津口岸救灾物资快速查验通关　5月23日上午，天津检验检疫局机场办事处接到一批由广东省消防总队委托进口的援赠物资申报。此批物资包括24台电动便携式多功能钳、8块备用电池以及充电器等。天津检验检疫局机场办事处专项办理该批援赠物资的检验检疫工作，不到一小时即办理完毕。

5月26日上午，天津空港检验检疫局得知四川风行汽车有限公司将进口一辆“悍马”越野车用于抗震救灾，立即安排检验检疫人员做好相关工作准备。下午，接到企业递交的强制性认证产品特殊处理程序申请后，天津空港局立即对进口汽车的型号、商标、VIN编码和有关单证进行审核，仅用半小时完成初审工作。6月18日，天津检验检疫局受理一批由马来西亚HARTALEGA公司援赠的医用手套，总计16.95万双、2223.2公斤，检验检疫人员立即实施快速验放。

抗震救灾期间，天津检验检疫局共对8批用于支援灾区的医疗用品、服装、环境清洁液、矿泉水、电池、汽车、消防器械实施检验检疫，快速放行。

上海口岸救灾物资快速查验通关　5月16日晨，上海外高桥检验检疫局得知通用电气医疗系统贸易发展（上海）有限公司申报一批除颤仪，共计100台，货值约13万美元，为抗震救灾急用。该局立即抽调检验人员，联系客户，一小时之内完成现场查验。经查，该批除颤仪货证相符、包装标识完整、质量合格，立即予以放行。同日，费森尤斯（FRESENIUS）医药用品（上海）有限公司进口的38台血液透析装置抵达上海浦东机场，准备无偿捐赠给受灾地区。该装置用于治疗急慢性肾衰竭，为地震灾区急需。上海浦东机场检验检疫局快速受理报检，完成现场检验检疫工作。

5月17日，应中国地震应急搜救中心急需，奥林巴斯贸易（上海）有限公司从日本引进一批工业用内窥镜，用于探测建筑物中的受困人员。该批物资到达浦东机场后，上海国际机场出入境检验检疫局派专人赶赴现场检验检疫，半个小时完成验放，保障该批货物火速运往灾区。

截至7月12日，上海检验检疫局快速验放入境国际援赠物资109批次，涉及19个国家和地区，主要物资为医疗器械、卫生用品、帐篷、服装、水以及直升机等，其中血液透析仪器699台、血液透析装置6676个、帐篷1329顶。

广东口岸救灾物资快速查验通关　5月21日，一批由金培控股（中国香港）有限公司捐赠的援赠物资滤水桶报检。此批货物只能提供中央政府驻香港特区联络办公室的协办通知，未能按要求提供民政部、全国妇联等相关部门的文件。佛山检验检疫局在确认产品质量安全后，本着特事特办原则，在企业承诺补办相关手续后及时受理报检，做好货物流向及接收单位联系人、联系方式登记，予以放行。

6月3日，一批来自国际十字路会（中国香港）的援赠物资抵达黄埔口岸，主要是毯子、男装、女装、童装、男女混合成人装等，约9.7吨，价值1万余美元。此批货物的收货人中国扶贫基金会尚未办理报检单位备案手续，且未能按要求提供相关部门的证明文件。黄埔检验检疫局在企业承诺补办相关手续后，采取收货人特殊代码方式及时受理报检。援赠物资运抵口岸后，该局立即启用检验检疫赈灾物资查验专用通道，在确认该批物资查验批次、货证相符及物资包装标志完整后，立即登记放行。

6月25日，广东检验检疫局工作人员从新闻媒体上获悉，一批罐头、毛毯及外科用品等援赠物资将随访华的日本军舰到达湛江，立即通知湛江检验检疫局做好准备工作。此批物资抵达湛江军港码头后，湛江检验检疫局立即审核援赠物资清单等资料，实施检验检疫。随后，广东检验检疫局多次与四川检验检疫局联系，保证这批物资及时送往四川灾区。

5月14日至7月1日，广东检验检疫局共完成来自英国、日本、泰国及中国香港地区6批援赠物资的入境检验检疫工作。

深圳口岸救灾物资快速查验通关　5月19日13时41分，由中国香港某公司捐赈的1万罐、5007.2公斤的均衡营养粉运抵深圳湾口岸。这是经深圳口岸入境的首批境外抗震救灾物资。深圳湾检验检疫局工作人员立即按照质检总局有关规定进行查验、采样。14时，查验工作完毕，救灾物资顺利入境。与此同时，深圳检验检疫局食检中心接到深圳湾检验检疫局将有首批境外捐赠的救灾食品送检的信息后，立即安排人员做好准备，同时主动联系送检部门，了解样品的特性，对检测项目的确定提出专业意见，并第一时间通知相关实验室做好准备。16时10分，从救灾食品中抽取的4份食品样品送达，食检中心立即进行样品登记、录入、制样、分样等；16时22分，样品送达微生物实验室；20日22时，检测完成，质量安全无问题，当即签发检测报告。由于准备充分，检测及时，整个检测周期比平时缩短整整一天。

5月20日17时10分，深圳文锦渡检验检疫局接到深圳卓仕科技发展有限公司电话，称公司临时决定将17日代理飞利浦中国公司提前进口报检的一批美国产病人监护仪，两种型号共计46台，价值约10万美元，捐赠给四川地震灾区，急需赶当晚航班运出。由于有关部门批准证明文件未能提供，请文锦渡检验检疫局给予帮助。根据质检总局两个通知的要求，工作人员要求货主出具“后补手续的保证函”。20时10分，货物入境，深圳文锦渡检验检疫局现场检验检疫人员立即优先对货物实施现场快速查验，同时按照进口医疗器械的相关检验监管规定进一步实施复核性查验，货物相关信息与申报单证信息符合，外包装纸箱无破损，外观全新完好，铭牌标示完整清晰，具有中文使用说明书和中文警示标志，货物自带的电源线插头符合中国境内使用要求。20时25分，现场查验完毕，将受理单位联系人、联系方式等相关信息登记备案后，予以放行。

6月10日上午，一架运载美国援赠物资的航班落地深圳宝安机场停机坪，机场检验检疫局空港业务科的工作人员立即登机，询问机组以及旅客健康状况和货物情况，检查机舱卫生状况。12时前，相关入境手续办理完毕。

至8月15日，深圳检验检疫局共验放来自美国、印度尼西亚等国家和地区的食品、饮料、医疗用品、毛毯、帐篷、被服、鞋帽、睡袋、文具、玩具等援赠物资21批次。

其他口岸救灾物资快速查验通关　5月15日11时20分，珠海检验检疫局快速验放一批绵阳市中心医院订购的诊断试剂。21日，浙江检验检疫局杭州萧山机场办事处快速验放一批来自中国香港特区的赈灾物资；29日，快速验放来自韩国的一批国际援赠物资。至7月底，浙江检验检疫局共检疫查验来自中国香港特区和韩国、日本、美国的4批援赠物资。

江苏利乐包装（中国）有限公司拟从印度进口一批抗震救灾物资，捐助给四川地震灾区。此批物资计划由印度空运至上海，再运回利乐（江苏昆山），然后发往成都。5月21日9时，昆山检验检疫局获悉此消息后，组织业务人员赶到该公司，建议将物资直接从印度空运至成都双流机场，或经上海浦东机场转发四川，既能将援赠物资尽早送到灾区，又能节约运输成本，并提示该公司为入境物资加贴中文标签等事宜。

5月26日10时，辽宁检验检疫局接到一台抗震救灾急需的越野车的报检。此车属于“强制性产品认证目录内特殊处理车辆”，质检总局和认监委对其检验有着严格的规定。辽宁检验检疫局机电处负责人立即联系负责检验的实验室工作人员，并派人赶往实验室，做好快速施检准备。17时左右，此辆越野车完成检验，连夜装车运往救灾前线。

5月29日，福州榕东活动房公司申请对一批从日本进口的将用于生产四川地震灾区过渡安置房的钢材进行品质检验。福建检验检疫局在核对有关材料后，组织人员现场查验，并优先安排检验检测工作。福建检验检疫局技术中心包装材料实验室和化学分析实验室工作人员密切配合，加班加点开展检测工作。经检测符合标准要求后，签证放行。6月19日，福建检验检疫局受理榕东活动房公司进口的第二批24.98吨、货值406.6万日元援赠物资的报检，按照特事特办原则，快速受理报检、通关放行，并做好后续检验监管工作。27日上午，台湾马祖乡亲为四川地震灾区捐赠的蚕丝被、羊毛被、羽绒被等19箱142件物资，首次通过“两马”航线运抵福州马尾港。福建检验检疫局在马尾港快速查验放行此批援赠物资。

5月29日，富世华建筑产品（厦门）有限公司4批赈灾物资进境。厦门检验检疫局机场办事处为赈灾物资开辟绿色通道，组织专人为其办理接单、审单、放行等通关手续。

5月30日下午，宁波北仑检验检疫局通关办事处接到某报检员对来自伊朗价值近8万美元的4990顶救灾帐篷的入境申报。通关办事处立刻启动预案，引导此批物资进入“绿色通道”，优先受理此批货物，并免收所有检验检疫费用，同时指派专人全程负责货物的通检工作，使此批救灾帐篷顺利验放运往灾区。

6月6日，黄岛检验检疫局受理韩国援赠的一批天然矿泉水，连夜将样品送到山东检验检疫局技术中心检测，合格后放行发往四川灾区。

6月13日中午，南京检验检疫局快速验放来自韩国釜山的100顶帐篷。

三　不合格救灾物资出入境处理

为确保救灾物资的质量和安全，各地检验检疫局严格做好对入境救灾物资的口岸把关工作，检验检疫人员对于食品、药品、医疗器械、特殊物品等涉及灾区群众身体安全、卫生、健康的物资，都进行细致的查验，对存在问题的货物快速处理，建立及时快速上报制度，发现问题，立即逐级上报，快速处理。

5月21日14时15分，深圳湾检验检疫局在对一辆装载有境外援赠物资的货车现场查验中，发现一个写有“新毛毡”字样的包装纸箱中装有数条旧毛毯；这些旧毛毯外观陈旧，气味难闻，部分毛毯上还粘有不明毛发。工作人员立即对该批援赠物资进行查验，共查获同类旧毛毯8箱。

旧毛毯属废旧生活用品，可能携带病媒生物及致病微生物，具有疫情隐患，是国家严格禁止的进境物品，深圳检验检疫局立即将该批毛毯查扣并按有关规定封存销毁。

5 月 23 日，北京检验检疫局接到质检总局《关于对荷兰投资银行捐赠的二批医疗器械进行检验的函》。两批物资涉及支援四川灾区的广元市和叙永县、宣汉县等 10 个市、县人民医院。面对货场堆积如山的货物，为确保物资的质量，检验检疫人员认真、细致地查验。在现场审阅文件时，检验检疫人员发现“一览表”中同一个厂商的两种产品品名不同而型号相同。经过核实，发现其中一台数字胃肠诊断系统错发为数字拍片机。经进一步核实情况，检验检疫人员遂依法出具相关索赔证书。同时，检验检疫人员还发现这两批物资中部分物品无中文铭牌、警示标识和中文说明书，其中一台呼吸机内包装的倾斜标志已经变红。检验检疫人员要求有关单位及时对不合格情况进行整改，并迅速派出工程师对倾斜标志变红的呼吸机进行测试，在确保该批货物品质和安全性能未受影响后迅速放行。

截至 8 月 31 日，四川检验检疫局在双流机场共暂扣处理 5 批无“进口药品注册证”的生物制品、血液制品，销毁旧衣物 4 批，销毁无 IPPC 标识木质托盘 5 批。在陆运口岸（从公路、铁路、邮局进境）退运处理旧衣物 12 批，销毁过期奶粉 1 批、不符合卫生要求的旧睡袋和衣物 1 批，销毁无 IPPC 标识木质包装 1 批。

第五篇

医疗卫生恢复

汶川特大地震发生后，灾区医疗卫生机构房屋严重受损，医疗设备遭到毁坏，药品耗材被埋于废墟之中，灾区医疗卫生服务网络基本处于瘫痪状态。传染病控制、计划免疫、妇幼保健、卫生监督和食品药品监管等工作无法正常开展，传染病疫情和突发公共卫生事件报告、综合卫生统计直报等与计算机及网络有关的日常工作中断，灾区的卫生防疫服务体系难以正常运转，公共卫生服务能力明显下降。四川、甘肃、陕西三省卫生系统机构、房屋、设备严重受损。一些极重灾区和重灾区的乡村和城镇，在抗震救灾初期仅能靠外援医疗防疫队伍提供当地的医疗防疫服务需求。

四川、甘肃、陕西灾区在全国各地及解放军、武警部队等多方支援和帮助下，组织设立急救站、自救点、“帐篷医院”“板房医院”、野战医院等临时救治点，建立防疫监督应急网络，迅速恢复医疗和卫生防疫服务和功能；按照卫生部提出的临时医疗卫生机构建设标准和要求，科学设置，合理布局，通过加固维修受损较轻业务用房、新建活动板房、搭建帐篷等措施，开展临时医疗卫生机构建设，加快推进医疗卫生服务秩序恢复。

至 7 月底，四川、甘肃、陕西灾区受灾县、乡和灾区群众安置点普遍建立医疗服务体系，开展基本医疗服务。至 8 月底，灾区县医疗卫生防疫服务功能和秩序已基本恢复，灾区医疗卫生防疫机构转入正常、有序、可持续运转的轨道。至 9 月底，全面完成灾区县、乡临时医疗机构建设，基本恢复正常医疗服务秩序。至 12 月底，灾区医疗服务体系全面恢复，临时业务用房、基本设备和技术人员配备比较齐全，县级医疗机构和乡镇卫生院的医疗服务基本恢复，达到震前水平。

卫生部通过选派优秀卫生行政和业务干部在基层挂职、对口支援派遣医疗队伍、招聘和培训卫生人员等各种途径和方式，迅速补充、调配医疗卫生人员，加强灾区医疗卫生队伍建设。全国各地派出的援助医疗队发挥自身专业特长，积极联系后方医疗机构，为灾区引进和推广一系列价廉、安全、实用、有效的新技术和新项目，灾区卫生部门将对口支援省市的先进理念与当地实际相结合，在对口支援省市帮助下，开设新科室，引进新项目，开展新手术，拓展服务领域，完善服务功能。灾区整体医疗卫生服务水平大幅提升，医疗卫生服务质量明显改善。

第一章　医疗卫生服务恢复

在极重灾区和重灾区医疗机构完全毁损的情况下，各地灾区采取分类处理办法，建立现场救治站、“帐篷医院”或医疗点，恢复临时医疗服务；同时迅速启动临时医疗机构建设，通过搭建板房、加固原有建筑的办法，恢复医疗救治服务体系。卫生部和相关部委及时安排、协调、调集大量人员和物资，解决地震伤员紧急救治、康复医疗、灾区困难群众过渡期间基本医疗和灾区医疗机构基本运转等问题，医疗服务秩序得以基本恢复。卫生部迅速调派全国卫生防疫力量深入灾区，确保卫生防疫监督全覆盖，各级卫生防疫部门启动手机应急报告疫情和监测信息系统，重建传染病网络直报系统、恢复实验室检测功能。在各省（区、市）卫生防疫监督人员对口支援下，灾区防疫监督工作秩序逐步恢复正常，形成较为完善的卫生防疫和卫生监督网络。

第一节　医疗服务网络和基层医疗秩序恢复

汶川特大地震发生后，灾区各级政府和卫生部门迅速建立现场救治站、“帐篷医院”或医疗点开展紧急救治（参见图 229 ~ 330），同时启动临时医疗机构建设，恢复正常的医疗制度、诊疗规范及收费制度，从应急医疗救治状态逐步转入正常的医疗工作状态。

一　医疗服务网络恢复

利用临时救治点恢复医疗服务　地震发生时，受灾严重地区的交通、通信、电力中断，一些城镇和乡村被分割成“孤岛”，与外界完全失去联系。地震灾区的村卫生室、乡镇卫生院和县级

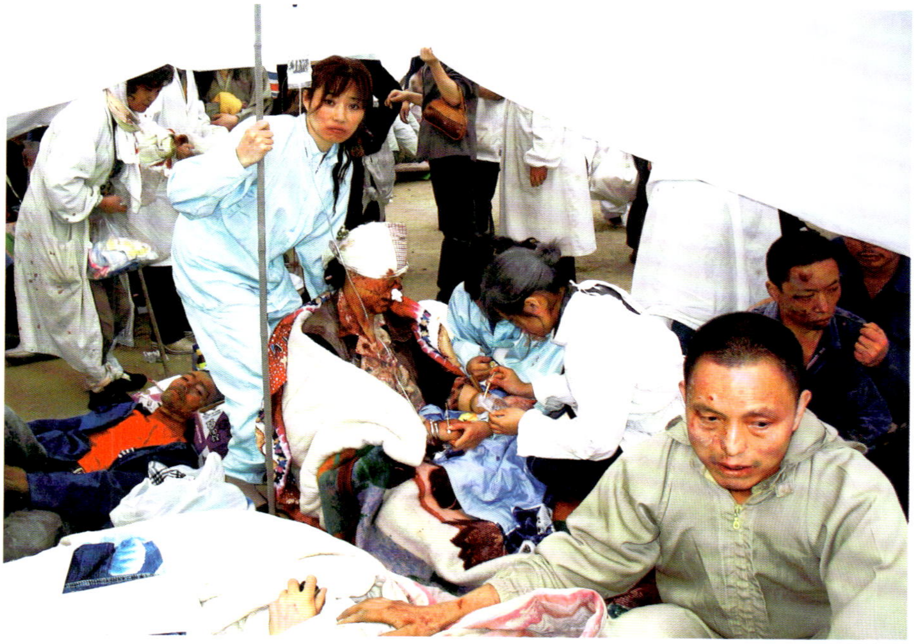

图 229　5 月 12 日地震发生后，汶川县映秀镇卫生院医护人员在地震废墟中抢救伤员

（阿坝藏族羌族自治州卫生局　提供）

医疗机构幸存的医疗卫生人员，迅速组织起来，设立临时医疗救治站，开展医疗自救，在一个个“孤岛”构成临时医疗救治体系，形成地震灾区的医疗救治网点。

地震使极重灾区北川羌族自治县的县城变成废墟，幸存的医务人员在县政府广场、职业中学门口、县卫生局门口和北川中学操场设立 4 个医疗救治点救治伤员。汶川县设立 16 个固定医疗救治点，现场救治伤病员 20 多万人次。安县在城区设立医疗救治站 7 个，在各乡镇设立医疗救治站 25 个。青川县在城区设立医疗救治站 4 个，在各乡镇建立医疗救治站 39 个，现场救治伤员上万人。汉源县在城区及乡镇设立医疗救治站点 12 个，每个站点配有医务人员 5 人，灾区群众安置点医疗服务覆盖率达 100%。

地震发生后，都江堰市立即在市域 19 个乡（镇）和 1 个工业区设置医疗救治站点 150 多个，3 天后增加到 203 个，现场救治伤员数千人。绵竹市在城区及乡镇搭建临时医疗帐篷 387 顶，设立医疗救治站 20 余个，现场救治伤员上万人次。德阳市委、市政府根据德阳市区医疗机构不能满足伤员救治的情况，指示旌阳区委、区政府在市区紧急筹建一所抗震救灾临时医院。临时医院设在原德阳建筑医院旧址，3 天时间从旌阳区各医疗机构抽调出 55 名医务人员，收治地震伤员 102 名。

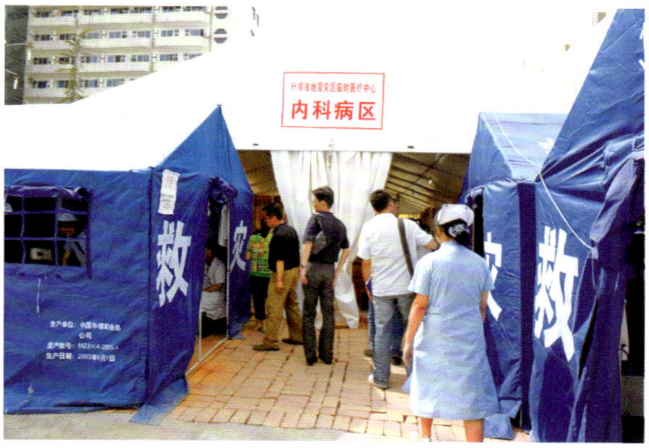

图 230　什邡市地震灾区临时医疗中心内科病区

（四川省卫生厅　提供）

5 月 13 日，四川省卫生厅为解决灾区医疗救治急需问题，分别在安县、绵竹、都江堰

成立四川省政府抗震救灾急救站（“帐篷医院”），指派华西医院、四川省人民医院和四川省肿瘤医院各出一名副院长任“帐篷医院”院长。随着救治工作的深入，应急“帐篷医院”和帐篷救治点救治能力不足，四川省卫生厅又及时与军队和有关部门联系，共同建立相对固定的野战医院，作为过渡性医院替代“帐篷医院”和帐篷救治点。

5 月 20 日以前，都江堰、绵竹、北川、青川、彭州等极重灾县（市）和绵阳国家高新技术产业开发区设立 7 个野战医院，其中绵竹灾区建成两个野战医院，彭州野战医院为俄罗斯医疗队援建。到 6 月 1 日，灾区各级政府和部门先后建立 22 个野战医院，医疗救援覆盖到 21 个极重灾和重灾县（市、区）的乡、村。

安县第二人民医院设在秀水镇，医疗服务对象近 10 万人。地震发生后，医院门诊楼及病房楼完全被损毁，日常医疗工作只能在帐篷内完成，除超声机、心电图机及血尿常规检查仪可以使用外，其他医疗仪器设备及大量药品无法使用，临床工作开展十分困难，特别是外科门诊工作量繁重。辽宁省中医院医疗队配合医院外科人员，为较重外科患者换药、清创、缝合、处方、开药；对外科医护人员进行基本技能和理论的指导培训。在“帐篷医院”消毒条件差、换药器材及药品短缺的情况下，严格无菌物品的摆放和隔离等规范要求，降低交叉感染，最大限度满足医疗需求。安县第二人民医院在搭建的帐篷中，挤出一顶 12 平方米的帐篷作为临时手术室。为加强帐篷的密封性，在地面上铺一层地板革，用空气消毒机及紫外线进行空气消毒；摆放一张检查床做手术台，手术及麻醉人员进入手术室，穿一次性手术衣及鞋套，尽量达到无菌要求。由于手术室条件差，没有无影灯，只能用一盏侧灯开展手术。帐篷内温度达到 40 摄氏度左右，再加上戴着一次性帽子、口罩、手术衣及鞋套，医务人员在手术中汗水不断。一次手术中，一位医师的一次性手术衣袖内积存汗水约有 600 毫升。为保证不让汗水污染手术区，医院还增加一名“擦汗护士”。截至 7 月 2 日，辽宁省人民医院医疗队进驻的安县医院、辽阳市医疗队进驻的塔水镇卫生院，都分别开展了震后第一例手术，帮助安县医疗机构逐步恢复基本功能。（参见图 231）

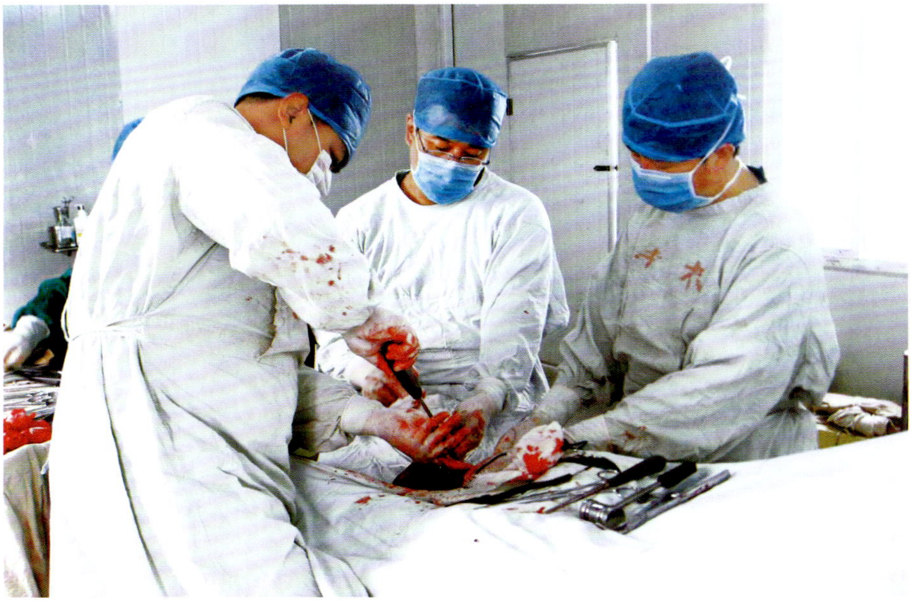

图231　辽宁省人民医院医疗队员在安县人民医院开展该院震后第一例手术
（辽宁省卫生厅　提供）

甘肃省的文县、成县、礼县等各医疗卫生单位，均搭建“帐篷医院”，设立临时医疗点开展伤员救治工作，并接诊日常门急诊和住院病人。

陕西省的宝鸡、汉中等地震灾区，也紧急设置了医疗救治站（点）。陕西航天建筑工程公司宝鸡分公司调集钢架和篷布，安排专人为宝鸡市中心医院搭建帐篷4处共750平方米，建立临时手术室。宁强县在所有灾区群众集中安置点设立临时医疗点，每个医疗点安排两名医务人员负责医疗急救、卫生防疫和卫生监督工作。宁强县人民医院、中医院、妇幼保健院均建立功能较为完备的临时医疗点，利用帐篷和活动板房搭建临时产房、手术室、治疗室、收费室、药房室、病房等科室，恢复建立三级医疗救援网络。

利用“板房医院”恢复医疗服务 灾区政府及卫生部门把搭建“板房医院”作为过渡期临时医疗机构，依照卫生部提出的临时医疗机构参照建设标准和要求，科学设置，合理布局，规范、有序、快速地开展临时医疗机构建设。

5月30日，四川省抗震救灾指挥部医疗保障组发出《关于在重灾区设立过渡期临时医疗卫生机构的紧急通知》，要求各级卫生行政部门积极争取将县、乡、村和临时居民医疗卫生机构的过渡期建设，纳入当地过渡期规划和建设之中。6月3日，卫生部制定的《地震灾区临时医疗卫生机构建设指导意见》提出，临时医疗卫生机构和居民临时安置用房同步规划、同步建设、同步启用。四川省政府和卫生厅多次发文，规范过渡期临时医疗机构设置、布局及医疗服务行为，要求各地在设立过渡期临时医疗机构时必须有序、规范，确保医疗安全。16日，四川省抗震救灾指挥部发出《关于印发〈四川省地震灾区临时医疗卫生机构建设指导意见〉的通知》，对灾区临时医疗卫生机构的板房建设目标、原则、标准、要求等进行统一规范，并明确由四川省发展改革委和建设厅等有关部门负责临时医疗卫生机构用房建设；由财政部门负责解决临时医疗卫生机构基本诊疗设备、医疗卫生人员经费和公用费用；由卫生行政部门负责医疗卫生技术人员的调配和运行管理工作。

7月4日，四川省卫生厅编制并发出《四川省地震灾区临时医疗卫生机构设备装备指导意见》，对各类临时医疗卫生机构在过渡期合理配置基本医疗设备进行指导；同时组织专家编制7套板房建设方案，为各类医疗卫生机构过渡用房建设提供参考。8月28日，四川省卫生厅在都江堰召开现场会，对过渡期临时医疗卫生机构标准化建设进行安排部署。同时，四川省卫生厅加强与各对口支援省市联系，及时提供全省临时医疗卫生机构板房建设的需求情况，力争各地临时医疗卫生机构板房得到优先、及时建设。截至10月底，在中央和省级财政及对口支援省（区、市）帮助下，四川灾区已建成临时医疗卫生机构活动板房30万平方米；加上其他途径，100%的县级和95%的乡村医疗卫生机构基本解决了初步业务用房。县、乡、村三级医疗卫生网络基本恢复后，基本的医疗和防保工作均能开展。

6月10日，由广东省卫生厅援建的、阿坝藏族羌族自治州震后第一家综合“板房医院”——汶川县映秀镇“粤秀友好医院”建成开诊（见图232）。医院建筑面积1500平方米，设床位32张，设有内科、外科、妇产科、儿科、五官科及医技室等，装备有彩超、自动生化分析仪和X光机等先进设备。拥有10个科（室）、设备基本齐全的“活动板房医院”投入使用，基本解决了映秀镇及周边灾区群众的医疗问题。7月18日，汶川县人民医院接收广东省佛山市建设部门捐赠的157

图 232　广东省在汶川县映秀镇搭建的“粤秀友好医院”（四川省卫生厅　提供）

套活动板房，建成“板房医院”，当天开诊收治伤病员。汶川县妇幼保健院、雁门乡卫生院、水磨镇卫生院、三江乡卫生院、卧龙镇卫生院等，也逐步搬至新建的“板房医院”接诊患者。至 8 月 28 日，汶川县仅有草坡乡卫生院和漩口镇卫生院仍在帐篷中工作，其他乡镇卫生院均建立板房卫生院。

7 月 15 日，承担北川羌族自治县受灾群众医疗救治工作的沈阳军区北川野战医院撤离。为防止擂鼓镇出现医疗卫生服务空当，8 月 13 日，山东省卫生厅制订《北川野战医院撤退后北川医疗保障方案》，会同济南市增派 11 名援助专业技术人员，携带 2 辆救护车和价值 75 万元的 54 台（件）设备，加强擂鼓镇中心卫生院力量，确保危急重症病人及时转运救治，不出现群众看病难

图 233　山东省援建的北川羌族自治县擂鼓镇“板房医院”（四川省卫生厅　提供）

和其他公共卫生事件。山东省卫生厅援建的北川羌族自治县临时医疗保健服务中心，于 9 月 1 日正式开展医疗卫生服务工作。临时医疗保健中心有医务人员 136 人、床位 64 张，设有外科、内科、妇产科、门（急）诊、五官科、口腔科、放射科、检验科、B 超室、心电室、手术室等，有彩色 B 超、500 毫安 X 光机、全自动生化仪、呼吸机、麻醉机等大型设备，人员、设备基本满足北川人民看病就医基本医疗服务需求（参见图 233）。

绵竹市在江苏省帮助下制定《板房卫生院建设标准》《绵竹市板房医疗卫生机构医院感染管理细则》，规范“板房医院”建设，推广创建板房卫生院示范单位。绵竹市在城东新区规划占地，新建活动板房用于临时医疗卫生机构。绵竹市人民医院的过渡性“板房医院”于 7 月 8 日建成，建筑面积 3.9 万平方米，各科室、各类检查设施齐备，并新开设 ICU 室、中心血透室，建立华西医院远程会诊、教学平台及康复治疗中心，收治住院伤员 500 余人，每天门诊达 1000 余人次。绵竹市中医院、绵竹市妇幼保健院等医疗机构也相继建成“板房医院”，并开始收治伤病员。妇幼保健院、中医院占地 1.9 万平方米，可设病床 800 张，日门诊量可达 2500 ～ 3000 人次。各乡镇的卫生院，均按省级标准修建 700 平方米板房。

什邡市各级“活动板房医院”共 17080 平方米，于 10 月底前陆续搭建成功并开始收治伤病员。7 月 15 日，红白镇卫生院在新建的活动板房内正式开诊，恢复正常医疗活动。22 日，什邡市妇幼保健院搭建活动板房 1460 平方米，23 日开始正式收治病人。什邡市人民医院新建活动板房 1400 平方米，什邡市第二人民医院新建活动板房 2000 平方米，均于 10 月基本完成并开始收治伤病员。什邡市中医院新建活动板房 174 间，建筑面积 3480 平方米（含业务用房和生活用房），科室设置齐全，功能完备，设施较为先进，10 月底建成后开始接受伤病员。

青川县将临时医疗机构业务用房和生活用房纳入优先建设范围。6 月 21 日，青川县中医院通过自筹资金及天津爱心人士的援建，建成 220 平方米“活动板房医院”，并开始收治伤病员。（参见图 234）8 月 5 日，青川县中医院分配到浙江省援建的活动板房 38 间，后又争取到 25 套活动板

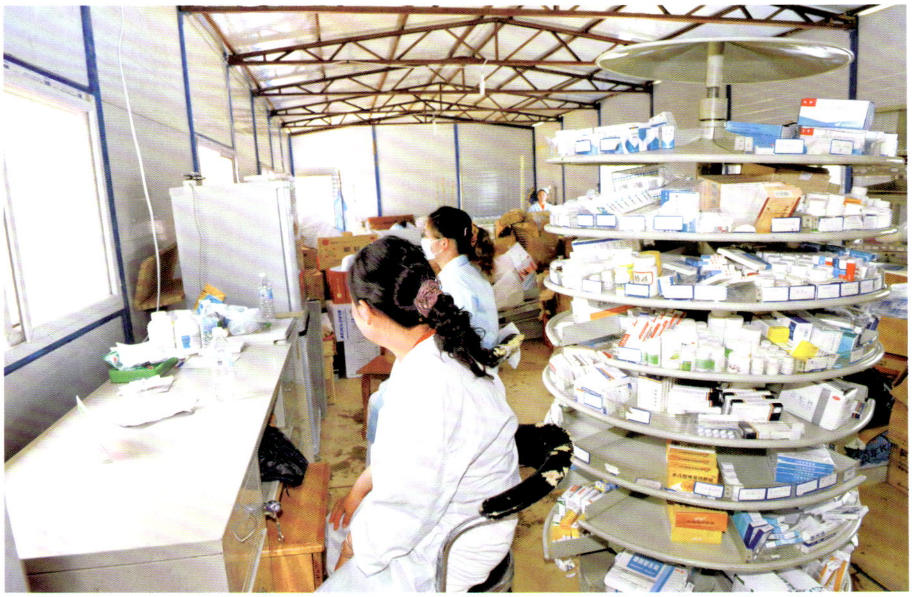

图 234　设在板房中的青川县中医院（四川省卫生厅　提供）

房。经过3个月的努力，青川县中医院共建成94间、1940平方米的活动板房及5间、160平方米的石棉瓦房，恢复床位110张，各种设施较为齐备，收治不少伤病员。截至7月28日，青川县6个县级医疗卫生单位建成业务用板房189间、3780平方米，36个乡镇卫生院建成业务用板房867间、14690平方米，188个村卫生站采用自建房或活动板房恢复基本医疗服务，青川县人民医院、青川县妇幼保健院等医疗机构也在8—10月建成“板房医院”。县、乡、村三级医疗卫生机构均搬入自建房或活动板房内开展医疗卫生工作。

茂县医疗卫生机构共搭建板房667套，其中乡镇卫生院97套、县级医疗机构570套，建筑总面积达13340平方米，基本满足群众就医之需。

成都市先后建设临时医疗机构和过渡性活动板房9410平方米和39568平方米，7月底前全部建成投入使用。都江堰市人民医院、都江堰市中医院、都江堰市妇幼保健院等医疗机构毁损严重，在各地救援力量的援助下，纷纷建立起“板房医院”，收治地震灾区伤病员。彭州市全市搭建253顶帐篷和1850平方米活动板房。（参见图235）

解放军各医疗队对恢复灾区医疗服务给予极大帮助。5月25日，由海军总医院医疗队和绵竹市东北镇卫生院共同建造的“军民抗震医院”，正式接诊病人。27日，二炮卫生部和96531部队捐建的北川羌族自治县擂鼓镇红星卫生院，开设内科、外科、妇科、儿科、中西医结合科、防疫室等16个科（室），设有病床20张，日就诊能力1000人。28日，二炮卫生部和96531部队捐建绵竹市广济镇长缨卫生院开工，卫生院开设内科、外科、妇产科、儿科、肠道科、门诊室等16个科（室），设有病床20张，日医治能力1500人。沈阳军区绵竹野战医院借助万科集团帮助遵道镇卫生院援建的板房材料，帮助设计临时镇卫生院的基本布局结构，出动人力搭建临时过渡“板房医院”，抢救维修器材，调试安装医疗设备，帮助补充急需的医用物资，并派出医疗专家，帮助遵道镇所属的村级医疗机构恢复服务功能。

甘肃省卫生厅在陇南、甘南、天水等市（州）预建26900平方米活动板房，完工21120平方

图235　6月24日，彭州市人民医院医务人员自己动手搭建“板房医院”

（四川省卫生厅　提供）

米，并租用社会房屋作为临时医疗用房。8 个重灾县（区）受损医疗卫生机构在活动板房中开展医疗防疫服务，其他受损较轻的医疗防疫机构房屋经过加固维修，大部分恢复使用，并开展正常工作。陇南灾区建立过渡医疗基础设施，对受损较轻的房屋加固维修，部分业务用房作为过渡使用；拆除倒塌房屋或严重受损的业务用房，搭建活动板房，患者和医务人员全部进入楼房或活动板房。7 月 1 日，文县中医院搬进由上海市援建的安置过渡房，成为甘肃省第一家“活动板房医院”。

陕西灾区的市、县政府对房屋倒塌或需拆除重建的医疗卫生单位，安排活动板房等过渡性工作场所，确保灾区医疗卫生工作正常运转。宝鸡市卫生系统申请活动板房 1.1 万平方米，分别安装在 6 家市直、市管医院，以及 10 个县（区）的 9 家县级医院和 37 所乡镇卫生院，均作为业务或辅助用房过渡使用。

二　基层医疗秩序恢复

恢复新型农村合作医疗　地震造成一些地方的新型农村合作医疗（以下简称新农合）定点机构房屋、设备被毁损，信息系统瘫痪。四川灾区各新农合服务中心、定点医疗机构、乡镇卫生院新农合机构人员，协同有关部门解决业务用房，紧急购买设备，抢修和维护新农合报账设备和网络线路。震后两个月，大多数地区恢复新农合服务功能，在“帐篷医院”“板房医院”开通网络服务。灾区大部分地区新农合、城镇职工医疗保险、医疗救助等制度均恢复运行。

绵竹市新农合定点医疗机构房屋、设备、信息网络系统在地震中受损，无法正常运行，一名新农合经办人员死亡。绵竹市新农合服务中心克服重重困难，于 6 月 8 日恢复新农合手工报账制度；8 月，分别在“帐篷医院”“板房医院”开通了网上审核及补偿工作。青川县于 7 月 1 日起开始恢复新农合稽核、报销工作。什邡市合作医疗管理网络系统于 7 月 20 日全面恢复网络直报。截至 12 月底，阿坝藏族羌族自治州的 13 个县、224 个乡（镇）、1354 个村和 69.3 万农牧业人口实现新农合医疗制度覆盖。德阳市在两个月内恢复新农合手工报账，到 10 月，全市网络系统全部恢复正常；截至 12 月，为地震伤员补偿 7.3 万元，为灾区群众伤病员补偿 829 万元。至 10 月 14 日，剑阁县新农合管理办公室接待到办公室接受补偿人员 396 人次，补偿金额达 227.32 万元。

陕西省结合灾区实际，进行房屋建设和设备配置，建设重点放在农村基层，主要针对乡镇卫生院和村卫生室，确保新农合机制正常运行。

恢复医疗机构正常运行　5 月 31 日，四川省卫生厅发出《关于震后恢复正常医疗工作的通知》，要求各级各类医疗机构尽快由应急医疗救治状态转入正常的医疗工作状态，恢复正常的门诊、急诊接诊制度、三级医师查房制度、危重病人会诊制度、死亡病例讨论制度、手术分级审批等制度，恢复正常的医疗秩序。

抗震救灾初期，灾区各医疗机构对地震伤员和来自灾区（凭灾区群众证明）的患者，进行逐一登记实行免费诊治。从 7 月底开始，医疗机构按照国家和省、市有关规定将医疗服务、医疗收费和费用支付纳入正常管理轨道。同时，对恢复正常医疗秩序的有关事项及时进行告知、公示，并做耐心细致的解释工作，避免和化解医疗纠纷。抗震救灾后期，灾区严重受损的县级医院和乡镇卫生院恢复接纳住院病人，一般乡镇卫生院以门诊业务为主；村卫生站有医有药，能开展常见病多发病防治，能够开展基本医疗和防保工作。截至 8 月底，四川省极重灾区和重灾区的大部分县级医疗机构服务工作量均已恢复到震前水平的 70%，部分接近甚至超过震前水平。灾区的县级医疗机构 100% 恢复正常收费制度。除极重灾区和重灾区灾区群众安置点临时医疗站和乡村医疗机构对困难群众实施医疗照顾措施外，乡、村两级医疗机构恢复收费，灾区群众普遍表示理解，医疗秩序平稳。

截至 10 月 14 日，灾区各级卫生行政秩序恢复正常，卫生行政监督功能和秩序基本恢复，各级医疗机构医疗秩序、门（急）诊工作、转接诊制度、转院制度等恢复正常。但有个别医疗卫生机构因地方财政投入不到位、免费医药费用得不到及时足额补助、特殊人员出院安置困难等原因，运转仍较困难。

第二节　卫生防疫与卫生监督服务恢复

卫生部等相关部委和各支援省市卫生防疫监督部门，迅速抽调力量充实基层卫生防疫队伍，强化灾区卫生防疫监督工作。灾区传染病监测、网络直报、实验室工作全面恢复，灾区疾病预防控制体系和功能正常运行。

一　卫生防疫服务网络恢复

卫生部先后从全国 31 个省（区、市）、新疆生产建设兵团及中国疾控中心，向四川地震灾区调派 3910 名卫生防疫人员及 644 辆卫生防疫车，与当地近万名专业人员一起，采取空降、步行、绕道等方式赶赴极重灾区各个角落，进村入社、分片包干、责任到人，开展灾后卫生防疫，使卫生防疫工作覆盖受灾地区的县、乡、村。

卫生防疫工作进入纵深开展阶段后，四川省卫生厅整合所有资源，采取建立健全卫生防疫领导体系、防控体系和技术体系，构建省、市（州）、县（市、区）、乡（镇）、村五级联动卫生防疫机制等措施，恢复县、乡、村三级防疫网络。到卫生防疫工作巩固阶段，四川省加强防疫体系和功能恢复、人员培训建设，高效、有序、有力地推进卫生防疫工作开展。

成都市迅速开展传染病疫情监测，及时发现和阻断传染病疫情蔓延，并对灾区群众安置点的食堂卫生状况、食物安全等进行监督监测，保障食品及饮用水卫生安全。福建省防疫队会同彭州市疾控人员，共同开展灾区群众安置点公共卫生状况与需求的持续评估，指导群众做好饮用水、环境卫生工作，加强对传染病监测、调查与控制的指导，逐步恢复重大疾病、免疫规划疾病、传染病预防控制的常规公共卫生服务和公共卫生实验室检测能力，指导群众科学消毒，开展健康教育，加强慢性非传染性疾病的预防与管理。

德阳市卫生局紧急启动灾后卫生防疫应急预案，成立应急防疫队，组织调拨消毒药品、器械、疫苗等防疫物资，赶赴什邡、绵竹等重灾地区一线抢救伤员，现场消毒，紧急编印散发灾后防疫宣传册。卫生防疫人员进驻受灾严重的乡镇、受灾群众安置点和医疗救治点，开展食品和饮用水卫生监督工作。截至 5 月 25 日，什邡、绵竹所有受灾严重的乡镇、村及灾区群众安置点、集中供水点，实现卫生防疫人员全覆盖，网格化卫生防疫网络辐射灾区各个区域。

北川羌族自治县在地震后建立临时公共卫生服务中心，中心拥有全自动生化仪、生物安全柜、电热培养箱等设备，设检验科、卫生监测科、疾控科、结核病防治科，卫生执法设监督一科（食品卫生、学校卫生监督）、监督二科（生活饮用水、公共场所、化妆品卫生监督）及稽查科（卫生许可、卫生行政执法）。服务中心开设发热门诊、肠道门诊，能开展结核病治疗和管理、流行病与地方病、计划免疫、预防性健康体检、消杀、病媒生物监测、常见肠道传染病检测以及水质微生物检测等工作，对 20 个乡（镇）各帐篷安置点、集中供餐点、食品加工储存点和饮用水进行常规卫生监督，并组织人员每周对北川老县城和擂鼓镇进行蚊、鼠、蝇密度监测，及时开展除“四害”工作。山东省援建疾控队配合北川疾控中心以擂鼓镇卫生院为依托，建立胜利小区、建新小区、擂鼓小区、柳林小区卫生防疫体系，基本实现擂鼓镇 4 个板房区卫生防疫工作全覆盖。

截至 11 月，四川灾区的卫生防疫机构基础设施、设备基本恢复，疾控监督检验监测条件得到改善，传染病监测、网络直报、实验室工作全面恢复，灾区疾病预防控制体系和功能已正常运行。

甘肃、陕西等地震灾区的卫生防疫体系和秩序的恢复工作，也在同期顺利展开。地震发生后，甘肃省的两当县疾控中心综合楼、陇南市武都区疾控中心旧办公楼、康县疾控中心旧办公楼及住宅楼成为危房，陇南市疾控中心给排水系统被破坏、实验楼裂缝，市、县级疾控中心均需维修。陇南市的三级防保网也受到不同程度损坏，尤其是乡、村两级受灾最重。陇南市各县卫生行政部门及时启动应急预案，加强组织领导，严格疫情监测报告，全力以赴做好灾区消杀，强化对食品、生活饮用水的卫生监督监测，大力开展心理干预和卫生防疫知识宣传和爱国卫生运动。截至 10 月底，陇南市受损的疾控机构均能在临时办公场所开展重点工作，卫生防疫服务能力基本恢复。

陕西省疾控中心于 5 月 14—24 日赴汉中市的汉台、宁强、略阳、南郑、留坝、勉县和宝鸡市的金台、渭滨、凤县等受灾地区，开展灾后卫生防疫检查、指导和培训。对受灾县（区）疾控中心专业人员、防疫专职干部、乡村医师等 400 余人，从灾后卫生防疫、消毒技术、疫情监测、卫生宣传等方面开展现场培训，并进行现场操作示范。市级疾控中心派专业人员分县（区）包干，县（区）疾控中心和乡镇卫生院抽调人员，分组包干蹲驻或分片负责相对集中的临时居住点防疫工作，加快卫生防疫工作的全面恢复。

二 疫情监测与报告体系恢复

地震发生后，汶川、北川、绵竹等极重灾县（市）和邻近一些重灾县的互联网连接中断，基层终端设备受损，灾区的传染病疫情网络直报系统几乎遭到完全破坏，只有 12 个点有零星报告。

成都、德阳、绵阳、广元、阿坝、雅安等市（州）的18个极重灾和重灾县（市、区），原有县级以上医疗机构48家、乡镇卫生院478家，在地震发生的一周内，尚能进行疫情报告的县级以上医疗机构和乡镇卫生院总数不到34%，一些乡镇的传染病疫情不能及时报出。

5月13日在对灾区监测系统遭到破坏的程度做出初步评估后，考虑到灾区实际情况和现有的网络直报系统具备的条件，中国疾控中心决定紧急开发基于手机报告方式的疫情报告系统。在中国疾控中心应急办提出应急症状监测需填报的内容与表格的基础上，中国疾控中心信息中心全面优化常规传染病报告卡复杂的填写方式，对必须填报的项目制定统一的代码和信息标准，完成数据处理、数据解析和统计分析模块的开发集成设计。北京恒基伟业电子产品有限公司捐赠光能手机，并按照业务需求和信息标准，专门定制开发专用疫情报告模块植入手机。北京青铜软件技术有限责任公司无偿协助开发手机通信信息收发处理模块。中科软科技股份有限公司无偿协助开发数据解析和交换系统接口。

5月19日，卫生部办公厅紧急发出《关于开展地震灾区疫情监测信息应急手机报告工作的通知》，下发《地震灾区疫情监测信息应急手机报告工作方案》，要求受灾地区利用手机移动通信的方式，建立疫情报告体系，收集分析灾区一线的疾病监测信息。用手机疫情报告系统报告的单位，除登记、报告法定传染病疫情外，还需报告8种症状监测信息，其中包括发热伴呼吸道症状、发热伴出疹、腹泻（水样便）、腹泻（血便）、急性黄疸、脑炎或脑膜炎、其他发热性疾病、急性中毒等，如发现疑似鼠疫、霍乱、炭疽，疑似传染病相关死亡，或传染病暴发，立即以手机文字短信方式报告。

5月20日，手机疫情应急报告系统开发工作基本完成。中国疾控中心手机报告培训小组一行6人，作为中国疾控中心救灾防疫队队员，先期赶赴四川灾区开展现场测试和培训工作。当日，中国移动四川有限公司无偿捐赠500张用户识别卡（SIM），每卡赠送50元短信费，以供手机疫情报告使用。工作组于22时到达成都后，立即与四川省卫生厅、四川省疾控中心联系，根据受灾地区网络报告机构的瘫痪情况和集中灾区群众安置点的分布情况，共同研究制订手机配送方案、具体实施工作方案以及相关工作手册。

5月22日13时15分，一例82岁的结核疑似病例的完整信息电子报告卡，经绵竹市剑南镇临时医疗点用手机专用功能发出，进入国家疫情网络直报系统，病人姓名、性别、年龄、发病时间、诊断时间等信息，均与国家疫情网络直报系统标准报告的信息填写要求相一致。这是地震灾区第一例通过手机报告进入国家网络直报系统的病例，标志着中国疾控中心快速开发的灾区手机疫情应急报告系统正式启动，并实现手机个案直报与国家疫情网络直报系统的成功对接。从技术上实现了手机应急替代受损设备的上报功能。经先期到达四川灾区的技术人员实地测试，手机报告系统网络畅通，功能完整，完全能满足应急疫情监测信息报告的需求。24日，由中国移动提供网络平台的手机疫情直报系统，与网络直报系统实现衔接，成功投入运行，实现卫生部提出的覆盖全部地震灾区的目标。中国疾控中心信息中心疫情分析组的工作人员24小时实时监视来自灾区的报告，对各个手机报告点报告的8种疾病症状作统计分析，并撰写灾区疫情监测日报，每日12时报送卫生部，同时反馈给各个信息报告县（区、市）。通过对疾病症状报告数据监视，疫情分析组的工作人员发现几起异样情况，立即与驻守当地的中国疾控中心灾区工作队联络，最终排除发生传染病的可能性。与此同时，平台管理组的工作人员实时监控手机报告信息质量，对不规范信息予以核对和修正；信息技术组的工作人员对报告系统运行进行实时监控，保证硬件不出现故障。

四川省卫生厅于5月23日下发《关于加强震灾地区疫情信息报告措施的紧急通知》，要求各地为疫情手机预充话费，保证手机报告的正常运行。在四川省卫生厅和四川省疾控中心的配合和帮助下，中国疾控中心疫情手机报告培训工作组根据灾区疫情报告的需要，先后分组对青川、平武、彭州、什邡、安县、江油、北川、绵竹、大邑、都江堰、崇州、汶川、理县、茂县14个极重灾和重灾县（市）及成都、绵阳、广元、德阳4个市的安置点相关人员，进行手机发放和灾区疫情手机报告使用方法培训。都江堰市、彭州市、崇州市率先实行利用手机短信进行疫情报告，实现疫情报告全覆盖。（参见图236）

图236　5月29日，四川省卫生厅督导组在什邡市红白镇卫生院检查手机疫情报告情况

（四川省卫生厅　提供）

截至5月30日，四川省的14个极重灾和重灾县（市、区）及非受灾县（市、区）的绝大多数灾区群众安置点，均初步建立症状监测系统。截至6月12日，卫生部共向四川灾区配送手机495部，手机疫情应急监测报告覆盖所有未恢复网络直报的医疗卫生机构及灾区群众安置点的固定和流动医疗点、医疗队、防疫队等。灾区传染病与突发公共卫生事件报告系统得到基本恢复（参见图237）。

甘肃陇南、甘南等市（州）的传染病监测报告系统在地震中受到严重破坏。中国疾控中心为甘肃省配发120部疫情报告专用手机。6月10日，卫生部和甘肃省疾控中心在陇南市举办甘肃省传染病疫情监测手机报告师资培训班，对省疾控中心工作人员以及陇南、甘南没有网络覆盖和遭受地震破坏严重乡镇的传染病疫情报告人员50余人，进行疫情监测信息应急手机技术的培训。11日，甘肃省震灾严重地区陆续启用手机开展疫情直报工作。直至地震灾区疫情网络直报系统恢复前，陇南、甘南近100个乡（镇）均采用手机报告方式报送疫情信息。

陕西汉中、宝鸡两市部分乡镇卫生院的网络直报系统在地震中受损。陕西省疾控中心在中国疾控中心专家的指导下，于6月上旬对本省受灾地区开展手机配送和培训、部署工作。8日、9日，中国疾控中心和陕西省疾控中心组成的工作组一行4人，为宝鸡市的陈仓、陇县、凤县、渭滨及汉中市的宁强、略阳、汉台等重灾区送去疫情报送手机120部，并分别在宝鸡和汉中举办相关县区人员参加的应急手机疫情报告培训班，就手机疫情报告工作进行现场培训和指导，先由县区统一对手机进行注册，再集中或逐个培训，做到疫情管理员人人掌握手机报病工作，并做好网上测试工作。13日，通过网络直报系统测试，受灾乡镇正式启动手机报病工作，疫情

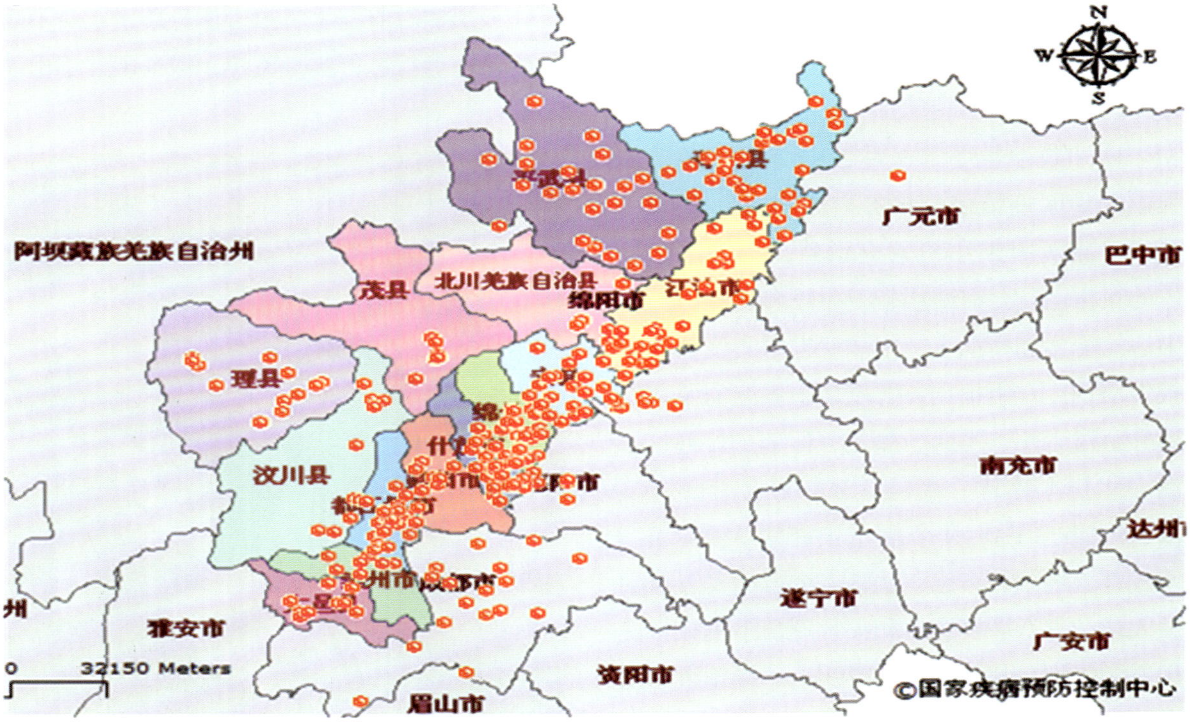

图 237　四川地震灾区每日更新的手机报告覆盖分布图

报告网络恢复畅通。

截至 7 月 28 日，极重灾区和重灾区的县级以上医疗机构和乡镇卫生院的网络报告率水平达到 2007 年度的 81%。到 2008 年年底，网络报告率达到 88%，高于 2008 年四川省非重灾地区的网络报告率（83%）。

三　实验室检验能力恢复

地震发生后，四川省卫生厅紧急组织和指导灾区设立临时帐篷实验室，随着临时安置灾区群众板房的搭建，“帐篷实验室”被改建为“板房实验室”。灾后两周，四川省卫生厅在极重灾县建立板房实验室 8 个；配置食品饮用水卫生安全快速检测设备，为各地配备 100 台监督车辆，装备卫生防疫车 30 辆，在短期内恢复了应急检测能力。什邡市疾控中心实验室新采购一台原子吸收仪、一台原子荧光分析仪，加上社会各界捐赠的部分仪器，使检测分析能力得到较大提升，至 5 月底基本恢复到灾前水平。但也有一些县级疾控中心实验室的检测分析能力恢复较慢，甚至需要重新建立。

6 月 20 日，四川省疾控中心在对受灾县检测设备和房屋的损毁情况进行调查和分析的基础上，提出《四川地震灾区县级公共卫生实验室检测能力恢复建议》，建议按 18 个极重灾和重灾县（市）每县投资约 53.6 万元的标准，恢复灾区县级公共卫生实验室检测能力，预算资金累计约 964.8 万元。

都江堰市疾控中心受损的实验室添置必要的仪器设备，并新增金属汞、隔等扩增项目的检测，使实验室的检验能力恢复并超越震前的检测水平。上海市对口支援队协助都江堰市卫生局制定《都江堰市乡镇卫生院（社区卫生服务中心）临床实验室管理细则》，开展一次大规模的临床检验室间质量评价活动，举办都江堰市卫生系统第一期临床检验培训班，填补都江堰市卫生系统临床检验管理的空白。

什邡市疾控中心实验室在地震中受损。至 5 月底，仪器设备配置齐备，在四川大学华西医科中心公共卫生学院 14 名卫检研究生的支援下，实验室检测能力不仅得到快速恢复，而且比震前有一定程度的增强。在北京市对口支援帮助下，规范实验室检测项目，制定检测规范，能够开展常见病、多发病病原、卫生微生物、食品和饮水检测，基本达到地级市实验室的检测水平。

绵竹市疾控中心实验室毁损严重，检验科工作人员冒着强烈余震的风险，到位于三层、四层的实验室抢运仪器设备，依托人民医院的检验场所，于 5 月 13 日开始开展生活饮用水部分卫生学指标监测和肠道病菌的监测检验工作。6 月 10 日，实验室搬进 5 间平房内，并配置仪器设备，实验室的检验能力基本恢复到震前水平。

北川、安县、平武 3 个极重灾县的县级疾控机构于 8 月 10 日基本恢复微生物检验、理化检测实验室，具备相应的设施、设备、试剂和相关专业技术人员，能开展肠道传染病检验和诊断、水质和食品卫生检测检验工作。9 月 4 日，绵阳市疾控系统能够开展基本的微生物检验和理化检测及食品、生活饮用水质量快速检测。北川羌族自治县的检测项目恢复到震前的 15.63%，安县的检测项目达到震前的 34%，尽管仍不能开展病原微生物检测，但基本满足突发公共卫生事件应急处置工作的需要。

广元市疾控中心实验室的检测能力至 9 月底部分恢复。水质检测方面，能开展 20 个左右指标的化学检验及微生物指标检测，水质检测恢复能力达 70%；食品检测方面，因无消化室及缺设备，尚无法开展金属指标、添加剂、农残指标等检测，恢复能力 50%；突发应急检测方面，能开展常见肠道致病菌、致病性球菌、02 菌、麻疹风疹等检测，恢复能力达 80%；职业危害健康人群检查方面，除不能开展尿铅、发锰等化学指标检测外，其余临检生化指标均能开展，恢复能力为 70%；医疗、托幼机构及餐饮业消毒检测和 HIV 抗体初筛检测能力恢复达 90%。

青川县疾控中心于 7 月初在乔庄镇高家院板房区开始设计建设，经过近两个月的紧张建设，占地 180 平方米的板房实验室完工，并于 8 月中旬全面完成实验理化、微生物室功能设计建设及内部台架建设工作；至 10 月，部分检查检验设备到位，可开展浑浊度、色度、臭和味、二氧化氯、总大肠菌群 5 个项目的水质应急检验，基本满足全县公共卫生产品检测、HIV 抗体初筛等疾病监测功能的需要。青川县疾控中心专门派出 3 名业务技术人员，到四川省疾控中心理化检验所、微生物检验所、公共卫生信息所学习相关业务知识。

剑阁县疾控中心抗震救灾领导小组灾后组织检测人员做好应急检测样品，抓紧清理和修复损毁的实验设备，建立应急实验室。实验室在帐篷中工作 23 天后，搬回经专业房屋鉴定机构鉴定为安全可用的实验楼，恢复正常检测业务。其间，剑阁县疾控中心实验室修复检测设备 25 台（件），新添检测设备 17 台（件），接受国家项目设备装备 32 台（件），购置和接受支援检测器皿近3000支、试剂近300瓶，启用新检测设备49台。与此同时，检测人员分批次到市、省疾控中心接受短期业务培训；在哈尔滨市疾控中心检测专家的指导下，学习实验质量控制、微生物检测、理化检测、新添设备保养维护等方面知识和技能。通过近3个月的紧张工作，剑阁县疾控中心的实验室检测能力完全恢复，检测工作质量、水平及工作效率明显提高。

为帮助极重灾区和重灾区恢复公共卫生应急检测实验室，开展重点传染病的监测检测工作，国家下拨公共卫生专项资金，用于阿坝藏族羌族自治州极重灾区和重灾区疾病预防控制机构配备必要的设备和检测试剂。各县应急检测实验室恢复后，能够开展生活饮用水、食物中毒、霍乱、细菌性痢疾、伤寒与副伤寒、麻疹、水痘、流行腮腺炎、风疹、甲肝、戊肝、乙脑及血、尿、便三大常规检测，在各对口支援单位防疫专家的指导下，实验室检测能力得到恢复并明显超越地震前的检测水平。

松潘县疾控中心长期租借办公和实验用房，实验用房无上下水、无通风设施和生物安全、化学安全防护措施，检测能力仅为检测乙肝两对半、肺结核痰检、包虫病抗体等部分微生物项目，理化检测工作基本没有开展。安徽省疾控中心、合肥市疾控中心抽组的安徽省卫生防疫监督队两名检验人员一到松潘，帮助松潘县疾控中心本着因地制宜、因陋就简，检验与办公区域分开的原则，按照普通化学实验室、仪器分析室、天平室、微生物实验室对临时简易实验室进行分割、设计，建设改造。同时，清理和整理原有的设备、器材、试剂和物品，彻底解决实验室用水和无蒸馏水难题。7月30日，松潘县疾控中心实验室建立和恢复实验室工作空间面积38平方米，配置分光光度计、气相色谱、元子吸收、紫外线可见分光光度计等仪器设备，能开展水质监测、血清学监测等检测项目。8月6日，松潘县疾控中心实验室首次开展生活饮用水卫生指标实验室检测，检测项目包括pH值、余氯、色度、浑浊度等18项，并开展耗氧量、溶解性总固体、硫酸盐等新项目的测定。

地震发生前，黑水县疾控中心实验室配套设施不完善，缺乏必要的实验设备和技术力量，检测检验能力偏低，加之部分仪器特别是光电设备在地震中受损，影响了工作恢复。5月18日，黑水县疾控中心得到四川省卫生厅调拨的两部水质和食品快速检测箱；26日，又补充部分必需的检验试剂；至6月10日，实验室基本恢复日常功能，能开展色度、pH值、砷等20项理化指标的食品卫生检验、两项微生物指标的水质快速检测和部分实验室检验工作。得到国家重点资金扶持后，黑水县疾控中心实验室的功能设备趋于齐全，检测、检验能力大大提高。

四　卫生监督服务恢复

四川灾区卫生监督服务恢复　地震发生后，卫生部紧急从20多个省（区、市）抽调1307名卫生监督人员奔赴灾区参与卫生救援，与灾区卫生监督人员分别在城镇乡村各级设立卫生监督网点，在灾区每个集中供水点、集中供餐点、集中安置点配备监督员驻点监督，卫生监督人员实行省包县、人包村，分乡包干，形成横向到边、纵向到底覆盖灾区城市与乡村的卫生监督网络。同时，卫生部紧急制订政府采购计划，向灾区提供一大批水质快速检测设备、食品快速检测设备、水质和食品快速检测试剂、放射防护快速检测设备、卫生监督监测车辆，帮助灾区迅速恢复食品饮水卫生监督网络以及监督检测功能。

四川省卫生厅从省内其他地区抽调560余名卫生监督人员赴灾区参与救援工作。数天之内，来自全国各省和四川各地的监督人员会同地震灾区的监督人员，组成4000余人的卫生监督大军，集中在汶川县等12个受灾县开展卫生监督，保障散布于方圆10万平方公里的数千万群众和救援人员的饮水和食品安全。同时，四川省卫生厅先后印发20余个有关恢复卫生监督网络、功能、秩序以及应急、过渡、常态等不同时期保障饮水和食品安全的规范性文件和技术方案，对灾区食品和饮水卫生实行网格化卫生监管。震后两周，灾区21个极重灾和重灾县（市、区）的446个乡（镇）、4185个村、680余个集中安置点、150余个水厂、1000余所学校和食品餐饮经营单位纳入网格化卫生监管。四川灾区各地卫生监督系统配合相关部门和省内外对口支援队，解决工作用房，维修购置设备，配备业务人员，使整个卫生监督体系和服务功能很快恢复，卫生监督工作基本实现全面覆盖。截至10月，四川省各级卫生执法监督机构实施网格化管理工作机制和监督协管员制度，恢复常规饮用水监测、健康危害因素监测和检测、医院感染控制及学校、环境、职业、放射、食品五大卫生监督管理等工作，开展拉网式普查和多次多项专项检查，使灾后无大疫的工作成果得到保持。

成都市整合资源，统筹力量，以县、区和乡镇为“作战”单元，实施网络化布控，同时在每个集中供水点、临时供水点、临时供餐点派驻卫生监督人员，开展对食品和饮用水卫生的监督和抽检，对灾后复课学校食品卫生安全进行督导检查。德阳市先后制订地震灾害卫生防疫应急处置、灾后生活饮用水处理与外环境消毒、临时医疗救治点消毒、地震灾区预防接种、灾后预防接种异常反应处理方案等10余个技术方案和技术要求，指导恢复灾后卫生监督工作。绵阳市对全市10个片区188个网格实行网格化管理，258名卫生监督协管员分布在276个乡（镇）和城区11个社区开展工作。截至8月20日，绵阳市各级卫生监督机构监督检查灾区群众安置区457处6942次，检查餐饮店、副食店、食品摊点、自发食品供应户、灾区群众安置区供餐点等6429次，发出监督意见书2740份，上报各类报表200多份，城区3158户餐饮经营单位的“三证”（健康证、营业执照、餐饮服务许可证）持证率达95%，“五病”（患有痢疾、伤寒、甲型或戊型病毒性肝炎、活动性肺结核、化脓性或者渗出性皮肤病）调离率达100%，食品消费环节和餐饮业、食堂等食品卫生监督量化分级管理制度实施率、信誉度评级率达100%。广元市派防疫监督人员驻村入社，对建筑物废墟等环境消毒，对死亡畜禽进行无害化处理，监测饮用水卫生，监督检查食品卫生安全。雅安市开展以治理环境卫生为重点的爱国卫生运动，举办培训班，在全市范围内组织开展对餐饮业、学校食堂、工地食堂和灾区群众集中安置点、流动摊贩、生活饮用水供水单位、医疗机构的专项执法检查及灾后卫生防疫宣传教育和心理援助工作。黑龙江省佳木斯市卫生监督小分队在帮助剑阁县开展常规项目日常监督检查的同时，对食堂活动板房和学校医务室建设进行技术指导和监督管理，帮助规范和指导新、改、扩建食堂执行食品卫生量化分级管理；对饮用水监测效果进行监督检查，向供水单位传授饮用水消毒技术，保障全县44家集中式供水单位卫生安全达标。小分队对医疗及疾病预防控制机构医疗废弃物的存放、毁型、销毁等工作进行跟踪指导，对个别打着抗震救灾义诊旗号擅自开展诊疗活动的行为依法查处，保障灾区人民就医安全。汶川县卫生监督所对县城所在地威州片区的5个乡（镇）、244个水源地的饮用水卫生开展监督检查指导。

抗震救灾后期，各对口支援省市卫生监督队，按照当地抗震救灾指挥部的工作要求，围绕大灾之后无大疫的工作目标，努力恢复灾区市、县卫生监督工作体系，积极参与卫生监督工作，重点加强对城镇集中式供水、灾区群众安置点饮水卫生监督，加强餐饮单位及学校食堂卫生的监督管理，规范其食品及原料采购、索证、储存、加工、“三防”（防蝇、防尘、防鼠）设施和消毒保洁等措施；加强对医疗市场的监督管理，严厉打击非法行医，规范医师执业行为，规范医疗废物的处置及传染病登记、报告。卫生监督人员深入村寨，帮助灾区群众寻找水源、监测水质，走村串户宣传指导食品和饮用水安全事项，讲授消毒方法，处理个案。他们帮助指导防疫人员对公共厕所、垃圾池开展消杀工作；对灾区所有医疗机构、政府救灾物资发放点、药品经营单位及药品接收库的消毒产品进行专项检查；对公共卫生、职业卫生、医疗卫生等进行现场监督检查，卫生监督覆盖灾后餐饮单位、学校食堂、集中式供水单位、分散式饮水点、灾区群众安置点的饮食、供水点、乡镇医疗机构、传染病消毒隔离和医疗废弃物角落，不留死角。

上海市对口支援都江堰市建立并实施乡镇、社区卫生监督协管员制度，按照“划片设置、垂直管理”的原则，分布组建覆盖全市的区域性卫生执法监督机构，建立市、镇（乡）两级卫生监督架构和工作网络。以生活饮用水、灾区群众安置点、学校临时教学点、援建队伍建设工地、医疗机构传染病管理等的卫生监督和恢复卫生行政许可为重点，全面开展经常性卫生监督工作，并实施人员素质提升、设备实施更新、信息化管理“三配套建设”工程，卫生执法监督能力较震前明显提高，各类卫生监督覆盖面达100%，从业人员培训达100%，未发生一起重大食物中毒和饮水安全事件。

福建省卫生防疫监督对口支援队到达彭州后，立即对当地的卫生防疫监督情况进行摸底和快速卫生学评价，确定工作重点，并与当地卫生防疫监督人员混合编组，进驻10个乡（镇）实行分片包干开展工作，了解水源水分布情况，开展饮用水质监测、消毒及其效果的评价工作。

重庆市第三批卫生监督分队参与崇州市元旦和春节前的食品和饮用水卫生监督检查，以及街子镇AAAA级旅游景区创建工作和医疗废物专项整治等一系列卫生监督执法工作。其间，出动执法车辆60台次、卫生监督员200余人次，对崇州市的875家餐饮、食品生产经营单位，56家医疗机构以及2个灾区群众安置点的诊疗登记与疫情报告等进行监督、指导与服务，并对存在的卫生安全隐患，提出整改措施或工作建议。重庆市卫生监督分队与当地卫生局、教育局和卫生行政执法大队一起组成联合检查组，分3组对崇州市74所各级各类学校（幼儿园）进行监督检查，有效预防了学校突发公共卫生事件发生。

江苏省卫生防疫监督大队无锡分队对绵竹市广济镇6个村、1个社区的108个村民小组的饮食、饮水情况进行调查摸底，提出进一步做好食品卫生、饮水卫生的建议和方法。同时，为绵竹市卫生执法监督所捐款购买办公桌椅，对重点地区水源水、出厂水和末梢水进行监测，恢复饮用水监督体系。北京市对口支援卫生监督人员帮助什邡市开展卫生行政许可信息网上公开和网上下载许可申请表工作，建立食品卫生监督公示牌，对餐饮行业开展群众性食品卫生监督；并对灾区城镇集中供水及灾区群众集中安置点饮用水卫生、灾区餐饮行业和灾区集中供餐单位的食品卫生进行重点监督指导，保障灾区不发生重大食源性疾病、食物中毒和介水肠道传染病。

辽宁省对口支援卫生防疫监督人员协助安县卫生执法监督所，开展对安昌幼儿园、文兴阁小学、花荄镇中学、花荄镇中心小学 4 所学校及花荄镇的餐饮、副食、公共场所、生活饮用水、化妆品、医疗的卫生监督工作。截至 7 月 23 日，辽宁省卫生防疫人员共出动 2108 人次，出动车辆 642 台次，行驶 10 万余公里，深入乡镇受灾群众安置点、复课学校、集中供水等单位开展卫生监督工作，共检查医疗机构（含救治点）568 户次，监督集中式供水 334 户次、分散式供水 3540 户次、餐饮业 3270 户次、复课学校 650 户次，发出卫生监督意见书 1245 份，采集检测水样 367 份，发放卫生健康知识宣传单 8550 余张。

8 月下旬，山东省卫生厅驻北川指挥部组织卫生监督队对北川灾区的中小学校进行集中监督检查。对食堂从业人员以及师生进行卫生知识宣传教育，并针对检查中发现的学校食堂“三防”措施不到位、部分从业人员无健康证等情况下达卫生监督意见书要求整改，以确保中小学秋季开学后学生饮食卫生安全。

8 月 1 日，安徽省对口支援卫生防疫专家举办培训班（参见图 238），培训松潘县卫生防疫监督人员。8 月 6—15 日，安徽省卫生防疫监督队协同松潘县卫生执法监督所，对国家解禁开放后的松潘旅游市场川主寺镇展开拉网式卫生执法检查，共检查餐饮单位 67 家、商店 101 家、茶楼 7 家、饮食摊点 5 家、美容美发店 3 家、食品生产企业 2 家、集中供水单位 1 家、分散式供水 21 家，下达监督意见书 12 份，立案查处 2 家，现场销毁不合格食品原料和过期食品 600 余公斤，发放宣传材料 30 余份，张贴卫生知识宣传画 100 余张，对所有业主进行卫生知识及法律法规宣教，与餐饮业主签订餐饮食品安全责任书。

图238　8月1日，安徽省对口援建专家为松潘县卫生防疫监督队举办培训班（安徽省卫生厅　提供）

湖南省驻理县卫生监督所工作组协助该所对城区集中供餐单位及其从业人员、水厂和临时安置点的集中就餐情况，进行监督检查；对全县所有医疗机构、政府救灾物资发放点、药品经营单位及药品接收库的消毒产品进行专项检查，提出监督意见，并对不合格产品做没收封存处理。同时，协同开展学校食品卫生、饮用水卫生和环境卫生的监督工作。驻各乡镇工作组也对当地开始营业的餐饮单位、副食经营单位及水源点进行现场监督检查、指导，对发现的问题提出整改意见，并对相关人员进行食品和饮用水卫生知识培训。

甘肃、陕西灾区卫生监督服务恢复 陇南市充分利用全市17台卫生监督执法车辆和10部卫生监督快速检测设备的有限资源，对重点单位、重点区域、重点产品、重点场所、重点环节采取24小时巡回检查，驻点监督，做到卫生监督全覆盖，对陇南市的武都区、文县、康县3个重灾县（区）的乡（镇）监督覆盖率达到100%、行政村的监督覆盖率达到60%以上；同时，采取向重灾县（区）派驻卫生监督救援队指导帮助工作等方式，开展抗震救灾卫生监督工作。

地震发生后，陕西省卫生监督所启动应急预案，成立3个专业应急小分队，及时了解灾区食品、饮用水及公共场所、医疗机构的卫生监督工作情况，加强对汉中、宝鸡重灾地区食品、生活饮用水卫生监督工作的指导。同时，在陕西卫生监督网开设专栏，宣传灾后食品、饮用水卫生知识。从5月14—29日，出动监督车辆15台次、48人次赴汉中、宝鸡等省内重灾区指导当地的卫生监督工作。

第二章 医疗卫生制度与服务能力建设

按照卫生部和灾区省市卫生厅（局）的安排部署和组织协调，灾区各级医疗卫生机构借助援建，引进各对口支援省市医疗卫生单位的先进管理经验、制度和项目，逐步建立健全各项规章制度，规范医疗执业行为，努力提高医院管理水平，不断加强医疗防疫制度与能力建设。

卫生部组织各方面医疗救援队加强一线力量，恢复医疗工作和快速医疗功能。根据各阶段、各时期抗震救灾工作的需要，选派优秀卫生行政和业务干部到基层挂职、对口支援派遣医疗队伍、招聘和培训卫生人员，通过各种途径和形式迅速补充、调配医疗卫生人员，加强灾区医疗卫生队伍建设。全国各地派出的援助医疗队发挥自身专业特长，积极联系后方医疗机构，为灾区引进和推广新技术和新项目，填补当地医疗卫生技术空白，基层医疗技术水平明显提高，服务能力大幅提升。

第一节 医疗卫生制度恢复完善

灾区卫生管理部门在各对口支援省市协助下，制定医疗、护理、行政、器械、卫生防疫、卫生监督等各方面的管理制度，及工作职责、操作规范，规范医院管理；各医疗机构及时制订医疗工作方案，建立和完善各种规章制度、临床与实验室操作规范与流程，规范医疗行为，加强医疗服务质量安全管理，受灾地区的医疗卫生工作逐步走上正规化和规范化轨道。

一　医疗服务制度恢复完善

四川灾区各医疗机构制订医疗工作方案，建立和完善各种规章制度、临床与实验室操作规范与流程，规范医疗行为，加强医疗服务质量安全管理。

北京市对口支援队伍协助什邡市卫生系统先后制订《关于规范肠道门诊、发热门诊的工作方案》《什邡市医疗系统恢复基本医疗秩序实施方案》《什邡市社区卫生服务站工作方案》《探索适合什邡社区卫生服务中心绩效考核方案》，为什邡市社区卫生服务站提供具体的管理制度和工作方案以及设备标准，并成立康复专家小组，制订《什邡市地震伤员康复工作实施方案》。在北京对口援建专家指导下，什邡市卫生局加强病历书写质量管理、恢复三级医疗网络的转会诊工作，并在诊断流程、操作方法和救治手段上不断规范。

辽宁省对口支援医疗队帮助安县医疗卫生单位和卫生行政部门共同修订和制订《医疗质量考核方案》《临床日常工作规范》《医疗质量考核工作制度》等各种规章制度20余件，制定医疗、护理、行政、党务、财务、后勤器械、卫生防疫、卫生监督等管理制度、工作职责、操作规范，提高服务管理水平，使安县医疗卫生服务管理工作进入正规化、规范化轨道。

上海市宝山区医疗卫生队结合都江堰市向峨乡灾区群众安置小区的建设，积极完善社区卫生服务功能；长宁区医疗卫生队突出重点，大力推进特色中医门诊苑建设项目；徐汇区和浦东新区医疗队帮助当地社区卫生服务中心组建全科医师团队，试验性开展社区卫生全科团队服务；闵行区、卢湾区医疗队帮助当地开展60周岁以上户籍人口的健康档案建立工作，为当地卫生院转型为社区卫生服务中心奠定基础；曙光医院医疗队借鉴ISO9001质量管理体系，协助都江堰市中医院建立和完善全院的医疗文书管理体系和操作规范；崇明县医疗队帮助当地卫生院建立中心手术室，加强手术质量管理和督导检查；金山区医疗队协助紫坪铺镇卫生院恢复重建望江村卫生院；南汇区医疗队开展村卫生站标准化创建，促进村卫生站规范化建设；青浦区医疗队帮助当地建立防疫联席会议制度，突出政府的参与；奉贤区医疗队帮助柳街公立卫生院建立单独的急诊抢救室，并建立"绿色通道"，协助修订《聚源镇公立卫生院医院管理制度汇编》；嘉定区医疗队协助当地卫生院成立医疗质量管理委员会，重点督导检查病历书写质量及医疗风险告知书。

浙江省、江苏省在对口支援极重灾区青川县和绵竹市时，均帮助每个受灾医院和乡镇卫生院完善医院工作制度及医疗工作常规，协助当地制定乡镇卫生院医疗工作有关规范。

安徽省对口支援松潘县医疗队进驻松潘县人民医院以后，协助医院建立预防感染三级网络组织，制定并落实医院预防感染相关各项制度，完成县医院管理丛书《疾病诊疗常规》和《疾病护理常规》的编写。

山东省对口支援单位立足于科学援建和灾区的长远发展，协助北川羌族自治县制订医疗质量管理制度和行动实施方案。按照方案要求，组织所有医疗卫生人员进行以医疗卫生法律法规、医院工作制度、医疗护理操作规范及诊疗标准为主要内容的学习，并针对重点科室、重点环节，对手术室、新生儿病房、消毒供应室、内窥镜、麻醉科、外科、妇产科、骨科等高风险重点科室进行全面检查。北川羌族自治县临时医疗保健中心严格按照国家二级乙等医院的标准，建立和完善各种规章制度，对各科室进行标示，制作导医图，规范各种医疗技术操作流程，恢复医院控制院内感染的各项措施和制度，基本实现网络化管理，电脑收费、划价，对设备、药品实行电脑出入库登记管理。北川羌族自治县临时医疗保健中心根据北川医疗惠民政策要求，受捐药品实行免费发放，持贫困证、低保证和残疾证的病人实行免诊断费，三大常规费减 30%，住院费减 50%；对住院病人、门诊病人进行详细登记，传染病病人及时登记和上报。

广东省对口支援汶川县医疗卫生队帮助受援卫生院完善和规范各项工作制度、诊疗常规和操作规范等管理制度，督促各项规章制度落实，以保证医疗安全。

抗震救灾后期，陕西灾区抓紧恢复灾区各项医疗保障制度的运行，妥善解决受灾群众看病就医问题。伤员应急救治工作完成后，受灾群众的医疗费用原则上通过现行社会保障制度解决；同时，不断推进灾区城镇居民基本医疗保险试点工作，确定 2009 年、2010 年灾区困难群众参加城镇居民基本医疗保险和新型农村合作医疗所需的个人缴费，由城乡医疗救助资金帮助解决。各级社会保险经办机构和农村合作医疗经办机构加强管理服务，按规定及时结算并支付医疗费用，切实维护城乡居民的基本医疗保障权益。

二　卫生防疫制度恢复完善

地震发生后，卫生部先后印发 9 个相关政策性文件，指导地震灾区的饮水和食品卫生安全保障工作。四川省卫生厅针对震后应急、过渡、常态等不同时期的饮水和食品安全，先后印发 20 多个指令性文件和技术方案，并编写《饮水卫生技术指导》，为卫生执法监督员提供现场指导资料。各对口支援省市帮助四川灾区制订卫生监督工作方案、食品中毒应急预案、专项整治实施方案和相关工作职责制度，恢复卫生监督网络化管理和监督协管员制度。

各对口支援省市按照灾区指挥部的安排部署，协助当地开展震后疾病预防控制工作情况排摸调研，对板房安置点呼吸道传染病防治现况、重点场所水和环境卫生、传染病防治管理、免疫规划、学校卫生、消毒与媒介生物控制、健康教育工作和疾控中心检验能力等进行现状评估。在排摸调研及与受援县充分协商的基础上，帮助灾区市、县制订卫生防疫的工作方案、技术方案、实施计划及相关制度规则。灾区各县落实灾后无大疫的各项控制措施，保障传染病监测、免疫规划、消杀灭工作、公共卫生（食品卫生、环境卫生）、健康教育和重大传染病控制等各项工作的顺利开展。

德阳市疾控中心在灾后防疫期间，先后制订地震灾害卫生防疫应急处置方案、灾后生活饮用水处理与外环境消毒、临时医疗救治点消毒、地震灾区预防接种实施方案，灾区预防接种异常反应处理方案，及灾后疫情监测与报告方案等 10 余个技术方案、技术要求和工作制度，明确职责，规范卫生防疫技术措施。自贡市和安县疾控中心疾控队伍共同组成应急处置队，制订《安县疾控中心救灾防疫应急处置技术方案》。

北京市支援什邡市医疗卫生队，帮助什邡市先后制订《什邡市病媒生物密度监测方案（试行）》《什邡市肛肠专业定期学术交流建议》《甲型 H1N1 流感防控工作应急预案》等震后卫生防疫应急预案。

天津市支援四川防疫队以“卫生防疫与灾后重建相结合、卫生防疫与公共卫生体系建设相结合”为方针，借鉴天津疾控中心的发展模式和思路，提出《松潘县公共卫生现状调查及应对策略》和《松潘县疾控中心建设规划》等建设性意见，均被采纳。

辽宁省对口支援队在对口支援安县期间，与安县疾控中心共同制订《安县震后饮用水水质检测方案》《灾后结核病防治工作方案》等符合当地实际情况、切实可行的工作方案，并先后撰写《安县受灾群众临时安置点卫生风险评估报告》《安县集中供水单位卫生风险评估报告》《安县疾病预防控制体系三年恢复重建规划》《安县卫生监督工作和卫生监督体系现状评估报告》等，对安县地震灾区整体卫生防疫工作情况进行评估和分析，为进一步做好对口支援和恢复重建工作提供重要参考依据。

吉林省援建队帮助黑水县制订《吉林省赶赴四川医疗卫生工作队对口支援黑水县卫生执法监督三年工作方案》《黑水县突发公共卫生事件应急预案》等预案，以及《样品采集、运送、交接保管制度》等8项实验室工作制度，为黑水县疾控中心检验工作的开展提出规划建议。

黑龙江省佳木斯市对口支援剑阁县卫生监督小分队，与剑阁县卫生局共同制订《剑阁县卫生局黑龙江对口支援剑阁灾区卫生监督工作方案》《灾后食品安全预防食物中毒应急预案》《生活饮用水专项整治工作方案》等6个工作方案，指导推进剑阁县卫生监督工作。

上海市对口支援队帮助都江堰市制订《都江堰市疾控中心2008—2010年业务工作奋斗目标》《都江堰市灾后过渡时期乡镇卫生防疫技术方案》《都江堰市灾后过渡阶段媒介生物防制和消毒工作技术方案》《新学年开学前后学校卫生工作要求（修改）》《安置点防保工作要求》《都江堰市秋、冬季呼吸道传染病防治工作方案》《都江堰市秋、冬季呼吸道传染病防治健康教育工作方案》等技术方案，编写《都江堰市乡镇卫生防保人员岗位责任制》和《乡镇防保人员督查工作手册》，进一步明确乡镇卫生防保人员岗位职责，规范工作流程和要求。同期，还协助都江堰市制订《都江堰市地震灾区预防接种实施方案》《都江堰市震后预防接种补建册、证和补种指导意见》《都江堰市震后过渡预防接种门诊建设要求》《都江堰市扩大国家免疫规划实施方案》等，完善了相关法规制度，以确保各项工作有序进行。在上海市对口支援协助下，都江堰市卫生局先后颁布《都江堰市卫生局关于进一步加强传染病防治工作的紧急通知》《关于恢复传染病疫情网络报告工作的紧急通知》《乡镇灾后卫生防疫长效机制考核方案》《都江堰市卫生局关于发出都江堰市重点传染病监测方案的通知》等文件，加强传染病监测、报告和管理的制度化和规范化建设，建立并实施乡镇、社区卫生监督协管员制度。

浙江省帮助青川县卫生局制订《灾后重建时期疾病预防控制工作方案》《灾后重建时期卫生监督工作方案》《灾后重建时期妇幼工作方案》等规章制度，使青川县灾后医疗卫生工作迅速恢复正常运行。

福建省卫生防疫监督对口支援队协助彭州市完善传染病报告及疾病（症状）监测报告制度，推进各乡镇落实疫情报告制度。安徽省卫生防疫监督队还协助松潘县制订《安徽省对口支援松潘县疾控中心实验室建设工作计划》。

江西省对口支援小金县医疗卫生队帮助小金县形成《小金县疾病预防控制体系现状的评估报

告》《小金县疾病预防控制体系发展规划和工作方案》《小金县疾病预防控制体系建设实施方案》《对小金县疾控中心的工作建议》。在进行客观评价的基础上，从队伍建设、传染病报告管理、免疫规划等 9 个方面，提出合理化建议和三年发展规划。

湖北省对口支援医疗队帮助汉源县完善实验室操作方案，制定《疫情报告管理工作标准》，对网络直报疫情实行日分析制度，对疫情监测报告进行严密管理；制定《传染病及肠道门诊管理规范》，规范霍乱、伤寒、痢疾等甲乙类传染病的阳性标本按生物安全要求送检和检测的方法，并建立原子吸收分光光度计、石墨炉、电导率仪和原子荧光分光光度计的操作规程。

湖南省对口支援队帮助理县起草《理县灾后重建（过渡期）疾病预防控制工作方案》《理县学校卫生检查考核办法》《健康教育工作计划》，并组织理县疾控中心工作人员指导乡镇卫生院、村卫生室开展疾病预防控制工作。

第二节 医疗卫生服务能力建设

在对口支援灾区工作中，来自全国各地的援建队伍在当地卫生行政部门和医疗机构的配合和支持下，以多种形式开展医疗卫生人员培养，提高其医疗服务综合水平和能力。全国各地派出的援助医疗队为灾区引进和推广一系列价廉、安全、实用、有效的新技术和新项目，完善灾区医疗设备、提高医疗水平，拓宽当地医疗机构的服务项目，促进医疗卫生服务能力的提高。（参见图 239）

图239 6月16日，陕西省人民医院与广元市第一人民医院结为友好医院揭牌仪式举行（陕西省人民医院 提供）

一　借助援建队伍提高自身能力

四川省卫生厅迅速调动省内非重灾区500余名医护人员，组成医疗救援队，奔赴都江堰、彭州、什邡、安县、北川、绵竹等极重灾县（市）开展紧急救治工作。转入对口支援阶段，四川省内各地又先后派遣353名医疗防疫监督人员于6月底和8月中旬到达极重灾区和重灾区，支援医疗卫生防疫恢复重建工作。

地震发生后的一个月内，四川省卫生厅先后接受来自全国各地和解放军、武警部队超过120余支医疗队、9100余人的医疗支援。仅卫生部就直接派出来自重庆、天津、上海、福建、辽宁、黑龙江、河南、安徽等29个省（区、市）的医疗队赴四川灾区开展伤病员救治及卫生防疫工作。转入对口支援阶段，按照国务院和卫生部的安排部署，非灾省（区、市）又分别于6月底和8月中旬两次派遣2259名医疗防疫监督人员对口支援灾区医疗卫生防疫工作。派遣对口支援的原则为：地市级医疗机构支援受灾县级医疗机构，县级医疗机构支援受灾乡镇卫生院，帮助恢复灾区县、乡、村三级医疗服务网络，指导基层医疗卫生服务或者开展巡回医疗，保障灾区人民的基本医疗服务，全力协助当地医疗卫生恢复重建工作。同时，选派政治素质高、业务能力强的管理和技术人员，通过与受援单位结对帮扶的方式，加强受援市、县的卫生队伍力量。

6月29日，北京市首批135人的对口支援医疗卫生队到达什邡，成员覆盖疾病控制、公共卫生、卫生监督、健康教育、实验室检验等多个专业领域。第二批对口支援医疗卫生队于10月7日到达。北京市前后共派出2批210名卫生防疫与监督队人员。

6月30日，山西省卫生厅组派首批对口支援医疗卫生工作队174人抵达茂县，覆盖茂县的县、乡28个医疗卫生机构，辐射149个行政村。

黑龙江省第一批21名对口支援医疗卫生人员于6月29日至9月28日陆续派出，第二批17名对口支援医疗卫生人员于10月9日至12月26日陆续派出。黑龙江省前后共派出5批72名对口支援医疗卫生人员。

上海市共派出3批678名对口支援医疗卫生人员，其中有高级职称的153人、中级职称的380人、初级职称的145人。

浙江省迅速组建医疗卫生援建队伍，于6月27日进驻青川县36个乡（镇），成为最早完成医疗卫生援建“无缝对接”和“全面覆盖”的省份之一。2008年内，浙江省共派出6批由各专业、中高级卫技人员组成的958名医疗卫生队员，进驻青川县各乡镇的医疗卫生机构，指导和参与日常门诊、手术和疾病预防控制、卫生监督和传帮带教等工作，共接收门诊病人70916人次，抢救危重病人878人，开展手术病例1500人次。

安徽省先后选派医疗卫生防疫队共12批，每批31人，共派出医疗卫生人员372人。

2008年内，福建省共派出3批451名医疗卫生人员，6月25日190名、7月14日215名、10月7日46名，对口支援彭州市。

江西省于6月27日派出47人组成的第一批对口支援医疗卫生防疫队，8月27日派出11人组成的第二批对口支援医疗卫生防疫队；2009年3月3日，派出第三批对口支援医疗卫生防疫队

11 人，6 月 3 日派出第四批对口支援医疗卫生防疫队 8 人。江西省前后派出 4 批共 77 名对口支援医疗卫生人员。

山东省第一批 212 名医疗卫生人员，于 6 月 26 日至 7 月 4 日进驻北川羌族自治县；截至 9 月 27 日，先后组派 3 批共 617 名医疗卫生人员对口支援北川。

6 月 22 日，河南省医疗防疫支援队共派出 97 名专业人员先期到达江油，卫生监督人员携带快速检测设备，协助江油市开展卫生监督工作；第二批工作队 30 名队员，分别于 8 月 29 日和 9 月 18 日抵达江油。

湖北省第三批赴四川灾区抗震救灾的 31 名医疗队员，于 7 月 7 日抵达汉源。

6 月 28 日，湖南省组建首批由 77 人组成的灾后重建医疗卫生工作队，于 30 日中午抵达理县。

广东省灾后派出广州等 13 个市的 162 名医疗卫生人员赴汶川，覆盖汶川县的全部乡镇。

截至 2009 年 7 月 26 日，重庆市派出 5 批 229 名卫生医疗队员赴崇州开展对口支援工作。

6 月底至 8 月中旬，四川省对口支援医疗防疫监督人员到位 2612 人，其中省内对口支援到位 353 人，省外对口支援到位 2259 人。到 8 月底，四川省已有 44821 名医疗卫生人员在极重灾区和重灾区开展医疗卫生援助工作。这些人员占极重灾区和重灾区原有卫生技术人员数的 15%，是因灾减员人数的 14 倍。支援人员基本上具有中高级职称，为灾区的医疗卫生服务功能恢复提供人力保障。

二　充实基层医疗卫生队伍

选派卫生干部基层挂职　为加强和充实灾区医疗卫生专业技术干部力量，帮助灾区恢复重建，尽快恢复医疗卫生体系和正常医疗卫生秩序，四川省委组织部、四川省卫生厅于 6 月上旬发出《关于选派卫生防疫专业技术干部到地震重灾区挂职的紧急通知》，要求各级卫生管理部门选派卫生防疫专业技术干部到地震重灾区挂职。

6 月 9 日，四川省卫生厅从厅直有关单位和部分市州卫生局直属单位，选派 12 名卫生防疫专业技术干部到地震重灾区挂职；省内部分市州也选派相关干部 19 名到灾区基层医疗卫生机构挂职。成都市卫生局在市医疗单位提拔 3 名优秀人才到基层单位担任院长；四川省人民医院医务处一名副处长被下派到德阳市卫生局任党委委员、副局长，挂职一年；绵竹、什邡等市卫生局均有其他市州的 1 ～ 3 人任卫生局副局长，时间为一年至一年半。中央国家机关相关部门，也选派干部到四川灾区挂职。7 月 10 日，中央博士服务团成员、中国疾控中心副研究员缪庆被派到德阳市卫生局任副局长，挂职一年。北京市卫生局派出 4 名医疗卫生管理干部，到什邡市卫生局及什邡市人民医院等单位挂职。山东省卫生厅也选派 5 名卫生干部，赴北川羌族自治县对口支援乡镇卫生院挂职任副院长。为进一步提高甘肃灾区医疗卫生专业技术水平，深圳市抽调 10 名专业技术人员到陇南市第一人民医院和武都区的医疗卫生机构，指导帮助灾后恢复重建工作。

灾区招聘卫生人员　地震造成极重灾区医疗卫生人员严重不足，如北川羌族自治县的县、乡医疗卫生机构有 150 余人在地震中遇难；而灾区生活环境差，条件艰苦，卫生专业技术人员缺乏，尤其乡镇基层缺员严重，如青川县差额率占 43.3%，前进、马公、苏河等乡卫生院仅有医疗卫生人员 1 ～ 2 人。

为填补灾区卫生人员缺口，充实一线卫生力量，恢复正常医疗卫生秩序，经四川省卫生厅会商四川省人事厅同意，灾区县（市、区）及以下医疗卫生单位，在编制内直接从取得普通高等院校大学本科及以上学历的人员中考核招聘，以填补卫生人员缺口；对工作急需或紧缺的专业，放宽到大专毕业生，组织招聘执业医师到乡镇卫生院服务。

成都市灾后引进医学专业博士研究生7名、硕士研究生55名、副高级以上职称人员8名。北川羌族自治县招聘补充65名卫生人员、都江堰市卫生局招聘200名卫生专业人员充实到卫生基层单位。6—8月，德阳市人民医院招聘临时护士33名；7月，震前招聘的56名医技、护理人员和其他专业技术人员到医院报到。什邡市通过到四川大学华西公共卫生学院、重庆医科大学、泸州医学院、川北医学院、成都中医药大学等高等院校“双选”优秀应届大学毕业生，对医疗卫生机构人员进行补充。德阳市旌阳区招录45名卫生人员补充原有的医疗卫生机构，缓解了人员急需状况。截至12月底，什邡市17家医疗卫生单位接收73名大学毕业生，什邡市人民医院还引进5名成熟人才充实到医院一线。其间，四川省18个极重灾和重灾县（市），新招聘医疗卫生人员1100余名，缓解灾区急需卫生人员的状况。

三　培训基层卫生人员

灾区省内培训基层卫生人才　四川省卫生厅在极重灾区和重灾区，先后举办急诊急救与心肺复苏、产科急救与新生儿窒息复苏、中医适宜技术、抗生素规范使用、心理卫生和传染病防治、计划免疫等方面的业务培训，启动“健康中国工程”四川地震重灾县基层卫生人员培训项目，培训超过1万人次。抗震救灾期间，四川省卫生厅还配合实施西部卫生人才培训项目，从四川省民族地区和艰苦边缘地区选拔技术骨干30人到三级医疗卫生机构免费培养一年，其中选拔地震极重灾区和重灾区人员22名；组织全省18名市（州）卫生局局长、副局长，17名地震受灾县（市、区）的卫生局局长、副局长，分别参加全国地市级卫生局局长培训班和全国县级卫生局局长培训班；举办2期市（州）卫生局、直属单位和三级医疗卫生机构负责人培训班，其中培训21个市（州）142个受灾县干部163人；组织选送6个重灾市（州）的742名技术骨干，到省级医疗卫生机构免费进修。

四川灾区各地医疗卫生机构采取各种形式、通过各种渠道加强各类卫生人员的各项专业技术培训，提高现有人员的业务技术水平。德阳市聘请省、市级专家举办学术专题讲座10次，派出28人参加省、市学术交流活动，派出32人到省、市级医院进修学习；同时，根据医疗卫生人员业务需要，举办医院管理知识培训班、中西医结合治疗代谢综合征概况培训班，召开骨科和内科学术交流会，组织中医临床疼痛管理及小针刀理论与技术巡回医疗活动，开展各项基本技能培训。自贡市卫生医疗防疫队参与协助安县疾控中心举办的扩大免疫规划培训会、肺结核防治工作会、碘缺乏防治工作会、艾滋病自愿咨询检测（VCT）项目工作会，对所有乡镇卫生院干部职工进行培训。

对口支援省市培训基层卫生人员　各对口支援省市把加强人员培训列入项目规划，从灾区各地医疗卫生机构实际需求出发，按照“转顶岗为带教、变输血为造血”思路，在查房、救治、防疫、监督实际工作中注重“传、帮、带”的作用，并采取下派人员授课、选送骨干到支援省市进修等方式，通过专题讲座、远程教育、现场传授、以会带训、带训下乡等形式，开展医疗、防

图240 西安交通大学医学院第二附属医院消化内科教授正在给灾区医院医务人员做学术报告
（李西英 摄）

疫、监督方面的业务技术、管理技能等各类培训，先后在灾区培训卫生人员10余万人次，促进了灾区卫生队伍建设。（参见图240）

重庆市卫生局对口支援崇州灾区，安排市级和区县级技术力量较强的医疗卫生机构作为培训基地，分层次、分类别、有针对性地接收崇州市级医院和乡镇卫生院医疗卫生人员免费进修培训，并由重庆市财政拨出专款为每名进修人员提供每月2400元食宿等生活补助。重庆市卫生局还邀请全国和本市知名医疗卫生专家，到崇州为当地医疗卫生人员进行短期集中培训。重庆市对口支援医疗分队专家组对崇州市医务人员坚持开展专题性讲座，每位成员每周在科室举行一次小讲座，每半月派出一位专家举办全院大讲座，并连续8天举办乡村医师继续教育培训班，使来自崇州市24个乡（镇）的乡村医师及部分乡镇公立卫生院医师近160人得到培训。重庆市有关专家结合乡村医师工作实际，开设外伤的紧急处理、抗生素的合理使用、高血压的诊断与治疗等课程进行培训，以提高乡村医师的临床思维及诊治水平。疾控分队专家在崇州进行灾后疾病监测、现场消杀技术的培训，以“一起聚餐引起的霍乱暴发”为案例，对崇州市疾控中心业务人员进行现场流行病学调查培训；同时，帮助崇州市疾控中心制订《传染性疾病流行应急方案》和《灾后突发公共卫生事件应急处理演练方案》。卫生监督分队开展以食品和饮用水现场快速检测为专题的卫生监督业务知识培训，与崇州市卫生行政执法大队共同举办全市饮用水卫生安全培训会等。重庆市第三批卫生监督分队还分别就“食品卫生监督采样”“食物中毒报告与调查报告书写技巧”“Auto CAD（绘图技术软件）在食品经营场所平面布局图设计中的应用”等课题，对崇州市卫生执法大队进行培训交流，进一步帮助其加强监督执法能力建设。截至2009年4月，重庆市对口支援人员在崇州举办医疗卫生管理短期培训班培训医务人员196名，开设专题讲座和讲课747次，查房带教484人次，讨论传教疑难病例314例，接收2批62名崇州市医疗卫生技术人员到重庆进修学习，并计划3年内为崇州市培训600名（次）医疗卫生技术人员。

北京市在对口支援什邡市医疗防疫工作时，侧重传授管理理念与最新的防控策略，培养当地业务能手，加强人才培养，分科目、分批次对当地医疗卫生人员开展业务培训。北京市对口支援卫生防疫队与什邡市城关2个街道和周边16个乡（镇）、街道办事处合作，以防止突发公共卫生事件、传染病和计划免疫、病媒防制及应知应会的健康知识为主，针对政府人员、卫生人员开展培训共91次，参加人员达1.94万余人次，为当地基层培养了一支卫生防疫专业队伍。

河北省对口支援人员采用讲座、查房、示教和研讨等形式，培训平武县乡镇基层医疗卫生人员1.78万人次，帮助基层卫生院人员掌握医疗救治和卫生防疫基本技能，并采用“一带一、手把手”方式，为平武县医疗机构培养一批业务骨干。

辽宁省援建医疗工作队对安县所在医院医务人员，有针对性地开展基本理论、基本技能、基础知识及新的诊疗技术培训和讲座活动，利用查房、会诊及病例讨论机会传、帮、带、教，指导所在科室提高业务技术水平，形成专病专治、人有专长、科有特色的局面。

吉林省对口支援专家在黑水县先后开展教学查房102次，举办全院大型学术讲座34次、科内讲课80多次，组织疑难危重病例讨论30多次，帮助开展新技术新项目20项，指导和实施各类手术67例，提高了医院医护人员的专业技术水平，推动医院学科建设和人才梯队的发展。

黑龙江省卫生医疗队与剑阁县卫生局共同研究制订《剑阁县乡镇卫生院人才培养方案》，组织专家定期对乡镇卫生人员分片集中进行业务培训，并针对CT、B超、放射、临床生化检验等技术操作进行重点培训指导，收到明显成效。截至11月，黑龙江省卫生医疗队先后举办大型培训班3期、专题讲座28期，组织开展集中学习活动累计170学时。黑龙江省卫生医疗队疾病控制分队还先后举办消毒效果监测、实验室安全防护、灾后乡镇疾病控制和卫生应急、病原菌的分类鉴定等各类培训班多次，累计培训553人次；同时将对口支援期间所有培训课件和相关技术资料分别编印成册，并刻录光盘，连同参考教材全部赠予剑阁县疾控中心。

上海市对口支援前方工作组统一制定上海市医疗卫生系统援建人员一对一结对帮教协议书，规定各医疗队员分别与受援医疗机构的相关人员结对帮教，而各医疗队则灵活机动地采取“一对二、一对三”的形式，力求在较短时间内使更多的当地医务人员的业务水平得到提高。长宁区医疗队为卫生院的中医师和重点村卫生站的医师开展中医适宜技术知识培训、临床示范和带教等工作，为当地培养了一支院、村二级开展中医适宜技术的队伍。其间，上海市帮助都江堰市24家乡镇卫生院（分院）建立远程医学教育点，选派150名专家赴都江堰市开展专项讲学授课和带教活动，对乡镇卫生院的全科医师和护士进行规范化培养；同时组织灾区卫生管理干部、全科医师、护理骨干、临床业务骨干、学科带头人522人，到上海进行为期6个月或1年的进修和培训。

江苏省医疗卫生总队以“摸清情况、整体推进、重点突出、规划优先、适度超前”为指导思想，整合覆盖8个专业、16个专科的专家资源，建成专业结构较为齐全、职称层次合理的医疗卫生专家平台，用于帮助解决医疗大队和各分队队员在临床医疗过程中遇到的疑难问题。同时，协助建立当地医院（卫生院）的医疗质量和医院管理规范，提升医院（卫生院）的综合实力和专科学术地位；并组织40余位专家采取定期或不定期举办业务技术讲座、深入医疗机构教学查房、手术演示、专家门诊、现场指导等多种形式，对绵竹市各级医疗卫生机构卫技人员（包括市本级、乡镇及村医疗卫生机构）进行全员培训。7月2日，江苏省对口支援绵竹市医疗卫生总队“江苏卫生流动教室”首度开讲，第一站到达绵竹市广济镇后，着重就加工销售熟食卤菜的关键环节、食品销售的基本卫生要求、预防食物中毒的注意事项、集中式供水点的防护规定和消毒常识、居民饮用水的消毒方法5个方面的内容进行培训。

浙江省卫生厅及时调整工作任务和队员的专业构成，由顶岗替班为主的援建，转变为医疗卫生服务与全方位、多角度的临床带教与培训相结合的援建方式。在援建中，组织专家编写涵盖内科、外科、妇产科、儿科、中医科、康复科、精神卫生科、社区卫生、疾病预防、卫生监督等学科系列培训教材，送到青川县所有医务人员的手中；并与青川方面共同研究制定为期一年半的培训课程和教学大纲，分别采取集中面授、网络远程培训、区域集中小讲课，及医疗队员传、帮、带和接收到浙江进修等多种形式，努力使智力“软”支援取得“硬”成效。（参见图 241）

安徽省医疗专家进驻松潘县人民医院后，组织全院学习医院感染管理知识，指导手术室护士长加强各个环节、各个部位的消毒、监测、管理和医疗废物处置。专家还根据各自专业特长，与松潘县医疗卫生人员一一结对，带教示范诊疗患者，传授医疗专业技术，帮助解决疑难问题。同时，制订针对性培训带教计划，按计划进行医疗业务讲座、科室业务学习、教学查房、手术及新技术操作演示、危重病人床边诊治示范。每天科室有小讲座，每周全院有大讲座，平均每月全县有一类培训班，累计培训各专业医护人员近 2000 余人次。针对松潘县妇幼保健工作的需求，专家以孕产妇死亡评审和落实托幼机构儿童保健制度作为妇幼保健工作的突破口，开展专业培训和模拟评审演练，强化托幼机构儿童保健制度的落实，使松潘县妇幼保健站的医护人员熟练掌握了孕产妇死亡评审的规范方法。

图 241　7 月 27 日，浙江省对口支援青川县的国内首个支援地震灾区网络医疗服务平台开通仪式举行
（浙江省卫生厅　提供）

江西省对口支援卫生医疗队培训小金县乡村卫生防疫人员620余人次，举办各类医学知识讲座37场次，培训人员1.7万余人次，推广新技术21项，开展新手术16项、微创手术2项。

山东省在对口支援北川羌族自治县时，注重对当地医护人员的培训。首批15名北川医护人员，分别被安排在山东省立医院、齐鲁医院、山东省中医院3家山东省一流医疗单位进行为期一年的进修学习。7月，山东省临沂卫生学校就当地卫生技术人才的培养，同通口镇政府签订协议，由临沂卫校支持近20万元，为通口镇培养20名当地中专生，学制3年，学成后回通口镇工作。

河南省疾控支队协助江油市受援单位编写《实验室与实验室管理》《分析质量控制》《实验室资质认定》等有关实验室管理的讲义，对实验室全体人员进行培训，并指导、协助编写《江油市卫生应急技术手册》，完善卫生应急装备，组织、实施应急演练。第四批医疗队与江油市受援单位共同研究制订《江油市流感样病例暴发疫情处理预案》，切实提高受援单位疫情应急处置预案的制订技能，以及应对、处置突发公共卫生事件实战能力。截至8月30日，河南省第一批医疗防疫总队相继培训100多课次，培训卫生人员18957人次。

湖北省对口支援卫生医疗队举办汉源县儿童预防接种信息化管理系统建设试点培训班。

深圳市每年给甘肃省卫生系统提供100名进修计划，接收受援单位医务工作者和医院管理人员到深圳免费学习、进修，第一批50名灾区医疗卫生人员于当年10月赴深圳学习。

陕西灾区的宁强县和略阳县，与天津市卫生局初步签订了长期的人才培养和进修的工作计划。

军队培养灾区卫生人才　5月17日下午，卢世璧、陈香美以及解放军总医院主任医师、博士生导师张伯勋在成都军区总医院学术交流中心举办震伤救治专业知识讲座。21日傍晚，卢世璧巡诊时，在青川县乐安寺乡通坝村的医疗队帐篷前为解放军总医院的10余名医护人员讲授急救技能。陈香美在成都军区总医院指导治疗期间，对医护人员进行危重伤员治疗方法与模式培训，并在成都军区总医院与华西医学中心进行学术交流，讲授地震伤员救治知识。

5月18日，成都军区疾控中心防疫队作为首支空降到茂县的军队防疫力量，被指定为茂县卫生防疫的牵头负责单位，负责组织开展茂县的灾后卫生防疫工作。他们先后派出4批24人次防疫专家进驻10个乡（镇），对100余名乡镇、村防疫人员进行专业培训，举办防疫讲座26场、现场教学示范40余次。

兰州、北京、沈阳、广州等各军区医疗防疫队针对卫生防疫实际情况，采用一对一帮扶、共同坐诊、专题讨论及接收灾区医务人员进修等多种形式，进行技术指导。针对陇南地区医疗资源贫乏、专业技术人才短缺的实际，兰州军区总医院医疗队先后与当地3家医院和7所乡镇医院签订对口帮建协议，及时派出医疗骨干深入到县医院、乡镇卫生院，参加当地医院、卫生所的门诊、查房和手术，给医务人员进行专业知识的培训和业务技术指导。兰州军区第一医院医疗队回撤后，分别接收舟曲县医院、乡卫生院的医师及护理人员15人次到医院进修。

兰州军区第三医院医疗队针对救灾后期医疗救援任务相对减少，陕西地震灾区宁强县和略阳县医疗水平相对落后的实际，确立“建一点、帮一院、巡一区、带一片”的“四个一”的工作思路，即在灾区群众相对集中的安置点设立一个相对固定的医疗点，与一所县医院结成帮建对子进行技术帮带，对受灾严重的一个区域进行不间断的拉网式巡诊，对偏远乡村的乡村医师进行业务技术培训，带动基层医疗水平的整体提高。医疗队在略阳县城最大的灾区群众安置点设立固定医疗点，每天派医护人员驻守接诊，帮助洗消防疫，每周都集中两天时间派专人深入科室以查房方式带教，对疑难手术则随时派人参与和指导。与此同时，下乡巡诊工作在两县的6个受灾乡（镇）全面展开，接诊近万名村民。医疗队还深入到偏僻的乡镇卫生院，集中培训乡村医师，先后举办培训班7期，培训近百名最基层的医务工作者。

兰州军区防疫队针对乡村大部分防疫人员基本技能不扎实、对震灾后如何开展卫生防疫工作掌握不全面，在一定程度上影响乡村卫生防疫工作整体质量的情况，组织专业人员编印防疫培训教材140份，于6月23日对绵竹市广济镇120名卫生防疫人员进行为期半天的培训。通过专题讲解和重点示范，使当地卫生防疫人员基本掌握疾病监控、卫生监督以及消杀灭等方面的技术与要求，为乡村培养一批技术骨干，使卫生防疫工作得以持续发展。

沈阳军区北川野战医院将北川羌族自治县医院、中医院和擂鼓镇卫生院作为帮扶对象，安排3所医院12名医务人员到野战医院参加培训，制订帮带计划，落实帮带目标、任务、对象和内容。绵竹野战医院与遵道镇卫生院联合办院，一帮一结对，共同组织医疗常规检查、病例研究、医疗文书登记，请镇医院医师参与手术400余例，帮带效果十分明显。青川野战医院将青川县人民医院、中医院和木鱼镇卫生院作为帮扶对象，边坐诊边培训医疗骨干，并签订长期帮带协议。

北京军区医疗队从军区总医院和第261医院两支医疗队抽组由普通外科、肝胆外科、胸外科和骨科等相关科室29人参加的专家手术小组，运用配备的野战手术车、野战X光车、野战急救车，携带先进的手术麻醉器材和急需药品，组成“华益慰野战流动专家手术队”，把手术车直接开到灾区群众安置点、街道社区，让灾区群众足不出户就能享受到专家高超的技术服务。流动专家手术队每次开展手术时，邀请当地医师参与，同台会诊、同台手术，使每一次手术都做到既是手术台，又是传授技术的讲台。6月15日，流动专家手术队的两名专家，与都江堰市第二人民医院的一名医师同台手术，成功为一名胆囊结石患者实施腹腔镜下胆囊摘除手术。北京军区医疗队先后与中国水电十局医院、都江堰骨伤科医院、向峨乡卫生院的医务人员同台操作36台手术，对近百名医务人员进行现场传帮带。

北京军区总医院医疗队和都江堰市中国水电十局医院、骨伤医院、奎光社区医院、翔凤桥社区医疗救护站、幸福小区医疗救护站联系，通过举办业务培训、联合查房、联合会诊、手术示范等形式，对村、乡、县、市四级医护人员进行专业技术培训。6月16日，北京军区总医院医疗队都江堰分队和中国水电十局医院签订对口帮带协议书，商定每年组派医疗队进行技术帮带，协助诊治疑难病例，实施危重患者抢救和重大手术，帮助开展临床新技术、新业务，接收水电十局医院3名医师、3名护士免费进修。

济南军区第91医院医疗队主动与平武县响岩镇卫生院联系，与响岩镇卫生院建立为期40天帮扶计划，通过培训骨干、学术讲座、巡回医疗、卫生宣教等方式，提高医务人员的救治能力。

第二炮兵总医院医疗队每日抽调7～15名医护骨干，到捐建的北川羌族自治县擂鼓镇红星卫生院、绵竹市广济镇长缨卫生院与卫生院医务人员一起值班、诊治伤病群众，提高卫生院医务人员的业务水平。解放军第537医院医疗队每日抽调8名医护骨干到捐建的安县高川乡长缨卫生院，与卫生院医务人员一起门诊值班和查房，指导业务，对卫生院医务人员进行业务技术帮带。第二炮兵总医院与北川羌族自治县和绵竹市卫生局签署长期技术支持协议，每年接受北川羌族自治县播鼓镇红星卫生院和绵竹市广济镇长缨卫生院医务人员到院进修，免除进修费用，并提供免费的食宿保障。第537医院与安县卫生局签署长期技术支持协议，每年接受安县高川乡长缨卫生院医务人员到该院进修，免除进修费用，并提供免费的食宿保障。

5月24日，第三军医大学西南医院医疗队根据任务需求，对队员组成进行调整，在医疗队与医院进行技术帮带交流基础上，增补普通外科、关节外科、神经外科、胸心外科、急救部等8名专家，组织妇产科、肿瘤科、肾内科、超声科专家进行短期专项技术指导。通过有针对性的技术帮带，定点传授示教，开展尿动力学、神经阻滞麻醉、脑干及脊髓髓内肿瘤、房颤的外科治疗等学术讲座15次。

军事医学科学院防疫队对汶川县的乡镇卫生院防疫医师、村寨医务人员和村干部、村民群众分别进行防疫知识和技术培训，共培训防疫骨干69批、1230余人次。

四　引进医疗技术项目

河北省对口支援医疗队帮助平武县开展临床诊疗新技术、新项目68项，成功开展的双侧卵巢囊性肿瘤剥除、腹腔镜剖腹探查及甲状舌管囊肿摘除等手术，填补了当地临床手术空白。

山西省对口支援茂县因地制宜创造性地开展微创颅内血肿清除术、大隐静脉高位结扎与剥脱手术、脑内血肿置管引流术、阻生埋伏牙拔除术等新业务和新技术，填补当地医疗卫生技术空白。

吉林省卫生厅帮助黑水县妇幼保健所组建手术室，成功开展剖宫产、阴道前壁脱垂术等多项手术，并首次在黑水县妇幼保健所利用超声技术开展宫外孕、消化道穿孔等5种疾病的诊断和超声引导下穿刺等技术项目。

黑龙江省人民医院专家为剑阁县医院提出加强消化内镜治疗工作和消化道肿瘤病人规范化化疗的建议，并带动开展妇产科腔镜手术，举办乳腺钼钯摄影常见疾病诊治的全院性学术讲座，参与术前及疑难危重病人的会诊讨论，指导并协助当地医师开展全髋关节置换术、腰椎后路椎板减压、钉棒系统内固定术等手术治疗。协助建立纤维支气管镜室，开展肺功能的检查，帮助建立神经康复的流程等。黑龙江医疗队共为剑阁县医疗机构引进新技术18项。

上海市华东医院派出的医疗队，结合都江堰市第二人民医院的医疗资源，选择开展适合“板房医院”，并容易为医务人员掌握的适宜技术。在内科开展胸腔置管引流技术，利用深静脉导管进行胸腔穿刺并留置，解决长期胸水的肺癌患者需反复穿刺抽取胸水的问题，并在眼科开展泪囊破裂试验以及泪腺分泌试验等。上海市曙光医院派出的医疗队，示范和推广单穴电针治疗腰椎间盘突出症和颈腰腿痛综合中医手法治疗。上海市仁济医院派出的医疗队推广骨折内固定接骨技术（骨科创伤AO）治疗原则、腹膜外剖宫产等。上海市申康医院派出的医疗队，开展经阴道全子宫切除手术、腰麻—硬膜外联合麻醉穿刺。普陀区医院派出的医疗队，结合都江堰市玉堂镇卫生院的基本情况，将内痔吸扎术引进卫生院，带教当地两名医师掌握此项操作技术，先后开展手术80例，取得良好的医疗效果。松江区医院派出的医疗队，通过后方邮寄的两只血糖仪，在当地开展血糖检测及心电图机的操作使用。杨浦区医院派出的医疗队，开展不明原因肺炎病例、犬伤救治、急救等应急演练活动，提高当地卫生院的医疗应急水平。

江苏省医疗防疫援建队帮助绵竹市医疗机构开展新技术、新项目，提高诊疗水平。在总结抗震救灾医疗卫生应急救援和恢复重建经验后，编写出版《地震灾难医学》一书，用于指导抗震救灾医学应急工作。

浙江省医疗队在平武县阔达藏族乡巡诊时发现，很多小儿和成人出现红丘疹，小儿发病率达80%以上，有的孩子因奇痒难忍而抓破皮肤，流血感染。医疗队利用网络医疗服务平台进行远程会诊，把病情拍成照片，发送到千里之外的浙江大学医学院附属第一医院皮肤科副主任、副主任医师方德仁的电子邮箱。方德仁坐在电脑前一边仔细研究，一边用电话联系询问病情细节，诊断为潮湿环境螨虫叮咬所致丘疹性荨麻疹，建议止痒对症处理，防止抓破感染。驻灾区医疗队立即向当地卫生所医师通报诊断及处理方法，很快解决这一疑难问题。

彭州市医疗机构借助福建省卫生医疗队的优势，引进血液透析、血液灌流、心导管介入治疗等60余项新技术，医疗卫生服务质量明显提高。

安徽省医疗队为松潘县人民医院引入的新技术新项目涵盖消化、急诊、普外、妇产科、儿科、B超影像检查、麻醉科及护理等专业。婴儿颈静脉采血术、腹膜外剖宫产术、腰硬联合麻醉术、静脉泵术后镇痛应用、胃镜胶在胃镜检查中的应用、无张力疝修补术等59项新技术新项目在临床中广泛应用，当地医务人员已能够独立开展部分项目。

江西省帮助对口支援小金县医疗单位开设新科室，运用新技术，开展新项目。截至2009年7月20日，应用新技术开展脊柱外伤修复、骨折不愈合钢板断裂再手术和宫颈学及电子阴道镜检查等技术27项，开展新手术16项、微创手术2项，指导县中藏医院成立风湿专科、肛肠专科，使医院医疗服务能力得到快速提升。

山东省发挥后方优势，建立集日常就诊、疑难杂病会诊、现场教学等功能于一体的北川远程医学会诊中心，在北川羌族自治县医院与山东省综合实力最强的山东省立医院之间，搭起便捷的医疗资源共享桥梁。

河南省发挥专家优势，指导帮助江油市医疗机构及业务人员开展胸外科、普外科、眼科、底物稳定剂（PPCD）等10余项新手术。在河南医疗专家的指导下，江油市中医院成功完成首例胃癌根治术。

重庆市医疗专家组帮助崇州市人民医院制定一套内科诊疗规范，先后开展了阴式子宫切除术、宫腔镜下子宫肌瘤电切术、腹腔镜下子宫肌瘤摘除术、卵巢癌细胞减灭术＋大网膜切除术＋腹腔化疗术、宫颈癌广泛性子宫切除术＋盆腔淋巴结清扫术＋卵巢移位术等11项妇科新技术手术。

资阳市医疗队在对口支援什邡市第二人民医院时，开展门奇断流＋巨脾切除术，帮助什邡市提高医疗技术水平。4名护理人员在板房临时病区护理30余名灾后康复病人，运用心理干预护理帮助病人走出灾难阴影；同时，手把手带教低年资护士，指导科室由责任制护理逐步改为整体护理。

5月20日，解放军总医院高级专家医疗队主动对当地医院进行技术帮扶与科研带动。陈香美积极与医疗器械公司联系，为医院捐赠床旁持续血液透析（CRRT）设备；又向总医院请示，从北京增调肾科医师和护士5人，乘民航飞机火速前往成都，并在抵达当天和成都军区总医院的医护人员联合组建CRRT治疗小组，成立CRRT病房。肾科的医护人员同医疗队其他专业的专家们配合，保证每天平均7～9台CRRT机器运转，使伤病人转危为安。解放军总医院第五医疗分队在第452医院的院内和科内开展学术讲座43次，专家进行会诊132次。同时，充分利用救治过程中的一手资料，初步完成科研论文12篇，帮助第452医院开展新技术、新业务30余项。6月29日，解放军总医院医疗队协助四川大学华西第二医院，在野战手术车内成功开展腹腔镜下胆囊切除手术，并通过远程系统与临床部主任邹一平、王卓强现场交流和手术直播。解放军第304医院临床部与都江堰市中医院开办联合门诊，骨科主任吴文闻把骨外固定架等获奖的先进技术应用到灾区。

第三军医大学第一医疗队，在德阳人民医院开展或指导推进包括腹腔镜胃癌治疗、冠状动脉搭桥、骨关节微创手术、肿瘤立体定向治疗、产前诊断等16项新技术新业务。第四医疗队还负责给成都军区总医院的各个科室作学术讲座，举办关于胃癌规范化治疗和肝胆胰外科微创化研究、妇科手术技巧及并发症的处理、腹壁疝腹腔镜下修补术、腹腔镜下胃间质瘤手术、外伤性玻璃体切割手术技术及进展、特发性视神经炎的诊断及其存在的问题等讲座。

抗震救灾期间，兰州军区总医院帮助陇南灾区开展新技术新业务，提高当地医务人员的综合救治能力，先后帮助陇南市第一人民医院、武都区医院完成12例高难度手术，开展新技术新业务15项。

第六篇

救援保障

汶川特大地震发生后，抗震救灾用于医疗救治和卫生防疫紧急需求的药品、医疗器械多达数十万件、消杀物资上千吨，几乎相当于灾区正常状态下 3 年以上的用量。为确保地震伤员得到及时有效救治和卫生防疫工作规范有序开展，中央财政迅即拨付抗震救灾医疗救治和卫生防疫专项资金，发展改革委紧急调用和采购药品和医疗器械，卫生部紧急组织和调拨医用物资、血液和代血浆，质检总局紧急调集防疫和监督车辆、消杀药品、食品和水质快速检测设备，农业部调拨消毒药品、机动喷雾器、防护服，解放军和武警部队调集药品、卫生装备等迅速通过铁路、陆路、空运等各种方式运抵灾区，军队、民航和铁路、交通部门建立医用物资运输绿色通道，全力保障抗震救灾医疗防疫物资供应。截至 9 月 15 日，四川、甘肃、陕西等地灾区共收到发展改革委和卫生部划拨、国内外捐赠和省内生产临时采购的抗震救灾药品 42.84 万件、医疗器械 19.65 万件（台）、消杀物资 5999.45 吨。食品药品监督管理部门在物资接收、分配、储存各个环节加强监管，全力保障抗震救灾医用物资的使用安全，并及时调剂处置剩余医用物资。

抗震救灾的血液保障有序而平稳地进行。卫生部建立血液保障体系，将血液管理关口前移，对灾区急需的血液采集、供应和外调实行统一管理，在全国确定 14 个省（市）为血液储备单位。总后勤部卫生部确定解放军重庆血站、成都血站和解放军南京血液中心、沈阳血液中心，为军队应急血液供应保障单位。各血液中心、血站全面启动抗震救灾血液保障机制，加大采血力度，采取科学的运输方法，保障血液供应质量安全和及时到位。

抗震救灾初期，多数医疗防疫救援人员工作、生活条件较差，存在各种安全隐患。参加医疗防疫的国家机关、灾区省政府积极协调，加强后勤安全保障工作，使医疗防疫救援人员的生活工作条件得以改善、人身安全得到保障。

第一章　医用物资保障

汶川特大地震发生后，医疗救治和卫生防疫所急需的药品、医疗器械与消杀物资等医用物资，主要来自发展改革委、卫生部、质检总局、农业部等中央有关部门调拨、灾区省内调拨、采购和部队支援以及社会各界捐赠等。各级卫生行政及相关部门积极组织调配急需药品和医疗器械，为灾区恢复医疗秩序和救治功能提供医用物资保障。

地震发生后，发展改革委紧急协调有关企业采购灾区急需的医疗防疫药品，发出做好中央医药储备物资接收工作的紧急通知，要求四川省、甘肃省、陕西省政府组织好救灾医药用品的接收工作。为保证调集的救灾医药用品及时到达灾区，交通运输部门对运送救灾物资的车辆一律免收通行费；铁道部门成立救灾运输调度台，统筹运力和装卸；民航调集大批运输飞机，免收相关费用。

四川等地灾区的省级政府及财政、卫生和纪委、监察等部门，分别从生产、运输、接收储存、调配和资金支付等各个环节，加强医用物资监管工作，对剩余医用物资调拨使用，使剩余医用物资得到妥善处置。

第一节　医用物资需求与供应

抗震救灾医用物资包括发展改革委紧急协调有关企业采购灾区急需的医疗防疫药品，卫生部、质检总局、农业部紧急组织和调拨的医用物资，解放军、武警部队组织调拨的医用物资和卫生装备，四川、甘肃、陕西等灾区省协调在省内调拨的医药物资及国际国内捐赠的医药物资等。医用物资捐赠内容，参见《汶川特大地震抗震救灾志 · 社会赈灾志》，本卷不作记述。

一 医用物资需求

地震造成大量的人员伤亡，灾区急需各种医用物资救治地震伤员和开展卫生防疫工作。5月15日，四川省政府网站首次发布《“5·12”抗震救灾急需捐赠药械目录》。目录包含灾区医疗救治和卫生防疫急需的药品13种、消毒用品6种、医疗器械及医疗设备24种、其他物资6种。其中，药品包括破伤风人免疫球蛋白针、盐酸曲马多注射液（2毫升）、阿米卡星洗剂（50毫升：125毫克）、2%碘酊500毫升、6%羟乙基淀粉130/0.4氯化钠注射液500毫升、聚维酮碘溶液、青霉素、头孢胶囊、头孢唑林、丁胺卡那霉素、环丙沙星、头孢呋辛等；消毒用品包括84消毒液、灭菌泡腾片、漂白粉、优氯净、敌敌畏、喷雾器等；医疗器械及医疗设备包括心电多功能监护仪、床旁X光机、X光片、氧化瓶加氧气表、石膏、绷带、呼吸机、一次性喉镜、骨科夹板（上、下肢）、纱布、股骨髓内钉、胫骨髓内钉、骨盆重建钢板、螺钉、干骨后端支持钢板、干骨后端锁定钢板、普通4孔（6孔、8孔、12孔）接骨板、外固定支架、伤口敷料、气垫床、负压吸收伤口敷料、心电监护仪、牵引弓、牵引架等；其他物资包括病床、床垫、被套、棉絮、枕芯推床、轮椅等。

此药品目录于5月20日在食品药品监管局网站公布。随后食品药品监管局网站分别在5月22日、25日与28日陆续公布由四川省政府抗震救灾指挥部医疗用品供需组提供的灾区急需药械目录。

5月22日，食品药品监管局网站第二次公布抗震救灾急需药械目录，其中特别急需急救药品包括抗休克药肾上腺素针、解毒药阿托品针、亚甲蓝针，抗生素药品头孢类（针、胶囊、片）、氨基糖苷类阿米卡星（洗剂）、喹诺酮类氧氟沙星等（针、胶囊、片）、抗厌氧菌类替硝唑针等，生物制品冻干人血白蛋白、精制抗蛇毒血清、凝血Ⅷ因子、纤维蛋白原等；常用药品包括盐酸小檗碱、藿香正气水、多潘立酮片（吗丁林）、口服补液盐、抗病毒颗粒（片）、氨咖黄敏颗粒（胶囊、片）、VC银翘片、口服蜡样芽孢杆菌活菌片、甘露聚糖口服制剂、诺氟沙星胶囊、氯霉素滴眼液、红霉素眼膏、云南白药（各种剂型）、聚维酮碘溶液（碘伏）等；特别急需消杀灭药品及用具包括急需奋斗呐、灭菌泡腾片、漂白粉、优氯净、溴氢菊酯等，喷雾器、一次性隔离服、一次性鞋套、活性炭防护口罩、耐酸手套，多参数心电多功能监测仪、床旁X射线机、氧气瓶加氧气表，骨科夹板（上、下肢）、纱布，伤口敷料、负压吸引器、牵引弓、牵引架、引流管等器械及设备，推床、轮椅等物资；其他急需用品包括消杀灭药品三氯异氰尿水钠、84消毒液，石膏绷带、绷带、医用纱布口罩、防护服、防护服口罩，呼吸机、一次性喉镜、股骨髓内钉、胫骨髓内钉、骨盆重建钢板、螺钉、干骨后端支持钢板、干骨后端锁定钢板、普通4孔（6孔、8孔、12孔）接骨板、外固定支架、气垫床、心电监护仪和病床、床垫、被套、棉絮、枕芯等。

5月25日，食品药品监管局网站第三次公布抗震救灾急需药械目录，药械品种大幅减少，其中急需药品包括抗休克肾上腺素针、三四代头孢类（针、胶囊、片）、氧氟沙星胶囊、精制抗蛇毒血清、纤维蛋白原、藿香正气水、多潘立酮片（吗丁林）、云南白药（各种剂型）等，急需器械及设备包括一次性防护服、活性炭防护口罩、夹板、骨科内外固定材料等。

5月26日，为提高筹集医用物资的针对性和实用性，四川省抗震救灾指挥部医疗保障组发布

《四川省抗震救灾医用物资需求公示制度》。制度规定抗震救灾医用物资需求制定流程，主要内容是：医疗救治组和疾病防控组依据全省抗震救灾医疗保障工作实际，制订3天医疗救援和卫生防疫所需抗震救灾医用物资需求计划，经组长审签后送医疗用品供需组。医疗用品供需组依据医疗救治组和疾病防控组提供的抗震救灾医用物资需求计划，结合当时抗震救灾实际和医用物资实际库存量，拟出《四川省抗震救灾医用物资需求目录》。《四川省抗震救灾医用物资需求目录》经医疗用品供需组组长审核后，报四川省抗震救灾指挥部医疗保障组组长审签后发出。急需抗震救灾医用物资，主要指抗震救灾一线医疗及卫生防疫单位缺乏的医用物资，或品种、数量不能满足当前抗震救灾医疗救援和卫生防疫应急工作，急需向社会征集的药品、医疗器械和消杀灭用品。暂不需要的抗震救灾医用物资，主要指有一定库存、能满足较短时间应急所需的药品、医疗器械和消杀灭用品，暂时不向社会征集。与抗震救灾关联不太密切的，可作为日常医疗服务和卫生防疫所需的药品、医疗器械。捐赠者确有捐赠意愿，可以接受单位和个人捐赠。《四川省抗震救灾医用物资需求目录》以四川省抗震救灾指挥部的名义向社会发布，原则上根据抗震救灾医疗救援和卫生防疫工作实际，每3天更新一次。

5月28日，食品药品监管局网站第四次公布抗震救灾急需药械目录。灾区急需冻干人血白蛋白、黄连素（片）、诺氟沙星胶囊（片）、VC银翘片抗病毒颗粒（片）、藿香正气液（水）、清热解毒口服液、口服蜡样芽孢杆菌活菌片、阿昔洛韦、地塞米松软膏、达克宁、皮炎平及各类眼药水和眼膏等药品。急需医疗器械及设备包括一次性防护服、呼吸机、多参数心电多功能监测仪、床旁X光机、B超机、银针、火罐等。此外，灾区还急需灭菌泡腾片、奋斗呐等消杀灭药品及用品以及煎药机、包装机、包装袋、大型保温桶等相关物资。

二　中央医用物资供应

发展改革委医用物资供应　地震灾区医疗防疫救援物资的筹集和供应工作，主要由发展改革委负责。

5月12日晚，接到四川灾区急需11个品种的药品报告后，发展改革委经济运行局立即安排将7个储备品种的药品发往成都；接着，又从4家中央医药储备承担单位调拨了14种医药用品，其中呼吸机350台、床旁X光机17台、止痛针2万支、头孢胶囊和青霉素各5万盒、人血白蛋白357支、绷带15万卷、骨科夹板2万个，分别从北京、上海、武汉、深圳机场启运到成都。

5月13日下午，国务院批转《四川省政府关于恳请解决抗震救灾物资的请示》，要求尽快协调解决医疗卫生类共计35个品种、价值约3.5亿元的药品，其中中央医药储备目录内的品种价值约5000万元，不在储备目录内的品种价值约3亿元。15日，发展改革委紧急协调国药集团采购6%羟乙基淀粉、氯化钠注射液10万瓶，甘露醇200件、敌敌畏1000件，于当晚运抵北京首都机场，发往成都。至18日，《四川省政府关于恳请解决抗震救灾物资的请示》涉及的35个品种医疗卫生物资，中央医药储备目录内的15个品种有8个品种调运完毕，其余7个品种陆续调运；储备目录外的20个品种绝大部分落实了货源，并分别从北京、上海等地运往地震灾区。

5月16日，根据《四川省政府关于请求解决我省抗震救灾急需药品医疗器械和环境消毒用品缺口的请示》，发展改革委迅速筛选出属于中央医药储备目录内的70个品种的药品，紧急组织国药集团、上海市医药股份有限公司、深圳中联广深医药股份有限公司，从当晚起，陆续将此批药品运往成都。其中，在中央医药储备目录内的50个品种全部足额满足需求，其余20个数量不足的品种，商请财政部安排紧急采购资金，落实货源，安排调运；同时协助卫生部落实8个品种的消杀用品。此次抗震救灾物资调拨，改变了以往中央医药储备有偿调用的原则，凡从中央医药储备中调出的医药用品，由中央财政补充资金；没有纳入储备的品种，委托一家承储单位组织紧急采购，所需资金由中央财政垫付。财政部紧急追加发展改革委医药储备专项资金2亿元，用于抗震救灾医疗卫生物资的采购及调运；发展改革委委托中央医药储备承担单位国药集团组织采购和调运。

抗震救灾期间，发展改革委经济运行局共向四川灾区调运101个品种、价值30366万元的医药用品，其中储备计划内品种82个、价值4683万元。根据《甘肃省政府关于申请解决抗震救灾急需医疗防疫物资的函》的请求，发展改革委经济运行局动员两家中央医药储备单位，调运54个品种、价值754万元的药品运往甘肃灾区，其中储备计划内品种28个、价值669万元。在抗震救灾应急抢险阶段，发展改革委共协调落实155个品种、价值4亿元的医药用品，并协调运力分批将1500余吨医药用品运抵四川、甘肃等地灾区。

抗震救灾所需医药用品需求急、品种多、数量大，即使在中央储备目录内的药品，一些品种在数量上一时也难以满足需要。发展改革委经济运行局在组织相关单位紧急采购的同时，组织相关企业紧急生产，其中紧急组织15家企业加班生产灾区急需的1亿只注射器。此外，发展改革委经济运行局启动地方企业代储军队药品应急动员机制，从地方药材代储企业中迅速调集救治、防疫药品和器材运往灾区。

地震发生后，应外国政府和有关国际组织请求，李克强在国务院抗震救灾指挥部会商会上部署，由发展改革委负责尽快向外交部提出希望接受国外捐赠的抢险救灾物资目录。发展改革委经济运行局立即会商总参作战部应急办、地震局震灾应急救援司及中央医药储备有关单位，按照保证当前救助生命最急需、国内生产尚与国外有一定技术差距、技术含量高的原则，会同发展改革委工业司拟定希望国外捐赠的抢险救灾物资目录，其中包括生命探测仪等6类25种物资。5月27日，发展改革委向外交部提交包括白蛋白、床旁X光机、心电多功能监护仪、移动厕所等10类产品的第二批抗震救灾急需物资目录。

卫生部医用物资供应 地震发生后，卫生部立即启动紧急采购工作。对于地震灾区急需的中央医药储备目录以外的医疗救治和卫生防疫监督物资，按照“先记账、后结算”的办法，由灾区提出需求，确定采购物资品种和数量，直接采购。

卫生部制定了能在24小时完成采购并运至灾区的救灾应急物资的采购响应和采购流程工作程序。采购响应包括突发公共卫生事件应急指挥中心（卫生应急办公室）提出采购需求（品种、规格、数量）后，物资保障组组织采购，再由卫生应急办公室协调空运至四川并落实接受人员。采购流程：按照“又快又好、价格合理、满足需求”的原则，物资保障组采取直接采购方式，委托国药集团（或一家国有大型医药企业）直接采购应急物资，供货公司按需求提出的价格，经专家审核，由物资保障组领导审签下达采购通知后，将物资送至空运指定地点或成都，再由四川省卫生厅验收并签收，由保障组支付货款。（参见图242）

图242　6月15日，工作人员在繁忙的成都双流机场货运场接收来自全国各地的医疗物资

（王平生　摄）

截至6月2日，卫生部累计采购医疗救治和卫生防疫监督物资共32批次、252个品种、4000多吨，价值约27530万元，其中拨付四川省23678万元、甘肃省1282万元、陕西省1200万元、其他灾区1370万元。医疗救治物资包括药品和医用耗材以及147台血液透析设备、8台数字X射线机、47台ICU呼吸机、32台监护仪（ICU）、20台血气分析仪等医用设备。卫生防疫物资主要包括1859吨消毒杀虫灭鼠物资、3.2万台喷雾器、7.5万件一次性防护服、15万个防护口罩、1万副防护眼镜、10万双耐酸手套、2.5万双胶鞋等以及狂犬病、甲肝、乙脑、白喉、破伤风、伤寒等大批灾区急需的疫苗。卫生监督检测物资主要包括58台水质细菌培养箱及试剂、200套食品微生物快速检测箱、5000盒余氯比色盒、100套多参数水质快检仪、3万支ATP荧光检测试剂、1050台便携式浊度仪、210台便携式pH计、210台二氧化氯检测仪、21台原子荧光测定仪等。卫生专用车辆包括大型专用防疫车5辆、防疫专用车（皮卡）30辆、卫生监督专用车10辆、卫生监督检测车100辆。（参见表33）

质检总局医用物资供应　5月16日，质检总局向灾区群众和抗震救援队伍提供10万份应急药盒和1万支驱蚊剂，组织向灾区援助价值40万元的卫生急救药品。应急药盒药品清单包括抗生素类药品复方磺胺甲恶唑片（SMZ），治疗外伤类的药品创可贴、碘药水棒，治疗腹泻类药品氟哌酸（处方药）、盐酸小檗碱口服补液盐，感冒类药品Vc银翘片，止痛类药品去痛片以及清凉解毒类药品清凉油、仁丹等。

5月16日，成都市用于抢救伤员的医用氧气告急，经质检总局特种设备抗震救灾工作组紧急协调，重庆市质量技术监督局从重庆益峰高压容器有限责任公司和重庆朝阳气体有限公司紧急筹集500只医用氧气瓶和20吨液氧，于17日凌晨送抵成都市抗震救灾指挥部指定的接收单位成都新炬化工有限公司。同时，重庆市质量技术监督局迅速联系重庆市5家医用氧充装单位筹备260只医用氧气瓶以备应急。

农业部医用物资供应　农业部紧急调拨400台农药残留快速检测仪，重点支援四川省受灾严重的汶川、青川、北川等21个县（市）以及甘肃、陕西部分重灾区的农产品质量检测，以保障

发展改革委、卫生部调拨给四川灾区抗震救灾医用物资一览表

表33

日　期	调 拨 单 位	调 拨 品 名、数 量 及 价 值
截至 5 月 22 日	发展改革委、卫生部	抗震救灾药品 1178 万盒（瓶、支、袋）、医疗器械 10691 件（台、支）、消杀物资 1100 吨
5 月 25 日	发展改革委	价值约 508 万元的药品 39 吨、735 万余元的医疗器械 2 万余件、356 万余元的消杀灭用品 3150 件
5 月 26 日	发展改革委、卫生部	发展改革委调拨价值约 191 万元的药品 1 万件、705 万余元的医疗器械 2 万余件、137 万余元的消杀灭用品 3950 件，卫生部调拨价值 153 万元药品 449 件
5 月 27 日	发展改革委、卫生部	发展改革委调拨价值约 79 万元医疗器械 276 件、325 万元消杀灭用品 14817 件，卫生部调拨价值约 4 万元医疗器械 37 件、44.36 万瓶（盒、支、袋）药品、医疗器械 27491 件、消杀灭药品 229.8 吨、消杀灭器械 2800 台
5 月 28 日	发展改革委	医疗器械 39628 件，价值约 2504 万元
5 月 29 日	发展改革委	医疗器械 7191 件、价值近 384 万元，消杀灭用品 2966 件、价值近 54 万元
5 月 30 日	发展改革委	医疗器械 5696 件，价值近 270 余万元
5 月 31 日	发展改革委	价值约 65 万元药品 535 件、236 万余元医疗器械 113925 件、913 万余元消杀灭用品 247 吨
6 月 2—8 日	发展改革委	价值 40 余万元药品 226 件、近 548 万余元医疗器械 3582 件
6 月 9—13 日	发展改革委	价值 72 万余元药品 405 件、51 万余元医疗器械 300 件、58 万余元消杀灭用品 1867 件
6 月 14—20 日	发展改革委、卫生部	药品 8400 件、医疗器械 10100 件（台）、消杀灭用品 183.83 吨
6 月 21—27 日	发展改革委、卫生部	药品 1203 件、医疗器械 5504 台（件）、消杀灭用品 11 吨

说明：此表由四川省抗震救灾指挥部医疗保障组医疗用品供需组提供

灾区食用农产品的质量安全。

农业部根据救援一线防疫工作需要，本着“需要多少、调拨多少”的原则，全力保障动物防疫救灾物资。抗震救灾期间，农业部累计向灾区调运消毒剂 1204 吨、手动和机动喷雾器 34064 台、防护服 23850 件。（参见图 243）

环境保护部医用物资供应　环境保护部先后为环境保护检查人员配置价值 700 万元的应急防护装备 2000 余套，包括防毒服、防毒面具（或呼吸器）、防水作战靴、防生化口罩等，分发至四川省 16 个市（州）、甘肃省 9 个市（州）、陕西省 9 个市、重庆市 14 个区（县）和西南、西北督查中心。环境保护部还安排专项资金 1500 万元购置环境应急监测设备，包括便携式水质多参数测试仪、枪式气体检测仪、便携式重金属分析仪、流速流量测量仪、测距仪、手持球位系（GPS），价值共计 1512.12 万元。四川、甘肃、陕西、重庆和西南及西北督查中心各配有一套省级标准应急监测设备（其中便携式重金属分析仪只配给四川省及两个督查中心），6 套价值 290.73 万元。四川、甘肃、陕西、重庆的 11 个受灾市（州）及重庆市梁平县各配 1 套地市级标准应急监测设

图243　5月20日，农业部多方调集动物防疫物资运往地震灾区
（农业部　提供）

备，价值 415.64 万元。四川、甘肃、陕西、重庆等省（市）的 35 个受灾县（市、区）及重庆市梁平县按地市配，各配一套市、县级标准应急监测设备，价值 805.75 万元。其中，四川省 157 件、甘肃省 63 件、陕西省 53 件、重庆市 16 件，西南、西北环保督查中心 20 件。为确保环境应急监测设备及时到位并发挥应有的作用，环境监察局要求按照清单予以接收，办好资产交接手续，执行好物资管理的有关规定。

食品药品监管局医用物资供应　食品药品监管局开通紧缺药品快速审批通道，紧急调配医疗防疫救援物资，以保证灾区药品、医疗器械的供应。5 月 13 日，因麻醉药品需求激增，食品药品监管局紧急向灾区调拨约 800 件麻醉药品并及时运往灾区。随后又根据灾区需要，紧急增拨麻醉药品，保障伤员救治的需要。截至 5 月 31 日，共向灾区调拨麻醉药品 1440 件。

三　军队医用物资供应

解放军医用物资保障　总后卫生部按照“整体筹划、超常组织、合理预置、靠前供应、全面保障”的原则，紧急启动应急药材保障预案和军地药材代储工作机制，从军队后方仓库和地方代储企业紧急调用 320 多种、48 万台（套）、价值 1.23 亿元的储备药材，应急采购 107 种、3209 万元药材，分 3 批预置成都军区，保障救灾急需。针对跨区执行救灾任务部队多、医疗队和防疫队多、药材保障困难的情况，总后卫生部协调指导成都军区联指紧急建立药材应急保障体系，建立药材供应接口 185 个，开设野战药材供应保障点 7 个。救灾部队卫生装备在恶劣的作业环境下持续高强度使用，故障发生率较高。据统计，X 线诊断车的影像处理系统的中控板故障率高达 60%，野战手术车手术灯开关电路故障率达 30%，照明灯故障率达到 45%，野战手术灯蓄电池故障率达到 60%，野战防疫车的整体故障率甚至达到 100%。总后卫生部从总后药检所和成都军区联勤部药检所各抽一支卫生装备检修队，深入一线为 170 余所（个）野战医院、医疗队、卫生防疫队等医疗卫生救治机构、团队修复卫生装备250台（套），检修、调试卫生装备820台套；开通24小时维修热线电话服务，协调零配件、试剂和耗材47批、283种、4452件，协调地方厂商和部队维修机构修复卫生装备80台（套）。

成都军区联勤部按照“整体筹划、全面保障，急事急办、靠前保障，合理预置、超常保障”的思路，采取“自我保障与支援保障、建制保障与区域保障、军队保障与地方保障、基数供应与单品供应”相结合的方法，依托成都药材仓库，在都江堰、什邡、青川、绵阳和茂县5个野战兵站开设药材分库，在成都2个机场等地开设多个药材供应点，在成都市金牛区天回镇设立基数药材组配点，按常备药材月量组配药材，实行基数药材保障与单品种药材保障相结合。通过空投、预置、前送等多种方式，形成以军区卫生部牵头指挥，成都药材仓库为主体，向灾区辐射的点、线、面保障网络，对部队实施前伸支援保障。抗震救灾期间，成都军区为抗震救灾部队调拨、筹措、发放卫生车辆、卫生装备、急救器材、防疫器具、常用药品、防疫药剂、疫苗等药品物资，主动前送180车次、310吨、价值8000余万元的急救药材。（参见图244）

图244　5月15日，成都军区药材仓库连夜收发抗震救灾药材（总后卫生部　提供）

兰州军区联勤部卫生部下发通知，明确在四川灾区执行任务的部队由成都军区联勤部负责具体的药材保障工作；在甘肃、陕西等地灾区执行抗震救灾任务的医疗分队，分别由西安和兰州药材供应站负责保障。西安药材供应站负责兰州军区第三医院医疗队及某集团军在陕西抗震救灾部队的药材保障，兰州药材供应站负责兰州军区第一医院医疗队及某集团军救灾部队的药材保障。根据总后勤部《军队参加抗震救灾后勤保障指示》，沈阳军区部队的抗震救灾后勤保障依托现行保障体制，采取建制保障与区域联勤保障相结合的方式组织实施，由成都军区联勤部负责牵头和协调，建立军警民联合保障体制。沈阳军区抗震救灾医疗队的药材保障，采取“自我保障和成都军区联勤支援保障相结合”的方式组织实施。在跨区机动途中的支援保障，由途经军区联勤部负责。抗震救灾医疗队到达任务区域后，由成都军区联勤系统负责支援保障。北川野战医院留守执行任务期间，药材保障由绵阳兵站供应。

北京军区在各医疗防疫分队自身携带药材保障基础上，执行部队供应与地方供应相结合的原则。当单品种药材消耗超过储存量的 2/3 时，立即向所在任务区野战兵站或当地卫生局、食品药品监督管理局请领；仍无法解决的，向成都军区联指联勤部报告，请求协助解决。

广州军区抗震救灾医疗队主要采用自身携带、后方支援、就地筹集 3 种方式，共提供保障药品 125 个品种、100273 盒（支）、价值 68.86 万元，耗材 103 个品种、105914 件、价值 261.86 万元。抗震救灾防疫队药材保障主要采用自身携带、就地筹集两种方式，共自筹保障药品器材 28 类 752 箱（套、个）、车辆装备 3 台。

海军按照“军地相结合、建制和区域保障相结合”的保障原则，依托成都军区和地方药材保障机构，建立便捷、顺畅、高效的药材保障体系，就近实施保障。医疗队执行任务前，均携行必需卫生装备和药材。药材补充，按照就近就便的原则，由医疗队向所在成都军区联指责任区和地方药材供应机构申请补充。

成都军区空军坚持完善以成都市各大医药公司为主、联勤系统为辅，以总部、空军为应急和省外医药公司弥补的药材筹措网络，积极向总部、空军、成都军区联勤部请示，指定专人每日最少两次向联勤部报告军区空军需求，并每天到军区药材仓库询问了解药品到库情况。成都军区空军积极动用本级库存，并多方购买筹措，保障一线部队供应；同时主动与四川省抗震救灾指挥部、四川省卫生厅和北京市、长春市、湖南省、云南省和香港特区的医药公司联系协调，争取多方支援，为完成抗震救灾药材保障提供强有力的保证。空降兵某部抗震救灾所需药材保障体系，以战区主渠道供应为主，以基层单位自购药材为辅。战区药材主渠道供应，采用职能部门向部队了解需求，基层向上级上报计划和特殊药材调拨等方式进行。同时，采取自购药材和军地联合供应相结合的方式弥补主渠道供应的不足。空降兵某部后勤部卫生处建立完善的医疗信息日报告制度，制作药材使用、消耗、补充、库存动态显示图标，以药品消耗统计资料为依据，有效合理地组织采购供应，或向上级申请下拨急需药品，以使抗震救灾基本药材供应保持顺畅。

第二炮兵抗震救灾卫勤保障领导小组和任务部队卫勤保障机构，实行后方直达前方保障。成都军区联勤部建立联勤分部。实施划区保障前，各医疗队、防疫分队、防化防疫分队的药材消耗量超过携行量的 1/3 时，上报第二炮兵抗震救灾卫勤保障前方指挥组，由后方通过空运或者铁路运输方式直接送至前方。实施划区保障后，通用药品从联勤分部领取，特殊药品器械仍由第二炮兵抗震救灾卫勤保障领导小组通过空运或者其他方式，运送至抗震救灾一线。

根据地震灾区疫情防控工作需要，总后卫生部向第二军医大学的军队特需药品中试基地，下达了防蚊虫叮咬的军队特需药品——长效驱蚊霜紧急生产任务。5 月 15 日 20 时，第一批 3.6 万支长效驱蚊霜从宁波栎社机场空运至成都双流机场。17 日，东航、川航的两架班机分别装载两批长效驱蚊霜共 6.48 万支再次运往成都。长效驱蚊霜药涂抹在皮肤上后，能在 6 ~ 7 小时内有效防止蚊虫叮咬，是防控以蚊虫为媒介传播疾病的特效药。

解放军总医院医疗队的药材保障体系主要采取自筹、从北京随带，或在当地购买，或提供方案由当地配置等方式予以保障。自行研制皮肤病外用药及防暑降压药，配发 25 万支中药制剂；

同时，还采取由成都军区提供，到都江堰市设立的物资兵站领取等方式进行保障。

解放军第161医院医疗队，在自身携带药材保障基础上，实施部队供应与地方供应相结合的原则执行。当单品种药材消耗超过储存量的2/3时，立即向所在任务区野战兵站或当地卫生机构请领；仍无法解决的，向成都军区联指联勤部报告，请求协助解决。

武警部队医用物资供应　面对医疗防疫力量高度分散、保障战线长，灾区道路中断、环境污染严重、防疫压力大的形势，武警部队坚持“自我保障为主、争取支援保障为辅”的原则，采取空中、铁路、公路等方式，从总部后勤基地和各直属仓库向救灾一线调拨急救药品、医疗器械及救援防护器具，保证抗震救灾一线医疗救治和卫生防疫需求。

武警部队从后勤基地和沈阳、西安、南京、武汉、成都5个仓库中，调拨野战医疗救治设备及器材123台（件）、三角巾急救包1.3万个。在各地紧急筹措消毒杀虫药品2种19吨、饮水消毒片290万片、喷雾器60台、疫苗2.01万支以及急需的治疗和预防用药12个品种16万盒（袋）、价值768万元。向卫生部、总后卫生部请领4类、20个品种、价值650余万元的特需消耗物资。卫生部、总后卫生部调拨给武警部队价值260万元的医疗器械和防疫药品，支援武警部队医疗救治和卫生防疫工作。卫生部还支援武警部队3种消毒杀虫药品3.5吨、漂白粉40吨、喷雾器2200台。

武警四川省总队通过自购、向总部请领和争取地方支持等途径实施保障，为部队筹措41类药品、974件和价值970余万元的医疗器械。武警甘肃省总队自筹医疗器械28种94件、价值15.6万元，药品136种280件、价值12.3万元；防疫器械7种112件、价值18.6万元，防疫药品32种260件、价值18.6万元，地方捐赠药品88种145件、价值88.49万元。武警陕西省总队自筹60种、价值100万元的野战救护器材和急救药品；在医疗防疫组织实施过程中，调整补充47个品种、价值30万元的医疗急救药品和器材，其中宝鸡市支队投入2万元及时补充战救药品，汉中市支队卫生队自筹各类战救药材3个基数97个品种。武警重庆市总队申请总部配发1050套甲肝疫苗、3套检水检毒设备和部分防疫药品，投入经费87.2万元购置10类65种常用药品，投入16万余元购置急救药品和破伤风类毒素针剂2000支、狂犬病疫苗200支、甲肝疫苗500支，赶赴灾区实施医疗支援。武警云南省总队医院根据灾区伤病特点、伤员心理及生活实际需要，投入63.8万元，购置部分医疗设备和器械。武警8650部队自筹价值4万元的150种常用药品、7种20箱消毒药品、2种消杀器械和7种防护器械。武警8740部队投资110万元自筹各类药品、防护器材等各类救灾物资180余吨。武警黄金部队调拨防护用品1.7万件（套）、消毒液1.8吨、手动和电动喷雾器117台。武警森林部队筹措救护床、担架等医疗器材和消毒器材3.31万多副（件）和价值47万元的药品。武警水电部队筹措医疗药品1.1万盒、消杀药品10.02吨、手套等防护用具1.62万件。武警交通部队自筹医疗防疫药品和器械共43万元，向总部“前指”先后领取价值6万余元的紧缺治疗药品、医疗器材和消毒物品。武警医学院筹措手术床、氧气袋、急救背包等价值60万元的医疗器械和抗休克药品、抗生素、止痛药等价值20万元的急救药品。武警总医院紧急筹措200箱医疗防疫器械和药品，武警总部后勤部疾控中心紧急筹措价值100万元的防疫药品，保证救援队伍和灾区医疗救治物资的供应。

武警总部后勤部卫生部还从北京、青岛等厂家紧急采购防护服、防护眼镜、防护鞋、消杀防疫药品等16个品种、258万余件、价值600余万元的防疫物资及价值178万元的常用药材，用于抗震救灾卫生防疫工作。

四　地震灾区医用物资供应

四川灾区医用物资供应　5月12日16时40分，四川省卫生厅成立抗震救灾医疗卫生救援指挥部，在卫生厅大院空地搭建帐篷建立办公场所，组织医药物资，利用四川省药品集中招标采购交易监督管理中心作为平台接受社会捐赠，并在四川省卫生管理干部学院建立四川省第一个接收库房。17时许，四川省食品药品监督管理局成立抗震救灾工作领导小组，就地搭建帐篷保障办公，分派人员赶至成都市各大医药公司了解紧急救援所需医药物资库存情况，通知各市州紧急了解辖区内医药物资库存情况。四川省中医药管理局成立医药用品供需小组。华西医院震后紧急组织各类物资储备，组建急救医疗队，成立抗震救灾接受捐赠管理小组。四川省人民医院、成都军区总医院等部、省卫生单位也紧急展开物资保障工作。

四川省抗震救灾指挥部紧急成立医疗保障组医疗用品供需组，由四川省食品药品监督管理局联合四川省卫生厅、四川省中医药管理局、四川省经济委员会、四川省交通厅运输管理局、四川省农业厅植保站、四川省医药公司7个部门和单位组成，并抽调200余名业务骨干集中办公，专职从事抗震救灾期间药品、医疗器械和消杀灭物资的接收、调配和运送管理工作。医疗用品供需组下设救灾医用物资接收、计划调配、紧急调配、生产消毒、运输、综合信息6个工作小组，由受灾市州应急办驻运输组联络人员组成，实行组长负责制，责任到人，明确工作职责，细化工作流程，确保抗震救灾医用物资供需工作紧张有序展开。医疗用品供需组的职责是：按相关组提出的每日需求，负责提供药品、医疗器械和消杀灭用品；负责组织药品、医疗器械和消杀灭用品的生产、调运、储备；负责组织药品、医疗器械和消杀灭用品的接收、检验、登记、统计、分配和送达；负责药品、医疗器械和消杀灭用品供需情况的信息收集和报告；负责各小组相关资料、文件收集存档；综合协调省定重点灾区药品、医疗器械和消杀灭用品的接收和信息反馈，核实药品、医疗器械和消杀灭用品送达情况。

在中央调拨和社会各界捐赠医用物资尚未大量运抵四川灾区前，急救物资主要是由灾区医院、医药企业等单位日常储备及四川省食品药品监督管理局和各市州食品药品监督管理局紧急组织辖区内医药生产经营企业库存的急救药品、医疗器械支援。5月12日晚，四川省食品药品监督管理局逐一通知省内与救灾相关的药品、医疗器械生产企业，了解救灾急需药械库存情况，组织货源，统一组织交给四川省医药集团公司运往灾区。同时，还通知成都、内江、乐山、达州、眉山、宜宾等市食品药品监督管理局，从当地生产经营企业调运救灾急需药品和医疗器械。13日凌晨，从内江、宜宾、乐山等市组织的药品、输液器、担架、卫生材料等救灾医用物资运抵成都，交由四川省医药集团公司药品储备库统一运往灾区。

5月13日下午，四川省食品药品监督管理局与四川省经委就地震灾区急需药品、医疗器械的储备、供应工作进行研究，并形成解决方案：省内企业能够生产的24个品种救灾药品，立即落实相关企业生产；省内没有生产的10个品种救灾药品，立即向食品药品监管局、发展改革委汇报，请求从省外协调解决。省内涉及救灾防疫用的药品、器械，按照正常储备量的 3 倍进行储备。被纳入救灾急需的药品、医疗器械品种，省食品药品监督管理局要求各市州食品药品监督管理局加强监督管理，确保药品、医疗器械质量和用药安全。至 13 日 16 时，四川省食品药品监督管理局先后联系 17 家医疗器械生产企业、26 家药品生产经营企业，协调调拨抗震救灾急需药品、医疗器械 3 个批次，共计 3046 件、17 万片（支、瓶），调运物资金额达 200 余万元。同时，查明全省急救药品库存情况：破伤风免疫球蛋白 15 万支，抗生素针剂 3500 万支（瓶），抗生素片剂、胶囊 8000 万片（粒），急救药品 400 万片，医用液氧 10 余万立方米。

5 月 13 日，来自广东省的 15 件清创缝合包、腹部剖探包和来自江苏省的一次性使用导尿管、腹腔引流管、胸腔引流管、一次性使用胸腔穿刺包，共计 48 件省外援助的第一批医用物资运抵成都，入库四川省医药公司仓库。至 23 日，各接收点共收到发展改革委、卫生部划拨抗震救灾药品 102514 件、医疗器械 44500 件（台）、消杀物资 784.02 吨。

从 5 月 14 日起，四川省抗震救灾指挥部医疗保障组医疗用品供需组开始统一调拨医用物资（见图 245）。四川省抗震救灾指挥部医疗保障组按照“灾情需要、合理调配、不重不漏”的原则，将接收捐赠的部分药品、医用耗材调拨到有需求的灾区，将大件带电医疗器械，分配到收治重症患者并具备相应技术人员和工作条件的成都、绵阳、德阳、阿坝、广元、雅安、南充、遂宁、乐山、眉山、资阳 11 个市（州）范围内的地方医疗机构及成都军区总医院和武警成都医院。

地震发生后，截至 5 月 28 日，四川省收到来自日本、约旦、巴基斯坦、新加坡、西班牙等国家捐赠的血透机、监护仪、急救箱、救援器材、脱脂棉、纱布、绷带、留置针、注射器、一次性手套、口罩、拐杖、止血贴等医疗器械 471 台（件）；另有乌克兰、印度、韩国、印度尼西亚

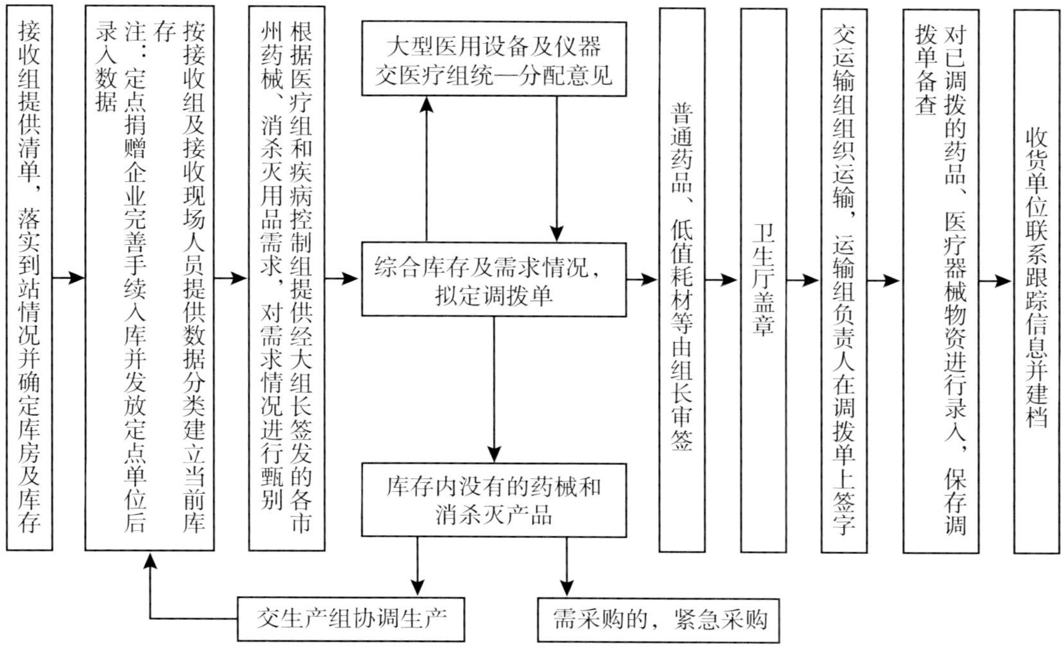

图 245　四川省抗震救灾指挥部医疗保障组抗震救灾医用物资调配工作流程

捐赠的药品和医疗器械。截至7月28日，四川省抗震救灾指挥部医疗保障组共收到国外捐赠的抗震救灾医用物资21902件，向灾区组织调配近2000件、库存约20000件。其中，接收药品4741件、医疗器械17160.5件、消杀灭药品10.02吨，调配药品933件、医疗器械904件、消杀灭用品1.93吨。（参见表34）

国际社会首批捐赠四川救灾医用物资分配情况一览表

表34　（5月28日）

物品名称	捐赠国家	数量	接收单位
血透析机	日　本	52台	华西医院7台、华西二院1台、四川省人民医院3台、四川省肿瘤医院1台、成都市第一医院2台、成都市第二医院4台、成都市第三医院2台、成都医学院第一附院1台、成都中医药大学附院3台、绵阳市中心医院3台、绵阳市三医院1台、绵阳第404医院2台、德阳市人民医院3台、德阳市二医院2台、广元市第一人民医院2台、广元市中心医院4台、广元市第二人民医院1台、广元市第三人民医院1台、广元市中医院1台、乐山市人民医院1台、眉山市第二人民医院1台、川北医学院附院1台、南充中心医院1台、阿坝藏族羌族自治州医院1台、遂宁市人民医院1台、资阳市第二人民医院1台、雅安市人民医院1台
多参数床旁监护仪	日　本	2台	成都军区总医院2台
		13台	华西医院5台、四川省人民医院3台、成都医学院附属医院1台、成都中医药大学附院2台、彭州同一医院1台、武警成都医院1台
口罩	巴基斯坦	16件	成都4件、绵阳12件
留置针	巴基斯坦	20件	成都2件、绵阳18件
一次性手套	巴基斯坦	55件	成都10件、绵阳45件
注射器	巴基斯坦	10件	成都2件、绵阳8件
	西 班 牙	2件	成都2件
拐杖	约　旦	50件	成都50件
纱布、绷带等	约　旦	172件	成都172件
	新 加 坡	3件	绵阳3件
急救箱	西 班 牙	25件	成都25件
救援器材	西 班 牙	50件	成都3件、绵阳47件
器械	西 班 牙	1件	成都1件

说明：此表由四川省抗震救灾医用物资跟踪管理工作小组提供

截至9月底，四川省食品药品监管系统共接收调拨抗震救灾药品42.8万件、医疗器械19.6万件、消杀物资5999吨。

甘肃灾区医用物资供应　5月13日，根据甘肃省委、省政府的安排和灾情需要，甘肃省卫生厅紧急调拨发往陇南市抗震救灾急需的医疗设备558台件，其中包括心电监护仪、推抬式担架、麻醉机、急救箱、制氧机、B超机、心电图机、半自动生化分析仪、便携式呼吸气囊、药品柜、病床等，总价值100万元。同时，紧急调配价值50余万元的抗震救灾药品，包括急救所需的各类抗生素、维生素、葡萄糖注射液、生理盐水等71个品种、38364件（盒、瓶）。这些医疗设备和药品装载12辆专车，于22时出发紧急运往灾区。

5月14日，甘肃省向受灾严重的陇南市调拨价值100万元的急救医疗设备，向天水市、甘南藏族自治州各调拨50万元的医疗设备，安排政府采购储备500万元的应急医疗物资。同时，紧急筹集总价值150余万元的急救药品和医疗器械，分装15辆汽车运往地震灾区。19时，第一批救灾物资到达陇南市，为灾区送去抗震救灾工作急需的医疗设备558台（件）和紧急调配的抗震救灾药品71个品种、38364件。15日，根据陇南灾区医疗救治需要，甘肃省卫生厅紧急征用省紧急医疗救援中心、武威市等市（州）急救中心5辆负压急救车，赶赴陇南，用作灾区移动手术室，支援灾区开展手术。

5月16日，甘肃省卫生厅向舟曲县调拨价值20多万元的医用设备和药品，包括一次性手术器械50套、一次性手术耗材150套、手术消毒液200瓶、急救包20个、监护仪10台和医用胶带5件（1500卷）、医用伤口敷料800片、注射用青霉素（160万单位）4000支、注射用头孢硫脒360支、海洋胃药287盒、宣肺止嗽合剂（60毫升）50箱。18日，甘肃省人民医院根据第一批医疗队在抢救伤员中出现的困难和需要，及时调配便携式心电监护仪、心电打印纸、一次性电极、气压止血带、骨蜡、葡萄糖注射液等价值近40万元的医疗用品。当日下午，甘肃省卫生厅、甘肃省红十字会向陇南、甘南地震灾区运送急救设备和社会各界捐赠药品，其中运送陇南21112台（套）急救设备、甘南11529台（套）急救设备，运送陇南96箱（盒）药品、甘南8493箱（盒）药品。当晚，兰州大学第一医院连夜组织利多卡因10500支、普鲁卡因4400支，19日晨送往陇南、文县、舟曲。

5月27日，经甘肃省抗震救灾总指挥部同意，甘肃省卫生厅为省内各参与抗震救灾的医疗机构调拨一批药品，其中调拨给兰州大学第一医院共计12个品种、价值26万余元的药品，调拨给甘肃省中医院价值35万元的药品、医用耗材，调拨给省紧急救援中心价值1.51万元的医用耗材。

为保障救灾的需要，甘肃省卫生厅紧急采购一批抗震救灾急需的医疗设备，包括移动式C型臂、床旁持续血液透析机（CRRT）、骨科器械、普外手术包和卫生监督及防疫快速检测设备，共889台件，总价值375.85万元。

6月1日，甘肃省卫生厅接收甘肃省红十字会转交的社会捐赠药品和甘肃省医药集团第三批中央储备药品。5日，将甘肃省红十字会转去的价值1099.93万元的社会捐赠药品，调拨给甘肃省中医院、甘肃省紧急救援中心、甘南藏族自治州人民医院、陇南市人民医院以及甘肃省人民医院等14家医院。将甘肃省医药集团总价值164.6万元的第三批中央储备药品，调拨给天水市卫生局等7个市（州）卫生局。同日，甘肃省卫生厅根据地震灾害的不同情况，分别将240吨漂白粉分配给陇南市、甘南藏族自治州、天水市、定西市、平凉市、庆阳市、白银市和临夏回族自治州，剩余部分作为灾区防疫用品，保存在天水市疾控中心，供调配使用；同时，将云南省红十字会捐赠的3200支甲肝疫苗，调拨至甘肃省疾控中心。

6月9日，甘肃省卫生厅接收由甘肃省红十字会转去的价值362.55万元的社会捐赠药品、北京万东医疗装备股份有限公司捐赠的价值9万元的5台多参数心电监护仪。这些社会捐赠药品，分别调拨给甘南藏族自治州卫生局价值237.7万元的药品，重点分配临潭、卓尼灾区；调拨给甘南藏族自治州卫生局价值 10.8 万元复方感冒灵片 1000 箱；调拨给天水市卫生局价值 56.25 万元的 50 箱吉他霉素；调拨给陇南市卫生局价值 57.8 万元的药品。

6 月 10 日，卫生部又下拨甘肃省一批卫生防疫消杀药品。甘肃省卫生厅根据全省受灾县卫生防疫工作实际需要，将 600 箱爱尔施消毒片，分配给陇南市卫生局 450 箱、甘南藏族自治州卫生局 130 箱、甘肃省疾病预防控制应急队自用 20 箱；将 100 箱爱护佳免洗手消毒剂，分配给陇南市卫生局 30 箱、甘南藏族自治州卫生局 20 箱，天水市卫生局 10 箱，平凉、庆阳、白银、兰州、临夏、武威、定西等市（州）及甘肃省疾病预防控制应急队各 5 箱。11 日，甘肃省卫生厅将卫生部再次下拨甘肃省的 4.7 万人份甲肝疫苗进行分配，给陇南市武都区 462 人份、康县 25881 人份，甘南藏族自治州舟曲县 10695 人份、迭部县 9962 人份。14 日，又紧急调拨给舟曲县甲肝疫苗 13754 人份、甲乙肝联合疫苗 10695 人份。7 月 15 日，甘肃省民政厅转甘肃省卫生厅医用物资一批，根据药品品目和各地药品累计调拨及使用情况，卫生厅将此批物资调拨给定西市，用于地震灾区伤病员医疗和康复治疗。

甘肃省人民医院也采购了价值 419844.8 元的 27 个品种 33 个规格 2000 余件急救药品，支援陇南灾区。甘肃省疾控中心捐赠 16 升喷雾器 50 台、84 消毒液 100 件（30 瓶 / 件）、漂白粉 40 袋（25 千克 / 袋）、碘伏 20 件（30 瓶 / 件），支援舟曲县灾后的消杀及传染病预防工作。

甘肃省各市的卫生部门也相继为地震灾区提供紧急援助。天水市紧急采购价值 65 万余元的各类抗震救灾药品，调拨至天水市各受灾县，用于伤员救治。白银市卫生局购置消杀器械、消毒用品及个人防护用品，共购置背负式机动喷雾器 26 台、背负式喷雾器 6 台、气溶胶喷雾器 2 台、紫外线消毒车 4 台、高压动力打药车 1 台、漂白精粉 2 吨、漂白粉 4.24 吨、84 消毒液 1.2 吨、消毒片 450 公斤、过氧乙酸 285 公斤、甲酚皂消毒液 58 公斤、来苏水 150 公斤、万福金安消毒液 75 公斤、卫害净 500 公斤、环卫乐杀虫剂 150 公斤、溴鼠灵毒饵 90 公斤，以及杜邦有限次使用连体服 100 件、杜邦特卫强化学防护服 200 件、防护衣 100 件、反穿衣 300 件、N95 防颗粒物口罩 480 个、药棉 670 包，用于灾区防疫。兰州市卫生局向陇南市第二人民医院捐赠开展手术急需的价值约 1.5 万元的手术麻醉药品和一次性手术用品。庆阳市将甘肃省卫生厅下拨的 3 批总价值 58.99 万元的国家抗震救灾储备药品消毒药械 1124 瓶（盒、台、套）、漂白粉 15 吨下拨市、县医疗卫生机构，用于开展伤病人员救治和除害防疫工作。同时，兰州市卫生局招标采购防护服、防护眼罩、口罩、防化靴、对讲机等应急物品 170 套、消毒药品 4 种，配发到市、县医疗卫生机构。

截至 7 月 22 日，甘肃省卫生厅累计下拨医疗救治经费 4950 万元，调拨价值 6676.11 万元急救设备、药品和防疫疫苗、消杀器械。

陕西灾区医用物资供应　地震发生后，陕西省卫生厅投入 1000 万元为市、县共 118 个卫生监督机构配置 154 套生活饮用水、食品和食物中毒快速检测设备，为陕西省、西安市、汉中市、宝鸡市卫生监督所增配监督专用车辆。陕西省卫生厅还调用共计 2.7 万元的常用药品 22 种、共计 1.75 万元的常用耗材 20 种支援灾区。陕西省卫生厅先后向汉中、宝鸡灾区紧急调拨漂白粉（片）65.45 吨、杀虫剂 38.8 吨、消毒液 900 箱、消杀器械 1311 台、预防性药品 1305 箱等卫生防疫物资。

5 月 15 日，陕西省政府应急办批准为汉中、宝鸡、安康等地震灾区紧急调拨价值 500 万元、14 个品种的防疫消杀药械。省工交办立即动用省级国家储备予以解决。17 日 18 时，首批防疫消杀药械运抵汉中。18 日 10 时，部分消杀药械运抵宝鸡、安康等灾区，其余物资于 19 日前陆续运抵灾区。

陕西省卫生厅于 6 月向汉中市调拨一批医疗设备，计有心电监护仪、除颤监护仪、呼吸机和麻醉机各 20 台，现场综合急救包 150 套，楼梯担架 150 副，铝合金铲式担架 60 副，脊柱固定板 250 个，多功能颈托 250 个。截至 9 月 10 日，所有设备下拨汉中市 20 所各级各类医疗机构。西安市卫生监督所援助汉中市卫生监督所抗震救灾救援物资 12 种，其中包括帐篷 1 顶、84 消毒液 5 箱、灭害灵 5 箱、洗手液 5 箱、一次性消毒纸巾 10 箱、对讲机 2 台。宁强县下拨的救灾专项资金 35 万元，下发机动喷雾器 70 台、手动喷雾器 150 个、消杀药品 1 万公斤。略阳县各医疗卫生单位根据救灾防疫工作需要，多方筹措资金 8 万余元，县里及时划拨经费 10 万元，紧急采购和储备一批救灾药品、医疗设备、消毒剂和消杀器具。5 月 14 日，略阳县接收南京医药股份有限公司捐赠的价值 100 万元药品、医用纱布、石膏绷带；16 日，接收西安澜泰医药公司捐赠药品价值 10 万元。

抗震救灾期间，宝鸡市共发放帐篷 1702 顶、喷雾器 581 台件、漂白粉精片 109 捅、敌敌畏 1286 箱、84 消毒液 300 箱、受赠药品 907 箱、破伤风抗毒素 1.8 万支、政府采购药品 425 件、食品快速检测设备 175 台件。宝鸡市陈仓区接受捐赠卫生防疫药品漂白粉 200 袋、漂白粉精片 720 瓶、84 消毒液 2100 瓶、敌敌畏 300 瓶、氯氰菊酯 1200 瓶、胃镜 4 台、壁挂式消毒柜 4 台、监护仪 1 台等，下拨给赤沙中心卫生院、天王中心卫生院、新街中心卫生院、贾村中心卫生院和区妇保院等医疗卫生单位。

5 月 19 日，安康市卫生局将省卫生厅调拨的一批医药消毒防疫储备药品器械分发到 10 个县（区）和 4 家市级收治地震灾区伤病员定点医疗机构，用于抗震救灾消杀防疫、手足口病防治和突发公共卫生事件应急处置，共计发放漂白粉 10 吨、氟哌酸 36 箱、板蓝根 82 箱、感冒清胶囊 57 箱、氯霉素眼药水 28 箱、阿莫西林 54 箱、破伤风抗毒素 1 万份、84 消毒液 194 箱、氯氢菊酯 138 箱、敌敌畏 852 箱、机动喷雾器 18 台、手动喷雾器 100 台。

5 月 26 日，卫生部调拨给陕西省的医用物资抵达西安，包括机动喷雾器 150 台、手动喷雾器 650 台、500 毫升装 84 消毒液 1000 件、460 毫升装 84 消毒液 300 件、氯霉素滴眼液 50 件。

第二节　医用物资运输与配送

为保证医疗防疫救援物资快速、安全送达地震灾区，发展改革委与铁路、民航、公路等部门共同努力，通过包机、专列、集装箱运输等方式，将药品和卫生防疫用品等物资从全国各地迅速运往灾区。交通运输部门对运送抗震救灾物资的车辆一律免收通行费；铁道部门成立救灾运输调度台，统筹好运力和装卸等安排；国家采购调拨的医用物资，主要以航空运输为主运送。民航调集大批运输飞机，免收运送救灾人员和物资飞机的业务费用等。5月15日晚，发展改革委经济运行局协调民航华东管理局，运输医药储备物资阿米卡星洗剂24万瓶、甘露醇200件、喷雾器2万台、碘町98164瓶，从上海分批次运往成都；协调海航，从北京运往成都1万袋羟乙基淀粉。17日，13个品种、价值300万元的医药用品以及医疗器械、消杀药品等物资1000余吨，分别从北京、上海包机运抵成都，部分物资从武汉、深圳搭乘民航班机送达。18—20日，发展改革委经济运行局协调中国民航局安排航班，将16124件约320吨药品和器械从武汉分批运往成都。

一　医用物资航空运输

海航集团组织医用物资运输　海航集团多方联系，协调航班，调整运力，从北京、海口、太原、乌鲁木齐等地紧急运送一批卫生救援队伍和医疗物资到达地震灾区。5月18日晨，根据公安部总体安排，保护救灾人员顺利施救的救灾防护服和卫生设备、医疗器械、急救帐篷等灾区急需的医疗物资近13吨经海航7147航班运抵成都。11时38分，海航临时调配运力，新增HU7991航班，从太原起飞紧急运送山西省卫生厅10吨救援物资和100名救援人员前往灾区。14时35分，海航7317航班承载着由22名成员组成的卫生救援队伍和2.85吨药品和医疗器械等救灾物资前往四川灾区。同日，海航还分别从新疆、北京运送药品等救灾物资入四川。仅18日一天，海航运送医疗卫生救灾物资近27吨。

深航集团组织医用物资运输　5月13日17时，深航银川营业部接到深航总部通知，调派一架波音747全货机无偿协助宁夏回族自治区政府，将紧急调拨的救灾物资及组建的医疗救援队运送到四川灾区。此批救灾物资和药品有30余吨，物资价值77.3万元，药品价值5.1万元。营业部紧急制订预案，与宁夏回族自治区政府、自治区民政厅、河东机场集团等多家单位沟通协调，但由于临近下班，来不及向有关部门申请747货机降落银川河东机场，加上机场条件限制，原定计划实施遇阻。经深航总部及深航总签派室等多方协调，于21时确定新方案，取消及推迟执行正班飞行的两架空客A320飞机，紧急改运救灾物资和医疗队成员。深航专程从深圳总部及西安基地分别调去2名机务工程师和3名配载工程师，参与并保证此次飞行任务。两班救灾专机分别于14日15时和19时30分从银川直飞成都。25日5时左右，深航首架“希望航班”从美国西雅图起飞。此架飞机搭载着近3吨国际援助物资，于27日14时左右抵达深圳，在深圳办理海关手续后，当天飞往成都。此批物资主要为医疗器械和医疗用品，由国际医疗团队和美国慈善组织提供，物资总重近3吨。深航受中华全国青年联合会委托，无偿提供新引进的波音737—800飞机跨洋运输此批国际救援物资。

南航集团组织医用物资运输　5月14日5时，湖南分公司的两架专机，满载救灾物资和来自长沙、株洲、湘潭、衡阳的155名消防官兵和2名随行护士，由长沙直飞成都。16时30分，湖南分公司一架飞机载着湖南省医疗救护队133名队员及医疗机械、急救药品（其中有5箱4万毫升血浆）、帐篷、睡袋和生活用品，准时飞往成都。同日，吉林分公司3架飞机载着369

名救灾消防武警官兵、142名医护人员、6.7吨救灾物资和8.1吨医疗设备飞赴灾区。同日，南航紧急加班的飞机，载着湖北省赶赴四川救援的医疗队92人从武汉机场飞往成都，随机运送的救援物资主要有药品、医疗器械等灾区急需的物品。同日，南航大连分公司接到大连美罗制药公司希望协助运输20吨救灾药品至成都的请求后，公司决定临时调配一架宽体机A300—600R飞机无偿运输。经过货运员工装板和装箱，7时50分，第一批13吨药品集装完毕运往灾区。19日，南航河南分公司运行指挥部接到民航局急电，总后勤部一批2602件、近135立方米的医用手套、压缩绷带卷、麻醉包、纱布块、止血贴等医疗用品33吨，急需从郑州运往成都双流机场支援抗震救灾。河南分公司紧急调配飞机，保障救援药品运输。由于这批抗震救灾物资量大、时间急，如果使用河南分公司737飞机，至少需要6个多航班才能全部运完。为尽快把此批抗震救灾医疗用品送往灾区，河南分公司领导连夜召开紧急会议，决定请求南航总部支援。5时50分，南航总部决定从南航抗震救灾机动大队中派出一架波音777飞机，紧急支援河南运送抗震救灾物资。由于该批物资多为医疗手术用的轻泡货物，虽然货舱载量有余，但没有多余空间，通过向上级请示和经过运安技部门对照手册规定，打破惯例特许装载客舱位置，实行特殊形式运输，将剩余4～5吨货物装入客舱。此次航班上的90名乘客，没有丝毫怨言，多数加入到搬运货物行列。南航广州白云国际物流有限公司国际货站开辟绿色通道，快速通关，截至6月1日，成功完成9个国际航班2143件53.33吨国际救援物资的地面保障任务，其中中转1123件27.35吨，确保国际救援物资第一时间转运四川灾区。这些国际救援物资，主要是从菲律宾、马来西亚、新加坡、澳大利亚、荷兰等国家由南航承运经广州中转运往成都的帐篷、睡袋、药品、消毒药水等。

东航集团组织医用物资运输　5月21日，东航北京分公司先后接到红十字会、北京市政府发往德阳的药品、注射物品、消毒用品和北京市民捐赠的物品及甘肃受灾地区急需的卫生防疫应急救援物资共计116件、2.24吨的运送任务。由于北京分公司无执管飞机，不能自行调配运力，加之东航从北京始发航班没有直达成都的航班，为此，东航确定北京—昆明—成都为最佳方案，由当日14时20分执行北京—昆明的飞机执行此项任务。运行控制部立即与云南省和成都市的有关部门联系，协商此项运输任务的重要事宜，与首都机场干线维护控制中心（TMCC）、空管局、安监等相关单位协调，尽可能提供方便。同时，通知签派、现场地服、配载等部门，加强配合，全力保障，为救援物资提供绿色通道。当得知当日机型小、货舱有限，加上原来配载的货物较多，剩余空间不能保证救援物资存放等情况，东航决定一切为救援物资开道，全力保证救援物资优先运输，将原配载的货物卸下，调整到后续航班，为救灾物资提供充足的配载舱位。为使这批货物与机上一般货物区分，也便于货物到达目的地后能够快速辨认，工作人员悬挂了3种标识，第一种是标有重要会议代表的黄色标识，第二种是北京—昆明的白色行李条，第三种是北京—昆明—成都的行李条。此批78件、重达1.23吨货物从搬运、挂标识、传输过秤，再过安全检查，整个过程仅用了50分钟。东航北京分公司接到卫生部转发给民航华北局的紧急通知，要求将甘肃地震灾区急需的一批卫生防疫物资尽快发往灾区。公司立即与甘肃分公司航班运行控制指挥中心（AOC）取得联系，确定MU2418航班执行此次运输任务；同时，同北京首都机场相关协作单位协调，加强配合，全力保证，并组织一线服务人员全力投入此航班服务保障。卫生部发往灾区的38件、重1吨的应急救援物资到达首都机场后，东航一线服务人员立即搬运货物、悬挂标识、传输、过秤、过安全通道。为使执行此项任务的航班载运的救援物资与机上旅客行李明显区别，配载人员按照行李和货物划分为两个区域，货运人员按照指定的区域将救援物资和旅客行李分别集中放置。

新郑机场公司组织医用物资运输 5月17日8时，郑州新郑机场接到紧急通知，有一批救灾药物要通过飞机紧急运送到地震灾区。新郑机场立即向河南省应急指挥中心、中国民航局应急指挥中心、国务院应急指挥中心汇报，动用一切力量协调飞机。因全国需要飞机运输的救灾物资比较多，大型货运包机一时比较紧张。新郑机场公司总经理与民航局协调，在18日上午协调深航翡翠航一架波音747全货运包机执行此次运输任务。为确保救灾物资顺利、快速到达灾区，新郑机场公司开通了救灾物品绿色通道，对救灾物资实行特事特办，手续减免，快速安检、快速放行。运输的救灾物品有药品和食品，其中药品是优氯净，共有40吨，是西安开米股份有限公司购买捐献给灾区的。全货包机于19日2时到达新郑机场，经过4个小时的紧张物资装运后，于6时起飞，7时40分准时到达成都双流机场。郑州新郑机场安全检查站为保障救灾物资的快速安检，开通了“救灾物资快速安检通道”，对救灾物资，专门抽调人员实行专项检查；对属于或者隐含危险品的抗震救灾物资，如生命探测仪、电池组、医用液态物品和专用设备等，特事特办，经检查确认无疑后放行。郑州新郑机场地面服务部在值机现场开设“抗震救灾专用柜台”，专门保障民间救灾、物资的快速通行；客货中心开通“救灾物资专用通道”，实行24小时专人负责。这些有效措施的实施，最大限度地提高了救灾物资、人员运输的效率，确保河南省救援人员和物资以最短时间到达灾区。

其他航空公司组织医用物资运输 邮政航根据民航局和卫生部的要求，5月19日向地震灾区紧急运输13吨防疫宣传品和10吨防疫救援物资；22日，运送卫生部组织的16吨药品抵达成都。

奥凯航以快速高效的应急能力，全力保障救灾人员和物资的快速运送。5月19日，奥凯航货运专机装载卫生部向四川灾区紧急调拨的消毒片、杀虫剂、喷雾器等卫生防疫物资12吨送往绵阳；通过客机腹舱运送发电机、睡袋、照明灯、帐篷各类救灾物资58.4吨。至28日，调配客机紧急运送救援人员及灾区群众200余人，调配全货机紧急运送支援灾区各类救灾物资58.89吨。

随着抗震救灾的进一步推进，大批救灾人员进入震中地区，对医疗器械的需求不断增加，5月20日，发展改革委组织的500吨救灾物资急需运往灾区。接到民航局紧急通知后，国航迅速调整运力，装机运输，按要求分4天将医疗救灾物资运达灾区。

二 医用物资铁路运输

为有效加强救灾物资运输调度指挥，进一步提高运输效率，铁道部运输局决定自5月17日18时起，成立救灾运输调度指挥台，实行对抗震救灾物资运输全程盯控，以保证灾区急需物资快速送达。两级救灾运输调度指挥台实行四班倒工作制，主要职责为重点掌握帐篷、药品、水、食品、设备、油品、电煤等抢险救灾物资运输情况，保证救灾运输畅通无阻。在发表调度命令的同时，公布铁道部救灾调度台联系电话和工作制度、联系制度等。铁路一改往日先申请计划再装车的做法，先装车，后补计划。

5月18日，铁道部与民政部、商务部、卫生部、工业和信息化部、粮食局、中储粮总公司、中国石油、中国石化、国家电网和中国红十字会等部门和组织，共同成立部委级的抗震救灾物资铁路运输协调小组。每日16时前，根据成员单位提出的次日及近期对电煤、粮食、成品油等大宗物资的运输需求，于17时前交铁道部救灾运输调度台执行；并将相关的运输完成情况反馈成员单位。遇有特殊情况及时沟通，特事特办。20日，铁道部决定在开往成都的客车上增挂行李车和开行专列的方式，用于运送帐篷、活动板房、药品等救灾急需的物资。截至10月31日，累计运送药品126万件。

三 医疗救援队伍组织医用物资运输

解放军组织医用物资运输 为保障军队救援力量进入灾区开展救援工作，总后卫生部采取铁路运输和航空运输等多种方式输送药材。5月13日，第一批从沈阳、天津、丰台、南宁仓库发放的16个品种、2.6万台（件）、价值600万元的救灾药品、器材（短途担架、卷式夹板等），在15日17时前全部运抵成都药材仓库。第二批预置的15个品种、1630台（件）、价值1200万元的卫生技术车辆、野战病床等，于15日3时分别从丰台、沈阳、济南、兴宁、房山仓库发出运往成都。15日，总后卫生部还分别从北京、天津、房山、石家庄等地调运库存战储药材、以厂代储药材204种、5500台（件），价值3600万元的灾区急需药品、器材、防疫设备，运抵北京首都机场。根据空军申请，总后卫生部提出为赴四川抗震救灾的空降兵某部配置急需药材的解决方案。18日，动用军队自储的26种、8.5万台（件）、价值1000万元药材，有8个品种、79台（件）、价值427万元的物资，包括60个基数、12个月量的战救（常）药材和2辆运血车、5辆防疫车，分别从北京、广州、福州、南平等地，通过铁路运往成都。

面对灾区道路损坏、通信不畅的情况，总后卫生部采取“送领结合、陆空结合、以送为主”的保障办法，情况紧急主动送，联系不上多方找，竭尽全力靠前保障。其间，向映秀镇和汶川县、理县、茂县空投急需药品和器材42架次，前送药材560余台次，做到部队机动到哪里、保障跟随哪里，道路不通不断供，通信瘫痪不漏供。在工作中，实施以基数供应和单品种供应相结合的供应办法，把400余种药品合理搭配，化零为整，加快分发速度，提高了保障效益。此外，还建立“环环相扣、上下联动”的保障链，机关和一线密切协作，边计划边筹措，边接收边分发，确保药材申请、筹措、调拨、接收和分发工作同时展开、同步实施，使收发药材平均每天达到20余批次、多达上万件，10余天时间就把相当于一年业务量的药材接收入库，并及时分发到高度分散的10余万救援大军之中。

随着各军区、各军兵种救灾部队和医疗队陆续进入四川灾区，总部支援药材陆续到达。针对部队高度分散，单一依托后方仓库难以直达保障的情况，从5月16日开始，在都江堰、什邡、绵阳、青川陆续配置应急野战兵站，及时开设野战药材仓库和药材保障点，主动前伸保障触角，形成向灾区辐射的点与面、线与面保障网络，对区域内任务部队和卫勤分队实施靠前保障。截至

6月3日，野战兵站共建立供应接口单位185个（未在救灾力量部署表上的单位也进行了保障），无一漏供或未主动联系，共保障药材和医疗设备330种、14141件（套）。在凤凰山机场开设药材空运保障点，对汶川、理县、茂县方向实施远程空运保障。凤凰山机场共组织空运39架次，空运药材和消杀灭剂40种、30批次、1910件。

武警部队组织医用物资运输 武警部队按照“救民不扰民、解难不添难”的要求，采用“区域保障与建制保障相结合、携行保障与就地筹措保障相结合、越级保障与立体前送保障相结合”的方式，以及直供、代供、联供等手段，采取公路迂回前送、水陆接力转运、空中垂直投送、组织人力背运等运输方式，将医疗救治和卫生防疫器械、药品投送至一线抗震救灾部队。武警总部后勤部向成都派出联络员，专门协调国家、军队设在成都的供应站，补充常用消耗物资。

四川灾区药品器材依托成都仓库转运，易筹物资依托武警四川省总队统筹统供。在交通困难的情况下，武警四川省总队协调成都军区联指调用10台运输车，从都江堰向汶川转运卫生物资，并开辟一条由都江堰前运至紫坪铺水库，用冲锋舟转运至阿坝铝厂，再由人员背运至汶川县映秀镇的物资前送路线，保证医疗防疫物资及时供应一线部队。对甘肃灾区、陕西灾区的医疗防疫器械药品，武警部队采取随队携行、组织前送、就地筹措的方式，用公路运送、人力背运等手段，保证医疗救治和卫生防疫的需求。

各省救援力量组织医用物资运输 各省（区、市）采取医疗防疫救援队随行携带以及空运、铁路、陆路运输的形式将医疗救援物资运达灾区。抗震救灾期间，广东省卫生厅医疗防疫器械及药品的运输主要通过空运到成都，然后专车运送到灾区各点，小部分由救援队伍随身携带。海南省卫生厅药品及器械由省疾控中心采取空运及队员自带的形式运送到灾区。安徽省卫生厅支援四川地震灾区的医疗防疫器械和药品，均由各医疗防疫监督队随同携带入四川。重庆市卫生局支援四川的救援物资，采用公路运输方式送往四川。云南省卫生监督所在全省卫生监督系统迅速抽调10辆车辆，保障救援工作。内蒙古自治区卫生厅调集的救灾物资，随救援队运往灾区。陕西省卫生厅选派6名司机、2辆消杀防疫专用车和1辆冷藏车组成咸阳市赴四川消杀防疫队伍，负责向灾区转运救灾物资。

四　灾区省内医用物资配送

四川灾区医药物资配送 四川省千方百计克服药械物资极度匮乏、交通通信不畅等困难，下大力气建立运输体系，完善运输调配机制，实施及时配送，全力保障前线6万多名卫生工作者的药品、器械和物资等后勤保障。在开展医疗防疫保障工作时，四川省建立完善的省、市（州）、县（市、区）、乡（镇）四级分级配送制度，与汶川县、理县、茂县直接配送相结合的保障体系，并对地处极重灾区和重灾区的市（州）和3个极重灾县医用物资分配运输实行分片包干，专人负责；同时，组建省卫生厅救灾运输车队，在成都双流机场、火车站等5个重点货运站点，派专人驻点建立医疗物资接收站。（参见图246）

医疗防疫救援物资主要用汽车运往地震灾区，遇到严重损毁和阻断的路段，就改用人肩拉

图246　5月19日，大批医用物资从成都双流机场装车运往灾区
（王平生　摄）

背扛的方式前行；个别乡镇道路完全不通，就使用飞机空投物资。为充分利用有限的空中救援运力，四川省抗震救灾指挥部医疗保障组向四川省抗震救灾指挥部请示空中救援医用物资调配运送工作，下发《关于加强抗震救灾空中救援医药用品调配运送工作的紧急通知》。随后，四川省抗震救灾指挥部根据成都军区联指下达的成都军区抗震救灾空中救援任务要求，确定由绵阳、广汉、彭山、成都机场担负为北川、汶川、安县、理县、青川等县部分乡镇的空中救援任务。5月19日至6月8日，使用飞机每天不间断向北川羌族自治县禹里乡等乡镇实施空投药械等救灾物资，共计1695件。由于各机场空运任务要由前线指挥部向部队下达，而易燃、易爆、有毒物品不能空运，并且需空运的物品需调配组提供包装尺寸及吨位等，空运执行难度大，存在着执行不及时等情况。

地震灾区药品供应网和监督网（以下简称两网）及时发挥灾后“救援黄金时间72小时”药品保障作用。地震发生初期，重灾地区各药品监管部门暂控当地主要药品生产、批发企业库存医疗物资，对尚具功能的城区和乡镇、村零售药店药品实行统一调配。在“救援黄金时间72小时”内，受灾县、乡镇、村三级网络的药品监管人员、协管人员、从业人员出动1.2万人次，将近3亿元的在线医疗物资投入地处极重灾区和重灾区的市（州）和县（市、区）及乡（镇）。汶川县食品药品监督管理局在地震发生1小时后，即把第一批药品送达救治医疗单位。理县蒲溪乡半坡村组“药柜”从业人员饶清顺，震后协助村医师救治伤员502人次，并将“药柜”配置的药品全部免费发放给当地灾区群众。安县、江油、平武等县在震后利用“两网”向极重灾区和重灾区的69个救助点、115个医院配送药品12万件，安县在北川网点大面积损毁的情况下，主动承担药品配送任务，并在地震当天向北川送出第一批药品，成为北川药品供应保障的大后方。极重灾区的不少乡村在道路严重损坏的情况下，有效利用当地药品供应网点组织自救。彭州市、都江堰市一些损毁网点在灾后第二天就架起临时棚架，开展急救药品配送。“两网”还承担救灾医疗物资调拨的输送、配发任务，省医疗保障组下调的物资，有60%被基层网点接收分

图247　5月18日，四川省卫生厅物资保障组工作人员在接收、搬运、清理医用物资
（王平生　摄）

发并投入使用。

5 月 23 日，四川省抗震救灾医用物资实现成都、德阳、绵阳、广元、阿坝、雅安等市（州）的 21 个县（市、区）、254 个乡（镇）、2639 个村全覆盖。部分重点灾区提出近期救灾医用物资充足，暂不发货的要求。截至 9 月 7 日，四川省抗震救灾指挥部医疗保障组医疗用品供需组共向灾区发出医用物资运输 2400 余车次，总行程 100 万余公里，空运 200 余架次；累计调拨消杀药品 4802 余吨、喷雾器械 6.89 万余台、其他生活用品 6376.59 件；累计调配出医疗药品 46 万余件、医疗器械 17 万余件。（参见图 247）

甘肃、陕西灾区医药物资配送　甘肃灾区医用物资配送主要通过陆路和空运配送至陇南市和甘南藏族自治州。（参见图 248）地震发生后，天水市政府在东十里成立天水市抗震救灾药品储运站，将甘肃省卫生厅调拨的 150 多件（箱）、价值 30 余万元的药品通过空运运抵受灾地区。抗震救灾期间，天水市抗震救灾药品储运站成为救灾物资的一个重要转运站，将来自各地的救灾援助药品、医疗设备聚集转运至陇南、甘南等受灾地区。5 月 14 日 11 时，甘肃省卫生厅组织的第一批抗震救灾物资中的 2 吨药品（主要为针剂）由天水空运到陇南灾区。5 月 22 日至 6 月 27 日，该转运站共接收甘肃省内调拨药品、医用耗材、医疗用品 3 类 120 个品种规格，价值 197.72 万元。

图 248　5 月 17 日，甘肃省疾病预防控制中心紧急调集疫苗运往灾区
（甘肃省卫生厅　提供）

陕西灾区医药物资主要通过陆路配送至灾区。

第三节　医用物资管理和剩余物资处置

食品药品监管局先后4次下发通知，对捐赠救灾药械的监管提出明确要求。各地食品药品监管部门认真履行职责，深入药械生产企业和捐赠接收站进行现场查验，加强接收、调配以及储存和使用过程的监管力度，保障抗震救灾医用物资的使用安全，并及时处置剩余物资，避免浪费。灾区未发生药品、医疗器械质量安全事故。

一　医用物资管理

捐赠物资质量标准要求　食品药品监管局于5月14日下发通知，要求各省（区、市）食品药品监督管理局鼓励和支持药品、医疗器械生产、经营企业捐赠救灾药品、医疗器械；食品药品监管部门要加强协调，积极做好监管工作；捐赠的药品、医疗器械应为救灾所需相关产品，具体品种应符合灾区提供的需求目录。

食品药品监管局在通知中要求，捐赠的境内生产药品必须是经国家局批准生产、获得批准文号且符合质量标准的品种，有效期限距失效日期必须在6个月以上。捐赠的境内生产医疗器械应是经药品监管部门批准生产，获得“医疗器械产品注册证”且符合质量标准的产品，其中一次性使用无菌医疗器械有效期限距失效日期必须在6个月以上。通知要求，捐赠的境外生产药品应为中国药品标准收载或中国已批准注册的品种，以及国际上通用药典收载、在注册国合法生产并上市且符合质量标准的品种（未经中国批准注册的生物制品除外）；捐赠的境外生产医疗器械应为获得“进口医疗器械产品注册证”或已经外国政府部门批准上市且质量合格的产品。通知要求，捐赠人对捐赠的药品、医疗器械的质量安全负责，捐赠时须向受赠人提供产品清单和检验报告。接受药品、医疗器械的受赠人应为灾区省级政府指定的受赠机构或省级以上民政部门、卫生行政管理部门、中国红十字会、中华慈善总会及其省级以上分支机构。通知还要求，受赠人应向所在地省级药品监管部门提交受赠产品清单（包括名称、剂型、规格、数量、生产批号、有效期、生产单位、进口口岸等）；应对受赠药品、医疗器械建立质量验收制度，由所在地省级药品监管部门组织对受赠药品、医疗器械进行质量验收，必要时进行检验，合格后方可分发。受赠人应当制订分发、使用计划，建立分发记录，并指导、监督使用单位使用，以保证捐赠药品、医疗器械临床使用的安全性、有效性和可追溯性。对没有中文标识的产品，受赠人在分发时应附中文说明书。捐赠的药品、医疗器械不得销售。

5月19日，食品药品监管局就进一步做好捐赠救灾药品和医疗器械监管工作下发通知，要求灾区省级食品药品监管部门在当地政府的统一指挥下，主动与相关部门密切配合，根据救援工作的需要及时调整急需药品、医疗器械目录，向社会公布。各级食品药品监管部门要将对捐赠药品、医疗器械的具体要求，主动告知辖区内的生产经营企业以及有关单位和机构，突出强

图 249　6 月 19 日，国家食品药品监管局局长邵明立（右一）在绵竹市抗震救灾药品接收发放处了解药械供应管理流程

（於红焰　摄）

调捐赠的药品、医疗器械应是灾区所需产品，尤其是目录中紧缺产品，以免给灾区救援工作带来不必要的负担。各级食品药品监管部门在全面加强药品、医疗器械监管的同时，要重点加强对救灾药品、医疗器械的监督检查，确保产品安全有效。非灾区食品药品监管部门要积极配合灾区食品药品监管部门工作，密切关注辖区内相关药品、医疗器械的生产、流通情况，对已经检验或者确认合格的捐赠药品、医疗器械应及时通报灾区食品药品监管部门。各级食品药品监管部门要精心组织，切实加强对救灾所需药品、医疗器械的监督管理，对发现的个别捐赠过期或质量不合格的药品、医疗器械及时采取控制措施，避免不合格药品、医疗器械流入灾区。（参见图 249）

5 月 23 日，食品药品监管局要求进一步加大对药品、医疗器械生产经营企业的监督检查力度，确保辖区内上市药品、医疗器械，尤其是血液制品、疫苗、注射剂药品等的质量安全；加大对救灾所需药品、医疗器械抽验力度，充分发挥药品快检技术的作用；加强对药品有效期的监督；加强对灾区恢复营业的药品零售企业的监督，杜绝不合格药品、医疗器械流入灾区。

各地食品药品监管部门深入药械生产企业和捐赠接收站进行现场查验。四川省食品药品监督管理局在成都双流机场、火车站和救灾药品储运库设立工作站，抽调全系统检验技术骨干，出动多台药品快检车，对捐赠入川和政府调配的药品、医疗器械认真检查验收、登记造册，严把质量安全关。6 月 17 日，四川省抗震救灾指挥部医疗保障组针对抗震救灾医用物资出现不合格等情况，提出对接收捐赠入库尚未发往灾区的药品，切实加强监督检查力度，严把质量关，确保发往灾区的药械质量安全可靠；要求接收入库的药械质量，一律严格按照食品药品监管局规定的标准执行；对监督检查中发现的不合格药械，一律按有关规定就地封存，集中销毁。其间，灾区未发生药品、医疗器械质量安全事故。

医用物资接收和分配管理　四川省按照成都到货站点情况，在成都双流机场，及火车成都北站、成都东站、龙潭寺站、洪安站等设立医用物资接收点；在四川科伦药业股份有限公司、四川华神集团股份有限公司、陕西东盛医药有限责任公司成都办事处、西藏药业成都诺迪康生物制药公司、西南药业（成都）有限公司、四川省卫生干部管理学院设立接收专用仓库，专门抽调 30 余名业务骨干，包括药品医疗器械业务人员、稽查监管人员，负责抗震救灾医用物资的接收工作。负责各接收点医用物资接收工作的人员，每天将所接收的医用物资及时报送医疗用品保障组，并与四川科伦医贸公司签订协议，借助其成熟的物流体系和仓储管理经验，实现医用物资有序高效流动。

根据四川省救灾医疗救治卫生防疫器械物资调配工作会议精神，从 5 月 21 日起，四川省救灾医用物资调配采用按行政建制逐级分配，即省对市（州）、市（州）对县（市、区）、县（市、

区）对乡（镇）的调配原则。在调配时，严格按照“灾情需要、合理调配、不重不漏”的分配原则，及时组织对医用物资的分配。在分配过程中，建立详细的登记台账，包括品名、数量或重量、运输人员及车牌号、收货单位及接收人等内容；救灾物资实行“四联单制”，即供应组一联、装货单位一联、运输单位一联、收货单位一联，确保货单相符、验收签字。调配医疗用品时，尽量考虑运输效率，整车发送，节约运能。至 23 日，四川省卫生厅组织调配药品 2397 万盒（瓶、支、袋）、医疗器械 36.5 万件（台）、消杀灭用品 3531 吨、消杀器具 37246 台。

抗震救灾期间，四川省的各重灾地区组织由卫生、食品药品监管部门共同组成的医用物资接收管理机构，在救灾医用物资到达指定地点后，及时组织验收，查验物资名称、数量和质量等情况，确认后在调拨运输单上签字。救灾医用物资组织机构按照实际需求情况调配，避免供配品种不符合救灾工作实际需求，防止盲目囤积和抢储救灾物资，并要求在调配后 12 小时内运输到目的地（路程较远的基层在 24 小时内运输到目的地）。同时，加强需求计划上报和信息反馈工作，要求地处重灾地区的市州救灾医用物资接收管理组织机构确定专人，每天及时将救灾医用物资再分配及是否到达目的地等信息反馈至医疗用品供需组。

抗震救灾初期，不同来源的救灾医用物资信息的计量单位不统一，导致救灾物资信息统计、信息汇总难度加大，存在统计、上报不够及时的问题。5 月 18 日，针对灾区急需消杀灭用品的实际情况和医用物资需求信息报送混乱的情况，四川省抗震救灾指挥部医疗保障组下发《关于抗震救灾用部分消杀灭用品运输实行厂家直达的通知》和《关于规范抗震救灾医用物资供需信息报送渠道的通知》；同时，借助西南交通大学物流学院开发的救灾医用物资管理软件，建立医用物资管理数据库，规范数据信息统计，提高科学管理效能。24 日，四川省抗震救灾指挥部医疗保障组决定对抗震救灾中收到的麻醉药品和精神药品实行特殊管理，要求各接收点将接收的麻醉药品和精神药品全部转运至四川省医药有限公司特殊药品仓库统一入库管理，再转运至各受灾地区。

为做好抗震救灾境外医用物资接收管理工作，四川省抗震救灾指挥部医疗保障组于 5 月 14 日成立境外物资接收组，由四川省食品药品监督管理局、四川省卫生厅领导担任组长和副组长，组员由专业翻译人员、具有药械相关知识的专业人员和志愿者组成，专门负责境外药品、医疗器械的现场捐赠接收和国际（境外）医疗队遗留设备（药品）的登记、清点、抽验。根据四川省抗震救灾指挥部《关于统一归口接收、分配国际（境外）就地捐赠医疗器械、药品、流动医院全套设备的紧急通知》要求，四川省抗震救灾指挥部医疗保障组境外物资接收组严格按照境外物资接收的规定，根据食品药品监管局《关于继续做好救灾药品和医疗器械监管工作的通知》等文件要求，制订工作流程：对于在中国境内注册上市的药品、医疗器械，捐赠方需提供产品型号、企业经营许可证、生产许可证、产品注册证、中国进口许可证、检验报告单、捐赠物品明细（包括捐赠物品名称、数量、金额和捐赠意向），经境外接收组审核同意接收后，交医疗用品供需组领导审批，提出意见或建议后，由四川省抗震救灾指挥部医疗保障组出具相关通关证明，并通知专门负责报关的人员到指定地点报关取货。对于未在中国注册上市的药品、医疗器械，先与食品药品监管局取得联系，提供产品清单、相关机构批准上市的证明文件、质量检验报告及中文说明书，经食品药品监管局审核后，由指定的省市食品药品监督管理部门进行抽验，符合规定的才可接收；仓库对物品进行清点、数量核对、登记、质量和性质把关；由四川省卫生厅和四川省、市药检所负责药品、医疗器械检查的专业人员、专业翻译人员以及部分志愿者，组成负责国际（境外）医疗队遗留设备（药品）的特别接收小组。

为确保灾区使用药械的安全，四川省抗震救灾指挥部医疗保障组一方面积极协调有关部门，组织人员对国外捐赠医用物资进行分类、翻译、加贴标示等工作，一方面联系成都市食品药品检验所、四川省医疗器械检测中心对接收到的国外捐赠药品、医疗器械进行抽验。截至7月25日，共抽验药品54批，涉及15个国家和地区，其中抽验不符合中国药品标准的7批；共抽验医疗器械102批，在首批检测完毕76批中，有2批不合格产品。

在抗震救灾医用物资的监管工作中，也发现一些进入灾区的应急消杀药品、涉水产品等物资没有履行卫生监督程序，相当一部分属于无生产厂名、无生产厂址、无生产卫生许可证编码的“三无”产品。对此，监管部门给予就地封存，登记造册，并报当地抗震救灾指挥部，集中销毁。

医用物资储存和使用管理 地震发生后，全国各地大量援助物资在短期内运往成都，一度出现成都救灾医用物资贮存仓库爆库，而灾区医用物资供给不足的矛盾。同时，因部分灾区缺乏医用物资存储条件，致使部分救灾医用物资管理不善，浪费现象时有发生。

地震发生不久，各地救灾医用物资相继运抵绵阳，前三天由于没有仓库存放，只好分别将医用物资直接送往安县、北川、平武、江油等灾区，数量亦无记录。后经绵阳市抗震救灾指挥部指定，绵阳市的救灾医用物资仓储主要由绵阳药业集团本部仓库、绵阳金星药业有限公司仓库、四川科伦实业集团有限公司本部仓库、绵阳外贸储运库等仓库储存。震后初期，曾动员绵阳市富乐中学、绵阳市文联提供房屋临时存放救灾医用物资，由绵阳市药监局、市卫生局共同派人员管理。

7月1日，食品药品监管局就四川、陕西、甘肃、陕西、重庆、云南等省（市）地震灾区抗震救灾捐赠药品监管工作，提出指导意见，要求按照有关规定储存、管理和使用，执行合理调配、物尽其用、防止积压、避免浪费的工作原则。

灾区各地加大对质量安全风险较高、存储条件较差的药品的抽验力度，对滞留在灾区的药品，按照储存规定储存，避免因储存不当造成新的浪费。对储存有特殊要求的药品，按照特殊规定条件储存。汶川县卫生局在阿坝师范高等专科学校设立医用物资的仓储点，认真选定符合消杀灭药剂储存条件的地方，专库储存消杀灭药剂，并注意药剂的防潮、防湿、防晒等，未出现药剂变质和储存不当的情况。茂县卫生局先后租借茂县贵宾楼酒店、羌寨避暑山庄、九恒药业、九鼎山国际大酒店等地作为医用物资仓储点，确定专人负责管理、分发工作。松潘县卫生局借用松潘宾馆和黄龙饭店作为医用物资的仓储点。黑水县以县疾控中心办公室库房作为消杀灭药剂储存专库，租借原黑水县职工医院用房作为其他类医用物资仓储点，积极创造条件科学储存药品。理县抗震救灾指挥部征用县文体局铺面和工商局部分正在营业的铺面为临时存放点，在医用物资来源渠道太多，部分消杀灭药品只得露天堆放的情况下，经各方努力，将医用物资下发到各乡镇卫生院。灾区在救灾药品的使用上坚持安全可靠、质量第一的原则，将安全性较高的非处方药品，发放给有需要的受灾群众使用；对处方药品，在有资质的医务、药学人员指导下使用，避免出现药物滥用和药品不良反应；对质量安全无法保证的药品，一律不得使用；对不合格、质量安全无保障的药品集中销毁，地震灾区药品监管部门利用现代化的通信手段和物流设备，构建运转有效的药品信息沟通机制，及时掌握药品供应保障困难的受灾地区用药需求信息，保证灾区急需药品的供应，满足受灾群众的用药需求。马尔康县的库存物资无法在有效期内使用完，为防止医用物资积压引起过期失效造成浪费，县卫生局将此批库存物资登记造册并报上级部门审定，以便及时调运，充分发挥救灾物资的作用。

二　剩余医用物资处置

由于大量伤员转出省外治疗，多处堰塞湖成功处置，加之部分医用物资捐赠针对性不强、一些国外捐赠医用物资缺乏相关证明材料等客观原因，四川灾区有一定数量的抗震救灾医用物资出现结构性剩余。

5 月 25 日，卫生部提出尽快组织专家科学测算救灾物资，特别是消杀灭物资需求，根据灾区各地需求情况，合理制订配送计划，避免出现有的地方不足、有的地方过剩现象，认真研究过剩物资调剂处理措施，坚决杜绝物资浪费现象。

6 月 20 日，四川省抗震救灾指挥部医疗保障组发出《关于报送救灾医用物资管理相关情况的通知》，决定对成都、德阳、绵阳、广元、雅安、阿坝等市（州）抗震救灾医用物资安全管理有关情况进行统计。至 27 日，四川省抗震救灾指挥部医疗保障组和成都、绵阳、德阳、广元、雅安、阿坝等市（州）共有库存救灾药品 3960 个品种、249565 件，库存救灾医疗器械 865 个品种、186140 件。其中，排列前 10 位的库存救灾药品有，葡萄糖注射液 24664 件、注射用盐酸钠洛酮 9000 件、氯化钠注射液 8933 件、硫酸头孢匹罗针 7619 件、地塞米松磷酸钠注射液 6049 件、葡萄糖氯化钠注射液 5726 件、氯化钠注射液 3241 件、诺氟沙星胶囊 3214 件、维生素 B6 注射液 2883 件、氯化钾注射液 2011 件；排列前 10 位的库存救灾医疗器械有，注射器 43957 件、口罩 17262 件、纱布 14441 件、接骨螺钉 10534 件、医用手套 7591 件、输液器 7511 件、输液贴 6031 件、PVC 靴 4726 件、绷带 4579 件、接骨板 4102 件。有效期为 12 月 31 日前的库存救灾药品有 315 个品种、6879 件，库存救灾医疗器械 27 个品种、336 件。

四川省抗震救灾指挥部医疗保障组根据各地库存抗震救灾医用物资情况，于 7 月 3 日下发《关于库存抗震救灾药品、医疗器械处置意见》，首次明确抗震救灾药品、医疗器械的处置必须确保安全有效、质量第一；做到物尽其用，合理调配，防止人为浪费。对灾区积压的在有效期内使用不完的药品、医疗器械，在确保质量安全的前提下，予以多渠道分流处理。对有效期在 12 月 31 日后的救灾药品、医疗器械，四川省抗震救灾指挥部医疗保障组要求受灾市州经统计并确认未污染、安全有效后，统一调配到有医疗救援任务的其他重灾区和次重灾区的医疗机构。有效期较长（一年以上）的过剩药品可转入政府药品储备库，周转使用。在保证救灾需要和满足政府储备的前提下，过剩药品由灾区县级政府统一用于惠民医院和农村卫生医疗机构；对有效期在 12 月 31 日前的救灾药品、医疗器械，原则上由受灾市州自行调配使用，由卫生医疗机构首先使用、消化抗震救灾药品、医疗器械，防止药品器械长期滞留，过期失效，造成浪费；对安全性较高的非处方药品，可由属地医疗机构直接发放给有需要的灾区群众使用；对处方药品，应在有资质的医务人员指导下使用，避免出现药物滥用和药品不良反应。同时，对捐赠渠道不详，无法核实药品生产厂家、检验标准和使用说明的；因包装破损或遭雨淋、曝晒影响质量安全的；未在国内市场上市，且无任何使用记载的；无中文使用说明的；药品外观性状发现异常的；有特殊储存条件要求，但存储条件曾失控的；超过有效期的；抽验不合格的抗震救灾药品、医疗器械等，予以登记销毁。

7 月 4 日，四川省抗震救灾指挥部医疗保障组下发的《关于灾区剩余消杀药品处置意见》，明确要求预留 3 个月的贮存量和洪涝汛期消杀药品需求贮备，以保证后期灾区群众安置点垃圾、污物、厕所消毒需要；贮存部分二氯异氰脲酸钠（优氯净）和三氯异氰脲酸消毒剂用于应急消毒；84 消毒液宜就近、短期内调配使用，重点地区剩余的 84 消毒液可用于灾区餐饮业、屠宰业、养殖业、医院消毒，也可少量发给灾区群众家庭使用；剩余漂白粉等粉剂消毒剂可调配到灾区水处理厂、造纸业、印染行业、养殖畜牧业使用；过氧乙酸、戊二醛等高效的消毒剂，以及含碘制剂系皮肤消毒剂、过氧化氢可调配给医院使用；泡腾片剩余部分可少量分发给受灾家庭自用或调配给餐饮行业作为饮食具消毒；菊酯类杀虫剂基本无剩余，按照实际科学合理使用。灾区使用和贮备以外还有剩余的消杀药品，可调配到省内其他洪涝灾害地区使用；对早期应急生产和调拨的消杀药品，要根据实际消杀效果，合理调整安排使用范围和剂量。及时向省抗震救灾指挥部医疗保障组反馈剩余消杀药品的最终去向和使用情况，并采取适当方式向社会公开，自觉接受纪委、监察审计和社会监督。

剩余抗震救灾医用物资处置工作政策性强，涉及财政、民政、卫生、物价、药监、审计、监察等多个部门，医疗卫生机构使用剩余抗震救灾医用物资的积极性不高。《关于库存抗震救灾药品、医疗器械处置意见》下发后，各市州普遍反映执行困难，进展并不顺利。为此，四川省抗震救灾指挥部医疗保障组于 7 月 17 日下发《剩余抗震救灾药品医疗器械处置意见》，对处置原则、处置方式、处置要求进行补充完善，重点规定剩余抗震救灾药品、医疗器械的概念，明确医疗机构可按正常医疗秩序使用剩余的抗震救灾药品、医用耗材，提高医疗机构使用积极性。过剩的药品和医疗器械，包括国家调拨、国内外捐赠和省内临时采购的药品、器械等，医疗机构可按正常医疗秩序使用。同品种、同规格、同厂家、同型号的，按照四川省药品挂网招标平台规定的价格作价，挂网平台没有规定价格的可参照同品种挂网最低价执行。所得款项要进行专账管理，并按照当地政府和有关部门的要求，将其中一部分留医疗机构作为灾后重建所需资金的弥补，其余上缴财政作为抗震救灾资金统筹安排。

为进一步加快剩余医用物资处置工作，避免医用物资的囤积浪费，四川省抗震救灾指挥部医疗保障组于 8 月 4 日请示四川省政府，建议由省政府牵头，组织相关部门共同研究制定出《四川省剩余抗震救灾医用物资处置意见》，并成立四川省剩余抗震救灾医用物资处置协调工作组。21 日，四川省政府办公厅下发《关于成立四川省抗震救灾剩余医用物资处置协调工作组的通知》，决定由省政府办公厅、省卫生厅、省食品药品监督管理局、省审计厅、省监察厅、省财政厅、省民政厅、省物价局、省外办联合组成四川省抗震救灾剩余医用物资处置协调工作组，负责剩余医用物资处置相关政策的制定和对处置工作进行指导、协调等工作。

为配合做好对重灾地区剩余抗震救灾医用物资的省内调剂工作，四川省食品药品监督管理局于 8 月 26 日下发《关于切实做好调剂用剩余抗震救灾药品医疗器械质量监管工作的通知》，要求各市（州）食品药品监督管理局切实做好调剂用药品、医疗器械监管工作，确保调剂医用物资质量安全。

8 月 29 日，四川省抗震救灾指挥部医疗保障组下发《关于做好剩余抗震救灾医用物资调剂工作有关事项的通知》，要求各地于 9 月 10 日前，将需要省内调剂的医用物资集中到市州仓库，并确保上报需要调剂的剩余医用物资为未开封的整件包装，包装完整，有效期在 12 月 31 日后。

9 月 4 日上午，四川省卫生厅召开剩余消杀物资处置专题研究会议。会议对待销毁消杀物资的处置和质量合格消杀物资的处置，达成一致意见，决定各市州剩余抗震救灾消杀物资坚持就地处置为主。9 日，四川省抗震救灾指挥部医疗保障组下发《关于剩余消杀物资处置有关事宜的通知》，要求成都、绵阳、德阳、雅安、广元、阿坝等市（州）卫生局和食品药品监督管理局，对不合格或不符合相关规定的消杀物资，会同有关部门实施就地销毁；合格的作为当地消杀物资应急储备，妥善保管，合理使用，同时按要求及时上报库存情况。省应急储备消杀物资不够省内调剂时，应优先考虑调剂市州储备。

四川省食品药品监督管理局经请示食品药品监管局同意，对境外捐赠库存医用物资采取以下措施进行处置：组织人员集中对国外捐赠医用物资进行清理，对于过期、破损和抽验不合格的按有关规定程序登记销毁；对绷带、纱布等产品类别低或不直接接触创面的低风险产品，如外包装严密、无破损等，原则上不进行检测，直接调拨；对同一品种药品有多个批号的，可选择其中一批号进行检验，如合格，则该品种药品其他批号可视为合格，直接调拨；对产品类别较高或批量较大，能够满足检测数量要求的医用物资，组织抽验或联系相关检验机构进行现场检验，抽验和现场检验仅限于产品的关键指标；对产品类别较高，数量又不够抽样量的物资按规定程序登记销毁。

四川省通过医疗卫生机构调配使用、建立应对突发公共事件储备库、市州内自行调剂、全省或全国范围调剂、过期及不合格医用物资进行销毁等方式，处置剩余抗震救灾医用物资。四川省部分市、县建立两级应对洪水、干旱等突发公共事件医疗救援和卫生防疫应急储备库，共储备药品 129895 件、医疗器械 74018.4 件、消杀药品 231.28 吨，并在 8 月 21 日云南盈江、8 月 30 日四川仁和—会理地震后，向攀枝花、凉山等新重灾区调拨抗震救灾药品 2755 件、医疗器械 1460 件、消杀药品 34.6 吨、喷雾器械 260 台；按照卫生部要求，支援云南消杀药品 5.74 吨、喷雾器械 870 件；向省内 9 个一般灾区的市（州）调剂药品 35861 件、医疗器械 19600 件、消杀药品 110.74 吨、喷雾器械 3953 台，作为抗震救灾医疗救援和卫生防疫所需或建立当地应对突发公共事件医用物资应急储备。

截至 10 月 13 日，四川省共调剂处置剩余的境外捐赠药品 3428 件、医疗器械 8499 件、其他物资 31 件，其中销毁境外不合格药品 1146 件、医疗器械 923.48 件、消杀物资 2.38 吨。抗震救灾医用物资调拨使用率药品达 97.46%、医疗器械达 96.78%、消杀药品达 98.14%。

第二章　血液保障

汶川特大地震发生后，卫生部建立血液保障体系，将血液管理关口前移，对灾区血液的采集、供应和外调实行统一管理。同时，卫生部在全国确定 14 个省（市）为血液储备单位，总后卫生部确定解放军重庆血站、成都血站和解放军南京血液中心、沈阳血液中心为军队应急血液供应保障单位。随即，地方和军队的血站全面启动抗震救灾血液保障机制，开展紧急血液供应工作。

为了满足地震灾区紧急救治伤员的血液需求，卫生部及时通过新闻发布会号召全国健康适龄公民献血，群众积极踊跃献血，各地血站单日血液采集量突破历史之最，库存均达到上限。在保障血液足量供应的同时，为避免血液过期报废，各地的血液采集实行预约登记。与此同时，各采供血单位加强血液采集、检测、运输、存储各个环节的管理，以及高效、安全的血液调配、供应，以保障抗震救灾血液及其制品的安全。抗震救灾的血液保障工作，始终围绕着"方便前线、统筹安排、信息总控、形成网络"的原则，有序、平稳地进行，为伤员救治提供有力支持和保障。

第一节　血液供应

卫生部直接联系指导成都血液中心工作，四川省卫生厅授权成都血液中心根据灾区需求，统一调配省内采供血机构的血液。卫生部紧急组织从北京、山西、河北等地中心血站调拨血液支援灾区；总后卫生部协调军内各血站开展血液筹集，调运战备储备代血浆并设置野战血站保障灾区血液供应。

一　灾区省内血液供应

四川灾区血液供应　地震发生后，考虑到2001年全国血站建设项目立项时，地处地震带的四川省新建血站主体业务用楼均是按照标准设计、施工和验收的，由此推断大多数血站应处于可以工作的状态。为此，卫生部医政司与四川省卫生厅商定，由卫生部直接联系指导成都血液中心工作，四川省卫生厅授权成都血液中心根据灾区需求，统一调配省内采供血机构的血液，各省派遣医疗队时不得携带血液；全血、红细胞及部分血浆由卫生部组织支援，成都血液中心消减全血采集量，改为机采新鲜冰冻血浆；立即启动灾区血站血液入、出库和库存情况报告，直报卫生部。四川省卫生厅要求各市州中心血站启动应急采供血预案。灾区各地按照要求开展多种形式的倡议和宣传，储备大量血液，基本能够满足灾区各地医疗救治需要。

5月12日15时，成都市血液中心核查血液库存准备物资，制订夜间采血计划。同时，通过成都电视台、成都人民广播电台及当地报纸等新闻媒体发布信息，呼吁市民积极参与抗震救灾献血。同日晚，成都市血液中心连夜对新建的容积90立方米、可容纳血液6400袋、冰冻血浆12000袋的冷库，进行全面检测、校验和消毒。一切测试正常后，血液冷藏库于13日正式启用。13日晚，由卫生部统一调拨，来自北京市、河北省和太原市、广州市血液中心的血液及随医疗队到达的贵州省、湖南省血液中心的血液，全部存放进新建的血液冷藏库。成都市血液中心还新建外调血数据库软件，对外调血单独进行条码录入和数据管理，保证外调血袋不调换原血袋标签及时入库和数据的准确性。

从5月13日起，卫生部要求成都、绵阳、德阳、广元等主要灾区伤员救治城市的血液中心或中心血站，每日零时、11时、16时和20时，分4次通过手机短信、传真和电子邮件等方式，向卫生部医政司直报血液库存和出库信息，以便及时准确了解灾区血液需求和储存变化情况。在了解四川灾区的血液库存和救灾需求情况，得知伤员救治对血浆需求量较大后，卫生部立即协调四川当地紧急启动单采血浆工作，努力增加血浆采集，而红细胞则由其他地区予以协调配给。

图250　5月13日，成都市自愿献血者在雨中排队献血

（周勇良　摄）

5月13日，按照卫生部医政司血液管理处灾后救治需要组织储存大量血浆的要求，成都市血液中心先后调集18台单采血浆机、5000套耗材及来自简阳、金堂单采血浆站的7名护士开展单采血浆工作。5月13日至6月4日，共采集血浆7155袋、286.84万毫升，保证了血浆用量增加的需要。（参见图250）5月13日至6月15日，四川全省共采集全血1354.48万毫升（67724单位）、血浆298.36万毫升（14918单位）、血小板1115个治疗量，保障地震伤员紧急用血需求。

成都市血液中心全面负责四川灾区血液调剂工作，实行血液保障垂直管理，保证在灾区的所有医院、医疗队和部队野战医院血液的调剂和补充。成都市血液中心组织调剂血液28批次，涉及绵阳、德阳、广元等市的四川省15个血站和成都军区总医院、昆明血液中心等单位。通过科学调剂，既保证临床用血供给及时充足，又保证无过期血液报废，全省血液库存总量得到有效控制和平衡。

甘肃灾区血液供应　甘肃省血液中心于5月13日召开紧急会议，决定全力动员采血，加强血液储备，按照甘肃省卫生厅的统一部署，随时准备向灾区运送血液。当日，甘肃省血液中心全体职工坚守岗位，24小时值班，严格控制血液采集、检验、制备、供应、运输以及物资保障等各个环节，做好血液储备工作。甘肃省血液中心在加强血液采集工作的同时，安排体采科全体人员，抽调各科室相关人员，分别前往市区各采血点开展无偿献血宣传动员和血液采集。兰州各大专院校学生、机关干部、个体从业者、广大市民、武警官兵等社会各界踊跃献血。为方便市民献血，在市区内配备有3辆采血流动车，采集血液1554袋。至15日晨，甘肃省血液中心的库存血液储备有2700袋，达到向灾区运送血液和临床供血的储备量。接到徽县医院急需血源的报告后，中心血站按照血型紧急调运1000余毫升血浆，连夜送往徽县医院。

陕西灾区血液供应　5月13日，陕西省卫生厅下发关于做好抗震救灾临床用血储备工作的紧急通知，要求各中心血站对库存血液进行全面清查，将库存血液的类型及数量统计汇总后于17时30分前报省卫生厅医政处，安排好近期的无偿献血工作，做好医疗救治临床用血的储备，确保临床用血充足供应。

宝鸡市中心血站是宝鸡的血液供应中心，承担着宝鸡市300余家医疗机构的临床用血任务。地震后，血站及时上报各血型库存量，主动与临床医疗单位取得联系，了解用血需求；成立应急献血招募、血液采集、成分制备、血液保障等采供血业务工作领导小组，对全市采供血工作进行评估，选择安全地带，组建临时血库；出动3辆采血车坚持上街开展血液采集及宣传工作；在火车站及银座广场设立2个流动采血点；坚持24小时值班，开展采供血工作；针对全市血小板及RH阴性血供应不足的问题，启动采供血预案，积极储备血液以满足不同目标人群的用血需求。抗震救灾以来共采血100万毫升，机采血小板60余个治疗量，供应RH阴性型血1000毫升。各种血型血液比例科学合理，质量合格，最大限度保证了临床用血需求。

5月12日当天，宝鸡市陈仓医院为30名实施抢救的危重伤员检验血型，交叉配血18人次，输血3200毫升，由宝鸡市中心血站供血3800毫升，取血浆2400毫升，确保抢救伤员的血液供应。

汉中市中心血站遵照陕西省卫生厅和汉中市卫生局的指示，紧急调集全站力量，将采血时间迅速调整至8—23时，以最快速度保证足够的血液库存。献血服务科的医务人员在汉中十县一区积极开展无偿献血招募工作，从5月12日至10月14日，汉中市中心血站共采集血液469.98万毫升，同比增长15%，做好保证汉中市抗震救灾医疗用血和向四川灾区调血的准备。5月30日，汉中市卫生局决定对地震伤员（含四川灾区因地震致伤的伤员）实行免费临床用血。

二　其他地区血液调拨

卫生部确定北京市和黑龙江、辽宁、河北、浙江、山东、浙江、江苏、河南等省及太原、深圳、青岛、武汉等市无偿献血工作基础较好、血液检测能力较高的省级和市级血液中心或中心血站作为血液储备单位，要求各血液中心或中心血站适当提高血液库存量，并于每日7时前向卫生部血液处直报当日零时库存，以便随时根据灾区需要组织安排血液调配。

5月12日，四川灾区的调配血液需求总量超过200万毫升。考虑到血液检测水平、安全系数、日常库存总量以及运输途径和时间保障等综合因素，卫生部医政司选择北京市、河北省、山西省血液中心承担血液调集任务。河北省血液中心延长采血时间至22时，全力增加当日血液采集量，并随时准备将当日采集的全血全部调配四川灾区。同日晚，卫生部医政司连夜组织调拨北京市红十字血液中心120万毫升血液（1/2库存）、山西省血液中心53.16万毫升血液（2/3库存）、河北省血液中心35.4万毫升血液（3/5库存），协调总后卫生部调拨代血浆2万袋（500毫升/袋），于13日14时与首批救灾物资一起由北京空运至成都。

5月12日晚，承担四川灾区血液调集任务的北京市血液中心、河北省血液中心和山西省太原市血液中心的职工连夜调集包装物资、组织冰袋速冻、租用冷藏车，10小时内完成全部血液转运工作。北京市血液中心由于血液调配量大，仅血液出库工作就从12日23时持续到13日5时。15日晚，根据四川地震伤员的救治需要，北京市血液中心又组织1万袋（500毫升/袋）血浆调往灾区。在此期间，有37.87万毫升血液和血浆随同各省（区、市）医疗队车辆调往四川灾区。

5月12日晚，重庆市血液中心无偿捐助600袋红细胞悬液、210袋血浆，随重庆市医疗救援队送往四川灾区。

江苏省血液中心接到四川灾区急需血液的求助电话以后，迅速检查库存，并对本地医院的临床供血量做出估算，在确保南京的部、省属及部队等医疗机构临床供血的前提下，于5月13日10时将调集的20多万毫升血液，随同江苏省抗震救灾医疗队一起由专机紧急送往四川灾区。

广州市血液中心接到卫生部要求调配血浆援助四川灾区的通知后，也于5月13日紧急调运血浆30万毫升运往成都。14日，贵州省血液中心调配的1万毫升血浆运抵成都血液中心。

三　总后卫生部血液调集

5月12日下午，总后卫生部医疗管理局启动突发事件血液保障机制，由沈阳、济南、南京、成都军区及第三军医大学等10个军队采供血机构，分两个梯队承担血液筹集、储备及供应任务，筹集血液100余万毫升，并预约1万人实施流动血液储备。同时，协调第175医院将简易运血箱发往以上各任务单位，为长途运输血液做好充分准备。震后24小时，首批10万毫升急救血液从解放军重庆血站迅速运抵灾区一线，保证了震后第一批伤者救治用血。13日，应卫生部请求，总后卫生部紧急调运战备储备代血浆2万袋支援四川灾区。

为给地震灾区伤员提供及时、有效、安全的血液保障，总后勤部于5月17日从沈阳军区总医院抽组30人组成野战血站，分别在德阳、绵阳展开工作，对周边200～300公里范围的野战医疗机构实施机动血液保障。19日，南京军区南京总医院2台野战运血车、10万毫升O型红细胞悬液和10万毫升冰冻血浆，采用铁路输送方式运抵灾区，加强沈阳军区在都江堰、绵阳两地开设的野战血站的血液保障。四川灾区一线所有军队救治医疗机构用血，由两个野战血站及解放军成都血站完全保障，救治医疗机构走到哪里，血液保障跟到哪里，解决了血液保存期短、保存温度要求高及伤员第一时间急需输血救治的难题。两个野战血站在短期内为地震灾区伤员1000余人次提供手术用血。

总后卫生部医疗管理局指导军事医学科学院野战输血研究所制定下发《抗震救灾期间军队采供血工作指导意见》，对抗震救灾期间血液的采集、储存、供应、使用等方面进行规范。针对地震发生初期献血人员踊跃，但普通就诊患者相对减少，用血量没有超过平时用血量，而地震伤员救治需要大量血浆的情况，总后卫生部医疗管理局及时调整血液保障品种，协调解放军成都血站为德阳、绵阳两个军队野战血站实施血液补给。同时，与成都市血液中心进行血液调剂，缓解地方血站血液报废的压力，避免血液浪费，发挥了血液的最大保障效能。

成都军区总医院既要保障院内地震伤员救治用血，还要保障10余万救援军队野战血站的用血。成都军区总医院输血科启动应急用血保障预案，迅速成立血液接收组、血液保障组、血液前送组，并建立有效的血液使用监控体系。5月14日，成都军区总医院恢复无偿献血；15日，恢复机采血小板；23日，开展采血浆业务。至31日，医院共接受部队和军校学生556人次无偿献血、65人次捐献机采血小板、92人次捐献机采血浆，自采血液累计量超过25万毫升，确保了临

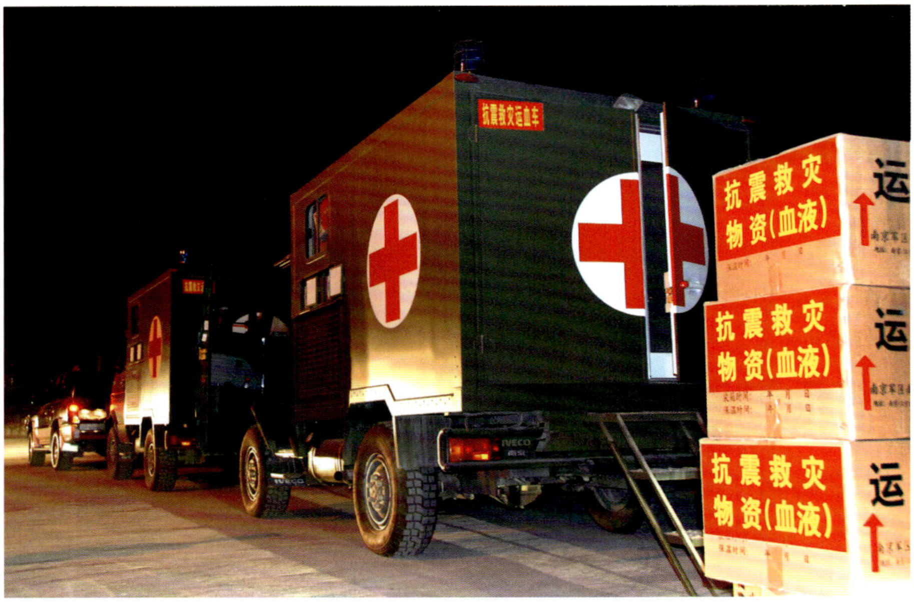

图251　5月17日，南京军区将血液紧急运往地震灾区
（总后卫生部　提供）

床救治用血和抢救地震伤员用血的需要。18—25 日，医院平均用血量超过 300 袋，最多时达 450 袋，每天需要专门从事血液发放人员 8 ～ 10 名。

5 月 23 日，第三军医大学向成都军区调运 10 万毫升血浆（A 型 3 万毫升、B 型 3 万毫升、AB 型 3 万毫升、O 型 1 万毫升），用于抗震救灾医疗工作。

南京军区南京总医院由 4 人组成的供血分队进入四川灾区后，为沈阳军区总医院野战血站供应血液 18 万毫升，临床输注无一例不良反应。（参见图 251）

四　外转伤员接收地区血液供应

从 5 月 17 日起，卫生部开始组织四川灾区的伤员转运到周边省市进行救治。卫生部医政司根据伤员转运计划，逐一通知伤员接收省市的卫生厅（局）医政处，要求当预计血液需求量随转运伤员增多而增长较快时，应首先在省内进行调拨，并及时上报有关情况，以备从其他供血能力强的省市予以配给保障。

根据重庆和昆明两地接收转运伤员和血浆库状况，卫生部医政司立即组织血液调配。5 月 19 日晚，深圳市血液中心接到卫生部血液调配的紧急通知，市血液中心、宝安血站、龙岗血站分别紧急调配各型血浆 15.49 万毫升、8.67 万毫升、8 万毫升，总计约 32 万余毫升的血浆，在 6 个小时内完成出库、核对、装箱、包装等工作，由民航局南航航班运至重庆市血液中心（参见图 252）；20 日下午，从成都血液中心紧急调配 10 万毫升血浆随转运伤员一同运往昆明；21 日，又从黑龙江省调配 20 万毫升血浆空运至昆明。

浙江省为四川省转到杭州市灾区伤员提供临床用血 5.74 万毫升。四川灾区群众陈代芬的母亲在地震中骨盆骨折，被送到杭州邵逸夫医院，如果不及时救治便有生命危险。陈代芬的母亲是 RH 阴性血型，拥有这一血型的人较少，在汉族人群中仅占千分之三。浙江省血液中心经过多方联系为陈代芬的母亲找到匹配血型，成功地实施了手术。

山东省的济南、青岛、烟台、威海等地，积极做好接收四川地震灾区伤员救治血液保障。截至 6 月 2 日，山东省各级采供血机构共采集血液 56732 人、1929.68 万毫升，预约登记单位 1543 个，预约登记 13847 人。5 月 28 日，山东省血液中心接到山东省立医院电话求助，四川灾区一名到济南救治的 RH 阴性血型伤员，急需输血治疗。山东省血液中心的工作人员立即启动“稀有血型应急血库”，紧急联系稀有血型献血者。山东大学的李刚和山东青年干部管理学院的闫丽接到电话后，迅速赶到血液中心紧急献血 600 毫升；正在菏泽出差的山东电力研究院的秦献珍得知消息后，立即请

图 252　5 月 19 日，深圳市紧急调配 32 万毫升血浆运往地震灾区

（深圳市卫生局　提供）

假返回济南献血 400 毫升，为临床抢救赢得宝贵时间。

湖南省采集到的血液，除向灾区紧急调配血液 4.8 万毫升随医疗队于 5 月 14 日 19 时送达成都外，还保证全省 11 家收治医院的医疗用血。

贵州省为确保四川灾区转运伤员得到积极有效的治疗，对灾区伤病员的救治实行无限量免费用血。截至 6 月 10 日 12 时，贵州省中心血站向贵州省人民医院、贵阳医学院附属医院、解放军第 44 医院等收治灾区伤员的医院，提供用于伤员医疗救治用红细胞悬液 2.86 万毫升、新鲜冰冻血浆 1.71 万毫升。

第二节　无偿献血与预约献血登记

献血成为人民群众参与救灾的一种重要形式，各地血站的单日血液采集量突破历史之最，库存均达上限。为在保障血液足量供应的同时避免血液过期报废，卫生部号召各界愿意为地震灾区奉献爱心的人士进行献血预约登记。据不完全统计，在地震发生后 10 日内，全国仅省会城市预约登记的献血者即逾 60 万人，集体登记单位达到 7080 家。

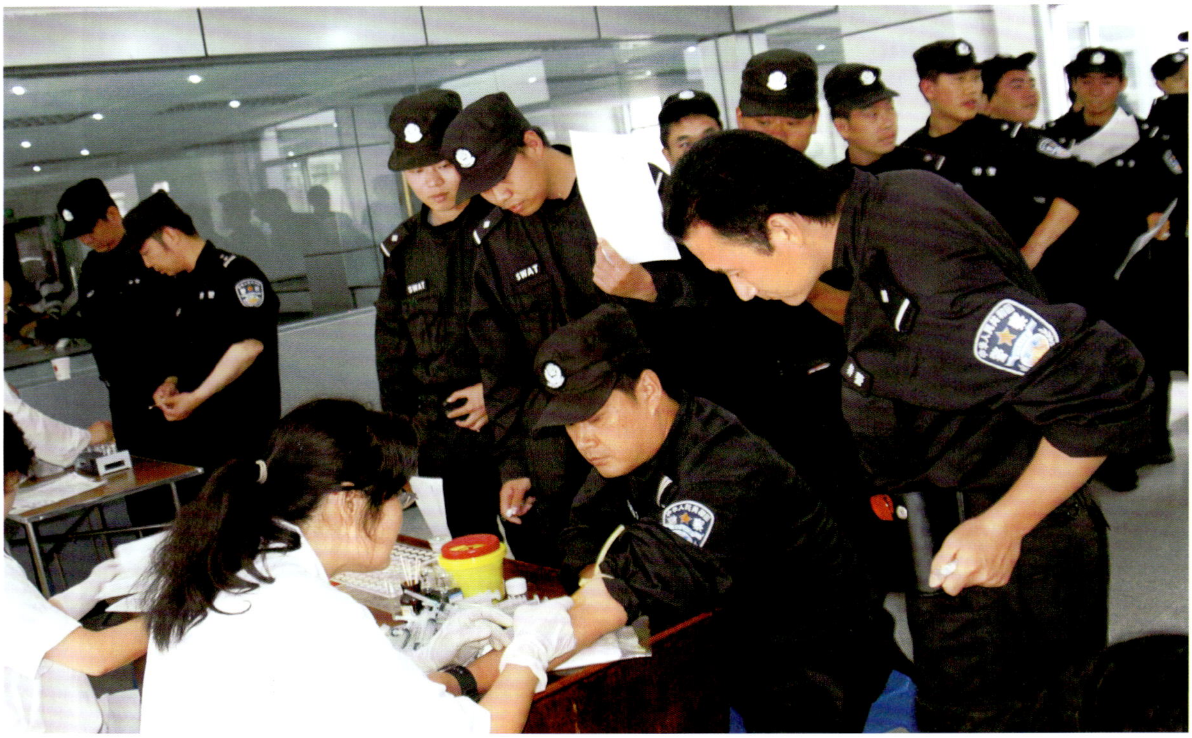

图 253　5 月 25 日，50 位来自石家庄市公安特警支队的警察离开成都之前参加义务献血

（李新军　摄影）

一　无偿献血

5 月 12 日 20 时，成都人民广播电台、成都电视台呼吁成都市民积极参与抗震救灾献血活动。当晚，成都市血液中心开放 6 个献血点，从当日 20 时 30 分至 13 日 5 时，共有 835 人参加应急献血，捐献血液 23.24 万毫升。13 日，成都市血液中心又开放 5 个献血屋和 9 辆采血车，有 2426 人参加献血，捐献血液 69.26 万毫升。14 日是限采日，仍有 1616 人参加献血，捐献血液 48.44 万毫升。3 天时间，捐献全血 140.94 万毫升、血小板 1.32 万毫升。德阳、广元、绵阳、阿坝等受灾地区的人民群众献血热情高涨，四川省各地血站的库存充足。截至 6 月 15 日，四川省共有 18586 人献血，其中全血 429.4 万毫升、机采血小板 820 袋、血浆 298.36 万毫升。（参见图 253 ～ 254）

5 月 12 日 17 时 20 分，甘肃省天水市中心血站接到市卫生局要求保证灾区血液供应的通知后，连夜发出《为灾区群众爱心献血公益活动倡议书》，在电视、广播、报纸上播报。同时，启动血站应急预案，采取紧急措施，派专人 24 小时接听献血热线电话，血站领导及血库、检验科工作人员 24 小时值班，其他人员全力以赴保证站内和各采血点、采血车上的组织、引导和接待工作。13 日，天水市中心血站与天水师范学院学生处取得联系，启动刚刚组建的无偿献血志愿者队伍，开展以“架起生命的彩虹——一方有难、八方支援”为主题的献血活动，当天共有 173 名志愿者捐献血液 3.46 万毫升，缓解了血液偏型和不足的状况。

甘肃省定西市中心血站启动应急采供血响应，部署震后应急献血工作。5 月 13 日，各项准备工作落实到位，抗震救灾无偿献血工作全面启动。广大市民积极响应，献血热情空前高涨，自发地到采血车上捋起袖管捐出鲜血。15—16 日，临洮县红十字会、“临洮在线”和中心血站联合行动，在临洮县城开展“抗震救灾捐款献血活动”。“岷县在线”网站联合岷县红十字会和中心血站，在岷县县城开展“情系灾区、共建美好家园献血捐款活动”。短短 3 天时间，参加献血的总

图254　5月16日，马尔康县僧侣自发参加义务献血（四川省卫生厅　提供）

人数突破1200人次，献血总量达到30万毫升。在积极做好采血工作的同时，定西市中心血站向四川省血液中心、陇南市中心血站发出慰问电，了解灾后救治用血情况，准备随时将血液发往灾区。

从5月13日开始，在3天时间里，陕西省咸阳市先后有彩虹集团、咸阳市卫校、秦都交警大队、市国税局等20多家单位组织职工为灾区捐献血液30余万毫升，超过市红十字中心血站血液库存的最高警戒容量。安康市中心血站启动采供血应急预案，通过移动、联通网短信平台，安康电视台、《安康日报》等媒体，向全市群众发出“为灾区献爱心，积极献血”的号召。至20日，安康市中心血站血库存血容量达到极限。截至6月24日，安康市群众为支持抗震救灾无偿献血量达32万毫升。

重庆市血液中心仅在5月13日一天即采集2556袋全血，改写中心单日最高采血量仅几百袋的历史记录。至14日，中心血液库存达到近6000袋，创下血站历史最高纪录。21日18时，重庆市南川区人民医院收治一个RH阴性B型血小伤员，冷水关乡中心校教师张兴正好是RH阴性B型血型固定献血者，接到消息后立即赶到血站，献血400毫升。5月12日至6月12日，重庆市共有9320人参加无偿献血，采集血液331.28万毫升、机采成分血10.04万毫升。

北京市卫生局根据《北京市血液应急保障预案》和《北京市血液应急保障实施方案》精神，组织市、区县献血办启动献血者应急储备队。北京市红十字血液中心从5月13日开始，延长各街头采血点采血时间至每日22时收车。由于北京市街头献血者献血踊跃，为保证采血工作顺利进行，中心适时调整工作人员，加强一线采血人员力量，后勤行政人员积极参加街头志愿者服务。13日，全市采集血液124.6万毫升，其中北京市红十字血液中心采集血液104.6万毫升，单日采血量创历史最高水平。14日，北京市红十字血液中心采集血液61.7万毫升，1899人参加献血，血液偏型问题得到解决，库存完全饱和。

从5月13日11时至14日2时，在清华大学持续近14个小时的献血活动中，共有653名学生献血18.2万毫升；等候献血时间最长的学生甚至排队7个小时。北京大学、北京航空航天大学、中央民族大学、北京交通大学、北京邮电大学、北京科技大学、中央财经大学、北京建工大学、中国地质大学等高校学生，及北京市红十字会干细胞库工作人员、北京市护士学校学生，都主动参加抗震救灾献血服务工作。

为保证救灾血液供应，内蒙古自治区血液中心开始实行不限制采血，组织应急队伍，紧急储备可用量达10天的20万毫升血液，其中包括稀有血型血液，随时准备支援灾区。

5月13日开始，江苏省各血液中心的献血热线一直忙碌，各地高校、部队、机关、企事业单位主动要求为灾区群众献血；全省各献血点和献血车前，无偿献血的市民排起长队。浙江省预约献血者超过10万人，一周献血量、献血人数均破纪录，温州、绍兴、杭州等地血库爆满。浙江省血液中心库备充足，血液各型库存正常，库存量120.66万毫升，其中A型25.46万毫升、B型45万余毫升、O型35万余毫升、AB型15.09万毫升，血浆库存量82.71万毫升。

5月13—25日，湖北省累计全省参加无偿献血的人数为18290人，共采集全血584.16万毫升；血液库存达到历史最高，平均每天库存为396.8万毫升。

5月14日，湖南省各机关团体组织开展抗震救灾无偿献血活动，广大市民走上献血车为灾区献血。同日，广州市血液中心设6个采血点，数千人排起长龙等待献血，献血量达1万毫升；广东省献血人数剧增至11749人，采血量是2007年日采血量的5.5倍。为避免血液浪费，广东省大部分血站改为预约献血。截至6月12日，广东省共有82610人次参加献血，合计献血量28.05万毫升。

5月14—16日，由贵州省血液中心联合贵阳市多家单位组织和开展的“血脉相连、心手相牵”绿丝带献血大行动，在贵阳市各采血点迅速展开，贵阳数千群众冒雨赶到各献血点排队等候献血，共有1581人捐献热血，累计献血42.64万毫升，并有上万人登记加入无偿献血预备队伍。至6月15日，贵州省血液中心运往四川灾区的血液共计1万毫升。

二 献血预约登记

5月14日，卫生部提示灾区血液库存达到计划储备量，呼吁各地希望援救灾区群众的爱心人士暂缓献血，加入应急献血储备队伍。各地血站积极引导市民，预约登记，有计划地采血，避免不必要的血液过期浪费。

5月15日，成都市中心血站停止采集全血，编制预约献血登记表，在每个献血屋和采血点进行登记，制作并发放了“成都市应急献血队员卡”。截至6月15日，预约献血登记数达到96231人、团体600个，有5000余名预约献血者通过电话在登记后被招回献血。

5月15日，甘肃省血液中心库存血液完全饱和，甘肃省卫生厅要求全省各中心血站倡导采取预约献血办法，做好后备血液供应准备工作。同日，甘肃省血液中心暂停各采血点的血液采集，开始无偿献血者的资料登记工作。兰州市中心血站从17日起对献血的单位和个人进行预约登记，根据用血需求有计划地组织采血，以保证本地区医疗用血和救灾用血的需要。至25日，踊跃填写献血真情预约登记的团体136个、个人10499人，共有3万余人登记预约献血。

考虑到血液储存的特殊性和市民支援灾区的献血热情，咸阳市血站及时向社会温馨提示，希望愿意奉献爱心的单位和社会各界人士提前进行献血预约登记，每天咨询登记报名的电话高达300余人；至5月18日，已有3600余名市民和101家单位预约报名捐血。宝鸡市将未完成献血心愿的市民加入到应急储备志愿者献血队伍。建立预约献血记录，合理安排群众献血，共登记预约献血1230人次。安康市中心血站组织专人，采取预约献血方式，疏导不断前往献血的市民，确保充足的血液供应。

北京市红十字血液中心血液库存达到饱和状态后，适时调整采血计划，通过媒体呼吁和发布公告，呼吁市民加入应急献血储备队伍，分期分批参加献血。血液中心专门制作、印刷《团体应急无偿献血志愿登记表》《应急无偿献血志愿者登记表》、“荣誉证书”等，各采血点对献血者进行预约登记，并通过邮局、网站发布致献血者感谢信，将所有预约献血登记信息全部录入计算机系统，建立献血者应急储备队伍。5月13—27日，个人献血预约登记34381人，团体献血预约登记547家，完成32220张预约登记表的信息录入工作。

地震发生后，上海市居民献血热情高涨。自5月14日起，上海市血液中心库存血量日均保持在200万毫升以上（基础存量为170万毫升）。由于血液保质期较短，尚未接到卫生部对血液的统一调令，上海市采取献血预约登记、适当延长单位组织的集体献血时间等措施，指导居民有序献血。

深圳市的3家血站在做好随时向灾区调配血液准备工作的同时，采取月月登记献血的形式，组织市民有序献血。5月14日，各个献血点都张贴了《深圳市血液中心告市民书》的温馨提示，希望大家配合采血中心，分批有序地献血。各个献血点（车）的工作人员，按照采血计划，积极与志愿工作者、献血者沟通，指导献血者分批有序献血。

云南省各级血站对辖区内积极要求献血救灾的市民均做详细登记，建立抗震救灾应急储备队。据不完全统计，云南省各级血站为支援灾区储血总量达100万毫升，预约献血人员达1.5万人。

截至5月25日，湖北省累计预约登记无偿献血的人数达到58810人，预约登记无偿献血的单位453个。

湖南省卫生厅于5月14日电话通知各个血站，要求有序开展预约献血。截至6月3日，湖南省登记预约献血的人数达到5万余人。

6月14日，是全球第五个“世界献血者日”。卫生部部长陈竺向全国无偿献血者发出感谢信，向广大的无偿献血者、预约登记献血者和为地震灾区无偿献血服务的志愿者表达最诚挚的谢意。

第三节　血液安全管理

为保障抗震救灾血液及其制品的安全，各采供血单位加强血液采集、检测、运输以及存储各个环节的安全管理。灾区省内调送血液时，质控人员随车跟踪监控血液温度，确保血液安全。总后卫生部指导南京军区、成都军区联勤部卫生部，分别对在灾区当地采集的血液和从南京军区南京总医院携行的战备储备血液进行跟踪检测，为非战争军事行动血液保障提供了宝贵的经验。

一　血液采集安全管理

抗震救灾期间，短时间的献血人数剧增，对采血工作人员、设备、耗材数量及组织和协调工作提出了挑战。各采血单位严格工作流程和执行《血站质量管理规范》《血站实验室质量管理规范》的要求，规范操作有序运作，加强血液检测，确保血液安全。

成都市中心血站对紧急启用的新建血液冷藏库进行工艺、卫生环境检测、温度监控，工程师到现场维护，对调剂血液进行质量控制，血液到达后检查外包装、温度，随机抽检4袋离心观察外观。成都市中心血站制定《机采血浆操作规程》，对采浆流程、血浆的贴签过程、交接环节等进行合理调整、规范，避免差错事故的发生。

北京市中心血站的工作量较大，检验科、成分科、供血科等科室均启动相应的应急方案。

5 月 13—15 日，检验科全体人员连续工作 72 小时，完成 6761 个标本的检测工作（相当于检验科一周的工作量）；成分科则将 200.68 万毫升全血制备分离成血浆、悬浮红细胞和悬浮少白细胞。

5 月 24 日，鉴于个别受灾严重地区道路堵塞不通等原因，导致应急血液无法送达，前方各医疗救治队需要血液抢救伤员的紧急情况，四川省卫生厅下发《关于规范抗震救灾期间应急采集血液的通知》，要求按照《医疗机构临床用血管理办法》第十九条的规定，进行交叉配血，用快速诊断方法检测乙型肝炎病毒表面抗原、丙型肝炎病毒抗体，并在临时采集血液后 10 日内将情况报告当地县级以上政府卫生行政主管部门。同时，要求各市州卫生局，尽一切办法将应急血液送达各医疗机构，加大监管力度，协调保障前方医疗救援队采供血检验、采集等所需的试剂和物品，确保抗震救灾期间血液的供应和质量安全。

二　血液运输安全管理

在组织血液调剂中，各血站按照常态工作流程科学监管血液质量。在血液出库条形码扫描登记、分类、标识、包装、运输等所有流程环节严格执行现有法律和技术规程要求，保证过程的科学规范，确保血液质量。

血液全程冷链运输　所有血液从出库到运输，再到灾区血站血液入库全程，实行“门对门”的冷链运输，使血液运抵成都、绵阳等灾区血站时，血液箱开箱温度在可控温度范围内（开箱温度为 6℃，标准温度为 2℃～ 8℃）。北京血液中心在每个冷链包中放置温度表，血液运抵成都、绵阳等灾区血站时，血液箱开箱温度在可控温度内。山西太原血液中心通过疫苗冷链车经 10 个小时将血液运达北京后转运四川。河北血液中心将血液放置在带有自动温控的便携式冷藏箱内，连夜送北京转运灾区。深圳血液中心在血浆运输中加干冰保证 −20℃的要求。飞机抵达成都双流机场后，卫生部应急办公室通过四川省卫生厅调用 4 辆疫苗冷链车赴机场，供成都市血液中心接收、分装、调配血液专用，保证救援血液未经任何耽搁直接运往各受灾地区血站，实现 10 小时内完成全程冷链环境下的全部转运工作

北京市卫生局在运输 120 万毫升血液时，执行红细胞悬液保持在 2℃～ 8℃的要求；采用一次性泡沫箱，分大小两种规格，泡沫密度均为 18 公斤 / 立方米，长、宽、高、厚度分别为 60 厘米、36 厘米、25.5 厘米、2.80 厘米和 45.5 厘米、31 厘米、25.5 厘米、2.5 厘米，血箱外角套活动钢板加固架；大血箱放置 40 单位包装的红细胞悬液，小血箱放置 25 单位包装红细胞悬液。北京血液中心在紧急的情况下，使用无菌新的血袋充装纯净水，冰冻后充作冷媒，放到血液运输箱内，用干净的无菌布隔离，以便灾区水源短缺时可以作为紧急工作用水或饮用水。冷源与血袋之间放置厚度为 1 厘米的泡沫海绵，或为纸箱板，按一定比例放置温度计；印制标明血液制剂的品种、数量、血型、运血箱号的标识贴于运血箱侧面，另一侧面粘贴“小心轻放”“怕压”、“适宜温度”的图案和字样标识。为保持血液处于适宜温度中，出库后的血液标识放回冷库隔离区域。从箱底部开始，放置一层冷源，一层隔温材料，铺一次性大布巾做运血箱内衬，将血袋按顶端向内，斜立排放，每一排血袋顶端导血管与对面血袋顶端导血管交叉，再同样摆放第二层血

袋，两层血袋之间放置温度计，折叠布巾将全部血液包裹住，放隔温材料及冷源，再放装箱单，盖箱盖后压紧，用胶带贴封箱体和箱盖之间的全部缝隙，外贴标志，编写箱号。运血箱编号分别将“A”“B”“O”“AB”各型按血型编箱号。打印该箱红细胞悬液标签条码号的出库单作为装箱单，同时打印出3份，一份装在运血箱中，一份作为该批次血液调剂清单的附录，一份存档。清单标明运血箱数量、每箱中血液的血型和数量，后附装箱单，放到“O”6号运血箱中，并将放清单的运血箱号报告到随同血液前往成都的卫生部工作人员处。5月13日晚间，北京市红十字血液中心支援的120万毫升爱心血液抵达成都市血液中心，到达时温度为4℃～6℃，符合冷链运送要求，且未发现血袋破损、血液溶血等血液质量问题。

航空运输血液安全管理 向四川灾区提供血液时间急迫、数量大，在地震发生后的一周时间里，地震伤员救治的血液使用由全国统一调配。5月21日，为保证医疗救援的血浆快速运抵地震灾区，避免血浆被X光照射后丧失使用功能，民航局下发《关于对航空运输医疗救援血浆免于安全检查的通知》。

5月15日15时，一辆满载着500件重6427公斤新鲜血浆的中国红十字会总会的车辆驶向国货航北京运营基地。国货航提前做好各项准备工作，迅速将血浆装上飞机，于18时运往成都。

5月19日23时49分，重庆江北机场抗震救灾应急办公室接到重庆市卫生局应急办公室紧急通知，重庆血浆告急，卫生部从深圳市血液中心调集74件血浆，要求在20日通过航班运送至重庆。接到任务后，为保证这批特殊救命血浆安全到达，重庆江北机场立即召开紧急会议，安排部署护送保障血浆工作，启动救灾物资绿色通道。20日，为保障这批血浆的运输，南航给予全程绿色通道运输，免费承运。深圳分公司货运部接到运输通知，立即做好运输准备工作。在血浆到达货站第一时间里，采取先过安检机再开货运单的方式，减少交接过程的二次搬运，既缩短交接时间，又避免了搬运过程中可能出现的不必要破损。在办理手续方面，深圳分公司给予优先开单的绿色通道待遇，整个交接过程用时不超过20分钟，保证血浆运输的时效性和安全性。在南航的飞机到达前10分钟，重庆江北机场安排接运血浆的冷藏车通过严格安全检查进入机坪，由警车开道，停靠201机位等待。运送血浆的南航飞机安全降落在机场后，机场方面迅速组织保障航班。由于血浆处于冷冻状态，在装卸过程中机场工作人员对每件血浆都非常小心。不到30分钟，74件抗震救灾急救血浆被稳妥地装运上在机坪接运的疾控中心冷藏车，在机场警车的引导护送下，于12时20分抵达重庆市血站。

5月21日12时，卫生部需要从黑龙江紧急调运近20万毫升血浆，搭乘次日8时40分起飞的航班送往昆明，用于救治由四川灾区转送至昆明的重伤员。黑龙江省机场公司得到通报后，首先与黑龙江省血液中心取得联系，进一步了解情况，得知冷冻血浆具有在常温下不能超过10小时、不能受X光照射等特殊性。为缩短血浆的运送时间，黑龙江省机场公司积极协调南航货运部门直接到血站称重并办理相关手续。安保公司为血浆运送开通绿色安检通道，公安局出动警车和警力引导送血车队、维护现场秩序。22日7时40分，当运送血浆的车队抵达机场时，各保障单位早已做好准备，车队直接驶入控制区，停靠在执行运送任务航班的货舱附近，使血浆顺利装运上车。

三　血液储存安全管理

抗震救灾期间，各血站的血液均按卫生部《临床输血技术规范》的规定保存。全血及红细胞制品可在 2℃～6℃的血库冰箱中保存 21～35 天；冷沉淀物和新鲜冰冻血浆在≤ −18℃保存 12 个月（超过 12 个月后转为普通血浆）；普通冰冻血浆≤ −18℃保存 5 年；粒细胞浓缩物 20℃～24℃可保存 24 小时；血小板浓缩物可在 20℃～24℃持续震荡的条件下保存 1～5 天；洗涤红细胞以及已脱离密闭系统的其他血制品、解冻红细胞在 2℃～6℃保存 24 小时。全血及红细胞制品领出后，使用血液及血制品专用运送箱运送；冰冻类制品在血库解冻后，使用血液及血制品专用运送箱运送；粒细胞及血小板浓缩物运送温度 20℃～24℃，使用血液及血制品专用运送箱运送。

第三章　医疗救援后勤与安全保障

汶川特大地震毁坏了极重灾区和重灾区的各种市政设施，水、电、气等一时无法得到供应，商贸和农贸市场处于瘫痪状态，医疗卫生救援队员在住宿、饮食、饮水、洗澡、交通、通信等方面都遇到不同程度的问题，生活保障缺乏，在交通不畅或中断地区的医疗救援队面临生存问题。抗震救灾初期，应急队伍开展救援工作中出现的现场交通、通信、野外生存装备、物资设备严重缺乏等问题，暴露出特大灾害医疗救援应急反应中后勤保障工作的不足。

四川省卫生厅组建后勤保障组加强与各省（区、市）医疗队和解放军、武警部队医疗队的组织协调，提供后勤生活保障。各支援省份在收集前方反馈信息的基础上，配备必要生活保障物资，在灾区设立前方后勤保障机构，加大后勤支援力度，保证基本生活条件；解放军救援力量则立足自我保障。

根据抗震救灾医疗救治工作存在大量不可预知的危险因素等情况，卫生部和受灾地区卫生行政管理部门将援助医疗队（组）安全作为抗震救灾医疗救治工作的一个重点来抓，及时通报各种安全隐患信息，确保医疗队安全。接受救援医疗队（组）的灾区卫生行政部门加强余震、暴雨、山洪等危险状况的信息通报，组织医疗队及时撤离可能出现危险的场所。灾区各级卫生行政部门、接收震灾伤员的医疗机构和灾区医疗队、防疫队、卫生监督队，坚持预防为主，结合抗震救灾医疗防疫救援工作实际和医疗卫生行业特点，采取必要的安全防护措施，防止重大人身安全事件的发生，在抗震救灾第一线没有出现重大人身安全事件。

第一节　医疗救援后勤保障

医疗救治初期，由于缺乏灾害应急的必要装备，缺乏个人防护能力和装备，后勤保障能力较弱，多数医疗救援人员工作和生活条件较差。参加医疗防疫工作的国家机关、灾区省市各级政府积极协调，加强后勤安全保障工作，改善医疗防疫救援人员的生活工作条件。四川省积极加强与各省（区、市）医疗队和军队、武警医疗队的组织协调、信息沟通，并提供后勤生活保障工作。

一　地方医疗救援后勤保障

后勤保障组织机构　为保障医疗防疫救援人员的工作和生活，四川省卫生厅组建四川省医疗卫生后勤保障组，下分内部保障组和外部保障组两组。内部保障组主要承担全省医疗保障指挥中心的后勤服务、办公用品配备，保证工作有序运转；外部保障组组织协调灾区有关部门，做好省内外赶往灾区开展医疗救援工作人员的后勤保障服务工作。（参见图 255）

为加强同各省（区、市）和解放军、武警部队医疗队的组织协调、信息沟通，并做好后勤保障工作，四川省卫生厅于 5 月 15 日下发《四川省卫生厅关于做好援助医疗队相关工作的紧急通知》。通知要求各级卫生行政部门在接到省卫生厅抗震救灾医疗卫生救援指挥部对救援医疗队工作的统一安排后，要绝对服从安排，及时制订切实可行的接待方案，指定专人及时与有关援助医疗队取得联系，并作为医疗队在辖区内工作期间的联络人，保证医疗队能顺利到达目的地开展工作；同时，将相关情况速报卫生厅抗震救灾医疗卫生救援指挥部，以便组织协调和沟通。通知

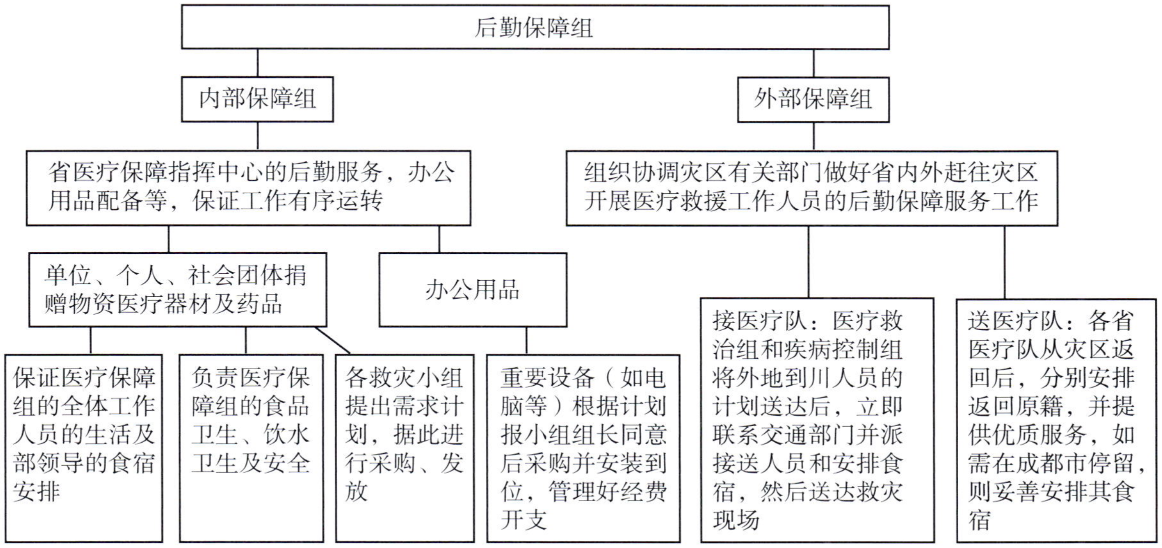

图 255　四川省医疗卫生后勤保障组工作流程

要求接受援助医疗队的市州卫生行政部门，认真安排好医疗队的救援工作，合理安排替换疲劳医师，做好现场处置、转运指导、重症治疗、后期康复、基层巡诊等工作，尽力让医疗队发挥最大作用。通知要求，针对医疗队携带补给物资不足的问题，接受医疗队的市州卫生行政部门和医疗机构，应妥善安排好医疗队的后勤保障工作，确保医疗队生活得到保障。通知还要求，援助医疗队在各地执行医疗救援任务期间的各类后勤保障，各级群团组织要给予大力支持，各类经费纳入各级政府医疗补助范围。

各市州卫生局根据四川省卫生厅的通知精神，加强了同医疗队的协调和沟通，安排好医疗队救援工作并在后勤及生活上给予充分保障。

灾区前方后勤保障机构 5月16日晚，卫生部指派医政司一名副司长专程前往华西医院，研究组建各地医疗队后勤物资供应中心（以下简称卫生部物资中心），形成初步方案。17日上午，华西医院召开专门会议，对后勤物资供应中心的人员组织、工作分工、工作流程和具体措施进行统一部署。卫生部物资中心下设两个组，信息联络组主要负责卫生部抗震救灾物资采购、调拨及接受捐赠物资的信息收集、汇总及发布，以及负责卫生部组织的省外医疗队药品、材料、设备、食品等后勤物资需求的收集、汇总，并制订各个省外医疗队具体的物资配给计划；库管配送组主要负责所有物资的入库验收、库房物资管理、出库配送，并严格按要求建立账实相符的手工台账。

设在华西医院的卫生部物资中心积极协调生活物资，先后调集5吨食品（肉类罐头、牛奶等），以及帐篷等各类生活物资随同药物、医疗器械等配送至彭州、广汉、德阳市区、绵阳市区、什邡、绵竹、安县、北川、江油、广元、青川、旺苍、都江堰、汶川、眉山、雅安市区等地，支援来自北京、湖北、云南、内蒙古、江苏、陕西、天津等省（区、市）的20余支前方医疗队。卫生部物资中心依托华西医院，在充分利用其物资储备的基础上，紧急调拨药品、医用材料、器

图256 6月4日，卫生部副部长陈啸宏（中）到设立在华西医院的省外医疗队后勤物资供应中心检查运作情况

（田春 摄）

械、设备和食品等价值近1000万元的物资（不含卫生部调拨的收音机、服装等物品），优先满足地震灾区前方各地医疗队的需求。5月18日下午至6月4日14时，卫生部物资中心通过设立的6门专线电话或手机，与支援四川省的70余支省外医疗队联系近500人次，其中经常联系的有37支医疗队，采集前线医疗队需求信息800余条。卫生部物资中心积极协助解决支援四川省的医疗队和当地医疗机构的物资配送协调工作，派专人专车护送从内蒙古自治区紧急空运的130支乙脑疫苗到北川，为绵阳第404医院配送2台血液透析机，为西安交通大学附属第一医院驻广汉市人民医院医疗队配送1台血液透析机等。卫生部物资中心还协助卫生部前方综合协调组，配送由卫生部组织援助四川省的收音机、服装等物资。进入5月下旬以后，卫生部物资中心克服路况差、运力紧的困难，及时将卫生部调拨的药品和骨科材料送达前方医疗队，保障医疗救援工作的顺利开展。（参见图256）

5月16日上午，广东省卫生厅决定派员到成都，组建广东省驻成都抗震救灾前线协调组。前线协调组下设有医疗救治保障组、卫生防疫保障组、卫生监督保障组和综合组，这是全国省级卫生系统支援四川抗震救灾成立的第一个前线协调组，负责在四川灾区的广东省医疗与防疫队的后勤保障工作。因余震不断，道路阻隔，广东省第一批医疗队进入震中汶川县映秀镇后与外界完全断绝联系。17日上午，前线协调组派出3辆满载食品、药品、物资的车队，跟随部队的军车准备进入映秀镇。急行一个多小时后，在国道213线都江堰段受阻，无奈返程。为及时与驻映秀镇的广东省医疗队取得联系，前线协调组工作人员弃车转乘半个多小时的冲锋舟，徒步3个多小时，穿过异常泥泞、不时有山石滚落的临时抢修便道，将卫星电话送到驻映秀镇的医疗队员手中。18日晚，为确保物资能及时送入灾区映秀镇，前线协调组组织人力乘冲锋舟、绕山路、坐漕船，分三路将物资运到映秀镇。陆路完全打通后，医疗救护保障小组又多次进入映秀镇，运送蔬菜、水果、发电机、手机、衣服、日常用品等。同时，广东省驻成都抗震救灾前线协调组的成员，还分别奔赴江油、安县、青川等地灾区，及时将物资送到救援人员手中。

浙江省卫生系统建立综合保障机制，在成都市武都路15号建立被称为“15号兵站”的前线救援保障组，保障救援人员急需的物资安全及时送达。据统计，浙江省卫生系统共运送价值达1000余万元的医疗器械、药品、消杀用品和救援生活用品等物资近100吨。（参见图257）

抗震救灾期间，四川检验检疫局为保障质检总局防疫技术服务队赴灾区的工作及生活需要，积极统筹各类物资的充分供给。四川检验检疫局为技术服务队购买近30万元的发电机、防护服及各类食品等救灾物资和生活物资，同时对质检系统大量的卫生防疫服务队员在成都中转和休整进行统一安排。为保障一线防疫人员身体健康，四川检验检疫局还结合实际提出轮休制，让部分一线人员轮流转移到绵阳市区休整，改善生活条件补充体力，做好长期战斗准备。四川检验检疫局提供临时应急餐饮2242人次、住宿1683人次。地处重灾地区的绵阳检验检疫局在积极自救的情况下，还承担了设在绵阳的质检总局卫生防疫一线指挥部和从一线返回的防疫队员轮换休整的后勤保障任务。在办公楼成危楼、余震不断、唐家山堰塞湖有溃坝危险、绵阳物资供应尚未完全恢复的情况下，四川检验检疫局接收发送50余批、近100吨救灾物资，接待因休整、换防、避震等原因驻留绵阳的小分队队员2000余人次。

图257　5月18日，浙江省卫生防疫救援队在平武抢运物资
（张新卫　摄）

医疗救援队生活保障物资配备　各医疗救援队伍按照“以第一时间能开展救援工作为原则”的救援要求，配备必要的生活保障物资随行到达灾区。5 月 18 日，质检总局发出《关于做好保障检验检疫系统抗震救灾卫生处理工作的通知》，要求派出卫生防疫工作队的单位负责本单位派遣的卫生检疫队伍的所有物资供应，包括队员的日常生活物品、后勤保障物资、个人防护用品、急救药品器械、卫生处理药品器械等，保证卫生处理工作顺利开展，保证卫生检疫人员在灾区的安全。

天津市卫生局于 5 月 12—20 日组织采购棉被、棉褥、床单、电水壶、背包、帐篷、气垫床、气泵、瓶装水、饼干及生活用品等 7 个批次、40 余个品种的物资，保障赴抗震救灾第一线的医疗队员在灾区生活的需要。

为保障救援工作的顺利进行，河北省防疫队后勤组多次为队员统一定购多套队服；赶赴灾区时，防疫队随身携带大量的方便食品、压缩干粮和瓶装水，可保证队员们半个月营养补给。为保持队员们的体能，以备长期作战，后勤组设置 7 个简易厨房，配置全套厨具，指定专人进行柴、米、油、盐等生活物资的采购，每天每个厨房两名队员轮流做饭，让队员们吃上相对可口的饭菜。防疫队共携带大小帐篷 67 顶，基本保证了队员们的居住和工作使用。

上海市为每位赴四川的医疗队队员，配备“三件套”（防潮垫、睡袋、蚊帐），保障医疗队员在艰苦环境下有休息处所。上海市医疗急救中心为上海各支赴四川的医疗救援队采购大小帐篷 161 顶、防潮垫 675 只、睡袋 810 只、蚊帐 765 套、应急专用救援服 300 套、自充垫 100 条，以及大量的应急药品、防护用品、应急灯、手电筒、汽车配件和各类食品。

为提高医疗卫生救援队员野外生存能力，江苏省卫生厅为每一名队员配置生活行李箱和背囊各一个，内置常用生活用品近 50 种，保障 3 天用量的食品。在医疗救治阶段，每个医疗卫生救援队营地均成立生活保障组，配备专门厨师，保证营地 24 小时供应饮用热水，每天每人两份正餐，配备大功率发电机，保障救援队及队员的用电需要。同时，江苏省卫生厅在绵阳、德阳市区设置队员休整点，保障每名队员每周休整一次。在对口支援阶段，随着灾区市政和商贸能力的恢复，队员的生活条件也逐渐改善，住进了板房宿舍，饮食、洗漱等生活条件得到全面保障。

海南省卫生厅拨款为防疫队队员购买防护服、N95 口罩、安全帽、防护镜等安全防护用品等 10 种 1200 件，价值近 10 万元。海南省疾病预防控制中心工会、后勤服务部为队员购买多种生活保障物资，其中包括剪刀、钳子、军用铁锹等工具 14 种，水壶、水鞋、打火机等生活用品 31 种，速食面、牛奶等食品 10 种。后勤服务部还为队员准备了百服宁、感冒灵、万花油等 22 种药品及各种生活、防护保障物资，价值共计 30 万元。

宁夏回族自治区医疗卫生救援队赴四川抗震救灾，宁夏回族自治区党委、政府派出武警宁夏回族自治区总队炊事班随行，保障队员们用餐；派专车送去价值 8 万余元的生活物资，解决队员们的生活问题。

5 月 18 日，内蒙古自治区卫生厅建立并开通短信群呼平台，保持与每一位在四川灾区前线的医疗卫生救援队队员的联络，并通过 GPS 卫星定位导航系统，建立起前方与后方联动的医疗卫生救援工作机制。同时，根据抗震救灾一线后勤保障工作需要，提出医疗卫生救援队所需人员、经费、物资计划，于 21 日组织采购价值 18.37 万元的食品、药品和衣物等物品，昼夜兼程送达内蒙古自治区医疗卫生救援队。

二　军队医疗救援后勤保障

军队医疗救援生活保障　震后初期，根据医疗队部署高度分散、周边环境恶劣、依托资源匮乏、物资供应有限等特点，解放军各医疗救援队首先立足自我保障，利用自带的药品器材、帐篷营材、方便食品等物资，展开医疗救治和生活保障工作（参见图 258）。

随着救援工作的快速推进，地方供应保障能力逐渐恢复，成都军区联勤部也在不同方向开设野战兵站。分部前进指挥组加强协调，理顺关系，逐步建立起稳定的生活和卫生器材筹措供应渠道，医疗和生活保障难题有所改观。一些医疗队在搞好自身保障的同时，还担负为灾区群众发放方便食品、矿泉水、大米、手电、口罩等物资的任务，并利用自带的给养单元为灾区群众制作热食。分部密切关注抗震救灾一线情况，主动了解医疗队急需、当地无法筹措的物资器材，委托联勤部宣传慰问组，前送软体水罐、换洗衣物、方便食品、消毒液等物资，为各医疗队提供后续支援。

解放军第 161 医院医疗队轻装进入灾区，除携带了必需的生活用品和药品外，食品只有压缩干粮、面包和方便面等。医疗队于 5 月 14 日到达北川、青川灾区时断水断电，生活物资供应不足，没有住处，队员一连几天露宿街头，一天只吃两顿饭。16 日 13 时，62101 部队副参谋长高阳带领第 161 医院有关领导一行 7 人前往四川地震灾区，为第 161 医院医疗队前送野战炊事装备 2 套、手持卫星电话 2 部和价值近 5 万元的药品和生活用品。

5 月 19 日，解放军总医院后勤保障分队驾驶全部技术车辆，携带生活保障物资和药材器械，以及由成都军区总医院第四医疗队采购的 1.5 万元的生活日常急需用品抵达都江堰灾区。炊事班

图 258　5 月 16 日，第四军医大学安县野战医院后勤保障人员用炊事车为伤员和医疗队员烹制饭菜
（总后卫生部　提供）

迅速展开炊事车，抽样检查采购食品的质量，严格饮食卫生及消毒流程，确保饮食安全；安置净化水车，方便救援人员的洗漱。军务组组织人员修建和管理临时简易厕所，疏通上下水，解决临时简易厕所异味严重问题，并整修打扫营地附近的简易厕所，彻底解决上厕所难的问题；同时，积极协调成都军区油料部门，及时为发电机、炊事车、淋浴车等设施供应所需油料。

63820 部队卫勤机关先后为军地 13 支医疗队、总装防疫队及心理救援队共计 150 余人，提供衣、食、住、行等后勤保障。其间，调剂临时住宿帐篷，妥善解决增援第 520 医院的军地医疗队员食宿问题；协调军需、营房和军交部门，为赴北川、平武、什邡等极重灾县（市）开展工作的总装备部防疫队和心理救援队配发换洗迷彩服，落实军用床和卧具，冒着余震、塌方危险坚持每周至少两次送去生活用品。在第 306 医院医疗队赴北川期间，二所门诊部有 30 余人帮助搭建帐篷、每天送饭和安排洗浴。在成都军区第 324 医院医疗队后撤到二所营区期间，门诊部帮助解决用水、用电、通信和帐篷、饮食等生活保障问题。部队还为驻营区参加抗震抢险部队的 2194 名官兵、198 台车辆，提供临时营房驻地、停车场所以及用水、电力、通信保障以及大米、猪肉、水果等生活物资。

成都军区联勤部在都江堰、什邡、绵阳、成都（太平寺）、青川等地开设 5 个野战兵站，并设立 5 个责任区。按照保障区域划分，军区 6 支医疗队的主食、饮水等保障均由设在什邡的第二野战兵站负责。配置在彭州市银厂沟的第451医院第二医疗队、第三医疗队划分在第二责任区，配置在绵竹地区的第323医院第一医疗队、第二医疗队、第三医疗队和第451医院第一医疗队划分在第四责任区。各医疗队卫生物资主要采取野战兵站定点供应、医疗队自领与协调地方配送相结合的方式保障。生活物资中用水由野战兵站和地方政府前送保障，米、面、油等主食由野战兵站定点保障，医疗队自领，成都军区给每支医疗队发放4万元的现金银行卡，用于自行采购副食，任务结束后统一结算。

沈阳军区医疗救援人员到达四川灾区后，生活保障以自我保障为主。北川野战医院配备发电车2台、炊事车2台、运水车1台、淋浴车1台、卫生帐篷21顶、搬用帐篷14顶，携行现金45万元；青川野战医院配备发电车、炊事车、运水车共5台，卫生帐篷14顶、班用帐篷7顶、民用帐篷20顶，携行现金50万元；绵竹野战医院配备给水挂车1辆、炊事挂车2辆、发电车2辆、淋浴车1辆、卫生帐篷5顶、班用帐篷15顶，携行现金55万元；野战防疫队配备卫生帐篷1顶、班用帐篷5顶，携行现金15万元。

北京军区第255医院开设的野战方舱医院共有医疗救援人员162人，下设汽车勤务排1个，编制炊事班长1名、炊事员9名。出发前准备了2个月的主副食品、1万瓶纯净水，携带了野战淋浴车、30千瓦电站挂车、炊事挂车和运水挂车等生活保障装备。5月19日，列车行进到襄樊途中，炊事人员利用机车检修时机，及时将运水挂车补满。野战方舱医院与绵竹市政府协商，确定水、电供应由德阳供电公司绵竹分公司、绵竹市自来水公司、绵竹市城市建设管理局多家单位保障，医疗所采取城市用电供应为主、自我发电为辅的保障方式。23日，野战方舱医院将野战淋浴车、野战被服洗涤车展开，确保官兵每日都能洗上热水澡。6月15日，汶川县草坡乡政府出面联系，筹集到大米和土豆、莴笋等蔬菜，解放军卫生防疫分队的生活得到部分改善。

5月16日，成都军区空军根据参加抗震救灾部队的部署情况，明确规定对参加抗震救灾部队的医疗救援人员生活实施划区保障。空降兵某部根据所属及配属医疗救援人员的情况，明确规定本部医疗小分队跟随部队进行伴随医疗保障，其生活保障由所保障的部队负责。配属空降兵某部的外单位医疗队，独立定点定片展开医疗救治，其生活保障由医疗队自己负责。无生活保障基础的防疫小分队，由配属的部队负责。空军总医院抗震救灾医疗队在依托联勤保障和建制保障的基础上，及时建立三级保障体系，就地取材，实施一线保障；积极协调，组织靠前保障；精心准备，确保后方保障。为提高保障效率，空军总医院及时向成都派驻保障组，先后筹措各类医疗保障物资315种16万件（套）、军需保障物资15种2400件（套）、给养保障物资13种676箱。

第二炮兵医疗救援人员的生活，依托第二炮兵后勤部直属保障分队及各任务部队后勤保障分队实施保障。在抗震救灾过程中，军事医学科学院针对远程机动，实施梯队伴随保障，在都江堰、漩口码头和映秀镇设立3个后勤补给点，实施定点保障、跟进保障和协同支援保障。

军队医疗救援通讯保障　北京军区总医院医疗队携带3部铱星电话，用于手机信号不通、固定电话网遭破坏情况下的紧急通信。沈阳军区救援队伍携带移动通信台1部、传真机1部、卫生电话11部、军用CDMA手机68部、手持机48部，较好地解决了对上对下的通信联络问题。

5月16日，广州军区联勤部配发2部海事卫星电话给广州军区武汉总医院医疗队使用，电话分别发给第一医疗分队和第三医疗分队。17日，远程会诊车到达灾区，配备医疗队使用，为救灾一线的信息传输提供了技术支持。通过远程会诊车，传回前方各类照片500余张、文字材料33份，实施前方和后方的视频会议17次。

5月20日，南京军区联勤部司令部送到军区前线指挥部5部海事卫星电话、6部军用CDMA手机和5只太阳能充电器，前线指挥部迅速安排人员送往各医疗队，使指挥部与军区各医疗救援队之间的通信联络体系基本建立。此外，指挥部还积极协调地方电信局安装地方程控电话。22日，为及时解决第二军医大学医疗队在四川灾区的通信问题，校务部迅速组织力量，购置19部CDMA手机配发到各医疗救援队，并协调当地电信局接通固定电话和宽带，确保前后方信息畅通。

成都军区空军采用多种方式解决医疗救援通信问题。单位统一使用成都军区空军抗震救灾前指机关配备的卫星移动电话进行通信联络；分散执勤的小分队，使用个人移动电话进行通信联络；单位内部采用配备的对讲机进行通信联络。

空降兵某部医疗队的通信方式，以配发的一部军线座机和两台对讲机为主，以个人手机、电脑网络等其他通信方式为辅。第二炮兵医疗救援队依托二炮抗震救灾现场指挥部通信保障小组及各任务部队通信保障分队实施通信保障。解放军总医院医疗救援队早期驻扎都江堰时，网络不通畅，全球通基本没有信号。本地信号开通后，在都江堰市政府指挥部的帮助下，开始使用4部当地小灵通电话，并在指挥所、野战医院、政工办等安装有线电话。漩口医疗突击队，借助驻扎地附近的成都军区联勤部通信站点的电话与后方进行联络。解放军总医院还向四川灾区派出远程会诊车和单兵设备，并向一线医疗机构公布了远程会诊电话，确保各类重伤员在最短的时间内得到最有效的救治。第161医院抗震救灾医疗队利用手机与外部保持通信联络；5月17日，为队员配备北斗一号手持机各一部。

5月13日，第四军医大学组建抗震救灾指挥部，在下设的后勤保障组中专门设立通信保障小组，执行通信保障任务。军务部门抽调技术过硬的2名干部和5名战士，抽调3辆通信车、3套无线电台、5部北斗用户手持机、1台野战交换机、1台野战传真机、10部磁石单机、5盘被覆线、18部民用对讲机，组建抗震救灾通信保障小组。

抗震救灾中，军事医学科学院防疫队使用的通信保障工具主要有北斗通信系统、Moto对讲机、军用移动电话和固定军线电话。某集团军通信团到达四川灾区后，为军事医学科学院防疫队提供了一部军用移动电话。

第二节　医疗救援安全保障

在抗震救灾一线，灾区各级卫生行政部门、接收震灾伤员的医疗卫生机构和医疗队、防疫队、卫生监督队，坚持以预防为主，紧密结合抗震救灾医疗防疫救援工作实际和医疗卫生行业特点，采取必要的安全防护措施，防止重大人身安全事件的发生。

一　安全管理要求

为确保全国各地支援四川灾区的医疗队安全，四川省卫生厅于 5 月 18 日下发《四川省卫生厅关于做好援助医疗队安全工作的通知》。通知要求全省各级卫生行政部门，高度重视威胁医疗队安全的各种状况，将援助医疗队（组）安全作为抗震救灾医疗救治工作的一个重点来抓，确保医疗队安全。通知还要求建立完善的联系人沟通制度，将辖区抗震救灾指挥部各类安全预警信息及时、准确地传达到每一支医疗队（组），同时将有关信息及时报告省卫生厅抗震救灾指挥部，以便合理调派医疗队（组）。接受救援医疗队（组）的卫生行政部门，要按照四川省卫生厅的要求，加强余震、暴雨、山洪等危险状况的信息通报，组织医疗队及时撤离可能出现危险的场所。甘肃省卫生厅于 30 日发出《关于加强灾区消杀药品规范管理的紧急通知》，指出在开展抗震救灾卫生防疫工作时，做好消毒、杀虫工作至关重要，但要严防发生损害人体健康、安全和环境污染事件。

6 月 2 日 10 时，卫生部新闻发言人在接受中国政府网记者专访时，就有关医疗卫生救援安全管理的问题表示：在做好灾区卫生防疫工作的同时，要保障医疗救援队伍的安全；要求从事危险工作的人员必须做好个人防护，避免一线工作人员的健康受到损害。

6 月 6 日，卫生部办公厅下发《关于加强抗震救灾医疗卫生救援安全管理工作的通知》，要求灾区各级卫生行政部门、医疗卫生机构及外援医疗队、防疫队和卫生监督队在医疗卫生救援工作中，重点抓好防范余震和次生灾害，确保道路交通安全；妥善保存和使用医疗和防疫物资，对医疗、防疫物资储存场所进行安全检查，严格遵守生产、保藏、运输、配制和操作规范，发现异常情况要及时报告；提高安全生产工作意识，对医疗卫生机构（含临时机构）的医疗安全、血液安全，食品饮水安全、生物安全、水电气设备安全及消防安全等进行重点排查；加强医疗卫生人员自身防护，全面开展安全隐患排查整治，重点检查帐篷（野战）医院、灾区县级以下医疗卫生机构，接收伤员的医疗机构等人员密集场所和工作场所、医疗防疫物资及易燃易爆危险物品存放场所等存在的安全隐患；对于检查发现的安全隐患和安全管理上的问题要立即整改，并落实责任人；切实加大对灾区医疗机构、医疗队、防疫队和卫生监督队的安全管理与应急设备、物资的投入力度，重点加强防护用品、救援装备、救援器材的物资储备，做到数量充足、品种齐全、质量可靠；加强对医疗卫生人员特别是负责安全管理工作人员的安全管理和应急处置教育培训，提高安全知识和技能。灾区医疗卫生安全管理工作实行属地化管理，外援医疗卫生队伍的安全管理由灾区当地卫生行政部门统一安排。按照“谁主管、谁负责”的原则，逐级落实安全管理责任制，坚决克服麻痹思想和侥幸心理，坚决遏制安全方面重特大事故的发生，确保万无一失。

二　安全管理措施

防范余震和自然灾害措施　抗震救灾期间，参加抗震救灾的各个医疗救援队不断深入开展避震知识宣传教育，使医疗防疫人员掌握工作场所、公共场所、野外避震逃生自救技能；组织医疗防疫人员进行演练，请建筑专家评估卫生基础设施受损情况，远离危房危墙；密切关注天气情况预报，做好山区抗洪防汛工作准备，储备防汛物资；临时安置点、医疗机构选址和受灾群众转移路线选择时，考虑到大雨可能导致山洪暴发、泥石流、山体滑坡、堰塞湖决堤等复合性灾害，及时做出危险研判并调整工作安排。

河北省驻安县抗震救灾防疫队，要求各单位指定一名安全保卫责任人，负责安全保卫工作，注意防火、防盗，严禁私接电线或违章使用电器，物资储存处严禁吸烟和使用明火。

黑龙江省卫生厅要求医疗队的全体队员，在赶赴四川灾区前充分了解震时避震、震后自救的常识，掌握避震要点；了解各种环境下的自救、逃生方式；出发前，做好饮用水、食品、手电筒、干电池、生活用品、急救药品、防寒、防雨等物资的储备工作，以备不时之需；在四川灾区期间，医疗救援人员要听从队长的指挥，统一行动，不得擅自离队；医疗救援人员之间要培养团结、互助氛围，当遭遇地震时，积极组织开展自救。

江西省部分医疗防疫队实行晚上轮流值班制度、外出工作集体行动等措施，要求队员外出时携带安全防护用品，外出工作必须二人以上，天黑之前必须返回驻地，晚上不能单独行动；注意防余震、防山体滑坡、防泥石流、防滚石等，队员之间应相互配合，密切注意路面和山体情况；外出工作时注意防蛇、防狗等动物咬伤，防止建筑物倒塌，戴好安全帽，穿好防爆靴，随身携带木棒等。南昌大学第四附属医院和赣南医学院第一附属医院的医疗队，均在出征前组织队员学习地震现场检伤方法和分类标准，进行地震防护知识及野外生存能力培训，强调组织纪律性及团体协作，保护自身安全。

湖北省医疗队的驻地选择干燥、地势较高、通风良好、蚊虫较少的地方，如湖泊附近和通风的山脊、山顶搭建帐篷。医疗队还要求队员在余震发生时就近躲避，震后迅速撤离到安全地方，并做好自救与互救；外出时统一着迷彩服，并佩戴应急标志和安全头盔；遇山体滑坡和泥石流时，及时转移到安全位置，并及时与队里取得联系。

地震发生后，震区余震不断，救援活动具有较大的危险性。为保障救援队员的安全，深圳市卫生局派出一名副处长参加深圳抗震救灾前线指挥部的工作，负责组织协调抗震救灾医疗卫生救援队伍，以及与广东省抗震救灾医疗卫生救援队伍和深圳市政府前线指挥部相关部门的协调工作，做好灾区参加医疗防疫人员的后勤保障工作；每天都指派专人专责通过各种途径（前方指挥部反馈、同事或家属联络、新闻等），及时收集派出的医疗救援队队员的所在位置、工作状态和身体状况等情况；还为每一位参加医疗防疫的队员购买了高额的意外伤害保险和意外医疗保险。针对前方救援工作的工作量较大、队员的休息时间不够、容易导致出现体力不支等情况，深圳市卫生局做出相应的应急方案，由后备队队员进行轮换，防止救援队队员出现体力不支等影响健康和安全的情况发生。

道路行车安全管理措施　抗震救灾期间，各个医疗队注意提高队员的交通安全意识，严格遵守交通法规，杜绝超速、超载和疲劳驾驶等违章行为；加强车辆安全检查和维修保养，不开问题车上路；专业驾驶员根据灾区的路况和地貌变化钻研驾驶技术，适应灾区复杂的路况，经过抢修后临时通车路段、事故多发路段，以及泥石流、山体滑坡、塌方等危险路段时，在交通管理人员引导下缓慢行驶，安全通过；在雨、雾等能见度差的气象条件下尽量不执行任务；严禁非专业驾驶人员驾车。

湖北省抗震救灾医疗救护车队与各分队签订医疗救护车队安全责任书。安全责任书规定医疗救护车队的安全工作，以小组为安全责任组，小组长全面负责本小组的安全工作；加强车辆管理，全体队员要保证车辆行驶安全，勤检修和保养，每天早晚都必须检查车辆的使用状况，检查车辆的水、油和医疗设备，保证车辆和医疗设备的完好。

江西省医疗防疫队注意做好行车安全，做好车辆维护，每日例行检查。要求行驶时注意山体情况，防止滚石、滑坡；车辆必须由专职司机驾驶。

医疗防疫个人防护措施　卫生部要求在卫生防疫工作中，切实加强医疗卫生人员的自身防护，调配足量的防暑降温用品和防蚊虫叮咬药品，并储备一定量的狂犬病疫苗以备急需。由于炭疽、破伤风和猪链球菌病等主要通过伤口感染，一旦有伤口，就要立即消毒，必要时要用抗生素救治。

四川省疾控中心职业与辐射卫生所根据震后不断发生的余震或唐家山堰塞湖溃坝的危险，震区周边有化工企业，其原料、产品复杂、存贮量大，一些强腐蚀、高毒物质一旦泄漏、爆炸，可能造成水源污染等情况，制定应急处置和救援人员自身防护要求。在毒物浓度来不及测定时，所有毒物泄漏现场工作的人员都穿着供气式个体防护装备，必要时，依靠安检和消防人员进行工作。在有害物质达到短时间接触容许浓度（PC-STEL）或最高容许浓度（MAC）以上时，应当使用过滤式呼吸防护器；如有害物质环境浓度达到立即威胁生命和健康的浓度（IDLH）或环境浓度无法明确，或者同时存在缺氧（氧浓度 <18%）时，应当使用供气式呼吸防护器；同时根据毒物的化学性质，穿着相应的防腐蚀个体防护用品（防护服、防护手套、防护眼镜、防护靴、防护帽等）。

5 月 21 日，农业部兽医局抗震救灾工作组技术指导组发布《地震灾区动物尸体深埋处理技术要点》，要求尸体清理工作人员注重安全防护，作业时要穿戴防护服、橡胶手套、面罩（口罩）、护目镜和胶靴；注意清洗消毒，接受健康监测，出现不良症状时应尽快赴卫生部门检查。

为有效组织遇难者遗体挖掘和处理中的防护工作，总后勤部给各个参加地震灾区抢险救援的部队，配发橡胶材质的防化服和防护口罩，防疫人员在工作时，要求穿戴一次性防护服，穿长筒胶靴，戴防护口罩，必要时佩戴防护眼镜。并要求部队在进行防疫支援的过程中，对防化服的穿戴情况进行跟踪和监督，对穿戴不规范，如外露腿部皮肤、个别人不愿戴帽子等现象，及时予以纠正。

武警部队后勤部卫生部在灾区制定医疗防疫救援防护制度，要求挖埋人员做到“二穿、二戴、二扎”（穿工作服，穿高腰胶靴；戴口罩，戴厚橡皮手套；扎紧裤脚、袖口，扎橡皮围裙），防止吸入尸臭中毒和尸液刺激；规范尸体喷、包、捆、运、埋的挖埋处理程序，要求尸体挖埋要边挖埋边喷撒高浓度的漂白粉、生石灰或除臭剂。将尸体移开后，对现场要再次喷撒除臭剂。将尸体用衣服、被褥或者床单包裹、包严，装入塑料袋内将口扎紧，防止尸臭散发。

上海检验检疫局卫生防疫队伍在开赴四川灾区前，局保健中心为全体队员进行预防接种，注射一次精白破疫苗，每人上臂三角肌肌内用注射剂量 0.5 毫升，降低破伤风的发病率。口服 1 粒可唯适，7天和28天后再分别口服1粒，用于预防霍乱。每人次注射一针剂量为0.5毫升的狂犬病疫苗，用于防止狂犬病。6月5—30日，上海检验检疫局要求卫生防疫队员在北川羌族自治县擂鼓镇灾区开展防疫时，穿着严密的连体防护服和水鞋，配戴防护帽、护目镜、N95口罩和乳胶手套。

江苏检验检疫局为每个赴四川灾区的卫生防疫技术服务队队员实施霍乱、破伤风疫苗的接种，保证防疫队员有足够的个人防护用品保障。同时要求队员每天工作时，都必须穿着严密的防护服、防护鞋，戴防护帽、防护眼镜。

宁波检验检疫局卫生防疫队在出发前，为每一个队员进行健康体检及预防接种，注射破伤风疫苗和发放常见疾病防治药品，并培训个人安全防护技能。由于灾区余震不断，在进行卫生处理时有一定的危险，宁波检验检疫局采取两人进行卫生处理、一人观察周围情况的方法，确保卫生防疫队队员的人身安全。

厦门检验检疫局安排防疫队员到保健中心体检，除防护服、防护镜、口罩、手套、鞋套和急救药箱外，为每位队员配发一个保健药盒。厦门检验检疫局两批抗震救灾技术防疫队20名队员，除个别队员出现中暑、感冒状况外，无受伤、染疫、精神抑郁情况发生。

广东检验检疫局要求在灾区执行卫生防护任务时，根据工作地点卫生情况的不同，采取不同的卫生防护措施。在废墟、医院原址等卫生状况较差的地点执行卫生防疫任务时，要求队员佩戴安全头盔、护目镜、N95口罩，穿一次性连体防护服和钢底钢头防护靴作为防护；在居民安置点等卫生状况相对较好的地点执行卫生防疫任务时，佩戴工作帽、护目镜、N95口罩，穿长袖工作服和钢底钢头防护靴作为防护。因防护措施得当到位，广东检验检疫局各支卫生防疫技术服务队在四川抗震救灾过程中，未发生人员卫生安全事故。

在抗震救灾中，湖北省紧急医疗救援队急救人员与转运人员接触的病人多为创伤性疾病。为保障转运人员的健康，对转运伤者的急救车进行消洗，对转运人员预防疾病采取必要的防护措施。在执行任务时，注意坚持对急救车进行喷洒消毒和擦洗消毒；凡转运传染性疾病、出血病人、病人呕吐物滞留车内的急救车辆，采取一车一消毒，对急救车厢进行内外喷洒消毒；接受一般伤员转送的急救车，采取清扫和擦洗消毒的方法进行基本消毒，每天一次；转运人员做好个人防护，勤洗手，戴口罩和工作帽；接触病人时，要戴手套，做好接触伤者时的个人防护。湖北省紧急医疗救援队还规定食品和药品实行专人分类保管，防止污染和中毒，并特别要求队员外出时不得接收情况不明的食品和饮用水。

参加抗震救灾的各个医疗卫生队，都要求保持临时炊事区卫生，餐具用消毒液浸泡，不吃凉拌菜，避免饮用生水，禁止屠宰食用灾区的死亡牲畜家禽和污染食物，不得购买腐败变质食品；定期进行饮水水质检测消毒。

三　安全物资保障

安全物资的保障工作，包括选用较好的救援人员个人防护用品。在地震救援时使用的头部防护用品安全帽和防护头盔，相比普通作业使用的安全帽，还应具有防侧向挤压、耐燃等性能。

由于救援人员需要长时间、高强度工作，安全帽的帽壳材料不仅需要牢固，还应尽可能轻便。安全物资的保障工作，包括躯干防护用品防护服，救援人员优先选用阻燃型防护服装，服装面料应结实、耐磨。在遇有腐蚀性液体泄漏场所，抢险人员所用服装应具有耐腐蚀、防酸碱功能。救援人员所用防护服装上应带有警示反光标志，便于夜间识别，并便于掩埋在废墟下的待救人员辨识。

安全物资的保障工作，还包括手部防护用品防震、防割手套等。救援人员优先配备防震、防割手套，有效保护双手免受尖锐物体刺伤、划伤。在有易燃易爆气体泄漏的救援场所，配备防静电手套。同时，选用较好的足部防护用品——安全鞋（靴）。灾难现场遍布瓦砾、石块、尖铁、钢筋等物体，救援人员所穿用的防护鞋（靴）应具有高级别的防砸、防刺穿功能。选用较好的呼吸防护用防尘口罩、防毒面罩和呼吸器等。进行救援时，根据不同场合选用合适的呼吸防护用具。

武警部队医疗防疫救援安全防护物资保障，采取自我保障为主的方式。照明设施有发电机、应急灯、手电筒、蜡烛等，通信保障有卫星电话、手机、军用电话等，个人防护物资包括头盔、护目镜、口罩、手套、防护服、套靴等。

5 月 18 日，内蒙古自治区公安厅经自治区政府协调，为全区所有赶赴四川的医疗卫生救援救护车辆免费安装了 GPS 系统。

辽宁检验检疫局卫生防疫突击队为防疫队员配备喷雾器 50 个、防护服 300 套、口罩 520 个、胶皮手套 140 双、胶靴 22 双、防护眼镜 50 副、氯化净 12 袋（每袋 25 公斤）、氯化净 30 桶（每桶 5 公斤）、军用包 45 个、对讲机 11 部、手电筒 45 把、安全帽 45 顶、电池 3 箱，共使用药品 564 公斤。

上海检验检疫局卫生防疫队共携带药品、器械、防护用品 37 箱，包括卫生防护用品、3M 口罩 160 个、手套 80 副、胶鞋 8 双、油动喷雾机 2 台、背负式手动喷雾器 4 台、N95 口罩、检测试剂、棉球、防护用品、防护服、手动喷雾机、灭得优和优洁 V80、泰胜消毒剂、余氯测定仪。

江苏省卫生厅抗震救灾后勤保障组为每一支救援队和每一名救援队员都准备了安全防护物资。每一支救援队配备应急照明灯、对讲机、收音机等应急安全防护物资，每名队员配备安全帽、手电筒、应急救援哨、登山鞋及胶靴等个人安全用品。

湖北省各地卫生防疫救援队配备的卫生防护用品，包括应急包、防护服、防护口罩、防护眼罩、胶鞋、防毒口罩、医用手套、耐酸手套、军用头盔等；外伤处理药品和器械，包括应急药箱（手术刀、手术剪、镊子、缝合针、纱布、绷带、胶布、止血带、碘伏、双氧水、人丹、十滴水、蛇药等）、碘伏、84 消毒液、双氧水等；内科常用药，包括阿莫西林、盐酸小檗碱、诺氟沙星胶囊、氨咖黄敏胶囊、酚麻美敏片、氢氧化铝、三九胃泰、阿昔洛韦、林可霉素、罗红霉素、维生素 B1 片、维生素 B12 片等；外用药膏，包括硝酸咪康软膏、地塞米松软膏、红霉素软膏等。

6 月 4 日，福建检验检疫局卫生防疫技术服务队，向抗震救灾卫生防疫工作办公室报告消毒杀虫药剂及个人防护物资消耗情况，请求福建检验检疫局尽快支援一次性防护服 100 件、N95 口罩60个、藿香正气水10盒、工作用汗衫以及菊花茶等若干。接到卫生防疫技术服务队需求报告后，福建检验检疫局召开抗震救灾卫生防疫工作办公会议，要求机关服务中心按照卫生防疫服务队需求，于5日前将一次性防护服、N95口罩等个人防护用品以及消毒杀虫药品、白色短袖印字T恤等物品采购到位，并联系落实运输事宜，尽快将物资运至前线卫生防疫队，由保健中心采购藿香正气水、菊花茶、茶叶等防暑药品，一并运往四川抗震救灾的第一线。

深圳市卫生局为参加救援的队员，除配备安全防护装备外，还准备了必要的卫生防护装备和药品，如个人净水器、电子驱蚊器、应急包、洗手液、全面罩、一次性活性炭口罩、N95口罩、防护面罩，以及一些呼吸道、消化道和外伤常用药物，如维C银翘片、头孢克洛胶囊、板蓝根冲剂、氟哌酸、邦迪止血贴、维生素片、碘伏等。

云南省卫生监督抗震救灾工作队在开赴四川灾区时，自带部分药品，主要有常用感冒类、云南白药气雾剂、止痛膏、创可贴、复合碘医用消毒棉签和防蚊剂等医药用品。

在动物尸体无害化处理消毒工作中，作业人员安全防护器具主要是一次性防护服、口罩、手套、雨靴、迷彩服、雨衣、安全帽、解放鞋、塑料胶垫、防蚊液等。据农业部5月26日编印的第24期《兽医局抗震救灾信息简报》统计，农业部向灾区调运防护器具包括一次性防护服1万件、口罩5万个、手套50240副、雨靴5120双、迷彩服5120套、雨衣120套、安全帽120顶、解放鞋5000双、手电筒和电池5120套、塑料胶垫5000个、防蚊液5000瓶。

文献辑存

卫生部、国家食品药品监督管理局、国家中医药局关于切实做好抗震救灾医疗卫生应急救援和食品药品安全监管工作的通知

（卫发明电〔2008〕45号）

各省、自治区、直辖市卫生厅局、食品药品监督管理局（药品监督管理局）、中医药管理局，北京市食品安全监督协调办公室，新疆生产建设兵团卫生局、食品药品监督管理局：

2008年5月12日下午，四川省汶川县发生7.8级地震，波及我国多个省份，四川、陕西、甘肃、重庆、云南等省市发生人员伤亡。本次地震强度大，破坏性强，灾情十分严重。党中央、国务院高度重视，胡锦涛总书记主持召开中央政治局常委会，全面部署抗震救灾工作；决定成立抗震救灾总指挥部，温家宝总理任总指挥，启动一级应急响应，要求各地区、各有关部门迅速启动应急处置机制，落实各项抗灾救灾措施，全力抢救伤员，切实保护灾区人民群众身心健康和生命安全，尽最大努力把地震灾害造成的损失减少到最低程度。全国卫生、食品药品监管和中医药系统要紧急行动起来，把抗震救灾作为当前的一项重要政治任务，全力投入到抗震救灾工作中去。

一、高度重视，全面动员

这次抗震救灾工作特别紧迫，责任重大，任务艰巨。全国卫生、食品药品监管和中医药系统要坚决按照中央的部署和要求，以对人民极端负责的精神，把抗震救灾作为当前卫生工作的重中之重，全力抢救受伤人员，把保护人民生命安全放在第一位。各级医疗卫生机构、食品药品监管部门、中医医疗机构和广大医药卫生工作者要坚持人民利益高于一切，积极投入抗震救灾工作，做到紧急动员、充分准备、枕戈待命、服从调遣，随时奔赴灾区。要发扬救死扶伤的人道主义精神和不怕疲劳、不怕牺牲、连续作战的作风，把党和政府的关怀和温暖及时送到受灾群众之中。

卫生部、食品药品监督管理局和中医药局已经分别成立抗震救灾领导小组，启动一级应急响应机制，积极部署、组织协调、全力支持灾区开展医疗救治和防疫工作。灾区各级卫生部门、食品药品监管部门和中医药管理部门要在当地党委、政府的统一领导下，把抗震救灾作为当前工作的首要任务，全面落实医疗卫生救援措施，尽最大努力抢救受伤人员，并做好卫生防疫工

作。严格履行食品药品监管职责，确保食品药品安全。未发生灾情地区的卫生部门、食品药品监管部门和中医药管理部门要从讲政治、讲全局的高度，发扬“一方有难、八方支援”的精神，组织好应急医疗卫生救援队伍、血液和药品等应急物资准备，随时按照卫生部统一安排向灾区提供支援。

二、密切沟通，加强协调

各级卫生部门、食品药品监管部门和中医药管理部门要与相关部门建立信息沟通和协调联动工作机制，与地震、民政、气象等部门保持密切联系，及时了解灾害程度、发展变化及预测趋势，做好各项医疗卫生、食品药品安全应急准备，有序开展应急处置工作。要严格按照信息发布要求和新闻宣传规定，及时准确发布医疗卫生救援和食品药品安全工作信息。要与财政、发展改革等部门加强协调，争取经费、装备和储备物资等方面的支持，保证各项医疗卫生救援措施的有效落实。

各省级卫生部门、食品药品监管部门和中医药管理部门要建立值班制度，实行24小时值班，领导同志要亲自带班。落实岗位责任，及时有效开展工作，确保信息准确和畅通。灾区卫生部门和中医药部门要及时掌握并上报人员伤亡情况、疫情发生情况及伤员救治工作情况，省级卫生行政部门要及时汇总报告卫生部。中医医疗机构受灾和医疗救治情况，要及时报告国家中医药管理局。非灾区卫生部门和中医药部门要及时上报支援灾区开展医疗卫生救援工作的情况。灾区食品药品监管部门要启动相关应急响应，建立应急指挥机构，明确抗震救灾工作联络员，汇总当地食品药品生产供应情况、食品药品质量安全状况及抗震救灾中与食品药品监管有关的其他情况，每日报告国家局值班室。对发现的重要情况及时处置和立即报告。

请各省级卫生部门、食品药品监管部门和中医药管理部门于5月14日17时前将值班员、带班领导，联络员名单及联络方式（保证全天24小时畅通）分别报卫生部、国家食品药品监督管理局、国家中医药管理局值班室。

三、落实措施，有效救灾

受灾地区的医疗卫生机构要切实落实防灾救灾措施，加强安全管理，防止次生灾害发生。医疗卫生机构的危房要停止使用，确保病人安全和医疗救援工作有序、有效开展。灾区卫生部门和中医药部门要结合医疗救治工作实际，在灾区群众集中安置区域设立医疗点，组织医疗队伍开展巡回和定点医疗，并在有关部门的支持配合下，及时安排重症伤病员转运和住院治疗。大力开展受灾群众自我医疗救助知识宣传，加强指导，最大限度地减少伤员致死、致残。要集中优势医疗专业队伍，组建医疗卫生救援梯队，分批次到救灾一线工作，保证以充沛的精力和体力投入医疗救治工作。要因地制宜，注重发挥中医药和民族医药的特色和优势，为灾区群众提供医疗救治。

灾区各级卫生部门、食品药品监管部门和中医药部门要贯彻预防为主的方针，加强食品卫生、饮用水卫生的监督监测和环境卫生整治工作，大力开展防疫知识宣传和健康教育，防止灾后发生传染病暴发流行和食物中毒、食源性疾病发生，要认真落实传染病疫情和突发公共卫生事件监测、报告制度，及时采取防控措施，有效控制传染病疫情流行蔓延。要高度重视受灾群众和应急救援人员可能发生的心理障碍反应，及时开展心理危机干预，保障相关人员身心健康。保障抗灾救灾工作的顺利开展。

灾区卫生部门要高度重视灾区核设施损坏情况、严防核物质和化学物质泄漏，并做好应急队伍和物资、技术准备。一旦发生次生、衍生事件，要按照有关预案及时启动应急处置工作。

各级食品药品监管部门要切实做好食品药品安全监管工作，加大市场检查力度，重点加强救灾和捐赠灾区的药品（医疗器械）的监督检验，确保质量安全。灾区食品药品监管部门要积极组织、协调相关部门进行食品安全监督，全面开展药品（医疗器械）生产、流通、使用监管工作，切实保障良好的市场秩序，严厉打击制售假劣药品（医疗器械）等违法行为；配合有关部门做好药品（医疗器械）供应保障。非灾区食品药品监管部门要配合灾区，密切关注辖区内救灾急需药品（医疗器械）的生产、流通等情况，在国家食品药品监督管理局的统一领导下，做好相关支援工作。

全国卫生、食品药品监管和中医药系统的各级党组织和广大党员同志，特别是党员领导干部，要坚持人民利益高于一切，急人民之所急，解人民之所难，充分发挥党组织的领导核心作用和党员的先锋模范作用，团结带领卫生、食品药品监管和中医药系统广大干部群众，万众一心，众志成城，团结一致，迎难而上，在党委和政府的领导下，为夺取抗震救灾斗争的全面胜利做出应有的贡献。

二〇〇八年五月十三日

抗震救灾卫生防疫工作方案

疫情监测

地震发生后的最初阶段以人员抢救和伤员救治为主，此后，灾区公共卫生和传染病防控工作即应全面展开。为了及时发现灾区和群众中发生的传染病暴发和其他突发公共卫生事件苗头，迅速采取控制措施，应及时启动灾后应急疾病监测机制。

一、在灾区前线救灾防疫指挥部或指挥中心设立疾病监测组，负责应急疾病监测方案的具体设计、数据收集、数据分析解释和监测报告的撰写，向指挥部报送并向各灾区指挥分中心反馈监测信息。必要时，组织监测数据分析会商会议，研判疫情形势，研提控制措施建议。

二、监测病种或（和）临床症候群。根据灾害发生时的季节特点、地理区域特点、灾害程度、受灾群众数量及年龄结构特征、受灾群众安置方式以及当地既往传染性疾病谱和流行水平，确定应急监测病种或（和）临床症候群。监测病种或/和临床症候群可根据救灾工作的发展进程和需要，适时调整。

三、报告人和报告方式。报告人一般应包括尚在运转的医疗机构、灾区群众安置点的固定和流动医疗点、医疗队的医生、现场疾控专业人员。为了保证监测系统能够掌握每个灾区群众安置点的传染病或因病死亡发生情况，在未设固定医疗点的安置点，应指定人员每天在安置点询问了解疾病症状和发生人数等，向指定信息收集点报告。

在灾害的初期，可采用电话报告。通信系统恢复后，可填报报表，用传真或电子邮件向指定的信息收集单位报告。

四、报告内容和报告收集方式。报告内容可分两类，尚在运转的医疗机构除按传染病报告规范报告法定传染病病例和聚集性传染病事件外，各灾区群众安置点及固定、流动医疗队应进行传染病症状及死亡报告。发现鼠疫、霍乱、炭疽、疑似传染病相关死亡及疑似传染病聚集性病例时，应采用最快捷的方式立即进行报告；其他传染病或症状报告，可每日报告或每半天向指定疫情收集单位报告一次。

各指定疫情信息收集点应确定联络人、联络电话、电子邮件地址，通报给各报告单位（尚在运转的医疗机构、灾区群众安置点医疗站、流动医疗队、流动和固定防疫队等）和报告人。

各疫情收集点还要及时掌握各灾区群众安置点的受灾群众人数、年龄性别结构数据、医疗和防疫队伍的基本信息。

各疫情信息收集点收到疫情报告后，要随时向指挥分中心的应急监测组报告，分中心每日完成所辖灾区疫情信息汇总后，及时向指挥中心监测组报告。

五、数据的汇总分析。指挥中心监测组指定的数据收集单位收到鼠疫、霍乱、炭疽、疑似传染病相关死亡及疑似传染病聚集性病例时，应立即向指挥分中心和指挥中心负责现场疫情控制的负责人报告。其他报告数据应每半天和全天汇总分析一次。

分析的主要指标包括分病种和症候群新发病人数、死亡人数、罹患率和死亡率，分年龄组的发病数、死亡数、罹患率和死亡率，发生地点、变化趋势等。

六、疾病监测组应每日对监测信息进行分析会商，研究提出防控建议，向指挥中心报告。

饮水卫生

自然灾害发生后，往往伴随着供水设施遭到破坏，停水停电。由于环境遭到严重破坏，水源可能含有多量泥沙，浑浊度高；受人畜粪便、垃圾、尸体污染，各种杂物进入水体，使细菌滋生，水质感官性状恶化和有毒物质污染，极易造成传染病的发生和流行。为了确保大灾之后无大疫，各地必须搞好饮水卫生。其主要内容是：

一、饮用水水源的选择与保护

（一）清理集中式供水的水源地，划出一定范围水源保护区，制止在此区域排放粪便、污水与垃圾。并设专人看管。

（二）集中式供水的水源地受到破坏或污染严重时，应立即选择新的水源地，建立新的取水口。

（三）分散式供水尽可能利用井水为饮用水水源。水井应有井台、井栏、井盖及井的周围 30 米内禁止设有厕所、猪圈以及其他可能污染地下水的设施。取水应有专用的取水桶。

二、临时性供水

（一）瓶装水运输方便，水质安全，可用来解决应急饮水问题。在道路交通情况允许的条件下，可利用水车送水，水车空间密闭，相对卫生安全，居民可就近取水，使用方便。水车供水时，需由专人负责，并注意饮水消毒，确保水质卫生。

（二）建立临时水处理设施

根据水源水情况选择适宜的水处理设备。

1. 高浊度：（1）砂滤→超滤→消毒；

（2）一体化净水设备。

2. 化学性污染：预处理→反渗透→消毒。

（三）技术要求

1. 产水量：$>1m^3/H$。

2. 保证水质安全。

三、自来水厂清理与供水管网修复

（一）水处理设施内壁使用 3% ~ 5% 的漂白粉液清洗。然后加满池水，并按加有效氯量 10 ~ 15mg/l 投入，保持 12 小时，此时池水中游离性余氯含量不低于 1mg/l。将池水抽干，再用清水冲洗一次即可恢复饮用水生产。

（二）修复自来水供水管道，破坏严重的要重新铺设。供水前应对管道进行彻底的消毒和清洗。向管道中投加消毒剂，保证水中游离性余氯含量不低于 1mg/l，浸泡 24 小时以后排出。清水冲洗后可使用。对于覆盖范围较大的配水系统，可以采用逐段消毒、冲洗的方式。

（三）供水前必须按《生活饮用水卫生标准》进行水质检验，合格后方可供水。

四、饮水消毒

（一）将水煮沸是十分有效的灭菌方法，在有燃料的地方可采用。

（二）灾害期间最主要的饮水消毒方法是采用消毒剂灭菌。消毒剂种类很多，可参阅使用说明书进行饮水消毒。

（三）加入消毒剂后，放置 30 分钟，检验水中余氯应达到 0.7mg/l。如未达到此值，说明投加量不足。但也不能过量加入，以免产生强烈刺激性气味。

五、饮水水质检验

（一）消毒剂在使用前应检验其有效成分。

（二）使用现场快速检验设备检验余氯等消毒剂余量。

（三）不能使用现场快速检验的水质指标，应送实验室检验。

环境卫生

一、震后应急环境卫生工作的主要内容

为确保大灾之后无大疫，灾区各地必须及时动员群众搞好环境卫生，其主要内容是：

做好水源保护；设置临时厕所、垃圾堆集点；做好粪便、垃圾的消毒、清运等卫生管理；按灾害发生地的实际情况妥善处理人和动物尸体。

灾区群众临时集中、分散住所、医疗点、救灾人员临时居住地等人群集中区域是环境卫生工作的重点区域。

二、对灾区群众临时住所的要求

（一）必须选择对人体安全有保障的场所或地点，尤其是灾区群众集中救助场所的选择，避免次生灾害的发生。

（二）选用轻质建筑材料、临时住所要能遮风防雨，同时应满足通风换气和夜间照明的要求。

（三）取暖做饭要注意安全，有人看管，防 CO 中毒与火灾的发生。

（四）在临时居住地设定临时厕所，禁止随地大小便；设置垃圾、污水收集点；禁止在灾区群众集中居住场所内饲养畜禽。

（五）注意鼠、蚊、蝇等媒介生物密度，适时进行消杀。

三、构建临时厕所，强化粪便处理

在解决灾区人民饮水、吃饭的同时，修建临时厕所、恢复环境卫生设施是应急安置灾区群众不可或缺的重要工作。不能“有的吃，没得拉”。在救灾工作展开后，加强粪便管理是灾区必须解决的问题。

（一）修建的临时厕所应能防止粪便污物外溢；不污染周围环境，尤其不能污染水源；不利于蚊蝇滋生；发生肠道传染病的病例或流行时，粪便必须有专人负责进行及时消毒处理。

（二）在灾区群众临时居住场所，按人口密度合理布局。应急临时厕所模式，可选择粪便与尿液分别收集的措施，尿液及时排放，粪便每日施加生石灰或漂白粉消毒。

（三）尽量利用现有的储粪设施储存粪便，如无储粪设施，可将粪便与泥土混合后泥封堆存，或用塑料膜覆盖，四周挖排水沟以防雨水浸泡、冲刷。

（四）在应急情况下，于适宜的稍高地点挖一圆形土坑，用防水塑料膜作为土地的衬里，把薄膜向坑沿延伸 20 厘米，用土压住，粪便倒入池内储存。

（五）在特殊困难情况下，为保护饮用水源，可采用较大容量的塑料桶、木桶等容器收集粪便，待灾害过后运出处理。

（六）集中治疗的传染病人粪便必须用专用容器收集，然后消毒处理。

散居病人的粪便采用以下方法处理：

漂白粉：粪便与漂白粉的比为 5∶1，充分搅和后，集中掩埋；

生石灰：粪便内加入等量的石灰粉，搅拌后再集中掩埋。

四、垃圾和污水的收集与处理

（一）根据灾区群众聚集点的实际情况，合理布设垃圾收集站点并加强管理，生活污水应定点倾倒。

（二）及时用药物对垃圾站点与污水倾倒处进行消毒杀虫，控制苍蝇滋生。

（三）传染性垃圾必须消毒处理，有条件可采用焚烧法处理。

病媒生物防治

一、组织工作

（一）各级卫生行政部门负责病媒生物监测与防治的组织工作，做好杀虫、灭鼠药物和监测工具的集中供应、配制、分发和剩余药剂的销毁及无害化处理工作。

（二）各级疾病预防控制机构要设立专项小组，做好蚊、蝇、蚤、蜱、螨、鼠等病媒生物预防控制常识宣传，指导专业技术人员和群众开展病媒生物防制工作。

二、地震灾区病媒生物监测与控制原则

常规原则：坚持病媒生物监测，当病媒生物密度不高（参照监测方案密度指标）或未发生媒介相关疾病时，加强环境治理，对滋生地进行有效管理，辅以个人防护和药物杀灭。

应急原则：坚持病媒生物监测，当媒介生物密度过高（参照监测方案密度指标）或媒介生物性疾病流行时，应以化学防治为主，辅以个人防护和环境治理措施。

三、病媒生物的监测

参考《全国病媒生物监测方案（试行）》，按照《汶川地震灾区病媒生物监测方案（试行）》因地制宜地开展蚊、蝇、鼠等病媒生物监测工作。

四、病媒生物的防控措施

灾区病媒生物控制应以防为主，加强防护措施和个人防护。病媒生物控制的日常工作首先要广泛发动和组织群众，大力开展爱国卫生运动，加强环境卫生综合整治，消除卫生死角。重点对公共厕所、私厕、垃圾桶、垃圾堆放场所、各种积水和污水定期进行清查和清理。要主动搜索和控制滋生地，对发现的蚊、蝇、鼠、蚤及其滋生地等进行局部、定向杀灭。按照《汶川地震灾区病媒生物监测方案（试行）》，采用简易、实用的方法，对蚊、蝇、鼠等开展定期、连续监测。对灾区群众安置点、救灾营地等有蚊、蝇的部位进行空间喷雾等速杀，对垃圾收集点、厕所等重点部位进行定期滞留喷洒等长效处理。当群众反映蚊、蝇、鼠普遍较多，或当灾区群众安置点的蚊、蝇、鼠等病媒生物密度达到杀虫、灭鼠的参考指标时，建议对整个灾区群众安置点进行相应的杀虫、灭鼠处理。

（一）对蚊蝇等的设施防护及个人防护

尽可能设置对蚊、蝇等的防护设施，加强个人防护，努力实现对灾区人群的持续保护。

1. 在帐篷、简易房或其他临时住所装置纱门、纱窗等简单的防蚊、蝇设施，尽量使用蚊帐、药物浸泡蚊帐或长效药物蚊帐。

药物喷洒或浸泡处理蚊帐常用药物及剂量为：溴氰菊酯喷洒蚊帐，9 ~ 12mg/m^2，浸泡蚊帐 15 ~ 25mg/m^2；顺式氯氰菊酯浸泡蚊帐，25 ~ 40mg/m^2。其持效可达 3 ~ 6 个月，甚至更长。对门帘、纱窗等可做类似的处理。

2. 在帐篷、简易房、临时房等住所内，使用盘式蚊香或电热蚊香。但应注意防火。

3. 在临时居住帐篷或住所内与周围 5 ~ 10 米范围外环境，使用 5% 顺式氯氰菊酯（如奋斗呐）可湿性粉剂 100 倍稀释（或 10% 顺式氯氰菊酯悬浮剂 200 倍稀释，或具有滞留效果的其他拟除虫菊酯类杀虫剂，按照使用说明的剂量）进行滞留喷洒，防止蚊、蝇、蜱、螨、蚤等侵害。注意室内环境主要在墙面、床下等部位施药，用药后室内尽量减少清洗；外环境地面施药，雨后应补喷。

4. 傍晚、清晨尽量穿长袖衣裤，减少蚊虫叮咬。

5. 使用市售驱避剂（如蚊不叮、防蚊灵等含有 DEET 有效成分的个人防护用品），按照产品说明上的使用剂量、使用频次涂抹于皮肤外露的部位，或在衣服上喷洒。也可使用花露水、风油精等。

（二）环境治理和滋生地控制

1. 环境治理。

广泛发动和组织群众，大力开展爱国卫生运动，加强环境卫生综合整治，消除卫生死角。在安置点等临时或永久居住区，设立足够的临时垃圾站，使垃圾集中存放、统一收集、及时清运，无害化处理，不随地扔垃圾（一次性饭盒、一次性塑料杯等），提倡良好的生活习惯，能有效减少蚊蝇鼠等有害生物的滋生。

2. 滋生地的搜索与控制。

滋生地搜索与管理：在为社区、居民和村民喷洒药物的同时，通过与当地居民的交流发现这些环境中存在的卫生条件差的公共厕所、私厕和垃圾堆放场，以及蚊虫密度较高的场所和蚊虫的滋生地，督促居民和社区管理人员实施蚊、蝇滋生地的清除和控制。

蝇类滋生地控制：对于公共厕所、私厕等，可以使用滞留喷洒处理厕所内 1 米以下的墙面，蹲坑挡板，两周处理一次。如果厕所内有大量蝇类飞舞，可以进行空间喷洒予以杀灭。杀灭粪坑内蝇蛆的方法，可以参考世界卫生组织推荐用于杀灭蝇蛆的常用药物及其剂型、用量、使用方法（见表 1）。如马拉硫磷 0.2% 乳剂，每平方米 500ml，12 小时内可杀死全部蝇幼。

常用于防治蝇类幼虫的杀虫剂

表 1

产品名称	有效成分及含量	剂　型	持效期	使用场所	特　点	使 用 方 法
0.5% 灭幼宝颗粒剂	0.5% 吡丙醚	颗粒剂	长效（4 周）	蝇蛆滋生场所	昆虫生长调节剂	20 ~ 40g 制剂 / m^2，撒布于滋生地表面
杀螟硫磷	40% 杀螟硫磷	可湿性粉剂	速效	蝇蛆滋生场所	有机磷杀虫剂	配制成 0.2% 药液，每平方米使用 1000ml，即 2g 制剂 / m^2，喷洒

续表 1

产品名称	有效成分及含量	剂 型	持效期	使用场所	特 点	使 用 方 法
倍硫磷	5% 倍硫磷	颗粒剂	速效	蝇蛆滋生场所	有机磷杀虫剂	30g 制剂 / m^2，撒布
马拉硫磷	45% 马拉硫磷	乳油	速效	蝇蛆滋生场所	有机磷	配制 0.2% 药液，使用 500 ~ 1000mL/ m^2，喷洒
噁虫威	80% 噁虫威	粉剂	速效	蝇蛆滋生场所	氨基甲酸酯	10 ~ 20g 制剂 / m^2，即 80 ~ 120mg 有效成分 / m^2，撒布

注：可根据有效成分选用国家登记批准的其他类型杀虫剂产品，根据说明书使用

蚊类滋生地控制：对蚊蚴的滋生地，要及时清除生活区周围（至少 50 ~ 100 米）的小型积水，将看到的废弃陶瓷容器（盆、碗、罐、缸等）随手倒置，减少蚊虫滋生地。对有大量蚊虫滋生且暂不能填平的水坑或池塘可喷撒马拉硫磷、杀螟硫磷、双硫磷，每周一次。使用安备（1% 双硫磷颗粒剂）等缓释剂，可以根据水体类型和蚊虫的发生期调整施药间隔期（清洁水体可以每 4 周投药一次，污水或蚊虫发生高峰期每 1 ~ 2 周投药一次）。使用微生物制剂（B.t.i. 与 B.s. 制剂），可以减少对非靶标水生昆虫的危害，对环境更有利（参见表 2）。

常用灭蚊幼杀虫剂

表 2

产品名称	有效成分及含量	剂型	持效期	使用场所	特点	使用方法
1% 安备杀孑孓颗粒剂	1% 双硫磷	颗粒剂	不流动的水体持效大于 30 天，流动水体持效 5 天。	蚊幼虫滋生的水体	缓释剂，较普通制剂持效期长	干净水 0.5 ~ 1g/m^2，中度污染水 1 ~ 2g / m^2，高度污染水 2 ~ 5g/ m^2，直接投入水中
杀螟硫磷	40% 杀螟硫磷	可湿性粉剂	速效	蚊幼虫滋生水体	有机磷杀虫剂	2g 制剂 / m^2，喷洒
倍硫磷	5% 倍硫磷	颗粒剂	速效	蚊幼虫滋生水体	有机磷杀虫剂	30g 制剂 / m^2，撒布
0.5% 灭幼宝颗粒剂	0.5% 吡丙醚	颗粒剂	不流动水体持效期 1 个月	蚊幼虫滋生场所	昆虫生长调节剂	100mg/ m^3，直接投入水中
1200ITU/ 毫克上开杀虫可湿性粉剂	1200ITU/ 毫克苏云金杆菌（以色列亚种）	可湿性粉剂	5 ~ 10 天	蚊幼虫滋生的水体	生物杀虫剂	0.5 ~ 1g 制剂 / m^2，喷洒

注：可根据有效成分选用国家登记批准的其他类型杀虫剂产品，根据说明书使用

（三）蚊、蝇等成虫控制

1. 物理控制。

使用粘蝇纸、粘蝇条、诱蝇笼、蚊蝇诱灭器（诱杀蚊蝇灯）、电蚊拍、苍蝇拍等捕杀蚊蝇。

2. 化学控制。

经监测评估后，对超过控制指标的高密度区或整个安置点、社区，蚊蝇控制用含有高效氯氰菊酯、氯氰菊酯、顺式氯氰菊酯、溴氰菊酯、马拉硫磷、辛硫磷等有效成分的药剂，使用常量喷雾器、超低容量喷雾器、热烟雾机等喷洒进行蚊蝇控制。确有必要时，使用飞机喷洒。灾区常用卫生杀虫药剂及其使用方法（参见表3）。

地震灾区灭蚊、蝇常用杀虫剂

表3

产品名称	有效成分及含量	剂型	持效期	使用场所防制对象	特　点	使用方法
1%甲基吡啶磷灭蝇剂	1%甲基吡啶磷	饵剂	6～8周	在苍蝇活动集中，干燥、避风、人活动少的地方	短距离引诱苍蝇取食	将饵剂布放在瓦片、纸板、报纸等器皿或物品上，每处2g，放置在苍蝇集中的地方诱杀成蝇。药剂可以在去除苍蝇后重复使用。用少量牛奶或啤酒可以增加引诱效果
大灭	2.5%高效氯氟氰菊酯	微胶囊水悬浮剂	3个月以上	适用于室内外蚊蝇蟑螂控制	长时间持续控制	在天花板、窗子、墙壁等表面，做滞留喷洒。50ml制剂用5l水稀释，大约处理125m^{2}表面，约10～20毫克/平方米
爱克宁	10%高效氯氟氰菊酯	可湿性粉剂	3个月以上	广谱环境卫生用药，适用于室内外蚊蝇控制	长时间持续控制，无气味及污染现象	室外：5克商品制剂加1l水配制，按照40ml/m^{2}喷洒量施药（20mg有效成分/m^2）； 室内：2.5克商品制剂加1l水配制，按照40ml/m^{2}喷洒量施药（10mg有效成分/m^2）
水性列喜镇	10.4%（10.26氯菊酯、0.14%S-生物丙烯菊酯）	水乳剂	速效	广谱卫生杀虫剂，室内外控制蚊、蝇、飞蛾和其他卫生害虫	只能在水中溶解，用于超低容量（ULV）气雾、热雾及水雾处理	1公顷用100ml制剂。 室外热烟雾：10ml商品制剂加1l水配制，10l/公顷（高量喷出机型），20ml商品制剂加1l水配制，5l/公顷（低量喷出机型）。超低容量喷雾：100ml商品制剂加1l水配制，500ml/公顷；50ml商品制剂加1l水配制，1l/公顷
都灭5%悬浮剂	5%顺式氯氰菊酯	悬浮剂	3个月以上	广谱卫生杀虫剂，室内外控制蝇、蚊、跳蚤等	击倒迅速，持效期长	使用15～25mg有效成分/m^{2}防跳蚤，10～20mg有效成分/m^{2}防蚊蝇

续表 3

产品名称	有效成分及含量	剂型	持效期	使用场所防制对象	特　点	使用方法
凯素灵 2.5% 可湿性粉剂	25% 溴氰菊酯	可湿性粉剂	3 个月以上	室内外控制蝇、蚊、蟑螂、臭虫等卫生害虫	触杀兼胃毒作用	滞留喷洒防蚊虫 5mg/m^2、蝇 10mg/m^2、臭虫 15mg/m^2、蟑螂 10 ～ 15 mg/m^2
卫豹 10% 顺式氯氰菊酯	10% 顺式氯氰菊酯	可湿性粉剂	3 个月以上	室内外控制蚊、蝇、蟑螂、蚂蚁等	击倒迅速，持效期长	使用 15 ～ 25mg 有效成分 /m^2 防跳蚤，10 ～ 20mg 有效成分 /m^2 防蚊蝇
奋斗呐 10% 悬浮剂	10% 顺式氯氰菊酯	悬浮剂	3 个月以上	室内外控制蟑螂、苍蝇、蚊子、蚂蚁、臭虫等各种卫生害虫	能进行滞留喷雾，蚊帐浸泡，超低容量喷雾等各种操作。推荐与 48% 毒死蜱乳油混配使用	热雾：10.5ml 药液加入 2.5 升柴油中，用药浓度为 0.01 毫克有效成分 / m^3； 室内超低容量冷雾：67 倍水或油稀释后冷雾，75ml/1000 m^3； 室外超低容量冷雾：67 倍水或油稀释后冷雾，75ml/ 公顷； 蚊帐浸泡：以 2.3ml 药液加入适量水后可浸泡 9m^2 的常规单人蚊帐，以 4ml 药液加入适量水后可浸泡 16.2m^2 的常规双人蚊帐

注：食品加工等场所尽量不要使用上述杀虫剂，如果使用注意避免食物污染

（1）室外停留面喷洒。

室外的垃圾桶、垃圾堆和其他蝇类停留的场所，可以用常量喷雾器作滞留喷洒（停留面喷洒）。

（2）室外空间喷洒。

室外局部环境蚊虫或苍蝇等密度较高时，也可采用空间喷洒迅速杀灭成虫。

（3）室内化学防制。

在帐篷内对帐篷四周篷布进行滞留喷洒。对有蚤类或蜱螨滋生的地面也可进行表面喷洒。

如果室内大量蚊虫飞舞，可用喷雾器做空间喷洒（使用浓度见表 1）。也可以使用市售气雾剂。

（4）在临时居住帐篷或住所周围 5 ～ 10 米范围作表面喷洒，防止蜱、螨、蚤侵害。

（四）鼠类防治

经监测，对灾民安置点、救灾营地等有鼠的部位进行定点处理，对垃圾收集点、厕所等重点部位定期投放灭鼠毒饵。当群众反映鼠普遍较多，或当灾民安置点的鼠等病媒生物密度达到灭鼠的参考指标时，建议对整个灾民安置点进行相应的灭鼠处理。震灾期间的临时聚居地属于特殊环境，对各种灭鼠方法选择顺序和平时有所不同。

1. 多用器械灭鼠。如鼠笼、鼠夹、粘鼠板等。注意操作安全，避开儿童。

2. 慎用毒饵。当鼠密度很高，或人群受到鼠源疾病严重威胁时，则应在严密组织、充分宣传

基础上，开展毒饵灭鼠。如有鼠源疾病发生须灭鼠时，须按照特定鼠源疾病的相关要求做好死鼠的收集、处理等。

3. 灭鼠只能用国家准用鼠药，建议使用高效、安全的抗凝血灭鼠剂（见表 4）。如果情况紧急，必须使用急性药，应首选磷化锌。但它对人和禽畜有一定危险，尤其对鸡鸭毒性大，只应使用 0.5% ~ 1.0% 低浓度。必须加强投药全过程管理。绝对不用毒鼠强（424）、氟乙酰胺等禁药，不用未获国家登记的其他药物和集贸市场上私卖的毒饵。

若需当地配制毒饵，必须由专业技术人员统一制备。根据鼠情决定毒饵投放量，一般每 10 平方米布放 2 堆，敌鼠钠和杀鼠迷每堆 10g，氯敌鼠、溴敌隆等 5g，磷化锌 2g。晚上放，早晨收或用物品掩盖，晚上再暴露，有消耗处补充毒饵至原量，吃光处加倍补充。敌鼠钠盐、杀鼠迷连放五晚；氯敌鼠、溴敌隆、大隆、杀它仗在第一和第四晚各投 1 次，磷化锌连投三晚。

4. 确保人畜安全。不能用熟食配制毒饵，更不能用饼或方便面等。毒饵必须有警告色。投饵点应有醒目标记。投饵工作由受过培训的灭鼠员承担。投毒后及时搜寻死鼠，管好禽畜，保藏好食品，照看好小孩。投饵结束应收集剩饵，焚烧或在适当地点深埋。卫生部门要做好中毒急救的准备。

5. 为避免鼠死后，游离鼠体的蚤、蜱螨等病媒生物袭击和叮咬人，最好在灭鼠同时，即死鼠高峰期之前在居住区滞留喷洒杀虫剂，但要避免杀虫剂喷洒到灭鼠毒饵上，以免影响毒饵的适口性。

6. 在居民没有撤离的村庄，必须做好环境卫生，柴草远离住房，室内物品保持清洁，保管好粮食、饲料。重点要做好村边的灭鼠防鼠，清除杂物，设置投饵带，随时消灭逃窜进村的野鼠。村内灭鼠可用捕鼠工具，也可使用毒饵。

针对医院、临时救治场所、食堂、灾区群众集聚地、粮库、物资库等重点场所，投放抗凝血灭鼠剂溴敌隆、大隆等毒饵（参见表 3），最好使用蜡块。对于粮食毒饵，应该使用毒饵盒或临时毒饵盒。投饵前做好宣传，投饵时做好警示标记，防止儿童和老人误食中毒。投饵后定期检查，如果发现毒饵被取食，要及时补充，发现被吃光的，加倍投饵。

常用灭鼠药的使用

表 4

药剂	常用浓度（%）	投饵量（克 / 堆）	投饵期	死亡时间及死亡高峰
磷化锌	1.0	1	连投 3 晚	一般死于 3 ~ 10 小时，个别超过 24 小时
敌鼠钠	0.025	20	连投 5 晚	一般死于 3 ~ 15 天，高峰在 5 ~ 8 天
杀鼠迷	0.0375	20	连投 5 晚	一般死于 3 ~ 15 天，高峰在 4 ~ 7 天
溴敌隆	0.005	10	第 1、4、7 晚	一般死于 2 ~ 11 天，高峰在 3 ~ 6 天
大　隆	0.005	10	第 1、4、7 晚	一般死于 2 ~ 11 天，高峰在 3 ~ 6 天
杀它仗	0.005	10	第 1、4、7 晚	一般死于 2 ~ 11 天，高峰在 3 ~ 6 天

五、安全注意事项

施药前注意做好宣传工作，防止人畜中毒。尽量避开中午温度较高的时段喷洒药剂。

卫生杀虫灭鼠药剂要做到专库、专人管理。卫生杀虫、灭鼠药剂运送、分装及喷药人员应做好个人防护。穿长袖衣裤、戴帽子、眼罩、口罩、手套等。工作期间禁止吸烟、饮水、进食。工作结束后要进行个人清洗、器械清洗、药剂入库和废弃物的无害化处理。

在当地医疗机构储备适量杀虫剂的解毒剂（如阿托品、氯解磷定、碘解磷定等）及治疗技术。发现有中毒现象，首先清除毒物，立即将患者移离中毒现场，脱去污染衣服，用肥皂水或清水彻底清洗污染的皮肤、头发、指（趾）甲；眼部受污染时，迅速用清水或2%碳酸氢钠溶液清洗，并及时送医院治疗。

医疗机构要储备一定的维生素K1解毒剂，作为抗凝血灭鼠剂的特效解毒剂。

消毒处理

一、消毒目的

消毒的主要目的是杀灭传染病病人、染疫动物排泄物、分泌物或血液和体液污染的物体表面和人的皮肤（如手）上的致病微生物。

由于灾区卫生条件恶化，根据传染病预防的需要，可以有针对性地在灾区开展预防性消毒。但是，由于灾区并非传染病的疫区，不主张对无消毒指征的外环境、交通工具、帐篷等进行广泛的、反复的喷洒消毒。对灾区环境进行大面积消毒、在交通要道设卡消毒并无实际意义。不应对灾区群众进行身体喷洒消毒。对室内、外空气进行任何形式的消毒剂喷洒，不能起到传染病预防作用。

二、消毒剂的选择

应尽可能选择取得了卫生部卫生许可批件的消毒产品，紧急情况下使用单一有效成分的化工原料时应确保质量。符合卫生部《次氯酸钠消毒液卫生质量技术规范》的产品可以直接使用。

三、常用消毒方法

使用卫生部批准的消毒产品，应按照批准的消毒产品说明书中的适用范围和使用方法进行操作。灾区各种物品的具体消毒方法如下。

（一）饮用水。应尽可能采用集中式供水。对分散式供水如浅井水、坑塘水、河渠水，取水后应在缸、桶等容器内进行消毒处理，不能直接饮用。一般使用含氯消毒片或泡腾片（如：漂白粉精片、二氯异氰尿酸钠等）消毒。加入量按每升水3mg ~ 5mg有效氯计算，作用30分钟后，余氯应达到0.3 ~ 0.5mg/l。

缸水、桶水消毒一般每50kg水加入片剂或泡腾片1片。

井水可采用定时投加漂白粉消毒法：将所需量漂白粉放入碗中，加少许冷水调成糊状，再加适量的水，静置10分钟。将上清倒入井中，用取水桶上下震荡数次，30分钟后即可使用，一般每天消毒2 ~ 3次。

井水消毒也可采用持续加漂白粉法：在容器（如塑料瓶）上面或旁边钻4 ~ 6个小孔，孔径为 0.2cm ～ 0.5cm。根据水量和水质情况加入漂白粉精片（一般每瓶装 250g ～ 300g），用细绳将容器悬在井中，利用扠水时的振荡，使瓶中的氯慢慢从小孔中放出，以保持水中有一定的余氯量。一次加药后可持续 1 周左右。采用本法消毒，应有专人负责定期投加药物，测定水中余氯。

（二）一般用具。受到粪便污染或怀疑受到病原微生物污染时，可用 500mg/l 含氯消毒剂浸泡或擦拭，作用 30 分钟。

（三）食饮具。餐饮业、食堂等共用食饮具及家庭有传染病人时，首选煮沸消毒，消毒 15 分钟，也可用含氯消毒剂消毒。消毒时将食具浸没在含有效氯 250mg/l 的消毒液中，作用 15 分钟，然后用洁净水冲洗，除去残留消毒液。

（四）墙壁、地面。墙壁、地面受到病人粪便、呕吐物或体液血液污染时，应进行消毒。消毒时可用有效氯为 1000mg/l 的消毒液均匀喷雾或喷洒，作用 2 小时。用量：土质地面 $600ml/m^2$、水泥地面 $300ml/m^2$、土质墙 $200ml/m^2$，以将墙壁或地面喷湿为度。

（五）厕所、粪便。厕所数量应与安置点人数相适应，一般按每 45 人一个蹲位配置。有条件的应尽量采用水冲式厕所、流动厕所和无害化厕所，这类厕所不必在现场对粪便进行消毒处理。厕所蹲位不足时，可以选择合适的地点挖建简易厕所，厕所应建有围栏和顶盖，避免雨水漫溢粪便污染环境，厕所内可定时泼洒 20% 漂白粉乳液以除臭并消毒。当粪便接近便池容积 2/3 时，应及时加土回填覆盖，另建厕所。无法加土覆盖的，可使用生石灰或漂白粉覆盖，表面厚度达 2cm。

（六）生活污水。灾区群众安置点的生活污水应排入城市污水系统进行处理。不能纳入城市污水处理系统的，应通过排水沟或指定倾倒地点等方式尽量收集。收集的污水可用含氯消毒剂进行消毒。加氯量为 10 ～ 50mg/l，作用 30 分钟后，余氯应保持 5mg/l。

（七）手的卫生消毒。日常生活中饭前便后可用肥皂加流水洗手。无条件洗手时，可使用快速免洗手消毒剂涂擦双手；处理污染物后，可用肥皂加流水洗手，也可用有效氯 100mg/l 消毒液浸洗作用 3 分钟，或使用消毒湿巾擦拭双手。

化学中毒预防和处理

地震区域内存有的各类化学物均能通过呼吸道、消化道和皮肤进入人体造成中毒，危害公众健康。现场腐败物产生的硫化氢、燃料不全燃烧生成的一氧化碳以及密闭、低洼可能存有的高浓度单纯窒息性气体，以及地震区域化学品泄漏均可能引起人体化学中毒。

一、化学性中毒预防

（一）潜在危害源：各类化工厂、化学品仓库、化工商店、农资商店、家庭存放的农药、不明原因包装瓶（箱），以及其他有特殊味道物品、环境。

（二）危害源处理原则：卫生应急队伍要尽量远离以上危害源，已经出现泄露情况的安排卫生应急队伍时注意危险源上风向是安全区域。

（三）不要饮用气味、味道和颜色异常的饮料或进食可能污染的食品。

（四）人群健康状况出现异常要立即通知疾病控制人员到现场调查、处理。

二、化学性中毒现场应急

突发中毒事件发生后要立即采取以下措施：

（一）疏散与隔离

化学品泄漏后，应立即疏散现场的无关人员，隔离毒物污染区；如果是易燃易爆物的大量泄漏，应立即上报指挥部，请求消防专业人员救援，并由应急救援指挥机构决定周围居民的疏散范围和疏散方向。

（二）切断电源并消除火源

化学品泄漏环境中的电源和火源常常会引发爆炸和火灾，事故发生后应立即切断电源并消除火源。如果泄漏物属于易燃易爆物质，要对整个毒物泄漏区域内控制电源和禁止各种火源。包括禁止使用非防爆电器，禁止使用手机和对讲机等。

（三）保护应急人员

1. 进入化学品泄漏现场进行应急处置的各类人员均必须接受过专门的业务培训和训练。

2. 在进入现场之前，应针对泄漏物质的理化性质、暴露方式、现场浓度等现场环境，采取有效的个人防护。穿（佩）戴防护装备前，应认真对防护装备进行安全性能检查，特别是要有专人对呼吸器的压力参数及阀门等进行检查，有条件的情况携带气体报警装备，注意各类呼吸防护装备的有效防护时间。

3. 应当详细记录进入、撤出泄漏现场的人员姓名和时间，紧急撤离时应进行点名，严禁单独行动。

4. 现场应准备特效解毒剂和其他急救医药用品，并有医护人员待命。

5. 对中毒的人员应从上风方向抢救或引导撤出。

（四）现场毒物监测和毒物健康影响评价

应根据现场特征设立毒物监测方案，以及时掌握泄漏物质的种类、浓度和扩散范围，恰当地划定警戒区，并为现场指挥部的处置决策提供科学的依据。加强环保、卫生和消防等部门沟通信息。

依据毒物监测资料和人及动物中毒情况评价危害区域、人群范围和危害程度，并提出相应的应急措施建议，向指挥部报告。

（五）泄漏控制

及时向指挥部报告，由消防或工程专业人员控制。现场污染判定依据环保部门报告。

（六）现场分区和警示标识

根据危害源性质和扩散情况等进行现场分区，危害源周围核心区域为热区，用红色警示线隔离；红色警示线外设立温区，用黄色警示线隔离；黄色警示线外设立冷区，用绿色警示线隔离。同时，在不同地点根据需要设立各类警示标识。

医疗卫生救援队伍在冷区内划定救援区域，在区域内根据不同功能设立指挥部、急救区、观察区等。洗消区一般设立在温区边缘，检伤区设立在洗消区附近。

三、化学性中毒患者处理原则

（一）脱离接触、洗消

远离危害源区域，尽快疏散到空气清新处。诊治区域要设在非污染区。

在现场洗消区进行洗消，脱去病人被污染的衣物，用流动清水及时冲洗污染的皮肤，对于可能引起化学性烧伤或能经皮肤吸收的毒物更要充分冲洗，时间一般不少于二十分钟，并考虑选择适当中和剂中和处理；眼睛有毒物溅入或引起灼伤时要优先迅速冲洗。

（二）检伤

医务人员根据病人病情迅速将病员检伤分类，做出相应的标志，并按照检伤结果将病人送往不同区域内急救。

（三）应用特效解毒治疗

特效治疗主要有特定毒物的特效解毒剂、氧疗法等，对气体中毒者尽量送有高压氧条件的医疗机构。

（四）对症和支持治疗

保护重要器官功能，维持酸碱平衡，防止水电解质紊乱，防止继发感染以及并发症和后遗症等。

尸体处理

自然灾害遇难者的尸体一般不会引起传染病的流行，但应认真做好人与动物尸体的卫生处理。

一、尸体处理的一般要求

对逝者处理时必须给予充分尊重的原则；及时就地清理和尽快掩埋处理的原则；必须需要辨明身份而不能马上处理者，存放时间应尽量缩短。

二、尸体暂时存放地的要求

存放地点应远离水源、避开人员活动区，避开低洼地。

（一）存放时间在平均气温低于 20℃的情况下，自然存放不宜超过 4 天，放入存尸袋的可适当延长存放时间，但应在尸体上下洒盖漂白粉，降低尸体腐败的速度，减少异味；尸体出现高度腐烂时应及时进行火化或掩埋处理。

（二）条件许可的情况下适宜适当集中存放，便于管理。

三、尸体包裹要求

（一）首选统一制作的裹尸袋。

（二）可因地制宜选用逝者生前使用的被褥等进行包裹。

（三）在尸体高度腐烂时在裹尸袋内要加棉织物吸收液体，并适当喷洒漂白粉或其他消毒除臭剂。

（四）尸体的包裹要尽量严紧结实。

（五）对轻度腐烂的一般性尸体，无须进行消毒除臭处理，为减轻周围环境的臭度，在尸体周围环境可适当喷洒消毒除臭剂。

四、尸体的运输要求

（一）要求有专门的尸体运输车辆。

（二）尸体装车前要在车厢里衬垫液体吸收物，液体吸收物清除前需对液体吸收物与车厢进行用漂白粉等进行消毒处理。

（三）进行尸体运输尽量选择人群较少的路线。

五、尸体的掩埋要求

（一）火化处理场可运行，有条件进行火化处理的应为首选方法。

（二）对甲乙类传染病死亡者，应做彻底消毒后，以最快速度运出火化或者2m以下深埋。

（三）对高度腐烂的尸体应进行消毒除臭处理。

（四）尸体埋葬的场所应由当地政府指定，不得随意乱埋。

（五）选用土葬，应尽可能选择2m以下深埋的方式；埋葬人数集中量大时或有特殊原因不能选择深埋方法时，如为避免对地下水的污染等，经现场卫生专家集体决定可选用浅埋（1m）的方法。

（六）在城镇、村外选择好埋尸地点，在便于运输又在不影响城镇、村容的地点选择尸体掩埋地。应选择土壤结构结实、地下水位低的场所；掩埋场所还应选择地势较高的地点；埋葬地点必须远离水源地；尽量选择人口密集区的下风向。

六、场所消毒要求

尸体清理后需要对其场所进行消毒处理，可选用漂白粉液喷洒。

七、尸体清理工作人员防护要求

一般尸体的清理、运输人员需要一定的防护意识和卫生防护设备，要戴医用防护口罩、穿着工作服、戴手套、穿胶鞋。尽量避免意外擦伤，出现外伤时需要及时进行医疗处理。应注意及时洗手并注意个人卫生。

八、动物尸体处理要求

对环境清理中清出的家畜家禽和其他动物尸体应用漂白粉或生石灰处理后进行深埋处理。

心理危机干预

一、干预前的准备

对灾区情况的了解，包括道路、天气和受灾情况的了解，以及对目前政府救援计划和实施情况的了解，是保证心理救援活动顺利开展的重要准备工作。

1. 确定干预地点。

2. 确定干预对象及其分布和数量。

3. 制定危机干预实施方案。

4. 编制、印刷心理危机干预评估工具和相关宣传资料。

5. 联络、了解所要干预社区、各家医院、住院受伤人员、死难者及家属分布和安置情况，制定具体的干预流程和路线。

6. 干预团队食宿安排，干预队员自用物品，常用药品的准备。

7. 可能的话到达之后对当地精神科医护人员进行危机干预知识培训，扩大人力资源。

二、行动计划的制定

（一）危机干预的目的

积极预防、及时控制和减缓灾难的心理社会影响；促进灾后心理健康重建；维护社会稳定，保障公众心理健康。

（二）原则

1. 与整体救援活动整合在一起进行，及时调整心理救援的重点，配合整个救灾工作的进行。

2. 以社会稳定为前提工作，不给整体救援工作增加负担，减少次级伤害。

3. 综合应用干预技术，个体化的针对目前问题提供帮助。

4. 保护接受干预者的隐私，不随便透露个人信息。

5. 明确心理危机干预是医疗救援中的一部分，并不万能。

（三）方法

评估、干预、教育、宣传相结合，提供灾难心理救援服务；尽量进行灾难社会心理监测和预报，为救援组织者提供处理紧急群体心理事件的预警及解决方法；促进形成灾后社区心理社会干预支持网络。

（四）确定目标人群及数量

本次地震灾难的心理受灾人群大致分为五级人群。目前的重点干预目标从第一级人群开始，一般性干预宣传广泛覆盖五级人群。

第一级人群：为直接卷入地震灾难的人员、死难者家属及伤员。

第二级人群：与第一级人群有密切联系的个人和家属，可能有严重的悲哀和内疚反应，需要缓解继发的应激反应；现场救护人员（消防、武警官兵、120 救护人员、其他救护人员），以及地震灾难幸存者。该人群为高危人群，是干预工作的重点，如不进行心理干预，其中部分人员可能发生长期、严重的心理障碍。

第三级人群：从事救援或搜寻的非现场工作人员（后援）、帮助进行地震灾难后重建或康复工作的人员或志愿者。

第四级人群：受灾地区以外的社区成员，向受灾者提供物资与援助，对灾难的可能负有一定责任的组织。

第五级人群：在临近灾难场景时心理失控的个体，易感性高，可能表现心理病态的征象。

（五）时间表

根据目标人群和干预队成员人数，排出工作日程表。

（六）确定干预技术

ABC 法：

A. 心理急救，稳定情绪；

B. 行为调整，放松训练，晤谈技术（CISD）；

C. 认知调整，晤谈技术（CISD）+ 眼动脱敏信息再加工技术（EMDR）。

1. 首先要取得受伤人员的信任，建立良好的沟通关系。

2. 提供疏泄机会，鼓励他们把自己的内心情感表达出来。

3. 对访谈者提供心理危机及危机干预知识的宣教、解释心理危机的发展过程，使他们理解目前的处境，理解他人的感情，建立自信，提高对生理和心理应激的应付能力。

4. 根据不同个体对事件的反应，采取不同的心理干预方法，如：积极处理急性应激反应，开展心理疏导、支持性心理治疗、认知矫正、放松训练、晤谈技术（CISD）等，以改善焦虑、抑郁和恐惧情绪，减少过激行为的发生，必要时适当应用镇静药物。

5. 除常规应用以上技术进行心理干预外，引入规范的程式化心理干预方法——眼动脱敏信息再加工技术（EMDR）。

6. 调动和发挥社会支持系统（如家庭、社区等）的作用，鼓励多与家人、亲友、同事接触和联系，减少孤独和隔离。

（七）干预技术要点

1. 心理急救。

（1）接触和参与。

目标：倾听与理解。应答幸存者，或者以非强迫性的、富于同情心的、助人的方式开始与幸存者接触。

（2）安全确认。

目标：增进当前的和今后的安全感，提供实际的和情绪的放松。

（3）稳定情绪。

目标：使在情绪上被压垮或定向力失调的幸存者得到心理平静、恢复定向。愤怒处理技术、哀伤干预技术。

（4）释疑解惑。

目标：识别出立即需要给予关切和解释的问题，立即给予可能的解释和确认。

（5）实际协助。

目标：提供实际的帮助给幸存者，比如询问目前实际生活中还有什么困难，协助幸存者调整和接受因地震改变了的生活环境及状态，以处理现实的需要和关切。解决问题技术。

（6）联系支持。

目标：帮助幸存者与主要的支持者或其他的支持来源，包括家庭成员、朋友、社区的帮助资源等，建立短暂的或长期的联系。

（7）提供信息。

目标：提供关于应激反应的信息、关于正确应付来减少苦恼和促进适应性功能的信息。

（8）联系其他服务部门。

目标：帮助幸存者联系目前需要的或者即将需要的那些可得到的服务。甄别处理。

2. 心理晤谈。

通过系统的交谈来减轻压力的方法，个别或者集体进行，自愿参加。对于病房的轻症地震病人，或医护人员、救援人员，可以按不同的人群分组进行集体晤谈。

心理晤谈的目标：公开讨论内心感受；支持和安慰；资源动员；帮助当事人在心理上

（认知上和感情上）消化创伤体验。集体晤谈时限：灾难发生后 24 ～ 48 小时之间是理想的帮助时间，6 周后效果甚微。正规集体晤谈，通常由合格的精神卫生专业人员指导，事件发生后 24 ～ 48 小时之间实施，指导者必须对小组帮助有广泛了解，指导者必需对应激反应综合征有广泛了解，在事件发生后 24 小时内不进行集体晤谈。事件中涉及的所有人员都必须参加集体晤谈。

晤谈过程：正规分 6 期，非常场合操作时可以把第二期、第三期、第四期合并进行。

第一期　介绍期。指导者进行自我介绍，介绍集体晤谈的规则，仔细解释保密问题。

第二期　事实期。请参加者描述地震事件发生过程中他们自己及事件本身的一些实际情况；询问参加者在这些严重事件过程中的所在、所闻、所见、所嗅和所为；每一参加者都必须发言，然后参加者会感到整个事件由此而真相大白。

第三期　感受期。询问有关感受的问题：事件发生时您有何感受？您目前有何感受？以前您有过类似感受吗？

第四期　症状期。请参加者描述自己的应激反应综合征症状，如失眠、食欲不振、脑子不停地闪出事件的影子，注意力不集中，记忆力下降，决策和解决问题的能力减退，易发脾气，易受惊吓等；询问地震事件过程中参加者有何不寻常的体验，目前有何不寻常体验？事件发生后，生活有何改变？请参加者讨论其体验对家庭、工作和生活造成什么影响和改变？

第五期　辅导期。介绍正常的反应；提供准确的信息，讲解事件、应激反应模式；应激反应的常态化；强调适应能力；讨论积极的适应与应付方式；提供有关进一步服务的信息；提醒可能的并存问题（如饮酒）；给出减轻应激的策略；自我识别症状。

第六期　恢复期。拾遗收尾；总结晤谈过程；回答问题；讨论行动计划；重申共同反应；强调小组成员的相互支持；可利用的资源；主持人总结。

整个过程需 2 小时左右。严重事件后数周或数月内进行随访。

晤谈注意事项：（1）对那些处于抑郁状态的人或以消极方式看待晤谈的人，可能会给其他参加者添加负面影响。（2）鉴于晤谈与特定的文化性建议相一致，有时文化仪式可以替代晤谈。（3）对于急性悲伤的人，如家中亲人去世者，并不适宜参加集体晤谈。因为时机不好，如果参与晤谈，受到高度创伤者可能为同一会谈中的其他人带来更具灾难性的创伤。（4）WHO 不支持只在受害者中单次实施。（5）受害者晤谈结束后，干预团队要组织队员进行团队晤谈，缓解干预人员的压力。（6）不要强迫叙述灾难细节。

3. 松弛技术。

除了那些分离反应明显者，对所有被干预者教会一种放松技术：呼吸放松、肌肉放松、想象放松。

三、心理危机干预过程

（一）专家组应该迅速给政府及相关部门提出建议

1. 如果有些医院伤员及家属过于集中，会给救援工作和善后处理带来一些隐患，建议尽量将其分散救治。

2. 对于死者家属的安置要尽可能分散，持续有人陪伴，提供支持帮助；防止他们在一起出现情绪爆发，以免善后处理被动。

3. 对死伤者及其家属的信息通报要公开、透明、真实、及时，以免引起激动情绪，给救援工作带来继发性困难。

4. 在对伤员及家属进行心理救援同时，政府各部门要对参与救援人员的心理应激加以重视，组织他们参加由工作组提供的集体心理辅导。

5. 动员社会力量参与，利用媒体的资源，向受灾民众宣传心理危机和精神健康知识，宣传应对灾难的有效方法，动员当地政府人员、援救人员、医务人员、社区工作者或志愿者接受工作组的培训，让他们参与心理援助活动。

6. 定期召开信息发布会，将救援工作的进展情况及已做的工作，让公众了解，注意发布前把必须传达的信息做好整理，回答记者的问题要尽可能精确和完整，尽可能保证属实，如果没有信息或信息不可靠，要如实回答，积极主动，引导舆论导向。

7. 建议指挥部能够进一步协调各部门关系，以便心理危机干预工作的顺利进行。

建议提出后，应该尽量和当地政府沟通，以取得重视并采纳，并采取强有力的措施抓落实。

（二）工作流程

1. 联系救援指挥部、各家医院，确定地震灾难伤员住院分布情况，以及进入现场救援的医护人员情况。

2. 拟定心理危机干预培训内容、宣传手册、心理危机评估工具，并紧急印刷。

3. 召集人员夜间举行技术培训以便统一思想和技术路线，内容包括心理危机干预技术、流程、评估方法等。

4. 紧急调用当地精神卫生中心的人员和设备等。

5. 分组到各家医院，社区，访谈地震灾难伤员、相关医护人员，发放心理危机干预相关知识宣传资料。

6. 应用评估工具，对访谈人员逐个进行心理筛查、重点人群评估、危机动力分析。

7. 根据评估结果，对出现有心理应激反应的人员当场进行初步的心理干预。

8. 在每一家医院均向医院领导提出有关病人的指导性诊疗和处理意见、工作人员与病人沟通处理技巧、工作人员自身心理保健技术。

9. 对每一个筛选出有急性心理应激反应的人员进行随访，强化心理干预和必要的心理治疗，治疗结束后再次进行心理评估。

10. 对社区干部、医院医护人员进行了集体讲座、个体辅导、集体晤谈等干预处理。发现现场救援的医护人员普遍出现明显的应激反应，主要的表现为，创伤地震灾难场景的闪回，情绪不稳定、焦虑，食欲差、失眠，工作效率下降等。

11. 每天晚上工作组人员召开会议，总结当天工作，对工作方案进行调整，并部署下一步的工作。对干预人员开展督导。

（节选自卫生部《抗震救灾卫生防疫工作方案》，2008 年 5 月 15 日发布）

卫生部办公厅
关于印发“5・12”四川汶川地震
抗震救灾医疗救治有关标准的紧急通知

（卫发明电〔2008〕47号）

各省、自治区、直辖市卫生厅局，新疆生产建设兵团卫生局：

根据“5・12”四川汶川地震（以下简称汶川地震）灾区现场医疗救治工作的需要，我部组织制定了《汶川地震现场检伤方法和分类标准》《汶川地震抗震救灾现场医疗点参考配置》《汶川地震抗震救灾野战医院参考配置》和《汶川地震抗震救灾医疗物资参考配置》（文件电子版见卫生部网站），现印发给你们，供你们组建医疗队开展汶川地震抗震救灾医疗救治工作时参考使用。

地震灾区现场医疗点的设置，以便于现场快速处置为原则，结合地震灾区具体情况，建在伤病员相对集中（如垮塌的建筑物附近等）、次生灾害较少、靠近安全饮用水源、交通相对方便、利于后勤保障的空阔安全区域或被毁乡镇卫生院附近；野战医院的设置，以便于开展伤员紧急救治工作为原则，建在次生灾害较少、靠近安全饮用水源、交通相对方便、利于后勤保障的空阔安全区域或被毁县医院附近，尽快达到恢复地震灾区医疗服务网络功能的作用。

二〇〇八年五月十五日

附件一

汶川地震现场检伤方法和分类标准

一、汶川地震现场检伤方法

（一）行动检查

1. 指引能行动自如的伤者到一指定区域（绿区）。
2. 此类伤者均属第三优先。
3. 到不能行动自如的伤者处继续检查。

（二）呼吸检查

1. 为所有不能行走的伤者进行呼吸检查。
2. 如有需要先保持气道畅通（须同时小心保护颈椎），可用提颏法等。
3. 没有呼吸。

（三）血液循环检查

1. 检查桡动脉或微血管血液循环回流时间。
2. 任何循环不足（不能感觉到桡动脉跳动或微血管血液循环回流时间大于 2 秒）（红区）。
3. 循环良好→第四步。

（四）清醒程度检查

1. 检查脑部有否受伤。
2. 询问伤者简单问题或给予简单指令。
3. 能回答或按照指令行事（绿区），回答不确切（黄区），不能回答（红区）。

二、汶川地震现场检伤分类标准

（一）第一优先（红色伤票）

非常严重的创伤，但如有及时治疗即有可生存的机会。

1. 气道阻塞。
2. 休克。
3. 昏迷（神志不清）。
4. 颈椎受伤。
5. 导致远端脉搏消失的骨折。
6. 外露性胸腔创伤。
7. 股骨骨折。
8. 外露性腹腔创伤。
9. 超过 50% Ⅱ°～Ⅲ° 皮肤的烧伤。
10. 腹部或骨盆压伤。

（二）第二优先（黄色伤票）

有重大创伤但可短暂等候而不危及生命或导致肢体残缺。

1. 严重烧伤。
2. 严重头部创伤但清醒。
3. 椎骨受伤（除颈椎之外）。
4. 多发骨折。
5. 须用止血带止血的血管损伤。
6. 开放性骨折。

（三）第三优先（绿色伤票）

可自行走动及没有严重创伤，其损伤可延迟处理，大部分可在现场处置而不需送医院。

1. 不造成休克的软组织创伤。

2. <20% 的 < Ⅱ° 烧伤并不涉及机体或外生殖器。

3. 不造成远侧脉搏消失的肌肉和骨骼损伤。

4. 轻微流血。

（四）第四优先（黑色伤票）

死亡或无可救治的创伤。

1. 死亡明显。

2. 没有生存希望的伤者。

3. 没有呼吸及脉搏。

附件二

汶川地震抗震救灾现场医疗点参考配置

一、规模和救治能力

以便于现场快速处置为原则，根据地震灾区现场具体情况，设置于伤病员相对集中的区域，如垮塌的建筑物附近。主要用于现场伤员的简单处置。以便于伤情相对稳定后转送，同时配备健全的转运系统，以利更多伤员得到及时处置。

二、人员配置组成

（一）医生

共 15 人，要求有主治医师及以上资质，其中包括：骨科，7 人；普外科，1 人；胸外科，1 人；脑外科，1 人；产科，1 人；儿科，1 人；麻醉科，1 人；内科，2 人。

（二）护士

共 24 人，要求有护师及以上资质，其中包括：外科，20 人；儿科，2 人；内科，2 人。

（三）后勤人员

共 15 人，要求有相关资质证书，其中包括：转运人员（司机及担架员），8 人；炊事人员，4 人；后勤保障人员，2 人；电工，1 人。

附件三

汶川地震抗震救灾野战医院参考配置

一、规模和救治能力

以便于开展紧急救治工作为原则设置。可以建在靠近水源等便于后勤保障，交通相对方便的空阔安全区域；或者建设在被毁县医院附近，便于集中伤员及集中医疗救助。要求 20 ～ 50 张病床，可以维持运转一周。按照 2000 例 / 周的救治标准配备人员和物资。主要用于对从医疗点转运来的伤员进行一般手术及处置，并将重伤员进行必要处置，稳定其生命体征后，转送至城市医院进一步救治。

二、人员配置组成

（一）医生

共 80 人，要求有主治医师及以上资质，其中包括：骨科，33 人；普外科，10 人；胸外科，5 人；脑外科，10 人；产科，2 人；儿科，5 人；麻醉科，10 人；内科，5 人。

（二）护士

共 120 人，要求有护师及以上资质，其中包括：外科，40 人；儿科，10 人；内科，10 人；手术室，60 人。

（三）后勤人员

共 28 人，要求有相关资质证书，其中包括：炊事人员，8 人；后勤保障人员，20 人，其中 2 人有电工证。

附件四

汶川地震抗震救灾医疗物资参考配置

一、汶川地震抗震救灾现场医疗点

（一）药品配备

应急药品储备（2000 人份 /7 天量）：

抗生素类（11 个品种）

药　名	库　存	药　名	库　存
头孢拉定胶囊（0.25×24 粒 / 盒）	1600 盒	头孢曲松钠（1g/ 支）	7000 支
庆大霉素注射液（8 万 U）	14000 支	阿米卡星注射液（0.1/ 支）	7000 支
注射用乳酸糖红霉素（250MIU/ 支）	10000 支	罗红霉素（150mg×6 粒）	2000 盒
左氧氟沙星注射液（0.2：100ml/ 袋）	14000 袋	复方新诺明片（480mg×24 片 / 盒）	1000 盒
替硝唑注射液 100ml×0.2g	10000 瓶	左氧氟沙星片（100mg×12 片 / 盒）	2000 盒
黄连素片（0.1×100 片 / 瓶）	1000 瓶	甲硝唑片（200mg×21 片 / 袋）	1000 袋
阿奇霉素注射液（0.25/ 支）	7000 支	利巴韦林注射液（0.1g/ 支）	20000 支
氟康唑注射液（100mg：50ml/ 瓶）	7000 瓶	阿奇霉素胶囊（250×6 片 / 盒）	2000 盒

抗寄生虫药（6 个品种）

药　名	库　存	药　名	库　存
阿苯达唑片（200mg×10 片）	600 盒	左旋咪唑片（25mg/ 片）	2000 片
青蒿素油注射液（100mg/ 支）	14000 支	双氢青蒿素片（20mg）	20000 片
吡喹酮片（0.2g/ 片）	20000 片	磷酸氯喹片（0.25/ 片）	6000 片

解热镇痛药和镇痛药（5 个品种）

药　名	库　存	药　名	库　存
索米痛片（12 片 / 袋）	3000 袋	对乙酰氨基酚片（0.5×10 片 / 盒）	2000 盒
安痛定注射液（2ml）	10000 支	哌替啶注射液（50mg/ 支）	6000 支
吗啡控释片（10mg/ 片）	10000 片		

麻醉及辅助药（2 个品种）

药　名	库　存	药　名	库　存
利多卡因注射液（2%×10ml）	10000 支	普鲁卡因注射液（2%×2ml）	10000 支

镇静和抗过敏药（6 个品种）

药　名	库存	药　名	库　存
注射用苯巴比妥钠（0.1g/ 支）	10000 支	盐酸异丙嗪注射液（50mg/ 支）	1000 支
安定片（2.5mg×100 片）	200 瓶	安定注射液（10mg/ 支）	1000 支
扑尔敏片（4mg×20 片）	500 袋	盐酸氟西汀片（20mg×28 片）	50 盒
氯雷他定片（10mg×6 片）	200 盒	苯妥英钠（0.1g）	300 片

心血管系统和抢救药（18 个品种）

药　名	库　存	药　名	库　存
降压 0 号	4000 片	硝苯地平（10mg/ 片）	5000 片
硝酸甘油片（0.5×24 片）	100 盒	消心痛（5mg×100 片）	100 瓶
美托洛尔片（25mg×20 片）	200 盒	硝普钠注射液（50mg）	500 支
多巴胺注射液（20mg）	10000 支	多巴酚丁胺注射液（20mg）	10000 支
尼可刹米注射液（375mg）	10000 支	洛贝林注射液（3mg）	10000 支
肾上腺素注射液（1mg）	2000 支	去甲肾上腺素（2mg）	2000 支
异丙肾上腺素注射液（1mg）	2000 支	山莨宕碱注射液（10mg）	1000 支
盐酸麻黄碱注射液（30mg）	1000 支	西地兰注射液（0.4mg）	1000 支
地高辛片（0.25×30 片）	50 盒	阿托品注射液（0.5）	2000 支
氨碘酮注射液（0.15）	1000 支	间羟胺注射液（10mg）	1000 支

呼吸系统药（5 个品种）

药　名	库　存	药　名	库　存
磷酸可待因片（30mg/ 片）	500 片	复方甘草片（100 片 / 瓶）	500 瓶
氨茶碱注射液（0.25）	1000 支	氨茶碱片（0.1×100 片）	50 瓶
沙丁胺醇气雾剂（100ug）	100 支		

消化系统药（6 个品种）

药　名	库　存	药　名	库　存
雷尼替丁胶囊（150mg×30 粒）	200 瓶	注射用奥美拉唑（40mg）	500 支
多潘立酮片（10mg×42 片）	100 盒	胃复安片（5mg×100 片）	100 瓶
胃复安注射液（10mg）	1000 支	蒙脱石散剂（3g×10 袋）	100 盒

泌尿系统药（3 个品种）

药　名	库　存	药　名	库　存
双氢克尿塞片（25mg×100 片）	50 瓶	呋塞米注射液（20mg）	2000 支
甘露醇注射液（250ml）	5000 瓶		

血液系统药（2 个品种）

药　名	库　存	药　名	库　存
注射用立止血冻干粉（1KU）	2000 支	凝血酶冻干粉（500IU）	2000 支
肝素钠（12500U）	1000 支	维生素 K1 注射液（10mg）	600 支

激素及内分泌药（7 个品种）

药　名	库　存	药　名	库　存
地塞米松注射液（5mg）	1000 支	地塞米松片（0.75×100 片）	40 瓶
甲基强的松龙针（40mg）	500 支	垂体后叶素注射液（6U）	500 支
缩宫素注射液（10U）	150 支	普通胰岛素注射液（400IU）	500 支
胸腺五肽注射液（1mg）	1000 支		

维生素（5 个品种）

药　名	库　存	药　名	库　存
维生素 B1 片（10mg×100 片 / 瓶）	100 瓶	维生素 B2 片（5mg×100 片 / 瓶）	100 瓶
维生素 B6 片（10mg×100 片 / 瓶）	100 瓶	维生素 C 片（100mg×60 片 / 盒）	200 瓶
维生素 C 注射液（1g）	2000 支		

调节水、电解质平衡药（14 个品种）

药　名	库　存	药　名	库　存
5% 葡萄糖注射液（500ml）	5000 瓶	10% 葡萄糖注射液（500ml）	5000 瓶
葡萄糖氯化钠注射液（500ml）	5000 瓶	0.9% 氯化钠注射液（500ml）	5000 瓶
低分子右旋糖酐（500ml）	1000 瓶	羟乙基淀粉注射液（万汶 500ml）	1000 袋
10% 氯化钠注射液（100ml）	2000 瓶	15% 氯化钾注射液（10ml）	2000 支
50% 葡萄糖注射液（250ml）	1500 瓶	10% 葡萄糖酸钙注射液（10ml）	1500 支
5% 碳酸氢钠注射液（250ml）	1500 瓶	注射用水（10ml）	3000 支
口服补液盐（2 包 / 盒）	2000 盒	乳酸钠林格（500ml）	1500 瓶

专科用药（11 个品种）

药　名	库　存	药　名	库　存
肤轻松软膏	200 支	无极膏	500 支
氯霉素滴眼液	500 支	利福平滴眼液	500 支
阿昔洛韦滴眼液	500 支	妥布霉素地塞米松（典必舒）	500 支
红霉素眼膏	500 支	1% 麻黄素滴鼻剂	200 支
咪康唑拴	200 盒	双氯芬酸乳	200 支
创可贴	5000 贴	复方酮康唑霜	500 支

解毒药（1 个品种）

药　名	库　存	药　名	库　存
活性炭片（100 片 / 瓶）	100 瓶		

中药（6 个品种）

药　名	库　存	药　名	库　存
柴胡注射液（2ml）	300 支	速效救心丸（40mg×150 粒）	200 盒
板蓝根冲剂（3g×10 袋）	1000 盒	通便灵胶囊（0.5×20 粒）	300 盒
云南白药（0.25×32 粒）	500 盒	麝香壮骨膏（20 贴 / 盒）	500 盒

消毒、杀虫、灭鼠药（4 个品种）

药　名	库　存	药　名	库　存
碘伏（500ml/ 盒）	500 瓶	高锰酸钾片（48 片 / 盒）	100 盒
75% 乙醇（100ml/ 瓶）	500 瓶	过氧化氢（100ml/ 瓶）	300 瓶

常备疫苗及血液制品（1 个品种）

药　名	库　存	药　名	库　存
破伤风抗毒素（1500IU/ 支）	3500 支	脑膜炎球菌多糖疫苗	1000 支
乙型脑炎灭活疫苗	1000 支	乙型脑炎毒活疫苗	1000 支
人用狂犬疫苗	1000 支	口服霍乱活疫苗	1000 支
肾综合征出血热活疫苗	1000 支	抗狂犬病血清	1000 支
肉毒抗毒素	1000 支	抗毒蛇血清	1000 支

（二）医疗器械及消毒器械配备

1. 专科相关器械及耗材。

骨科：绷带 2000 卷、石膏（分上下肢）50 箱、颈托 300 个、锁骨带 200 个、腰围 200 个、宽胶布 10 箱、三角巾（1×1m）500 条、夹板 500 个（分上下肢）、网罩（头颅、四肢、手指）20 卷。

胸外科：多头胸带 200 个、胸穿针 200 个、静切包 200 个、胸穿包 200 个、带管胸穿针 300 个、胸壁引流盒 250 个。

神外：脑室穿刺针 10 个。

普外：腹穿针 200 个、腹腔引流管 200 个、腹带 200 个、胃管 500 个、尿管 1000 个、引流袋 500 个、单腔深静脉穿刺包 100 个。

产科：胎心多普勒 1 个。

2. 其他器械及耗材。

一次性缝合包 2000 包、3-0 带线三角针 200 包、4-0 带线圆针 200 包、中圆针 500 个、双极电烧 1 台、双极电镊子 2 个、双极电线 2 根、12 号硅胶导尿管 10 盒、污物地桶 5 个、塑料桶大中小各 10 个、2% 戊二醛 20000ml、不锈钢带盖盒 2 个、大纱布 20 箱。

小纱布 20 箱、小棉垫 20 箱、手套 50 箱、口罩帽子各 10000 个、刷手衣裤 500 套、一次性手术衣 5000 件、听诊器 10 个、压舌板 500 个、氧气袋 4 个、玻璃接头 2 盒、沙袋 10 个、冰袋 10 箱、约束带 200 个、护士用表 20 个、利器盒 100 个、急救箱 5 个、输液架 20 个、血压计 10 个、体温计 50 支、小孔单 100 件、治疗巾 200 件、便携式多导联监护仪 2 台，电极片 200 片、便携式呼吸机 2 台，专用管路 20 套、简易呼吸器 2 台、气管插管 200 支、除颤监护仪 2 台，电极片 100 个、心电图机 1 台、脚踏式吸引器 5 台、吸痰管 2000 根、简易气切包 100 个、面罩 1000 个、喉镜 5 个、一次性喉镜片 500 个，2 号电池 50 个、输液器 5000 个、输血器 1000 个、注射器（1ml、2ml、5ml、10ml、20ml）各 10 箱、医用垃圾袋（黄色）（特大、大、小）各 5000 个、生活垃圾袋（黑色）（特大、大、小）各 5000 个、字纸篓 10 个、尸体料理袋 100 个、铲式担架 2 个、运血箱 5 个、验伤标识（每种颜色 1000 个）、腕带 2000 个。

3. 消毒器械。

快速压力蒸汽灭菌器 2 台、普通喷雾器 2 台。

4. 消毒用品。

手消液 300 瓶、健之素 300 瓶、棉签 2000 包、安尔碘 300 瓶、4% 碘酊 2 桶、碘酒 100 瓶、消毒手套 50 箱、乳胶手套 20 箱、消毒锅 5 个。

（三）后勤保障物资配备

1. 驻地设施。

战地医疗点标识 1 个、工作人员帐篷 20 人 ×4 个、处置帐篷 5 个、伙房及食品帐篷 1 个、药品帐篷 2 个（药品柜 6 个、折叠药车 2 个、药袋 2000 个、塑料袋 2000 个、摆药桌 1 个）、物资帐篷 2 个。

2. 通讯保障。

卫星电话 2 部、对讲机及充电器 3 对、GPS 定位系统 2 个、节能灯 40W40 个、节能灯 20W100 个、路灯 2 套、接线板 50 个、手电筒（3 节）20 个、电池（1 号、2 号、5 号、7 号）各 200 节、两用应急灯 5 个。

3. 水源设备。

6 分潜水泵 1 台、6 分透明软管 100 米、大号塑料桶 20 个。

4. 发电照明设备。

发电机 5000W 2 台、汽油 500 公斤、三芯电缆 100 米、电线 500 米（双股线）、电源线轴 5 个、灯头50个、拉线开关50个、棉大衣55件、雨鞋55双、雨衣55件、背包55个、洗漱品55套（毛巾、牙刷、牙膏、肥皂、脸盆、口杯、洗发液）、饭盒55个、微波炉2台、针线包5个、消毒湿纸巾200包、肥皂50块、手纸50卷、一次性口杯1000个、洗衣粉10袋、火柴5大包、蜡烛20包、行李绳20根、石英钟5个、转运车（含担架）2辆。

5. 工作人员用品。

白衣20×2件、护士服30×2件、白裤50×2条、后勤人员工作服30套、线手套40副、折叠床55张（床垫、棉被、褥、枕芯、套、大单、被套50套）、蚊帐55顶。

6. 文具。

笔100支、记号笔20支、胶棒100个、记事本100本、胶带20卷、标签10包。

大别针200个、计算器2个。

7. 打包用品。

整理箱、编织袋、纸箱、污衣袋等（根据物资数量而定）。

8. 病历用表。

死亡证明5本、治疗记录50本。

9. 工具及杂品。

台灯10个、钳子2把、螺丝刀2把、钢锯1把、锯条10根、木锯1把、锤子2个、寸钉1公斤、手把灯1套、电工胶布2盘、电工刀1把、12号铅丝4公斤、铁锹2把、斧子2把、镐头2把、塑料布2卷、洗衣机1台。

10. 家具类。

折叠椅100把、折叠桌10个、文件柜10个、治疗台5个、无菌治疗柜2个、治疗车6个、平车10个、轮椅10个、屏风6个。

11. 餐具。

直径为1.5米烧柴铁锅1个（可用于熬粥、煮面之用，约50人食用量/个），本设备也可用木炭；直径为1米不锈钢盆3个，用于制作饭菜之用；直径为0.5米加厚带盖不锈钢桶3个，用于储藏食用水及熬粥、煮面之用；菜板2块，规格约为1×1.5米；熟食板2块，规格约为0.4×0.6米；2号刀3把、家庭用不锈钢刀3把（切熟食用）；大号水勺2把；大号菜勺2把；食堂专用小号笊篱2把；不锈钢夹子4把（用于取食物）；大锅炒菜专用大铲2把；大号电磁炉2个（应急之用）；一次性碗2000个；一次性筷子2000双；一次性羹匙500个（用于重病人）；一次性口杯2000个。

12. 食物原材料。

按照55人/7天量予以配备。

食用油100斤、酱油20斤、食用盐20斤、白糖20斤、挂面400斤、大米400米、小米200斤、胡萝卜200斤、土豆200斤、葱头200斤、火腿肉400斤（真空包装）、卤鸡蛋1000个（为最低限量，真空独立包装）、榨菜100斤（小包装、可直接食用）、方便面2000桶、压缩饼干（成人每日需用量为250克，用于不能烧火做饭情况下），建议配备水果500斤、桶装八宝粥12桶×100箱、软包装牛奶250克×24盒×20箱、鱼罐头100盒。

二、汶川地震抗震救灾野战医院参考配置

（一）药品配备

应急药品储备（1000 人份 /7 天量）：

抗生素类（11 个品种）

药　名	库　存	药　名	库　存
头孢拉定胶囊（0.25×24 粒 / 盒）	1600 盒	头孢曲松钠（1g/ 支）	7000 支
庆大霉素注射液（8 万 U）	14000 支	阿米卡星注射液（0.1/ 支）	7000 支
注射用乳酸糖红霉素（250MIU/ 支）	10000 支	罗红霉素（150mg×6 粒）	2000 盒
左氧氟沙星注射液（0.2：100ml/ 袋）	14000 袋	复方新诺明片（480mg×24 片 / 盒）	1000 盒
替硝唑注射液 100ml×0.2g	10000 瓶	左氧氟沙星片（100mg×12 片 / 盒）	2000 盒
黄连素片（0.1×100 片 / 瓶）	1000 瓶	甲硝唑片（200mg×21 片 / 袋）	1000 袋
阿奇霉素注射液（0.25/ 支）	7000 支	利巴韦林注射液（0.1g/ 支）	20000 支
氟康唑注射液（100mg：50ml/ 瓶）	7000 瓶	阿奇霉素胶囊（250×6 片 / 盒）	2000 盒

抗寄生虫药（6 个品种）

药　名	库　存	药　名	库　存
阿苯达唑片（200mg×10 片）	600 盒	左旋咪唑片（25mg/ 片）	2000 片
青蒿素油注射液（100mg/ 支）	14000 支	双氢青蒿素片（20mg）	20000 片
吡喹酮片（0.2g/ 片）	20000 片	磷酸氯喹片（0.25/ 片）	6000 片

解热镇痛药和镇痛药（5 个品种）

药　名	库　存	药　名	库　存
索米痛片（12 片 / 袋）	3000 袋	对乙酰氨基酚片（0.5×10 片 / 盒）	2000 盒
安痛定注射液（2ml）	10000 支	哌替啶注射液（50mg/ 支）	6000 支
吗啡控释片（10mg/ 片）	10000 片		

麻醉及辅助药（7 个品种）

药　名	库　存	药　名	库　存
布比卡因注射液（12.5mg×5ml）	2000 支	芬太尼注射液（0.5mg/ 支）	10000 支
氯胺酮注射液（0.1g/ 支）	2000 支	新斯地明注射液（2ml/ 支）	3000 支
纳洛酮注射液（0.4mg）	4000 支	得普利麻注射液（20ml×200mg/ 瓶）	20000 瓶

镇静和抗过敏药（6 个品种）

药　名	库　存	药　名	库　存
注射用苯巴比妥钠（0.1g/ 支）	10000 支	盐酸异丙嗪注射液（50mg/ 支）	1000 支
安定片（2.5mg×100 片）	200 瓶	安定注射液（10mg/ 支）	1000 支
扑尔敏片（4mg×20 片）	500 袋	盐酸氟西汀片（20mg×28 片）	50 盒
氯雷他定片（10mg×6 片）	200 盒	苯妥英钠（0.1g）	300 片

心血管系统和抢救药（18 个品种）

药　名	库　存	药　名	库　存
降压 0 号	4000 片	硝苯地平（10mg/ 片）	5000 片
硝酸甘油片（0.5×24 片）	100 盒	消心痛片（5mg×100 片）	100 瓶
美托洛尔片（25mg×20 片）	200 盒	硝普钠注射液（50mg）	500 支
多巴胺注射液（20mg）	10000 支	多巴酚丁胺注射液（20mg）	10000 支
尼可刹米注射液（375mg）	10000 支	洛贝林注射液（3mg）	10000 支
肾上腺素注射液（1mg）	2000 支	去甲肾上腺素（2mg）	2000 支
异丙肾上腺素注射液（1mg）	2000 支	山莨宕碱注射液（10mg）	1000 支
盐酸麻黄碱注射液（30mg）	1000 支	西地兰注射液（0.4mg）	1000 支
地高辛片（0.25×30 片）	50 盒	阿托品注射液（0.5）	2000 支
氨碘酮注射液（0.15）	1000 支	间羟胺注射液（10mg）	1000 支

呼吸系统药（5 个品种）

药　名	库　存	药　名	库　存
磷酸可待因片（30mg/ 片）	500 片	复方甘草片（100 片 / 瓶）	500 瓶
氨茶碱注射液（0.25）	1000 支	氨茶碱片（0.1×100 片）	50 瓶
沙丁胺醇气雾（100ug）	100 支		

消化系统药（6 个品种）

药　名	库　存	药　名	库　存
雷尼替丁胶囊（150mg×30 粒）	200 瓶	注射用奥美拉唑（40mg）	500 支
多潘立酮片（10mg×42 片）	100 盒	胃复安片（5mg×100 片）	100 瓶
胃复安注射液（10mg）	1000 支	蒙脱石散剂（3g×10 袋）	100 盒

泌尿系统药（3 个品种）

药　名	库　存	药　名	库　存
双氢克尿塞片（25mg×100 片）	50 瓶	呋塞米注射液（20mg）	2000 支
甘露醇注射液（250ml）	5000 瓶		

血液系统药（2 个品种）

药　名	库　存	药　名	库　存
注射用立止血冻干粉（1KU）	2000 支	凝血酶冻干粉（500IU）	2000 支
肝素钠（12500U）	1000 支	维生素 K1 注射液（10mg）	600 支

激素及内分泌药（7 个品种）

药　名	库　存	药　名	库　存
地塞米松注射液（5mg）	1000 支	地塞米松片（0.75×100 片）	40 瓶
甲基强的松龙（40mg）	500 支	垂体后叶素注射液（6U）	500 支
缩宫素注射液（10U）	150 支	普通胰岛素注射液（400IU）	500 支
胸腺五肽注射液（1mg）	1000 支		

维生素（5 个品种）

药　名	库　存	药　名	库　存
维生素 B1 片（10mg × 100 片 / 瓶）	100 瓶	维生素 B2 片（5mg × 100 片 / 瓶）	100 瓶
维生素 B6 片（10mg × 100 片 / 瓶）	100 瓶	维生素 C 片（100mg × 60 片 / 盒）	200 瓶
维生素 C 注射液（1g）	2000 支		

调节水、电解质平衡药（14 个品种）

药　名	库　存	药　名	库　存
5% 葡萄糖注射液（500ml）	5000 瓶	10% 葡萄糖注射液（500ml）	5000 瓶
葡萄糖氯化钠注射液（500ml）	5000 瓶	0.9% 氯化钠注射液（500ml）	5000 瓶
低分子右旋糖酐（500ml）	1000 瓶	羟乙基淀粉注射液（万汶 500ml）	1000 袋
10% 氯化钠注射液（100ml）	2000 瓶	15% 氯化钾注射液（10ml）	2000 支
50% 葡萄糖注射液（250ml）	1500 瓶	10% 葡萄糖酸钙注射液（10ml）	1500 支
5% 碳酸氢钠注射液（250ml）	1500 瓶	注射用水（10ml）	3000 支
口服补液盐（2 包 / 盒）	2000 盒	乳酸钠林格（500ml）	1500 瓶

专科用药（11 个品种）

药　名	库　存	药　名	库　存
肤轻松软膏	200 支	无极膏	500 支
氯霉素滴眼液	500 支	利福平滴眼液	500 支
阿昔洛韦滴眼液	500 支	妥布霉素地塞米松（典必舒）	500 支
红霉素眼膏	500 支	1% 麻黄素滴鼻剂	200 支
咪康唑栓	200 盒	双氯芬酸乳	200 支
创可贴	5000 贴	复方酮康唑霜	500 支

解毒药（1 个品种）

药　名	库　存	药　名	库　存
活性炭片（100 片 / 瓶）	100 瓶		

中药（6 个品种）

药　名	库　存	药　名	库　存
柴胡注射液（2ml）	300 支	速效救心丸（40mg × 150 粒）	200 盒
板蓝根冲剂（3g × 10 袋）	1000 盒	通便灵胶囊（0.5 × 20 粒）	300 盒
云南白药（0.25 × 32 粒）	500 盒	麝香壮骨膏（20 贴 / 盒）	500 盒

消毒、杀虫、灭鼠药（4 个品种）

药　名	库　存	药　名	库　存
碘伏（500ml/ 盒）	500 瓶	高锰酸钾片（48 片 / 盒）	100 盒
75% 乙醇（100ml/ 瓶）	500 瓶	过氧化氢（100ml/ 瓶）	300 瓶

常被疫苗及血液制品（1 个品种）

药　名	库　存	药　名	库　存
破伤风抗毒素（1500IU/ 支）	3500 支	脑膜炎球菌多糖疫苗	1000 支
乙型脑炎灭活疫苗	1000 支	乙型脑炎毒活疫苗	1000 支
人用狂犬疫苗	1000 支	口服霍乱活疫苗	1000 支
肾综合征出血热活疫苗	1000 支	抗狂犬病血清	1000 支
肉毒抗毒素	1000 支	抗毒蛇血清	1000 支

（二）医疗器械及消毒器械配备

1. 专科相关器械及耗材。

骨科：绷带 2000 卷、石膏（分上下肢）50 箱、颈托 300 个、锁骨带 200 个、腰围 200 个、宽胶布 10 箱、三角巾（1×1m）500 条、夹板 500 个（分上下肢）、网罩（头颅、四肢、手指）20 卷。

胸外科：多头胸带 200 个、胸穿针 200 个、静切包 200 个、胸穿包 200 个、带管胸穿针 300 个、胸壁引流盒 250 个。

神外：脑室穿刺针 10 个、开颅包 50 个、手摇钻 2 个、电手枪钻 2 个。

普外：腹穿针 200 个、腹腔引流管 200 个、腹带 200 个、胃管 500 个、尿管 1000 个、引流袋 500 个、单腔深静脉穿刺包 100 个。

产科：一次性接产包 20 个（消毒巾、脐纱、止血钳、剪刀、接生无菌手术衣、持针器、缝合针、棉签）、胎心多普勒 1 个婴儿衣服、棉被、奶瓶、奶粉、尿不湿各 50 套。

2. 手术器械包。

简易缝合包 40 个，每包包括：

小弯血管钳 2 个、弯蚊式 4 个、直蚊式 2 个、持针器 1 个、小有牙镊 1 个、小无牙镊 1 个、弯剪刀 1 个、直剪刀 1 个、3 号刀柄 1 个、中弯血管钳 2 个、弯盘 1 个、换药碗 1 个、40ml 小药杯 1 个、中双包布 2 个、孔巾 1 块、甲状腺拉钩中号、小号各 1 个。

简易开颅器械（5 套），每套包括：

小弯血管钳 20 个、头皮夹子 100 个、头皮夹钳 2 个、艾力斯 4 个、持针器 2 个、有牙血管钳 2 个、擦皮钳 3 个、小乳头拉钩 2 个、有牙镊 2 个、无牙镊 2 个、尖镊 1 个、脑膜镊子 1 个、剥离子 2 个、骨膜起子 2 个、脑压板 2 个、神粗吸引器 1 个、神细吸引器 1 个、线锯导板 2 个、线锯拉钩 2 个、线锯条 40 个。

开颅敷料包 2 套，每套包括：

开颅单 2 个、治疗巾 20 块、大换药碗 2 个、冲洗器 2 个、大双包布 8 块。

外固定架器械包 100 个，每包包括：

3 号刀柄 1 个、巾钳 2 把、小直血管钳 4 把、小弯血管钳 4 把、中弯血管钳 4 把、扣扣钳 2 把、针持 2 把、擦皮钳 2 把、爱丽斯 2 把、擦皮布 1 包（6×6cm）、线剪 1 把、组织剪 1 把、弯盘 1 个、不锈钢小碗 1 个、纱布 20 块（10×20cm）、三例绷带 3 卷、棉垫 4 个（35×35cm）、老虎钳 1 把、刀片（10 号）1 个

截肢包 100 套。每包包括：

3 号刀柄 1 个、4 号刀柄 1 个、巾钳 4 把、小直血管钳 4 把、小弯血管钳 4 把、中弯血管钳 10 把、扣扣钳 2 把、针持 2 把、擦皮钳 2 把、爱丽斯 4 把、擦皮布 1 包（6×6cm）、线剪 2 把、组织剪 1 把、弯盘 1 个、不锈钢小碗 2 个、上肢持骨器 1 个、下肢持骨器 1 个、单勾 1 个、双关咬骨钳 1 把、骨科吸引器头 1 个、骨锉 1 个、截肢刀 1 把、线锯 2 根、线锯柄 2 个、截肢挡板 1 个、截肢挡板拉钩 2 个、纱布 30 块（10×20cm）、三列绷带 3 卷、棉垫 4 个（35×35cm）、刀片（10 号）1 个、刀片（20 号）1 个。

3. 其他器械与耗材。

1 号、4 号黑丝各 1000 包，3-0 带线三角针 200 包、4-0 带线圆针 200 包、中圆针 500 个，外固定架 1500 个（配备相应钻头：上肢 500 套、下肢 1000 套），克氏针 5000 根（直径 2.0mm：2000 根，直径 2.5mm：2000 根，直径 3.0mm：500 根，直径 4.0mm：500 根），医用钻头：2000 根（直径 2.5、3.2、3.5、4.0、4.5mm 各 400），工业钻头：100 把（带电池、可充电），上下肢气囊止血带（带压力表）各 30 套、线锯 1000 根、明胶海绵 40 盒、骨蜡 40 盒、双极电烧 5 台、双极电镊子 20 个、双极电线 20 根、12 号硅胶导尿管 10 盒、一次性吸引器皮管 200 根、污物地桶 20 个、塑料桶大中小各 50 个、2% 戊二醛 50000ml、不锈钢带盖盒 5 个、大纱布 20 箱、小纱布 20 箱、小棉垫 20 箱、手套 50 箱、口罩帽子各 10000 个、刷手衣裤 500 套、一次性手术衣 5000 件、器械桌 5 台、治疗车 10 台、简易手术床 10 台、利器盒 20 个、多功能插销板 50 个、手术物品清点单 10 本、手术立灯 10 个、无菌手刷 500 个、20% 肥皂水 500ml×50 瓶、一次性备皮刀 1000 个、中单 100 件、大单 20 件、大孔单 20 件、小孔单 200 件、治疗巾 500 件、夹单 20 件、听诊器 60 个、压舌板 500 个、氧气袋 10 个、玻璃接头 5 盒、小锯 100 个、瓶起子 30 把、剪刀 30 把、传递盒 10 个（注射器盘，带盖）、持物钳 30 把、镊子罐 30 个、沙袋 5 个、冰袋 20 箱、约束带 200 个、护士用表 50 个、过床易 10 个、翻身易 50 个、利器盒 200 个、急救箱 5 个、血压计 10 个、体温计 50 支、便携式多导联监护仪 5 台，电极片 1000 片、便携式呼吸机 4 台，专用管路 80 套、简易呼吸器 2 台、气管插管 500 支、除颤监护仪 2 台，电极片 100 个、心电图机 2 台、脚踏式吸引器 5 台、吸痰管 2000 根、简易气切包 10 个、面罩 1000 个、医用垃圾袋（黄色）（特大、大、小）各 5000 个、生活垃圾袋（黑色）（特大、大、小）各 5000 个、纸篓 30 个、尸体料理袋 100 个、铲式担架 2 个、运血箱 5 个、验伤标识（每种颜色 1000 个）、腕带 2000 个。

4. 消毒器械。

快速压力蒸汽灭菌器 2 台、床单位臭氧消毒机 3 台、可人机共处的“健百乐”牌纳米光催化空气消毒器 5 台、超低容量电动气溶胶喷雾器 2 台、普通喷雾器 5 台、消毒锅 5 个。

5. 消毒用品。

手消液 300 瓶、健之素 300 瓶、棉签 2000 包、安尔碘 300 瓶、4% 碘酊 2 桶、碘酒 100 瓶、消毒手套 50 箱、乳胶手套 20 箱。

（三）后勤保障物资配备

1. 驻地设施。

战地医院标识 1 个、病人帐篷 50 人 ×2 个、工作人员帐篷 20 人 ×12 个、处置帐篷 5 个（其中手术帐篷顶部透明）、伙房及食品帐篷 2 个、药品帐篷 2 个（配药品柜 6 个、折叠药车 2 个、药袋 2000 个、塑料袋 2000 个、摆药桌 1 个）、物资帐篷 2 个。

2. 通讯保障。

卫星电话 2 部、对讲机及充电器 3 对、GPS 定位系统 2 个。

3. 水源设备。

6 分潜水泵 2 台、6 分透明软管 200 米、大号塑料桶 40 个。

4. 发电照明设备。

发电机 5000W4 台、汽油 1000 公斤、三芯电缆 200 米、电线 1000 米（双股交织线）、电源线轴 10 个、灯头 100 个、拉线开关 100 个、节能灯 40W40 个、节能灯 20W100 个、路灯 2 套、接线板 100 个、手电筒（3 节电池）20 个、电池（1 号、2 号、5 号节、7 号）各 200 节、两用应急灯 10 个

5. 病人生活用品。

折叠床 60 张、蚊帐 60 顶、病床配套用品 60 套（床垫、棉被、棉褥、枕芯）、病号服 200 套、枕套 200 套、大单 200 套、被套 200 套、卫生纸 500 卷、一次性尿垫 1000 个、吸管 1000 个、微波炉 5 台、洗漱品（毛巾、牙刷、牙膏、肥皂、脸盆、口杯）各 500 个、便盆 200 个、小便器 200 个、饮用水 24 瓶 ×200 箱。

6. 工作人员用品。

白衣 80×2 件、护士服 120×2 件、白裤 200×2 条、后勤人员工作服 56 套、线手套 40 副、折叠床 240 张（床垫、棉被、褥、套、枕芯、套、大单 50 套）、蚊帐 240 顶、棉大衣 240 件、雨鞋 240 双、雨衣 240 件、背包 240 个、洗漱品 240 套（毛巾、牙刷牙膏、肥皂、脸盆、口杯、洗发液）、饭盒 240 个、针线包 10 个、消毒湿纸巾 500 包、肥皂 100 块、手纸 100 卷、一次性口杯 2000 个、洗衣粉 20 袋、火柴 10 大包、蜡烛 50 包、行李绳 20 根、石英钟 10 个。

7. 文具。

笔 500 支、记号笔 100 支、胶棒 50 个、记事本 300 本、胶带 50 卷、标签 20 包、大别针 500 个、计算器 5 个。

8. 打包用品。

整理箱、编织袋、纸箱、污衣袋等（根据物资数量而定）。

9. 病历用表。

体温单 50 本、病程记录单 50 本、麻醉单 50 本、手术记录单 50 本、护理记录 100 本、死亡证明 20 本、医嘱本 100 本、治疗单 50 本、单面病历夹 80 个、长尾夹 100 个。

10. 工具及杂品。

台灯 20 个、钳子 5 把、螺丝刀 5 把、钢锯 2 把、锯条 20 根、木锯 2 把、锤子 5 个、寸钉 2 公斤、手把灯 1 套、电工胶布 8 盘、电工刀 2 把、12 号铅丝 10 公斤、铁锹 5 把、斧子 2 把、镐头 2 把、塑料布 5 卷、洗衣机 2 台。

11. 家具类。

折叠椅 100 把、折叠桌 10 个、文件柜 10 个、治疗台 5 个、无菌治疗柜 2 个、治疗车 15 个、处置车 8 个、平车 10 个、轮椅 10 个、屏风 10 个。

12. 餐具。

直径为 1.5 米烧柴铁锅 4 个，可用于熬粥、煮面之用，约 50 人食用量 / 个，本设备也可用木炭；直径为 1 米不锈钢盆 10 个，用于制作饭菜之用；直径为 0.5 米加厚带盖不锈钢桶 10 个，用于储藏食用水及熬粥、煮面之用；菜板 5 块，规格约为 1×1.5 米；熟食板 5 块，规格约

为 0.4×0.6 米；2 号刀 8 把，家庭用不锈钢刀 8 把（切熟食用）；大号水勺 5 把、大号菜勺 5 把、食堂专用小号笊篱 4 把、不锈钢夹子 10 把（用于取食）、大锅炒菜专用大铲 5 把、大号电磁炉 10 个（应急之用）、一次性碗 10000 个、一次性筷子 10000 双、一次性羹匙 1000 个（重病人）、一次性口杯 5000 个。

13. 食物原材料。

按照 400 人 /7 天量予以配备（其中病人 50 ～ 100 人）。

食用油 500 斤、酱油 100 斤、食用盐 100 斤、白糖 100 斤（治疗饮食之用）、挂面 2000 斤、大米 2000 米、小米 1000 斤、胡萝卜 1000 斤、土豆 1000 斤、葱头 1000 斤、火腿肉 2000 斤（真空包装）、卤鸡蛋 4000 个（为最低限量，真空独立包装）、榨菜 400 斤（小包装、可直接食用）、方便面 10000 桶、压缩饼干（成人每日需用量为 250 克，用于不能烧火做饭情况）、建议配备水果 3000、桶装八宝粥 12 桶 ×400 箱、软包装牛奶 250 克 ×24 盒 ×100 箱、鱼罐头 500 盒。

抗震救灾医疗救治应用中医药技术指导意见

一、闭合性骨折

1. 就地取材，临时固定。可选用夹板、木板条、树皮、树枝、绷带、布条等作为临时固定材料。

2. 注意固定物的松紧度及有效性，注意肢体远端的血液循环，一般固定最好超过上下两个关节。

3. 有技术条件时，应及时以手法整复，然后予以外固定。

4. 如固定后疑有血管、神经损伤或受压时，应松解固定或解除外固定。

5. 外固定后上肢应悬吊胸前，下肢应避免负重，抬高患肢。

6. 可用活血化瘀中药外敷消肿。如七厘散、跌打丸等。

二、单纯软组织损伤

1. 单纯软组织损伤时，治疗应以活血化瘀、消肿止痛为主。内服可用桃红四物汤加五苓散加减，外敷可用七厘散或云南白药。

2. 肿胀明显者，可加用利水消肿中药，如用四妙丸内服外用。

3. 疼痛明显者，可加用行气止痛中药，如元胡、三棱、莪术，外用止痛膏。

4. 瘀血明显者，可加用地龙、血竭，外用三七粉。

三、创伤后并发症

1. 创伤感染。

在抗生素不足的情况下可应用清热解毒药物治疗。如金银花、连翘、蒲公英、紫花地丁、野菊花等。

2. 挤压综合征。

注意保护肾脏功能，在无透析条件下可考虑应用淡渗利湿中药治疗。如猪苓、茯苓、泽泻、车前草、薏苡仁、黄芪等。

3. 褥疮。

注意卧床患者的护理，防止发生褥疮。如用红花加酒精浸泡后外擦预防。

4. 深静脉血栓。

可应用活血利湿通脉中药治疗。如鸡血藤、地龙、水蛭、三七、泽泻、黄芪等。

四、在灾后防疫工作中，要注重发挥中药汤剂预防疫病的作用。如清瘟败毒饮，或用黄芪、黄连、黄柏、板蓝根、大蓟、小蓟、大青叶等

五、在卫生应急救援工作中，要积极利用当地的医药资源，充分发挥民族医药的作用

（节选自国家中医药局《抗震救灾医疗救治应用中医药技术指导意见》，2008 年 5 月 16 日发布）

四川省卫生厅
关于印发伤员集散地抗震救灾应急流程
进一步规范医疗救治工作的通知

（川卫办发电〔2008〕33号）

各市、州卫生局，绵阳科学城卫生局，厅直属医疗单位，卫生部驻川医疗单位：

为进一步规范、有序地开展抗震救灾应急医疗救治工作，采用规范的急救护理流程，进行专科化的治疗护理，避免在紧急抢救工作中出现忙乱现象，使伤员得到快速有效的救治，现就规范抗震救灾应急流程等工作要求如下：

一、预检分诊，在每一个伤员集散地，伤员抵达急救点（当地医院）后，接诊医师应立即对

伤口进行检查。若属于开放性损伤，应按照《四川省卫生厅预防气性坏疽加强院内感染控制的通知》（川卫办发电〔2008〕31 号）要求执行。若属于闭合性损伤，由分诊护士登记后，接诊医师对其生命体征进行简单评估。要特别注意的是，随伤员带入的生活用品、衣物等应进行消毒、处理。

二、生命体征评估结束后，由抢救室人员采集病史和查体，并开具检查单、合血单，逐步完善病历。

三、在登记完伤员的基本情况后，应由护理人员护送进行采血等检查。

四、检查结果出来后，根据伤员情况进行分流，决定出院还是住院留观，并进一步由急诊科和骨科医师负责诊治。

各地要高度重视规范应急医疗流程，全力提高伤员的抢救成功率，降低死亡伤残率。相关工作中遇到的问题，请及时上报我厅。

附：伤员集散地抗震救灾应急救治流程图

二〇〇八年五月十六日

附件

伤员集散地抗震救灾应急救治流程图

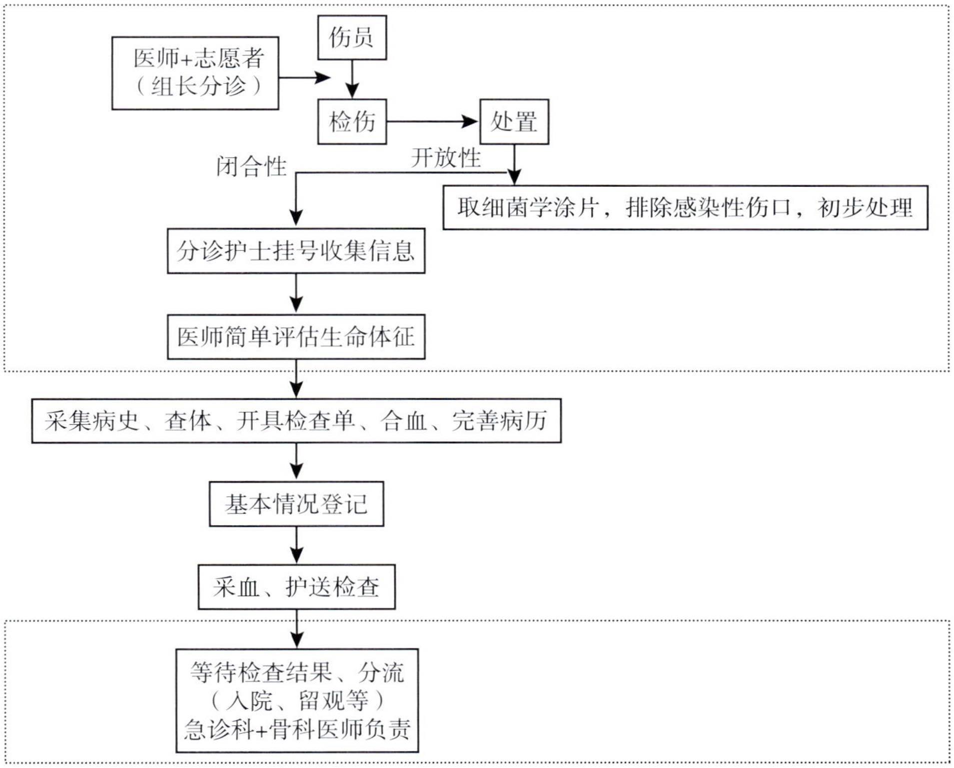

四川省卫生厅
关于加强地震灾后尸体处置的紧急通知

成都、德阳、绵阳、雅安、甘孜、阿坝、遂宁、广元市（州）卫生局：

我省“5·12”汶川地震造成大量人员伤亡，受灾地区疾病防控工作必须坚持贯彻“预防为主”的方针，确保大灾之后无大疫。为贯彻落实《四川省政府关于地震灾后疾病预防控制紧急通知》，防止尸体污染环境，造成疾病流行，迅速处置灾后尸体是疾病防控工作的当务之急，现就尸体处置提出以下要求：

一、加强领导，充分认识尸体处理是防止大灾之后无大疫的重要性

根据国内外地震灾后的经验和教训，做到灾后无大疫，尸体处置是最重要、最关键、最有效的措施。灾区各级政府要加强领导，把尸体处置工作纳入抗震救灾的重要内容，一起安排，一起部署。要落实责任，把任务分到部门，分到单位，分到户，落实到人，调动全社会的力量，做好尸体的处置工作。要加强宣传教育，让家属和亲友顾全大局，及时配合政府做好尸体处置工作。防止因尸体处置不及时、不果断、不规范造成疾病的发生。

二、采取果断措施，及时处置灾后死亡人畜尸体

（一）防尸碱中毒与除恶臭

尸体腐化分解后产生大量有毒有害的物质，采取戴口罩减少恶臭味，接触尸体的人员要戴手套，防止尸碱和细菌引起的中毒。进行清理尸体操作后及饭前必须认真洗手。同时，用次氯酸钙、氢氧化钙和漂白粉混合喷洒，对除臭与消毒能起到效果；用石灰水、黑色草木灰吸附尸体的含臭物质，也可用喷洒 3% ～ 5% 的来苏水消除恶臭味。

（二）人、畜尸体的卫生清理与消毒

1. 包裹。先用包装物包住尸体头部，后用覆盖物包入整个尸体，或装入塑料袋扎口。有条件时可用标准化的专用尸袋。

2. 捆紧。将包裹后的尸体最好捆三道（头、腰、腿部），便于运送和避免尸臭散发。

3. 运出。最好用符合卫生要求的专用车辆，将包裹后的尸体及时运走。

4. 消毒。采用含 1500 ～ 3000mg/l 的含氯消毒剂对尸体消毒；有蝇蛆滋生，用 50 ～ 100ml/m^2 的溴氢菊酯类或其他杀虫剂进行杀虫处理。对肝炎、结核、霍乱等传染病尸体，以 5000mg/l 含氯消毒剂擦拭或喷洒，消毒时间 30 分钟至 60 分钟；或用 0.2% ～ 0.5% 过氧乙酸擦拭或喷洒，消

毒时间15分钟至30分钟。对挖出尸体的区域用1500～3000mg/l的含氯消毒剂或漂白粉或石灰进行消毒。

5. 清理。火化：对人的尸体，有条件的地区及时进行火化。深埋：对人、畜的尸体，按消毒的方法进行消毒后，在不污染环境及水源的条件下，距地面2m以下埋葬。患有甲乙类传染病人的尸体，必须进行火化。对尸体不宜采用焚烧方法，以防污染环境和大量尸体焚烧引起周围人群吸入中毒。

（三）尸体移送工具的消毒

对搬运尸体的担架、推车等用具以及移运车表面和空间可用0.1%过氧乙酸溶液或5000mg/l含氯消毒剂溶液擦拭或者喷洒，消毒时间60分钟后，用清水冲洗。对尸体捆裹物品必须进行焚烧。

二〇〇八年五月十六日

汶川地震灾区战地医院和医疗点建设指导意见

根据灾区医疗救治工作需要，科学合理建立战地医院和医疗点，有力有序有效地开展医疗救治工作。

一、总则

地震灾区战地医院和医疗点的选址、布局及建设，坚持合理布局、机动灵活、高效运转，既要立足当前救治需要，又要着眼于今后灾后重建工作，尽最大努力为灾区伤员、当地群众、救援部队和人员救治就医提供较好治疗环境，切实做好医疗救治工作，保障人民群众身体健康和生命安全。

二、功能

（一）医疗点

1. 现场检伤分类。
2. 现场急救。
3. 常见病诊治。
4. 轻伤、轻症病人留观。
5. 下乡巡诊。

（二）战地医院

1. 实施急诊手术。

2. 为生命体征稳定、需要住院的病人提供住院服务。

3. 为周边人群提供门诊服务。

4. 筛选需要转送的病人。

5. 根据需要前接各医疗点的伤员。

三、选址

（一）医疗点

在伤员或灾区群众相对集中、次生灾害较少、靠近安全饮用水源、交通相对方便、利于后勤保障的空阔安全区域或被毁乡镇卫生院附近。

（二）战地医院

在次生灾害较少、靠近安全饮用水源、交通相对方便、离各医疗点的距离较均衡，利于后勤保障的空阔安全区域或被毁县医院附近。

四、规模

（一）医疗点

应符合当地医疗救治需求，并保证医疗安全。

（二）战地医院

1. 床位 50 ～ 100 张。

2. 手术间 3 ～ 5 个。

五、战地医院病人转送原则

转送伤病员要有医务人员护送，科学选择转送时机、方式，确保转送途中安全。被转送伤病员应符合下列标准：

1. 经抢救生命体征相对平稳，需转送后方医院进一步治疗的。

2. 超出战地医院救治条件的。

3. 传染病人。

4. 战地医院医生认为需要转送后方医院的。

（摘选自总后勤部卫生部医疗管理局与卫生部医政司 2008 年 5 月 18 日联合发布的《关于印发汶川地震灾区战地医院和医疗点建设指导意见的通知》）

卫生部办公厅
关于印发地震灾区鼠疫等3种
传染病疫情应急处理预案的通知

各有关省、自治区、直辖市卫生厅局：

为指导当前地震灾区做好重点传染病预防控制工作，严防灾后疫情传播和蔓延，我部正在组织编写部分重点传染病疫情应急处理预案，并将陆续印发各地。

现将鼠疫、霍乱、炭疽等3种传染病疫情应急处理预案印发你们，请参照执行。

特此通知。

附件：1. 地震灾区鼠疫疫情应急处理预案

2. 地震灾区霍乱疫情应急处理预案

3. 地震灾区炭疽疫情应急处理预案

二〇〇八年五月十八日

附件一

地震灾区鼠疫疫情应急处理预案

鼠疫原发于鼠疫自然疫源地中的啮齿类动物之间，主要通过媒介跳蚤的叮咬或直接接触传播到人类，引起人间鼠疫。鼠疫是《中华人民共和国传染病防治法》规定管理的甲类传染病。

2008年5月12日，四川省汶川地区的大地震直接破坏了当地的基本生活设施，并造成了大量的人员伤亡。保证震灾之后无大疫是抗震救灾的一项重要任务。四川甘孜州的石渠县为青海田鼠鼠疫疫源县、德格县为2007年确定的喜马拉雅旱獭鼠疫疫源地。2006年至2007年攀枝花地区在农村家犬血中检出1份鼠疫F1抗体。地震波及的甘肃、青海、云南、贵州等地区都分布有鼠疫疫源地。地震使环境遭到严重破坏，导致人与疫源动物及媒介的接触发生变化，存在造成鼠疫流行的风险。为指导地震灾区做好鼠疫疫情的预防控制工作，依据相关法律法规和工作规范，特制定本预案。

一、应急准备及救灾人员的注意事项

（一）完善突发公共卫生事件应急机制，加强应急管理，提高预防和处置鼠疫突发疫情的能力。

（二）各级疾病预防控制机构及鼠疫防治机构应及时掌握本地区的疫情动态，做好应对突发疫情的各种准备。一旦发生疫情，立即出发。

（三）各级疾病预防控制机构及鼠疫防治机构为了能够及时、有效地进行疫区处理，平时应配备好疫情处理箱和相应物资，包括治疗药品，消毒、杀虫、灭鼠的药品器械，标本采集和细菌学、血清学检验设备及试剂，以及进入疫区接触患者的个人防护用品等。

（四）各级医疗卫生机构，平时应加强对广大基层卫生人员的培训，使他们熟悉鼠疫流行病学、临床诊断与治疗，正确地采取和运送检验材料以及疫区处理等鼠疫防治知识。

（五）地震发生后，进入鼠疫地区从事野外作业的人员，需要注意采取如下预防措施：

1. 不要在鼠洞、旱獭洞附近坐、卧、休息，以避免被蚤类叮咬。需要在鼠疫活动地区内宿营时，最好能在宿营地周围喷洒一些杀虫药剂，杀灭可能侵袭人类的吸血昆虫。

2. 不要捕捉旱獭，更不要捕猎和食用那些因患病而行动缓慢，容易捕获的动物；不要剥食不明原因死亡的藏系绵羊；这些动物体表的蚤类不活跃，只要人类不主动接触它们，就会减少和避免感染鼠疫的危险。

3. 如果发现啮齿动物，包括野生的如黄鼠、沙鼠、旱獭等或家栖的鼠类，不明原因地大量死亡，应当及时报告当地的防疫机构，以便采取适当的措施。自然情况下死亡的鼠类，其尸体很少在地面出现，如果在没有使用杀鼠药物的情况下，连续在地面上见到鼠类尸体，应提高警惕。

4. 在存在动物间鼠疫的地区，或在10日内到达过这样地区的人员，突然发生高热，病程进展迅速，并发生明显的淋巴结肿大，应考虑感染鼠疫的可能性。应立即向防疫机构报告，并采取措施，避免病人与更多的人接触。

二、疫情报告

（一）报告人

1. 各级各类医疗卫生人员是人间鼠疫疫情的责任报告人；各级疾病预防控制机构和鼠疫防治专门机构为网络直报的责任报告单位。

2. 病人家属、邻居，所在工矿、企事业单位、机关、团体、部队、学校等单位负责人，病人所乘交通工具（车、船、飞机等）和公共场所（车站、码头、机场、旅社等）负责人均为义务报告人。

（二）报告内容

1. 在鼠疫流行季节，鼠疫疫区、历史疫区或疑似疫区内，或10天内去过上述地区，诊断不明且有下列症状之一者，均应作为疑似鼠疫病人报告。

（1）高热、感染性中毒及意识不清。

（2）无外伤感染而淋巴结肿大并伴剧烈疼痛和高热。

（3）高热并伴有咳嗽、胸痛、咯血。

（4）高热伴皮肤水泡或溃疡。

2. 在鼠疫流行季节内，鼠疫疫区、历史疫区或疑似疫区内，或 10 天内去过上述地区，病程极短，急剧死亡者，应作为急死病人上报。

（三）报告方法与途径

1. 发现疑似鼠疫病人或急死病人，责任报告人和义务报告人应立即报告所属单位、疾病预防控制机构或当地政府。

2. 疾病预防控制机构或鼠疫防治专业机构接到疫情报告后，应立即指派专业人员赶赴现场对疫情进行核实，做出初步诊断并向单位领导报告。

3. 疾病预防控制机构或鼠疫防治专业机构对核实后的疫情立即报告同级卫生行政部门及上级专业机构，由卫生行政部门报告当地政府及上级卫生行政部门；具备网络直报条件的应同时进行网络直报。

4. 疑似鼠疫病人及其接触者，不应亲自外出报告，应委托他人报告。

5. 发现疑似鼠疫病人或急死病人时，在疾病控制专业技术人员尚未到达前，当地负责人应制止无关人员与患者接触，劝阻接触者不要外出活动，并向所在地的疾病预防控制机构或鼠疫防治专业机构报告。

三、确定疫情

人间鼠疫疫区处理是一项非常紧急的工作，为了及时救治病人，迅速扑灭疫情，要求乡（镇）村卫生人员接到人间鼠疫疫情报告后，必须在 1 小时内出发，迅速赶往现场，将病人与其家庭进行初步封锁隔离，对重危病人及时抢救治疗，同时立即上报政府主管部门或鼠疫防治专业机构。县级以上专业机构接到疫情报告后，必须在 2 小时内出发，乘快速交通工具迅速赶赴疫区，核实疫情，检查和完善初步封锁隔离措施。

（一）流行病学调查

首先应将疫情报告中所述情况通过有关的医务人员、基层干部及病人家属予以对证核实。主要了解以下情况：

1. 发病时间、地点、人数、经过及主要症状。

2. 病人居住分布情况，病人之间的传播关系。

3. 当地是否有病、死鼠（獭）或其他死亡动物（如猫、兔、狐狸、狗等）。

4. 是否到过鼠疫动物病流行区。

5. 是否接触过鼠疫疫区内的疫源动物。

（二）诊察病人

专业人员进入病人房间时须做好自身防护，在进入室内时，必须先进行空气喷雾消毒和撒布粉剂药物灭蚤，以防自身感染，然后对病人逐一进行检查，根据病人的症状、体征以及可能提供的流行病学线索，做出初步的临床诊断。在治疗之前，应根据不同病型，分别采取血液、淋巴穿刺液、痰液及咽喉分泌物等。如果病人已死亡，则应对尸体进行全身检查，重点观察有无淋巴结肿大，皮肤有无溃疡、瘀斑、皮疹以及皮肤颜色等，还应检查口鼻有无血痕，肛门、阴道有无出血等。同时采取检验材料。若为疑似鼠疫尸体时，则应通过当地政府部门及患者家属，对尸体进行解剖。

通过流行病学调查和对患者的诊察，专业人员应立即对疫情做出客观判断。一般情况下，除非有可靠证据可以排除鼠疫，如明确的服毒史等，均应判定为疑似鼠疫，立即向当地卫生主管部门和上级专业机构报告。并立即按《人间鼠疫疫区处理标准及原则》的要求，将其所在地视为疫区，进行鼠疫疫区处理工作。

四、现场处置

（一）成立鼠疫疫情处理指挥部

人间鼠疫疫情确定之后，要立即组成由当地政府主要领导、各有关部门参加的疫情处理指挥部，负责领导和组织疫情处理工作，全面实施疫区处理。疫情处理指挥部的主要职责如下：

1. 确定疫区的封锁，划定大、小隔离圈。
2. 决定建立临时病院或健康隔离处所。
3. 决定鼠疫病人及尸体的处理。
4. 组织对密切接触者的检诊检疫。
5. 组织对疫区内进行消毒、灭鼠、灭虫等卫生措施。
6. 疫区处理物质及生活用品的供应。
7. 疫情动态和工作进展的汇报。
8. 与相关部门（铁路、毗邻地区等）进行疫情通报。
9. 开展防疫知识宣传及医务人员培训。
10. 疫区封锁的解除和工作总结上报。

（二）组建疫情处理专业工作队

根据需要，疫情处理专业工作队可分为以下几个小组：

1. 流行病学调查组：负责疫区及周围地区人间和动物鼠疫的流行病学调查，追查传染源和接触者，确定大、小隔离圈和警戒圈的范围，进行封锁隔离和尸体处理，采取一切可检材料送检。

2. 医疗救治组：负责建立临时隔离病院和健康隔离所，对所有病人进行诊断、治疗，对接触者进行隔离观察。

3. 检验组：对一切可检材料进行相应的细菌学和血清学检验。

4. 消、杀、灭组：负责大、小隔离圈和警戒圈内的消毒、杀虫和灭鼠工作。

5. 检诊检疫组：对疫区内的铁路、公路、港口和机场等实施卫生检疫，对隔离区内居民进行检诊工作。

6. 预防组：负责大、小隔离圈及警戒圈内人群的预防性投药等工作。

（三）实施封锁隔离

1. 小隔离圈划定。

诊断为鼠疫病人（或尸体）的疫区，必须划定小隔离圈进行封锁隔离。以鼠疫病人（或尸体）所在住处为中心，将其周围被污染的邻舍划定为小隔离圈，如一个庭院、一栋房子等。牧区可将一项帐篷或相连的几顶帐篷划为小隔离圈，病人（或尸体）发生在城镇居民区时，可将其中一栋楼房或病人（或尸体）所在的一个独立单元划定为小隔离圈。人间鼠疫病例发生较少时，可在小隔离圈内设立隔离病房，就地隔离和治疗病人，对小隔离圈内原居住的其他人员均须实行健康隔离，并进行预防性投药治疗，在封锁期间内一律不得外出，严禁与其他人员接触。除工作人员外，严禁其他人员出入小隔离圈。

2. 大隔离圈划定。

以发生人间鼠疫病人（或尸体）的住房为中心，将其所在的村（屯）、街道的一部分或全部划定为大隔离圈。牧区则以病家住宅为中心，将其附近常有人来往的地域，一般 1 ～ 2km 以内的区域划为大隔离圈。

大隔离圈内可在临时指挥部的统一安排下，组织居民进行生产活动，但不准外出，活动范围限定在大隔离圈内。

3. 警戒圈划定。

根据人间鼠疫病型、传染来源以及污染范围等具体情况，可以大隔离圈为中心，将其周围 5 ～ 10km 范围内的所有居民点划为警戒区。如发生在城镇，可视患家位置和城镇大小，将城镇的一部分或全部划为警戒圈。如发生在牧区，居民分散时，只需在大警戒范围内的各路口设立岗哨即可，可不必划分警戒圈。

4. 对直接接触者实施健康隔离。

对直接接触者的健康隔离是控制疫情扩大蔓延的重要措施，除对小隔离圈内原住人口实施健康隔离外，对与鼠疫病人近 9 日内有直接接触或与鼠疫尸体接触的人员，都应实施健康隔离措施。如直接接触者已离开本地，应通过各种渠道找到其下落并就地隔离。所有接触者在隔离期间均应进行预防性治疗 9 天。隔离期间如发现高热者或可疑似鼠疫病人，应立即单独隔离。健康隔离的处所可视具体情况而定，一般可在直接接触者原住宅另室隔离，必要时可设立临时健康隔离所，健康隔离所应设在居民点中孤立一角的房舍中，周围设岗，严防出入。

5. 特殊情况下的封锁隔离。

（1）人间鼠疫病人（或尸体）发生在人烟稀少、居住分散的山区或牧区时，只划定小隔离圈。

（2）人口密集地区人间鼠疫多点同时暴发流行时，可不划大隔离圈，根据病人分布可将整个村寨或几个村寨划定为封锁隔离区域。

（3）鼠疫病人发生在旅途或医院时，先将病人所在车厢及车站或医院等被污染的场所迅速封锁隔离，立即与非污染场所人群分开，尽快查清直接接触者，并就地隔离留验。

（四）患者的处置及治疗

1. 在病人较少的情况下，一般就地隔离治疗，在疫情严重，病人较多且分散的情况下，须建立临时隔离病院，隔离病房必须经过彻底的消毒、灭蚤、灭鼠后方可收容病人。疫情发生在城市时，应将病人集中在指定的传染病院。各型病人应分别隔离，肺鼠疫、肠鼠疫病人单间隔离。

2. 送往医院的病人，应在病家先做好初步消毒及灭蚤工作，途中防止污染，肺鼠疫及其可疑者应戴口罩，备痰盒（内装消毒剂），禁止抛弃废物，护送车辆到达目的地后，对车辆及车上所有的物品要彻底消毒。入院后先将病人送入卫生处置室进行卫生处理，更换衣物，然后送入病室。

3. 入院病人应进行详细登记，由主管医师进行仔细检查，并进一步核实流行病学及发病情况，填写入院志，确定病型及治疗方案。值班医生和护士应仔细观察病情，认真做好病程记录，定期检查患者体温、脉搏、呼吸、血压等。

4. 医护人员进入病房必须穿戴全套防护服装，病房先用有效消毒剂喷雾消毒后再进入，出病房后经喷雾消毒，然后脱去防护服装。防护服装应按以下顺序脱下：眼镜、衣服、口罩、手套、胶靴等。防护服装每次用后都要彻底消毒，如用有效消毒剂浸泡或高压消毒等。

5. 治疗病人。

（1）一般治疗。鼠疫多为重症病人，应由专门护理人员护理，急性发热期病人应给予易消化、高蛋白、高维生素的流质或半流质饮食。肿大淋巴结的局部治疗初期多采用冷敷法，可用20% ~ 30% 酒精或 5% ~ 10% 鱼石脂酒精涂布，或 10% 雷弗诺尔冷敷，急性炎症消退后，可敷以稀薄的水银软膏，促进炎症的吸收，对腺肿软化不能吸收者，可切开排脓。眼鼠疫的局部治疗可用金霉素、四环素、氯霉素等眼药点眼，炎症反应严重者亦可加用含有激素的眼药点眼。对症治疗包括镇静、解热止痛、保护心脏功能、补充体液、抢救中毒性休克等。

（2）特效治疗。目前鼠疫的治疗仍以链霉素为首选，链霉素的用量根据病型不同而异，肺鼠疫和败血型鼠疫用药量大，腺鼠疫及其他各型鼠疫用药量较小，但不论哪一型鼠疫，均应早期、足量给药。

①腺鼠疫：链霉素用量一般为 2 ~ 3g/ 日，首次肌注 1.0g，以后每 4 ~ 6h 注射 0.5g。治疗过程中可根据病情好转和体温下降情况安全减量。病人全身症状消失，体温恢复正常后，应继续用药 3 ~ 5 天，以防止复发。

②肺鼠疫和败血型鼠疫：链霉素 4 ~ 6g/ 日，每 4 ~ 6h 注射 1.0g，持续用药 3 ~ 5 天后，根据患者体温、全身和局部症状好转情况，逐渐减量用药至痊愈。为了彻底消灭体内鼠疫菌，防止再燃，应在各种症状消失后继续用药 3 ~ 5 天，最后经血、痰检菌阴性后方可停药。

除链霉素外，其他一些抗菌素对鼠疫也有肯定疗效，因此也可将链霉素减量后与其他抗菌素联合使用或单独使用，如四环素、庆大霉素、丁胺卡那霉素、氯霉素、喹诺酮类及磺胺等。但应注意，链霉素与其他氨基甙类药物联合用药，有毒性相加作用。对链霉素过敏的患者可用四环素或其他抗菌素取代链霉素进行治疗，四环素成人口服剂量为每日 30 ~ 40mg/kg 体重，分 4 ~ 6

次服用，病情缓解后，可将剂量减为每日 25 ～ 30mg/kg 体重，分 4 次口服直到第 10 日。对重症病例和持续高温者，可在开始治疗时静脉滴注四环素 10mg/kg 体重，以后每日 15mg/kg 体重，至体温恢复正常后，用一般剂量口服数日，以巩固治疗。

（3）预防性治疗。对鼠疫患者的直接接触者、被疫区跳蚤叮咬的人、接触了染疫动物分泌物及血液者，以及鼠疫实验室工作人员操作鼠疫菌时发生意外事故的，均应进行鼠疫预防性治疗。药物可选用四环素、强力霉素、磺胺等。世界卫生组织（WHO）新编《鼠疫手册》推荐的剂量是：四环素 1 ～ 2g/ 日，分 2 ～ 4 次口服，9 岁儿童 25 ～ 50mg/ 日，分 2 ～ 4 次口服；强力霉素 100 ～ 200mg/ 日，1 次或分 2 次口服，9 岁儿童剂量及服法相同；磺胺类药（含增效剂）1.6g/ 日，2 个月小儿 40mg/ 日，分 2 次口服。必要时可肌注链霉素进行预防性治疗。

（五）疫区消毒、灭蚤、灭鼠

1. 消毒。

对鼠疫病人居住的房间可用 5% 来苏儿或 0.5% 过氧乙酸、1000mg/l 二氧化氯溶液喷雾消毒（300ml/m^3），每天 1 次，肺鼠疫患者房间每天消毒两次。

棉衣、被褥等用蒸汽消毒或 0.105Mpa20min 高压消毒，单衣、夹衣可用 5% 来苏儿水溶液或 1000mg/l 二氧化氯溶液浸泡 24h，洗净后晾干。

不能用浸泡或蒸汽消毒的衣物，皮毛类、书籍等，可用甲醛熏蒸，药量为 50ml/m^3，密闭 24h，或用环氧乙烷熏蒸，所需药量为 1.5 ～ 2.0ml/l。方法是将待消毒的物品装入塑料袋内，倒入环氧乙烷，用铝夹封好袋口，在大于 15℃的室温下作用 16 ～ 24h 自然气化消毒。

贵重仪器、钟表、电视机等可用 75% 酒精擦拭，或用环氧乙烷熏蒸，作用 16 ～ 24h 消毒。

餐具用煮沸法消毒，粮食用炒、煮和曝晒方法消毒。

病人的排泄物、分泌物等，可用 5% 来苏儿水溶液浸泡或漂白粉（200 ～ 400g/kg）消毒 24h 后掩埋，垃圾焚烧后掩埋。

运送病人的车辆用 5% 来苏儿水溶液或 1000mg/l 二氧化氯溶液喷雾消毒。

病人治愈出院或尸体移出病房后要对病房进行终末消毒。

2. 灭蚤。

鼠疫疫区判定后，在救治病人的同时，应把患者的衣服、被褥全部更换下来进行消毒、灭蚤处理。对病人及直接接触者住处的所有房屋、地面、墙壁、炕面、室内物品等普遍喷洒灭蚤药物，进行初步灭蚤。此时暂不搬动室内物品，以免蚤类四散逃逸而增加感染机会。初步灭蚤后，接着进行第二次彻底普遍的药物灭蚤。对大、小隔离圈首先进行环境灭蚤，同时进行鼠洞灭蚤处理。

根据流行动态和当地游离蚤的严重程度，灭蚤工作可扩大到警戒区或更大范围。所使用的灭蚤药物可重复或交替使用。对猫、犬等动物严加管理，要求拴养并用药物灭蚤。当疫情严重，有发展趋势时可将猫、犬等家养动物全部处死。

隔离圈外围如果是动物鼠疫疫区时，要使用鼠蚤并灭的熏蒸药物处理鼠洞。使用毒饵法灭鼠时，必须及时堵洞，防止蚤类游离洞外。

灭蚤可使用敌敌畏、溴氰菊酯、奋斗呐、灭害灵等。

灭蚤后使室内达到用粘蚤纸法（每间房5张）和集土法（每间房$5m^2$）检不到跳蚤的标准。

3. 灭鼠。

人间鼠疫疫区内的灭鼠工作，必须在灭蚤的基础上或与灭蚤同时进行。大、小隔离圈的室内外灭鼠，应选用高效灭鼠剂，采用熏蒸法或毒饵法进行。除疾控人员为了检验目的外，严禁器械灭鼠，以防止鼠疫感染和疫蚤游离。大、小隔离圈内经灭鼠处理后，无论家鼠、野鼠都要达到无鼠无洞的标准。

已证实鼠疫病人的感染来源于当地动物鼠疫疫区时，灭鼠范围要扩大到隔离圈以外属于动物鼠疫疫区范围内的居民区及邻近地区，对野外疫区施行鼠蚤并灭的熏蒸剂灭鼠。

灭鼠可使用敌鼠钠盐、溴敌隆、磷化锌、磷化铝、氯化苦等。

在地广人稀而灭鼠范围大的偏远地区，不具备施用熏蒸剂条件而代之以毒饵灭鼠时，必须在灭鼠的同时，进行洞内投药或堵洞等灭蚤措施。投药者应注意个人防护。

（六）检诊、检疫

1. 检诊。

小隔离圈内由医疗卫生人员负责，大隔离圈或隔离区域可由基层卫生人员负责，每天检诊两次，早晚各1次。如发现体温在37℃以上的可疑病人，尤其是有密切接触史者，需要严密观察。在不能排除鼠疫时，应取材送检并进行预防性治疗，及时做出细菌学、血清学诊断。

2. 检疫。

一般情况下，在车站或港口设立检疫站，在交通要道设路卡，进行检疫。要注意观察过往行人的健康状况，对车辆进行消毒处理，严禁各种车辆在疫区内停留，限制货物外运。如遇情况特殊，货物必须运出时，可由疫情处理指挥部批准，并对货物及车辆进行严格的消毒、杀虫、灭鼠等卫生处理后方可运出。

发生鼠疫病人的疫区及附近10km之内所有汽车站、火车站、飞机场、港口等，是否封锁交通，要根据疫情发展和严重程度来决定。必要时可实施交通封锁。实行交通封锁应由省（区、市）政府批准，并报请中华人民共和国卫生部、铁道部、交通部、民航总局等备案；属跨省（区、市）的，需经有关省（区、市）政府和国家有关部、委、局批准，由当地政府及有关部门执行。

（七）尸体处理

对鼠疫尸体和疑似鼠疫尸体，根据《传染病防治法》及有关法规要求，应说服死者家属，严格按照规定进行处理，严禁举行各种形式的葬礼和迷信活动。

1. 判断为疑似鼠疫尸体时，必须进行尸体解剖，观察病理变化和取材进行检验。

2. 尸体解剖、处理时，必须严格消毒，先将尸体及周围用5%来苏儿、0.5%过氧乙酸、1000mg/l二氧化氯溶液喷雾消毒，用消毒液浸泡棉球填塞口、鼻、耳、肛门、阴道等。处理时用消毒液浸泡过的被单或白布将尸体包裹，消毒后就地焚烧或深埋。

3. 火葬时应专炉焚烧。如在野外焚烧，应就地挖好掩埋坑，待尸体烧成灰烬后，推入坑内掩理。深埋时，坟地应选择在离交通要道及居民区较远的高地，以免接近地下水层。墓坑要深于2.5米以上，放入尸体前，应先撒入生石灰，尸体放入后迅速掩埋。

4. 参加殓尸及送葬人员均须戴口罩，着防护服，事后进行彻底消毒。

5. 遇有少数民族地区或个别特殊情况，不宜采取上述措施时，由临时疫情处理指挥部根据具体情况做出妥善处理。

（八）环境卫生治理

搞好环境卫生是巩固灭鼠、灭蚤的经常性措施，也是检验灭鼠、灭蚤效果的重要指标。要求做到窗明几净，室内无尘，墙壁无缝，家具离地面半尺，室外无散在垃圾粪便，家畜圈养，街道整洁。总之，在经过疫区处理之后，要使居室内外形成一个清洁卫生的环境，清除鼠蚤滋生的场所和病原体存在的隐患。

（九）预防接种

必要时，对警戒区及其以外的居民，在发生疫情后随时可进行预防接种；大、小隔离圈内居民经疫区处理第7天后，方可进行预防接种。

（十）健康教育与医务人员培训

疫情处理过程中应对疫区居民进行鼠防知识教育，宣传教育的内容，应以预防鼠疫的"三报""三不"为主。"三报"是：报告病、死鼠（獭、包括其他病死动物）；报告疑似鼠疫病人（发热及淋巴结肿大，发热及胸痛、咳嗽等）；报告不明原因的高热病人和急死病人。"三不"是：不私自猎捕疫源动物；不剥食疫源动物；不贩卖疫源动物及其产品。

对各级医疗卫生人员定期进行培训，使他们了解鼠疫诊断和治疗知识，熟悉疫情报告、疫区处理、交通卫生检疫知识及程序等，对预防和控制鼠疫至关重要。

对铁路、交通、民航、公安、工商管理、动物检疫等部门的工作人员，应使他们熟悉国家关于鼠疫疫源动物管理的法律法规和交通卫生检疫知识。

五、处置效果评价

疫情控制措施全面实施后，有关卫生行政部门应对处置效果进行评价，作为后续处理及可否解除疫情封锁的依据。

（一）评估人员和组织

根据鼠疫疫情分级（特别重大、重大、较大和一般鼠疫疫情），分别由卫生部、省、市（地）、县级卫生行政部门组织相关人员成立评估小组，开展评估工作。

（二）评估内容及指标

1. 流行病学评价：通过流行病学调查，发生疫情的原因、传染源、传播途径基本清楚；传染源得到有效控制，传播途径已被切断；直接接触者全部隔离留验，并经预防性治疗6～9天，无二代发病。

2. 病人的处置及治疗效果评价：所有病人按照不同病型采取隔离措施；所有病人均经规范化

治疗并得到及时救治；肺鼠疫、败血型鼠疫及皮肤型鼠疫病人停止治疗后，对其痰及咽喉分泌物连续检查鼠疫菌3次，隔3天检查1次，均为阴性。

3. 环境安全评价：小隔离圈内按照规定进行严格的消毒处理，病人痰液、排泄污物等及时消毒处理；所污染的场所、物品、炊具、食具等进行消毒或焚烧；针对病原体可能污染的环境因素，采集疫点、疫区的衣物、书籍物体表面、食品、粮食等开展病原学检测，达到卫生处理要求。

4. 灭蚤效果评价：鼠疫病人及其直接接触者以及衣被等物品均通过彻底灭蚤；隔离区域内的猫狗实行管制，猫狗体灭蚤；用化学灭蚤药对大小隔离圈内的家屋进行环境灭蚤，室内外鼠洞灭蚤，家畜和家禽圈舍灭蚤；灭蚤后使室内达到检不到跳蚤的标准。

5. 灭鼠效果评价：在大小隔离圈内，无论家鼠、野鼠均达到无鼠无洞的标准；对野外疫区施行鼠蚤并灭的熏蒸剂灭鼠；灭鼠后主要宿主密度分别降至规定要求。

6. 鼠疫尸体处理的安全性评价：鼠疫尸体按照有关规定进行了妥善处理；葬前对尸体进行了彻底消毒处理；尸体处理方式及过程符合《传染病防治法》及有关规定；随葬人员个人防护符合要求，葬仪结束后进行了消毒；运送尸体的车辆经过了严格的消毒处理。

7. 环境卫生评价：室内外环境卫生达到现场处理要求，家畜圈养，街道整洁；鼠蚤滋生的场所和病原体存在的隐患已被清除。

8. 宣传教育工作及其效果：疫情处置期间向疫区群众开展健康教育和基层医务人员专业培训；群众鼠疫防治知识知晓率达到80%以上，医务人员培训率达到90%以上。

（三）通过综合评估，对处置的效果做出评价，并提出应急处理过程中存在的问题和改进建议。评估报告报本级政府和上一级卫生行政部门，作为疫情可否解除的依据。

六、解除疫区封锁

（一）解除封锁隔离的标准

1. 病人及直接接触者的解除隔离标准。

（1）肺鼠疫病人经治疗体温恢复正常，全身症状及体征明显好转，再治疗3～5天，停止治疗后，对其痰及咽喉分泌物连续检查鼠疫菌3次，隔3天检查1次，均为阴性时，可解除隔离；腺型及其他型鼠疫病人经治疗体温恢复正常，全身症状消失，肿大淋巴结完全吸收或残留小块硬结，可解除隔离；皮肤鼠疫及肿大淋巴结破溃者，创面洁净并已基本愈合后，患病局部连续3次检查鼠疫菌，每隔3天检查1次均为阴性时，可解除隔离。

（2）直接接触者隔离9天后，无新发鼠疫病人及疑似鼠疫病人时，可解除隔离；留验期间有新发鼠疫病人时，其直接接触者须重新隔离留验9天，9天后无新发鼠疫病人时，可解除隔离。

2. 人间鼠疫疫区封锁隔离的解除标准。

（1）封锁隔离区内达到灭鼠灭蚤标准，最后一例病人治愈后，无新发鼠疫病人及可疑者，隔离病室、污染场所及污染物进行终末消毒，可解除封锁隔离。

（2）封锁隔离区已按标准要求完成全部处理工作，但鼠疫病人尚未痊愈时，可只对病人及其病房封锁隔离，大、小隔离圈及隔离区域可如期解除封锁隔离。病人痊愈后，病房、衣物等必须进行终末消毒后，方可解除封锁隔离。

（二）解除人间鼠疫疫区封锁隔离的程序

1. 疫区处理已按《人间鼠疫疫处理标准及原则》的要求，全面彻底地完成疫区处理工作，经验收大、小隔离圈内确实已达到灭鼠灭蚤及环境卫生标准；连续 9 天内无继发病人，疫区处理指挥部可以提出解除疫区封锁并写出书面报告材料上报，经县以上政府批准，方可宣布解除封锁，并上报国家卫生部备案。

2. 经检验，排除人间鼠疫时，应立即解除封锁隔离。

七、总结报告

为改进鼠疫防治措施，分析鼠疫流行趋势，应对疫区处理经过和疫情进行分析总结。总结报告主要内容包括：

1. 各级党和政府部门的领导和组织工作，疫情处理及医疗救治工作情况。
2. 总结分析鼠疫疫情发生的原因，传染源、传播途径和流行因素。
3. 总结疫情发生、发展和消灭的过程。
4. 在抢救病人、治疗用药、消毒、灭蚤、灭鼠和搞好环境卫生等方面有哪些改进和新的体会。
5. 总结分析疫区流行病学调查结果。
6. 提出对疫情的估计和今后应采取的措施以及工作中存在的问题等。

疫区处理工作结束时，应将疫区处理总结报告呈送上级备查，将鼠疫病人病历及有关资料交有关鼠防机构妥善保管、存档。

附件二

地震灾区霍乱疫情应急处理预案

为指导地震灾区及时、高效、有序地处理可能发生的霍乱疫情，防止疫情传播和蔓延，根据《中华人民共和国传染病防治法》《突发公共卫生事件应急条例》等法律法规和工作规范的规定，结合地震后灾区实际，特制定本预案。

一、适用范围

本预案适用于地震灾区霍乱疫情的预防和控制工作。

二、工作原则

坚持贯彻“预防为主”的方针，加强日常监测，发现病例及时采取有效的预防与控制措施，迅速切断传播途径，控制疫情传播和蔓延，保障灾区人民生命安全及社会安定。

三、预案启动条件

在地震灾区范围内，凡发生霍乱病例1例及以上的疫情，即启动本预案。

四、疫情的判定、分级和报告

（一）诊断标准

霍乱病例的诊断标准参照国家《霍乱诊断标准及处理原则 GB 15984—1995》执行。

1. 疑似霍乱诊断标准。

（1）凡有典型临床症状，如剧烈腹泻，水样便（黄水样、清水样、米泔样或血水样），伴有呕吐，迅速出现严重脱水，循环衰竭及肌肉痉挛（特别是腓肠肌）的首发病例，在病原学检查尚未肯定前。

（2）霍乱流行期间有明确接触史（如同餐、同住或护理者等），并发生泻吐症状，而无其他原因可查者。

具有上述项目之一者诊断为疑似霍乱。

2. 确定霍乱诊断标准。

（1）凡有腹泻症状，粪便培养O1群或O139群霍乱弧菌阳性。

（2）霍乱流行期间的疫区内，凡有霍乱典型症状，粪便培养O1群和O139群霍乱弧菌阴性，但无其他原因可查者。

（3）在流行期间的疫区内有腹泻症状，作双份血清抗体效价测定，如血清凝集试验呈4倍以上或杀弧菌抗体测定呈8倍以上增长者。

（4）在疫源检查中，首次粪便培养检出O1群或O139群霍乱弧菌前后各5天内有腹泻症状者。

临床诊断：具备（2）。

确诊病例：具备（1）或（3）或（4）。

（二）疫情的分级

根据疫情的流行特征，分级实施紧急控制措施，以达到有效控制的效果，将疫情分为三级，严重霍乱疫情（Ⅰ级），较严重霍乱疫情（Ⅱ级），一般霍乱疫情（Ⅲ级）。

严重霍乱疫情（Ⅰ级）：全县（区）范围5天内，发现20例以上病例或带菌者，或有1例死亡病例，或发现新的菌株流行。

较严重霍乱疫情（Ⅱ级）：全县（区）范围5天内，发现5 ~ 19例病例或带菌者，或出现新的菌株。

一般霍乱疫情（Ⅲ级）：发现霍乱散发病例或带菌者，或外环境检出霍乱菌株。

五、对策与措施

（一）加强组织领导

霍乱属于甲类传染病，霍乱预防控制工作应在政府的统一组织领导下，动员各有关部门，切实做到组织、思想、技术和物质的“四落实”。

（二）预防性措施

1. 加强疾病监测。

地震灾害发生后，由于自然生态环境遭到破坏，环境卫生状况及群众生活条件恶化，常可导致有关传染病的发生、流行、甚至暴发。根据灾区既往霍乱等肠道传染病流行特点，通过定期、定点、有重点地开展肠道传染病监测，可掌握当地重点肠道传染病的发生、发展情况及其相关的社会、自然因素，从而为制定防制对策，开展防治工作、评价效果提供科学依据，确保大灾之后无大疫。

（1）灾害期间监测。

①要加强疑似霍乱病人监测，特别是完善腹泻等症状监测。在灾区群众区设立临时医疗点，规范医疗记录卡，详细登记病人的发病情况，以便核查和及时发现疫情，并且每天应统计就诊人数及症状，用统一的表格每天逐级上报。应由疾控人员和临床医生组成医疗队，逐户调查、登记和检查。一旦发现疑似霍乱病人，要及时进行登记和流行病学调查，同时采集相应的临床标本进行检测。

②饮用水和食品监测。对可能受污染的灾区水体和食品等进行采样送检，并可根据实际情况加大监测的范围和频次。

③其他外环境监测。对厕所、粪坑、苍蝇及其他外环境进行采样送检。

（2）灾后疾病监测。灾后应根据各项预防措施的落实情况开展防疫效果监测与评价。同时，对可能产生后期影响的肠道传染病，开展疫情与流行因素监测。

2. 重点抓好水源保护和饮水消毒。

保障饮水卫生是预防控制肠道传染病的关键措施。要着重做好分散式饮用水消毒，要鼓励群众喝开水，在没有条件的地方，要推行用漂白粉及漂白粉精片对饮水进行消毒。饮水消毒措施要落实到每个临时居住点。要划定临时饮水水源区域，并做好水源保护工作。灾区各级政府要及时组织对分散式和集中式饮用水水源和供水设施进行检修、清理，加强对饮用水的消毒处理，定期进行水质检验。

各灾区应尽可能执行《生活饮用水卫生规范》（2001），对微生物污染严重的水源，饮水中余氯可采用世界卫生组织推荐值0.7mg/L。对水源选择和处理条件受到限制的灾区可适当放宽“感官和一般化学指标”的要求，采用爱卫会和卫生部批准的《农村实施〈生活饮用水卫生〉标准准则》，水质应达到二级以上；特殊情况容许按三级要求处理。在有条件处应按国家标准方法《生活饮用水检验规范》（2001）检验。在现场条件下不具备时可采用简易方法检验。取经消毒的水样品用市售余氯比色器测定。

3. 加强食品卫生和集市贸易的管理。

做好灾区食品卫生监督管理工作，检查市售食品、饮食摊点的卫生状况，特别是熟肉制品和凉拌菜的卫生状况。要对群众进行宣传教育，防止群众食用腐败变质的食品，严禁各类聚餐活动。在恢复生产、重建家园时期，要严格执行《食品卫生法》以保障食品安全。

4. 消灭苍蝇、蟑螂等病媒。

应重点实施对帐篷、窝棚、临时垃圾点、厕所等场所的消杀灭工作，做好蚊蝇滋生地的处理。并在重灾区人群较集中的生活区域内垃圾、粪便污染严重的地区重点进行药物喷洒消毒处理。

5. 健康教育和爱国卫生运动。

利用一切可以利用的宣传手段和传播媒介，做好群众的卫生防疫宣传教育和动员工作。要结合灾区的实际情况，因地制宜地把简便易行的各种防治措施和卫生知识教给群众。组织群众制订救灾防疫爱国卫生公约，是促进群众自觉地提高自我防疫和自我保护能力的有效办法，应该大力倡导。

（三）疫情发生后的控制措施

灾区各级疾病预防控制机构及各医疗卫生机构要认真做好霍乱病人的疫情管理、疫点处理和诊断、隔离、抢救、治疗工作。接到霍乱疫情报告后，应根据本预案要求，迅速开展疫情的控制工作。

1. 流行病学调查。

发生霍乱暴发疫情，应及时组织开展流行病学调查，掌握霍乱暴发的流行规律，查明传染来源、传播途径和疫情波及的范围，阐明流行因素，为及时制定暴发疫情控制方案提供科学依据。调查方法主要有个案调查与暴发调查两种。

2. 病人和带菌者处理。

病人和带菌者应送当地指定医院隔离病房或专设的临时隔离病房隔离治疗，凡病人停药后连续两次阴性、慢性带菌者大便培养连续七天阴性方可解除隔离。

确诊时临床症状已经消失的恢复期病人或带菌者，动员隔离确有困难或当地无条件收治时，可以在指定地点隔离治疗观察。严格执行随时消毒，尤其对粪便、污水、剩余食物、餐具、衣物等；住家周围进行药物快速灭蝇；衣裤、马桶等污物用具不得在河水或井边洗涤。停药后连续二次每日采便检验阴性者解除隔离，重复阳性者应住院隔离治疗。

疑似病人立即留观，疫情处理人员在疫源搜索时发现霍乱疑似病人，应立即送到当地指定地点单独隔离治疗，疑似病人与确诊病人和带菌者以及其他传染病人分开隔离，在临床和实验室未确诊前暂按霍乱病人处理。

3. 疫点疫区的划分。

疫点是指发生病人、疑似病人和发现带菌者的地方，以及可能引起新感染的地方。划定疫点范围的根据是流行病学调查结果，主要包括患者在发病前三天至隔离时的活动范围、与周围人群的接触情况和其排泄物对外环境污染的情况，以及当地基本卫生设施和卫生状况。

根据疫点的地理位置、水系分布、交通情况、自然村落等特点来划定疫区。一般在农村以一个村或几个村，一个乡或毗邻乡，在城市以一个或几个居委会或一个街道为范围划为疫区。

4. 疫点处理原则。

坚持“早、小、严、实”的原则，即时间要早、范围要小、措施要严、落在实处。

（1）各类传染源应单独隔离治疗。在确诊时经过治疗症状已消失且单独隔离有困难的病例可在疫点内留验观察。

（2）密切接触者在疫点内隔离留验，连续2次（每日一次）粪检阴性，方可解除隔离。疫点外密切接触者应在家隔离留验，并做好预防服药和随时消毒。每日采便检验一次，连续二次阴性可解除隔离。如检出阳性则应送指定的医疗单位隔离治疗，该地应划为疫点作相应处理。对一般接触者可以只作预防服药，不作粪检。

（3）临时搭建的帐篷等处发生疫情，可就地实施疫点封锁。

（4）对疫点人群应每日采便送检一次，在第一次采样后给予药物预防。预防用药可选用以下几种：①强力霉素：300mg顿服或第一天200mg，第二天100mg。②氟哌酸：每次0.3g，每日二次，连服二天。③对儿童不宜用以上药物，可遵医嘱使用头孢类抗生素。

5. 疫点疫区消毒和灭蝇。

消毒范围应包括病人或疑似病人在发病前三天至隔离时止的活动范围内可能受到污染的所有场所和物品。带菌者从检出阳性标本的采样日期往前推三天计算。灭蝇范围以疫点为中心，半径在50米以上范围。喷洒药物应先室外、后室内，先周边、后中心，要在24小时内做到疫点内无蝇。

6. 阳性水源处理原则。

水源受到污染或检出霍乱菌株，应采取以下措施：

（1）设置明显的禁用标志牌和卫生岗。

（2）禁止直接饮用，禁止人畜下水，禁止从中捕捞水生动植物。

（3）禁止受到阳性水源污染的瓜果蔬菜上市。

（4）拆迁污染水源的厕所、粪坑。

（5）对周围人群进行现症腹泻病人的调查，对腹泻病人进行一次粪检，给予抗菌治疗。

（6）如在水源中检出流行菌株，则应划定疫点。

（7）对阳性水源应每隔3～5天采样检查一次，连续三次阴性方可解除管理。

7. 疫点的解除。

上述措施均已落实，疫点内所有人员粪便培养连续二次均阴性，无续发病人或带菌者出现时，征得当地疾病预防控制机构的同意可解除疫点。如有新感染者出现，则重新实施以上措施。

七、保障措施

（一）人员保障：各级疾病预防控制机构和医疗卫生单位要成立霍乱应急小分队，负责霍乱应急处理工作。

（二）物资保障：各级疾病预防控制机构和医疗卫生单位要做好霍乱控制工作必需的药品、消毒药械、现场处理防护用品供应和储备工作，并根据疫情流行状况及时补充所需物资。

（三）技术保障：应急处理队伍要开展业务培训、演习演练，以增强应急处理能力。

附件三

地震灾区炭疽疫情应急处理预案

炭疽（anthrax）是由炭疽芽孢杆菌引起的人兽共患性传染病，主要发生于畜间，以牛、羊、马等草食动物最为易感。人类偶然从病畜及其产品受到感染。常见类型是皮肤炭疽，少数为肺部、肠道和脑膜的急性感染，有的伴发急性败血症。炭疽芽孢杆菌是一种革兰染色阳性的粗大杆菌，在外界环境中，当条件不适合生长繁殖时，炭疽芽孢杆菌可形成芽孢。芽孢对热、冷、干燥、化学物质、射线和其他不利条件有抵抗力，在土壤中可存活数十年。炭疽杆菌能引起人和动物的炭疽病。对草食性动物致病力最强，对人的致病力中等，介于草食动物与肉食动物之间。在环境中炭疽芽孢是主要的存在形式。多数情况下，总是食草动物首先感染，患病动物的血液、粪尿排泄物，乳汁，病死畜的内脏、骨骼直接感染人类或污染环境，是感染的重要来源。污染的动物制品作为传染源也有重要意义。病人作为传染源很少见。

人类常常通过患病动物的肉类、皮毛或患病动物排出物或其他排出物污染的物品获得感染。炭疽主要有三种感染形式：经皮肤接触感染、经口感染和吸入性感染。

2008年5月12日，四川省汶川地震导致大量人畜伤亡、环境改变。四川省阿坝藏族羌族自治州、甘孜藏族自治州、凉山彝族自治州为炭疽流行区，特别是震中所在地阿坝藏族羌族自治州为近年来炭疽病例报告较多的地区，今年1～4月全国报告53例，该州报告15例，为报告发病最多的地区。地震波及的甘肃、青海、贵州、云南等地均有炭疽流行。为指导灾区做好灾后炭疽防治工作，特制定本预案。

一、地震灾害发生时的应对措施和注意事项

（一）地震对炭疽的发生和流行可能产生的影响

炭疽芽孢杆菌可以形成芽孢，在土壤中长期存在，地震时，土壤表面及翻出地表面的土壤

深处的炭疽芽孢，可能会在空气中形成一定的气溶胶，另外在施救作业时也可搅起土壤，污染空气，如果局部浓度过高时吸入就可能引起肺炭疽。此外地震灾害发生时由于缺少水源，卫生条件不好，炭疽芽孢可能污染手及食物，引起皮肤炭疽和肠炭疽，尽管这种情况很少见，也应引起注意。牲畜炭疽是引起人类炭疽的主要因素，而地震造成的生态环境破坏以及炭疽芽孢的暴露都会对牲畜炭疽产生一定的影响。

（二）主要应对措施

1. 对可疑污染地区的施救人员的健康情况进行监护，有发热等异常情况，及时报告所在单位领导及卫生防疫部门，及时治疗，密切观察病情变化。

2. 防止水源污染，加强饮食、饮水监督。

3. 对曾经有疫情发生的地方和可疑污染地区进行监测，喷洒含氯消毒液彻底消毒。

4. 一旦发现可疑炭疽病人，应立即给予抗生素治疗，同时对病例进行隔离，对其用具、被服、分泌物、排泄物及用过的敷料等均应严格消毒或烧毁。对病人居住环境及用品进行消毒。

5. 对患者的密切接触者和危险人群进行预防服药。环丙沙星、阿莫西林和强力霉素用于预防效果良好，可根据实际情况选用。

6. 发现可疑病畜，要严加管理，死亡后畜尸要彻底烧毁或深埋（坑深 2m，并加漂白粉）。

7. 以下情况发生时应进行预防接种处理：

（1）通过细菌学方法确诊出现肺炭疽病人，并发生人与人之间的传播时，要对肺炭疽病人的间接接触者接种疫苗。（直接接触者不接种炭疽疫苗，采用预防服药。）

（2）出现暴发疫情时，即 14 天内，在同一村庄、建筑工地、工厂、学校等场所内连续发生 10 例及以上临床诊断病例时，要在一定范围内，如自然村、街道或独立建筑内的全体人群进行预防接种（有禁忌证者除外）。

二、炭疽临床表现及诊断

（一）隔离

所有类型的炭疽病人，都需要在隔离状态下进行治疗。隔离炭疽病人的目的，主要不是为了阻止人与人之间的传染，而是为了防止污染面积的扩大。皮肤炭疽病例隔离至创口痊愈、痂皮脱落为止。其他类型病例应待症状消失、分泌物或排泄物培养两次阴性后出院。

吸入性炭疽病人的直接接触者，都应当在隔离条件下接受医学观察。隔离方式首选居家隔离，也可以采取集中隔离方式，但必须确保与病人之间的分隔。至少每日一次测定体温和询问健康状况。发现有发病迹象者，立即作为疑似病人进行隔离治疗。皮肤炭疽的接触者以及接触病人的医护人员不需要隔离，也不需要区域封锁。

（二）临床表现及病型

炭疽按感染途径不同可分为皮肤炭疽、肺炭疽、肠炭疽和炭疽败血症等临床类型，其中皮肤炭疽最多见，占 90% 以上（有报告占 98%）。一般潜伏期为 1 ～ 5 日，也有短至 12 小时、长至2周。

体表感染型（皮肤）炭疽：在面、颈、手或前臂等暴露部位的皮肤出现红斑、丘疹、水疱，周围组织肿胀及浸润，继而中央坏死形成溃疡性黑色焦痂，焦痂周围皮肤发红肿胀，疼痛不显著，局部淋巴结肿大，伴有发热、头痛、关节痛等。

经口感染型（肠炭疽）：急性起病，发热，腹胀，剧烈疼痛，腹泻，血便。可累及消化道以外系统。

肺炭疽：高热，呼吸困难，可有胸痛及咳嗽，咯黏液血痰。其临床症状的严重程度与肺部X射线所见不成比例，非常严重的病人，肺部常仅能听到散在的细湿罗音，X线显示纵隔影增宽。常见胸腔积液。

脑膜炎型炭疽：可继发，也可直接发生。剧烈头痛，呕吐，项强，继而出现谵妄、昏迷、呼吸衰竭，脑脊液多为血性。

炭疽败血症：可继发，也可直接发生。严重的全身症状，高热，寒战，感染性休克与弥散性血管内凝血表现，皮肤出现出血点或大片瘀斑，腔道中出现活动性出血，迅速出现呼吸与循环衰竭。在循环血液中可检出大量炭疽芽孢杆菌。

（三）炭疽的诊断

主要根据病例流行病学资料，临床表现和实验室检查做出诊断。

1. 流行病学线索主要包括：病人生活在已证实存在炭疽的疫区内，或在发病前14日内到达过该类地区；从事与皮毛等畜产品密切接触的职业；接触过可疑的病、死动物或其残骸，食用过可疑的病、死动物肉类或其制品；在可能被炭疽芽孢杆菌污染的地区内从事耕耘或挖掘等操作。

2. 临床表现：如上所运。

3. 实验室检查：

（1）皮肤损害的分泌物，痰，呕吐物，排泄物，或血液、脑脊液等标本中，显微镜检查发现炭疽芽孢杆菌。

（2）细菌分离培养获炭疽芽孢杆菌。

（3）血清抗炭疽特异性抗体滴度出现4倍或4倍以上升高。

细菌学检查常用的检查方法有：显微镜检查，包括革兰染色，芽孢染色和荚膜的生成及染色观察；细菌培养；噬菌体裂解试验，溶血试验，青霉素敏感试验以及毒力基因的检测等。其中噬菌体裂解实验和青霉素敏感实验是确诊实验。

三、炭疽的治疗

（一）特效抗生素治疗

迅速做出临床判断和及时应用抗菌药物是炭疽治疗的关键。同时开始支持性治疗以防止败血症休克、体液及电解质平衡紊乱和呼吸困难等。几乎所有的炭疽菌株都对抗生素敏感。长期以来青霉素一直是治疗炭疽的首选药物。在开始治疗时也可使用环丙沙星和其他喹诺酮类或者强力霉素。治疗原则是隔离患者，尽早治疗，早期杀灭体内细菌，中和体内毒素，克服平滑肌痉挛，维持呼吸功能，后期防止发生并发症。

（二）预防性投药

对直接接触者，可以给予青霉素或同类抗生素注射预防性治疗，常规剂量 3 天。接受预防投药者中不使用疫苗预防。

（三）预防接种

接种对象为肺炭疽病人的间接接触者（直接接触者不接种炭疽疫苗），出现炭疽暴发疫情地区一定范围内，如自然村、街道或独立建筑内的全体人群进行预防接种（有禁忌证者除外）。

四、炭疽的预防控制

（一）通过广播、宣传画、通告等多种生动、形象具体的方式，向群众宣传炭疽的传播方式和危害性，提高群众对炭疽的警惕性，一经发现疑似疫情应立即向当地兽医站或卫生防疫站报告，严禁剥食不明原因死亡的动物，死于炭疽动物的尸体必须焚烧。

（二）疫点的消毒处理

污染芽孢的粪肥、废饲料等均可采用焚烧处理；不宜焚烧的物品可用含 2% 碱的开水煮 30 分钟到 1 小时，再用清水洗净，或用 4% 甲醛溶液浸泡 4 小时，或用 121℃高压蒸汽消毒 30 分钟。

污染场地（住房、厩舍及周围环境）可用 5% 福尔马林按 500ml/m^2 喷洒消毒 3 次，或用 20% 的漂白粉水溶液按 200ml/m^2 喷雾作用 1 ～ 2 小时。

排泄物等按 5：1 稀释污物加漂白粉搅匀后作用 12 小时后弃去。

土壤（炭疽尸体停放处）的消毒：应该去掉 20cm 厚的地表土，焚烧或加热 121℃ 30 分钟。如不易做到这一点，可用 5% 的甲醛溶液 500ml/m^2 消毒 3 次，亦可用氯胺或 10% 的漂白粉乳浸渍，处理 2 次。

（三）病人周围环境的消毒措施

病人的衣物和用品，尽可能采取高压消毒或焚毁，不能采取上述措施的有价值的物品，可以使用环氧乙烷熏蒸消毒；隔离治疗病人的环境，只需要保持清洁，可用低毒性的消毒剂如新洁而灭等擦拭。

炭疽病人死亡，有出血迹象的孔道应以浸透消毒剂的棉花填塞，尸体以浸透消毒剂的床单包裹后火化。

病人出院或死亡，应对该环境进行终末消毒，应使用含氯消毒剂反复进行，直到隔日检查连续 3 次不能检出有致病能力的炭疽芽孢杆菌为止。

关于在震区灾后疾病防治中应用中医药方法的指导意见

一、疾病预防

（一）腹泻预防

1. 鲜马齿苋煎服、凉拌。
2. 鲜鱼腥草煎服、凉拌。
3. 蒲公英煎服。
4. 大蒜适量，生吃。

（二）感冒预防

1. 生姜、葱白、大枣煎服或泡服。
2. 姜糖水。
3. 鲜鱼腥草煎服、凉拌。
4. 鲜马齿苋煎服、凉拌。

（三）除瘴避秽、防蚊虫叮咬

1. 风油精、清凉油外用。
2. 艾草、艾条熏烟。

二、疾病治疗

（一）腹泻

藿香正气胶囊（水）、葛根芩连微丸、香连片、黄连素等口服。

（二）感冒

1. 风热感冒：选用莲花清瘟胶囊、银翘解毒片口服。
2. 风寒感冒：选用感冒清热颗粒、正柴胡饮口服。
3. 暑湿感冒：选用藿香正气胶囊、保济丸口服。

（三）皮肤湿疹、阴囊湿疹

1. 苦参、马齿苋、土茯苓、地肤子、蛇床子、黄柏等选用 1 ～ 2 种煎水外洗。
2. 选用痱子粉、黄连细粉、苦参细粉外扑。

3. 选用湿毒清胶囊、连翘败毒丸、二妙丸口服。

以上意见建议在医生指导下应用。

（节选自《国家中医药局办公室关于在震区灾后疾病防治中应用中医药方法的指导意见的通知》，国中医药办发〔2008〕20号，2008年5月19日）

四川汶川大地震灾区医院感染预防与控制指南

为指导当前地震灾区做好医院感染的预防与控制工作，提高伤员救治的成功率，减少地震灾害所造成的损失，根据地震灾害伤员的特点及救治的条件，特制定该指南。

一、伤员的管理

（一）加强对感染伤员的隔离。在遵守伤员按照病情轻重分区安置的前提下，应将普通伤员与感染伤员（如破伤风感染伤员、气性坏疽伤员、肠道感染伤员等）分病房或者分区域安置，同类感染伤员因条件所限可一起安置，但不同类感染伤员不得混合安置。

（二）隔离病房或者区域应标志明确、醒目。在隔离病房或者区域的入口处应配备手套、速干手消毒剂、隔离衣及外科口罩。

（三）加强对伤员、伤员家属和陪护进行基本卫生知识的宣传，注意个人卫生，鼓励洗手或者使用速干手消毒剂消毒双手。

二、消毒灭菌

（一）伤员用后的医疗器械，彻底清洗后采用压力蒸汽灭菌，如受条件所限，不能采用压力蒸汽灭菌的，可采用煮沸消毒30分钟，或者使用含有效氯1000mg/l的含氯消毒剂浸泡消毒30分钟，方可用于下一个伤员。

（二）对伤员所处环境的消毒，可使用含有效氯500mg/l的含氯消毒剂擦拭物体表面与地面，每天2次，有明显感染时，随时消毒。

三、临时（简易）手术室的管理

（一）明确分区管理。临时搭建的简易手术室应明确分区管理，可将其分为伤员手术区、医务人员手消毒区、手术器械清洗消毒灭菌区、无菌物品存放区和医务人员办公区。各区域间标志明确、醒目、清楚。如条件允许，应设实际屏障。

（二）严格无菌操作，手术用医疗器械和一次性使用医疗用品应达到灭菌的要求。

（三）做好伤员围手术期抗菌药物的合理使用。

（四）做好接台手术伤员医务人员手的消毒和环境的清洁与消毒工作。

（五）破伤风感染伤员及气性坏疽伤员手术后，有关器械、物品的处理应当遵循以下原则：

1. 用后的手术器械等，应当先消毒后清洗再消毒，第一次的消毒可采用含有效氯 1000mg/l 的含氯消毒剂浸泡消毒 30 分钟。

2. 对手术室的环境进行严格消毒，可以使用含有效氯 500mg/l 的含氯消毒剂擦拭消毒所有物体表面、手术台面、地面等。

3. 对医务人员的手术衣，应当先消毒再常规处理。消毒用含有效氯 500mg/l 的含氯消毒剂浸泡消毒 30 分钟。有条件时医务人员可以穿一次性手术衣，手术衣用后按感染性医疗废物处置。

四、临时（简易）病房的管理

（一）每天对所有住院伤员进行监测，发现新的特殊感染伤员，根据伤员感染的种类，及时采取必要、适宜的隔离措施。同类感染伤员应集中安置。破伤风感染及气性坏疽等特殊感染伤员，如无条件隔离，应及时运送至有条件隔离的地方，伤员转移后的床单位及周边环境应严格消毒。

（二）发现多例同类感染，应及时报告有关主管部门，并开展相应的调查，采取有效的感染控制措施，包括隔离、消毒及相应的防护措施。

（三）伤员床单位的物品应定期更换，明显污染时应当及时更换、清洗与消毒；更换伤员后床单位中的物品（如被单、枕套、被套等）也应及时更换。每天对病房地面、物体表面进行湿式清洁与消毒。加强病房的自然通风。

（四）加强医务人员的手卫生，在接触伤员及其伤口前后、接触伤员的血液、体液、污物后均应洗手。洗手采用流动水洗手，当手没有明显污染时，可以使用速干手消毒剂消毒双手。

（五）加强对伤员、伤员家属与陪护人员卫生知识的宣传，注意个人卫生尤其是手卫生，饮食卫生，鼓励勤洗手或者使用速干手消毒剂消毒双手。

五、医务人员的防护

医务人员在救治伤员时，应注意以下几方面：

（一）接触伤员伤口、血液、体液及污物时，应戴手套；当手有损伤时，应戴双层手套。摘手套后应洗手或者使用速干手消毒剂消毒双手。

（二）接触特殊感染伤员时，应穿隔离衣、戴口罩，离开隔离病房或者隔离区域时，应脱去隔离衣、口罩，并洗手或者进行手消毒。

（三）正确处理锐利器具，锐利器具使用后及时放入专用利器盒内，或者置入防穿刺、不渗漏的容器内。

六、医疗废物的处理

（一）严格医疗废物的管理，用后的感染性医疗废物置入专用黄色医疗废物袋内、封口，集中处置；无条件时应置入固定不渗漏、带盖的容器内，定点收集，集中处置。锐利器具用后及时放入专用利器盒内；或者置入防穿刺、不渗漏的容器内，集中处置，以防止医务人员、伤员及其家属与陪护人员被锐利器具伤害。

（二）医疗废物应当集中放置，标志清楚、醒目，并有防污染扩散和人群接触的措施。

（三）及时处置医疗废物。可以采取焚烧，烧后的渣土及时掩埋；不能焚烧时，采取深埋。深埋前，用含有效氯 1000mg/L 的含氯消毒剂浸泡消毒 30 分钟。对于不能及时处置的医疗废物，应定期在医疗废物的表面上喷洒消毒剂，以防滋生蚊蝇，传播疾病。

七、其他注意事项

（一）加强对医务人员医院感染预防与控制知识的培训。

（二）加强手卫生是控制感染的关键。应加强手卫生的宣传，在病房、手术室的入口及重要位置，以醒目的方式张贴手卫生标识及正确洗手方法，告知医务人员及时洗手并采取正确的洗手方法。

（节选自《卫生部办公厅关于印发〈四川汶川大地震灾区医院感染预防与控制指南〉的紧急通知》，卫发明电〔2008〕51 号，2008 年 5 月 19 日）

震灾地区临时安置点卫生防疫技术方案

为确保大灾之后无大疫，地震灾害地区各级政府要做好受灾群众临时安置点工作，防止受灾群众临时安置点传染病发生与流行，指导震灾地区疾病预防控制工作，特制定本方案。

一、选址

必须选择对人群健康和安全有保障的场所或地点，注重环境卫生。最好设在交通方便的公路旁，选择朝阳、地形较高，易于排水，供水方便的地方。注意避开滑坡、泥石流及洪水易发生的地方，以及有围墙撕裂的建筑物旁。远离蚊子滋生地和垃圾堆放地等污染区。

二、选材

优先选用轻质、保暖效果好的建筑材料。帐篷应尽量选用小帐篷。

三、设施

安置点四周应设排水沟，注意棚内自然通风。每个帐篷要提供必要的手提灯、帐篷间也需有适当的照明。配置灭火等安全器材。每 50 ~ 100 人要建一个临时厕所，设置垃圾、污水收集点。

四、饮用水卫生

（一）饮用水水源的选择与保护

1. 清理集中式供水的水源地，划出一定范围水源保护区，制定在此区域排放粪便、污水与垃圾，并设专人看管。

2. 分散式供水尽可能利用井水为饮用水水源。水井应有井台、井栏、井盖及井的周围 30 米内禁止设有厕所、猪圈以及其他可能污染地下水的设施。取水应有专用的取水桶。

（二）饮水消毒

1. 将水煮沸是十分有效的灭菌方法，在有燃料的地方可采用。

2. 灾害期间最主要的饮水消毒方法是采用消毒剂灭菌。消毒剂种类很多，可参阅使用说明书进行饮水消毒。

3. 加入消毒剂后，放置 30 分钟，检验水中余氯应达到 0.7mg/l。如未达到此值，说明投加量不足。但也不能过量加入，以免产生强烈刺激性气味。

五、食品卫生

灾区的食品卫生是预防肠道传染病和食物中毒的重要内容，需要强化食品卫生监督管理。对灾区在简易条件下生产经营的集体食堂和饮食业单位进行严格卫生监督和临时控制措施；加强食品卫生知识宣传，以居民家庭预防食物中毒为主。

避免在简易住处集中做大量食物和集体供餐，避免购买和食用摊贩销售的未包装的熟肉和冷荤菜；食品要生熟分开，现吃现做，做后尽快食用；所有现场加工的食品应烧熟煮透，剩饭菜一定要在食用前单独重新加热，存放时间不明的食物不要直接食用。

六、环境卫生

（一）构建临时厕所，强化粪便处理

在解决灾区人民饮水、吃饭的同时，修建临时厕所、恢复环境卫生设施是应急安置灾区群众不可或缺的重要工作。在救灾工作展开后，加强粪便管理是灾区必须解决的问题。

1. 修建的临时厕所应能防止粪便污物外溢；不污染周围环境，尤其不能污染水源；不利于蚊蝇滋生；发生肠道传染病的病例或流行时，粪便必须有专人负责进行及时消毒处理。

2. 在灾区群众临时居住场所，按人口密度合理布局。应急临时厕所模式，可选择粪便与尿液分别收集的措施，尿液及时排放，粪便每日施加生石灰或漂白粉消毒。

3. 尽量利用现有的储粪设施储存粪便，如无储粪设施，可将粪便与泥土混合后泥封堆存，或用塑料膜覆盖，四周挖排水沟以防雨水浸泡、冲刷。

4. 在应急情况下，于适宜的稍高地点挖一圆形土坑，用防水塑料膜作为土地的衬里，把薄膜向坑沿延伸 20 厘米，用土压住，粪便倒入池内储存。

5. 在特殊困难情况下，为保护饮用水源，可采用较大容量的塑料桶、木桶等容器收集粪便，待灾害过后运出处理。

6. 集中治疗的传染病人粪便必须专用容器收集，然后消毒处理。

散居病人的粪便采用以下方法处理：

漂白粉：粪便与漂白粉的比为 5：1，充分搅和后，集中掩埋。

生石灰：粪便内加入等量的石灰粉，搅拌后再集中掩埋。

（二）垃圾和污水的收集和处理

1. 根据灾区群众聚集点的实际情况，合理布设垃圾收集站点并加强管理，生活污水应定点倾倒。

2. 及时用药物对垃圾站点与污水倾倒处进行消毒杀虫，控制苍蝇滋生。

3. 传染性垃圾必须消毒处理，有条件可采用焚烧法处理。

七、病媒生物防制

（一）对居住区蚊、蝇、蚤的处理

1. 室外用氯氰菊酯、高效氯氰菊酯、溴氰菊酯、马拉硫磷、辛硫磷、敌敌畏（卫生级）等药剂，使用超低容量或常量喷雾器喷洒。

2. 室内化学防制。

使用氯氰菊酯、高效氯氰菊酯、溴氰菊酯等药剂进行喷洒处理（使用浓度见表 1）。同时注意使用蚊帐或药用蚊帐，或用 15 ～ 25g/m^2 溴氰菊酯或 20 ～ 40g/m^2 的氯氰菊酯喷洒蚊帐。还可以使用市售气雾剂、蚊香（或电热蚊香）防蚊蝇。

3. 防蚊蝇设施。在住处装上纱布纱门、睡前点燃蚊香或使用电热蚊香。

4. 在临时居住帐篷或住所周围 5 ～ 10 米范围使用 2.5% 的溴氰菊酯可湿性粉剂 100 倍稀释作滞留喷洒，防止蜱、螨侵害。

5. 趋避剂的使用。在蚊虫等比较多的地方活动或工作，使用个人防护用品（同上）。

（二）鼠类防治

针对医院、临时救治场所、食堂、灾区群众集聚地等重点场所，投放抗凝血灭鼠剂溴敌隆、大隆等毒饵，最好使用蜡块。对于粮食毒饵，可使用毒饵盒或临时毒饵盒子。投毒饵前做好宣传和警示标记，防止儿童和老人误食中毒。

八、疫情监测

各灾区群众安置点要有专人负责传染病报告工作，开展症状监测和传染病疫情监测。发现鼠疫、霍乱、炭疽、疑似传染病相关死亡及疑似传染病聚集性病例时，应采用最快捷的方式立即进行报告；其他传染病或症状报告，每日向指定疫情收集单位报告一次。

（节选自四川省“5·12”抗震救灾指挥部印发的《震灾地区临时安置点卫生防疫技术方案》，2008 年 5 月 20 日）

地震灾区动物尸体深埋处理技术要点

一、设施设备。根据死亡动物处理数量大小，准备好作业工具，如卡车（可考虑底层接触面铺垫塑料薄膜）、拖拉机、挖掘机、推土机、装卸工具、动物尸体装运袋（最好密封）等。运输车辆应防止体液渗漏，接触面宜于反复消毒。

二、动物尸体运输。动物尸体最好装入密封袋，运输车辆密闭防渗，车辆和相关运输设施离开时应进行消毒。动物尸体不得与食品、活动物同车运输。

三、掩埋点选择。有足够封土掩盖，土壤渗透性不高（如土壤渗透性较高，掩埋点坑底至少高于地下水位 1 米），与江河、湖泊、井水等水体有一定距离（100 ～ 150 米），易于动物尸体运抵，避开公共视野（距离居民区至少 100 米），避开洪水经常冲刷之地和岩石层。特定情况下，饲养场死亡动物可考虑就地掩埋。零散小动物（如鸡等）可掩埋在树根下等地方。

四、掩埋坑体的挖掘。坑体体积一般为动物尸体体积的 2 到 4 倍。坑体宽度一般不小于 1.2 米。深度不小于 1 米（但一般不超过 3 米），长度要能够容纳所有死亡动物。坑底应相对平坦。如果需要多个掩埋坑，坑间距不小于 1 米。坑体体积可按动物尸体估计重量计算：动物尸体体积（立方米）= 动物尸体估计重量（公斤）/1000。

五、掩埋方法。如对于大、中动物，或家禽、仔猪等小动物尸体数量不大时，将尸体置于坑中后，加土覆盖，覆盖土层厚度不得低于 0.7 米。小动物尸体数量较大时，可分层掩埋，每层尸体厚度一般不超过 0.3 米，中间覆土至少 0.3 米，依次分层掩埋，最后覆盖土层厚度不得低于 0.7 米。

掩埋过程中，掩土不得压实，以免影响自然腐化，条件许可时，坑底和动物尸体上应撒生石灰。尸体掩埋后，应防止野生动物刨挖。

六、参与人员卫生安全事项。（一）注意安全防护。作业时，穿戴防护服、橡胶手套、面罩（口罩）、护目镜和胶鞋。（二）注意清洗消毒，接受健康监测，出现不良症状时应尽快赴卫生部门检查。

（节选自《地震灾区动物尸体深埋处理技术要点》，
农医防便函〔2008〕171 号，2008 年 5 月 21 日）

地震灾区预防接种指南

一、接种点设置

根据工作需要，可设立临时接种点，接种点应设在临时居住点、临时学校、临时医疗救治点等人口相对集中的地方，有醒目的标示或标记，接种点需配备有疫苗和稀释液的储存设备。

二、人员配备

每个接种点至少应配备 2 ~ 3 名工作人员参与现场接种工作（至少有 1 名具备接种工作经验的人员），当地疾控中心给予现场技术指导。

三、现场组织

在当地政府的领导下，卫生行政部门组织实施，做好社会宣传、人员登记、疫苗管理、接种实施、接种异常反应处理等工作。教育部门应积极协助做好幼儿园和学校的接种工作。

四、疫苗储备

具备疫苗储存条件的疾控机构要适当储备一定量的应急接种疫苗。

五、接种原则

（一）一般原则

1. 严格按照预防接种工作规范有关规定和要求进行管理和操作。

2. 疫苗的储存、运输应按照相应疫苗的冷链要求保存和运输。

3. 疫苗开启后切勿与消毒剂接触，酒精消毒须待干或用消毒干棉球擦拭后接种；疫苗瓶有裂纹、标签不明或不清晰、有异物者均不可使用，疫苗瓶开封后，疫苗应在半小时内用完。

4. 接种前要询问儿童健康状况、有无禁忌证。

5. 接种点必须配备肾上腺素等应急处置药品及药械。接种后注意观察。

6. 做好相应宣传工作，防止出现群体性心因性反应。

7. 接种后发生疑似异常反应时，接种人员要尽快报告当地疾病预防控制部门或当地临时医疗点，疾病预防控制人员要尽快进行调查处理。

8. 做好现场接种记录、资料整理及报告。

9. 开展群体性预防接种和应急接种时，尽可能保证较高的接种率。

（二）群体性预防接种要求

1. 临时居住点、小学、托幼机构等人口集中地区的儿童优先。

2. 甲肝疫苗应与麻腮减毒活疫苗，或与乙脑减毒活疫苗在不同部位同一时间接种。同时接种时，优先接种甲肝疫苗。

3. 甲肝减毒活疫苗不能与麻腮减毒活疫苗或乙脑减毒活疫苗同时接种的，要间隔4周以上。

六、疫苗预防接种登记及上报

在接种的过程中，要对每名接种者按照附表1或附表2的内容做好接种记录，接种完成后1周内汇总（附表3）上报。

七、甲肝等疫苗接种方案

（一）甲肝疫苗

1. 接种范围。

（1）群体性预防接种。

本次接种范围优先考虑四川省阿坝藏族羌族自治州汶川县、茂县、理县，绵阳市北川羌族自治县、安县、平武县、江油市，德阳市的绵竹市、什邡市，成都市的彭州市、都江堰市、崇州市，广元市的青川县，雅安市的宝兴县和汉源县，甘肃省文县，陕西省略阳县等地震重灾区。优先对受灾人群居住密集的临时居住点、幼儿园、小学的儿童接种。

（2）应急接种。

发生甲肝疫情的所有地震灾区。

2. 接种对象。

（1）群体性预防接种。

凡是无甲肝患病史、无甲肝疫苗接种史的18月龄至12岁（小学生）的儿童，接种1剂次甲肝疫苗。

（2）应急接种。

发生甲肝疫情地区，根据流行特征确定应急接种对象。

3. 接种时间。

（1）群体性预防接种。

建议6月初开始接种，尽可能10日内完成接种。

（2）应急性接种。

开始接种起尽可能在3天内完成。

4. 接种方法。

本次对目标人群接种1剂次。甲肝减毒活疫苗：上臂外侧三角肌附着处皮下注射，剂量1ml/剂次；甲肝灭活疫苗：上臂外侧三角肌肌内注射，剂量0.5ml/剂次。

5. 禁忌证。

按疫苗说明书要求。

（二）乙脑减毒活疫苗

1. 接种范围。

（1）群体性预防接种。

本次接种范围优先考虑四川省北川羌族自治县、安县、平武县、江油市、绵竹市、什邡市、彭州市、都江堰市、崇州市、青川县、宝兴县、汉源县和甘肃省文县等地震重灾区。优先对受灾人群居住密集的临时居住点、幼儿园的儿童接种。

（2）应急接种。

发生乙脑的所有地震灾区。

2. 接种对象。

（1）群体性预防接种。

凡是无乙脑患病史、无乙脑疫苗接种史的8月龄至6岁（学龄前儿童）的儿童，接种1剂次乙脑疫苗。

建议对来自非疫区的救援人员特别是需要在7月至9月继续驻留的人员接种1剂次乙脑疫苗。

（2）应急接种。

患者周边居住地5公里范围内15岁以下儿童。根据灾区实际情况可对接种人群进行适当调整。

3. 接种时间。

（1）群体性预防接种。

建议 6 月初开始接种，尽可能 10 日内完成接种。

（2）应急性接种。

开始接种起尽可能在 3 天内完成。

4. 接种方法。

本次对目标人群接种 1 剂次的乙脑减毒活疫苗，在上臂外侧三角肌附着处皮下注射，剂量 0.5ml/ 剂次。

5. 禁忌证。

按照疫苗说明书要求。

（三）麻疹腮腺炎减毒活疫苗

1. 接种范围。

发生麻疹和腮腺炎疫情的所有地震灾区开展应急接种。

2. 接种对象。

发生麻疹或腮腺炎散发病例时，对 8 月龄至 12 岁密切接触儿童进行应急接种。当同一个居民安置点、自然村、学校、托幼机构或其他集体单位 1 周内发生 5 例以上麻疹或腮腺炎病例时，对其所有 8 月龄至 12 岁儿童进行应急接种。根据疫情流行特征可适当扩大范围。

3. 接种时间要求。

应急接种要在开始接种起尽可能 3 天内完成接种。

对密切接触者尽可能暴露后 5 天内完成接种。

4. 接种方法。

本次对目标人群接种 1 剂次的麻疹腮腺炎减毒活疫苗，接种部位为上臂外侧三角肌附着处皮下注射，剂量 0.5ml/ 剂次。

5. 禁忌证。

按照疫苗说明书的要求。

（四）水痘减毒活疫苗

1. 接种范围。

所有地震灾区。

2. 接种对象。

发生散发病例时，凡是无水痘患病史、无水痘疫苗接种史的 1 ～ 12 岁密切接触儿童进行应急接种。当同一个居民安置点、自然村、学校、托幼机构或其他集体单位 1 周内发生 5 例以上水痘病例时，对其无水痘患病史、无水痘疫苗接种史的 1 ～ 12 岁儿童进行应急接种。根据疫情流行特征可适当扩大范围。

3. 接种时间。

应急接种要在开始接种起尽可能 3 天内完成接种。

对密切接触者尽可能暴露后 3 天内完成接种。

4. 接种方法。

本次对目标人群接种 1 剂次的水痘减毒活疫苗，在上臂外侧三角肌附着处皮下注射，剂量 0.5ml/ 剂次。

5. 禁忌证。

按照疫苗说明书的要求。

（五）白破联合疫苗

1. 接种范围。

所有地震灾区。

2. 创伤前的接种。

参加救灾抢险人员、灾区群众等发生创伤机会较多人员。有明确全程百白破 / 白破 / 破伤风疫苗免疫史的重点人群，接种 1 剂白破疫苗；无明确全程百白破 / 白破 / 破伤风疫苗免疫史的重点人群，接种 2 剂白破疫苗，间隔 4 ～ 8 周。

3. 创伤后的接种。

灾区人员发生创伤后接种白破疫苗，应根据百白破 / 白破 / 破伤风疫苗的既往免疫史来决定。经过全程免疫和加强免疫者，创伤后应再接种 1 剂次白破疫苗作为加强免疫；严重污染的创伤或受伤前无明确全程百白破 / 白破 / 破伤风疫苗免疫史者，注射破伤风抗毒素（TAT）/ 破伤风免疫球蛋白，同时接种 1 剂次白破疫苗，间隔 4 ～ 8 周接种第 2 剂次。

4. 接种方法。

受种者的接种部位是上臂三角肌，剂量 0.5ml/ 剂次。12 岁以上使用成人及青少年型白破联合疫苗，12 岁及 12 岁以下使用儿童型白破联合疫苗。

5. 禁忌证。

按照疫苗说明书要求。

（六）钩端螺旋体疫苗

1. 接种范围。

所有地震灾区。

2. 接种对象。

发生实验室确诊钩体病例的村、临时居住点可能接触疫水的高危人群。

3. 接种时间。

应急接种首剂次尽可能从开始接种起 3 天内完成。

4. 接种方法。

接种部位为上臂外侧三角肌下缘附着处皮下，成人第 1 剂 0.5ml，第 2 剂 1.0ml；7 ～ 13 岁第 1 剂 0.25ml，第 2 剂 0.5ml。第 1 剂次后 7 ～ 10 天接种第 2 剂次。

5. 禁忌证。

按照疫苗说明书要求。

（七）双价出血热疫苗

1. 接种范围。

所有地震灾区。

2. 接种对象。

发现临时居住点／村出现 1 例及以上确诊出血热病例时，对同一临时居住点／村的 16 ～ 60 岁人群进行应急接种。

3. 接种时间要求。

应急接种首剂次尽可能从开始接种起 3 天内完成。

4. 接种方法。

上臂外侧三角肌肌内注射 1.0ml ／剂次，受种者接种第 1 剂次后 14 天接种第 2 剂次。

5. 禁忌证。

按照疫苗说明书的要求。

（八）伤寒疫苗

1. 接种范围。

所有地震灾区。

2. 接种对象。

（1）对近三年曾出现伤寒病例或灾后出现伤寒病例的县市，经当地救灾部门进行评估论证后对高危人群，如处理粪便垃圾等可疑污染物的人员、饮食从业人员、饮食饮水和环境卫生条件差的临时居住点的灾区群众和救灾人员等人群实施接种。

（2）当灾区 1 个月内多个地点出现伤寒病例时，经当地救灾部门评估论证后可考虑在全县市范围内对 5 岁以上人群实施普种。

（3）当灾区 14 天内在一个临时居住点内出现 2 例及以上的伤寒聚集性病例时，对同一个临时居住点内或救灾人员营地内的所有 5 岁以上人员进行接种。

3. 接种时间要求。

尽可能在开始接种起 5 天内完成接种。

4. 接种方法。

本次对目标人群接种 1 剂次伤寒 Vi 多糖疫苗，接种部位为受种者为上臂外侧三角肌肌内注射，剂量 0.5ml ／剂次（含 Vi 多糖 30ug）。

5. 禁忌证。

按照疫苗说明书要求。

（节选自《卫生部办公厅关于印发地震灾区预防接种指南的通知》，
卫发明电〔2008〕60 号，2008 年 5 月 23 日）

卫生部、环境保护部、住房城乡建设部、水利部、农业部关于切实做好地震灾区饮用水安全工作的紧急通知

（卫监督发〔2008〕29号）

四川省、重庆市、云南省、陕西省、甘肃省卫生、环保、建设、水利、农业（畜牧兽医）厅（局），重庆市市政管理委员会：

四川汶川地震灾害发生以来，党中央国务院高度重视灾区卫生防疫工作，做出了一系列重要部署。各有关部门积极采取措施，落实中央提出的各项要求，及时开展水源水及饮用水监测和遇难人员遗体处理、废墟清理等工作，灾区环境卫生和饮用水总体情况良好。但是，个别地区也出现了饮用水中微生物超标、水源水中检出敌敌畏等问题。当前，抗震救灾工作到了关键时刻，为了确保大灾之后无大疫，切实保障灾区群众身体健康，现就做好饮用水安全工作通知如下：

一、切实做好灾区卫生防疫工作

防疫如同救灾，行动刻不容缓。灾区各级政府、各部门要按照党中央国务院要求，将防疫工作放在突出位置，全面加强灾区卫生防疫工作。及时做好遇难人员尸体处理工作，尸体存放地点要远离水源、避开低洼地；高度腐烂的尸体要进行消毒除臭处理。对废墟清理中清出的家畜、家禽和其他动物尸体要进行严格消毒并深埋。对人员和动物尸体进行深埋处理的，要严格按照有关要求做好防渗、防漏处理。要在救援地点和受灾群众集中安置点设置厕所，妥善处置人畜粪便，切实防止水源污染。

二、加强灾区杀虫剂使用管理

要严格按照卫生部、农业部消毒、杀虫、灭鼠的有关要求，科学开展病媒防治工作。禁止在灾区使用敌敌畏以及国家明令禁用的滴滴涕、六六六等农药进行杀虫，防止对周围环境和水源造成污染，推荐使用拟除虫菊酯类杀虫剂。农业部门要继续积极协调药剂的生产、供应等工作，确保杀灭蚊蝇的需要。

三、加强灾区水源保护及水质监测工作

环保部门要做好污染源排查，尽快查清饮用水水源周边工业企业状况。环保、水利部门要做好城市集中式饮用水水源的监测。建设、卫生部门要加强对城市水厂出厂水、管网水、居民家庭出水口（龙头水）水质监测；同时，卫生部门要做好农村饮用水监测，建设部门要进一步加大对受损污水处理设施、供水设施和管网的抢修力度，尽快恢复正常运行。各有关部门要按照国家相关标准开展水源、水质监测工作，提高监测频率，一旦发现水源污染或水质异常要及时互通信息，以便采取有效处理措施。各有关部门要在当地政府的领导下加强协作、密切配合，做好应对水源污染的准备工作。

四、加强卫生防疫宣传和教育

要广泛宣传和普及灾后防疫相关卫生知识，教育灾区群众注意饮用水卫生，切实提高灾区群众的卫生意识和防疫能力。要尽可能在灾区群众集中安置点设置针对水污染的净化水处理设施，配备将水加热至沸的设施或装置，努力为灾区群众提供开水，防止肠道传染病流行。

二〇〇八年五月二十四日

四川省卫生厅
关于印发外伤患者医院感染控制
工作流程及防控预案的紧急通知

（川卫办发电〔2008〕77号）

各市（州）卫生局、厅局直属医疗单位、卫生部驻川医疗单位：

汶川“5·12”特大地震灾害发生以来，我厅在积极组织医疗救治工作的同时，高度重视院内感染控制工作，先后下发《四川省卫生厅关于预防气性坏疽加强院内感染控制的通知》、《四川省卫生厅关于转发四川汶川大地震灾区医院感染预防与控制指南的紧急通知》、《四川省卫生厅关于印发利用高压氧舱治疗震后伤员指南的通知》等指导性文件，各地、各医疗救治机构、医疗点对院感工作也给予高度重视，并采取切实措施，院感控制工作收到明显成效。近日，我厅组织部分院感专家，就我省灾后医疗救治工作中院感控制工作进行了专题研究，并制定了相关感染性疾病控制工作流程与预案（见附件），请各地各单位认真贯彻执行，并就进一步重视环节控制，防

范院内感染工作提出如下要求：

一、高度重视，明确职责

各级卫生行政部门和各医疗机构，要高度重视灾后医疗救治工作中院感控制工作，切实落实国家和省上制定的规范性文件精神，加强领导，落实机构和人员，明确职责，完善措施，严防死守，坚决防止因防控不力，措施不到位，造成院内交叉感染重大事件发生。

二、注重环节，规范操作

院感控制工作要从接诊、检伤、分诊、实验室检查、临床诊断、病人隔离、伤口处理、临床治疗、消毒、医疗废物处置和伤员转院和伤员转院后的终末消毒等环节贯穿始终；医务人员要严格按照医院感染控制工作流程，规范操作，并高度重视自身职业防护。

基层医院由于实验室条件限制，有条件的也受标本采集时机、部位、厌氧培养条件等环节影响阳性率。因此，在诊断上更应注重临床症状及流行病学调查，加强对气性坏疽等感染病人的排查。对确诊或疑似气性坏疽等感染性疾病的病人，必须就地在有条件的医院隔离治疗，防止在转院过程中导致交叉感染。

三、发挥专家优势，提高医疗质量

卫生部向我省调派了 100 名院感专家，指导各医疗救治机构开展院感控制工作。各地、各医疗机构要充分发挥专家的技术优势，建立定期会诊和疑难病例讨论制度，早期诊断、及时治疗，降低伤员致残率和死亡率。

四、强化监督检查，落实责任追究

各级卫生行政部门要定期对辖区内医疗救治机构院感防控工作加强指导和督查，及时发现问题，消除隐患，并建立责任追究制度。

附件：

1. 外伤性住院患者医院感染控制工作流程
2. 外伤病员气性坏疽及破伤风防治预案（SOP）
3. 疑似或确诊气性坏疽病原菌及其他细菌检测流程
4. 手术室处理气性坏疽患者医院感染控制工作流程
5. 消毒供应中心对感染手术器械处理流程
6. 气性坏疽患者尸体及病房空气、物表、废弃物处理流程

7. 高压氧舱接受气性坏疽患者治疗后处理流程

8. 收治地震伤员病区院感控制措施

二〇〇八年五月二十四日

附件一

外伤性住院患者医院感染控制工作流程

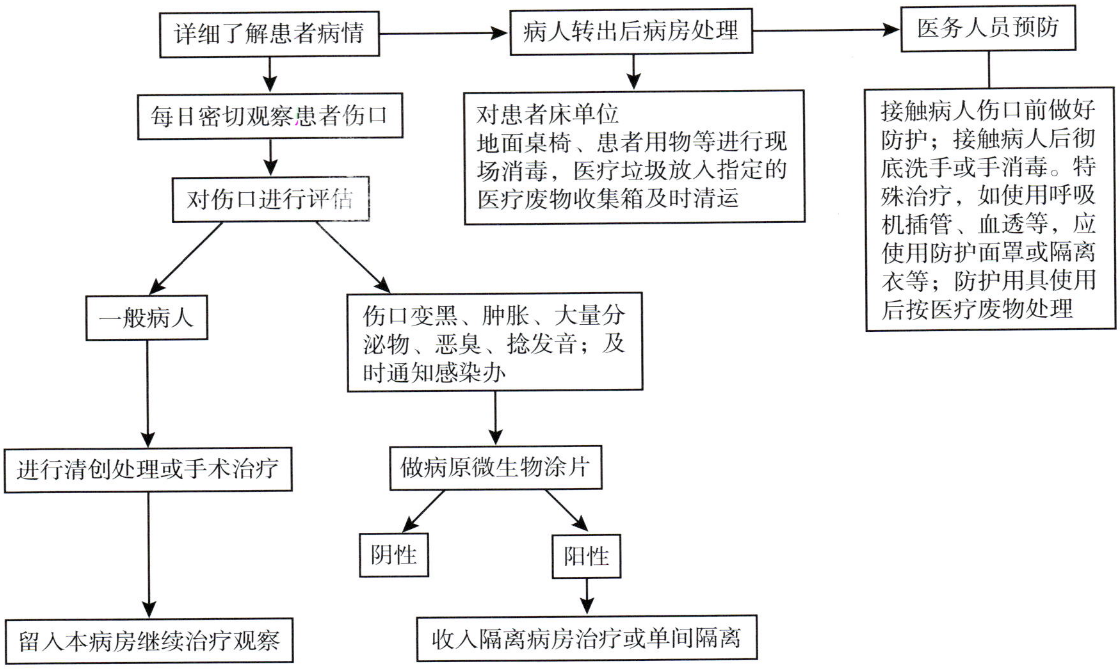

附件二

外伤病员气性坏疽及破伤风防治预案（SOP）

1. 生命体征监测：体温、血压、呼吸、心率、血氧饱和度、血糖等。

2. 破坏厌氧环境。

A. 局部清创，伤口暴露。

B. 局部 3%H_2O_2 冲洗。

C. 全身给氧。

D. 重病人高压氧舱。

3. 破伤风被动免疫：TAT 皮试后肌注 1500 ~ 3000U，儿童剂量与成人相同。凡创面严重污染者剂量需加倍，且每隔 1 周重复注射 1 次，直到创面基本愈合为止。病情严重者可作伤口周围 TAT 环封（NS10ml+TAT 1 万 U）。TAT 过敏者使用人破伤风免疫球蛋白，5 岁以下 75U，5 ~ 10 岁 125U，10 岁以上 250U。

4. 抗菌治疗：针对混合感染，兼顾需氧与厌氧。

A. β－内酰胺类 / 酶抑制剂 + 甲硝唑（或替硝唑）。

B. 广谱氟喹诺酮类 + 甲硝唑（或替硝唑）。

C. 氯霉素 + 甲硝唑（或替硝唑）。

D. 病情严重者，可用泰能 + 甲硝唑（或替硝唑）。

5. 外科：清创，患肢固定，必要时截肢。

6. 全身支持治疗：如血浆、静丙、人血白蛋白、全血等；维持水盐电解质平衡；积极纠正休克。

7. 重视并发症及特殊综合征。

血栓性静脉炎，DIC 可用肝素治疗。

警惕窦道性溃疡，坏死性筋膜炎，链球菌肌炎，坏死性蜂窝组织炎等。

8. 病原学检查：用无菌杯取坏死组织或分泌物送检查科作革兰氏染色查革兰氏阳性杆菌，同时做需氧及厌氧培养（有条件下）。

附件三

疑似或确诊气性坏疽病原菌及其他细菌检测流程

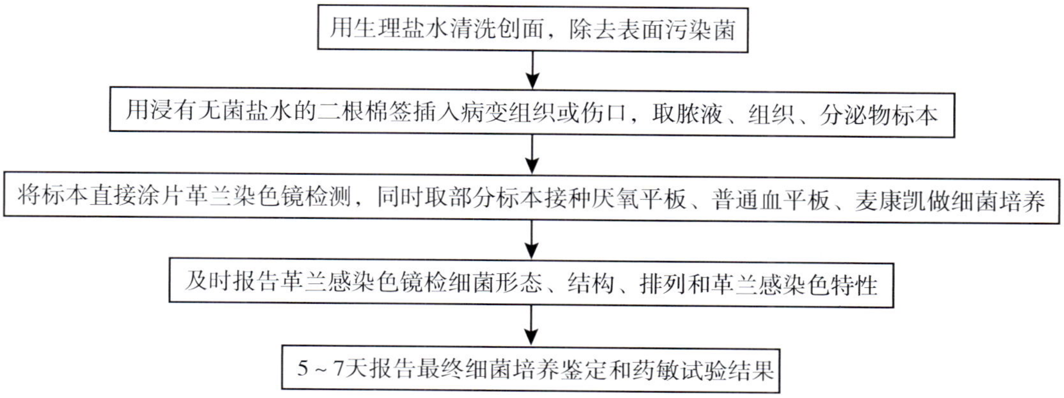

附件四

手术室处理气性坏疽患者医院感染控制工作流程

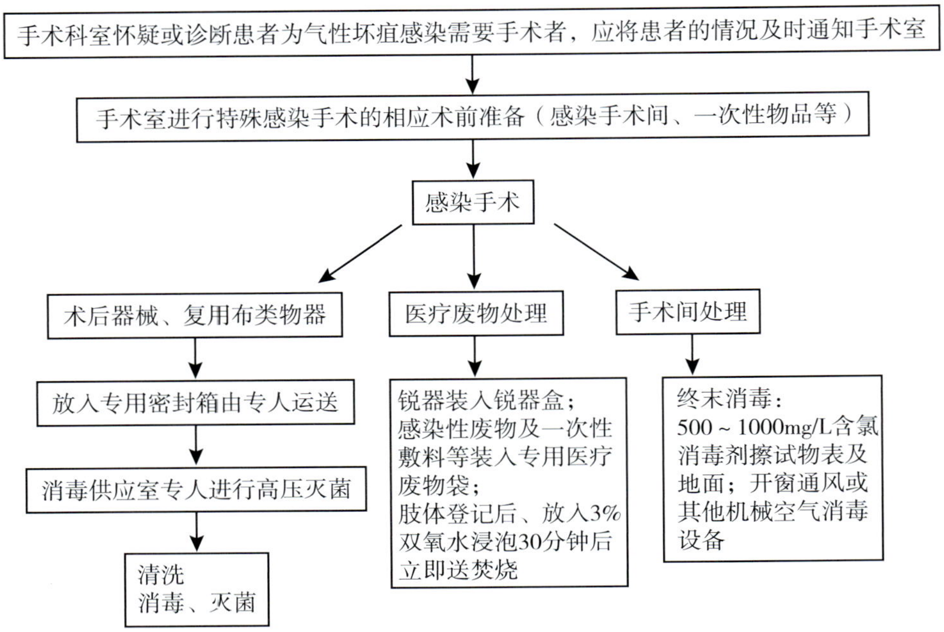

附件五

消毒供应中心对感染手术器械处理流程

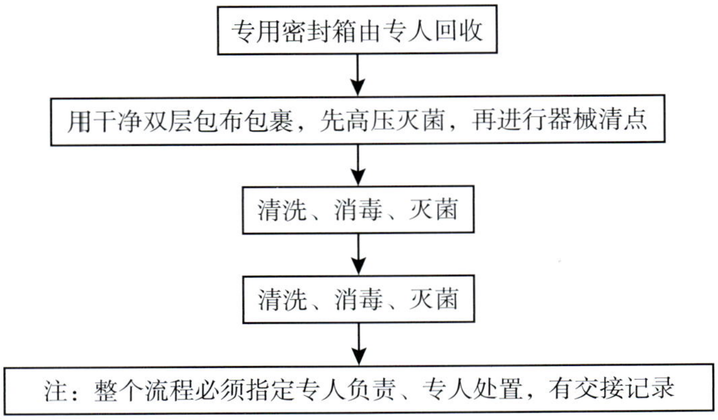

附件六

气性坏疽患者尸体及病房空气、物表、废弃物处理流程

尸体处理

↓

立即用3%过氧化氢溶液喷洒整个尸体密闭包裹

↓

通知太平间，直接送火化场火化，并做好记录

物体表面、地面、空气处理

↓

1. 物体表面用500～1000mg/l含氯消毒剂擦拭消毒；
2. 床单、被套用双层红色袋子密闭包扎后注明“特殊感染”字样送消毒供应中心高压灭菌，再进行清洗、消毒，未被污染的床垫用床单位消毒机进行消毒，严重污染的床垫焚烧处理；
3. 空气使用空气消毒机照射2小时；
4. 做好记录

医疗废物处理

↓

用双层红色袋子密闭包扎后装入防渗漏容器内并注明“特殊感染”字样，按特殊感染性废物焚烧处理，并作好记录

附件七

高压氧舱接受气性坏疽患者治疗后处理流程

舱体物体表面、地面处理

↓

用500～1000mg/L含氯消毒剂擦拭消毒

舱体空气处理

↓

在物表、地面处理后使用空气消毒机照射2小时

医疗废物处理

↓

用双层红色袋子密闭包扎后装入防渗漏容器内并注明“特殊感染”字样，按特殊感染性废物交由垃圾场

氧气面罩

↓

采用一人一用，用后按特殊感染性废物处理

附件八

收治地震伤员病区院感控制措施

1. 加强病员管理，预防和控制各种感染的发生。对外伤性伤口、深静脉插管、上呼吸机、尿管置入、人工透析病员严格进行管理，加强消毒隔离措施及无菌技术操作的落实，及时送检各类病原微生物标本做细菌培养和药敏试验，如病员发生耐药菌株感染及时进行隔离。

2. 环境管理：保持空气流通，每日开窗通风 2 ～ 3 次，每次 30 分钟；ICU 病区每日用多功

能消毒机空气杀毒4次，每次30分钟，在病员家属探视后延长消毒时间。

3. 人员管理：严格控制ICU入室工作人员人数，与之无关人员不得进入ICU病区。

4. 严格执行标准预防，认真执行卫生部《医务人员手卫生规范》。接触病员前后要认真洗手，接触病员伤口应戴手套，脱手套后必须认真洗手。在接触特殊感染病员时应穿防护衣，在进行可能发生血液、体液喷溅的操作时应戴防护眼镜。

5. 对病员使用的复用物品必须做到一人一用，用后送消毒供应中心进行处置，呼吸机、透析机、监护仪等仪器设备，用后采用250mg ~ 500mg/l含氯消毒剂擦拭；各种管道交由消毒供应中心处置；对病员使用的一次性使用物品必须做到一人一用一更换。

6. 医疗废物管理：严格按照国务院《医疗废物管理条例》及卫生部《医疗废物管理办法》执行。严格分类、收集运送、储存，标识明显，认真交接登记。对特殊感染病员产生的医疗废物，应用双层红色塑料袋密闭包扎，并注明“特殊感染”字样，及时交由医疗废物收集站。

四川汶川地震伤员出院指导原则

为指导各地科学、规范地做好四川汶川地震伤员救治工作，保证伤员得到及时有效的治疗和康复，确保医疗质量和安全，制订本指导原则。符合本指导原则的伤员，可以根据不同情况分别予以出院或转入康复、疗养机构。

一、四肢软组织创伤伤员出院原则

（一）神经损伤者已行探查减压修复或按照常规需保守治疗，肢体肿胀基本消退，术后伤口愈合良好。

（二）血管损伤者已行探查修复，术后远端血运恢复良好，肢体肿胀基本消退，术后伤口愈合良好。

（三）肌肉、肌腱损伤者已行手术清创修复，肢体肿胀基本消退，术后伤口愈合良好。

（四）韧带损伤者经手术已修复，或按照常规需保守治疗，肢体肿胀基本消退，术后伤口愈合良好。

（五）皮肤缺损者已行清创植皮或皮瓣修复术，创面已经完全覆盖，肿胀基本消退，术后伤口愈合良好。

（六）复合软组织损伤者（神经、血管、肌肉肌腱及皮肤等）参照上述1 ~ 4点。

二、四肢和骨盆骨折伤员出院原则

（一）基本原则

1. 局部无明显压痛及畸形，肢体肿胀基本消退，术后伤口愈合良好。

2. 术后 X 片提示骨折对位、对线满意，达到解剖复位或功能复位，内固定可靠、牢固。

3. 骨折合并神经损伤已行探查修复，或按照常规需保守治疗。

4. 骨折合并血管损伤者已行探查修复，术后肢体远端血运良好。

5. 骨折合并内脏损伤者经相关科室处理病情平稳，符合出院标准。

6. 开放型骨折致急性骨髓炎经治疗体温正常，局部无红肿热痛和窦道形成，皮肤缺损已完全修复，术后伤口愈合良好。

7. 无骨折并发症（肺部、泌尿系、褥疮等）或并发症已治愈。

8. 患者已经或即将开始功能锻炼并对锻炼方式及时限明确掌握。

9. 合并其他部位骨折或内科疾病者同时符合各自出院标准。

（二）相关部位骨折伤员出院原则

1. 锁骨骨折。

（1）切开复位内固定者术口愈合。

（2）术后影像学检查证实骨折对位对线良好。

（3）无影响肩关节功能的神经源性及动力肌的损伤，可自行功能练习。

（4）术后 3 ～ 6 周。

2. 肱骨近端骨折。

（1）术后伤口愈合。

（2）术后影像学证实骨折对合良好。

（3）术后 3 ～ 6 周。

（4）无影响肩关节功能的神经源性及动力肌的损伤，可自行功能练习。

3. 肱骨干骨折。

（1）术后伤口愈合良好。

（2）术后影像学证实骨折对位对线良好，无明显分离旋转移位。

（3）术后 3 ～ 6 周。

（4）无明显桡神经损伤征象，可自行功能练习。

4. 肘部骨折、脱位。

（1）术后伤口愈合良好。

（2）影像学证实骨折对位良好，关节内骨折块功能复位。

（3）术后 3 ～ 6 周。

（4）无明显骨化性肌炎形成。

（5）无影响肘关节功能的神经源性及动力肌的损伤，可自行肘关节功能练习。

5. 前臂骨折。

（1）术后伤口愈合良好；

（2）影像学证实骨折对位、对线符合前臂骨折功能复位标准；

（3）术后 3 ～ 6 周；

（4）无影响前臂及手部活动的神经源性及动力肌的损伤，可自行功能练习。

6. 手部骨折。

（1）术后伤口愈合良好。

（2）影像学证实骨折对位对线良好，无脱位及影响功能的成角畸形。

（3）术后 3 ~ 6 周。

（4）无影响手部活动的神经源性及动力肌的损伤，可自行功能练习。

7. 骨盆骨折。

（1）术后伤口愈合良好。

（2）影像学证实骨盆无明显的、影响功能的移位。

（3）无尿道、直肠及重要的血管、神经损伤。

（4）术后 4 ~ 12 周。

（5）无下肢深静脉血栓形成表现。

8. 髋骨骨折、脱位。

（1）术后伤口愈合良好。

（2）影像学证实无明显的、影响功能的移位。

（3）术后 4 ~ 12 周。

（4）可扶拐下地行走（患者不负重）。

（5）无陪伴者大小便能自理。

（6）无深静脉血栓形成表现。

9. 股骨干骨折。

（1）术后伤口愈合良好。

（2）影像学证实无明显的、影响功能的移位。

（3）术后 4 ~ 12 周。

（4）可扶拐下地行走并自行功能练习。

（5）无深静脉血栓形成表现。

10. 膝部骨折、脱位、交叉韧带等损伤。

（1）术后伤口愈合良好。

（2）影像学证实无明显的、影响功能的移位。

（3）膝关节稳定性良好。

（4）膝关节可自行主动功能练习。

（5）术后 4 ~ 8 周。

（6）无明显深静脉血栓形成及神经损伤表现。

11. 胫腓骨干骨折。

（1）术后伤口愈合良好。

（2）影像学证实无明显的、影响功能的移位。

（3）术后 4 ～ 8 周。

（4）无明显深静脉血栓形成表现。

（5）无明显足下垂表现。

12. 踝部骨折、脱位。

（1）术后伤口愈合良好。

（2）影像学证实无明显的、影响功能的移位。

（3）无明显脱位、半脱位表现。

（4）术后 4 ～ 8 周。

13. 足部损伤。

（1）术后伤口愈合良好。

（2）影像学证实无明显的、影响功能的移位。

（3）无明显足弓畸形。

（4）无仰趾或垂状趾。

（5）能够扶拐部分负重。

（6）术后 4 ～ 6 周。

14. 脊柱骨折。

（1）术后伤口愈合良好。

（2）影像学证实无明显的、影响功能的移位，脊柱稳定性恢复，无严重的外伤性脊柱弯曲畸形。

（3）可戴支具，扶拐下地。

（4）术后 6 ～ 8 周。

15. 脊柱骨折合并脊髓损伤。

（1）局部无明显压痛及畸形，术后伤口愈合良好。

（2）患者可自行翻身或被动翻身，伤部无疼痛。

（3）术后 X 片提示脊柱力线恢复正常，内固定可靠。

（4）术后功能检查无脊髓明显致压因素。

（5）神经损伤有一定恢复或全瘫者无明显尿路感染征象和肺部、褥疮等并发症。

（6）并发症已治愈。

（7）合并其他部位骨折或内科疾病者同时符合各自出院标准。

（8）术后 6 ～ 12 周。

16. 截肢。

（1）残端伤口愈合，无明显触痛。

（2）伤口及残端允许配戴义肢，可转到专业假肢机构进一步康复治疗。

（3）没有其他外伤后的合并症，如挤压综合征等。

（4）截肢术后 3 ～ 8 周。

三、颅脑外伤伤员出院原则

（一）颅底骨折

脑脊液漏已愈，无颅内感染征象。

（二）脑挫裂伤

1. 意识清醒，症状基本消失，颅内压正常。

2. 生活基本自理或部分自理。

3.CT 或 MRI 示局部已基本恢复正常或遗有脑退行性改变或脑室扩大。

（三）硬膜外血肿

1. 经手术或非手术治疗后血肿消失。

2. 颅内压恢复正常，头痛等症状基本消失。

3. 可遗有颅骨缺。

4. 基本生活自理或部分自理。

（四）硬膜下血肿

同硬膜外血肿。

（五）脑内血肿

同硬膜外血肿。

（六）颅后窝血肿

同硬膜外血肿。

（七）开放性颅脑损伤

1. 伤口愈合，可遗留颅骨缺损，无颅内感染征象。

2. 同脑挫裂伤。

四、胸部外伤伤员出院原则

（一）闭合性肋骨骨折

1. 无并发症，如血胸、气胸等。

2. 病人胸壁稳定、无胸壁软化。

（二）闭合性胸部损伤

胸腔无积液、少量积液临床无感染迹象，肺膨胀良好，无气胸，有少量局限性气胸，对肺功能无明显影响，生命体征稳定。

（三）创伤性湿肺

1.X 片和 CT 示肺显像清晰。

2. 连续观察两周，体温正常，血象基本正常，生命体征稳定。

（四）血气胸

1.X 片和 CT 示肺膨胀良好，无残留气体或液体；如有少量液体（估计量小于 300ml），有少量气体，对肺功能影响不大，可不予处理。

2. 连续观察两周体温正常，血象基本正常，生命体征平稳。

五、腹部外伤出院原则

（一）伤口愈合良好。

（二）腹部脏器功能检查指标正常或接近正常。

（三）肠道功能恢复，基本可以进食。

六、厌氧菌感染伤员出院原则

（一）伤口愈合良好。

（二）伤肢肿胀消退，无红肿、压痛，体温正常。

（三）血沉 <20 ~ 25 ㎜ Hg/h，C 反应蛋白 <10，血象基本正常。

七、挤压综合征伤员出院原则

（一）伤口愈合良好。

（二）挤压伤部无明显肿胀、压痛。

（三）尿常规基本正常。

（四）肾功能恢复正常，但地震前已存在肾功能不全者除外。

（五）伴随的神经损伤有较明显恢复。

（六）伴随的骨折、脱位符合相应标准。

八、其他伤员可参照临床诊疗指南和常规安排出院

（节选自《卫生部办公厅关于印发〈四川汶川地震伤员出院指导原则〉的通知》，卫发明电〔2008〕64 号，2008 年 5 月 26 日）

四川省畜牧食品局关于印发四川省灾区动物紧急免疫方案的通知

（川畜食发〔2008〕52号）

为防止灾后狂犬病、乙型脑炎、猪Ⅱ型猪链球菌病、炭疽等人畜共患疾病和重大动物疫情等次生灾害的发生，确保大灾之后无大疫，维护公共卫生安全，我局决定从5月底至6月上旬，在灾区紧急开展动物免疫工作，特制定本方案。

一、紧急免疫病种

狂犬病、猪乙型脑炎、猪Ⅱ型链球菌病、炭疽等人畜共患病。

二、紧急免疫范围

（一）6个重灾市（州）

成都、德阳、绵阳、阿坝、广元、雅安。

（二）40个重灾县（市、区）

1. 极重县（21个）：彭州、都江堰、大邑、崇州、什邡、绵竹、北川、安县、平武、江油、游仙、汶川、理县、茂县、黑水、小金、松潘、青川、元坝、汉源、宝兴。

2. 重灾县（19个）：广汉、中江、罗江、三台、梓潼、盐亭、涪城、马尔康、阿坝、若尔盖、红原、金川、壤塘、九寨沟、雨城、名山、石棉、天全、荥经。

以上40个县（市、区）共辖967个乡镇、8870个村。

三、紧急免疫的原则

根据灾区特点，按照分类指导原则，在灾区开展狂犬病、乙型脑炎、猪Ⅱ型链球菌病、炭疽等人畜共患病紧急免疫工作。

1. 在6个重灾市（州）40个重灾县（市、区）人口聚集地开展犬只的狂犬病紧急免疫、生猪的乙型脑炎紧急免疫，待乙型脑炎紧急免疫结束后，随即开展猪Ⅱ型链球菌病免疫。

2. 阿坝等传统炭疽病疫源地，应在开展上述紧急免疫工作的同时，做好炭疽免疫工作。

3. 犬只的狂犬病和生猪的乙型脑炎紧急免疫由灾区人口聚集地开始，逐步向外推进。

4. 此次紧急免疫之外的其他重大动物疫病免疫工作，按本年度免疫工作方案照常进行。内江、自贡、资阳、遂宁应提前开展猪链球菌病免疫工作。

四、保障措施

1. 加强组织领导。这次紧急免疫工作时间紧、任务重、时效强，灾区各级畜牧兽医部门要切实加强紧急免疫工作的组织领导，明确责任，落实到人，确保灾区紧急免疫工作落到实处。

2. 强化工作措施。灾区各级畜牧兽医部门要积极组织技术力量，强化人员培训，规范免疫程序，有力、有序、有效地推进紧急免疫工作；要坚持统一疫苗、统一免疫程序、统一操作规程，严格按规定运输、储藏和使用疫苗，确保免疫质量；要建立免疫档案，做到免疫有案可稽、有据可查。

3. 保障物资供应。省动物防疫监督总站具体负责紧急免疫所需疫苗等防疫物资的组织、调运，确保疫苗等防疫物资及时到位，不空缺、不断档。6 个重灾市（州）级畜牧兽医部门负责本辖区紧急免疫所需疫苗等防疫物资的统计、汇总和上报工作，并请于 5 月 30 日前送报省动物防疫监督总站，以便统筹协调、及时组织调运。

五、紧急免疫方法

1. 狂犬病冻干单苗：每只皮下注射 1 头份。
2. 猪乙型脑炎弱毒疫苗：每头猪皮下或肌肉注射 1 头份。
3. 猪链球菌病Ⅱ型灭活疫苗：每头肌肉注射 2 毫升，隔 7 天加强免疫一次。
4. 炭疽灭活疫苗：牛 1 毫升 / 头，羊 0.2 毫升 / 头。

二〇〇八年五月二十六日

梭菌性肌坏死（气性坏疽）诊疗意见

梭菌性肌坏死（即气性坏疽）是由产气荚膜梭菌（C.perfringerns，CP）等所引起的肌坏死，是一种发展迅速，预后差的厌氧菌感染。致病菌主要有产气荚膜梭菌、水肿梭菌、败毒梭菌、梭状梭菌、溶组织梭菌等，多为混合感染。

一、病理生理

产气荚膜梭菌在局部生长繁殖，产生多种外毒素和酶（α 毒素、胶原酶、透明质酸酶、溶纤维酶和脱氧核糖核酸酶等），一方面破坏周围组织的胶原纤维，使感染迅速沿肌束和肌肉群扩散，使肌肉色泽变暗红色，失去弹性；另一方面，这些酶具有强大的糖、蛋白分解作用，产生大量不溶性气体如硫化氢、氮等，在组织间积聚，蛋白分解，使得组织细胞坏死、渗出、水肿明显。积气和水肿使得局部压力骤升，血管受压引起血运障碍，加重组织缺血缺氧，更有利于细菌繁殖，使病情恶化。大量外毒素的吸收可引起严重的毒血症，直接侵犯心、肝、肾等脏器，引起休克、肾功能不全甚至多脏器功能衰竭。

二、临床表现

潜伏期：一般为伤后 1 ～ 4 天（6 小时至 6 天）。患者多有明显的全身和局部表现。

（一）全身表现

主要表现为严重的毒血症状，体温可高达 40℃以上，病人极度虚弱，表情淡漠但神志清楚，面色苍白。呼吸急促、心率增快、进行性贫血，全身症状迅速恶化，晚期可出现溶血性黄疸，外周循环衰竭、多脏器功能衰竭。

（二）局部表现

最早的局部症状是受伤部位剧痛，呈胀痛感，一般止痛剂难以缓解。随后伤口周围肿胀，皮肤苍白，紧张发亮，伤口中有大量浆液性血性渗出物，有时可见气泡冒出。随着病情进展，局部肿胀加剧，静脉回流障碍，皮肤由红变白，再转为暗红、黑紫，表面呈现大理石样斑纹。组织分解、液化、腐败产生硫化氢气体，伤口恶臭，轻压之有捻发音。肌肉病变是梭菌性肌坏死的特点，肌肉失去弹性和收缩力，切割不出血，肌纤维肿胀、发黑。远端肢体苍白，厥冷，水肿，严重者整个肢体坏死。

三、诊断

早期诊断是保存患肢、挽救生命的关键。主要依据是早期的局部表现。

早期诊断的 3 大特征为：

（一）伤口周围触诊有捻发音。

（二）渗液细菌涂片发现粗大的革兰阳性杆菌。

（三）X 线平片检查发现肌群中有气体存在，实验室检查 Hb 显著下降，WBC 通常不超过 12 ～ 15×109/L，血清肌酸激酶（CK）水平升高。

确诊依据为厌氧菌培养检测到产气荚膜梭菌、水肿梭菌、败毒梭菌、梭状梭菌或溶组织梭菌等病原菌，或 PCR 方法检测病原菌 DNA 阳性。

四、标本采集和运送

（一）采样方法

用无菌生理盐水或外科手术方法清除创面分泌物，用一次性无菌注射器抽取脓液足量（最好

2ml 以上）或切取小块组织。

（二）标本处理和运送

1. 将约 1ml 脓液（或组织块）加入厌氧菌运送的庖肉培养基（培养基用前应煮沸 10 分钟，冷却至室温时方可加入标本），室温条件下尽快送具备厌氧菌培养条件的实验室做厌氧菌培养。

2. 取 0.5ml 脓液（或组织块）加入带螺旋口无菌塑料离心管中，旋紧盖子密封，送具有相应检测条件的实验室进行分子生物学检测。

3. 标本同时送当地细菌室进行快速革兰染色涂片检查。

（三）注意事项

1. 每份标本都应注明患者姓名、材料来源、具体部位、日期、时间及相关临床信息。

2. 将外送标本放入不易泄漏破损及能防止潜在性生物危险的坚固容器中。容器外包贴上醒目的生物安全标记。

五、鉴别诊断

（一）厌氧菌（包括梭菌性和非梭菌性）性蜂窝织炎

此病发病缓慢，病变主要位于皮下，可引起皮下组织或筋膜坏死，很少有肌肉坏死，全身中毒症状轻。

（二）兼性需氧菌感染

如大肠杆菌等，主要产生可溶性的 CO_2 气体，不易在组织间积聚，无特殊臭味。

（三）厌氧链球菌感染

发病较缓慢，全身症状较轻，局部肿胀不明显，伤口渗出液呈浆液脓性，涂片检查有革兰阳性菌。

六、预防

彻底清创是预防创伤后发生梭菌性肌坏死的最可靠方法。对一切开放性创伤，特别是有泥土污染和损伤严重、肌肉坏死者，均应及时进行彻底的清创术，去除一切失活坏死组织和异物。

对疑有梭菌性肌坏死的伤口，可用 3% 过氧化氢等冲洗、湿敷；对已缝合的伤口，应拆线敞开伤口。青霉素对预防梭菌性肌坏死有较好的作用，可根据创伤情况在清创前后应用，但不能代替清创术。

应将病人隔离，病人用过的一切衣物、敷料、器材均应单独收集，进行消毒。煮沸消毒应在 1 小时以上，最好用高压蒸汽灭菌，换下的敷料应行销毁，以防交叉感染。

对梭菌性肌坏死患者进行手术时，应严格按照相关隔离消毒要求处理。

七、治疗

早期诊断和紧急手术是保全患肢，挽救生命的关键。一旦伤口怀疑有梭菌性肌坏死，应尽早敞开伤口，以氧化剂大量清洗。同时尽快明确诊断。一经诊断，应紧急手术。

（一）紧急手术清创

术前应静脉应用青霉素和甲硝唑，输血、纠正水电解质失衡，手术范围应超过表面皮肤显示的范围，病变区作广泛多处切口，彻底清除变色、不收缩、不出血的肌肉，直达色泽红润，能流出鲜血的正常组织并行筋膜切开减压。对于限于某一筋膜的感染，应切除该筋膜腔内的所有肌群。若整个患肢已广泛地感染，应果断截肢。术中应用大量双氧水冲洗伤口并湿敷。清创后若感染仍无法控制，应再次清创。

（二）应用抗生素

首选青霉素，剂量宜大，每日用量可达 1000 万～ 2000 万单位，同时给予克林霉素等抑制产气荚膜梭菌生长。

（三）高压氧治疗

（四）全身支持治疗

包括少量多次输血，纠正水与电解质代谢失调，给予高蛋白、高热量的营养支持和止痛、镇静、退热等对症处理。

（节选自《卫生部办公厅关于印发〈梭菌性肌坏死（气性坏疽）诊疗意见〉的通知》，卫发明电〔2008〕74 号，2008 年 6 月 2 日）

卫生部、农业部、商务部、工商总局、质检总局、食品药品监管局关于进一步加强地震灾区食品安全工作的紧急通知

（卫发明电〔2008〕76号）

四川省、重庆市、云南省、甘肃省、陕西省卫生厅（局）、农业（渔业）厅（局）、商务厅、工商局、质量技术监督局、出入境检验检疫局、食品药品监督管理局：

四川汶川特大地震发生后，党中央、国务院高度重视灾区卫生防疫工作，国务院抗震救灾总指挥部对灾区卫生防疫工作进行了统一部署。各地区、各有关部门认真组织，落实责任，采取了一系列措施，全力保障灾区食品生产、流通和供应，深入开展食品安全监督管理工作，确保灾区

食品安全。当前，灾区食品生产、流通、贮存和餐饮等环节的基本卫生设施遭到严重破坏，灾区环境条件差，污染因素增加，以及夏季气温升高导致灾区发生食物中毒事故的风险加大，灾区食品安全工作还存在许多隐患和问题，卫生防疫工作面临重大考验。为确保大灾之后无大疫，切实保障灾区群众身体健康，现就加强食品安全工作紧急通知如下：

一、强化灾区食品安全工作的组织领导

灾区食品安全工作是抗震救灾卫生防疫工作的重要组成部分，直接影响灾区群众的生命安全和身体健康。灾区各地区、各部门要按照党中央、国务院的统一部署，切实加强领导，坚持以人为本，将食品安全工作放在更加突出的位置，切实做好卫生防疫工作。各有关部门要在当地政府的统一领导下，按照职能分工，明确工作任务和要求，加强组织指挥和人员力量，落实工作责任。各地抗震救灾指挥部卫生防疫组要加强组织协调，确保各项工作顺利进行，保障灾区食品安全。

二、加大农产品质量安全监管工作力度

农业部门要严格按照《农产品质量安全法》的相关要求，做好农产品质量安全监管工作。严格农药、兽药、饲料和饲料添加剂等农业投入品使用管理，加强农产品市场质量抽检与质量安全准入管理。要加强灾区生猪等畜禽及其产品的检疫工作，未经检疫合格的产品不得进入流通消费环节。商务部门要依法加强灾区屠宰企业的管理，禁止屠宰企业屠宰病死、死因不明、来历不明和未经检疫合格的生猪、牛、羊、禽等动物。工商部门要加强农产品销售企业、经销户以及猪肉市场销售行为的监督管理，严厉打击销售不符合农产品质量安全标准农产品的违法行为，坚决查处销售病死猪肉、注水猪肉等违法行为。

三、加强食品安全监督检查和技术指导

各有关部门要切实加强灾后恢复和临时性食品生产经营和餐饮消费单位的监督管理，做好相关技术指导和服务，帮助和督促其尽快改善卫生条件，达到相关食品安全要求。质检部门要加强灾区食品生产环节的监督管理工作，监督企业严格执行相关法律法规，严把原料关和加工关，禁止使用腐败变质、来历不明、超过保质期限食品和回收食品为原料，严厉打击生产加工假冒伪劣食品违法行为。出入境检验检疫部门要做好灾区进出境食品检验检疫工作，严防不合格食品或国家明令禁止进境食品随救援物资进境，加强灾区口岸食品生产经营单位的监督管理。工商部门要加强灾区流通环节食品安全的监管工作，尤其是要加大对抗震救灾物质捐赠点和受灾群众集中安置点的流通环节食品安全的监督检查力度，有针对性地开展食品质量监测和快速检测，严厉打击销售假冒伪劣食品等违法行为。卫生部门要加强受灾群众集中安置点供餐单位和灾区餐饮单位食品卫生监督检查，严格执行生熟食品分开和餐饮具消毒等卫生制度，规范从

业人员个人卫生行为，对可疑的高危险性食品采取严格的卫生监督和临时控制措施，减少食物中毒隐患。要加强食品卫生监测，及时上报食物中毒事故和食源性疾病发生情况。食品药品监督管理部门在抗震救灾期间要加强灾区综合监督，组织协调，会同有关部门做好食品安全突发事件应急处理等相关工作。

四、深入开展食品安全宣传教育

各有关部门要组织人员深入灾区一线，广泛开展卫生宣传教育工作，宣传食品安全知识，教育灾区群众不食用病死、毒死和死因不明的畜禽以及来历不明的食品，做到食品生熟分开、烧熟煮透，防止食品接触农药、鼠药等有毒有害物品及其容器。要广泛宣传饮水要烧开煮沸，不要饮用生水。有条件的地方，要公布食品安全的咨询和投诉举报电话，及时解答群众咨询，及时处理投诉举报事件。

二〇〇八年六月五日

卫生部办公厅、中国残联办公厅关于加强汶川地震伤员康复工作有关问题的通知

（卫发明电〔2008〕87号）

北京市、天津市、河北省、山西省、辽宁省、上海市、江苏省、浙江省、安徽省、福建省、山东省、河南省、湖北省、湖南省、广东省、广西壮族自治区、四川省、重庆市、贵州省、云南省、陕西省卫生厅局、残联：

四川汶川地震发生后，各地对地震伤员的康复工作高度重视，各有关部门、医疗机构开展了大量工作，伤员康复工作取得了很大成效，有力提高了医疗救治效果，降低了伤残率。目前，地震伤员康复工作依然繁重，任务比较艰巨。为贯彻落实《国务院办公厅关于进一步做好地震灾区医疗卫生防疫工作的意见》（国办发〔2008〕54号），进一步加强地震伤员康复工作，现就有关问题通知如下：

一、进一步加强地震伤员康复工作的组织领导

地震伤员康复工作涉及卫生、残联、民政等多个部门，需要各方面加强沟通协调，密切配合协作。各级卫生部门、残联以及各级各类医疗、康复机构要进一步提高对地震伤员康复工作重要性和紧迫性的认识，在前期工作基础上，切实加强组织领导，完善政策措施，抓好工作落实。还

没有成立地震伤员康复工作领导机构的省（区、市）要尽快成立由卫生、残联等部门组成的地震伤员康复工作领导小组，明确责任分工，健全工作机制，共同组织做好地震伤员康复工作。卫生部门负责地震伤员的医疗康复，并为伤员康复提供必要的技术支持；残联负责残疾伤员假肢、矫形器装配、轮椅配置及其适应性训练。领导小组要设置办事机构，具体负责地震伤员康复工作的组织、协调、管理工作。要统筹安排辖区内的康复资源，充分调动和发挥有关部门和康复机构的积极性。

二、明确工作流程，积极做好伤员康复工作

各地要根据地震伤员伤情和康复需求等具体情况，明确分工，制订流程，细化方案，做好衔接，不断提高康复效果。卫生部、中国残联将成立国家级地震伤员康复工作专家组，指导各地的地震伤员康复工作。各省（区、市）也要充实、完善省级地震伤员康复专家组的力量，加大对本省工作的指导和督导力度。

转运至四川省外的伤员康复采取返回四川康复和在接收省就地康复两种方式进行。有康复需求并符合《四川汶川地震伤员出院指导原则》（卫发明电〔2008〕64号）的，由卫生部门协调民政部门按照四川省民政厅和四川省卫生厅《关于请求协助做好四川“5·12”地震转运伤员出院返乡工作的函》（川民电〔2008〕104号）的有关规定协助伤员返乡康复。符合《四川地震伤员康复治疗分流指导原则》（见附件）中“伤员康复分流标准”第I类的伤员，可以在接收省指定的康复医疗机构（包括综合医院康复医学科或康复医疗机构）进行康复；需要装配假肢／矫形器、配发康复辅具的残疾伤员，参照《四川地震灾区残疾伤员辅助器具配置指导意见》（残联明电〔2008〕10号）的有关规定执行；需要安装假肢的残疾伤员在安装临时性假肢并经过适应性康复训练后返川，后续康复服务由四川省负责；符合“伤员康复分流标准”第II类的伤员，原则上返回四川进行后续康复服务。

四川省卫生、残联等部门要按照《四川省政府办公厅关于加强地震残疾伤员康复工作的通知》（川府办发电〔2008〕82号）要求，尽快恢复、完善康复服务体系，省、市、县三级定点康复机构要根据各自接收地震伤员的范围和康复重点，尽快开展康复服务。

三、进一步做好技术支持工作

各省（区、市）在实施地震伤员康复工作中，要充分发挥康复专业人员的积极性和技术支持作用，规范康复服务，统一康复标准，不断提高康复效果。收治伤员较多的省要有针对性地开展康复技术、技能培训。卫生部和中国残联将根据四川省和其他各省开展康复服务和培训工作需求提供技术支持。国务院《汶川地震灾后恢复重建对口支援方案》中确定的支援省在对口支援工作中，要将提高受援县（市）康复服务的能力和水平作为支援的重要内容加以统筹考虑。

各有关省（区、市）要按照《国务院办公厅关于进一步做好地震灾区医疗卫生防疫工作的意见》（国办发〔2008〕54号）要求，安排好地震伤员康复工作经费。残疾伤员所需轮椅和各种假

肢、矫形器装配材料等费用，按照《四川地震灾区残疾伤员辅助器具配置指导意见》（残联明电〔2008〕10号）执行。

各级卫生、残联部门要组织做好地震伤员康复工作信息报送工作，并及时将工作开展情况、问题、建议等分别报卫生部医政司和中国残联康复部。卫生部和中国残联将不定期组织对伤员康复工作的督导。

附件：四川地震伤员康复治疗分流指导原则

二〇〇八年七月四日

附件

四川地震伤员康复治疗分流指导原则

为指导各有关省做好地震伤员康复工作，合理安排资源，提高康复效果，特制定本指导原则，供各地在地震伤员康复工作中参考。

一、伤员康复地点分类

I类：适宜在综合医院康复医学科或专科康复医疗机构康复，需给予积极、全面的康复治疗。

II类：适宜在社区康复或在其他收养机构中康复，应给予相应的康复指导和宣教。

二、伤员康复分流标准

（一）四肢软组织创伤

I类：明显关节挛缩、严重周围神经损伤、肌力不足等导致的功能障碍，一般需要3个月左右的康复治疗。

II类：

1. 肢体肿胀基本消退、创面愈合良好，无明显肢体功能障碍。

2. I类伤员经过不少于3个月的积极康复治疗，没有明显改善。

（二）上肢骨折

I类：严重骨折，或合并神经肌肉损伤，有明显的关节挛缩、肌肉无力或手功能障碍，导致生活不能自理，一般需要3～5个月的康复治疗。

II 类：

1. 骨折对位、对线良好，没有明显的肢体功能障碍。

2. 骨折严重，经过 1 ～ 2 个月积极的康复治疗功能无明显改善。

（三）下肢及骨盆骨折

I 类：严重骨折，或合并神经肌肉损伤，有明显的关节挛缩、肌肉无力，或借助矫形器、助行器等也不能站立行走，康复治疗时间需 3 ～ 6 个月。

II 类：

1. 骨折对位、对线良好，没有明显的肢体功能障碍。

2. 骨折严重，经过 2 ～ 3 个月积极的康复治疗功能无明显改善。

（四）脊柱骨折及脊髓损伤

I 类：脊柱骨折合并脊髓损伤，出现明显的感觉、运动、自主神经功能障碍，并由此导致日常生活活动障碍，需要不少于 6 个月的康复治疗。

II 类：

1. 脊柱压缩性骨折，无脊髓受压症状和体征，有内固定或（和）脊柱矫形背心固定效果良好。

2. 严重的脊髓损伤，经过不少于 3 个月的积极康复治疗，功能无明显改善，但无尿路感染、压疮等严重并发症。

（五）截肢

I 类：

1. 残肢暂不适宜安装假肢：如残端明显肿胀、疼痛、伤口愈合不良、关节功能障碍但不需要手术治疗。经过 1 ～ 2 个月的积极康复训练，如果适合安装假肢，可以进入安装假肢的流程。

2. 安装假肢前后必须进行的功能训练。

II 类：

1. 假肢安装后能完成肢体功能，如上肢的抓握、下肢的行走。

2. 残端情况不良或因其他原因不适宜安装假肢。

（六）颅脑外伤

I 类：颅脑外伤伴有明显的运动功能和脑高级功能障碍（如认知功能障碍、言语和吞咽功能障碍），生活不能自理，需要不少于 6 个月的康复治疗。

II 类：

1. 颅脑外伤，但无明显运动功能和脑高级功能障碍。

2. 伴有明显的运动功能和脑高级功能障碍，但经过 3 ～ 6 个月积极的康复治疗无明显改善。

（七）胸部外伤

I 类：胸部外伤导致呼吸功能受限，影响日常生活、活动，如饮食起居等，一般需要 2 ～ 3 个月的康复治疗。

II 类：胸部外伤但未出现明显的功能障碍（如心肺功能）。

编纂始末

2008年11月，国务院批准成立《汶川特大地震抗震救灾志》编纂委员会（以下简称全志编委会），卫生部为副主任委员单位。汶川特大地震抗震救灾志编纂委员会成立大会暨第一次全体会议于2008年11月6日在北京召开，标志着《汶川特大地震抗震救灾志》编纂工作正式启动。根据国务院领导同志批准的《〈汶川特大地震抗震救灾志〉编纂工作方案》，卫生部为第七卷《汶川特大地震抗震救灾志·灾区医疗防疫志》（以下简称《灾区医疗防疫志》）的承编牵头单位。卫生部高度重视《灾区医疗防疫志》的编纂工作，多次召开会议专题研究，认真组织协调编纂工作，保障编纂任务的顺利完成。

2008年11月至12月，卫生部与相关部门、系统和地方卫生部门积极沟通协调，充分征求意见，并于12月印发《卫生部办公厅关于成立〈汶川特大地震抗震救灾志·灾区医疗防疫志〉编纂委员会的通知》（卫办应急函〔2008〕879号）和《卫生部办公厅关于印发〈汶川特大地震抗震救灾志·灾区医疗防疫志〉编纂工作方案的通知》（卫办应急函〔2008〕880号）。《灾区医疗防疫志》编纂委员会（以下简称编委会），由卫生部主要领导担任主任，卫生部、民政部、农业部、人力资源社会保障部、总后卫生部、质检总局副部级领导担任副主任，发展改革委、财政部、水利部、环境保护部、铁道部、地震局、民航局、武警部队后勤部卫生部、食品药品监管局、中医药局、中国红十字会总会、中国残联、中国疾病预防控制中心、中国健康教育中心（卫生部新闻宣传中心）、四川省卫生厅、甘肃省卫生厅、陕西省卫生厅和卫生部有关司局的厅局级负责同志任委员。编委会的主要职责是统筹规划、组织协调《灾区医疗防疫志》的编纂工作，研究解决编纂工作中的重大事项；根据全志编委会的规划，安排编纂进度、审查初稿，严把史实、政策和保密关。编委会办公室设在卫生部卫生应急办公室，由卫生部卫生应急办、其他相关司局和编委会副主任委员单位的厅局级负责人担任主任和副主任。编委会办公室是编委会的具体办事机构，主要职能是负责统筹规划、组织协调、督促指导、审核把关，以及负责组建编纂工作室，组织调动编纂人员，安排编纂进度，开展调研培训等。编委会各成员单位分别指定一名处级干部担任联络员，负责日常工作的联系沟通。根据《〈汶川特大地震抗震救灾志·灾区医疗防疫志〉编纂工作方案》，编委会内设审查验收工作小组，主要职能是负责《灾区医疗防疫志》所涉及的政策、保密与重大事项的审查；《灾区医疗防疫志》设主编、副主编、总纂、执行总纂、副总纂；卫生部组建《灾区医疗防疫志》编纂工作室，由中国健康教育中心主要负责人任主任，卫生部相关直属单位选派人员共同组成，集中办公；编纂室是编纂工作的具体执行机构，负责指导各承编单位的具体编纂工作，负责资料征集、筛选、编辑长编、分纂、总纂，对各承编单位的来稿进行加工、修订和统稿等。《〈汶川特大地震抗震救灾志・灾区医疗防疫志〉编纂工作方案》对编委会各成员单位、全国参与汶川地震抗震救灾医疗救援和对口支援的省份卫生厅局参与志书编纂工作提出了要求，还对编纂工作的业务培训、经费保障、进度安排、保密审核等进行了规定。

2009年1月5日，编委会成立大会暨第一次全体会议在北京召开，标志着《灾区医疗防疫志》编纂工作全面启动。编委会主任、卫生部部长陈竺，全志编委会办公室主任田嘉出席会议并讲话，编委会及办公室成员或代表参加会议。会议指出，编纂《汶川特大地震抗震救灾志・灾区医疗防疫志》要以科学发展观为指导，高度重视志书的编纂质量，把好政治关、内容关、文字关、体例关，把志书编纂成一部高水平的精品佳作，经得起时间和历史的检验。会议强调，卫生部作为承编牵头单位，要完成好自身承担的编纂任务，还要发挥组织协调作用，做好相关服务工作；各承编单位要按照编委会的统一部署，围绕编纂工作总体目标，做好资料收集和志稿撰写工作，认真完成好本单位承担的编纂任务。

2009年9月，为加强编纂室的工作力量，卫生部印发《卫生部办公厅关于组建〈汶川特大地震抗震救灾志・灾区医疗防疫志〉编纂工作室的通知》，协调中国健康教育中心、中国疾病预防控制中心、卫生部卫生监督中心、健康报社、北京医院、北京协和医院和中日友好医院，抽调政策水平高、文字功底好、协调能力强、熟悉本单位汶川地震抗震救灾工作的业务骨干，到编纂室集中办公，专门从事志书编纂工作。

卫生部积极协调筹措，安排编纂工作专项资金，全力保障编纂室的正常运转和编纂工作的顺利进行。中国健康教育中心牵头承担编纂室的任务，中心领导充分认识编纂工作的重要性，安排多名专职人员协调管理和参与编纂工作，协调中心各部门为编纂工作创造有利的条件，并结合工作实际制定编纂室工作方案，明确工作职责，完善并坚持各项工作制度，有效保障了编纂工作的顺利进行。

2008年12月，卫生部印发的《〈汶川特大地震抗震救灾志・灾区医疗防疫志〉编纂工作方案》明确规定了记述时间、地域和内容以及志书结构要求。2009年3月，经过反复研究、讨论和征求意见，编委会办公室拟订了《灾区医疗防疫志》篇目，并书面征求各参编单位的意见。4月8—10日，卫生部在北京举办了《灾区医疗防疫志》篇目研讨会暨编纂工作培训班，邀请国内方志学界知名专家授课，编委会各成员单位以及各省（区、市）卫生厅（局）参与《灾区医疗防疫志》编纂工作的100余人参加了培训。6月2—5日，卫生部派员参加全志办在四川举办的《汶川特大地震抗震救灾志》篇目研讨会，及时对《灾区医疗防疫志》篇目进行修订和完善，并形成资料征集大纲和要求。

2009年6月26日，卫生部印发《卫生部办公厅关于做好〈汶川特大地震抗震救灾志・灾区医疗防疫志〉编纂工作的通知》，印发《灾区医疗防疫志》基本篇目，对各参编单位的资料收集、长编和志书初稿编纂、报送进行具体部署。各参编单位按照通知要求，积极组织人员开展资料收集、整理工作。8月起，卫生部相关司局报送第一批文件资料，农业部、铁道部、质检总局等单位陆续上报资料长编和志稿草稿，至2010年5月，全部参编单位都上报了资料。

2009年9月，全志编委会办公室印发《关于编辑〈汶川特大地震抗震救灾志〉资料长编的若干要求》,《灾区医疗防疫志》的编纂工作进入具体实施阶段。编纂室根据志稿篇章明确了编纂人员任务分工，开展资料收集、整理、长编和初稿编写工作，同时建立了工作例会制度，通报编纂工作进展，交流研讨编纂中存在的问题和困难，研究解决的办法。编纂室不定期邀请方志专家对编纂人员进行专题培训。在《灾区医疗防疫志》编委会及其办公室的统一领导下，在全志编委会办公室领导和方志专家的指导和支持下，克服了时间紧、任务重、信息量大、工作涉及部门多、缺乏编志经验等困难，在实践中摸索规律，稳步推进编纂工作。

2009 年 12 月,《灾区医疗防疫志》编委会办公室组织卫生部相关司局志书编纂联络员和编纂室全体人员，召开编纂工作协调会，对卫生部各司局协助收集和提供资料做出具体安排，并就编纂内容和工作思路进行了研讨。2010 年 4 月，编纂室印发《关于进一步做好〈汶川特大地震抗震救灾志 · 灾区医疗防疫志〉编纂工作的通知》，对各参编单位补充提供资料等工作提出进一步的要求。各参编单位积极配合，总后卫生部、质检总局、铁道部、农业部和四川、甘肃、陕西等省卫生部门随时将更新的资料、长编和志稿草稿提交编纂室，保证了志稿编写工作顺利进行。

2010 年 5 月，全志编委会办公室印发《关于汶川特大地震抗震救灾志志稿编写若干问题的规定》的通知，对全志各卷的编写和修改工作提出了要求。同期，编纂室从相关单位抽调的人员借调期满，陆续撤离，后期编纂工作主要由中国健康教育中心人员承担。

2010 年 9 月,《灾区医疗防疫志》初稿形成后，编纂室抓紧进行修改完善，主要开展了以下工作：一是广泛征求方志专家的意见，进一步调整和完善篇目结构，确定了总纂的最后篇目。二是站在全局角度，进一步梳理和完善内容，注重归纳、综合，突出重点、特点、亮点，注意内容记述要素的完整性和事件背景的交代。三是同步进行资料的补充和完善，弥补记述中出现的重要省区、重要部门内容的缺失，尽可能做到重要部门不缺、重大事件不漏。编纂人员赴四川，与四川省卫生厅、省防疫志办公室及 6 个市（州）防疫志编纂负责人就志书初稿进行沟通，征求意见，并走访灾区，访谈有关人员，收集补充典型资料；同时收集甘肃、陕西等灾区省份卫生部门以及主要参编单位的反馈意见，进一步充实记述内容。四是进一步加强行文规范，使志稿基本符合志书的规范要求。

2010 年 10 月 25—26 日，编纂室组织召开了《灾区医疗防疫志》初稿修改研讨会。专家一致认为，初稿篇目合理、资料丰富、记述清楚，是一份基础非常好的志书初稿，专家们还从不同角度提出了初稿中存在的主要问题和下一步需要着力修改完善的内容。

2010 年 11 月，全志编委会办公室印发《关于汶川特大地震抗震救灾志分卷总纂工作的规定》,《灾区医疗防疫志》的编纂工作正式进入总纂阶段。编纂室在总纂、执行总纂和副总纂的带领下，组建了工作团队，认真研讨总纂篇目，形成总纂方案，对初稿进行通读、通审、通纂、通校，于 2011 年 1 月初完成总纂工作。

此后,《灾区医疗防疫志》编委会办公室按照全志编委会办公室印发的《汶川特大地震抗震救灾志志稿评审验收办法（草案）》，开展了《灾区医疗防疫志》的初审、复审和志稿修改完善工作。

2011 年 1 月 21—22 日,《灾区医疗防疫志》编委会成员单位联络员会议暨志稿初审工作会议在北京召开。各成员单位联络员、编纂室编纂人员近 50 人参加会议。编委会办公室要求各参编单位按照“提高认识，规范审稿；毫不松懈，持之以恒；科学编纂，突出重点；戮力同心，以成佳志”的要求做好审查工作，把好志稿的政治关、内容关、体例关、文字关。2 月印发通知，对各承编单位做好志稿初审相关工作提出具体要求。3 月初，各承编单位的初审意见征求工作基本结束，编纂室充分吸收、整合各单位反馈意见，于 3 月底形成修改稿，提交专家初审。

2011 年 4 月 21 日，《灾区医疗防疫志》专家初审会在北京召开，《灾区医疗防疫志》顺利通过初审。初审专家组认为《灾区医疗防疫志》观点正确、资料丰富、专业特点突出、结构合理、体例把握适当，基本符合志书体例要求，符合全志编委会提出的相应要求，一致同意通过初审。5—10 月，按照初审专家组意见，编纂室认真核对资料和数据的真实性和准确性，力求无征不信。经过反复修改，志稿日臻成熟。10 月中旬，全志办组织专家对初审后的《灾区医疗防疫志》修改稿进行认真评读。10 月至 11 月上旬，编纂室根据专家评读意见，与本卷指导专家和方志出版社的责任编辑对志稿又一次进行修改、完善，率先提交出版社进入出版程序。

2012 年 2 月底，复审送审稿形成。3 月，卫生部印发《卫生部办公厅关于做好〈汶川特大地震抗震救灾志·灾区医疗防疫志〉复审相关工作的通知》，请各参编单位对志稿内容进行审核，重点审核有关政治观点、政策法规、保密、军事、民族、宗教、港澳台侨、涉外等重要内容和敏感问题；重大事件、重要任务的记述是否符合有关规定；有无重大缺失，资料、数据是否准确等。同时请各参编单位报送本单位参加编纂人员名单。

2012 年 4 月 20 日，《灾区医疗防疫志》复审会在京召开。复审工作小组认为，志稿政治观点正确，编纂指导思想明确，全方位地记述了汶川特大地震抗震救灾斗争中全国人民和人民军队开展的医疗防疫工作，较好地体现了中国共产党、人民政府、人民军队和全国人民用理想凝聚力量、用信念铸就坚强、用真情凝结关爱，大力培育和弘扬了白衣战士“生命至上、仁爱奉献、科学防治、精益求精、团结拼搏、永不言弃”的抗震救灾精神；志稿内容记述全面，重点、亮点突出；符合志书体例，结构合理，体例完备。志稿编纂采用的三级述体的形式增强了志书的整体性，采用专记的形式突出了重点和亮点内容，具有资政、存史和教化的功用。一致同意通过复审。

2012 年 5—9 月，根据复审工作小组复审意见和各参编单位的反馈意见，编纂室组织人员，集中通读，着力在志稿的结构设计的分类、立题，资料的补充、核实，内容的准确记述、记述方法、数据使用，行文的规范、学术术语的使用，语言的精炼等方面进行修改。

2012 年 9—11 月，在全志编委会办公室的统一安排下，《灾区医疗防疫志》与全志其他分卷进行互校，进一步消除记述内容和数据的偏差，统一行文规范，进一步打磨志稿。11 月，《灾区医疗防疫志》编委会办公室召集审查验收工作小组部分成员在京召开保密审查会议，再次对志稿的保密问题进行集中审核。

自 2008 年年底启动，至 2012 年底，《灾区医疗防疫志》编纂工作历时 4 年，终于编纂成书。2012 年 10 月，卫生部印发《卫生部办公厅关于请确认〈汶川特大地震抗震救灾志·灾区医疗防疫志〉编纂工作机构相关成员名单的函》，请各单位确认了编委会及其办公室、审查验收工作小组和主编、副主编、总纂、副总纂人员名单。

《灾区医疗防疫志》编委会各成员单位领导的重视、关怀和支持，使本卷编纂工作得以顺利进行。卫生部和编委会各成员单位领导高度重视，亲自过问和领导本单位的编纂工作，并从人员、经费、办公条件等方面对志书编纂工作给予全力支持和保障。卫生部应急办承担本卷编委会办公室的具体任务，在志书编纂各阶段开展了大量协调和保障工作。

《灾区医疗防疫志》的编纂也得到全志编委会办公室的支持和帮助。中国地方志指导小组办公室党组书记、全志编委会办公室主任田嘉，中国地方志指导小组办公室副主任、全志编委会办公室副主任邱新立等领导多次出席编纂工作会议，对编纂工作悉心指导，提出可操作的具体意见和建议。

《灾区医疗防疫志》参编单位包括编委会成员单位和各省（区、市）卫生厅局、新疆生产建设兵团卫生局等60余家。各参编单位领导高度重视，为编纂工作创造有利条件。各单位参与编纂人员花费大量的时间和精力，收集整理丰富翔实的资料和素材，并按照编纂室的要求，不断补充收集资料，核查信息，为志书能够真实、全面记录反映汶川地震医疗卫生救援工作打下坚实的基础。

《灾区医疗防疫志》的成稿，得益于方志专家的鼎力支持。专家齐家璐不遗余力帮助指导编纂工作，并参与编纂、总纂工作，编纂工作室吕书红承担总纂的具体工作，特聘专家董宝瑞参与总纂。李云、张东升、梅森、谭烈飞、陈泽泓、周慧、王国庆、刘柏修、李继隆、颜越虎、颜小忠等专家从资料收集、长编编纂、篇目设计、志稿行文规范、数据核实等方面提出有价值的意见和建议。

《灾区医疗防疫志》的成稿，与编纂室全体编纂人员的辛勤努力是分不开的。3年中先后参与编纂工作的有李正懋、田向阳、刘雁飞、吕书红、仲崇利、陈雷、刘滨、严龙鹏、董宝瑞、陈浩、任学锋、陈晓宏、孟宪鹏、黄梨煜、傅雪华、宋淮生、寇杰、白戎、李颖琼、张营生、罗莉、张凤亭、林凡玉、刘培、龚建琴、李欣、卫璐、黄喜文等近30人。大家发扬抗震救灾精神，不计名利，加班加点，顺利完成了各阶段的编纂工作。

值此《灾区医疗防疫志》杀青之际，谨向所有为《灾区医疗防疫志》编纂做出贡献的单位和个人表示诚挚的谢意。

编纂《灾区医疗防疫志》，任务重、资料繁杂，且编纂人员缺乏经验，水平所限，疏漏、错误在所难免，恳请读者批评指正。

《汶川特大地震抗震救灾志·灾区医疗防疫志》
编纂委员会办公室
二〇一三年二月

汶川特大地震抗震救灾志　卷七　灾区医疗防疫志

编　　者：《汶川特大地震抗震救灾志》编纂委员会
责任编辑：冯　松

出 版 人：冀祥德
出 版 者：方志出版社
地址　北京市朝阳区潘家园东里 9 号（国家方志馆 4 层）
邮编　100021
网址　http://www.fzph.org
发　　行：方志出版社发行中心
电话　（010）67110500
经　　销：各地新华书店
设　　计：北京古润文化艺术传播有限公司
排　　版：北京中文天地文化艺术有限公司
印　　刷：北京华联印刷有限公司

开　　本：889 × 1194　　1/16
印　　张：50.75
字　　数：1296 千字
版　　次：2015 年 8 月第 1 版　2015 年 8 月第 1 次印刷
印　　数：0001 ～ 5000 册

ISBN　978-7-5144-1576-6　　　　定价：968.00 元